바울의 기독론

목회적 감각의 해석학적-신학적 연구

고든 D. 피 지음 | 홍인규 외 옮김

기독교문서선교회

기독교문서선교회(Christian Literature Crusade: 약칭 CLC)는
1941년 영국 콜체스터에서 켄 아담스에 의해 시작되었으며
국제 본부는 영국의 쉐필드에 있습니다.
현재 약 650여 명의 선교사들이 59개 나라에서 180개의 본부를 두고,
이동도서차량 40대를 이용하여 문서 보급에 힘쓰고 있으며
이메일 주문을 통해 130 여국으로 책을 공급하고 있습니다.
CLC는 청교도적 복음주의 신학과 신앙을 선포하는
국제적, 초교파적, 비영리 문서선교기관으로서, 하나님의 뜻에 합당한 책을 만들고
이 책을 통해 단 한 영혼이라도 구원되길 소망하며
이를 위해 주님이 오시는 그날까지 최선을 다할 것입니다.

Pauline Christology
An Exegetical-Theological Study

by

Gordon D. Fee

translated by

In Gyu Hong · Kyoung Shik Kim
Sung Hoon Woo · Chung Hyeon Cho

Copyright © 2007 by Hendrickson Publishers, Inc.

Originally published in English under the title
Pauline Christology: An Exegetical-Theological Study
by Hendrickson Publishers, Inc.
P.O. Box 3473, Peabody, MA 01961-3473, USA

All rights reserved.

Korean Edition
Copyright © 2009 by Christian Literature Crusade, Seoul, Republic of Korea

Translated and used by permission of Hendrickson Publishers, Inc.,
through arrangement of rMaeng2, Seoul, Republic of Korea.

본 저작물의 한국어판 저작권은 알맹2 에이전시를 통하여
Hendrickson Publishers, Inc.와 독점 계약한 기독교문서선교회에 있습니다.
신 저작권법에 의하여 한국 내에서 보호받는 저작물이므로
무단전재와 무단복제를 금합니다.

추천사

하워드 마샬(I. Howard Marshall)
아버딘대학교 신약학 명예교수

고든 피(Gordon D. Fee)는 또 한 번 해냈다! 그는 성령에 대한 바울의 이해에 대한 교과서적인 작품을 이미 우리에게 선사한 바 있고 이제는 놀라울 정도로 광범위하고 상세한 『바울의 기독론』(*Pauline Christology*)을 저술함으로써 바울 연구에 존재하는 큰 공백을 채워주었다.

본서에서 피는 유용하게도 (그리고 바람직하게도) 바울 서신 전체를 망라한다. 바울 서신에 대한 평생에 걸친 연구와 다른 의견을 가진 학자들과 끊임없이 합리적인 토론을 통하여 피는 바울의 고등기독론에 대한 명쾌하고 흥미로운 설명을 제시한다.

본서는 '바울의 기독론'이라는 핵심적인 주제에 대한 주요 연구저서로서 곧 중요한 위치를 차지하게 될 것이며 일부 본문에 대한 피의 창의적인 제안들은 지속적인 토론을 촉진시킬 것이다.

폴 악트마이어(Paul J. Achtemeier)
유니온신학대학원 성서해석학 잭슨 명예교수

철저하고 포괄적이며 광범위한 탐구에 기초를 두고 있는 이 탄탄한 연구는 그 결론적인 영향력 곧 전체적으로 바울의 기독론적 사고에 대한 통일성을 보여준다는 측면에서뿐만 아니라 개별 본문들에 대한 주의 깊은 석의적 연구를 제공한다는 측면에서도 유익하다. 이 책은 또한 도움이 될 만한 특별한 정보들 곧 바울의 칠십인역에 대한 주의 깊은 고찰, 주의 깊은 바울의 언어적 특성들에 대한 연구 그리고 바울 서신 각각에서 발견되는 기독론적 표현들을 도표에 정리한 일련의 부록 등을 제공한다. 명쾌한 문장과 설득력 있는 주장으로 이루어진 이 연구에 대해 독자들은 고든 피 교수에게 깊이 감사하게 될 것이다. 이 책은 매우 높이 추천할 만하다.

데이비드 E. 갈랜드(David E. Garland)
조오지 W. 트루엣신학대학원
성서학 윌리엄 M. 힌슨 교수겸 부학장

바울은 고린도 교인들에게 '너희 중에서 예수 그리스도와 그의 십자가에 못 박히신 것 외에는 아무것도 알지 아니하기로 작정하였다'고 말하였다(고전 2:2). 그러나 지금까지 바울의 기독론을 조명하는 데에만 몰입한 책은 없었다. 탁월한 바울 신학자에 의해 쓰여진 이 두꺼운 책은 이러한 공백을 채워준다. 고든 피는 고유한 기독론적 강조점을 가지고 있는 바울 서신 각각에서 거장다운 안목으로 증거들을 찾아내어 바울의 고등기독론을 해설하는 즐거운 여정 중에 석의적 보석들을 우리에게 제공해 준다. 이 비상한 책은 그 자체로 대걸작이다.

더글라스 J. 무(Douglas J. Moo)
휘튼칼리지 신약학 블랜카드 교수

고든 피의 『바울의 기독론』은 그리스도의 인격에 대한 바울의 가르침이라는 주제에 있어서 진정 유일하면서도 포괄적인 연구서이며 이러한 이유만으로도 읽을 만한 가치가 있는 책이다. 그러나 보다 중요한 것은 『바울의 기독론』이 고든 피의 최고 걸작이라는 점이다. 그의 석의는 신선하고 매력적이며 독창적이다. 그는 현재 학문적으로 '정설'로 받아들여지는 이론에 도전하기를 주저하지 않는다. 그러므로 동의하든 그렇지 않든 그의 주장은 심각하게 고려되어야 할 필요가 있다. 특별히 그리스도가 바울과 다른 신약 저자들이 '하나님'의 개념 안에 그리스도를 포함시키고 있다는 의미에서 일각에서 '기독론적 유일신론'이라고 부르는 것에 대해 피가 일관되고 일반적으로 설득력 있는 논증을 전개한다는 점은 주목할 만하다. 그러므로 본서는 기본적으로 바울 신학과 신약신학을 위한 것뿐만 아니라 수없이 많은 특수한 석의적 연구들을 위해서도 중요하다.

저자 서문

이 책은 십년 이상 자라왔던 세 가지 관심의 동향이 종합된 결과이다. 첫 번째 동향은 바울 신학에 관한 국제성서학회(SBL) 세미나(1991)에 고린도전서의 신학에 관한 소논문을 발표하기 위해 받은 초대였다. 본인은 그 학회의 연례모임에서 이 세미나가 진행되던 수년 동안 기쁨과 좌절을 동시에 경험하였다. 그 기쁨은 테이블에 앉아 바울의 저작권이 의문시되지 않은 7개의 서신들 중 4개의 편지(고린도전·후서, 갈라디아서 그리고 로마서)에 나오는 바울의 신학을 이야기하면서 경험한 에너지에서 나왔다. 좌절은 "신학"(theology)이라는 용어의 사용에서 왔는데, 가끔씩 많은 에너지들이 신학적이기보다는 좀 더 문화적이고 사회학적으로 보이는 소재들에 쏟아졌다. 따라서 바울의 전제된 신학들이 배제되는 경향이 있었기 때문에 나는 여기에서 기독론 자체가 단순히 이런 "신학적" 테이블에 놓여야 할 논쟁이 아님을 발견했다.

두 번째 관심의 동향은 『하나님의 능력있는 임재』(*God's Empowering Presence*, 저자가 바울의 성령론을 다룬 책- 역주)를 쓰면서 경험했던 것과 관련이 있다. 본인이 사전에 성령과 바울에 관한 소논문을 한 사전에 기고하도록 요청받았을 때 이 주제에 관한 현존하는 책이 없다는 것을 발견했던 상황과 유사하게, 바울의 "삼위일체"와 "성육신"의 이해에 관한 초교파적 "회의"(summits)에서 소논문을 발표하도록 요청을 받았을 때는 바울 기독론 자체에 관한 심도깊은 연구가 존재하지 않는다는 사실을 알게 되었다. 그 주제에 관해 깊이 있는 영어로 쓰여진 두 권의 책들은 그 시도한 주제가 매우 제한적이다. 베르너 크래머(Werner Kramer)의 『그리스도, 주, 하나님의 아들』(*Christ, Lord, Son of God*, 1966)은 그 책의 절반 이상이 바울로부터 찾아낸 자료들임에도 불구하고 "바울 이전의 자료"에 할당되어 있어 진정한 바울의 기독론은 아니다. 그리고 제닝스 라이드(Jennings Reid)의 『예수: 하나님의 비우심, 하나님의 충만하심』(*Jesus: God's Emptiness, God's Fullness*, 1990)은 더 대중적이고 매우 폭이 좁다. 물론 바울의 성령론에서와 같이, 신약의 기독론에 관한 책들은 바울에 대한 장들을 포함하고 있으며, 제임스 던(J. D. G. Dunn) 그리고 톰 슈라이너(Tom Schreiner)가 쓴 바울 신학에 대한 책들은 기독론에 관한 장을 포함하고 있다. 본서의 집필 이유의 일부는 이 공간을 메우려는 시도이다.

세 번째는 두 번째와 관련이 있는데, 1997년과 1999년 뉴욕의 던우디(Dunwoody)에 있는 성 요셉 신학대학원에서 부활절 다음 주간에 열렸던 두 번의 회의를 위한 소논문들을 실제로 작성하면서 일어났다. 우리가 논문을 발표하며, 또 흔치 않은 협력의 상황에서 성서신학적, 신학적, 철학적 그리고 실천신학적 분야들로부터 나온 논문들을 토의하면서 이 두 번의 회의 모두는 배움과 즐김의 흥거운 경험이었다. 나는 이 회의들의 주최자들(스티브 데이비스〈Steve Davis〉, 댄 켄달〈Dan Kendall〉 그리고 제럴드 오콜린스〈Gerald O'Collins〉)에게 초대받은 특권에 대해 감사하며, 또한 그 회의의 멤버들에게 두 논문에 대해 친절하고 관대한 토의에 대해 감사를 표한다.[1] 하지만 이 논문들은 전혀 예싱치 않던 방식으로 내가 기독론적 질문들에 관여하게 만들었다. 그래서 이러한 두 개의 관심의 동향은, 특별히 그러한 종류의 책의 부재

---

1) 이후 다음과 같은 제목으로 출판되었다. "Paul and the Trinity: The Experience of Christ and the Spirit for Paul's Understanding of God," in *The Trinity: An Interdisciplinary Symposium on the Trinity* (ed. S. T. Davis, D. Kendall, and G. O'Collins; Oxford: Oxford University Press, 1999), 49-72 그리고 "St Paul and the Incarnation: A Reassessment of the Data" in *The Incarnation: An Interdisciplinary Symposium on the Incarnation of the Son of God* (ed. T. D. Davis, D. Kendall, and G. O'Collins; Oxford: Oxford University Press, 2002), 62-92.

(不在)가 이 책을 집필하게 된 주요한 자극이었다.

　이 자극을 부추겼던 원인은 두 회의를 위한 연구 과정에서 지난 25년 동안 학계에 글로 발표되었던 것들에 대해 가지게 된 매우 불편한 감정에서 출발한다. 신약학계의 어떤 영역에서는 바울의 기독론을 축소하거나, 최소화하려는 강력한 경향들이 발전되어 왔다. 그것은 바울의 기독론에 대해 내가 리전트 칼리지에서 두 번에 걸쳐 세미나를 하게 한 계기가 되었다(2002년 봄 학기 그리고 2004년 - 두번째 세미나는 "은퇴"하고 2년째 되던 해에 행한 것이다). 특히 2004년의 세미나는 본서를 위한 강력한 원동력이 되었다.

　바울의 성령론에 대한 큰 책을 썼던 것은 또한 내가 도중에 경험했던 여러 좌절 가운데 하나로 이어졌다. 나는 첫 번째 책을 모방한 책은 가능한 것이 아님을 알게 되었다. 내가 비록 기독론적 내용/전제들을 가진 것처럼 보이는 본문들의 주해(exegesis)에만 논의를 제한했음에도 불구하고 분량의 사이즈는 그러한 연구를 하지 못하게 만들었다. 따라서 처음부터 그것이 해당 본문들에 대한 좀 더 집중적인 주해를 요구한다는 것을 알게 되었다.

　다음 질문은 어떻게 진행해 갈 것인가였다. 결국 그리고 국제성서학회의 세미나뿐만 아니라 바울의 성령론에 관한 책인『하나님의 능력있는 임재』의 영향 아래 서신서들 각각을 다루고, 주해작업의 종합을 시도하기 전에 기독론을 각각의 서신들로부터 추출해 내기로 결정했다. 하지만 세미나와는 달리, 나는 바울의 "저작권이 도전받지 않는 7권의 서신"에만 집중하거나 혹은 다른 서신들과는 별개로 어느 한 서신에만 집중해서 연구하려고 제한하지 않았다. 즉 나는 항상 바울 서신 전체를 염두에 두었다. 그럼에도 불구하고, 나는 연구하는 서신의 상황성을 염두에 두고 주해를 하려고 노력했다. 그리고『하나님의 능력있는 임재』와는 달리, 다양한 주제들 아래, 각 서신들에 기록된 대로, 본문들을 그룹으로 묶으려고 했다. 따라서 나는 각각의 서신들에서 똑같은 주제들을 항상 다루려고 하지는 않는다. 나는 이것이 어떤 독자들 특히 본서를 단지 "참고"하려는 사람들에게는 좌절의 원인이 될 것이라 예상하기 때문에 초두에 자세한 목차를 제공했다.

시간을 들여 본서를 읽는 사람은 상세한 내용이 제시되지 못함을 발견할지도 모른다. 부분적으로 이것은 다른 본문에 비해 어떤 본문이 더 중요하다는 사실과 관련이 있다. 하지만 몇몇 논의들은 내가 마지막으로 다른 책들을 참고했을 때 다소 불균형하게 되었다(제2차 문헌들을 참고하지 않고 주해 작업을 하고는 여러 날에 걸쳐 문헌들을 읽고 다시 원고로 돌아와 수정을 하거나, 동의 혹은 동의하지 않음을 표시하는 것이 내 몸에 습관이 되어 버렸다. 이 경우 내가 주제 자체에 대해 더 넓게 독서하기 전 "종합"을 끝낼 때까지 나는 기다리면서 한 장〈chapter〉을 결론내리며 각 서신들을 위한 문헌들을 읽었다. 이것은 다른 본문들에 대해 어떤 본문을 확실히 불균형하게 다루게 만들었으며, 또한 마지막으로 원고를 읽으면서 비록 내가 철두철미하게 했다는 자신이 없지만 제거하려고 시도했던 몇몇 반복된 내용이 생겨난 원인이다).

나는 다른 사람들로부터 받은 유용한 통찰력들에 대해 인정하려고 최선을 다했다. 그러나 내가 정말 성공했는지 확신할 수는 없다. 조심스러운 독자는 내가 많은 부분을 특별히 두 명의 학자에게 빚지고 있음을 알아차릴 것이다. 래리 헐타도(Larry Hurtado)는 수년동안 나의 가까운 친구로서 나보다 먼저 기독론 연구에 관여했다. 그의 대작『주 예수 그리스도』(*Lord Jesus Christ*)는 학자적인 노력과 다른 의견들에 대한 정중한 논의의 모범이다. 또한 리차드 보컴(Richard Bauckham)이다. 그의 작지만, 훌륭한 책인『십자가에 못 박힌 하나님』(*God Crucified*)은 내가 여러 면에서 동의를 하며, 신적 정체성에 관한 그의 용어는 존재론적 질문들 자체를 다루면서 수 세기동안 있었던 난제를 극복하는데 특별히 유용하다.

반면에 오랫동안 알아오고 있는 또 다른 사람 (그리고 친구)인 제임스 던(James Dunn)과는 자주 동의하지 못한다는 것이 분명해 질 것이다.『생성되고 있는 기독론』(*Christology in the Making*, 1989)의 2판에서 그는 이 논쟁에 대해 심오한 대화를 공공연하게 요청했고, 비록 내가 뒤에 그 대화에 참여하지만 나는 이 책에서 그 작업을 했다. 가끔씩 우리는 단지 논쟁 상대자(sparring partner)이고 친구는 아닌 것처럼 보인다면, 그 책임은 나한테 있으며, 만일 내 수사가 너무 지나치다면 그리고 만일 그의 입장에 대한 나의 설명이 불충분하다면 우선 제임스 던에게 사과한다.

　나는 여러 면에서 도움을 주었던 다른 사람들에게 감사한다. 먼저, 세미나의 멤버들에게 감사한다. 그들의 논문들과 열정은 이 책의 원고를 쓰는 데 추진력을 주었다: 데이빗 카메론, 나단 카슨, 브렌튼 디키슨, 케빈 더피, 브라이언 더나건, 조이스 포레스터, 니콜라 갈레브스키, 매트 존슨, 정준선, 클레어 맥린, 소코트 스츠그스 그리고 아론 셔우드. 이들 중 세 학생들(디키슨, 갈레브스키, 셔우드)은 또한 초안단계에서 한 장 혹은 그 이상을 읽고 유익한 비평을 해 주었다. 이 프로젝트들에서와 마찬가지로, 나의 아내 머딘(Maudine)은 모든 페이지의 모든 단어를 읽고서 신약학 공부에 훈련되지 않은 사람이 이해할 수 있는지를 점검해 주었다. 또한 그는 많은 시간을 색인을 만드는 데 바쳤다. 이 책이 내가 하는 유일한 일이었던 일년 반 동안의 그녀의 "오래 참음"과 식사시간에 가끔하는 나의 "떠들썩함"(ranting)을 인내심을 가지고 들어주었는데 이것 또한 깊이 감사하는 바이다.

　최종 원고의 마지막 점검에서 드러난 것 가운데서 나는 내가 동의하지 않는 어떤 사람과 논쟁할 때 가끔씩 나타나는 빈번한 과장(rhetoric) 때문에 약간 부끄러웠다. 그뿐만 아니라 지혜에 관한 부록을 위한 참고문헌들을 읽으면서 나는 동일하게 다른 사람들의 특별히 약한 논쟁으로 내게 보이는 것들이 '분명한' 혹은 '분명히' 혹은 '확실히' 같은 부사들에 의해 설명되고 있음에 당황했다. 이것은 '분명히' 똑같은 일을 저지른 내 자신의 원고에 '철자 점검'을 요구했다. 나는 여기서 그런 모든 과장을 성공적으로 제거했다고 주장하지 않는다. 따라서 내 자신의 연약함과 효과를 내기 위한 나의 과장법을 향한 경향을 알고 있으면서 나는 이것에 의해 상처를 입을지 모르는 사람들, 특히 그들의 이름을 언급하는 문맥에서 나의 과장이 나타나는 사람들에게 미리 사과한다. 만일 본서가 주해적 혹은 신학적 가치가 있다면, 이 가치가 주해(exegesis)와 신학에서 증명되길 바라며 다른 사람들의 의견을 무시하며 강조되길 바라지 않는다. 외경 이야기의 설교자가 설교원고의 옆 빈칸에 메모를 했던 식으로 우리들 중 몇몇이 그러한 작업에 관여하는 것은 매우 쉽다. "크게 외쳐라, 여기서는 약하게 지적하라!"(그러나 내 작업의 성격이 내가 '바울의 고등기독론'으로 이해한 것을 자주 지적하도록 했다. 나는 그런 반복을 수사학적인 일로 의도하지 않는다. 오히려 이것은 많은 사람들이 이 책을 처음부터 차례로 읽기보다는 특정 본문에 대해 이 책을 참고하기를 원할 것이라는 인식 때문이다.)

내가 학자로서 살아오는 많은 시간 동안 바울에 관한 것만을 다루어왔기 때문에, 새로운 것을 창조하지 않기 위해서 가끔씩 이전 책들을 언급해야 할 필요성이 있다. 두 개의 주요 주석들(고린도전서와 빌립보서에 관한 두 개의 NICNT 시리즈 주석들)과 위에서 언급한 바울의 성령론에 관한 큰 연구 이외에, 원래 여러 곳에서 발표되었던 수많은 본문비평적, 주해적 그리고 신학적 연구들이 어드만사(Wm. B. Eerdmans Publishing Company)에 의해 수집 되어 2001년에 『무엇을 위한 주해인가? 본문비평적, 주해적 그리고 신학적 연구들』(*To What End Exegesis? Studies Textual, Exegetical, and Theological*)이라는 제목으로 출판되었다. 내가 이 연구들 중 하나를 언급하는 경우가 있을 때마다 나는 이 책에 나오는 출판 자료만 제시한다. 이 연구들의 원래 출판 자료들에 관심이 있는 사람들은 그 책의 ix-x 페이지를 참고하면 된다.

이 작업과 관련된 기쁨 가운데 하나는 도중에 내가 얼마나 많이 배웠는가 하는 점이다. 왜냐하면 많은 본문들이 그전에는 밀도 있게 연구해 볼 기회가 없었기 때문이다. 이 배움은 몇 가지 놀라움을 포함하고 있다. 예를 들면, 고린도전서가 기독론적 자료들을 가장 많이 포함하고 있을 뿐만 아니라 또한 바울 서신에서 본서 11-16장에서 다룬 모든 다양한 "주제들"이 발견되는 유일한 서신들로서, 로마서와 합류한다는 점이다. 또한 갈라디아서와 에베소서는 특별히 이 서신서들의 잘 알려진 기독론 중심적인 성격의 빛 아래에서 볼 때, 가장 최소한의 편지들로 판명이 되었다.

마지막으로 독자들에게 몇 마디 하겠다. 첫째로 나는 모든 사람이 본서와 같은 책을 처음부터 끝까지 던민에 읽을 것이라 생각하지 않으므로, 사용자가 편리하도록 만들려고 노력했다. 이것은 사람들이 본래 예상했던 것보다 더 반복적으로 내용이 나온다는 의미이다. 이것은 또한 계속해서 흔치 않은 많은 수의 앞 뒤 참고(cross-reference)가 나오는 이유이기도 하다. 둘째로, 내가 2004년 7월 동안 (브루셀에 있는) 컨티넨탈 신학대학원에서 한 과목을 가르치고 있을 때, 한 학생이 만일 헬라어가 영어로 번역되었더라면 『하나님의 능력있는 임재』가 신약을 전공하지 않은 사람들이 읽기에 더 쉬웠을 것이라 제안했었다. 나는 그 제안을 조언의 말로 들었고 이 책에서 일관되게 그렇게 하려고 노력했다. 이 경우 항상 헬라어 본문 바로 뒤에다 괄호 안에 넣거나, 기울여 쓰기(italics)를 했다. 셋째로, 나 자신과 또한 독자들을 위해서 바울 서신의 본문을 인용할 경우, 규칙적으로 그리스도에 관한 언급은 굵게(bold)하고, 성부 하나님에 대한 언급은 밑줄을 그었다(그리고 어느 경우 성령에 대한 언급들은 기울여 쓰기를 했다). 마지막으로 나 자신을 위한 것이었지만 독자들에게도 충분히 유용한 것으로 나는 각 장마다 두 개의 부록을 포함시켰다. 한 개는 하나님 그리고/혹은 그리스도가 언급되는 해당 서신의 모든 본문들의 목록을 제시했고, 두 번째 부록은 분석적으로 통계적 자료를 제시했다.

나는 이 연구들이 어떤 이들에게 도움이 되고 결국 하나님께 영광이 되기를 바라는 마음으로 내놓는다.

특별한 기쁨으로 이 책을 릭 왓츠(Rikk Watts)에게 바친다. 나는 그가 1984년 가을 학기에 고든콘웰신학대학원에 입학하기 위해 호주에서 그의 아내 케이티 그리고 그들의 자녀 스티븐과 레베카와 함께 도착했을 때 그를 처음 만났다. 하나님의 성회(the Assemblies of God) 교단의 동료 여행자로 우리는 우정을 시작해 친밀하고 마음이 맞는 사이로 발전되었다. 1985년 5월 학기 마지막 날과 맞아떨어진 나의 51세 생일 때, 그는 학급 전체에서 모금을 해서 커트 알란트(Kurt Aland)의 『신약헬라어 성구사전』(*Vollständige Koncordanz zum griechischen Neuen Testament*)을 구매하고, 학생 각자가 서명을 해서 이별의 선물로 주었다. 이 책은 항상 사용을 해서 이제 끝 부분들이 다 낡았다. 그의 고든콘웰에서의 첫 해가 끝나갈 때 나는 그를 펜웨이 공원에서 있던 야구경기에 참여하도록 하는 기쁨을 가졌다. 몇 년 후, 그가 캠브리지에서 신약학 박사학위를 마치고 난 후(1990), 호주로 가르치기 위해서 돌아갔을 때, 그는 나를 호주식 "축구"에 나를 끼워주는 호의를 베풀었다. 몇 년 후 (1996) 나는 그를 리전트에 후배 동료로 환영하는 기쁨을 누렸고, 내가 3년 전에 전임 교수사역에서 은퇴했을 때 그를 신약학 교수로서 맞아들이는 기쁨을 경험했다. 그는 내가 의지하기를 배우고, 또 그로부터 많은 것을 배우는 동료이다. 감사합니다, 리키!

고든 피

역자 서문

　이 책의 저자 고든 피는 현재 캐나다 밴쿠버 소재 리젠트칼리지(신학대학원)의 명예 신약교수이다. 그는 1966년 서던 캘리포니아(Southern California) 대학에서 박사 학위를 취득한 후, 휘튼(Wheaton) 대학과 고든 콘웰(Gordon-Conwell) 신학대학원 신약학 교수를 거쳐 리젠트칼리지(신학대학원)에서 오랫동안 신약 교수로 재직하였다.
　고든 피는 바울 신학의 세계적인 대가다. 그는 많은 책들을 썼는데, 그 중에서도 『고린도전서 주석』과 『하나님의 능력있는 임재』 그리고 『바울의 기독론』은 수많은 학자들로부터 걸작 중의 걸작으로 인정과 찬사를 받은 바 있다.
　바울은 고린도 교인들에게 "내가 너희 중에서 예수 그리스도와 그가 십자가에 못 박히신 것 외에는 아무 것도 알지 아니하기로 작정하였음이라"(고전 2:2)고 말한다. 하나님께서는 세상 창조로부터 시작하여 여러 가지 방법으로 자신을 계시해오시다가, 마지막에는 아들 예수 그리스도를 통하여 자신을 계시하셨다. 그러므로 하나님에 대한 가장 풍성한 이해는 예수 그리스도를 통해 이루어져야 한다. 하나님은 무엇보다도 예수 그리스도의 하나님이시다. 예수 그리스도를 떠나서 우리는 하나님을 제대로 알 수 없다. 이처럼 예수 그리스도는 하나님을 아는 데 절대적으로 중요하다.
　고든 피의 『바울의 기독론』은 예수 그리스도에 대한 최고의 해설자인 바울이 말하는 그리스도에 관한 가장 만족할만한 연구서이다. 본서의 석의 및 신학적 연구는 그리스도가 누구셨고 또한 누구이신지에 대해 바울이 어떠한 이해를 가지고 있었는지를 광범위하게 고찰해 보려는 의도를 가지고 저술하였다. 이 주목할만하고도 통찰력 가득한 책에서 고든 피는 바울 서신 전체를 살피면서 서신서 각각의 기독론을 밝혀내고자 한다. 바울 서신에 등장하는 기독론을 차례대로 찾아 각각의 편지를 저마다의 고유한 관점에서 분석하려고 노력함과 동시에 무엇보다 석의에 기초한 바울의 기독론을 서술한다.

제1부에서는 바울 서신 전체를 살피면서 세심하게 본문을 석의하고 각각의 본문들을 해당 서신에 관련된 적절한 주제 아래 분류한다. 제2부에서는 주의 깊게 자신의 주석적 작업을 종합하여 바울의 기독론을 광범위하게 탐구한다. 우리는 이 책이 한국 교회에 큰 축복이 되리라 확신한다.

이번에 방대한 『바울의 기독론』를 우리말로 번역한 것은 엄청난 작업이었다. 본인은 대표 역자로서 책임감을 가지고 역서의 통일성과 완성도를 높이려고 최선을 다했다. 그리고 우리 역자들은 번역 작업을 수행하면서 그리스도를 알아가는 큰 기쁨을 누렸다. 함께 수고한 김경식, 우성훈, 조충현 박사님께 깊은 감사를 드리며, 출판해 주신 사)기독교문서선교회(CLC) 직원들의 수고를 마음에 새기며 아울러 감사를 드린다.

하나님께 모든 영광을 돌린다.

대표 역자 홍인규
백석대학교 신약학 교수

Contents

목 차

추천사 · 5
저자 서문 · 8
역자 서문 · 16
약어표 · 39

제1장 서론 · 45
  1. 바울의 기독론: 정의 · 45
  2. 바울의 기독론: 신학적 난제 · 53
  3. 20세기의 바울 기독론 · 57
  4. 바울의 기독론: 기본 문제들 · 65
    1) 바울의 기독론의 목적지는? · 65
      (1) 고린도전서 8:6 · 66
      (2) 골로새서 1:13-17 · 67
      (3) 빌립보서 2:6-11 · 69
    2) 바울과 칠십인경 · 71
      (1) 바울이 칠십인경을 알았고, 사용했는가? · 71
      (2) 바울의 독자들은 이 용법을 알았을까? · 74
  5. 바울의 자료들에 관한 숫자적 분석 · 77

제Ⅰ부: 분석 · 81

제2장 데살로니가 전·후서에 나타나는 기독론 · 83
  1. 데살로니가전서에 나타나는 기독론 · 86
    1) 자료에 대한 예비적 고찰 · 86

Contents

    2) 메시아적/영원한 하나님의 아들이신 예수 · 89
      (1) 데살로니가전서 1:1, 3 (아버지 하나님) · 89
      (2) 데살로니가전서 1:9-10 (아들로서 그리스도) · 92
    3) 칠십인경의 여호와 본문에 나오는 퀴리오스인 예수 · 96
      (1) 데살로니가전서 3:13 · 98
      (2) 데살로니가전서 4:16 · 99
    4) 칠십인경의 용법을 반영하는 다른 퀴리오스 구절들 · 101
      (1) 주의 말씀 · 101
      (2) 주의 이름 · 101
      (3) 주의 날 · 102
      (4) 신원자이신의 주님 · 103
      (5) 주 우리의 소망 · 104
    5) 하나님과 호 퀴리오스(ὁ Χριστός)가 신적인 목적들과 활동을 공유하심 · 104
      (1) 교회는 하나님과 그리스도 안에 존재함 (살전 1:1) · 105
      (2) 그리스도 예수 안에 있는 하나님의 뜻 (살전 5:18) · 107
      (3) 재림 때의 신적 임재 · 108
      (4) 기도 중에 불리는 그리스도 주 · 109
        ① 은혜의 축도 (살전 5:28) · 110
        ② 데살로니가전서 3:11-13 · 111
  2. 데살로니가후서에 나타나는 기독론 · 114
    1) 자료에 대한 예비적 고찰 · 115
    2) 메시아적 본문 간의 관련성의 예- 데살로니가후서 2:8 · 116
    3) 칠십인경 여호와 본문들의 퀴리오스인 예수 · 117

(1) 데살로니가후서 1:6-10 · 117
　　(2) 데살로니가후서 1:12 · 122
　　(3) 데살로니가후서 2:13-14 · 124
　　(4) 데살로니가후서 3:5 · 127
　　(5) 데살로니가후서 3:16 · 129
　　(6) 칠십인경의 용법을 반영하고 있는 퀴리오스 구절들 · 130
　　　　① 주의 이름 · 130
　　　　② 주의 말씀 · 131
　　　　③ 주의 날 · 131
　4) 하나님과 호 퀴리오스가 신적 목적들과 활동을 공유하심 · 132
　　(1) 주의 평강 (살후 1:2; 1:12) · 133
　　(2) 신적인 영광 (살후 2:14) · 134
　　(3) 신적인 신실하심 (살후 3:3) · 135
　　(4) 성도들을 강건하게 하시는 분 (살후 3:3) · 136
　　(5) 하나님 그리고 그리스도의 복음 (살후 1:8) · 137
　5) 기도의 대상이신 주 그리스도 · 138
　　(1) 데살로니가후서 2:16-17 (참고, 살전 3:11-13) · 138
　　(2) 데살로니가후서 3:5 · 141
　　(3) 데살로니가후서 3:16 · 142
　6) 결론 · 143
부록 I: 본문들 · 145
부록 II: 용법의 분석 · 150

제3장 고린도전서에 나타나는 기독론 · 153

　1. 자료에 대한 예비적 고찰 · 157
　2. 그리스도: 선재하신 주와 창조의 대행자 · 159
　　1) 고린도전서의 문맥 (고전 8:1-13) · 159
　　2) 고린도전서 8:6 · 161

3. 이스라엘과 함께 하셨던 그리스도 · 168
   1) 고린도전서 10:4 · 169
   2) 고린도전서 10:9 · 173
   3) 부기: 고린도전서 15:47과 선재 사상 · 174

4. 하나님의 메시아/영원한 아들이신 예수님 · 175
   1) 고린도전서 1:3, 9 · 176
   2) 고린도전서 1:13-2:16 · 178
   3) 부기: 십자가에 못 박히신 메시아와 유대교 지혜 사상 · 179
   4) 고린도전서 1:30; 2:7 · 186
   5) 고린도전서 15:23-28 · 187

5. 둘째 아담이신 예수님 · 197
   1) 고린도전서 15:21-22 · 197
   2) 고린도전서 15:44-49 · 199

6. 퀴리오스이신 예수님 · 205
   1) 고린도전서 16:22- 주와 초대교회의 헌신 · 205
   2) 고린도전서 5:6-8; 10:16-17; 11:17-34- 성만찬의 주님 · 208
   3) 고린도전서 12:3- 주님 그리고 초대교회 신앙고백 · 210
   4) 고린도전서 12:4-6- 주님 그리고 신적 삼위 · 212
   5) 고린도전서 9:1- 바울의 부활하신 주님과의 만남 · 213

7. 칠십인경에 등장하는 퀴리오스이신 예수님 · 215
   1) 고린도전서 1:2 · 216
   2) 고린도전서 1:31 · 218
   3) 고린도전서 2:16 · 220
   4) 고린도전서 10:19-22 · 222
   5) 고린도전서 10:26 · 224

8. 퀴리오스 예수님과 신적인 권한 · 226
   1) 우리 주의 은혜 (고전 1:3; 16:23) · 226
   2) 주의 날 (고전 1:8) · 227

3) 주의 이름으로 (고전 1:10; 5:3-4) · 227
　　4) 그리스도께서 보내심/위임하심 (고전 1:1, 17) · 228
　　5) 영광의 주 (고전 2:8) · 228
　　6) 주께서 주심/선임(選任)하심 (고전 3:5; 7:17) · 229
　　7) 주께서 판단하신다 (고전 4:4-5; 11:23) · 230
　　8) 만약 주께서 뜻하시면/허락하시면 (고전 4:19; 16:7) · 232
　　9) 주 예수님의 능력 (고전 5:4) · 233
　　10) 주를 기쁘시게 하기 위해 애씀 (고전 7:32) · 234
　　11) 주의 계명 (고전 7:10, 12, 25; 9:14; 14:36-37) · 234
　　12) 그리스도의 율법 아래 (고전 9:21) · 235
　9. 종속관계를 암시하는 본문들 · 237
　　1) 고린도전서 3:23-"그리스도는 하나님의 것이니라" · 237
　　2) 고린도전서 11:3- 그리스도의 "머리"이신 하나님 · 238
　10. 결론 · 244
　부록 I: 본문들 · 247
　부록 II: 용법의 분석 · 257

제4장 고린도후서에 나타나는 기독론 · 263

　1. 자료에 대한 예비적 고찰 · 265
　2. 그리스도: 선재하시고 성육신하신 구속자 · 266
　　1) 고린도후서 8:9- 가난한 자들에게 주는 것의 모범인 성육신 · 267
　　2) 고린도후서 5:21- 죄를 알지도 못하신 분 · 270
　　3) 고린도후서 10:1- 호소의 기초가 되는 예수님의 태도 · 273
　3. 예수 그리스도, 하나님의 아들 · 275
　　1) 고린도후서 1:3-5; 11:31- 우리 주 예수 그리스도의 아버지이신
　　　 하나님 · 275
　　2) 고린도후서 1:18-22- 예수님, 하나님의 아들 · 278
　4. 예수님, 하나님의 아들: 하나님의 영광이자 참된 형상 · 282

1) 퀴리오스이신 그리스도 (고후 3:16-18; 4:5) · 286
　　2) 그리스도, 주님의 영광 (고후 3:18; 4:4, 6) · 291
　　　(1) 고린도후서 3:18 · 291
　　　(2) 고린도후서 4:4, 6 · 295
　　3) 그리스도, 신적 형상을 지니신 분 (고후 3:18; 4:4, 6) · 296
　　4) 부기: 고린도후서 4:4, 6에 반영되어 있다고 추정되는 지혜문학의 영향에 대하여 · 299
5. 신적 권한을 공유하시는 그리스도 · 301
　　1) 고린도후서 2:10- "그리스도 앞에서" 표현된 용서; 고린도후서 8:21- "주의 앞에서" · 303
　　2) 고린도후서 2:17; 2:19- "하나님 앞에서" "그리스도안"에 있는 자로 말함 · 304
　　3) 고린도후서 3:17- 주의 영 · 305
　　4) 고린도후서 5:9- "주를 기쁘시게" 하는 삶; 고린도후서 5:10- "그리스도의 심판대"; 고린도후서 11:2- "그리스도께 너희를 드리려고" · 306
　　5) 고린도후서 5:11- "주의 두려우심" · 308
　　6) 고린도후서 10:5- "그리스도께 복종함" · 309
　　7) 고린도후서 11:10- 바울 속에 있는 "그리스도의 진리"에 기초한 호소 · 309
　　8) 고린도후서 12:1- "주의 계시" · 310
　　9) 고린도후서 12:8-10- "주께로 향한 기도" · 311
　　10) 고린노후서 13:13(14)- 삼중직 축도 속에 표현된 그리스도 · 312
6. 그리스도 헌신과 구원론- 고린도후서 5:14-6:2 · 313
　　1) 새로운 질서를 세우신 그리스도 (고후 5:14-17) · 315
　　2) 그리스도, 하나님의 화목의 수단 (고후 5:18-21) · 316
부록 I: 본문들 · 318
부록 II: 용법의 분석 · 324

제5장 갈라디아서에 나타나는 기독론 · 329
1. 자료에 대한 예비적 고찰 · 330
2. 그리스도, 하나님의 메시아적 아들: 선재와 성육신 · 331
   1) 갈라디아서 3:16- 아브라함의 "자손" 그리스도 · 333
   2) 갈라디아서 4:4-7 (그리고 갈 1:19) · 334
   3) 갈라디아서 1:16-17 · 347
   4) 갈라디아서 2:20 · 349
   5) 부기: 피스티스 예수 크리스투(Πίστις Ἰησοῦ Χριστου, 그리스도 예수를 믿음) · 351
3. 그리스도와 신적 특권들 · 354
   1) 갈라디아서 1:1- 바울의 사도직의 동인 · 355
   2) 갈라디아서 1:3; 6:18- 축도에 나오는 그리스도의 은혜 · 355
   3) 갈라디아서 1:6, 15; 2:21- 그리스도/하나님의 은혜 · 356
   4) 갈라디아서 1:12- 계시하시는 분 그리스도 · 358
   5) 갈라디아서 4:14- 나를 앙겔루 데우(ἄγγελον θεου)와 같이, 그리스도 예수와 같이 영접하였다 · 359
   6) 갈라디아서 4:19- 너희 속에 그리스도의 "형상이 이루기"까지 · 361
   7) 갈라디아서 6:2- 그리스도의 "법" · 362
4. 결론 · 363
부록 I: 본문들 · 364
부록 II: 용법의 분석 · 368

제6장 로마서에 나타나는 기독론 · 371
1. 자료에 대한 예비적 고찰 · 373
2. 하나님의 메시아적/영원한 아들이신 예수 · 375
   1) 로마서 1:2-4 · 375
   2) 로마서 1:9 · 381
   3) 로마서 5:10 · 382

4) 로마서 8:3 · 383

   5) 로마서 8:15-17 · 386

   6) 로마서 8:28-39 · 386

     (1) 로마서 8:29-30 · 387

     (2) 로마서 8:32 · 391

   7) 로마서 9:4-5 · 393

   8) 로마서 15:6 · 394

3. 주 되신 예수 · 394

   1) 로마서 8:34 · 395

   2) 로마서 10:5-13 · 397

   3) 로마서 14:1-12 · 402

   4) 로마서 16:1-16, 18 · 412

4. 그리스도와 신적 특권 · 415

   1) 그리스도의 영 (롬 8:9-11) · 415

   2) 그리스도의 사랑 (롬 8:35) · 417

   3) 그리스도를 통한 권고 (롬 15:30) · 417

   4) 그리스도의 모든 교회 (롬 16:16) · 418

5. 둘째 아담으로서의 그리스도 · 418

6. 바울이 메시아를 '하나님'이라 칭하는가? – 로마서 9:5 · 420

7. 결론 · 426

부록 I: 본문들 · 428

부록 II: 용법의 분석 · 438

제7장 골로새서(와 빌레몬서)에 나타나는 기독론 · 443

1. 자료에 대한 예비적 고찰 · 445

2. 하나님의 메시아적/영원한 아들이신 예수 · 446

   1) 골로새서 1:2-3- 하나님 우리 아버지와 우리 주 예수 그리스도의

아버지 · 447
  2) 골로새서 1:12-17- 그리스도: 하나님의 메시아이시며 영원하신 아들
      · 449
    (1) 골로새서 1:12-14- 하나님의 메시아적 아들 · 451
    (2) 골로새서 1:15-17- 하나님의 영원하신 아들, 만물의 창조자이시며 주
       · 456
  3) 골로새서 3:10- 그리스도와 새 창조: 회복된 형상 · 462
3. 성육신하신 구속자로서의 아들 · 464
  1) 골로새서 1:18- 새 창조의 "머리"이신 그리스도 · 465
  2) 골로새서 1:19-20- 성육신과 구속 · 468
    (1) 골로새서 1:19-20 (2:9)- 성육신하신 화해자 그리스도 · 468
    (2) 골로새서 1:21-22- 골로새 교인들에 대한 적용 · 475
  3) 골로새서 2:2-3 · 479
  4) 부기: 골로새서에 나타나는 그리스도와 지혜 · 481
    (1) 실제적인 바울의 소피아(Σοφία, 지혜) 사용 · 482
    (2) 추정되는 바울의 '지혜' 어휘 사용 · 484
4. 승귀하신 주로서의 그리스도 · 492
  1) 골로새서 1:10 · 493
  2) 골로새서 2:6 · 493
  3) 골로새서 3:1-4 · 494
  4) 골로새서 3:13-17 · 495
  5) 골로새서 3:18-4:1 · 497
  6) 골로새서 1:27-29 · 500
5. 결론 · 501
부록 I: 본문들 · 503
부록 II: 용법의 분석 · 507
부록 III: 골로새서 1:15-20의 구조에 대한 분석 · 510

제8장 에베소서에 나타나는 기독론 · 511

1. 자료에 대한 예비적 고찰 · 513
2. 하나님의 메시아적/영원한 아들이신 예수 · 515

   1) 하나님 아버지의 아들이신 그리스도 예수 · 515

      (1) 에베소서 1:2; 6:23 · 515

      (2) 에베소서 1:3, 6-7 · 516

      (3) 에베소서 1:4- 선재하신 하나님의 아들 · 518

      (4) 에베소서 1:7 · 519

      (5) 에베소서 4:13 · 521

   2) '우리' 아버지이신 하나님 · 523

      (1) 에베소서 2:18 · 523

      (2) 에베소서 3:14-16 · 524

      (3) 에베소서 4:6 · 525

      (4) 에베소서 5:1 · 525

      (5) 에베소서 5:20 · 526

      (6) 에베소서 5:5- 메시아적 왕이신 예수 · 527

3. 퀴리오스인 그리스도 · 528

   1) 에베소서 1:20-23- 하나님의 우편에 계신 승귀하신 그리스도 · 529

   2) 에베소서 4:4-6- 한 퀴리오스와 한 하나님의 삼위적 성격 · 532

   3) 에베소서 4:7-13- 승귀하신 그리스도, 은사 수여자 · 534

4. 그리스도와 신적 특권 · 538

   1) 에베소서 3:19; 5:1-2, 25-27- 그리스도의 사랑 · 538

   2) 에베소서 4:17- 수정된 맹세 형식 · 539

   3) 에베소서 4:21- 그리스도 안에 있는 진리 · 540

   4) 에베소서 5:8 14 그리스도, 빛의 구원 · 541

   5) 에베소서 5:10- 주를 기쁘시게 하는 삶 · 541

   6) 에베소서 5:17 (그리고 1:1; 6:6)- 주의 뜻과 하나님의 뜻 · 542

   7) 에베소서 5:19-20- 주께 그리고 주의 이름으로 부르는 찬송 · 542

8) 에베소서 6:5- 그리스도 주께 순종, 에베소서 6:8- 주의 보상 · 543
   9) 에베소서 6:10- 주 안에서의 강건 · 543
 5. 결론 · 544
 부록 I: 본문들 · 545
 부록 II: 용법의 분석 · 550

제9장 빌립보서에 나타나는 기독론 · 555
 1. 자료에 대한 예비적 고찰 · 556
 2. 그리스도의 선재성과 성육신- 빌립보서 2:6-8 · 557
   1) 엔 모르페 데우 휘파르콘(ἐν μορφῇ θεοῦ ὑπάρχων, 근본 하나님의 '본체' 시나- 6a) · 563
   2) 토 에이나이 이사 데오(τὸ εἶναι ἴσα θεῷ, 하나님과 동등됨- 6b) · 568
   3) 우크 하르파그모스(Οὐχ ἁρπαγμός, 취할 것으로 여기지 아니하시고- 6b) · 570
   4) 에케노센 헤아우톤(Ἐκένωσεν ἑαυτὸν, 자기를 비어- 7a) · 573
   5) 7-8절에 나타나는 분사의 역할 · 575
   6) "자신을 낮추시고" (8) · 581
   7) 부기: 대안적 입장에 대한 최종 언급 · 583
 3. 그리스도, 모든 이름 위에 뛰어나신 주- 빌립보서 2:9-11 · 587
   1) 하나님이 그를 지극히 높여 (9a) · 589
   2) 모든 이름 위에 뛰어난 이름 (9b) · 590
   3) 모든 무릎이 꿇을 것이다 (10) · 593
   4) 모든 입으로 시인하여 (11) · 595
 4. 그리스도, 하늘의 구주와 주- 빌립보서 3:20-21 · 597
   1) '구주'이자 '주'로서의 그리스도 · 598
   2) 우리 몸을 변화시키실 분 · 600
   3) 만물을 복종케 하심 · 603
 5. 다른 기독론적 구절/구문 · 604

1) 퀴리오스인 그리스도=칠십인경의 구문에 등장하는 여호와 · 605
      (1) 그리스도의 날 (1:6, 10; 2:16) · 605
      (2) 예수 그리스도의 성령 (1:19) · 605
      (3) 존귀히 되시는 그리스도 (1:20) · 606
      (4) 주 안에서 기뻐하라 (3:1; 4:4; 참고, 4:10) · 607
      (5) 그리스도 예수 안에서의 자랑(3:4), 그리스도 예수 나의 주를 아는
          것 (3:8) · 607
      (6) 주께서 가까우시니라 (4:5) · 608
   2) 신적 특권의 공유자 · 610
      (1) 예수 그리스도의 심장으로(1:8) · 610
      (2) 주 예수 안에서의 소망 (2:9)과 확신 (1:14; 2:24) · 610
      (3) 내게 능력 주시는 자 (4:13) · 612
 6. 바울과 그리스도를 향한 헌신 · 612
 7. 결론 · 614
 부록 I: 본문들 · 616
 부록 II: 용법의 분석 · 620

제10장 목회서신에 나타나는 기독론 · 623

 1. 디모데전서에 나타나는 기독론 · 626
  1) 자료에 대한 예비적 고찰 · 627
  2) 그리스도, 성육신하신 구주 · 628
     (1) 디모데전서 1:11-17 · 628
        ① 1:11 · 629
        ② 1:12-13 · 630
        ③ 1:14 · 633
        ④ 1:15 · 634
        ⑤ 1:16 · 636
        ⑥ 1:17 · 637

(2) 디모데전서 2:3-6 · 638
　　(3) 디모데전서 3:16 · 640
　　(4) 디모데전서 6:13-16 · 645
　3) 다른 기독론적 본문 · 647
　　(1) 하나님과 그리스도 (딤전 1:1-2) · 648
　　(2) 그리스도와 사도/신자들 · 649
2. 디도서에 나타나는 기독론 · 649
　1) 그리스도 예수 우리 구주 (딛 1:1-4) · 650
　2) 바울은 예수님을 '하나님'이라 부르고 있는가? (딛 2:11-14) · 654
　　(1) 그리스도, 하나님의 영광의 현현 (13) · 656
　　(2) 그리스도, 하나님의 은혜의 현현 (11, 14) · 662
　3) 그리스도, 성령을 주시는 분 (딛 3:6) · 664
3. 디모데후서에 나타나는 기독론 · 665
　1) 자료에 대한 예비적 고찰 · 666
　2) 선재하시고 성육신하신 예수 · 667
　　(1) 디모데후서 1:8-10 · 667
　　(2) 디모데후서 2:8-13 · 670
　3) 칠십인경에 나오는 퀴리오스가 되시는 그리스도 · 673
　　(1) 디모데후서 2:7 · 673
　　(2) 디모데후서 2:19 · 674
　　(3) 디모데후서 2:22 · 678
　　(4) 디모데후서 2:24 · 679
　　(5) 디모데후서 4:14 · 679
　　(6) 디모데후서 4:16-18 · 680
　　　① 4:16 · 681
　　　② 4:17(참고, 딤후 3:11) · 681
　　　③ 14:18a · 683
　　　④ 14:18b · 685
　4) 호 퀴리오스이시며 신적 특권을 소유하신 예수님 · 686

     (1) 기도와 송영의 대상이 되시는 예수 우리 주 · 686
        ① 디모데후서 1:16, 18 · 687
        ② 디모데후서 4:22 · 688
     (2) 하늘에 계신 왕이시며 재판장이신 주 예수 · 689
        ① 디모데후서 2:12 · 690
        ② 디모데후서 4:1 · 690
        ③ 디모데후서 4:8 · 692
        ④ 디모데후서 4:14 · 693
     (3) 주 앞에서 엄히 명함(딤후 2:14) · 693
     (4) 근원과 보존자 되시는 그리스도 주 · 696
  4. 결론 · 697
  부록 I: 본문들 · 699
  부록 II: 용법의 분석 · 704

제 II 부 : 종 합 · 709

제11장 그리스도, 신적 구주 · 711
  1. 구원에 있어서의 중심 역할 · 713
  2. 구원의 궁극적인 목적: 신형상으로의 재창조 · 714
  3. 바울 기독론에서 '그리스도를 향한 헌신'의 위치 · 720
     1) 개인적 헌신의 대상이신 그리스도 · 720
     2) 예배의 대상이신 그리스도 · 723
  부록: 바울의 구원론적 본문들 · 730

제12장 그리스도, 선재하시고 성육신하신 구주 · 735
  1. 성육신에 대한 바울 신학의 본질 · 736
  2. 창조와 구속의 대리자이신 그리스도 · 737

1) 고린도전서 8:6; 10:4, 9 · 738
  2) 골로새서 1:15-20 · 740
  3) 골로새서 2:9 · 742
 3. "가난하게 되신" 구원자로서의 그리스도 · 743
  1) 고린도후서 8:9 · 743
  2) 빌립보서 2:6-8 · 744
  3) 디모데후서 1:9-10 · 745
 4. '보내심을 받은' 하나님의 아들 · 746
  1) 갈라디아서 4:4-7 · 746
  2) 로마서 8:3-4 · 748
  3) 디모데전서 1:15; 2:5; 3:16 · 749
 5. 바울과 성육신의 중요성 · 750

제13장 둘째 아담으로서의 예수님 · 753
 1. 바울과 새 창조 신학 · 754
 2. 죄와 죽음– 명시적 비교 · 757
  1) 고린도전서 15:21-22 · 757
  2) 고린도전서 15:44-49 · 758
  3) 로마서 5:12-21 · 759
 3. 하나님의 형상으로서의 그리스도– 암시적 비교 · 760
  1) 고린도전서 15:49 · 761
  2) 고린도후서 3:18; 4:4-6 · 762
  3) 로마서 8:29 · 763
  4) 골로새서 1:15 · 764
  5) 골로새서 3:10 · 765
  6) 빌립보서 2:6-8 · 765
 4. 바울의 강조– 진정한 사람이신 신적 구주 · 767
  1) 바울과 역사적 예수 · 768

        (1) "예수의 삶"에 대한 지식 · 769
        (2) 예수님의 가르침에 대한 지식 · 770
    2) 바울과 지상의 예수 · 772
        (1) 빌립보서 2:6-8 · 772
        (2) 디모데전서 2:5; 3:16 · 772
        (3) 갈라디아서 4:4-5; 로마서 8:3 · 773
        (4) 갈라디아서 3:16; 로마서 1:3; 9:5; 디모데후서 2:8 · 773
        (5) '예수'라는 이름의 사용 · 774
        (6) "우리 죄를 위하여 죽으신" 분 · 774
        (7) 우리 죄를 아시는 분 · 775

제14장 예수: 유대적 메시아와 하나님의 아들 · 777

 1. 하나님의 메시아적 아들이신 예수님 · 779
    1) 궁극적인 걸림돌: 십자가에 못 박히신 메시아이신 예수님 · 781
        (1) 고린도전서 15:3; 1:18-25 · 781
        (2) 갈라디아서 1:14; 빌립보서 3:4-6 · 782
        (3) 갈라디아서 3:13; 고린도전서 1:22 · 784
    2) 그리스도와 유대교의 기본 내러티브 · 786
        (1) 창조 · 787
        (2) 아브라함(이방인도 포함된다는 언약과 함께) · 788
        (3) 출애굽(노예로부터의 해방과 약속의 땅 수여) · 789
        (4) 율법 수여 · 791
    3) 다윗의 자손이신 하나님의 아들 예수 · 791
        (1) 출애굽기 4:22-23 · 792
        (2) 사무엘하 7:13-14, 18 (칠십인경) · 792
        (3) 시편 2:2, 7-8, 72:1 (71:1 칠십인경) · 793
        (4) 시편 89:26-27 (88:27-28 칠십인경) · 794
        (5) 복음서에 나타나는 예수님에 대한 이야기 · 794

2. 종말론적 왕/하나님의 아들이신 예수 · 796
  1) 로마서 1:2-4 · 797
  2) 고린도전서 15:24-28 · 798
  3) 골로새서 1:13-15 · 799
3. 하나님의 선재하시고 영원하신 아들로서의 예수 · 800
  1) 용어 사용 자료 · 800
  2) 구주이신 하나님의 아들 · 801
  3) 하나님의 아들이신 예수님 · 804
    (1) 아바 탄원 · 804
    (2) 아브라함과 이삭의 반영 (창 22장) · 805
    (3) 갈라디아서 2:20 · 806
  4) 하나님의 형상을 지니신 아들 · 807
  5) 창조자이신 하나님의 아들 · 807
4. 결론: "근원"에 대한 질문 · 809
부록: 바울 서신에 나타나는 하나님의 아들/하나님 아버지 본문
  · 812

제15장 예수: 유대적 메시아와 승귀하신 주 · 817

1. 예수 그리스도, 메시아이신 승귀하신 주– 시편 110:1 · 819
2. 모든 이름 위에 '뛰어난' 이름 · 823
  1) 예수, 쉐마의 주 (고전 8:6) · 823
  2) 이름 부여 (빌 2:10-11) · 825
  3) 이름 고백 (롬 10:9-13) · 827
  4) 이름을 부름 (고전 1:2, 기타 구절) · 828
3. 주 예수: 종말론적 재판장 · 831
  1) 주의 날 · 831
  2) 주의 파루시아 · 832
    (1) 데살로니가전서 3:13 (슥 14:5); 4:16 (시 47:5) · 832

    (2) 데살로니가후서 1:7-8 (사 66:15, 4) · 833
  3) 주 예수: 자기 백성의 현재와 종말론적 재판장 · 834
    (1) 데살로니가전서 4:6 · 835
    (2) 고린도전서 4:4-5 · 835
    (3) 고린도후서 5:9-11 · 835
  4) 주 예수: 악인의 종말론적 재판장 · 837
    (1) 데살로니가후서 1:9-10 (사 2:10; 시 89:7; 68:35) · 837
    (2) 데살로니가후서 2:8 (사 11:4) · 838
4. 주 예수: 기도의 대상 · 839
  1) 데살로니가전후서에 나타나는 '주'께 드리는 기도 · 839
  2) 다른 곳에 나타나는 주께 드리는 기도 · 841
5. 주 예수: 신적 특권을 공유하신 분 · 842
  1) 그리스도, 칠십인경 본문의 '주' · 843
    (1) 주 안에서의 자랑- 고린도전서 1:31(렘 9:23-24) · 843
    (2) 주의 마음- 고린도전서 2:16 (사 40:13) · 843
    (3) 주께서 사랑하시는 자- 데살로니가후서 2:13 (신 33:12) · 844
    (4) 주께서 너희와 함께 하시리라- 데살로니가후서 3:16 (룻 2:4)
       · 844
    (5) 주께서 가까우시니라- 빌립보서 4:5(시 145:18) · 845
  2) 신적 특권을 공유하는 퀴리오스(κύριος)와 데오스(θεός) · 845
    (1) 그리스도/하나님 안에 거하는 그리스도인의 경험 · 846
    (2) 주/하나님의 은혜 · 846
    (3) 주/하나님의 평화; 평화의 하나님/주 · 847
    (4) 주/하나님께 합당히 행함 · 847
    (5) 파루시아 시의 신적 임재 · 847
    (6) 신자들을 강건케 하시는 주/하나님 · 848
    (7) 주/하나님의 말씀 · 848
    (8) 주/하나님의 신실하심 · 848
    (9) 우리 주 예수 그리스도의 복음 · 849

(10) 주/하나님의 영광 · 849
(11) 그리스도께서 보내신/사명을 주신 바울 · 850
(12) 주/하나님의 능력 · 850
(13) 주/하나님께서 주셨다 · 851
(14) 주/하나님의 뜻 · 851
(15) 주/하나님을 기쁘게 함 · 851
(16) 하나님/그리스도의 모임(들) · 852
(17) 주를 경외함 · 852
(18) 주의 성령 · 853
6. 결론 · 853

제16장 그리스도와 성령: 원-삼위일체론자로서의 바울 · 857
1. 바울 사상에 나타나는 성령의 인격과 역할 · 858
2. 바울 사상에 나타나는 그리스도와 성령 · 861
3. 바울의 신적 삼위 · 863

부록 A: 그리스도와 인격화된 지혜 · 869
1. 바울이 그리스도와 지혜를 동일시했는가? · 875
  1) 고린도전서 8:6(그리고 1:24, 30) · 875
  2) 골로새서 1:15-18 · 877
  3) 고린도후서 4:4-6 · 878
2. 바울과 지혜 전승 · 879
  1) 바울의 지혜 전승 인용 · 880
  2) 바울의 지혜 전승 사용에 담긴 특성 · 883
  3) 시락서와 솔로몬의 지혜서를 사용하지 않는 바울 · 884
3. 창조의 '대리자'로서의 지혜 · 885
  1) 인격화의 본질에 대한 질문 · 885

2) 본문: 지혜와 창조 · 889
      (1) 시편 104:24 · 890
      (2) 잠언 3:19-20 · 890
      (3) 잠언 8:22-31 · 891
      (4) 시락서 24:1-22 · 893
      (5) 솔로몬의 지혜서 6:12-9:18 · 894
         ① 솔로몬의 지혜서: 개관 · 894
         ② 지혜서 7:22(7:21 칠십인경) · 898
         ③ 지혜서 8:4-6 · 898
         ④ 지혜서 9:1-2, 9 · 899
4. 결론 · 902
추가 부록 I: 네슬레–알란트 27판의 난외주 · 904
추가 부록 II: 지혜 본문 · 910

부록 B: 칠십인경 인용과 반영을 통해 그리스도를 지칭하는 바울의 퀴리오스 사용 · 915

참고문헌 · 923
색 인 · 951

PAULINE CHRISTOLOGY

약어표

General

ad loc.	at the place discussed
cf.	compare
ch(s).	chapter(s)
contra	against
e.g.	for example
i.e.	that is
esp.	especially
ET	English translation
Gk.	Greek
lit.	literally
𝔐	Majority text
MS(S)	manuscript(s)
n(n).	note(s)
pace	contrary to the opinion of
par(s).	parallel(s)
p(p).	page(s)
repr.	reprint
q.v.	which see
s.v.	under the word
v(v).	verse(s)

Secondary Sources

AB	Anchor Bible
ABR	*Australian Biblical Review*
ASBT	Acadia Studies in Bible and Theology
BAGD	Bauer, W., W. F. Arndt, F. W. Gingrich, and F. W. Danker. *Greek-English Lexicon of the New Testament and Other Early Christian Literature.* 2d ed. Chicago, 1979

BDAG	Bauer, W., F. W. Danker, W. F. Arndt, and F. W. Gingrich. *Greek-English Lexicon of the New Testament and Other Early Christian Literature*. 3d ed. Chicago, 1999
BECNT	Baker Exegetical Commentary on the New Testament
BETL	Bibliotheca ephemeridum theologicarum lovaniensium
BEvT	Beiträge zur evangelischen Theologie
BibSem	Biblical Seminar
BJS	Brown Judaic Studies
BSac	*Bibliotheca sacra*
BTB	*Biblical Theology Bulletin*
BZNW	Beihefte zur Zeitschrift für die neutestamentliche Wissenschaft
CBQ	*Catholic Biblical Quarterly*
ConBNT	Coniectanea biblica: New Testament Series
CTJ	*Calvin Theological Journal*
DJG	*Dictionary of Jesus and the Gospels*. Edited by J. B. Green and S. McKnight. Downers Grove, Ill., 1992
DPL	*Dictionary of Paul and His Letters*. Edited by G. F. Hawthorne and R. P. Martin. Downers Grove, Ill., 1993
EBib	*Etudes bibliques*
EDNT	*Exegetical Dictionary of the New Testament*. Edited by H. Balz and G. Schneider. 3 vols. ET. Grand Rapids, 1990–1993
EstBib	*Estudios biblicos*
ETL	*Ephemerides theologicae lovanienses*
ETR	*Etudes théologiques et religieuses*
EvQ	*Evangelical Quarterly*
ExpTim	*Expository Times*
FRLANT	Forschungen zur Religion und Literatur des Alten und Neuen Testaments
GTJ	*Grace Theological Journal*
HTR	Harvard Theological Review
HUCA	Hebrew Union College Annual
ICC	International Critical Commentary
JBL	*Journal of Biblical Literature*
JETS	*Journal of the Evangelical Theological Society*
JSJ	*Journal for the Study of Judaism in the Persian, Hellenistic, and Roman Periods*
JSNT	*Journal for the Study of the New Testament*
JSNTSup	Journal for the Study of the New Testament: Supplement Series
JTC	*Journal for Theology and the Church*
JTS	*Journal of Theological Studies*

LCL	Loeb Classical Library
LD	Lectio divina
LS	*Louvain Studies*
MHT	Moulton, J. H., W. F. Howard, and N. Turner. *A Grammar of New Testament Greek*. 4 vols. Edinburgh, 1996–1999
MM	Moulton, J. H., and G. Milligan. *The Vocabulary of the Greek Testament*. London, 1930. Reprint, Peabody, Mass., 1997
NA²⁷	Nestle-Aland, *Novum Testamentum Graece*. Edited by B. Aland et al. 27th ed. Stuttgart, 1993
NCB	New Century Bible
NICNT	New International Commentary on the New Testament
NICOT	New International Commentary on the Old Testament
NIDNTT	*New International Dictionary of New Testament Theology*. Edited by C. Brown. 4 vols. Grand Rapids, 1975–1985
NIGTC	New International Greek Testament Commentary
NovT	*Novum Testamentum*
NovTSup	Novum Testamentum Supplements
NT	New Testament
NTS	*New Testament Studies*
NTT	New Testament Theology
OBS	Oxford Bible Series
OT	Old Testament
PSB	*Princeton Seminary Bulletin*
RB	*Revue biblique*
RevExp	*Review and Expositor*
SANT	Studien zum Alten und Neuen Testaments
SBLDS	Society of Biblical Literature Dissertation Series
SBLMS	Society of Biblical Literature Monograph Series
SBT	Studies in Biblical Theology
SD	Studies and Documents
SJT	*Scottish Journal of Theology*
SJTOP	Scottish Journal of Theology Occasional Papers
SNTSMS	Society for New Testament Studies Monograph Series
SNTSU	Studien zum Neuen Testament und seiner Umwelt
SP	Sacra pagina
SVTQ	*St. Vladimir's Theological Quarterly*
TDNT	*Theological Dictionary of the New Testament*. Edited by G. Kittel and G. Friedrich. Translated by G. W. Bromiley. 10 vols. Grand Rapids, 1964–1976
TJ	*Trinity Journal*
TNTC	Tyndale New Testament Commentaries
TUGAL	Texte und Untersuchungen zur Geschichte der altchristlichen Literatur

TZ	*Theologische Zeitschrift*
UBS⁴	United Bible Societies, *The Greek New Testament*. Edited by B. Aland et al. 4th ed. Stuttgart, 1994
UNT	Untersuchungen zum Neuen Testament
VE	*Vox evangelica*
WBC	Word Biblical Commentary
WBT	Word Biblical Themes
WMANT	Wissenschaftliche Monographien zum Alten und Neuen Testament
WTJ	*Westminster Theological Journal*
WUNT	Wissenschaftliche Untersuchungen zum Neuen Testament
ZNW	*Zeitschrift für die neutestamentliche Wissenschaft und die Kunde der älteren Kirche*
ZWT	*Zeitschrift für wissenschaftliche Theologie*

Bible Versions

ESV	English Standard Version
GNB	Good News Bible (= TEV)
JB	Jerusalem Bible
KJV	King James Version (Authorized Version)
LXX	Septuagint
Montgomery	Centenary Translation of the New Testament
MT	Masoretic Text
NAB	New American Bible
NASB	New American Standard Bible
NASU	New American Standard Bible, Updated Version
NET BIBLE	The NET Bible (online: http://net.bible.org/bible.php)
NIV	New International Version
NJB	New Jerusalem Bible
NLT	New Living Translation
NRSV	New Revised Standard Version
Phillips	The New Testament in Modern English
REB	Revised English Bible
RSV	Revised Standard Version
TCNT	Twentieth Century New Testament
TEV	Today's English Version
TNIV	Today's New International Version

Greek and Latin Works

Chrysostom
    Hom. Col.   *Homiliae in epistulam ad Colossenses*
Jos. Asen.   *Joseph and Aseneth*
Josephus
    Ant.   *Jewish Antiquities*

Justin Martyr
    Dial.   *Dialogue with Trypho*
Philo
    Agr.   *De agricultura*
    Cher.   *De cherubim*
    Conf.   *De confusione linguarum*
    Ebr.   *De ebrietate*
    Fug.   *De fuga et inventione*
    Leg.   *Legum allegoriae*
    QG   *Quaestiones et solutions in Genesin*
    Somn.   *De somniis*
Tertullian
    Marc.   *Adversus Marcionem*

PAULINE CHRISTOLOGY

제1장

서 론

　바울 서신들을 단지 수박 겉핥기식으로 읽는 사람들조차도 그리스도에 대한 바울의 헌신이 그의 인생에서 가장 중요하며 열정적이었음을 일찍부터 깨닫게 된다. 그의 후기 서신들 가운데 하나에서 바울이 말한 "이는 내게 사는 것이 그리스도니 죽는 것도 유익함이라"(빌 1:21)라는 내용은 기독교인으로서 그의 전 생애를 위한 일종의 구호로 볼 수 있다. 그리스도는 바울에게 있어 모든 것의 시작이며 목표이다. 그래서 처음부터 끝까지 그리스도만이 유일하고 위대한 실재이다. 따라서 어떤 사람이 내가 이 책에서 시도한 일 즉 바울의 기독론을 제시하는 일을 시도하려면, 그는 자신이 지금 무엇을 하고 있는지에 대해 분명히 알고 있어야 한다. 결국 그리스도는 바울 서신의 모든 곳에서 등장한다.[1] 그러므로 우리의 첫 번째 과제는 '기독론'이라는 단어가 무엇을 의미하는지를 명확하게 하고, 또한 '바울의'(Pauline)라는 말의 의미를 바르게 분명하게 정의하는 일이다.

1. 바울의 기독론: 정의(定義)

　본서에서 '기독론'이라는 단어는 오로지 그리스도의 위격(person) 즉 그리

---

1) 롬 1:16-3:20은 예외다. 이 단락은 눈에 띄리만큼 하나님에 관한 언급이 지배적이고, 그리스도는 한 번만(2:16) 바울의 복음과 관련되어서 언급되고 있다.

스도가 누구였고 누구인지에 대한 바울의 이해를 언급하는 데에만 사용된다. 따라서 이 단어는 그리스도가 구세주로서 우리를 위해 어떤 일을 하셨는지에 관한 내용인 그리스도의 사역(work)과는 구별이 된다. 하지만 이런 구별은 또한 우리가 직면하는 첫 번째 난제이다. 왜냐하면 기독론과 구원론 사이의 구별은 바울 자신이 만든 구별은 아니기 때문이다.[2] 만일 그리스도가 바울 인생에 있어 단 하나의 열정이었다면, 이 열정의 초점은 그리스도의 구속사역이다. 그리고 바울은 "그리스도가 우리의 죄를 위해 성경대로 죽으셨다"(고전 15:3)고 말하는 것이 무엇을 의미하는지를 적어도 어느 정도는 이해할 수 있도록 의도적인 순간에 충분히 자주 설명한다.[3]

---

2) 11장에서 언급했듯이, 이것은 바울에게 있어서 인위적인 구별에 불과하다. 참고, S. Kim: "바울에게 있어 기독론과 구원론은 전자가 후자의 기초가 된다는 점에서 별개의 둘이 아닌, 하나이다." (*The Origin of Paul's Gospel* ⟨WUNT 2/4; Tübingen: Mohr Siebeck, 1981⟩, 100) 그리고 H. Ridderbos: "바울의 기독론은 구속적 사실들에 관한 기독론이다" (*Paul: An Outline of His Theology* ⟨Grand Rapids: Eerdmans, 1975⟩, 49). 이런 관계에 대한 유용한 인식은 학자들로 하여금 어느 정도 의견일치를 보아 하나의 길을 따라 연구를 진행시켜 오도록 만들었다. 하지만 이 책에서는 서술(narrative)을 통해 기독론을 연구하려는 시도는 취하지 않는다. 참고로 다음을 보라. B. Witherington, *Paul's Narrative Thought World: The Tapestry of Tragedy and Triumph* (Louisville: Westminster John Knox, 1994), 86-214, M. L. Soards, "Christology of the Pauline Epistles," in *Who Do You Say I am? Essays on Christology* (ed. M. A. Powell and D. R. Bauer; Louisville: Westminster John Knox, 1999), 88-109, F. Matera, *New Testament Christology* (Lousville: Westminster John Knox, 1999), 83-133. 바울의 기독론을 호칭(titles)에만 의존하지 말아야 한다는 견해에 나는 동의한다. 하지만 문제는 이 책에서 (잘했든 잘못했든 간에) 시도되어진 것, 즉 이 책의 4장(pp. 313-317)과 11장에서 지적한 것처럼, 비록 후자(구원론)가 전자(기독론)에 깊이 영향을 미쳤을지라도, 기독론을 그 자체로서만 보는 것, 따라서 기독론을 구원론과 깊이 관련시켜서는 보지 않으려고 시도해 보는 것이다.

서사적 접근이 가지는 맹점은 이것이 바울의 기독론적 전제들(presuppostions) - 각주 8이하를 보라 - 을 다루는데 문제가 있다는 것이다. 이것은 특별히 데살로니가전서의 기독론을 연구했던 Matera의 논의(*New Testament Christology*, 90-91)에서 등장하는데, 그는 바울 자신과 그의 독자들 사이에 바울이 전제하고 있는 기독론을 고려하지 못했다는 점이다. 더군다나, Witherington과 Matera는 의인화된 지혜를 서사(narrative)의 일부로 결합시키려고 시도한다. 하지만, 바울 서신을 그냥 읽어보아도 이것은 설득력이 없다. 왜냐하면 지혜문서들(특히, 시락서와 솔로몬의 지혜서)를 제외하고는 "그것(지혜- 역주)"이 이스라엘의 중요한 서사에서 별다른 역할을 하지 않기 때문이며, 또한 바울 서신에서도 마찬가지이다. 바울은 그의 편지에서 이 두 작품(시락서와 솔로몬의 지혜서- 역주)을 인용하지도 암시하지도 않는다. 부록 A를 보라.

3) 물론 수 세기에 걸친 논쟁이 이 질문에 집중된 이래로, 이것은 너무 쉽게

이것은 곧바로 우리를 두 번째 난제로 인도한다. 즉 바울 서신 전체에서 의도적으로 기독론적이라고 묘사될 수 있는 대목은 골로새서 1:15-17 단 하나뿐이라는 점이다. 이 본문에서, 권세(the powers)에 매혹된 나머지 그리스도의 역할, 따라서 결국 그리스도의 인격의 중요성을 (외관상으로는) 축소시키려는 사람들에 대항해, 바울은 의도적으로 권세(the powers)를 성부 아버지의 영원하신 아들과의 관계 속에 위치시킨다.[4] 그리고 만일 이 본문이 대부분의 신약학자들이 주장하듯이 두 연으로 구성된 찬송(two-stanza 'hymn')의 첫 번째 연(stanza)에 해당한다면, 두 번째 연(18-20절) 모두는 바울의 기독론적인 관심들을 주로 담고 있다.

셋째로 여러 면에서 가장 큰 난제는 바울의 '신학'이 분명히 설명되지 않고, 다만 전제되거나 주장되어지는 방식으로 표출되는 그의 편지들의 수많은 상황들[5]로부터 일관된 기독론을 찾아낼 수 있는가 하는 피할 수 없는 질문이다. 본서의 연구에서 나의 궁극적인 관심사는 그리스도의 위격에 관한 바울 사상의 일관성에 있다. 하지만 이 일관성에 도달하기 위해서 사람들이 취해야 할 접근방법은 여러 서신들의 상황성을 통해서인데, 이 서신들에는 기독론적으로 명백한 의도가 없다(바울이 그리스도의 위격에 대해 믿은 바를 체계적으로 설명한다는 의미에서 그렇다).[6]

이야기되는데, 내 확신에는 대부분 바울이 '죄'의 어떤 단면을 염두에 두고 있느냐에 따라, 그리스도의 죽음의 구원론적 결과를 표현하는데 다양한 비유들을 사용하고 있다. 우리가 신학적 난관을 겪게 되는 것은 이 비유들을 바울의 용법을 넘어서는 지경에까지 몰고 가기 때문이다. G. D. Fee, "Paul and the Metaphors of Salvation: Some Reflections on Pauline Soteriology," in *The Redemption: An Interdisciplinary Symposium on Christ as Redeemer* (ed. S. T. Davis, D. Kendall, and G. O'Collins; Oxford University Press, 2004), 43-67을 보라.

4) 어떤 이들은 이 마지막 구절을 후기의 기독론적 강조를 전제한다고 볼지도 모르겠다. 하지만 7장의 이 단락에 대한 주해(pp. 449-451)에서 지적하듯이, 골 1:15-20의 관계대명사 who의 문법적 선행사는 13절의 '그 사랑하는 아들'로서, 그 아들의 나라로 이방인인 골로새인들이 옮겨졌다. 따라서 나의 용어는 이 단락에서 바울이 실제 이야기하고 있는 바에 의해 설명되어진다.
5) 바울 신학을 다룸에 있어 이 용어('상황적 순간들'/상황- 역주)를 사용하는 것에 대해서는 다음을 보라. J. C. Beker, *Paul the Apostle: The Triumph of God in Life and Thought* (Philadelphia: Fortress, 1980), 11-15.
6) 이것에 관한 전체 질문에 관해서는 다음의 M. Hengel의 주장을 참고하라. "우리는 바울 서신에서 거의 30년이라는 기간에 걸친 바울의 구두(oral) 설교의 최소한의(그리고 부분적으로는 우연히 보존된) 축약문을 가지고 있으며, 그럼에도 불구하고 이 축약문은 놀라울 정도로 위대한 사상가를 드러낸다는 점을 잊지

이러한 난제는 고전 1:9, 18-25을 간단히 보는 것만으로도 충분히 설명될 수 있다. 편지 서두의 감사기도는 본론부에 가서 논의될 신학적이고 윤리적인 논쟁들로 가득 채워져 있는데 바울은 이 감사기도의 결어인 9절에서, 고린도의 성도들이 궁극적으로 종말론적 상을 얻는 것은 전적으로 하나님의 신실하심에 달려있다고 주장한다. 고린도교인들을 위한 하나님의 신실하심의 증거와 근거는 하나님이 그들을 그의 아들, 예수 그리스도 우리 주와 더불어 교제(κοινωνια)[7] 하도록 부르셨다는 사실이다. 이 용어들을 사용함으로써 바울은 예수라 이름하는 역사적 인물에 부여된 '아들,' '그리스도' 그리고 '주'라는 세 개의 명칭에 대해 자신과 고린도교인들 사이에 있는 공통된 기독론적 기초를 전제하고 있다. 동시에 이것은 후대 기독교인들에게 너무나 익숙해진 단어여서 우리는 이 일련의 이름/호칭들을 하나의 실재(a singular reality)로 읽는다. 그리고 사실 이 경우에 이것이 거의 확실하게 그런 의도로 쓰였다.

하지만 이 서신의 첫 주장의 서두(1:18-25)에 이르면, 우리는 고린도교인들과 우리 둘 다 선입관을 수정해야 함을 깨닫게 된다. 왜냐하면 '그리스도'라는 명칭이 유대교의 메시아 사상으로부터 의미를 가져오지만 분명히 독특한 변화를 가지고 있음이 밝혀지기 때문이다. 정말로, '하나님의 아들'이시고, 지금은 승귀하신 '주'이신 예수는 아무도 기대하지 않았던 메시아 그리고 고린도의 성도들이 피하고 있었던 메시아로 판명이 되었다. 왜냐하면 '십자가에 못박힌 메시아'는 그들의 메시아에게서 좀 더 승리주의를 기대했던 사람들에게는 궁극적으로 스캔들이고 어리석음이기 때문이다.

따라서 원하든 그렇지 않든 간에 하나님의 신실하심에 대한 그리스도인들의 이 기본적인 주장(1:9)과 예수가 메시아 되심이 무엇을 의미하는지에 관한 고린도전서에서의 첫 설명(1:18-25)은 만일 누군가 바울에게 공정하기를 원

말아야한다. 바울의 설교의 풍요로움은 훨씬 더 위대했을 것임에 틀림없다!" ("Sit at My Right Hand! The Enthronement of Christ at the Right Hand of God and Psalm 110:1," in *Studies in Early Christology* 〈Edinburgh: T&T Clark, 1995〉, 163). 확실히 그렇다!

7) 어려운 이 구절의 의미에 대해서는 다음을 보라. G. D. Fee, *The First Epistle to the Corinthians* (NICNT; Grand Rapids: Eerdmans, 1987), 45. 참고, A. T. Thiselton: "The Communal Participation of the Sonship of Christ" (*The First Epistle to the Corinthians: A Commentary on the Greek Text* 〈NIGTC; Grand Rapids: Eerdmans, 2000〉, 103-5) 그리고 D. Garland: "Into Common-Union with His Son" (1 Corinthians 〈BECNT; Grand Rapids: Baker Academic, 2003〉, 35-36).

한다면 익숙해져야 할 기독론적인 전제들로 가득 차 있다. 우리의 기독론적인 과제는 바울이 그리스도에 대해서 전제적으로(presuppostionally) 이해하고 있는 바를 찾아내는 것이며, 또한 그리스도에 대한 바울의 직접적이거나 우연한 언급들에 근거해서 그렇게 하는 것이다.[8]

그리고 이것은 또 다른 네 번째의 주요한 난제에 대해 몇 마디를 하게 만든다. 어느 누구도 이 서신서들을 어떤 전제도 없는 백지상태(tabula rasa)로 읽을 수 있을 것이라 기대 할 수도 없고 또한 기대하지도 말아야 한다. 어려운 점은 자기 자신의 전제들을 인정하는 것이며(다른 사람의 전제는 더 분명하게 볼 수 있다.), 또한 항상 바울에 대한 우리의 이해가 바울 자신이 믿은 바에 근거한 것인지, 아니면 바울이 믿었을 것이라 오랫동안 우리가 추측하는 바에 근거하는지 질문하는 것 또한 어려운 것이다. 어떤 경우든, 우리가 바울이 주장한 기독론을 읽고 있는 것이 아니라, 그의 가정된(assumed) 기독론을 읽고 있음과 또한 그의 편지들에서 바울이 독자들 편에서도 알 것이라 전제하고 있는 기독론을 읽고 있다는 점을 이 책은 우리에게 꾸준히 상기시켜 줄 것이다.[9]

이것은 우리에게 주어진 것이기 때문에 그리고 모든 바울의 서신들은 그와 그의 독자들의 우연한 상황들에 근거한 전제들로 가득 차 있기 때문에, 사람들은 바울 서신의 그리스도에 대한 단 하나의 진술, 때로는 각기 독립된 진술들로부터 얼마나 많은 신학적 체계를 만들어 낼 수 있을지에 대한 각별한 주의가 필요하다.[10] 이것을 올바르게 할 수 있으려면, 다양한 방식으로 바울 서

---

8) L. Hurtato는 다음과 같이 언급한다. "바울은 특징적으로 그가 주장하는 기독론적 신념들에 익숙함을 전제하고 있는 듯하다."(*Lord Jesus Christ: Devotion to Jesus in Earliest Christianity* ⟨Grand Rapids: Eerdmans, 2003⟩, 98). 초기 6개의 편지들의 직접적이지 않는 기독론에 대해서는 다음의 D. J. Moo의 견해를 참고하라. "첫째, 바울과 그의 교회들은 표면적으로 예수가 누구였는지에 대해 기본적으로 동의하고 있다." 그리고 "둘째, 바울은 예수의 인격에 대한 상당한 그의 이해를 자기 이전의 기독교인들에게서 물려받은 것이 틀림없다."("The Christology of the Early Letters of Paul," in *Contours of Christology in the New Testament* ⟨ed. R. N. Longenecker, Grand Rapids: Eerdmans, 2005⟩, 169.)
9) 앞 각주의 내용을 보라. 이 요점은 반복되어야 하고 강조될 필요가 있는데, 그 이유는 사람들은 자기들이 찾고 있는 것에 익숙해질 수 있기 때문이다(그리고 어떤 점에서 이것은 사실이다). 그러나 바울이 이것 중의 어떤 것도 주장하지 않는다는 사실은 그와 그들의 공유된 전제들의 관점에서 볼 때 특별히 중요하다.
10) 이것은 특별히 어떤 이들이 바울에게서 발견할 수 있는 특별한 본문(고전 15:47)에 근거한 영 기독론(Spirit Christology)이라 주장되어지는 것과 관련하여

신 전체에 반복되고 있는 그리스도에 대한 진술들에 초점을 맞추어야 한다.

이러한 다양한 이유 때문에 나는 각각의 바울 서신에 차례로 등장하는 기독론들을 찾고, 따라서 각각의 서신서 그 자체를 분석하면서, 거의 주해적인 (exegetical) 방법으로 바울의 기독론을 찾으려 시도했다.[11] 비록 바울이 그리스도를 다양한 방식으로 명명하기 때문에 그리고 그것들 중 몇몇은 호칭이라는 점 때문에 피할 수 없는 점임에도 불구하고, 본서에서 피한 것은 호칭들에 대해 분석한 기독론이다. 그렇게 하는 중에 나는 린더 켁(Leander Keck)이 말한 대로 우리는 "신학적 담론의 문법"(the grammar of the theological discourses)을 존중해야 한다는 그의 충고를 따르려고 시도한다.[12] 각각의 편지들이 그 자체의 기독론적 강조점들을 가지는 경향이 있기 때문에, 이 책을 신약 정경의 순서대로 배열하는 것은 (저자뿐만 아니라) 독자를 더 "혼란스럽게 해서 방향을 잃게 만들 것"이라는 점을 나는 알게 되었다. 그래서 나는 각각의 편지들에 나타나는 특정한 주제들이나 용법을 중심으로 본문들을 그룹으로 분류하고, 각 장의 초두에 그 이유를 설명하기로 했다. 또한 특정한 본문들이 어디에서 상세하게 논의되고 있는지 알기 원하는 사람들을 위해서 상세한 목차를 포함시키기로 결정했다.[13]

따라서 본서에서 기독론은 그리스도의 위격에 대한 바울의 이해와 관련되는 것으로, 바울의 그러한 이해는 바울 서신에 그리스도에 대한 직접적인 진술과 또한 바울과 그의 독자들 사이에 서로 가지고 있는 전제들(assumptions)로 가득 찬 진술들로 등장하고 있다. 따라서 처음부터 다음과 같은 점이 반

표면으로 드러난다. 하지만 이것은 바울의 창 2:7을 사용한 것과 바울이 그리스도와 아담 사이의 의도적인 대조를 만든 것의 직접적인 결과로 단 한번 표현된 것뿐이다. 3장(pp. 197-205)과 13장(pp. 753-776)의 논의를 보라.

11) 서사적 접근(narrative approach, 각주 1을 보라)에 비해 이것의 장점은 서사의 이전 구조(prior construction)에 어울리지 않는 것을 덜 간과하거나 덜 생략하게 된다는 점이다. Moo가 옳게 지적한대로("Christology," 170) 주해적 접근의 주요 단점은 이것이 "단조롭게 반복적"(caveat lector!)이 될 수 있다는 점이다. 그러나 동시에 이 책의 연구의 증거는 "바울 서신들이 쓰여진 십 년 동안 바울의 기독론에서 현저한 발전이 일어나지 않은 것처럼 보인다(ibid)"는 그의 주장을 지지한다. 게다가, 14-15장에서 주장하듯이, 바울의 주요한 두 개의 기독론적 강조점들은 이것들을 이스라엘의 (따라서 바울의) 기본 서사 안에서 위치시키지 않으면 이해하는 것이 거의 불가능하다는 점이다.

12) L. E. Keck, "Toward the Renewal of New Testament Christology," *NTS* 32 (1986), 370.

13) 독자들을 돕는 또 다른 방법으로, 성구 색인란에서 좀 더 자세히 논의되는 구절은 굵은 글자로 표시를 해서, 단순히 언급되는 구절과 구분을 시켰다.

드시 강조되어야 하는데, 그것은 본서에서 다루는 이슈는 성육신(혹은 그리스도의 선재〈preexistence〉)의 교리 그 자체가 아니라, 오히려 필자나 다른 사람들이 이것(성육신의 교리 - 역주)에 관해 믿는지 믿지 않는지와 관계없이, 바울이 그것(성육신의 교리 - 역주)을 믿고 주장했는지 혹은 하지 않았는지에 관한 바울 자신의 신학이다. 물론 나는 결국 신자이지만, 내가 이런 점에서 성공적인지는 다른 사람들이 판단할 일이다.

이런 방식을 취함으로써, 나는 동시에 내가 '바울의'(Pauline)라는 말로 의미하는 바가 무엇인지에 관해 분명히 하려고 한다. 이 책의 주해를 다루는 장들에서, 이 단어는 정경으로 인정된 바울의 모든 서신들과 관련이 있으며, 따라서 '바울의 기독론'(Pauline Christology)은 본서에서 정경상의 바울(canonical Paul)을 의미한다. 이렇게 함으로써, 나는 의도적으로 여러 가지 중요한 방법론적 결정을 내리고 있다. 첫째, 이 결정에 내재해 있는 것은 한 개의 편지 혹은 몇 개의 편지가 다른 편지들보다 더 중요하지 않다는 가정이다.[14] 예를 들면, 이 점에서 어느 정도 독특한[15] 로마서가 다른 서신들에서 찾아내야만하는 것을 위한 의제를 제공하지 않는다.[16]

---

14) 이것과 관련있는 것은 "실제"(real) 바울과 "제2정경적인"(deuterocanonical) 바울(예를 들면, Matera, *New Testament Christology*; 참고, C. Tuckett, *Christology and the New Testament: Jesus and His Earliest Followers* 〈Louisville: Westminster John Knox, 2001〉)에 대한 글을 쓴 사람들에게서 발견하는 내재된 어려움이다. 주장되어지는 차이점들은 오직 저작권에 대한 인위적인 선택의 결과이다. 요점은 만일 사람들이 예를 들어 바울이 빌립보서를 기록하지 않았다는 관점을 가지고 시작한다면, 사람들은 빌립보서의 기독론이 다른 서신들과의 관계에서 얼마나 "비 바울적(un-Pauline)"인지 쉽게 보여줄 수 있으며, 이것은 일반적으로 다른 편지들에서도 사실일 것이다. 예를 들어 Tuckett이 (예를 들어, 살전 1:10 혹은 롬 1:3-4의) 기독론이 실제로는 바울의 자료 즉, 바울 자신의 문장으로 동화되지 않은 것이라고 가정하고, 바울의 기독론으로부터 실제 바울이 기록한 내용을 제외시켰을 때, 이런 전체 시나리오는 심각한 의심의 대상이 된다(*Christology*, 49-50). 밑에 있는 각주 16을 보라.

15) 6장을 보라. 독특한(idiosyncratic)이라는 말로 내가 의미하는 바는 본질에 있어서 "다르다"는 것이 아니다. 오히려, 이 논의의 성격 자체가 다른 강조점들을 드러낸다는 뜻이다. 예를 들어, (1) 다른 서신들과는 달리, 하나님이 그리스도보다 1.5배 더 많이 언급된다(p. 26의 차트를 보라.) (2) 그리스도에 관한 96번의 구절가운데, 퀴리오스(κύριος, 주)라는 호칭은 갈라디아서를 제외한 다른 서신들에 비해 상대적으로 적게 사용된다. (3) "아들"이라는 17번의 언급 가운데 7번이 로마서에 등장한다(로마서와 갈라디아서 전부를 합치면 17번 가운데 11번이 나온다).

16) 어떤 점에서, 신약학자들은 몇몇 사고의 순환논법에 대한 책임이 있다. 사람들은 흔히 다음과 같은 진술들을 만나게 된다. "바울 서신의 〈하나님의 아들〉이라는 용어의

둘째로, 그리고 특별히 주해적으로 중요한 것은, 바울이 자신의 동료들에게 받아쓰게 해서[17] '기록하게' 한 것으로 보이는 서신들의 기독론을 분석함으로써, 우리는 또한 골로새서 1:15-20 그리고 빌립보서 2:6-11; 3:20-21의 소위 '찬송들'이 '바울적'(Pauline)이라고 주장한다. 이때 '바울적'이라는 의미는 두 가지로, 우리가 알 수 있는 유일한 바울인 정경적(canonical) 바울 그리고 이런 경우들에 역사적(historical) 바울이라는 의미이다. 결국 어떤 사람이 자기 이전 언어를 자신의 본문에 설명 없이 포함시켰을 때, 그들은 그렇게 함으로써 '원래' 자료에서 그것이 가지고 있었을 것이라 추측하는 '의미'가 무엇이든 간에, 그 말해지는 것에 대한 소유권을 행사하고 있는 것이다.

셋째, 나는 가정된 시간적 순서에 따라 서신들에 접근함으로써,[18] '발전'의 가능성들을 관찰했다. 이 마지막 질문에 관해, 정당하게 발전이라고 분류시킬 수 있는 것은 없다고 보인다. 실제 놀랍게도, 이것(신학의 발전 - 역주)은 교회에 보낸 편지들(빌레몬서를 포함해 교회들에 쓰여진 10개의 편지들)과 디모데와 디도에게 보내진 3개의 편지들 사이에서도 사실이 아니다.[19]

쓰임은 이 구절이 바울 이전의 전승에서도 존재하고 있었다는 점에 의해 복잡해진다. 그리고 바울의 이 용법은 바울 이전의 용법을 약간 수정한 것 같다."(Tuckett, *Christology*, 49, 이 경우, 롬 1:3-4에 관한 Käsemann의 매우 의심스러운 주장을 끌어들인 것이다〈pp. 375-381을 보라〉). 여기에서 행해진 것은 (1) 이 용어가 우리가 재구성한 바울과 같지 않고 따라서 바울 이전의 것이라는 판단이며, (2) 오직 바울의 언어로 된 문장을 통해서만 우리가 접할 수 있는 바울 이전의 '진술'을 취해서 이것을 진짜 바울과 대조하고 있으며, 그리고 나서 (3) 바울이 이런 바울 이전의 자료들을 자신의 목적을 위해서 수정했다고 주장하는 것이다. 우리는 확실히 놀라운 사람들이다.

17) 예를 들어, 로마서 마지막에 나오는 더디오 자신의 '서명'을 보라. 거기에서 그는 자신을 "이 편지를 기록한 사람"(16:22)이라고 부르고 있다. 또한 바울이 갈라디아서를 "자신의 손으로 쓴 큰 글씨"(6:11)로 마무리하고 있다. 참고, 살후 3:17; 고전 16:21; 골 4:18; 몬 19.

18) 두 가지 문제가 쟁점이다. 먼저는 갈라디아서가 바울의 첫 번째 편지인지 혹은 로마서를 기록할 시기와 훨씬 가까운가 하는 것이며, 둘째는 빌립보서가 로마서가 기록될 시기 가까이 기록되었는지 혹은 골로새서를 기록할 당시의 동일한 감옥에서 기록한 것인지에 관한 것이다. 나는 이 두 가지 경우에 이 편지들의 내적 증거들 때문에 전통적인 관점을 취했다. 따라서 논의의 순서는 데살로니가전·후서, 고린도전·후서, 갈라디아서, 로마서, 골로새서/빌레몬서, 에베소서, 빌립보서, 디모데전서, 디도서 그리고 디모데후서의 순이다.

19) 역사적인 '논리'는 적어도 기독론적으로는 발전이 있었을 것이라는 사실을 요구한다고 생각할 때 이것은 더 심히 놀라운 것이다. 그러나 심지어 위경성(pseudepigraphy)의 가장 열심있는 옹호론자들도 그 반대가 사실임을

2. 바울의 기독론: 신학적 난제

위에서 언급한 주석과 일관성의 난제들 이외에도, 바울 기독론의 신학적 측면으로 눈을 돌릴 때 분석을 매우 어렵게 만드는 두 가지 상황에 직면하게 된다.

첫째, (어떤 종류의 '바울'을 보고 있든 간에) 바울에 관해서 무엇이 옳던지 간에, 그는 열심있는 유일신론자였다. 이 점에 대해서 그는 타협하지 않는다. 왜냐하면 이것은 그가 태어나고 교육받은 디아스포라 유대세계에서 유대인과 이방인들 사이의 근본적인 차이점들 가운데 하나였기 때문이다. 이 점은 교육받은 바리새인이었던 바울에게 더욱 그러했을 것이다. 따라서 쉐마 즉 "들으라, 이스라엘아, 너의 하나님 여호와, 여호와는 한 분이시다"(신 6:4)[20]는 아마도 안식일과 가정에서 정규적으로 암송되던 것으로, 디아스포라 유대인들을 첫 번째로 구별시켜주는 표시였을 것이다. 그들에게 이것은 여호와가 많은 '신들' 중 하나가 아니라, 하나밖에 없는 신(a single God)이라는 것과 그분만이 신(God)이며, 다른 신들은 없다는 것을 의미했을 것이다.

둘째, 이미 언급했던 대로, 바울 서신의 기본적인 초점은 그리스도 안의 구원이며, 이것은 그러한 구원의 순수한 표현으로서 성령에 의해 능력을 입은 윤리적 삶을 포함하는 구원이다. 하지만 이 과정에서 바울은 '하나님의 아들'이 신적 정체성(divine identity)에도 속한다는 방식으로 그리스도에 대해 정기적으로 이야기한다. 한 유대인 여자에게서 태어나도록 아버지에 의해 보냄을 받기 전에(갈 4:4-5), 그 자신은 '하나님의 형상'(모르페 데우, μορφή θεοῦ)이시지만, 하나님과 동등 됨을 취할 것으로 여기지 아니하시고 오히려 자기를 비워 종의 형체를 가지사 사람들과 같이 되셨다(빌 2:6-7). 하지만 바울과 그의 교회들의 공통된 신앙으로서 전제적인 방식으로 표현된 이 확신은 하나님이 한 분이시라는 첫 번째 확신에 상당한 긴장감을 가져다 주었다.[21]

인정하며, 따라서 이 논쟁에 대해 우회적으로 주장한다. P. H. Towner, "Christology in the Letters to Timothy and Titus," in Longenecker, *Contours of Christology*, 219-21의 참고문헌과 비평을 보라.
20) 이 '번역'은 내편에서 임의적인 것이다. 왜냐하면 이 점에서 나는 (외관상) 칠십인경의 '해석'을 따르기로 했기 때문이다. 다른 선택사항에 대해서는 NRSV의 본문과 각주를 보라.
21) 이 긴장감은 에비온파로부터, 아리우스를 거쳐 뉴잉글랜드의 유니테어리어니즘(Unitarianism)과 독일의 자유주의신학 그리고 J. D. G. Dunn의

따라서 이 결합된 실제들 즉 바울의 역사적 유일신론과 그가 의도적으로 그리고 우발적인 방식으로 그리스도에 대해 말하는 것은 니케아와 칼케돈의 편에 서 있는 우리에게 긴장을 유발한다. 한편으로 바울이 그리스도에 대해 자주 언급하는 것은 분명 유일신론자에게 걱정거리나 심지어는 공포감을 심어준다. 실제로 요한문헌들과 히브리서와 더불어 바울의 편지들은 삼위로서의 하나님(니케아) 그리고 두 본성을 가지고 계신 한 인격의 그리스도(칼케돈)에 관한 니케아의 '의견일치'(settlements)의 기본적인 자료가 되었다. 반면에 이 두 공의회가 씨름했던 질문들은 바울을 포함한 신약 저자들에 의해서 다루어진 사항들이 아니다. 오히려 그들은 후대의 신학적 문제의 해결에 대한 '재료'(stuff)를 제공한다. 다르게 말해서, 유일신론자인 바울이 그리스도를 하나님의 아들과 주님으로 말한 것은 누구에게나 바울 기독론의 논쟁을 제기하게 만든다.

하지만 우리에게 훨씬 더 큰 난제는 이미 언급했던 것이다. 즉, 바울의 편지들로부터 구원론과 동떨어진 기독론을 추출해 내려는 시도는 바울시대의 경건한 유대인에게 창조와 구속에 나타난 하나님의 전능하신 행동들을 언급하지 말고 추상적으로 하나님에 대해서 이야기하라는 요구와 같은 시도이

책 *Christology in the Making*에 이르기까지 모든 형태의 '양자론'(adoptionism)의 배후에 놓여있다. Dunn은 "너무나 신속하게 바울 본문의 명확한 혹은 평범한 의미에 호소하는 것은 실제로 어떤 경우에는 이신론(bitheism) 혹은 삼신론(tritheism)의 형태에 호소하는 것이 되어 버린다"고 솔직히 인정한다. 또한 그는 "만일 우리가 골 1:15이하와 같은 본문을 나사렛 출신 예수에 대한 간단한 설명이라고 여긴다면, 우리는 유일신론으로부터 분명하게 그리고 되돌릴 수 없게 분리된 그 본문에 대한 하나의 해석에 우리가 몰입하고 있는 것이다"라고 인정한다. (*Christology in the Making: A New Testament Inquiry into the Origins of the Doctrine of the Incarnation* ⟨2ed.; Grand Rapids: Eerdmans, 1989⟩, xxxii). 따라서 Dunn에게 있어 논쟁은 바울이나 혹은 바울을 좀 더 전통적 방식으로 해석하는 우리들 가운데 하나가 유일신론을 포기하고 있다는 것이다. Dunn의 외관상의 관심사는 그에게 신학적 영웅과 같은 존재인 바울을 그러한 신학적 '실수'로부터 보호하려는 것이다. 하지만 그것은 신학을 거꾸로 하는 것이 아닌가? 만일 바울의 증거가 보여주는 것처럼 그가 엄격한 유일신론을 유지하면서 그리스도의 신성을 실제로 주장한다면, 우리의 과제는 다른 신학적 질문("어떻게 바울이 그 자신의 유대교적 세계관 안에서 그렇게 할 수 있었을까?")을 하는 것이다. 즉, 이것이 교회가 역사적으로 시도해 오던 바이다. 하지만 교회가 해 오던 것을 개정하기보다 Dunn은 바울이 해 오던 바를 개정하려고 한다. 이렇게 하는 중에 그는 19세기 자유주의 신학과 강한 대조를 보인다. 후자의 경우, 바울은 기독론적인 '나쁜 이'(bad guy)였다. 하지만, Dunn에게는 그러한 비난이 히브리서와 요한복음의 저자들에게 해당하는 것이다.

다. 비록, 이론적으로 시내산의 모세계시에 근거해(출 34:6-8) 하나님의 성품과 '위격'(person)에 대해 신학화할지는 모르지만, 바울 당시 유대인들은 이렇게 하는 것을 상상할 수 없었을 것이다. 하나님에 대해 알 수 있고, 말할 수 있는 내용은 하나님의 위격이 이야기로부터 결코 추상화될 수 없는 방식으로 그 이야기 속에 포함되어 있다. 어쨌든 하나님은 항상 "아브라함과 이삭과 야곱의 하나님"이다.

마찬가지로 바울도 이런 그의 유대인적 성향을 철저하게 그리스도에 대한 묵상에 도입한다. 사람들이 고린도후서 5:21의 (의도적으로) 애매모호한 진술을 최종적으로 어떻게 이해하든 간에, 이 진술은 바울이 아버지와 아들에 대해 어떻게 생각했는지에 대한 일종의 핵심적 진술이다. 이 진술은 '하나님이 그리스도 안에서 세상을 그 자신에게 화목시키신다'는 것인가? 아니면 '그리스도 안에 있는 하나님이 세상을 자신에게 화목시키신다'는 뜻인가? 결국 둘 다 바울의 이해에 있어 사실이다. 하나님이 인간들을 위해 하신 모든 것과 우리의 구원은 그리스도 안에서 행해졌다. 그리고 정확하게 하나님이 그것을 그리스도 안에서 행하셨기 때문에, 바울이 하나님과 그리스도를 완전히 다른 범주들로 생각하는 것은 그에게는 어울리지 않을 것이다. 바울에게 어떤 것이 사실이든지 간에, 바울의 세계관은 이제 완전히 기독론 중심적이다. 바울의 고백에 의하면, 다메섹으로 가는 길에 그를 대면하신 부활하신 그리스도가 "나를 붙잡으셨다"(빌 3:12) 그리고 "그리스도 예수 나의 주를 아는" 놀라운 가치를 위해 모든 것을 잃어버림의 고통을 바울이 즐겁게 받아들이는 방식으로 그리스도는 그렇게 하셨다(빌 3:8). 따라서 그의 삶의 표어는 "사는 것이 그리스도이니, 죽는 것도 유익하다"(빌 1:21)였다.

바울의 기독론 중심적 세계관은 너무도 철저해서 바울은 그리스도를 또한 언급하지 않고서 하나님을 이야기할 수가 없다. 심지어 행동상의 잘못들을 교정하기 위해 쓰였다고 볼 수 있는 고린도전서에서도, 그는 "하나님의 뜻을 따라 그리스도 예수의 사도로 부르심을 입은 바울"(1:1)이라고 편지를 시작한다. 이것은 수신자에 대한 언급에서 다시 즉시로 나타난다: "고린도에 있어, 그리스도 예수 안에서 거룩하여진 하나님의 교회"(1:2),[22] 여기에 바울은 칠십인경(욜 3:5 LXX)에서 가져와 그리스도에게 구체적으로 적용된 구절인 "우리 주 그리스도 예수의 이름을 부르는, 각처에 있는 모든 자들과 함께 성

---

22) 이 본문에 대한 논의는 p. 216 각주 107번을 보라. 논의를 위해서 여기에는 바울의 본래 어순을 따랐다.

도로 부르심을 입은"이라는 표현을 덧붙인다. 그리고 인사말(1:3)은 이후에 쓰인 모든 서신들에서와 마찬가지로 "하나님 우리 아버지와 주 예수 그리스도로부터 은혜와 평강이 너희에게 있을지어다"인데, 여기서 한 개의 전치사가 두 개의 명사를 함께 지배하고 있다. 그리고 이 편지는 어떻게 마무리되고 있는가? "만일 누구든지 주를 사랑하지 않으면, 그 사람은 저주(Anathema)를 받을지어다. 마라나타(주여, 오시옵소서). 우리 주 예수의 은혜가 너희와 함께 있을지어다"(16:22-23).

따라서 바울 서신을 대략적으로 읽더라도 바울의 기본적인 하나님 중심적 세계관이 어떻게 기독론 중심적이 되었는가를 알 수 있다. 하나님은 항상 모든 것의 '첫 번째 원인'(first cause)이시고 따라서 항상 '제일동인'(the prime mover)이시다. 그러나 바울 생애의 초점은 그리스도 자신이시다.

이 모든 것은 '기독론'이라는 단어가 이 책에서 매우 초점이 분명한 신학적 관심사를 표현 한다는 것이다. 첫째, 칼케돈 공의회의 논쟁들은 결코 제기되지 않는다. 왜냐하면 오직 '한 분 하나님'과 '삼위격'(Three Divine Persons)에 관한 성경상의 자료들의 올바른 해답이 삼위일체적인 방식으로 해결되고 난 후에야 '두 가지 본성'에 관한 질문이 제기되기 때문이다. 둘째로, (한 분 하나님 그리고 한 하나님으로서의 삼위에 대한) 실제 삼위일체에 관한 질문들이 제기되지 않는데, 그 이유는 그것 또한 바울이 표현한 관심사를 넘어서는 질문이기 때문이다. 이 책에서의 논쟁은 그리스도의 위격(person)에 대한 바울의 자료들을 조사하여, 바울이 그를 어떤 분으로 이해했는지 그리고 하나님의 아들이며 주로서의 그리스도와 우리 주 예수 그리스도의 아버지, 따라서 지금 우리 아버지로 또한 계시되시는 한 분이신 하나님 사이의 관계를 바울이 어떻게 이해했는지를 조사하는 것이다.

이 질문들은 자주 '고등'(high) 혹은 '저등'(low) 기독론이라는 단어로 설명이 되기 때문에, 여기서 또한 그 논쟁을 언급해야한다. 물론 이것은 지나치게 단순화된 것이라 생각될지 모르지만, 궁극적인 논쟁은 아들의 선재(preexistence)와 관련이 있다. 다시 말해 한 저자는 결국에 그리스도의 부활과 뒤에 이어지는 시편 110:1의 '완성'으로서 '하나님의 오른편'에 승귀하시는 것을 포함하여, 그리스도가 구속을 위해 인류역사로 들어오시기 이전에 하나님으로서 (혹은 하나님과 함께) 존재하셨다고 여기는가? 만일 그 질문에 대한 대답이 긍정적이라면, 그 저자 (예를 들면 요한복음, 히브리서의 저자)는 고등

기독론을 가지고 있다고 말할 수 있다. 만일 그 대답이 부정적이거나 최소한 애매모호하다면, 그 저자(예를 들면, 야고보서)는 저등기독론을 가지고 있다고 할 수 있다. 따라서 바울기독론에 관한 궁극적인 질문은 바울이 이 스펙트럼의 어디에 해당하는가이다. 그리고 모든 본문들을 주의 깊게 분석한 후 내린 나의 확신은 바울이 요한과 히브리서의 저자와 함께 고등기독론을 가지고 있다는 것이다.[23]

따라서 이 연구의 최종적인 목적은 두 가지이다. 첫 번째 관심사는 그리스도를 언급하는 바울 서신의 본문들을 주의 깊게 분석하는 것이며, 또한 특별히 기독론적인 중요성을 가진 것처럼 보이거나, 어느 경우에는 중요성이 없어 보이는 본문들에 대해 주의 깊게 집중된 주해를 제공하는 것이다. 여기에서 나온 증거들은 바울이 신약의 스펙트럼에서 '고등기독론'의 끝 부분에 해당함을 보여준다. 이 책의 두 번째 부분은 어떻게 우리가 바울의 기독론을 1세기의 상황에서 신학적으로 가장 잘 이야기할 수 있는지를 최종적으로 결정하기 위해 자료들을 주제적으로 분석할 것이다.

3. 20세기의 바울 기독론

답변이 필요한 역사적 질문 가운데 하나는 왜 신약연구 역사에서 오직 단 하나의 연구, 즉 베르너 크래머(Werner Kramer)의 『그리스도, 주, 하나님의 아들』(Christ, Lord, Son of God)만이 적절하게 '바울의 기독론'이라 불릴 수 있

---

[23] 동시에, 본문들이 그런 결론으로 우리를 몰아갈 뿐만 아니라, '저등기독론'이라는 개념 자체가 내재된 모순을 갖고 있다. 참고로 J. B. Reid: "다른 인간과 동등시되는 그리스도는 그가 아무리 대단하고 세례요한, 혹은 엘리야 혹은 예레미야 혹은 다른 선지자들 중 하나(마16:14)라 할지라도 충분하지 않다"(*Jesus, God's Emptiness, God's Fullness: The Christology of St. Paul* 〈New York: Paulist Press, 1990〉, 68). Reid는 그리고 나서 Donald Baillie의 다음의 말을 인용한다: "어조를 낮춘(toned down) 기독론은 불합리한 것이다. 그것은 전부이든지 아니면 아무것도 아니어야 한다 - 신성과 인성 두 측면에 대해 저것은 역설의 최극단이다"(출처: *God Was in Christ: An Essay on Incarnation and Atonement* 〈London: Faber & Faber, 1961〉, 132). 결국, 진정한 유일신론의 틀 안에서는 발전적 설계가 논리적으로 불가능하게 보일 수 있다. 그리스도는 신성을 가지고 있든지 아니든지 그리고 만일 신성을 가지고 있다면 그는 신적인 정체성에 포함되어야함이 필수적이다. 이것도 저것도 아닌 것(tertium quid)은 유일신론의 틀 안에서는 신성(deity)의 진정한 의미로 보면 참으로 신성을 가진 것으로 여겨질 수 없다.

는지에 대한 것이다.[24] 그리고 크래머의 연구는 바울 자체 보다는 초기 기독론의 '발전'에 있어 바울의 역할에 더 많은 관심이 있다. 바울을 그의 연구의 출발점으로 사용해서 크래머는 그의 연구의 절반 이상을 바울 서신 가운데서 '바울 이전의 기독론'이라 추정되는 것을 찾아내는 데 할애한다. 그리고 나서 그 나머지 부분은 바울이 어떻게 그 바울 이전의 자료들, 즉 어찌되었든 간에 바울 서신에만 나오는 이 자료들을 다루고 있는지에 할애했다. 그래서 크래머가 바울을 아주 중요하게 다루고 있음에도 불구하고, 그 연구를 처음부터 마지막까지 통제하고 있는 것은 20세기 대부분을 지배하고 있는 질문인 '기원'에 관한 질문이다. 즉 바울은 어디에서 그의 기독론을 획득했는가? 그리고 그 질문은 필연적으로 그 기독론과 관련해 '고등' 혹은 '저등'이라는 근본적인 이슈를 동반한다.

따라서 위에서 제기한 '왜'라는 질문에 대한 대답을 찾아내기란 그리 어렵지 않아 보인다. 역사적으로 이 논쟁은 모두 정경적인 것 즉 신약의 기독론이었고, 이 논쟁에 바울의 편지들은 여러 개의 중요한 본문들 특히 빌립보서 2:6-11 그리고 골로새서 1:15-17 등을 제공했다. 따라서 교회가 교회의 주요한 문헌들에 제시된 자료들을 다루면서 그리스도의 인성을 그 본문들에 또한 등장하는 신성과 어떻게 조화시킬지 씨름했기 때문에, 바울은 단순히 더 큰 장면의 일부분에 지나지 않았다. 그리고 '정통신학'은 한편으로는 양자론(선재하지 않은 그리스도가 승천 시에 '신적 상태'를 수여받았다는 견해)을 거부했고, 다른 한편으로는 아리안주의(그리스도가 선재하셨지만 영원히 그런 것은 아니라는 주장)를 거부함으로써 조화를 이루었다.

그러나 계몽주의와 함께 모든 것이 변했다. 수 세기 동안 교회 안에서의 성경의 역할 때문에 전제되었던 것들이 반초자연주의로 도금된 역사비평주의의 틀 속에서 거부되었다. 그리스도의 '신성'은 초대교회의 고안물에 불과한 것이었을 수 있다. 그리고 바울은 우두머리 죄인이었다. 따라서 슐라이어마허에서 하르낙 그리고 그 이후로 나아가는 일련의 연구가 발전되었으며, 이 연구의 실례는 '초자연주의적 도금' 배후에 있는 '진짜 예수,' 즉 '현대인'이

---

24) 여기서 '적절하게'(legitimately)라는 말에 대한 나의 강조는 기독론에 대한 나의 정의가 그리스도의 위격(person)에 관한 것이지, 사역과 관련되지 않았다는 점에 근거하고 있다. 따라서 이 시대의 또 다른 하나의 '바울 기독론'인 Lucien Cerfaux의 *Christ in the Theology of St. Paul* (G. Webb과 A. Walker 번역, New York: Herder & Herder, 1959)은 위격보다는 사역에 더 많은 강조를 두면서 기독론과 구원론의 전반적인 영역을 다룬다.

이해할 수 있고, 흉내 낼 수 있는 예수를 찾아내려는 몇몇 사람들의 일련의 시도들과 함께 나타난 역사적 정통주의의 거부에서 찾을 수 있다. 이것과 더불어 '기원들'을 탐구하는 새로운 종류의 '역사비평주의'(historicism)가 일어났다. 왜냐하면 성경의 그림은 이것의 내재적인 초자연주의 때문에 역사적 자료로서는 '참된' 것일 수 없었기 때문이다.

이것은 근본적으로 바울의 기독론 자체에 대해서는 아무것도 설명하지 못한다. 고등기독론은 성경 기록의 한 부분이라 단순히 가정되었다. 그리고 문제의 중심에는 역사적으로 바울과 더불어 초대교회가 단지 나사렛의 한 인간인 예수를 어떻게 신성시하게 되었는가의 논쟁이 있다. 그러므로 이 모든 것에는 기준적이며 기본적인 가정이 있는데, 그 가정은 바울이 유일한 장본인은 아니더라도, 그 장본인 가운데 하나로서 역사적 예수(the historical Jesus)를 역사상의 예수(the Jesus of history)와 약간의 혹은 전혀 관련이 없는 신적 존재로 탈바꿈시킨 사람이라는 생각이다.

하지만 이 많은 것들이 1913년에 출간된 빌헬름 부세(Wilhelm Bousset)의 『주 그리스도』(*Kyrios Christos*)와 더불어 바뀌게 되었다. 이 책은 20세기 전반부를 통해 신약학계의 상당한 부분에 큰 영향을 끼쳤으며, 1970년에 영어 번역이 출간되었을 때 다시 한 번 논쟁의 대상이 되었다. 부세 자신의 전제들은 여러 가지이고 또한 명백하다. 그는 오직 바울의 7개 편지들만이 바울의 진정한 편지라는 (일반적인) 견해에 동의했으며, 따라서 바울의 기독론은 정확하게 이 7개의 서신들을 통해 우리에게 전해진 것을 의미한다. 철학적으로 그는 이성주의 그리고 이것과 양립하는 역사비평주의, 따라서 반초자연주의를 옹호했다. 동시에 그는 다소 엄격한 헤겔의 발전적 구도 즉 초대 기독교는 유대교로부터 출발했지만 빨리 헬레니즘에 영향을 받았다는 견해를 주상했나(유내교의 일징 부분들은 이미 헬레니즘의 영향을 받고 있는 중이었다). 그리고 무엇보다도 부세는 초기 기독교 역사에 대해 종교사학파적(religionsgeschichtlich) 견해를 철저하게 옹호한 사람이다.

따라서 부세에게 있어서 바울의 기독론은 바울 자신이 자라난 유대교 회당으로부디 분리되어, 헬레니즘의 조명하에 가장 잘 이해되어진다. 그리고 이 헬레니즘에는 어떠한 경우에서든지 진정한 신성을 가진 그리스도를 위한 자리가 없었다. 그러므로 바울은 그리스도를 퀴리오스라고 보는 그의 견해를 안디옥에 있던 헬라파 신자들로부터 받았으며, 이들은 신비종교들이라는 이방 배경으로부터 이것을 받아들인 것으로 이해되어진다. 바울에 대한 부세의 책의 마지막 부분(pp. 153-210)에서, 그는 모든 자료들을 검토한 후에 "결국 사람들은 바울의 견해에 있어 그리스도의 신성을 사실상 이야기하지 못할 것이다"라고 주장한다.[25] 이 책과 더불어 바울 기독론과 관련된 상당한 변화가 일어났다.

부세가 한 연구의 영향력은 지금까지 상당한 것이며, 20세기 중반에 부세의 영어 번역본 5판의 서문을 쓴 루돌프 불트만(Rudolf Bultmann)에 의해 한 번 더 관심을 끌었다. 최근에 비록 그 대세가 기울기는 했지만, 부세의 '기원들'(origins)에 관한 탐구는 간접적이든 직접적이든 20세기를 철저하게 지배했다.[26] 어쨌든, 동시에 그 자신의 결론은 오랫동안 가정되어 오던 바울 서신상의 고등기독론을 이제는 더 이상 단순하게 가정할 수 없다는 점을 명백히 했다.

부세에 대한 첫 번째 주요한 대응은 2차 세계 대전 후 오스카 쿨만의 『신약의 기독론』(The Christology of the New Testament, 1957 〈영역본 1959〉)이다.[27]

---

25) W. Bousset, *Kyrios Christos: A History of the Belief in Christ from the Beginnings of Christianity to Irenaeus* (trans. J. E. Steely; Nashville: Abingdon, 1970), 209 각주 150, 210.
26) 우리가 해 볼만한 일은 많은 책의 제목들을 관찰하는 것이다. 우선, F. Hahn, *The Titles of Jesus in Christology: Their History in Early* Christianity (trans. H. Knight and G. Ogg; London: Lutterworth, 1969), 또한 다음을 보라. I. H. Marshall, *The Origins of New Testament Christology* (Issues in Contemporary Theology; Downers Grove, Ill.: InterVarsity Press, 1976).
27) 쿨만의 책은 빈센트 테일러의 보다 더 대중적이던 *The Person of Christ in New Testament Teaching*(1958)이 영국에서 출판된 시기와 거의 비슷한 시기에 스위스에서 출판되었다. 테일러의 책은 많은 사람들을 위한 탁월한 개관을 제공하지만, 충분한 증거들이 부족하거나 더 큰 맥락의 신약연구들과의 논의가 부족하여 본서에서 다룰 만한 장점이 없다. 또한 본서에서 제외된 책은 F. Hahn의 *Christologische Hoheitstitel: Ihre Geschichte im frühen Christentum* (1963, 영역본 *The Titles of Jesus in Christology: Their History in Early Christianity*〈1969〉)로 이 책은 공관복음에 초점을 맞춘 것으로 바울에는 전혀 관심이 없다. 많은 면에 있어 Hahn의 연구는 한 시대를 종결짓는데 그 이유는 20세기 대다수의 독일 신학계를 특징짓던 역사적 층들(layers)의 구도를 극단으로 몰고 갔기 때문이다(팔레스타인 유대 공동체, 헬라파 유대 공동체 그리고 헬라파 공동체 자체). 하지만 20세기 말에 이르러 일반적으로 이것들은 불신되고 있으며 특별히 I. H. Marshall과 Martin Hengel에 의해 비판받고 있다. 또한 R. Fuller의 *The Foundations of New Testament Christology*(1965) 또한 불신되는데 그 이유는 바울이 이 기초들(foundations)을 가지고 무엇을 했는지에 대한 상당한 관심을 가졌던 크래머보다 Fuller는 단지 신약저자들이 기초한 역사적 문화적 기초들에만 관심을 가지고 있기 때문이다.

이 책은 사실상 부세 이후 최초의 주요 신약 기독론 연구였다. 부세가 분명하게 의제를 역사적 연구로 방향을 맞추었다면, 쿨만은 그 이후 시대에 지배적이던 기독론 연구의 경향을 호칭(titles)을 통해 연구토록 방향을 설정했다. 그는 그리스도의 지상사역을 이야기하는 호칭들(선지자, 고난받는 종, 대제사장-이것들 중 어느 것도 바울의 것이 아니다)로부터 시작해서 부세가 시작했던 것으로 옮겨가서 그리스도의 미래 사역(메시아, 인자 〈종말론적 존재〉)을 다루었다. 그는 여기에서 또한 바울의 아담 기독론(천상적 존재로서)을 논의한다. 3장과 4장에 가서야 쿨만은 바울의 기독론을 다룬다. (3장에서) 주와 구세주로서의 그리스도의 "현재 사역" 그리고 그리스도의 선재를 이야기하는 호칭들(로고스, 하나님의 아들)을 다룬다. 하지만 이 모든 것에도 불구하고 쿨만의 주요 강조점은 신약의 기독론이 '존재'(being)가 아니라, '기능'(function)에 집중한다는 것이며 이것은 물론 맞는 말이다. 그러나 동시에 우리는 그 기능의 배후에 있는 '존재'와 씨름해야 한다.

20세기의 무대에 (크래머 이후) 그 다음으로 등장한 사람은 마틴 헹겔(Martin Hengel)이었다. 그의 첫 번째 관심사는 종교사학파의 '발전적' 구도를 해체하는 것이었다(이 종교사 학파는 부세와 불트만의 영향으로 독일과 미국 학계에 널리 퍼져 있었다). 이것이 부피가 큰 그의 연구『유대교와 헬레니즘』의 기본 관심사였다. 이 책의 부제는 초기 헬레니즘 시대 유대교와 헬레니즘의 팔레스타인에서의 조우에 관한 연구(Studies in Their Encounter in Palestine during the Early Hellenistic Period)이다. 헹겔이 기독론 자체에 대해 관심을 돌렸을 때, 그는 우리의 목적들을 위해 중요한 두 권의 책을 저술했다. 첫 번째 것은 『하나님의 아들』(The Son of God, 1975, 〈영역본 1976〉)이었는데, 그는 이 책에서 종교사학파에 대해 공격하면서 동시에 이 언어가 얼마나 초창기의 것이며, '고등'(high)한 것인지를 증명했다. 물론 여기서 바울은 '창시자'가 아니라, 매우 초창기의 전승을 이어 받은 사람으로서의 중요한 역할자가 된다. 헹겔의『초기 기독론에 관한 연구』(Studies in Early Christology, 1995)는 그전에 출판된 몇몇의 소논문들을 포함하기는 하지만 대부분 강의들로 구성되어 있었다. 여기서 특별히 그는 초기 기독론에서 시편 110편의 중요한 역할을 증명해냈다: 어쨌든, 그는 또한 예수 자신이 지혜 기독론(Wisdom Christology)의 창시자임을 주장했다. 21세기 시작과 더불어 이 견해는 여러 가지 다른 상황을 경험하게 되지만, 그럼에도 불구하고 작금의 문제에 있어 그의 영향은

아주 상당했다.[28]

바울 기독론과 관련한 그 다음의 중요한 연구는 제임스 던의 『생성되고 있는 기독론』(Christology in the Making, 1980)으로 이 책은 매우 중요하기는 하지만 어떤 면에서는 실망스러운 책이다.[29] 본문들을 분석하는 탁월한 능력과 고정된 틀을 넘어서는 사고력으로, 던은 두 가지 면에서 근본적으로 그 전 시대로 회귀하고 있다. 첫째, 그 책의 주요 논지는 발전론적 구도로의 회귀이다. 하지만 이번에는 기존의 철학적 의제에 기초한 것이 아니라 성경본문들에 대한 주의 깊은 분석에 기초한 것이다. 이 구도에서는 바울은 초기 저등 기독론과 요한과 히브리서의 완전히 성숙한 고등기독론 사이의 '중간적 위치'(halfway house)를 차지하고 있다. 둘째, 이 주장을 관철하기 위해 던은 바울의 사상에는 그리스도 자신의 순전한 선재(preexistence) 개념이 없었음을 증명하려고 했다. 그에 의하면, 그렇게 말하는 것처럼 보이는 본문들은 다르게 이해되어야 하든지, 또는 골로새서 1:15-17의 경우는 선재한(preexistent) 지혜와 관련이 있는 것으로 이해되어야 하고, 그리고 바울이 선재하지 않은(nonpreexistent) 그리스도를 이 지혜와 동일시했다고 이해해야 한다. 이 연구는 던으로 하여금 비록 양자론(adoptionism)이라는 용어는 사용하지 않지만 일종의 이 견해를 주장하게 만든다.[30]

이 책을 이어 그 다음 해에 김세윤 박사의 『바울 복음의 기원』(The Origin of Paul's Gospel, 1981)이 나왔는데, 이 책의 주요 논점은 던의 주장과 완벽하게 대조를 이룬다. 김세윤 박사는 바울의 (매우 고등한) 기독론과 구원론은 모두 다메섹 도상에서의 그리스도와 바울의 만남으로부터 나온다고 주장했다. 비록 이 주장은 매우 과장된 것이지만,[31] 바울 연구에 있어 다소 무시

---

28) 이 기독론적인 샛길에 대한 비평을 위해서는 이 책의 부록 A를 보라.
29) 제2판이 1989년에 미국 어드만사에서 나왔다. 제2판의 내용은 제1판과 동일하지만, 24페이지 짜리 서문에서 던(Dunn)은 자신의 비평가들에게 응답 했다.
30) 이 결론에 도달하기 위해서 던은 또한 여러 번에 걸쳐 빙 돌아가는 주해에 호소하는데, 이런 주해는 최초의 독자들조차도 던의 도움 없이 어떻게 바울을 이해할 수 있었을지 의문을 갖게 한다. 던이 다룬 중요한 본문들에 대한 주석적 비평을 위해서는 본서의 3장(pp. 179-185), 7장(pp. 481-492), 9장(pp. 583-586)의 부기(excursuses) 그리고 맨 마지막에 있는 부록 A를 보라.
31) 정말로 김세윤 박사는 자신의 책 *Paul and the New Perspective: Second Thoughts on the Origin of Paul's Gospel* (Grand Rapids: Eerdmans, 2002)의 5장에서 이 질문을 다시 다룰 때, 그는 뒤로 물러서지 않을 뿐 아니라, 그의 의심스러운 입장들 모두를 더 강력하게 주장한다. 예를 들면 그는 계속해서 "솔로몬의 지혜서에는 의인화된 지혜가

제1장 서론   63

되어 오던 바울 자신의 회심 경험의 문제에 대한 환영할만한 교정적 대안을 제공했다. 특별히 '계시'를 암시하는 본문들(예를 들면 고후 4:4-6)로부터 시작해서, 김세윤 박사는 먼저 '그리스도, 주, 하나님의 아들'을 연구한다. 그리고 나서 130페이지 이상을 에이콘 투 데우(εἰκὼν τοῦ θεοῦ, 하나님의 형상)에 대해 할애한다. 그는 바울의 의인화된 지혜에 대한 사전(prior) 지식이 그의 기독론에 대한 열쇠라고 주장하여, 결국 헹겔의 주장들을 좀 더 열성적으로 밀고 나간다.[32]

바울의 기독론에 영향을 준 가장 중요한 연구들은 지난 십 년 동안 리처드 보컴(Richard Bauckham)과 래리 헐타도(Larry Hurtado)에 의해 진행되었다. 이 두 사람의 연구는 넓게는 신약 기독론 그리고 좁게는 바울의 기독론에 있어 새로운 발전을 예고한다. 보컴의 『십자가에 못 박히신 하나님: 신약의 유일신론과 기독론』(God Crucified: Monotheism and Christology in the New Testament, 1998)은 몇몇의 출판된 강의내용을 담고 있으며, 『예수와 하나님의 정체성』(Jesus and the Identity of God)이라고 제목이 붙은 더 큰 연구를 예고한다. 그는 특별히 헹겔, 김세윤, 던 그리고 다른 학자들의 많은 최근의 연구에 대한 대답으로 글을 썼는데, 이들은 제2성전기 유대교의 신적 중보자 인물을 발전적인 것으로(헹겔) 혹은 퇴보적인 것으로(던)으로 보았다. 보컴은 이 연구들이 많은 명백한 자료들을 제외하고 소량의 의심스러운 자료들을 사용함으로써 오히려 퇴보적인 것이라 주장했다. 대신에 그는 이런 인물들로부터 시작할 것이 아니라 유대교의 유일신론 자체로부터 시작해야 한다고 주장한다. '존재'(being)라는 용어 대신에 '정체성'(identity)이라는 용어를 사용함으로써(헬라적 세계관이 아니라, 유대교적 세계관을 받아들임으로써), 보컴은 하나님이 무엇(what)인지가 아니라, 누구인지(who)에 관심을 가진다. 이렇게 하

하나님의 형상(에이콘, εἰκών)이라고 말해진다고 주장하지만, 이 견해는 본서의 7장(pp. 488-492)과 부록 A에서 증명하듯이 명백히 잘못된 주장이다.

32) 이 두 책 모두(던의 책과 김세윤의 책)는 그들의 첫 번째 관심사로서 "기원들"에 관한 이슈를 가지고서 이 주제를 서로 독립적으로 연구해 갔다(분명하게 김세윤 박사의 책 제목이 이를 보여주고 있으며, 던의 경우 p. 5를 보라: "질문들은 이렇게 제시될 수 있다: 어떻게 성육신의 교리가 발생했는가?"). 이 두 사람이 그렇게 서로 다른 결론에 도달한 부분적 이유는 둘 다 이 이슈에 의해 지배를 받았고, 바울 서신의 본문들 자체의 좀 더 간단한 주해에 의해서라기보다는 그들의 견해들을 본문들로부터 증명해 내려고 했기 때문이다. 이것은 특히나 던의 골로새서 주석에서 눈에 띄게 두드러지는데, 이 주석에서 그는 본문 자체에서 명확하지 않고, 필자의 관점에 의하면 암시적이지도 않은 바울의 입장을 증명하려고 시도했기 때문이다.

면서, 그는 제2성전기 유대교에서 두 가지가 매우 일관성을 가지고 있다는 점을 지적한다. 다시 말해 명백하게 유일신론적(monotheistic)이며, 또한 자명하게 유일신 경배적(monolatrous), 즉 예배에 있어 배타적이라는 점이다.

보컴의 첫 번째 관심사는 이스라엘의 하나님 이해가 항상 이스라엘 하나님과의 관계 그리고 나서 다른 모든 실체와 하나님과의 관계에 의한 것임을 증명하는 것이다. 따라서 여호와는 결코 헬라적 추상개념들에 의해 생각된 적이 없다. 그의 성품은 출애굽기 34:6에서 나타나는 바와 같이, 항상 이스라엘과의 관계에 의해 설명되었다. 하나님은 자비로우시고, 은혜로우시며, 노하기를 더디 하시고, 은혜와 성실이 풍성하시다. 다른 모든 실체와 하나님과의 관계에 의하면, 그는 항상 만물의 창조자이시며 동시에 만물의 통치자이시다. 그리고 이 중요한 점들에 있어서 여호와의 성품과 역할은 매개적 인물들에 의해 공유되지 않는다(unshared). 즉, 그들은 비록 하나님의 대리자들이지만, 결코 하나님의 정체성(identity) 자체를 공유하지는 않는다.

기독론 자체의 논쟁을 다루면서, 보컴은 그리스도는 처음부터 모든 중요한 점들 즉 하나님의 '이름'의 관점에서 또한 다른 만물들과의 관계에서 그리고 이스라엘과의 관계에서 신적 정체성을 공유했다고 증명한다. 마지막으로, 그는 '십자가에 달리신 하나님'으로서 하나님이신 그리스도의 정체성은 하나님의 정체성이 이제 지상에서의 그리스도의 사역 안에 둘러싸여 있다는 것을 의미한다고 주장한다.

래리 헐타도는 매우 비슷한 견해를 가지고 있다. 그는 그리스도에 대한 예배가 매우 초창기 공동체들에게까지 거슬러 올라갈 수 있으며[33] 이 예배는 다른 곳에서는 오직 하나님께만 드려지는 것이었다고 오랫동안 주장해 왔다. 그의 탁월한 책 『주 예수 그리스도: 초기 기독교에서의 예수에 대한 헌신』(*Lord Jesus Christ: Devotion to Jesus in Earliest Christianity*, 2003)의 바울에 관한 개관을 다루는 장에 보면, 그의 관심은 바울이 무엇을 믿었는지(believes) 보다는, 예배(worship)에 관한 초대 기독교인들의 관습들, 특히 예수에 대한 예배를 표현하는 그들의 방식에 대해 바울 서신이 무엇을 보여주고 있는지에 있다.

보컴보다 훨씬 이전부터, 헐타도는 바울이 열성적인 유일신론자였다고 주장해 왔다. 그러나 바울은 자신이 유대교인이었음에도 불구하고 전례가 없

---

[33] 본서의 참고문헌에 나오는 래리 헐타도(Larry Hurtado)의 책들 항목을 보라.

이 그 유일신 사상에 엄청난 긴장을 유발하는 것처럼 보이는 다양한 형태의 예배와 헌신을 그리스도에게 돌렸다. 다른 한편으로 바울이 그 긴장에 대해 한 번도 언급한 점이 없다는 의미에서 바울이나 그의 공동체들은 이것을 인식하지 못했던 것처럼 보인다. 정말로 바울이 그 논쟁들에 대해 이야기하는 한 편지인 골로새서에서 그는 '권세'(the powers) 아래에 (표면상) 그리스도를 종속시키는 자들에 대항하여, 그리스도가 가지고 계신 매우 높은 역할을 주장하고 있다.

여러 면에 있어 본서의 연구는 마지막 두 학자들의 의견을 따르려고 희망하는데, 본 책에서는 모든 중요한 본문들에 대한 주해에 강조점을 두고 있으며, 그 주해의 기독론적 의미들을 지적하려고 한다.

4. 바울의 기독론: 기본 문제들

바울 서신의 본문들 자체에 들어가기 전에, 여기서 나는 몇몇 기본적인 주해적 문제들을 소개하고, 독자들을 위해 주해를 다루는 장들이 도달하게 되는 주요한 결론들을 예고할 필요가 있다고 생각한다. 나는 후자로부터 시작하겠다.

1) 바울 기독론의 목적지는?

주해과정의 마지막에 이르러 나에게 분명해진 점은 합산된 증거(the cumulative evidence)가 전체 이야기를 말하지만, 누구의 계산에 의하든지 논쟁들을 가장 잘 드러내는 고린도전서 8:6; 골로새서 1:15-17; 빌립보서 2:6-11의 3개 주요 본문들이 있다. 여기에서 나는 이 세 본문들에 등장하는 주요한 기독론적 자료들을 분리했는데, 이것들은 설명되든지 혹은 모든 나머지 자료들 속에 가정되어 있다. 이 다음 섹션에서 나는 바울 초기 편지들에 명백하게 등장하는 논쟁을 소개한다. 즉, 바울의 칠십인경에 나오는 퀴리오스=아도나이(Adonai, 주)=여호와(YHWH)를 그리스도에게 적용하는 문제 그리고 바울이 그가 알고 있던 칠십인경에서 정말로 이것을 찾아냈는지의 문제.

(1)고린도전서 8:6

바울의 기독론 분석을 위한 이 본문의 중요성은 널리 인정되고 있지만, 모든 사람이 그 중요성의 성격에 동의하는 것은 아니다. 3장의 본 단락에 관한 주해로부터 도출된 결론들은 매우 간략하게 요약할 수 있다. 그 이유는 이 결론들이 이후에 쓰여진 서신서들에 나오는 매우 많은 것들을 위한 기준을 정해 주기 때문이다.

① 바울 기독론에 드러나는 가장 중요한 두 가지 특징들이 이 본문에 이미 등장하고 있다. 하나님의 아들로서의 그리스도 그리고 주로서 그리스도이다. 후자는 이 본문에서 명백하게 등장한다('한 분 주님〈퀴리오스, κύριος〉예수 그리스도가 계신다'). 전자는 바로 앞 구절인 '한 분 하나님(데오스, θεός) 아버지가 계신다'에 암시되어 있는데, 이 구절에서 서신서들의 모든 증거들은 바울이 이 용법을 통해 우리의 아버지 하나님으로 시작하는 것이 아니라, 하나님이 "우리 주 예수 그리스도의 하나님"[34]으로 계시되셨다는 사실이며, 이것은 그의 우리 아버지 되심이 그리스도와 성령을 통해 되셨다는 사실로 이어진다.

② 모든 중요한 본문들의 주해가 보여주듯이, 이미 데살로니가전·후서에 등장하는 이 근본적인 구분이 바울 서신에 걸쳐 배타적인 방식으로 등장한다.[35] 여기에 두 가지 쟁점이 있다. ⓐ 퀴리오스가 하나님 아버지를 가리킨다고 제안되는 몇몇의 경우들[36] 그리고 ⓑ 바울의 데오스 용법이 그리스도를 가리킨다고 많은 사람들이 주장해 오던 로마서 9:5와 디도서 2:13의 두 가지 예들이다.[37] 이 두 본문들(롬 9:5와 딛 2:13 - 역주)의 중요성 때문에 이 본문들을 다루는 장에서 아주 긴 논의를 했다. 두 가지 경우에 있어 모든 수식어들을 제거하고 기본 명사 자체에 도달하게 되면, 증거들은 일관된 측면을 강력하게 보여준다. 각각의 경우에 있어 데오스는 하나님 아버지를 가리킨다.

③ 데살로니가전·후서에 등장하는 아주 초창기의 증거들과 함께(2장 참

---

34) 이것에 대한 증거를 위해서는 고후 1:3(pp. 275-278)과 갈 4:4-7(pp. 342-347)에 관한 논의를 보라.
35) 유일한 예외들은 바울이 칠십인경을 인용하고 있는 12개의 본문들이며 누구를 지시하는지에 대해 아무런 말이 없다. 따라서 바울이 그의 자료로부터 여호와(YHWH)=하나님에 대한 언급을 단순히 이어 받고 있다고 가정할 수 있을지 모른다. 12개의 본문에 대해서는 3장의 각주 7(pp. 158)을 보라.
36) 예를 들면, 살후 2:13; 3:3, 5에 관한 논의(pp. 125-127, 127-129, 135-136)를 보라.
37) 몇몇은 살후 1:12를 세 번째 예라고 추가할지도 모르겠다(p. 124의 각주 92를 보라).

고), 이 본문은 칠십인경의 퀴리오스=아도나이=여호와를 이 구약 본문들의 '주'로서의 그리스도를 가리켜 바울이 사용하고 있음을 보여주는 고전적인 예를 제공한다. 왜냐하면 바울의 유대교로부터 온 근본적인 신학적 실체인 쉐마가 성부와 더불어 성자를 포함하도록 나뉘었기 때문이다.

④ 이 본문은 바울이 그리스도를 선재하셨으며(preexistent) 동시에 창조의 중보적 대리자였음을 주장하는 바울 서신 가운데 첫 번째 본문으로, 이것은 바울과 그의 독자들 사이에 전제되고 있다. 선재에 관한 이 전제는 이후의 바울 서신에서 다양한 방식을 통해 표현된다.

⑤ 바울에 의해 명백하게 진술되고 있는 것임에도 불구하고, 이 본문은 또한 바울 서신에서 '지혜기독론'을 찾기 위한 첫 번째이자 마지막 본문이다. 이 결론에 도달하기 위해 ⓐ 바울이 그의 독자들로 하여금 그가 1:24, 30에서 십자가에 못 박히신 메시아를 하나님의 "지혜"라고 말한 것에 근거하여 이 문장(고전 8:6)에 지혜를 집어넣어 읽도록 기대한다는 점을 주장해야 한다. 또한 ⓑ 창조의 대리자로서 퀴리오스는 여기서 사실 의인화된 지혜와 동일시되어야 함을 주장해야 한다. 그리고 ⓒ 지혜문헌들 자체에서 의인화된 지혜는 규칙적으로 창조의 대리자임을 주장해야 한다. 고린도전서의 이 세 본문들에 대한 주해[38] 그리고 지혜문헌들과 이 본문들 사이의 문자적(verbal) 유사성의 결여[39]의 두 가지 점은 이 견해가 의미 없는 것임을 보여준다.

(2) 골로새서 1:13-17

이 논의에서 13절과 14절을 포함시킨 것은 바울 기독론에 있어 본 단락의 중요성에 대해 많은 것을 말해준다. 세 가지 중요한 점이 있다.

① 본 단락은 바울 서신에 나오는 2개의 주요 기독론적 본문 가운데 하나이다.[40] 여기서 바울은 고린도전서 8:6에서 그리스도에게 사용했던 용어를 사용하여, 이것들을 좀 더 자세하게 설명한다. 이것은 많은 학자들이 이 단락에서 의인화된 지혜를 찾으려고 준비하고 있다는 점을 의미한다. 비록 고린도전

---

38) 본서 pp. 176-179, 186-187, 161-168를 보라. 특히 이 문제에 대한 179-185의 부기(excursus)를 보라. 이 문제에 관한 깊은 논의를 위해서 부록 A를 보라.
39) 특별히 여기와 다른 곳에서 중보적 대리자역할을 암시하는 중요한 전치사 다이(dia,, 통하여)가 한 번도 나오지 않는다는 점.
40) 적어도 골로새서와 빌레몬서와의 관계를 심각하게 다루는 사람들에게는 이 점은 사실이다. 바울의 저작설을 부인하기 위한 내재된 난점들과 저작설 부인을 위한 설득력 있는 증거의 결여를 위해서는 7장의 각주 2(p. 443)를 보라.

서 8:6에서와 같이 그리고 반대 주장들에도 불구하고, 이 단락과 지혜문헌 사이의 순수한 문자적인 유사성은 전혀 존재하지 않는데도 말이다.[41]

② 이 본문은 또한 바울이 교회 안에 이미 존재하고 있던 '찬송'을 여기서 인용하고 있다고 학자들이 많은 공을 들여 증명하려고 하는 첫 번째 예이다. 이런 가능성에 대해 개방적이어야 하지만, 이 전제에 근거하여 가끔씩 주장되고 있는 것, 즉 바울이 그가 인용하는 것에 전적으로 동의하고 있지 않다는 점은 사실이 아니다. 다시 말해, 바울이 그 '인용'을 완전히 자기 주장에 동화시키지 않았기 때문에 그 결과 바울 자신의 기독론을 발견하기 위해 이 구절을 사용하는 데 조심해야한다고 자주 제안되고 있다. 하지만 이 주장은 그 자체로 별 장점이 없어 보인다는 사실 이외에 (결국 '원문'〈original〉이라고 추정되는 것은 우리 자신들이 만들어 놓은 것에 불과하다), 1세기 저자가 다른 자료로부터 자기의 문장들 속에 포함시킨 내용은 그 저자가 철저하게 동의하는 내용이라는 점으로부터 출발해야한다.

이 점은 바울에게 있어서 더욱 그러하다. 왜냐하면 우리는 바울의 칠십인경 사용에서 분명한 유비를 볼 수 있기 때문인데, 그는 칠십인경에서 규칙적으로 인용(cite)을 하든지, 빌려 쓰든지(borrow)한다. 그리고 바울이 본 단락에서 '찬송'을 빌려 사용하는 것과 마찬가지로[42] 그가 칠십인경으로부터 '빌려 사용하는'(borrow) 경우, 그는 규칙적으로 그 언어를 자신의 언어로 만들어 버리며, 원저자가 의도한 것과 항상 동일한 방식이 아니라 그가 의도하는 바를 의미한다. 사실 이런 현상은 바울 서신에서 칠십인경을 그가 처음으로 인용하는 곳에서 정확하게 일어나고 있는 것인데(고전 1:31; 2:16), 이 본문들에서 바울은 그가 염두에 두고 있는 관심사를 가지고서 칠십인경 본문들을 상당히 '다시 쓰고'(rewritten) 있다. 요점은 이 골로새서의 본문에서는 그 문장 전체가 바울 자신으로부터 왔다는 것[43]과 이것의 출처가 무엇이든 간에 모든 면에 있어 바울의 의도가 들어 있다는 점을 확신할 수 있다는 것이다.

③ 고린도전서 8:6으로부터 앞에서 말한 것 이외에, 바울은 여기서 고린도전서 8:6을 더 상세하게 확하는데, 내가 13절과 14절을 논의에 포함시킨

---

41) 이 문제에 대해서는 7장의 pp. 481-492에 나오는 부기(excursus)를 보라.
42) 요점은 바울이 칠십인경을 인용(cite)하며, 이럴 경우 '기록되었으되'(it is written)라는 형식구를 사용하여 표시한다는 점이다.
43) 이것은 물론 Dunn, Wright 그리고 다른 많은 학자들과 마찬가지로 바울이 골로새서의 저자임을 전제한다. 7장의 각주 2(p. 443)를 보라.

이유는 15-20절에 나오는 모든 (약 18개의) 관계대명사와 인칭대명사의 문법적 선행사가 13절의 "하나님의 사랑하시는 아들"이며, 이 아들의 "나라"로 골로새 이방인들이 지금 들어가게 되었다. 따라서 퀴리오스도 크리스토스(Χριστός, 그리스도)도 등장하지 않는 단락이지만, 기독론적으로 중요한 이 단락에서 하나님의 아들 주제가 등장하며, 또한 이 용법에 내재되어 있는 것은 13절에 표현된 유대교의 메시아 사상이다. 따라서 바울은 고린도전서 8:6에서 대응구 형식으로 말한 것을 상세하게 설명하는 것 이외에 또한 그 기독론을 그의 하나님의 아들 기독론의 문맥속에 사실상 위치시키고 있다.

(3) 빌립보서 2:6-11

바울 서신의 기독론적 단락들 가운데 '요새'(acropolis)인 이 본문은 또한 바울이 이전에 존재했던 '찬송'을 가져다 변형해 사용했는지에 관해 오랫동안 토론되었다. 그리고 골로새서의 '찬송'과 마찬가지로 그런 주장은 증명할 수도, 거부할 수도 없으며, 본문 가운데 어떤 부분은 바울의 관점이 아니라는 것도 추측할 수 없다.[44] 이 본문이 현재 우리 목적을 위해 갖는 중요성은 그리스도의 선재를 주장할 뿐만 아니라, 그리스도의 진정한 신성에 대해서 좀 더 강한 언어로 바울이 그리스도의 "하나님 아버지와의 동등됨"을 주장한다는 점이다. 앞의 두 본문들로부터 주장한 요점 이외에, 이 본문으로부터 언급해야 할 세 가지 문제가 있다.

① 이 본문은 바울 서신 가운데서 그리스도의 성육신의 완전한 인성을 심각하게 고려하지 않고는 그의 신성을 주장할 수 없게 만드는 주요한 본문이다. 이것은 바울의 기독론을 아폴로나리우스(Apollonarian)의 용어들로 설명하려는 어떤 시도도 반박할 수 있을 만큼 이 본문에 충분히 반복되고 있다. 6절에서 주장하듯이 그는 완전한 하나님이셨지만, 우리를 구원하기 위해서 "자신을 비어" 그리스도가 되신 것은 동일하게 완전한 사람이었다.

② 이 강조점은 그리스도가 자신을 하나님과 동등되게 여김을 취할 어떤 것으로 여기지 않았다는 점에서 창세기 1장의 그럴듯한 '개념적 반영'

---

44) 현재 형태의 이 본문이 바울의 기독론을 반영하는 것이 아니라, 바울이 '인용하고 있는' '바울 이전의 찬송'이라고 얼마나 자주 주장하는지에 대해 놀라지 않을 수 없다. 서술의 이유가 빌립보인들이 따라해야 할 (5절) 모범을 제시(6-8절)하는 것이라는 점을 주석적으로 알게 될 때 이 주장은 더욱 당혹하게 만든다.

(conceptual echo)⁴⁵⁾과 함께 상당수의 신약학자로들로 하여금 이 단락에서 아담 기독론을 찾아내도록 자극했다. 비록 어느 정도 거리감이 있는 '개념적 반영'을 부정할만한 특별한 이유는 없지만, 어떤 학자들은 이 유비를 이 본문이 말하지 않는 극단으로까지 밀고 나갈 때, 경계해야만 한다.⁴⁶⁾

③ 마지막으로 고린도전서 8:6에 관해 말했던 첫 번째 요점으로 돌아가면, 여기서 특히 바울은 부활 승천하신 그리스도께 퀴리오스라는 '이름'이 주어지는 이유와 기원을 의미심장하게 설명하고 있다. 이것은 "모든 이름 위에 뛰어난 이름"으로 좀 더 부연설명이 되며, 이사야 45:23에서 여호와를 가리키는 것을 부활하신 그리스도에게 적용시킨다는 점에 의해 입증된다. 따라서 승귀하신 그리스도에게 그 '이름'이 어떻게 주어졌는지에 대한 이 묘사는 어떻게 바울이 하나님의 '이름'을 나타내는 이 배타적인 표현을 그리스도에게 전이했는지를 설명한다. 이것은 칠십인경을 통해 헬라어를 사용하는 교회에 왔었고, 보존되어 있는 바울의 초기 편지들에 철저하게 전제되어 나타나고 있다. 그리고 차례로 이것은 후기 바울 서신에도 등장하지만, 바울이 성부하나님을 언급하지 않고 그리스도를 가리키도록 하기 위해 이 '이름'을 배타적으로 사용하고 있음을 보여주는 확실한 증거이다.

따라서 비록 바울 서신서에 중요한 기독론의 더 많은 내용들이 있지만 그리고 다음의 장들이 충분히 증명하듯이 모든 곳에 전제된 더 많은 기독론이 있지만, 이 세 주요한 기독론적 본문들은 그 안에 그 기독론의 모든 주요 요소들을 포함하고 있다. 이 요소들이 본서의 두 번째 부분인 '종합'(synthesis)에서 발전된다.

---

45) 이 단어는 이 단락에서 문자적 반영이 하나도 없기 때문에 창세기의 반영(echo)을 "들을 수 있는"(hearing) 가능성을 가리키는 나의 용어이다. 모르페(μορφη)와 에이콘(εἰκών)이 문자적 "동등 대응부들"(equivalents)라고 주장함으로써 문자적 반영을 생성해 내려고 시도하는 사람들은 그 점에 있어서 실수하고 있을 뿐만 아니라(pp. 564-567를 보라), 실제와 맞지 않아 보인다. 오직 용어만이 문자적 반영을 불러낼 수 있다. "87년 전"(eighty-seven years ago)라는 표현은 어떤 사람들로 하여금 링컨의 게티스버그 연설을 생각하게 만든다(이 연설은 "87년 전에"(four score and seven years ago)라는 말로 시작된다). 우선, 아무도 링컨 자신의 고어체 용어를 사용하지 않고 링컨을 반영시킬 수 없다. 또한 둘째로, 링컨의 말들을 사용하는 이유는 그 말들만이 창조해 낼 수 있는 효과를 내기 위해서이다. 만약 바울이 그의 독자들로 하여금 창세기 1장의 반영을 알아차리게 하려고 의도했다면 여기서 그가 에이콘을 사용하지 않은 '실패'(failure)에서도 그렇다.
46) 이 문제에 관해서는 pp. 561-563의 논의 그리고 특별히 부기(excursus, pp. 583-586)를 보라. 이 단락에서 언급한 문제들에 대한 폭넓은 논의에 관해서는 13장을 보라.

2) 바울과 칠십인경

그러나 몇몇 독자들은 내가 칠십인경의 퀴리오스=아도나이=여호와를 바울이 그리스도를 지칭하는 데 사용했다는 확신에 대해서 (정당하게) 주저할 것이다. 따라서 내가 이 문제를 다루어야 할 필요가 있다. 두 가지 질문이 논쟁의 핵심이다. 첫째, 바울이 그의 서신들이 기록된 3세기 이후 시대로부터 나온 근본적으로 기독교적인 사본들에 근거하여 우리에게 칠십인경이라 알려진 형태의 문서를 알았으며, 또 사용했는가? 둘째, 그와 그의 독자들이 공통으로 가지고 있던 칠십인경의 형태가 무엇이든 간에, 그의 독자들이 바울이 그렇게 자주 그리스도에게 이 칠십인경 본문들의 퀴리오스를 적용했다는 사실과 그 중요성을 알았을까? 나는 이 두 문제를 차례로 다루겠다.

(1) 바울은 칠십인경을 알았고, 또 사용했는가?

칠십인경의 '기원'과 이것의 현재 우리가 소유하고 있는 칠십인경 역본 사이의 관계에 관한 질문은 쉽게 대답할 수 없는 것임에도 불구하고, 우리는 바울 서신 자체로부터 바울 자신이 사용했으며 또한 그와 헬라어를 사용하던 그의 교회들이 공통 본문으로 전제했던 칠십인경에 대해서 우리가 이 용어를 사용할 수 있는 설득력 있는 이유들이 있다. 최소한 이 질문은 확실하게 결정할 수 없음에도 불구하고, 우리가 가지고 있는 증거들은 충분히 강력해서 바울의 용법에 관해 주저함 없이 '칠십인경'이라는 용어를 사용할 수 있게 한다. 이것을 지지하는 증거는 두 가지이다.

첫째, 바울은 칠십인경을 다양한 방식으로 언급한다. 어떤 경우에는 바울이 우리에게 알려진 칠십인경의 본문과 문자적으로 동일한 본문들을 '인용'하다. 다른 경우에 그는 어느 정도 자유롭게 본문을 '인용'하며, 반면에 또 다른 경우에는 바울 자신의 용어의 궁극적 출처가 칠십인경이라는 확신을 사람들에게 주기 충분할 정도로 정확하게 칠십인경의 용어들을 반영한다.[47]

---

47) 하나의 예는 바울의 롬 10:13에서 욜 2:32(3:5 LXX) 사용이다: 파스 가르 호스 안 에피카레세타이 토 오노마 퀴리우 소테세타이(πᾶς γὰρ ὃς ἂν ἐπικαλέσηται τὸ ὄνομα κυρίου σωθήσεται, 누구든지 주의 이름을 부르는 자는 구원을 얻으리라). 나머지는 정확하게 칠십인경의 본문인 반면에, 이 경우 가르(γάρ, 왜냐하면)는 바울의 인용 "도입" 형식구로 쓰이고 있다. 또 다른 한편, 고전 1:12에서 바울은 고린도인들과 함께 그의 동료 그리스도인들을 부르면서 파신 토이스 에피칼루메노이스 토 오노마 투 퀴리우 헤몬 예수 크리스투(πᾶσιν τοῖς ἐπικαλουμένοις τὸ ὄνομα τοῦ κυρίου

비록 히브리서 저자가 하는 것처럼 그렇게 철저하게는 아니지만, 바울이 '성경'이라고 부르는 것을 실제로 '인용'할 때 그 단어는 칠십인경의 것과 너무나 흡사해서 단지 두 가지의 선택사항 밖에 없게 된다. 즉, 바울이 자기 이전의 번역가가 사용했던 어순을 그대로 포함해 똑같은 단어를 우연히 사용했다고 하든지(이것은 정말 의심스럽다) 아니면 바울이 자라난 디아스포라 회당에서 공통적으로 사용되던 성경을 인용하든지 말이다. 히브리어 본문의 더 정확한 번역과 비교하여 여기서 우리에게 상당한 확신을 줄 만큼 바울과 칠십인경이 유사한 독특한 부분들이 충분히 있다.[48]

둘째, 번역가가 많은 선택의 여지가 있었던 대목에서 바울이 단어나 어순 둘 다에 있어 히브리어 본문의 칠십인경 번역과 일치하는 충분한 예들이 우연하게 독립적으로 발생했다고 상상하기보다는 오히려 바울이 공통적 성경을 인용하고 있다고 생각하게 만든다. 이것을 설명할 수 있는 유비는 영어권의 어떤 사람이 번역본을 설명하지 않은 채 성경을 인용할 때, 그가 예를 들어 NASB(미국 새표준번역)을 사용하고 있는지를 판단하는 상황과 같다. 이 성경 번역본의 딱딱함은 눈에 두드러지는 경향이 있어 이 성경에 의존하고 있음이 분명해 진다. 이것은 바울의 구약성경 헬라어 번역과도 유사하다. 바울의 몇몇 흔하지 않은 번역들뿐아니라 그의 단어들은 대체로 칠십인경의 것과 같아서 칠십인경이라 전해지는 형태의 번역을 규칙적으로 사용하지 않았다고 생각할 수 없게 만든다.

그런데 몇 학자들에게 더 중요한 문제는 바울의 퀴리오스=아도나이=여호와를 사용했는지 그리고 얼마만큼 사용했는지의 문제이다. 바울은 그리스도에

ἡμῶν Ἰησοῦ Χριστοῦ, 예수 그리스도 우리 주의 이름을 부르는 모든 자)라고 이 "성경"언어를 외관상 반영(echo)하고 있다. 만약 우리가 단지 후자의 단락만 가지고 있었다면 비록 요엘 예언에 대한 직접적 암시가 바울의 마음에 자리 잡고 있지 않았다 하더라도 바울의 언어의 출처에 관해 심각한 의심을 품을 수 없다. 그러나 이 문맥에서 그 실제 인용은 이 요엘 본문이 초대 기독교인들 사이에서 성경의 이야기상 그들의 위치에 관한 공통의 창고가 되었음을 보여준다.(행 2:21을 보라).

48) 이 주장은 유능한 칠십인경 학자들을 주춤하게 만든다. 하지만 나의 관심사는 칠십인경 연구 전문가의 관심사가 아니다. 오히려 이 주장은 바울 그리고 그의 교회들이 주후 1세기 중반에 디아스포라 유대인들 사이에서 칠십인경과 매우 유사한 본문을 사용하고 있었음을 보여주는 증거임을 지적한다. 게다가 N. Dahl과 A. Segal이 알렉산드리아의 필로는 바울이 소아시아에서 했던 것과 거의 동일한 시기에 하나님의 이름(Tetragrammaton)에 퀴리오스를 사용하는 헬라어 사본들을 읽었다고 증명했다.("Philo and the Rabbis on the Names of God." *JSJ* 9〈1979〉, 1-28).

대한 주요한 이 호칭을 칠십인경에 빚지고 있다. 이 용법은 너무나 중요해서 본서의 맨 마지막 부분의 부록 B에 모든 예문들을 모아놓았다. 이 질문은 몇몇 독립된 파피루스들의 (매우 단편적인) 증거들과 더불어 쿰란에서 발견된 칠십인경 본문들 때문에 발생한다. 왜냐하면 이 조각들 중 몇몇은 헬라어 대응부가 전혀 존재하지 않으며, 단지 테트라그라마톤(Tetragrammaton, 하나님의 이름을 나타내는 히브리어 4개의 자음 YHWH- 역주)자체를 보존하고 있기 때문이다.[49]

그러나 이것이 어떤 차이점을 만들어 내는지 파악하는 것은 어려운 일이다. 왜냐하면 비록 현재 우리의 칠십인경은 기독교인들 사이에 사용되는 소산물임에도 불구하고, 쿰란과 바울은 사실 하나님의 이름을 발음하지 않는 현상에 대한 증거를 보여주었기에, 쿰란의 증거들은 바울의 용법에 대해 최종적으로 아무것도 말해주지 않기 때문이다. 테트라그라마톤이 있는 헬라어 본문들이 회당에서 읽혔을 때, 읽은 사람들은 실제 "여호와"라고 발음하지 않았다고 확신할 수 있다. 다른 어떤 것이 그 이름을 대체했을 것이며, 성문화된 자료든 구전 자료로부터든 간에 바울의 증거는 퀴리오스가 그 자리에 쓰였다는 것이다.[50] 다른 말로 표현하면, 히브리서와 함께 바울 서신은 이 대목들에서 그의 헬라어 본문이 퀴리오스를 실제로 포함하고 있었는지 아닌지에 대한 후기 '칠십인경'의 증거이다. 왜냐하면 이 단어는 아람어를 사용하는 회당에서 사용된 아도나이에 대한 흔한 '번역'으로서 하나님의 이름을 발음할 때 이 말로 대체 했기 때문이다.[51]

---

49) 이 문제에 관해서는 J. Fitzmyer, "The Semitic Background of the New Testament Kyrios-Title," in *A Wandering Aramean: Collected Aramaic Essays* (SBLMS 25; Missoula, Mont.: Scholars Press, 1979), 115-42와, 특별히 A. Pietersma의 온건한 비평("Kyrios or Tetragram: A Renewed Quest for the Original Septuagint," in *De Septuaginta: Studies in Honour of John William Wevers on His Sixty-Fifth Birthdahy* ⟨ed. A. Pietersma and Claude Cox; Mississauga, Ont.: Benben, 1984⟩, 85-101)를 보라. 이 증거에 대한 그의 평가는 주목할만하다. 그는 이 증거들 가운데 오직 한 가지만 실제 가치가 있다고 평가할 뿐만 아니라, 또한 쿰란과 다른 곳에서의 테트라그라마톤의 사용은 아마도 친숙하지만, 성스럽지 않은 단어의 번역을 통해 그것이 잊히지 않도록 하기 위해서 어떤 사람들의 편에서 하나님의 이름을 강조하여 고문체를 사용하려는(archaizing) 경향을 반영하고 있는 것이라 (옳게) 주장한다.

50) 어떤 경우든 헬라어를 사용하는 회당들에서 헬라어로 된 성경을 읽는 사람들이 하나님의 이름에 아람어인 아도나이(Adonai, 주)를 사용했다는 어떤 증거도 없다.

51) L. J. Kreitzer의 비슷한 주장을 참고하라(*Jesus and God in Paul's Eschatology* ⟨JSNTSup 19; Sheffield: Sheffield Academic Press, 1987⟩, 109). "실제로 해당 교회들에 보내든 바울의 편지들의 공적인 읽기에서 יהוה를 사람들이 발음하게 될 때 실제로 무엇이라고 말했는지 질문하고 싶은 유혹을 받는다." 게다가 각주 48에서

동일하게 중요한 것은 바울 서신에서 수십 개의 퀴리오스를 '본문 간의' (intertextual) 사용으로, 칠십인경의 언어들을 넘겨받아 자기 문장 속에 위치시킨다. 성경본문의 '인용'(citation)을 가정하고 있는 바울 서신을 공적인 자리에서 읽는 사람이 '기록된 바'(as it is written)라는 표현으로 시작되는 본문들은 이것이 어떻게 했는지와 바울이 칠십인경의 본문들에 대한 중요한 반영인 데살로니가후서 1:7-12에서 퀴리오스를 사용하는 것은 별개의 문제이다. 이 점에 있어 바울 자신이나 이방 교회들 중 하나가 하나님 이름의 대체물로 퀴리오스를 사용하지 않았다는 반대주장은 붕괴되는 것처럼 보인다.[52]

(2) 바울의 독자들은 이 용법을 알았을까?

만일 바울이 규칙적으로 그와 그의 독자들에게 알려진 헬라어 성경(칠십인경- 역주)의 형태를 사용했고 인용했다는 것을 다소 확신할 수 있다면, 이제 두 번째 논쟁은 바울 편에서 그 성경의 언어를 반영할 때 그의 이방인 독자들이 이것을 알아챌 수 있도록 의도했는가이다.[53] 나는 두 가지 관찰과 함께 이

주목했듯이 바울보다 더 나이가 든, 바울 동시대의 사람인 알렉산드리아의 필로는 이 대체가 이미 일어난 헬라어 성경을 사용했다는 충분한 증거가 있다.

52) 이것은 특별히 G. Howard의 주장에 해당한다. G. Howard, "The Tetragram and the New Testament," *JBL* 96 (1977), 63-83. 다시 Kreitzer, *Jesus and God in Paul's Eschatology*에 나오는 비평을 보라.

53) 여기서 나는 전문용어상 상당한 난관에 직면하고 있다. 쟁점은 바울 서신 가운데서 그가 성경본문(거의 항상 칠십인경의 어떤 형태임)의 용어를 사용하고 있다는 데 별 의심이 없어 보이는 많은 대목들을 무엇이라고 불러야 하는지의 문제이다. 본 연구에서 독자들은 다양한 방식으로 '반영하기'(echoing) '본문 간의 관련성'(intertextuality) 혹은 '~로부터 용어를 빌려오기'(borrowing language from)의 단어들을 발견하게 될 것이다. 내가 항상 의도하는 바는 바울이 항상 (의도적으로) 칠십인경의 용어들을 사용하여 그의 상황(들)에서 성경본문을 회상하거나 재해석한다는 것이다. 참고, R. B. Hays, *Echoes of Scripture in the Letters of Paul* (New Haven: Yale University Press, 1989), 6. 이 현상에 관한 좀 더 정확한 용어 사용을 위해서는 V. K. Robbins, *Exploring the Texture of Texts: A Guide to Socio-Rhetorical Interpretation* (Valley Forge, Pa.: Trinity Press International, 1996)을 보라. 여기서 그리고 이 책에서 취하고 있는 견해와 다른 입장을 위해서는 C. D. Stanley, *Paul and the Language of Scripture: Citation Technique in the Pauline Epistles and Contemporary Literature* (SNTMS 74; Cambridge: Cambridge University Press, 1992) (cf. C. Tuckett, "Paul, Scripture and Ethics: Some Reflections," *NTS* 46 ⟨2000⟩, 403-24). 스탠리의 초점은 이 이방 교회들이 바울의 성경인용들과 반영들을 알아챘을 수 있는 능력에 있다. 그는 (유용하게도) 그의 가공의 회중들을 세 종류의 청중들 즉 '성경을 잘 아는 사람들'(informed), '성경을 아는 사람들'(competent)

질문에 대해 기본적으로 긍정적인 대답을 시작하겠다.

첫째, 상당한 양의 자료들이 이것을 지지한다. 바울 자신은 멈출 수가 없었다. 그의 생애는 청소년시기부터 성경에 깊이 물들어 있었다. 그가 승귀하신 주님을 만났을 때, 오랫동안 고대하던 그리스도가 지금은 구약성경 어디에서라도 발견될 수 있는 장소로 변화되었다. 그의 성경본문 읽기는 현저하게 변화되었기 때문에 그리고 "신성한 문제들"을 긴급한 관심사로 가지고 있는 서신들을 그가 쓰고 있기 때문에, 구약의 인용과 반영들이 그의 서신들 전반에 걸쳐 발견된다. 결국, 그의 과거와의 연속성의 문제가 그리스도와 성령을 통해 도입된 불연속성의 정도만큼이나 바울에게는 중요하다.

게다가 인구의 15퍼센트만 글을 읽을 수 있는 구두/청각 문화에서는 제한된 양의 읽기와 성스러운 본문들의 중요성은 바울의 교회의 많은 사람들이 17세기에서 19세기 영국문학에서 풍미했던 흠정역(KJV)의 반영을 생각하는 방식과 같이 성경에 익숙했을 것이다. 성경뿐만 아니라, 어떤 본문에 대한 구두적 회상(verbal remembrance)은 현대 서구사회에서는 성경을 열렬히 사랑하는 사람들 사이에서조차도 과거의 일이 되어 버렸다. 그러나 성경은 의심의 여지없이 바울의 모든 회중에게 표준적인 '독서' 내용이 되었을 것이다.[54]

따라서 비록 확실히 모든 독자가 모든 경우에 혹은 모든 본문에서 동일한 방식으로 파악했을지는 모르지만, 바울의 서신들은 많은 청자들이 파악할 것으로 기대했던 (비록 현대 독자들은 그렇지 않을지 모르지만), 다양한 종류의

그리고 '성경을 조금밖에 모르는 사람들'(minimal)로 나누었다. 그러나 그가 고려하는 데 실패한 것은 구두 사회(spoken world)의 기억력(memory)이며 특히 읽지도 쓰지도 못하는 사람들에 의해 계속해서 반복되어 말해지는 '단어'(word)이다. 이것은 읽기를 배우기 전 아이들에게서 잘 나타난다. 그들은 "할아버지, 이야기는 그렇게 되지 않아요!"라고 외친다. 그러나 이들이 십대가 될 즈음에 말이든 글이든 대화에서 이 능력은 모두 사라진다.

54) 하지만 이 점에 있어 누가-행전의 이야기와 어느 정도 긴장관계에 있어 보이는 최소주의적(minimalist) 견해를 가지고 있는 Stanley를 보라(*Paul and the Language of Scripture*). 누가-행전(Luke-Acts)은 헬라어 성경을 다소 잘 알고 있던 이방인 개종자에 의해 기록되었다. 사실, (탄생 기사가 충분히 보여주듯이) 누가 자신이 상당한 본문 간의 관련성(누가-행전에서 구약을 사용하고 있는 현상 - 역주)에 관여하고 있다. 게다가 두 권짜리 성경인 누가-행전은 어느 정도 유대인의 성경을 알고 있다고 가정되는 한 이방인에게 보내지고 있을 뿐만 아니라, 행 13장 이하를 보면 성경이 디아스포라 회당들에 알려져 있을뿐아니라 연구되고 있다(13:15; 17:2, 11: 18:24, 28). 그리고 앞 부분에서는 한 개종자가 예루살렘에서 에디오피아로 가는 여행 중에 이사야 두루마리를 실제로 읽고 있다(8:30-35).

구두적 반영들로 가득차 있다. 현대의 유비는 만약 어떤 사람이 공적인 자리에서 "87년 전에" 혹은 "인간의 역사상"[55]이라고 말할 때 비록 다음 세대의 많은 사람들이 그렇게 하지는 못할 것이지만 필자와 같은 시대의 대다수인들이 우리 국가의 '성스러운 문서들'의 반영을 들을 수 있는 것과 같다.[56]

둘째, 그리고 이후 주해적 논의들에서 줄곧 언급되겠는데, 성경 용어를 여호와로부터 그리스도에게로 이양한 것은 바울이 규칙적으로 하던 일의 일부이다. 비록 어떤 종류의 기독론적 혁신이 바울이 전달하려고 했던 요점이었음에도 불구하고 이것들 중 어느 것도 논증되지 않는다. 반면에, 그것들은 바울이 그 자신과 그의 독자들 사이의 공통된 지식으로 가정하는 방식으로 사용되고 있다. 따라서 마치 고린도전서 8:6에서 유대교의 쉐마에 대한 매우 중요한 기독교적 재구성의 경우와 마찬가지로 그들 간의 전제로서 그리고 때로는 논지를 펼치는 출발점으로서 그것들은 자주 간접적인 방식으로 나타난다. 결국, 이 성경의 반영들의 양과 성격은 바울과 그의 교회들 사이에 고등 기독론(high Christology)이 전제되었다는 증거를 제공한다.[57]

이러한 이유로 칠십인경이 친숙한 용어이며 본문이라는 이유로 독자들이 마음속으로 이 용어에 매번 인용부호를 할 필요가 있음을 주의하면서 이 용

---

55) 나의 문화적 배경을 모르는 사람들에게 설명이 필요한데, 이것들은 아브라함 링컨의 게티스버그 연설과 토마스 제퍼슨의 독립선언문의 서두이다.
56) 내 동료 Bruce Waltke가 내게 지적해 준대로 좋은 예는 노예해방선언 백 주년인 1963년 8월 28일 링컨기념관에서 구두로 전달했던 마틴 루터 킹 주니어의 "I Have a Dream" 연설이다. (지금은 유명한) 그 연설을 들었던 수많은 사람들이 비록 그들 대부분은 애국 찬가인 "America"의 인용된 첫 연(stanza)를 알았으며 노래 부를 수 있었음에도 불구하고 (1) 링컨의 게티스버그 연설, (2) 제퍼슨의 독립선언문, (3) 스타인벡의 The Winter of Our Discontent, (4) 암 5:24 그리고 (5) 사 40:4에 대한 그의 (확실히 의도적인) 본문 간의 관련적인 반영들을 잡아낼 수 있었을지 의심스럽다. 나는 그날 그 연설을 듣지 않았다. 그러나 그것을 읽을 때 나는 이 모든 반영들이 매우 가까이 있음을 발견했다. (그리고 내가 쉽게 알아차리지 못하는 더 많은 것들이 있을지도 모르겠다).
57) 사람들이 '분명한 바울의 구성들'을 근거로 원래의 찬송 혹은 교리를 '재구성'할 수 있는 것처럼 바울의 칠십인경 사용도 '바울 이전의' 찬송과 교리들에 대한 바울의 가정된 사용에 관한 논의의 일부분이 되어야 한다. 그러나 비록 그러한 예가 바울의 구약 '개작'(adaptation)에 가까이 있는 것이지만, 방법론적 문제는 별로 없다. 바울이 인용할 때, 인용된 모든 단어들이 다 관계있는 것은 아니다. 그러나 그가 본문 간의 관련적 사용에 의해 개작할 때 칠십인경으로의 바로 그 변경들은 사람들이 항상 (혹은 많은 경우) 구약 본문을 재구성할 수 없음과 바울이 한 것을 바탕으로 그것의 신학을 재구성할 수 없음을 분명히 한다.

어는 이후 본서의 연구에서 선택되어 사용될 것이다.

5. 바울의 자료들에 관한 숫자적 분석

각각의 서신서의 기독론적 자료들에 관심을 돌리기 전에 그리고 매 장의 첫 번째 주제로 '용법'이 등장하기 때문에, 모든 자료들이 한자리에 제시되는 것이 유용할 것이다. 각 서신들을 위한 이 자료들의 전체 제시는 이런 종류의 분석과 함께 각 장의 마지막에 있는 부록 II에서 볼 수 있다. 본문을 다르게 읽을 수 있는 몇몇의 경우 각주에 본문 비평적 설명을 해 놓은 것을 제외하고 [58] 대부분 자료들은 NA 27판과 UBS 4판에 나오는 헬라어 본문과 일치한다. 나는 또한 이 자료들이 매우 조심스럽게 사용되어야 한다고 주의를 주고 싶다. 그 이유는 이런 종류의 '분석'에서 빠지기 쉬운 것이 수많은 대명사들과 동사들의 표현되지 않은 주어, 특히 하나님을 암시된 주어로 가지고 있는 소위 신적 수동형(예로, 고전 6:11의 세 개의 동사들)이기 때문이다. 따라서 마지막 칸 데오스를 사용할 때 특별히 주의해야 한다. 나머지에 대한 나의 관심은 얼마나 자주 바울이 그리스도를 언급했는가에 있지 않고 (이것은 대명사를 포함해야 할 것이다), 바울이 그렇게 하면서 사용한 특정한 언어에 있다. 그 이유는 밝혀졌지만 그 언어가 가끔씩 중요성을 가지고 있는 것처럼 보이기 때문이다(K, I 그리고 X의 다양한 결합은 퀴리오스⟨κύριος⟩, 예수⟨Ἰησοῦς⟩ 그리고 크리스토스⟨Χριστός⟩의 순서를 나타낸다).

서신	KIX/IXK/XIK	KI/IK	XI/IX	KX	κύριος	Ἰησοῦς	Χριστός	υἱός	합계	θεός
살전	5	6	2	x	13	3	3	1	33	36[-3]
살후	9	3	x	x	10	x	1	x	23	18[+5]
고전	8/1/1	4/1	6/2	x	49[+2]	2	45	2	121	103[+18]
고후	4/1	3	1/3	x	18[+2]	7	38	1	75	78[-3]
갈	3	x	7/5	x	2	1	22	4	44	29[+15]
롬	6/3/2	2/1	12/7	1	18[+8]	3	34	7	96	149[-53]
골	1/x/1	1	3	1	10	x	19	1	37	22[+15]

---

58) 예를 들어, 살후 2:8; 롬 8:34; 14:12에 관한 본문 비평적 설명을 보라.

몬	2	1	3	x	2	x	3	x	11	2[+9]
엡	6/x/1	1	10/1	x	16	1	28	1	65	31[+34]
빌	4/x/1	1	12/3	x	9	1	17	x	48	22[+26]
딤전	2/x/2	x	10	x	1	x	1	x	16	22[-6]
딛	x	x	1/3	x	x	x	x	x	4	13[-9]
딤후	x/1	x	11/1	x	16	x	x	x	26	11[+15]
합계	48/5/7	22/2	78/25	2	164[+12]	18	211	17	599	536[+63]

이 자료들에 대한 몇 가지 일반적인 관찰들은 다음과 같다.

① 마지막 두 칸은 실제 데오스 단어의 사용들과 관련해 그리스도에 대한 명시적 언급의 전체 수를 나타낸다. 이 두 칸들의 차이는 데오스 칸에 있는 괄호에서 발견된다. 이 자료들은 분명히 억지로 갖다 붙인 것이다. 왜냐하면 "아버지"라는 호칭이 "하나님"과 함께 나타나지 않는 경우 내가 (아주 극소수의 경우지만) 아버지로서의 하나님에 대한 언급들을 포함하지 않았기 때문이다. 나는 의도적으로 대명사들을 포함시키지 않았다. 이것들을 포함시켜서 실제로 얻을 수 있는 가치는 이것을 포함시키는 수고만큼은 도움이 되지 않을 것처럼 보였기 때문이다.

② 퀴리오스 예수스 크리스토스(Κύριος Ἰησοῦς Χριστός, 주 예수 그리스도)의 전체 호칭이 각 서신의 맨 처음에 등장한다. 그 후로 이것은 모든 서신에 나타나지만, 더 짧은 호칭보다는 자주 쓰이지는 않는다.

③ 각각의 이름들은 더 자주 나타나지만, 서신서들 전반에 일관되게 쓰이지는 않는다. 이들 중 몇몇은 각각의 경우 상황과 편지의 성격과 관련이 있어 보인다. 그러나 최종 분석에 의하면 어떤 외관상의 패턴이 서신들에 등장하지는 않는다.

④ 두 "이름"들의 결합에 관해: 퀴리오스 예수스(Κύριος Ἰησοῦς, 주 예수)는 다른 호칭들에 비해 덜 쓰인다. 그리고 이것들의 대다수는 첫 번째 4개의 편지에서 나타난다(예수 주〈Ἰησοῦς Κύριος〉는 좀처럼 쓰이지 않는데, 확실한 그 이유는 퀴리오스가 "이름"이라기보다는 직함〈titular〉이기 때문이다). 분명치 않은 이유 때문에 크리스토스 예수스(Χριστός Ἰησοῦς, 그리스도 예수)가 예수스 크리스토스(Ἰησοῦς Χριστός, 예수 그리스도)와 비교해 3배 정도 더 사용되고 있다. 어떤 경우든 이것은 바울의 시대에 이르러 본래는 직함이었던 것이 점점 '이

름'으로 사용되게 되었음을 암시한다.

⑤ 서신서에서 그리스도에 대한 언급이 가장 소수인 디도서를 제외하고 각 '이름'들이 (예수(Ἰησοῦς)를 예외로 하고) 서신서 대부분에 쓰이고 있다. 하지만 일관성을 가지고 쓰이지는 않는다.

⑥ 12개의 괄호로 된 항목들은 그리스도를 언급하지 않는 칠십인경의 인용문에서 퀴리오스가 쓰이는 경우들이다. 다른 모든 경우들은 그리스도를 나타낸다고 안전하게 가정할 수 있을 것이다.

⑦ 크리스토스(Χριστός, 그리스도)와 함께 관사가 있느냐 없느냐에 관해, 자료들과 일치하지 않는 몇 개들이 제안되어 왔기 때문에 나는 다음 장에서 이 문제에 관한 부기를 해 놓았다.

PAULINE CHRISTOLOGY

제 I 부

분 석

PAULINE CHRISTOLOGY

제2장

데살로니가전 · 후서에 나타나는 기독론

데살로니가전서[1]는 아마도 바울(그리고 실라)이 죽음의 위협을 느꼈던 밤(행 17:10),[2] 그 마을에서 급하게 도피해 나온 후 1년 안에 기록되었을 것이다. 그가 남겨두고 떠나온 위협을 당하고 있는 공동체의 상태에 대한 그의 걱정으로 그리고 그의 돌아가려는 시도들이 좌절되었을 때, 그들은 마침내 디모데를 대신 보내게 되었다. 디모데는 고린도에 있는 바울과 실라에게 기본적으로 기쁜 소식을 가지고 돌아왔다(살전 2:17-3:10). 하지만 모든 일이 잘 풀린 것은 아니었다. 그래서 그는 이 편지를 기록하는데, 이 편지의 대부분은 그의 관점에서 볼 때 그간의 일에 대한 열거(1-3장)지만, 또한 몇몇의 개선책(4:1-12) 그리고 그 사이에 죽은 몇 사람들의 일에 비추어 주의 오심에 대한 정보를 제공하고 있다(4:13-5:11).

오래지 않아 바울에게는 그가 바라던 대로 일이 잘 진행되지 않는다는 소

---

1) 데살로니가전 · 후서 주석들은 참고 문헌에 나열되어 있다: 이 주석들은 여기 2장에서 단지 저자의 성만을 표시하며 인용된다. 아래에 설명한 이유들 때문에, 대부분의 주석들은 이 두 서신을 주석 한 권에서 다룬다. 이것이 이 두 서신이 동일한 장에서 다루어지고 있는 이유이다. 다른 이유는 아마도 일 년 이내에 동일한 신자들에게 쓰였기 때문에 두 서신은 매우 유사한 기독론적 관점을 가지고 있다.
2) 바울이 살전 2:14-3:10에서 보여주는 분명한 고뇌와 그의 갑작스러운 고별을 고려해 볼 때, 사도행전 17장 이야기의 기본적인 역사성을 부인할만한 충분한 이유가 없다. 이 경우, 그 공동체의 구성은 아마도 대부분 이방인들로 이루어져 있는 것 같으며(살전 1:9-10) 회당에 뿌리를 두고 있는 듯하다. 이것은 그들이 칠십인경과 친숙했음을 짐작하게 한다.

식이 전해진다. 사실, 어떤 사람이 예언으로, 마치 바울을 위하는 척하고, 주의 날이 이미 왔다(살후 2:1-2, 15)[3]고 말했는데, 이것은 핍박이 더해지는 걱정을 더하였다. 이 때문에 데살로니가후서가 기록된다.[4]

첫 번째로 주목해야 할 사항은 바울 서신 전체에서 독특하게 두 서신이 관련이 있다는 점이다. 예를 들면 고린도전서와 후서가 그 유사성에서 서로 극과 극을 이루는 관계인 것과는 달리, 이 두 서신은 바울이 데살로니가후서에서 매우 많은 내용을 다시 한 번 다룰 필요가 있었다는 점에서 (놀랍지 않게) 매우 유사하다. 동시에, 이 유사성들은 한 서신에 등장하는 것을 주목하지 않고는 다른 서신에 등장하는 것을 토론하는 것이 불가능한 성격을 가지고 있다. 그러나 나는 데살로니가전서 항목의 논의에서 아주 몇 개의 예를 제외하고는 서로 비교하는 것을 피하려고 노력했다. 하지만 이것은 데살로니가후서를, 특히 이 서신의 기독론을 다룰 때는 거의 불가능하다. 그래서 나는 같은 장에서 함께 두 서신의 기독론을 살펴보기로 했다.

이 서신에 등장하는 기독론은 특별히 주목할 만하다. 그 첫 번째 이유는 두 서신 가운데 어떤 것도 의식적으로 기독론적인 논의를 해야 할 필요가 없

---

3) 살후 2:2의 난제들에 대한 이 관점을 위해서는 G. D. Fee "Pneuma and Eschatology in 2 Thessalonians," in *To What End Exegesis? Essays Textual, Exegetical, and Theological* (Grand Rapids: Eerdmans, 2001), 290-308을 보라.

4) 살전 5:1-11과 긴장관계에 있은 것으로 인식되고 있는 2:3-12에 근거한 데살로니가후서의 진정성에 관한 의문은 오랜 역사를 가지고 있다(특별히 W. Wrede, *Die Echtheit des zweiten Thessalonicherbriefs* 〈TUGAL 9/2: Leipzig: Hinrichs, 1903〉 보라). 두 서신 간의 조그마한 차이점들이 제시된다(예, 살후는 덜 다정하다. 약간의 문체상의 차이점과 바울 사상과의 '간격'이 있다). 그러나 마샬(34)이 지적했듯이, "여러 개의 약한 논증들이 하나의 강력한 논증이 될 수 있는지 의심스럽다." 실제로, 이 견해를 지지하기 위해 극복해야 할 상당한 역사적 난제들은 어떤 추정되는 차이점들보다 훨씬 더 무게가 있다. 또한 만일 데살로니가후서에 대한 의심을 갖게 만든 동일한 기준들이 갈라디아서나 고린도후서의 빛 아래에서 로마서에 적용된다면 이들 중 어떤 것도 진정성을 지지하는 데 상당한 어려움을 겪을 것이다. 시간적 간격 없이, 똑같은 논쟁들에 대해 똑같은 사상으로부터 사람들이 기대할 수 있는 것과 같이, 여기 이 장의 증거는 두 서신이 얼마나 많은 공통점을 가지고 있는지를 보여준다. 두 서신 사이의 (비교적 작은) 기독론적 차이점을 강조한 M. J. J. Menken의 시도는 그가 증명하려고 했던 바를 결국 실망시키는 것처럼 보인다 ("Christology in 2 Thessalonians: A Transformation of Pauline Tradition," *EstBibl* 54〈1996〉, 501-22). 이 제목에 나오는 "바울의 전승"(Pauline Tradition)은 오직 데살로니가전서만을 가리킨다! 또한 다음을 보라. K. Donfried, *The Theology of the Shorter Pauline Letters* (Cambridge: University Press, 1993), 94-101, 그의 논의는 저작권에 관한 그의 전제들과는 정반대의 결론(두 서신의 기독론적 유사성)에 이른다.

었다는 점 때문이다.[5] 즉, 이 서신들 어디에도 바울이 의도적으로 그리스도의 신성(혹은 인성)을 증명하려고 하지도 않고, 그의 신성의 성격을 설명하려고 하지도 않는다. 바울의 관심사는 우리가 그의 후기 서신들에서 보는 것과 같이 주로 기독론적 관심사이다.[6] "우리 주 예수 그리스도"는 하나님이 보내신 구세주이시며, 그는 "우리를 위해 죽으셨다"[7](살전 5:9-10) 그리고 그의 부활은 "우리가 그와 함께 살게 될 것"(5:10)이다. 왜냐하면 그가 우리를 미래의 진노에서 해방했기 때문이며(1:10) 미래의 영광에 참여할 수 있게 보장했기 때문이다(살후 2:14). 따라서 "주님"은 또한 현재의 고난 가운데 성도들이 "본받아야" 할 분이시다(살전 1:6).[8] 또한 규범이 되는데 그리스도는 많은 것에 대한 하나님의 대리자(사도들의 교훈들〈살전 4:2〉, 하나님의 뜻〈5:18〉)일 뿐

---

5) 다음을 보라. R. Jewett, "A Matrix of Grace: The Theology of 2 Thessalonians as a Pauline Letter," in *Thessalonians, Philippians, Galatians, Philemon* (*Pauline Theology*의 1권. J. M. Bassler 편, Minneapolis: Fortress, 1991), 70. 이 관찰에서 암시적인 내용은 데살로니가전·후서의 기독론에 대해서는, 같은 페이지에서 다루어질 것이고, 이것을 '증명'할 필요가 없을 것이라는 사실이다.

6) 이것은 이 주제에 대해서 주석들을 포함해 참고문헌들이 관심이 매우 적은지를 설명해 준다. (기독론 자체에 관한 관심이라면 유일하게 주목해야 할) 예외적인 것들은 다음과 같다: "Note D" in Milligan, 135-40: R. F. Collins, "Paul's Early Christology," in *Studies on the First Letter to the Thessalonians* (BETL 66; Leuven: Leuven University Press, 1984), 253-84, L. Morris, 2장 ("Jesus Christ Our Lord") in *1,2 Thessalonians* (WBT; Dallas: Word, 1989), 27-40. R. E. H. Uprichard의 "The Person and Work of Christ in 1 Thessalonians" (*EvQ* 53 〈1981〉, 108-14은 그리스도의 위격(person)에 아주 작은 내용만을 할애하고 있다.

7) 살전 1:10에서 바울은 24년간 쓰여진 서신들에게 지속되고 있는 패턴을 제시한다. 살전 1:10은 2인칭 복수형을 사용해 수신자들을 부르는 문맥으로 ("너희들은 우상에서 돌이켜"), 바울은 중간에 1인칭 복수형으로 바꾸어("장차 임할 진노에서 우리를 구하시는 분 예수"), 그들과 함께 자신을 포함시켜 구원의 역사를 이야기한다. 5:1-11에서는 5절에서 이 변화가 일어난다.("너희는 모두 빛의 자녀요 낮의 자녀라. 우리는 밤에 속하지 아니하였나니").

8) 살후 2:13에서 "주께 사랑을 받는"이라는 구절이 십중팔구 그들을 위한 예수의 죽음에 대한 언급인 것과 같이 비록 살전 2:15이 이 구절을 설명하는 것일지는 모르지만, 이 구절(살전 1:6)은 바울이 퀴리오스 호칭을 예수의 지상생애를 가리키기 위해 사용하는 흔치 않는 예 가운데 하나다 (아래의 논의를 보라), 여기에서 주목한 용법(살전 1:6)은 학자들로 하여금 '바울의 용법'에 대해 지나치게 교리적이지 않도록 주의를 환기시키는 종류의 예이다. 가끔씩 바울은 우리를 놀라게 한다. 이 경우 현재의 승귀하신 주님은 지상의 생애 가운데서 또한 고난 받으셨던 분이다. 똑같은 일이 살전 2:15에서 발생한다. 이것은 지상의 예수가 그의 죽음이 죽임 당했던 선지자들의 긴 선상에 있는 선지자 유형(a prophetic figure)임을 암시한다.

만 아니라 복음의 근본 내용이다(살전 3:2; 참고, 살후 1:8).

따라서 주목할만한 가치가 있는 것은 매 순간마다 그리고 대부분 간접적인 방식들로 전제되고 있는 현저한 고등기독론이다. 그러므로 현재 통치하시는 주님이신 예수 그리스도는 수많은 하나님의 특권들을 공유하고 계신다고 이해되어야 한다. 그러나 바울은 결코 그리스도의 이전 지상 생애를 놓치지 않는다. 비록 데살로니가전·후에서는 어떤 점도 언급되지 않지만, 그 다음 편지(고린도전서)에서는 바울이 자신의 엄격한 유일신상을 유지하면서도(고전 8:4-6) 그리스도의 지상생애에 관심을 갖고 있음이 분명하다.[9] 따라서 이 두 개의 첫 번째 편지에서 바울의 '기독론'은 기독론적 주장이나 설명의 문제가 아니다. 오히려 이 엄격한 유일신론자가 사람들이 여기에서 주목할 만하다고 판단할 수 있는 방식으로 그리스도에 대해서 말할 수 있다는 현실에 사람들은 놀란다. 즉 본질상 그 유일신 사상에 엄청난 긴장을 주는 것처럼 보이게 말하는 것에 놀란다.

1. 데살로니가전서에 나타나는 기독론

데살로니가전서의 기독론은 그 이후에 쓰여진 모든 서신들의 기독론 논의에 행보를 결정한다. 그 이유는 바울의 모든 기독론적 강조점들이 이 편지에 나오기 때문이 아니라 주요 사항들이 첫 번째 편지의 첫 장에 전제되었으나 강조되지 않고 등장하기 때문이다. 이 편지 안의 특별한 강조점들은 무엇보다도 자료들 자체에서 찾아야 한다.

1) 자료에 대한 예비적 고찰

어떤 방식으로든 특정하게 그리스도를 언급하는 모든 본문들은 부록 I(이 장의 맨 끝에 위치)에 나열되었다. 용법들에 관한 분석은 부록 II에 나와 있다. 이 용법에 관해 몇 가지 점을 지적해야 할 필요가 있다.[10]

첫째, 위에서 언급한 대로 이후에 쓰여진 편지들에서 바울이 그리스도를

---
[9] 하지만 유대인의 유일신 사상에 대한 다른 종류의 강조를 위해서는 아래 살전 1:10의 논의를 보라.
[10] 또한 Milligan, 135-40을 보라.

언급하는 모든 방식들이 이 편지에 이미 자리 잡고 있다.[11] 이것은 이 편지의 성격(위로와 교정)과 바울이 하고 있는 일들에 그렇게 말할 외관상의 '필요'가 없다는 점을 고려한다면 더욱더 괄목할 만하다. 따라서 우리는 이미 전제되고 있는 바울 기독론의 두 가지 양상, 즉 지금 영원한 아들로 인정받고 있는 메시아적 '하나님의 아들'로서 예수 그리고 시편 110:1의 승귀하신 주님으로서의 예수를 발견하게 된다. '아들'(1:9)에 대한 한 번의 언급과 지상의 이름인 '예수'의 세 번에 걸친 사용은 이 사실들과 특별히 관련이 있다.

다른 용법의 현상들을 또한 지적해야 할 필요성이 있다. 첫째로, 그리스도에 대한 언급들이 하나님 아버지에 대한 언급들보다 약간 적게 나타나지만,[12] 가장 눈여겨 보아야 할 사항은 비록 바울 자신의 모든 서신에서와 같이 바울에게 성부는 구원역사에 관하여 항상 '제일 동인'(prime mover)이심에도 불구하고, 문장의 절이나 구에서 그리스도와 아버지가 함께 사용되는 빈도수이다.

둘째, '주'라는 호칭, '예수'라는 이름 그리고 전에는 호칭이었으나 이제 이름이 되어 버린 '그리스도'[13] 이렇게 세 개가 한꺼번에 등장하는 경우(5번)는 '주 예수'(6번)의 조합보다 약간 덜 나타난다. '그리스도 예수'는 2번 나타난다.

셋째, 이 서신에서 가장 놀라운 특징이며 데살로니가후서에 가서 더 잘 드러나는 특징은 다른 명칭들에 비해 퀴리오스 호칭이 월등히 많이 사용된다는 점이다. 이 호칭은 혼자 사용되든지(13회) 혹은 이 서신에서 그리스도에 대한 구체적 언급 33개 중에서 9번에 걸쳐 다른 것들과 결합되어 사용된다. 아마도 이것은 데살로니가인들의 핍박이 로마 황제에 대한 충성으로 그를 주(퀴리오스)라고 부르는 도시에서 그리스도를 퀴리오스로 시인한 데서 유래되었다는 것과 관련이 있다. 따라서 이 용법이 이 장에서 더 많은 관심을 받게 될

---

11) 퀴리오스 예수 크리스토스(κύριος Ἰησοῦς Χριστός, 5번), 퀴리오스 예수스(κύριος Ἰησοῦς, 6번), 크리스토스 예수스(Χριστός Ἰησοῦς, 2번), (호) 퀴리오스(⟨ὁ⟩⟩ κύριος, 3번), 크리스토스(Χριστός, 3번), 예수스(Ἰησοῦς, 3번), 휘오스(υἱός, 1번).
12) 그리스도에 대한 언급은 33회이고 하나님 아버지에 대한 언급은 36회이다, 이 비율은 데살로니가후서에서는 살짝 그 반대이다(23대 18)
13) 크리스토스(Χριστός, 그리스도)에 대한 언급들 중 한 개 만 관사가 붙어 있다(살전 3:2, 참고 살후 3:5)는 사실은 어떤 이들(예를 들면, Findlay, 65; 203, Milligan, 136)로 하여금 이것을 (두 경우 모두 다) 호칭적(titular)인 것으로 생각하게 만들었다. 이것은 가능하긴 하지만, 두 경우다 관사가 있는 명사를 수식하는 소유격이며, 따라서 그러한 제한을 의심스럽게 만든다는 점을 지적해야만 한다.

것이다.

※ 부기: 퀴리오스와 관사의 사용

주해를 다루는 이곳 첫 번째 장에서 우리는 바울의 용법 중 좀 더 섬세한 특징 가운데 하나인 퀴리오스의 다양한 표현들과 함께 관사를 사용하거나 사용하지 않는 용법에 주목해야 할 필요가 있다. 관사없이 쓰이는 퀴리오스는 하나님 아버지를 가리킨다고 제안이 되어 왔다.[14] 그러나 이것은 데살로니가 전·후서를 포함해 바울 서신의 대다수의 경우에 있어 명백히 사실이 아니다. 실제로 확실한 경우는 12번에 걸친 구절들로, 이때 관사가 붙지 않은 퀴리오스는 칠십인경의 인용에 나타나고 있으며 퀴리오스 정체가 누구인지에 대한 암시가 없다.[15]

하지만 데살로니가전·후서에서 관사없이 쓰이는 용법은 모든 이름과 호칭 그리고 이들이 결합된 모든 형태에 적어도 한 번씩은 나온다(부록 II를 보라). 용법은 누구를 가리키는 가와는 전혀 관계가 없고(이 두 서신의 경우 모두 '그리스도'이다), 다른 판별할 수 있는 현상과 깊은 관계가 있다. 예를 들면, 이 편지들에서 발견되며, 바울 서신 전반에 일관되게 나타나는 용법의 습관은 어떤 특정한 전치사들(특별히 엔⟨ἐν⟩과 휘포⟨ὑπο⟩)과 관사 없는 퀴리오스의 쓰임이다. 이것은 또한 바울의 문장상 퀴리오스가 현재 그리스도를 언급하는 칠십인경의 반영들과 더불어 나타나고 있다.[16]

이 현상은 또한 데살로니가후서의 바울 저작설을 강력하게 뒷받침하는 내용 가운데 하나인데, 그 이유는 이 용법의 변동이 또한 몇 개의 일정한 패턴들을 포함해서 데살로니가전·후서 두 서신에 정확히 동일하며 다른 바울 서신의 나머지 것들과 매우 일관성이 있다. 이것은 가짜 저자(pseudepigrapher)가 모방할 것이라고는 결코 생각할 수 없는 특징이다.

---

14) 예로 다음을 보라. D. A. Carson, *From Triumphalism to Maturity: An Exposition of 2 Corinthians 10-13* (Grand Rapids: Baker, 1988), 147 각주 3.
15) 이 예외적인 구절들에 대해서는 3장의 각주 7(p. 158)을 보라.
16) 우리가 여기서 주목해야 할 이 현상은 바울이 정말로 이 대목들에서 칠십인경을 반영하고 있음을 증명해 주는 역할을 한다(앞 장 pp. 71-77의 논의를 보라).

2) 메시아적/영원한 하나님의 아들인 예수

바울이 예수를 유대인의 메시아로서 언급해야 할 이유가 이 서신들에 없음에도 불구하고, 대부분의 독자들에게는 바울 서신에서 가장 진부한 말이 되어버린 바울의 문안 인사들 배후에 그러한 사상이 깔려있다. 적어도 이런 견해가 자료들로부터 논증가능하게 보인다.[17]

(1) 데살로니가전서 1:1, 3 (아버지 하나님)

1:1 Παῦλος καὶ Σιλουανὸς καὶ Τιμόθεος τῇ ἐκκλησίᾳ Θεσσαλονικέων <u>ἐν θεῷ πατρὶ</u> καὶ κυρίῳ Ἰησοῦ Χριστῷ[18]
바울과 실루아노와 디모데는 <u>하나님 아버지</u>와 **주 예수 그리스도** 안에서 데살로니가인의 교회에게 편지하노니[19]

1:3 καὶ τῆς ὑπομονῆς τῆς ἐλπίδος τοῦ κυρίου ἡμῶν Ἰησοῦ Χριστοῦ <u>ἔμπροσθεν τοῦ θεοῦ καὶ πατρὸς ἡμῶν</u>
우리 주 예수 그리스도에 대한 소망의 인내를 <u>우리 하나님 아버지 앞에서</u>

이 서신의 맨 처음에(1:1), 하나님과 그리스도는 전치사 엔의 복합 목적어로서 카이(καί, 그리고)에 의해 함께 묶여있다. 또한 옆에 붙어 함께 쓰이는 명칭들 대부분에 등장하게 되는 기본 명칭들이 주어져있다. 즉 "하나님 아버지" 그리고 "주 예수 그리스도"의 형태 이다.[20] 다음 문장(3절)에서 이들은 다

---

17) 이후에 장들 대부분에서 증거 자체가 처음에 토의되고 있는 것으로 이끌어가도록 했다. 그러나 퀴리오스 기독론이 데살로니가전·후서를 지배하고 있기 때문에 나는 현재 이차적인 기독론적 문제를 우선 다루기로 결정했다. 그 이유는 부분적으로는 이것이 먼저 등장하기 때문이기도 하지만(살전 1:10), 퀴리오스 기독론을 길게 다루다가 결국 이 부분을 놓치지 않기 위함 때문이다.

18) 이 본문의 주해 특히 '엔 데오 파트리 카이 퀴리오 예수 크리스투'(ἐν θεῷ πατρὶ καὶ κυρίῳ Ἰησοῦ Χριστῷ)의 의미와 전치사 한 개에 연결되어 있는 두 개의 목적어로서의 두 위격에 대한 함축된 의미들을 위해서는 아래 pp. 104-107를 보라.

19) 설명이 없을 경우, 영어 번역들은 필자의 사역이다. 대부분 매우 '문자적'(literal) 번역이어서 바울의 구약용법의 강조 혹은 반영을 영어 번역에서 쉽게 볼 수 있을 것이다. 본서에서 일관되게 굵은 글씨체는 그리스도를 가리키고, 하나님에 대한 언급은 밑줄을 그었다.

20) 통계는 인상적이다. 하나님의 명칭으로서 파테르(πατήρ, 아버지)는 바울 서신에서 37회 사용된다. 15회는 그리스도가 '아버지'와 함께 카이(καί, 그리고)에 의해 연결된다(살전1:1; 3:11; 살후 1:1, 2; 2:16; 고전 1:3; 고후 1:2; 갈 1:1; 1:3; 롬 1:7;

시 한 번 나란히 위치해 있지만, 카이(καὶ)에 의해 연결되지는 않고, 둘 다 헤몬(ἡμῶν, 우리의)에 의해 독립적으로 수식을 받고 있다. 두 번째 예에서 또한 우리는 헨디아디스(ηενδιαδψσ, 두 단어 중에서 뒤의 것이 앞의 것을 설명하는 기법 〈하나님, 심지어 우리 아버지〉- 역주)기법으로 이해되어야 할 것 같은 투 데우 카이 파트로스 헤몬(τοῦ θεοῦ καὶ πατρὸς ἡμῶν, 우리 하나님 아버지)라는 데오스의 명칭을 처음으로 만나게 된다. 1:3에 나오는 '아버지'와 '주' 이렇게 두 단어와 소유격이 등장하는 현상은 이 서신에서 그 두 이름들(아버지와 주-역주)이 결합된 다른 두 가지 예에서도 나타난다(3:11, 13).[21]

그러나 데살로니가후서(1:1)에서 제일 먼저 결합되어 나올 때, 바울은 '교회에 보내진 서신들'(church corpus)에 이후 줄곧 규칙적으로 등장하는 습관을 보이기 시작한다.[22] 즉, 첫 번째 명칭인 '아버지'하고만 소유격을 사용하는 습관. 데살로니가전서의 용법을 근거로, 이 다음에 나오는 '우리의' 예들은 두 명사('아버지'와 '주') 둘 다를 꾸며주는 이중 역할을 한다고 가정해도 될 것이다.

기독론적으로 논쟁이 되는 것은 여기 첫 번째 두 가지 경우에 완전히 전제되는 방식으로 등장하는 하나님에 대한 '아버지'라는 명칭이 하나님과 그리스도가 서로 연결되어 언급될 때 어떻게 바울이 하나님을 언급하는 가장 흔한 방식이 되었는가 하는 것이다. 이 질문에 대한 해답은 어렵지 않게 얻을 수 있다. 네 가지 근거가 하나님이 먼저 '우리 주 예수 그리스도의 아버지'이시기 때문에 그리고 이것은 차례로 그리스도가 '아들'[23] 되심을 암시하는 것이 때문에, 그리고 이 모든 것의 기원은 유대교의 메시아 사상에 근거하고 있기 때문에 바울의 사상에서 하나님이 "우리" 아버지가 되신다는 사실을 입증한다고 나는 주장할 것이다.[24]

몬 3; 엡 1:2; 5:23; 딤전 1:2; 딛 1:4; 딤후 1:2). 5번에 걸쳐 하나님은 '우리 주 예수 그리스도'의 아버지라고 불린다(고후 1:3; 11:31; 롬 15:6; 골 1:3; 엡1:3). 다른 15번의 경우, 그리스도가 아주 가까이에 언급되어 등장한다(살전 1:3; 3:13; 고전 8:6; 15:24; 고후 1:3; 갈 1:4; 4:6; 롬6:4; 골1:2, 12-13; 3:17; 엡 1:17; 2:18; 4:6; 5:20). 오직 고후 6:18(칠십인경 인용문)과 엡 3:14에서 하나님은 그리스도와의 직접적 관계없이 '우리 아버지'로서 언급된다. 전체 목록을 위해서는 14장에 있는 부록(pp. 812-815)을 보라.
21) 또한 살후 2:16에서는 그 이름들이 반대의 순서로 등장하고 있다.
22) 이 표현은 첫 열 개의 편지들(골로새 교회에 보내져서 골로새서와 함께 교회에서 큰 소리로 읽혀지도록 의도되었던 빌레몬서를 포함해)에 대한 필자의 명칭이다.
23) 이것에 대한 함축된 의미를 위해서는 R. F. Collins, "The Theology of Paul's First Letter to the Thessalonians," in *Studies on the First Letter to the Thessalonians* (BETL 66; Leuven, Leuven Univesity Press, 1984), 232-34를 보라.
24) 이 시점에서 본 연구에서 사용되고 있는 '연대적' 접근 방법론에 있는 주요한 난관

제2장 데살로니가전후서에 나타나는 기독론   91

첫째, 비록 이 두 서신이 쓰여진 시간까지 호 크리스토스(ὁ Χριστός, 그리스도)가 명칭(title)에서 이름(name)으로 바뀌었지만, 바울은 가끔씩 이것을 유대적 메시아로서 예수를 언급하기 위한 호칭으로 여전히 사용할 것이다. 이것은 로마서 9:5에서 가장 확실하며 고전 1:23, 30에서는 매우 가능성이 있다. 따라서 유대인의 메시아 사상은 부활하신 주님인 예수를 언급하는 초기 기독교의 용법을 설명할 뿐만 아니라, 초대 교회에서 이것의 호칭에서 이름으로의 보편적 변화를 설명해 준다.[25]

둘째, 고린도후서 1:3에서 시작해 11:31에 반복되는 것으로, 한 분 하나님은 바울 서신에 여러 차례 반복되는(롬 15:6; 골 1:3; 엡 1:3) 명칭인 "우리 주 예수 그리스도의 아버지"와 동일시된다. 이 명칭에 내재된 것은 하나님의 아들로서 예수에 대한 이해이다.

셋째로, 나중에 쓰여진 두 본문인 고린도전서 15:25-28과 골로새서 1:12-15에서 "아들"로서의 예수는 특별히 그의 왕적 통치와 관련이 있으며, 후자 본문의 경우 유대교 메시아 사상을 결코 무시할 수 없는 다윗왕적 주제(Davidic themes)와 깊은 관련이 있다.

넷째, 가장 중요한 것으로 하나님은 성령의 선물을 통해 '우리 아버지'가 되신다. 바울은 이 성령을 명시적으로 갈라디아서 4:6에서 하나님이 "우리 마음에 보내신" 그리고 아들의 언어('아바')로 아버지 하나님께 신자들이 부르짖을 수 있도록 책임지시는 "아들의 영"(the Spirit of the Son)이라고 불린다. 그리고 "하나님 자신의 아들"(롬 8:3)로서 아들이 아버지에 의해 보내심을 받았기 때문에, '아들의 신분'(Sonship)이라는 말은 바울에게 우선 유대 메시아

즉, 우리가 후기 본문들로부터 알 수 있는 것에 근거한 바울의 전제들에 대해서 우리가 얼마만큼 가정할 수 있는가?라는 질문과 맞닥뜨리게 된다. 비록 수 년 동안 '하나님의 아들'의 논쟁은 상당한 것이었음에도 불구하고 이 두 개의 편지 이후에 쓰인 편지(고전 15:25-28)이며 주로 이방인 공동체에 보내진 고린도전서에서, '왕'과 '아들' 명칭의 결합이 '아들'이 시간이 경과함에 따라 무엇을 의미하였든 간에 메시아적 호칭으로서의 그것의 기원이 아마도 출 4:22-23, 삼하 7:13-14 그리고 시 2의 결합에서 온 것임을 암시하는 문맥에 함께 등장한다는 점이 지적되어야 한다. '유대교의 메시아 사상'과 초기 기독론에 있어서 이것의 역할에 대한 비중있는 회의론적 견해에 대한 균형잡힌 반론에 대해서는 다음을 보라. W. Horbury, "Jewish Messianism and Early Christology," in *Contours of Christology in the New Testament* (ed. R. N. Longenecker; Grand Rapids: Eerdmans, 2005), 3-24.

25) 실제로 이것은 요한삼서를 제외한 신약 모든 문서들에서 나타난다(그러나 동반문서인 요한이서에서는 나타난다).

로서 예수를 지칭하며, 또한 영원한 선재하신 하나님의 아들을 가리키는 두 가지 역할을 한다.[26]

이 증거가 그 당시 유대교가 하나님을 '우리 아버지'라 부르지 않았다는 사실과 결합이 될 때, 한 분 하나님을 지칭하는 명칭은 후대 기독교인들에게 아무리 상투적인 표현일지라도 그 배후에 암시적인 '하나님의 아들' 기독론이 숨어 있다. 이에 대한 증거들이 바울 서신 전반에 발견되며, 그 첫 번째 예가 데살로니가전서 1:10에 나타난다. 데살로니가전서 1:10에서 하나님을 아버지라 부르는 명칭 바로 직후, 바울은 그리스도를 '아들'이라고 부른다.

(2) 데살로니가전서 1:9-10 (아들로서 그리스도)

1:9-10 πῶς ἐπεστρέψατε <u>πρὸς τὸν θεὸν</u> ἀπὸ τῶν εἰδώλων δουλεύειν θεῷ ζῶντι καὶ ἀληθινῷ 10 καὶ ἀναμένειν τὸν υἱὸν <u>αὐτοῦ</u> ἐκ τῶν οὐρανῶν, ὃν <u>ἤγειρεν</u> ἐκ τῶν νεκρῶν, Ἰησοῦν τὸν ῥυόμενον ἡμᾶς ἐκ τῆς ὀργῆς τῆς ἐρχομένης.

9 너희가 어떻게 우상을 버리고 <u>하나님께로 돌아와서 살아 계시고 참되신 하나님을 섬기는지</u>와 10 또 죽은 자들 가운데서 <u>다시 살리신</u> **그의 아들이 하늘로부터** 강림하실 것을 너희가 어떻게 기다리는지를 말하니 이는 장래의 노하심에서 우리를 **건지시는 예수시니라**

편지로서 데살로니가전서의 독특한 특징 가운데 하나가 적어도 이 서신 서두에 등장한다는 점이다. (전형적인) 기도와 감사 보고(thanksgiving report ⟨1:2-3⟩)로 시작한 내용은 곧바로 바울과 데살로가인들과의 관계에 관한 연대기적 이야기로 이어진다. 그는 자신의 사역 아래 일어난 데살로니가인들의 실제 회심을 회상시키는데(1:4-6), 이 회심은 너무나 잘 알려져 바울이 마게도니아에서 아가야 반도를 거쳐 고린도에 이르는 과정에 바울보다 앞서 이 지역에 퍼져 나간다(1:7-10). 바울 자신의 이유 때문에 그는 데살로니가인들에게 그들 가운데서 있었던 자신의 사역의 성격을 생각나게 한다(2:1-12). 그리고 잠시 감사(2:23)를 다시 한 후에 그는 다시 이야기를 시작하는데 ① 그 사이 그들에게 벌어진 사건(2:14-16), ② 그들에게 돌아가려 했지만 좌절된 그의 노력들(2:17-20), ③ 그 대신에 디모데를 보낸 것(3:1-5) 그리고 마지막으

---

[26] 이 관점을 위한 완전한 논증에 대해서는 14장을 보라.

제2장 데살로니가전후서에 나타나는 기독론 93

로 ④ 디모데로부터 들은 그들에 관한 근본적으로 좋은 소식으로 가지게 된 그의 큰 위안(3:6-10) 등을 차례로 다룬다.

현재의 본문은 바울의 데살로니가인들의 회심에 관한 평판의 보고 끝 부분에 등장한다. 바울은 이 회심에 관한 내용을 몇몇 중요한 신학적 요점들을 강조하기 위해서 또한 사용한다.[27] 바울에게 들린 소문은 "너희가 어떻게 우상을 버리고 하나님께로 돌아와서 살아 계시고 참되신 하나님을 섬기는지와 또 죽은 자들 가운데서 다시 살리신 그의 아들이 하늘로부터 강림하실 것을 너희가 어떻게 기다리는지를 말하니 이는 장래의 노하심에서 우리를 건지시는 예수시니라"였다. 세 가지 요점이 있다. ① 숨길 수 없는 유대인들의 우상숭배에 대한 비난과 '살아있고 참되신 하나님'이라는 전형적인 유대인들의 하나님 명칭이 함께 나오는 그들의 '이전'과 '이후' 사이의 대조. ② 그들은 현재 '두 시대 사이'에 놓여있으며 그들의 구원의 완성을 기다리고 있다. 이 구원은 장차오는 분노(그들을 핍박하는 자들은 경험하게 되는 분노)에서 벗어나는 것을 포함한다. ③ 그들의 구원을 책임질 분은 여기에서 "하나님의 아들"로 명명된 부활하신 예수이시다.

우리는 이 본문이 유대교의 유일신 사상의 관점을 암시하고 있다는 점을 우선 지적한다. '살아계신 하나님'과 '참된 하나님'이라는 두 명칭은 우상숭배에 대항한 이스라엘의 오랜 싸움 가운데 유일신 사상의 언어를 반영한다. 비록 이 두 용어가 예레미야 10:10에 단 한 번 함께 등장하지만("오직 여호와는 참 하나님이시요 살아 계신 하나님이시요 영원한 왕이시라")[28] 이들은 다양한 논쟁적 문맥(polemical contexts)에서 독립적으로 나타난다.[29] 유대인들의 하나

---

27) 20세기 후반부 시대 학자들은 바울 서신에서 바울 이전의 교리적 내용들을 찾는 데 열심이었다. 바울 서신 가운데 이 본문이 그 첫 번째 것으로 흔히 제시되고 있다. 이 본문이 바울 이전의 것인지는 결정되지 않았다. 본서의 관심사는 바울 이전의 기독론이 아니라, 바울의 기독론이다. 모든 그런 경우에서와 같이 여기서도 바울은 그것이 이전에는 어떤 형태였던 간에, 자신이 (아마도 구술로) 기록한 것을 믿었다고 가정할 것이다.
어떤 이는 이 본문에서 데살로니가전서의 주요 기독론을 본다는 점을 주목해야 한다. Collins, "Early Christology" 254-55의 논의를 보라. 그러나 Collins는 오랜 전통에 따라 "그의 아들"이라는 호칭의 가능한 메시아 사상을 추구하지 않는다. 어느 경우든, 여기에서 용법은 바울이 데살로니가인들이 친숙했을 언어를 선택한 경우이다.
28) 그러나 또한 Jos. Asen. 11:9-10을 보라.
29) '살아계신 하나님'에 대해서는 민수기 14:21, 28("진실로 내가 살아있는 것과"): 참고, 호 2:1(롬 9:26에서 바울이 인용함). 이것은 제2성전기 유대교의 논쟁에서 표준적인 형식구가 되었다(단 5:23 LXX: Bel 5〈Theodotion〉, 시락서 18:1; Jub.

님에 대해서 무엇이 참되든 간에, 그는 이방세계의 생명 없는 우상들 위에 계신 '살아계신 하나님'이시다. 그리고 그분 홀로 살아계신 하나님이시기 때문에, 그는 우상숭배의 거짓 신들에 대항해 '참되신 하나님'이시다. 게다가 살아계시고 참되신 하나님은 바울 서신 중 여기에서 처음으로 "(그의 아들을) 죽은 자들 가운데서 살리신" 하나님으로 불린다. 한스 큉(Hans Küng)이 "'예수를 죽은 자들 가운데서 일으키신 분'이 실제적으로 기독교 하나님의 명칭이 되었다"고 말할 정도로 이스라엘의 한 분 하나님을 지칭하는 이 현저한 방식이 바울 서신에 자주 등장한다.[30]

따라서 놀라운 것은 그리스도를 "하늘로부터 온 그의 아들,[31] 그가 죽은 자들 가운데 일으키신 예수, 장래 분노에서 우리를 구원하시는 분"이라고 부르는 명칭이다. 다시 말해, '살아 계시고, 참되신 하나님'에게 아들이 있고, 이 아들은 그를 죽은 자들 가운데서 일으키신 아버지 때문에 지금 '하늘에' 계신다. 그리고 이 아들은 다른 이가 아닌 지상의 예수, 즉 그를 순종하지 않는 모든 자들에게 내려지는 하나님의 진노로부터 우리를 구원하시는[32] 분이다(참고, 살후 1:6-10).

우리의 현재 관심사는 1:1에서 암시되던 것이 지금 분명하게 표현되었다는 것을 주목하는 것이다. 그들의 성경을 정경적으로 읽는 기독교인들이 '하나님의 아들'의 호칭을 요한의 용어로 듣기 쉽기 때문에, 우리는 이것이 신약에서 최초로 등장하는 구절이라는 점에 주목한다.[33] 이것은 바울이 자주 사용하

21:3-4; *Jos. Asen* 11:9-10). 신약에서는 회심의 단어가 여기서처럼 등장하는 행 14:15를 특별히 보라. 참고, 딤전 4:10; 히 3:12; 9:14: 10:31; 벧전 1:23: 계 7:2; 15:7. '참된 하나님'이라는 구절을 위해서는 Wis 12:27; 요세푸스의 *Ant.* 11.55를 보라. 신약에서는 특히 요한문헌을 보라(예, 요 7:18: 8:26).

30) Hans Küng, *On Being a Christian* (Garden City. N.Y.: Doubleday, 1976), 361. 현재 본문과 더불어 고전 6:14; 고후 4:4; 갈 1:1; 롬 4:24; (6:4); 8:11(2번); 10:9; 골 2:12; 엡 1:20; 참고, 벧전 1:21을 보라.

31) 많은 문헌들이 이 용법의 '배경'이 다니엘서의 '인자'(son of man⟨단 7:13⟩)라고 제안해 왔다. 비록 이것은 이해할 수 있는 것이지만, (1) "하늘로부터…기다린다"는 바울의 언어와 (2)예수께서 거의 확실하게 이 다니엘서의 '호칭'을 그 자신에 대해 사용하셨다는 사실을 고려해 볼 때, 바울이 이 언어에 의해 영향을 받았다는 어떤 종류의 암시도 바울 서신에 존재하지 않는다. 증명될 수 있는 것은 (14장을 보라) 그가 '하나님의 아들'을 '다윗의 왕위'와 관련시킨다는 것이다.

32) 헬라어 '톤 루오메논'(τὸν ῥυόμενον). 여기 현재시제는 아마도 구원의 '시간'에 대해서 어떤 것을 말하는 것이 아니라(5:9-10은 구원의 역사 자체를 언급하기 위해 과거시제가 사용되고 있다), 구원자로서 지금 승귀하신 아들을 강조하기 위함이다.

33) 물론 이것은 갈라디아서가 바울의 최초의 편지가 아니라, 고린도후서와 로마서 사이에

는 용어가 아니기 때문에, 이것의 최초 쓰임에서의 설득력 있는 의미, 특별히 데살로니가인들이 이것을 어떻게 이해했을지에 대해 더 이야기 한다.

비록 바울이 고린도전서 15:28에 다시 사용하듯이 그가 '아들'의 용어를 부활하신 그리스도에 대해 사용할 준비가 되어 있었음에도 불구하고, 이 명칭은 바울의 편지 가운데 우리를 위해 '그의 생명을 주시는' 아들에 대해 자주 사용된다(고후 1:19; 갈 2:20; 4:4-5; 롬 8:3, 32; 골 1:13). 바울이 우리가 그의 아들 안에서 완벽하게 발견할 수 있는 하나님의 형상으로 변화되어가는 새 창조를 가져다 준 것으로 구원을 생각할 때, 그는 또한 그리스도를 "아들"이라고 명명한다(롬 8:29-30). 그럼에도 불구하고, 여러 개의 본문들 즉 고린도전서 15:23-28; 로마서 1:3-4 (그리고 간접적으로는 8:32); 골로새서 1:12-15은 이 호칭에 대한 전제된 출발점이 유대교의 메시아 사상이라고 지적한다.[34] (이 문제에 대해서는 14장의 완전한 논의를 보라). 현재로서는 여기 바울의 언급, 즉 아들이 하늘에서 아버지와 함께 계시다는 언급은 아마도 (가정하는 방식으로) 유대인의 메시아로서 아들의 현재 통치를 가리키며, 또한 그의 부활과 승천을 통해 아버지로부터 구원하도록 보냄을 받은 영원한 아들로 이해되는 이중적 의미를 가지고 있는 듯하다.[35]

그러나 이런 이중적 의미를 데살로니가인들이 이해할 수 있었을까? 아마도 그랬을 것이다. 이 편지들 나머지의 내적 증거(바울의 칠십인경 사용)와 사도행전 17:1-6의 외적 증거는 이전의 많은 우상숭배자들이 유대 교회당과 이미 관련을 가지고 있었고 따라서 새로 개종한 기독교 공동체의 핵심을 형성하게 되었다고 암시한다.[36] 따라서 그들이 하나님의 아들로서 예수에 대한

쓰였다는 것을 가정한다. 위 p. 6 각주 18을 보라.
34) 이 호칭에 관한 특별히 유용한 마틴 헹겔의 연구(*The Son of God: The Origin of Christology and the History of Jewish-Hellenistic Religion* 〈Philadelphia: Fortress, 1976〉) 가운데 실망스러운 특징 가운데 한 가지는 이스라엘의 다윗 가문의 왕에게 이 호칭을 사용한다는 점을 완전히 무시했다는 점이다. 신약의 모든 증거들은 초기 기독교이해의 기본 출처로서 이것을 지적한다.
35) 특별히 아래의 고전 15:23-28; 갈 4:4; 롬 8:3에 대한 논의를 보라. 또한 D. Juel, *Messianic Exegesis: Christological Interpretation of the Old Testament in Early Christianity* (Philadelphia: Fortress, 1988), 174-75를 보라.
36) 여기서 사도행전 17장은 바울이 회당에 들어가 세 안식일 동안 그들에게 "성경을 가지고서" 메시아가 고난받아야 하고, 죽은 자들 가운데서 부활해야 할 것을 설명하고 증명하면서 또한 "내가 너희에게 전하는 이 예수가 그 메시아이다"고 말하며 논쟁했다고 기록한다. 이 '논쟁'(reasoning)의 내용은 사도행전 13:16-47에 이미 제시되어 있다. 이 기록의 기본적인 정확성을 의심할만한 합당한 역사적 근거가 없다.

(현재의) 이중적 의미를 이미 배웠다고 가정할 수 있을 것이다.

현재 우리의 목적을 위해서, 그 강조가 미래의 '강림'(coming)에 있는 '아들'에 관한 이 유일한 (명확한) 언급이 그의 지상의 이름 '예수'와 관련이 있다는 사실에 우리는 또한 주목해야 한다. 이것은 특별히 4:13-18을 예고하고 있는 듯하다.[37] 이것의 의미는 다음과 같다. 즉 후자의 본문에서 바울은 14절에 의하면 예수의 부활을 직접 언급한 이후, '예수'라는 이름을 호 퀴리오스(ὁ κύριος, 주)라는 호칭으로 바꾼다. 이 결합은 이 두 개의 가장 중요한 메시아적 '호칭들'인, 주와 아들이 (이것은 잠시 후 고전 15:23-28에 함께 등장하는데) 바울이 이 편지를 기록할 때 이미 자리를 잡고 있었음을 가리킨다.

다른 곳에서보다 데살로니가전·후서에 더 자주 등장하는 퀴리오스 예수스(κύριος Ἰησοῦς, 주 예수)의 결합이 그리스도의 재림을 언급하는 문맥에서 가장 자주 나타난다는 점은 주목해야 할 가치가 있다(살전 2:11; 3:13; 살후 1:7, 8, 12; 2:8). 그리고 이것은 우리로 하여금 데살로니가전서에서 퀴리오스의 사용을 조사하도록 만든다.

3) 칠십인경의 여호와본문에 나오는 퀴리오스인 예수

두 번째 메시아적 호칭인 시편 110:1 [38]의 퀴리오스[39]로서의 예수는 데살로

데살로니가전서를 포함해 바울 자신의 편지들은 이 초기 개종자들이 십자가에 죽고 부활한 예수가 약속된 유대인의 메시아, 하나님의 승귀하신 아들이라는 주장에 아주 친숙했다는 것을 확실히 확증해 준다.

37) 나는 여기서 '특별히'라는 말을 사용하는데, 그 이유는 '강림'(coming)에 대한 강조가 이 서신 전반에 걸쳐 나타나기 때문이다(1:3; 2:12,19-20; 3:13; 5:1-11, 23).

38) 이 주장에 관한 증거를 위해서, 고전 15:23-28의 논의를 보라. 이 본문에서 이 시편은 바울에 의해 분명한 메시아적 문맥에서 최초로 인용이 된다. 신약학계에 있어 참으로 독특한 순간 가운데 하나는 W. Bousset이 바울 서신에 나오는 이 호칭을 이방 신비종교들과 연관시키고, 구약본문들을 완전히 도외시한 시도였다(*Kyrios Christos* 〈Göttingen: Vandenhoeck & Ruprecht, 1913〉, 영어번역, J. E. Steely; Nashville: Abingdon, 1970을 보라). Hengel, *Son of God*, 77-79, 각주 135에 나오는 다른 비평들을 보라.

39) 그리스도를 언급하기 위한 칠십인경의 퀴리오스=아도나이=여호와 본문에 대한 바울의 사용에 대해서는 첫 연구인 L. Cerfaux, "'Kyrios' dans les citations pauliniennes de l'Ancien Testament," *ETL* 20 (1943), 5-17과 보다 최근에 출판된 논문인 D. B. Capes, *Old Testament Yahweh Texts in Paul's Christology* (WUNT 2/47, Tübingen: Mohr Siebeck, 1992)을 보라.

니가전서에서 가장 중요한 기독론적 역할을 하기 때문에 나머지 논의는 이 용법을 분석하는 데 할애하겠다.

이 호칭이 지배적으로 등장하는 것은 부분적으로 데살로니가라는 도시 때문이라고 생각할 수 있다. 전략적으로 에그나티안 도로(Egnatian Way) 옆에 위치하고 심해의 항구를 가지고 있었기 때문에 이 도시는 로마제국의 특별한 관심거리가 되었다. 데살로니가인들에 대한 '애정'보다는 자신의 이익 때문에 로마는 그들에게 "자유도시"의 신분을 수여했다. 데살로니가인들은 이에 대한 보답으로 또한 이것을 잃지 않으려는 의도로 로마황제에게 충성을 바쳤다. 이것의 중요성은 사도행전 17:1-10에 나오는 누가의 요약된 보고에 나타난다. 여기서 바울에게 향한 명백한 고소는 대 반역(maiestas)이었고, 이를 통해 바울이 '가이사 아닌 다른 왕'을 알린다는 것이었다. 가이사에 대한 헌신은 그를 "주와 구세주"로 선포하는 것을 의미했기 때문에, 데살로니가전·후서에서 퀴리오스의 빈도수를 가장 설득력있게 설명하는 것이다. 그리스도를 위해 고난받고 있는 데살로니가인들의 현재 상황에서 바울은 그들에게 누가 참된 '주님'인지를 계속해서 상기시키고 있다.[40]

우리는 우선 호 퀴리오스라는 호칭이 (바울 서신 전반에서와 같이) 데살로니가전서에서 그리스도에 대한 특별한 명칭이라는 점을 주목해야 한다. 이 호칭은 결코 아버지께 사용되지 않으며,[41] 그는 항상 데오스 혹은 호 파테르(ὁ πατήρ, 아버지)라고 불린다. 이것은 많은 방식으로 증명이 가능한데, 우선 두 분 다 데살로니가전서 1:1에서 처음으로 언급하며("하나님 아버지와 주 예수 그리스도 안에 있는 데살로니가인의 교회에"), 3절에 약간 다른 형태로 반복된다 ("우리 주 예수 그리스도에 대한 소망의 인내를 우리 하나님 아버지 앞에서"). 이 호칭들은 4절과 6절에 나오는데, 여기서 "하나님의 사랑을 받는"(4절)은 "하나님 아버지의 사랑을 받는" 것을 의미하며, "너희가 주를 본받는 자 되었다"(6절)는 그리스도의 지상에서의 고난을 의미하기 때문에 오직 그리스도만을 가리킨다.

---

40) 주전 27년경 데살로니가에서 주조된 동전들이 줄리어스 시저를 신으로 선포한다는 것을 고려해 볼 때 이것은 특별히 그러하다. K. P. Donfried, *Paul, Thessalonica, and Early Christians* (Grand Rapids: Eerdmans, 2002), 34-37.

41) 이 본문들을 다르게 생각하는 논의에 대해서는 아래의 살전 4:6 그리고 살후 2:13; 3:3, 5에 대한 토론을 보라. 하지만 달리 생각하기 위해서는 첫째, 합당한 이유와 둘째, 고전 8:6과 다른 본문들은 말할 것도 없고 데살로니가전·후서의 분명하고 확실한 증거들과 조화되지 않아야 가능하다.

데살로니가전서의 이 용법은 두 가지 제목으로 편리하게 정리할 수 있다. ① 칠십인경에 나오는 퀴리오스의 본문 간의 관련적 사용, 여기서 테트라그람마(YHWH)는 그렇게(퀴리오스로 - 역주) 번역이 되지만[42] 이 본문들의 퀴리오스는 현재 구체적으로 그리스도를 언급한다. ② 퀴리오스인 그리스도가 하나님 아버지와 신적 목적들과 행동들을 함께 공유하시는 본문, 특히 하나님 아버지에게 드려지는 것과 마찬가지로 그리스도에게 자유롭게 기도가 드려지는 본문들. 우리는 바울이 그리스도에게 칠십인경의 퀴리오스=여호와를 적용하는 것부터 살피겠다.

(1) 데살로니가전서 3:13

바울 서신에서 칠십인경의 용어를 사용해 퀴리오스=여호와를 그리스도에게 직접적으로 적용하는 첫 번째 예는 3:11-13에서 바울이 데살로니가인들을 위해 하는 기도의 종말론적 목적의 문맥에 등장한다. 그 기도 자체의 기독론적 의미를 위해서는 아래의 (pp. 111-114) 논의를 보라. 여기서 우리의 초점은 마지막 구절에 있는데, 바울이 퀴리오스(그리스도)께서 그들의 사랑을 더 많아지고 (현재에) 풍성하게 하시도록 기도한 후에 바울은 그런 사랑의 목적을 "(주께서) 너희 마음을 굳건하게 하시고 우리 주 예수께서 그의 모든 성도와 함께 강림하실 때에 하나님 우리 아버지 앞에서 거룩함에 흠이 없게 하시기를 원하노라"고 밝힌다.[43] 여기서 바울이 스가랴 14:5을 본문 간의 관련적으로 사용하고 있음이 확실하다. 그 이유는 그 용어가 우연이라고 보기에는

---

42) 이 문제에 관한 논쟁에 대해서는 1장 pp. 71-77의 토론을 보라.

43) '판톤 톤 하기온 아우투'(πάντων τῶν ἁγίων αὐτοῦ)의 의미는 문헌들에서 그것이 '천사들'(스가랴서에서는 그렇다. Best 152-53; Marshall, 102-03; Wanamaker, 145, Richard 177-78; Malherbe, 214; Green 181)을 의미하는지, '그의 성도들'(흔히 바울에게는 이런 의미로 쓰인다. Ellicott 47; Findlay, 77)을 의미하는지 아니면 둘 다(Milligan, 46; Rigaux, 492; Bruce, 74; Morris, 111-12; Holmes, 116)를 의미하는지 논쟁이 되고 있다. 이 문장의 본문 간의 관련성은 이 구절이 '천사들'을 선호하도록 만든다. 이것은 특별히 호이 하기오이(οἱ ἅγιοι)가 데살로니가전서에서는 하나님의 백성을 의미하는 것으로 전혀 쓰이지 않기 때문이다(살후에서는 오직 1:10에서만 쓰임). 게다가 현재의 구절이 잘 설명되어 있는 살후 1:7에서 바울은 "주 예수께서 자기의 능력의 천사들과 함께〈메타 앙겔론 뒤나메오스 아우투, μετ' ἀγγέλων δυνάμεως αὐτοῦ〉 하늘로부터 나타나실 때에"라고 말한다. 어느 경우든, 바울은 그들 대다수가 슥 14:5의 반영을 들을 것이라 기대할 수 있었을 것이다. 왜냐하면 이 구약본문은 초기 기독교인들 사이에서 아주 잘 사용되던 본문이었기 때문이다(이 문제에 대해서는 1장 pp. 71-77의 논의를 보라).

너무나 유사하기 때문이다.[44] 두 본문은 다음과 같다.

살전 3:13 ἐν τῇ παρουσίᾳ τοῦ κυρίου ἡμῶν Ἰησοῦ
          μετὰ πάντων τῶν ἁγίων αὐτοῦ
슥   14:5 καὶ ἥξει κύριος ὁ θεός μου
          καὶ πάντες οἱ ἅγιοι μετ' αὐτοῦ
살전 3:13 우리 주 예수께서 **그의 모든 성도와 함께** 강림하실 때에
슥   14:5 나의 하나님 **여호와께서** 임하실 것이요 **모든 거룩한 자들이 주와 함께** 하리라

이 문장의 기독론적 의미는 칠십인경의 퀴리오스가 감람산에 오셔서 열방들 위에 종말론적 승리를 이루시는 '여호와 나의 하나님'이라는 사실에 있다. 바울의 신학에 있어서 주님의 미래 강림은 항상 현재 통치하고 계시는 주님이신 예수 그리스도가 돌아오심으로 이해된다. 바울이 하고 있는 것은 분명해 보인다. 미래에 여호와의 오심은 현재 "우리 주 예수"의 미래에 오심으로 이해되어야만 한다. 바울의 새로운 이해에서는 주 예수 홀로 퀴리오스시며 이것은 부활하신 주님을 그가 직접 만난 것에 기인한다(고전 9:1을 보라). 우리는 바울이 쉽게 스가랴서의 퀴리오스(=여호와)를 주님이신 그리스도를 가리키는 것으로 이해하고 있다는 것을 놓치지 않고 볼 수 있다. 이것은 너무나 확실해 데살로니가후서 1:7-10에서 장차 오실 주 예수 그리스도는 또한 하나님의 원수들을 심판하는 역할을 함께 맡으신다(pp. 117-120를 보라).

(2) 데살로니가전서 4:16
이 다음의 본문 간의 관련적 반영의 예는 현대 문헌들에서는[45] 잘 주목받지

---

44) 가장 큰 차이점은 '모든'(all) 그리고 '거룩한 자들'(the holy ones)의 격과 어순이다. 하지만 이것은 결국 인용이 아니라 반영이다. 따라서 바울은 이것을 그의 문장 속으로 끌어들여 변형시켰을 것이다. 이 변형은 소유대명사 '우리의'를 덧붙이면서 생겨난 퀴리우, κυρίου)와 함께 쓰인 관사 사용도 포함한다.

45) 눈에 띄는 예외는 C. A. Evans, "Asceding and Descending with a Shout: Psalm 47.6 and 1 Thessalonians 4.16," in *Paul and the Scriptures of Israel* (ed. C. A. Evans and J. A. Sanders: JSNTSup 83; Sheffield: Sheffield Academic Press, 1993), 238-53이다. 나는 그에게 이 논의의 자세한 많은 정보를 빚지고 있다. Juel (*Messianic Exgesis*, 159)는 여기서 슥 14:5에 대한 또 다른 암시를 제안했지만, 이것은 의심스러운 제안이다.

못한 경우임에도 불구하고, 시편 47:5 (46:6 LXX)와 그리스도의 승천 사이의 언어적 관련성은 초기 기독교회에 잘 알려져 있었으며,[46] 이것은 현재의 우리들보다도 고대의 독자들에게 이런 종류의 반영들이 훨씬 더 실제적이었음을 암시한다. 그러나 '승천'은 별개의 문제이다. 현재 바울의 본문은 그리스도의 최후 '강림'과 관련이 있다. 논쟁이 되는 것은 바울이 이 시편을 의도적으로 반영하고 있는가 하는 점과 그리스도의 재림과 관련하여 이것에 새로운 변형을 주고 있는가 하는 점이다. 다음의 본문들의 비교는 그렇다고 암시하고 있는 듯하다.

살전 4:16 ὅτι αὐτὸς ὁ κύριος ἐν κελεύσματι, ἐν φωνῇ ἀρχαγγέλου
καὶ ἐν σάλπιγγι θεοῦ,

καταβήσεται ἀπ' οὐρανοῦ
시 46:6 (칠십인경) ἀνέβη ὁ θεὸς ἐν ἀλαλαγμῷ
κύριος ἐν φωνῇ σάλπιγγος

살전 4:16 **주께서** 호령과 천사장의 **소리와**
하나님의 **나팔 소리로** 친히 하늘로부터 **강림하시리니**
시 46:6 (칠십인경) 하나님께서 즐거운 함성 중에 **올라가심이여**
주께서 나팔 소리 중에 올라가시도다

바울이 무엇을 하고 있는지 분명하다. 여호와를 모든 세상의 왕으로 축하하고 있는 시편의 중앙 두 구절(doublet)에서 시편 기자는 여호와가 "우리 아래 열방을 굴복시키신 후에" 여호와가 시온산에 "오르심"(ascent)을 말한다. 첫 번째 두 줄은 그 오르심을 "함성"과 "나팔소리"를 동반하여 축하한다. 이 시편 언어의 명백한 사용처럼 보이는 것에 대한 바울의 번역에 의하면, 시편의 퀴리오스=여호와는 이제는 이미 승천하신 그리스도이시며, 그의 재림은 천사장의 "소리"와 하나님의 "나팔소리"에 의해 동반될 것이다. 강조형의 아우토스 호 퀴리오스(αὐτὸς ὁ κύριος, 주님 자신)은 그 시편의 '주'(the Lord)와의 관련성을 더 강력하게 만든다.[47] 이전에 높이 올라가신 주님(예수)은 나팔소리와 함께 다시 오실 주님이시다.

---

46) Evans, "Ascending and Descending," 242-46을 보라.
47) 아우토스(αὐτὸς)를 덧붙인 것은 또한 퀴리오스에 관사를 첨가한 현상을 설명해 준다.

4) 칠십인경의 용법을 반영하는 다른 퀴리오스 구절들

칠십인경 언어에 대한 바울의 사용, 즉 퀴리오스=여호와가 지금은 퀴리오스=그리스도가 된 것을 인식하게 되면, 우리는 그리스도에게 또한 적용된 칠십인경의 많은 배타적인 여호와-구절들을 인식할 수 있게 된다. 이것은 바울서신 전반에서 일어난다. 바울의 최초 편지(데살로니가전서)에서도 이것을 발견할 수 있다. 이 목록들을 최소한의 해설을 달아 정리해 보았다.

(1) 주의 말씀
살전 1:8 ἀφ' ὑμῶν γὰρ ἐξήχηται   ὁ λόγος τοῦ κυρίου
살전 4:15 τοῦτο γὰρ ὑμῖν λέγομεν   ἐν λόγῳ κυρίου
살전 1:8 **주의 말씀이** 너희에게로부터…들릴 뿐 아니라
살전 4:15 우리가 **주의 말씀으로** 너희에게 이것을 말하노니

히브리어 소유격 구문의 로고스 퀴리우(λόγος κυρίου)로의 거친 번역은 히브리 선지서의 칠십인경에 50회 이상 등장하는데 항상 여호와의 말씀(debar YHWH)을 번역한 것이다. 대부분의 경우 이 말은 선지자가 전하려고 하는 '말'이 여호와로부터 직접 왔음을 가리키는 방식이다(예, 욜 1:1을 보라). 바울에게 '주의 말씀'은 그리스도에 의해서 (혹은 그리스도에 관해) 말해진 것이다. 실제로 여기 첫 번째 본문에서 그 구절은 관사를 가지고 있는데, 바울은 이 표현을 통해 복음을 의미한다. 즉 이것은 주님에 관한 '말'이다.

그러나 두 번째 본문은 더 칠십인경의 용법을 반영하고 있는 듯하며, 따라서 이것은 그리스도 자신이 하신 말씀(아마도 바울에게 전해져 내려온 예수 전승으로 받은 혹은 바울이 그리스도에게서 받은 에언저 말씀으로서)을 가리킨다.[48] 어떤 경우든, 잘 알려진 이 여호와-구절은 이제 그리스도를 가리키는 데 사용되었다.

(2) 주의 이름
살전 5:27 ἐνορκίζω ὑμᾶς τὸν κύριον ἀναγνωσθῆναι τὴν ἐπιστολὴν

---

48) Hurtado, *Lord Jesus Christ*, 150-51를 보라. Donfried (*Shorter Pauline Letters*, 39-40)는 후자로 생각한다.

πᾶσιν τοῖς ἀδελφοῖς.
창 24:3 καὶ ἐξορκιῶ σε   κύριον τὸν θεὸν τοῦ οὐρανοῦ/
(참고, 느 13:25)
살전 5:27 **내가 주를 힘입어**[49] **너희를 명하노니** 모든 형제에게 이 편지를 읽어 들리라
창 24:3 **내가 너에게** 하늘의 하나님, **주로 말미암아 명하노니**

구약에서 그의 이름을 "여호와"(칠십인경에서는 퀴리오스)로 하나님이 계시하신 것은 이스라엘 존재의 핵심에 놓여 있다. 그들은 그의 이름을 증거하고 불러야할 백성이다. 예루살렘은 여호와의 이름이 거하시는 장소이며, 성전은 그 이름을 위한 거주지이다. 비록 이스라엘은 여호와의 이름을 오용하고 모독했음에도 불구하고 (출 20:7; 레 19:12), 그들은 사실 그분의 이름으로 맹세하도록 명령을 받는다 (신 6:13). 하나님 이름의 헬라식 형태의 사용은 지금 용법에 반영되어 있다. 그리고 물론 '그 이름'은 바울이 나중의 글 (빌 2:10-11)에서 지적하듯이 승천 시에 그리스도에게 부여된 것이다. 그래서 여호와 이름으로/에 의해서 전에 행해지던 것은 지금 바울에게는, 그의 권면의 기초로서, 그리스도 주님을 통해 하는 것이다.

(3) 주의 날

살전 5:2   ὅτι ἡμέρα κυρίου   ὡς κλέπτης ἐν νυκτὶ οὕτως ἔρχεται
참고, 욜 1:15 ὅτι ἐγγὺς   ἡμέρα κυρίου
욜 2:1   διότι πάρεστιν   ἡμέρα κυρίου
살전 5:2   **주의 날이** 밤에 도둑 같이 이를 줄을
참고, 욜 1:15 **주의 날이** 가까왔나니
욜 2:1   **주의 날이** 이르게 됨이니라

잘 알려진 이 구절은, 데살로니가후서 2:2에서는 오용되고 있는 어떤 것으

---

49) 목적격 톤 퀴리온(τὸν κύριον)의 의미는 매우 분명하다. 그러나 이것을 영어로 번역하는 것은 쉽지 않다. 흠정역(KJV)을 포함한 대부분의 번역들은 '주에 의하여'(by the Lord)라고 번역한다. 그러나 NET 성경은 '주 안에서'(in the Lord)라고 번역하면서 각주에 선택사항으로 '주에 의하여'(by the Lord) 혹은 '주 앞에서'(before the Lord)라고 설명해 놓았다(TNIV에서는 후자 번역이 나온다).

로 다시 등장하는데 바울 서신에서 고린도전서 1:8과 5:5에 쓰인다. 후에 이것은 '그리스도의 날'이 된다(빌 1:6, 10). 이 구절은 모두 미래에 있을 여호와의 큰 날을 언급하는 것으로 선지자 전통에 속한다. 데살로니가전서의 용법 그리고 '주' 대신에 '그리스도'로의 대체, 이 두 가지가 보여주는 것은 바울이 그리스도에게 잘 알려진 이 여호와-구절을 사용하고 적용했다는 것이다.

주목할 가치가 있는 것은 이 구절이 선지서에서 그랬던 것처럼, 계속해서 종말론적 의미를 지니고 있다는 점이다. 그러나 선지서에서 이 구절이 미래의 심판을 언급하는 주요 용법과는 대조적으로 이 '날'에 대한 바울의 관심은 주로 그리스도를 통해 발생한 하나님의 구원의 종말론적 완성에 있다. 비록 데살로니가전서에서 여기 처음으로 등장하면서 그 구절은 여전히 심판의 위협을 의미하지만, 바울의 용법에서 그 위협은 엄격하게 그리스도 밖에 있는 사람들에게 주어지는 것이다. 사실, 데살로니가전서 5:1-11의 전체 주장은 데살로니가의 성도들에게 주의 날이 그들에게 위협적인 것으로 생각되지 말아야 함을 재확신시키는 것이다.

(4) 신원자이신 주님

살전 4:6　　διότι　ἔκδικος　κύριος περὶ πάντων τούτων,
시 93:1 (칠십인경)　ὁ θεὸς ἐκδικήσεων κύριος
살전 4:6　　이 모든 일에 **주께서 신원하여 주심이라**
시 93:1 (칠십인경)　**복수하시는 주** 하나님이여

여기의 예문은 몇몇 사람들에 의하면 퀴리오스가 하나님 아버지를 가리키는 경우이다.[50] 그러나 이것은 바울의 분명한 구분을 무시한 것뿐만 아니라,

---

50) 예로, Morris, 124; Richard, 204; Malherbe, 233을 보라. 비록 Malherbe는 그리스도가 또한 바울에 의해 심판자로 생각된다는 점을 인정하지만 말이다(살전 2:19에 대해서는 pp. 185-86, 212을 보라). 대부분의 다른 사람들은 특별히 (Frame, 158; Best 166; Marshall, 112가 지적했던 것처럼) 7절에 따라오는 강조형의 호 데오스(ὁ θεὸς, 하나님)에 비추어 볼 때, 퀴리오스를 그리스도에 대해 사용하는 바울의 (외관상의) 용법이 여기서의 의미를 결정해야 한다고 정확하게 본다. 또한 E. S. Steele, "The Use of Jewish Scriptures in 1 Thessalonians," *BTB* 4 (1984), 15를 보라. Marshall (112), Wananmaker (56), 그리고 (Marshall의 견해를 받아들여서) Beale (122)은 바울이 여기서 시 93:1 칠십인경 (94:1 MT)의 언어를 사용하고 있다고 주목한 소수의 학자들이다. Richard (204)는 바울이 여기서 구약 언어를 사용하고 있기 때문에 그 단어는 하나님을 가리킴이 틀림없다는 특이한 주장을 한다. 이런

바울이 하나님께만 해당하는 특권들을 말하면서 그리스도를 '주'라고 얼마나 쉽게 말하는지를 심각하게 받아들이지 못한 처사이다. 결국 로마서 14:10에서 성도들을 언급하면서 그리고 호 퀴리오스가 논의를 지배하는 문맥에서 바울은 '하나님의 심판대'에 대해 말한다. 또한 비슷한 문맥인 고린도후서 5:10에서 성도를 언급하면서 바울은 "우리가 다 반드시 그리스도의 심판대 앞에 나타나게 되어"라고 말한다. 현재 본문은 신약에서 유일한 것으로 '신원자'라는 용어의 사용이 '형제나 자매를 속이는' 문맥에서 나타나고 있으며, 주 예수는 이때 손해를 입은 사람의 편을 들어 주신다.

(5) 주 우리의 소망

살전 1:3 καὶ τῆς ὑπομονῆς τῆς ἐλπίδος
τοῦ κυρίου ἡμῶν Ἰησοῦ Χριστοῦ
우리 주 예수 그리스도에 대한 소망의 인내를

이 구절의 흔치 않은 소유격은 아마도 현재 문맥에서 소유격이 계속 반복되고 있는 결과일 것이다. 어쨌든 간에 여기서 투 퀴리우(τοῦ κυρίου)는 목적격의 의미로서 데살로니가인들은 '주 예수 그리스도에 대한 소망'에 근거한 그들의 인내 때문에 칭찬을 받고 있다. 이것은 칠십인경의 퀴리오스 언어를 사용하여 그리스도에게 적용한 다른 한 경우 같다. 이스라엘의 신실한 자들을 위해 여호와가 어떠하시든 간에, 그는 '그들의 소망'이다(예, 시 31:24; [51] 33:22). 또 다시 매우 간접적인 방식으로 구약에서 하나님께만 사용되던 언어가 그리스도를 주라고 간주하는 표현으로 나타나 있다.

5) 하나님과 호 퀴리오스가 신적인 목적들과 행동을 공유하심

바울 기독론에 있어 또 다른 현저한 특징은 이 바울의 최초 편지에 나타나고 있다. 즉, 데살로니가인들을 위한 신적인 목적과 행동의 여러 중요한 순간

주장은 구약(칠십인경)의 언어를 그리스도에게 바울이 규칙적으로 적용한다는 사실에 민감하지 못한 주장이다.
51) 시 30:25 LXX. 이 본문은 다음과 같다. 판테스 호이 엘피존테스 에피 퀴리온(πάντες οἱ ἐλπίζοντες ἐπὶ κύριον, 주께 소망을 두는 모든 자들).

에 주님으로서의 그리스도와 하나님 아버지를 함께 관련시킨다는 점인데 이것은 문안 인사에서부터 시작된다.

(1) 교회는 하나님과 그리스도 안에 존재함 (살전 1:1 〈참고, 살후 1:1〉)

1:1 Παῦλος …τῇ ἐκκλησίᾳ Θεσσαλονικέων ἐν θεῷ πατρὶ
καὶ κυρίῳ Ἰησοῦ Χριστῷ

바울 … 하나님 아버지와 <u>**주 예수 그리스도** 안에 있는</u>
데살로니가인의 교회에 편지하노니

바울 서신에서 오직 여기에서만 바울은 교회를 하나님 안과 동시에 그리스도 안에 있다고 명명한다.[52] 이 구절이 무엇을 의미하든 간에, 이것의 첫 번째 목적은 기독교의 에클레시아를 데살로니가의 다른 많은 에클레시아, 특별히 유대교 회당 그리고 그뿐만 아니라 이 이름 아래 모였던 시민모임이나 상인모임들로부터 구별하려는 것이다. 여기 엔[53]과 관련하여 여러 가지 의미가 가능하여 여러가지 의미로 해석가능하다. 첫 번째 의미(존재의 영역)에 대한 주요 반론은 바울이 하나님 아버지에 대해 다른 곳에서 그렇게 말하지 않는다는 점이다. 다른 한편으로, 이 의미는 바울이 그리스도를 말할 때 너무나 흔하게 사용했기 때문에, 그가 자기 서신에서 이것이 최초로 등장하는 구절에서 그 의미로 이야기했을 것 같다.[54] 결국 철학자들이 '그 안에서 우리가 살고 움직이고 우리 존재를 가지고 있다'[55]는 용어를 사용해 생각할 수 있는 세상에서, 왜 기독교인 바울이 신자들의 존재를 그런 용어로 생각하는 것이 이상하다고 생각해야하는가? 하나님과 그리스도는 둘 다 모든 존재

---

52) N, Richard (*Paul's Language about God* 〈JSNTSup 99; Sheffield: Sheffield Academic Press, 1994〉, 260-62)는 하나님과 그리스도가 똑같은 전치사를 공유하고 있는 다른 본문들과 함께 이 본문을 정확하게 하나로 묶었다. 불행하게도 그는 그것에 대해 설명을 하지 않는다. 그 결과는 이 구절이 Barrett이 그 구절은 아마도 "아버지는 출처이시고, 그리스도는 은혜와 평강의 수단이나 대리자이시다"고 제안한 고전 1:3의 논의 아래로 숨어버린다는 것이다. 그러나 그 해석은 바울 서신 중에 제일 첫 번째 것인 현재 본문에서는 의미가 없다.
53) Richard (38)가 올바르게 "'팔방미인'(maid-of-all-work) 전치사"라고 이름 붙인 것.
54) Donfried, *Shorter Pauline Letters*, 42를 또한 보라.
55) 행 17:18. 아레오바고 연설에서 누가는 바울이 에피메니데스(Epimenides)로부터 온 이 언어를 사용했다고 보도한다.

의, 특히 기독교인의 존재의 영역이다.[56]

만일 그렇다면(그리고 혹시 그렇지 않다 하더라도), 이 전치사에 결합된 목적어는 놀라운 것이다. 교회는 하늘에 계신 두 분 즉 하나님 아버지와 (지금은 승귀하신) 주님, 이분은 다름 아닌 예수 메시아인데 이렇게 두 분과의 관계 하에 동시에 존재한다. 바울이 이 용어들로 생각할 때, 그는 하나의 전치사를 통해 이들을 하나의 목적과 행동으로 결합시킨다.[57] 이 용법에 관한 다음 두 가지 점을 지적해야한다.

① 바울 서신 가운데서 하나님과 그리스도를 최초로 언급하는 이 구절에서, 바울은 신명기 6:4의 쉐마에서[58] 온 기본적인 명칭들을 사용하는데, 데오스를 하나님 아버지[59]에만 사용하며, 승천 시에 주어진 '이름'을 가지고 있는 그리스도를 나타내는 데 퀴리오스[60]만 사용된다.[61] 이것은 후대의 기독교인들에게는 너무나 상투적인 말이 되어서 그냥 눈치채지 못한 채 지나간다. 그러나 이것은 정말로 괄목할만한 사건이다. 이것은 매우 이른 시기(주후 50년 전에)에 발생했으며 바울 서신 전반에 걸쳐 용법의 유형(pattern)을 이루고 있다. 물론 바울은 이 문안 인사들에서 그런 점을 말하려고 시도하지 않는다. 여기서 내 요점은 우리가 바울 서신에서 맨 처음 만나게 되는 이 흔한 명칭들('아버지'와 '주')이 고정이 되어 있으며 - 그리고 정형화되어 있는데 - 그 이유는 이 명칭들이 그가 자신의 편지들을 쓰기도 전에 바울에게 이미 익숙한 것이기 때문이다.[62]

---

56) 이 문제에 대해서는 C. F. D.Moule, *The Origin of Christology* (Cambridge: Cambridge University Press, 1977), 2장 "The Corporate Christ" (pp. 47-96)을 보라. 골 1:16에 이 현상의 다른 측면이 나타나는데, 여기에서 아들 그리스도는 "하늘과 땅의 모든 것들이 그 안에서 창조된" 분이라고 일컬어진다. 따라서 골로새서에서는 우주가 "그 아들 안에서" 창조된 반면에 여기 본문(살전)에서는 신자들이 "하나님 안에" 존재한다.

57) 참고, Findlay(17)의 주장. "데살로니아인들의 교회가 의지하고 존재하는 모든 것은 서로를 상호 보충하며 하나의 전치사 엔에 의해 결합된 이 두 개의 이름에 초점이 맞추어져 있다."

58) 3장의 고전 8:6에 대한 논의(pp. 161-168)를 보라.

59) 두 개의 가능한 예외에 대해서는 롬 9:5와 딛 2:13의 주해(pp. 420-426, 654-661)를 보라.

60) 이 경우, 확실한 예외는 호 퀴리오스(ὁ κύριος, 주)에 대해서 어떤 점도 말해지지 않는 칠십인경의 12번에 걸친 인용문들이다. 3장의 각주 7(p. 158)을 보라.

61) 9장의 빌 2:9-11에 대한 논의(pp. 587-597)를 보라.

62) 젊었을 때는 감히 여호와의 이름조차 말할 수 없었던 한 유대인이 지금은 시간이 경과하면서 데오스와 예수를 하나의 전치사구에 복합 목적어로 함께 놓을 수 있다는

② 여기 구절은 하나의 전치사구가 데오스와 퀴리오스라는 두 개의 목적어를 가지고 있는 바울 서신의 여러 예들 가운데 하나이다.[63] 이 현상을 심각하게 받아들이지 않는 것이 쉽다. 그러나 각자의 신적 '역사'가 구별되어 표현되는 다른 문맥에서 바울이 규칙적으로 이들을 함께 묶어놓기 때문에, 이 현상은 매우 심각하게 취급되어야 한다.[64] 요점은 바울이 아버지와 아들 둘 다를 하나님의 백성으로서 그들을 구성하신 수단으로 그리고 그들의 새 존재의 영역으로 의도한다는 것이다.[65] 현재 이 용법에 대한 가장 현저한 것은 이것이 하나님 아버지께 이런 전치사가 사용된 최초이자 유일한 경우라는 점이다. 여기 이후로 이것은 오직 그리스도에게만 사용된다. 그리스도를 하나님 아버지와 함께 가장 높은 위치에 놓는 (비록 무의식적이지만) 이렇게 언급하는 방식의 명백한 함축적 의미를 회피하는 것은 어려운 일이다.

(2) 그리스도 예수 안에 있는 하나님의 뜻 (살전 5:18)

바울이 이 편지의 결론부에 도달할 때, 그는 데살로니가 성도들을 그의 편지 대부분에 잘 어울릴 수 있는 일반적인 교훈들인 여러 개의 '단문으로 된 명령들'(staccato imperatives)을 가지고 권면한다. 그럼에도 불구하고, 이것들은 이 성도들의 현재 (많은 사람들에게는 분명히 어려운) 상황에 특별히 잘 어울리는 권면들이다. 바울은 잘 알려진 삼중 권면들 즉 그들은 "항상 기뻐해야 하며, 쉬지 말고 기도해야 하며, 모든 상황 가운데서 감사하라"는 권면으로 시작한다(5:16-18a). 그리고 나서 이 말들이 멋있지만 현실성 없는 상투어가 되는 것을 피하기 위해, 바울은 "이것이 너희를 향한 하나님의 뜻이다"고 주장한다. 그러나 놀라운 것은 하나님의 뜻에 대해 그가 기독론적 수정을 가하여 "이것은 너희를 향해 그리스도 예수 안에 있는 하나님의 뜻이다."라고 말한다는 점이다.

것을 쉽게 잊어버린다. 이런 현상은 바울의 부활하신 주 예수를 만남에 근거하여 가장 쉽게 설명할 수 있다.
63) 예로 살후 1:2와 이후의 바울편지 문안 인사들을 보라.
64) "하나님의 사랑과 그리스도의 인내 안으로"라는 살후 3:5을 시작으로 이것은 여러가지 방식으로 발견된다. 고전 12:5-6; 고후 13:13 그리고 다른 많은 구절들을 참고하라.
65) 그것이 그 전치사에 대한 일반적인 독법이 제안하는 것이며, 따라서 대다수의 해석자들이 그렇게 이해하는 것이다. 이것은 목적어로 '하나님'과 엔이 함께 쓰이는 유일한 경우이기 때문에, Richard와 다른 이들은 엔을 수단의 의미로 생각하지만 그럴 가능성은 거의 희박하다.

이 구절은 이 편지의 권면적 ("너희가 하나님을 기쁘시게 하기 위해 어떻게 살아야 할지"〈4:1〉)부분과 일종의 인클루지오(inclusio)를 형성하고 있다.[66] 이 권면들에 관해 회상시킨 후에(1-2절), 그는 "이것이 하나님의 뜻인데, 곧 너희들의 거룩함이다"라고 시작한다. 지금 그 '뜻'은 '그리스도 예수' 안에 있는 것으로 설명이 된다.[67] 그러나 이것은 무엇을 의미하는가? 그리고 고등기독론적으로 함축된 의미는 무엇인가?

그것이 무엇을 의미하는지에 대해서 말하자면, 이것은 아마도 하나님 백성에 관한 장소(locative)를 말하기보다는 하나님의 뜻에 대한 순수한 기독론적 수식으로 더 잘 이해될 수 있다. 다시 말해, 이 구절은 하나님의 뜻이 일종의 '율법'의 형태로 이해되지 않도록 하기 위해 그것(하나님의 뜻)을 수식하는 바울의 방법이다. 오히려 이것은 현재의 역경 가운데서 하나님의 백성들에 의해 언어로 표현할 수 없을 것 같은 것을 가능하게 한 그리스도 자신 안에 표현된 하나님의 뜻으로서의 선물로 이해되어야 한다. 만일 그렇다면, '그리스도 안'이라는 표현은 구원론적 수식어(=그리스도를 통해 하나님의 백성들에게 이용 가능하게 만들어진 어떤 것)이며 동시에 기독론적 수식어(=그리스도 안에서 하나님의 뜻이 표현됨)이다. 따라서 하나님의 뜻과 그리스도와의 이 연관은 내재적인 기독론적 결과들을 가지고 있다. 만약 반드시 '공유된 특권들' 자체가 아니라면, 적어도 그것은 하나님과 그의 목적들에 대해 바울이 이해하고 있는 기독론적 초점의 표현이다.

(3) 재림(파루시아) 때의 신적 임재

바울이 재림의 때에 마침내 신적 임재(divine presence)에 들어간다는 관점으로 생각할 때, 아버지와 아들 간의 가정된 친밀한 관계가 또한 이 편지에서 등장한다. 주어진 상황의 강조점에 따라, 바울은 먼저 그리스도의 재림 때에

---

66) Malherbe, 330도 관찰한 내용이다.
67) 적어도 어순은 이런 해석을 요구하는 것처럼 보인다. 바울의 본문은 텔레마 데우 엔 크리스토 예수 에이스 휘마스(θέλημα θεοῦ ἐν Χριστῷ Ἰησοῦ εἰς ὑμᾶς)이다. 만약 바울의 의도가 '이것이 그리스도 예수 안에 있는 자들을 향한 하나님의 뜻이다'였다면 자연스러운 어순은 텔레마 데우 에이스 휘마스 엔 크리스토 예수(θέλημα θεοῦ εἰς ὑμᾶς ἐν Χριστῷ Ἰησοῦ)였을 것이다. 대부분의 영어번역은 (NRSV는 괄목할만한 예외이지만) 'this is the will of God for you in Christ Jesus'(이것이 그리스도 안에서 너희들을 위한 하나님의 뜻이다)로 되어 있고 여기서 '그리스도 예수 안'(in Christ Jesus)은 십중팔구 여전히 '하나님의 뜻'(the will of God)을 수식하도록 의도된 것이다. 그러나 이것을 전자의 의미로 보는 견해를 위해서는 Beale (171)을 보라.

그리스도의 임재 안에 있음(being in Christ's presence)을 말한다:

살전 2:19 τίς γὰρ ἡμῶν ἐλπὶς ἢ χαρὰ ἢ στέφανος καυχήσεως ἢ οὐχὶ καὶ ὑμεῖς- ἔμπροσθεν τοῦ κυρίου ἡμῶν Ἰησοῦ ἐν τῇ αὐτοῦ παρουσίᾳ;
우리의 소망이나 기쁨이나 자랑의 면류관이 무엇이냐 **그가 강림하실 때 우리 주 예수 앞에** 너희가 아니냐

몇 문장 뒤에서 동일한 언어가 하나님의 임재 안에 있음을 언급하기 위해 다음과 같이 사용된다.

살전 3:13 εἰς τὸ στηρίξαι ὑμῶν τὰς καρδίας … ἔμπροσθεν τοῦ θεοῦ καὶ πατρὸς ἡμῶν ἐν τῇ παρουσίᾳ τοῦ κυρίου ἡμῶν Ἰησοῦ μετὰ πάντων τῶν ἁγίων αὐτοῦ
너희 마음을 **굳건하게 하시고 우리 주 예수께서 그의 모든 성도와 함께 강림하실 때에** 하나님 우리 아버지 앞에서 거룩함에 흠이 없게 하시기를 원하노라

구약에서 성막과 성전에 관한 신적 임재(divine presence)와 신적 영광(divine glory) 용어들의 상호교환적 사용이 분명하게 해 주듯이, 이 둘은 깊은 관련이 있다.[68] 바울에게 있어 모든 것의 최종 목적은 아버지와 아들에 의해 동등하게 공유되고 있는 신적 임재 안에 마침내 존재하는 것이다.

(4) 기도 중에 불리는 그리스도 주

이 편지의 마지막 두 본문은 바울의 가정된 기독론에 관해 가장 중요한 것이다. 왜냐하면 여기서 만나는 것은 단순히 공유된 신적 행동들이나, 목적뿐만이 아니라 공유된 신적 특권들이기 때문이다. 바울 서신에 반영된 초기 기독교 공동체에 대해 무엇이 사실이든 간에, 매우 초기의(아마도 가장 초기의) 이 문헌은 그들이 아버지와 아들 둘 다에게 그리고 개별적으로 기도했으며 또한 아주 편하게 그리고 자발적이며, 그들의 유일신 사상에 아무런 긴장감

---

68) 고전 2:8(p. 229)과 고후 3:16-4:6(pp. 291-296)에 대한 논의를 좀 더 보라.

을 준다는 생각이 없이 그렇게 했다는 점을 증명한다.⁶⁹⁾ 이 서신에 두 개의 그러한 본문이 있으며 우리는 역순으로 이들을 살펴보겠다.

① 은혜의 축도 (살전 5:28)

바울 서신에서 주목할만한 현상 가운데 하나는 그가 카리스(χάρις, 은혜)를 하나님과 동시에 주님께 귀속시킨다는 점이다. 놀라운 것은 이 귀속이 어떻게 일어나는가이다. 바울 서신 거의 전부에서 그는 이 편지의 결론을 짓는 것과 같은 기도 소원(prayer-wish)/축도의 어떤 형태로 마무리를 한다:⁷⁰⁾

5:28 ἡ χάρις τοῦ κυρίου ἡμῶν Ἰησοῦ Χριστοῦ μεθ᾽ ὑμῶν
우리 주 예수 그리스도의 은혜가 너희에게 있을지어다

비록 이것은 엄밀히 말해 그리스도를 향한 기도는 아니지만, 가정된 것은 그리스도 자신이 바울이 축도를 통해 그들을 위해 소원하고 있는 '은혜'를 공급하실 것이라는 점이다. 만일 바울이 "하나님의 은혜가 너희와 함께 있을지어다"라고 말했다면, 이것은 하나님을 향한 기도-축도(prayer-benediction)라고 보편적으로 인식될 것이다. 주목할만한 일은 바울이 결코 그의 축도들에서 하나님께서 이 역할을 맡도록 하지 않는다는 것이다. 오히려, 이것은 항상 '우리 주 예수 그리스도의 은혜'이다.⁷¹⁾

이것을 더 주목하게 만드는 것은 바울 서신의 본론부에서 바울은 자주 카리스가 하나님으로부터 오는 것으로 언급하며, 이것을 그리스도 안에 있는 우리 존재의 서술적 설명으로(고전 1:4; 갈 2:21; 롬 5:15; 골 1:6), 혹은 바울의

---

69) 이 문제들과 그 의미를 좀 더 자세히 보려면, 참고 문헌목록에 표시된 L. Hurtado의 다양한 연구들, 특히 최근에 간략하게 요약을 해 놓은 『주 예수 그리스도』(*Lord Jesus Christ*)를 보라.

70) 이것은 빌레몬서를 포함하는데, 빌레몬서는 한 개인에게 보낸 편지이면서 동시에 분명히 공동체에 보낸 문서이다. 문안 인사(2-3절)에서 교회를 밝히고 있을 뿐만 아니라, 은혜축복(25절)은 메타 투 퓨뉴마토스 휘몬(μετὰ τοῦ πνεύματος ὑμῶν, 너희 영혼과 함께)으로 끝난다. 빌레몬과 오네시모가 골로새서와 빌레몬서 둘 다를 읽고 있을 때 함께 참석하고 있었다고 가정해야 한다. 이것이 또한 골로새서의 가족규범(house code)의 거의 절반(3:18-4:1)이 종들에게 해당하는 말인지를 설명해준다 (가명성⟨pseudonymity⟩ 이론에 쓸데없는 압력을 행사하는 모습).

71) 눈에 띄는 이 유형으로부터의 변형 하나는 고린도후서의 결론부에 등장한다. 여기서 바울은 "하나님의 사랑과 성령의 교제"라는 말을 추가한다.

제2장 데살로니가전후서에 나타나는 기독론   111

사도적 은사의 기초(고전 3:10; 15:10; 엡 3:2, 7)로 언급한다. 그럼에도 불구하고 눈에 띄는 세 개의 예외가 있다(고후 8:9; 12:9; 딤전 1:14).

이것은 잘 알려진 것을 알기 쉽게 증명한다. 즉 바울이 우리를 위한 하나님의 구원역사에 대해서 생각할 때, 그는 문맥에 따라 아버지 혹은 아들의 역할을 교대로 강조할 수 있다. 그러나 그의 편지 마지막에 가서 그는 바로 '그리스도의 은혜'가 하나님의 백성과 함께 있기를 소망한다. 여기서의 요점은 기도의 언급 중에 이렇게 상호 교환 가능한 것은 바울에게는 자연스러운 것이며 전제되어 있다는 점이다. 그 자체로서 이것에 대해 별로 얻어 낼 것이 없다. 그러나 다음의 본문들이 분명하게 하겠지만 다른 것들과 연관될 때는 그렇지 않다.

② 살전 3:11-13

이 서신의 마지막 본문은 아마도 기독론적으로 가장 중요한 본문일 것이다.[72] 왜냐하면 여기에서 바울은 우리의 관심을 끄는 이런 종류의 상호 교환적 사용을 기도에서 아주 용이하게 하고 있다는 점이다.

3:11-13 Αὐτὸς δὲ ὁ θεὸς καὶ πατὴρ ἡμῶν καὶ ὁ κύριος ἡμῶν Ἰησοῦς κατευθύναι τὴν ὁδὸν ἡμῶν πρὸς ὑμᾶς 12 ὑμᾶς δὲ ὁ κύριος πλεονάσαι καὶ περισσεύσαι τῇ ἀγάπῃ εἰς ἀλλήλους καὶ εἰς πάντας καθάπερ καὶ ἡμεῖς εἰς ὑμᾶς, 13 εἰς τὸ στηρίξαι ὑμῶν τὰς καρδίας ἀμέμπτους ἐν ἁγιωσύνῃ ἔμπροσθεν τοῦ θεοῦ καὶ πατρὸς ἡμῶν ἐν τῇ παρουσίᾳ τοῦ κυρίου ἡμῶν Ἰησοῦ μετὰ πάντων τῶν ἁγίων αὐτοῦ
11 하나님 우리 아버지와 **우리 주 예수는** 우리 길을 너희에게로 **갈 수 있게** 하시오며 12 또 **주께서** 우리가 너희를 사랑함과 같이 너희도 피차간과 모든 사람에 대한 사랑이 **더욱 많아 넘치게 하사** 13 너희 마음을

---

72) 이 기도에 대해서는, G. P. Wiles, *Paul's Intercessory Prayers: The Significance of the Intercessory Prayers Passages in the Letters of St. Paul* (SNTSMS 24; Cambridge: Cambridge University Press, 1974)을 보라. 이 책은 불행하게도 '바울 서신'을 모든 사람들에 의해 인정받는 7개의 서신으로 국한시켰다.(따라서 데살로니가후서를 제외했다). 이 기도들에 대한 Wiles의 용어는 '소원-기도'(wish-prayer)로, 그는 이것을 "소원 가운데 언급된 사람(들)에 대하여 하나님이 행동을 취하시도록 바라는 표현"이라고 정의한다(p.22). 불행하게도 그는 기도에서 그리스도의 역할을 무시한다(아래의 각주 75를 보라).

**굳건하게 하시고 우리 주 예수께서 그의 모든 성도와 함께 강림하실 때
에** <u>하나님 우리 아버지 앞에서</u> 거룩함에 흠이 없게 하시기를 원하노라

이 기도 보고(prayer report)로, 바울은 그와 데살로니가인들의 과거와 현재의 관계에 관한 이야기를 끝마치는데, 이것은 이 편지가 시작되었던 감사 기도와 유사하며 따라서 일종의 인클루지오(수미쌍관)를 형성한다. 1:3에서 그들의 믿음, 사랑 그리고 소망에 대해 하나님께 대한 감사는 지금 3:10-13과 상관이 되는데, 그들의 믿음(10절) 그리고 그들의 사랑과 소망에 관한 실제 기도(12, 13절)와 함께 어울린다. 이 후자의 관심 때문에 전적으로 '주'께 기도가 드려지게 되는 것 같다.

기도 자체는 두 부분으로 되어 있다. 첫 번째(11절)는 아우토스(αὐτός, 그 자신)를 통하여 하나님 아버지를 강조한다. 그러나 단수 동사는 바울이 하나님과 그리스도가 "우리의 길을 너희에게로 향하게 하시는데" 함께 관여하고 있다고 이해하고 있음을 보여준다. 그리고 여기서 단수형 동사의 복합 주어는 바울이 후대의 용어로 삼위일체론자였음을 암시하기보다는 두 분 모두 다 하늘에 계시기 때문에(1:9-10) 그리고 바울이 두 분이 모두 다 행동에 관여하기를 바라고 있기 때문에 바울은 본능적으로 두 분이 함께 한 분으로 일하며 계신다고 생각함을 암시한다.

기도의 두 번째 부분은 그 동안에(부분적으로는 그의 서신 나머지 부분에서) 데살로니가인들 가운데 주님(=그리스도)이 성취하시기를 바울이 바라고 있는 것을 언급한다. 그래서 이제 초점은 그리스도에게 있는데, ① 그가 바울이 1:3에서 하나님께 감사했던 사랑이 그들 가운데서 (4:9-12에서 다시 언급된다) 그리고 (그들에게 슬픔을 주었던 사람들을 포함해) 다른 모든 사람들을 위해 더 많아지고 풍성하게 할 것이며, ② 바울은 그들이 그리스도의 재림 때(4:3-8에서 다시 언급됨) "거룩함에 있어 흠이 없게" 되기를 바란다.[73]

두 가지 기독론적 문제가 언급되어야만 한다. 첫째, 바울은 ① 하나님 아버지와 주 예수께 한 분으로서 기도하며(11절), ② 두 분께 모두 기도하지만, 특정한 시간(12-13절)에 기도의 관심사의 대상(문법적 주어)으로 한 분을 선택해 내어 기도하며 그리고 ③ 둘 중에 한 분에게만 개별적으로(아버지, 살전 1:2-3;

---

73) 따라서 3:11-12의 기도와 그가 '부족한 것을 공급하신다'는 4장의 첫 두 항목은 교차대구 형태를 이룬다(AB BA). 두 가지 경우 강조(나중에 언급되었다가 먼저 언급되는 것)는 그들의 거룩이다.

5:23; 주, 살후 3:5,16) 기도 할 수 있다는 점을 나는 관찰한다.

둘째, 비록 이 경우 첫 번째 강조가 하나님 아버지에게 있지만, 기도의 최종 초점은 주 예수에게 있으며, 이것은 11절의 단수 동사와 복합 주어가 단순히 바울이 '(그와) 그의 독자들이 익숙했던 전통적 예전의 언어'를 물려받은 것 이상인 것처럼 보인다.[74] 실제로 이 동일한 현상은 데살로니가후서 2:16-17에서 역순으로 나타나는데, 여기서 그리스도가 먼저 언급되고(αὐτός를 포함해), 현재의 경우와 똑같이 처음에 언급되었던 두 번째 신위격(second divine person) 즉 하나님 아버지께 행해지는 기도와 함께 다시 나타난다. 따라서 현재 본문의 기도에서 나타나는 그리스도의 역할에 대해 심각하게 생각하지 않을 수 없다.[75]

이 사실들은 하나님의 정체성에 대한 바울의 이해에 있어 그리스도가 가지는 매우 높은 지위를 보여준다. 여기에 엄격한 유일신론자가 있다. 그는 아버지와 아들 두 분에게 편하게 기도하며, 먼저는 한 분에게 그리고 나서 다른 분에게 초점을 맞추어 기도하는데, 그의 유일신 사상이 변형되거나 어떤 위험에 처해 있다는 생각을 전혀 하지 않는 그러면서도 엄격한 유일신론자이다.

바울이 왜 아버지가 아니라, 그리스도에게 기도를 계속해 가는지에 대해 추측할 수 있다. 가장 그럴듯한 것은 두 가지 사랑 중에서 그에게 해당하는 내재적 차이점과 관련이 있다. 다음 기도에서(살후 2:16-17), 초점은 그들을 향한 하나님의 사랑으로 이것은 그의 은혜로 "영원한 위로와 좋은 소망"을 그들이 경험한 것으로 나타난다. 여기에서는 강조점이 그의 사랑이 '우리를 위한' 그의 죽음으로 역사상 표현된 그분에게 향해 있다 (살후 2:13, 갈 2:20 참고). 바울은 그들을 그렇게 사랑하신 주님께서 서로를 향한 사랑을 풍성하게 하시기를 원한다.

13절의 그리스도에게 향한 기도의 실제 내용에 대하여 마지막으로 몇 가

---

74) Wiles, *Paul's Intercessory Prayers*, 30. 주목할 점은 이 현상이 비록 소원-기도(wish-prayers)가 바울 서신에 계속 나타남에도 불구하고 신약에서 오직 데살로니가전·후서에만 등장한다는 점이다.

75) 이 기도에 대한 그의 논의(*Pau's Intercessory Prayers*, 54-55)의 암시로서 Wiles가 했던 것처럼 말이다. 실제로 그리스도가 12-13절에서 명백하게 불려지고 있음에도 불구하고 Wiles는 꺼릴정도로 기도에서 그리스도를 위한 자리를 마련하지 않는다. 그리스도의 역할은 사실 딱 한 번의 기록에 제한되어 있는데, 여기서 다음과 같이 제안된다. "아마도 예수는 다음의 구절이 보여주듯이(12절) 요청되는 행동의 신적 대리자로서 간주되고 있는 듯하다"(p. 55 의 각주 3).그것은 바울 자신이 말하는 바를 전혀 신중하게 다루지 않는 것이다.

지를 언급 할 필요가 있다. 13절에서 바울은 주(=그리스도)께서 그들의 사랑을 넘치게 하사(페리슈사이, περισσεύσαι) "너희의 마음을 굳건하게 해(에이스 토 스테릭사이, εἰς τὸ στηρίξαι) (너희들이) 거룩함에 있어 흠이 없기"를 기도한다고 말한다. 첫째, '넘치게 하사' 해당하는 똑같은 동사가 거의 동일한 방식으로 고린도후서 9:8에서 하나님 아버지께 사용되는데, 이렇게 함으로써 이 동사는 다시 한 번 바울이 하나님과 그리스도를 용이하게 상호 교환적으로 사용하고 있음을 보여준다. 둘째로, 우리의 현재 목적들을 위해 더 중요하게 바울은 데살로니가후서에서 두 번 더 데살로니가인들이 '강건하게' 될 필요성을 언급할 것이다. 즉 한 번은 데살로니가후서 2:17의 기도에서 그리고 또 한 번은 데살로니가후서 3:3에서 격려하는 말로 언급되는데, 첫 번째는 하나님 아버지께로 향하고 있고, 두 번째는 아들 그리스도에게 향하고 있다.[76]

따라서 바울은 다른 곳에서 하나님께 하듯이 여기에서 그리스도에게 직접적으로 기도할 뿐만 아니라 기도의 명백한 관심은 아버지와 아들 둘 다에 의해 균등하게 공유된 특권이다.

종합해 볼 때, 다양한 이 모든 본문들은 그들의 다양한 강조점들과 함께 바울과 데살로니가 성도들 사이에 공유되었던 상당한 고등기독론을 가리키고 있다. 그 기독론적 가정들의 성격에 관한 결론을 내리기 보다는, 데살로니가전·후서가 공통된 기독론을 공유하고 있기 때문에 본 장의 마지막까지 결론을 유보하려고 한다.

2. 데살로니가후서에 나타나는 기독론

데살로니가후서로 관심을 돌려 기독론에 계속 초점을 맞추었을 때, 서론적으로 세 가지 점이 주목을 받는다. 첫째로 가장 분명한 것은 이 편지의 기독론은 데살로니가전서가 남겨둔 것들을 다시 언급한다는 점이다. 이 현상은 너무나 많아서, 현재 연구의 관심사 가운데 하나인 각기 서신들을 각각의 기독론적 강조점에 따라 다룬다는 점을 제외하고는 두 서신을 한꺼번에 묶어서 토론하는 것이 정당할 것이다. 둘째, 이 서신은 바울 서신에서 가장 짧은 서

---

76) 이 문제에 대해서는 아래의 논의(pp. 136-137)를 보라.

신이지만[77] 놀랍게도 많고 중요한 양의 기독론적 자료들을 담고 있다. 셋째로 이 서신은 교회 서신 중에서 기독론적 주장들과 전제들에 있어 다양성이 거의 없는 편지이다. 첫 문안 인사에서부터 축도에 이르기까지 그리고 그 중간의 모든 대목에서 이 편지는 퀴리오스 기독론이 지배적인데, 특별히 그리스도에게 상당한 수의 퀴리오스=아도나이=여호와 본문과 구절들을 적용하는 방식으로 지배적이다. 간단히 자료들을 먼저 살펴보는 것으로 이 지배적인 현상의 성격을 알 수 있다.

1) 자료에 대한 예비적 고찰

그리스도에 대한 주요한 명칭으로서 퀴리오스의 지배는 단순히 그리스도에 대한 23번의 언급 가운데 22번이 퀴리오스 호칭을 포함하고 있다는 사실만 관찰해도 알 수 있다. 이들 중 10개는 독립적이며, 다른 12번은 '주 예수 그리스도'(9번)의 3중 결합에 등장하든지, "주 예수"(3회)의 2중 결합에 나타난다. 따라서 3:5의 크리스토스(Χριστός, 그리스도)의 단 한 번의 사용을 제외하고는 그리스도를 언급하는 모든 경우에 있어, 퀴리오스 호칭은 홀로 쓰이든지, 아니면 '예수' 혹은 '예수 그리스도'를 이끈다. 이 현상은 데살로니가전서와 같지만, 데살로니가후서에서는 좀 더 점층되는 핍박이 있었는데, 이 핍박은 로마황제에게만 주님이라고 해야 하는 도시에서 그리스도에게 퀴리오스라고 하는 데살로니가인들의 주장때문일 것이다. 이 용법에 대한 또 다른 중요한 점은 퀴리오스의 절반 이상의 경우가 어떤 구약본문간 관련의 순간에 등장한다는 것이다.

우리는 또한 교회서신에서 그리스도가 구체적으로 하나님 아버지보다 더 자주 언급되는(23회, 18회) 첫 번째 편지라는 점을 주목해야한다. 이 특징은 대다수 교회 서신(church corpus)에서 지속된다.[78] 여기에서는 이 용법이 얼마나 철저하게 바울적인 것인지를 주목하는 것 외에 특별히 중요한 것은 없다.

---

77) 빌레몬서와 디도서만 더 짧다.
78) 로마서는 주요한 예외이다.

2) 메시아적 본문 간의 관련성의 예 - 데살로니가후서 2:8

바울 서신의 흔치 않은 본문 간의 관련의 순간에, 바울은 그 주요 언어가 유대 메시아 사상을 함축하고 있는 단락(살후 2:8)에서 그리스도를 언급하기 위해 퀴리오스를 사용한다. 데살로니가전서와 마찬가지로 이 유일한 순간이 본장의 마지막에서 망각되지 않도록 하기 위해 우리는 이 구절을 먼저 다룬다. 데살로니가전서 1:10에서와 마찬가지로 메시아로서 그리스도에 대한 유일한 이 암시구절은 그가 악인들에 대한 최후심판에서 그의 역할을 기다리며 하늘에 계신 것으로 이야기한다.

데살로니가후서 2:1-12의 주요 목적은 이 신자들에게 '주의 날'이 아직 이르지 않았다(2:2)는 점을 재확신시키는 것이다. 이렇게 하기 위해 바울은 그들에게 '불법의 비밀'과 '불법한 자'의 먼저 나타남에 대해 전에 이야기했던 것을 다시 생각나게 한다. 불법한 자의 '나타남'과 함께, '주 예수'는 그를 멸하시기 위해 재림하실 것이다. 이 요점을 전달하면서 바울은 이사야 11:4의 언어를 선택한다.

살후 2:8 ὃν ὁ κύριος[79] ἀνελεῖ τῷ πνεύματι τοῦ στόματος
              αὐτοῦ καὶ καταργήσει τῇ ἐπιφανείᾳ τῆς παρουσίας αὐτοῦ,
사 11:4 καὶ πατάξει γῆν τῷ λόγῳ   τοῦ στόματος αὐτοῦ
         καὶ ἐν πνεύματι   διὰ χειλέων   ἀνελεῖ ἀσεβῆ
살후 2:8 **주 예수께서 그 입의 기운으로** 그를 **죽이시고** 강림하여 나타나심으로 폐하시리라
사 11:4 **그의 입의** 말로 세상을 치며 **그의** 입술의 **기운으로** 악인을 **죽일 것이며**

---

79) 난해한 본문 선택이 여기서 발생한다. 어떤 본문에는 '주 예수'(א A D F G P ψ 0278 33 pc latt sy co Or Did), 그러나 또 다른 본문에는(B 1739 1881 M)은 다른 본문에 나오는 예수(Ιησοῦς)가 없다. 의심이 여지없이 여기 '주'는 예수이기 때문에, 어떤 초기의 필사자들이 이 편지에 나오는 이 결합의 빈도수에 따라 '예수'를 덧붙였거나 아니면 착시현상(parablepsis)에 의해 '예수'가 생략되었는가? 하나님의 이름들이 헬라어 신약의 필사 전통에서 매우 일찍 축약되었기 때문에, 이 두 이름은 ΚΣΙΣ로 나란히 쓰였을 것이다. 필사자들이 두 번째 단어를 빼놓기 쉬웠다는 것은 쉽게 발견할 수 있다. 그러나 이 결합은 이 서신에서 너무나 자주 등장하기 때문에 그리고 이것 혹은 저것을 생략하는 것은 매우 드문 일이었기 때문에, 이 경우에는 덧붙이는 것을 이차적인 것으로 보아야 더 그럴듯해 보인다.

여기서 이사야는 "이새의 줄기에서 나올 한 싹"이 "그 입의 기운으로" 악인을 죽이는 것을 포함하는 의(righteousness)와 공의(justice)로 특징지어질 것이라고 예언한다. 토 프뉴마티 투 스토마토스 아우투(τῷ πνεύματι τοῦ στόματος αὐτοῦ)에 해당하는 어구의 형태를 시편 32:6의 도움을 받아 바울은 이사야의 시 두 구절을 하나로 결합하여 이 메시아의 미래 심판을 '주=예수'의 일로 설명한다.

따라서 바울은 결국 이것을 두 가지 방식으로써 끝을 낸다. 다음 부분에서 우리가 보게 될 것처럼 그는 규칙적으로 헬라어 번역 퀴리오스를 통하여 여호와 본문들을 그리스도께 적용시킨다. 여기에서 그는 메시아 본문을 사용하여 똑같은 일을 하고 있다. 결과적으로 바울이 예수께서 진정한 메시아라는 사실을 놓치지 않는다. 그러나 우리가 다음에서 보게 될 여호와를 나타내는 칠십인경의 퀴리오스 사용을 통해, 바울은 또한 모든 종류의 여호와 본문들을 사용하여 그것들을 부활하신 주 예수께 적용시킬 수 있다.

3) 칠십인경 여호와 본문들의 퀴리오스인 예수

비록 이 본문들 중에 몇몇은 다른 것들에 비해 더 중요하지만, 편리성을 위해서 이것들은 정경상의 순서에 따라 논의하게 될 것이다.

(1) 데살로니가후서 1:6-10

데살로니가후서에서 바울의 첫 번째 감사는 이 편지의 세 가지 주요한 관심사 중 첫 번째 것 즉 커진 "핍박과 시험"(1:4)에 직면한 데살로니가 성도들을 위로하기 위함과 관련이 있다.[80] 매우 길고 매우 복잡한 이 '감사' 단락(3-10절)의 주된 부분은 데살로니가인들의 현재 핍박에 직면하여 하나님의 공의를 증명하려는 의도가 있다. 이사야 66:4-6의 예언[81] 을 둘러싸는 3번에

---
80) 다른 두 가지가 2:1-12(주의 날이 벌써 이르렀다는 오도된 예언의 말씀)와 3:6-15(파괴적인 게으른 사람들의 지속적인 문제)에 나타난다.
81) 바울이 반드시 의도적으로 이 동사를 선택했다는 뜻은 아니다. 그러나 이사야 66장에서 온 언어가 8절과 12절에서 중요한 역할을 하고 있다는 사실은 이 본문이 바울의 머릿속에 있었다는 것을 암시한다. 그 동사가 이어지는 문장들에 어떻게 자리잡고 있는지 보라. 이 전체 단락에 미친 사 66장의 영향력에 대해서는 R. Aus, "The Relevance of Isaiah 66:7 to Revelation 12 and 2 Thessalonians 2." ZNW 67 (1976), 252-68을 보라. 이 견해는 특별히 Beale(186-91)이 다시 언급하는데, 그는 바울이

걸쳐 반복되는 동사 안타포디도미(ἀνταποδίδωμι, 되갚다)를 다시 사용하는 6절에서 시작하여, 바울은 그들의 현재 대적자들이 그리스도의 나타나실 때에 경험하게 될 하나님의 심판에 대해 자세히 설명한다(6-7a절). 그러나 재림의 때에 바로 그리스도 자신께서 그 심판을 행하실 것이다(7b-10절). 이 절은 심판을 행하시는 분으로 퀴리오스=여호와를 말하는 구약 칠십인경의 여러 심판 본문들로부터 온 언어들로 표현되어 있다.[82] 따라서 그리스도는 이 본문 간의 관련적 반영들과 관계된 퀴리오스이시다.

① 바울은 7b-8절에서 그리스도의 오심을 세 가지 전치사 설명구를 가지고 묘사하기 시작한다. 첫 번째 두 가지는 그가 데살로니가전서에서 이미 확언했던 것을 반영하고 있다: "주 예수"께서 "그의 능력의 천사들"과 함께 "하늘로부터" 나타나실 것이다(살전 4:16; 참고 1:10)라고 하여 스가랴서의 "그의 모든 거룩한 자들"(살전 3:13을 보라)을 유대 묵시에서 온 개념으로 해석한다. 세 번째 엔 퓌리 프로고스(ἐν πυρὶ φλογός,[83] 불꽃 가운데에)는 이사야

의도적으로 데살로니가의 성도들과 복음을 순종하지 않는 그들의 대적자들을 날카롭게 대조시켰다고 보는데, 마치 이사야 66장에서 "비천하고 통회하는 자들"이 "자기의 길을 선택한"(66:3) 자들과 동일하게 극적 대조를 이루는 것과 마찬가지로 보았다.

82) 이전 주석가들에 의해 거의 주목받지 못했음에도 불구하고(예, Ellicott) 이 현상은 영국 주석가들에 의해 오랫동안 인식되어 왔다. Findlay(1904)를 시작으로 Fame(1912)에 의해 좀 더 광범위하게 인식되었다. Fame은 비록 "그 묘사가 칠십인경을 떠올리게 하지만, 정확한 인용은 단지 하나(사 2:10을 인용하고 있는 9절)다"라고 (정확하게) 말했다. Best(1972) 이후로, 어떤 사람은 좀 더 조심스러웠지만, 이것은 주석들에서 어느 정도 정설화 되었다. Findlay, 148(8절에 대해 "디돈토스(διδόντος)는 구약에 보존되었던 경외할만한 특권들을 주 예수께 이전한다."라고 주장했다)을 시작으로 기독론적 의미들이 종종 주목받았다. 참고, Marshall, 17-80 (9절에 대해 "원래 여호와에게 사용되던 언어가 여기에서 그리스도에게 적용된다"고 주장했다.) 그리고 Wanamaker, 229 ("원래 하나님에 대해 쓰여진 본문들을 예수를 주로 묘사하기 위해서 사용한 것은 초기 기독론의 가장 중요한 발전 가운데 하나였으며, 그리스도를 하나님의 본성과 행동들과 거의 완전히 동일시하는 것으로 결국 이르게 되었다").

83) 내가 선택한 본문은, 다른 이들이 선호되고 있는 NA27판의 독법과 다르다. 본문 증거는 보통 좀 더 강력한 사본의 증거라고 여겨지는 엔 프로기 퓌로스(ἐν φλογι πυρος, 불의 화염 가운데⟨B D F G Ψ 2464 pc a vg sy co Ir[lat] Tert⟩)와 엔 퓌리 프로고스(ἐν πυρὶ φλογός, 불꽃의 불 가운데⟨ℵ A 0111 0278 33 1739 1881 ℵ d 𝔐 sy[hmg] Ambst⟩)로 나뉜다. 동일한 변이가 출 3:2(전자는 A에 후자는 B에 등장)에 나타난다. 논쟁이 되는 것은 바울이 내가 믿고 있는 것처럼 여기서 사 66:15을 인용하는지 아니면 필사자들이 이것을 (그들에게) 좀 더 친근한 본문인 출 3:2로 바꾸었는지 아니면 바울이 출 3:2의 B 본문에 의해 영향을 받았는지이다. 우리의 관점에서 볼 때 후자가 가장 어려운 독법이다. 그러나 만일 어떤 초기의 필사자들이

66:15의 반영이며, 구절의 마지막은 이사야 66:4에서 온 언어를 포함하고 있다. 따라서

살후 1:7-8 τοῦ κυρίου Ἰησοῦ …8 ἐν πυρὶ φλογός, διδόντος
　　　　ἐκδίκησιν τοῖς μὴ εἰδόσιν θεὸν
　　　　　　καὶ τοῖς μὴ ὑπακούουσιν τῷ εὐαγγελίῳ τοῦ κυρίου ἡμῶν Ἰησοῦ
사 66:15　κύριος ὡς πῦρ ἥξει καὶ ὡς καταιγὶς τὰ ἅρματα αὐτοῦ
　　　　ἀποδοῦναι ἐν θυμῷ ἐκδίκησιν καὶ ἀποσκορακισμὸν ἐν φλογὶ πυρός
사 66:4　λέγει κύριος(2절) … ἀνταποδώσω αὐτοῖς ὅτι ἐκάλεσα αὐτοὺς
　　　　καὶ οὐχ ὑπήκουσάν μου
살후 1:7-8 **주 예수께서** 자기의 능력의 천사들과 함께 하늘로부터 **불꽃 가운데** 나타나실 때에 8 하나님을 모르는 자들과 우리 주 예수의 복음에 **복종하지 않는 자들에게 형벌을 내리시리니**
사 66:15 **주께서** 불같이 강림하시리니, 그의 수레들은 회리바람 같으리로다 그가 노여움과 처벌과 거절하심으로 **불꽃 가운데 갚으시며**
사 66:4 **주께서** 말씀하시기를(2절)…내가 불러도 **그들이 나에게 순종하지 않았**으므로 **내가** 그들에게 **갚으리니**

현재 우리의 목적을 위해 세 가지 점이 중요하다. 첫째, 두 이사야 본문의 퀴리오스는 여호와인 반면 바울의 이 언어사용에서 퀴리오스는 '주 예수'로 구체화되어 있다. 둘째로 이것은 이 심판을 행하기 위해서 "불꽃 가운데" 임하실 주는 여호와의 역할을 떠맡은 '주 예수 그리스도'이시다. 셋째, 이사야서에서 심판의 이유는 "그들이 나에게 순종하지 않기" 때문인데, 여기서 이사야의 '나=여호와'는 지금 '우리 예수 그리스도의 복음'에 복종하지 않기 때문으로 설명되고 있다.

따라서 이 경우 바울이 주 예수를 이사야 예언의 주=여호와와 동일시하고 있을 뿐만 아니라 주 예수의 복음은 또한 악한 자들이 순종하지 않은 것이다. 따라서 그들은 그에 의해 심판을 받아야 한다. 이러한 본문 간의 관련적인 교환들이 보여주는 기독론적 의미들을 피해갈 수 없다.

단지 출 3:2의 B 본문만을 알았다면 그들은 여기서 좀 더 익숙한 표현으로 만들기 위해 바울 본문을 쉽게 바꾸었을 것이다. 결국 더 좋은 본문 증거가 아마도 널리 퍼져야 했을 것이다.

② 그들의 심판에 대한 묘사가 9절에 나온다. "이런 자들은 *주의 얼굴과 그의 힘의 영광을 떠나* 영원한 멸망의 형벌을 받으리로다." 비록 '주의 얼굴로부터 오는 형벌'이 정확히 무엇인지를 이해하는 데 어떤 내재된 어려움들이 있을지라도 이 문장의 이탤릭체 부분은 직접적이고 의도적인 이사야 2:10의 사용임에는 의심의 여지가 없다.[84]

살후 1:9 οἵτινες … ἀπὸ προσώπου τοῦ κυρίου
             καὶ ἀπὸ τῆς δόξης τῆς ἰσχύος αὐτοῦ
사 2:10 κρύπτεσθε … ἀπὸ προσώπου τοῦ φόβου κυρίου
             καὶ ἀπὸ τῆς δόξης τῆς ἰσχύος αὐτοῦ
살후 1:9 이런 자들은 **주의 얼굴과 그의 힘의 영광을** 떠나 영원한 멸망의
         형벌을 받으리로다
사 2:10 **주의** 두려움의 **얼굴과 그의 위엄의 영광을** 피하여 숨으라

여기는 바울이 칠십인경에서 곧바로 언어를 가져온 경우일 뿐만 아니라 유다에 대한 '주의 날'의 심판 예언 가운데 나오는 이사야 본문의 의미를 보존하는 경우이다. 그 심판은 그들이 이제 주 그리스도의 임재로 여겨지는 신적 임재로부터 떨어져 나가는 것이다. 또 다시 바울은 '주=여호와'로부터 온 언어를 '주=예수 그리스도'로 바꾸어 놓았다. 그 자체로 이것은 독특하고 공유되지 않은 여호와의 특권이 지금은 그리스도를 언급하기 위해 사용된 확실한 경우이다.[85]

③ 긴 문장의 결론 부분인 10절에서 바울은 칠십인경에서 온 언어들, 즉 시편 89:7 (88:8 LXX) [86]과 시편 68:35(67:36 LXX)[87]의 연결 모음의 더 많은

---

84) 일찍이 터툴리안에 의해 (Marc. 3.16) 이야기되었다. 이 경우 칠십인경의 번역자는 그가 이사야의 생각 속에 있었다고 가정하는 것을 아마도 명확하게 하기 위해서 이사야의 말들을 자유롭게 다룬 것 같다. 따라서 '여호와를 두려워함'은 그의 얼굴을 보는 것과 관련이 있다. 바울은 "얼굴=임재" 언어를 보존하고, 아마도 그것이 그의 관심사가 놓여있기 때문에 포부(φόβου)를 생략했다. 주의 오심과 핍박자들이 하나님의 임재 안에 있는 것과 관련이 있음.
85) 그리스도에 대한 언급과 함께 쓰이는 '영광'의 쓰임에 대해서는 (살후 2:14에 대한) pp. 134-135와 (고후 3:18; 4:4에 대한) pp. 291-296를 보라.
86) 바울의 시편에 대한 좀 더 많은 기독론적 사용에 대해서는 7장에 나오는 골 1:15-17(p. 457)의 논의를 보라.
87) 이 반영들은 이 시리즈에 나오는 다른 반영들보다 좀 더 빈약해 보인다. 만약

사용과 함께 9절에서 그리스도에 대해 그가 말해 오던 것을 계속해 간다. 이 경우 퀴리오스 단어는 시편의 근접 문장들이나 이 시점의 바울의 문장에도 등장하지 않는다. 그럼에도 불구하고 시편의 언어에 대한 본문 간의 관련적 사용은 여호와가 호 데오스로 언급되어지는 단락에서 분명해 보인다.

살후 1:10   ὅταν ἔλθῃ ἐνδοξασθῆναι ἐν τοῖς ἁγίοις αὐτοῦ
시 88:8 (칠십인경)   ὁ θεὸς ἐνδοξαζόμενος ἐν βουλῇ ἁγίων
살후 1:10   **그가 강림하사 그의 성도들에게서 영광을 받으시고**
시 88:8 (칠십인경)   하나님이 **성도의** 모임**에서 영광을 받으시며**

살후 1:10   καὶ θαυμασθῆναι ἐν πᾶσιν τοῖς πιστεύσασιν
시 67:36 (칠십인경)   θαυμαστὸς ὁ θεὸς ἐν τοῖς ἁγίοις αὐτοῦ
살후 1:10   모든 믿는 자들에게서 **놀랍게 여김을 얻으시리니**
시 67:36 (칠십인경)   하나님은 **그의 거룩한 자들 가운데서 놀라우시도다**

이전과 같이, (바울에게) 자주 발견되지 않은 배열과 분량 자체가 본문의 관련성을 확실하게 보이도록 만든다. 바울은 외관상 시편 89:7(88:8 칠십인경)의 "거룩한 자들의 모임"으로부터 온 전치사구를 수정하여 시편 68편에서 온 어구인 "그의 거룩한 자들 가운데서"로 바꾼다. 그리고 그것은 그의 문장 맨 마지막에 나오는 (시 68:35로부터 온 구절이며, NRSV나 TNIV 영어 번역본은 "굉장한"〈awesome〉, 〈67:36 칠십인경〉으로 번역한) "놀라다"(to be marveled at)라는 구절을 덧붙였기 때문일 것이다. 실제, 정확하게 본문의 관련성 자체가 해석가나 번역자들에게 그 전치사구를 그렇게 어려운 구절로 만들어 버렸다.[88]

그것들이 이 단락에서 칠십인경의 유일한 반영들이라면, 이 연구에서 이것은 결코 주목받지 못했을 것이다. 거기에는 퀴리오스가 없기 때문이다. 이것은 구약 사용의 큰 복합체라는 이유 때문에 여기에 포함되었다. 참고, Best, 264-65; Marshall, 180; Bruce, 153; Wanamaker, 231; Malherbe, 404; Green, 294-95, 그러나 Beale (190)은 여전히 이것이 이사야 2와 이사야 66장을 반영하고 있다고 본다.

88) 전치사와 단어 하기오스(ἁγίος)는 상당한 난제를 제시하다 후자는 거의 확실하게 하나님의 백성을 언급하는 것으로 이해해야 할 것이다(전통적으로, "성도들"). 가장 가능성 있는 것은 엔이 데살로니가인들의 핍박자에 대항해 의도적으로 놀라움을 주려는 단어인 것 같다. 핍박자들이 "영원한 멸망으로 벌을 받고, 주(예수) 앞에서 잘려 멀어지는" 종말의 사건 때에 데살로니가의 하나님 백성들은 구속받은 자들 가운데 함께 있음으로써 그리스도를 영화롭게 할 사람들 가운데 있게 될 것이다.

이 경우에 놀라운 것은 시편의 두 곳에서 이 용어를 가져다 의도적으로 사용하는데, 이 시편의 두 곳은 시편기자들이 여호와의 비견할 수 없는 위엄과 크심을 찬양하는 곳들이다. 바울에게 있어 그 언어는 정확하게 그리스도의 종말론적 오심에 잘 어울린다.

따라서 여호와가 '오셔서' 심판을 행하시는 구약의 '심판' 본문들을 반영하면서, 바울은 칠십인경의 퀴리오스를 사용하여 그리스도를 심판자로서 하나님의 자리에 위치시킨다.

④ 우리는 또한 바울이 "그 날에"(엔 테 헤메라 에케이네, ἐν τῇ ἡμέρᾳ ἐκείνῃ)라는 전치사구로 마치고 있음에 주목해야 한다. 이 구절은 매우 긴 이 문장의 마지막에 이상하게 위치해 있다. 바울의 이 구약 언어의 사용에 대해서는 위 데살로니가전서 5:2의 논의를 보라(pp. 102-103). 우리의 현재 목적을 위해서 두 가지 점이 주목할 만하다. 첫째, 그 구절의 이상함은 독자들의 관심을 끌어들인다.[89] 매우 그럴듯하게 이 구절은 7b절의 '엔 테 아포칼립세이 투 퀴리우 예수'(ἐν τῇ ἀποκαλύψει τοῦ κυρίου Ἰησοῦ, 주 예수의 나타나실 때에)라는 구절과 상응을 이루어 의도적인 틀 구성(framing device)을 형성하여 7b-10절 전체 그 자체를 일종의 '주의 날' 예언으로 만든다. 둘째로 맨 나중에 위치시키는 강조는 확실히 그 다음에 제기되는 논쟁, 즉 어떤 사람이 바울의 이름으로 '주의 날이 이미 왔다'고 주장한 것에 대한 의도적인 대응인 것 같다.

(2) 데살로니가후서 1:12

바울이 '감사' 단락에서 데살로니가인들을 위한 기도로 내용을 바꿀 때, 그는 그들의 확실한 미래 대신, 주의 이름에 영광을 돌리기 위해 그들의 현재의 삶에 초점을 맞춘다. 그렇게 하는 동안 바울은 이사야 66:5의 언어를 사용하여 그가 7절에서 시작한 동일한 이사야서의 예언으로부터의 반영을 가지고 마무리 한다:

살후 1:12 ὅπως ἐνδοξασθῇ τὸ ὄνομα τοῦ κυρίου ἡμῶν Ἰησοῦ ἐν ὑμῖν,

---

따라서 주 그리스도는 그 날에 '그들 안에서 영화롭게' 된다.

89) 실제로 이것은 너무나 이상해서 심지어 흠정역(KJV) 번역자들도 바울의 어순을 지키면서(그들의 문체가 그랬는데) "너희 가운데 우리의 증거가 믿어졌다"는 문장에 괄호를 넣었다. 그래서 "그 날에"라는 구절이 독자들로 하여금 (그래서 올바르게) 10절의 첫 번째 부분을 수식하는 것이 쉽게 파악되도록 했다.

제2장 데살로니가전후서에 나타나는 기독론   123

사 66:5   ἵνα   τὸ ὄνομα κυρίου
          δοξασθῇ
살후 1:12 **우리 주 예수의 이름이** 너희 가운데서 **영광을 받으시고**
사 66:5 **주의 이름이 영광을 받으**시도록

첫눈에 보기에는 진정한 '본문의 관련성'[90]의 경우로 보기에는 빈약해 보임에도 불구하고, 그렇게 볼 수 있는 이유들이 있다. 첫째, 바울의 언어는 바울이 철저하게 익숙했던 칠십인경 이사야의 것이다.[91] 따라서 그의 언어는 히브리 본문과 상당히 다른데, 칠십인경 번역자는 여기서 히브리 본문의 난해한 문장들이 의미가 통하게 설명하려고 했기 때문이다. 원래 조롱의 말로서 여호와의 신실한 자들에 대한 포로후기 "귀족적 종교인들"에 의한 말들("여호와께서는 영광을 나타내사 너희 기쁨을 우리에게 보이시기를 원하노라!")이 변해서 약속의 말, 즉 신실한 자들에게 그들의 핍박자들이 수치를 당하게 될 것이라는 약속의 말(주의 이름이 영광스럽게 되며)로 변했다.

이 문맥과 데살로니가인들의 상황 사이의 유사성을 놓쳐서는 안 된다. '감사' 단락 끝 부분에 도달하면서 바울은 똑같은 이 이사야서의 예언으로부터 온 반영들로써 하나님의 공의(7-10절)를 증명한다. 동시에 그는 또한 이사야 2장과 시편으로부터 온 언어들을 사용하여 데살로니가 성도들과 그들의 핍박자 사이의 대조되는 종말론적 미래를 강조한다. 실제로 하나님은 그리스도가 "그의 성도들 가운데서 영화롭게 되도록" 의도하신다. 현재 바울은 이사야 66장으로 돌아가 그들의 상황과 유사한 상황에서 말해진 언어로 그 약속의 성취를 위해서 기도한다. 그리고 다시 '이름=여호와'는 칠십인경의 호 퀴리오스를 통해 그리스 예수께 속한다. 따라서 바울은 분명히 신적 특권들을 그리스도에게 귀속시키면서(논증하지는 않지만) 여호와를 그리스도로 대체하는 일을 계속해간다.

마지막으로 우리는 또한 바울의 결론구인 '카타 텐 카린 투 데우 헤몬 카이 퀴리우 예수 크리스투'(κατὰ τὴν χάριν τοῦ θεοῦ ἡμῶν καὶ κυρίου Ἰησοῦ Χριστοῦ, 우리 하나님과 주 예수 그리스도의 은혜를 따라)는 헬라어에서 애매모

---
90) 초기 주석들에서 언급되지는 않지만(예를 들면, Ellicott, Findlay, Milligan), Frame (1912)이후로, 이것이 일반적으로 주목받고 있다- 그러나 단어의 순서 때문에 Best(271)은 약간 주저한다.
91) 이것의 증거를 위해서는 NA27판의 부록 IV(pp. 789-93)를 보라.

호하게 자리 잡고 있음을 지적한다. 바울은 '우리 하나님이신 그리고 주이신 예수 그리스도의 은혜'를 의도했는가? 아니면 거의 모든 영어 번역에서처럼 '우리 하나님의 은혜 그리고 예수 그리스도의 은혜'를 의도했는가? 만일 바울이 앞의 것을 의도했다면, 물론 그는 칠십인경을 인용하면서 여호와를 그리스도 주로 대치했을 뿐만 아니라 심지어 주 예수를 데오스라고 부른다. 비록 헬라어 문법은 보통 이 견해를 선호할 것 같지만,[92] 바울의 용법이 먼저 우선되어야 한다. 다시 말해, 바울은 규칙적으로 하나님 아버지와 주 예수 그리스도를 이것과 같이 하나의 전치사구들[93]로 함께 결합시킨다. 그리고 비록 바울이 다른 곳에서 좀 더 문법적인 정확성을 가지고 그렇게 한다고 하더라도, 2절과 이 구절의 '인클루지오'는 그리스도를 하나님 아버지와 동일시하려는 의도였다고 상상하는 것은 불가능한 일이다.[94]

(3) 데살로니가후서 2:13-14

2:13-14 13Ἡμεῖς δὲ ὀφείλομεν εὐχαριστεῖν τῷ θεῷ πάντοτε περὶ ὑμῶν, ἀδελφοὶ ἠγαπημένοι ὑπὸ κυρίου,[95] ὅτι εἵλατο ὑμᾶς ὁ θεὸς ἀπαρχὴν[96] εἰς σωτηρίαν ἐν ἁγιασμῷ πνεύματος καὶ πίστει ἀληθείας, 14 εἰς ὃ καὶ[97] ἐκάλεσεν ὑμᾶς διὰ τοῦ εὐαγγελίου ἡμῶν εἰς

---

92) 다시 말해, 하나의 헬라어 관사(투, τοῦ)가 두 개의 명사들(데우, θεοῦ와 퀴리우, κυρίου)을 통제하고 있어 결과적으로 Granville Sharp의 법칙에 해당한다. 이 견해는 Findlay, 157; Green, 299-300에 의해 지지되었다. 그러나 Ellicott, 105; Milligan, 94; Frame, 242; Rigaux, 643; Best, 272-73; Bruce, 156-57; Wanamaker, 236; Morris, 211; Richard, 311; Malherbe, 412; Beale, 196-97; D.B. Wallace, *Greek Grammar Beyond the Basics: An Exegetical Syntax of the New Testament* (Grand Rapids: Zondervan, 1996), 271에 의해서는 거부된다.
93) 예로, 살전 1:1; 살후 1:1, 2 그리고 바울 서신 전반에 걸쳐 나오는 것을 참고하라.
94) 게다가, Milligan(94)이 지적하듯이, 무관사 퀴리오스는 바울이 칠십인경에서 무관사 용법들을 인용하는 곳에서 드러나는 그의 용법의 규칙적인 특징 중 하나 (더 큰 논쟁과 무엇보다도 연관되어 있는 용법)일 뿐 아니라, 현재 "주"(the Lord) 호칭이 실제 이름으로 변하고 있는 과정이기 때문일 것이다.
95) 여기의 단어배열은 D* b 𝔐 vg 에 나오는 살전 1:4의 데우(θεοῦ)를 따랐다.
96) 여기의 본문선택을 위해서는 (NRSV, TNIV 〈NIV와 대조됨〉), Fee, *To What End Exegesis?* 75-76을 보라.
97) 카이를 더하거나 빼는 본문 선택은 해석자들에게 어려운 문제로 판명되었다. 내 판단에는 누가 이것을 덧붙여야 할 이유를 찾기가 어렵고, 또한 이것의 어려움은 어떤 필사자들이 이것을 제거하기에 충분한 이유가 된다는 것 때문에, 여기에 (ℵ G P 81 365 2464 al vg syh의 지지를 받아) 이것을 포함시키는 것이 원래 의미에 가깝다는

περιποίησιν δόξης τοῦ κυρίου ἡμῶν Ἰησοῦ Χριστοῦ
13 **주께서 사랑하시는** 형제들아 우리가 항상 너희에 관하여 마땅히 하나님께 감사할 것은 하나님이 처음부터 너희를 택하사 성령의 거룩하게 하심과 진리를 믿음으로 구원을 받게 하심이니 14 이를 위하여 우리의 복음으로 너희를 부르사 **우리 주 예수 그리스도의 영광을** 얻게 하려 하심이니라

이 구절들은 바울 서신들 가운데 원-삼위일체적(proto-Trinitarian)[98] 구원론의 요소들을 가지고 있는 구절들 중에서 그 첫 번째 것으로[99] 다음과 같은 '구원의 원리'(grammar of salvation)를 가지고 있다(참고 롬 5:1-8을 보라).

구원은 하나님의 사랑에 의해 진술된다;
   그것은 그리스도의 죽음과 부활을 통해 그에 의해 *성취된다*;
   그리고 성령의 사역에 *효과적이 된다*.

그러나 여기에서 그것은 이상한 형태를 취한다.
데살로니가인들은 구원의 첫 열매로 하나님에 의해 *선택을 받았고 부름을 받았다*;
   그들이 *주님의 사랑을 받고 있다*는 사실에 의해 확실해진다;
     (에가페메노이 휘포 퀴리우, ἠγαπημένοι ὑπὸ κυρίου)
   따라서 *성령의 거룩하게 하는 역사를 통해 구원을 받았다*.

쪽에 확실성이 있어 보인다.
98) 내가 *God's Empowering Presence: The Holy Spirit in the Letters of Paul* (Peabody; Mass. Hendrickson, 1994)에서 사용한 "삼위일체적"이라는 용어에 대해 이 용어는 어떻게 세 개의 "위"가 연합의 상태로 결합되어 있는지에 관련된 한 묶음의 너무나 많은 후기 토론들을 포함하고 있기 때문에 바울 신학을 위한 올바른 전문용어로서 적당하지 않다는 몇몇의 (정당한) 반론들에 비추어, 나는 이 책에서 "원-삼위일체적"(proto-Trinitarian)이라는 단어를 사용하기로 결정했다. 바울 자신은 엄격한 유일신론자였음에도 불구하고 그 유일신 사상을 망각하지 않은 채 아들과 성령을 아버지와 완전히 동일시하는 방식으로 아버지, 아들 그리고 성령을 결합시키는 본문들을 일컫는 방법으로서 이 용어는 Stanley Porter(in I. H. Marshall, *Beyond the Bible: Moving from Scripture to Theology* ⟨ASBT; Grand Rapids: Baker, 2004⟩ 122 각주 59)로부터 빌려왔다.
99) 이 본문들의 전체 목록은 Fee, *God's Empowering Presence*, 48 각주 39를 보라.

여기에서 놀라운 것은 하나님에 대해 말하는 것이 아니라- 바울 서신에서는 '선택'과 '부르심'은 하나님 아버지께 속하는 것인데- 오히려 하나님 아버지께만 사용되던 그 언어가 여기서 자유롭게 '주'[100]께 귀속되는 것이며, 그리스도에게 보통 귀속되던 그 언어가 성령의 특별한 섭리(province)로 설명된다는 점이다. 우리의 관심사는 중간 줄에 있다.[101]

바울이 그리스도의 사랑을 말하는 다른 다섯 번의 경우에(갈 2:20; 고후 5:14; 롬 8:35; 엡 3:19; 5:2), 그 사랑은 그의 구속적 죽음을 통해 표현된 사랑과 보통 명시적으로 연관이 있다[102] (예, 갈 2:20 "나를 사랑하사 나를 위하여 자신을 주신…하나님의 아들"). 보다 흔하게 바울은 구원의 진술로서 그 자신을 위한 하나님(θεός)의 사랑에 대해서 말한다. 실제로 (헬라어로) 두 구절 뒤에서 (2:16) 정확하게 "우리를 사랑하시고 영원한 위로와 좋은 소망을 은혜로 주신 하나님 우리 아버지께서"(참고, 살전 1:4)라고 이것을 말한다. 그리고 비록 "주의 사랑을 받는다"는 구절이 이 경우 아버지에 대해서 말해질 때처럼 그들의 구원의 진술이라기보다는, 십중팔구 십자가 위에서의 그의 구원의 역사에 대한 암시[103]라고 인정한다 하더라도 이 특별한 귀속(attribution)이 바울이 구원을 말하는 삼위일체적 방식 중 하나로 발생했다는 것이 주목할 만하다.[104]

동시에 이것은 퀴리오스가 테트라그라마톤(Tetragrammaton, 여호와)을 번역하는 칠십인경의 독특한 언어를 바울이 반영하고 있는 또 다른 순간이다. 이

---

100) 이것이 하나님이 아니라 그리스도를 언급하는 것이라는 주장(Rigaux, 371; Malherb, 436; Green, 325⟨?⟩; Beale, 225와 반대됨)은 바울의 용법과 현재 문장의 문법에 기초해 확실해 보인다. 만일 바울이 휘포 퀴리우(ὑπὸ κυρίου)를 앞에 나오는 토 데오(τῷ θεῷ,)와 동일한 것으로 의도했다면 이 문장의 간단하고 정상적인 작문은 토 데오… 에가페메노이 휘포 아우투, 호티 에이라토 아파르켄(τῷ θεῷ… ἠγαπημένοι ὑπὸ αὐτοῦ, ὅτι εἵλατο ὑμᾶς ἀπαρχήν, 하나님께… 그의 사랑을 받으며, 그 이유는 그가 너희를 첫 열매로 선택하셨기 때문이다)이었을 것이다. 따라서 바울의 문장의 주어로서 '하나님' 단어의 어색한 반복은 그 중간에 바울이 두 번째 주어('주')를 언급했기 때문에 발생한 것으로, 그가 다시 첫 번째 명사로 되돌아올 필요성을 만든 것이다.(참고, Lightfoot, 119; Best, 311; Marshall, 206). 이 문법적 사실과 바울이 이 두 서신에서 그리스도 예수를 호 퀴리오스로 동일시하려고 한다는 사실은 Malherbe가 다른 제안을 위해 끌어들인 문맥적 고려들보다 더 무게가 나가는 것처럼 보인다.
101) 3번째 줄에 대한 전체 토의를 위해서는, Fee, *God's Empowering Presence*, 77-79를 보라.
102) 눈에 띄는 예외는 엡 3:19이다.
103) 참고, Frame, 279; 그는 "이런 변화에는 어떤 중요성도 없다"고 주장하여, Morris(238)와 반대 입장을 취하고 있다.
104) Morris(238)과 Marshall(206)은 그 이유가 주 예수께서 앞 단락에서 악한 자들에게 하신 것과 대조하려는 것이라고 주장한다.

제2장 데살로니가전후서에 나타나는 기독론   127

경우 그 언어는 정확하게 신명기 33:12의 것으로, 베냐민에 대해서 에가페베 노스 휘포 퀴리우(ἠγαπημένος ὑπὸ κυρίου, 주의 사랑을 받는)라고 말하는 구절이다. 만일 이것이 데살로니가전·후서에서 유일한 한 가지라면, 아마도 이것을 우연한 것(쉽지는 않겠지만!)이라고 생각할 수 있을 것이다[105]. 그러나 상당한 양의 칠십인경 언어의 반영들과 이 구절의 구약 문맥은 또한 이 구절이 확실히 칠십인경 언어의 반영임을 말해준다. 따라서 바울 서신에서 두 번째로 등장하면서 하나님의 선택받은 백성들에 대한 사랑은 그들이 퀴리오스이신 그리스도에 의해 사랑을 받고 있음으로 표현되고 있다. 이 속성은 바울의 사상에서 아버지와 아들에 의해 전제되어 그리고 논증되지 않은 채 동등하게 공유되고 있는 것이다.[106]

(4) 데살로니가후서 3:5

본문의 관련성의 다음 예는 데살로니가후서 3:1-5의 간략한 전환적 호소의 마지막에 등장한다. 여기서 바울은 먼저 그들이 자신을 위해 기도해 줄 것을 요청한다(1-2절; 바울이 전에 그들을 위해 했던 것처럼 〈2:16-17〉). 그러나 그는 다시 한 번 세 가지 확신, 즉 "신실한 주님"(예수 〈아래 pp. 135-136를 페이지를 보라〉)이 그들을 강하게 하시며 악으로부터 그들을 보호해 주실 것이라는 점, 그들은 바울이 3:6-14(4절)에서 명령하려고 하는 바를 또한 실천할 것이라는 점, 마지막으로 주께서 그들의 마음을 이 두 가지 문제(6-14절에서 예고한 사랑과 앞 두 장의 긴급함과 관련된 인내〈참고, 살전 4:9-12〉)로 향하게 하실 것을 기도함이라는, 이 세 가지 확신을 나타내는 표현을 가지고 데살로니가인들에게 되돌아온다. 마지막 사항은 또한 이 편지들에서 또 한 번의 기도이며(아래를 보라) 이 기도에서는 호 퀴리오스가 기도의 대상이며 또한 기도의 소원들을

---

105) 결국 바울 자신은 자신이 베냐민 지파임을 자랑스러워 한다(롬11·1, 빌 3:6). 그의 가문 지파에 대한 이 축복이 바울이 잘 몰랐다고 하는 것이 상상이나 되는가? 바울이 이 경우 칠십인경을 반영하고 있다는 것은 무관사 퀴리우의 사용에 의해 더 확실해진다. 따라서 처음으로 웨스트코트-호르트(Westcott-Hort)가 언급했고 적어도 1950년 이후로 네슬(-알란트)판의 여백에 언급되었던 이 확실한 칠십인경의 반영을 대다수의 주석가들이 놓쳤다는 것은 주목할만한 일이다. (그러나 칠십인경에 대한 언급은 하지만 관련성을 거의 아니면 전혀 못 본 경우를 위해서는 Findlay, 188과 다른 사람들〈Frame, 279; Best, 312; Malherbe, 436〉를 보라.)
106) 따라서 L. J. Kreitzer가 "그리스도와 하나님 사이의 기능적이며 개념적인 중첩"이라고 부른 것을 반영하고 있다.(*Jesus and God in Paul's Eschatology* 〈JSNTSup 19; Sheffield: Sheffield Academic Press, 1987〉, 예를 들면 165, 170).

실행 하시는 주체로 되어있다.

어떤 사람은 이 경우 호 퀴리오스가 하나님 아버지를 가리킨다고 생각한다.[107] 그러나 이것은 바울이 이 편지의 다른 곳에 나오는 바울의 용법 즉 하나님은 항상 데오스로 나타내며 그리스도는 호 퀴리오스로 항상 동일시하는 용법과 상당한 긴장을 유발시킨 것이다. 2:16-17에 나오는 기도 보고(prayer report)에서 바울이 기도를 드리는 분으로 그리스도를 먼저 위치시키고 그를 호 퀴리오스로 부르면서 강조의 대명사를 사용하고 호 파테르(ὁ πατήρ, 아버지)로 명명된 호 데오스가 그 뒤를 따라 오는데, 이 호 퀴리오스가 하나님을 가리킨다면 바울의 용법은 거의 의미가 없게 될 것이다. 단지 우리 자신들이 하나님을 '주'라고 언급하는 것에 익숙하다는 사실과 바울이 사용하는 언어의 유형들과 의도적인 명칭을 거부할 경우에만, 이 호 퀴리오스가 하나님 아버지를 가리킨다고 주장할 수 있을 것이다.

이 기도에 대한 우리의 직접적 관심은 이것의 (외관상의) 역대상 29:18에 대한 본문의 관련적 사용이다.[108] 성전 건축을 위해 가져온 선물들과 관련된 기도에서, 다윗은 "주, 우리 조상들의 하나님…우리의 마음을 주께로 향하게 하소서."라고 기도한다.

살후 3:5 ὁ δὲ κύριος κατευθύναι ὑμῶν τὰς καρδίας
εἰς τὴν ἀγάπην τοῦ θεου/

대상 29:18 κύριε ὁ θεὸς …καὶ κατεύθυνον τὰς καρδίας αὐτῶν
πρὸς σέ

살후 3:5 **주께서 너희 마음을 인도하여** 하나님의 사랑 … 에 들어가게 하시기를 원하노라

---

107) Malherbe, 447과 (외관상) Beale, 243-48을 보라. 대부분은 (정확하게) 이것이 2:16-17로부터 나온 것이라 이해한다. 이 구절들은 그리스도가 구체적으로 다시 한번 호 퀴리오스로 불린다. 결국 바울의 본문에는 장 구분이나 절 구분이 없다. 그래서 어떻게 데살로니가인들이 바로 그 다음 문장들(3절, 5절)에서 호 퀴리오스가 가리키는 것이 갑자기 바뀌었다고 생각이나 했겠는가? 대부분의 헬라 교부들은 하나님과 그리스도가 그 다음에서 언급되기 때문에 이 구절이 성령을 가리킨다고 주장했다. 그러나 그런 견해는 바울의 용법에 의해서가 아니라, 삼위일체 신학에 통제를 받은 해석이다.
108) 대부분의 주석가들의 견해이다(예를 들면, Findlay, 202; Rigaux, 699; Best, 329-30; Marshall, 217; Bruce, 202; Richard 372; Malherbe, 447; Green, 339).

대상 29:18 **주** 하나님이여 … 또한 그들의 **마음을** … 당신께로 **향하게** 하시기를

세 가지 것이 이 구절이 의도적인 '본문의 관련성'이라고 생각하게 만든다. ① 표현이 놀랍고 흔치않은 것이다. 사실, 그 동사는 바울 서신 다른 곳에서는 데살로니가전서 3:11의 기도에서만 발견된다. 게다가 ② "주께서 그들의/너희의 마음을" 하나님께 "향하게 하시고"라는 구절은 성경에서 이 두 본문에만 나오는 독특한 것이다.[109] ③ 이 구절은 이스라엘의 위대한 왕인 다윗 자신의 입에서 그리고 기도 가운데 나온 것이어서 평범한 인물에 의해 쓰인 단지 스쳐 지나가는 구절이 아니라는 점이다. 다시 한 번, 바울은 테트라그라마톤에 대한 칠십인경의 번역을 그리스도에게 적용시킨다.[110]

(5) 데살로니가후서 3:16

이 서신들에서 (좀처럼 주목받지 못한)[111] 본문의 관련성의 마지막 요소는 데살로니가후서의 마지막 '평강'의 뒤에 그리고 '은혜'의 앞에 등장한다. 그의 편지에서 이번 경우에만, 바울은 "주께서 너희와 함께 계실지어다"라는 축복으로 그의 유대적 유산을 사용한다. 이 편지의 성격을 고려해 볼 때, 오직 여기에서만 이 구절은 "주께서 너희 모두와 함께 있을지어다"라는 의미가 된다. 그렇게 하면서 바울은 룻기의 저자가 잘 보여주듯이 구약에서 여호와에 대한 신실함의 증거로 보았던 언어를 사용한다. 따라서 보아스는 그의 일꾼들에게 "주께서 너희와 함께 하시기를"이라고 인사하며, 이에 대해 그들은 "주께서 당신에게 복 주시기를"이라고 반응한다(룻 2:4).[112] 바울의 인사는 다시 한 번 칠십인경의 (이 경우 동사가 없는) 본문을 반영하고 있다.

살후 3:16 ὁ κύριος μετὰ πάντων ὑμῶν

---

109) 여기에서만 이 동사에 대해 '주'가 주어이면서 '마음'이 목적어이다. 역대하에서 이후로 왕은 여호와를 그 자신의 마음을 "움직이기도 하고 움직이지 않기도" 한다.(예, 12:14; 19:3).
110) 여기서 좀 더 눈여겨 볼 가치가 있는 것은 살전 3:11과 이 본문이 기도로 표현되어 있다는 점이다. 그리고 바울의 기도는 주이신 그리스도에게로 향하고 있다(아래 "기도" 본문들에 대해서 보라).
111) Marshall(230)과 Richard(385)는 예외다.
112) 이 현상을 위해서는 또한 삿 6:12와 눅 1:28을 보라. 이 두 구절은 (여기에서처럼) 평화의 소원이 함께 나온다.

룻 2:4   κύριος   μεθ'   ὑμῶν
살후 3:16 **주께서 너희 모두와 함께 하시기를 원하노라**
룻   2:4   **주께서 너희와 함께 하시기를 원하노라**

따라서 다시 한 번 특별히 중요한 방식으로 바울은 구약본문에서 여호와께만 해당하는 것을 사용해 이것을 직접 그리스도에게 적용했다.

(6) 칠십인경의 용법을 반영하고 있는 퀴리오스 구절들

이 편지에서 바울이 칠십인경에서 퀴리오스 본문들을 사용해 그리스도에게 적용하는 이러한 여러 개의 확실한 (그렇게 보이는) 본문의 관련 경우들과 함께, 그가 중요한 여호와 구절들을 가지고 똑같은 일을 하는 몇 개의 예들이 있다. 이들 중 몇몇은 데살로니가전서에도 나오는 것으로 데살로니가후서에서 반복된다.

① 주의 이름
살후 3:6 Παραγγέλλομεν δὲ ὑμῖν, ἀδελφοί,
            ἐν ὀνόματι τοῦ κυρίου ἡμῶν Ἰησοῦ Χριστοῦ
형제(자매)들아 **우리 주 예수 그리스도의 이름으로** 너희를 명하노니

이 '주의 이름'의 사용 의미에 대해서는 데살로니가전서 5:27(p. 46)에 대한 설명을 보라. 이번 경우 사람들은 여기에서 이름이 '주'가 아니라 '주'와 동격관계에 있는 (그러나 롬 10:9-13에서는 그렇지 않은) '예수 그리스도'라고 주장함으로써 '이름'이 그리스도를 언급하도록 한 바울의 용법을 피해갈지도 모른다. 로마서 10:9-13(본서의 해당 부분을 보라)에서는 전체 요점이 그리스도가 사람들이 지금 구원을 위해서 불러야 할 '주님'이시다는 것이다. 따라서 거기에서(롬 10:9-13) 인용된 요엘서 2:32(3:5 LXX)의 본문이 바울 서신 전반에 걸쳐 사용되고 있는 것 같다.

'예수 그리스도'가 단순히 주의 이름을 정의하고 있는 이 경우가 확실히 그렇다. 비록 이것은 맹세 자체는 아니지만, 맹세와 아주 비슷하게 작용하고 있다. 바울은 매우 게으른 자들에게 그들 손으로 일하라고 명령하려고 한다. 이 명령의 배후에 있는 권위는 '주의 이름' 즉 그가 기도하기를 그들의 부르심에

합당하게 살아갈 때 그들 가운데서 영광을 받으실 그 동일한 이름이다(1:11-12). 이 같은 해석은 동일한 단락에서 나중에 등장하는 비슷한 현상에 의해 지지를 받는다.

살후 3:12 παραγγέλλομεν καὶ παρακαλοῦμεν ἐν κυρίῳ Ἰησοῦ Χριστῷ
이런 자들에게 우리가 명하고 **주 예수 그리스도 안에서** 권하기를

여기에서 "주 예수 안에서"라는 구절은 6절의 "우리 주 예수 그리스도의 이름"과 같은 방식으로 기능한다. 전번과 같이 이 구절의 기독론적 의미는 이 '이름의 사용이 히브리어 성경(구약성경- 역주)에서 여호와에게만 속해 있던 것을 그리스도에게 적용한다는 사실에 있다.

② 주의 말씀
살후 3:1 ἵνα ὁ λόγος τοῦ κυρίου τρέχῃ
주의 말씀이 너희 가운데서와 같이 퍼져 나가

이 용법을 위해서는, 앞의 데살로니가전서 1:8과 4:15(p. 101)를 보라. 이 구절은 또 하나의 본문의 관련적 경우로 시편 147:15(147:4 LXX), "그의 말씀이 속히 달리는도다"를 반영한다고 주장할 수 있을 것이다. 그러나 이 경우 칠십인경은 그 동사를 미래형으로 번역하여 드라메이타이 호 로고스 아우투(δραμεῖται ὁ λόγος αὐτοῦ)가 되는데 이 구절이 진정한 본문 관련의 경우인지는 확실치 않다. 바울은 아마도 이 본문을 반영하고 있는 것 같다. 하지만 이런 표현은 이제 바울 자신의 것이 되었다.

③ 주의 날
살후 2:2 ὡς ὅτι ἐνέστηκεν ἡ ἡμέρα τοῦ κυρίου
주의 날이 이르렀다고 해서

이 용법을 위해서는 앞의 데살로니가전서 5:2에 대한 논의를 보라(pp. 102-103).
마지막으로 우리는 데살로니가전 · 후서의 이 특별한 수의 본문 관련적 경

우들이 적어도 두 가지를 암시하고 있다는 점을 주목한다. 첫째, 사도행전 17:1-6의 증거가 이 회중의 시작에 대한 믿을만한 설명처럼 보인다. 바울이 말할 때 교회가 성경에서 나온 이 모든 반영들을 알아차릴 것이라고 기대했는지는 의견이 분분하다. 비록 그들 대부분이 이방인들이었지만 만약 이 도시에서 그 교회가 시작될 때 교회구성의 일부가 부분적으로는 하나님을 경외하는 자들이어서, 이들이 회당에 정기적으로 참석하여 이 본문들을 들었다면 이들이 구약본문들의 반영들임을 알아차릴 가능성은 매우 높다.

둘째, 매우 초기부터 그리고 바울이 현존하는 이 첫 번째 편지들을 기록하기 오래 전부터 그는 이미 부활하신 주, 즉 그가 다메섹 도상에서 만났던 예수 그리스도를 칠십인경의 퀴리오스와 연관시키기 시작했다. 이 연관을 통해 얼마만큼의 기독론적인 것을 의도했는지는 논쟁이 분분한 내용일 것이다. 그러나 논쟁이 되지 않아 보이는 것은 그가 그의 엄격한 유일신 사상과 충돌하지 않으면서 규칙적으로 그렇게 했다는 것이다. 이 본문들 즉 바울이 알기로 하나님 아버지를 가리키는 것이라고 분명히 알았던 이 본문들의 '주님'은 이제는 그리스도를 가리키는 것으로 이해되었다. 이후의 장들에서 주장하겠지만 이것은 ① 바울이 고린도전서 8:6에서 하고 있던 것과 같이 한 분 주 하나님이 지금은 (데오스로서) 아버지와 (퀴리오스로서) 아들을 포함하게 한 바울의 쉐마 재구성, 그리고 ② 바울이 빌립보서 2:9-11에서 주장하듯이, 그리스도를 그의 '오른편'에 올리시면서 하나님이 그에게 '이름'=호 퀴리오스를 주셨다는 바울의 이해에 비추어 가장 잘 설명될 수 있다. 어떤 논리적인 추론이라도, 이것은 대단한 고등기독론을 반영한다.

4) 하나님과 호 퀴리오스가 신적 목적들과 행동을 공유하심

데살로니가전서에 연속되는 데살로니가후서의 또 다른 기독론적 특징은 데살로니가인들을 위한 신적 목적과 행동의 여러 중요한 순간에 주이신 그리스도와 하나님 아버지를 연합시킨다는 점이다. 이 편지에서 이것은 문안 인사에서부터 시작된다.

제2장 데살로니가전후서에 나타나는 기독론   133

(1)주의 평강 (살후 1:2; 1:12)

살후 1:2 χάρις ὑμῖν καὶ εἰρήνη ἀπὸ θεοῦ πατρὸς [113]
καὶ κυρίου Ἰησοῦ Χριστοῦ

살후 1:12 κατὰ τὴν χάριν   τοῦ θεοῦ ἡμῶν
καὶ κυρίου Ἰησοῦ Χριστοῦ

살후 1:2 <u>하나님 아버지</u>와 **주 예수 그리스도**로부터 은혜와 평강이 너희에게 있을찌어다

살후 1:12 <u>우리 하나님</u>과 **주 예수 그리스도의 은혜**대로

데살로니가후서의 정성스런 인사(1:2)는 바울의 이후의 서신들에서 일반적으로 일정하게 나타나기 시작한다. 문안 인사 본론부와 함께(pp. 124-127를 보라), 여기서도 전치사 하나가 두 명사를 통제하고 있다, 그래서 '은혜'와 '평강'이 아버지와 아들로부터 온다고 이해된다. 바울이 이런 이해를 가지고 있었다는 점은 이 두 편지들에서 '은혜'와 '평강'을 바울이 더 많이 사용하고 있음으로 증명 된다. 우리가 이미 지적했듯이[114] 그는 자유롭게 '은혜'가 아버지와 아들 두 분에게서 온다고 설명한다. 여기서 우리는 '평강'도 이에 해당한다는 점을 주목한다. 두 서신들의 증거는 이 점에 있어 하나님과 그리스도 사이에 용이한 상호교환성을 보여준다. 특별히 두 편지(살전·후 - 역주)가 어떻게 끝나는가를 관찰하라.

살전 5:23 <u>αὐτὸς δὲ ὁ θεὸς</u>   τῆς εἰρήνης ἁγιάσαι ὑμᾶς ὁλοτελεῖς
살후 3:16 αὐτὸς δὲ ὁ κύριος τῆς εἰρήνης δώῃ   ὑμῖν τὴν εἰρήνην
살전 5:23 <u>평강의 하나님이 친히</u> 너희를 온전히 거룩하게 하시고
살후 3:16 **평강의 주께서 친히** 때마다…너희에게 평강을 **주시고**

---

113) 흔한 헤몬(ἡμῶν)이 B D P 33 1739 1881 pc에 덧붙여져 있다. 그러나 이 구절은 필사상의 개연성(transcriptional probability)의 법칙이 '더 좋은 증거'들 보다 더 강력한 경우이다. 첫째, 다른 바울의 문안 인사들에서 이 대명사가 '생략'된 예가 없다. 따라서 왜 여기에서만 그런가 생각하게 된다. 둘째 일반적인 용법이 필사자들에게 아주 잘 알려져 있어서 그들이 독립적으로 이것을 덧붙였을 것이며 생각없이 그렇게 했을 것이다. 대명사의 부재는 위명성(pseudepigraphy) 이론에 상당한 압력을 행사한다는 점을 또한 주목해야 한다. 따라서 이름을 가장한 저자(a pseudepigrapher)가 나머지 바울 서신에서 이 구절을 빌려오지 못하는 실수를 했을까?
114) pp. 110-111를 보라.

이 두 편지에 있는 기도들의 공통된 특징인, 두 경우의 강조의 대명사는 데살로니가후서 본문이 오직 그리스도만 가리킴을 확실하게 한다.[115] 다르게 생각하려는 경향을 가진 사람만이 그리고 약간의 난제를 감수해야만 이 본문들의 강력한 함축적 의미 즉 하나님 아버지와 아들 그리스도는 하나님 백성을 위한 혜택으로서 이 신적인 속성들을 똑같이 공유하고 계시다는 사실을 회피할 수 있을 것이다.

(2) 신적인 영광 (살후 2:14)

이 편지의 두 번째 감사의 끝 부분에서(2:13-14 〈앞의 pp. 124-127을 보라〉), 바울은 구원의 목적을 "우리 주 예수 그리스도의 영광을 얻는 것"으로 말한다. 바울은 다른 두 번의 경우에 그리스도를 '영광'의 관점으로 말한다.[116] 그러나 이 단어가 그리스도인들의 구속의 종말론적 목적으로서 사용될 때, 이것은 데살로니가전서 2:12 (참고, 빌 1:11; 2:11)에서와 같이, 보통 "하나님 아버지의 영광"을 가리킨다. 따라서

살전 2:12 εἰς τὸ περιπατεῖν ὑμᾶς ἀξίως τοῦ θεοῦ τοῦ καλοῦντος ὑμᾶς εἰς τὴν ἑαυτοῦ βασιλείαν καὶ δόξαν.
살후 2:14 εἰς ὃ καὶ ἐκάλεσεν ὑμᾶς διὰ τοῦ εὐαγγελίου ἡμῶν εἰς περιποίησιν δόξης τοῦ κυρίου ἡμῶν Ἰησοῦ Χριστοῦ.
살전 2:12 자기 나라와 영광에 이르게 하시는 하나님께 합당히 행하게 하려 함이라
살후 2:14 이를 위하여 우리의 복음으로 너희를 부르사 **우리 주 예수 그리스도의 영광을 얻게** 하려 하심이니라

흔한 이 구약 단어는 아무도 갖지 못하는, 영원하신 하나님의 완전한 위엄

---

115) 대부분의 해석자들이 그렇다. 살후 3장의 퀴리오스가 하나님을 가리킨다고 생각하는 Malherbe(461)는 "그리스도"를 가리키는 것도 가능하지만, 반드시 필요한 것은 아니라고 주장한다. 그러나 증명의 책임은 그에게 있는데, 바울은 명백하게 그리스도를 퀴리오스로 명명하며 어디에서도 이 호칭을 분명히 하나님을 가리키는 것으로 사용하지 않기 때문이다.
116) 고전 2:8, "영광의 주를 못박았다". 고후 3:18/4:4, "우리가 수건을 벗은 얼굴로 주의 영광을 본다"/"하나님의 형상이신 그리스도의 영광." 아래의 3장(pp. 229)과 4장(pp. 291-296)에서의 논의를 보라.

을 표현하며 그 위엄을 통해 연상되는 기이함을 표현한다. 바로 그 여호와의 '영광'을 모세가 보고 싶어 했으며(출 33:18), 성막(출 40:35)과 성전(왕상 8:11) 을 가득 채운 것이 여호와의 영광이었다. 정말로, 여호와는 그가 자기의 영 광을 다른 이들과 나누지 않겠다고 분명하게 말씀하셨다(사 42:8; 48:11〈여기 에서 다른 신들을 언급함〉). 그러나 정확히 그 하나님의 아들이 이미 그 영광을 공유하시기 때문에, 바울은 쉽게 그런 용어로 말할 수 있다. 확실히 이 경우 그 구절은 그리스도 자신의 죽음으로의 낮아지심 뒤에 오는 현재 영광으로의 승귀와 관련이 있어 보이며, 그 승귀는 데살로니가인들이 참여하게 될 것이 다. 그러나 그렇다 하더라도 보통 하나님께만 사용되던 언어를 그리스도에 게 귀속시키는 것은 데살로니가인들 구속의 최종 목적을 말하는 괄목할만한 방식이다.

아마도 좀 더 놀라운 것은 데살로니가후서 1:3-10에 나오는 감사의 언어로, 위에서 주목한(pp. 117-122) 하나님의 공의에 대한 강력한 주장과 함께 나타 난다는 것이다. 그 경우에 이사야 2:10에 대한 본문의 관련적 사용을 통해 바 울이 하나님의 특권적인 영광, 즉 "그의 힘의 영광"을 예수 그리스도에게 바 로 귀속시켰다.[117]

(3) 신적인 신실하심 (살후 3:3)

여호와의 특징 가운데 하나는 그가 신실하신 하나님으로 그 자신과 그의 속성이 참되시다는 것이다. 그분은 항상 그러시기 때문에 하나님의 백성이 그분을 의지할 수 있고 항상 그리고 모든 상황에서 신뢰할 수 있다. 여호와 는 신명기 7:9에 그렇게 계시된다("신실하신〈피스티스, πίστις〉 하나님은 그를 사랑하는 자들의 천대까지 사랑의 언약을 지키신다"). 그의 신실하심은 그가 아 무런 잘못도 할 수 없다는 것을 의미한다(신 32:4). 시편 기자들(시 145:13)과 선지자들(사 49:7)이 바로 이 여호와의 신실성에 호소를 한다. 역시 바울도 마찬가지이다.

바울 서신에서 첫 번째 이것이 나타나는 곳은 데살로니가전서 5:24로 '피 스토스 오 칼론 휘마스 호스 카이 포이에세이'(πιστὸς ὁ καλῶν ὑμᾶς, ὃς καὶ ποιήσει, "너희를 부르시는 이는 미쁘시니 <u>그가 또한 이루시리라</u>")이다.[118] 비록 그

---

117) 하나님의 '영광'으로서 그리스도에 대한 논의에 대해서는 고후 4:4, 6 (본서의 4장)과 디도서 2:13 (본서의 10장)의 논의들을 보라.
118) '부르신 이'는 하나님을 가리킨다는 것은 아무도 문제삼지 않는다. 다시 말해,

이후로는 빈번하지는 않지만, 이 표현은 (신실하지 않은) 고린도 성도들에게 보낸 편지들에서 고린도전서 1:9; 10:13; 고린도후서 1:18에 걸쳐 3번 등장한다. 각각의 경우, 구약에서와 같이, 신실한 분은 하나님(데오스)이시다. 그러나 데살로니가후서 3:3에서 바울은 그러한 신실함을 다음과 같이 그리스도에게 귀속시킨다. '피스토스 데 호 퀴리오스, 호스 스테릭세이 휘마스 카이 퓌락세이 아포 투 포네루'(πιστὸς δέ ἐστιν ὁ κύριος, ὃς στηρίξει ὑμᾶς καὶ φυλάξει ἀπὸ τοῦ πονηροῦ, **주는** 미쁘사 너희를 **굳건하게 하시고** 악한 자에게서 **지키시리라**).

확실히 다른 곳에서의 용법에 근거하여 바울이 여기에서도 하나님 아버지를 염두에 두고 있다고 주장하는 사람들이 있다.[119] 그러나 두 가지 점이 그런 견해를 반박한다. 첫째, 이 구절의 두 문장 앞에서(2:16) 바울은 다시 한 번 그리고 이번에는 강조형 아우토스(αὐτός)와 함께 호 퀴리오스를 예수 그리스도와 동일시하며, 이 명칭(퀴리오스- 역주)을 그 다음 문장(3:1-5)에서 4번 사용한다. 바울 자신의 동일시를 거부하기 위해서는 특별한 증거가 필요할 것이다. 둘째로, 바울 서신에 나오는 이 구절의 다른 예들에서 데오스는 신실함에 관계되는 명백한 주어이다. 이것이 여기에서도 그가 의도한 것이라면 바울은 왜 그렇다고 말하지 않았는지 생각하게 된다. 이 자료들과 바울이 이 두 서신(살전, 후)에서 이런 종류의 상호교환적 사용을 했다는 사실은 이 예도 그러한 경우임을 확실하게 보여주는 것 같다.

(4) 성도들을 강건하게 하시는 분 (살후 3:3)

같은 단락에서(살후 3:3) 바울은 주=그리스도의 신실하심을 "너희를 굳건하게 하시고(στηρίξει) 악한 자에게서 지키시는(φυλάξει) 분"으로 묘사한다. 그 이전의 데살로니가전서 3:12-13에 나오는 기도에서도 그는 주=그리스도께서 그들의 사랑을 자라게 하셔서 "너희들의 마음을 강건하게(εἰς τὸ στηρίξαι) 해

"부르심"은 살전 2:12; 4:7이 분명하게 설명하듯이 결국 하나님의 특별 섭리이다.

119) 예로 Malherbe, 445를 보라. 그러나 그의 근거들은 그렇게 설득력이 있어 보이지는 않는다. (그의 생각에) 이 서신에 나오는 퀴리오스는 가끔 하나님을 가리킨다(예를 들어 위의 각주 107을 보라). 그리고 보통 하나님은 그렇게 지칭된 분이다. 그러나 그 주장은 정반대의 확실한 증거에 의해 무너지고 만다. 확실히 만일 이것이 이 두 서신(살전·후)에서 유일한 이런 종류의 것이라면 그만 멈추어야 할 중요한 이유가 된다. 그러나 하나님과 아들 사이의 속성과 행동의 상호교환은 이 두 서신의 중요한 특징 가운데 하나이다.

(그들이) 거룩함에 흠이 없기를" 기도했다. 따라서 바울의 두 문장은 다음과 같다.

> 살후 3:3 πιστὸς δέ ἐστιν ὁ κύριος, ὃς στηρίξει ὑμᾶς καὶ φυλάξει ἀπὸ τοῦ πονηροῦ
> **주는 미쁘사** 너희를 **굳건하게 하시고** 악한 자에게서 **지키시리라**

> 살전 3:12-13 12 ὑμᾶς δὲ ὁ κύριος πλεονάσαι καὶ περισσεύσαι τῇ ἀγάπῃ εἰς ἀλλήλους καὶ εἰς πάντας καθάπερ καὶ ἡμεῖς εἰς ὑμᾶς, 13 εἰς τὸ στηρίξαι ὑμῶν τὰς καρδίας ἀμέμπτους ἐν ἁγιωσύνῃ
> 12 또 **주께서** 우리가 너희를 사랑함과 같이 너희도 피차간과 모든 사람에 대한 사랑이 **더욱 많아 넘치게 하사** 13 너희 마음을 **굳건하게 하시고**…거룩함에 흠이 없게 하시기를 원하노라

그러나 기도에서 스테리조(στηρίζω)를 두 번 사용한 것과 그리스도에 대한 주장 사이에 바울은 하나님 아버지를 주어로 하여 동일한 동사를 사용한다.[120]

> 살후 2:16-17 16 θεὸς ὁ πατὴρ ἡμῶν ὁ ἀγαπήσας ἡμᾶς καὶ δοὺς παράκλησιν αἰωνίαν καὶ ἐλπίδα ἀγαθὴν ἐν χάριτι, 17 παρακαλέσαι ὑμῶν τὰς καρδίας <u>καὶ στηρίξαι</u> ἐν παντὶ ἔργῳ καὶ λόγῳ ἀγαθῷ.
> 16 <u>우리를 사랑하시고</u> 영원한 위로와 좋은 소망을 은혜로 <u>주신 하나님 우리 아버지께서</u> 17 너희 마음을 <u>위로하시고</u> 모든 선한 일과 말에 <u>굳건하게 하시기를</u> 원하노라

데살로니가전서 3:12에서 주=그리스도께 사용된 동사 페리슈오(περισσεύω, 풍성하게 하다)는 고린도후서 9:8에서 하나님 아버지에게 귀속되고 있다는 점을 또한 주목해야 한다.

다시 한 번 바울은 이러한 상호교환을 사용하는 데, 특히 기도에서 그렇게 하여 우리의 관심을 사로잡는다.

---

120) 스테리조(στηρίζω, 굳건하게 하다) 동사가 이렇게 세 번 쓰인 것은 바울 서신에서 절반의 빈도수에 해당한다. 이 동사는 데살로니가전·후서에서 한 번 더 쓰이고(살전 3:20), 로마서에서 두 번 쓰인다(1:11; 16:25).

(5) 하나님 그리고 그리스도의 복음 (살후 1:8)

마지막으로 이 두 서신에서 퀴리오스와 데오스 사이의 이러한 상호교환사용에 대한 개관에서 사람들은 이후의 편지들에서 자주 나타나는 한 현상, 즉 데살로니가전서 2:2, 8, 9에 나오는 "하나님의 복음"과 데살로니가전서 3:2의 "그리스도의 복음" 사이에 상호교환적으로 사용되는 현상을 주목해야 한다. 자주 지적되듯이 이것은 복음의 원천으로서의 하나님과 복음의 근본 내용으로서 그리스도 사이의 상호교환일 가능성이 매우 높다.

그러나 데살로니가후서 1:3-10에 나오는 감사 이후 데살로니가인들의 핍박자들을 향한 긴 심판의 선포 하면서 바울은 후자를 "하나님을 알지도 못하고, 우리 주 예수의 복음을 순종하지 않는다"고 말한다(8절). 이것은 신약에서 유일한 언급이다. 그리고 이것은 직접적인 상황에 맞도록 구성된 것처럼 보인다. 하나님의 공의의 마지막 증명은 데살로니가 성도들을 핍박하고 있는 자들에 대해 의로운 심판을 행하실 주 예수의 재림(파루시아) 때에 완성될 것이다. 이 구절은 그 상황에 맞도록 흔한 언어를 한 번 더 변형시킨 것이다. 이 경우 카이(καί)가 비록 두 번째 요소가 첫 번째 것을 설명해 주는 분명한 헨디아디스(hendiadys, 중언법)는 확실히 아니지만, '우리 주 예수의 복음'은 '하나님을 아는 것'이 현 시대에 무엇을 의미하는지를 설명하기 위해 거의 확실히 의도된 것이다.

5) 기도의 대상이신 주 그리스도

데살로니가전서에서 주목했듯이 그리스도에게 기도를 드리는 바울의 용이함은 이 서신에서 좀 더 뚜렷하게 계속된다. 축복 이외에(3:18),[121] 이 서신에는 그러한 기도가 3개 더 있다. 이것들 중에 첫 번째 것은(2:16-17) 상당한 논의가 필요한데, 이것은 데살로니가전서 3:11-13과 놀라울 정도의 유사성과 놀라운 차이점을 가지고 있기 때문이다.

(1)데살로니가후서 2:16-17 (참고, 살전 3:11-13)

여기에 두 본문이 함께 있다.

---

121) 이것은 살전 5:28과 판톤(πάντων, 너희 모두와 함께 하시길)을 덧붙인 것을 제외하고는 똑같다.

제2장 데살로니가전후서에 나타나는 기독론   139

살후 2:16-17 16 Αὐτὸς δὲ ὁ κύριος ἡμῶν Ἰησοῦς Χριστὸς <u>καὶ ὁ θεὸς ὁ πατὴρ ἡμῶν ὁ ἀγαπήσας ἡμᾶς καὶ δοὺς παράκλησιν αἰωνίαν καὶ ἐλπίδα ἀγαθὴν ἐν χάριτι</u>, 17 <u>παρακαλέσαι</u> ὑμῶν τὰς καρδίας καὶ στηρίξαι ἐν παντὶ ἔργῳ καὶ λόγῳ ἀγαθῷ.

살후 2:16-17 16 **우리 주 예수 그리스도**와 <u>우리를 사랑하시고 영원한 위로와 좋은 소망을 은혜로 주신 하나님 우리 아버지께서</u> 17 너희 마음을 <u>위로하시고</u> 모든 선한 일과 말에 **굳건하게 하시기를** 원하노라

살전 3:11-13 11 <u>Αὐτὸς δὲ ὁ θεὸς καὶ πατὴρ ἡμῶν</u> καὶ ὁ κύριος ἡμῶν Ἰησοῦς κατευθύναι τὴν ὁδὸν ἡμῶν πρὸς ὑμᾶς 12 ὑμᾶς δὲ ὁ κύριος πλεονάσαι καὶ περισσεύσαι τῇ ἀγάπῃ εἰς ἀλλήλους καὶ εἰς πάντας καθάπερ καὶ ἡμεῖς εἰς ὑμᾶς, 13 εἰς τὸ στηρίξαι ὑμῶν τὰς καρδίας ἀμέμπτους ἐν ἁγιωσύνῃ ἔμπροσθεν τοῦ θεοῦ καὶ πατρὸς ἡμῶν ἐν τῇ παρουσίᾳ τοῦ κυρίου ἡμῶν Ἰησοῦ μετὰ πάντων τῶν ἁγίων αὐτοῦ

살전 3:11-13 11 <u>하나님 우리 아버지</u>**와 우리 주 예수는** 우리 길을 너희에게로 갈 수 있게 하시오며 12 또 **주께서** 우리가 너희를 사랑함과 같이 너희도 피차간과 모든 사람에 대한 사랑이 **더욱 많아 넘치게 하사** 13 너희 마음을 **굳건하게 하시고 우리 주 예수께서 그의 모든 성도와 함께 강림하실 때에** <u>하나님 우리 아버지 앞에서</u> 거룩함에 흠이 없게 하시기를 원하노라

먼저 유사성을 보자. 이 구절들을 함께 보면 몇 가지 제기되었던 문법적 문제들이 해결될 것이다.
① 두 기도 모두가 데오스 퀴리오스께 향하고 있다.
② 둘 다 복합주어('하나님'과 '주')가 하나의 동사를 가지고 있다. 어떤 이들은 이 현상을 너무 신학적으로 설명하지 말아야 한다고 주장해왔다.[122] 그러나 여기서 주목해야 할 것은 비록 주어들이 현재의 예에서

---

122) 예로, J. A. Hewett, "1 Thessalonians 3,13,," *ExpTim* 87 (1975-1976), 54-55, Lightfoot, 48 (cf. Wanamaker, 142) 그리고 Bruce (71)을 보라. Bruce는 "주어가 두 개 있을 때 동사는 두 개 중에서 동사와 가까운 위치에 있는 것과 수가 일치한다"고 주장했다. 그러나 제시된 본문들은 진정한 예문같지 않다. 즉 "바람과 바다"(막 4:11), "좀과 녹"(마 6:19) 그리고 "은과 금"(약 5:3)은 이 점을 확실하게 주장하지 못하게 한다. 오히려, 그것들은 여기서 두 개가 각각으로서가 아니라 집합적으로

반대순서로 되어 있음에도 불구하고 동일한 현상이 두 구절에 나타난다는 점이다.[123]

③ 둘 다 강조의 '아우토스'(αὐτός)로 시작이 되는데, 각각의 경우 이 대명사는 문법적으로 첫 번째 주어와 연결된 것으로 이해되어야 한다.[124] 물론 단수형 동사를 고려해 볼 때, 이것은 또한 집합형 단수(collective singular)로 보아도 될 것이다.[125]

④ 두 경우 모두 기도의 설명은 기도의 두 번째 대상자(문장의 문법적 주어) 즉, 데살로니가전서에서는 '주', 데살로니가후서에서는 '하나님'을 향하고 있다. 이 현상은 차례로 앞의 사항과 어느 정도 긴장 관계에 있어 보인다. 즉 아우토스는 첫 번째 주어를 강조하고 있는듯 하지만, 설명은 두 번째 것에만 초점을 맞추고 있다.

⑤ 두 기도는 이 편지들에서 4번 나오고, 바울 서신 다른 곳에서 단지 2번 사용되는(롬 1:11; 16:25) 동사인 '스테릭사이'(στηρίξαι)로 표현된 데살로니가인들이 "굳건하게 됨"을 기본 관심사로 가지고 있다.[126]

데살로니가후서 3:16에는 두 주어가 반대순서로 되어 있는데 두 경우 모두

생각되는 바울의 사용과 유사하다. Richard(167-68)는 이 '문제'를 바울의 원래 본문에 대한 초기 필사자들의 오류라고 주장함으로써 해결한다. 그는 이것을 "지금 하나님 아버지께서, 우리 주 예수께서 하시듯 이끄신다"고 재구성한다. 바울은 두 분께 동시에 그리고 각각 한 분께 구별되어 기도할 수 있었기 때문에 더 나아 보이는 것은 바울 자신의 말을 심각하게 받아들이는 것이다. Richard의 관심사 즉 후대의 삼위일체적 공식들의 빛 아래서 바울을 읽지 않으려는 그의 관심사가 정당한 임은 주목받아야 한다. 반면에, 바로 이런 종류의 현상이 후대 공식들에서 역할을 했다.

123) Wiles(각주 72를 보라)와 Richard(바로 앞의 각주를 보라)는 다른 많은 학자들과 같이 데살로니가후서의 바울 저작설을 부인한다. 이것은 데살로니가전서의 이런 현상들을 설명하는 작업을 더 어렵게 만든다.

124) Wiles은 "이것은 바울과 그의 독자들이 익숙했던 전통적인 제사 언어로부터 이어받은 것임에 틀림없다"고 주장한다(Paul's Intercessory Prayers, 30). 그러나 "-임에 틀림없다"는 표현은 실제 증명과 거리가 멀어 보인다. 주목할만한 것은 물론 소원-기도들(wish-prayers)이 바울 서신에서 계속 발견되지만, 이 현상이 신약 가운데서 오직 데살로니가전·후서에만 존재한다는 것이다 (Whiles는 계 21:3을 언급하지만, 이것은 기도가 아니라 주장이다).

125) 예로 Frame, 136-37; Best, 147을 보라.

126) 데살로니가전·후서에서 네 번 가운데 세 번은 신적인 굳건하게 함과 관련이 있으며, 그 중 두 번은 그리스도를 주어로 하고 있고(위의 살후 3:3을 보라), 다른 것들(살전 3:2)은 하나님의 백성들에 대한 사도의 격려와 관련이 있다. 로마서도 마찬가지인데, 16:25는 신적인 것이고, 1:11은 사도와 관련이 있다.

첫번 째 주어가 강조의 아우토스를 동반하고 있어서 만일 아무런 설명이 없다면 첫 번째 주어가 강조되는 것처럼 보인다는 점이다. 즉, '우리 하나님 아버지 자신(himself)과 주 예수 그리스도께서'와 '우리 주 예수 그리스도 자신과 하나님 우리 아버지께서'로 해석된다. 그리고 사실 어느 정도 그렇다. 만일 우리가 이 기도들 중에 하나만 알고 있었다면, 사람들은 추가설명을 통해 바울에게 기도의 강조가 첫 번째 주어에 있다고 주장할 수도 있었을 것이다.[127] 그러나 두 기도를 모두 알고 있고 그들의 순서가 반대로 되어 있으며, 계속되는 기도가 오직 두 번째 주어에만 해당하기 때문에 그런 주장을 할 수 없게 되는 것이다.

기도 자체에 대해 말하자면, 이 기도는 2:1-17의 모든 것, 즉 어떤 사람들이 그들 가운데 가져온 그래서 아직 안정되지 않은 공동체를 더 불안하게 만드는 잘못된 종말론에 대한 바울의 관심사를 결론내리는 것임을 주목해야 한다. 동시에 이것은 13-15절을 결론짓는 것으로 여기서 바울은 거짓을 믿는 자들과 불법한 자(10-12절)와 함께 형벌을 받을 자들을 데살로니가 성도들과 날카롭게 대조한 후에(13-14절) 데살로니가 성도들에게 그들이 이미 배운 것에 머물러 있으라고(15절) 권면한다.

여기에서 우리는 앞의 것과 전혀 다른 기도와 직면하게 된다. 지적했듯이, 이것은 복수 주어와 단수 동사들로 되어 있지만, '아우토스'가 지금은 주 예수 그리스도와 연결되어 있다. 하나님 아버지는 "은혜로 우리를 사랑하시며 우리에게 영원한 위로와 소망을 주신" 분으로 설명이 되고 있다. 그러나 실제 기도를 구성하고 있는 두 동사는 (문법적으로) 주와 하나님 아버지의 공동행위로 생각된다. 의도했든 그러지 않든 간에, 결과적으로 첫 번째 동사(파라칼레사이, παρακαλέσαι)는 바로 앞에 나오는 하나님에 관한 두 번째 구(파라클레시스, παράκλησις)를 이어받고 있으며, 반면에 두 번째 동사(스테릭사이, στηρίξαι)는 데살로니가전서 3:12에서 그리스도에 사용되고, 다시 데살로니가후서 3:3에서 그리스도께서 그들을 위해 행하실 일에 대한 주장으로서 사용된다.

(2) 데살로니가후서 3:5

3:5 Ὁ δὲ κύριος κατευθύναι ὑμῶν τὰς καρδίας εἰς τὴν ἀγάπην τοῦ θεοῦ καὶ εἰς τὴν ὑπομονὴν τοῦ Χριστοῦ

---

127) Wiles가 했던 것과 같이 말이다(앞의 각주 72를 보라).

주께서 너희 마음을 인도하여 <u>하나님의 사랑</u>과 **그리스도의 인내에 들어가게** 하시기를 원하노라

이 기도는 바울이 데살로니가 성도들에게 자신의 사역을 위해서 기도해 달라고 요청하는 것으로 시작하는 전환적 단락(3:1-5)을 결론짓는다.[128] 하지만 이 기도와 함께 바울은 다시 한 번 데살로니가인들에게 눈을 돌리는데 이번에는 과거와 미래를 내다보는 간략한 세 개의 문장들을 통해서, 특별히 이제는 6-16절의 아타크토이(ἄτακτοι, 매우 게으른 자들)에 대한 강한 경고를 예상하면서 데살로니가인들에게 초점을 맞춘다. 첫째(3절), 앞의 기도를 이어받아서 바울은 그들에게 "신실한 주께서 그들을 굳건하게 하시며 또한 악한 자들로부터 보호하실 것"을 확신시킨다. 둘째(4절), 그의 "주 안에서의 확신" 즉 그들이 그가 (여기서 특별히 살전 4:9-12을 언급하면서) 명령한 것을 행하고 있으며, 행할 것이라는 확신을 표현한다. 셋째(5절), 그는 또 한 번의 기도를 하는데, 이번에는 "주(예수)께서 너희들의 마음을 하나님의 사랑과 그리스도의[129] 인내" 안으로 인도하실 것을 기도하는데, 이 두 가지(하나님의 사랑과 그리스도의 인내)는 바울이 바로 이후에 말해야 하는 내용을 위해서 언급한 것이다.

데살로니가전서 3:12-13의 기도와 마찬가지로, 이 기도는 주께로만 향하고 있다. 그러나 동시에 바울은 하나님과 그리스도 모두를 대상으로 한 데살로니가전서 3:11의 동사를 사용한다.

(3) 데살로니가후서 3:16

3:16 αὐτὸς δὲ ὁ κύριος τῆς εἰρήνης δῴη ὑμῖν τὴν εἰρήνην
평강의 주께서 친히 때마다 일마다 너희에게 평강을 **주시고**

---

128) 이 기도의 형성에 나타나는 대상 29:18의 본문 간의 관련적 사용에 대해서는 앞의 pp. 127-128 논의를 보라. 여기서 우리의 관심사는 이 기도가 그리스도 혼자에게만 향하고 있다는 사실에 있다.

129) 이것은 데살로니가후서에서 '그리스도'라는 이름이 단독적으로 쓰이는 유일한 예이다. 여기서 부분적으로는 바울의 기도의 목적을 나타내는 이 진술에서 문장의 주어를 반복하고 싶지 않은 결과인 것처럼 보인다. '인내'의 실제 지시체(referent)는 불확실하다. 그러나 이 인내는 그리스도가 그의 고난가운데 보여주시고 이제 그가 데살로니가인들에게 줄 수 있는 그런 인내일 것이다.

이 본문은 앞의(p. 127) 공유된 행위들에 관한 토의에서 지적이 되었다. 나는 이 본문이 그리스도에게만 드려지는 또 한 번의 기도로 작용한다는 점을 지적하기 위해서 본장의 마지막 부분에서 이 구절에 초점을 맞추었다. 이 기도는 앞의 기도가 전환적 단락을 마무리하는 방식과 같은 방식으로, 게으른 자들에 대한 긴 경고를 마무리한다. 나는 이미 데살로니가전서의 마지막에 위치한 비슷한 기도에서 '평강의 주'와 '평강의 하나님'이 상호교환적으로 사용된다는 점에 관심을 기울였다. 여기에서 우리는 단지 바울이 5절에 나온 그리스도에게만 그의 기도를 계속 향하고 있음을 주목한다. 그리고 그 결론이 얼마나 대단한가! '평화의 주'로서 그리스도는 일하기를 거부하며 다른 이들의 기부에 의존하여 생활하는 자들에 의해 방해를 받고 있는 데살로니가인의 공동체에 샬롬(평화)을 가져다 주실 수 있는 주님이시다. 따라서 신자 공동체의 필요에 대한 바울의 초점은 그 공동체의 주님에게 초점이 맞추어진 기도로 표현되고 있다.

이 모든 기도의 자료들은 그리스도의 위격과 역할에 대한 대단히 높은 이해를 하게 해준다. 바울은 유대인들이 하나님께만 적용했던 특권인 기도를 현재 통치하시는 주님인 예수 그리스도에게 드리고 있다. 또한 그는 오랫동안 자신의 예배의 한 부분이었던 것처럼 외관상 무의식적으로 그렇게 하고 있다.[130]

6) 결론

이장 전반에 걸쳐 계속해서 결론들이 내려졌기 때문에, 데살로니가후서의 마지막 부분에서 나는 간단히 이 두 편지에 나타난 기독론에 관한 두 가지 요점을 정리하겠다.

첫째, 서두 문안 인사를 시작으로 하나님 아버지와 주 예수 그리스도 사이의 분명한 구분이 규칙적으로 행해지고 있다. 하나님과 예수 그리스도는 각각으로 생각 되지도 않지만, 또한 두 분이 혼동되거나, 합쳐지지도 않는다. 많은 측면에 있어서 그들의 행동 '영역들'은 분리될 수 있다. 하나님은 항상

---

130) 기독론에 대한 F. Matera의 서사적 접근과 관련된 문제들 가운데 하나는 이것이 이 편지들의 기독론에 대해 최소론적 견해(minimalist view)로 보는 경향이 있다는 점이다. 문제는 말해지는 것- 즉, "그리스도는 신적인 신분을 누리신다"(*New Testament Christology*, 91)에 있는 것이 아니라, 마지막 이 두 섹션의 자료들과 같이 말해지지 않고 있는 것(what is left unsaid)에 있다.

제일 동인(prime mover)으로 이해되며 따라서 성도들의 선택과 부르심을 포함해 성도들이 경험하는 모든 것 배후에 그분의 사랑이 존재한다(살전 1:4). 반면에 그리스도는 그들의 구원을 실행하신 분이며(살전 1:10; 5:10-11) 따라서 믿음의 공동체로서 그들의 지속적인 생활에 관여하시는 분이시며, 또한 그들을 위한 그런 행위가 계속되도록 바울이 기도하는 대상이시다. 따라서 예수 그리스도는 그의 '이름'은 여호와를 퀴리오스로 번역한 칠십인경에서 직접 취해졌으며, 구약 이야기에서 하나님만 하실 수 있는 모든 종류의 역할을 하시는 승귀하신 주님이시다.

둘째로, 그리스도는 하나님의 메시아적 아들로서 지금 하늘에서 다스리시는 분으로 이해되기 때문에, 바울은 하나님이나 그리스도께서 그들의 목적들과 행위들을 공유하고 계신 방식으로 말할 수 있다. 그러나 동시에 그는 자유롭게 필요와 상황에 따라 두 분 모두에게 혹은 이분이나 저분에게 기도할 수 있다. 바울은 철저하게 유일신 사상의 유대인으로 이렇게 할 수 있다. 철저한 유일신 사상의 유대인에게 살아계시고 참된 하나님은 모든 이방 우상숭배에 대항하여 뛰어나신 한 분이시며 유일하신 하나님이시다.

만일 이 두 개의 사실이 후대 교회에 있는 우리에게 긴장감을 가져다준다면, 그 긴장을 통과하는 길은 바울이 말하고 행하는 것을 부정하거나 축소시키기 보다는 오히려, 아버지와 아들 둘 다를 포함하지만 여전히 한 분 하나님이신 하나님의 정체성에 대한 우리의 이해를 넓히는 것이다. 라이트(N. T. Wright)의 말로 하면, 우리가 이 가장 초기의 편지들에서 직면하는 것은 '기독론적 유일신 사상'(christological monotheism)이다.[131] 그의 유산에 충실하여 바울은 철저한 유일신론자로 남는다. 유대인의 하나님은 하나님 한 분 '살아계시고 참된 하나님'이시다. 그러나 동시에 이 유일신 사상에 명백한 기독론적인 수정이 있다. 한 분 하나님에게는 아들이 있고, 그는 승귀하신 주님으로 신적인 정체성과 신적인 특권들을 공유하신다. 하나님의 뜻은 이제 '그리스도 예수 안에서' 표현이 될 것이다(살전 5:18).

이 한 묶음의 긴장은 다음 서신인 고린도전서의 기독론에 눈길을 돌리게 한다. 고린도전서에서 바울은 명백하게 지금 데오스이시면서 동시에 퀴리오스이신 한 분 하나님에 대해 많은 것을 말한다.

---

131) N. T. Wright, *The Climax of the Covenant: Christ and the Law in Pauline Theology* (Minneapolis: Fortress, 1992), 129.

부록 I: 본문들

(이중 괄호[[ ]]는 하나님 한 분만을 가리키는 본문을 가리킨다)

1 Thessalonians

1:1 Παῦλος καὶ Σιλουανὸς καὶ Τιμόθεος τῇ ἐκκλησίᾳ Θεσσαλονικέων <u>ἐν θεῷ πατρὶ</u> **καὶ κυρίῳ Ἰησοῦ Χριστῷ**,

[[1:2 Εὐχαριστοῦμεν <u>τῷ θεῷ</u> πάντοτε περὶ πάντων ὑμῶν μνείαν ποιούμενοι ἐπὶ τῶν προσευχῶν ἡμῶν,]]

1:3 . . . καὶ τῆς ὑπομονῆς **τῆς ἐλπίδος τοῦ κυρίου ἡμῶν Ἰησοῦ Χριστοῦ** ἔμπροσθεν τοῦ θεοῦ καὶ πατρὸς ἡμῶν,

[[1:4 εἰδότες, ἀδελφοὶ <u>ἠγαπημένοι ὑπὸ τοῦ θεοῦ</u>, τὴν ἐκλογὴν ὑμῶν,]]

1:6 καὶ ὑμεῖς μιμηταὶ ἡμῶν **ἐγενήθητε καὶ τοῦ κυρίου**, δεξάμενοι τὸν λόγον ἐν θλίψει πολλῇ μετὰ χαρᾶς πνεύματος ἁγίου,

1:8 ἀφ' ὑμῶν γὰρ ἐξήχηται **ὁ λόγος τοῦ κυρίου** οὐ μόνον ἐν . . . ἀλλ' ἐν παντὶ τόπῳ ἡ πίστις ὑμῶν ἡ <u>πρὸς τὸν θεὸν</u> ἐξελήλυθεν,

1:9–10 ⁹. . . πῶς ἐπεστρέψατε <u>πρὸς τὸν θεὸν</u> ἀπὸ τῶν εἰδώλων δουλεύειν <u>θεῷ ζῶντι καὶ ἀληθινῷ</u> ¹⁰καὶ ἀναμένειν **τὸν υἱὸν <u>αὐτοῦ</u> ἐκ τῶν οὐρανῶν, ὃν ἤγειρεν ἐκ τῶν νεκρῶν, Ἰησοῦν τὸν ῥυόμενον ἡμᾶς ἐκ τῆς ὀργῆς τῆς ἐρχομένης.**

[[2:2 . . . ἐν Φιλίπποις ἐπαρρησιασάμεθα <u>ἐν τῷ θεῷ ἡμῶν</u> λαλῆσαι πρὸς ὑμᾶς <u>τὸ εὐαγγέλιον τοῦ θεοῦ</u> ἐν πολλῷ ἀγῶνι.]]

[[2:4 ἀλλὰ καθὼς δεδοκιμάσμεθα <u>ὑπὸ τοῦ θεοῦ</u> πιστευθῆναι τὸ εὐαγγέλιον, οὕτως λαλοῦμεν, οὐχ ὡς ἀνθρώποις ἀρέσκοντες ἀλλὰ <u>θεῷ τῷ δοκιμάζοντι τὰς καρδίας ἡμῶν</u>.]]

[[2:5 . . . οὔτε ἐν προφάσει πλεονεξίας, <u>θεὸς μάρτυς</u>,]]

[[2:7 δυνάμενοι ἐν βάρει εἶναι ὡς **Χριστοῦ ἀπόστολοι**, ἀλλὰ ἐγενήθημεν νήπιοι ἐν μέσῳ ὑμῶν.

[[2:8 . . . εὐδοκοῦμεν μεταδοῦναι ὑμῖν οὐ μόνον <u>τὸ εὐαγγέλιον τοῦ θεοῦ</u>

ἀλλὰ καὶ τὰς ἑαυτῶν ψυχάς,]]

[[2:9–10 ⁹... ἐκηρύξαμεν εἰς ὑμᾶς <u>τὸ εὐαγγέλιον τοῦ θεοῦ</u>. ¹⁰ὑμεῖς μάρτυρες <u>καὶ ὁ θεός</u>, ὡς ὁσίως καὶ δικαίως καὶ ἀμέμπτως ὑμῖν...]]

[[2:12... μαρτυρόμενοι εἰς τὸ περιπατεῖν ὑμᾶς <u>ἀξίως τοῦ θεοῦ τοῦ καλοῦντος ὑμᾶς εἰς τὴν ἑαυτοῦ βασιλείαν καὶ δόξαν</u>.]]

[[2:13 Καὶ διὰ τοῦτο καὶ ἡμεῖς εὐχαριστοῦμεν <u>τῷ θεῷ</u> ἀδιαλείπτως, ὅτι παραλαβόντες <u>λόγον ἀκοῆς παρ' ἡμῶν τοῦ θεοῦ</u> ἐδέξασθε οὐ λόγον ἀνθρώπων ἀλλὰ καθώς ἐστιν <u>ἀληθῶς λόγον θεοῦ</u>, ὃς καὶ ἐνεργεῖται ἐν ὑμῖν τοῖς πιστεύουσιν.]]

2:14 ὑμεῖς γὰρ μιμηταὶ ἐγενήθητε, ἀδελφοί, <u>τῶν ἐκκλησιῶν τοῦ θεοῦ</u> τῶν οὐσῶν ἐν τῇ Ἰουδαίᾳ **ἐν Χριστῷ Ἰησοῦ**, ὅτι τὰ αὐτὰ ἐπάθετε καὶ ὑμεῖς ὑπὸ τῶν ἰδίων...

2:14–15 ¹⁴... συμφυλετῶν καθὼς καὶ αὐτοὶ ὑπὸ τῶν Ἰουδαίων, ¹⁵τῶν **καὶ τὸν κύριον ἀποκτεινάντων Ἰησοῦν** καὶ τοὺς προφήτας καὶ ἡμᾶς ἐκδιωξάντων καὶ <u>θεῷ</u> μὴ ἀρεσκόντων καὶ πᾶσιν ἀνθρώποις ἐναντίων,

2:19 τίς γὰρ ἡμῶν ἐλπὶς ἢ χαρὰ ἢ στέφανος καυχήσεως ἢ οὐχὶ καὶ ὑμεῖς **ἔμπροσθεν τοῦ κυρίου ἡμῶν Ἰησοῦ ἐν τῇ αὐτοῦ παρουσίᾳ**;

3:2 καὶ ἐπέμψαμεν Τιμόθεον, τὸν ἀδελφὸν ἡμῶν καὶ <u>συνεργὸν τοῦ θεοῦ</u> ἐν **τῷ εὐαγγελίῳ τοῦ Χριστοῦ**, εἰς τὸ στηρίξαι ὑμᾶς καὶ παρακαλέσαι ὑπὲρ τῆς πίστεως ὑμῶν

3:8 ὅτι νῦν ζῶμεν ἐὰν ὑμεῖς στήκετε **ἐν κυρίῳ**.

[[3:9 τίνα γὰρ <u>εὐχαριστίαν δυνάμεθα τῷ θεῷ</u> ἀνταποδοῦναι περὶ ὑμῶν ἐπὶ πάσῃ τῇ χαρᾷ ᾗ χαίρομεν δι' ὑμᾶς <u>ἔμπροσθεν τοῦ θεοῦ ἡμῶν</u>,]]

3:11–13 ¹¹<u>Αὐτὸς δὲ ὁ θεὸς καὶ πατὴρ ἡμῶν</u> **καὶ ὁ κύριος ἡμῶν Ἰησοῦς κατευθύναι** τὴν ὁδὸν ἡμῶν πρὸς ὑμᾶς· ¹²ὑμᾶς δὲ **ὁ κύριος πλεονάσαι καὶ περισσεύσαι** τῇ ἀγάπῃ εἰς ἀλλήλους καὶ εἰς πάντας καθάπερ καὶ ἡμεῖς εἰς ὑμᾶς, ¹³εἰς τὸ στηρίξαι ὑμῶν τὰς καρδίας ἀμέμπτους ἐν ἁγιωσύνῃ <u>ἔμπροσθεν τοῦ θεοῦ καὶ πατρὸς ἡμῶν</u> **ἐν τῇ παρουσίᾳ τοῦ κυρίου ἡμῶν Ἰησοῦ μετὰ πάντων τῶν ἁγίων αὐτοῦ**.

4:1 Λοιπὸν οὖν, ἀδελφοί, ἐρωτῶμεν ὑμᾶς καὶ παρακαλοῦμεν **ἐν κυρίῳ Ἰησοῦ**, ἵνα καθὼς παρελάβετε παρ' ἡμῶν τὸ πῶς δεῖ ὑμᾶς περιπατεῖν καὶ <u>ἀρέσκειν θεῷ</u>,

4:2 οἴδατε γὰρ τίνας παραγγελίας ἐδώκαμεν ὑμῖν **διὰ τοῦ κυρίου Ἰησοῦ**.

[[4:3 τοῦτο γάρ ἐστιν <u>θέλημα τοῦ θεοῦ</u>, ὁ ἁγιασμὸς ὑμῶν,]]

[[4:5... καθάπερ καὶ τὰ ἔθνη <u>τὰ μὴ εἰδότα τὸν θεόν</u>,]]

4:6 τὸ μὴ ὑπερβαίνειν καὶ πλεονεκτεῖν ἐν τῷ πράγματι τὸν ἀδελφὸν αὐτοῦ,

제2장 데살로니가전후서에 나타나는 기독론 147

διότι **ἔκδικος κύριος** περὶ πάντων τούτων, καθὼς καὶ προείπαμεν ὑμῖν καὶ διεμαρτυράμεθα.

[[4:7–8 ⁷οὐ γὰρ <u>ἐκάλεσεν ἡμᾶς ὁ θεὸς</u> ἐπὶ ἀκαθαρσίᾳ ἀλλ᾽ ἐν ἁγιασμῷ. ⁸τοιγαροῦν ὁ ἀθετῶν οὐκ ἄνθρωπον ἀθετεῖ ἀλλὰ <u>τὸν θεὸν τὸν καὶ διδόντα τὸ πνεῦμα αὐτοῦ</u> ...]]

[[4:9 ... αὐτοὶ γὰρ ὑμεῖς <u>θεοδίδακτοί</u> ἐστε εἰς τὸ ἀγαπᾶν ἀλλήλους,]]

[[4:14–17 ¹⁴εἰ γὰρ πιστεύομεν ὅτι **Ἰησοῦς** ἀπέθανεν καὶ ἀνέστη, οὕτως καὶ <u>ὁ θεὸς</u> τοὺς κοιμηθέντας **διὰ τοῦ Ἰησοῦ ἄξει σὺν αὐτῷ**. ¹⁵Τοῦτο γὰρ ὑμῖν λέγομεν **ἐν λόγῳ κυρίου**, ὅτι ἡμεῖς οἱ ζῶντες οἱ περιλειπόμενοι **εἰς τὴν παρουσίαν τοῦ κυρίου** οὐ μὴ φθάσωμεν τοὺς κοιμηθέντας· ¹⁶ὅτι **αὐτὸς ὁ κύριος** ἐν κελεύσματι, ἐν φωνῇ ἀρχαγγέλου καὶ <u>ἐν σάλπιγγι θεοῦ</u>, **καταβήσεται ἀπ᾽ οὐρανοῦ** καὶ οἱ νεκροὶ **ἐν Χριστῷ** ἀναστήσονται πρῶτον, ¹⁷ἔπειτα ἡμεῖς οἱ ζῶντες οἱ περιλειπόμενοι ἅμα σὺν αὐτοῖς ἁρπαγησόμεθα ἐν νεφέλαις **εἰς ἀπάντησιν τοῦ κυρίου** εἰς ἀέρα· καὶ οὕτως **πάντοτε σὺν κυρίῳ ἐσόμεθα**.

5:2 αὐτοὶ γὰρ ἀκριβῶς οἴδατε ὅτι **ἡμέρα κυρίου** ὡς κλέπτης ἐν νυκτὶ οὕτως ἔρχεται.

5:9–10 ⁹ὅτι <u>οὐκ ἔθετο ἡμᾶς ὁ θεὸς</u> εἰς ὀργὴν ἀλλὰ εἰς περιποίησιν σωτηρίας **διὰ τοῦ κυρίου ἡμῶν Ἰησοῦ Χριστοῦ** ¹⁰**τοῦ ἀποθανόντος** ὑπὲρ ἡμῶν, ἵνα εἴτε γρηγορῶμεν εἴτε καθεύδωμεν **ἅμα σὺν αὐτῷ ζήσωμεν**.

5:12 Ἐρωτῶμεν δὲ ὑμᾶς, ἀδελφοί, εἰδέναι τοὺς κοπιῶντας ἐν ὑμῖν καὶ προϊσταμένους ὑμῶν **ἐν κυρίῳ** καὶ νουθετοῦντας ὑμᾶς

5:18 ἐν παντὶ εὐχαριστεῖτε· τοῦτο γὰρ <u>θέλημα θεοῦ</u> **ἐν Χριστῷ Ἰησοῦ** εἰς ὑμᾶς.

5:23 <u>Αὐτὸς δὲ ὁ θεὸς τῆς εἰρήνης ἁγιάσαι</u> ὑμᾶς ὁλοτελεῖς, καὶ ὁλόκληρον ὑμῶν τὸ πνεῦμα καὶ ἡ ψυχὴ καὶ τὸ σῶμα ἀμέμπτως **ἐν τῇ παρουσίᾳ τοῦ κυρίου ἡμῶν Ἰησοῦ Χριστοῦ** τηρηθείη.

[[5:24 πιστὸς <u>ὁ καλῶν ὑμᾶς, ὃς καὶ ποιήσει.</u>]]

5:27 Ἐνορκίζω ὑμᾶς **τὸν κύριον** ἀναγνωσθῆναι τὴν ἐπιστολὴν πᾶσιν τοῖς ἀδελφοῖς.

5:28 Ἡ χάρις **τοῦ κυρίου ἡμῶν Ἰησοῦ Χριστοῦ** μεθ᾽ ὑμῶν.

2 Thessalonians

1:1 Παῦλος καὶ Σιλουανὸς καὶ Τιμόθεος τῇ ἐκκλησίᾳ Θεσσαλονικέων <u>ἐν θεῷ πατρὶ</u> ἡμῶν **καὶ κυρίῳ Ἰησοῦ Χριστῷ**,

1:2 χάρις ὑμῖν καὶ εἰρήνη <u>ἀπὸ θεοῦ πατρός</u> [v.l. + ἡμῶν] **καὶ κυρίου Ἰησοῦ Χριστοῦ**.

[[1:3 Εὐχαριστεῖν ὀφείλομεν τῷ θεῷ πάντοτε περὶ ὑμῶν,]]

[[1:4 ὥστε αὐτοὺς ἡμᾶς ἐν ὑμῖν ἐγκαυχᾶσθαι ἐν ταῖς ἐκκλησίαις τοῦ θεοῦ ὑπὲρ τῆς ὑπομονῆς ὑμῶν . . .]]

[[1:5–6 ⁵ἔνδειγμα τῆς δικαίας κρίσεως τοῦ θεοῦ εἰς τὸ καταξιωθῆναι ὑμᾶς τῆς βασιλείας τοῦ θεοῦ, ὑπὲρ ἧς καὶ πάσχετε, ⁶εἴπερ δίκαιον παρὰ θεῷ ἀνταποδοῦναι τοῖς θλίβουσιν ὑμᾶς θλῖψιν]]

1:7–10 ⁷καὶ ὑμῖν τοῖς θλιβομένοις ἄνεσιν μεθ᾽ ἡμῶν, **ἐν τῇ ἀποκαλύψει τοῦ κυρίου Ἰησοῦ** ἀπ᾽ οὐρανοῦ μετ᾽ ἀγγέλων δυνάμεως αὐτοῦ ⁸ἐν πυρὶ φλογός, διδόντος ἐκδίκησιν τοῖς μὴ εἰδόσιν θεὸν καὶ τοῖς μὴ ὑπακούουσιν **τῷ εὐαγγελίῳ τοῦ κυρίου ἡμῶν Ἰησοῦ**, ⁹οἵτινες δίκην τίσουσιν ὄλεθρον αἰώνιον **ἀπὸ προσώπου τοῦ κυρίου καὶ ἀπὸ τῆς δόξης τῆς ἰσχύος αὐτοῦ**, ¹⁰**ὅταν ἔλθῃ ἐνδοξασθῆναι ἐν τοῖς ἁγίοις αὐτοῦ καὶ θαυμασθῆναι ἐν πᾶσιν τοῖς πιστεύσασιν**, ὅτι ἐπιστεύθη τὸ μαρτύριον ἡμῶν ἐφ᾽ ὑμᾶς, ἐν τῇ ἡμέρᾳ ἐκείνῃ.

1:11–12 ¹¹εἰς ὃ καὶ προσευχόμεθα πάντοτε περὶ ὑμῶν, ἵνα ὑμᾶς ἀξιώσῃ τῆς κλήσεως ὁ θεὸς ἡμῶν καὶ πληρώσῃ πᾶσαν εὐδοκίαν ἀγαθωσύνης καὶ ἔργον πίστεως ἐν δυνάμει, ¹²**ὅπως ἐνδοξασθῇ τὸ ὄνομα τοῦ κυρίου ἡμῶν Ἰησοῦ ἐν ὑμῖν, καὶ ὑμεῖς ἐν αὐτῷ**, κατὰ τὴν χάριν τοῦ θεοῦ ἡμῶν **καὶ κυρίου Ἰησοῦ Χριστοῦ**.

2:1–2 ¹Ἐρωτῶμεν δὲ ὑμᾶς, ἀδελφοί, **ὑπὲρ τῆς παρουσίας τοῦ κυρίου ἡμῶν Ἰησοῦ Χριστοῦ** καὶ ἡμῶν ἐπισυναγωγῆς ἐπ᾽ αὐτόν ²εἰς τὸ μὴ ταχέως σαλευθῆναι ὑμᾶς ἀπὸ τοῦ νοὸς μηδὲ θροεῖσθαι, μήτε διὰ πνεύματος μήτε διὰ λόγου μήτε δι᾽ ἐπιστολῆς ὡς δι᾽ ἡμῶν, ὡς ὅτι **ἐνέστηκεν ἡ ἡμέρα τοῦ κυρίου**·

[[2:4 . . . ὥστε αὐτὸν εἰς τὸν ναὸν τοῦ θεοῦ καθίσαι ἀποδεικνύντα ἑαυτὸν ὅτι ἔστιν θεός.]]

2:8–9 ⁸καὶ τότε ἀποκαλυφθήσεται ὁ ἄνομος, ὃν **ὁ κύριος** [v.l. + Ἰησοῦς] **ἀνελεῖ τῷ πνεύματι τοῦ στόματος αὐτοῦ καὶ καταργήσει τῇ ἐπιφανείᾳ τῆς παρουσίας αὐτοῦ**, ⁹οὗ ἐστιν ἡ παρουσία . . .

[[2:11 καὶ διὰ τοῦτο πέμπει αὐτοῖς ὁ θεὸς ἐνέργειαν πλάνης εἰς τὸ πιστεῦσαι αὐτοὺς τῷ ψεύδει,]]

2:13–14 ¹³Ἡμεῖς δὲ ὀφείλομεν εὐχαριστεῖν τῷ θεῷ πάντοτε περὶ ὑμῶν, ἀδελφοὶ **ἠγαπημένοι ὑπὸ κυρίου**, ὅτι εἵλατο ὑμᾶς ὁ θεὸς ἀπαρχὴν εἰς σωτηρίαν ἐν ἁγιασμῷ πνεύματος καὶ πίστει ἀληθείας, ¹⁴εἰς ὃ καὶ ἐκάλεσεν ὑμᾶς διὰ τοῦ εὐαγγελίου ἡμῶν **εἰς περιποίησιν δόξης τοῦ κυρίου ἡμῶν Ἰησοῦ Χριστοῦ**.

2:16–17 ¹⁶**Αὐτὸς δὲ ὁ κύριος ἡμῶν Ἰησοῦς Χριστὸς** καὶ [ὁ] θεὸς ὁ πατὴρ ἡμῶν ὁ ἀγαπήσας ἡμᾶς καὶ δοὺς παράκλησιν αἰωνίαν καὶ ἐλπίδα ἀγαθὴν ἐν χάριτι, ¹⁷**παρακαλέσαι** ὑμῶν τὰς καρδίας καὶ **στηρίξαι** ἐν παντὶ ἔργῳ καὶ

제2장 데살로니가전후서에 나타나는 기독론   149

λόγῳ ἀγαθῷ.

3:1–5 ¹Τὸ λοιπὸν προσεύχεσθε, ἀδελφοί, περὶ ἡμῶν, ἵνα **ὁ λόγος τοῦ κυρίου** τρέχῃ καὶ δοξάζηται καθὼς καὶ πρὸς ὑμᾶς, ²καὶ ἵνα ῥυσθῶμεν ἀπὸ τῶν ἀτόπων καὶ πονηρῶν ἀνθρώπων· οὐ γὰρ πάντων ἡ πίστις. ³**Πιστὸς δέ ἐστιν ὁ κύριος**, ὃς στηρίξει ὑμᾶς καὶ φυλάξει ἀπὸ τοῦ πονηροῦ. ⁴πεποίθαμεν δὲ **ἐν κυρίῳ** ἐφ᾽ ὑμᾶς, ὅτι ἃ παραγγέλλομεν [καὶ] ποιεῖτε καὶ ποιήσετε. ⁵**Ὁ δὲ κύριος κατευθύναι** ὑμῶν τὰς καρδίας <u>εἰς τὴν ἀγάπην τοῦ θεοῦ</u> καὶ **εἰς τὴν ὑπομονὴν τοῦ Χριστοῦ**.

3:6 Παραγγέλλομεν δὲ ὑμῖν, ἀδελφοί, **ἐν ὀνόματι τοῦ κυρίου ἡμῶν Ἰησοῦ Χριστοῦ** στέλλεσθαι ὑμᾶς ἀπὸ παντὸς ἀδελφοῦ ἀτάκτως περιπατοῦντος καὶ μὴ κατὰ τὴν παράδοσιν ἣν παρελάβοσαν . . .

3:12 τοῖς δὲ τοιούτοις παραγγέλλομεν καὶ παρακαλοῦμεν **ἐν κυρίῳ Ἰησοῦ Χριστῷ**, ἵνα μετὰ ἡσυχίας ἐργαζόμενοι τὸν ἑαυτῶν ἄρτον ἐσθίωσιν.

3:16 **Αὐτὸς δὲ ὁ κύριος τῆς εἰρήνης δῴη** ὑμῖν τὴν εἰρήνην διὰ παντὸς ἐν παντὶ τρόπῳ. **ὁ κύριος μετὰ πάντων ὑμῶν**.

3:18 ἡ χάρις **τοῦ κυρίου ἡμῶν Ἰησοῦ Χριστοῦ** μεθ᾽ πάντων ὑμῶν.

부록 II: 용법의 분석

(*= 무관사 += 소유 대명사와 함께 쓰이는 경우, [LXX]= 칠십인경의 반영/인용)

데살로니가전서
  θεός   36
  Christ   33

데살로니가후서
  θεός   18
  Christ   23

자료

1. κύριος Ἰησοῦς Χριστός (5/9)
   데살로니가전서 1:1   D* (w/ θεός)
   데살로니가전서 1:3   G+
   데살로니가전서 5:9   G+ (διά)
   데살로니가전서 5:23   G+
   데살로니가전서 5:28   G+
   데살로니가후서 1:1   D* (w/ θεός)
   데살로니가후서 1:2   G* (w/ θεός)
   데살로니가후서 1:12   G* (w/ θεός)
   데살로니가후서 2:1   G+
   데살로니가후서 2:14   G+
   데살로니가후서 2:16   N (w/ θεός)
   데살로니가후서 3:6   G+
   데살로니가후서 1:12   D* (ἐν)
   데살로니가후서 3:18   G+

2. κύριος Ἰησοῦς (6/3)
   데살로니가전서 2:15　A
   데살로니가전서 2:19　G+
   데살로니가전서 3:11　N+ (w/ θεὸς)
   데살로니가전서 3:13　G+
   데살로니가전서 4:1　 D* (ἐν)
   데살로니가후서 1:7　G
   데살로니가후서 1:8　G+
   데살로니가후서 1:12　G+
3. Χριστός Ἰησοῦς (2/0)
   데살로니가전서 2:14　D* (ἐν)
   데살로니가전서 5:18　D* (ἐν)
4. κύριος (13/10)
   데살로니가전서 1:6　G
   데살로니가전서 1:8　G
   데살로니가전서 3:8　D* (ἐν)
   데살로니가전서 3:12　N
   데살로니가전서 4:6　N* (칠십인경 인용)
   데살로니가전서 4:15　G* (칠십인경 인용)
   데살로니가전서 4:15　G
   데살로니가전서 4:16　N
   데살로니가전서 4:17　G
   데살로니가전서 4:17　D* (σύν)
   데살로니가전서 5:2　G* (칠십인경 인용)
   데살로니가전서 5:12　D* (ἐν)
   데살로니가전서 5:27　A
   데살로니가후서 1:9　G (칠십인경 인용)
   데살로니가후서 2:2　G (칠십인경 인용)
   데살로니가후서 2:8　N　(칠십인경 인용)
   데살로니가후서 2:13　G*　ὑπο (칠십인경 인용)
   데살로니가후서 3:1　G

데살로니가후서 3:3   N
데살로니가후서 3:4   D* (ἐν) (칠십인경 인용)
데살로니가후서 3:5   N
데살로니가후서 3:16 N
데살로니가후서 3:16 N (칠십인경 인용)

5. Ἰησοῦς (3/0)
   데살로니가전서 1:10 A* (υἱός와 동격)
   데살로니가전서 4:14 N*
   데살로니가전서 4:14 G (διά)

6. Χριστός (3/1)
   데살로니가전서 2:7   G*
   데살로니가전서 3:2   G
   데살로니가전서 4:16 D* (ἐν)
   데살로니가후서 3:5   G

7. υἱός (1/0)
   데살로니가전서 1:10 A (αὐτοῦ)

제3장

고린도전서에 나타나는 기독론

데살로니가후서(기원후 54년)가 기록된 지 얼마 지나지 않아 작성된 한 서신에서 바울은 혼신을 다해 고린도 공동체에 나타난 잘못된 행실들을 바로잡기 위해 노력한다. 이러한 그릇된 행위들 가운데 일부는 고린도 공동체가 바울에게 보낸 편지에 분명히 나타나 있다(고전 5:9).[1] 이처럼 바울의 편지는 무엇보다도 - 사도와 교회가 논쟁하고 있던 문제에 대한 - 변론의 글이기 때문에 그의 편지에서 특별히 신학적이라고 할만한 것은 단지 미래적 몸의 부활(15장)에 관한 항목뿐이고 그 외 모든 것은 고린도인들의 행실과 관련되어 있다. 아마도 15장에 나타난 논의도 자신의 행동을 정당화하려는 고린도인들이 제기한 신학적 문제와 관련이 있을 것이다.[2]

그러므로 바울이 무엇인가를 주장하기 위해서 때때로 기독론적 요소를 사용하는 경우가 있기는 하지만, 그 자체를 위해서 기독론적 내용을 주장하지는 않는다는 점을 감안한다면 고린도전서의 많은 기독론적 요소들이 흔히 있는 방식으로 나타나 있다는 점은 그다지 놀랄만한 사실은 아니다. 그러나 좀 더 자세히 살펴보면 바울 자신이 기독론적 언급을 많이 하거나 직접적인 방

---

1) 고린도전서 주석들은 이 책의 참고문헌란에 기재되어 있다 (p. 924). 그리고 이 주석들은 이번 장(章)에서는 저자의 성(姓)만 따서 인용될 것이다. 나는 이미 고린도전서에 대한 주석을 쓴 바가 있다. 따라서 내가 이곳에서 제공하는 참고문헌은 주로 나의 주석이 쓰여진 1985년 이후에 나타난 주석들과 연구물들에 초점을 맞추게 될 것이다.
2) 이러한 관점에서 고린도전서를 이해하는 입장에 관해서는 Fee, 4-15를 보라.

식으로 기독론을 깊이 탐구한 것은 아니지만, 고린도전·후서 모두가 기독론에 있어서 초대교회가 직면한 위기를 전혀 반영하고 있지 않다고 말할 수 있을지는 의문이다. 어떤 경우이든 기독론적 "위기"가 고린도전서의 많은 부분의 저류(底流)를 형성하고 있다는 점은 아래 열거된 사실들을 고려할 때 상당히 설득력이 있어 보인다.

비록 바울이 고린도전서에서 열한 가지의 상이한 문제들을 다루고 있기는 하지만 적어도 서신의 55퍼센트 이상이 다음 세 가지 이슈에 대해 장황한 답변을 하는 데 할애되었다. 첫째로, 1:10-4:21은 소피아(σοφία, 지혜)에 기인하여 지도자들을 중심으로 발생한 교회의 내적 분열의 문제를 다루고 있다. 이 문제에 대해 바울이 제시하는 첫 처방은 그들이 가진 (지금은 거짓이 되어 버린) 그리스도에 대한 견해와 십자가의 의미를 재정립시켜 주는 것이었다. 둘째로, 8:1-11:1은 그노시스(γνῶσις, 지식)에 뿌리를 두고 있는 고린도인들의 주장을 다루고 있는데 이들은 "오직 하나님은 한 분이시고" 따라서 "우상은 참 하나님이 아니기" 때문에 자신들이 우상의 향연에 참석해도 아무 문제가 없다고 주장하였다. 음식이 한 분 하나님과 무관한 문제라면 왜 바울은 그들이 성전 연회에 참석하는 것을 금하는가? 이 질문에 대한 바울의 즉각적인 처방은 "한 분 하나님"에 대한 그들의 이해의 지평을 넓혀 "한 분 주님"을 그 안에 포함시키는 것이었다. 왜냐하면 그분의 죽음이 "연약한 양심"을 가진 자들을 위한 것이었음을 그들이 망각하고 있기 때문이었다. 셋째로, 12:1-14:40에 나타난 이슈는 프뉴마(τὸ πνεῦμα, 성령)의 나타남, 특별히 방언의 문제이다. 이 문제에 대한 바울의 처방은 참 성령으로 하는 말 곧 "예수가 주이시다"라는 주장과 성령으로 말미암지 않은 말 곧 "예수는 저 주 받은 자이다"라는 주장을 대조시키는 것이었다.[3]

아울러 다음 세 가지 사실들이 추가로 고려되어야 한다.

① 다른 바울 서신들에서는 그의 교회들이 주의 만찬에 대한 언급을 찾아

---

3) 바울이 12:8-10에서 성령의 은사에 대한 그들의 관점을 확장시키려 할 때, 은사 목록에 나타난 처음 두 항목은 처음 두 개의 주요 단락에서 가장 중요한 두 개의 단어를 사용한다: "어떤 이에게는 성령으로 말미암아 로고스 소피아스(λόγος σοφίας, 지혜의 말씀)를; 어떤 이에게는 같은 성령을 따라 로고스 그노세오스(λόγος γνώσεως, 지식의 말씀)를 주시나니." 이러한 "은사들"은 바울의 서신서 다른 어디에도 언급되어 있지 않기 때문에 바울이 고린도인들로 하여금 성령의 은사에 대해 훨씬 더 폭넓은 관점을 소유하게 하려 노력하면서 그들이 선호하는 주제들을 사용하고 있다는 점에서는 이러한 은사들이 매우 특별한 목적을 가지는 것으로 보인다.

제3장 고린도전서에 나타나는 기독론   155

볼 수가 없다. 반면에 고린도전서에서 바울은 적어도 세 번 - 서로 다른 세 개의 문맥에서, 매우 다른 강조점을 가지고 - 주의 만찬에 대해 언급하고 있다 (5:6-8; 10:14-16; 11:17-34). 비록 마지막 두 경우에 있어서 바울은 '떡=그리스도의 몸'이라는 공식과 그리스도를 통해 이루어지는 고린도인들 간의 상호관계에 주된 관심을 가지고 있었지만 그럼에도 불구하고 세 본문 모두는 그리스도 한 분께 초점을 맞추고 있다. 그리스도는 희생을 당한 우리의 유월절 어린양이다(5:7), 만찬에 참예하는 것은 그리스도의 피와 몸에 참예하는 것이다 (10:16). 그리고 만찬 자체는 퀴리아콘 데이프논(κυριακὸν δεῖπνον, 주께 속한 혹은 주께 경의를 표하는 만찬)으로 명명된다. 그러므로 공동체 안에 존재하는 태만과 불화는 주께 경의를 표하는 만찬의 자리에서 그리스도 자신을 모독하는 것으로 비추어 진다.

② 고린도전서는 매우 특이한 형식으로 끝을 맺는다. 바울은 개인적인 끝인사(16:21) 이후에 지체없이 "주를 사랑하지 않는"자에 대한 저주를 선고한다. 이 부분에 나타난 몇몇 특징들은 주목할 만하다. 첫째, 이런 식으로 바울이 결론을 내리고 있다는 사실 자체만으로도 우리의 시선을 끌기에 충분하다. 둘째, 이 부분은 12:3의 언어를 채택하여 사용한 것이 거의 확실하다. 12:3에서 - 특별히 성령으로 말미암는 고백으로서 - 기본적인 기독교 신앙, 곧 퀴리오스 예수스(κύριος Ἰησοῦς, 예수는 주이시다) 바로 앞에는 이상하게도 그와 대조적인 표현, 곧 "성령으로 말하는 자는 누구도 아나테마 예수스(ἀνάθεμα Ἰησοῦς, 예수는 저주받았다)라고 말할 수 없다"는 표현이 사용되어 있다. 이와 같이 결론인 16:21에 사용된 어휘는 우리가 생각하는 것보다 훨씬 더 분명히 고린도 공동체의 일부 신자들이 바로 이같이 말하고 있었다는 것을 암시해 주고 있다. 그리고 바울은 서신서 마지막 부분에서 고린도인들이 말하는 저주를 거꾸로 적용하고 있다. 저주는 주를 사랑하지 않는 자들 위에 머무는 것이다.[4] 셋째, 이 부분은 바울 서신 전체를 통틀어 예수를 사랑한다는 표현이 유일하게 사용된 곳이며, 바울은 "주(예수)를 사랑함"이라는 용어를 통해 이것을 표현하고 있다. 마지막으로, 바울은 유사음 관계에 있는 두 단어를 사용하는데 이것은 바울에게 있어 전형적인 것이다. 아나테마

---

4) 다시 말해, 많은 사람들이 인식하고 있는 것처럼, 신앙고백과 저주의 대상은 "그리스도"가 아니라 "예수"이다. 그러므로 아마도 여기서 말하는 저주는, 무엇보다 육신을 지니셨던 예수를 "저주"함으로써, 신자의 몸의 부활을 부정하고 있던 자들과 어느 정도 관련이 있을지도 모른다.

(anathema)를 사용한 이후에 주의 오심을 기원하는 기도를 뜻하는 마라나타 (Maranatha)를 바로 붙여서 사용하고 있다. 아마도 바울은 이 용어를 통해 위로와 경고 모두를 의도하고 있는 것으로 보인다. 요약하자면 바울이 이처럼 매우 특이한 저주의 표현을 고린도전서에서 사용하게 된 것은 아마도 고린도 교회 내에 존재하고 있던 어떤 잘못된 기독론 때문이었을 것이다.

③ 만약 이 모든 것이 고린도교회 내에 잠재되어 있던 기독론적 위기를 보여주는 것이라면 고린도후서에서 - 어떤 이들이 전파하는 "다른 예수"(11:4)가 언급된 문맥에서 왜 바울이 한층 더 심화된 기독론을 언급하고 있는지를 우리는 비로소 이해할 수 있게 된다 - 이곳에서 그리스도는 하나님의 아들이며, 아버지의 형상과 이미지를 지니신 분으로 묘사된다.

어떤 것도 확실하게 말할 수 없다. 모든 자료들을 기독론적으로 명쾌하게 정리하려고 시도하기보다는 보다 간접적인 방식으로 바울의 강조점을 파악할 수밖에 없겠지만, 어쨌든 고린도전서에 나타나 있는 기독론적 자료를 우리가 설명할 수는 있다. 다시 말해 - 모두가 인식하고 있듯이 - 바울의 주된 강조점은 고린도인들의 잘못된 행실을 지적하는 것이다. 내가 주장하고 싶은 것은 고린도인들의 잘못된 행실이 그리스도가 누구이신지에 대한 그들의 형편없는 이해에서 비롯되었다고 가정할 때 비로소 그들이 왜 그런 행동들을 나타낼 수밖에 없었는지를 설명할 수 있게 된다는 점이다. 어쨌든 바울의 기독론 자체가 직접적 방식으로 우리에게 전달된 것이 아니기 때문에 기독론을 반영해 주고 있는 자료는 그만큼 중요할 수밖에 없다. 결국 바울이 그것으로부터 주장하고 있는 것 그리고 다양한 종류의 가정들은 모두 바울이 그리스도의 인격에 관하여 믿고 있었던 것이 무엇이었는지 알게 해 주는 증거로서 작용하게 된다. 더욱이 고린도교회를 포함한 초대교회 역시 이러한 믿음을 공유하고 있었다고 가정해야 한다. 왜냐하면 바울이나 다른 교인들이 서로 다른 것을 믿고 있었다는 어떠한 인상도 바울은 남기고 있지 않기 때문이다.

동시에 고린도전서를 연구함에 있어 구속론으로부터 기독론을 유추해 내기란 매우 어려운 일이다. 왜냐하면 이 서신서에서 무엇이라도 참된 것이 있다면 그것은 모두 철저하게 그리스도 중심적인 것이기 때문이다. 처음부터 끝까지 매 순간 그리스도가 초점의 중심에 있다. 바울의 구속론은 그리스도께서 우리를 위해 무엇을 행하셨는가에 관한 것이 전부이다. 따라서 구속론이 바울에게 의미하는 것이 무엇인지를 이해하기 위해서 우리는 반드시 이

제3장 고린도전서에 나타나는 기독론 157

주제를 그리스도의 정체성에 대해 그가 기본적으로 가지고 있었던 전제, 곧 못 박히신 메시아 - 그의 죽음과 부활을 통하여 우리를 위한 영원한 구속을 이루시고 지금은 주의 날(Parousia)을 기다리며 하늘에서 주로서 다스리시는 분 - 의 조명 아래서 비추어 보아야 한다. 그러나 하나님의 아들은 영원부터 계셔서 창조의 동역자가 되셨고 이스라엘과 광야에서 함께 하신다. 주가 되셔서 통치하시므로 믿는 자들은 "그의 이름을 부르고," 사역을 위해 준비되어 보내지며, 그의 뜻을 따라 가기도 하고 머물기도 하며, 세상의 끝날에 심판을 받을 것이다. 이러한 진술은 결코 양자론과 관련된 내용이 아니다. 실로 우리가 주목해야 하는 것은 바울이 보여주는 그리스도를 향한 전적인 헌신이다. 왜냐하면 이 헌신이야 말로 경건한 유대인이 오직 하나님께만 드릴 수 있는 바로 그러한 헌신이기 때문이다.[5]

이번 장에서 그리스도의 위격에 대한 바울의 선이해에 주목하면서 고린도전서에서 그가 사용한 그리스도에 대한 언급과 진술들을 살펴보게 될 것이다. 이전과 마찬가지로 우리는 기본적으로 주제중심의 연구를 진행해 나아갈 것이다. 바울 서신 전체에서 매우 중요한 기독론적 내용들 가운데 하나(8:6)로부터 시작하여 점진적으로 연구의 대상을 고린도전서에 나타난 여러 다양한 기독론적 자료들로 확장시켜 나갈 것이다.[6] 결국 알게 되겠지만 고린도전서는 바울 서신서 전체에 있어서 가장 기독론적인 자료들을 포함하고 있다. (따라서 이번 장은 이 책에서 가장 많은 분량의 석의적 내용을 담게 될 것이다) 또한 이 책의 11-16장은 주제별로 구성되어 있는데 그곳에서 채택된 주제별 항목들은 하나도 빠짐없이 (로마서와 더불어) 고린도전서에 중요하게 관련되어 있다.

1. 자료에 대한 예비적 고찰

그리스도와 하나님에 대한 다양한 언급들은 본 장의 끝 부분에 실린 부록 I에 실려 있다. 마찬가지로 그리스도를 가리키는 다양한 표현들에 대한 분석

---

5) 이 주제에 관해서는 L. W. Hurtado, *Lord Jesus Christ: Devotion to Jesus in Earliest Christianity* (Grand Rapids: Eerdmann, 2003)와 본 장(chapter) 120-22, 125-27을 보라.
6) 이전 장과는 대조적으로 이 곳에서 다룰 많은 본문들은 더욱 세심한 석의적 주의를 필요로 한다. 왜냐하면 이들 본문들에 대해 상당히 많은 논쟁이 존재하기 때문이다.

은 부록 II에 실려 있다. 바울이 데살로니가서에 이미 나타난 용어 사용의 패턴을 이곳에서도 계속해서 사용하고 있다는 것을 우리는 발견하게 된다. 한 가지 주목할만한 예외가 있다면 그것은 바울이 다른 "칭호들"에 비해 퀴리오스라는 명칭을 상대적으로 많이 사용하고 있다는 것이다. 퀴리오스 칭호는 (64번)[7]는 다른 칭호보다 더 자주 언급되는 반면 크리스토스(Χριστός)라는 칭호(63번)보다는 단지 한 번만 더 사용되어 있을 뿐이다 - 이것은 바울 서신 전체에 나타나 있는 패턴으로 바울은 점점 더 "그리스도"를 구주에 대한 주된 "칭호"로 사용하게 된다. 또한 이전과 마찬가지로 그리스도라는 칭호는 데오스라든지 파테르에 비해 더 빈번하게 사용된다. - 이 경우 바울은 이 칭호를 18번을 사용하고 있다.

두 개의 기독론적 칭호의 조합에 있어서는 "그리스도 예수/예수 그리스도"(6번/2번)라는 칭호가 "주 예수"(4번)라는 칭호보다 더 많이 사용되어 있다. 그러나 "주"라는 칭호를 하나만을 놓고 볼 때 이 칭호(49번)는 "그리스도"라는 칭호(45번)보다 더 빈번하게 사용되고 있다. 또한 다른 칭호에 비해 어떤 기독론적 칭호가 보다 자주 사용된 곳과 그 빈도수를 살펴보면 거기에는 어떤 패턴이 존재하고 있다는 사실을 알 수 있다. 곧 퀴리오스가 빈번하게 사용된 곳에서 (7:10-39〈12번 사용되지만 Χριστός는 1번 사용됨〉, 10:21-22; 11:20-32〈9번 사용됨〉) 그리스도의 주권(lordship)이 강조되어 있는 반면 "그리스도"가 더 자주 사용된 부분에서는 (15:3-23〈13번〉) 구원론적인 관심이 강조되어 나타나고 있다.

마지막으로 우리가 주목해 보아야 할 것은 "주 예수 그리스도"와 같은 다

---

7) 이 경우 바울이 3:20과 14:21에서 칠십인경으로부터 인용한 문구에 사용된 퀴리오스(κύριος) 칭호 - 이 칭호는 틀림없이 하나님을 가리키는 것으로 보인다 - 는 포함시키지 않았다. 왜냐하면 그렇지 않다는 것을 보여주는 아무런 단서도 발견할 수 없기 때문이다. cf. 롬 4:8; 9:28, 29; 10:16; 11:34; 15:11. 그리고 고후 6:17 18; 롬 11:3; 12:19에 사용된 인용문에서 레게이 퀴리오스(λέγει κύριος)라는 문구는 틀림없이 바울에 의해 덧붙여진 것이다(편의를 위해 이 열두 개의 성경구절은 이 책의 부록 B 〈pp. 921-922〉에 제시되어 있다). 롬 14:11에서 발견되는 바울의 사 45:23 인용은 예외적으로 취급해야 한다 (6장 pp. 402-412을 보라). 왜냐하면 (1) 해당 문구의 "형식"은 다른 경우들과 같지 않다. 대신 바울은 인용문을 시작함에 있어 사 49:18등에서 취한 맹세의 형식(oath formula)을 사용하고 있다 ("내가 나의 삶으로 맹세하노니"). 또한 (2) 바울은 인용문 안에서 퀴리오스를 거의 확실히 기독론적으로 사용하고 있다. 이러한 점에서 볼 때 바울의 사 45:23의 "인용"은 앞서 언급된 다른 경우들과는 구별되어야 한다.

양한 기독론적 칭호들의 조합이 데살로니가서의 경우에서와 마찬가지로 서신의 초반부에 가장 빈번하게 사용된다는 점이다(고린도전서에 사용된 10개의 조합 중 5개가 인사말과 감사의 글에 사용되고 있다〈1:1-9〉).

2. 그리스도: 선재하신 주와 창조의 대행자

바울의 기독론에 대한 다른 어떠한 논의에 있어서도 마찬가지이듯이 고린도전서의 기독론을 살펴보는 데 있어서 가장 좋은 출발점은 고린도전서 8:6이다.[8] 특별히 이 구절이 포함되어 있는 문맥은 바울이 그리스도에 대해 심히 담대히 진술하고 있는 것이 무엇인지를 이해하는 데 상당히 중요한 역할을 한다.

1) 고린도전서의 문맥 (고전 8:1-13)

고린도전서 8:1-11:1은 이방 신전의 제의음식을 먹을 권리(엑수시아〈ἐξουσία〉)가 있다고 주장하는 고린도인들과 바울 사이의 지속적인 논쟁을 다루고 있다.[9] 분명히 바울은 이러한 관습을 이미 금지한 바 있지만(5:9) 바

---

8) 이 구절에 대한 참고문헌은 심히 방대하다. 그 중에 다음의 글들을 참고하라: C. H. Giblin, "Three Monotheistic Texts in Paul," *CBQ* 37 (1975), 527-47; R. Kerst, "1 Kor 8.6-Ein vorpaulinisches Taufbekenntnis?" *ZNW* 66 (1975), 130-39; R. A. Horsley, "The Background of the Confessional Formula in 1 Kor 8:6," *ZNW* 69 (1978), 130-35; J. Murphy-O'Connor, "I Cor. VIII,6: Cosmology or Soteriology?" *RB* 85 (1978), 253-67; D. R. deLacey, "'One Lord' in Pauline Christology," in *Christ the Lord: Studies in Christology Presented to Donald Guthrie* (ed. H. H. Rowdon; Leicester: Inter-Varsity Press, 1982), 191-203; N. T. Wright, "Monotheism, Christology and Ethics: 1 Corinthians 8," in *The Climax of the Covenant: Christ and the Law in Pauline Theology* (Minneapolis: Fortress, 1992), 120-36; Richardson, *Paul's Language about God*; A. Eriksson, *Traditions as Rhetorical Proof: Pauline Argumentation in 1 Corinthians* (ConBNT 29; Stockholm: Almqvist & Wiksell, 1998), 97-99, 120-27, 135-73.

9) 이러한 관점에 대한 보다 충분한 논의를 살펴보기 위해서는 G. D. Fee, "Εἰδωλόθυτα Once Again-An Interpretation of 1 Corinthians 8-10," in *To What End Exegesis? Essays Textual, Exegetical, and Theological* (Grand Rapids: Eerdmans, 2001), 105-28; cf. Fee, 357-63을 보라. 이러한 관점에 수정 및 개선은 A. T. Cheung, *Idol Food*

울에게 보낸 답신에서 고린도인들이 그들의 관습을 계속해도 무방하다는 견해를 강도 높게 피력한다(8:9). 그들이 어떠한 주장을 했는지는 바울이 이들의 답신에서 인용한 문구들을 통해 거의 확실하게 재구성해 볼 수 있다. "하나님은 오직 한 분이시므로 우상은 세상에서 아무것도 아니라는"(8:4), "지식을 우리가 다 가지고 있다"[10] (1절), 음식은 하나님께 아무것도 아니기 때문에(8절), 우리가 어디에서 무엇을 먹는가 하는 것(10절) 역시 하나님께는 상관없는 문제이다. 핵심적인 것은 이들이 기독교 신앙과 행위의 기초로서 오직 하나님은 한 분이시라는 유대교의 쉐마(Shema)를 채택하고 있다는 것이다(신 6:4).

이들의 그럴듯한 논리에 대해 바울이 보여주는 반응은 특별히 주목할 만하다. 비록 바울은 우상에 대한 그들의 잘못된 이해를 - 특별히 우상숭배의 마귀적(demonic) 본성에 대해(10:14-22) - 궁극적으로 정죄할 것이지만 바울은 우선적으로 다른 사람의 믿음을 파괴하는 것을 금하는 기독교 사랑의 특성에 호소한다(8:2-3, 9-13). 그러나 심지어 이 단계에서도 바울은 이 세상이 많은 "신"과 "주"로 가득 차 있다는 점을 지적함으로써 고린도인들이 가진 "신학" 자체를 임시적으로 "교정"하고 있다(5-6절). 그렇게 함으로써 한 때 우상을 숭배했던 자들에게 바울은 우상의 주관적 실재[11]가 있다는 것을 표명하는 것

---

in Gorinth: Jewish Background and Pauline Legacy (JSNTSup 176; Sheffield: Scheffield Academic Press, 1999); Garland, 347-62에서 찾아볼 수 있다 (상세한 묘사에 있어서 우리는 서로 다르다).

10) "지혜"의 경우에서와 마찬가지로 (1:10-4:21) 고린도인들이 성령체험으로서 "지식"에 대해 이러한 관점을 가지고 있었다고 생각할만한 이유는 충분하다. 왜냐하면 이 두 가지는 12:1에서 성령의 나타남을 표현하는 목록에서 바울이 채택한 첫 두 항목이기 때문이다.

11) 이것은 바울 논증의 특성을 말하기 위해 내가 사용하는 용어이며 최근에 J. Woyke, *Götter, "Götzen," Götterbilder: Aspekte einer paulinischen "Theologie der Religionen"* (BZNW 132; Berlin: de Gruyter, 2005)은 이 용어에 대해 이의를 제기한 바 있다. 5a절은 연약한 양심을 가진 사람들이 가졌던 관점을 묘사해 주고 있는 것으로 보인다. 10:14-22에서 바울은 사실상 "우상은 아무것도 아님"에도 불구하고 마귀들이 거주지로서의 객관적 실재를 가지고 있다고 단언한다. 현재의 논증에 있어서 (8장) 바울이 이방인들에게 "많은 신과 많은 주"가 있다는 것을 주장하는 5절 외에 7절에서 바울은 연약한 양심을 가진 어떤 사람들은 다른 사람들이 가지고 있는 "지식"을 가지고 있지 못하다는 것을 고려하고 있다. 이것은 하나님은 한 분이시며 그러므로 우상은 신으로서의 실재를 가지고 있지 않다는 진리를 이들이 이해하고 있지 못했다는 것을 의미하는 것이 결코 아니다. 오히려 "연약한 자들"은 신자가 되기 전부터 우상에는 실재가 있다고 알고 있었다. 따라서 이들은 이전에 가졌던 이러한

이다. 7절에서 바울은 이처럼 "더 연약한" 신자들에게 - 이들에게 우상숭배의 주관적인 실재는 여전히 "지식이 있는" 자들이 부정하는 객관적 실재보다 더욱 영향력이 있다 - 이러한 논리가 가져올 재앙스러운 결과를 설명한다. 그러나 더욱 놀랄만한 것은 그리스도가 이제는 "한 분 하나님"에 대해 말할 때 포함되어야 한다는 주장이며(6절), 기독론적 이유가 아니라 구원론적 이유에서 그렇다는 것이다. 자신의 "권리"를 주장하는 "아는 자들"의 태도와 행동은 잠재적으로 다른 사람 안에 이루신 그리스도의 사역을 파괴하며(10-13절) 결국 기독교 공동체를 무너뜨리는 작용을 하게 된다.

2) 고린도전서 8:6

이러한 문맥과 바울의 구원론에 대한 지대한 관심을 전제로 할 때, 6절에서 그가 말하는 것은 특별히 기독론적으로 중요한 요소가 된다. 왜냐하면 이곳에서 바울은 쉐마 - 기독교 신앙이 뿌리를 내리고 있는 유대교의 가장 기본적인 신학적 신앙고백 - 를 기독교적인 관점에서 새롭게 진술하고 있기 때문이다. 훌륭하게 균형을 이루고 있는 구절들을 사용하여 바울은 다음과 같이 말한다.

(A) ἀλλ' ἡμῖν   εἷς θεὸς   ὁ πατὴρ
                 ἐξ οὗ   τὰ πάντα
          καὶ   ἡμεῖς   εἰς αὐτόν,
(B) καὶ   εἷς κύριος Ἰησοῦς Χριστός
                 δι' οὗ   τὰ πάντα
          καὶ   ἡμεῖς   δι' αὐτοῦ.

(A) 그러나 우리에게는 **한 하나님 곧 아버지**가 계시니
        만물이 그에게서 났고
        우리도 그를 위하며
(B) 또한 **한 주 예수 그리스도**께서 계시니

연상에서 스스로 자유로울 수는 없었다. 따라서 "신"에게 경의를 표하는 제의음식을 위해 성전으로 되돌아간다는 것은 이들에게는 매우 치명적인 문제가 되었던 것이다 (11-12절). 그리고 최근에 지적되듯이 (Thiselton, 632; Garland, 373-74), 우상숭배의 "실재"는 고대 고린도 지역 전역에 존재하고 있었다.

만물이 **그로 말미암고**
우리도 **그로 말미암았느니라**
신 6:4 ἄκουε Ισραηλ κύριος ὁ θεὸς ἡμῶν κύριος εἷς ἐστιν
이스라엘아 들으라 주 우리 하나님은 하나인 주님이시니

바울이 의도한 것은 자명해 보인다. 그는 "한 분"은 그대로 남겨둔다. 그러나 바울은 성부를 지칭하는 데오스와 성자 예수 그리스도를 가리키는 퀴리오스 칭호를 사용하여 쉐마를 두 부분으로 나눈다.[12] 이곳에 나타난 바울의 관심은 목회적인 것이므로 그는 "한 주"(one Lord)를 다름 아닌 모두를 위해 특별히 연약한 양심을 가진 자들을 위해 죽으신 역사적인 "예수 그리스도"로 간주한다(11절).[13] 이와 같이 이방종교의 "많은 신"의 개념과는 대조적으로 쉐마는 정확히 - 고린도인들도 잘 알고 있듯이 - 오직 한 분 하나님만이 계신다고 선언한다. 또한 바울이 보여주는 유대교 유일사상에 전형적으로 나타나 있듯이 쉐마는 한 분 하나님이 다음 두 가지 핵심적이고 상호연관된 사안에 있어서 다른 이방의 신들과 타협될 수 없음을 분명히 한다. 곧 하나님은 존재하는 모든 것들을 창조하신 분이시고 따라서 동시에 창조된 모든 것들을 다스리시는 유일한 통치자이시다. 결단코 - 절대적인 의미에서 - 어떤 것도 창조자이시며 통치자이신 한 분 하나님의 영역 밖에 존재할 수는 없다.[14] 이와 같이 존재하는 모든 것들과의 관계에 있어서 하나님 아버지는 에크/에이스(ἐκ/εἰς, -로부터/-위하여)이다. 다시 말해 두드러지게 바울적인 표현을 담고

---

12) "아버지"로서의 하나님에 대한 언급 속에서 "하나님의 아들"에 대한 암시를 인식하여야 한다는 개연성 높은 주장에 대해서는 아래 "하나님의 메시아/영원한 아들이신 예수님"이라는 섹션을 보라 (pp. 175-197). Cf. Collins, 315-18; M. Hengel, *The Son of God*, 13-14.
13) Bousset의 *Kyrios Christos*를 비롯해 이 칭호의 배경을 신비종교 (mystery cults)에 있다고 주장한 W. Kramer, *Christ, Lord, Son of God* (SBT 30; London: SCM Press, 1966)에 이르는 다양한 저서들에 대한 심도 높은 비판에 대해서는 Hengel, *Son of God*, 77-79 각주 135를 보라. 이 경우에서와 마찬가지로 바울 서신에서 20번이 넘게 나오는 이 칭호는 칠십인경으로부터 직접 차용한 것이다. 그럼에도 불구하고 본문에서 바울이 이 칭호를 사용하고 있는 것을 불가사의한 것으로 이해하고 있는 것은 20세기 신약 학계의 미스테리 중의 하나이다.
14) 우주의 창조자이시며 통치자로서의 하나님은 유대교 신앙만이 가지고 있는 독특한 개념이다. 이 핵심적인 요점에 대한 유용한 개관에 대해서는 R. Bauckham, *God Crucified: Monotheism and Christology in the New Testament* (Grand Rapids: Eerdmans, 1999), 1-22를 보라.

있는 마지막 구절이 ("우리도 그를 위하며") 비록 창조로부터 구속의 주제로 자연스럽게 전환되고 있음에도 불구하고 하나님은 모든 존재의 근원이고 목적 (혹은 의미)이며 특별히 그의 백성의 목적이시다.[15] 놀라운 점은 B 행에서 발견된다. 이방 종교의 "많은 주"와는 대조적으로 오직 한 주 예수 그리스도가 계신다. 그는 실질적인 대리자로서 창조에 관여한다. 이와 같이 아버지는 대리자이신 아들을 통하여 모든 것을 창조하셨으며 유일한 주(Lord)로서의 아들은 - 이제 바울의 두 번째 요점이 만들어지고 있다 - 고린도인들의 구속의 대리자이시다("우리도 그로 말미암았느니라"). 그러므로 전체 문단은 바울에게 있어서는 전형적으로 아버지의 사역 안에서 발견되는 아들의 사역으로 끝을 맺는다. 다시 말해 창조와 구속의 대리자로서의 한 분 주(Lord)의 역할을 표현하는 두 개의 디아(διά) 구문은 (논리적으로) 모든 것 - 곧 창조와 구속 - 의 궁극적 근원이자 목적(혹은 의미)으로서의 아버지를 나타내는 에크와 에이스 구문을 따라 형성된 것이다.

두말할 나위 없이 두 번째 행은 그리스도께서 하나님의 아들로서 선재 (preexistence)하셨다는 바울의 전제적 확신을 부인할 수 없을 정도로 명백히 표현하고 있다. 즉 선재는 창조에 대한 관점에서[16] "타 판타(τὰ πάντα, 만물)이

---

15) 이 때문에 그리고 바울 이전의 신조와 같은 문서들로 바울이 무장되어 있었기 때문에, K. -J. Kuschel ⟨*Born before All Time? The Dispute over Christ's Origin* ⟨trans. J. Bowden; London: SCM Press, 1992⟩, 285-91⟩은 이 본문이 오직 구원론과만 관련이 있다고 주장한다 (Kuschel 이전에 Murphy-O'Connor 역시 같은 입장을 취한 바 있었다 ⟨"I Cor. VIII, 6"⟩). 그러나 이것은 본문을 문맥 속에서 잘못 읽은 것이다. 이곳에 사용된 바울의 용례와 비슷한 예는 Kuschel이 주장하는 것처럼 고후 5:18에서가 아니라 롬 11:36에서 발견된다. 8:6을 창조론적으로 읽는 것이 확실한 이유는 (1) 골 1:16에서 동일한 표현 타 판타 디 아우투(τὰ πάντα δι' αὐτοῦ)가 사용되고 있기 때문이고 (Kuschel은 골로새서에 있어서 바울의 저작권을 부정함으로써 이 사실을 회피하고 있는데 이것은 의문의 여지가 있는 것을 가정하는 순환논법일 뿐이다), (2) 만약에 하나님은 타 판타(τὰ πάντα)의 근원(창조자)이시며 "우리"는 모든 것의 목적이 된다는 개념을 담고 있는 첫 번째 행(line)만을 놓고 볼 때 이 행이 창조를 언급하고 있다는 것을 부정하기는 어렵기 때문이다. 두 개의 행 모두는 창조와 구속이라는 동일한 두 실재를 표현해 주고 있으므로 이 경우 바울이 두 번째로 사용하는 타 판타의 의미를 첫 번째 타 판타의 의미와 다르게 사용하였을 가능성은 거의 없다. J. D. G. Dunn, *The Theology of Paul the Apostle* (Grand Rapids: Eerdmans, 1998), 268 각주 5.에 나타난 비판을 참조하라.

16) Richardson(*Paul's Language*, 297)은 두 번째 행 전체가 구속에 대해 말하고 있다고 주장한다. 즉 "그리스도를 통하여 만물은 구속과 관계하게 되며 우리 자신도 그를 통하여 구속을 얻는다." 하지만 바울이 이런 식으로 타 판타를 이해했다는 것을 보여주는 다른 예는 어디에도 없다.

그로 말미암았다"는 진술을 통하여 표현되며, 하나님의 아들은 바울이 "한 하나님"을 "아버지"로 간주하고 있다는 사실에서 알게 된다 (제1장 pp. 89-91에서 다루었던 살전 1:1에 대한 논의를 보라).

이 모든 것은 바울에 의해 정교하게 고안된 것으로 보인다. 즉 바울은 고린도인들의 신학이 옳다는 것을 재천명한다. 비록 "많은 신과 많은 주"가 있다고 착각하지만 오직 한 분 하나님만이 계실 뿐이다. 그러나 동시에 바울은 한 분 하나님의 본체에 한 주(Lord)를 포함시키고 있다. 궁극적으로 그 이유는 ① 이것이 유일하신 하나님에 대해 바울 당시의 기독교가 공유하고 있던 관점이었기 때문이며 또한 ② 하나님의 본체 안에 주이신 그리스도를 포함시키는 것이야 말로 이방 제의음식에 참예하는 것을 금지하는 바울에게 논리적 근거를 제공해주기 때문이다. 이방의 관행을 고집하는 것은 결국 그리스도께서 위하여 죽으신 자들을 향한 사랑이 결여된 행동일 뿐만 아니라(8:10-13) 그들 자신이 한 분 주님을 경배하며 혹은 그의 임재 안에서 신령한 음식을 먹는다는 사실을 망각한 것이다(10:16-22). 더욱이 그들은 우상숭배의 본성을 심각하게 오해하고 있다. 우상이 "신"이 아니라는 것은 자명한 사실이지만 마귀가 사실상 우상 안에 머물고 있다는 것을 고린도인들은 생각하지 못한 것이다(예컨대 신 32:17을 보라). 바울의 마지막 논쟁의 요점은 오직 유일하신 한 주만 계시며 우상은 마귀의 거주지라면 고린도인들은 어떠한 경우에도 동시에 두 개의 식탁에 앉을 수는 없다는 것이다. 왜냐하면 그렇게 하는 것은 사실상 한 분 주님을 부정하는 것이기 때문이다(10:19-22). 그리하여 제의음식에 대한 고린도인들의 행동 - 그리고 그들의 신학 - 을 교정하려는 첫 단계에서 바울은 정교한 필치로 쉐마를 설명하고 있는 것이다.

그러나 우리가 서신을 살펴 볼 때에 본문에 관한 다음 세 가지 내용을 추가로 언급해야 할 필요가 있다. 첫째, 비록 에크-디아-에이스(ἐκ-διά-εἰς) 구조에 대한 개념적인 이해는 신약성경의 다른 곳에도 존재하지만[17] 바울이 사용하고 있는 전치사구는 매우 독자적이어서 다른 비슷한 예가 바울 서신서 외에는 나타나지 않는다. 실로 알려진 고대 문헌 가운데서 바울의 이 특별한 전치사구문을 찾아볼 수 있는 곳은 고린도전서 외에 오직 로마서 11:36 뿐이며 이곳에 사용된 한 송영(doxology)에서 바울은 기독론적인 수정 없이 엑스 아우투 카이 디 아우투 카이 에이스 아우톤 타 판타(ἐξ αὐτοῦ καὶ δι' αὐτοῦ

---

[17] 가장 주목할만한 본문은 히 1:1-2이다. 이곳에서 하나님은 "아들"을 "만유의 후사"로 세우셨으며 그를 통하여 모든 세계를 지으셨다.

καὶ εἰς αὐτὸν τὰ πάντα, 만물이 주에게서 나오고 주로 말미암고 주에게로 돌아감이라)라는 문구를 전체를 고스란히 사용하고 있다.[18] 바울은 골로새서 1:16에서 아들을 만물이 "그를 위해" 존재하는 분으로 묘사하고 있는 반면 로마서의 송영에서는 하나님을 만물이 "그를 통하여" 존재하게 된 분으로 기술하고 있다. 이 점을 주목하는 것은 신학적으로 매우 중요하다. 최근에 보캄(Bauckham)이 - 다소 다른 방법으로 - 주장했듯이 이들 전치사를 서로 교환하여 사용할 수 있다는 것은 본질적으로 그리스도가 하나님과 온전히 동일시되고 있다는 것을 말해주는 것이다.[19]

둘째로 이러한 주장은 어떤 측면에서 볼 때 현재의 논의에 불필요한 것처럼 보인다. 왜냐하면 바울은 이곳에서 그리스도의 창조사역을 증명하려고 노력하기보다는 오히려 단언함으로써 단순히 그것을 전제하고 있기 때문이다. 그럼에도 불구하고 더 깊은 측면에서 볼 때 이 선언은 바울이 진행하고 있는 논쟁에 신학적이고 윤리적인 차원 모두를 제공해 주는 주장이 된다. 그리스도를 "한 주" - 그를 통하여 창조와 구속 모두가 성취되었다 - 라고 부름으로써 바울은 쉐마에 대한 고린도인들의 이해의 폭을 넓혀 줄 뿐만 아니라 동시에 앞으로 전개될 논쟁에 있어서 (특별히 8:11-12; 10:4, 9, 16-22) 그리스도가 담당할 역할을 미리 예고하고 있는 것이다. 이 논쟁에 있어서 모든 것은

---

18) 그의 로마서 주석에서 J. D. G. Dunn은 이와 관련된 언급을 하고 있는데 그에 따르면 "하나님과 우주에 대해 말할 때 (이러한 세 개의) 전치사를 사용하는 것은 고대세계에 널리 알려진 관행이었으며 스토아 철학에서는 전형적인 것이었다(*Romans* 9-16 〈WBC 38B; Dallas: Word, 1988〉, 701)." 하지만 세 개의 본문(롬 11:36; 고전 8:6; 골 1:16-17)을 제외하고 Dunn은 오직 여섯 개의 예만을 제시할 뿐이며 그 중 어느 경우에도 세 개의 전치사가 함께 사용된 본문은 없다. 또 다른 저서에서 Dunn은 한 걸음 더 나아가 이들 본문들 중의 하나(Philo, *Cher*. 125-27)를 "하나님의 창안하시는 역할과 로고스(Logos)의 성취하시는 역할을 서로 구분하기 위해 '~의하여, ~로부터, 그리고 -을 동하여'라는 전치사구문을 사용한 예"로서 소개한다 (*Theology of Paul*, 269). 이러한 주장은 사실이다. 그러나 주된 관심과 언어에 있어서 Philo는 바울과 다르다. 분명히 아리스토텔레스의 용법을 채택하고 있기 때문에 (Colson과 Whitaker, LCL, vol. 2, 486-87을 보라) Philo는 전치사로서 휩 후(ὑφ' οὗ, 누군가에 의해서), 에크 후(ἐκ οὗ, 누군가로부터), 디 후(δι' οὗ, 누군가를 통하여), 디 호 δι' ὁ 누군가를 위해서)을 사용하고 있는 것이다. 이 중 세 개의 전치사는 하나님께 적용되는 반면 오직 세 번째 전치사구("누군가를 통하여")만이 로고스(Logos)와 관계가 있다. 이처럼 비록 개념적인 유사성이 존재하기는 하지만 이곳에서 (그리고 롬 11:36과 골 1:16-17에서) 발견되는 전치사들의 조합은 고대세계에 있어서 분명히 바울에게만 나타나는 고유한 표현이다.

19) Bauckham, *God Crucified*, 37-40.

그리스도와의 지속적인 관계에 달려 있다. 그러나 현재 우리의 논의를 위해 중요한 점은 ① 칠십인경에서 한 분 하나님의 신명을 대신하기 위해 사용되는 퀴리오스 칭호를 바울이 정교하게 그리스도에게 붙여 사용하고 있다는 것과 (pp. 71-74을 보라) ② 바울이 역사적인 인물이었던 예수 그리스도를 선재하신 분으로 또한 창조의 인격적인 대리자로 전제하고 있다는 점이다. 이러한 특징들은 바울이 물려받은 유대교 유산에서는 도무지 찾아볼 수 없는 것들이다. 다시 말해 바울은 이미 존재하고 있던 어떤 형식에 맞추어 쉐마를 개정한 것이 아니다.[20] 아래 고린도전서 9:1에 대한 논의에서 언급되어 있듯이 (pp. 213-215 을 보라) 바울의 이같은 쉐마의 수정은 아마도 거의 확실히 부활하신 그리스도와의 만남에서 기원하게 되었을 것이다.

셋째, 희미하게라도 바울의 공식화된 문구의 배경에 유대교의 지혜 사상이 놓여 있다는 것을 암시해 주는 어휘나 표현 등은 현재의 본문이나 주변 문맥 안에서도 전혀 발견되지 않는다.[21] 현재 문맥에서 이슈가 되는 것은 소피아 (σοφία)가 아니라 그노시스(γνῶσις)에 기초하여 이루어지는 불의한 행동이다.

---

20) 그리스-로마시대의 (헬라) 종교에서 그 배경을 찾으려는 시도에 관해서는 위 각주 13을 보라. 물론 이러한 이해는 바울 문서 자체로부터 전혀 뒷받침을 받을 수 없다는 것이 문제이다. 이전 장에서 살펴본 것처럼 바울의 칠십인경 사용은 헬라화된 유대교가 바울 자신은 물론이고 그의 초기 개종자들의 "종교 세계" 안에 얼마나 깊숙이 배어 있었는지를 보여준다. 아울러 아래 "칠십인경 본문에 나타난 퀴리오스인 예수님"이라는 주제를 다루고 있는 단락을 보라.

21) 비록 모든 증거들이 그와 반대의 증언을 하고 있음에도 (아래 pp. 179-185를 보라), 연구문헌들에 있어서 이러한 이해는 이제 보편화된 주장이 되었다 (Collins 〈320〉는 최소한 주저하면서 이 주장을 다루고 있기는 하다). 이러한 주장의 배경이 되는 "논리"는 특별히 문제의 소지가 있다. 왜냐하면 이 논리는 다음의 네 개의 단계 - 이 입장을 옹호하는 사람들에게는 완전히 명백해 보이지만 이들에게 있는 해석학적 열쇠를 가지지 못한 사람들에게는 매우 불확실해 보이는 - 를 거쳐 형성되기 때문이다. (1) 거의 모든 사람들은 (예외적인 경우를 위해서는 위 각주 16을 보라) 그리스도가 창조의 대리자로 선포되어 있다는 것을 인정한다. 다음으로 (2) 지혜문학에서 인격화된 지혜는 창조의 대리자로 묘사되어 있다고(각주 23과 부록 A를 보라) 그들은 주장한다(이것은 앞으로 밝혀지겠지만 매우 잘못된 이해이다). (3) 고전 1:24에서 바울은 그리스도를 "(인격화된) 하나님의 지혜"라고 부르기 때문에 (이것은 완전히 잘못된 이해이다〈아래 pp. 179-185을 보라〉), 결국 (4) 선재하시고 창조의 대리자이신 그리스도는 유대교 지혜문학으로부터 취해진 모티프(motif)일 수밖에 없다. 그러나 이 가정들 중에서 최소한 두 개(2번과 3번)는 분명히 사실이 아니기 때문에 이러한 전제들 위에 세워진 논리를 확신한다는 것은 여간 어려운 일이 아닐 수 없다. Hurtado가 간명한 필치로 지적했듯이 "이 견해(본문의 그리스도=지혜)의 문제점은 바울이 쓴 본문이 말하고 있는 것은 그것과 다르다는 점이다" (*Lord Jesus Christ*, 126)

그러므로 - 바울이 이곳에서 그리스도를 인격화된 지혜와 동일시하고 있다고 사람들이 매우 빈번하게 - 또한 매우 당연하다는 듯이[22] 주장하는 것을 보면 [23] 그저 놀라울 뿐이다. 이와 같은 주장은 학적인 세계에나 존재할 뿐이지 바울의 가르침은 아니다. 우리는 또한 고린도인들을 포함하여 바울의 독자들이 이처럼 극도로 미묘한 관계를 파악하리라고 기대해서도 안 된다.[24]

그러므로 (어떤 의미에서) 전혀 계산되지 않은[25] 바울의 진술 - "한 하나님"을 언급하는 유대교 쉐마의 문맥에서 그리스도를 "주"(그리고 아들)로 선언하는 진술 - 은 그의 기독론적 주장이 흘러나오는 기본 본문으로서도 적합하게 사용될 수 있으며 최소한 이번 장의 나머지 부분에서 우리가 진행하게 될 논의의 경우에 있어서 이러한 가정은 사실로 드러날 것이다. 이곳에서부터 자료들은 기본적으로 세 가지 표제 - ① 그리스도의 선재라는 주제와 관

---

22) Dunn은 담대하게도 이렇게 말한다. "최근 신약 신학에 있어서 이 두 본문에 사용된 언어와 비유[고전 8:6과 1:24에 나타난 지혜]의 출처에 관한 논의만큼 의견의 일치를 보였던 주제는 없었다"(*Theology of Paul*, 269). 비록 이것이 사실인 것처럼 보일지라도 의견 일치의 수위에 대한 그의 진술은 사실이 아니다. 이러한 주장을 입증할만한 확고한 증거가 없다는 점을 고려해 볼 때 Dunn의 진술은 그저 간절한 바램으로만 들릴 뿐이다. 실로 이 본문에 대한 Garland의 최근 (그리고 탁월한) 주석을 읽으며 그가 이 본문에서 "지혜"라는 어휘를 전혀 사용하지 않고 있다는 사실을 확인하는 것이 오히려 낫겠다. 그런데 사람들은 본문에서 그렇게 해야 한다는 어떤 암시도 발견하지 못하면서도 왜 바울에게 낯설기만 한 렌즈를 통하여 이 본문을 읽으려고 하는 것일까?

23) 이러한 주장의 근거는 양면적이다. (1) 창조에 있어서 지혜가 담당한 것으로 가정되는 역할은 (2) 바울은 1:24에서 그리스도를 인격화된 지혜와 동일시하려는 의도를 가지고 있었다는 주장과 짝을 이룬다. 그러나 창조의 때에 지혜가 임재하고 있었다는 개념을 표현하기 위해 전치사 디아(διά)를 사용하고 있는 문서는 지혜문헌의 전통을 통틀어 단 하나의 예도 발견되지 않는다. 가장 근접한 예는 지혜서 9:1-2에 나타난 솔로몬의 기도일 것이다. 그러나 이곳에서 여격은 도구의 여격이 아니라 관념의 여격(이전 행에 사용된 도구적 용법의 엔과 대조를 이루는 식접석인 여격)이다. 기도문 안에 등장하는 저자는 일시적으로 인격화를 버리고 하나님께 테 소피아 수 카타스큐아사스 안뜨로폰(τῇ σοφίᾳ σου κατασκευάσας ἄνθρωπον, 당신의 지혜로 당신은 인간을 〈다스리는 일에〉 적합하게 하셨습니다). 좀 더 충분한 논의를 위해서는 부록 A를 보라.

24) 아래 1:24, 30; 10:4에 대한 부기를 보라 (pp. 179-185).

25) 다시 말해 바울은 이곳에서 어떤 새로운 기독론을 만들기 위해 노력하고 있는 것이 아니다. 오히려 바울은 그것 자체를 위해서가 아니라 그로부터 어떤 주장을 펼치기 위하여 무엇인가를 선언하고 있는 것이다. 다른 한 편으로 N. T. Wright가 옳게 표현했듯이 이것은 "기독론의 전체 역사에 있어서 가장 위대한 선구적 사건 가운데 하나"로서 "놀라운 신학적 혁신"이다("Monotheism, Christology and Ethics," 136).

련있는 자료, ② 유대교의 메시아 사상에 뿌리를 두고 있는 "하나님의 아들" 기독론을 반영해 주는 자료, 그리고 ③ 데살로니가서에서 두드러지게 나타나는 퀴리오스 기독론이 나타나 있는 자료 - 아래 분류될 것이다. 동시에 지혜 기독론, 아담 기독론, 그리고 성령 기독론 등을 주장할 수 있는 근거가 되는 여러 본문들을 다루게 될 때 해당 기독론과 관련된 이슈들을 살펴보게 될 것이다. 따라서 우리는 이 책의 마지막 부분과 부록 A에서 다루어질 내용들의 일부를 미리 앞당겨 생각하게 될 것이다. 끝으로 우리는 소개된 세 개의 범주에 잘 맞지 않는 나머지 두 개의 본문(3:23; 11:3)을 살펴봄으로써 결론을 맺을 것이다.

3. 이스라엘과 함께 하셨던 그리스도

결론적으로 성전 제의 음식에 참예하는 것을 금하는 권고를 하기 앞서 바울은 고린도인들과 이스라엘이 상호 영적인 연관성을 가지고 있다는 것을 설명한다. 왜냐하면 이스라엘은 고린도인들의 것과 유사한 그들 자신의 "세례"와 "주의 만찬"을 통하여 하나님을 경험했기 때문이다. 그러므로 "우리 조상들"은[26] 모세에게 속하여 구름과 바다 가운데서 "세례를 받았으며" 또한 광야에서 "신령한 식물과 음료"를 먹고 마셨다. 이는 곧 만나와 반석으로부터 솟아난 물을 뜻한다(3-4절). 그러나 하나님은 이들을 기뻐하지 않으셨고 광야에서 이들을 멸하셨다(5절). 결국 이 이야기는 고린도인들을 향한 경고의 메시지로서 작용한다(6절). 이 이야기로부터 스스로에게 재앙을 불러일으켰던 이스라엘의 죄악을 바울은 네 가지로 집약하여 제시하는데 이는 곧 우상숭배(7절), 간음(8절), 하나님을 시험함(9절) 그리고 하나님과 모세를 원망함(10절)이다. 그런데 사실 이 네 가지 죄악 모두는 고린도에서 계속해서 반복되고 있는 것들이었다.

---

26) 이곳에서 논쟁의 여지가 있는 헤몬(ἡμῶν)의 사용 의도는 사실상 매우 분명해 보인다. 바울은 그리스도 안에 있는 신자들이 아브라함과 모세와 더불어 시작된 이야기의 연장선 상에 있다고 보았다. 이렇게 이해할 때 바울의 논리는 제대로 설득력을 갖게 되고 또 이러한 관점에서 볼 때 비로소 왜 끝까지 (22절) 바울이 두 이야기를 중복하여 사용하고 있는지를 이해할 수 있게 된다. 아래 10:20-22에 대한 논의를 살펴보라.

이 장면에서 우리의 관심을 끄는 것은 그리스도께서 이스라엘과 함께 광야에 계셨던 것으로 바울이 두 번씩이나 묘사한다는 점이다. 첫째로 그리스도는 이스라엘과 함께 하셔서 "신령한 음료"를 공급하신 반석이셨으며(4절) 또한 그는 이스라엘에 의해 시험을 받으신 분이셨다(9절). 바울의 관점에서 볼 때 이 두 본문 모두는 단순한 유비(喩比)에 그치는 것이 아니라 오히려 실제(實際)를 말해 주고 있다. 다시 말해 지금 고린도인들에게 성령을 주시는 그리스도, 또한 이방의 연회에 참예함으로써 고린도인들이 시험하는 그리스도는 이미 이스라엘에 의해 동일한 "시험"을 받으신 바 있다. 결국 이스라엘은 광야에서 멸망을 받았고 결국 그들의 목적지에 도달하지 못하게 되었다. 따라서 이 모든 것은 바로 그리스도께서 이스라엘의 이야기 속에 존재하셨다는 사실로 고린도인들에게 경고를 던져주는 것이다.

그러나 이 두 본문 모두는 해석자들 사이에 적지 않은 난제가 되어왔기 때문에 우리는 이 두 본문을 좀 더 자세히 살펴보고 실제로 바울이 선재하시는 그리스도를 광야 이스라엘과 함께 하셨던 분으로 묘사하고 있다는 것을 강조할 필요가 있다.

1) 고린도전서 10:4

이스라엘 이야기를 재진술함에 있어 바울은 성경에 두 번 반복되어 소개되고 있는 반석에서 솟아난 물의 이야기를 암시하고 있다(출 17:1-7; 민20:7-11). 바울은 이러한 암시를 만들기 위해 "그들은 자신들을 따르는 (신령한) 반석으로부터 마셨다"라는 랍비들의 전통을 취하게 된다.[27] 그러나 바울은 또다시 "신령한 반석"을 그리스도의 임재로 이해함으로써 전통적 해석을 대체하여 바울 자신의 해석을 만들고 있다. 곧 헤 데 페트리 엔 호 그리스토스(ἡ δὲ πέτρα ἦν ὁ χριστός〈곧 바위는 그리스도였다〉).

고린도후서 3:17과 갈라디아서 4:25 등에서와 같이 바울은 이곳에서 랍비들의 해석 방식을 사용하고 있다고 학자들은 자주 제안해 왔다. 그러나 앞에

---

27) 이 문제에 있어 (분명하게) 배경을 이루는 랍비 문학에 대해서는 Fee, 448 각주 34번을 보라. 또한 Garland, 470을 참조하라. Thiselton은 이곳에서도 유감스럽게 인격화된 지혜를 본문에 반영시키려고 한다(727-30). 이 점은 그의 주석에서 정확도가 떨어지는 경우들 가운데 하나이다. 지혜서 11:4에 대한 그의 잘못된 이해에 대해서는 아래 각주 31을 보라.

언급된 두 구절과 고린도전서 10:4 사이에는 상당히 큰 차이가 있다. 랍비식 해석의 표준적인 형식은 고린도후서와 갈라디아서에 나타나는 것과 정확하게 일치한다. 바울은 일단 해석되어야 할 어휘에 필요한 관사로 문장을 시작한다. 그 다음에 그는 데(δέ)를 붙이고 그리고 나서 정작 해석되어야 할 어휘를 문장에 포함시킨다. 이어 바울은 이 어휘에 "새로운 의미"를 제공하며 마지막으로 에스틴(ἐστιν, "-이다〈to be〉" 동사의 현재시제)이 따라오게 한다. 그러나 고린도전서의 경우 동일한 해석학적 틀을 사용하고 있기는 하지만 바울은 이 형식에 세 부분을 변형시켜 그의 해석이 "지금 이곳에서"가 아니라 "이미 거기에서"라는 의미를 갖도록 하였다. 곧〉

고후 3:17 호 데 퀴리오스 토 프뉴마 에스틴 (ὁ δὲ κύριος τὸ πνεῦμά ἐστιν)
갈 4:25 토 데 하가르 시나 오로스 에스틴 (τὸ δὲ Ἀγὰρ Σινᾶ ὄρος ἐστίν)
고전 10:4 헤 페트라 데 엔 호 크리스토스 (ἡ πέτρα δὲ   ἦν   ὁ Χριστός)

이곳에서 우선 바울은 헤 페트라(ἡ πέτρα)를 함께 붙여 사용한다. 그리하여 그 이후에 해석이 따라오게 된다는 것을 표시하는 데(δέ)는 관사와 명사 사이에 위치하지 않고 문장 속에서 무엇인가 다른 기능을 담당하게 된다. 다시 말해 고린도후서 3:17에서 바울이 의도한 의미는 "이제 (방금 언급했던) 주님은 (우리의 현재 논의를 위하여) 영(靈)이시다(라고 이해되어야 한다)"라는 것이다. 이와는 달리 고린도전서 10:4에서 바울은 데(δέ)를 현재의 문장이 이어 나오는 새로운 문장과 연결되어 있다는 것을 알게 하는 접속사적 표지로 사용한다.[28] 둘째로 이렇게 함으로써 그리고 특별히 "-이다"동사의 과거시제를 사용함으로써, 바울은 현재 해석을 "과거 그곳에" 정치(定置)한다.[29] 다시 말해 이 해석은 성경 본문을 오늘날 어떻게 적용할 수 있겠는가의 문제가 아니라 과거 이스라엘에게 실제로 일어난 일을 고린도인들이 어떻게 이해하여야 하는가의 문제인 것이다. 이러한 이해는 바울이 동사와 보어의 순서를 바꿈으로

---

28) 필사가는 이러한 변형(變形)에 크게 개의치 않았다. 그리하여 P⁴⁶과 같은 이른 시기의 사본에서도-그리고 결국에 대다수의 사본에서-확인할 수 있는 것처럼 이들은 데(δέ)의 순서를 바꾸어 익숙한 형식인 헤 데 페트라(ἡ δὲ πέτρα)가 되게 하였다. 원문은 ℵ B D* 1739 등에 보존되어 있다.

29) 이와 같은 이해에 관하여는 R. G. Hamerton-Kelly, *Pre-existence, Wisdom, and the Son of Man: A Study of the Idea of Pre-existence in the New Testament* (SNTSMS 21; Cambridge: Cambridge University Press, 1973), 132를 보라.

써 만들어내는 세 번째 변형에 의해 더욱 확실해 진다. 이 변형으로 인하여 마지막 어휘인 "그리스도"가 강조된다. 이렇게 하여 광야 가운데 있던 이스라엘에게 주어진 생수의 실제 근원이 그리스도였음을 바울은 주장하고 있는 것이다.

이러한 관점에서 볼 때 이 구절이 본래 그리스도를 가리키는 것이 아니라 인격화된 지혜를 가리키는 것이라고 이해한다는 것은 다소 놀랍지 않을 수 없다. 이것은 근본적으로 문제가 있는 해석이다. 왜냐하면 "그리스도"가 분명하게 본문 안에 언급되어 있기 때문이다. 그러나 8:6에서 지혜의 요소를 발견하는 것이 순환논법에 의한 것이라면[30] 고린도전서 10:4에서 지혜를 말한다는 것은 얼마나 더하겠는가? 왜냐하면 이러한 해석은 유대교 지혜문학에서 인격화된 지혜가 반석과 이미 연관되어 있었다는 또 하나의 가정을 필요로 하기 때문이다. 비록 필로(Philo)가 이 연결고리를 만들고 있다고는 하지만[31] 지혜문학 자체에는 지혜와 반석 사이의 연관성은 분명 발견되지 않는다. 먼저 떠오르는 본문은 지혜서 11:4이다.[32] 이 곳에서 직접적으로 하나님을 언급하며 저자는 다음과 같이 말한다. "그들이 목마를 때 그들은 당신께 간청하였고 단단한 반석으로부터 그들에게 물이 나왔다."[33] 이곳에서 "당신"

---

30) 위 각주 21을 보라. 현재의 논의와 관련이 있는 지혜 본문들에 대한 분석은 부록 A, pp. 869-903에 제공되어 있다.

31) 본문을 철저히 알레고리적으로 해석하며 필로는 이렇게 말한다. "매우 단단한 반석이란 하나님의 능력 가운데 가장 고상하고 으뜸이 되며, 또한 그를 사랑하는 갈급한 영혼을 만족케 하는 하나님의 지혜를 말하는 것이다"(*Leg.* 2.86). 바울이 필로를 알고 있었는지에 대해서는 논의할 여지가 있겠지만 어떤 경우가 되었든 바울은 알레고리와는 거리가 멀다.

32) 혹자는 종종 집회서 24:21이 이러한 관점을 반영해 준다고 제안한다. 그러나 집회서 24장 "지혜에 대한 찬양"을 자세히 읽는다면 우리는 이러한 주장이 전혀 사실무근임을 알게 될 것이다.

33) 신 8:15(4주 31)에 대한 필로의 알레고리적 해석에 기초하여 학자들은 지혜서 11:4을 심각하게 오독(誤讀)하여 주장하기를 이 본문에서 "당신"은 지혜를 가리킨다고 주장한다(즉 Barrett, 223; Hays, 161; Collins, 369; Horsley, 137; Tuckett, *Christology*, 63 각주 50). 예를 들어 B. Witherington은 이렇게 말한다. "이곳에서 (바울은) 이스라엘 가운데서 인격화된 지혜가 담당했던 역할에 대한 지혜개념을 사용한다(cf. 지혜 11:2-4), '그들은 아무도 살지 않는 광야를 방황했다. 그들이 목마를 때 그들은 (지혜)에게 간청했고 단단한 반석으로부터 그들에게 물이 나왔다'" ("Christology," *DPL* 103). 하지만 지혜서의 저자가 뜻하는 것은 그런 것이 아니다. 왜냐하면 11:1에서 인격화된 지혜는 사실상 이야기로부터 사라지기 때문이다. 실제로 지혜서 9-11장에 대한 주의 깊은 석의를 통해 확인할 수 있듯이 지혜와 반석 사이의 연관성을 주장하는 자들은 문맥을 신중하게 고려하지 않은 채 다만 자신들의 주장을

은 10:20에서는 호격(vocative)으로 사용된다.[34] 이곳에서 저자는 하나님을 향해 돌아서서 처음부터 이스라엘과 함께 동행해온 그의 지혜를 찬양한다. 이 구절로부터 시작하여 이 책의 나머지 부분에서 저자는 이집트와 이스라엘을 계속해서 대조하게 되는데 이 대조에서 저자는 하나의 사물(첫 번째 대조에서는 물)을 이스라엘에게는 하나님의 선하심을 표현하는 것으로 이집트에게는 심판의 원천을 의미하는 것으로 사용한다. 이곳에서부터 시작하여 (책의 반이 넘도록) 인격화된 지혜는 오직 한 차례만 더 언급되는 반면(14:2) 이 모든 일을 행하신 주님은 이인칭 단수의 형태로 계속해서 언급된다. 심지어 14:2의 경우에도 비록 지혜는 바다의 배를 책임지는 "장인"(匠人)이긴 하지만 직접 호명되는 것은 바로 하나님이시다(3절: "그러나 그 배를 조종하는 것은 아버지이신 주님의 섭리이다. 주님은 바다에 길을 트시고 파도를 헤쳐서 안전한 항로를 마련해 주셨다"). 그러므로 사실상 이 책에서 지혜는 단 한 번도 구체적으로 언급되지 않고 있으며 다만 하나님 아버지만 언급될 뿐이다. 이처럼 어떠한 지혜문학에서도 인격화된 지혜가 반석으로부터 솟아난 물과 더불어 분명한 관계를 맺고 있는 경우는 없다.[35]

대조적으로 고린도의 상황과 관련된 한 특별한 대화 속에서 고린도인들이 우상숭배로 인하여 이스라엘과 같은 어리석음을 반복할 심각한 위험에 빠

입증해줄만한 "증거본문"만을 찾고 있을 뿐이다. Thiselton도 이 가운데 포함된다. "반석"에 대한 그의 부기는 고대 문서를 사용함에 있어서 좀처럼 나타나지 않는 오류를 보여주고 있다. 이에 대한 분석과 반박은 Garland, 456을 참조하라.

34) "마침내 의인들은 악인들로부터 무기를 빼앗았다. *주님, 그들은 당신의 거룩한 이름을 찬양하였고 당신 손으로 보호해 주신 데 대하여* 이구동성으로 감사의 노래를 불렀습니다. 주님은 벙어리들의 입을 열어주셨고 젖먹이들로 하여금 똑똑히 말하게 해 주셨습니다"(지혜 10:20-21, 이탤릭체는 강조한 것이다). 지혜서 7-10장에 사용된 "지혜"의 의미에 대한 간략한 해설에 관해서는 부록 A, pp. 869-903에 제시된 주해를 보라.

35) 어떠한 경우에도 바울이 솔로몬의 지혜서를 잘 알지는 못했던 것으로 보인다. 바울이 이 책을 사용했을 것이라 생각할 수 있는 모든 경우에 있어서 이 점은 분명히 확인된다(부록 A에 추가부록 I 을 보라). 만일 바울이 이 책을 잘 알고 있지 못했다면 어떻게 고린도인들이 이 책을 알겠으며 또한 바울의 본문 자체가 그 독자에게 어떠한 실마리도 제공하지 않는데 어떻게 이들이 (존재하지도 않는) 암시를 채택하여 사용할 수 있었겠는가? 비록 내 주장에 있어 결정적인 것은 아니지만 추가로 D. Winston의 주장을 참고하는 것이 도움이 될지도 모른다. 그는 지혜서 14:12-21에 근거하여 이 책의 연대를 서기 37년으로 잡는데 이것은 바울이 그리스도의 제자가 된 이후로 한참이 지난 시점이다(*The Wisdom of Solomon*〈AB 43; Garden City, N.Y.: Doubleday, 1987〉, 20-25).

져 있다고 바울은 주장한다. 그리스도께서는 이스라엘에게 "신령한" 물을 공급하셨음에도 불구하고 그들은 광야에서 타락하였다. 바울이 고린도 교회를 위해 이러한 관계를 - 선재하신 그리스도를 이스라엘의 역사 속에 등장시킴으로써 - 만드는 이유는 자명하다. 그것은 고린도인들도 우상숭배로 인하여 그리스도를 시험하는 위험에 동일하게 처해 있다는 것이다.

2) 고린도전서 10:9

그리스도의 선재를 말하는 바울의 두 번째 주장 역시 첫 번째와 동일하게 충격적이다. 그러나 이 경우에 초대교회의 사본 전통은 이 구절을 필사하는 데 어려움이 있었음을 보여주는데 그 결과로서 본문은 보다 자연스러운 형태로 수정되었다. 바울의 원문은 이와 같다.[36] "그들 중의 일부가 (그를) 시험하다가 뱀에게 멸망하였으니 우리는 그리스도를 시험하지 말자(메데 엑페이라조멘 톤 크리스톤⟨μηδὲ ἐκπειράζωμεν τὸν Χριστόν⟩)." 이 본문은 민수기 21:4-7의 사건, 곧 이스라엘이 광야에서의 오랜 체류(滯留)의 기간과 불편함 그리고 식량의 문제로 하나님과 모세를 원망했던 사건을 암시하고 있다.[37] 비록 민수기 본문에는 엑페이라조(ἐκπειράζω, 시험하다)라는 동사가 사용되지는 않지만 이와 유사한 사건, 곧 민수기 14, 16, 20장에 기록된 사건을 언급하는 시편 78:18에는 이 동사가 나타난다. 바울은 이 동사를 사용함으로써 칠십인경 신명기 6:16을 의도적으로 반영시키고 있는 것으로 보인다. 이와 같이 "페이라스모스(peirasmos)에서 시험한 것처럼 너는 주 너희 하나님을 시험하지 말라"(우크 엑페이라세이스 퀴리온 톤 데온 수 혼 트로폰 엑쎄페이라사스데 엔 토 페이라스모⟨οὐκ ἐκπειράσεις κύριον τὸν θεόν σου ὃν τρόπον ἐξεπειράσασθε ἐν τῷ Πειρασμῷ⟩).[38] 복음서에서 예수님께서도 인용하셨던 이 유명한 본문은 아마도 틀림없이 초대교회 필사가들로 하여금 바울의 "그리스도"라는 표현을 "주님"으로 바꾸게 하였을 것이다.[39]

---
36) 아래 각주 39를 보라. 애석하게도 NIV는 NA25에 기초하고 있고 또한 번역자들 역시 본문비평과 관련된 문제에 일반적으로 민감하지 못했기 때문에 "Lord"라는 부수적인 독법을 채택하였다. 이 문제는 TNIV에 와서 수정되었다(cf. NRSV, ESV).
37) 그들이 "뱀에게 멸망을 당하였다"라는 바울의 표현은 이 점을 분명히 해 준다.
38) 헬라어 페이라스모스(Πειρασμός)는 히브리 본문의 맛사(Massah)의 번역이며 이 둘은 모두 "시험"을 의미한다.
39) 아울러 2세기까지 신명(the divine names)은 신약성경 사본에 축약된 형태로

4절과 마찬가지로 문맥상 바울의 강조점은 분명하다. 성전 연회에 참석할 "권리"(엑수시아⟨ἐξουσία⟩)를 주장함으로써 (8:9-10을 보라) 바울이 10:21-22에서 결론 내리고 있는 것처럼 고린도 신자들은 다름 아닌 그리스도를 시험하고 있는 것이다. 이처럼 바울은 기독론적으로 다시 한 번 이스라엘과 고린도인들의 상황을 함께 묶고 있다. 그들이 시험하는 "주님"은 이스라엘이 광야에서 시험했던 그리스도이시며 이스라엘은 이로 인하여 멸망되었다고 바울은 주저함 없이 지적한다. 이러한 주장이 놀라운 이유는 바로 그리스도의 선재 사상이 이러한 주장을 할 수 있게 하는 논리적 전제가 되기 때문이다.

3) 부기: 고린도전서 15:47과 선재(先在)

고린도전서 15:47은 그리스도의 선재에 대한 바울의 견해를 뒷받침해 주는 증거로서 종종 제시된다.[40] 그리고 이것은 "둘째 사람은 하늘로부터 나신 주시니라"라는 KJV 번역에 그 근거를 두고 있다.[41] 그러나 본문을 문맥 안에서 자세히 분석해 보면 이러한 입장이 사실이 아님을 알게 된다. 고린도전서 15:47-48에서 바울이 사용하는 문장은 다음과 같다.

15:47-48 ὁ πρῶτος ἄνθρωπος ἐκ γῆς χοϊκός, ὁ δεύτερος ἄνθρωπος
ἐξ οὐρανοῦ. οἷος ὁ χοϊκός, τοιοῦτοι καὶ οἱ χοϊκοί,
καὶ οἷος ὁ ἐπουράνιος, τοιοῦτοι καὶ οἱ ἐπουράνιοι·

나타난다. 그리하여 이 경우 X̄N이 K̄N으로 대체되었다. 이와 같이 필사가들은 하나를 보면 또 다른 하나를 예상하기 때문에 이러한 변화를 만들게 된 것이다. 크리스톤(Χριστόν)은 P[46] D F G Ψ 1739 1881 𝔐 latt sy co등의 사본에 사용되었고 퀴리온(κύριον)은 ℵ B C P 33 pc 등의 사본에 나타난다. 아울러 C. D. Osburn, "The Text of 1 Corinthians 10:9," in *New Testament Textual Criticism-Its Significance for Exegesis: Essays in Honour of Bruce M. Metzger* (ed. E. J. Epp and G. D. Fee; Oxford: Clarendon, 1981), 201-12를 보라.

40) 예를 들어 Grosheide, 388; Barrett, 375-76를 보라. 보다 최근에 이 입장은 Hurtado, *Lord Jesus Christ*, 119에서도 찾아볼 수 있다.

41) 그러나 이 번역은 본문이 매우 이른 시기부터 어떻게 이해되어 왔는지를 보여준다. 그렇지 않다면 후기 헬라어 사본에 나타난 퀴리오스의 삽입을 도무지 설명할 수 없기 때문이다(A Ψ 075 1881 𝔐). 이러한 삽입은 이른 시기 헬라어 사본이나 가장 이른 시기의 라틴 및 콥틱 번역에 전혀 나타나지 않는다. 그러므로 이 번역이 ("주님"이라는 표현이 빠져 있기는 하지만) KJV을 의존하는 영어 번역본에 계속해서 나타난다는 것은 불행한 일이 아닐 수 없다(RSV, NRSV, NASB, ESV).

첫 사람은 땅의 흙으로부터 (났고), **둘째 사람**은
하늘에서 (난다). 흙에서 난 사람은 또한 이처럼 흙의 사람(이고)
하늘에서 난 사람은 또한 이처럼 하늘의 사람(이다).

이곳에서의 관심사는 부활체의 본성에 관한 것이다. 바울은 45절에서 두 종류의 몸이 있다고 주장하는데 그 중 하나는 프쉬키콘(ψυχικόν, 프쉬케 〈ψυχή〉)을 가진 것으로 특징지어지는 현세와 지상에서의 생명에 적용된다), 또 다른 하나는 프뉴마티콘(πνευματικόν, 부활을 통해 얻게 되는 성령의 최종적인 생명에 적용된다)이다. 이 주장을 뒷받침하기 위해 20-22절부터 바울은 아담/그리스도 유비에 호소한다. 아담은 그리고 암시적으로 우리 모두는 쏘마 프쉬키콘(σῶμα ψυχικόν)을 갖는다. 반면에 그리스도는 부활을 통하여 처음으로 쏘마 프뉴마티콘(σῶμα πνευματικόν)을 갖게 된 분이시다. 이어 49절까지의 본문에서 바울은 이 두 종류의 "몸"을 갖는 방법과 이유를 설명하고자 한다.

그러므로 47절에서 바울은 다시 한 번 이 두 종류의 몸의 근원이 무엇인지를 천명한다. 곧 첫 사람은 에크 게스 코이코스(ἐκ γῆς χοϊκός, 땅의 흙으로부터)로 지으심을 받았으며 둘째 사람의 몸은 엑스 우라누(ἐξ οὐρανοῦ, 하늘로부터)이다.[42] 48절 이하에서 제공되는 설명에 의해 이러한 해석은 확실해 진다. 곧 신자들은 이미 하나의 몸을 가지고 있고 둘째 몸을 갖게 될 것이다. 이곳에서의 관심사는 모두 신자가 갖게 될 "부활의 몸"에 관한 것이고 또한 이러한 부활체의 첫 열매가 그리스도의 부활에서 발생했다는 것이기 때문에 본문은 그리스도의 선재나 하늘로부터 다시 오심과는 (KJV와는 달리) 아무런 관련이 없다.

4. 하나님의 메시아/영원한 아들이신 예수님

그리스도의 선재를 확증하는 것 외에, 고린도전서 8:6은 또한 그를 하나님의 영원한 아들로서 전제하고 있다. 비록 이 구절 자체에 표현되어 있지는 않지만 이 어법에는 또한 유대인들의 메시아, 곧 그들이 바라던 종말론적인 왕

---

[42] 이와 같이 TNIV는 이 부분을 다음과 같이 바람직하게 번역한다. "첫 사람은 땅의 흙으로부터 났고 둘째 사람은 하늘로부터 난다."

으로서의 아들이라는 사상을 나타낸다. 제2장에서 우리는 유대 메시아 사상의 토대에 대해 살펴보았다. 그리고 이제는 이 토대를 가정하고 있거나 혹은 그것을 가리키고 있는 본문들을 살펴볼 차례이다. 왜냐하면 이 사상이 고린도전서 안에서 매우 두드러지게 작용하고 있기 때문이다. 이러한 관점에서 볼 때 몇몇 본문들은 중요하게 취급되어야 한다. 우리는 우선 데살로니가전서에 나타난 초기 주장들과 어느 정도 유사성을 보여주는 두 개의 본문으로부터 시작하고자 한다.

1) 고린도전서 1:3, 9

비록 고린도전서에서 그리스도가 첫 번째로 언급되는 곳은 아니지만 바울의 인사말(1-3절)을 마무리하는 3절과 감사의 결론을 맺는 9절에 사용된 "아버지/아들"의 언어는 그리스도와 하나님 사이의 친밀한 관계를 다음과 같이 전제하고 있다.

1:3 χάρις ὑμῖν καὶ εἰρήνη ἀπὸ θεοῦ πατρὸς ἡμῶν καὶ κυρίου Ἰησοῦ Χριστοῦ.
1:9 πιστὸς ὁ θεός, δι' οὗ ἐκλήθητε εἰς κοινωνίαν τοῦ υἱοῦ αὐτοῦ Ἰησοῦ Χριστοῦ τοῦ κυρίου ἡμῶν.
1:3 하나님 우리 아버지와 (우리) **주 예수 그리스도**로 좇아 은혜와 평강이 있기를 원하노라.
1:9 너희를 불러 그의 **아들 예수 그리스도 우리 주**로 더불어 교제케 하시는 하나님은 미쁘시도다

바울은 이곳에서 기독론적인 요점을 말하려고 하는 것이 아니다. 그럼에도 불구하고 그의 언어는 이전 장에서 논의된 (갈 4:4-7⟨또한 롬 8:3, 16-17⟩와 특별히 골로새서 1:13-16에 분명히 표현되어 있는) 유대교 메시아 사상과 영원한 아들 되심을 폭넓게 암시하고 있다. 이와 같이 9절의 "'신실하신' 하나님"은 "우리의 아버지"(3절)이시다. 왜냐하면 그가 무엇보다 "우리 주 예수 그리스도의 아버지"이시기 때문이다. 이처럼 하나님은 고린도인들을 불러 에이스 코이노니안 투 휘우 아우투 예수 크리스투 투 퀴리우 헤몬(εἰς κοινωνίαν τοῦ υἱοῦ αὐτοῦ Ἰησοῦ Χριστοῦ τοῦ κυρίου ἡμῶν, 그의 아들 예수 그리스도 우리 주로 더불어 교제)하게 하신다. 데살로니가전서 1:9-10에서와 마찬가지로 이곳에서 아들의 현재적 지위는 하늘에 있다. 그리하여 바울이 코이노니안(κοινωνίαν)을 통해 의도한 것이 무엇이었는지에 상관없이 이 어휘는 이제는 승천하신 영원한 하나님의 아들과의 관계를 내포하고 있다.

그러나 왜 바울은 고린도인들을 부르신 하나님이 "신실하시다"는 것을 표현하기 위해 이와 같은 긴 어구를 덧붙인 것일까? 고린도인들의 성령의 은사에 대한 언급으로 시작하여 종말론적 선포라는 쌍둥이 표현에서 끝을 맺는 바울의 감사를 이 어구가 어떻게 절정에 이르게 하는 것일까? 대답은 가설일 수밖에 없다. 그러나 코이노니아(κοινωνία)에 관사가 사용되지 않았다는 것은 하나님의 부르심이 하나님의 아들과의 "나눔/참여"에로의 부르심이며 특별히 아들에게 속한 모든 자들과의 훨씬 더 폭 넓은 "교제"에로의 부르심이라는 것을 암시하고 있다.[43] 달리 말해 고린도인들은 종말론적 (메시아적) 공동체의 일부이다. 왜냐하면 그들이 메시아이자 동시에 하늘 아버지의 영원한 아들에게 속하였기 때문이다.[44]

아들이신 그리스도에 대한 결론적인 선언은 즉시 아들의 메시아적 운명이 가진 본성에 대한 강조로 연결된다. 이 운명이란 곧 십자가의 죽음을 위해 자기를 낮추심을 뜻한다. 여기서 바울은 - 앞으로 전개될 내용(1:18-31)을 암시함과 동시에 - 갈라디아서 4:4-5과 로마서 8:3의 "보내심"의 모티브와 이 서신서의 마지막 부분에서 소개되는 그리스도의 현재적 통치(15:23-28)라는 주제를 전제로 하여 "아들"이신 그리스도를 택정하심이라는 주제를 다루고 있는 것으로 보인다.

---

43) 그러므로 결론부의 진술을 통해 바울은 영광스러운(그러나 여전히 미래에 속한) 주의 날의 일부가 되도록 고린도인들이 예정되어 있다는 것을 단지 부분적으로 재확신시켜 준다. 이 결론부는 또한 바울이 이미 2절에서 강조하고 있는 것처럼 ("또 각처에서 우리의 주 예수 그리스도의 이름을 부르는 모든 자들에게") 코이노니아(κοινωνία)가 단지 고린도인들에게만 제한되지 않는다는 것을 상기시켜주고 있다.
44) 혹자는 이곳에서 이런 것들을 생각할 수 있겠는가 할지도 모른다. 내가 말하고 싶은 것은 감사의 글 마지막에 사용된 매우 불필요해 보일 수도 있는 진술은 바울의 입장에서는 결코 "사소한 추임새"가 아니라는 것이다. 이 서신서의 모든 부분에서와 마찬가지로 바울은 의도를 가지고 이러한 진술을 하고 있는 것으로 보인다.

2) 고린도전서 1:13-2:16

"지혜"를 구실로 몇몇 고린도인들은 바울의 사도권을 부정한다. 그리하여 바울은 아볼로와는 대조적으로 형편없는 대접을 받는다. 바울은 세 차례에 걸쳐 이들에게 반론을 제기하게 되는데 그 중 첫 번째 반론이 이 본문 안에 있다. 바울은 이러한 문제의 본질을 정확하게 인식하고 있다. 곧 이 문제는 이들이 복음(1:17-2:16)과 교회 그리고 순회(巡廻) 교사의 역할을 잘못 인식함으로써 비롯된 것이다. 그리고 바울은 이 순서대로 문제를 하나씩 다루어 간다. 현상적으로 드러나 있는 문제는 두 번째로 등장하는 반면 실제로 바울 자신과 관련된 문제 - 이방인 사도로서의 권위 - 는 마지막(4:1-21)에 소개된다. 궁극적으로 문제가 되는 것은 순전한 복음 그 자체이다. 따라서 바울은 그의 반론을 이곳에서부터 시작하는 것이다.

이 문제는 그들의 "지혜"와 하나님의 "지혜" 사이의 대결구도 안에서 표현된다. 이 안에서 모든 인간의 지혜에 대한 자만은 철저하게 의문시된다. 바울의 서신서에서 헬라 어휘 크리스토스(Χριστός)가 칭호로 굳어진 "그리스도"로 번역되기 보다는 유대교의 "메시아"로 번역되어야 하는 곳이 두 곳이 있는데 1:18-25이 그 중 하나이다.[45]

이 본문 안에서 이 칭호가 처음으로 나타나는 곳은 13절과 17절이다. 바울이 "그리스도께서 어찌 나뉘었느뇨?"[46]라는 수사적 질문을 통해서 바울이 무엇을 의도했는지 정확히 알 수는 없다고 하더라도 최소한 그가 직면한 문제의 기독론적/구원론적 함의를 제시함으로써 고린도인들의 다툼에 대응하려고 했다는 것은 틀림없다. 내가 주목하고 싶은 것은 이미 기독론적 칭호로 굳어진 "그리스도" 칭호가 12절에서 시작하여 예레미야서를 인용하는 31절까지 계속 사용된다는 점이다. 그리고 이 곳에서 그리스도는 칠십인경의 호 퀴

---

45) 또 하나의 구절은 롬 9:5이다. N. Dahl, *Jesus the Christ: The Historical Origins of Christological Doctrine* (Minneapolis: Fortress, 1991), 16은 이러한 주장에 반대한다. N. T. Wright는 크리스토스(Χριστός)가 주로 "메시아"로 번역되어야 한다고 주장한다(그의 책 *Climax of the Covenant*, 41-55에 실린 "CRISTOS as 'Messiah' in Paul: Philemon 6"을 보라).

46) 문맥에서 바울은 이 질문을 통해 부조리한 결론을 유도함으로써 오히려 자신의 논리를 증명하려는 의도를 가지고 있는 것으로 보인다. 곧 그리스도는 이제 나누어져 그 결과로 각 그룹은 각각 그리스도를 소유했다고 주장하거나(비록 드러내놓고 그렇게 하는 것은 아니지만) 혹은 현재 다툼의 결과로 그들 자신의 "그리스도"를 소유하게 되었다는 결론에 도달하게 되는 것이다.

리오스=아도나이=여호와와 동일시된다.

그러나 이 용법에 대한 관점은 17절에서 급변하여 보다 구체적인 관점이 된다. 다시 말해 12, 13 그리고 17a절에 사용된 "그리스도"는 모두 부활하시고 승귀하신 그리스도를 의미한다. 이 점은 특별히 17절에서 명백해지는데 이곳에서 바울은 "그리스도께서 복음을 전하게 하려고 나를 보내셨다"고 진술한다. 여기서 그가 보내심을 받아 전해야 하는 복음은 그리스도를 그 내용으로 담고 있는 "그리스도의 복음"이다. 그리고 이러한 용법의 변화와 함께 나머지 2:5까지 바울이 주장하는 것은 인간 예수, 곧 십자가에 못 박히신 하나님의 메시아이다.

바울에게 있어서 중요한 것은 크리스톤 에스타우로메논(Χριστὸν ἐσταυρωμένον, 십자가에 못 박히신 메시아)을 선포하는 것이다. 이것은 본질적으로 (의도적으로) 유대와 헬라의 세계관 모두를 모욕하는 것이다. 즉 어떤 사람(메시아의 권능이 나타나기를 바라는 유대인)에게 십자가에 못 박히신 메시아는 극도의 수치이며 또 어떤 사람("지혜"를 찾는 헬라인)에게 이러한 메시아는 어리석음의 극치가 된다. 그럼에도 불구하고 바울은 이러한 그리스도를 전한다. 왜냐하면 유대인과 헬라인에게 수치와 어리석음이 되는 것이 실상은 이 세상에서 일하시는 "하나님의 능력이자 하나님의 지혜"이기 때문이다. 보다 구체적으로 십자가에 못 박히신 그리스도는 "표적을 구하는" 자들에게 하나님의 능력이며 "지혜를 찾는" 자들에게는 하나님의 지혜가 된다(22절).

이 주장이 대개는 구원론적인 관점을 반영하고 있지만 이것은 또한 기독론적인 관점을 암시하고 있다. 실제로 이 부분은 바울이 그리스도의 인간됨의 실재성을 강조하는 몇 안되는 구절들 가운데 하나이다. 바울을 보내신(17절) (이제는) 천상의 그리스도는 극도의 낮아지심을 경험하고 구원하고자 하는 사람들로부터 버림을 받으셨던 하나님의 지상의 메시아인 것이다. 그러므로 이들 본문들을 통해 알 수 있듯이 가현주의(doceticism)에 가까운 관점으로 바울의 기독론을 이해한다는 것은 불가능하다.

3) 부기: 십자가에 못 박히신 메시아와 유대교의 지혜 사상

비록 현재 우리가 다루고 있는 본문에 구원론적 강조점이 두드러짐에도 불구하고 많은 학자들은 24절과 30절을 고린도전서 8:6에 나타난 -

앞서 언급한 - 지혜론적 해석을 위한 근거로 이해함으로써 이 구절들을 기독론적으로도 이해할 수 있다고 생각한다. 이러한 맥락에서 어떤 이들은 8:6에 관하여 "이 지점에서 사실상 바울은 이미 고린도전서 1:24과 30절에서 그리스도를 하나님의 지혜와 분명하게 동일시하고 있다는 것을 상기할 필요가 있다"고 말한다.[47] 그러나 특별히 사전(事前)에 지혜에 관해 무엇인가를 말하려고 하는 의도 없이 본문만을 그대로 놓고 본다면 1:24을 이런 식으로 이해할 수 있을지는 매우 회의적이다. 중요한 것은 신약학계에서 (특별히 최근 수십 년간) 매우 쉽게 이 지점에서 가정해버리는 인격화된 지혜를 고린도인들이 과연 인식할 수 있었겠는가 하는 것과 혹은 어떻게 그렇게 할 수 있었겠는가 하는 점이다. 던(Dunn)과 여러 학자들은 "지혜"가 그리스도께서 인격화된 지혜와 선재(先在)의 지혜 라는 두 가지 역할을 담당하신 것을 가리키고 있다고 주장하지만 과연 "지혜"를 순전히 반어적으로 십자가에 못 박히신 그리스도에게 적용하는 것을 어떻게 고린도인들이 긍정적인 것으로 이해할 수 있었겠는가?[48] 이와 같은 주장은 고대와 현대의 독자 모두에게 마땅히 기대할 수 있는 것 이상을 요구하는 것이다. 실제로 다음 몇 가지 점에서 이러한 주장은 전혀 설득력이 없다.

① 바울은 "그리스도는 하나님의 지혜"가 된다는 것을 단편적으로 말하지 않는다. 이 구절(24절)에서 "그리스도"는 문장의 서두(23절)에 사용된 "십자가에 못 박힌 그리스도"와 동격을 이룬다. 어쨌든 "우리가 십자가에 못 박힌 그리스도를 전하니 유대인에게는 거리끼는 것이요 이방인에게는 미련한 것이로되 오직 부르심을 입은 자들에게는 유대인이나

---

47) Dunn, *Theology of Paul*, 274. 이런 가정은 불가피하다. 왜냐하면 이런 가정이 없다면 아무도 8:6의 배경에 "지혜"가 있다고 볼 사람은 없기 때문이다. 공정하게 말해서 많은 학자들(예를 들어 A. M. Hunter, *The Gospel according to Paul* 〈Philadelphia: Westminster, 1966〉, 67-68; J. Ziesler, *Pauline Christianity* 〈rev. ed.; OBS; Oxford: Oxford University Press, 1990〉, 34; Matera, *New Testament Christology*, 94)과는 달리 Dunn은 최소한 바울이 신적 지혜를 못박히신 그리스도에게 돌린다는 점은 인식하고 있다. 그러나 이 경우에도 Dunn은 24절을 구원론적인 진술이 아니라 기독론적인 진술로 취급한다. 특별히 여기서 Dunn이 "지혜"를 대문자로 쓰고 있다는 것을 주목해 보라. 본문 1:18-31을 있는 그대로 석의(釋義)하는 사람이라면 누구라도 그렇게 할 생각도 못할 것이다.

48) Dunn, *Theology of Paul*, 274를 보라. "1:24과 30절은 말할 것도 없고 고전 8:6에 선재 사상이 담겨 있다고 할 수 있겠는가? 물론이다." "물론" 8:6만 본다면 그의 주장이 일리가 있다. 하지만 십자가의 죽음을 언급하는 1:24과 30절에서 선재사상을 생각한다는 것이 가능이나 한 것인가?

헬라인이나 그리스도의 인격은 하나님의 능력이요 인격화된 지혜"라고 바울이 주장하고, 더 나아가 다음 문장 처음 부분에서 "하나님의 미련한 것(즉 인격화된 지혜)이 사람보다 지혜 있고 하나님의 약한 것이 사람보다 강하니라"라고 말하면서 앞서의 반어적 표현을 설명하고 있다는 가정은 성립될 수 없다. 그것은 넌센스이며 또한 그렇게 간주되어야 한다. 23절로부터 취한 못 박히신 메시아의 개념을 인격화된 유대교의 지혜와 동일시하기 위해 사용한다는 것은 학자로서 무책임한 짓이다.

② 특별히 "지혜"가 정말 바울의 어휘인지 또한 그러므로 바울이 그리스도를 유대교 지혜사상의 관점에서 이해하고 있었는지 매우 의심스럽다.[49] 언어상의 자료들은 이 문제에 관해 많은 것들을 설명해 주는데 명사 소피아(σοφία)와 동족 형용사 소포스(σοφός)는 바울 서신 전체에서 44번 사용되었는데 이들의 대부분은 경멸조로 사용되었다. 고린도전서에 28번이 사용되었으며 그 중 26번은 1-3장에 나타난다.[50] 나머지 16번의 사용 가운데 고린도후서 1:12에 유사한 경멸조를 띤 채로 한 번 사용되며 또한 골로새서와 에베소서에 10번 사용되는데 이곳에서 이 언어는 거짓된 가르침이 보여주는 "분별없음"의 특성을 보여주고 있다. 그 외 바울 서신서에는 고작해야 이 언어가 5번 사용되고 있는데 그 중에 한 경우만 명사로 사용되었다(롬 11:33, 이곳에 사용된 명사는 하나님의 본성으로의 지혜라는 구약의 용례를 반영해 주고 있다). 그러므로 이러한 통계자료는 그 자체로 무엇을 주장한다기 보다는 "지혜"가 고린도의 현상이며 바울은 하나님의 미련한 것[51]에

---

49) 이것은 예를 들어 Witherington의 입장과는 대조적이다. 이 문제에 있어 그의 입장은 (다른 사람들에 비해) 단호하게 "(바울)은 그리스도를 육신으로 오신 지혜로 보았다(cf. 고전 1:24)"라고 주장한다("Christology," 103). 참고적으로 S. Kim은 나메섹 도상의 경험에 관하여 "바울 (자신은) … 처음부터 그리스도를 지혜와 '동일시'하였다!" (*Origin of Paul's Gospel*, 130 각주 3)고 말한다.

50) 나머지 둘(6:5; 12:8)은 이곳에서 제기된 문제를 상기시켜준다. 6:5에서 바울은 "너희 가운데 그 형제간 일을 판단할만한 지혜 있는 자가 이같이 하나도 없느냐?"하고 묻고 있는데 이는 직설적인 반어법으로 1-3장에 소개되는 고린도인 자신의 주장에 근거한 것이다. 반면 12:8에서 바울은 공동체 안에 나타난 성령의 나뉘심을 나열하고 있다. 이 목록에서 바울은 먼저 고린도에서 매우 중요하게 여겨지던 두 개의 항목부터 소개한다. 로고스 소피아스(λόγος σοφίας)와 로고스 그노세오스(λόγος γνώσεως). 이것은 고린도인들에게 성령의 생생한 생명력을 공동체 안에서 불러일으키기 위함이다("유익하게 하려 하심이라"〈12:7〉).

51) 하나님의 미련한 것이란 하나님께서 우선 못 박히신 메시아를 통해 그들을

호소함으로써 이 문제를 해결하려고 하는 것이다. 왜냐하면 하나님의 미련한 것이란 결국 고린도인들을 구원한 복음이 어떤 형식으로든 소피아와 혼동될 수 없다는 것을 증언하고 있기 때문이다.[52]

③ 더욱이 이 문맥에서 "지혜"는 유대인이 아니라 헬라인에게 속한 것으로 표현되고 있다. 사실상 바울의 주장 가운데 이미 "지혜"를 갖추고 있는 고린도인들이 유대의 지혜 전통에 관심을 가지고 있었다는 것을 암시해 주는 단서는 전혀 없다.[53] 20절과 22-24절이 분명히 보여주듯이 "지혜와 미련한 것"이 아니라 "능력과 약한 것"이 유대인들에게 속한 것들이었다. 다시 말해 바울이 못에 박히신 메시아를 선포하는 것을 통해 가장 곤혹스러웠을 사람들은 바로 지혜를 추구하고 있던 헬라인들이었다. 그러므로 헬라인들의 미련하다고 느끼는 것과 유대인의 꺼려하는 것에 대한 하나님의 대응을 소개하면서 오히려 바울이 (유대인은 차치하고라도) 헬라인들에게 - 하나님의 지혜가 이 세상에서 일하고 있는 것으로서 - 인격화된 유대교의 지혜를 추구하라고 말했을 것 같지는 않다. 도리어 바울의 전체적인 논증은 반어적 표현으로 가득하다. 하나님의 지혜는 정확히 못 박히신 메시아처럼 어리석어 보이는 것 안에 자리한다. 만약 이 언어가 헬라인의 지혜 추구의 어리석음에 질타하기 위해 채택된 것이라면 고린도인들이 어떻게 이 언어를 통해서 기독론적인 주장을 어떻게 발견할 수 있었겠는가?

④ 이 문구에 대한 논의에서 종종 간과되는[54] 것은 바로 바울이 사실상 십자가에 못 박히신 분을 "하나님의 지혜"라고 부르지 않는다는 사실이다. 도리어 그는 못 박히신 분에 대한 선포가 - 하나님을

구원셨으며(1:18-25), 둘째로 고린도에서 "아무것도 아닌 자들"을 선택하셔서 하나님의 새로운 종말론적 백성이 되게 하셨고(1:26-31), 셋째로 개인적인 연약함 중에 있는 바울의 선포를 통해서 그들을 부르셨음을 뜻하는 것이다(2:1-5). 자세한 논의는 Fee의 주석 해당 구절들을 참조하라.

52) 실로 바울은 확고하게 "하나님의 (본성으로의) 지혜에 있어서는 이 세상이 자기 지혜로(디아 테스 소피아스〈διὰ τῆς σοφίας〉) 하나님을 알지 못하는 고로"라고 선포한다(21절). 그런데 그가 입장을 바꾸어 그리스도는 "지혜"이며 사람이 이 지혜를 통하여 하나님을 알 수 있다고 말한다는 것은 있을 수 없다.

53) 반대 입장으로는 J. A. Davis, *Wisdom and Spirit: An Investigation of 1 Corinthians 1.18-3.20 against the Background of Jewish Sapiential Traditions in the Greco-Roman Period* (Lanham, Md.: University Press of America, 1984)를 보라.

54) 그러나 Richardson (*Paul's Language*, 122-23)은 이 점을 분명히 포착하고 있으며 더 나아가 하나님의 참된 에이콘(εἰκών)이 십자가에 못 박히신 분을 통해 계시된다고 주장한다.

발견하려는 모든 인간의 노력과는 다른 - "하나님의 능력이자 하나님의 지혜"라고 말한다. 두 가지 요점이 언급될 필요가 있다. 첫째로 "일상적인 소유격"(vernacular possessive)의 사용은 능력이나 지혜가 아니라 하나님을 강조하고 있다.[55] 다시 말해 바울은 그리스도께서 (이제는 인격화된) 곧 하나님의 지혜라고 말하고 있는 것이 아니다. 오히려 순전히 인간적인 관점에서 볼 때 어리석고 약해 보이는 못 박히신 메시아가 겉으로 보이는 것과는 달리 사실은 하나님의 능력이며 하나님의 지혜라고 바울은 선포하고 있는 것이다. 이러한 이해는 바울이 다른 곳에서 보여주는 일상적인 소유격의 용법과 정확하게 일치한다.[56]

둘째로 이 문구는 22-23절에 대한 직접적인 대답이기 때문에 단일 표현으로 이해되어야 한다. 만약 이곳에서 바울이 (그리스도가 "하나님의 지혜"임을 암시하면서) 기독론적인 내용을 의도했다면 그리스도를 인격화된 신적 능력으로 이해하는 "뒤나미스(δύναμις) 기독론"은 배제한 채로 "소피아(σοφία) 기독론"만을 주장하는 이유는 무엇인지를 반문하는 것은 정당한 질문일 것이다. 결국 이 의문은 교차병행(chiasm)이 나타나는 25절까지 계속해서 우선적으로 제기되는 질문이다. 물론 그 이유는 그렇게 할 별다른 이유가 없기 때문이다. 단도직입적으로 말해서 인격화된 지혜를

---

[55] 흥미롭게도 이 요점은 바울의 관심인 것이 분명함에도 연구 문헌에 거의 언급된 적이 없다. 그러나 "하나님에 관한 바울의 언어"에 대한 그의 관심으로부터 Richardson은 이 점을 언급하고 있다(*Paul's Language*, 108-9). 또한 "일상적인 소유격"이라는 용어에 대해서는 E. A. Abbott, *Johannine Grammar* (London: A. & C. Clark, 1906), 401을 보라. 이 경우에 특별히 이 문구 데우 소피안(θεοῦ σοφίαν)과 21절에서 바울이 이 용어를 소개하는 방식, 곧 "하나님의 지혜"(엔 테 소피아 투 데우 디아 테스 소피아스 톤 데온⟨ἐν τῇ σοφίᾳ τοῦ θεοῦ διὰ τῆς σοφίας τὸν θεόν⟩) 사이의 차이를 주목해 보라. 후자의 경우는 전자의 의미를 더욱 분명히 표현해 주고 있다. 다시 말해 바울은 십자가에서 표현되는 하나님의 본성에 관해 말하고 있는 것이다. 이들 구문에서는 인격화에 대한 어떠한 단서도 찾을 수 없다.

[56] 특별히 고전 3:9(데우 가르 에스멘 쉬네르고이, 데우 게오르기온, 데우 오이코도메 에스테⟨θεοῦ γάρ ἐσμεν συνεργοί, θεοῦ γεώργιον, θεοῦ οἰκοδομή ἐστε⟩)를 보라. 이곳에서 바울은 하나님의 소유를 매우 강조하고 있다. 곧 "우리는 하나님의 동역자들이요 (의미: 우리는 모두 고린도 안에서 교회를 세우시는 하나님 활동의 동역자라는 구체적 표현이다) 너희는 하나님의 밭이요 하나님의 집이라." 전체 문맥은 여기서 바울이 일상적인 소유격을 사용하고 있는 이유를 분명히 말해 준다. 곧 바울은 결론적으로 바울이나 아볼로 혹은 고린도인들에게 속한 것이 아니라 모든 것이 하나님께 속한 것임을 주장하는 것이다. 비록 덜 강조되어 있지만 분명한 소유격 크리스투 둘로스(Χριστοῦ δοῦλος, "그리스도의 종")가 갈 1:10에서 발견된다.

이곳에서 발견한다는 것은 본문을 있는 그대로 읽음으로써 얻게 되는 결론이 아니라 본문과는 상관없는 선제적 의도, 곧 고린도전서 8:6에서 "지혜"를 주장하기 위한 근거를 발견하려는 의도에서 비롯된 것이다. 이 문구는 못 박히신 메시아가 헬라인에게 대하여는 구원에 이르게 하는 하나님의 지혜가 된다고 주장한다. 그런데 이 문구로부터 일부를 떼어내 그것을 유대교 지혜(못 박힌 적 없는 그리스도가 헤 소피아 투 데우〈ἡ σοφία τοῦ θεοῦ〉=하나님의 지혜이다)에서 파생된 것으로 추정되는 기독론적인 진술을 설명하기 위해 사용하는 것은 바울의 언어를 잘못 사용하는 것이다.

⑤ 만약 바울이 이처럼 유대교 지혜전통에서 파생된 지혜와 그리스도를 동일시하려는 의도를 가지고 있었더라면 전체 바울 서신에서 이 문구는 매우 낯설고 이색적인 용례가 되었을 것이다.[57] 다른 곳에서 바울이 지혜문학을 사용하는 방식을 통해서 볼 때 바울이 학자들이 추정하는 방식으로 사색적인 지혜를 사용했을 것이라고는 생각하기 어렵다. 구약에 있어서 주요 성경 이야기에 주된 관심을 보이고 있기 때문에 바울이 지혜전통을 인용하거나 혹은 그것을 암시하는 경우는 거의 없다.[58] 그러나 혹시라도 그렇게 할 경우에도 바울은 본문 그 자체에서 나타난 것과 같은 목적을 표현하기 위해 그렇게 한다.[59]

마지막으로 언급되어야 하는 것은 만약 유대교 지혜가 혹시라도 이 문구의 배경에 놓여 있다면 이곳에 사용된 뒤나미스(δύναμις)와 소피아(σοφία)는 하나님의 본성으로서의 "능력과 지혜"를 말하는 예컨대 욥기 12:13[60]와 같은

---

57) 어떤 이들은 인격화된 지혜가 골 1:15-17의 배경에 놓여 있을 것이라고 주장할지도 모른다. 그러나 이 본문이 논의될 때 다시 말하겠지만 이렇게 이해될 가능성은 훨씬 희박하다. 왜냐하면 이곳에서는 소피아라는 용어는 전혀 나타나지 않으며 지혜의 언어를 사용했을 것이라는 추정은 단도직입적으로 사실이 아니다. 부기 pp. 481-492를 보라.
58) 충분한 자료와 논의는 부록 A를 보라.
59) 다시 말해 도덕적 (혹은 죄 된) 행실 (롬 3:10; 12:20), 홀로 지혜를 가지신 하나님의 위대하심(롬 11:33), 그리고 하나님과 지혜를 겨루려는 어리석음(고전 3:19) 등을 표현하기 위해 바울은 지혜문학을 암시하거나 인용한다.
60) 욥 12:13은 이와 같다. 파르 아우토 소피아 카이 뒤나미스 아우토 부레 카이 쉬네시스(παρ' αὐτῷ σοφία καὶ δύναμις αὐτῷ βουλὴ καὶ σύνεσις, 지혜와 권능이 하나님께 있고 모략과 명철도 그에게 속하였나니). 이 본문의 중요성은 바울이 이 본문을 반영하고 있다기보다는 오히려 지혜가 인격화되어 있지 않은 채로 지혜문학 가운데 이 두 단어가 함께 사용되고 있다는 점이다. 잠언 3:19-20도 정확히 이와 같은 경우에 해당한다("주는 지혜로 땅을 세우셨으며").

본문을 반영하고 있다고 보는 것이 더욱 그럴듯한 추정일 것이다. 바울이 고린도인들에게 주장하기를 이러한 신적 본성은 "못 박히신 메시아"라는 극도의 모순된 어법을 통해 충분히 우리에게 알려졌다. 지혜문학과 바울이 같은 방식으로 하나님에 대해 언급하고 있다는 것은 단지 우연의 일치일 뿐이다. 또한 여기서 기억해야 할 것은 이 경우에도 "지혜"라는 어휘는 바울이 아니라 고린도인들의 의도에서 비롯된 표현이라는 것이다.

끝으로 바울은 이 본문에서 기독론 그 자체에 대해서는 거의 언급하고 있지 않다. 다만 바울은 인성을 지니신 하나님의 메시아가 수치를 당하게 되리라는 점만을 언급할 뿐인데 이것은 유대인들이 가지고 있었던 메시아에 대한 기대를 뒤집어 엎는 것이었다.[61] 이러한 관점에서 바울 자신은 성경 이야기에 깊이 뿌리를 내리고 있는 한 오랜 전통에 부합하는 분으로 메시아를 이해하게 된다. 이 전통 속에서 하나님께서는 계속해서 임신하지 못하는 여인과 어리고 연약한 아들을 선택하여 신적인 씨를 전달하는 통로가 되게 하신다. 고린도인들 - 불행하게도 교회사에 있어서 이들은 많은 후손을 보게 된다 - 이 열망하는 승리주의(triumphalism)는 결코 하나님의 계획하신 바가 아니다. 빌립보서 2:6-8에서 바울이 되풀이해서 들려주는 그리스도의 이야기처럼 바울은 "하나님의 미련한 것"이 우리(단순한 인간)의 지혜보다 낫다는 점을 매우 일찍부터 인식하게 되었다. 이처럼 비록 이곳에서 기독론적인 요점은 발견할 수 없지만 하나님께서 주신 메시아, "종의 형체로" 하늘로부터 이 땅에 오신 메시아의 "낮아지심"은 바울에게 그 자체로 완전한 기독론적 관점이다(또한 고후 8:9을 보라. 그리고 갈 4:5-6; 롬 8:3 등과 비교해 보라). 25절에서 바울이 말해주듯이 오직 하나님만이 그러한 거리끼는 것을 제하고 자랑을 위한 인간의 모든 허식을 파하기에 충분한 지혜와 능력을 소유하신다.

4) 고린도전서 1:30; 2:7

1:24에 대한 구원론적이며 비기독론적인(nonchristological)[62] 해석은 더 나아가 30절에 의해 확증된다. 감정에 호소하는 26-31절의 마지막 부분에서 바

---

61) 이 주제에 대해서는 제14장 pp. 779-786을 보라.
62) 물론 바울에게 있어서 기독론은 구원론과 결코 분리될 수 없다는 항변이 언제나 따르기 마련이다. 아래 제11장을 보라.

울은 그가 24절에서 언급한 내용을 다시 한 번 반복한다.

1:30 ἐξ αὐτοῦ [θεου] δὲ ὑμεῖς ἐστε ἐν Χριστῷ Ἰησοῦ, ὃς ἐγενήθη σοφία ἡμῖν ἀπὸ θεοῦ, δικαιοσύνη τε καὶ ἁγιασμὸς καὶ ἀπολύτρωσις
너희는 하나님께로부터 나서 **그리스도 예수 안에** 있고 예수는 하나님 께로서 나와서 우리에게 **지혜와 의로움과 거룩함과 구속함이 되셨으니**

하나님께서 그리스도가 "우리에게 지혜"가 되셨다고 다시 확언한 후에 바로 이어 이 진술을 한정한다. 바울이 이 진술을 하면서 인격화된 지혜를 염두에 두고 있었을지도 모른다는 오해를 고린도인들이 갖지 않도록 한다. "우리에게 지혜"가 되셨다는 표현은 그리스도의 구속 사역의 관점에서 다시 한 번 명확하게 진술된다. 곧 의로움/칭의, 거룩함 그리고 구속[63] 이 세 개의 명사는 이 서신서 뒷 부분에서는 "구원의 동사"(6:11) 혹은 비유로서 표현된다(6:20).

결국 바울은 고린도인들로 하여금 믿음을 갖게 해 주었던 자신의 사역과 이들을 매료시킨 "지혜"는 아무런 관련이 없다는 것을 장황하게 역설하였다. 그 후에 바울은 2:7에서 다시 한 번 지혜는 실로 그가 선포하는 복음 안에서 발견될 수 있다고 주장한다. 그러나 이 지혜는 (원래는) "감추어진 지혜"이다. 왜냐하면 이 지혜는 인간의 지혜와는 대조적으로 오직 성령의 계시로만 알 수 있는 지혜이기 때문이다(10절). 또한 전체 문맥과 특별히 12절은 (카리조마이⟨χαρίζομαι⟩를 사용함으로써) 하나님의 지혜는 십자가에서 발견될 수 있다는 것을 암시한다. 다시 말해 이 지혜는 유대교 묵시(apocalyptic)에서처

---

63) B. Witherington⟨*Jesus the Sage: The Pilgrimage of Wisdom* ⟨Minneapolis: Fortress, 1994⟩, 310-11⟩은 이러한 이해를 다음과 같은 방법으로 외면하고자 한다. 그는 (1) 엔 크리스토 예수(ἐν Χριστῷ Ἰησοῦ)를 수단을 의미하는 것으로 해석한다 (이것은 가능하기는 하지만 이 구절에서는 어색한 해석이 된다). (2) 그는 또한 전체 문장이 강조하고 있는 관계사절을 괄호로 처리해 버렸다. 그리고 (3) 그는 지혜와 동격 관계에 있는 세 개의 명사를 "너는~이다" 문장의 보어로 치부해 버렸다. 그리하여 이 문장은 "하나님께로서 난 *너희*는 (하나님께서 너희를 위해 지혜가 되게 하신) 그리스도를 통하여, 의로움과 거룩함과 구속함이 된다"(이탤릭체와 콤마는 Witherinton에 의한 것이다). 그가 주장하는 것처럼 이것은 "자연스러운 문법"이라기보다는 본문의 분명한 의미를 에두르고자 하는 하나의 "번역"으로 보인다. 그러나 바울의 서신서에서 호스(ὅς)구문이, 더욱이 선행사 바로 뒤에 따라오는 호스 구문이 삽입구적으로 사용된 적이 있는가?

럼 적절한 때에 계시될 것을 기다리며 "감추어져" 있는 것이다. 그러나 이곳에서 인간으로서의 그리스도는 전혀 시야에 들어와 있지 않다.[64] 바울이 의도하는 것은 십자가에서 발견되는 하나님의 미련함이 실상은 지혜로 간주될 수 있다는 것을 보여줌으로써 고린도의 비판가들에게서 "지혜"를 되찾는 것이다. 그리고 이 지혜는 이제 하나님의 본성으로서의 지혜이며 오직 하나님의 성령을 받은 자들만이 그렇게 인식할 수 있다. 결국 바울에게 그리스도는 현재 고린도인들을 매료시키고 있는 지혜와는 날카로운 대조를 이루는 하나님의 지혜이다. 이것은 바울이 자신과 고린도인들의 유익을 위해 나중에 이용하기 위해 그리스도의 의미를 긍정적으로 해설하고 있다는 뜻이 아니다 (8:6에는 지혜가 언급되지도 않는다). 이러한 시도는 고린도전서나 혹은 그의 서신서 어디에도 나타나지 않는다. 그러므로 인격화된 지혜의 개념을 가지고 본문을 고찰하는 것은 결국 부정적인 결과만을 가져올 뿐이다. 바울은 이곳에서나 혹은 그의 서신서 어디에서도 "그것"에 대한 어떤 희미한 암시도 남기지 않는다. 쉽게 말해 인격화된 지혜는 바울의 생각 속엔 존재하지 않는다.

5) 고린도전서 15:23-28

고린도전서 8:6과 1:24, 30절이 "지혜 기독론"과 관련이 있는 것은 아니라고 해도 이 구절들은 모두 유대교 메시아 사상을 배경으로 하고 있는 것으로 보인다. 전자의 경우에 있어서 이 사상은 하나님 "아버지"의 호칭 속에 내재되어 있는데 이는 그리스도가 그의 "아들"이심을 암시하고 있기 때문이다. 후자의 경우에는 전체 본문이 유대인들의 메시아 기대에 대한 신적인 개정(改正)과 이 개정, 곧 "못 박히신 메시아"에 대한 그리스-로마인들의 혐오감에 예고(豫告)되어 있다. 이 편지의 끝 부분에서 바울은 이 메시아의 주제를 다시 한 번 언급할 것이다. 이곳에서는 - 1:24, 30과는 대조적으로 - 메시아적 왕이자 하나님의 아들이신 그리스도의 개념이 바울의 현재 그리고 미래적 종

---

[64] "하나님의 지혜이신 그리스도에 관해 숨겨지고 신비한 무엇인가가 있다는 것을 고전 2:7은 말하고 있다"고 Ziesler는 주해한다(*Pauline Christianity*, 34). 그러나 이러한 이해는 바울의 생각과는 한참이나 다르다. 이곳에서 하나님의 지혜는 인격화되지 않는다. 이 지혜는 정확하게 못 박히신 메시아라는 (인간적인 관점에서 볼 때) 어리석음 안에서 발견된다. 바울이 앞으로 지금부터 계속 주장하듯이 이 지혜는 오직 성령의 도움으로만 알 수 있다.

말론에 있어서 어떤 역할을 하고 있는지가 반영되어 있다.

고린도전서 15장에서 문제가 되는 것은 고린도인들의 종말에 대한 것이었다. 곧 고린도인들 중 얼마는 신자의 미래적 몸의 부활을 부정하였다. 이 문제에 대한 바울의 첫 번째 반응은 그리스도의 몸의 부활에 대한 목격자들 - 자신을 포함하여 - 의 증언을 반복하는 것이었다(5-11절). 그가 다음으로 그리스도의 부활은 우리의 부활을 위해 필요할 뿐만 아니라 필연적인 것으로 작용하게 된다고 바울은 주장한다(20-28절). 바울은 개인적인 관계에 기초하여 이렇게 자신의 주장을 시작하고(12-19절) 결론을 맺고 있다(29-34절). 35-58절에서 바울은 고린도인들이 부정하는 부활 특히 죽은 신자의 부활이 갖는 "육체적" 본성에 대해 언급한다.

12-19절에 사용된 "만일 - 아니라면"이라는 구체적인 표현들에 반해 본 문단(20-28절)은 강조적인 "그러나 이제"(뉘니 데⟨νυνὶ δέ⟩)로 시작한다. 만약 죽은 자의 부활이 없으면 그리스도 다시 살지 못하셨을 것이며, 또한 그리스도께서 다시 살지 못하셨다면, 우리의 전파하는 것이나 너희의 믿음이 다 헛것이며, 우리는 여전히 죄 가운데 거하여 아무 소망도 없을 것이며 결국 하나님은 거짓말쟁이로 판명될 것이다. "그러나 이제" 그리스도께서 죽은 자 가운데서 다시 살아 장차 임하게 될 마지막 날 추수의 "첫 열매"가 되셨다. 이 본문에 나타난 바울의 유일한 관심사는 신자의 미래적 부활, 곧 부활의 필요성과 필연성이다. 그 밖에 모든 것은 이 관심사에 종속된다. 그리고 부활의 필요성과 필연성 모두는 본 문단의 시작부에서 바울이 아담과 그리스도를 대조할 때 예고되어 있다. 아담의 죄는 하나님과 그의 본성에 반하는 무엇인가 - 곧 죽음 - 를 이 세상에 흘러들어오게 하였다. 또한 그리스도의 죽음과 부활은 아담에 의해 시작된 것을 필연적이고 불가피하게 뒤집어엎게 할 무엇인가를 이 세상에 들여놓았다. 이것이 바울의 유일한 관심사이지 단지 관련된 사건들을 순서대로 나열하는 것이 아니었다.[65]

---

65) 사실 어떤 해석은 에페이타에이타(ἔπειτα εἶτα) 두 부사 사이에서 바울이 일시적인 메시아의 통치를 마음속에 그리고 있었다고 제안한다. 그러나 이러한 해석은 바울의 논지를 흐트러뜨릴 뿐이다. 바울에게 그러한 믿음이 있었는지는 말할 수 없다. 왜냐하면 바울이 그러한 질문에 대해 언급한 적이 없기 때문이다. 그러나 바울이 이 두 개의 부사를 사용했다는 것으로 이러한 주장을 하는 것은 본문으로부터 바울의 관심사를 읽어내는 것이 아니라 관련없는 것을 본문에 강요하여 결국 메시아적 통치 자체가 두 부사 사이에 존재한다고 말하는 것이다. 이러한 논리는 적절하지도 않을 뿐더러 지나치게 상상의 나래를 펴게 하여 본문 안에 내재된 바울의 관심사를

우리의 논의에 있어서 다음 세 가지 바울의 용법에 있어서 다음 세 가지 문제가 흥미롭다.[66) 첫째로 본문에서 바울은 이미 칭호로 굳어져 버린 크리스토스(Χριστός, 그리스도)를 지배적으로 많이 사용하고 있다. 1절부터 27절까지 바울은 "그리스도" 칭호를 배타적으로 사용하고 있다 - 모두 13번(고린도전서 전체에서 사용된 횟수의 1/4에 해당하는 횟수이다). 더욱이 "그리스도" 칭호는 4-8절에서는 다섯 개나 되는 수동태 동사의 주어로 가정되어 있다("장사지낸 바 되었다가," "보이시고"). 둘째로 이 문단에 사용된 대명사들의 지시대상은 다소 불분명해 보인다. 하지만 마지막 부분에 가서는 그 구체적인 지시어가 "아들 자신"임을 알게 된다. 셋째, 우리의 본문에서, 지배적인 "그리스도" 칭호와 28절(이곳에서 아들이신 그리스도께서는 "하나님 아버지께" "나라를 바칠" 것이다)에 사용된 "아들" 칭호 사이에서, 곧 24-25절에서 바울은 다음과 같은 흥미로운 진술을 하고 있다. 이제 마지막 원수인 "사망"이 부활을 통하여 멸하게 되는 "끝날"이 올 때까지 "그가 불가불 왕 노릇 하실 것이다."

비록 신자의 미래적 몸의 부활이 이곳에서 주된 관심사이기는 하지만 시편 110:1(25절)과 시편 8:6(27절)이라는 두 "인용문"이 바울의 논증에 있어서 수행하는 역할을 고려해 볼 때, 전체 문단은 유대 메시아 사상이라는 틀 안에

파악하는 것에 실패하게 한다. 에이타(εἶτα)가 본래 시간적인 연속성을 표현하는 부사라는 데에는 의문의 여지가 없다. 그럼에도 불구하고 이곳에 나타난 바울의 관심은 사건의 시간적 순서에 있는 것이 아니라 "논리적" 순서에 있다. 다시 말해 "그렇다면"(then)은 파루시아(Parousia)의 때에 발생하게 될 것과 관련이 있다. 그때에 죽은 자의 부활이 있을 것이다. 이것이 의미하는 것은 하나님의 최후의 적이 정복되었다는 것이다. 이때 남은 것은 아들이 "나라"를 아버지께 돌려 드림으로써 하나님께서 모든 것이 되시며 또한 모든 것 안에 계시게 하는 것이다. 바울에게 별로 중요하지 않아 보이는 것들에 대한 논의들을 포함하여, 이러한 해석에 반대하는 입장에 대해서는 Kreitzer, *Jesus and God*, 134-54를 보라. 한 편 본문에 대한 그의 기독론적인 독법은 사건을 시간적으로 나열하는 것에 의존하고 있지 않은데 이는 매우 유용하다.

66) 21-22절에 사용된 아담/그리스도 유비/대조에 대한 논의는 pp. 197-199 을 보라. 유비/대조라는 항목은 현재 우리의 논의에서 제외된다. 이는 부분적으로 이것이 메시아 주제가 아니기 때문이며 또한 부분적으로 유비/대조의 주제는 분명한 논조를 가지고 바울 서신서에 두 번 더 사용되기 때문이다 (고전 15:45-49; 롬 5:12-17 〈혹자는 빌 2:6-7도 여기에 포함되어야 한다고 주장할지도 모른다〉). 그러므로 이 주제가 바울이 통상적으로 사용하는 주제이며 따라서 이 주제를 따로 분석해야 할 필요가 있다는 주장은 일리가 있다. 특별히 이 용법은 사용된 각각의 경우에 다소 미묘한 차이를 보이고 있기 때문이다.

놓여 있다는 것을 알게 된다.[67] 그러므로 고린도전서에서 "그리스도" 칭호가 지배적으로 사용된 또 다른 곳으로는 1:13-15이 유일하다는 것은 주목할 만 하다. 이곳에서 최소한 한 번(1:22)은 크리스토스(Χριστός)가 공식적인 칭호 이전의 명칭으로 사용되었다.[68]

이곳에서 바울이 묘사하고 있는 것은 이중적인 시간의 순서이며 이 중에서 두 번째 시간의 순서는 이어 등장하는 본문의 주된 관심사로 묘사된다. 곧 "첫 열매"로서의 그리스도의 부활은 다가올 추수를 보증한다. 그리고 이 "추수"는 죽은 자의 부활과 "마지막 원수"의 정복이 수반될 파루시아(Parousia)에 있을 것이다. 일단 이 추수가 시작되면 시편 110:1에 나타난 메시아에 관한 약속 곧 모든 원수들이 그의 발 아래 복종하게 된다는 약속은 성취될 것이다(25-26절). 이때 유일하게 남아있는 것은 아들이 "나라"를 아버지께 바치는 것 뿐이다(27-28절). 본문 안에 있는 다른 모든 것은 이런 저런 방식으로 이와 같은 이중적 부활 - 그리스도 자신의 부활과 그의 재림 시에 그에게 속한 자들의 부활 - 의 과정을 상세하게 설명하는 데 이용되고 있다. 이것이 바울의 유일한 관심사이다. 그리고 여러 기독론적 고찰들은 이러한 바울의 관심사를 염두에 두고 이루어져야 한다.

① 우리는 먼저 그리스도께서 24-26절에 사용된 모든 동사의 문법적 주어가 된다는 사실로부터 시작하고자 한다. 23절에 사용된 세 개의 문구는 동사 없이 사용되어 22절의 표현 곧 판테스 조오포이에데손타이(πάντες ζῳοποιηθήσονται, 모든 사람이 삶을 얻으리라)와 문법적으로 동격을 이루고 있다 - 한편 22절에 사용된 수동태 동사의 의미상의 주어는 하나님이시다. 그리하여 부활은 첫 열매인 그리스도 그리고 세상의 끝을 뜻하는 그리스도가 강림하실 때에 그에게 붙은 자들 순서로 이루어진다. 24절의 나머지 부분은 한 쌍의 시간 종속절(호탄⟨ὅταν⟩…호탄⟨ὅταν⟩)로 이루어져 있으며 이들은 순서에 대한 고려 없이 바울의 관심사이기도 한 마지막 날의 두 가지 특징을 묘사하고 있다.[69] 재림이라는 큰 사건의 한 부분으로서 그리스도는 ⓐ 나라를 하

---

67) 다시 말해 그리스도(=메시아)는 지금 하늘에 계셔 천상계를 통치하시는 하나님의 아들이시다. 이스라엘의 왕과 관계가 있는 메시아 칭호로서의 "아들"에 대해서는 골 1:13에 대한 논의(p. 454)와 특별히 제14장 메시아적 왕이신 예수님에 관한 논의를 보라.
68) 그러므로 크리스토스(Χριστός)칭호 사용의 43퍼센트가 이 짧은 두 개의 본문 안에 나타난다.
69) Fee, 752; Garland, 710; Thiselton, 1230-31; Keener, 127을 보라.

나님 아버지께 바치며, ⓑ 동시에 그와 그의 백성을 대적하는 모든 "능력"을 멸하신다. 그리고 결국 맨 나중에 멸망 받을 "능력"은 사망 그 자체임을 알게 된다(26절). 그의 궁극적인 관심의 대상인 이 마지막 때의 일을 소개하기 전에, 바울은 본문의 흐름을 깨고 나타나 "능력"을 성경적으로 설명한다.[70] "능력"을 멸하심으로써 그리스도 그 자신은 "그의 모든 원수들을 그의 발등상이 되게 하겠다"는 시편 110:1의 내용을 "성취"하신다.

다음으로 그리스도께서 현재 이 세상을 다스리시며 또한 메시아 시편 110:1의 성취로서 다시 오실 때 (하나님 아버지와) 그를 대적하는 모든 권세들을 멸하실 왕이심을 바울은 선언한다. 그러므로 시편에 묘사되어 있는 하나님의 활동은 이제 바울에 의해 현재적 통치자이신 그리스도의 활동으로 이해된다. 이에 대해서는 좀 더 추가적인 설명이 필요하겠다.

② "하나님/그리스도의 나라"는 바울 서신서 전체(목회 서신서를 포함하여)에서 단지 13번만 언급되어 있다.[71] 또한 이 경우 대부분에 있어 바울은 전통적인 언어 곧 "하나님의 나라"라는 표현을 사용한다. 단지 이곳과 골로새서 1:13 그리고 디모데후서에서만 그리스도는 왕이라고 명명된다. 이중에서 현재 본문의 마지막 부분에서와 같이(28절) 왕을 가리키는 명칭으로 "아들" 칭호가 사용된 곳은 골로새서 1:13이다. 이 두 경우 모두에 있어서 바울은 메시아의 현재적 통치를 언급하고 있다.[72] 한편 그 외 다른 아홉 번의 경우에 있어서는 "하나님"이 다스리는 분으로 묘사되어 있으며 이 경우 바울은 왕국을 때에 따라 현재적 실재로서 혹은 나라와 미래적 사건으로서 묘사하며 후자는 분명히 미래시제와 "유업"이라는 용어에 의해 분명하게 명시된다.[73]

기독론적으로 중요한 점은 바울이 이 왕국 언어를 사용할 때 하나님과 그리스도를 쉽게 교환하여 사용한다는 점이다. 한편으로 이것은 전혀 놀라운 점이 아니다. 왜냐하면 유대교 메시아 사상에서도 메시아는 다가올 하나님

---

70) 이 경우 가르(γὰρ)는 뒤이어 나오는 내용이 앞서 언급한 것에 대한 이유를 제공하는 용법이 아니라 설명을 제공하기 위한 용법으로 사용되었다.
71) 이 구절들을 시간 순서에 따라 배열해 보자면 다음과 같다. 살전 2:12; 살후 1:5; 고전 4:20; 6:9-10; 15:24; 15:50; 갈 5:21; 골 1:13; 4:11; 엡 5:5; 딤후 4:1; 4:18.
72) 이는 중간 왕국(intermediate kingdom)에서의 미래적 통치라는 개념에 대립된다 (위 각주 65번을 보라).
73) 예를 들어 고전 6:9-10에서 바울은 "하나님의 나라를 유업으로 받지 못할 것이다"라고 말한다. 고전 15:50; 갈 5:21; 엡 5:5과 비교해 보라. 이것은 아마도 살후 1:5에서 바울이 "하나님 나라에 합당한"이라고 말할 때도 마찬가지이다. 반면 살전 2:12에 나타난 용법은 그 의미가 보다 모호하다.

의 나라를 다스리는 것으로 묘사되어 있기 때문이다. 그러나 다른 한 편으로 전통적인 메시아 사상에 바울이 가져온 현격한 변화 - 왕국이 현재 임하였으며 하나님의 아들이 지금 다스리고 계시다(골 1:13과 비교하라) - 는 상당히 충격적이다. 왜냐하면 다스리는 "왕"은 높은 곳 곧 하늘에서 다스리시는 것이며 결국 이 다스림이란 하나님의 역할을 수행하는 것이기 때문이다.

③ 또한 바울이 다른 이들(예를 들어 히브리서의 저자)과 마찬가지로 시편 8편을 시편 110편의 조명 아래서 이미 이해하고 있었고 따라서 그가 이들 모두를 메시아적으로 해석하였다는 것을 이 본문은 증언해 준다.[74] 이 둘을 연결하는 핵심적인 고리는 시편 110:1(109:1 LXX)와 시편 8:6(8:7 LXX)에 사용된 휘포 투스 포다스 아우투 (ὑπὸ τοὺς πόδας αὐτοῦ, 그의 발 아래)라는 표현이다. 이처럼 시편 110편(109 LXX)을 보면 여호와께서는 "내 주" 왕에게 "내가 네 원수를 네 발아래 둘 때까지 너는 내 우편에 앉으라"고 말씀하신다. 이 본문을 메시아와 관련하여 이해하는 것은 이와 비슷한 표현(아울러 "인자")을 가지고 있는 시편 8:7 LXX도 같은 방식으로 해석해야 한다는 것을 뜻하는 것이다(엡 1:20과 비교하라). 이 모든 것은 고린도전서를 쓰고 있는 바울에게도 마찬가지였을 것이다. 이것은 다음과 같이 표현될 수 있다.

시편 109:1 (칠십인경)　ἕως ἂν θῶ　　τοὺς ἐχθρούς σου
　　　　　　　　　　　　　　　　　ὑποπόδιον τῶν ποδῶν σου
고전 15:25　　　　　　ἄχρι οὗ　　θῇ πάντας τοὺς ἐχθροὺς
　　　　　　　　　　　　　　　　　ὑπὸ τοὺς πόδας αὐτοῦ
시편 109:1 (칠십인경)　**내가**　둘 때까지 네 **원수를**
　　　　　　　　　　　　　　　　네 발아래
고전 15:25　　　　　**저가**　둘 때까지 [그의] 모든 **원수를**
　　　　　　　　　　　　　　　그 발아래
시편 8:7 (칠십인경) πάντα　　ὑπέταξας　　ὑποκάτω τῶν ποδῶν αὐτοῦ
고전 15:27　　　　 πάντα γὰρ ὑπέταξεν　 ὑπὸ　 τοὺς πόδας αὐτοῦ
시편 8:7 (칠십인경) **만물을**　**두셨으니**　　　**그 발아래**
고전 15:27　　　　　**만물을**　**두셨다 하셨으니**　**저의 발아래**

---

74) 이 질문과 이 조합에 있어서 바울 자신의 담당했던 역할에 대해서는 Hengel, "'Sit at My Right Hand!'," 163-65를 보라.

이 도식에서 확인할 수 있듯이 바울 고유의 공헌은 그가 시편 110:1의 "원수"를 "모든 원수"라고 해석한 것이다.[75] 물론 그 중 마지막이자 가장 높은 원수는 바로 사망 그 자체이다. 그리하여 사망이 부활에 의해 패하게 되었을 때 이 시편은 궁극적으로 성취되는 것이다. 더욱이 25절에서 바울이 시편 110:1을 "인용"한 것은 시편에 나타난 하나님의 역할을 그리스도가 담당하시는 것으로 바울이 이해하고 있었다는 것을 보여주는 또 다른 예이다. 여호와께서 말씀하시는 곳에서 바울은 주어를 일인칭에서 삼인칭으로 바꿈으로써 그는 "모든 원수를 그(자신)의 발 아래 두게 하는" 역할을 그리스도께 돌리고 있는 것이다.

④ 그러나 이 점을 분명히 한 후에 바울은 이 예기된 사건의 실재를 보다 광대한 스케일로 숙고한다. 죽은 자들의 부활은 만물의 현재적 질서가 끝났음을 알리는 결정적인 순간이다. 그리고 바로 이 시점에서 그의 발 아래 "만물을 복종케"한다는 표현이 등장한다. 바울은 이 시편의 표현을 단지 메시아와 관련된 것으로 해석할 뿐만 아니라 그것을 메시아적 왕이 수행해야 할 마지막 임무로 해석한다. 이러한 해석은 바울이 지금 통치하시는 그리스도를 아들이라고 부름으로써 가능해진다(28절). 여기서 "아들"이 무엇보다 메시아의 호칭으로 이해되어야 한다는 것은 다음 두 가지 면에서 분명하다. 첫째로 "모든 원수를 그 발아래 둘 때까지 불가불 왕 노릇하시는 분"을 가리키는 문맥 속에 이 칭호가 갑작스럽게 등장한다. 그리고 둘째로 28절에서 바울은 아우토스(αὐτός, 자신)를 강조적으로 사용하고 있는데 이 경우 이전 문장(25절)에 소개된 다스리시는 분이시라는 개념이 강조되는 것이다. 다시 말해 결국엔 "아들 자신"이라고 명명되는 분(28절)은 25절에서 그 자신이 그의 모든 원수를 자신의 발아래 복종케 하실 때까지 다스리신다고 소개되는 분이며 이곳에서 "모든 원수"란 특별히 마지막 원수, 곧 사망을 가리킨다. 이처럼 왕으로서의 하나님의 아들은 부활을 통하여 사망을 "그의 발아래" 복종케 하실 때 그가 가진 메시아로서의 역할은 마침내 완수된다.[76] 이어 그는 "만물을 자기에게 복종케 하신 이에게 복종하게 될 것이며 그리하여 하나님은 만유의 주로서 만유 안에 계시게 될 것이다."[77]

---

75) A F G 33 629 a r 등을 포함한 몇몇 사본들은 수(σου, 너의)를 대신하여 아우투(αὐτοῦ, 그의)를 더함으로써 인용문을 "보충한다."
76) 이러한 해석에 대해서는 Wright, *Climax of the Covenant*, 30을 보라.
77) 26-28절에 사용된 "저가/저에게"가 지칭하는 대상이 미묘하게 다르다고 보는 입장에

⑤ 이 연속된 "사건"과 관심의 흐름 속에서 27-28절에 사용된 문법적 주어는 눈에 띄지 않게 변화된다. 중요한 것은 이러한 변화가 어느 곳에서 일어나는가 하는 것이다. 애석하게도 이것을 발견한다는 것은 쉽지 않다. 그러나 만약 우리가 바울 자신의 (반복되는) 구조적 표지들을 따라간다면 보통 생각하는 것보다 쉽게 이 결정을 내릴 수 있다. 바울의 논리적 흐름은 다음과 같다.

A. "맨 나중"(부활에 의한 사망의 파멸)은 두 개의 사건에 의해 특징지어진다.
 ⓐ 아들은 "통치권"를 하나님 아버지께 건네신다(24a절).
 ⓑ 동시에 그는 모든 "능력," 특별히 "사망"을 멸하신다(24b절).
B. 첫 번째 성경적 해설(25절)
 ⓐ 그는 모든 원수들을 그의 발아래 둘 때까지 불가불 왕 노릇하신다(시 110:1)
 ⓑ 그 마지막은 사망이다(26절)-이것이 바로 본문이 말하고자 하는 전부이다.
C. 두 번째 성경적 해설(27a, 시 8:6을 인용함으로써)[78]
 ⓐ 첫 번째 상술: 만물을 저의 아래 두신 이는 "만물" 중에 들지 않는다.
 ⓑ 두 번째 상술: 이 모든 것이 발생하게 될 때 심지어 아들도 아버지께 "복종"하게 된다.

위에 제시된 바울의 구조적 표지를 전제로 할 때, 바울의 전체 주장이 합리적으로 설명될 수 있을 뿐만 아니라 또한 이것이 수정된 교차병행구조

대해서는 Fee(757-59)와 특별히 Kreitzer(*Jesus and God*, 149-55)를 보라. Kreitzer는 J. Lambrecht("Paul's Christological Use of Scripture in 1 Cor 15:20-28," *NTS* 28 〈1982〉: 502-27)을 매우 세심하게 반박하고 있는데 그의 주장은 앞서 언급한 "미묘한 차이"를 지지하는 논증에 결정적인 단서가 되는 것으로 보인다 (대부분의 최근 해석자들은 이러한 입장에 서 있다: Blomberg, Witherington, Hays, Collins, Thiselton, Garland).

78) 이 설명에 이어 중복된 호탄 데… 호탄 데(ὅταν δὲ … ὅταν δὲ) 구조가 뒤따른다는 점을 주목하라. 뒤에 사용된 호탄 데 구조는 앞에 사용된 구조와는 상당히 다르게 기능하고 있다. 여기서 데(δὲ, 그러나)는 비록 아마도 "결과적" 용법으로 사용됨에도 불구하고 각각의 경우 바로 선행 진술과 관계하며 두 경우 모두 호탄은 종속절과 더불어 시작한다. 곧 두 경우 모두는 "이것이 (시간적으로) 발생하게 되면, ..."과 같은 형식을 갖는다. 이 형식상의 특징이 문법적 주어에 있어서 의도된 구분을 나타내 주는 것으로 보인다. 이곳이 주어의 변화가 나타나는 곳으로 적절하다는 주장에 대해서는 Hengel("'Sit at My Right Hand!'" 165)을 보라. Hengel 역시 "바울은 시 8:7의 인용에서 전체 주장을 위한 이론적 근거를 발견한다"고 제안한다.

(chiasm)를 이루고 있다는 것을 알게 된다. 다시 말해 A@과 Aⓑ는 역순으로 두 개의 성경적 해설이 나타난 25절과 27a절에 관련되어 있다. 즉 첫 번째 해설은 "능력," 특별히 "사망"의 파멸과 관계가 있으며 두 번째 해설은 아들의 현재적 통치와 아버지의 영원한 통치 사이의 관계를 다룬다. 이것은 더 나아가 대명사 주어의 문법적 변화가 발생하는 곳이 C@임을 가리켜 주며 이곳에서 바울은 아들이 통치권을 아버지께 건네드린다는 것이 무엇을 의미하는지를 성경적으로 설명할 것이다. 이것은 (대명사 대신 그 지시어를 사용함으로써) 다음과 같이 기술될 수 있다.

그 후에는 나중이니 아들이 나라를 아버지께 바칠 때며, 모든 정사와 모든 권세와 모든 능력을 멸하실 때라. "저(아들)가 모든 원수를 그 (자신의) 발아래 둘"때까지(시 110:1) 아들이 불가불 왕 노릇 하시리니 맨 나중에 멸망받을 "원수"는 사망이니라. "그(하나님)가 만물을 저(아들)의 발아래 두셨다" 하셨으니 "만물을 아래 둔다"[79] 말씀하실 때에 만물을 저 (아들)의 아래 두신 이(하나님)가 그 중에 들지 아니한 것이 분명하도다. 그(하나님)가 만물을 저(아들)에게 복종하게 하신 때에는 아들 자신도 그 때에 만물을 자기에게 복종케 하신 이(하나님 아버지)에게 복종케 되리니 이는 하나님이 만유의 주로서 만유 안에 계시려 하심이라.

만약 이것이 자연스럽거나 논리적으로 들리지 않는다면 이것은 거의 틀림없이 바울의 "논리" 때문일 것이다. 왜냐하면 그의 논리가 그의 기독론과 엄격한 유일신 사상 사이의 "긴장관계"에 기초하고 있기 때문이다. 다시 말해 바울은 한 편으로는 8:6에서와 같이 그리스도가 신적 정체성을 갖는다고 이해하며 동시에 또 다른 한 편으로는 오직 한 분 하나님만이 존재한다고 믿는다. 그리하여 오직 "한 하나님"만 계실 뿐이며 동시에 오직 "한 주님"만 계실 뿐이다.

이것이 일종의 아버지께 대한 아들의 "영원한 복종"을 암시한다고 쉽게 주장할지는 모르지만 그럼에도 불구하고 이 경우 바울이 그리스도의 인격의 관

---

79) 시편에서 사용된 능동태 과거를 해설의 완료 수동태로 전환한 것은 대체 일이 어떻게 진행되고 있는지에 대한 단서를 제공해 주며 하나님께서 "복종케 하신다"는 동사의 주어로서 이해되어야 한다는 것을 분명하게 하는 것이다.

점에서 아버지와 아들 사이의 관계를 생각하고 있는 것 같지는 않다. 차라리 바울은 구속사에 있어서 그리스도가 담당한 역할이라는 관점에서 이 관계를 생각하고 있는 것같다. 아들은 분명히 존재하기를 멈추지 않는다. 또한 그는 영원히 아버지의 권위 아래 종속되어 있지도 않다.[80] 오히려 메시아로서의 역할과 현재적 통치를 감당하는 메시아적 주님으로서의 역할을 위한 그리스도의 기능적 순종은 이 본문에서 묘사되는 사건 속에서 완수된다.[81] 그리하여 모든 것이 그에게서 났고 또한 그를 위해서 존재하는 "한 하나님"(고전 8:6)은 "모든 것 안에 모든 것"이 되시며 전체 우주는 다시 한 번 존재의 목적을 한 분 하나님의 최후 영광 안에서 발견한다.

⑥ 우리는 마지막으로 요점은 아니더라도 바울이 그의 서신서에서는 처음으로 고린도전서 15:23-28에서 신약성경에서 가장 빈번히 인용/반영되는 본문인 시편 110:1을 언급하고 있다는 점을 주목해야 한다(롬 8:34; 골 3:1; 엡 1:20을 보라). 초대 기독교인들에게 이 본문은 그 기원이 예수님 자신에게서 발견될 수 있는(막 12:36과 그 병행구절들) 퀴리오스 기독론을 이해하는 데 있어서 핵심적인 본문이 되었다. 비록 바울은 그의 글에서 강조점을 달리하여 이 본문을 사용하고 있기는 하지만 이들 모두에 공통적으로 나타나는 특징은 그리스도께서 이제는 높이 들림을 받아 아버지의 "오른편"에 계셔 숭고한 지위를 가진 분으로 묘사된다는 점이다.[82] 이렇게 하여 현재적 그리스도가 보여주

---

80) 일부 복음주의 진영에서 아들의 영원한 종속에 대한 토론은 여성을 남성에게 복종시키려는 시도로 이용된다. 특별히 S. D. Kovach와 P. R. Schemm Jr., "A Defense of the Doctrine of the Eternal Subordination of the Son," *JETS* 42 (1999), 44-76을 보라. 또한 이에 대한 반박으로는 Kevin Giles, "The Subordination of Christ and the Subordination of Women," in *Discovering Biblical Equality: Complementary without Hierarchy* (ed. R. W. Pierce and R. M. Groothuis; Downers Grove, Ill.: InterVarsity Press, 2004), 334-52를 보라.

81) 참고로 Wright, *Climax of the Covenant*, 30을 보라. O. Cullmann(The Christology of the New Testament 〈trans. S. C. Guthrie and C. A. M. Hall; Philadelphia: Westminster, 1959〉, 226-27, 293)은 그리스도의 주 되심과 아들 되심에는 마침점이 있다고 주장한다. 다시 말해 이 두 개념은 교회가 지상에 지속되는 동안에만 유효하다. 그러나 이러한 주장은 빌 2:9-11에 나타난 기독론과는 거리가 멀다. 왜냐하면 이곳에서 "주"는 그리스도에게 주어진 "이름"으로 그 사용의 목적이 암시되어 있지 않기 때문이다.

82) 이 문제에 대해서는 D. Hay의 독창적인 연구, *Glory at the Right Hand: Psalm 110 in Early Christianity* (SBLMS 18; Nashville: Abingdon, 1973)을 보라. 이 책은 바울과 다른 신약 저자들에게 사용된 이 시편에 대한 연구에 있어서 여전히 좋은 출발점이 된다.

는 놀라운 특징은 1:22-25에 설명되어 있는 메시아에게 내재된 중상적 진술을 벗어날 수 없는 것으로 보인다. 곧 십자가에서 죽으신 메시아는 이제 하나님의 오른편에 계신 승귀하신 주님으로 묘사된다.

5. 둘째 아담이신 예수님

바울의 선행 주장에서 두드러진 특징들 가운데 하나는 그의 논지가 시작되는 고린도전서 15:21-22에서 발견된다. 이곳에서 아파르케(ἀπαρχὴ, 첫 열매)라는 비유 안에 내재되어 있는 우리 부활의 필연성을 보여주기 위해 바울은 사전에 아무런 암시나 예고도 없이 그리스도와 아담 사이의 유비를 끌어낸다. 아담/그리스도 유비는 그 자체로 많은 관심을 불러 일으켜 왔다.[83] 그러나 이곳에서 우리의 관심은 이 서신서에서 바울이 두 번 사용한 아담/그리스도 비유에서 바울의 기독론적 전제를 발견해 내는 것이다. 보다 충분한 논의는 제13장을 보라.

1) 고린도전서 15:21-22

이미 주목한 바 있듯이 바울은 독자에게 어떠한 암시도 없이 서신서 전체에 있어서 처음으로 아담에 대해 언급한다. 그럼에도 불구하고 바울의 요점은 쉽게 확인될 수 있다. 주제는 신자의 미래적 몸의 부활이며 그 전제는 "주제문"에 기술되어 있다(20절). 곧 그리스도는 "잠자는" 자들의 "첫 열매"로서 다시 살아 나셨다. 그러므로 추수의 첫 열매가 전체 수확의 전조이듯이 첫 열

---

83) 예를 들어 다음과 같은 저서들을 보라. M. Black, "The Pauline Doctrine of the Second Adam," *SJT* 7 (1954), 70-79; J. Jervell, *Imago Dei: Gen.1:26f. im Spätjudentum, in der Gnosis und in den paulinischen Briefen* (FRLANT 58; Göttingen: Vandenhoeck & Ruprecht); E. Brandenburger, *Adam und Christus: Exegetisch-religionsgeschichtliche Untersuchung zu Röm. 5:12-21* (1.Kor 15) (WMANT 7; Neukirchen-Vluyn: Neukirchener Verlag, 1962); R. Scroggs, *The Last Adam: A Study in Pauline Anthropology* (Philadelphia: Fortress, 1966); J. D. G. Dunn, "1 Corinthians 15:45 - Last Adam, Life-Giving Spirit," in *Christ and Spirit in the New Testament: Studies in Honour of Charles Francis Digby Moule* (ed. B. Lindars and S. S. Smalley; London: Cambridge University Press, 1973), 127-41.

매로서의 그리스도의 부활도 그리스도께 속한 자들의 부활의 확실성을 보여주는 것이다. 바울의 "논리" 역시 쉽게 발견된다. 곧 부활은 죽음을 전제한다. 그러므로 죽음이 사람에게서 기원하듯이 부활 역시 또 다른 한 사람에게서 기원한다(21절). 바울은 두 "사람," 곧 아담과 그리스도의 이름을 부름으로써 이것을 설명해 나간다. 그러나 동시에 바울은 고린도 신자를 "아담"과 "그리스도" 안에 "정치(定置)한다"(22절).

그러므로 바울이 이 유비를 사용하는 이유는 이중적이다. 첫째로 죽음이 - "한 사람"을 통하여 이 세상에 들어오게 된 - 죄의 결과라는 것을 강조하기 위해 바울은 이 유비를 사용한다. 그리하여 사람은 모두 죽는다는 점에서 우리 모두는 태초 인간 조상의 후예들로 이해된다. 그러나 둘째로 이 유비의 요점은 부활이다. 그리고 이 부활은 "첫 열매" 비유의 해석이자 우리의 죽음에 대한 신적인 반응이다. 모든 사람이 아담의 "죽음"에 동일하게 참여했듯이 그리스도에게 속한[84] 모든 사람은 동일하게 이 부활에 참여하게 될 것이다.

---

84) 물론 이것이 바울이 말하는 것을 그대로 표현한 것은 아니지만 그가 의도했던 것을 표현하고 있다는 것은 거의 확실하다. 바울의 편지는 조용한 목소리가 아니라 큰 소리로 낭독되도록 의도되었기 때문에, 본문에서처럼 균형 잡힌 시구들을 통하여 대조나 유비를 표현하는 것은 바울의 전형적인 특징이기 때문이다. 그렇게 함으로써 바울의 그의 표현이 정확한 것은 아니라고 하더라도 수사적으로는 아무런 문제가 없게 한다. 예를 들어 고전 6:13에서 바울은 고린도인들의 구호를 담고 있는 "시적 표현"을 다음과 같이 인용한다.

식물은 배를 위하며
배는 식물을 위하나
　하나님이 이것(식물) 저것(배) 다 폐하시리라.

다음으로 주장하는 것처럼 이 구호가 몸에 관한 것일 뿐이라는 주장을 바울은 신학적으로 반박한다. 이러한 맥락에서 바울은 그들의 구호와 유사한 형식을 취하는 동시에 3번째 행에 일시적인 변형을 가하여 다음과 같이 주장한다.

몸은 주를 위하며
주는 몸을 위하시느니라
　하나님이 주를 살리셨고
　또한 그의 권능으로 우리를 살리시리라

바울은 시적으로 균형 잡힌 시구(詩句)를 사용하며 또한 논리보다는 청각적인 대조를 더 중요하게 생각하고 있다. 따라서 이 시적 구조에 있어서 둘 째 행은 거의 신학적으로 조리가 닿지 않는 것처럼 들린다. 주는 단지 우리의 몸만을 위해 존재하시지는 않기 때문이다. 이것은 바울이 말한 것이기는 하지만 그가 의도한 의미는 아니다. 이와 유사한 방식이 이곳 본문에도 사용되었다. 그리고 이러한 현상은 더욱 논쟁의 여지가 있는 15:45에 다시 한 따라서 처음으로 소개되는 유비에 있어서 그 강조점은 그리스도의 실제 인간성에 놓여 있게 된다. 무엇보다도 그는 성육하신 참사람이셨으며 아담이 죽었듯이 죽었다. 만약 그렇지 않았다면 이 유비는 제대로 성립하지 않는다.

그러므로 이 본문이 23-28절에 소개되는 메시아 사상에 자연스럽게 연결된다는 것은 흥미롭다. 이곳에서 묘사되는 부활 이후 그리스도의 현재적 역할은 이제 하늘 높은 곳에 계신 메시아적 왕으로서의 역할이다.

2) 고린도전서 15:44-49

고린도전서 15장에서 제기되는 문제들 중 두 번째 문제, 곧 부활체의 본성에 대해 제시하는 바울의 답변 마지막 부분에서 아담/그리스도의 유비/대조는 다시 한 번 사용된다. 일련의 유비들을 통하여 하나의 유비는 다른 유비로 연결된다. 곧 ① 부활을 통해 얻게 되는 몸은 현재의 몸과 연속성이 있지만 ② 부활체는 또한 미래의 삶에 적합하도록 중대한 변화를 겪게 된다고 바울은 주장한다. 바울의 주장 마지막 부분에서 이렇게 몸에 나타나는 변화는 프쉬키콘(ψυχικόν, 육에 속한)과 프뉴마티콘(πνευματικόν, 영에 속한)이라는 단어를 통해 표현된다. 그러나 그렇게 함으로써 - 몸의 존재를 두 가지 용어로 묘사함으로써 - 바울은 쏘마 프뉴마티콘(σῶμα πνευματικόν)이라는 모순된 표현을 만들게 된다. 2:6-16에서 바울이 이 두 형용사를 사용한 방식으로 볼 때 이곳에서 그가 의도하는 것은 "성령이 주시는 최종적인 생명에 적합한 몸"을 묘사하는 것임이 틀림없다. 반면에 첫 번째 "몸"은 현재적 지상적 생명에 적합한 몸이며 프쉬케(ψυχή)로 특징지어진다.

이러한 문맥에서 바울은 다시 한 번 아담/그리스도 유비를 사용한다. 그러

먼 사용된다 (아래 117을 보라). 바울의 시적인 직감은 단지 무엇인가를 있는 그대로 기술하는 것보다 우선되어 있다. 그리고 그는 청중들이 그들에게 친숙한 신학의 문맥 안에서 이러한 암시를 읽어낼 수 있기를 기대하고 있다.

ὥσπερ γὰρ ἐν τῷ Ἀδὰμ πάντες ἀποθνήσκουσιν,
οὕτως καὶ ἐν τῷ Χριστῷ πάντες ζῳοποιηθήσονται.
아담 안에서 모든 사람이 죽은 것 같이
그리스도 안에서 모든 사람이 삶을 얻으리라

첫 번째 판테스(πάντες)의 보편적 특성에 대해서는 의문의 여지가 없지만 바울 서신 전체에서 볼 때 두 번째 판테스가 그 의미에 있어서 첫 번째 판테스와는 같지 않다고 보는 것이 타당하다.

나 이번에 바울은 아담과 그리스도를 날카롭게 대조시키기만 한다. 이곳에서 바울이 이 유비를 사용하는 방식은 다음 두 가지 요소에 의해 결정된 것으로 보인다. 이 두 가지 요소란 곧 ① 창조시에 아담이 어떠한 존재였는지를 묘사하기 위해 칠십인경이 프쉬케라는 용어를 사용했다는 점과 ② 우리가 소유하게 될 최종적인 생명에 본질적인 것은 바로 성령(πνεῦμα)이라는 바울의 확신이다. 이 유비를 두 번째로 사용함에 있어서 달라진 점이 있다면 그것은 아담과 마찬가지로 그리스도께서 지니셨던 그의 인성을 바울이 더 이상 강조하지 않고 오히려 그를 아담과 날카롭게 대조한다는 점이다. 다시 말해 아담의 몸은 부패와 사망에 종속되어 있지만 그리스도의 부활의 몸은 이와는 정반대이다. 이 부활체는 (비록 땅에서 시작되었지만) "하늘에 속한 것"이며 그러므로 부패할 가능성이 전혀 없다. 비록 대조는 "첫째 사람 아담"과 "마지막 아담/둘째 사람"이라는 표현 속에 남아 있지만 강조점은 더 이상 그리스도의 인성에 있지 않고 부활된/변형된 몸으로 표현되는 그리스도의 현재의 천상적 존재에 있다.

이같은 표현방식에 대해 일부 학자들은 바울이 특별히 창세기 2:7의 표현을 이용하여 언어유희를 하고 있으며 이것이 그가 "성령 기독론"을 주장하고 있는 것이라고 해석한다. 그러나 제16장에서 지적되어 있듯이 이러한 해석의 논리적 지반은 너무나 취약해서 성령 기독론이란 이곳에 전혀 존재하지 않는다고 주장해도 무방할 정도이다.[85] 전체 요점이 구원론적-종말론적인 본문을 통해 바울이 전달하려고 하는 바는 한 가지 뿐이다. 곧 신자의 미래적 몸의 부활이 반드시 있다는 것을 바울은 그리스도의 부활로부터 증명해 보이고자 하는 것이다. 이를 위해 바울은 칠십인경 창세기 2:7을 일종의 미드라쉬

---

85) 이러한 관점을 가장 최근에 그리고 가장 영향력 있게 피력한 학자는 Dunn("1 Corinthians 15:45"; cf. Ziesler 〈Pauline Christianity, 46-47〉)이다. 그리스도에 대한 묘사를 담고 있는 핵심구절이 그 앞에 소개된 아담에 대한 묘사를 따랐다는 것을 Dunn도 인식하고 있다. 그럼에도 불구하고 이 본문에서 바울이 매우 기독론적인 내용을 표현하고 있다고 Dunn은 주장한다. 더욱이 바울이 "살려주는 프뉴마(πνεῦμα)"를 사용한 이유에 대해서도 "살려주는 영에 대한 신자의 경험이 바울에게는 부활하신 그리스도께서 소마 프뉴마티콘이심을 알게 해주는 증거가 된다"("1 Corinthians 15:45," 131 〈강조된 부분은 내가 한 것이며 Dunn은 전체 문장을 강조하였다〉)고 Dunn은 주장한다. 하지만 이는 매우 순진한 주장이다. 사실 이것은 바울의 요점을 거꾸로 이해한 결과이다. 다시 말해 그리스도께서 "초자연적인 몸"을 가지신다는 것이 오히려 고린도 신자들에게 그들 역시 결국에는 "그러한 몸을 가지게 되리라"는 것을 분명히 알게 해주는 증거가 되는 것이다. (49절)

적인 해석(midrash pesher)의 틀 안에서 인용함으로써 그의 글을 시작한다.[86]

고전 15:45 ἐγένετο ὁ πρῶτος ἄνθρωπος Ἀδὰμ εἰς ψυχὴν ζῶσαν,
　　　　　　ὁ ἔσχατος　　　　　Ἀδὰμ εἰς πνεῦμα ζῳοποιοῦν

창 2:7　　καὶ　ἐγένετο ὁ ἄνθρωπος　　　εἰς ψυχὴν ζῶσαν
고전 15:45 **되었다**　첫　　**사람**　아담은　**산 영이**
　　　　　(되었나니) 마지막　　　　아담은　살려주는 영이
창 2:7　　**된지라**　　　　그 **사람이**　　　　**생령이**

여기에 소개된 인용에 대해서는 다음 몇 가지를 주목해 보는 것이 필요하겠다.
① 첫 번째 행에서 바울이 칠십인경에 가한 수정 - 형용사 "첫"과 "아담" 이름의 삽입 - 은 특별히 바울의 실제 관심사를 담고 있는 둘째 행으로 독자를 안내하도록 디자인되어 있다.
② 아담과 그리스도를 묘사하는 두 개의 명사(프쉬케와 프뉴마)는 각각 44절에 사용된 두 개의 형용사 프쉬키콘(ψυχικόν)과 프뉴마티콘(πνευματικόν)과 동족 관계(cognate)를 형성하고 있다. 오직 이런 이유에서 바울은 창세기를 인용하고 또한 그리스도를 묘사하기 위해 관련된 언어들을 선택하게 된 것이다. 이렇게 명백한 언어적 연관성은 44절에 언급된 두 종류의 몸을 원래 가지고 있던 사람이 아담과 그리스도임을 암시해 준다.[87] 다시 말해 두 아담은 프쉬키콘의 몸(첫 아담이 보여주듯이〈창 2:7〉)이 존재한다는 것을 증거하며 또한 둘째 아담 그리스도는 역시 프뉴마티콘의 몸이 존재해야만 한다는 것을 그의

---

86) E. Earle Ellis, *Paul's Use of the Old Testament* (Edinburgh: Oliver & Boyd, 1957; 재발행 Grand Rapids: Baker, 1981), 141-43과 비교하라. 그러나 이미 기독교 진영 안에 확립되어 있던 미드라쉬를 바울이 이곳에서 인용하고 있는지는 의심스럽다 (95-97). 바울 자신은 완전히 그러한 해석을 할 수 있는 인물이었다. Dunn은 전체 문장이 45b절을 포함하여 "데(δέ)의 부 제기 암시에 주듯이 아우도스 세크랍나이(οὕτως γέγραπται)라는 문구의 영향 아래 있다"고 주장한다("1 Corinthians 15:45," 130). 이것은 맞는 말이기도 하고 틀린 말이기도 하다. 해석(pesher) 그 자체를 놓고 볼 때 이 말은 사실이다. 그러나 두 번째 구절을 첫 번째 행과 마찬가지로 성경으로 이해하는 것이 - 심지어 탈굼식(targumic)의 해석에 있어서도 - 바울의 의도는 아니다.
87) Dunn("1 Corinthians 15:45," 130) 역시 이렇게 지적하고 있다.

부활을 통해 증거한다.[88]

③ 그 뿐만 아니라 바울이 그리스도께서 "살려주는 프뉴마"가 되셨다고 말하는 근본적인 이유는 칠십인경에서 아담이 "산 프쉬케"가 되었다고 묘사되어 있기 때문이다. 다시 말해 창세기의 인용으로 인하여 바울은 그리스도를 위한 병행표현(the parallel language)을 필요로 하게 된 것이다. 이것은 전형적으로 바울식의 표현으로 선행 대조가 없다면 결코 존재하지 않았을 대조를 나타내는 구절들 안에서 언어의 유희를 할 때 이러한 표현은 발견될 수 있다. 그러므로 "성령 기독론"을 지지하는 사람 모두가 이 가설을 뒷받침하기 위해 본문을 거론한다는 것은 흥미로운 사실이다. 그러나 실제로 본문에 직접 사용된 표현들은 이러한 개념을 부정하고 있음에도 불구하고 자기들의 신학적인 이해를 언어유희로부터 만들어 내는 것은 매우 의심스러운 방법론으로 기독론을 도출해 내는 것이다.[89]

④ 비록 바울의 둘째 행의 내용이 창세기 본문에 들어있지도 않고 또한 그로부터 유추되지도 않지만 그럼에도 불구하고 둘째 행은 칠십인경의 해당 창세기 구절 바로 앞에 사용된 표현, 곧 "그리고 (하나님께서) 그의 얼굴에 생명의 숨(πνοὴν ζωῆς)을 불어 넣으시니"라는 표현을 반영하고 있다. 그리스도에 대해 말하면서 이제 바울은 이 표현을 가지고 언어적 유희를 한다. 새로운 생명을 이 썩을 몸에 "불어넣어" - 생명을 주시는 프뉴마와 더불어(겔 37:14과 같이) - 썩지 않을 몸으로 만드실 분은 다름 아닌 부활하신 그리스도 그분이시다.

⑤ "생명을 주시는"이라는 표현은 이처럼 이전 22절에서 아담/그리스도 유비에서 그리스도에 대해 사용된 동사를 반복하며 결정적으로 이곳에서 바울의 관심이 이전과 마찬가지로 우리 부활의 근거가 되는 그리스도의 부활에 놓여 있다는 것을 암시하고 있다 ("그리스도 안에서 모든 사람이 삶을 얻으리라"). 그러므로 바울의 전체 주장과 전후 문맥은 다음과 같은 암시를 던져준다. 곧 그리스도께서는 지금 소마 프뉴마티콘(σῶμα πνευματικόν)을 가지고 하늘 높은 지위에 올라계시며 또한 그는 "생명을 주시는 프뉴마"이시다. 그

---

88) 특별히 Max Turner은 이점을 강력히 주장한다("The Significance of Spirit Endowment for Paul," *VE* 9 〈1975〉: 62). "개인으로서 아담과 그리스도는 논의에 있어서 핵심이 되는 주제가 아니라 42-44과 46-47에 소개되는 인간론적 진술을 지지하기 위한 것이다"(*Climax of the Covenant*, 32).

89) Wright, *Climax of the Covenant*, 31-35에 소개되어 있는 비판을 참조하라. 이 주제에 대한 보다 충분한 논의는 아래 제16장 pp. 861-863을 보라.

럼에도 불구하고 이러한 특별한 그의 역할에 있어서의 기능 신자의 부활 때에 발생하게 될 것이다. 이 때 그리스도는 신자들의 썩을 몸을 "살리실" 것이며 그 결과로 그들 역시 그리스도와 마찬가지로 소마 프뉴마티콘을 갖게 될 것이다.

둘째 행의 관심사는 그러므로 바울에게 있어서 그리스도와 성령이 상호교환이 가능한 용어라는 의미의 기독론에 관한 것이 아니다. 사실 "생명을 주시는"과 프뉴마를 함께 사용하고 있음에도 불구하고 바울은 거의 확실히 그리스도께서 생명을 주시는 성령이 되셨다고 말하기보다는 오히려 생명을 주시는 영이 되셨다고 말한다.[90] 그리스도는 성령이 아니시다. 도리어 창세기 본문에 대한 언어적 유희로서 바울은 그리스도께서 그의 부활을 통하여 영적인 영역, 물론 신자들에게는 궁극적으로 성령의 영역에서 새로운 존재를 갖게 되셨으며 그 안에서 그들은 성령이 주시는 최종적인 생명에 적합한 "신령한" 몸을 가지게 될 것이다.

그럼에도 불구하고 만약 이 본문에 "성령 기독론"이 존재하지 않는다면 그리고 이 개념이 바울의 주장 전체에서 낯선 것이라면, 다음 두 가지 요점은 따로 강조되어야 할 필요가 있는 중요한 기독론적 요소가 될 것이다.

이 두 가지 요소 중 첫 번째는 45절의 두 번째 행에서 발견된다. 그리스도를 "생명을 주시는 프뉴마"라고 부를 때 부활하신 그리스도께서 하나님께서 태초에 수행하셨던 종말론적인 역할을 담당하시는 그리스도를 바울은 마음에 그리고 있다. 하나님께서 생명을 첫째 아담에게 불어넣으셨고, 그래서 아담(그리고 그의 모든 후손)이 하나님의 형상을 따라 창조된 살아있는 존재가 되었듯이, 그리스도께서도 지금 생명을 죽은 자들에게 불어넣어 그들 역시 살게 하시는 분이라고 바울은 주장하는 것이다. 이처럼 부활하신 그리스도는 모두에게 생명을 주시는 살아계신 뷰(Living One)으로서 그가 아니었다면 공유되지 못했을 신적 특권을 나누시는 것으로 그려진다.

다른 한 편으로 두 번째 기독론적 요소는 49절에 제시되어 있는데 이 구절에서 우리는 진정한 아담 기독론의 중요한 단서를 발견하게 된다. 이곳

---

90) 문법은 공정하게 다루어져야만 한다. 바울은 "성령"과 함께 관사를 사용할 때와 그렇지 않을 때를 매우 정확하고 분명하게 구별하는 경향이 있다. 주어나 혹은 (이곳에서처럼) 주격보어와 같은 주격에 있어서 성령을 의미하고자 할 때에는 바울은 언제나 관사를 사용한다. 바울의 용례에 대한 자세한 논의에 대해서는 Fee, *God's Empowering Presence*, ch. 2를 보라.

에서 바울은 에이콘 데우(εἰκών θεοῦ, 하나님의 형상)라는 표현을 창세기 1:26-27과 9:6로부터 차용한다. 바울은 이 본문의 결론부에서 두 안드로포이 (ἄνθρωποι, 사람)를 흙과 땅과 하늘에 속한 사람으로 대조하고 있다. 바울은 이곳에서 신자는 땅에 속한 사람의 "형상"을 입고 있기 때문에 그들은 이제 하늘에 속한 자의 형상을 입어야만 한다(왜냐하면 그들이 입게 될 것이기 때문에)고 주장한다.[91] 기독론에 있어서 중요한 점은 이 본문이 문맥상 그리스도의 인성, 곧 그리스도가 둘째 아담이심을 분명히 강조하고 있다는 점이다. 곧 그리스도는 그가 인간으로 사시는 동안 가장 참되게 신적 형상을 가지셨던 분이시다.

동시에 본문에서 바울은 땅에 속한 몸이 새로운 표현을 갖게 된다는 점을 강조하고 있다. 따라서 그리스도의 구속 사역이 갖는 종말론적인 목적은 우리가 그와 같은 형상으로 변화되어 첫 번째 창조의 목적이 마침내 이 두 번째 창조 안에서 실현되는 것이라고 바울은 가정하고 있다.

그러므로 본문이 바울 서신서에서 "형상"이라는 표현이 처음으로 사용된 곳이며 이 표현은 다시 한 번 그리스도의 참된 인성을 강조하기 위해 바울이 고안하였을 것이라는 점을 우리는 주목해 보아야 한다. 다시 말해 바울은 그리스도를 첫 번째 아담과는 대조적으로 그의 인성에 있어서 참된 신적 형상

---

91) 이러한 이해는 나의 주석서에서 어떻게 원문을 결정하게 되었는지를 보여준다(794-95, 그리고 787 각주 5에 소개되는 본문비평에 대한 논의를 보라). 비록 소수의 학자들과 번역자들만이 이렇게 결정된 본문을 따르고 있기는 하지만 이 결정은 많은 외적 내적 사본상의 증거에 의해 뒷받침된다. 비록 바울은 고린도인들에게 썩고 죽게 될 현재의 몸이 미래적 영원한 표현의 실재를 갖게 될 것이라고 주장하고 있음에도 불구하고 그는 동시에 첫 아담이 지녔던 몸과 둘째 아담이 현재 지니고 있는 몸을 여전히 대조시키고 있다. 바울이 이곳에서 갑작스럽게 권면을 한다고 해서 만약 어떤 사람이 그것을 의외라고 야단스러워 한다면 이것은 그가 바울을 잘 알기 때문도 아니고 이 권면이 우리의 미래를 불안하게(바울의 원본이 발견된다면 어떤 두려운 일이 일어날 지도 모른다는 식의 불안) 만들기 때문도 아니다. 바울은 단지 바울일 뿐이다. 바울은 우리의 인간됨에 공통적으로 적용되는 주장으로 결론을 내린다. 곧 "우리가 땅에 속한 자의 형상을 입은 것 같이"(과거시제를 주목하라〈!〉 만약에 바울이 단지 현재와 미래 사이의 차이만을 대조시키고자 했다면 아마도 이곳에서도 바울은 현재시제를 사용했을 것이다). 그러나 이 서신서 전체에 나타난 바울의 관심은 그리스도 안에서 고린도인들에게 주어진 새로운 생명에 부합하는 방식으로 그들이 살아가야 한다는 것이다. 그래서 바울은 이렇게 결론을 맺는 것이다. "우리가 또한 하늘에 속한 자의 형상을 입자." 아울러 이 권고는 그 의미가 다소 확장될 수 있다. 다시 말해 고린도인들은 결국 그리스도의 몸과 같은 종류의 몸을 갖도록 결정되어 있으니만큼 그에게 합당한 삶을 살아야 한다고 바울은 권고한다(13장, pp. 538-539).

을 지니신 분으로 그리고 있는 것이다. 고린도인들은 이전엔 "흙에 속하여" 타락한 인간의 형상을 지니고 있었으며 그들의 죄성이 그들을 사망에 이르게 하였다. 이와 마찬가지로 그들은 이제 그리스도를 통하여 신적 형상을 가지게 되었고 그리하여 그들이 부활하여 썩지 않을 생명을 갖게 될 때 그의 형상을 입게 될 것이다. 따라서 본문에서 바울은 이러한 관점을 가지고 살아가도록 고린도인들을 촉구하고 있는 것이다.

6. 퀴리오스(κύριος)이신 예수님

이번 장의 처음에서 살펴보았듯이 이 서신서에서 바울은 대개 호 퀴리오스 칭호를 사용하여 그리스도에 관해 말한다. 이 칭호는 우리에게 한 번 더 8:6을 상기시켜 준다. 그리고 데살로니가에 보낸 서신서들에서처럼 바울이 이 칭호를 사용하는 방법은 다양하며 동시에 기독론적이다. 우리는 서신서의 끝 부분으로부터 우리의 논의를 시작한다. 그 이유는 바울 서신서 전체에 있어서도 매우 중요한 용례 중 하나가 이 부분에 사용되고 있기 때문이다.

1) 고린도전서 16:22 - 주와 초대교회의 헌신

이 서신서의 마지막 부분(16:19-24)은 매우 특이하며[92] 아마도 교회와 바울 사이에 존재하는 갈등을 반영하고 있는 것으로 보인다. 다른 한편으로 이 부분에는 독특한 점들이 많다. 19-20절은 통상적인 상호 문안 인사가 담겨 있는 반면 21절과 23절은 데살로니가전·후서와는 다르다. 바울은 "나 바울은 친필로 너희에게 문안하니" 그리고 "주 예수 그리스도의 은혜가 너희와 함께 하고"라고 문안한다(이것은 표준적인 항목이다). 한편 21절과 23절 뒤에는 각각 사랑에 대한 언급이 따라온다. 이것은 그의 서신서 다른 어떤 곳에서도 발견되지 않으며 따라서 매우 특이한 특징이다. 특이한 맺음말(24절)은 "너희 모두"라는 표현을 강조하고 있는데 이 표현은 아마도 고린도 공동체 안에 내재해 있는 갈등을 반영하는 표현으로 보인다 ("나의 사랑이 그리스도 예수 안에

---

[92] J. A. D. Weima, *Neglected Endings: The Significance of the Pauline Letter Closings* (JSNTSup 101; Sheffield: JSOT Press, 1994), 201-8을 보라.

서 너희 무리와 함께 할찌어다 아멘"). 하지만 우리는 이 맺음말을 이곳에서 논의하지는 않을 것이다.

보다 놀라운 점은 22절에서 발견된다. "만일 누구든지 주를 사랑하지 아니하거든 (필레이 톤 퀴리온⟨φιλεῖ τὸν κύριον⟩아나테마⟨ανατηεμα⟩를 받을찌어다. 마라나타⟨Marana tha⟩)." 고린도인들의 문화는 말하고 듣는 것이 중심이 되는 문화였다. 따라서 이 편지가 큰 소리로 낭독될 때 청중은 마지막 두 개의 아람어 단어가 나타내는 유운(類韻)을 인식하지 못했을 리가 없었을 것이다. 그리하여 이 두 단어는 서신 결론부에 있어서 가장 중요한 부분으로 인식되며 최근에 알려진 것처럼 고린도인들 대부분은 이를 관습적인 저주의 형식으로서 이해되었을 것이다.[93] 다시 말해 여러 면에서 볼 때 이 두 단어는 동시에 초대이자 경고로 들렸을 것이다. 이는 "주를 사랑함"으로써 언약에 대해 충성하라고 초대하는 것이며 바울이 써서 이제 자신의 손으로 서명하는 서신서에 대해 복종하는 것을 통해 표현된다. 또한 동시에 이 단어가 경고가 되는 이유는 만약 그들이 불순종한다면 주께서 다시 오시는 마지막 날에 하나님께서 저들을 저주하실 것이기 때문이다.

어쨌든 이 아나테마(αναθημα)는 12:3에서 바울이 강경하게 부인하는 "아나테마 예수"라는 표현과 놀라운 대조를 이룬다. 비록 학자들은 이것을 "퀴리오스 예수"라는 기독교 신앙고백에 대한 이론적인 대비로 이해하곤 하지만, 현재 본문에 나타난 결론적인 경고는 생각보다 훨씬 더 12:3에서 제기된 문제와 관련이 있다는 것을 암시한다. 이 지면을 통해서 이 저주의 형식이 갖는 특별한 본성에 대해 논하지는 않겠지만 이 저주의 형식을 1:13-31에 나타난 바울의 강경한 입장과 연결시키는 것은 결코 무리가 아니다. 해당 본문에서 바울은 일부 고린도인들이 온전히 확신하지 못하고 있던 못 박히신 메시아를 선포하였다. 어떤 경우든 그리고 어떤 특별한 요소가 12:3에 있든 관계없이 이곳에서 저주는 예수님을 주라 고백하는 것과 날카로운 대조를 이루고 있다. 이것은 현재의 본문에서도 마찬가지이다. 본문에서 바울은 반대로 "저주"가 "주를 사랑하지" 않는 자들에게 머물도록 한다. 그러므로 초대교회 내에서 그리스도의 주 되심에 대해 취할 수 있는 태도에 초점을 맞추어 바울이 아나테마를 대조적으로 사용하고 있다는 것은 단순한 흥밋거리 정도로 취급되어서는 안된다. 각 경우에 있어서 바울은 그리스도의 주되심을 주장하고

---

93) 특별히 Eriksson, *Traditions as Rhetorical Proof*, 279-98을 보라. Thiselton (1348-53)을 참고하라. 그는 Eriksson의 결론에 동의하고 있다.

또한 기독교인 존재의 절대적 기반이신 주님에 대한 사랑을 촉구하고 있는 것이다.

이것은 고유의 기독론적 중요성을 갖는다. 다른 곳에서 바울은 "하나님에 대한 사랑"을 말할 수 있었다(롬 8:28에서 아가파오⟨ἀγαπάω⟩를 사용하여). 단지 이곳에서만 바울은 그리스도에 대한 사랑을 말한다. 바울이 이렇게 하나님과 그리스도를 교환하여 사용한다는 것은 그 자체로 기독론적으로는 주목할 만한 가치가 있다. 곧 고린도전서 전체에서 그리스도가 담당하시는 역할을 강조하기 위해 바울은 이러한 표현을 사용하고 있는 것이다. 이것은 틀림없이 고린도인들의 태도와 행동이 그들은 그리스도께서 그보다는 못한 역할을 하시는 분으로 이해하고 있다는 것을 말해주기 때문이었다. "그리스도의 마음"(2:16)을 가진 바울이 말하는 것에 불순종하는 것은 언약을 배반하는 자에게 임하는 저주 아래 자신을 처하게 하는 것이다.

한편 유운의 다른 측면, 곧 마라나타 역시 동일하게 중요하다. 우리의 현재 관심은 이 용어가 기본적으로 직설적이냐 호격적이냐("주께서 오신다." 혹은 "주여, 오시옵소서!")에 관해 지난 논쟁을 전개하는 데 있지 않다.[94] 무엇이 됐든 이 표현은 우선 아나테마에 대한 반응으로 이해되어야 이 용어에 대해 직설적이거나 혹은 호격적으로 이해가 가능할 수 있다. 곧 이 표현은 "불순종은 '저주'를 의미한다. 그러므로 주의하라. 왜냐하면 '주께서 오시기 때문이다'"라는 식으로 이해할 수도 있고 혹은 "불순종에 따르는 '저주'를 경험하게 되느니 차라리 기독교의 간절한 바람에 동참하라. '주여, 오시옵소서!'"(계 22:20와 비교해 보라)라는 식으로 이해할 수 있다. 일반적으로 신약학계에서는 후자의 의미를 선택하는데 이 사실은 단순히 이 표현을 문자적으로 번역하기보다는 해설을 덧붙여 놓은 대부분(예를 들어 KJV와 같은)의 영어 번역본에서도 확인된다.

이 외침의 중요성은 두 가지 측면에서 확인된다. 첫째는 헬라어를 사용하는 기독교 공동체를 위하여 번역하지 않고 그냥 헬라어로 표기하기는 아람어 표현이 예수님의 죽음과 부활 이후 이십삼 년 혹은 그 이상 동안 사용되고 있었다는 사실이다. 왜 그랬을까? 거의 확실히 이 표현은 원래 위어 그 자체로 그/그들에게 의미를 전달했던 문구로서 고린도인들이 바울이나 혹은 그의 동료들로부터 배웠을 것이다.[95] 이것은 더 나아가 마라나타의 기원이 바울이

---

94) 이 주제에 대해 최근에 쓴 유용한 개관으로는 Thiselton, 1348-53을 보라.
95) 갈 4:6과 롬 8:16에 사용된 아바(Abba)라는 외침도 이와 유사한 경우이다. 이 표현은

신자가 되기 전으로 거슬러 올라간다는 것을 의미한다. 왜냐하면 자신의 증언에 따르면(갈 1:15-24) 개종 후 몇 년 동안이나 바울은 아람어를 사용하는 교회와 일체의 접촉도 없었기 때문이다. 그러므로 다메섹에서 처음으로 만난 아람어를 사용하는 예수님의 제자로부터 바울은 이 표현을 배웠을지도 혹은 안디옥 체류 중에 배웠을 수도 있다. 이 경우에 이미 이 표현을 "신성한 언어"으로 간주했던 헬라어를 사용하는 크리스찬에게서 바울은 이 표현을 배웠을 것이다. 어떤 경우가 됐든 이 기도(혹은 선언)의 기원은 매우 이른 시기 교회에까지 거슬러 올라가며 이것은 "주"이신 그리스도에게 올리는 기도가 바울의 창작물이기 보다는 그가 물려받은 것임을 의미하는 것이다.[96]

두 번째 (매우 중요한) 요점은 초대교회의 태동으로부터 그리스도는 그의 부활과 승귀 때문에 시편 110:1의 관점에서 해석되었음을 이 마라나타 외침이 증거한다는 점이다.[97] 그는 이제 아버지의 우편에 앉아계신 주님으로 고린도인들을 그에게 기도한다. 그러므로 헬라어를 사용하는 교회가 이 "외래어" 문구에 애착을 가졌다는 것은 전혀 놀랍지 않다. 사실 이 문구는 - 그리스도와 그의 다시 오심을 바라는 고린도인들에 대해 - 많은 것을 알게 해 준다.

대부분의 학자들은 현재 살펴보고 있는 이 첫 번째 문서가 교회의 예배 상황을 반영해 주고 있다고 가정한다. 따라서 다음으로 고린도의 예배 중에 발생한 무엇인가를 바울이 교정하려고 하는 문맥에 사용된 세 개의 추가 본문들에 우리의 눈길을 돌리는 것이 적절할 것이다.

2) 고린도전서 5:6-8; 10:16-17; 11:17-34- 성만찬의 주님

예수님에 관한 보다 확실한 실체를 가진 전통 가운데 하나는 임박한 죽음을 앞두고 예수께서 제자들과 함께 하는 만찬을 제정하셨다는 것이다. 이 만찬을 통해 제자들은 계속해서 예수께 경의를 표하며 또한 이를 통하여 그를 - 특별히 그들을 위한 그의 죽음을 - 기억하였다. 우리의 연구에 있어 기억해야 할 것은 신에게 경의를 표하는 만찬이 이스라엘을 포함하여 전체 고대 근동

예수님 자신에 의해 초대교회에 소개되어 심지어 아람어를 알지도 못하는 사람들까지 사용하는 신앙용어가 되었다고 말할 수 있다.
96) 이 문제에 대해서는 Hurtado, *Lord Jesus Christ*, 21, 110을 보라.
97) 예수님께서 마라나타를 사용하셨기 때문에 제자들도 이를 배웠을 가능성에 대해서는 제14장을 보라.

세계의 일부분이었다는 것이다. 예를 들어 이집트와 가나안에 존재했던 신을 기념하는 만찬은 출애굽기 32:7(아마도 32:6을 잘못 표기한 것으로 보인다- 역주)과 민수기 25:1-3에 반영되어 있다. 반면 바울과 고린도인들의 시대에 행해졌던 만찬의식은 25개 이상의 현존하는 파피루스 만찬 초대장에서 확인된다.[98] 이스라엘도 이 점에 있어서는 마찬가지였다. 그들의 연중 세 차례의 절기(출 23:14-19)와 그들의 십일조를 기념하는 향연(신 14:22-27)은 여호와(퀴리오스; 신 14:26)의 여호와의 존전에서 음식을 먹도록 규정하고 있다(출 23:14-17). 특별히 비록 가정에서 행해지기는 했지만 유월절은 특별히 "주의 유월절을 지킴"(포이에사이 토 파스카 퀴리오⟨ποιῆσαι τὸ πασχα κυρίῳ⟩; 신 12:48)이라고 일컬어지기도 한다.

바로 이 후자의 문맥, 곧 "주의 유월절"을 먹음이라는 문맥에서 예수님께서는 사도 바울이 퀴리아콘 데이프논(κυριακὸν δεῖπνον⟨고전 11:20⟩)이라고 부르는 것을 제정하셨다. 이것은 고린도전서 10장에서 그가 "그리스도의 피와 몸에 참예함"이라고 부르는 것이며 이 중 후자는 특별히 교회의 관점에서 해석된다(10:16-17). 한편 5:6-8에서 바울은 출애굽의 상징을 그대로 사용하고 있다. 곧 "우리의 유월절 양 곧 그리스도께서 희생이 되셨느니라. 이러므로 우리가 명절을 지키되…순전함과 진실함의 누룩 없는 떡으로 하자"라고 바울은 말한다. 이러한 상징의 조합은 다음 세 가지를 확실하게 암시한다. ① 11:20의 퀴리아콘 데이프논(κυριακὸν δεῖπνον)은 기독교 유월절 절기를 의미하며 ② 그 요점은 영원한 유월절 어린 양으로서 그리스도께서 "희생" 당하셨다는 것이다. ③ 아울러 이 만찬은 초대교회에서 보편적으로 지켜지고 있었다(이것은 바울이 그의 마지막 권고의 가정하고 있는 것이기도 하다). 이 만찬에 대한 역사적 관심은 대부분 만찬의 의미와 중요성에 놓여 있다. 그러나 나의 목적은 단순히 바울이 이 만찬을 설명할 때 가지고 있었던 중요한 기독론적 전제를 밝혀내는 것이다. 바울이 설명을 덧붙인 이유는 대개 고린도 교회가 만찬을 오용하였기 때문이다.

확실한 것은 5:7의 간략한 언급에 기초하여, 바울과 초대교회가 이 만찬을 유월절 만찬의 대체로 이해했다는 것이다. 그리하여 주 그리스도는 이 의식을 통해 표현되는 경의를 받게 되는데 이러한 경의는 유대교의 경우 여러 세기 동안 오직 여호와께만 드려졌으며 이방제의의 경우에 있어서는 다양한

---

98) 이 주제에 대해서는 Fee, "Εἰδωλόθυτα Once Again," 113-18을 보라.

"신"이나 "주"에게 돌려졌던 경의였다. 아울러 10:19-22과 11:32에 대한 논의를 살펴보라(pp. 222-224, 232)

3) 고린도전서 12:3- 주님 그리고 초대교회 신앙고백

방언에 지나칠 정도로 매력을 느끼고 있던 고린도인들을 서두에서 일갈한 한 후 그 결론으로서[99] 공동체 안에서 나타나는 모든 성령의 활동에 대한 궁극적인 기준을 바울은 제시한다. 이 기준은 기독교의 기본적인 신앙고백, 퀴리오스 예수스(κύριος 'Ιησοῦς, 예수는 주님이시다)와 일치한다. 실로 바울은 이 고백을 오직 성령의 도우심으로 말하는 자들만이 할 수 있는 고백으로 소개하고 있다. 한편 그의 서신서에 사용된 세 개의 서로 다른 문맥에서[100] 바울은 두 번 이상 그것도 언제나 이 순서대로 이 고백을 채용하여 사용하고 있다.[101]

다음 세 가지 사실이 이 고백에 있어 중요한 요점을 이루고 있으며 어휘의 순서와 단지 성령을 받은 사람만이 이 고백을 할 수 있다는 바울의 주장을 설명해 준다. 이것은 분명 혁신적인 초대교회의 고백일 뿐만 아니라 이 땅에 존재하는 모든 민족 중에서 예수님을 따르는 자들을 궁극적으로 구분해 주는 기준으로서 사용되는 고백이다.

첫째로 이 고백에 나타난 어휘의 순서가 중요한데 여기에는 "주"는 다름 아닌 예수님이라는 사실이 강조되어 있다. 다른 한 편으로 이것은 앞서 8:6에서 언급된 사실을 다시 상기시켜 준다. 8:6에서 바울은 쉐마를 재구성함에 있어서 그리스도께서 아버지 우편에 계신 "주"의 역할(시 110:1)을 지니신 것으로 그리고 칠십인경 본문들에서 여호와의 거룩한 이름을 위해 사용되는 퀴리오스인 "주님"이 바로 그리스도라고 가정한다. 비록 여호와의 거룩한 이름과

---

99) 이 본문의 복잡한 문제들에 대해서는 Fee, 58-82와 특별히 Thiselton, 911-27과 Garland, 564-73을 보라.

100) 아래 롬 10:9과 빌 2:11에 대한 논의를 보라. 후자의 경우에는 추가로 크리스토스(Χριστός)가 덧붙여져 있다.

101) 흥미롭게도 이 고백은 롬 10:9에서는 회심과 참된 그리스도의 제자됨의 증명으로 이해되고 이곳에서는 성령을 가진 다른 모든 사람들을 구별하여 주는 지속적인 고백으로 이해된다. 한 편 빌 2:11에서 이 고백의 핵심은 종말론적이다. 시저를 포함하여 우주의 모든 창조된 존재들은 크리스찬이 이제 변치않는 실재로 선언하는 것, 곧 주님은 다름 아닌 예수이시라는 사실을 마침내 인식하게 될 것이다.

의 연결이 현재 문맥에서 발견되는 것은 아니지만 같은 신앙고백이 나타나는 다음 두 본문에 있어서는 이 연결은 핵심적인 문제가 된다.[102] 쉐마의 "주"(아도나이=퀴리오스)는 예수이시다. 그를 주라고 고백하는 것은 예수님의 제자들과 이 세대의 다른 모든 사람을 구분하는 제일 우선되는 기준이 된다. 한때는 여호와께만 드려졌던 헌신이 이제는 그리스도에게 드려진다. 왜냐하면 주님은 바로 예수이시기 때문이다.

둘째로 빌립보서 2:11에 마지막으로 나타나는 이 고백에는 아마도 부분적으로는 황제 숭배를 가진 제국의 전복이 의도되어 있다.[103] 이러한 의도는 매우 이른 시기부터 계속 그래왔던 것으로 보인다. 다시 말해 이 고백이 성령을 통하여 신자에게 주어지는 이유는 정확하게 이 고백이 하나님의 새 언약 백성을 제국에 속한 다른 모든 사람들로부터 근본적으로 구분시켜주는 기준이 되기 때문이다. 이 제국에서 황제에 대한 충성심은 시저가 주이며 구원자라는 고백으로 표현된다.

셋째로 이 고백은 부활하신 그리스도의 궁극적인 주 되심을 인정하는 것이었고 따라서 그에 대한 암묵적인 순종을 포함한다. 이 순종이 전제로 하는 것은 한 사람의 충성은 삶의 모든 국면에 있어서 다른 어떠한 지상의 "주"에게 바쳐지지 않는다는 것이다. 그 "주"가 제국의 황제이든 집주인이나 혹은 그를 둘러싸고 있는 "많은 주나 많은 신" 중 하나이든 관계없이 복종은 오직 한 분 유일하신 주, 예수 그리스도에게만 드려져야 한다. 그러므로 이 고백은 바울뿐 아니라 초대교회 전체의 고등기독론(high Christology)을 전제로 하는 것이다.

---

102) 이 주제에 대해서는 특별히 C. E. B. Cranfield, *A Critical and Exegetical Commentary on the Epistle to the Romans* (2 vols.; 6th ed.; ICC; Edinburgh: T&T Clark, 1975-79), 2:529-30을 보라.

103) 바울 용법에 있어서 이 문제가 우선순위를 갖는다고 주장하고 있다는 점에서 Cullmann(*Christology*, 219-21)은 아마도 틀린 것 같다. 이 고백이 틀림없이 보조적인 역할만을 하고 있는 것으로 보이는 데살로니가 전후서와 빌립보서에서 이 용법에 비추어 이 고백을 해석함으로써 Cullmann은 석의적으로 위험한 결론을 낳게 되었다는 식으로 혹자는 그의 해석을 극단적으로 무시하려고 할지도 모른다. 그러나 쿨만의 해석이 갖는 강점은 이 고백과 아마도 순교를 피하기 위해 신앙을 철회하겠다는 것을 뜻하는 것으로 보이는 "예수는 저주 받은 자이다"라는 선언 사이의 대조를 강조하고 있다는 것이다.

4) 고린도전서 12:4-6 - 주님 그리고 신적 삼위

오직 성령으로만 예수님을 퀴리오스라고 고백할 수 있다고 선언한 후에 바울은 즉시로 교회 회중 안에 나타난 성령의 은사에 관해 말하기 시작한다. 다시 말해 하나됨은 (모두 방언을 말해야 한다는 식으로서의) 획일성이 아니라 도리어 다양성을 요구한다고 바울은 주장한다. 이 결론을 도출하기 위하여 바울은 매우 놀라운 주장을 하게 되는데 그의 주장은 곧 다양성 그 자체는 성령과 주 그리고 아버지의 신적 삼위와 조화를 이루는 현상이라는 것이다.

전체 바울 서신서에서는 스무 개 이상의 본문이 신적 삼위의 관점에서 직접 혹은 간접적으로 구원에 대해 말하고 있다.[104] 이 삼위의 관점이란 구원을 아버지의 사역(구원은 그의 사랑에 기초하고 있다), 아들의 사역(그의 죽음과 부활은 구원을 보증한다) 그리고 성령의 사역(구원을 적용하고 그것의 효력이 발생하게 한다)으로 이해하는 것이다. 그러나 고린도후서 13:13(14)과 에베소서 4:4-6과 더불어 현재 본문은 신적 삼위를 매우 다른 관점에서 접근한다. 이 본문에서 바울은 우리의 구원을 가능케 하는 데 있어서 삼위가 담당하는 각각의 역할에 대해서는 전혀 말하지 않는다. 대신 건강한 몸이 필요로 하는 다양성이 정확하게 하나님 자신의 정체성 안에서 발견되는 다양성과 같다고 그는 주장하고 있다. 이처럼 세 개의 유사한 문장 안에서 바울은 먼저 성령에 관한 언급으로부터 그의 주장을 시작한다. 왜냐하면 성령이 현재 본문에서 바울의 관심사이기 때문이다. 그러나 그렇다고 해서 이것이 고린도인들로 하여금 아들과 아버지의 사역과 분리시켜 성령의 사역을 이해해도 좋다는 것을 의미하지는 않는다. 전체 문장의 시적 구조는 그러한 이해를 뒷받침 한다.

12:4-6 διαιρέσεις δὲ χαρισμάτων εἰσίν, τὸ δὲ αὐτὸ πνεῦμα
καὶ διαιρέσεις διακονιῶν εἰσιν, καὶ ὁ αὐτὸς κύριος
καὶ διαιρέσεις ἐνεργημάτων εἰσίν, ὁ δὲ αὐτὸς θεὸς ὁ ἐνεργῶν
τὰ πάντα ἐν πᾶσιν.

은사는 여러 가지나 　　　　성령은 같고
직임은 여러 가지나 　　　　**주는 같으며**
또 역사는 여러 가지나　　　역사하시는 하나님은 같으니

---

104) 관련 성경구절에 대해서는 Fee, *God's Empowering Presence*, 48 각주 39를 보라.

모든 것을 모든 사람 가운데서

그의 서신서에서 전형적으로 나타나듯이 바울은 성령과 주를 동시에 신적 정체성 안에 포함시킨다. 반면에 그는 그들의 사역을 하나님 아버지라는 보다 광의의 문맥 안에 위치하게 한다. 우리의 현재 관심은 이 본문에서 중요한 기독론적 암시를 발견하는 것이다. 그리스도의 선재사상이 하나님에 대한 우리의 이해에 있어 전제가 된다는 것을 이미 바울은 분명한 논조로 역설한 바 있다(8:6). 고린도전서에서 특별히 이 본문은 이러한 사실을 재차 가정하고 있다. 이러한 가정은 성령에 대해서도 마찬가지이다. 그리하여 이 본문은 하나님을 삼위일체의 관점에서 해설함으로써 이후의 세대로 하여금 하나님의 유일하심을 존재론적 관점에서 이해하도록 하는 역할을 하게 된다. 또한 고유의 방식으로 본문과 또한 이와 유사한 바울의 본문들은 요한복음과 히브리서의 저자를 함께 삼위일체에 대한 기독교 교리의 기초를 놓는 데 일익을 담당하게 된다. 이와 같이 고등기독론은 단순히 이들 본문에 전제되어 있다.

지금까지 소개된 네 개의 본문들은 모두 "주"라는 명칭이 바울과 그의 교회의 삶에 있어서 어떠한 의미를 가지는지를 해설해 주었다. 다음 본문은 우리에게 바울 자신에게 있어서 이 고백이 어떻게 유래하게 되었는지를 우리에게 설명해 줄 것이다.

5) 고린도전서 9:1- 부활하신 주님과 만남

고린도전서에 있어서 (우리에게) 가장 중요한 본문들 가운데 하나에서 바울은 그의 사도권에 의심을 가지고 있던 혹은 최소한 회의하고 있던 교회 안 소수의 사람들에게 그의 사도됨을 변론한다. "내가 사도가 아니냐?"하고 바울은 묻는다. 그리고 이어 자신의 수사적 질문에 답하여 즉각 바울은 이렇게 대답한다. 우키 예순 톤 퀴리온 헤몬 헤오라카(οὐχὶ Ἰησοῦν τὸν κύριον ἡμῶν ἑόρακα, 내가 예수 우리 주를 보지 않았느냐?). 이 질문의 거의 모든 부분이 기독론적으로 매우 중요하다.

첫째로 어휘의 순서는 이중 강조를 나타낸다. 곧 첫 번째 위치한 "예수 우리 주"와 마지막에 위치한 "내가 보았다"라는 표현이 강조되는 것이다. 둘째로 시작부에 우키(οὐχί)는 강조적으로 사용되었다. 왜냐하면 이것은 질문에 대해 긍정적인 답변을 요구하기 때문이다. 더욱이 주변 문맥에서 사용된 질문 모두에서 바울이 단순 우-(크)(οὐ⟨κ⟩)를 사용하고 있다는 점을 볼 때 이러한 이해는 더욱 설득력이 있다. 그러므로 그의 사도됨의 주된 증거로서 바울은 "틀림없이 내가 예수 우리 주를 보았다. 그렇지 않은가?"하고 수사적으로 묻고 있는 것이다. 셋째로 그리스도에 대한 언급이 또한 강조적 표현, 곧 "예수 우리 주"라는 표현 안에 등장한다. (그 모든 의미를 이곳에서 밝힐 수는 없지만 부분적으로나마 설명하자면) 이 표현은 "이 세상에 오신 예수님, 그는 부활로써 주 되심의 지위를 가지셨으며 우리 또한 그분의 주되심 아래 있는 것이다"를 뜻하는 것이다. 사실 본문을 제외하고 이와 동일한 기독론적 명칭의 조합 곧 두 칭호 예수와 주 뒤에 "우리의"가 사용된 유일한 경우는 로마서 4:24이며 이곳에서도 이 칭호는 본문에서와 마찬가지로 부활하신 주님을 가리킨다.

바울이 보여주는 수사학의 요점은 이것이다. 그리스도께서 그에게 나타나셨음이 비록 "이상한" 일(15:8)이기는 하지만 이것은 진정한 사도됨의 우선되는 기준에 바울이 부합한다는 것을 보여주는 것이다. 이 점은 15:5-8에 더욱 분명하게 제시되어 있다. 이 본문에서 바울은 우선 그리스도의 현현이 게바와 열두 제자에게 있었다고 말한다.[105] 이어 그리스도께서 오백여 형제와 자매들에게 나타나셨다는 것을 언급(6절)한 이후에 바울은 이어 부활 현현에 의해 사도로서 부르심을 받은 자들, 곧 야고보와 모든 사도들[106] 그리고 끝으로 바울 자신을 소개한다. 이러한 목록과 각각의 경우에 동일한 동사를 바울이 사용하고 있다는 것은 그에게 있었던 부활하신 주님과의 만남이 다른 이들이 경험한 만남과 같은 종류의 만남이었음을 나타내 준다. 그의 경우에 있어서 차이점은 시간상의 문제일 뿐이다. 곧 그가 부활하신 주님을 만난 것은 주님의 현현이 끝난 이후에 일어난 것이었다.

다메섹 도상(누가의 기사에 따르면)에서 발생한 이 사건이 바울에게는 지각이 흔들리고 삶이 변화되는 경험이었다는 것은 의심의 여지가 없는 사실이다. 부활하신 분을 만난 후에 바울은 나사렛 예수에 대해 믿고 있었던 모든

---

105) 이 후자의 용어는 정확한 숫자가 아니라 명칭을 뜻한다. 왜냐하면 부활하신 그리스도를 본 사도는 사실상 열한 명 뿐이기 때문이다.
106) 그들이 누구였느냐 그리고 얼마나 많았느냐 하는 것은 결코 우리에게 알려져 있지 않다. 그러나 아마도 이 중에는 예를 들어 안드로니고와 유니아와 같은 이들이 포함되어 있었을 것이다 (롬 16:7).

것을 다시 생각해야 했다. 나무(장대)에 달아 예수님을 저주하신 것이 아니라, 하나님은 우리가 받아야 할 저주를 그에게 내리신 것이며 부활로 그의 죽음이 "우리를 위한" 것이었음을 확증하신 것이다. 그가 빌립보서 3:4-8과 갈라디아서 1:13-17에서 묘사하듯이 바울의 급격한 전향은 살아계신 예수님과의 만남을 떠나서는 거의 설명될 수가 없다. 예수님의 다른 제자들과 마찬가지로 그리스도께서 이제는 아버지의 우편 곧 권위의 자리에 앉아계신 시편 110:1의 "주"이심을 바울도 믿게 되었다. 이 모든 것은 바울 서신 곳곳에 다양한 형태로 상세하게 설명되어 있다(예를 들어 빌 2:9-11). 그러나 이곳에서 중요한 것은 간단하다. 바울의 사도권을 증명해 주는 것은 이중적인 것, 곧 그 자신이 부활하신 주님을 보았으며 그에 의해 사도로 부르심을 받았다는 것과 그가 새로운 교회를 세웠다는 것이다(이것은 다음에 이어지는 수사적 질문의 요점이다).

자신을 향한 고린도인들(혹은 최소한 그들 중 일부)의 태도 변화를 염두에 두고 바울이 사용한 수사적 질문들은 바울이 복음을 향해 가졌던 열정과 그리스도를 향한 전폭적인 그의 헌신을 우리가 이해하는 데에 여러모로 중요한 단서를 제공해 주고 있다. 또한 이 질문들은 바울이 지속적이고 그리고 배타적으로 부활하신 주님의 주된 명칭으로 호 퀴리오스를 사용한다는 것이 바울에게 무엇을 의미하는지를 이해하는 데 있어 우리에게 초석을 제공해 준다.

7. 칠십인경에 등장하는 퀴리오스이신 예수님

데살로니가전·후서에서와 마찬가지로 바울이 그리스도를 주로 이해하고 있다는 것은 그가 그리스도를 구약 본문의 퀴리오스로 명명한다는 사실에서 가장 쉽게 확인 된다 - 칠십인경은 이들 구약본문에 사용된 신적 이름인 여호와를 그렇게 번역하고 있다. 그러나 데살로니가서에서와는 달리 고린도전서에서 바울은 이들 구약 본문을 그리스도에게 바로 적용되는 것으로 이해하고 인용한다. 이러한 이용은 고린도전서에서 두 번 1:31과 2:16에 나타난다. 바울은 이 구절들을 1-4장에 제시한 주장의 처음 두 부분에 대한 결론으로 사용한다. 이 두 경우에 바울은 그의 논의의 기조를 십자가에 못 박히신 분으로서의 유대교 메시아에 대한 구원론적 이해에서 퀴리오스인 못 박히신 그리스도에 대한 기독론적 선언으로 옮겨가고 있다. 이전 장에서와 마찬가지로 우리는 이와 관련된 반영과 인용들을 성경의 순서대로 살펴보게 될 것이다.

1) 고린도전서 1:2

대부분의 서신서에서처럼 바울은 앞으로 논의될 이슈들을 처음부터 다양한 방법으로 미리 알려준다. 비록 바울의 예고는 감사의 기도(4-9절)에 가장 명확한 형태로 나타나기는 하지만 실제로 시작되는 것은 2절에서부터다. 이 구절은 현존하는 바울의 서신서에서 가장 긴 인사말을 담고 있는 구절인데 다음 세 가지 내용을 순서대로 기록하고 있다.[107] ① 그들은 하나님의 교회이다. 왜냐하면 그들이 그리스도 예수 안에서 거룩하게 되었기 때문이다.[108] ② 고린도에 있는 교회로서 그들은 하기오이스(ἁγίοις, 그의 거룩한 백성)라고 불린다. ③ 그들은 모든 곳에 있는 하나님의 백성과 함께 나란히 호명된다.

우리의 현재 관심은 세 번째 항목에 있다. 고린도전서에서 바울은 고린도인들의 시야를 넓히려는 노력을 다방면으로 하게 되는데 이 항목은 그러한 시도들 중의 하나이다. 다시 말해 고린도인들은 제국 전역에 있는 교회들 안에 있는 다른 많은 백성들과 함께 그리스도 안에 거하고 있는 것이다.[109] 바울이 그리스도에게 속한 백성의 무리를 이렇게 크게 묘사한다는 것은 매우 흥미로운 사실이다. 바울은 이 백성의 무리를 "각처에서 우리 주 곧 저희와 우리의 주 되신 예수 그리스도의 이름을 부르는 자"로 묘사하고 있다.

이 표현은 하나님의 새로운 종말론적 백성을 묘사하는 있는데 이 점에 있

---

107) 최소한 이 순서는 최선의 그리고 (광범위하게 퍼져있던) 가장 이른 시기의 사본적 증거를 따르고 있다 (P^{46} B D* F G b 𝔐 Ambst). "보다 난해한 독법이 원문일 가능성이 높다"(왜냐하면 필사가는 보다 어려운 본문을 만들어 내기보다는 오히려 쉽게 만들려는 경향이 있기 때문이다)는 기준에서 볼 때, 이 순서는 쉽게 봐도 보다 어려운 독법이며 또한 NA27에서 발견되는 사본이 왜 생기게 되었는지를 설명해 줄 수 있다. 이 점에 대한 보다 충분한 논증을 위해서는 G. D. Fee, "Textual-Exegetial Observations on 1 Corinthians 1:2, 2:1 and 2:10," in *To What End Exegesis?* 43-56을 보라.
108) 헬라어로는 헤기아스메노이스 엔 크리스토 예수(ἡγιασμένοις ἐν Χριστῷ Ἰησοῦ)로 표현되어 있다. 고린도전서 내에서 이곳에 사용된 동사 곧 하기아조(ἁγιάζω)는 구원의 비유로서 사용된다(6:11; 1:30과 비교하라). 다시 말해 그리스도 안에 나타난 하나님의 구원 활동은 이방 세상 가운데 있는 그들을 거룩한 하나님의 백성으로 구별한다.
109) 고전 4:17; 11:16; 14:33, 특별히 36을 보라.

어서 바울은 구약에 깊이 젖어 있다. 이 표현은 처음으로 창세기 4:26에서 발견된다. 여기서 이 표현은 아브라함과 함께 하나님의 백성을 구분하는 중요한 기준이 된다. 왜냐하면 이것이 이집트에서 보여준 아브라함의 실패를 묘사하기 위한 핵심적인 구조가 되기 때문이다. 아브라함은 처음에 남방으로 갔다가 이후에 벧엘에서 멈추었으며 그곳에서 "여호와의 이름을 불렀다"(에페칼레사토 에피 토 오노마티 퀴리우⟨ἐπεκαλέσατο ἐπὶ τῷ ὀνόματι κυρίου⟩), 창 12:8). 이어 소개되는 이집트에서의 이야기 후에 그는 벧엘로 돌아갔고 다시 한 번 "여호와의 이름을 부른다"(창 13:4). 이 표현은 곧 하나님의 백성을 구분하는 특징이 된다. 다시 말해 그들은 "여호와의 이름을 부르는"자들이다.

이 표현은 나중에 요엘의 잘 알려진 종말론적 주의 날에 대한 묘사에서 다시 등장한다. 곧 하나님께서 그의 영을 모든 백성에게 부어주실 때 파스 호스 안 에피칼레세타이 토 오노마 퀴리우 소데세타이(πᾶς ὃς ἂν ἐπικαλέσηται τὸ ὄνομα κυρίου σωθήσεται, 누구든지 주의 이름을 부르는 자는 구원을 얻으리니)라고 요엘은 예언한다(욜 2:32 ⟨3:5 칠십인경⟩). 바울은 이 구절을 로마서 10:13에서 인용하고 있는데 이 예언은 모든 사람 곧 유대인이나 헬라인이 모두 진심으로 예수의 부활을 믿고 입으로 "예수는 주"이시라고 고백할 때 - 이것은 이 사람이 구원을 받았다는 것을 증거한다 - 성취되는 것으로 이해된다. 그런데 바울은 이 표현을 고린도전서의 시작부에서 반영한다. 곧 이 표현은 전 세계 그리스도의 백성인 자들을 구별하여 주며 이 편지의 나중에서는 요엘의 본문에서처럼 이 모든 것이 그들의 삶 속에 현존하는 성령으로 말미암는다는 것을 암시해 준다.

고전 1:2 σὺν πᾶσιν τοῖς ἐπικαλουμένοις τὸ ὄνομα τοῦ κυρίου ἡμῶν
Ἰησοῦ Χριστοῦ
창 12:8 καὶ ἐπεκαλέσατο ἐπὶ τῷ ὀνόματι κυρίου[110]
욜 2:32 πᾶς ὃς ἂν ἐπικαλέσηται τὸ ὄνομα κυρίου
σωθήσεται
고전 1:2 **우리의 주 되신 이름을 부르는** 모두 **자**들에게
예수 그리스도의
창 12:8 그리고 **그가** **여호와의 이름을 부르더니**

---

110) 또한 창 13:4; 21:33(아브라함); 26:25(이삭); 33:20 LXX(야곱)을 보라.

욜 2:32 누구든지 　　**여호와의 이름을 부르는 자는**
　　　　　　　　구원을 얻으리니

신명기에서 이 공식은 예루살렘을 구별하는 주된 방법으로 사용된다. 예루살렘은 하나님께서 "자기 이름을 두시려고" 택하실 장소인데 칠십인경은 이를 통상적으로 "그의 이름을 부르게 하기 위해 주 너희 하나님께서 선택하신 장소"라고 해설하고 있다(즉 12:11, 카이 에스타이 호 토포스 혼 안 에클렉세타이 퀴리오스 호 데오스 휘몬 에피클레데나이 토 오노마 아우투 에케이⟨καὶ ἔσται ὁ τόπος ὃν ἂν ἐκλέξηται κύριος ὁ θεὸς ὑμῶν ἐπικληθῆναι τὸ ὄνομα αὐτοῦ ἐκεῖ⟩). 따라서 이 구절이 시편이나 선지서에 흔히 사용된다는 것은 그리 놀랄만한 일이 아니다.

이 표현은 바울 서신서 내에서 세 번 사용(아래 롬 10:9-13; 딤후 2:22에 대한 논의를 보라)되었으며 바울은 우리의 본문에서 이 표현을 처음으로 사용하며 각각의 경우에 구약 본문의 신명 "여호와"를 나타내는 "주의 이름"이 이제 천상의 주로서 보좌에 오르신 예수님께 전가되어 사용되고 있다는 것에는 의문의 여지가 있을 수 없다. 다시 말해 하나님의 백성은 여전히 "주의 이름을 부르는" 자들로 분류된다. 그리고 그들이 부르는 주는 다름 아닌 죽은 자들 가운데서 일어나셔서 아버지 우편으로 높이 들림을 받으신 그리스도이시다.[111]

이렇게 고린도전서의 시작 부분을 염두에 둔다면 같은 현상이 몇몇 다른 경우에 나타난다고 해서 놀라지는 않을 것이다. 그리고 다른 곳에서는 오직 하나님을 위해서만 사용되던 표현을 그리스도께 적용하는 경우에 있어서도 마찬가지이다.

2) 고린도전서 1:31

도입문구 게크랍타이(γέγραπται, 기록된 바)가 나타내듯이[112] 이 본문에서

---

111) Hurtado의 지적에 따르면 이 표현은 "분명하게 성경구절을 기독론적으로 재구성한 것이며 동시에 예수님에 대한 제의적 경의의 표현을 사용해 기독교 신자들을 우주적으로 묘사한 것이다"(*Lord Jesus Christ*, 143).
112) 이 현상은 세 개의 바울 서신 곧 고린도전・후서 그리고 로마서에 국한된다(단지 고린도전・후서 전체에 두 번 사용될 뿐이다).

제3장 고린도전서에 나타나는 기독론 219

바울은 구약 본문의 인용을 통하여 그의 서신서에서는 처음으로 구약의 여호와/퀴리오스 본문을 분명하게 그리스도에게 적용한다. 본문이 속한 문단(1:26-31)은 예레미야 9:23-24(9:22-23 칠십인경)에 대한 일종의 미드라쉬이며 바울은 이를 직접적으로 그리고 동시에 다소 반어적으로 고린도인들에게 그리고 그들이 현재 "지혜"에 홀려있고 그것을 자랑하는 것에 대해 적용한다. 곧 예레미야가 지혜있는 자, 강한 자 그리고 부한 자를 "자랑하는 것"(=신뢰하다)에 강조하는 곳에서 바울은 고린도의 신자들이 이런 부류에 속하지 않는다는 점을 꼬집어 말한다. 차라리 부르심을 받았을 때 그들은 "지혜롭지도" 않고, "강하지도" 않으며, "태생이 좋지도" 못한 자들 중 하나였다. 실로 바울이 지적하는 것처럼 하나님께서는 정확하게 이런 부류의 사람들을 부끄럽게 하시려고 이들 고린도인들을 택하신 것이다. 이런 이유로 끝 부분에 가서 바울은 예레미야 9장으로 되돌아가 24절(23절 칠십인경)을 축약된 형식으로 인용하여 고린도 신자들이 주님=예수님을 "자랑"해야 할 필요가 있다는 점을 강조한다.

고전 1:31	ἵνα καθὼς γέγραπται	ὁ καυχώμενος
		ἐν κυρίῳ καυχάσθω.
렘 9:23 (칠십인경)	ἐν τούτῳ καυχάσθω	ὁ καυχώμενος
	συνίειν καὶ γινώσκειν ὅτι ἐγώ εἰμι κύριος	
고전 1:31	**자랑하는 자는**	함과 같게 하려 함이니라
	주 안에서 자랑하라	
렘 9:23 (칠십인경)	**자랑하는 자는** 이것으로 **자랑할찌니**	
	곧 **내가 주인 것을** 깨닫고 아는 것이라	

실제 단어 사용에 있어서 상당한 자유를 가지고서 그러나 예레미야의 관심사를 충실히 따르면서 바울은 이제 이 본문을 그리스도에게 적용한다.[113] 그

---

113) Gail R. O'Day, "Jer 9:22-23 and 1 Cor 1:26-31: A Study in Intertextuality," *JBL* 109 (1990): 259-67; Stanley, *Paul and the Language of Scripture*, 186-88. 이것은 일반적인 견해이며 다소 문자적인 인용은 아닌 것처럼 보이지만 만약에 이 인용이 라고 하더라도 긴밀해 보이지 않는 것 같아도, 렘 9:22 칠십인경의 분명한 암시로 시작되는 그리스도 중심적인 본문에 있어서 결정적으로 중요한 어휘로 사용되고 있다는 점을 인정한다면 이 주장에 대한 증명은 필요하지 않을 것이다. 결국 하나님께서 우리를 위한 "지혜"로써 보내신 분은 바로 그리스도이시다. 정확하게 그

의 지혜의 반어적 표현으로서 하나님께서 제시하신 분, 곧 십자가에서 죽으신 그의 죽음을 통해 의와 성화와 구속을 마련하신 분은 이제 고린도인들이 모든 신뢰와 자랑을 두어야 할 "주님"이시다. 아이러니는 그들이 자랑해야 하는 주님이 다름 아닌 하나님의 미련한 것, 곧 못 박혀 죽으신 메시아라는 사실이다.[114]

이러한 주장의 기독론적인 함의는 실로 놀랍기까지 하다. 왜냐하면 예레미야 문맥은[115] 모든 신들 위에 뛰어나신 여호와를 향한 절대적인 충성을 요구하고 있기 때문이다. 이 주님이 이제는 고린도인들이 자랑해야 할 예수 그리스도이시다. 오직 이곳에서만 하나님의 지혜가 드러나게 된다.

3) 고린도전서 2:16

바울은 이와 유사한 주장을 다음 단락(2:6-16)의 마지막 부분에서 한다. 이 단락에서는 세상에서 극도로 어리석다고 말하는 것 안에서 고린도 신자들이 하나님의 지혜를 볼 수 있어야 하는지에 대한 이유를 바울은 설명한다. 이들은 하나님의 감추어진 비밀까지도 아시고 또한 그것을 알게 하시는 하나님의

결과 하나님의 백성은 주이신 못 박히신 메시아를 자랑하게 될 것이다.

114) 이 본문에 대한 Richardson의 설명은 다소 혼란스러워 보인다(*Paul's Language*, 284-85). 첫째로 그는 "'주 안에서'(곧 그리스도 안에서) 자랑하는 것이 하나님의 주권적 실재를 자랑하는 것과 동일하다"는 것을 인정한다. 그러나 이후 그는 이것이 "구약에서 하나님께 대하여 사용된 표현들이 그리스도께로 전가된 것"이라는 점은 부정한다." 우리는 어떻게 이런 주장을 할 수 있을까하고 의아해 할 뿐이다. 왜냐하면 바울은 이미 "주"를 "예수 그리스도"와 동일시했으며 이어 로마인들에 의해 못 박히신 "영광의 주"와 동일시할 것이다(2:7). Richardson의 관심은 옳은 것이다. 곧 그리스도는 이곳은 물론 다른 곳에서도 하나님 자신과 동일시되지 않는다. 그러나 이들 본문에서 바울이 칠십인경의 퀴리오스를 사용하는 이유 중에 하나는 아마도 아들이 하나님과 완전히 동일시 되어 그가 하나님이 되거나 하나님의 자리를 차지하게 되는 일 없이 이 용어의 사용은 그리스도를 신적 본체 안에 포함시키기 때문일 것이다. 다시 말해 구약 표현을 아버지에서 아들에로 전가하는 것에 의해서 바울은 예수님이 바로 구약 본문의 여호와이시다라는 것을 말하는 것이 아니라 본문에 나타난 퀴리오스(κύριος)=Adonai=여호와라는 등식이 승천과 더불어 그 "이름"(빌 2:10)을 갖게 되신 예수 그리스도께 이제 적용되었다는 것을 바울은 말하고 있는 것이다.
115) Hays(34-35)는 삼상 2:10 칠십인경(이것은 렘 9:22-23에 기초하여 한나의 기도에 칠십인경이 추가해 넣은 것이다)을 또한 그 배경으로 제시한다. 그러나 이러한 주장은 불필요해 보인다. 왜냐하면 바울의 표현이 사무엘상보다는 예레미야에 더 가깝기 때문이다.

제3장 고린도전서에 나타나는 기독론 221

성령을 받았다. 이 주장의 마지막에서 바울은 성령을 받았기 때문에 모든 것 (하나님께서 그리스도 안에서 이루신 것)을 분별할 수 있는 사람(호 프뉴마티코스〈ὁ πνευματικὸς〉)과 성령이 없어 십자가를 하나님의 지혜로 깨닫지 못하는 사람 (호 프쉬키코스〈ὁ ψυχικὸς〉)을 서로 대조시킨다. 설명의 용법으로 사용된 가르(γὰρ)와 더불어 이사야 40:13절을 인용함으로써 바울은 성령을 가진 사람에게 있는 이 능력에 대한 자신의 주장을 마무리 한다.

고전 2:16 τίς γὰρ ἔγνω   νοῦν κυρίου,   ὃς συμβιβάσει αὐτόν;
          ἡμεῖς δὲ   νοῦν Χριστοῦ ἔχομεν
사 40:13 τίς   ἔγνω   νοῦν κυρίου καὶ τίς αὐτοῦ
                 σύμβουλος ἐγένετο   ὃς συμβιβᾷ αὐτόν
고전 2:16 **누가**   **주의 마음을 알아서 주를 가르치겠느냐**
          그러나 우리가 **그리스도의 마음을**   가졌느니라
사 40:13 **누가**   **주의 마음을 알았으며** 누가 그의
          모사가 되었으며   누가 **그를 가르치겠느냐?**

문맥에서 본문의 퀴리오스는 아마도 이중적인 의미로 이해될 수 있을 것이다. 첫째로 이 명칭은 독자들에게 10-11절을 상기시켜 준다. 고린도인들이 받은 성령은 바로 "하나님의 깊은 것이라도 통달하시는" 분이시다. 이처럼 십자가의 미련한 것을 그의 영원한 지혜의 표현으로 선택하신 하나님 바로 그 하나님의 마음을 나타내시는 분이 바로 성령님이시다. 그래서 이사야의 수사적 질문 곧 "누가 주의 마음을 알았느냐? 누가 그를 가르치겠느냐?"라는 질문과 관련하여[116] 이 본문의 퀴리오스가 하나님 아버지를 가리키고 있다고 혹자는 쉽게 주장할지도 모른다.[117]

그러나 바울의 궁극적인 관심은 고린도인들이 못 박히신 분을 단순히 올바로 이해하게 되는 것에 있지 않다. 차라리 바울의 관심은 못 박히신 분을 따

---

116) 칠십인경과의 미묘한 차이는 바울의 직접적인 관심사를 반영해 준다. 바울에 대한 고린도인들의 반발은 아직 주의 마음을 몰랐기 때문인데 (비록 이들이 성령의 사람들이기는 하지만 결국 3:1-4에서 바울은 그들을 고발하게 될 것이다) 어떻게 그들이 이제 주를 지도하려는 만용을 부릴 수 있단 말인가?

117) 같은 본문이 롬 11:34에 "인용"되어 있는데 이 관점에서 보면 이러한 이해는 더욱 타당성이 있다. 이곳에서 주라는 명칭은 분명히 여호와를 가리킨다. 참고로 Hurtado(*Lord Jesus Christ*, 112)는 양면적인 입장을 취한다.

른 다는 것이 고린도인들에게 무엇을 의미하는지를 이들이 확실히 알게 되는 것에 있다. 그래서 바울은 전형적인 방식으로 고린도인들을 자신의 답변에 포함시켜 이사야의 이중적 질문에 대해 답한다. 비록 바울에게 "우리"는 무엇보다 "나"를 의미하는 표현임에도 불구하고 그는 정교하게 고린도인들을 (이제) "그리스도의 마음을 가진" 자들 안에 포함시킨다. 이처럼 하나님의 마음은 동시에 "그리스도의 마음"이다. 이것이 의미하는 바는 하나님께서 그리스도 안에서 행하신 것을 우리가 (올바로) 이해하게 되는 것은 아버지, 아들 그리고 성령의 사역이라는 것이다.[118] 성령은 하나님의 지혜 - 만약 여러분들이 원한다면 하나님의 "마음" - 를 나타내셨다. 그런데 이 마음은 곧 그리스도의 마음이다.

여기서 바울은 자신의 주장 어느 것도 증명하려 하지 않고 그것을 단지 사실로 가정하고 있다. 이러한 주장은 어떤 새로운 계시로서가 아니라 그리스도가 누구이신지에 대해 고린도인들이 이미 알고 있는 것을 적절히 해설한 것으로 고린도인들이 이해해 주기를 바울은 분명 바라고 있다.

4) 고린도전서 10:19-22

명백한 금령(禁令)과 함께 바울은 성전 연회에 참석하기를 주장하는 고린도인들과의 긴 논쟁을 마무리한다.[119] 바울은 먼저 그의 주장이 잘못 이해될 소지가 있음을 알고 이 문제를 일소하려고 한다. 바울은 성전 연회에 대해 다소 순환적인 (그러나 절대적으로 중요한)형식의 주장을 했다.[120] 그러나 우상 음식이 실제로 "신"에게 드려진 것이라든지 혹은 우상 그 자체가 "신"이라는 것을 바울이 의미했다는 식(19절)으로 고린도인들이 오해해서는 안 된다. 이 점에 관해서 바울과 고린도인들은 전적으로 동의한다(위 8:6에 대한 논의를 보라).

고린도인들의 문제는 진정한 우상숭배 대한 성경적인 이해가 이들에게 결

---

118) 이 점에 관해서는 Fee, *God's Empowering Presence*, 107-10을 보라.
119) pp. 159-161를 보라.
120) 바울은 (1) 고린도인들에게 모본을 제시하기 위해 그 자신의 사도권 행사를 포기한 바 있다(9:1-23) (2) 자기부인의 중요한 가치에 대해 말했으며(9:24-27) (3) 이스라엘이 광야에서 주를 부인했던 예를 들었고(10:1-13), (4) 주님을 기념하기 위한 그들의 "연회"가 본질적으로는 주의 몸에 참예하는 것이라고 역설했다(10:14-18). 이 모든 것을 통해 볼 때 바울의 절대적인 금령에는 충분한 근거가 있는 것으로 보인다.

핍되어 있다는 것 곧 그들의 우상과 신전이 귀신의 거처라는 사실을 이들이 이해하지 못하고 있는 것이다. 그러므로 바울의 논점은 주와 더불어 교제하는 신자는 동시에 다른 귀신들과 똑같이 교제할 수 없다는 것이다(20절). 따라서 그리스도 안에 있는 신자는 그런 음식을 먹지도 귀신의 식탁에 참예하지도 말아야 한다(21절). 이처럼 바울은 우선 이방 연회에 참석하는 것을 절대적으로 금지하는 것으로 그의 주장을 마무리한다. 둘째로 결정타는 22절의 수사적 질문 곧 "그러면 우리가 주를 질투하시게 하겠느냐? 우리가 주보다 강한 자냐?"라는 질문 속에 담겨있다.

흥미롭게도 이러한 주장을 할 때 바울은 광야 이스라엘의 불순종이라는 모티브를 계속해서 사용한다(7-10절). 그는 고린도 상황을 모세의 노래에 적용하는데(신 32:1-34) 이 노래에서 하나님은 불순종한 이스라엘을 질책하신다. 이처럼 20절에서 구약 본문 신명기 32:17을 반영시킴으로써 바울은 결론적 진술을 시작한다.

고전 10:20　ἀλλ' ὅτι ἃ θύουσιν, δαιμονίοις καὶ οὐ θεῷ θύουσιν[121]
신 32:17　　　　ἔθυσαν δαιμονίοις καὶ οὐ θεῷ
고전 10:20　대저 **이방인의 제사하는 것은 귀신에게 하는 것이요 하나님께 제사하는 것이 아니니**
신 32:17　　　**그들은　　마귀에게 하였으니　하나님께 제사하지 아니하고**

바울의 문장은 칠십인경과 마찬가지로 우상숭배자들이 "신에게" - 그것이 여호와이든 혹은 신들 중에 하나에게든 - 제사를 드린것이 아니라고 말한다. 대신 그들의 우상은 귀신들의 거처로 이해되어야 했다.

---

121) 아마도 두신(θύουσιν)의 "반복" 때문에 필사가들은 이 본문과 관련된 많은 이문들을 남기게 되었을 것이다. 분명히 P46과 같은 이른 시기의 사본은 누가 누구에게 희생을 드리고 있는가에 대해 보다 정확히 묘사하도록 이 본문을 수정하였다. 같은 맥락에서 후내 다수 사본(초기 라딘의 중기에 의해 뒷받침된다)은 이것을 다시 다음과 같이 고쳐 쓰고 있다. 알 호티 하 두신 타 에드네, 다이모니오이스 두신 카이 우 데오 두신(ἀλλ' ὅτι ἃ θύουσιν τὰ ἔθνη, δαιμονίοις θύουσιν καὶ οὐ θεῷ θύουσιν, 그러나 대저 이방인이 제사하는 것은 귀신에게 제사하는 것이요 하나님께 제사하는 것이 아니니라). 이곳에 제시된 NA27 본문과 또한 ℵ A B C P Ψ 33 81 1739 pc에서 발견되는 본문은 거의 확실히 바울의 원문일 것이다.

이러한 진술에 이어 바울은 곧바로 금지명령을 내린다(20b-21절). 그리고 그렇게 함에 있어서 바울은 포테리온 퀴리우(ποτήριον κυρίου)와 트라페제스 퀴리우(τραπέζης κυρίου)를 귀신의 "컵"과 "상"에 대조시킨다. 고린도인은 주님의 것과 귀신의 것 사이에서 하나를 선택을 해야 한다. 이 둘 모두에 참예하는 것은 절대적으로 금지된다("너희가 참예치 못하리라"). 이 금지령은 이어 결론에 도달한다. 신명기의 표현으로 다시 한 번 돌아와서는 한 쌍의 수사적 질문을 던짐으로써 바울은 그의 주장에 결론을 내린다. 그 첫 번째 질문은 다음과 같다.

고전 10:22 ἢ   παραζηλοῦμεν   τὸν κύριον;
신 32:21 αὐτοὶ   παρεζήλωσάν   με   ἐπ' οὐ θεῷ
고전 10:22 그러면 우리가   주를   질투하시게 하겠느냐?
신 32:21 그들이 하나님이 아닌 자로   나의   질투를 일으키며

"주님"을 질투하시게 하겠느냐하고 질문할 때 구약에서 이스라엘이 여호와께 했던 일이 이제 이처럼 고린도인들을 통해 그리스도께 일어나고 있는 것으로 바울은 이해한다. 제사를 "하나님이 아닌" 귀신에게 드림으로써 이스라엘이 주님이신 여호와를 질투하시게 하였던 것처럼 고린도인들은 이방 연회에 참석하여 마귀적인 것에 동참함으로써 그들의 주이신 그리스도를 질투하시게 한다. 사실 주의 상에서 먹고 마실 때 그들은 그의 죽음과 부활에 동참하는 것이다.

언제나 그렇듯이 바울은 데오스와 퀴리오스 사이를 구분한다. 그럼에도 불구하고 이 두 분은 동일한 정체성(identity)를 공유한다. 그리하여 이스라엘이 질투를 불러일으킨 "주"는 고린도인들의 경우에 있어서는 부활하신 주님, 곧 예수 그리스도로 이해되어야 하는 것이다.

5) 고린도전서 10:26

성전 음식에 참예하는 것을 금지하는 긴 주장을 마친 후에 바울은 23절에서 시장에서 구입할 수 있는 성전 음식의 문제를 다루게 된다. 이곳에서 우리는 매우 달라진 답변을 듣게 되는데 이 답변을 통해 중요한 것은 음식 그 자

체가 아니라 귀신 앞에서 그리고 귀신과 함께 음식을 먹는 것임을 바울은 분명하게 밝히고 있는 것으로 보인다. 비록 9:19-22에서처럼 만약 음식이 다른 신자에게 걸림이 되는 경우라면 먹지 말라고 바울은 주장할 터이지만 음식 그 자체는 바울에게 아무런 문제도 되지 않는다. 다만 마음껏 누릴 수 있는 자유는 또한 그렇게 하지 않을 자유를 의미하기도 한다.

고린도인들이 시장에서 파는 것이면 무엇이라도 사서 먹어도 좋다는 주장(25절)을 뒷받침하기 위해 바울은 시편 24:1(23:1 LXX)을 인용한다.

고전 10:26	τοῦ κυρίου γὰρ	ἡ γῆ καὶ τὸ πλήρωμα αὐτῆς
시 23:1 (칠십인경)	τοῦ κυρίου	ἡ γῆ καὶ τὸ πλήρωμα αὐτῆς
고전 10:26	이는 **땅과 거기 충만한 것이**	**주의 것**임이니라
시 23:1 (칠십인경)	**땅과 거기 충만한 것이**	다 **여호와의 것**이로다

이 본문에 대한 친숙함 때문에 바울이 이곳에서 이전 주장에 대한 성경적 증거를 제공하고 있다는 것을 고린도인들이 알아차리기를 바울은 바라고 있었다는 식으로 혹자는 생각할지 모르겠다.[122] 우리에게 중요한 것은 바울이 이 시편을 "인용함"에 있어서 구약 원문을 그대로 사용하고 있는가 그리고 퀴리오스가 무의식적으로 하나님을 지칭하도록 했는가[123] 혹은 전후 문맥을 고려할 때 퀴리오스=여호와라는 등식이 이제 그리스도에게 적용 될 것을 바울이 의도했는가하는 점이다.

한편으로 바울은 하나님(데오스)의 영광을 위해 모든 것을 해야한다고 주장함으로써 그의 주장에 대한 결론(31절)을 내리고 있다. 또한 이곳에서 바울은 기독론적인 요점을 만들고 있지는 않는 것 같다. 그러므로 이 경우에 바울이 단지 시편의 의미를 있는 그대로 전달하고 있다고 보는 것은 타당해 보인다.

다른 한편으로 이곳에서 바울이 한 번 더 퀴리오스=그리스도임을 말하고자 했다는 것은 다음 세 가지 근거로 인해 개연성이 있어 보인다. ① 이 인용

---

122) 게그랖타이(γέγραπται)가 사용되어 있지 않다는 것은 그리 중요한 문제는 아니다. 왜냐하면 바울이 "기록된바"라는 표현과 같은 역할을 하는듯한 가르(γὰρ)를 이곳에서 사용하고 있기 때문이다.

123) 본문이 뒷받침하는 역할만 할 뿐 퀴리오스에 대한 논점은 존재하지 않을 때 바울은 자주 그렇게 한다. 위 각주 7을 보라.

은 이전 주장의 결론에 해당하는 22절과 매우 유사하다. ② 창조에 있어서 선재하신 아들의 중재적 역할을 강조함으로써 바울은 자신의 주장을 전개하기 시작했다. 아들은 이처럼 창조세계와 그가 구속한 모든 자들의 퀴리오스이시다. ③ 독립적인 문장 안에서 바울은 언제나 이 칭호를 그리스도를 위해 사용하였다(본 장과 이전 장에서 주목하였듯이 모든 경우에 있어 이러한 용례는 바울의 통상적인 방식과 일치한다).[124]

8. 퀴리오스 예수님과 신적인 권한

데살로니가전·후서와 마찬가지로 고린도전서는 또한 퀴리오스인 예수님이 성경 다른 곳에서는 언제나 하나님께서만 하시던 역할을 수행하는 것으로 제시된다. 이러한 현상은 다양하게 한 방식으로 묘사되어 있다. 우리는 고린도전서에 사용된 이러한 묘사들을 그 순서대로 살펴 볼 것이다(예외적으로 상호 관련성 때문에 7장에 사용된 두 개의 개념 곧 "주의 명령"과 "그리스도의 율법"은 한꺼번에 살펴보게 될 것이다).

1) 우리 주의 은혜 (고전 1:3; 16:23)

표준적인 바울의 인사말과 관련된 실제적인 신학적 이슈들을 우리는 이미 이전 장에서 살펴보았다. 이곳에서 은혜와 평강은 하나님 아버지와 주 예수 그리스도로 좇아 임하는 것으로 그려진다. 여기서는 단순히 "은혜"가 어떻게 이 편지의 나머지 부분과 관련하여 기능하고 있는지를 우리가 살펴보게 될 것이다.

첫째로 이 편지의 본론부에서 "은혜"는 단지 하나님 아버지에 관련해서만 사용된다. 곧 1:4; 3:10; 15:10, 57에서 "은혜"는 "하나님의" 은혜이거나 혹은 "하나님이 주신" 은혜이다. 그러나 이 편지의 끝 부분에서 바울의 (전형적인) 축도는 "우리의 퀴리오스 예수의 은혜가 너희와 함께할찌어다"라고 되어 있다. 이처럼 바울이 하나님과 주님을 상호 교환하여 사용하는 것은 데살로니

---

124) 이 문제에 있어 보다 더 강경한 입장을 가진 Capes(*Old Testament Yahweh Texts*, 140)와 보다 조심스러운 입장을 취하고 있는 Cullmann(*Christology*, 222)를 참고하라.

제3장 고린도전서에 나타나는 기독론   227

가서와 마찬가지로 이곳에서도 여전하다.

2) 주의 날 (고전 1:8)

서신서에서 논의될 다양한 주제들이 언급되어 있는 감사의 기도 끝 부분에서 신자들이 확실하게 직면하게 될 미래를 "우리 주 예수 그리스도의 날"이라고 바울은 말한다. 바울이 구약에서 취한 이와 같은 여호와 문구를 그리스도께 적용하는 것에 대해서는 데살로니가전서 5:2에 대한 논의를 보라 (pp. 102-103).

3) 주의 이름으로 (고전 1:10; 5:3-4)

1:10   παρακαλῶ δὲ ὑμᾶς, ἀδελφοί, διὰ τοῦ ὀνόματος
                     τοῦ κυρίου ἡμῶν Ἰησοῦ Χριστοῦ,
5:3-4 3 ἐγὼ μὲν γάρ … ἤδη κέκρικα ὡς παρὼν τὸν οὕτως τοῦτο
            κατεργασάμενον· 4 ἐν τῷ ὀνόματι τοῦ κυρίου Ἰησοῦ,
1:10   형제들아 내가 너희를 권하노니 **이름으로**
                                우리 주 예수 그리스도의
5:3-4 3 내가 실로는…거기 있는 것같이 이 일 행한 자를
            이미 판단하였노라 4 **주 예수의 이름으로**

데살로니가전·후서에서 관찰되는 또 하나의 현상과도 같이 바울은 이 경우 서신의 본론을 "우리 주 예수 그리스도의 이름"에 호소함으로써 시작한다 (1:10). 비록 이것이 그 자체로 명령은 아니지만 바울은 그리스도의 "이름"을 자신의 권고를 위한 권위로서 사용하고 있다. 중요한 것은 물론 칠십인경에서 여호와를 위한 신명을 담고 있는 "호 퀴리오스의 이름"이라는 표현을 바울이 사용하고 있다는 것이다. 현재의 본문에서 "주의 이름"은 모두 그리스도에게 전가된다. 이 문제에 대해서는 데살로니가후서 3:6에 대한 논의를 보라 (pp. 130-131).

그러나 5:4에 사용된 "우리 주 예수의 이름으로"라는 표현은 보다 난해하다. 왜냐하면 이 표현이 문장 전체의 통사론(統辭論)과 관련이 있기 때문이

다. 그러나 몇 가지 이유로 인해 특별히 속격 절대 분사구문(genitive absolute)에서 전치사구문이 분사와 주어 앞에 위치하는 경우는 신약성경에 존재하지 않는다는 사실을 염두에 둘 때 아마도 NRSV와 TNIV의 번역이 옳다고 판단된다. 바울은 이미 "우리 주 예수의 이름으로" 이 사람에 대한 판결을 선고하였다.[125] 기독론적으로 중요한 것은 주의 이름으로 내려진 이 심판은 오직 여호와 곧 이스라엘의 하나님께서만 고유하게 하실 수 있다는 것이다. 그러나 바울에게 이 고유 권한은 동일하게 그리스도 예수께도 주어진다. 이러한 이해는 바울이 온유한 명령에서 그 이름을 사용하는 경우에도 적용된다 (살후 3:12). 이 문장에 사용된 "주 예수의 능력으로"라는 표현에 대해서는 고린도전서 5:4에 대한 논의를 보라(pp. 233-234).

4) 그리스도께서 보내심/위임하심 (고전 1:1, 17)

구약에서 자주 등장하는 주제 가운데 하나는 하나님께서 사자와 선지자들을 그의 백성에게 "보내신다"는 것이다. 이 "보내심"은 칠십인경에서 아포스텔로(ἀποστέλλω)라는 동사로 표현되는데 이사야 6:8에 나타난 전통적인 "위임" 본문에도 사용된다. 이사야 본문에서 하나님께서는 물으신다. "내가 누구를 보낼까(아포스테일로(ἀποστείλω))?" 이에 선지자는 대답한다. "내가 여기 있나이다 나를 보내소서(아포스테일론 메(ἀπόστειλόν με))." 이사야 48:16과 에스겔 2:4에서 여호와의 종을 "보내시는" 장면에서도 이 점은 마찬가지다. 바울의 편지에서 그리스도는 이제 이 "보내는" 역할을 담당하신다. 바울을 보내 복음을 선포하게 함으로써 (가르 아페스테일렌 메 크리스토스…유앙겔리제스따이⟨γὰρ ἀπέστειλέν με Χριστὸς … εὐαγγελίζεσθαι, **그리스도께서 나를 보내심은…복음을 전케 하려 하심이니**⟩, 1:17). 그러므로 무엇보다 바울은 "그리스도 예수의 사도"인 것이다(1:1).

5) 영광의 주 (고전 2:8)

전체 서신서에서 본문은 바울이 취한 매우 충격적인 조치들 가운데 하나이다. 상당한 아이러니를 가지고 바울은 이곳에서 "이 세대의 관원"이 "영광의

---

125) 보다 상세한 논의를 위해서는 Fee, 203-8을 보라.

주"를 십자가에 못 박았다고 말한다. 비록 이 표현을 구약에서 찾아볼 수는 없지만 구약의 모티브를 연상시켜 주기는 한다. "영광의 주"는 무엇보다 위대한 신적 대관식의 시편 곧 시편 24편에 사용된 "영광의 왕"과 개념상 유사한 표현이다.

그러나 이보다 훨씬 중요한 것은 바울의 서신에서 "영광"은 대개 하나님과 관련된다. 그는 영광 가운데 거하시는(빌 4:19) "영광의 아버지"(엡 1:17)이시다. 모든 것은 그분의 영광을 위하며 또한 그래야 한다(고전 10:31). 그리고 이제 그 영광을 하나님 아버지와 나누고 계신 "주님"(살후 2:14; 고후 4:4)은 이 세대의 관원들이 십자가에 못 박았던 분이다. 이러한 표현을 통해 바울이 고린도인들에게 지적하고 싶었던 것은 이 세상의 권세 있는 자들이 십자가에 못 박았던 분은 다름 아닌 바로 "영광의 주"라는 사실이다. 이처럼 십자가의 거치는 것은 단순히 사악한 자들에 의해 이루어진 것이 아니라 신적인 지혜에 입각한 것이다. 따라서 그들이 알지 못했던, 아니 알 수 없었던 것은 그들의 잔인한 행동이 바로 영광의 주님에 반역하는 것이었으며 그의 "영광"은 십자가의 부끄러움에 의해 쇠하지 않는다는 사실이었다. 물론 이 표현은 십자가에 못 박히신 분이 지금 통치하시는 영광의 주라는 사실을 암시하고 있다. 그러므로 그들이 영광의 주를 못 박은 것은 영원하신 하나님과 관련해서 본다면 매우 반어적이게도 관계한 모두에게 승리를 의미하는 사건이다.

6) 주께서 주심/선임(選任)하심 (고전 3:5; 7:17)

바울과 아볼로에게 주어진 은사의 통일성과 다양성 모두를 강조하는 문맥에서 바울은 이들의 사역에 관해 "주께서 각자에게 주신/선임하신 것"이라고 말한다(헤카스토 호스 호 퀴리오스 에도켄⟨ἑκάστῳ ὡς ὁ κύριος ἔδωκεν⟩). 그러나 바울 서신의 다른 곳에서 이렇게 사명을 "주시는" 분은 바로 호 데오스이시다(예를 들어 고후 5:18). 칠십인경 구약성경에서 이렇게 은사를 주시는 것은 언제나 퀴리오스=여호와의 고유 권한으로 묘사된다.[126] 비록 뒤에 가서는 오직 하나님의 활동만이 강조되어 나타나기는 하지만 바울은 특별한 은사가 주=그리스도로부터 좇아 나온다고 주장함으로써 이 문단을 시작하고

---

126) 예를 들어 출 31:2-5; 36:1-2(브살렐의 경우).

있다.

이와는 다른 문맥에 속한 7:17에서 바울은 앞서와 유사하게 그리스도와 아버지의 활동을 한 문장 안에 함께 기록하고 신적인 "일의 분배"를 각각 그리스도와 아버지께 돌린다. 헤카스토 호스 에메리센 호 퀴리오스 헤카스톤 호스 케클레켄 호 데오스 후토스 페리파테이토 (ἑκάστῳ ὡς ἐμέρισεν ὁ κύριός, ἕκαστον ὡς κέκληκεν ὁ θεός, οὕτως περιπατείτω, 오직 주께서 각 사람에게 나눠 주신 대로 하나님이 각 사람을 부르신 그대로 행하라). 여기서 바울의 주된 관심은 그리스도 안에 있는 새로운 생명 때문에 삶의 지위 혹은 신분을 바꾸고자 하는 사람들에게 있다.[127] 이곳에 사용된 어휘의 조합은 바울에게 있어서 규범적인 것이다. 선택과 부르심 모두는 하나님의 활동이다.[128] 그러나 이 부르심 안에서 개인에게 사명과 임무, 혹은 이 경우 삶에서의 지위를 "주시는" 분은 (위 3:5에서처럼) 때때로 그리스도이시다. 한편 "주시는" 역할 또한 고린도후서 10:13과 로마서 12:3에서처럼 분명히 신적인 고유 권한이다. 구약에서 이런 종류의 표현은 모두 퀴리오스=여호와를 위해 사용된다.

이처럼 고린도전서 12:4에서, 바울 서신서에 존재하는 삼위에 관한 구절 중 하나에서[129] 그리고 그의 주관심사와는 관계 없어 보이는 구절에서, "같은 주"께서 믿음의 공동체 안에서 풍성하고 매우 다양한 디아코니온(διακονιῶν 〈 직임〉)을 주시는 분이라고 바울은 주장한다.

7) 주께서 판단하신다 (고전 4:4-5; 11:32)

데살로니가전서 4:6에서 살펴보았던 것과 마찬가지로 퀴리오스=그리스도께서 다시 오실 때 자신을 판단하고 감추인 것들을 드러내는 일을 하실 것이라고 바울은 4:4-5에서 주장한다.

> 4:4-5 4 ⋯ ὁ δὲ ἀνακρίνων με κύριός ἐστιν. 5 ὥστε μὴ πρὸ καιροῦ τι κρίνετε ἕως ἂν ἔλθῃ ὁ κύριος, ὃς καὶ φωτίσει τὰ κρυπτὰ τοῦ σκότους καὶ φανερώσει τὰς βουλὰς τῶν καρδιῶν

---

127) 혹은 최소한 그렇게 보인다. 자세한 논의는 Fee, 308-9를 보라.
128) 위 1:9을 보라. 또한 살전 2:12; 4:7; 5:24; 살후 2:14; 갈 1:6, 15; 롬 8:30; 골 3:15를 참조하라.
129) 또한 고후 13:13(14)과 엡 4:4-6에 대한 논의를 살펴보라.

4 … 다만 나를 **판단하실 이는 주시니라** 5 그러므로 때가 이르기 전 곧 **주께서 오시기까지** 아무것도 판단치 말라 그가 어두움에 감추인 것들을 **드러내고** 마음의 뜻을 나타내시리니

여기서 고린도인들이 "판단함으로써"[130] 자신을 "정죄하고" 있다는 사실(3절)을 이용하여 "판단"은 "주님"의 역할임을 상기시킴으로써 바울은 이들의 판단을 물리친다. 이들의 태도에 대한 즉각적인 반응으로서 바울은 기독론적 전제들로 가득 찬 세 가지 진술을 제시한다. 첫째로 "판단할" 권한을 가진 분은 오직 "호 퀴리오스"[131]=그리스도라고 바울은 주장한다. 따라서 바울을 향한 고린도인들의 태도는 철회되어야 한다. 둘째로, 그리고 암시적으로, 다시 오실 때 주께서는 또한 종말론적인 심판자로서 임하실 것이다. 셋째로 호 퀴리오스께서 오실 때 그는 "어두움에 감추인 것들을 드러내고 사람들의 마음 속의 동기들을 나타내실 것이다"라고 바울은 고린도인들에게 말한다.

이 마지막 구절에서 바울은 다니엘 2:20-23에 나타난 다니엘의 기도의 (묵시적) 언어를 사용한다. 여기서 다니엘은 "(조상의 하나님은) 깊고 은밀한 일을 나타내시고 어두운데 있는 것을 아시며 또 빛이 그와 함께 있도다"라고 말한다. 이 주제는 2:47에서 느브갓네살에 의해 반복되어 사용된다. 바울에게 있어 이 계시의 내용은 그리스도의 재림 때에 성취될 것이다. 또한 그리스도는 심판자로서 임하실 것이며 사람의 마음을 있는 그대로 들추어 낼 것이다 - 이러한 행동은 오직 주이신 그리스도에게만 배타적으로 주어진 신적 권한이다. 이처럼 단순히 신적인 권위의 대행자일 뿐만 아니라 인간의 마음 속에 "감추인 것들"을 포함하여 모든 것을 신적인 수준으로 알고 계신 분으로 바울은 그리스도를 이해한다. 바울의 유대사상 안에서 단순히 높은 지위에 오른 인간이 이러한 역할을 한다는 것은 상상할 수도 없는 일이었을 것이다.

---

130) 동사 아나크리노($\dot{\alpha}\nu\alpha\kappa\rho\dot{\iota}\nu\omega$)는 바울 서신서에 10번 사용되는데 그 모두는 고린도전서에서 발견되며 대부분 고린도인들의 바울을 향한 태도를 비난하기 위해 사용된다 (3절 이외에 아마도 2:14-15〈Fee, 118-9〉와 9:3). 비록 유비가 정확한 것은 아니지만 이 동사는 현대의 대배심원 제도(배심원들은 조사를 수행하고 기소의 이유가 타당한지의 여부를 결정할 수는 있지만 기소에 포함되어 있는 고발에 대해 유죄나 무죄의 판결을 내릴 수는 없다)에서 이용되는 일종의 "심문/조사"와 관련이 있다.

131) 이곳에 "-이다" 동사에 선행하는 무관사 보어는 관사를 가지게 된다는 콜웰(Colwell)의 규칙이 적용 가능한 것으로 보인다(그래서 "주"가 아니라 "그 주"가 된다). 이 경우 어휘상의 독특한 순서는 강조를 나타낸다(=나를 "판단"할 수 있는 권한을 가지신 분은 오직 한 분 주님 뿐으로 그가 그의 때에 심판하실 것이다).

마찬가지로 고린도인들이 주의 상을 오용하는 문맥에서(11:17-34), 공동체 내에 약한 자와 병든 자가 존재한다는 것을 바울은 고린도 신자들에 대한 하나님의 현재적 징계로 보고 있다(30-32절). "심판"의 용어와 주제를 비중있게 활용하여 우선 그들 중에 있는 어떤 병과 죽음이 주의 식탁에서 "몸"(=교회)을 오용한 것의 직접적인 결과라고 바울은 (기독교 예언자로서) 주장한다. 이 식탁에서 이들은 자신들이 함께 하시는 주에게 속하였다고 주장했어야 했다. 그러므로[132] "만약 우리가 디에크리노멘(διεκρίνομεν, 몸을 살폈으면)한다면, 우리가 에크리노메따(ἐκρινόμεθα, 판단을 받지)하지 않을 것이다"라고 바울은 말한다. 또한 다른 한 편으로 "우리가 현재 (이런 식으로) 크리노메노이(κρινόμενοι, 판단을 받는 것은))하는 것은 사실 우리가 파이듀오메타 휘포 투 퀴리우(παιδευόμεθα ὑπὸ τοῦ κυρίου, 주=그리스도께 징계를 받는 것이니)"하고 바울은 주장한다.

이 장면에서 4:3-5에 표현된 종말론적인 심판과는 대조적으로 "그들이 하나님의 손에 의해 현재 받고 있는 "심판"은 사실 주 곧 예수 그리스도로부터 직접 오는 것이라고 바울은 역설하고 있다.

8) 만약 주께서 뜻하시면/허락하시면 (고전 4:19; 16:7)

충격적인 이 두 구절에서 다른 곳에서는 절대적으로 하나님의 권한에 속한 것을 퀴리오스이신 그리스도께 돌린다. 바울은 그의 사도됨이 "하나님의 뜻을 따라" 된 것임을 언급함으로써 고린도전서를 시작한다. 이 표현은 대략 열세 번 정도 바울의 서신서에 사용되어 있는데[133] 이곳에서는 "만약 주께서 뜻하시면/허락하시면" 그가 고린도인들에게 오기도 하고 혹은 머물기도 할 것이라고 바울은 뜻하지 않게 이 표현을 두 번이나 사용한다. 이렇게 일상적인 표현은 하나님 아버지에 대한 언급일 것이라고 혹자는 주장할지도 모른

---

132) 굵은 활자체는 "심판"이라는 표현과 관련된 언어유희를 강조하는 것이다.
133) 여기에는 이 표현이 철저히 바울식으로 사용된 딤후 1:1을 포함한다. 만약 데오스(θεὸς)를 가리키는 것이 확실한 아우투(αὐτοῦ)의 사용을 포함한다면 횟수는 17회가 된다. 이들 본문은 살전 4:3; 5:18; 고전 1:1; 고후 1:1; 8:5; 갈 1:4; 롬 1:10; 12:2; 15:32; 골 1:1; (1:9 〈αὐτοῦ〉); 4:12; 엡 1:1; (1:5, 9, 11 〈αὐτοῦ〉); 6:6; 딤후 1:1이다. 오직 엡 5:17에서만 토 델레마 투 퀴리우(τὸ θέλημα τοῦ κυρίου)라는 표현이 사용된다. 그리고 에베소서 대부분에서와 마찬가지로 이 표현은 어떤 식으로 이해되든 그것은 우리의 현재 본문과 일치한다.

다. 그러나 이 경우는 거의 그럴 것 같지 않다. 왜냐하면 바울이 고린도전서 전체에서 일관되게 데오스와 퀴리오스를 구별하여 사용하고 있기 때문이며 (특별히 1:1; 8:6을 보라) 또한 전후 문맥, 특별히 14-17절은 모두 그리스도에 관한 내용이기 때문이다.

이것은 그리스도가 하나님께만 속한 권한을 동등하게 공유하고 계신다는 것이 거의 바울의 통상적인 가정(假定)이었음을 보여주는 또 하나의 예이다.

9) 주 예수님의 능력 (고전 5:4)

고린도교회의 심각한 상황 곧 계모와의 근친상간을 범한 사람에 대한 바울의 반응은 모두 교회를 향하여 있다. 이 교회의 교인들은 이 문제에 대해 아무 것도 하지 않음으로써 이러한 행위를 용납해 준 것이다. 따라서 바울은 이들의 영적 태만에 대해 조치를 취한다. 이미 성령으로 그들과 함께 하였으므로 바울은 주 예수의 이름으로 이 사람을 이미 심판하였다. 이제 남은 것은 그들이 이 심판을 집행해야 한다는 것이다. 고린도 회중에 대한 바울의 묘사는 주목할 만하다. 바울은 그 자신과 그리스도가 성령으로 그들과 함께 하고 있다고 이해한다. 그리고 이러한 문맥에서 고린도인들은 근친상간자를 믿음의 공동체 밖으로 내쫓아야만 한다. 여기서 바울이 그리스도를 현존하는 분으로 묘사한다는 것이 의미심장하다. 바울은 아마도 선지자적으로 말한다. "내가 성령 안에서 현재하고" "우리 주 예수의 능력이 너희와 함께하는 동안" 너희는 이 사람을 사단의 영역으로 내쳐야 한다.

"우리 주 예수의 능력"이라는 특별한 용어는 성령을 가리키는 표현으로 보인다.[134] 만약 그렇다면 이 용어는 기독론적으로 상당히 중요하다. 우선 이 표현은 바울이 하나님의 성령을 동시에 주 예수님의 성령으로 인식하고 있다는 것을 보여주는 예가 된다.[135] 그러나 이 경우 상황의 특수성 때문에 바울은 하나님 능력의 현존이라는 관점에서 성령을 언급한다. 동시에 이 경우 하나님의 능력은 주 예수 안에 위치한다. 곧 주님은 그의 영으로 고린도 공동체 안에 현존하며 따라서 "우리 주 예수의 능력"으로 이들과 함께 하는 것이다.

---

134) 이러한 관점에 대한 충분한 논의를 위해서는 Fee, *God's Empowering Presence*, 122-27을 보라.

135) 이 주제에 대해서는 고후 3:17 (pp. 305-308), 갈 4:6 (pp. 346), 롬 8:9 (pp. 415-417), 빌 1:19 (p. 605)에 대한 논의를 살펴보라.

그러므로 하나님의 현존에 대한 암시로 가득 차 있는 문맥에서 바울은 두 번씩이나 그리스도를 신적으로 부여받은 이름으로 곧 이제는 부활하신 예수님과 동일시되는 "주님"으로 부른다.[136] 이와 같이 한편으로 심판은 주 예수의 이름으로 선고되었지만 다른 한편으로 이 심판은 주 예수님의 능력으로 수행되는 것이다. 그러므로 부활하신 주님이 "그의 능력의 천사들"과 함께 종말론적 심판을 원수들에게 내리시기 위해 오시게 되는 것(살후 1:7)처럼 승귀하신 주 예수님의 능력은 이제 영으로 고린도 공동체 안에 현존하며 동시에 고린도인들이 이 심판의 집행을 도울 것으로 바울은 기대하는 것이다. 이 모든 것에는 기독론적인 암시가 가득하다.

10) 주를 기쁘시게 하기 위해 애씀 (고전 7:32)

독신의 장점에 대해 논의하면서 독신자는 모든 힘을 다하여 한 가지 일에 전념할 수 있다고 바울은 주장한다. 이처럼 독신자의 관심은 포스 아레스테 토 퀴리오(πῶς ἀρέστῃ τῷ κυρίῳ, 어떻게 주를 기쁘시게 할까))로 표현된다. 이곳에서 우리는 또 하나의 구약의 관심사를 발견하게 된다.[137] 이 주제는 대부분의 경우 "토 데오(τῷ θεῷ)를 기쁘시게 함"[138]과 관련되어 있는데 바울은 이를 채택하여 바로 주님=그리스도께 적용한다(고후 5:9을 참고하라).

11) 주의 계명 (고전 7:10, 12, 25; 9:14; 14:36-37)

이미 살펴보았던 것처럼 고린도전서 5:3-5에서 고린도전서가 읽혀질 때 바울 그 자신은 성령으로 회중 가운데 함께하고 있다고 가정했다.[139] 또한 이와 같이 고린도인들은 근친상간을 저지른 사람에 대해 "주의 이름으로" 바울이 이미 선고한 심판을 집행해야 한다. 이것은 14:37에 등장하는 선고 곧 하 그라포 휘민 호티 퀴리우 에스틴 엔톨레(ἃ γράφω ὑμῖν ὅτι κυρίου ἐστὶν ἐντολή, 내가 너희에게 편지한 것이 주의 명령이다)에 대한 형식적 틀을 제공하는 것으

---

136) 빌 2:10-11에 기초한 "주 예수"에 대한 이해가 충분히 논의되어 있는 곳은 제9장(pp. 590-593)이며 보다 광의의 기독론적 암시에 대해서는 제15장(pp. 817-855)을 보라.
137) 예를 들어 출 33:13, 17; 민 14:8; 욥 34:9; 시 41:11; 69:13을 보라.
138) 살전 2:15; 4:1; 롬 8:8; 12:1-2; 14:18; 빌 4:18을 보라.
139) 이러한 견해에 대해서는 Fee, *God's Empowering Presence*, 122-27을 보라.

로 보인다. 이것은 또한 7:10에서 "주께 받은 말씀"이 없을 때 바울이 "이성 간 결혼"에 대해 의견을 피력할 수 있었던 이유를 설명해 준다. "내가 말하노니 이는 주의 명령이 아니라"(레고 에고 우크 호 퀴리오스⟨λέγω ἐγὼ οὐχ ὁ κύριος⟩). 마찬가지로 9:14에서 바울은 예수님의 말씀을 "주의 명령"으로 부른다.

이들 본문에서 놀라운 점은 바울이 아주 쉽게 칠십인경 퀴리오스=여호와의 명령이라는 표현을 부활하신 주님께 사용한다는 점이다. 이것은 특별히 14:37의 "주의 명령"의 경우에도 마찬가지다. 이것은 특별히 칠십인경 신명기에서 이스라엘에게 주어진 하나님의 율법을 가리키는 표현이다. 바울은 주님을 대변해 말할 때 아주 쉽게 이 표현을 사용한다.

더욱 주목할만한 것은 다음 항목이다.

12) 그리스도의 율법 아래 (고전 9:21)

이 본문은 루터와 칼빈의 눈으로 갈라디아서와 로마서를 읽는 사람들에게 많은 어려움을 주었던 본문이다. 그러나 "율법"을 가지고 언어유희를 하는 것은 바울에게 있어서는 전형적인 것이다. "여러 사람에게 내가 여러 모양이 된 것은 아무쪼록 몇몇 사람들을 구원코자 함이니"(22절)라는 수사적 표현 속에서 바울은 율법을 갖지 않은 사람들에게는 자신도 마찬가지로 율법이 없는 자와 같이 된다고 주장한다(토이스 아노모이스 호스 아노모스, τοῖς ἀνομοίς ὡς ἄνομός, 율법 없는 자에게는 내가 율법 없는 자와 같이). 문맥을 통해 바울의 주장은 모세의 율법이 먹지 말도록 금지한 음식을 먹는 것과 관련있으며 바울 당시 유대교 안에 있었던 음식에 대한 상세한 규정들을 포함하고 있다고 가정할 수 있다.

이러한 주장은 바울도 잘 알고 있듯이 화살이 되어 그를 따라다닐 수도 있었다. 왜냐하면 바울 자신이 이 문제에 대해 집중적인 공격을 받고 있었기 때문이다.[140] 그래서 그는 즉각 "여러 모양이 되었다"는 표현을 놀랍게도 메 온 아노모스 데우 알 엔노모스 크리스투(μὴ ὢν ἄνομος θεοῦ ἀλλ' ἔννομος Χριστοῦ)라는 표현을 가지고 보강한다. 이것을 거의 단순하게 번역하기란 불

---

140) 10:29-30에 나타난 비판에 대한 바울의 갑작스럽고 개인적인 반응이 보여주는 다소 방어적인 본성을 보라. 이것은 현재 본문이 그 일부가 되는 주장의 끝에 가서 나타난다.

가능하다. 이방인을 아노모스(ἄνομος, 율법이 없는)로 묘사함에 있어서 그가 "율법 없이" 음식 먹는 습관을 따르는 것은 하나님이 관계하는 한 진짜로 "율법이 없는" 것은 아니라고 바울은 말하고 있는 것이다. 차라리 새로운 언약 아래서 바울은 "그리스도의 법에 속해" 있다. 이 표현은 덴커(F. W. Danker)가 올바로 해설하듯이 "물론 하나님의 판결 밖에 있는 것이 아니라 차라리 그리스도의 판결 안에 있다"는 것을 의미한다.[141]

이곳에서 우리의 관심을 끄는 것은 이 주목할만한 포기/부인의 선언이 던지는 기독론적인 암시이다. 신자가 모세의 율법과는 관계가 없다는 바울의 한결같은 태도에 비록 이러한 선언이 합치하는 것은 사실이지만 이 선언은 또한 윤리적인 삶을 더 높고 새로운 지평 위에 세우는 것이다. 이것은 갈라디아서 5:22-23에서는 성령의 열매로 특징지어지며 이 때문에 구시대적 의미에서의 율법은 없다. 차라리 이것들은 "그리스도의 율법 아래" 있는 존재가 나타내는 외적 표현이다. 그러므로 바울은 자신이 "불법한" 생활을 하는 것이 아니라는 것을 즉시로 강조한다. 왜냐하면 그리스도와 성령을 통하여 스스로를 표현하는 "율법"에 합치한 삶을 그가 살고 있기 때문이다. 여기서 우리는 다시 한 번 바울이 고등기독론을 가정하고 있다는 증거를 발견하게 된다. "하나님의 율법"은 사실상 "그리스도의 (새로운) 율법"으로 이해된다. 왜냐하면 그리스도의 인품과 행위에 일치하게 사는 것은 "하나님의 율법 아래" 있다는 것의 현재적 표현 방식이기 때문이다.

우리는 구약에서 천사도 사람도 아닌 오직 하나님께만 사용되는 수많은 구절들 혹은 신적인 특권들을 바울이 퀴리오스인 그리스도께 적용하는 마지막 본문까지를 다 살펴 보았다. 비록 이들 중 몇몇 혹은 어떤 것은 우연하고 상대적으로 덜 중요해 보일지도 모른다. 그러나 이들을 누적시켜 평가하게 될 때 그 결과는 상당히 중요한 것으로 드러난다. 때때로 내가 지적했듯이 대부분은 의도적이거나 혹은 누군가를 설득시키기 위해 고안해 낸 것이 아니라 오히려 무의식적으로 언급된 것이다. 따라서 우리는 주이신 그리스도에 대한 바울의 헌신이 고린도전서가 기록되기 훨씬 전부터 존재하고 있었다고 결론지을 수 있다.

---

141) BDAG, 엔노모스(ἔννομος) 항목을 보라.

9. 종속관계를 암시하는 본문들

마지막으로 우리는 특별히 아들이 아버지에게 종속적인 관계에 있다는 것을 암시하는 본문 두 개를 조심스럽게 살펴볼 필요가 있다.[142] 이 두 본문이란 곧 고린도전서 3:23과 11:3이다. 여기서 우리는 특별한 주의를 기울여야 하는데 그 이유는 바울이 그의 서신서에서 단지 "존재"의 문제를 다루는 경우는 없기 때문이다. 오히려 바울이 관심을 기울이는 것은 언제나 하나님의 구속 계획에 있어 아들이 담당하는 역할과 기능이다. 다시 말해 이미 데살로니가후서 2:13에서 논의(pp. 124-126)하였고 고린도전서 8:6에 대한 논의에서 확인하였던 구원의 경륜은 바울 서신서 전체에서 언제나 동일하다. 그래서 이러한 본문들은 전혀 새로운 것이 아니다. 이들 본문은 그리스도의 구원하시는 역할만을 다루고 있다기 보다는 바울이 그것을 신적인 관계 속에서 이해하고 있다는 것을 보여준다.

1) 고린도전서 3:23-"그리스도는 하나님의 것이니라"

고린도전서 1-4장에 나타난 문제 곧 여러 지도자들에게 "속한다는" 주장 안에 예기된 분쟁이라는 문제에 대응하는 바울의 논지를 요약해 본다면 그것은 하나님의 포도원과 성전에는 여러 기능들이 있는데 지도자의 역할을 맡은 자들 역시 하나님께 속한다는 것이다(3:9). 이 때문에 - 그리고 고린도 신자들 자신이 그리스도께 속하였기 때문에(23a절) - 모든 지도자들(바울, 아볼로, 게바) 역시 고린도인들에게 속하게 되는 것이다.[143] 그러므로 바울은 결론적으로 말한다. "만물이 다 너희 것임이다." 왜냐하면 너희가 스스로 충분하거나 혹은 자신의 권리에 있어서 중요한 사람이기 때문이 아니라 오직 "너희가 그리스도의 것이기" 때문이다.

아무도 예상하지 못한 시점에서 바울은 극도의 고조된 논조로 하나님은 모든 만물의 궁극적인 목적이 되신다고 결론을 내린다. 고린도인들이 그리

---

142) 위에서 언급된 15:28를 제외하고 그렇다는 말이다 (p. 195).
143) 그러므로 아이러니하게 바울은 고린도인들의 슬로건(즉 "나는 바울에게 속하였다")을 취하여 이것을 거꾸로 뒤집는다. 그리하여 너희가 그리스도의 것이므로 모든 것은 너희들의 것이라는 의미에서 "나(바울)는 너희들에게 속한 것이다"라고 바울은 말한다.

스도의 구속 사역을 통해 그리스도의 소유가 된 것처럼 그리스도 역시 같은 구속의 사역에 있어서 "하나님의 것"이다. 이러한 진술은 바울 서신 전체에 걸쳐 사용된 모티브를 일관되게 바울이 고수하고 있음을 알게 해 준다. 다시 말해 구속의 사역에 관한 한 그리스도는 아버지의 뜻을 준행한 것이다. 한편 이러한 진술을 통해 바울은 그리스도의 본질적 존재나 아버지와의 영원한 관계에 대해 말하는 것이 아니다. 다시 말해 이러한 진술들은 그리스도의 기능적 종속관계를 반영하고 있고 구원자로서 그리스도께서 담당하는 기능과 관련이 있지 그의 존재 자체와는 관계가 없다. 더욱이 이 진술은 특별히 에고 크리스투(ἐγὼ Χριστοῦ, 나는 그리스도에게 속한 자〈1:12〉)라고 말하는 자들을 향한 표현이다.[144] 이러한 맥락에서 바울은 그들이 사용하는 단수 표현 "나"를 복수 형태 "너희"로 바꾸고 그 결과 하나님께서 이 세상에서 하셨고 또한 하시고 계신 것의 경계선 안에 그리스도를 머무르게 한다.

궁극적인 기독론적 중요성은 이 구절이 종속관계를 표현한다는 데 있는 것이 아니다. 요점은 "우리 죄인들을" 위하여 행하셨고 또한 행하시는 모든 일을 통해 그리스도께서는 이 땅 위에서 행하시는 하나님의 일을 나타내신다는 것이다. 바울에게 언제나 그렇듯이 그리고 특별히 이 서신서 안에서 주된 기독론적 선언(8:6)에서 그렇듯이, 하나님은 창조와 구속 이 모든 것의 원천이자 목적이며 그리스도는 창조와 구속의 신적 대행자이다. 이러한 맥락에서 "그리스도는 하나님의 것"이다.

2) 고린도전서 11:3- 그리스도의 "머리"이신 하나님

우리가 살펴볼 필요가 있는 마지막 본문은 "머리"라는 비유적 표현을 사용하고 있는 11:3이다. 이곳에서 삼행의 마지막에서 바울은 "그리스도의 머리는 하나님이시라"고 말한다.

11:3 παντὸς ἀνδρὸς ἡ κεφαλὴ ὁ Χριστός ἐστιν,
κεφαλὴ δὲ γυναικὸς ὁ ἀνήρ,
κεφαλὴ δὲ τοῦ Χριστοῦ ὁ θεός
각 남자의 머리는 **그리스도**요

---

144) Richardson, *Paul's Language*, 113-15.

여자의 머리는 남자요
그리스도의 머리는 하나님이시라

애석하게도 두 번째 행은 남성과 여성의 관계에 대해 이 비유가 무엇을 의미하는지에 대한 상당한 논쟁을 야기했다. 이 논쟁은 유익한 만큼이나 종종 지나치게 가열되기도 했다.[145] 여기서 우리는 이 논쟁을 반복하기보다 차라리 이 비유에서 몇 가지 사안만을 따로 데어 그리스도와 하나님의 관계에 대한 바울의 (개연적인) 이해를 발견하고자 한다.[146]

① 그의 서신서에서 처음으로 바울은 이 비유를 사용하고 있을 뿐만 아니라 유일하게 소마(σῶμα, 몸)가 언급되거나 전제되지 않은 문맥에서 이 비유를 사용한다. 예를 들어 다른 곳에서는 "몸"인 교회와의 관계에 있어서 바울이 그리스도를 "머리"라고 묘사할 때, 이 비유는 "주 되심"에 관한 것이 아니라 부양하고 삶을 유지해 주는 역할에 관한 것이다(골 2:19; 엡 4:15-16). 몸과의 관계에 있어서 머리는 그러한 기능을 담당하는 것으로 이해되었다.

② 이 문단의 첫 번째 행에서 그리스도께서 교회와 맺는 관계에 대한 언급은 발견되지 않는다. 그러나 특별히 그가 사람(=남자)과 어떤 관계를 맺는지가 언급되어 있다. 이 문맥에서 바울이 마음 속에 그리고 있는 관계가 무엇이든지 간에 그리스도와 사람 사이의 관계는 하나님 아버지와 그리스도 사이의 관계와 유사한 방식으로 이해된다.

③ 또한 구약의 증언으로부터 알 수 있듯이 유대 공동체는 지도자나 족장을 언급하기 위해 종종 이 비유를 사용하곤 하였다. 다른 한 편으로 이와 유사한 의미가 헬라인들에게서 발견되기는 하지만 이들은 이 비유를 보다 광범위하게 사용하였다. 그런데 이 모든 용법은 몸과 머리 사이의 관계에 대한 해부학적 이해로부터 유래한다(머리는 몸의 가장 두드러지고 중요한 부위이며 몸이라는 활동체를 위한 "공급/부양의 원천"이다 등등).[147]

---

145) Thiselton의 추론(812-23)에 담긴 특별히 유용한 개관과 비록 Grudem과 Cervin 사이의 의견 교환을 담고 있지는 않지만 마찬가지로 유위한 그의 참고문헌(806-9)를 보라.
146) 내가 이곳에서 실질적으로 주장하고 있는 바는 G. D. Fee, "Praying and Prophesying in the Assemblies: 1 Corinthians 11:2-16," in Pierce and Groothuis, Discovering Biblical Equality, 149-55에서 취한 것이다.
147) 유대교와 헬라의 비유적 용법에 나타난 실제 차이를 가장 분명하게 보여주는 것은 칠십인경이다. 히브리어 ראשׁ를 문자적인 몸의 머리로 사용하고 있는 수백 곳에서 칠십인경의 번역자들은 한결같이 같은 것을 의미하는 헬라어 단어 곧

④ 이 본문에 대한 현존하는 초대교회의 첫 번째 해석은 알렉산드리아의 시릴(Cyril)에 의한 것(주후 444년)으로 그는 매우 분명하게 본문을 헬라 비유의 관점에서 해석하였다. "그러므로 우리는 '모든 남자의 머리는 그리스도'라고 말할 수 있다. 왜냐하면 남자는 하나님이신 그리스도에 의해서(디아〈διά〉) 지으심을 받았기 때문이다. '그러나 여자의 머리는 남자이다.' 왜냐하면 여자는 그의 육체로부터 취하였기 때문이다. 이와 마찬가지로 '그리스도의 머리는 하나님이시다.' 왜냐하면 그는 본성상 그로부터(엑스 아우토〈ἐξ αὐτοῦ〉) 나왔기 때문이다"(*Ad Arcadiam et Marinam* 5. 6). 시릴이 이런 식으로 해석하게 된 것은 아마도 ⓐ 8절의 표현("여자는 엑스 안드로스〈ἐξ ἀνδρὸς〉이다")은 헬라 세계에서도 자연스러운 비유로 여겨졌기 때문이었고 ⓑ 또한 이러한 해석이 그의 기독론적 이해를 뒷받침해주기 때문이었을 것이다.

그러므로 우리가 던지게 되는 질문은 과연 바울이 유대교 유산으로부터 이 비유를 말하는지 혹은 고린도인들의 헬라적 배경을 고려하여 바울이 이들에게 친숙했을 비유를 사용하고 있는지에 관한 것이다.[148] 3절에서 제기되는 질문에 답하기 전에 이 본문 그 자체에서 중요한 것은 "남자"와 "여자" 사이의 관계가 어떠한 종류의 관계인지 그리고 이것이 뒤이어 나오는 논증에서 어떠한 역할을 하게 되는지에 관한 것이다. 몇 가지 이유로 시릴의 이해와 매우 유사한 것을 바울이 마음 속에 그리고 있었던 것으로 추정해 볼 수 있다.

① 반복되는 주장에도 불구하고 이 구절 이후에 종속/복종의 관계를 암시하는 것은 아무것도 없다. 이러한 관점을 지지하는 학자들은 이 비유가 "남편/아내" 혹은 "교회 질서" 관계를 염두에 두고 있다고 주장한다. 그러나 후자는 본문에 존재하지도 않는 의미를 억지로 만들어 내는 것이다. 그리고 비록 전자의 경우가 의도되었을지 모르나 이후의 논의를 살펴본다면 그 어떤 것도 이러한 관점과는 관련이 없다는 것을 알게 된다. 더욱이 13-15절에 있

케팔레(κεφαλή)만을 사용한다. 그러나 대략 180번 정도 이 단어는 지도자나 족장을 가리키기 위한 비유로 사용된다. 이 경우 번역자들은 이 비유를 완전히 삭제하거나 혹은 아르케(ἀρχή, 지도자)로 번역했다. 이것이 번역자들이 유대적 비유를 불편하게 여겼고 (혹은 친숙하지 않았고?) 그래서 단순히 의역만 하기로 했다는 증거이다. 단지 칠십인경의 번역자들이 그렇게 하지 않은 몇몇(전부 여섯 번)의 경우(삿 11:11; 삼하 22:44; 시 18:43; 사 7:8, 9; 애 1:5)는 단순히 이 규칙에 대한 예외일 따름이다.

148) 물론 고린도인들에게 친숙했던 것은 구약의 표현이 아니다. 왜냐하면 그들은 히브리어를 몰랐을 것이고 헬라어 성경은 이미 이 비유의 용법을 기본적으로 의역해 놓았기 때문이다.

는 최후 결론은 남자와 여자 일반에 관한 것이므로 비유를 이해하는 데 있어 어떠한 도움도 제공하지 않는다.

② 이 비유와 관련이 있는 것으로 보이는 본문(8-9절)에서도 "선도자"로서 남자에 대해 말할 때 바울은 어떤 종속의 관계를 고려하지 않고 있다. 다만 이곳에서 바울은 "여자는 남자의 영광"이라는 자신의 주장을 설명하기 시작할 뿐이다. 이 주장의 근거는 창세기 본문에서 발견된다. 여자는 남자로부터 나왔으며 (여자가 남자의 갈빗대에서 취하여졌다) 그리고 그를 위해 지은 바 되었다. 이것은 여자로 하여금 남자의 "영광"이 되게 하는 것이다. 만약 이것이 3절에서 사용된 비유의 확장된 의미라면 남자는 시릴이 주장한 대로 비유적 머리로 이해되는 것이 옳다고 판단된다. 더욱이 고린도후서 4:6에서 바울은 "하나님의 영광을 아는 지식"이 "예수 그리스도의 얼굴에서" 발견될 수 있다고 주장한다. 그러나 이 주장이 종속적인 관계와는 아무런 관계가 없다. 사실 바울이 "영광"이라는 단어를 사용해서 종속적인 관계를 표현하고 있는 곳은 성경 어디에도 없다.

③ 모든 해석자들에게 있어 아직도 풀리지 않는 문제 가운데 하나는 바울이 왜 이 세 번째 행을 문단 처음에 사용하고 있는가 하는 것이다. 왜냐하면 "그리스도의 머리이신 하나님"이라는 비유는 그 이후로 다시는 사용되지 않기 때문이다. 그 이유는 아마도 이 "말"이 이전에 사용된 바 있었으며 바울은 단순히 이것에 호소하고 있는 것이기 때문일 것이다. 그러나 만일 그렇다면 이 비유 요점은 무엇일까? 비록 아무도 확신할 수 없기는 하지만 이 비유는 "구속 역사"의 연대기와 같은 것을 표현하는데 매우 유용하다. 고린도전서 8:6에 따르면 (아담을 포함하여) 만물은 "그리스도를 통하여" 창조되었다. 이때 남자는 여자의 "근원"이 되었으며 하나님은 그리스도의 성육신의 "근원"이 되셨다. 어느 경우든 이러한 관점에서 볼 때 삼행 모두는 "종속관계"를 표현하는 것과는 거리가 멀다.

골로새서와 에베소서에서 바울은 이 비유를 후자의 용법으로 사용한다고 이해하는 것이 일반적인 것 같다. 그리고 이 입장에 선 학자들은 이 비유의 의미를 고린도전서에서도 마찬가지로 사용한다. 그러나 이들은 이 부분에서 뭔가를 혼동하고 있다. 왜냐하면 보다 나중에 쓰여진 (동반) 서신서에서 이 비유는 세 가지 구별된 방식으로 사용되기 때문이다. 다시 말해 ⓐ 그리스도와 교회[149] ⓑ 그리스도와 "능력들"[150], 그리고 ⓒ 가장(家長)과 그 아내 사이의 관계를 말하기 위해[151] 바울은 이 비유를 사용한다.

고린도전서 10:16-17과 11:29에 따르면 이 이미지는 궁극적으로 교회를 주의 만찬 때마다 기념되는 그리스도의 "몸"으로 보는 바울의 관점에서 기인한다. 예를 들어 골로새서에서 분명히 몇몇의 신자들은 이단적인 경향을 띠게 되는데 이들의 문제는 "머리를 붙들지 않고 있다"는 것이다(2:19=스스로를 머리에서 잘라내고 함의적으로는 부적절하게도 "능력들"을 지나치게 중요하게 생각하여 이들과 "연합한다"). 이렇게 보는 것만이 1:18에 나타난 비유의 사용을 - "그(하나님의 아들)는 몸인 교회의 머리라"는 비유는 1:15-20에 있는 시의 두 연(聯) 사이에서 "야누스"를 - 설명할 수 있다.[152] 그렇지 않았다면 1:15-20의 시에 불필요했을 이 비유는 시 전체와 마찬가지로 2:6-19에서 바울이 그리스도와 능력들 그리고 교회와의 관계에 대해 말하려고 하는 것을 미리 예고하기 위해 삽입된 것으로 보인다.

우선 바울은 그리스도가 "모든 능력과 권세"의 머리라고 주장한다(2:10). 그리고 바울이 에베소서 1:22에서 덧붙이고 있듯이 그리스도께서는 교회를 위하여 그렇게 하신다. 이 두 구절은 사실상 유일하게 또한 확실하게 바울이

---

149) 골 1:18; 2:19; 엡 4:15-16; 5:23을 보라.
150) 골 2:10; 엡 1:22을 보라.
151) 엡 5:23을 보라. 나는 이곳에서 "가장"이라는 표현을 사용하였는데 그 이유는 엡 5:21-6:9 내용 전체가 다른 배경 내에서의 관계가 아니라 그리스-로마 당시의 가정을 가정하고 있기 때문이다(결국 골로새서는 적어도 빌레몬서와 같은 시기에 기록되었고 이 두 서신이 가정이라는 문맥에서 읽혀지는 것을 가정하고 있다). 예를 들어 만약 가정 내에 결혼한 노예 부부가 있다면 빌레몬은 노예 아내의 "머리"이기도 하고 동시에 압비아에게도 "머리"일 것이지만 이것은 바울이 고려하고 있는 관계가 아니다. 에베소서에 사용된 비유의 요점은 가장이 아내의 "구주"라는 사실이다. 이것은 가장은 가족 모두가 자신들의 안녕을 위해 의존하는 자라는 의미에서 그렇다는 말이다. 추가로 G. D. Fee, "The Cultural Context of Ephesians 5:18-6:9," *Priscilla Papers* 16 (winter 2002): 3-8을 보라.
152) 이곳에서 내가 "야누스"(=양쪽 면을 본다)라는 표현을 사용하는 이유는 그렇지 않다면 이 행은 "모든 창조물보다 먼저 나신 자"로서의 아들을 강조하고 있는 첫 번째 연(15-17절)의 내용에 연결되지 않기 때문이다. 곧 그 안에서 능력들을 포함하여 만물이 창조되었다. 사실 만물은 그에 의해 그리고 그를 위해 창조되었으며 그 안에서 모든 것이 함께 서 있는 것이다. 균형이 잘 잡혀 있는 두 번째 연은 18b절에서 이렇게 시작한다. "그(아들)는 근본이요 죽은 자들 가운데서 먼저 나신 자니." 그리고 이어 그리스도를 이렇게 되도록 한 그의 구속 사역에 대해 언급한다. 18a절의 "아들은 몸인 교회의 머리이다"라는 표현은 이 두 연을 연결해 주고 있다. 제9장 pp. 464-468을 보라.

이 이미지를 유대교적인 방식으로 사용하는 곳이다. 둘째로 교회와의 관계를 나타내는 이 이미지를 이해하는 열쇠는 골로새서 2:19에 사용된 표현 곧 거짓 교사들은 "머리와의 연결이 끊어졌다"(TNIV)는 표현이다. 이 문장의 나머지 부분에서 분명히 알게 되듯이 이 비유는 분명히 종속관계나 혹은 "주권"이 아니라 생명을 유지하는 것과 관련된 표현이다. 머리와의 연결이 끊어지는 것은 생명의 상실을 의미한다. 왜냐하면 오직 머리와의 연결을 유지하고 있는 동안만 교회는 그리스도의 몸이기 때문이다. 바울은 이렇게 머리/몸의 비유를 에베소서 4:15-16에서 정교하게 구성하고 있다. 이제 적극적인 의미에서 이 이미지는 연합체로서의 교회의 생명과 성장을 독려한다. 골로새서에서 머리 "붙들기"를 멈추어 버린 자들은 생명을 포기하고 사실상 교회 자체를 죽음에로 이끌고 있는 것이다.

이러한 관계는 또한 에베소서 5:22-24에서 바울이 머리/몸의 비유를 유비적으로 사용하는 핵심적인 이유로 보인다.[153] 분명히 이곳에서 바울은 실재가 아닌[154] 하나의 유비를 사용하고 있기 때문에 이 유비의 요점은 그리스도가 "능력들"과 맺게 되는 관계가 아니라 오히려 우리에게 4:15-16을 상기시켜 주는 것이다. 이 요점은 적절하다. 마치 교회가 생명과 성장을 위해서 그리스도를 전적으로 의존해야 하듯이 일세기 가정에서 아내는 전적으로 "구세주"로서의 남편을 전적으로 의지하였다. 다시 말해 자신이 속한 세상에서 살아가기 위해서 아내는 남편을 전적으로 의지했다.

그러므로 이 이미지의 나중 용법을 고린도전서 11:3에 적용하는 것은 아무리 봐도 의심스러울 뿐이다. 그러나 만약 적절하다고 생각할만한 것이 있다면 이 비유에서 바울이 고려하고 있는 것은 "머리=지도자"의 관계가 아니라 시릴이 옳게 이해했듯이 "머리=존재의 원천"의 관계라는 점이다.

그러므로 이것이 우리에게 기독론적으로 의미하는 것은 이곳에서 바울이

---

153) 한 가지 주목해 보아야 할 것은 가장과 다른 가족 구성원(자녀들과 노예) 사이의 관계를 묘사하기 위해 이 비유가 사용되지는 않는다는 점이다(그러나 이곳에 분명히 "주권(lordship)"이 분명하게 표현되어 있다). 동사를 휘포타소(ὑποτάσσω, 복종)에서부터 (이곳에서 중간태의 사용은 모든 것에 대해 특별히 아내들에게 기대되는 일종의 자발성을 의미한다) 자녀들과 노예들에게 적용하기 위해 (두 서신서 모두)휘파쿠오(ὑπακούω, 순종)으로 바꾸었다는 것은 바울이 결코 후자를 아내들을 위해서 사용하지 않았다는 것과 그러므로 때때로 의미상의 중복이 존재하기는 하지만 이 두 동사는 기본적으로 다르다는 것을 암시한다.
154) 다시 말해 그리스도가 교회의 구주가 되신다는 것과 같은 의미에서 남편이 아내의 구주가 되는 것은 아니다.

염두에 두고 있는 관계는 아마도 바울에게 있어 규범적인 것으로서 주로 바울의 구원론적인 관심에서부터 도출된 것이라는 점이다. 비록 어느 하나가 다른 것보다 우선권을 갖는다는 것을 이 비유가 암시하고 있는 것이 사실이라 하더라도 이 비유는 종속적인 방식이 아니라 바울의 일관된 구원의 "문법"에 적합한 방식으로 취해져야 한다. 이 점은 8:6에서 뿐만 아니라 그 밖에 다른 곳에서도 자주 확인되는 바이다. 결론적으로 모든 것은 "하나님의 사랑"에 함축되어 있으며 "그리스도의 은혜" 안에서 표현된다. 이 은혜는 이어 "성령 안에 참여/참예함"으로써 신자의 삶과 교회 안에서 유효하게 된다 (고후 13:13⟨14⟩; 또한 롬 5:3-8을 보라). 그러므로 분명히 고린도전서 15:28에서 이 문단과 다른 문단에 사용된 "종속관계"는 인격 혹은 존재가 아니라 구원의 경륜에 있어서 각각의 신성이 담당하는 역할의 관계를 나타내는 표현이다.

10. 결론

결론은 계속해서 제시해 왔으므로 이전 장에서와 마찬가지로 이곳에서 나는 단순히 이 서신의 기독론에 있어서 보다 주요한 특징들을 지적하고자 한다.

첫째, 데살로니가 서신서에 존재했던 기독론적 특징들의 대부분이 고린도전서에도 나타난다. 그리스도는 메시아적 왕과 아들로서 높임을 받으신 그리스도이시며 칠십인경의 본문에서 여호와를 가리키는 "주"로서의 그리스도이시다. 그리스도의 아버지와 많은 신적 권한들을 공유하신다. 유일한 차이점이 있다면 그것은 특징들 중 첫 번째 항목이 데살로니가전·후서보다 더 명확하게 표현된다는 점이다.

둘째로 바울은 분명하고 그리고 담대하게 바울 서신에서는 처음으로 이곳에서 그리스도의 선재 사상을 주장한다. 유대교 쉐마를 재진술하면서 바울은 아들이신 그리스도를 하나님의 본체 안에서, 아버지와 함께, 창조의 신적 대행자이자 구속의 역사적 대행자로서 묘사한다. 그리하여 그리스도는 광야 이스라엘과도 함께 계셨던 것으로 묘사된다. 이곳에서 그리스도는 이스라엘에게 물을 공급하신 분이셨지만 이스라엘은 반역을 도모하여 그를 만홀히 여졌다.

셋째로 이러한 강한 어조의 선언과 더불어 우리는 처음으로 구원의 신적 경륜이 분명하게 나타난 예를 고린도전서에서 발견한다. 이 구원의 경륜은 하나님 아버지 안에서 기원하여 그리스도의 죽음과 부활 안에서 역사적으로 나타난다. 그리스도는 자주 아버지께 종속된 분으로 그려진다.

넷째로 이곳에서 처음으로 우리는 그리스도의 참된 인성에 대한 매우 중요한 표현을 발견한다. 비록 선재하셨고 높임을 받으신 왕/주이시지만 지상 생애 동안에 그는 완전한 인간이셨다. 이 사실은 궁극적으로 십자가에 못 박히신 메시아라는 스캔들로 나타난다.

이전과 마찬가지로 다양한 그리스도의 인격에 대한 표현들은 단순히 언급되거나 혹은 암시되어 있을 뿐이다. 이러한 표현들이 결코 논쟁 그 자체의 요점은 아니다. 그러나 이러한 표현들은 기독론적으로 이해하기 어려운 문제들을 우리에게 제시한다. 그리스도는 절대적인 유일신론의 틀 안에서 아버지와 함께 하시는 것으로 그려지지만 동시에 신적인 구속자는 실로 성육신 안에서 참 인간이셨다. 바울이 이러한 진술들을 제공하기는 하지만 결코 해설해 주지 않는다. 이러한 자료와 씨름해야 하는 것은 후대 신학자들의 몫이 되었다.

그리고 마지막으로 우리에게 가장 큰 도전이 되는 문제가 남아 있다. 곧 그것은 바울에게 있었던 그리스도의 절대적 중심성에 대한 적절한 이해 없이 바울이 그리스도에 관하여 믿었던 것을 분석하려는 위험이다. 이러한 분석은 바울이 주님에 관하여 말하는 것을 분석하지만 궁극적이고 총체적인 그리스도를 향한 바울의 헌신을 이해하고 전달하지는 못한다 - 바울의 헌신은 훌륭한 유대인이 하나님께만 돌릴 수 있는 그런 종류의 헌신이다. 고린도전서와 또한 대부분의 서신에서 그리스도가 하나님보다 더 자주 언급되어 있다. 그러나 이러한 현상이 의미하는 바는 바울의 사고가 하나님 중심적이지 않았다는 것이 아니다 - 실로 바울은 철저히 하나님 중심적이었다. 오히려 이것은 부활하시고 승천하신 주 예수 그리스도와의 만남을 통해서 바울의 사고체계가 급진적으로 재조정되었다는 것을 보여주는 것이다. 하나님께서 그의 아들을 통해 그 안에서 이루신 일을 말하지 않은 채 하나님에 대해 말할 수 있는 방법은 바울에게는 더 이상 존재하지 않는다. 결국 바울이 그리스도에 대해 진술한 것을 어떻게 다루든지 고린도전서와 전 서신서에 걸쳐 반영되어 있는 그리스도를 향한 바울의 전적인 헌신과 갈망함을 설명해 주지 못한다면 그것은 결코 진정한 바울의 기독론일 수 없다.[155]

결론적으로 어린 시절 교육과 지속적인 신학적 묵상으로 인해 바울은 하나님 중심적이었다고 묘사하는 것은 바람직하다. 그러나 경험과 진술에 있어서 바울은 지극히 그리스도 중심적이다. 그러므로 모든 신학적 반추는 이러한 한 짝의 실재의 관점에서부터 나와야 한다. 그렇지 않다면 우리는 사도 바울을 전혀 이해하지 못하게 될 것이다.

---

155) 이 문제에 대한 추가적인 논의를 위해서는 제4장(pp. 313-317)과 제9장(pp. 612-614)을 보라.

부록 I: 본문들

(괄호 [[ ]]는 오직 하나님만을 가리키는 언급하는 본문을 가리킨다. 삼중 괄호 [[[ ]]] 안에 이텔릭체로 쓰여진 것은 퀴리오스()가 여호와를 의미하는 칠십인경 인용을 가리킨다).

1:1 Παῦλος κλητὸς ἀπόστολος **Χριστοῦ Ἰησοῦ** <u>διὰ θελήματος θεοῦ</u> καὶ Σωσθένης ὁ ἀδελφὸς

1:2 <u>τῇ ἐκκλησίᾳ τοῦ θεοῦ</u> τῇ οὔσῃ ἐν Κορίνθῳ, ἡγιασμένοις **ἐν Χριστῷ Ἰησοῦ**, κλητοῖς ἁγίοις, σὺν πᾶσιν τοῖς ἐπικαλουμένοις **τὸ ὄνομα τοῦ κυρίου ἡμῶν Ἰησοῦ Χριστοῦ** ἐν παντὶ τόπῳ, αὐτῶν καὶ ἡμῶν·

1:3 χάρις ὑμῖν καὶ εἰρήνη <u>ἀπὸ θεοῦ πατρὸς</u> ἡμῶν καὶ **κυρίου Ἰησοῦ Χριστοῦ**.

1:4–9 [4]Εὐχαριστῶ <u>τῷ θεῷ μου</u> πάντοτε περὶ ὑμῶν ἐπὶ <u>τῇ χάριτι τοῦ θεοῦ</u> τῇ δοθείσῃ ὑμῖν **ἐν Χριστῷ Ἰησοῦ**, [5]ὅτι ἐν παντὶ ἐπλουτίσθητε **ἐν αὐτῷ**, ἐν παντὶ λόγῳ καὶ πάσῃ γνώσει, [6]καθὼς **τὸ μαρτύριον τοῦ Χριστοῦ** ἐβεβαιώθη ἐν ὑμῖν, [7]ὥστε ὑμᾶς μὴ ὑστερεῖσθαι ἐν μηδενὶ χαρίσματι ἀπεκδεχομένους **τὴν ἀποκάλυψιν τοῦ κυρίου ἡμῶν Ἰησοῦ Χριστοῦ**· [8]<u>ὃς καὶ βεβαιώσει</u> ὑμᾶς ἕως τέλους ἀνεγκλήτους ἐν **τῇ ἡμέρᾳ τοῦ κυρίου ἡμῶν Ἰησοῦ Χριστοῦ**. [v.l.-Χριστοῦ] [9]<u>πιστὸς ὁ θεός, δι᾽ οὗ ἐκλήθητε</u> **εἰς κοινωνίαν τοῦ υἱοῦ αὐτοῦ Ἰησοῦ Χριστοῦ τοῦ κυρίου ἡμῶν**.

1:10 Παρακαλῶ δὲ ὑμᾶς, ἀδελφοί, **διὰ τοῦ ὀνόματος τοῦ κυρίου ἡμῶν Ἰησοῦ Χριστοῦ**, ἵνα τὸ αὐτὸ λέγητε πάντες καὶ μὴ ᾖ ἐν ὑμῖν σχίσματα, ἦτε δὲ κατηρτισμένοι ἐν τῷ αὐτῷ νοῒ καὶ ἐν τῇ αὐτῇ γνώμῃ.

1:12–13 [12]λέγω δὲ τοῦτο ὅτι ἕκαστος ὑμῶν λέγει· ἐγὼ μέν εἰμι Παύλου, ἐγὼ δὲ Ἀπολλῶ, ἐγὼ δὲ Κηφᾶ, ἐγὼ δὲ **Χριστοῦ**. [13]μεμέρισται **ὁ Χριστός**; μὴ Παῦλος ἐσταυρώθη ὑπὲρ ὑμῶν, ἢ εἰς τὸ ὄνομα Παύλου ἐβαπτίσθητε;

[[1:14 εὐχαριστῶ [v.l. +τῷ θεῷ] ὅτι οὐδένα ὑμῶν ἐβάπτισα εἰ μὴ Κρίσπον καὶ Γάϊον,]]

1:17 οὐ γὰρ **ἀπέστειλέν με Χριστὸς** βαπτίζειν ἀλλὰ εὐαγγελίζεσθαι, οὐκ ἐν σοφίᾳ λόγου, ἵνα μὴ κενωθῇ **ὁ σταυρὸς τοῦ Χριστοῦ**.

[[1:18–21 Ὁ λόγος γὰρ ὁ τοῦ σταυροῦ τοῖς μὲν ἀπολλυμένοις μωρία ἐστίν, τοῖς δὲ σῳζομένοις ἡμῖν <u>δύναμις θεοῦ ἐστιν</u>. [19]γέγραπται γάρ· ἀπολῶ τὴν σοφίαν τῶν σοφῶν καὶ τὴν σύνεσιν τῶν συνετῶν ἀθετήσω. [20]ποῦ σοφός; ποῦ γραμματεύς; ποῦ συζητητὴς τοῦ αἰῶνος τούτου; <u>οὐχὶ ἐμώρανεν ὁ θεὸς τὴν</u>

σοφίαν τοῦ κόσμου; ²¹ἐπειδὴ γὰρ ἐν τῇ σοφίᾳ τοῦ θεοῦ οὐκ ἔγνω ὁ κόσμος διὰ τῆς σοφίας τὸν θεόν, εὐδόκησεν ὁ θεὸς διὰ τῆς μωρίας τοῦ κηρύγματος σῶσαι τοὺς πιστεύοντας·]]

1:23-25 ²³ἡμεῖς δὲ κηρύσσομεν **Χριστὸν ἐσταυρωμένον**, Ἰουδαίοις μὲν σκάνδαλον, ἔθνεσιν δὲ μωρίαν, ²⁴αὐτοῖς δὲ τοῖς κλητοῖς, Ἰουδαίοις τε καὶ Ἕλλησιν, **Χριστὸν** θεοῦ **δύναμιν καὶ** θεοῦ **σοφίαν**· ²⁵ὅτι τὸ μωρὸν τοῦ θεοῦ σοφώτερον τῶν ἀνθρώπων ἐστὶν καὶ τὸ ἀσθενὲς τοῦ θεοῦ ἰσχυρότερον τῶν ἀνθρώπων.

[[1:27-29 ²⁷ἀλλὰ τὰ μωρὰ τοῦ κόσμου ἐξελέξατο ὁ θεός, ἵνα καταισχύνῃ τοὺς σοφούς, καὶ τὰ ἀσθενῆ τοῦ κόσμου ἐξελέξατο ὁ θεός, ἵνα καταισχύνῃ τὰ ἰσχυρά, ²⁸καὶ τὰ ἀγενῆ τοῦ κόσμου καὶ τὰ ἐξουθενημένα ἐξελέξατο ὁ θεός, τὰ μὴ ὄντα, ἵνα τὰ ὄντα καταργήσῃ, ²⁹ὅπως μὴ καυχήσηται πᾶσα σὰρξ ἐνώπιον τοῦ θεοῦ.]]

1:30-31 ³⁰ἐξ αὐτοῦ δὲ ὑμεῖς ἐστε **ἐν Χριστῷ Ἰησοῦ**, ὃς **ἐγενήθη σοφία** ἡμῖν ἀπὸ θεοῦ, δικαιοσύνη τε καὶ ἁγιασμὸς καὶ ἀπολύτρωσις, ³¹ἵνα καθὼς γέγραπται· ὁ καυχώμενος **ἐν κυρίῳ** καυχάσθω.

[[2:1 ... ἦλθον οὐ καθ᾽ ὑπεροχὴν λόγου ἢ σοφίας καταγγέλλων ὑμῖν τὸ μαρτύριον τοῦ θεοῦ.]]

2:2 οὐ γὰρ ἔκρινά τι εἰδέναι ἐν ὑμῖν εἰ μὴ **Ἰησοῦν Χριστὸν καὶ τοῦτον ἐσταυρωμένον**.

[[2:5 ἵνα ἡ πίστις ὑμῶν μὴ ᾖ ἐν σοφίᾳ ἀνθρώπων ἀλλ᾽ ἐν δυνάμει θεοῦ.]]

2:7-8 ⁷ἀλλὰ λαλοῦμεν θεοῦ σοφίαν ἐν μυστηρίῳ τὴν ἀποκεκρυμμένην, ἣν προώρισεν ὁ θεὸς πρὸ τῶν αἰώνων εἰς δόξαν ἡμῶν, ⁸ἣν οὐδεὶς τῶν ἀρχόντων τοῦ αἰῶνος τούτου ἔγνωκεν· εἰ γὰρ ἔγνωσαν, οὐκ ἂν **τὸν κύριον τῆς δόξης** ἐσταύρωσαν.

[[2:9-14 ... ἃ ἡτοίμασεν ὁ θεὸς τοῖς ἀγαπῶσιν αὐτόν. ¹⁰ἡμῖν γὰρ ἀπεκάλυψεν ὁ θεὸς διὰ τοῦ πνεύματος· τὸ γὰρ πνεῦμα πάντα ἐραυνᾷ, καὶ τὰ βάθη τοῦ θεοῦ. ¹¹τίς γὰρ οἶδεν ἀνθρώπων τὰ τοῦ ἀνθρώπου εἰ μὴ τὸ πνεῦμα τοῦ ἀνθρώπου τὸ ἐν αὐτῷ; οὕτως καὶ τὰ τοῦ θεοῦ οὐδεὶς ἔγνωκεν εἰ μὴ τὸ πνεῦμα τοῦ θεοῦ. ¹²ἡμεῖς δὲ οὐ τὸ πνεῦμα τοῦ κόσμου ἐλάβομεν ἀλλὰ τὸ πνεῦμα τὸ ἐκ τοῦ θεοῦ, ἵνα εἰδῶμεν τὰ ὑπὸ τοῦ θεοῦ χαρισθέντα ἡμῖν· ... ¹⁴ψυχικὸς δὲ ἄνθρωπος οὐ δέχεται τὰ τοῦ πνεύματος τοῦ θεοῦ·]]

2:16 τίς γὰρ ἔγνω νοῦν **κυρίου**, ὃς συμβιβάσει **αὐτόν**; ἡμεῖς δὲ **νοῦν Χριστοῦ** ἔχομεν.

3:1 Κἀγώ, ἀδελφοί, οὐκ ἠδυνήθην λαλῆσαι ὑμῖν ὡς πνευματικοῖς ἀλλ᾽ ὡς σαρκίνοις, ὡς νηπίοις **ἐν Χριστῷ**.

3:5-7 ⁵τί οὖν ἐστιν Ἀπολλῶς; τί δέ ἐστιν Παῦλος; διάκονοι δι᾽ ὧν

제3장 고린도전서에 나타나는 기독론 249

ἐπιστεύσατε, καὶ ἑκάστῳ ὡς ὁ **κύριος** ἔδωκεν. ⁶ἐγὼ ἐφύτευσα, Ἀπολλῶς ἐπότισεν, ἀλλὰ <u>ὁ θεὸς</u> ηὔξανεν· ⁷ὥστε οὔτε ὁ φυτεύων ἐστίν τι οὔτε ὁ ποτίζων ἀλλ᾽ <u>ὁ αὐξάνων θεός</u>.

[[3:9–10 <u>θεοῦ γάρ ἐσμεν συνεργοί, θεοῦ γεώργιον, θεοῦ οἰκοδομή ἐστε</u>. ¹⁰Κατὰ <u>τὴν χάριν τοῦ θεοῦ τὴν δοθεῖσάν μοι</u> ὡς σοφὸς ἀρχιτέκτων θεμέλιον ἔθηκα, ἄλλος δὲ ἐποικοδομεῖ. ἕκαστος δὲ βλεπέτω πῶς ἐποικοδομεῖ.]]

3:11–12 ¹¹θεμέλιον γὰρ ἄλλον οὐδεὶς δύναται θεῖναι παρὰ τὸν κείμενον, **ὅς ἐστιν Ἰησοῦς Χριστός**. ¹²εἰ δέ τις ἐποικοδομεῖ **ἐπὶ τὸν θεμέλιον** χρυσόν, ἄργυρον, λίθους τιμίους, ξύλα, χόρτον, καλάμην,

[[3:16–17 οὐκ οἴδατε ὅτι <u>ναὸς θεοῦ ἐστε καὶ τὸ πνεῦμα τοῦ θεοῦ οἰκεῖ ἐν ὑμῖν</u>; ¹⁷εἴ τις <u>τὸν ναὸν τοῦ θεοῦ φθείρει, φθερεῖ τοῦτον ὁ θεός· ὁ γὰρ ναὸς τοῦ θεοῦ ἅγιός ἐστιν</u>, οἵτινές ἐστε ὑμεῖς.]]

[[3:19 ἡ γὰρ σοφία τοῦ κόσμου τούτου <u>μωρία παρὰ τῷ θεῷ ἐστιν</u>.]]

[[[3:20 (LXX) . . . *<u>κύριος γινώσκει</u> τοὺς διαλογισμοὺς τῶν σοφῶν ὅτι εἰσὶν μάταιοι*.]]]

3:23 ὑμεῖς δὲ **Χριστοῦ, Χριστὸς** δὲ <u>θεοῦ</u>.

4:1–5 ¹Οὕτως ἡμᾶς λογιζέσθω ἄνθρωπος ὡς ὑπηρέτας **Χριστοῦ** καὶ οἰκονόμους <u>μυστηρίων θεοῦ</u>. ²ὧδε λοιπὸν ζητεῖται ἐν τοῖς οἰκονόμοις, ἵνα πιστός τις εὑρεθῇ. ³ἐμοὶ δὲ εἰς ἐλάχιστόν ἐστιν, ἵνα ὑφ᾽ ὑμῶν ἀνακριθῶ ἢ ὑπὸ ἀνθρωπίνης ἡμέρας· ἀλλ᾽ οὐδὲ ἐμαυτὸν ἀνακρίνω. ⁴οὐδὲν γὰρ ἐμαυτῷ σύνοιδα, ἀλλ᾽ οὐκ ἐν τούτῳ δεδικαίωμαι, ὁ δὲ ἀνακρίνων με **κύριός ἐστιν**. ⁵ὥστε μὴ πρὸ καιροῦ τι κρίνετε ἕως **ἂν ἔλθῃ ὁ κύριος, ὃς καὶ φωτίσει** τὰ κρυπτὰ τοῦ σκότους καὶ φανερώσει τὰς βουλὰς τῶν καρδιῶν· καὶ τότε <u>ὁ ἔπαινος γενήσεται ἑκάστῳ ἀπὸ τοῦ θεοῦ</u>.

[[4:9 δοκῶ γάρ, <u>ὁ θεὸς ἡμᾶς τοὺς ἀποστόλους ἐσχάτους ἀπέδειξεν</u> ὡς ἐπιθανατίους.]]

4:10 ἡμεῖς μωροὶ **διὰ Χριστόν**, ὑμεῖς δὲ φρόνιμοι **ἐν Χριστῷ**·

4:15 ἐὰν γὰρ μυρίους παιδαγωγοὺς ἔχητε **ἐν Χριστῷ** ἀλλ᾽ οὐ πολλοὺς πατέρας· **ἐν γὰρ Χριστῷ Ἰησοῦ** διὰ τοῦ εὐαγγελίου ἐγὼ ὑμᾶς ἐγέννησα.

4:17 διὰ τοῦτο ἔπεμψα ὑμῖν Τιμόθεον, ὅς ἐστίν μου τέκνον ἀγαπητὸν καὶ πιστὸν **ἐν κυρίῳ**, ὃς ὑμᾶς ἀναμνήσει τὰς ὁδούς μου τὰς **ἐν Χριστῷ Ἰησοῦ**, καθὼς πανταχοῦ ἐν πάσῃ ἐκκλησίᾳ διδάσκω.

4:19 ἐλεύσομαι δὲ ταχέως πρὸς ὑμᾶς ἐὰν **ὁ κύριος** θελήσῃ, καὶ γνώσομαι οὐ τὸν λόγον τῶν πεφυσιωμένων ἀλλὰ τὴν δύναμιν·

[[4:20 οὐ γὰρ ἐν λόγῳ <u>ἡ βασιλεία τοῦ θεοῦ</u> ἀλλ᾽ ἐν δυνάμει.]]

5:3-5 ³ἐγὼ μὲν γάρ . . . ἤδη κέκρικα ὡς παρὼν τὸν οὕτως τοῦτο κατεργασάμενον ⁴**ἐν τῷ ὀνόματι τοῦ κυρίου** [ἡμῶν] **Ἰησοῦ**, [v.l. + Χριστοῦ] **συναχθέντων ὑμῶν καὶ τοῦ ἐμοῦ πνεύματος σὺν τῇ δυνάμει τοῦ κυρίου ἡμῶν Ἰησοῦ**, [v.l. + Χριστοῦ] ⁵παραδοῦναι τὸν τοιοῦτον τῷ σατανᾷ εἰς ὄλεθρον τῆς σαρκός, ἵνα τὸ πνεῦμα σωθῇ **ἐν τῇ ἡμέρᾳ τοῦ κυρίου**. [v.l. + Ἰησοῦ]

5:7 ἐκκαθάρατε τὴν παλαιὰν ζύμην, ἵνα ἦτε νέον φύραμα, καθώς ἐστε ἄζυμοι· καὶ γὰρ **τὸ πάσχα ἡμῶν ἐτύθη Χριστός**.

[[5:12-13 τί γάρ μοι τοὺς ἔξω κρίνειν; οὐχὶ τοὺς ἔσω ὑμεῖς κρίνετε; ¹³τοὺς δὲ ἔξω <u>ὁ θεὸς κρινεῖ</u>. ἐξάρατε τὸν πονηρὸν ἐξ ὑμῶν αὐτῶν.]]

[[6:9-10 ἢ οὐκ οἴδατε ὅτι <u>ἄδικοι θεοῦ βασιλείαν οὐ κληρονομήσουσιν</u>; μὴ πλανᾶσθε· οὔτε πόρνοι οὔτε εἰδωλολάτραι οὔτε μοιχοὶ οὔτε μαλακοὶ οὔτε ἀρσενοκοῖται ¹⁰οὔτε κλέπται οὔτε πλεονέκται, οὐ μέθυσοι, οὐ λοίδοροι, οὐχ ἅρπαγες <u>βασιλείαν θεοῦ κληρονομήσουσιν</u>.]]

6:11 καὶ ταῦτά τινες ἦτε· ἀλλὰ ἀπελούσασθε, ἀλλὰ ἡγιάσθητε, ἀλλὰ ἐδικαιώθητε **ἐν τῷ ὀνόματι τοῦ κυρίου Ἰησοῦ Χριστοῦ** καὶ <u>ἐν τῷ πνεύματι τοῦ θεοῦ ἡμῶν</u>.

6:13-17 ¹³τὰ βρώματα τῇ κοιλίᾳ καὶ ἡ κοιλία τοῖς βρώμασιν, <u>ὁ δὲ θεὸς</u> καὶ ταύτην καὶ ταῦτα καταργήσει. τὸ δὲ σῶμα οὐ τῇ πορνείᾳ ἀλλὰ **τῷ κυρίῳ, καὶ ὁ κύριος** τῷ σώματι· ¹⁴ὁ δὲ θεὸς καὶ **τὸν κύριον** <u>ἤγειρεν</u> καὶ ἡμᾶς ἐξεγερεῖ <u>διὰ τῆς δυνάμεως αὐτοῦ</u>. ¹⁵οὐκ οἴδατε ὅτι τὰ σώματα ὑμῶν **μέλη Χριστοῦ** ἐστιν; ἄρας οὖν **τὰ μέλη τοῦ Χριστοῦ** ποιήσω πόρνης μέλη; μὴ γένοιτο. ¹⁶[ἢ] οὐκ οἴδατε ὅτι ὁ κολλώμενος τῇ πόρνῃ ἓν σῶμά ἐστιν; ἔσονται γάρ, φησίν, οἱ δύο εἰς σάρκα μίαν. ¹⁷**ὁ δὲ κολλώμενος τῷ κυρίῳ** ἓν πνεῦμά ἐστιν.

[[6:19-20 ¹⁹ἢ οὐκ οἴδατε ὅτι τὸ σῶμα ὑμῶν ναὸς τοῦ ἐν ὑμῖν ἁγίου πνεύματός ἐστιν <u>οὗ ἔχετε ἀπὸ θεοῦ</u>, καὶ οὐκ ἐστὲ ἑαυτῶν; ²⁰ἠγοράσθητε γὰρ τιμῆς· δοξάσατε δὴ <u>τὸν θεὸν</u> ἐν τῷ σώματι ὑμῶν.]]

[[7:7 . . . ἀλλὰ ἕκαστος ἴδιον ἔχει <u>χάρισμα ἐκ θεοῦ</u>, ὁ μὲν οὕτως, ὁ δὲ οὕτως.]]

7:10 τοῖς δὲ γεγαμηκόσιν παραγγέλλω, οὐκ ἐγὼ **ἀλλὰ ὁ κύριος**, γυναῖκα ἀπὸ ἀνδρὸς μὴ χωρισθῆναι,

7:12 Τοῖς δὲ λοιποῖς λέγω ἐγὼ **οὐχ ὁ κύριος**·

[[7:15 . . . ἐν δὲ εἰρήνῃ <u>κέκληκεν ὑμᾶς ὁ θεός</u>.]]

7:17 Εἰ μὴ ἑκάστῳ ὡς ἐμέρισεν **ὁ κύριος**, ἕκαστον ὡς κέκληκεν <u>ὁ θεός</u>, οὕτως περιπατείτω.

[[7:19 ἡ περιτομὴ οὐδέν ἐστιν καὶ ἡ ἀκροβυστία οὐδέν ἐστιν, ἀλλὰ τήρησις <u>ἐντολῶν θεοῦ</u>.]]

제3장 고린도전서에 나타나는 기독론   251

7:22-24 ὁ γὰρ ἐν **κυρίῳ** κληθεὶς δοῦλος **ἀπελεύθερος κυρίου** ἐστίν, ὁμοίως ὁ ἐλεύθερος κληθεὶς **δοῦλός ἐστιν Χριστοῦ**. ²³τιμῆς ἠγοράσθητε· μὴ γίνεσθε δοῦλοι ἀνθρώπων. ²⁴ἕκαστος ἐν ᾧ ἐκλήθη, ἀδελφοί, ἐν τούτῳ μενέτω παρὰ θεῷ.

7:25 Περὶ δὲ τῶν παρθένων **ἐπιταγὴν κυρίου** οὐκ ἔχω, γνώμην δὲ δίδωμι ὡς **ἠλεημένος ὑπὸ κυρίου** πιστὸς εἶναι.

7:32-35 ³²θέλω δὲ ὑμᾶς ἀμερίμνους εἶναι. ὁ ἄγαμος μεριμνᾷ **τὰ τοῦ κυρίου**, πῶς ἀρέσῃ **τῷ κυρίῳ**· ³³ὁ δὲ γαμήσας μεριμνᾷ τὰ τοῦ κόσμου, πῶς ἀρέσῃ τῇ γυναικί, ³⁴καὶ μεμέρισται. καὶ ἡ γυνὴ ἡ ἄγαμος καὶ ἡ παρθένος μεριμνᾷ **τὰ τοῦ κυρίου**, ἵνα ᾖ ἁγία καὶ τῷ σώματι καὶ τῷ πνεύματι· ἡ δὲ γαμήσασα μεριμνᾷ τὰ τοῦ κόσμου, πῶς ἀρέσῃ τῷ ἀνδρί. ³⁵τοῦτο δὲ πρὸς τὸ ὑμῶν αὐτῶν σύμφορον λέγω, οὐχ ἵνα βρόχον ὑμῖν ἐπιβάλω ἀλλὰ πρὸς τὸ εὔσχημον καὶ εὐπάρεδρον **τῷ κυρίῳ** ἀπερισπάστως.

7:39-40 ³⁹ ... ἐὰν δὲ κοιμηθῇ ὁ ἀνήρ, ἐλευθέρα ἐστὶν ᾧ θέλει γαμηθῆναι, μόνον **ἐν κυρίῳ**. ⁴⁰μακαριωτέρα δέ ἐστιν ἐὰν οὕτως μείνῃ, κατὰ τὴν ἐμὴν γνώμην· δοκῶ δὲ κἀγὼ πνεῦμα θεοῦ ἔχειν.

[[8:3 εἰ δέ τις ἀγαπᾷ τὸν θεόν, οὗτος ἔγνωσται ὑπ' αὐτοῦ.]]

[[8:4-5 Περὶ τῆς βρώσεως οὖν τῶν εἰδωλοθύτων, οἴδαμεν ὅτι οὐδὲν εἴδωλον ἐν κόσμῳ καὶ ὅτι οὐδεὶς θεὸς εἰ μὴ εἷς. ⁵καὶ γὰρ εἴπερ εἰσὶν λεγόμενοι θεοὶ εἴτε ἐν οὐρανῷ εἴτε ἐπὶ γῆς, ὥσπερ εἰσὶν θεοὶ πολλοὶ καὶ κύριοι πολλοί,]]

8:6 ἀλλ' ἡμῖν **εἷς θεὸς ὁ πατὴρ ἐξ οὗ** τὰ πάντα καὶ ἡμεῖς εἰς αὐτόν, καὶ **εἷς κύριος Ἰησοῦς Χριστὸς δι' οὗ** τὰ πάντα καὶ ἡμεῖς δι' αὐτοῦ.

[[8:8 βρῶμα δὲ ἡμᾶς οὐ παραστήσει τῷ θεῷ·]]

8:11-12 ¹¹ἀπόλλυται γὰρ ὁ ἀσθενῶν ἐν τῇ σῇ γνώσει ὁ ἀδελφὸς δι' ὃν **Χριστὸς ἀπέθανεν**. ¹²οὕτως δὲ ἁμαρτάνοντες εἰς τοὺς ἀδελφοὺς καὶ τύπτοντες αὐτῶν τὴν συνείδησιν ἀσθενοῦσαν **εἰς Χριστὸν** ἁμαρτάνετε.

9:1-2 ¹Οὐκ εἰμὶ ἐλεύθερος; οὐκ εἰμὶ ἀπόστολος; οὐχὶ **Ἰησοῦν τὸν κύριον ἡμῶν** ἑόρακα; οὐ τὸ ἔργον μου ὑμεῖς ἐστε **ἐν κυρίῳ**; ²εἰ ἄλλοις οὐκ εἰμὶ ἀπόστολος, ἀλλά γε ὑμῖν εἰμι· ἡ γὰρ σφραγίς μου τῆς ἀποστολῆς ὑμεῖς ἐστε **ἐν κυρίῳ**.

9:5 μὴ οὐκ ἔχομεν ἐξουσίαν ἀδελφὴν γυναῖκα περιάγειν ὡς καὶ οἱ λοιποὶ ἀπόστολοι καὶ οἱ **ἀδελφοὶ τοῦ κυρίου** καὶ Κηφᾶς;

[[9:9 ἐν γὰρ τῷ Μωυσέως νόμῳ γέγραπται· οὐ κημώσεις βοῦν ἀλοῶντα. μὴ τῶν βοῶν μέλει τῷ θεῷ;]]

9:12 εἰ ἄλλοι τῆς ὑμῶν ἐξουσίας μετέχουσιν, οὐ μᾶλλον ἡμεῖς; ἀλλ' οὐκ ἐχρησάμεθα τῇ ἐξουσίᾳ ταύτῃ, ἀλλὰ πάντα στέγομεν, ἵνα μή τινα ἐγκοπὴν δῶμεν τῷ **εὐαγγελίῳ τοῦ Χριστοῦ**.

9:14 οὕτως καὶ **ὁ κύριος διέταξεν** τοῖς τὸ εὐαγγέλιον καταγγέλλουσιν ἐκ τοῦ εὐαγγελίου ζῆν.

9:21 τοῖς ἀνόμοις ὡς ἄνομος, μὴ ὢν <u>ἄνομος θεοῦ</u> ἀλλ᾽ **ἔννομος Χριστοῦ**, ἵνα κερδάνω τοὺς ἀνόμους·

10:4 καὶ πάντες τὸ αὐτὸ πνευματικὸν ἔπιον πόμα· ἔπινον γὰρ ἐκ πνευματικῆς ἀκολουθούσης πέτρας, ἡ πέτρα δὲ **ἦν ὁ Χριστός**.

[[10:5 ἀλλ᾽ οὐκ ἐν τοῖς πλείοσιν αὐτῶν εὐδόκησεν <u>ὁ θεός</u>, κατεστρώθησαν γὰρ ἐν τῇ ἐρήμῳ.]]

10:9 μηδὲ ἐκπειράζωμεν **τὸν Χριστόν**, [v.l. κύριον] καθώς τινες αὐτῶν ἐπείρασαν καὶ ὑπὸ τῶν ὄφεων ἀπώλλυντο.

[[10:13 πειρασμὸς ὑμᾶς οὐκ εἴληφεν εἰ μὴ ἀνθρώπινος· πιστὸς δὲ <u>ὁ θεός, ὃς οὐκ ἐάσει</u> ὑμᾶς πειρασθῆναι ὑπὲρ ὃ δύνασθε ἀλλὰ <u>ποιήσει</u> σὺν τῷ πειρασμῷ καὶ τὴν ἔκβασιν τοῦ δύνασθαι ὑπενεγκεῖν.]]

10:16 τὸ ποτήριον τῆς εὐλογίας ὃ εὐλογοῦμεν, οὐχὶ κοινωνία ἐστὶν **τοῦ αἵματος τοῦ Χριστοῦ**; τὸν ἄρτον ὃν κλῶμεν, οὐχὶ κοινωνία **τοῦ σώματος τοῦ Χριστοῦ ἐστιν**;

10:20–22 ²⁰ἀλλ᾽ ὅτι ἃ θύουσιν, δαιμονίοις καὶ <u>οὐ θεῷ</u> [θύουσιν]· οὐ θέλω δὲ ὑμᾶς κοινωνοὺς τῶν δαιμονίων γίνεσθαι. ²¹οὐ δύνασθε **ποτήριον κυρίου** πίνειν καὶ ποτήριον δαιμονίων, οὐ δύνασθε **τραπέζης κυρίου μετέχειν** καὶ τραπέζης δαιμονίων. ²²ἢ παραζηλοῦμεν **τὸν κύριον**; μὴ ἰσχυρότεροι **αὐτοῦ** ἐσμεν;

10:26 (LXX) **τοῦ κυρίου** γὰρ ἡ γῆ καὶ τὸ πλήρωμα αὐτῆς.

10:31–11:1 ³¹εἴτε οὖν ἐσθίετε εἴτε πίνετε εἴτε τι ποιεῖτε, πάντα <u>εἰς δόξαν θεοῦ</u> ποιεῖτε. ³²ἀπρόσκοποι καὶ Ἰουδαίοις γίνεσθε καὶ Ἕλλησιν καὶ <u>τῇ ἐκκλησίᾳ τοῦ θεοῦ</u>, ³³καθὼς κἀγὼ πάντα πᾶσιν ἀρέσκω μὴ ζητῶν τὸ ἐμαυτοῦ σύμφορον ἀλλὰ τὸ τῶν πολλῶν, ἵνα σωθῶσιν. ¹¹:¹ μιμηταί μου γίνεσθε καθὼς **κἀγὼ Χριστοῦ**.

11:3 θέλω δὲ ὑμᾶς εἰδέναι ὅτι παντὸς ἀνδρὸς ἡ κεφαλὴ **ὁ Χριστός** ἐστιν, κεφαλὴ δὲ γυναικὸς ὁ ἀνήρ, **κεφαλὴ δὲ τοῦ Χριστοῦ** <u>ὁ θεός</u>.

[[11:7 ἀνὴρ μὲν γὰρ οὐκ ὀφείλει κατακαλύπτεσθαι τὴν κεφαλὴν <u>εἰκὼν καὶ δόξα θεοῦ ὑπάρχων</u>·]]

11:11–12 ¹¹πλὴν οὔτε γυνὴ χωρὶς ἀνδρὸς οὔτε ἀνὴρ χωρὶς γυναικὸς **ἐν κυρίῳ**. ¹²ὥσπερ γὰρ ἡ γυνὴ ἐκ τοῦ ἀνδρός, οὕτως καὶ ὁ ἀνὴρ διὰ τῆς γυναικός· τὰ δὲ πάντα <u>ἐκ τοῦ θεοῦ</u>.

[[11:13 ἐν ὑμῖν αὐτοῖς κρίνατε· πρέπον ἐστὶν γυναῖκα ἀκατακάλυπτον τῷ

제3장 고린도전서에 나타나는 기독론 253

θεῷ προσεύχεσθαι;]]

[[11:16 Εἰ δέ τις δοκεῖ φιλόνεικος εἶναι, ἡμεῖς τοιαύτην συνήθειαν οὐκ ἔχομεν οὐδὲ <u>αἱ ἐκκλησίαι τοῦ θεοῦ</u>.]]

11:20 Συνερχομένων οὖν ὑμῶν ἐπὶ τὸ αὐτὸ οὐκ ἔστιν **κυριακὸν δεῖπνον** φαγεῖν·

[[11:22 μὴ γὰρ οἰκίας οὐκ ἔχετε εἰς τὸ ἐσθίειν καὶ πίνειν; ἢ <u>τῆς ἐκκλησίας τοῦ θεοῦ</u> καταφρονεῖτε, καὶ καταισχύνετε τοὺς μὴ ἔχοντας; τί εἴπω ὑμῖν; ἐπαινέσω ὑμᾶς; ἐν τούτῳ οὐκ ἐπαινῶ.]]

11:23–27 ²³"Εγὼ γὰρ παρέλαβον **ἀπὸ τοῦ κυρίου**, ὃ καὶ παρέδωκα ὑμῖν, ὅτι ὁ **κύριος Ἰησοῦς** ἐν τῇ νυκτὶ ᾗ παρεδίδετο ἔλαβεν ἄρτον ²⁴καὶ εὐχαριστήσας ἔκλασεν καὶ εἶπεν· τοῦτό **μού ἐστιν τὸ σῶμα** τὸ ὑπὲρ ὑμῶν· τοῦτο ποιεῖτε εἰς τὴν ἐμὴν ἀνάμνησιν. ²⁵ὡσαύτως καὶ τὸ ποτήριον μετὰ τὸ δειπνῆσαι λέγων· τοῦτο τὸ ποτήριον ἡ καινὴ διαθήκη ἐστὶν **ἐν τῷ ἐμῷ αἵματι**· τοῦτο ποιεῖτε, ὁσάκις ἐὰν πίνητε, εἰς τὴν ἐμὴν ἀνάμνησιν. ²⁶ὁσάκις γὰρ ἐὰν ἐσθίητε τὸν ἄρτον τοῦτον καὶ τὸ ποτήριον πίνητε, **τὸν θάνατον τοῦ κυρίου** καταγγέλλετε ἄχρι οὗ ἔλθη. ²⁷Ὥστε ὃς ἂν ἐσθίῃ τὸν ἄρτον ἢ πίνῃ **τὸ ποτήριον τοῦ κυρίου** ἀναξίως, ἔνοχος ἔσται **τοῦ σώματος καὶ τοῦ αἵματος τοῦ κυρίου**.

[[11:29 ὁ γὰρ ἐσθίων καὶ πίνων κρίμα ἑαυτῷ ἐσθίει καὶ πίνει μὴ διακρίνων τὸ σῶμα. [v.l. + τοῦ κυρίου]

11:32 κρινόμενοι δὲ **ὑπὸ** [v.l. + τοῦ] **κυρίου** παιδευόμεθα, ἵνα μὴ σὺν τῷ κόσμῳ κατακριθῶμεν.

12:3 διὸ γνωρίζω ὑμῖν ὅτι οὐδεὶς <u>ἐν πνεύματι θεοῦ</u> λαλῶν λέγει· **Ἀνάθεμα Ἰησοῦς**, καὶ οὐδεὶς δύναται εἰπεῖν· **Κύριος Ἰησοῦς**, εἰ μὴ ἐν πνεύματι ἁγίῳ.

12:4–6 ⁴Διαιρέσεις δὲ χαρισμάτων εἰσίν, *τὸ δὲ αὐτὸ πνεῦμα*· ⁵καὶ διαιρέσεις διακονιῶν εἰσιν, **καὶ ὁ αὐτὸς κύριος**· ⁶καὶ διαιρέσεις ἐνεργημάτων εἰσίν, <u>ὁ δὲ αὐτὸς θεὸς ὁ ἐνεργῶν</u> τὰ πάντα ἐν πᾶσιν.

12:12 Καθάπερ γὰρ τὸ σῶμα ἕν ἐστιν καὶ μέλη πολλὰ ἔχει, πάντα δὲ τὰ μέλη τοῦ σώματος πολλὰ ὄντα ἕν ἐστιν σῶμα, **οὕτως καὶ ὁ Χριστός**·

[[12:18 νυνὶ δὲ <u>ὁ θεὸς ἔθετο</u> τὰ μέλη, ἓν ἕκαστον αὐτῶν ἐν τῷ σώματι καθὼς ἠθέλησεν.]]

[[12:24 τὰ δὲ εὐσχήμονα ἡμῶν οὐ χρείαν ἔχει. ἀλλὰ <u>ὁ θεὸς συνεκέρασεν</u> τὸ σῶμα τῷ ὑστερουμένῳ περισσοτέραν δοὺς τιμήν,]]

12:27–28 ²⁷Ὑμεῖς δέ ἐστε **σῶμα Χριστοῦ** καὶ μέλη ἐκ μέρους. ²⁸Καὶ οὓς μὲν <u>ἔθετο ὁ θεὸς</u> ἐν τῇ ἐκκλησίᾳ πρῶτον ἀποστόλους, δεύτερον προφήτας, τρίτον διδασκάλους, ἔπειτα δυνάμεις, ἔπειτα χαρίσματα ἰαμάτων, ἀντιλήμψεις, κυβερνήσεις, γένη γλωσσῶν.

[[14:2 ὁ γὰρ λαλῶν γλώσσῃ οὐκ ἀνθρώποις λαλεῖ ἀλλὰ θεῷ· οὐδεὶς γὰρ ἀκούει, πνεύματι δὲ λαλεῖ μυστήρια·]]

[[14:18 εὐχαριστῶ τῷ θεῷ, πάντων ὑμῶν μᾶλλον γλώσσαις λαλῶ·]]

[[[14:21 (LXX) ἐν τῷ νόμῳ γέγραπται ὅτι ἐν ἑτερογλώσσοις καὶ ἐν χείλεσιν ἑτέρων λαλήσω τῷ λαῷ τούτῳ καὶ οὐδ᾽ οὕτως εἰσακούσονταί μου, λέγει κύριος.]]]

[[14:25 τὰ κρυπτὰ τῆς καρδίας αὐτοῦ φανερὰ γίνεται, καὶ οὕτως πεσὼν ἐπὶ πρόσωπον προσκυνήσει τῷ θεῷ ἀπαγγέλλων ὅτι ὄντως ὁ θεὸς ἐν ὑμῖν ἐστιν.]]

[[14:28 ἐὰν δὲ μὴ ᾖ διερμηνευτής, σιγάτω ἐν ἐκκλησίᾳ, ἑαυτῷ δὲ λαλείτω καὶ τῷ θεῷ.]]

[[14:33 οὐ γάρ ἐστιν ἀκαταστασίας ὁ θεὸς ἀλλὰ εἰρήνης, ὡς ἐν πάσαις ταῖς ἐκκλησίαις τῶν ἁγίων.]]

14:36–37 ³⁶ἢ ἀφ᾽ ὑμῶν ὁ λόγος τοῦ θεοῦ ἐξῆλθεν, ἢ εἰς ὑμᾶς μόνους κατήντησεν; ³⁷Εἴ τις δοκεῖ προφήτης εἶναι ἢ πνευματικός, ἐπιγινωσκέτω ἃ γράφω ὑμῖν ὅτι κυρίου ἐστὶν ἐντολή·

15:3–8 ³παρέδωκα γὰρ ὑμῖν ἐν πρώτοις, ὃ καὶ παρέλαβον, ὅτι **Χριστὸς ἀπέθανεν** ὑπὲρ τῶν ἁμαρτιῶν ἡμῶν κατὰ τὰς γραφάς ⁴καὶ ὅτι **ἐτάφη** καὶ ὅτι ἐγήγερται τῇ ἡμέρᾳ τῇ τρίτῃ κατὰ τὰς γραφὰς ⁵καὶ ὅτι **ὤφθη** Κηφᾷ εἶτα τοῖς δώδεκα· ⁶ἔπειτα **ὤφθη** ἐπάνω πεντακοσίοις ἀδελφοῖς ἐφάπαξ, ἐξ ὧν οἱ πλείονες μένουσιν ἕως ἄρτι, τινὲς δὲ ἐκοιμήθησαν· ⁷ἔπειτα **ὤφθη** Ἰακώβῳ εἶτα τοῖς ἀποστόλοις πᾶσιν· ⁸ἔσχατον δὲ πάντων ὡσπερεὶ τῷ ἐκτρώματι **ὤφθη** κἀμοί.

[[15:9–10 ⁹Ἐγὼ γάρ εἰμι ὁ ἐλάχιστος τῶν ἀποστόλων ὃς οὐκ εἰμὶ ἱκανὸς καλεῖσθαι ἀπόστολος, διότι ἐδίωξα τὴν ἐκκλησίαν τοῦ θεοῦ· ¹⁰χάριτι δὲ θεοῦ εἰμι ὅ εἰμι, καὶ ἡ χάρις αὐτοῦ ἡ εἰς ἐμὲ οὐ κενὴ ἐγενήθη, ἀλλὰ περισσότερον αὐτῶν πάντων ἐκοπίασα, οὐκ ἐγὼ δὲ ἀλλὰ ἡ χάρις τοῦ θεοῦ [ἡ] σὺν ἐμοί.]]

15:12–19 ¹²Εἰ δὲ **Χριστὸς** κηρύσσεται ὅτι ἐκ νεκρῶν ἐγήγερται, πῶς λέγουσιν ἐν ὑμῖν τινες ὅτι ἀνάστασις νεκρῶν οὐκ ἔστιν; ¹³εἰ δὲ ἀνάστασις νεκρῶν οὐκ ἔστιν, οὐδὲ **Χριστὸς** ἐγήγερται· ¹⁴εἰ δὲ **Χριστὸς** οὐκ ἐγήγερται, κενὸν ἄρα [καὶ] τὸ κήρυγμα ἡμῶν, κενὴ καὶ ἡ πίστις ὑμῶν· ¹⁵εὑρισκόμεθα δὲ καὶ ψευδομάρτυρες τοῦ θεοῦ, ὅτι ἐμαρτυρήσαμεν κατὰ τοῦ θεοῦ ὅτι ἤγειρεν τὸν **Χριστόν**, ὃν οὐκ ἤγειρεν εἴπερ ἄρα νεκροὶ οὐκ ἐγείρονται. ¹⁶εἰ γὰρ νεκροὶ οὐκ ἐγείρονται, **οὐδὲ Χριστὸς** ἐγήγερται· ¹⁷εἰ δὲ **Χριστὸς** οὐκ ἐγήγερται, ματαία ἡ πίστις ὑμῶν, ἔτι ἐστὲ ἐν ταῖς ἁμαρτίαις ὑμῶν, ¹⁸ἄρα καὶ **οἱ κοιμηθέντες ἐν Χριστῷ** ἀπώλοντο. ¹⁹εἰ ἐν τῇ ζωῇ ταύτῃ **ἐν Χριστῷ** ἠλπικότες ἐσμὲν μόνον, ἐλεεινότεροι πάντων ἀνθρώπων ἐσμέν.

제3장 고린도전서에 나타나는 기독론   255

15:20-28 ²⁰Νυνὶ δὲ **Χριστὸς** ἐγήγερται ἐκ νεκρῶν **ἀπαρχὴ** τῶν κεκοιμημένων. ²¹ἐπειδὴ γὰρ δι' ἀνθρώπου θάνατος, καὶ **δι' ἀνθρώπου** ἀνάστασις νεκρῶν. ²²ὥσπερ γὰρ ἐν τῷ Ἀδὰμ πάντες ἀποθνῄσκουσιν, οὕτως καὶ **ἐν τῷ Χριστῷ** πάντες ζῳοποιηθήσονται. ²³Ἕκαστος δὲ ἐν τῷ ἰδίῳ τάγματι· **ἀπαρχὴ Χριστός,** ἔπειτα **οἱ τοῦ Χριστοῦ** ἐν **τῇ παρουσίᾳ αὐτοῦ,** ²⁴εἶτα τὸ τέλος, ὅταν **παραδιδῷ** τὴν βασιλείαν <u>τῷ θεῷ καὶ πατρί,</u> ὅταν καταργήσῃ πᾶσαν ἀρχὴν καὶ πᾶσαν ἐξουσίαν καὶ δύναμιν. ²⁵δεῖ γὰρ αὐτὸν βασιλεύειν ἄχρι οὗ θῇ πάντας τοὺς ἐχθροὺς **ὑπὸ τοὺς πόδας αὐτοῦ.** ²⁶ἔσχατος ἐχθρὸς καταργεῖται ὁ θάνατος· ²⁷πάντα γὰρ ὑπέταξεν **ὑπὸ τοὺς πόδας αὐτοῦ.** ὅταν δὲ εἴπῃ ὅτι πάντα ὑποτέτακται, δῆλον ὅτι ἐκτὸς τοῦ ὑποτάξαντος αὐτῷ τὰ πάντα. ²⁸ὅταν δὲ **ὑποταγῇ αὐτῷ** τὰ πάντα, τότε [καὶ] **αὐτὸς ὁ υἱὸς** ὑποταγήσεται τῷ ὑποτάξαντι <u>αὐτῷ</u> τὰ πάντα, ἵνα ᾖ <u>ὁ θεὸς</u> [τὰ] πάντα ἐν πᾶσιν.

15:31 καθ' ἡμέραν ἀποθνῄσκω, νὴ τὴν ὑμετέραν καύχησιν, ἣν ἔχω **ἐν Χριστῷ Ἰησοῦ τῷ κυρίῳ ἡμῶν.**

[[15:34 ἐκνήψατε δικαίως καὶ μὴ ἁμαρτάνετε, <u>ἀγνωσίαν γὰρ θεοῦ τινες ἔχουσιν,</u> πρὸς ἐντροπὴν ὑμῖν λαλῶ.]]

[[15:38 <u>ὁ δὲ θεὸς</u> δίδωσιν αὐτῷ σῶμα καθὼς ἠθέλησεν, καὶ ἑκάστῳ τῶν σπερμάτων ἴδιον σῶμα.]]

15:45-49 ⁴⁵οὕτως καὶ γέγραπται· ἐγένετο ὁ πρῶτος ἄνθρωπος Ἀδὰμ εἰς ψυχὴν ζῶσαν, **ὁ ἔσχατος Ἀδὰμ εἰς πνεῦμα ζῳοποιοῦν.** ⁴⁶ἀλλ' οὐ πρῶτον τὸ πνευματικὸν ἀλλὰ τὸ ψυχικόν, ἔπειτα τὸ πνευματικόν. ⁴⁷ὁ πρῶτος ἄνθρωπος ἐκ γῆς χοϊκός, **ὁ δεύτερος ἄνθρωπος** [v.l. ὁ κύριος] ἐξ οὐρανοῦ. ⁴⁸οἷος ὁ χοϊκός, τοιοῦτοι καὶ οἱ χοϊκοί, καὶ οἷος ὁ ἐπουράνιος, τοιοῦτοι καὶ οἱ ἐπουράνιοι· ⁴⁹καὶ καθὼς ἐφορέσαμεν τὴν εἰκόνα τοῦ χοϊκοῦ, φορέσομεν καὶ **τὴν εἰκόνα τοῦ ἐπουρανίου.**

[[15:50 Τοῦτο δέ φημι, ἀδελφοί, ὅτι σὰρξ καὶ αἷμα <u>βασιλείαν θεοῦ</u> κληρονομῆσαι οὐ δύναται οὐδὲ ἡ φθορὰ τὴν ἀφθαρσίαν κληρονομεῖ.]]

15.57-58 ⁵⁷<u>τῷ δὲ θεῷ</u> χάρις τῷ διδόντι ἡμῖν τὸ νῖκος **διὰ τοῦ κυρίου ἡμῶν Ἰησοῦ Χριστοῦ.** ⁵⁸Ὥστε, ἀδελφοί μου ἀγαπητοί, ἑδραῖοι γίνεσθε, ἀμετακίνητοι, περισσεύοντες **ἐν τῷ ἔργῳ τοῦ κυρίου** πάντοτε, εἰδότες ὅτι ὁ κόπος ὑμῶν οὐκ ἔστιν κενὸς **ἐν κυρίῳ.**

16:7 οὐ θέλω γὰρ ὑμᾶς ἄρτι ἐν παρόδῳ ἰδεῖν, ἐλπίζω γὰρ χρόνον τινὰ ἐπιμεῖναι πρὸς ὑμᾶς **ἐὰν ὁ κύριος ἐπιτρέψῃ.**

16:10 Ἐὰν δὲ ἔλθῃ Τιμόθεος, βλέπετε, ἵνα ἀφόβως γένηται πρὸς ὑμᾶς· **τὸ γὰρ ἔργον κυρίου** ἐργάζεται ὡς κἀγώ·

16:19 Ἀσπάζονται ὑμᾶς αἱ ἐκκλησίαι τῆς Ἀσίας. ἀσπάζεται ὑμᾶς **ἐν κυρίῳ** πολλὰ Ἀκύλας καὶ Πρίσκα σὺν τῇ κατ' οἶκον αὐτῶν ἐκκλησίᾳ.

16:22-24 ²²εἴ τις οὐ φιλεῖ τὸν κύριον, ἤτω ἀνάθεμα. **μαράνα θά**. ²³ἡ χάρις τοῦ κυρίου Ἰησοῦ μεθ' ὑμῶν. ²⁴ἡ ἀγάπη μου μετὰ πάντων ὑμῶν ἐν Χριστῷ Ἰησοῦ.

부록 II: 용법의 분석

(* = 무관사, += 소유격 대명사를 가진, [LXX] = 칠십인경 반영/인용)

고린도전서
θεὸς   103+2 κύριος 칠십인경 인용
Christ   121

자료
1. κύριος Ἰησοῦς Χριστός (8)
    1:2   G+
    1:3   G*
    1:7   G+
    1:8   G+ (이문-Χριστοῦ)
    1:10   G+
    6:11   G
    8:6   N
    15:57 G+ (διά)
1a. Ἰησοῦς Χριστός κύριος (1)
    1:9   G (υἱός와 동격)
1b. Χριστός Ἰησοῦς κύριος (1)
    15:31 D+ (ἐν)
2. κύριος Ἰησοῦς (4)
    5:4   G+ [이문+Χριστοῦ]
    5:4   G+ [이문+Χριστοῦ]
    11:23 N
    16:23 G [이문+Χριστοῦ]
2a. Ἰησοῦς ··· κύριος (1)
    9:1   A+

3. Χριστός Ἰησοῦς (6)
   1:1   G*
   1:2   D* (ἐν)
   1:4   D* (ἐν)
   1:30   D* (ἐν)
   4:15   D* (ἐν)
   16:24 D* (ἐν)

3a. Ἰησοῦς Χριστός (2)
   2:2   A*
   3:11   N*

4. κύριος (49+15=64 [+2=하나님])
   1:31   D* (ἐν) [LXX]
   2:8   A
   2:16   G* [LXX]
   3:5   N
   [3:20 N* LXX=하나님]
   4:4   주격보어 N* [콜웰〈Colwell〉의 법칙]
   4:5   N
   4:17   D* (ἐν)
   4:19   N
   5:5   G (이문+'Ἰησοῦ)
   6:13   D
   6:13   N
   6:14   A
   6:17   D
   7:10   N
   7:12   N
   7:17   N
   7:22   D* (ἐν)
   7:22   G*
   7:25   G*

제3장 고린도전서에 나타나는 기독론   259

    7:25   G* (ὑπὸ)
    7:32   G
    7:32   D
    7:34   G
    7:35   D
    7:39   D* (ἐν)
    9:1   D* (ἐν)
    9:2   D* (ἐν)
    9:5   G
    9:14   N
    10:21   G*
    10:21   G*
    10:22   A
    10:26   G [LXX]
    11:11   D*
    (11:20 κυριακόν)
    11:23   G (ἀπό)
    11:26   G
    11:27   G
    11:27   G
    11:32   G* [이문+τοῦ, ὑπό]
    12:5   N
    [14:21 N* LXX=하나님
    14:37   G*
    15:58   G
    15:58   D* (ἐν)
    16:7   N
    16:10   G*
    16:19   D* (ἐν)
5. Ἰησοῦς (2+24=26)
    12:3   N*

12:3   주격보어 N*
6. Χριστός (45+18=63)
    1:6   G
    1:12   G*
    1:13   N
    1:17   N*
    1:17   G
    1:23   A*
    1:24   A*
    2:16   G*
    3:1   D* (ἐν)
    3:23   G*
    3:23   N*
    4:1   G*
    4:10   A* (διά)
    4:10   D* (ἐν)
    4:15   D* (ἐν)
    5:7   N*
    6:15   G*
    6:15   G
    7:22   G*
    8:11   N*
    8:12   A* (εἰς)
    9:12   G
    9:21   G*
    10:4   주격보어 N
    10:9   A [이문 κύριον]
    10:16   G
    10:16   G
    11:1   G*
    11:3   N

11:3   G
12:12 N
12:27 G*
15:3   N*
15:12 N*
15:13 N*
15:14 N*
15:15 A
15:16 N*
15:17 N*
15:18 D* (ἐν)
15:19 D* (ἐν)
15:20 N*
15:22 D (ἐν)
15:23 N*
15:23 G

7. υἱός (2)
   1:9   G (동격의 Ἰησοῦς Χριστός κύριος와 함께)
   15:28 N

8. 기타
   15:45 ὁ ἔσχατος Ἀδάμ
   15:47 ὁ δεύτερος ἄνθρωπος [이문 ὁ κύριος]
   16:22 μαράνα

※ 이문(異文)은 v.l.(variant reading)을 말함.

PAULINE CHRISTOLOGY

제4장

고린도후서에 나타나는 기독론

바울이 고린도 지역에 살고 있던 신자들에게 보낸 두 번째 서신은 고린도전서에 비해 기독론과 관련된 자료들이 훨씬 적다.[1] 근본적인 이유는 두 가지이다. 첫째로 고린도후서는 전체 바울 서신에 있어서 가장 개인적인 서신으로 대부분 고린도인들과의 관계를 변호하거나 혹은 설명한다.[2] 둘째로 이 때문에 고린도후서는 특별히 해석하기가 매우 까다롭고 해석 또한 추론적이다.[3] 서신의 사적인 특성으로 인해 그리스도에 대한 언급이 상대적으로 더 적은 것이 사실이기는 하지만 그럼에도 불구하고 바울은 그리스도를 서신 안으로 도입하려는 경향을 나타낸다. 왜냐하면 단지 그가 바울이기 때문이다. 바울은 그리스도에 대해 말하지 않고는 자신에 대해 말할 수 없으므로 우리

---

1) 고린도후서에 대한 주석은 이 책의 참고문헌 목록에 제시되어 있다(pp. 924-925). 이번 장에서 각각의 주석은 작가의 성(姓)만을 따서 인용될 것이다.
2) 대조적으로 고린도전서는 주로 고린도 신자와 특별히 세심한 주의를 요하는 여러 행위/윤리적인 문제에 초점을 맞추고 있으며 9장을 제외하고는 바울 자신에 대해 거의 주목하지 않는다.
3) 저자와 수신자가 더욱 더 많은 경험을 공유할수록 저자는 자신이 알고 있는 상세한 사항을 수신자에게 전달할 필요를 덜 느끼게 되는 것은 당연한 것이다. 고린도후서는 이런 유형의 서신이므로 해석가들은 기본적으로 집약된 대화의 한쪽 편에 서서 대화를 엿들어야 하는 위치에 놓이게 된다. 그러므로 우리는 고린도후서를 연구함에 있어 갈라디아서와 로마서와 같은 서신보다 학자적인 추론에 더 의지할 수밖에 없다. G. D. Fee와 D. Stuart, *How to Read the Bible for All Its Worth* (3rd ed.; Grand Rapids: Zondervan, 2002), 56-59를 보라.

는 여러 방법을 통해 바울이 전제로 하고 있는 다양한 기독론적 이해들을 발견하게 된다. 결과적으로 고린도전서의 기독론을 본 후에 고린도후서의 기독론을 본다면 어떤 경우에 있어서 바울이 새로운 입장에 서 있는 것 같은 인상을 받게 된다.[4]

우선 고린도후서는 앞서 세 개의 서신서에 비해 보다 하나님 중심적인 호소를 많이 담고 있다. 이러한 이해는 부분적으로 하나님이 그리스도보다 자주 언급된다는 사실을 통해 뒷받침된다. 서신 자체도 하나님 중심적인 언급으로 시작한다. 곧 바울은 우리의 주 예수 그리스도의 아버지이신 하나님을 찬송하며 이어 죽음과 같은 위경에서 자신을 건져주신 하나님의 자비를 강조한다. 이러한 강조점은 이후 고린도후서 전반에 걸쳐 몇 차례나 반복된다. 특별히 가장 구원론적인 내용을 담고 있는 5:18-6:2에서와 바울의 사역과 고난에 대한 목록(6:3-10)에서 이러한 강조점은 두드러진다. 우리가 전에 데살로니가전·후서와 고린도전서에서 보았던 기독론적 강조점들이 고린도후서에도 어느 정도까지는 계속해서 발견된다. 하지만 고린도후서에서 이러한 강조점들은 이전보다 훨씬 더 두드러지게 하나님의 계획과 뜻이라는 더 넓은 문맥 속에 자리잡게 된다.

더욱이 이전 세 개의 서신서는 칠십인경과 본문의 관련성이 높아 퀴리오스=여호와라는 등식이 그리스도께 적용되었다. 하지만 고린도후서를 다루는 이번 장에서는 이러한 제목이 전혀 나타나지 않을 것이다. 마찬가지로 바울의 기독론적 신학용어로 굳어진 이러한 종류의 칠십인경 표현들과[5] 아울러 몇몇 새로운 표현들에 대한 논의는 차후로 미루게 될 것이다.

하지만 이러한 두드러진 차이에도 불구하고 고린도후서는 바울에게 있었던 기독론적 이해를 보다 완전한 형태로 묘사할 수 있도록 해주는 중요한 요소들을 가지고 있다. 특별히 8:9과 3:16-4:6이 우리의 연구에 있어 중요하다. 고린도전서에서와 마찬가지로 기독론적 위기가 고린도후서의 저류(底流)를 이루고 있다. 곧 이 서신은 그리스도의 위격의 중요성을 어떤 식으로든 격감

---

4) 만약에 골로새서와 데살로니가후서와 같은 서신서에 나타난다면 실로 "모순된" 것처럼 보이는 항목들이 고린도후서에는 많다. 따라서 이러한 현상은 바울이 이들 서신을 쓰지 않았다는 또 하나의 증거로서 여겨지곤 한다. 그러나 같은 종류의 불일치와 언어적인 차이가 골로새서와 나머지 바울 서신 사이에서는 물론이고 고린도전서와 고린도후서 사이에도 존재한다는 사실은 서신의 진위에 대한 판단이 얼마나 주관적인지를 보여준다.

5) 고후 3:16-18; 8:21에 대한 논의를 보라.

제4장 고린도후서에 나타나는 기독론   265

시키려는 경향이 고린도교회에 있었음을 반영하고 있다. 특별히 고린도후서에서 바울이 설명하고 있는 것은 그리스도가 진정으로 하나님의 형상을 지니신 분이시며 그가 신적인 영광을 반영한다는 사실이다. 이전과 마찬가지로 아버지와 아들이 공유하고 있는 권한을 다룸에 있어서 바울 기독론은 매우 일관성을 보여 준다. 동시에 이전 세 개의 서신에서와 같은 방식으로 바울은 그리스도에 대해 말한다. 그리스도에 대한 그의 주된 관심은 계속해서 마찬가지로 구원론적이다. 하나님께서 그리스도 안에서 행하신 일은 언제나 바울 신학의 중심을 형성한다. 그러므로 다양한 방법을 동원하여 다양한 문맥에서 바울은 크리스천의 삶을 그리스도와의 관계에 초점을 맞추어 기술한다.

이전 장들과 마찬가지로 현재 장도 기본적으로 주제적인 접근 방법을 취하게 될 것이다. 우선 바울 서신에서 기독론적으로 매우 중요한 구절들 가운데 하나(8:9)에서 시작하여 고린도후서 나타난 다양한 기독론적 현상으로 논의를 전개해 나갈 것이다. 이전 서신들에 나타난 항목들은 단지 목록만 작성하고 앞 뒤 참조만 하게 될 것이다.

1. 자료에 대한 예비적 고찰

그리스도와 하나님에 대한 다양한 언급은 이번 장의 마지막 부분 부록 I에서 찾아볼 수 있다. 마찬가지로 그리스도를 언급하는 다양한 방법들에 대한 분석은 부록 II에 기재되어 있다. 이전 세 개의 서신과 비교해 볼 때 다음 두 가지 점이 두드러진다. 첫째는 바울 서신에서 두 번째로[6] 하나님에 대한 언급이 그리스도에 대한 언급보다 수적(數的)으로 우세하다는 섬이나(78번과 75번). 여기에는 다양한 형태로 결합되어 있는 그리스도, 퀴리오스, 예수스, 그리고 휘오스를 포함되어 있다. 이것은 고린도전서와는 대조적이다. 고린도전서에서 그리스도는 하나님 아버지보다 18번이나 많이 언급되어 있다(121번과 102번). 둘째로 그리스도에 대한 언급에서 가장 두드러진 특징은 퀴리오스(κύριος 〈26번〉)[7]와 예수스('Ιησοῦς 〈19번〉)에 비해 칭호/이름으로서 크리

---

6) 데살로니가전서(제2장의 각주 12를 보라)를 참조하라.
7) 여기에는 관용적인 표현 레게이 퀴리오스(λέγει κύριος)에 사용된 두 번의 퀴리오스는 포함되지 않는다. 이 표현은 6:17-18의 칠십인경의 인용에서 발견되는데 이 문제에

스토스(Χριστός)의 사용이 지배적이라는 점이다. 이것은 각각의 칭호가 홀로 사용된 횟수를 포함시킨 결과이다(크리스토스〈Χριστός〉, 38번, 퀴리오스〈κύριος〉, 18번, 예수스〈'Ιησοῦς〉, 7번). 실제로 (빌레몬서를 포함하여) 교회에 보내진 현존하는 나머지 편지들에 공통적으로 나타나는 패턴이 고린도후서에서부터 시작되고 있는 것이다.

명칭에 관한 특징 가운데 고린도후서 4장에서 예수스('Ιησοῦς)의 이름이 갑작스럽게 많이 나타난다는 것은 바울이 이곳에서 자신의 고난을 지상 예수님의 고난에 비추어 상고하고 있는 점에 의해 쉽게 설명된다(확실히 바울은 예수님의 죽음을 염두에 두고 있다. 그러나 초점은 그리스도의 고난이지 그의 죽음이 가져온 구속이 아니다). 분명하지 않은 것은 이 서신에서 왜 바울이 가장 우선되는 "이름"으로 크리스토스를 갑자기 높은 빈도로 사용하는가 하는 점이다. 그러나 이 현상은 엄연한 사실이고 바울 서신의 나머지까지 이러한 현상은 계속된다.[8]

2. 그리스도: 선재하시고 성육신하신 구속자

바울 서신에서 종종 바울의 가장 심오한 기독론적 언급 중 일부는 기대하지도 않은 곳에서 나타난다. 이러한 현상은 그리스도에 대한 이해에 있어 바울의 기독론이 이미 전제 조건으로 작용하고 있었다는 것을 증거하는 것이며 따라서 다른 증명이나 설명을 필요로 하지 않는다. 이것은 고린도전서 8:6에서 그리스도의 선재에 대해 처음으로 언급할 때에도 마찬가지였다. 고린도후서에서 바울은 고린도인들이 가난한 자들에게 약속했으나 이행하지 않고 있던 연보를 하라고 호소할 때 그의 전제(前提)적 기독론을 내비친다. "하늘의 구속자"는 참된 인간의 생애를 사셨다. 그러나 그에게 죄는 없으셨다. 비록 바울이 자주 언급하지는 않지만 또 다른 곳에서 바울은 자신의 "연약함"이 지상의 예수님께서 보이셨던 인성과 일치하고 있음을 고린도인들로 하여

대해서는 제3장의 각주 7을 보라.
8) 이후로부터 롬 9:5의 경우 제외하고 "그리스도"는 이미 주님의 명칭으로 굳어진 것으로 보인다. N. T. Wright는 그의 중요한 연구를 통해 몬 6은 그렇지 않다고 주장한다(*The Climax of the Covenant: Christ and the Law in Pauline Theology*〈Minneapolis, 1992〉, 41-55).

금 상기시킨다.

1) 고린도후서 8:9 - 가난한 자들에게 주는 것의 모범인 성육신

철저하게 비유적인 이 본문에서는 언어유희가 연속적으로 사용된다. 이곳에서 바울은 고린도인들이 예루살렘의 (문자적으로) 가난한 자들을 위해 헌신적으로 연보할 것을 권면한다.[9] 바울은 (또한 문자적으로 가난한) 마게도니아인들이 얼마나 특별한 헌신으로 관대함의 모본이 되었는지를 들려줌으로써 그의 권면을 시작한다. 그리고 가능한 가장 강력한 방법을 동원하여 이 점을 강조하기 위해 바울은 고린도인들에게 그리스도의 이야기를 상기시킴으로써 결론을 맺는다. 이렇게 함에 있어 바울은 비유와 언어유희를 사용한다. 이를 통해 바울은 고린도인들이 가난한 자들에게 베풀기를 바라는 은혜와 유사한 "은혜"에 바로 자신들의 삶이 철저하게 의존하고 있다는 것을 상기시켜주게 된다. 본문은 다음과 같다.

```
8:9    γινώσκετε γὰρ τὴν χάριν τοῦ κυρίου ἡμῶν Ἰησοῦ Χριστοῦ,
  1. (a)           ὅτι δι' ὑμᾶς ἐπτώχευσεν
     (b)                         πλούσιος ὤν,
  2. (a)           ἵνα ὑμεῖς τῇ ἐκείνου πτωχείᾳ
     (b)                         πλουτήσητε
```

우리 주 예수 그리스도의 "은혜를" 너희가 알거니와
　　　　　　　너희를 위하여 "가난하게" 되심은
　　　　　　　　　　　　"부요하신" 자로서
　　　　그의 "가난함을" 인하여
　　　　너희로 "부요케" 하려 하심이니라

몇몇 기독론적 특징들을 다음과 같은 순서로 제시할 수 있다. 첫째로 문장은 의미심장하고 강력한 비유로서 구성되어 있으며 문맥 속에 갑자기 그리고 전후 설명도 없이 나타난다는 사실을 되풀이해서 기억할 필요가 있다. 그러므로 이 문장의 효과는 비유 그 자체에 있다. 이 문장을 어떤 면에서 문자

---

[9] 우리는 이 점을 이후 서신에서 알게 된다(롬 15:25-32).

적으로 이해하려는 것은[10] 이 문장의 효과와 시적 요소를 제거하는 것일 뿐이다. 선재적 기독론을 전제하지 않는 해석 또한 결과에 있어서는 마찬가지이다.[11]

둘째로 이 구절의 뒷부분에 대해 고린도인들이 이미 "알고 있는" 내용이라고 가정한다. 이 내용이 실제 비유와 어떤 관련을 맺고 있는지에 대해서는 생각해 보아야할 문제이지만 최소한 이 내용이 성육신을 가리키고 있다는 점만은 분명하다. 이러한 점은 바울과 고린도인들이 신학적으로 동의한다. 그리고 우리가 이전 장에서도 주목했듯이 이들이 공통적으로 이해하고 있는 선재하신 그리스도는 고린도전서 8장과 10장에 제시된 바울 주장의 배경을 이룬다.

셋째로 바울은 "은혜"라는 어휘를 통해 중요한 언어유희를 하고 있다. 뒤이어 등장하는 문장에서 이 어휘는 마게도니아인들이 가난한 자들을 위해 베푼 연보를 가리키기 위해 바울이 선택한 표현이다. 이 은혜는 하나님께서 고린도인들에게 주신 "은혜"이다(1절). 이 "은혜"는 2-5절에서 그리스도 안에서의 흘러넘치는 기쁨으로 설명되며 또한 "힘대로 뿐만 아니라 힘에 지나도록 자원함"으로 표현된다. 그런데 6절에서 바울이 이제 고린도인들에게 이미 시작한 것을 완성하라고 권고하고 있는 것이 바로 "은혜"이다. 사실 바울은 그들이 다른 기독교 미덕에서 그렇듯이(7절) "이 은혜"에 있어서도 출중할 수 있기를 바란다.

그래서 "은혜"를 "그리스도의 이야기"의 도입으로 사용할 때, 바울은 계속해서 이 단어의 첫 번째 의미 곧 "베풂"이라는 의미를 사용한다. 곧 "우리의 주 예수 그리스도께서" 자신의 성육신을 통해 모본으로 보여주신 것은 마게도니아인들 가운데서 이미 확인되듯이 "가난한" 자들을 위해 베푸시는 그런 종류의 "은혜"였다. 물론 이 경우 "가난한" 자들이란 죄의 비참함으로 곤궁

---

10) G. W. Buchanan, "Jesus and the Upper Class," *NovT* 7 (1964): 195-209. 참고로 Furnish는 Buchanan이 - "그 자신의 의도와는 달리 - 문자적 해석을 주장하는 것이 얼마나 무익한지를 보여줄 뿐이라고 말한다(417). 그럼에도 불구하고 서신 전반에 걸쳐 발견되는 이 본문은 보다 문자적으로 해석되어야 한다고 주장하는 학자들도 있다. 예를 들어 Hunter는 "그의 지상 운명은 가난한 자의 운명이었다"(고후 8:9, *Gospel according to Paul*, 59)라고 해석한다. 이러한 해석은 비유를 예수님의 지상 생애에 관련해 알려져 있던 사실과 혼합한 결과이다.

11) 예를 들어 J. D. G. Dunn, *Christology in the Making: A New Testament Inquiry into the Origins of the Doctrine of the Incarnation* (2d ed.; Grand Rapids: Eerdmans, 1989), 121-23. 아래 각주 13을 보라.

했던 고린도인들을 말하는 것이다.[12] 동시에 고린도인들은 그리스도의 이야기를 잘 알기에 이 단어가 갖는 두 번째의 의미를 알아채지 못했으리라고는 생각하기 어렵다. 이 두 번째 의미는 바울이 그의 서신에서 보다 지배적으로 사용하는 신학적 의미로서 결국 (죄로) 궁핍한 자들을 향한 하나님의 은혜는 그리스도께서 우리를 위해 극도로 "가난해지심," 곧 십자가에서의 죽으심을 통해 보이신 은혜이다.

이처럼 고린도인들이 "부요하게" 된 것은 그리스도의 "가난해지심"을 통해서다. 여기서 말하는 부요함이란 세상적인 재물을 많이 가진 자로서의 부요함을 뜻하는 것이 아니다. 대신 바울이 의미하는 부요함이란 고린도인들이 이전 이방 우상숭배로부터 구속함을 얻어 이제 영원한 생명을 얻기에 합당한 자가 되었다는 측면에서의 부요함을 뜻하는 것이다. 그들이 가진 진정한 부(富)는 위대한 반전을 통해 온다. 곧 참으로 "부요한" 이가 "가난한" 자가 되어 오심으로써 참으로 "가난한" 자들이 "부요한" 자가 될 수 있게 된 것이다.

셋째로 핵심적인 기독론적 요점은 첫 (b)행에 놓여 있다. 곧 "가난하게" 되신 분은 다름 아닌 전(前)구속사적 존재일 때 "부요하셨던" 분이셨다는 것이다. 첫 번째 절의 결론부에서 바울이 사용하는 분사구문은 "부요"를 주격 형용사 보어(="부요하신")로 갖는다. 이렇게 하여 바울은 선재시에 그리스도께서 가지셨던 영광을 표현하는 하나의 비유를 만들게 되는 것이다. 주동사는 그의 은혜의 광대함을 표현한다. 곧 이들을 위해 그리스도께서 영원한 "부요함"에서 인간의 "곤궁함"으로 그렇게 "가난하게 되셨다." "가난해짐"의 이유는 우리를 그의 "부요함"에로 들어올리기 때문에 구속적이다. 그리고 그리스도의 은혜를 표현하는 방법으로서 이 비유가 나타내는 강력한 효과는 정확하게 선재와 성유신이라는 바울의 기독론적 전제 안에 놓여 있으며 동시에 이것은 선재하신 분께서 취하신 선택이었음을 암시한다. 만일 바울이 그리스도의 선재를 전제하지 않고 다만 예수님의 인간적인 태생만을 고려하고 있다면 어떻게 이러한 비유를 생각해낼 수 있었겠는가.

그러나 그리스도께서 인격적으로 선재하셨다는 관점에서 이 비유를 볼 필요가 없다는 주장들이 종종 제기된다. 왜냐하면 이러한 주장을 하는 사람들

---

12) 두 개의 (a)행에 사용된 디 휘마스(δι' ὑμᾶς, 너희를 위해)와 헤메이스(ὑμεῖς, 너희)의 강조적 위치를 주목해 보라. 곧 "너희를 위하여 그가 어떻게 가난하게 되셨는가," "너희가 그의 가난함을 인하여…"

에게 있어 이 비유는 인간적인 기원을 가지신 그리스도의 지상 생애와 관련이 있다고 생각하기 때문이다.[13] 그러나 이러한 해석은 해당 본문을 고립시킨 채로 본문을 읽는 것의 결과이다. 결국 이 본문을 쓴 저자는 또한 "한 주, 곧 예수 그리스도"를 통해 "만물이 창조"되었음을 주장하는 고린도전서 8:6도 썼다. 또한 (하나의 본문을 다른 본문의 관점에서 해석하는 것은 언제나 세심한 주의를 필요로 하지만) 바울은 동일한 이야기를 보다 상세하게 묘사하는 빌립보서 2:6-8의 저자이기도 하다. 더 나아가 우리에게 비교할 다른 본문이 없다면 이 본문의 비유적 속성을 가정할 때 우리가 이 본문을 꼭 그리스도의 인격적 선재와 관련해서 읽을 필요는 없을지도 모른다. 그러나 이 비유가 던져주는 선명한 인상은 빌립보서 2:6-7의 언어와 신학과 같은 맥락에서 바울의 전제적 기독론의 관점에서 본문을 이해하는 것이 가장 바람직하다는 것을 알게 해 준다.

2) 고린도후서 5:21 - 죄를 알지도 못하신 분

특별히 자신의 육체적 연약함을 포함하여 사도권을 설명하고 변론하기 위해 시작한 긴 논증의 결론부에서, 바울은 고린도인들과 화해하기 위한 호소를 하게 된다(5:18-21). 바울은 이러한 시도를 그리스도께서 이 세상을 위해 이루신 화해라는 보다 광의의 문맥 속에 위치시키고 있는데 이것은 그에게 있어 전형적인 방식이다.[14] 나는 이 전체 본문을 "그리스도 헌신과 구속론 -

---

13) Dunn(*Christology in the Making*, 121-23)은 고린도인들이 과연 그런 것을 가정했겠는가라는 질문과 함께 본문의 다양한 부분에서 선재 사상을 꼭 가정해야 할 필요는 없다고 주장한다. 고전 8:6은 그리스도가 아니라 지혜와 관련해서 읽어야 한다는 Dunn의 주장에 대해서는 이 책의 제3장 pp. 179-185을 보라). 그는 이어 이 비유의 배경은 둘째 아담이신 예수님이라고 제안하다. Dunn에 따르면 예수께서는 첫 아담보다 "부요"했지만 그러나 고난과 죽음을 통해 "가난"하게 되셨다. 하지만 많은 학자들은 이러한 해석이 만족스럽지 못한 해석임을 지적한다 (예를 들어, Furnish, 417; Betz, 62; Martin, 263; Thrall, 533; Barnett, 407; Lambrecht, 137; Matera, 191; idem, *New Testament Christology*, 95). Dunn은 같은 주장을 *Theology of Paul*, 290-92에서도 계속한다. 하지만 이렇게 모호한 비유적 언급을 고린도인들이 어떻게 타락 전과 후의 아담의 관점에서 "부요"와 "가난"의 개념을 이해할 수 있었겠는가? 사실 고린도전서에서 아담에 대한 유일한 언급은 그가 인류를 죽음으로 인도하여(15:21-22) 그리스도의 부활하시고 영화롭게 되신 몸과 대조를 이루는 썩을 수밖에 없는 몸을 갖게 되었다는 사실과 관련이 있다(15:44-49).

14) 바울 서신서에 이와 유사한 본문이 발견되지 않기 때문에 혹자는 바울이 "바울

고린도후서 5:14-6:2"이라는 단원에서 보다 자세히 살펴볼 것이다. 대신 현재로서는 특별히 바울이 그리스도를 육신을 입고 있는 동안 죄 없으셨던 분으로 이해했다는 사실에 주목하게 될 것이다.

21절은 바울이 본제를 벗어나 자신을 변론하는 긴 논증의 결론에 해당한다. 여기서 놀라운 점은 21절이 이전 문장들과는 전혀 관련이 없어 보인다는 점이다. 다시 말해 14절부터 바울의 관심은 그리스도께서 이 세상에서 이루셨으며 하나님의 "새로운 창조"를 가져오는 어떤 혁신적인 것에 놓여 있다. 바울이 이것을 고린도인들에게 매우 강한 어조로 강조하는 이유는 이들이 아직까지 "옛 창조"의 관점 다시 말해 "육체의 관점"을 가지고 바울을 평가하고 있기 때문이다. 그러나 관점의 전환은 더 이상 선택사항이 아니다. 그리스도의 죽음과 부활은 모든 것을 근본적이고 혁신적으로 변화시켰다. 그리하여 "옛 시대"의 관점으로 바울의 연약함을 보는 것은 그리스도께서 우리와 이 세상을 위하여 이루신 모든 것의 핵심을 놓치는 것이다. 옛 시대는 지나갔으며 새로운 시대가 도래하였다(17절).

이러한 문맥에서 바울은 자신의 사역을 화목케 하는 직분으로 소개한다. 18-19절에서 바울은 이 직분을 하나님께서 주신 것으로 한다. 그리고 20절에서 갑자기 그는 이 직분을 고린도인들에게 직접 적용하여 이렇게 말한다. "우리가 그리스도를 대신하여 간구하노니 너희는 하나님과 화목하라." 문맥에서 이 말이 의미하는 바는 "일을 행하는 하나님의 방법을 수용하라. 그리고 너희가 가지고 있는 '세상적' 관점에 복음을 짜맞추려고 하지 말라." 그리고 이러한 주장의 이면에는 바울과 화해해야 한다는 호소도 깔려 있다.

중요한 점은 바울은 자연스럽게 20절에서 바로 6:1로 이동해 갈 수도 있었고 그렇게 한다고 해도 논증 자체에는 아무런 문제도 없었을 것이다. 그러나

이전"의 자료를 사용하고 있다고 주장한다. 심지어 이러한 주장은 종종 본문이 어느 정도 "비(非)바울적"이라는 가정에서 나온다. 이 문제를 소개하는 유용한 개관에 대해서는 Thrall, 445-49의 부기 VII를 보라. 현명하게도 Thrall은 비록 임시적이기는 하지만 이와 같은 이론을 "결코 설득력이 없다"고 반박한다. 다시 한번 언급할 필요가 있는 것(이 책 제2장의 각주 27을 보라)은 바울이 이곳에서 비록 이미 존재하고 있던 사료를 사용한다 하더라도, 이 자료는 바울이 구술하였으며 현재 고린도인들과의 갈등을 직접적으로 겨냥해 쓴 문장과 문맥 안에 위치하고 있다는 점은 반드시 기억되어야 한다. 이러한 구절들에 중요하고도 기본적인 역사적 가정은 바울이 (심지어 구술에 의해서) 쓴 것을 바울 자신은 믿었고 그 자신의 것으로 만들었다는 것이다. 그러므로 이곳에 소개된 문장들은 바울 서신에서 발견되는 다른 문장들과 같이 바울적이다.

바울은 결코 이런 식으로 일을 처리할 수 없었다. 화해에 대한 호소에 있어서 바울에게 있어 중요한 것은 고린도인들이 우리의 화목을 성취하신 그리스도의 사역에 담긴 부요함을 인식하는 것이었다.[15] 그러므로 전형적이고 매우 잘 짜여진 병행 구조 안에서 그리고 (위 8:9과 매우 유사한 방식으로) 매우 날카로운 대조를 이루게 하며[16] 바울은 그리스도의 사역을 다음과 같이 위대한 반전의 개념을 통해 설명한다. 곧 "죄 없으신 자"가 우리를 위해 "죄"가 되셨고 그 결과 우리(죄인된 자들)은 그분(죄 없으신 자) 안에서 하나님의 의가 되었다.

5:21 (a)　　τὸν μὴ γνόντα　　　　　ἁμαρτίαν
　　　(b)　　ὑπὲρ ἡμῶν　　　　　　ἁμαρτίαν ἐποίησεν,
　　　(b')　　ἵνα ἡμεῖς γενώμεθα　δικαιοσύνη θεοῦ
　　　(a')　 ἐν αὐτῷ.

죄를 알지도 못하신 자로
　　우리를 대신하여 [하나님이] 죄를 삼으신 것은
　　우리로 하여금 하나님의 의가 되게 하려 하심이니라
저의 안에서

이 대조적 표현은 치밀하게 구성되어 있어 많은 사람들이 이 본문에 대해 많은 연구를 하였으며 본문에 자연스럽지 못한 것을 제거함으로써 본문의 의미를 보다 더 정확하게 하려고 노력해 왔다.[17]

여기서 바울은 타협할 수 없는 전제로서 육신의 몸으로 계셨을 때 그리스도께서 죄가 없으셨다는 사실을 주장하는데 우리는 단지 이 점만을 주목해

---

15) 혹은 Barrett의 말을 빌리자면, "어떻게 십자가에 못 박히신 그리스도께서 화해의 메시지가 되는지에 대해서 바울은 아직 그 자신이 만족할 정도로 충분히 설명하지 않았다"(179).
16) 이에 대해서는 Barrett(407 각주 15)를 보라. 이곳에서 Barrett은 두 본문을 나란히 설명하고 있다.
17) 많은 지면이 두 개의 (b)행에 대해 할애되었다. 이 두 행은 간략하게 표현되어 있기 때문에 하나님이 "그리스도를 죄가 (되도록) 만드셨다"는 말과 우리가 "하나님의 의가 되었다"는 말이 무엇을 의미하는지에 대해 학자들은 많은 관심을 보여 왔다. 나는 이러한 논의가 가볍게 생각해도 된다고 말하는 것이 아니다 - 이 문제에 신학적으로 올바로 접근하는 것이 결국 중요하다. 이곳에서 바울이 말하고자 하는 바는 더할 나위 없이 명확해 보인다. 곧 죄 없으신 그리스도께서 우리에게 의가 주어지고 하나님과 화목할 수 있도록 우리 죄를 위해 "흠 없는 희생제물"로 자신을 드리셨다는 것이다.

보려한다. 문맥으로나 전형적인 유대적인 표현방법으로나 이곳에서 바울이 지상의 예수님을 고려하고 있는 것은 확실해 보인다. 곧 그리스도는 "죄를 알지 못했다." 여기서 말하는 "앎"이란 정신활동으로부터가 아니라 경험으로부터 나오는 앎이며,[18] 아담과 하와가 경험을 통해 인류를 타락에 빠지게 한 "악을 알게 되었다"고 말할 때에도 적용되는 그런 종류의 앎이다. 그리스도가 "죄를 알지 못했"기에 그는 완벽한 희생제물이 되어 타인을 대신하여 드려질 수 있었다.

그러므로 이 시점에서 바울은 히브리서(4:15)의 저자와 함께 예수님의 지상 생애에 대하여 초대 교인들 사이에 잘 알려져 있던 관점을 표현하고 있다. 곧 그리스도는 죄가 없으셨다.[19] 이러한 사실들은 예수님의 지상 생애에 대해 사람들이 흔히들 생각하는 것보다 바울이 훨씬 더 잘 알고 있었음을 보여준다. 그는 단순히 이러한 사실을 밝힐 필요를 느끼지 못했을 뿐이다. 하지만 다음 본문에서 바울은 사실상 지상 예수님에 대한 지식을 이용하여 중요한 논점을 만들고 있는 것으로 보인다.

3) 고린도후서 10:1- 호소의 기초가 되는 예수님의 태도

바울은 거의 예수님의 지상 생애를 그의 죽으심과 부활하심의 문맥을 떠나서는 언급하지 않는다. 그럼에도 불구하고 눈에 띄는 몇 가지 예외의 경우가 있는데 현재의 본문은 그 중 하나이다.[20] 특별히 이전에 사도로서 했던 행동

---

18) 대부분의 주석가들이 이렇게 주장한다. 그러므로 롬 3:20와 7:7에 사용된 유사한 표현은 이곳에서와 같은 의미를 전달하는 것 같지는 않다(Bultmann, 164-65, Furnish, 339).
19) 이 사실은 사 53:9의 고난 받는 종의 관점에서 예기되었다("그는 불법한 행실〈아노미아, ἀνομία〉을 하지 않았으며 그 입에 거짓이 없었다"). 솔로몬의 지혜 17:40-41, *T. Jud.* 24:1 그리고 T. Levi에 따르면 이것은 곧 메시아에 대한 기대가 되었다.
20) 최소한 이것은 본문에 대한 가장 자연스러운 독법으로 보인다(Windisch, 292; Barrett, 246-47; Barnett, 459-60;Lambrecht, 153; Matera, 221-22. G. N. Stanton, *Jesus of Nazareth in New Testament Preaching* 〈SNTSMS 27, Cambridge: Cambridge University Press, 1974〉, 198과 Dunn, *Theology of Paul*, 193-94를 참조하라). 다른 이들은 이것이 성육신의 연약함을 수용할 때 그리스도께서 보이신 선재적 겸손과 관련이 있다고 제안한다(Bultmann, 182; Furnish, 460; Thrall, 600과 양쪽을 다 취한 Martin〈304〉를 보라). 그러나 이러한 입장은 바울이 역사적 예수님에 대해 무엇인가를 알고 있었다는 가정에 대해 지나치게 회의적인 태도를 취함으로써 형성된 것이다. 결국 "그리스도를 본받으라"(고전 11:1)고 말할 때 바울은 그 자신의 윤리적인 입장을 설명하고 있는 것이다. 이렇게 함에 있어서 바울이 선재적

들을 강경하게 - 심지어 신랄할 정도로 - 변론함에 뒤이어 따라오는 논증에서 사실상 겉보기와는 대조를 이루는 그리스도의 두 가지 성질에 바울은 호소한다. 바울이 사도로서 자신의 연약함에 대해 반복해서 말하는 것으로 보아 여기서 말하는 이전의 행동들이란 고린도인들에게 공공연히 공격을 받았던 그런 종류의 행동들이었던 것 같다.

고린도전서 4장, 특별히 8-13절에서도 바울은 이와 유사한 언급을 하고 있는데 이러한 점에서 고린도에 보내진 두 정경 서신 사이에는 분명한 연속성이 존재한다.[21] 고린도후서에서 바울의 "연약함"에 대한 언급은 2:14로 시작하여 4:7-12과 6:3-10에 다시 등장한다. 10-13장에서 이 주제는 그의 대적자들을 향한 반론에서 중요한 역할을 수행한다. 그리고 아예 처음부터 예수님의 알려진 성품에 기초하여 바울은 고린도인들에게 호소한다.

바울은 고린도인들과 함께 있었을 때에는 "연약"하지만 서신에서는 "강하다"는 이유로 비난받았다(10절). 이 문제에 대해 자신을 변호하기 시작하면서 바울은 수사적인 기법을 사용하였다. 곧 테스 프라위테토스 카이 에피에이케이아스 투 크리스투(τῆς πραΰτητος καὶ ἐπιεικείας τοῦ Χριστοῦ, 그리스도의 온유와 관용)에 기초하여 바울은 고린도인들에게 호소한다. 이 표현은 복음서의 십자가 처형 장면에서 고소자들 앞에 선 그리스도를 가리키는 것일 수도 있지만 동일하게 마태복음 11:29에 기록된 예수님의 표현을 바울이 반영하는 것일 수도 있다.[22] "내게 배우라 왜냐하면 나는 프라위스 카이 타페이노스 테 카르디아(πραΰς καὶ ταπεινὸς τῇ καρδίᾳ, 마음이 온유하고 겸손하니)이기 때문이다." 골로새서 3:12의 미덕 목록에 이들 두 가지 덕목이 함께 나타나고 또 갈라디아서 5:23에서는 둘 중 하나(프라위스⟨πραΰς⟩)가 성령의 열매 가운데 나타나며 또 다른 곳에서 바울이 자신을 그리스도를 본받는 자라고 주장(고전 11:1)하기 때문에 혹자는 바울이 이 표현을 사용하게 되었다고 생

그리스도께서 취하셨던 태도를 염두에 두고 있었던 것 같지는 않다.
21) 또한 고전 2:1-5과 15:8-11을 보라. 바울이 고린도인들과의 논쟁에 있어 이 이슈를 제기하고 있다는 사실 자체는 바울에게서는 찾아볼 수 없었던 관점 곧 기독교인은 현실에서 승리하는 삶을 살아야 한다는 관점을 반영해 주는 것이다.
22) 이 문단(마 11:28-30)의 진정성은 종종 의심을 받는다. 왜냐하면 이전 25-27절에 사용된 자료들은 누가복음과 Q와 병행을 이루고 있는 반면 본문의 나머지 부분은 마태복음에서만 발견되는 자료이기 때문이다. 그러나 이러한 가정은 분명 의심스럽다. 현재 본문은 그리스도에 대한 이와 같은 이해는 이미 교회 전통의 일부가 되어서 바울과 고린도인들 모두 - 실제 자료를 알고 있었든 아니든 간에 - 이 전통을 알고 있었다는 것을 암시하고 있다.

각할지도 모른다.

후자가 좀 더 설득력 있어 보이기는 하나 어떤 경우이든 예수님의 지상생애에 대해 알려져 있던 것에 기초하여 바울이 앞으로 전개될 내용을 진술하고 있다는 점은 분명하다. 서신에 사용된 단호한 표현들과는 대조적으로 고린도에 머물고 있는 동안 바울은 분명하게 "온유하고 겸손하게" 보였다. 이곳에서 지상의 예수님에 대해 자신과 교회가 잘 알고 있던 것에 기초하여 바울은 자신이 보인 태도를 설명하고 있는 것이다. 바울 서신에서 이렇게 흘리듯 나타나는 표현들은 바울이 가현설주의자가 아니었다는 사실을 지속적으로 상기시켜 준다. 오히려 이 표현들은 현재적 통치자이신 그리스도께서 그의 죽음과 부활 이전에 지상에서 진정한 인간적 생애를 보내셨다는 것을 상기시켜 준다. 그리고 바울은 때때로 이러한 사실에 입각하여 호소하곤 한다.

3. 예수 그리스도, 하나님의 아들

고린도전·후서 사이에 상관관계에 있어 두 번째로 중요한 것은 바울이 하나님의 아들 기독론(a Son of God Christology)을 사용한다는 점이다. 비록 이 칭호가 이전 서신들에서 "그의 아들"이라는 표현(살전 1:10; 고전 1:9; 15:28)에 전제되어 있기는 하지만 이곳에서 바울은 보다 분명하게 하나님을 "우리 주 예수 그리스도의 아버지"(1:3; 11:31)로 그리고 그리스도를 "하나님의 아들"(1:19)로 부른다. 그러므로 이번 단원에서 우리는 우선 두 개의 본문(1:3, 19)을 살펴볼 것이다. 그리고 다음으로 기독론적으로 매우 중요한 4:4-6 본문을 살펴볼 것인데 이 본문에는 "하나님의 아들" 칭호가 비록 분명하게 표현되지는 않지만 전제되어 있다.

1) 고린도후서 1:3-5; 11:31- 우리 주 예수 그리스도의 아버지이신 하나님

이전 세 서신서의 첫 부분을 장식하는 감사의 글과는 달리 - 데살로니가전·후서에서는 기도로 발전해 간다 - 고린도후서에서 바울은 어린 시절 유대교 회당에서 배웠을 베라카(berakah〈하나님께 대한 송축〉)를 기독교화하여 하나님께 대한 찬송을 드린다.[23] 이 인상적인 표현은 고린도전·후서 사이의 차이를 보여 주는 또 하나의 예이다. 첫 번째 편지에서 바울의 관심사는 고린도인들과 이들의 전적인 변화에 관심을 가지고 있는데 이러한 점은 감사의 글이 정도에서 벗어나 있던 고린도 문제의 일부를 나타내 준다는 점에서도 확인된다. 좋았던 것들이 고약하게 된 것이다. 그러나 고린도후서에서 바울의 관심은 자기 자신과 고린도인들과의 관계에 놓여 있다. 이를 위해 바울이 행하는 첫 번째 일은 감사나 기도가 아니라 하나님의 자비와 이에 수반하는 위로에 대해 찬송을 드리는 것이다. 그러나 바울은 "우리 주 예수 그리스도"에 대해 말하지 않고 하나님에 대해 거의 언급하는 경우는 거의 없으며 이것은 바울에게 있어 전형적이다. 그러나 바울이 이러한 언급을 하는 방식은 때때로 그리스도의 위격과 하나님 아버지 사이의 관계를 기술하는 데 문제의 소지가 있는 것으로 간주되곤 한다. 본문은 다음과 같다.

1:3 Εὐλογητὸς ὁ θεὸς καὶ πατὴρ τοῦ κυρίου ἡμῶν Ἰησοῦ Χριστοῦ,
ὁ πατὴρ τῶν οἰκτιρμῶν καὶ θεὸς πάσης παρακλήσεως,
찬송하리로다[24] 그는 **우리 주 예수 그리스도의** 하나님 아버지시요
자비의 아버지시요 모든 위로의 하나님이시며

중요한 것은 우리가 그리스도와 명칭/이름으로서의 "하나님 아버지" 사이의 관계를 어떻게 이해해야 하는가 하는 점이다. 문제는 하나님께서 "우리 주 예수 그리스도의 아버지"가 되신다는 데 있지 않고 - 이 관계는 처음부터 전제되어 설명되어 왔다(제2장 살전 1:10에 대한 논의를 살펴보라) - 이 표현이 또한 "우리 주 예수 그리스도의 하나님"으로도 해석할 수 있다는 것이다.[25] 전체 문장이 교차병행 구조를 형성하므로 후자의 해석으로만 이 구조를 이해해야 한다고 주장할 수도 있을 것이다. 곧 (a) 하나님과 (b) 아버지… (b') 자비의 아버지요 (a') 모든 위로의 하나님. 그러나 11:31와 유사한 베레카가 발견되는 에베소서 1:3에 이 표현이 다시 사용되고 있기 때문에 "우리 주 예수 그

---

23) 비록 동시대 회당 형식에서 사용된 이러한 기도들이 다음 세대의 표현과 유사하지만 이 바울의 기도는 이들 기도문의 고대성을 입증해 주는 핵심적인 증거로서 작용한다.
24) 이 문장에는 동사가 사용되지 않았다. 그러므로 문제가 되는 것은 이 문장이 찬송으로의 초대(하나님이시여 찬송을 받으소서)인지 혹은 찬양의 선포(내가 이해하듯이)인지 하는 것이다.
25) 특별히 엡 1:17의 관점에서 볼 때 이것은 사실이다.

리스도의"라는 문구를 포함시킴으로써 바울이 의도한 것은 - 심지어 고린도 후서 1:3-5의 경우에도 - 찬송을 드리는 하나님 아버지와 그리스도를 동일시 하려는 것으로 보인다.[26]

이후에 따라오는 표현들은 모두 하나님 아버지께 초점을 맞추고 있다. 두 부분에 걸쳐 사용된 하나님의 이름과 그 수식어들 사이에 기독론적인 표현이 사용된 것은 다음 두 가지 이유 때문인 것으로 보인다. ① 아버지와 아들을 그의 서신서 인사말에 포함시키는 것은 바울의 습관이며 이 "찬송"은 고린도 후서에서 인사말의 기능을 하고 있다. ② 이곳에 사용된 기독론적인 표현은 바울이 하나님을 기독론적으로 정의하기 위해 필요하다. 왜냐하면 바울은 이전엔 회당의 예배자였으나 이제는 부활하신 그리스도를 따르는 자가 되어 하나님께 찬송을 드리기 때문이다. 이것은 그리스 신화의 미다스(Midas)처럼 바울의 "손"이 닿는 곳이면 무엇이나 복음으로 변하게 되며 그리스도에 대한 바울의 절대적인 헌신을 반영해 주는 또 하나의 예가 된다.

만약 이러한 제안들이 (그렇지 않았다면 불필요했을)[27] 전치사구문을 바울이 사용한 이유를 설명해 주는 것이라면 "하나님 아버지"라는 표현은 ("주 구원 자"에서처럼) 복합된 이름으로 이해되어서는 안 된다. 대신 이곳에 나타난 베 레카가 사용된 방식을 고려한다면 우리는 카이(καί)를 접속사(conjunctive)가 아니라 진행사(ascensive)로 이해해야 한다. 이렇게 하여 바울은 이제 자신이 찬송을 드리는 하나님에 대해 기독교적인 정의를 제공한다. 이렇게 하여 이 구절은 아마도 "찬송하리로다 하나님, 심지어 우리 주 예수 그리스도의 아버 지이신"을 의미하게 될 것이다.[28] 다시 말해 유대교 회당에서 다양한 방법으

---

26) 이러한 이해는 카이(καί, 그리고)가 생략되어 있는 골 1:3의 관점에서 보면 더욱 확실해 보인다.
27) "불필요했을"은 이후의 내용에 있어 모든 초점은 하나님께 있다는 의미에서 사용하였다. 우리는 아마 다음과 같은 표현을 기대하는 것은 당연하다. 곧 "우리의 하나님이자 아버지께 찬송할찌어다. 그는 자비의 아버지시요 모든 우리의 하나님이시니." 그러나 우리가 이전 장에서 살펴보았듯이 (살전 1:1, 10과 고전 8:6에 대한 논의를 보라) 바울은 부활하신 주님을 만난 후에 그가 어린 시절과 청년의 시절 알았던 하나님을 이제 특별히 "우리 주 예수 그리스도의 아버지"로 알게 된 것이다.
28) 혹은 "우리가 이제 우리 주 예수 그리스도의 아버지라고 알고 있는 하나님을 찬송할찌로다" 이것은 대부분의 해석자들이 주장하는 관점이다. Barrett이 말했듯이 "바울은 예수님에 대한 개인적인 종교에는 전혀 관심이 없다"(58). 그러나 Thrall은 문법적인 근거에서 바울이 "퀴리오스이신 그리스도께서 어떤 독립적인 신성(deity)이라는 암시를 주는 것을 피하려고 하였다"(102)는 식으로 해석한다. 그러나 이러한 해석은 지나치게 어떤 것은 어떻게 "쓰여졌어야 했다"고 단정 짓는 것이며 Thrall은 또한 이 서신이 바울과 고린도인들 사이에 오갔던 일련의 편지들 중

로 찬송을 받으셨던 하나님은 이제 오직 계시를 통해서만 "우리 주 예수 그리스도의 아버지"로 알려지는 하나님으로 찬송을 받으시게 된다. 또한 우리는 그리스도를 "하나님의 아들"로 알게 되며 19절에서 정확하게 바울은 이 칭호를 변경된 여정에 대해 설명할 때 사용한다.

그러므로 이 구절은 위축된 기독론이나 아버지에 대한 아들의 영원한 종속을 증거해 주는 표현이라기보다는 전체 바울 서신에서는 물론 고린도후서에서도 기독론적으로 중요한 표현임을 알게 된다. 여기서 바울은 베라카에 나타난 하나님을 차별화된 기독교적 언어로 표현하고 있는 것이며 이러한 표현은 유대교 회당의 열심 회원이었을 때 바울이 이해했던 것과는 분명한 대조를 이루는 것이다.

이 찬송에서 기독론적 차원을 강조하는 이유는 바울에게 있는 사도권의 정통성의 근거로서 18-22절에 등장하는 하나님의 아들 신학 때문이다. 이 본문이 사용된 "이유"와 그 "내용"은 설명하기가 매우 까다로우며 또한 본문에 나타난 하나님의 아들 기독론은 이전 본문들에 전제되어 있는 메시아 사상과는 매우 상이하기 때문에 본문에서 하나님 아들 기독론이 차지하는 역할을 올바로 이해하기 위해서 우리는 이 본문을 보다 상세하게 설명할 것이다.

2) 고린도후서 1:18-22 - 예수님, 하나님의 아들

1:18-22 18 πιστὸς δὲ ὁ θεὸς ὅτι ὁ λόγος ἡμῶν ὁ πρὸς ὑμᾶς οὐκ ἔστιν ναὶ καὶ οὔ. 19 ὁ τοῦ θεοῦ γὰρ υἱὸς Ἰησοῦς Χριστὸς ὁ ἐν ὑμῖν δι᾽ ἡμῶν κηρυχθείς, δι᾽ ἐμοῦ καὶ Σιλουανοῦ καὶ Τιμοθέου, οὐκ ἐγένετο ναὶ καὶ οὒ ἀλλὰ ναὶ ἐν αὐτῷ γέγονεν
20 ὅσαι γὰρ ἐπαγγελίαι θεοῦ, ἐν αὐτῷ τὸ ναί· διὸ καὶ δι᾽ αὐτοῦ τὸ ἀμὴν τῷ θεῷ πρὸς δόξαν δι᾽ ἡμῶν 21 ὁ δὲ βεβαιῶν ἡμᾶς σὺν ὑμῖν εἰς Χριστὸν καὶ χρίσας ἡμᾶς θεός, 22 ὁ καὶ σφραγισάμενος ἡμᾶς καὶ δοὺς τὸν ἀρραβῶνα τοῦ πνεύματος ἐν ταῖς καρδίαις ἡμῶν
18 하나님은 미쁘시니라 우리가 너희에게 한 말은 예 하고 아니라 함이 없노라 19 우리 곧 나와 실루아노와 디모데로 말미암아 너희 가운

네 번째 (혹은 세 번째) 편지라는 사실을 망각하고 있다. 사실 고린도에 보내진 두 정경 서신 중 어느 것에서도 이러한 해석을 뒷받침할 근거는 없다.

데 **전파된** 하나님의 **아들 예수 그리스도**는 예 하고 아니라 함이 되지 아니하였으니 **저에게는 예만 되었느니라** 20 하나님의 약속은 얼마든지 **그리스도 안에서 예가 되니** 그런즉 **그로 말미암아** 우리가 **아멘 하여** 하나님께 영광을 돌리게 되느니라 21 우리를 너희와 함께 **그리스도 안에서** 견고케 하시고 우리에게 기름을 부으신 이는 하나님이시니 22 저가 또한 우리에게 인치시고 보증으로 성령을 우리 마음에 주셨느니라

매우 두드러지게 하나님 중심적인 서신 도입부에 이어 12절에서 시작하여 7:16절에까지 이르는 고린도인들을 향한 바울의 호소에 해당하는 본문의 첫 번째 부분으로 이동한다.[29]

이곳에서는 고린도 공동체와 바울 사이의 관계와 관련이 있는 바울의 진실함이 중요하게 다루어진다. 디도가 돌아온 것은 이들과 바울 사이에 어느 정도 화해가 이루어졌음을 암시해 주기는 하지만(7:5-16) 아마도 돌아온 디도는 고린도인들 사이에 바울에 대한 나쁜 감정이 아직까지는 어느 정도 존재하고 있다는 것을 또한 보고해야만 했을 것이다. 이러한 감정은 의심의 여지없이 매우 이른 시기부터 존재하였으며 고린도전서에도 반영되어 있다.

어떤 경우이든 바울은 서둘러 최근 자신과 고린도인들 사이에 있었던 일, 특별히 자신이 여행 여정을 두 번째[30] 바꾼 일에 대해 설명할 필요를 느낀다. 그러나 그 자신의 진실함을 증명하는 것보다 바울에게 있어 더 중요했던 것은 그의 사도권에 관한 것이다. 고린도전서 4:1-21과 9:1-23이 분명히 보여 주는 것처럼 고린도인들 중 일부는 바울의 사도권을 상당기간 의심하고 있었

---

29) 물론 2:14-7:4은 전체 문맥에서 상당히 (비록 이해할만 하긴 해도) 단절된 느낌을 주고 있으며 사실상 고린도후서에서 하나의 문학 단위로서는 가장 길다는 것을 잘 알고 있다.

30) 고전 16:5-7, 고후 1:15-17; 1:23-2:4은 종합적으로 고후 1:15-16과 23-24에 언급된 방문은 고전 16:5-7에서 제안된 방문과 상응하지 않는다는 것을 증언해 준다(그러므로 이것은 여행계획에 있어 나타난 첫 번째 변경이다). 또한 바울은 분명하게 고후 1:15-16에서 언급된 두 번째 계획을 따르지도 않았다. 바울이 이후로 그들에게 설명하는 것은 이 두 번째 계획의 변경에 대해서이다. G. D. Fee, "ΧΑΡΙΣ in 2 Corinthians 1:15: Apostolic Parousia and Paul-Corinth Chronology," in *To What End Exegesis? Essays Textual, Exegetical, and Theological* (Grand Rapids: Eerdmans, 2001), 99-104. 그러나 또한 제안된 방문에 대해 상이한 재구성을 제안하는 Furnish의 반응(142-45)을 보라.

다. 바울은 마게도니아 여행 후에 고린도로 돌아가겠다고 했던 계획을 바꾸어 대신 에베소로 돌아가게 되었다. 이것은 분명 그를 비방하는 자들에게는 기름을 불에 끼얹는 꼴이 되었으며 이들의 의심은 이제 외부적인 반대 세력에 의해 더욱 강화되었다.[31] 이들에게 바울은 그리스도 안에 있는 진리의 사도일 수 없었다. 왜냐하면 바울은 매우 명백하게 한 입으로 예와 아니오를 말하는 사람이기 때문이다.

이처럼 핵심적인 문제는 그의 사도권에 대한 것이었기 때문에 바울은 단지 계획의 변경에 대한 자신의 입장을 설명하는 것뿐만 아니라 궁극적으로는 신학에 기초하여 자신의 진실성을 변호해야 할 필요를 느꼈다. 그리하여 이상하고 또한 (우리에게) 복잡해 보이는 논증이 발생하게 된 것이다. 바울의 일단 첫 번째로 자신이 변경한 계획에 대해 설명하기 시작한다(15-16절).[32] 이곳에서 바울은 자신의 여행 계획이 경솔히 만들어진 것이 아니며 계획을 바꾼 것도 자신이 표리부동하다는 것을 보여주는 것이 아니라고 주장한다(17절). "나의 계획이 단순히 세상적인 계획이냐?[33] 표리부동으로 가득하여 '예'와 '아니오'를 동시에 의미하였느냐?"하고 바울은 수사적으로 묻는다. 이러한 수사적 질문은 의도된 대답 곧 "물론, 아니라"를 대답으로 말하게 한다.

하지만 이것으로는 불충분하다. 그래서 바울은 그의 진실함에 대한 하나의 신학적 변론을 시작한다. 바울이 자신의 진실함을 증명하는 것은 (여행에 대해) 그가 하는 "말들"과 (그가 증거한 복음의) "말"은 물론 아들 그리스도와 성령의 선물 안에서 계시된 하나님 자신의 신실성과 관련이 되는 것이기에 매우 중요하다. 바울의 주장은 실로 매우 담대한데 이것은 1:1에 표현된 절대

---

31) 이들은 1-9장(예를 들어 2:14-4:6)에서 단지 언급되기만 했지만 10-13장에서는 집중적인 조명을 받게 된다. 이들은 "또 다른 예수"의 선포를 위한 초석을 놓기 위해 바울의 권위에 도전한다(11:4)

32) 15절에서 바울은 "그들이 두 배의 은혜를 얻을 기회를 갖게 하기 위해서" 그들에게 가고자 했다고 말한다. 이것은 고린도인들이 바울을 마게도니아에 이르도록 돕고 또한 예루살렘을 향한 사명을 위해 "파송하는 교회"가 되는 특권을 말한다. 뒤테란 카린(δευτέραν χάριν)의 해석에 대해서는 Fee, "ΧΑΡΙΣ"를 보라.

33) 헬라어로는 카타 사르카(κατὰ σάρκα, 문자적으로 '육체를 따라')이다. 1:12과 10:2의 비난 그리고 특별히 5:16의 주장을 참조하라. 바울은 사람을 이러한 관점에서 보지 않기 때문에 그들 역시 그렇게 해서는 안 된다고 주장한다. 이 표현은 자주 성령과 대조를 이루기 때문에 매우 경멸적인 용어이며 이곳에서도 그렇게 사용된 것으로 보인다(22절). 그러므로 이 표현은 이 세상의 관점과 가치관을 가지고 살아가는 삶과 관련이 있다. 고전 2:6-16에 사용된 "세속적인" 지혜에 대한 논의를 보라. 특별히 그 반대에 대해서는 갈 5:16-6:8을 보라.

적 확신 곧 자신의 사도권은 모두 하나님의 뜻에 따라 된 것이라는 확신에서 비롯된다. 그러므로 주장의 논리는 쉽게 다음 여섯 가지 단계로 추론해 볼 수 있다.

① 표리부동하다는 지적을 수사적으로 부정한 이후에 바울은 더할 나위 없이 대담하게 "하나님은 미쁘시니라"(18a절)라고 진술한다. 바울 자신의 진실성은 무엇보다 하나님의 신실하심 혹은 신뢰성에 의존한다.

② 하나님의 신실하심은 그러므로 바울이 그들에게 전해준 "말"의 진정성을 보증해 주는 것이다(18b절). 바울은 여기서 명백히 언어유희를 사용한다. 우선 언뜻 보아 여기 보증된 "말"이란 15-17절의 내용을 말한다. 그러나 바울이 하는 그 외 모든 "말들"의 유효성을 보증해 주는 "말"은 그리스도에 대한 바울의 선포이다. 이 말은 참된 "말"로서 "그들에게"(18절) 선포되었고 "그들 가운데" 전파되었다(19절).

③ 바로 이곳에 바울의 하나님의 아들 기독론이 발견된다. 바울의 "말"이 믿을 만하다는 확실한 증거는 신실하신 하나님의 아들 안에게 발견되며 이 아들을 바울(그리고 그의 동료들)은 고린도에서 매우 효과적으로 전파하였다. 19절이 시작하는 "곧"은 설명의 접속사이다. 그러므로 "곧 우리가 전파한 하나님의 아들 예수 그리스도는 단지 그 자신의 약속뿐만 아니라 함축적으로 바울의 "말"에 대해서도 하나님의 '예'가 된다."

다음으로 이곳에서 "아버지 닮지 않은 아들은 없다"는 속담의 좋은 예가 발견된다. 아버지의 신실하심은 그의 아들의 신실하심 곧 "예" 안에서 표현된다. 그러므로 아들은 단지 지상의 구속자이실 뿐만 아니라 아버지의 신뢰성을 담보하는 구세주이다. 이것은 복음 안에서 표현되었으며 고린도인들은 이 복음을 통하여 구원을 받았다.

④ 실로 바울은 이스라엘에게 주어진 하나님의 약속 모두는 그리스도 안에서 신적인 "예"가 된다는 것을 추가로 설명할 것이다(20a절). 이것은 거의 확실하게 3장(그리고 11장?)을 예고하는 것이다. 덧붙일 것은 아무 것도 없다. 그러므로 아들은 단지 바울의 "말"의 보증인이실 뿐만 아니라 하나님의 약속 모두를 성취하시는 분이시다. 이것은 또한 바울의 하나님의 아들 기독론이 궁극적으로 "하나님의 아들"로서의 다윗 가문의 왕에까지 거슬러 올라가는 유대교 메시아 사상에 깊이 뿌리를 내리고 있음을 의미한다.

⑤ 이뿐만 아니라 공동의 예배에서 바로 "그리스도를 통해서" 우리(바울과

고린도인 모두)는 그리스도 안에서 발견되고 우리에 의해 선포된 하나님의 신실하신 말씀을 선언하며 하나님께 "아멘"하여 그의 영원하신 영광을 돌리게 된다고 바울은 덧붙인다(20b절). 그러므로 하나님의 아들은 보증인이시며 또한 그들에게 복음의 진리를 선언하게 하는 분이시다. 또한 하나님의 아들은 함축적으로 이제 고린도인들을 대하는 바울의 신실함을 보증하신다.

⑥ 마지막으로 바울은 결론짓기를(21-22절) 동일하게 신실하신 하나님께서는 - 그의 아들은 아버지의 약속에 대한 "예"가 되신다 - 우리를 확증하시는 분이시다. 또한 우리 뿐만 아니라 너희도 확증하신다. 하나님의 현재적 확증은 그가 이미 우리에게 허락하신 "기름 부으심"으로부터 흘러나온다. 다시 말해 확실한 미래에 대한 보증으로서 하나님께서 성령을 주심으로 우리를 "인치셨다."

결론적으로 현재의 본문은 바울 서신에 있어 가장 하나님이 중심이 되고 강조가 된 본문 가운데 하나이다. 그 자체로 이 본문은 바울의 핵심적인 신학을 정확히 표현하고 있다. 왜냐하면 이곳에서 바울은 의식하지 않고 즉흥적으로 말하고 있기 때문이다. 바울의 신실함은 궁극적으로 하나님의 성품(그의 신실하심)에 의존한다. 곧 하나님의 약속 모두는 그의 아들 안에서 하나님의 구원하시는 활동 안에서 실현되고 이러한 구원활동은 하나님의 성품에서 흘러나오는 것이다. 이러한 맥락에서 고린도인들 자신이 그리스도 안의 존재가 된 것은 필연적으로 바울의 신실함과 깊은 관련을 맺고 있다.[34] 그러므로 도입부에 소개된 찬송을 올바로 이해하자면 이 찬송은 우리 주 예수 그리스도의 아버지로서 우리에게 알려진 하나님에 대한 찬송이며 그리스도는 바울과 그의 사역에 있어 하나님의 "예"가 되는 분이심을 현재의 본문이 확실하게 보여주고 있는 것 같다.

4. 예수님, 하나님의 아들: 하나님의 영광이자 참된 형상

주 예수께서 하나님의 아들이 되신다는 사실은 부분적으로 그가 참된 하나님 형상을 가지신 분이라는 것이며 따라서 "아버지의 영광"이라는 것을 의미

---

34) 이것은 고린도 회중에게 보내진 현존하는 두 개의 서신에서 종종 언급되는 요점이다. 고전 4:14-17과 9:1-2 그리고 현재 서신서 가운데 특별히 3:1-3과 13:1-10를 보라.

한다. 이러한 한 짝의 실재는 고린도후서 4:4, 6에 분명히 표현되어 있다(3:18 절에서 취함). 이들 본문에 사용된 언어들이 난해하여 학자들은 폭넓게 다양한 의견을 피력 하였다. 그러므로 어떻게 학자적 의견들이 바울의 전체 논리에 들어 맞는지 개관적으로 살펴볼 필요가 있다. 왜냐하면 본문의 난해함은 부분적으로 2:14-4:6에 사용된 비유가 매우 갑작스럽게 변화되는 것과 관련이 있기 때문이다. 바울 서신 다른 어느 곳에서보다 이곳에서 바울은 매우 빠른 템포로 하나에서 또 다른 비유로 옮겨 간다.[35]

본문(2:14-4:6)은 바울 주요 논증으로부터의 "이탈"(2:14-7:4)이 시작되는 부분에 위치한다.[36] 바울의 "이탈"에서는 다음 네 가지 관심사가 긴밀히 얽혀 하나의 연속된 주장을 이룬다. ① 바울의 우선되는 관심사는 그의 사도권(그러므로 그의 복음)이다. ② 이 사도권은 그리스도의 경우와 마찬가지로 고난과 연약함에 의해 특징지워진다. ③ 고린도 신자 자신들과 그들 자신의 성령 경험이 증거하듯이 이 직분은 성령과 그러므로 영광으로 충만하다. ④ 그러므로 이들은 어떤 외부인의 간계에 굴복해서는 안 된다. 이들에게 있는 추천장에도 불구하고 이들은 "진리의 말씀을 혼잡케 하는 자들"이다. 그러므로 이 긴 본문(2:14-7:4)을 제대로 읽는 데 있어 결정적으로 중요한 것은 잠시 논지에서 벗어나 있음에도 불구하고 이 본문의 내용은 주로 사도권의 변론에 관한 것이며 사도권 그 자체보다는 그 속성이 더욱 중요하다는 것을 기억하는 것이다. 고린도전서 4장에서처럼 고린도후서 전반에 걸쳐 바울의 관심은 십

---

35) 1994년까지 이 본문에 대한 중요한 참고문헌을 위해서는 Fee, *God's Empowering Presence*, 296 각주 46을 보라. 아울러 우리의 목적을 위해 나는 Hays, *Echoes of Scripture*의 제4장("그리스도로부터의 편지," 122-53)을 이 목록에 더하고 또한 Wright의 논문은 *Climax of the Covenant*, 175-92로부터 인용되었다는 사실도 밝혀둔다.

36) 실로 이것은 고대 문헌에서 전형적으로 나타나는 "논지에서 벗어나는 현상" 가운데 하나이다. 이러한 진술은 물론 다음 몇 가지를 가정하고 있다. (1) 1-9장은 누군가에 의해 후일 편집된 것이라기보다는 단일 편지로 이해되어야 한다('가위와 풀' 편집가설이 역사적으로 개연성이 희박하다는 것에 대해서는 G. D. Fee, "2 Corinthians 6:14-7:1 and Food Offereed to Idols," in *To What End Exegesis?* 142-43을 보라). (2) 그러므로 비록 "이탈"이라는 단어의 일상적 의미를 이곳에 적용할 수는 없지만 (그래서 나는 큰 따옴표를 사용하였다) 이 부분은 2:13과 7:5이 보여주듯이 일종의 "논지로부터의 이탈"이다. 왜냐하면 이 경우 바울은 매우 의도적인 목적으로 그렇게 하고 있기 때문이다. (3) 바울의 서신은 사실 "문학"의 한 형식이었다. 왜냐하면 그들은 하나님 백성의 회중 가운데서 읽혀질 목적으로 쓰여졌으며 그러므로 처음부터 의도적으로 회중에게는 공적인 측면을 가지게 되기 때문이다.

자가로 특징지어지나 결과에서는 유효한 메시지에 자신의 사도됨의 "특징"이 정확하게 일치하는 것임을 보여주는 데 있다. 적어도 바로 이러한 점이 도입부의 시작(2:14-17)과 끝(4:1-6)의 주요 요점인 것으로 보인다.

궁극적인 결과로서 비록 본문 처음에서부터 끝까지 자신의 사역을 다루고 있기는 하지만 바울은 자신의 주장을 그리스도(그리고 복음)와 성령의 사역에 분명한 초점을 두고 시작할 수 있게 되었다. 이것은 특별히 외부인으로 "이득을 위해 하나님의 말씀을 혼잡하게 하는" 사람들과는 분명한 대조를 이룬다(바울은 이곳에서 이들을 직접 공격하지는 않지만 결국엔 10-12장에서 그렇게 할 것이다). 이곳에서 바울이 말하는 것으로 볼 때 이들은 유대 율법이 지속적으로 유효하다는 주장을 했던 것으로 보인다.[37] 그러므로 바울의 싸움은 기본적으로 이중적이다. ① 바울은 복음과 제자도가 고린도인들이 멸시하는 (혹은 최소한 그들 중 많은 이들이) 십자가의 본성을 갖는다고 주장한다. 이 문제는 고린도전서로부터 계속되는 것이다. ② 동시에 바울은 구약을 강조하면서 복음을 혼잡하게 하는 외부인들을 반박한다. 아울러 고린도전서에서 이미 나타났던 것으로 보이는 잠재적인 기독론의 위기 또한 바울로 하여금 3:7-4:6까지의 "이탈"을 만들게 한 원인이 되었던 것으로 보인다. 이곳에서는 성령에 초점을 가지고 있지만 이 본문은 점차 바울 서신에 있어 보다 중요한 기독론적 본문으로 발전해 간다.

그러므로 이러한 말쟁이들에 대한 바울의 반응은 우선 그리스도의 사역에 집중한다. 로마 개선식의 비유를 사용(고전 4:9을 보라)하여 바울은 일단 그 자신을 그리스도의 개선 행렬 안 포로들 가운데 위치시킨다(2:14). 바울은 다음으로 자신을 개선식의 함성과 함께 (그리스도를 뜻하는) 향에서 나오는 "냄새"로 소개한다. 이 향기는 생명이나 혹은 사망에로 이끈다(15-16절). 말쟁이들에 대한 공격(17절) 후에 바울은 또 한 번 빠른 속도로 "추천장"(3:1-2) 비유에

---

37) 물론 몇 가지 가정이 이 문장에 존재한다. 첫째로 본문에 나타난 대적자들은 바울이 10-13장에서 반박했던 자들과 동일한 사람들이다. 그리고 둘째로 그들은 유대인 신자들이었다. 셋째로 그들은 그러므로 어떤 형식의 율법 준수를 장려하고 있었다. 이런 종류의 움직임은 이미 고린도전서의 다양한 곳에서 발견된다(예를 들어 7:18-19; 9:19-23; 15:56-57). 만약 이것이 정확한 시나리오라면 우리는 아마도 이들의 본성이 아직 완전히는 노출되지 않았다고 가정해야 할 것이다. 이들의 본성은 특별히 다음 편지인 갈라디아서에 나타난다. 이곳에서 할례에 대한 주장은 이제 그들 사명의 핵심으로 부각된다. 고린도후서에서 바울은 단지 "또 다른 예수와 또 다른 성령"에 대한 이들의 주장만을 공격한다. 왜냐하면 이들의 주장은 고린도인들이 받았던 것과는 "다른 복음"으로 귀결되기 때문이다(11:4).

제4장 고린도후서에 나타나는 기독론 285

서 그리스도에게서 온 "편지" 비유로, 이어 돌판이 아니라 인간의 마음에 알파벳으로 기록된 "편지들"비유(3:3)로 옮겨 간다. 그리고 출애굽기에서 율법의 수여 장면을 반영하며 바울은 "의문(letter)=율법"의 구약을 그리스도와 성령에 의해 효력을 발휘하게 된 새로운 언약과 비교한다. 이 비교는 출애굽기 34:29-35의 칠십인경 본문을 "미드라쉬적으로" 해석함으로써 뒤이어 나오는 대비를 이해할 수 있도록 돕게 될 것이다.[38]

바로 이어 나오는 구절들의 핵심은 두 가지 곧 ① 출애굽기 본문에 지배적으로 나타나는 말씀의 영향과 ② 새 언약의 유효적 실재이신 성령의 현실화된 경험이다. 출애굽기 본문은 새롭게 새겨진 율법의 돌판을 가지고 모세가 산에서 내려오는 것과 관련이 있다. 출애굽기에서 모세 얼굴의 "영광"에 대한 반복된 언급은 현재 본문의 나머지 부분에서 중요한 역할을 한다. 분명하게 이 "영광"이 이후 구약 본문들(특별히 민수기)에 언급되지 않는다는 사실은 바울에 의해 결국 사라지게 되는 "영광"으로 해석된다.[39] 이 일시적인 영광은 새 언약에서 그리스도에 의해 성취되어 성령을 통해 적용되는 더 큰 영광으로 대체되었다. 그래서 성령에 의해 그리스도를 바라봄으로써 신자들은 그들 자신이 그리스도의 영광으로 변화된다.

기독론적으로 주목해 보아야 하는 것은 바울이 이 유비를 현재 상황에 적용하기 시작할 때(12-15절) 나타난다. 이곳에서 (영광이 사라지고 있다는 사실을 감추기 위해) 모세가 자신의 얼굴에 덮었던 "수건"은 이제 회당에서 모세의 글이 읽혀지는 것을 듣는 자들의 마음을 덮고 있는 것으로 비유된다. 왜냐하면 수건은 오직 그리스도를 통해서만 제거되기 때문이다(14절). 이와 함께 바울은 출애굽기 34:34을 재작업하여 기독교 회심의 본성과 실재를 예시하게 되는데 바로 지점에서 우리는 석의적 어려움에 봉착하게 된다. 왜냐하면 그리스도와 성령 모두를 새 언약을 가져오는 데 결정적인 역할을 수행하

---

38) 이 본문이 구약 본문과 맺는 내적 상관성에 대한 유용한 분석에 대해서는 "일반적이지 않은" 상식을 이러한 문제에 적용한, Hays, *Echoes of Scripture*, 122-53을 보라. 그는 적절히 이 본문을 고전 10:1-13과 비교하여 미드라쉬(midrash)라고 부르는 것을 반박한다. Hay는 이것을 "성경적인 선례에 기초를 둔 암시가 풍부한 설교"라고 부른다(pp. 132).

39) 전통적으로 이것은 "사라지는" 영광이라고 해석되어 왔다. 그러나 이러한 의미가 카타르게오(καταργέω)에 있다는 근거는 없다. 바울이 대개는 "끝나게 되다"라는 의미(BDAG)로 사용하는 이 단어는 본문에 4번 사용된다. 바울이 (신약 27회 사용 중 25회) 사용하는 이 어휘를 "사라진다"는 개념으로 번역할 때 직면하게 되는 문제들에 대해서는 Hays, *Echoes of Scripture*, 133-36을 보라.

는 분으로서 자신의 주장에 소개할 때 이들 각자가 수행하는 효과적인 사역을 설명하기 위해 바울은 이 동일한 출애굽기 본문을 사용하기 때문이다. 또한 "수건이 벗어짐" - 처음으로는 모세의 얼굴에서 그리고 이제는 주께로 돌아선 자들의 마음으로부터 - 이라는 주제는 핵심적인 역할을 한다. 이곳에서부터 우리의 관심은 바울이 그리스도에 대해 무엇을 말하는지를 살펴보는 것에 있다.[40]

이후 문맥에 나타난 기독론적 강조점은 세 가지이며 이들은 특별히 바울의 기독론으로부터 나온 것이기 때문에 중요하다. ① 출애굽기 본문의 "주"는 우선 다음 구절에서 분명하게 "주의 영"과 동일시되는 성령을 가리킨다. 그러므로 바울은 퀴리오스 기독론을 그대로 사용한다. ② 출애굽기 본문의 옛 영광이라는 주제를 취하여 바울은 새 언약의 영광이 이제 신자들이 각자 "주의 존전으로 나아갈 때" 주 안에서 발견될 수 있다고 주장한다. ③ 모세가 엔안티 퀴리우(ἔναντι κυρίου, 주의 앞에/존전에) 거하여 그와 더불어 말하였다는 주제를 취함에 있어 바울은 고린도인들도 충분히 이해할 수 있는 비유 곧 거울을 들여다 볼 때 형상을 보게 된다는 비유를 사용한다. 그러나 바울은 성령의 사역으로 인하여 우리가 보게 되는 것은 우리 자신의 형상이 아니라 주님의 형상이며[41] 또한 성령에 의해 우리는 이 형상으로 변화해 가게 된다고 주장한다. 이 후자 두 개의 항목은 이어 4:4-6의 맺음말 안에서 다시 사용된다. 우리는 이들 기독론적 선언을 각각 차례로 살펴볼 것이다.

1) 퀴리오스이신 그리스도 (고후 3:16-18; 4:5)

우리의 첫 번째 관심은 바울에게 그리스도는 구약 이야기에서의 "주님"의 역할을 담당하셨다는 것이다. 바울의 관심사를 확인하는
방법은 우선 그가 16절에서 출애굽기 34:34을 어떻게 사용하고 있는지를 살펴보는 것이다.

---

40) 본문의 성령에 대한 강조에 대해서는 Fee, *God's Empowering Presence*, 309-20을 보라. 바울 서신에 사용된 퀴리오스 본문을 모두 살펴 본 결과 바울이 출애굽기 본문을 고린도 상황에 적용하는 것과 관련된 나의 관점에 다소간 변화가 초래되었다는 점을 이곳에서 언급해야 할 것 같다.

41) 이러한 이해는 최소한 이 비유에 대해 가장 합리적인 설명을 제공해 주는 것으로 보인다. 그러나 Wright(*Climax of the Covenant*, 185-89)는 우리가 동료 신자들의 얼굴에서 이 영광을 보게 된다고 주장한다.

출 34:34 ἡνίκα δ' ἂν εἰσεπορεύετο Μωυσῆς ἔναντι κυρίου
λαλεῖν αὐτῷ
περιῃρεῖτο τὸ κάλυμμα ἕως τοῦ ἐκπορεύεσθαι
고후 3:16 ἡνίκα δὲ ἐὰν ἐπιστρέψῃ πρὸς κύριον,
περιαιρεῖται τὸ κάλυμμα.
출 34:34 그러나 [때에는] 모세가 **주** 앞에 들어가서
함께 말씀할 때에는 나오기까지 **수건을 벗고 있다가**
고후 3:16 그러나 언제든지 **주**께로 돌아가면
그 수건이 벗어지리라

구약과의 상관본문을 사용함에 있어서[42] 바울은 칠십인경 본문에 네 가지를 변화를 줌으로써 구약 본문이 성령과 그리스도의 사역을 동시에 가리키도록 의도하고 있다.[43] ① 주어 "모세"는 (분명히 의도적으로) 생략되어 일반적인 주어 곧 "누구라도"로 일반화 된다.[44] ② 동사 에이세포류에토(εἰσεπορεύετο, 들어가서)는 에피스트레페(ἐπιστρέψῃ, 돌아가면)로 대체된다. 이것은 바울과 누가의 글에서 이미 "회심"에 대한 준전문용어가 되어 있었다.[45] ③ 주어 "모세"의 생략과 아울러 바울은 또한 목적을 나타내는 문구 곧 "그(하나님)에게

---

42) Barrett(122)이 ("본문 간의 관련성"이 신약연구에 있어 유행어가 되기 전에) 말했듯이, "이 구절이 출 34:34의 언어와 닮았다는 것은 이 구절에 모호함을 더해 주지만 동시에 해석을 위한 하나의 중요한 단서를 제공해 준다"(나는 "유일한 단서"라고 말하고 싶다).

43) 17절의 이중적 "해석"에 의해 분명해진 (내겐 그렇게 보인다) 문맥상의 실재를 망각함으로써 이후 따라오는 두 구절은 상당히 다양한 해석을 낳게 되었다.

44) 최소한 이러한 이해는 옳은 것으로 보인다. 우리가 직면하는 어려움은 바울이 적용을 하려고 할 때 사용하는 언어 유희에서 비롯된다. 그러므로 비록 (구약 본문과 바울의 단수 동사 사용에 기초하여) "모세"가 암시된 주어로 생각할 수도 있겠지만 회당에 모인 자들의 마음을 덮고 있는 수건이 보다 직접적인 지시이다. 더욱이 바울은 18절에서 "우리 모두"(=바울, 고린도인들 그리고 다른 모든 신자들)에 대한 적용을 계속하게 될 것이다.

45) D. A. Renwick, Paul, the Temple, and the Presence of God (BJS 224; Atlanta: Scholars Press, 1991), 151-54). 바울에 대해서는 살전 1:9을 보라, 누가에 대해서는 행 3:19; 9:35; 11:21; 14:15; 15:19; 26:20; 28:27을 보라. 또한 벧전 2:25과 약 5:20을 참조하라. 그렇지 않으면 L. L. Belleville, *Reflections of Glory: Paul's Use of the Moses-Doxa Tradition in 2 Corinthians 3.1-18* (JSNTSup 52; Scheffield: Scheffield Academic Press, 1991), 252-53을 보라. Belleville은 칠십인경 용법의 관점에서 이것을 유대인 스스로가 (우상 등으로부터) 하나님께로 "돌아섰다"는 것을 가리킨다고 본다.

말하기 위하여"를 생략한다. ④ 가장 중요하게도 그는 모세를 문법적 주어로 갖는 미완료 중간태 동사("그〈모세〉가 벗고 있었다")를 "수건"을 문법적 주어로 갖는 현재 수동태 동사[46]("수건이 벗겨지고 있다")로 바꾸었다. 이것은 암시적으로 그리고 14c절과 마찬가지로 그리스도의 사역으로 이루어지며 이제는 성령에 의해 완수된다.

이 본문에서 바울의 퀴리오스 사용에 있어 우리가 직면하는 어려움은 칠십인경 본문에 대한 바울의 첫 "해석"에서 시작된다. 고린도전서 10:4의 논의에서 살펴보았던(제3장 p. 95 를 보라) 랍비의 해석 기법의 형식을 취하여 - 그러나 이 경우, 갈라디아서 4:25에서처럼 형식은 그대로 사용하면서 - 바울은 놀랍게도 퀴리오스의 정체성을 이 본문 안에서 성령과 동일시한다. 그러나 바울은 "그리고 주의 영(토 프뉴마 퀴리우〈τὸ πνεῦμα κυρίου〉)이 (계신) 곳에는 자유함이 있느니라"라는 표현을 덧붙임으로써 그의 해석을 보강한다. 그렇다면 어떻게 분명히 모순적으로 보이는 바울의 말을 이해할 것인가?

질문에 대한 답변은 해석 기법 자체와 문맥 특별히 성령의 사역에 대한 강조 모두에서 발견된다(바울은 성령의 사역을 이전의 언약과 일시적 영광을 새로운 언약과 대조시키는 핵심적인 실재로 보았다). 우선 해석학적 기법을 주목해 보자. 실마리는 갈라디아서 4:25에 나타나는 바울의 독특한 표현방식에서 찾아볼 수 있다. 이곳에서 바울의 에스틴(ἐστιν, 이다)은 문자적으로 "이것은 저것이다"가 아니라 "이것은 저것을 나타낸다"로 이해되어야 한다. 그러므로 갈라디아서 4:25에서 하갈은 사실상 시내산이 아니라 시내산을 대표하는 것으로 이해해야 하는 것처럼 이곳에서도 출애굽기의 퀴리오스는 성령을 나타내는 것으로 이해되어야 한다. 이것이 의미하는 것은 곧 바울이 출애굽기 본문의 회심 차원("주께로 돌아가면")을 성령과 관련시킨다는 것이다. 곧 "'주'는 성령이다(성령의 사역을 가리킨다)."[47]

그러나 죽음을 옛것이 되게 하는 것은 그리스도의 죽음과 부활이기 때문에 바울은 즉각적으로 성령과 그리스도 사이의 관계를 주목함으로써 그가 방금 말한 내용을 보강한다. 출애굽기 본문의 현재적 적용에서 등장하게 되는 성령은 사실상 그리스도의 영이다. 바울 해석은 아마도 이런 것이리라. "이

---

46) 비록 Barrett(122)은 이것을 중간태로 보길 선호한다. 즉 "그(주)는 수건을 제하신다." 그러나 수동태든 중간태든 요점은 같다.

47) Barrett은 "두 용어 주와 성령의 동일시는…인격 보다는…행위의 영역에서 이루어진다"고 해설한다.

제4장 고린도후서에 나타나는 기독론 289

전 언약이 읽혀지는 것을 듣는 자들의 마음에 덮혀 있던 수건은 그리스도의 사역(13-15절)에 의해 벗겨진다. 그래서 '누구라도 주께로 돌아가면' 그 수건은 벗겨진다. 출애굽기 본문의 '주'는 성령의 사역을 가리키며[48] 오직 성령만이 사람들을 율법 준수로부터 자유롭게 하신다. 물론 성령은 '주 곧 그리스도의 영'이시다."[49] 이것은 다음으로 바울이 칠십인경의 퀴리오스를 성령의 위격이 아니라 신자들을 율법 준수로부터 해방에로 인도하는 성령의 사역과 동일시하고 있음을 의미한다.[50] 결국 바울에게 있어서 언제나 그렇듯이 성령은 "하나님의 영"과 "그리스도의 영" 모두로 이해된다.[51]

만약 이것이 바울의 해석에 대한 올바른 이해라면, 진짜 문제가 되는 것은 두 번째 표현 곧 토 프뉴마 퀴리우(τὸ πνεῦμα κυρίου, 주의 영)에 사용된 "주"의 정체성이다.[52] 그리고 나의 생각이 바뀐 곳은 바로 이 지점에서이다. 『하나님의 능력있는 임재』에서 나는 (주저하면서) 이 문구에 나타나는 "주"는 하나님 아버지라고 주장하였다. 이 결론은 주로 두 가지 근거에 의해 설명되었는데 바울 서신에 사용된 퀴리오스 본문을 모두 꼼꼼하게 살펴본 후에 내리게 되는 결론은 이들 근거가 더 이상 유효한 것으로 보이지 않는다는 것이다. 이들 근거란 ① 한 표현 안에서 바울은 앞에 사용된 명사("퀴리우⟨κυρίου⟩의 영"⟨the Spirit⟩)에는 관사를 사용하는 반면 퀴리오스(κύριος)에는 이상하게도 관사를 사용하지 않는다. 나는 이것을 바울이 칠십인경의 표현을 사용한 결

---

48) 바울이 출애굽기의 "주"와 성령을 일대일 대응관계가 아니라 이런 의미로 했다는 것은 이후의 추가적인 설명에 의해 뒷받침된다.
49) 바울 서신에서 이러한 동일시는 네 차례에 걸쳐 나타나는데 본문에 나타난 동일시는 그 중 첫 번째이다. 아래 갈 4:6과 롬 8:9 그리고 빌 1:19에 대한 논의를 보라.
50) *God's Empowering Presence*, 311-15과는 변화된 내 자신의 관점에 대해서는 위 각주 40을 보라.
51) 상호 호환관계의 기독론적인 암시에 대해서는 특별히 제6장 롬 8:9-10에 대한 논의를 보라(pp. 415-417).
52) 이 질문에 대한 입장은 둘로 나뉘어진다. 이것이 여호와를 가리킨다고 생각하는 학자들은 다음과 같다. Bernard, 58; Collange, 103-4; Harris, 339; Furnish, 213; Martin, 30; Belleville, *Reflections of Glory*, Thrall, 273; J. D. G. Dunn, "2 Corinthians iii.17-'The Lord Is the Spirit,'" *JTS* 21 (1970): 317, C. F. D. Moule, "2 Cor. 3.18b, καθάπερ ἀπὸ κυρίου πνεύματος, in *Neues Testament und Geschiechte· Historisches Geschehen und Deutung im Neuen Testament* (ed. H. Baltensweiler and B. Reicke; Zurich: Theologischer Verlag, 1972), 235. 반면 이것이 그리스도를 가리킨다고 생각하는 진영에는 대부분의 과거 해석가들(Meyer, Hodge, Plummer, Strachan, Tasker)과 보다 최근의 학자들이 포함된다. 곧 Bruce, 198; Barrett, 123; Bultmann, 89; Barnett, 200; Lambrecht, 55; Matera, 96-97.

과라고 생각했었다. ② 둘째 근거는 유사한 (또한 칠십인경의) 표현인 18절의 텐 독산 퀴리우(τὴν δόξαν κυρίου, 주의 영광)이다. 4:6에서 그리스도 자신이 하나님의 영광으로서 인식된다는 사실에 기초하여 나는 이 본문에서 "주"는 또한 하나님을 가리킬 수밖에 없다고 주장했다.

그러나 바울이 데살로니가전·후서와 고린도전서에서 칠십인경 문구들을 그리스도께 적용하여 사용하는 방법(위 제2장과 제3장을 보라)과 앞으로 고린도후서에서도 같은 방법이 사용될 것(아래 단원 "신적 권한을 공유하신 분이신 그리스도"를 보라)임을 볼 때 내가 제안한 초기 근거들 중 어느 것도 유효한 것으로 보이지 않는다. 사실상 다음 세 가지 요소는 한결같이 이 두 구절에 사용된 "주"란 그리스도를 가리키는 것이라는 확신을 갖게 한다. ① 바울은 빠짐없이 칠십인경의 퀴리오스=여호와를 그리스도를 지칭하기 위해 사용한다.[53] ② 바울은 일관되게 다른 본문 모두에서도 그리스도를 가리키기 위해 퀴리오스를 사용한다. ③ 현재 주장을 마무리하면서 바울은 자신의 사역과 관련된 단어 하나(4:5)를 - 그리스도를 표현하기 위해 사용된 - 아버지의 형상과 영광이라는 두 개의 마무리 어휘 사이에 덧붙인다. 여기서 바울은 분명히 자신이 예순 크리스톤 퀴리온('Ἰησοῦν Χριστὸν κύριον)을 전파한다고 분명히 말하는데 이때 바울이 선택한 어순은 분명 "주이신 예수 그리스도"라는 의미를 갖게 하는 것으로 보인다.

그러므로 고린도후서 4:5에서 바울은 다시 한 번 자신과 교회에게 있어 제1의 기독교 신앙고백이 된 진술을 사용한다. 이 신앙고백에 대해서는 우리가 고린도전서 12:3에서 이미 살펴 보았고 로마서 10:9에서는 "구원을" 받았는지를 가늠하는 참된 표지로 불린다. 이 신앙고백이란 다름 아닌 퀴리오스 예수스(κύριος Ἰησοῦς, 예수는 주이시다)를 입으로 시인하는 것이다. 빌립보서 2:11에서 바울은 이 기본적인 기독교 고백이 마지막 때에 모든 창조된 존재에 의해 드려질 것이라고 주장한다.[54] 이 고백은 현재 본문에서는 순서가 바뀌어 표현된다. 왜냐하면 이곳에서 바울은 "고백"이 아니라 "선포"를 하고 있기 때문이다. 다시 말해 바울의 설교는 예수스 크리스토스 퀴리오스('Ἰησοῦ

---

53) 고린도후서에 나타난 이런 용법에 대해서는 pp. 303-312 를 보라.
54) 이 세 본문에 대한 논의는 pp. 210-212 (고전 12:3)와 pp. 399-401 (롬 10:9) 그리고 pp. 595-597 (빌 2:11)을 보라. 그러나 또한 골 2:6에 대한 논의를 보라(pp. 493-494). 여기에서 골로새인들이 신앙을 갖게 된 경위에 대해 말할 때도 동일한 신앙고백이 기능하는 것으로 보인다 ("너희가 톤 크리스톤 예순 톤 퀴리온⟨τὸν Χριστὸν Ἰησοῦν τὸν κύριον=메시아 예수를 주로서⟩을 받았으니").

ς Χριστός κύριος, 유대의 메시아이신 예수께서는 만유의 주이시다)라는 하나의 사실로 요약할 수 있다. 이 선포에 대해 구속함을 얻은 자들은 성령의 도움으로 이렇게 응답한다. "예수 그리스도는 주이십니다."

그러므로 다른 곳에서와 마찬가지로 이것은 3:16에서 그리스도 예수는 모든 기독론적 함의를 포함하여 칠십인경의 "주"=아도나이=여호와와 동일시되고 있다는 것을 의미한다. 이제 우리는 두 번째 문제 곧 하나님 아버지의 "영광"이 성육화된 표현이신 그리스도의 주제를 다루어 보고자 한다.

2) 그리스도, 주님의 영광 (고후 3:18; 4:4, 6)

(1) 고린도후서 3:18

모세의 이야기를 더 큰 영광 - 성령의 선물과 율법 준수로부터의 자유 - 을 가진 기독교 회심의 관점에서 해석한 후에, 바울은 적용 차원에서 새로운 자유의 본성과 이에 수반되는 영광을 함께 묘사하게 된다. 적용을 시작함에 있어 바울이 문법적인 주어를 변화시킨다는 점은 주목할만한 특징이 된다. 곧 바울은 13절의 "우리"를 다시 주어로 취하여 (자신을 가리키는)[55] "문학적 복수"로서가 아니라 이번에는 고린도인들을 포함하는 강조적 "우리 모두"를 의미하도록 사용한다. 그리하여 바울은 성령의 자유가 그리스도께 속한 모두에게 의미하는 것이 여기 있다고 주장한다.

이후에 진술되는 것들은 바울 서신에 있어서 보다 중요한 본문들 가운데 하나이다. 적용점을 찾기 위해 바울은 두 개의 다소 상이한 이미지를 결합하여 이들이 문맥 속에서 웅장하게 작동하도록 하였다. 그는 16절부터 출애굽기의 "수건이 벗겨진 얼굴"로 시작하여 "거울"이라는 이미지(imagery)를 이전 서신(고전 13:12)으로부터 취한다. 이 이미지는 탁월한 청동 거울로 유명했던 도시에 사는 신자들에게는 아주 적합한 이미지가 아닐 수 없다.[56] 고린도전서 12장에 나타난 바울의 관심사는 "하나님을 아는" 우리의 현재 능력은 종말에 우리가 온전히 알게 될 것과 비교해 볼 때 "간접적인" 것일 수밖에 없다는 사실과 관련이 있다. 현재 바울의 관심은 우선 우리가 거울을 들여다 볼

---

55) 이 문제에 대해서는 Thrall, 105-7에 제시된 논의를 보라. 이전 경우에 비록 바울이 자신을 언급한다고 하더라도 바울은 자신의 말이 사도적 사역의 모범이 될 것을 의도하고 있다고 Thrall은 제안한다. 이 점에 대해서는 나도 동의하는 바이다.

56) 이 점에 대해서는 Fee, *1 Corinthians*, 647-48과 각주 45를 보라.

때 누가 보이는가와 둘째로 이렇게 거울을 통해 "바라보는 것"이 가져오는 변화시키는 영향력에 있다.[57] 그리고 바로 이 두 가지 관심사로부터 바울은 자신이 해설하고 있던 출애굽기 이야기를 거울 이미지와 결합하게 된다.

결과는 성령의 능력주시는 사역에 의해 "우리 모두"는 이제 "수건이 벗겨진 얼굴"로 (옛날 모세처럼) 하나님의 존전으로 옮겨진다. 그러나 주님의 영광을 보고자 했으나 그럴 수 없었던 모세(출 33:18-23)와는 달리 하나님의 새 언약의 백성은 "주의 영광"을 주목하여 볼 수 있게 되었다. 여기에 주목해야 할 세 가지 중요한 문제가 있다.

① 지적했던 것처럼 바울은 이제 출애굽기 본문에 대한 새로운 이해를 그 자신과 고린도 신앙의 공동체에 적용하고 있으며[58] 이런 이유로 바울은 - 출애굽기 33장과 34장에 암시되어 있으며 출애굽기 40장 이야기의 마지막 부분에서는 분명하게 표현되어 있는 - 텐 독산 퀴리우(τὴν δόξαν κυρίου, 주의 영광)를 사용하게 되는 것이다. 하나님의 임재가 구름이라는 가시적인 수단을 통해서 새롭게 지어진 성막 위에 강림하실 때 우리는 40:34에서 독세스 퀴리우 에플레스데 헤 스케네(δόξης κυρίου ἐπλήσθη ἡ σκηνή, 주의 영광이 성막에 충만하매)라는 내용을 듣게 된다.[59] 이 마지막 항목은 출애굽기 서사에서 매우 중요하기 때문에 "주의 영광"이 강조되어 제일 먼저 기록되었을 뿐만 아니라

---

57) 헬라어로는 카토프트리조메노이(κατοπτριζόμενοι)이다. 이 단어는 신약성경에서는 오직 단 한 번 이곳에만 사용된다. 명사 카토프트론(κάτοπτρον)은 헬라어에서 "거울"을 의미하는 가장 일반적인 단어이다(BDAG를 보라). 이것이 "거울 안에 있는 사물을 보는 것"을 의미하는지 - 이러한 의미는 바울의 주장에 가장 잘 어울리며 나는 이곳에서 이러한 의미를 가정하고 있다 - 혹은 "거울처럼 무엇인가를 반사하는 것"을 의미하는지에 관해서는 *God's Empowering Presence*, 316-7을 보라.

58) 이 본문에 대한 주목할만한 해석을 하며 Kim(*Origin of Paul's Gospel*, 128-29)은 고후 3:7-4:6 전체를 그리고 특별히 4:4, 6을 바울이 다메섹 도상에서 그리스도를 만난 것과 관련이 있으며 바로 이 장면에서 "그는 그리스도를 참 지혜로 인식하게 되었다"고 이해한다. 이 해석이 주목을 받는 이유는 "지혜"가 이 서신에 오직 한 번(1:12) 그것도 비난조로 언급되어 있기 때문이다. 다른 한 편으로 Kim이 이곳("빛, 형상")에서 발견하는 인격화된 지혜의 "반영"이란 사실적인 것이기보다는 상상력의 산물이다(아래 나의 부기 "고후 2:4, 6에 반영되어 있다고 추정되는 지혜문학의 영향에 대하여"를 보라). 이러한 해석을 위해서 혹자는 바울이 솔로몬의 지혜서를 잘 알고 있었고 이렇게 희미한 반영이 실제로 바울 자신의 생각에 있어 최전선에 그리고 가장 중심부에 존재하고 있다는 것을 입증해야 할 필요가 있을 것이다. 이 문제에 대해서는 이 책의 부록 A를 보라(pp. 869-914).

59) 같은 표현이 여호와의 영광이 솔로몬의 성전에 강림하는 것에 관해 말할 때 반복되어 나타난다(왕상 8:11).

정확한 표현이 인클루지오를 이루며 다음 문장(35절)의 마지막에서 반복된다. 여기서 우리는 "모세는 들어갈 수 없었으니"라는 말을 듣게 되는데 - 놀랍게도 출애굽기 34장의 이야기를 놓고 볼 때 - 이는 정확하게 성막이 "주의 영광"으로 가득 차 있었기 때문이었다.[60]

② 이제 바울이 출애굽기 34:34로부터 취한 문장을 해석하는 (우리에게는) 특이한 방식의 중요성을 이해할 수 있게 되었다. 물론 일차적으로는 그리스도의 영을 가리키기는 하지만 구약 본문의 "주"가 그리스도("주의 영")를 언급하도록 함으로써 바울은 그리스도와 성령의 사역을 연결시키며 이렇게 하여 성령의 사역은 주이신 그리스도께서 우리를 새로운 자유와 영광에로 인도하시는 수단으로 이해된다. "영광"은 7절부터 바울의 서사에 중심이 되는 소재이며 또한 이 "영광"은 특히 우리가 하나님의 영광을 볼 수 있는 방법이 되시는 그리스도께 적용된다.[61] 최종 결과는 이 영광이 궁극적으로 신자들에게 전가된다는 것이다. 신적 영광의 성육화된 현현이신 그리스도의 "영광"을 바라보게 되면 "우리"는 성령에 의해 그리스도 자신의 형상으로 변화되어 아포 독세스 에이스 독산(ἀπὸ δόξης εἰς δόξαν, 영광으로 영광에) 나아가게 된다.[62] 그러므로 신자에게 있어 우리의 것이 된 영광은 우리가 성령의 사역을 통하여 "그리스도의 영광"을 정면으로 바라봄으로써 주어진 것이다.

③ 18절에서 첫 번째로 주목하게 되는 기독론적 요점은 그러므로 바울이 그리스도를 "주의 영광"과 동일시한다는 점이다. 이때 바울의 언어는 출애굽기 34장을 둘러싼 본문에서 취한 어휘들과 이미지들로 가득하다. 바울은 모

---

60) 또한 민 12:8과 비교할 수도 있다. 스토마 카타 스토마 라레소 아우토 엔 에이데이 카이 우 디 아이니그마톤 카이 텐 독산 퀴리우 에이덴(στόμα κατὰ στόμα λαλήσω αὐτῷ ἐν εἴδει καὶ οὐ δι' αἰνιγμάτων καὶ τὴν δόξαν κυρίου εἶδεν, 그와는 내가 대면하여 명백히 말하고 은밀한 말로 아니하며 그는 또 주의 형상을 보겠거늘). 비록 어떤 이들(예를 들어 Furnish, 214)은 민수기 본문이 가장 그럴듯한 배경이라고 주장할지도 모르지만 출애굽기 서술이 이곳에 나타난 구약의 반영을 설명하기 위해 필요한 모든 것을 충족시킨다고 보는 편이 더 바람직할 것이다.
61) 또한 Barrett, 125를 보라.
62) 본문은 바울의 주장에서 가장 어려운 구절들 가운데 하나이다. 기본적인 제안은 다음 세 가지이다. (1) 언제나 더해가는 영광, (2) 옛 영광에서 새 영광으로, 혹은 (3) 그리스도의 영광에서 우리의 영광으로. 각각은 문맥에 잘 어울리는 것으로 볼 수 있겠지만 동시에 문맥상 어느 정도 해결해야 할 문제를 갖기도 한다. *God's Empowering Presence*(318)에서 나는 11절에 기초하여 두 번째 의견을 선택하였다. 비록 세 번째 의견이 매력적이기는 하지만 바울은 다른 곳에서 에크…에이스(ἐκ… εἰς)를 원천과 목적을 나타내기 위하여 사용한다는 점이 기억되어야 한다.

세와의 대조를 계속해서 활용한다. 바로 이전 이야기(출 33:18-23)에서 모세는 특별히 여호와께 "주의 영광을 내게 보이소서"하고 간청한다. 이에 대해 하나님께서는 "네가 내 얼굴을 볼 수 없으리니 나를 보고 살 자가 없음이니라"고 대답하신다. 그럼에도 불구하고 모세는 반석 틈에 위치하여 이곳에서 여호와께서 그의 곁을 "지나실 때" 하나님의 영광을 (뒤에서) 보게 된다. 분명한 대조를 이루며 하나님의 새로운 언약 백성은 그들이 주께로 돌아설 때 성령에 의해서 비록 거울을 보는 것 같겠지만 "주의 영광"을 볼 수 있게 되었다. 그리하여 모세에게 보는 것이 허락되지 않았던 하나님의 영광을 "우리 모두"가 그리스도 안에서 볼 수 있게 된 것이다. "주의 영광" 곧 그리스도와 아버지의 영광은 완전한 신적 형상을 지니신 아들의 얼굴 속에 충만히 계시되기 때문이다.

그러므로 바울이 변형하여 들려주는 출애굽기 33-34장과 40장 이야기와 하나님의 영광에 대한 모세의 변화된 관계에 대한 해설을 통하여 이제 신자들은 모세에게 허락되지 않았던 것을 얻게 되었다는 사실을 알게 된다. 나중에 바울은 로마서 8:29-30과 골로새서 3:10-11에서 창세기 1-2장의 에이콘(εἰκών, 형상) 언어를 사용하여 동일한 기독론적 요점을 만들게 될 것이다. 아버지의 영광이시며 신자들이 변화되어 가는 대상으로서의 주(Lord)는 나중에 참된 신적 형상을 지니신 자, 그래서 우리는 변화되어지 대상으로 묘사된다.

이 모든 것은 바울이 현저하게 고등기독론(high Christology)을 가정하고 있다는 것을 보여준다. 다시 말해 고린도후서에서 하나님의 아들은 하나님 아버지의 영광의 참된 표현이자 신적 형상을 참으로 간직하신 분으로 묘사된다. 그리고 이러한 점에서 정확하게 바울 기독론과 구원론이 접목된다. 왜냐하면 하나님의 영광이자 형상이신 그리스도와 함께, 그의 죽음과 부활을 통하여 그리고 성령의 선물에 의해서 궁극적인 구속의 목적은 마침내 실현되기 때문이다. 구속은 단지 우리의 죄를 처리하여 우리를 하늘에 적합하게 하는 것만이 아니라 또한 실제로 우리를 재창조하여 하나님의 형상을 갖도록 해준다. 이 형상은 이전에 인류의 타락으로 인해 심각하게 훼손되었던 것이었다. 이제 다음 요점을 살펴볼 차례이다.

(2) 고린도후서 4:4, 6

"영광"은 3:7에서 시작되는 서술 전체를 대표하는 어휘이기 때문에 바울의 이 주제를 자신의 "변론"를 담고 있는 부분의 앞과 뒤에 배치하고 있다는 것은 전혀 놀라운 일이 아니다. 이 주제는 (2:14절부터 시작되는) 도입부를 결론 지음과 동시에 (바울의 연약함에 관한 주제로 돌아가는) 전환점으로 작용한다. 다음 두 문장 (4, 6절)은 매우 유사하다. 차이가 있다면 각각이 주로 무엇을 강조하고 있는가에 있다. 우선 본문은 다음과 같다.

4:4 ὁ θεὸς τοῦ αἰῶνος τούτου ἐτύφλωσεν τὰ νοήματα τῶν ἀπίστων εἰς τὸ μὴ αὐγάσαι τὸν φωτισμὸν τοῦ εὐαγγελίου τῆς δόξης τοῦ Χριστοῦ, ὅς ἐστιν εἰκὼν τοῦ θεοῦ.

4:6 ὁ θεὸς ὁ εἰπών ἐκ σκότους φῶς λάμψει, ὃς ἔλαμψεν ἐν ταῖς καρδίαις ἡμῶν πρὸς φωτισμὸν τῆς γνώσεως τῆς δόξης τοῦ θεοῦ ἐν προσώπῳ, Ἰησοῦ Χριστοῦ

4:4 그 중에 이 세상 신이 믿지 아니하는 자들의 마음을 혼미케 하여 **그리스도의 영광의 복음의 광채**가 비춰지 못하게 함이니 그리스도는 <u>하나님의</u> **형상이니라**

4:6 어두운데서 빛이 비춰리라 <u>하시던 그 하나님께서</u> **예수 그리스도의 얼굴에 있는** <u>하나님의 영광을 아는 빛</u>을 우리 마음에 <u>비춰셨느니라</u>

몇 가지가 이 동반 문장에 관해 언급될 필요가 있다. 첫째, 3:1-18에 나타난 명백한 그리스도 중심적인 논의로부터 4:1에서 시작되는 하나님 중심적인 적용에로 분명히 전이되어 감에 따라 각각의 문장은 정교하게 어둠 속에서 활동하는 "이 세상 신"과 빛이 있게 하신 창조의 하나님을 서로 날카롭게 대조시키고 있다. 이 세상의 "신"은 사람들의 정신을 혼미케 했지만, 영원하신 하나님은 빛을 그들의 마음=정신에 빛을 비추셨다.

그러나 둘째로 그리고 바울의 전체 주장과 맥을 같이하여 두 문장에서 믿는 자들의 마음 속에 있는 빛의 근원은 그리스도이다. 그는 자신의 영광은 복음 속에서 나타내시며(4절)[63] 동시에 그러므로 하나님의 영광의 지식을 계시

---

63) 최악의 번역 가운데 하나는 KJV의 번역가들이(이제 NET성경이 이를 따르고 있다) 투 유앙겔리우 테스 독세스 투 크리스투(τοῦ εὐαγγελίου τῆς δόξης τοῦ Χριστοῦ, 그리스도의 영광과 〈관련이 있는〉 복음; 참고로 TNIV는 "그리스도의

하신다(6절).

셋째로 4절에서 그리스도는 분명하게 "하나님의 형상"과 동일시된다. 반면 6절에서는 하나님의 영광이 "그리스도의 얼굴"에 나타난다. 그러므로 이 두 구별은 다소 다른 방식으로 "형상" 모티브를 반영하고 있다. 그래서 하나님의 형상을 완벽하게 가지신 분으로서의 그리스도는 바로 그 사실 때문에 또한 하나님의 영광을 계시하시는 분이시다.

그러므로 바울의 보다 이른 시기의 서신들에서와 마찬가지로 그리스도는 그 자신의 영광을 가지셨으며 - 왜냐하면 그 자신이 하나님이시기 때문에 - 동시에 우리는 그 안에서 아버지의 영광을 보게 된다. 더 나아가 비록 아버지와 아들 사이에 언제나 분명한 구별이 존재하지만, 하나님과 아들은 동시에 신적인 본체를 공유하신다. 그러므로 우리가 하나님에 대해 아는 것은 모두 아들 안에서 충만히 계시된 것들이다. 성령을 통해 아들을 바라볼 때 우리는 그의 형상/얼굴을 보게 되는 것이다.

3) 그리스도, 신적 형상을 지니신 분 (고후 3:18; 4:4, 6)

3:18과 4:4에서의 에이콘 사용과 더불어 몇 가지 문제들이 이 도입부에서 시선을 끌게 된다. 여기 세 개의 본문(3:18; 4:4, 6)은 분명하게 사도 바울에 의해 서로 묶여 있기 때문에 우리는 이곳에서 발견되는 다양한 비유/이미지를 절별로 따로따로 살펴보기보다는 하나의 단위로 보게 될 것이다. 다음 세 가지 문제를 주목해 볼 필요가 있다.

① 이 경우 글의 추진력은 둘째 아담으로서의 그리스도에게 있는 것이 아니라 바울이 3:18에서 사용하는 거울 이미지에 있다는 것이다.[64] 이 거울 이미지는 차례로 세 개의 문장을 하나로 묶어 준다. 하나님의 백성은 마치 거

영광을 나타내는 복음"으로 번역한다)에 사용된 속격 테스 독세스(τῆς δόξης)를 속성(형용사적)의 속격으로 간주하여 "그리스도의 영광스러운 복음"이라고 번역한 것이다. 그러나 문맥상 이보다 더 철저하게 본문을 잘못 이해한 경우는 없을 것이다. 독사(Δόξα, 영광)는 고후 3:7-4:6의 전체 주장을 대표하는 어휘로서 출 33:18-23; 34:29-35; 40:34-38에 사용된 독사에 기초하여 바울이 본문 간의 관련적인 해설을 할 때 13번이나 사용한다. 이것을 형용사적으로 이해하는 것은 무책임하게 바울의 주장을 해석하는 것이다.

64) 또한 Barrett, 125와 Furnish, 215를 보라. Jervell(*Imago Dei*, 173-76)은 창 1:26-27을 말하지만 이것은 Barrett(125)과 다른 학자들에 의해 적절히 반박되었다.

울을 들여다보는 것처럼 주의 영광을 봄으로써 주와 "같은 형상"으로 변화해 간다. 4:4에서 바울은 이어 주와 "같은 형상"이 의미하는 것을 구체화한다. 곧 하나님의 영광을 지니신 그리스도는 그 자신이 하나님의 형상(imago Dei)이시다. 그래서 신자는 성령에 의해 하나님의 형상을 온전히 가지신 분을 바라볼 때 하나님의 형상에로 재창조되어 가며 그의 영광은 그리스도의 얼굴에서 보여진다.

② 본문의 주된 목적 혹은 관심은 기독론 그 자체가 아니라 구원론이라는 점을 기억할 필요가 있다. 하나님의 새 언약 백성은 그들 자신이 구속되어 가며 (다시 말해 재창조되고 있다) 그 결과 다시 한 번 하나님의 형상을 지니게 된다. 그리고 이 지점에서 아담과의 유비는 거울 이미지에 가려지게 된다. 바울이 로마서 8:30에서 요약적으로 또한 강조적으로 진술하게 되듯이 그의 아들의 형상과 같이 되는 것은 하나님의 언약 백성에게 운명지어진 바이다. 이러한 맥락에서 아들은 많은 형제와 자매들 중에서 프로토토코스(πρωτότοκος, 장자)의 역할을 맡으신 것이다. 그러므로 현재 본문의 배경에는 새 창조의 신학이 놓여 있다.[65] 그 안에서 하나님의 새 창조는 진실로 하나님의 형상을 지닌 백성을 형성한다.

③ 4:4에서 "하나님의 형상"이란 문구의 사용은 바울이 거울 이미지를 넘어 이 표현의 성경적인 배경 곧 창세기 1:26, 27로 나아가려고 했다는 것을 암시한다. 이곳에서 우리는 "하나님께서 자신의 형상을 따라 사람을 창조하신다"는 첫 예고(26절)와 이어 시적인 서술(27절)을 접하게 된다. 칠십인경 번역자는 하나님과 "닮음"(likeness)이라는 개념을 표현하기 위해 에이콘이라는 용어를 사용했다. 인간은 하나님과 닮아야 하며 하나님의 지상 대표자로서의 역할을 수행해야 했다. 따라서 이것은 하나님께서 제2계명을 주신 가장 합리적인 이유일 것이다. 제2계명은 단지 유일하신 하나님께서는 개념상 경쟁자를 가질 수 없다는 것만을 의미하는 것이 아니다. 사실 이러한 문제는 첫 계명에 다루어진다. 두 번째 계명에서 중요한 것은 살아있지도 않고 그러므로 하나님의 참된 형상을 반영할 수도 없는 "새겨진 형상"을 만드는 것과 관련된 것이다. 이 "형상"의 역할은 오직 하나님의 백성만이 할 수 있는 것이다.

이 표현이 바울 서신에서 첫 번째로 등장하는 것은 고린도에 보낸 편지에

---

65) 바울은 이것을 5:14-21에서 채용한다. p. 315에 제시된 논의를 보라. 또한 제7장의 골 3:10의 논의(pp. 462-464)를 보라.

서이다(고전 15:49 〈제3장의 pp. 204를 보라〉). 이곳에서 바울은 아담의 형상을 지닌 자들에게 종말을 향하여 전진하여 그리스도(둘째 아담)의 형상을 입으라고 권고한다. 이곳에서 바울은 그 이상의 언급을 하지는 않는다. 하지만 바울이 이 표현을 고린도전서에서 다시 사용한다는 것은 최소한 고린도인들이 스스로 이 표현과 관련된 이미지를 올바로 인식하기를 의도했다는 것을 의미하며 또한 이 이미지는 고린도전서 범위 안에서 이해해야 할 필요가 있다는 것을 의미한다. 이러한 맥락에서 많은 학자들이 제안하는 것처럼 바울이 이곳에서 갑자기 지혜서로부터 채용된 비유적 표현을 사용하고 있는 것 같지는 않다.[66]

기독론적으로 중요한 점은 물론 그리스도 자신이 그가 인간으로 계실 때 완벽하게 하나님의 형상을 지니셨다는 사실이며 그러므로 신자들 스스로가 부활하신 그리스도를 바라볼 때 이 형상/닮음에로 "변화되어" 간다는 점이다. 그러나 이들 본문에서의 강조점은 그리스도의 인성에 있는 것이 아니다. 왜냐하면 그리스도의 인성은 이 심상 안에 이미 내재된 것으로 가정되어 있기 때문이다. 대신 우리가 지니게 된 것은 신적인 영광을 공유하신 분이 지니신 참 형상이다. 이 형상을 지니신 분은 성령을 통하여 헌신과 순종으로 돌아선 신자를 하나님의 형상으로 변화시키시는 분이시며 우리는 무엇보다도 이를 위해 창조되었다.

그러므로 어떠한 기독론적인 탈선이 "다른 예수"(11:4)를 전하는 말쟁이들에 의해 조장되고 있든지 바울이 보이는 반응(다시 4:1-3에서 언급된다)은 결과적으로 그리스도를 신적인 존재로서 지극히 높이는 것이다. 그리스도의 영광은 또한 하나님의 영광의 참된 현시(顯示)이다.[67] 그리고 바울이 그리스도의 인성을 언급하는 곳에서 이러한 사실은 직접적인 표현으로가 아니라 암시적으로만 전달된다. 그럼에도 불구하고 정확하게 그리스도께서 아버지의 신성을 온전히 가지신 것처럼 우리가 가진 인성을 가지셨기 때문에 하나님의 영광은 새롭게 창조되어 가는 그리하여 신적 형상에로 변화되어 가는 자들 안에 계시될 것이다.

---

66) Barrett, 133과 Furnish, 239, 248 그리고 Thrall, 284, 310-11을 보라. 왜 이 비유가 창세기와 지혜서로부터 유래한 것이 아닌지에 대해서는 아래 나의 부기 "고린도후서 2:4, 6에 반영되어 있다고 추정되는 지혜문학의 영향에 대하여"를 보라.

67) 다시 말해 Barrett이 지적했듯이(132) "하나님의 형상이신 그리스도를 통하여 (사람들은) 하나님의 (신성)을 이해하게 된다." 성육신 안에서 하나님은 가장 온전하게 자신을 계시하신다. 위 1:3에 대한 논의를 참조하라.

4) 부기: 고린도후서 4:4, 6에 반영되어 있다고 추정되는 지혜 문학의 영향에 대하여

종종 학자들은 고린도후서에서 바울이 지혜서 7:25-26에 표현되어 있는 유대교 지혜를 반영하고 있다고 주장한다. 바울 서신에서 사실 이 지혜서 본문은 바울이 직접 영향을 받았을 것이라 생각되는 유일한 본문이다. 지혜서 7:25-26의 본문은 다음과 같다.

25 ἀτμὶς γάρ ἐστιν τῆς τοῦ θεοῦ δυνάμεως
   지혜는 하나님 권능의 숨결이고
   καὶ ἀπόρροια τῆς τοῦ παντοκράτορος
   전능하신 분의
   δόξης εἰλικρινής
   영광의 순전한 표현이어서
   διὰ τοῦτο οὐδὲν μεμιαμμένον
   어떠한 오점도
   εἰς αὐτὴν παρεμπίπτει
   그 안으로 들어오지 못한다.
26 ἀπαύγασμα γάρ ἐστιν φωτὸς ἀϊδίου
   지혜는 영원한 빛의 광채이고
   καὶ ἔσοπτρον ἀκηλίδωτον
   하나님께서 하시는 활동의
   τῆς τοῦ θεοῦ ἐνεργείας
   티 없는 **거울**이며
   καὶ εἰκὼν τῆς ἀγαθότητος αὐτοῦ
   하나님 선하심의 **형상**이다.[68]

---

68) 편의를 위해서 나는 사실상 상응하는 두 어휘를 볼드체로 기록하였고 또 다른 관련 어휘(포스, φῶς, 바울의 포티스모스〈φωτισμός〉를 참조하라)를 이탤릭체로 표기하였다. 바울은 우발적으로 "거울"의 비유를 사용하며 자신의 요점을 말하기 위하여 정교하게 동사 카토프트리조(κατοπτρίζω, 18절)을 사용한다(신자는 변화를 목적으로 "거울을 들여다 본다"). 반면 지혜서의 저자는 명사를 사용하고 있는데 이는 그가 염두에 두고 있는 것이 거울의 "반사"이기 때문이다.

바울의 용법과 관련된 지혜에 대한 보다 완전한 설명에 대해서는 부록 A(pp. 867-903)를 보라. 이곳에서 우리가 주목해 볼 것은 단순히 현재 본문이 저자의 지혜에 대한 찬미(7:22-8:1) 가운데 등장한다는 것이다. 이 찬미는 "땅의 왕들"이 지혜를 추구하여 지혜롭게 (그리고 그러므로 알렉산드리아의 유대교 공동체를 평온하게) 통치하게 할 목적으로 기록된 것이다. 25절에서 저자는 지혜와 하나님 사이의 관계를 묘사한다("그의 권능의 숨결이며 영광의 표현"). 이 묘사 가운데 저자는 지혜가 어떻게 하나님의 성품의 면모를 보여주는지를 말하기 위해 거울 이미지와 삼행구를 사용하여 열렬히 지혜를 칭송한다.

그러나 바울이 이 지혜서 본문을 알고 있었다든지 혹은 어떤 표현을 빌려왔다든지 하는 가정을 필요로 하거나 심지어 암시하는 것은 이 본문에 아무 것도 존재하지 않는다(특별히 후자는 더욱 아니다). 따라서 현재 지혜서와 바울 사이에 존재하는 실제적인 언어상의 상응관계는 매우 우연의 일치이며 따라서 우발적이다. 바울의 "영광" 사용은 지혜로부터 유래한 것이 아니라 그가 그 시점까지 해설하고 있던 출애굽기 본문에서 유래한 것이다. 또한 바울의 "형상" 사용은 3:18에 사용된 자신의 "거울" 이미지로부터 직접적으로 유래한 것이다(이곳에서 유대교 지혜 사상이 내재한다는 어떠한 단서도 존재하지 않는다). 그리고 이 이미지는 "거울을 들여다 보는 것"과 관련이 있는 반면 지혜서의 거울 이미지는 "바라봄"이 아니라 "반영"을 나타내는 세 개의 상징 가운데 하나이다. 이처럼 지혜서의 "형상"은 또한 거울 이미지에 대한 연속된 언어유희의 세 번째 항목으로서 등장하는 것이다. 더욱이 지혜는 바울이 그리스도에 대해 말하는 것처럼 실제 "하나님의 형상"으로 언급되지 않는다. 대신 지혜는 단지 하나님의 신적 성품인 선하심을 "형상화"하고 있을 뿐이다.[69]

그러므로 전체적으로 바울이 고린도후서 2:4, 6에서 여기 소개된 유대교 지혜서에 대한 묵상을 "반영"하고 있다는 것은 매우 의심스럽다. 그 이유는 다음 세 가지이다.[70] ① 비록 흥미로운 언어적 상관성이 존재하기는 하지만

---

69) "분명히 고후 3:18과 4:4 그리고 지혜서 7:22-30은 서로 매우 유사하다. 하나님의 '형상'으로서의 지혜는 하나님과 사람 사이의 중재자이다"(Hamerton-Kelly, *Pre-existence, Wisdom, and the Son of Man*, 145〈이탤릭체는 나의 표기이다〉)라는 주장은 의심스럽다. 사실 이것은 허공에서 끌어낸 "석의"나 매한가지다. 본문은 확실히 솔로몬의 지혜서와는 관련이 없다.
70) 바울이 심지어 이 작품을 알고 있었을 것 같지도 않다는 것에 대해서는 부록 A에 나타난 논의를 보라(pp. 883-884).

바울과 지혜서는 같은 어휘들을 사용하는 방식에 있어서는 완전히 다른 세계에 속한다. ② 거울 비유의 사용에 있어서 핵심적인 요점은 이 이미지가 다른 외적인 영향력이 아니라 바울 자신에게 유래하였다는 점이다. 바울 서신에서 바울은 이 이미지를 고린도에 보낸 두 편의 서신에 각각 한 번씩 이렇게 단지 두 번 사용한다. 고린도는 거울 생산으로 세상에 널리 알려진 도시였다. 따라서 바울은 자신의 주장을 위해 이 이미지를 지역 문화에서 차용한 것이다. ③ 만약 이 이미지가 성경을 "반영"하는 것이었더라면 이것이 이번 장과 이전 두 개의 장에서 살펴보았던 것과는 상당히 다른 종류의 이미지라는 것을 인식했을 것이다. 이전 장들에서 확인했던 것처럼 바울이 구약 본문을 사용했다는 것은 분명하며 이들 구약 본문 자체의 언어적인 반영들로 가득하였다. 이것은 단순히 우발적인 개념의 일치가 아니다.

5. 신적 권한을 공유하시는 그리스도

가장 주목할만한 고린도후서의 기독론의 특징 가운데 하나는 철저하게 유일신론적인 세계관의 관점에서 언제나 하나님께만 적용될 수 있는 방식으로 바울이 일관되게 그리스도를 진술한다는 점이다. 이른 시기의 서신들에서처럼 이러한 바울의 기독론적 진술은 두 가지 방법으로 이루어 진다. 곧 일반적으로 하나님께만 적용될 수 있는 방식으로 그리스도를 말하는 문장을 통해서 그리고 구약 본문에서 퀴리오스로 번역되는 여호와에 관한 표현을 바울이 "주 예수 그리스도"께 적용할 때 사용하는 칠십인경 표현을 통해서이다. 전과 마찬가지로 이러한 표현들은 즉흥적인 방식으로 나타나며 따라서 전적으로 전제(前提)직이고 또한 그리므로 비울 편에서는 상세한 설명을 필요로 하지 않는다.

이러한 표현들 중 일부는 이전 장들에서 이미 논의되었다. 이곳에서 우리는 단지 참조 구절과 함께 목록만을 제시할 것이다. 그러나 매우 다양하고 새로운 항목들이 고린도후서에 나타난다. 이 항목들은 아들이신 그리스도와 아버지이신 하나님 사이의 관계에 있어 아버지와 신적 권한을 온전히 공유하시는 분으로 바울이 그리스도를 이해했다는 "사실"을 분명히 보여준다. 역시 이 점에 대해 바울은 어떤 주장이나 직접적인 언급을 할 필요를 느끼지

302 바울의 기독론

못한다.
　우선 이전 서신들에서 보았던 항목을 (정경 순서대로) 목록화하면 다음과 같다.

　① 그리스도의 사도(고후 1:1)에 대해서는, 고린도전서 1:17과 1:1에 대한 논의를 보라(p. 228)
　② 이 편지의 중요한 지점에서 하나의 전치사에 의해 아버지의 이름과 결합되는 그리스도의 이름(고후 1:2)에 관해서는 데살로니가전서 1:1(pp. 105-106)과 고린도전서 1:3(pp. 176-177)에 대한 논의를 보라.
　③ 주의 날(고후 1:14)에 대해서는 데살로니가전서 5:2(pp. 102-103)과 고린도전서 1:8(pp. 227-228)에 관한 논의를 보라.
　④ 그리스도의 복음(고후 2:10)에 대해서는 데살로니가후서 1:8에 관한 논의를 보라(pp. 137-138).
　⑤ 그리스도의 사랑(고후 5:14)에 대해서는 데살로니가후서 2:13에 관한 논의를 보라(pp. 124-127).
　⑥ 주의 주심(고후 10:8; 13:10)에 대해서는 고린도전서 3:5과 7:17에 대한 논의를 보라(pp. 229-230).

　각각의 경우에 이전 서신들에서 이러한 표현들이 지녔던 기독론적인 중요성은 고린도후서에서도 마찬가지다. 그러나 현재 서신서에서 두드러진 점은 이러한 항목들이 얼마나 자주 사용되는가 하는 점이다. 항목들 중 많은 것이 새롭고 또 모두 기독론적인 중요성을 가진다. 곧 구약이 여호와에 대해 전제하고 있는 것을 사실상 바울이 그리스도께 적용한다. 정확하게 오직 한 분 하나님이 계시므로 모든 신적인 능력과 본성들은 그분 안에서만 찾아볼 수 있다. 그러므로 이러한 신적 능력과 본성들을 그리스도께 적용할 때 바울은 역시 그리스도의 온전한 신적 신분을 가정하고 있는 것이다. 다시 한 번 우리는 이것들을 정경의 순서대로 살펴볼 것이다.

1) 고린도후서 2:10- "그리스도 앞에서" 표현된 용서
고린도후서 8:21- "주의 앞에서"

① 구약 신학의 보다 일반적인 특징 중 하나는 영원하신 하나님께서 태초부터 자신의 형상을 따라 지으심을 받은 자들과 함께하시기로 선택하셨다는 것이다. 이 모티브는 창조 이야기에서 그 기원을 발견한다. 창세기에 따르면 타락의 첫 번째 결과로서 남자와 그의 아내는 "스스로를 주 하나님 앞에서 숨겼다." 그러므로 성경 기사를 통해 볼 때 심판은 종종 신적인 임재로부터 쫓겨나는 것으로 표현된다. 이러한 개념의 심판은 데살로니가후서 1:9에서 바울에 의해 이미 인용되어 데살로니가에서 그의 백성들을 박해하는 자들에게 적용된 바 있다. 그러나 "주의 얼굴"을 바라보는 것으로 형상화되는 신적인 임재는 이스라엘의 신앙에 깊이 뿌리를 내리고 있다. 시편 기자는 주의 존전에 머무르기(그의 얼굴을 보기)를 갈망한다. 그리고 마찬가지로 고통을 하나님께서 이스라엘에서 자신의 얼굴을 숨기신다는 관점에서 표현한다.

바울은 고린도후서 2:10에서 이스라엘과 하나님 사이의 관계에 있어 핵심적인 이 모티브를 채택하여 그리스도께 적용한다. 그러므로 자신에게 잘못을 한 사람을 고린도인들이 용서하게 할 목적으로 바울은 "그가 용서받은 것을 나 또한 디 휘마스 엔 프로소포 크리스투(δι' ὑμᾶς ἐν προσώπῳ Χριστοῦ, 너희를 위하여 그리스도 앞에서) 용서했다"고 말한다. 바울이 이러한 표현을 통해 의도하는 것은 주의 이름으로 한 맹세의 경우와 유사하다. 곧 그리스도께서 그의 진실함에 대한 신적 증인이 되어 주실 것이다.[71]

② 같은 언어와 주제 곧 바울이 신적인 권한을 그리스도께 전가시키는 모습은 고린도후서 8:21에 다시 나타난다. 이곳에서 바울은 예루살렘의 가난한 자들을 위한 연보의 문제에 있어 사신의 진실함을 변호한다. 그러나 바울은 잠언 3:4로부터 취한 표현을 직접적으로 취하여 연보의 관점에서 자신과 교회 그리고 세상 사이의 관계에 적용한다.

고후 8:21   προνοοῦμεν γὰρ καλὰ οὐ μόνον   ἐνώπιον κυρίου ἀλλὰ
                                           καὶ ἐνώπιον   ἀνθρώπων
잠언 3:4   καὶ προνοοῦ   καλὰ   ἐνώπιον κυρίου

---
71) Windisch, 91; Barrett, 93; Furnish, 158; Martin, 39; Thrall, 180-81.

고후 8:21　이는 우리가 **선한 일에 조심하려** 함이라 **주 앞에서만** 아니라
　　　　　　　　　　　　　　　καὶ　　　　　　ἀνθρώπων
　　　　　　　　　　　　　　　　　　　　　　　　사람 앞에서도

잠언 3:4　그리고　　　**선한 일을 생각하라**　　　**하나님과**
　　　　　　　　　　　　　　　　　　　　　　　　사람 앞에서

비록 이 경우 칠십인경 번역자는 다소 자유롭게 히브리 본문을 번역하고 있기는 하지만 본문은 바울이 퀴리오스 구문을 칠십인경으로부터 취하여[72] 그리스도께 적용하는[73] 또 하나의 예이다. 히브리 성경은 4절에서 "하나님/엘로힘(Elohim)"을 그리고 5절의 첫 행에서는 "주/여호와"라는 표현을 사용한다. 그러나 이유를 알 수는 없지만 칠십인경 번역자는 이스라엘의 하나님에 대한 명칭의 순서를 바꾼다. 어떤 경우든 바울은 "주"=여호와 앞에서 선한 일을 하고자 하는데 여기서 "주"는 주 예수 그리스도를 가리키는 것이다. 그러므로 그리스도를 칠십인경의 퀴리오스=여호와와 동일시함으로써 그리스도께서 또 하나의 신적인 권한을 가지신 것으로 바울은 전제하고 있다.

2) 고린도후서 2:17; 12:19- "하나님 앞"에서 "그리스도 안"에 있는 자로 말함

방금 살펴 본 내용을 고려할 때 바울이 고린도후서에서 자신이 "하나님 앞"에서 "그리스도 안"에서 한 말이 진실하다는 것을 두 번씩이나 확언하고 있다는 점은 기독론의 입장에서 볼 때 흥미롭다(2:17; 12:19). 여기서 바울은 하나님 아버지도 동일한 신적 권한을 가지신 것으로 가정한다. 하나님 앞에서 "그리스도 안"에 서 있다는 바울의 주장은 기독론적으로 중요하다. 바

---

72) Betz(77)는 칠십인경 본문이 "신약성경과는 매우 다른다"고 주장하는데 이것은 매우 놀라울 뿐이다. 사실상 유일한 차이점은 (필요에 따라) 동사를 변화시켰다는 것과 "~뿐만 아니라 ~도"라는 표현을 강조적으로 첨가했다는 것 뿐이다. 그래서 후자의 표현은 또 하나의 에노피온(ἐνώπιον)을 필요로 하는 것이다. 이것은 결국 바울이 구약 본문을 인용한 것이 아니라 본문 간의 관련적으로 사용했음을 보여주는 것이다.

73) Furnish(424)은 이러한 해석을 반박한다. 대신 그는 어떠한 증거나 논증도 없이 19절에서와 마찬가지로 이것이 하나님을 가리킨다고 주장한다. Thrall(552)은 이러한 해석의 가능성을 인정한다. Lambrecht(139)는 잘못 이해하고 또한 본문 상의 증거 없이 19절의 "주의 영광"을 "하나님의 영광"으로 해석한다.

울은 아마도 자신의 말이 신실한(=진실한) 것임을 뒷받침해 주기 위해 이러한 표현을 사용한 것으로 보인다. 비록 장소와 관계적 측면이 있기는 하지만 (곧 그는 정확하게 그의 현재적 존재가 "그리스도 안에" 있기 때문에 하나님 앞에 설 수 있다) 이 경우 "그리스도 안"이라는 표현을 통해 바울은 또한 맹세의 의미를 전달하려는 것으로 보인다. 어떤 경우든 고린도후서 12:10에서와 마찬가지로 이 표현은 바울 안에 있는 "그리스도의 진리"와 밀접한 관련을 맺고 있다.

3) 고린도후서 3:17- 주의 영

나는 앞서 이 본문에 대한 석의(pp. 286-291)를 하였으므로 이곳에서 다시 반복하지는 않을 것이다. 대신 기독론에 대한 연구를 위해 이 표현(주의 영)의 의미만을 따로 생각해 볼 것이다. 비록 바울은 다른 곳에서 세 번이나 성령을 "그리스도의 영"[74]이라고 표현하지만 유독 이곳에서는 칠십인경의 언어를 사용하여 성령을 "주의 영"이라고 부른다. 바울이 의도적으로 칠십인경 언어를 사용했다는 것은 바울 서신에서 유일한 표현인 토 프뉴마 퀴리우(τὸ πνεῦμα κυρίου)을 볼 때 분명하다. 이 표현에서는 정관사가 첫 번째 명사와 함께 사용된 반면 함께 한 속격에는 사용되지 않았다.

이러한 현상에 대한 최선의 설명은 관사가 의도적으로 애매한 점을 없애서, 곧 바로 출애굽기 본문의 "주"를 "성령"과 "동일시"할 것을 지시한다(혹은 이로부터 채용할)는 것이다. 바울의 실제적인 표현은 호 데 퀴리오스 토 프뉴마 에스틴(ὁ δὲ κύριος τὸ πνεῦμά ἐστιν, 이제 "주"는 영을 말한다)이다. "성령"이 누구이신지를 분명히 하게 될 구절을 시작함에 있어 바울은 이와 같이 명확한 "퀸시"="방금 언급된 성령"을 사용한다. 그러나 그가 사실상 성령의 신원을 밝힐 때 바울은 다시 관사 없는 퀴리우를 사용한다. 이러한 방식은 칠십인경 번역자들이 여호와의 이름을 위해 사용하게 된 아도나이를 해설할 때 지배적으로 사용하는 방식이며 이어 퀴리오스를 이 경우 하나님의 칭호가 아니라 하나님의 이름으로 생각하고 있었다는 것을 암시해 준다.

현재 우리의 연구에서 중요한 것은 오직 여호와만을 지칭할 때 사용하는

---

74) 갈 4:6("그의 아들의")와 롬 8:9("그리스도의") 그리고 빌 1:19("예수 그리스도의")을 보라. 그 이상의 논의를 위해서는 제16장, pp. 861-863 을 보라.

또 하나의 칠십인경 표현을 분명히 그리스도를 가리키기 위해 사용하고 있다는 점이다. 그러므로 여호와의 성령은 바울에게 있어서 살아계신 그리스도의 영으로 이해되며 이것은 기독론적으로 매우 중요한 것이다.

4) 고린도후서 5:9-"주를 기쁘시게" 하는 삶; 고린도후서 5:10-"그리스도의 심판대"; 고린도후서 11:2-"그리스도께 너희를 드리려고"

이 땅의 "썩을" 몸이 새로운 육신을 입게 되리라는 열망을 담고 있는 본문(4:7-5:5)으로부터 바울은 5:6에서 시작되는 결론부로 나아간다. 결론에 해당하는 이 부분에서 바울은 또한 "그(그리스도)를 기쁘시게 하는 것을 우리의 목적으로 삼아야 한다"(9절)고 고린도인들을 미세한 필치로 권고한다. 이 문단에서는 전체적으로 "주"에 대한 언급이 지배적이며 바울에게 있어 언제나 그렇듯이 이 칭호는 그리스도를 가리킨다.

비록 특별한 언어가 사용된 것은 아니지만 바울은 첫 번째 문장에서 "거함"의 모티브를 계속해서 사용한다. 이와 같이 우리의 현재 육체적 존재는 "주와 따로 거함"이라는 관점에서 표현되며(6절) 또한 주의 영원한 임재 안에 있는 우리의 종말론적 부활의 생명을 가리키고 있다. 그러므로 우리는 이 땅에서 믿음으로 살고 보이는 것으로 아니한다(7절). 같은 방식으로 우리의 종말론적인 존재는 "주와 함께 거함"이라는 관점에서 표현된다(8절). 바울은 거의 "하늘"을 동경하지 않는다. 다만 자신을 구원하신 주와 영원히 함께 하기만을 열망할 뿐이다.[75]

이와 함께 바울은 그리스도를 이 땅에서 이루어진 사람들의 행동에 대해 최후 심판을 내리는 신적인 권한을 가지신 분으로 묘사한다. 바울은 9절에서 "그런즉 우리는 거하든지 떠나든지 유아레스토이 아우토 에이나이(εὐάρεστοι αὐτῷ εἶναι, 그〈주〉를 기쁘시게 하는 자) 되기를 원하노라"라고 주장한다. 하나님과의 관계와 관련이 있는 구약의 개념이 이제 그리스도를 기쁘시게 한다는 관점에서 표현된다.[76] 주이신 그리스도께서 이 신적인 권한은 갖는다는 것

---

75) 이 문제에 대해서는 제9장 pp. 612-614을 보라.
76) 두 개의 서로 다른 (상호 교환 가능한) 단어 (형용사 유아레스토스〈εὐάρεστος〈여기에 사용되었다〉와 동사 아레스케인〈ἀρέσκειν〉)를 사용하여 바울은 일반적으로 하나님을 기쁘시게 할 것을 말한다(살전 2:15; 4:1; 롬 8:8; 12:1-2; 14:18; 빌 4:18). 그러나 고전 7:32과 이곳에서는 "주(=그리스도)를 기쁘시게 하라고" 말한다.

은 매우 드물게 나타나는 표현이다(제3장 고전 7:32에 대한 논의를 참고하라, p. 234).
우리의 삶으로 그리스도를 기쁘시게 해야 하는 이유는 10절에서 발견된다. 이곳에서 바울은 또 다른 신적 권한을 논증의 필요 없이 그리고 당연하게 그리스도께 돌린다. 정의롭고 절대적인 우주의 통치자이신 하나님은 홀로 마지막 날 모든 사람들에게 종말론적 심판을 내리게 될 것이다. 이점은 하나님에 대한 후기 유대교의 이해에 있어서 다른 무엇보다 명확했던 점이다. 심지어 전도서와 같은 지혜서에서는 호티 쉰 판 토 포이에마 호 데오스 악세이 엔 크리세이 엔 판티 파레오라메노 에안 아가돈 카이 에안 포네론(ὅτι σὺν πᾶν τὸ ποίημα ὁ θεὸς ἄξει ἐν κρίσει ἐν παντὶ παρεωραμένῳ ἐὰν ἀγαθὸν καὶ ἐὰν πονηρόν, 하나님은 모든 행위와 모든 은밀한 일을 선악간에 심판하시리라)이라는 말로 끝을 맺는다(12:14). 사실상 에이테 아가돈 에이테 파월론(εἴτε ἀγαθὸν εἴτε φαῦλον)이라고 말할 때 바울은 아마도 이 전도서 본문의 마지막 표현을 반영하고 있는 것으로 보인다.[77]
어떤 경우든 현재 우리에게 중요한 것은 로마서 14:10에서는 같은 심판이 "하나님의 베마(βῆμα)"로 언급된다는 점이다. 비록 로마서의 경우 후기 필사가들은 "하나님"을 "그리스도"로 바꾸었으며 이것은 이해할만하다. 내가 반복해서 말하지만 다른 곳에서 전적으로 신적인 권한으로 묘사되는 것을 바울은 온전히 신적인 아들에게 돌리고 있다.[78]
고린도후서 11:2에서 또한 우리는 또 하나의 종말론적인 표현을 찾아볼 수 있다. 이곳에서 바울은 "너희를 그리스도께 드리려는" 자신의 열심에 대

---

77) 예를 들어 Kreitzer(*Jesus and God*, 107)을 보라. 그는 이 부분에서 나보다 더 확신에 차있다(그의 "아마도"는 "그것을 암시하기로 한 바울의 결정"으로 발전한다). 내가 주저하는 이유는 두 가지이며 이 두 가지는 모두 바울이 전도서의 포네로스(πονηρὸς)가 아니라 파울로스(φαῦλος)를 사용한다는 사실과 관련이 있다. 첫째 바울은 롬 9:11에서 아직 태어나지 않은 이삭과 에서에 관해 말할 때 이와 동일한 어순으로 말한다. 이것은 일종의 숙어적 표현으로 보인다. 둘째로 현재의 본문에는 (롬 9에서는 그렇지 않지만) 또한 본문 상의 이문이 존재한다. 그러나 이문은 칠십인경의 포네로스가 아니라 카콘(κακὸν)을 따른다. 이것은 필사가가 전도서 본문을 염두에 두고 있지 않다는 것을 암시하는 것이다.
78) 참고로 Barrett은 롬 2:16을 이 논의에 포함시킨다. "(이 문제에 있어서) 형식상의 일관성이 결여된 것은 기독론적으로 중요하다. 하나님은 심판을 내리시지만 예수 그리스도를 통해서 그렇게 하신다. 그러므로 예수 그리스도는 심판하시지만 그의 심판은 하나님의 심판이다"(160).

해 말한다. 이곳에서 바울은 신부의 아버지로서의 이미지를 사용하는데 유대교 문화에서 아버지는 정혼한 딸을 보호하여 그녀의 "순결"을 결혼식 날 신랑에게 드리게 된다. 바울은 이제 "신부의 아버지" 역할을 맡는다. 이때 "신랑"은 "하나님"이라기보다는 일반적으로 우리가 기대하듯이 그리스도이다.[79] 어쨌든 본문은 바울이 실제적인 방법으로 고린도인들과 함께 종말에 하나님 앞이 아니라 그리스도 앞에 나타나게 될 것이라고 말하는 또 하나의 예이다. 바울이 이런 식으로 말하는 이유는 문맥상 충분히 설명할 수 있지만 이곳에서 내가 말하고 싶은 요점은 단지 구약에서 그의 백성과 함께 하시는 하나님에 대해 사용되는 이미지를 바울이 그리스도에게 쉽게 적용하여 사용한다는 점이다.

5) 고린도후서 5:11 - "주의 두려우심"

여전히 같은 문맥에서 바울은 추론의 운(οὖν, 그러므로)을 사용하여 4:7-5:10에서 말한 모든 것을 자신의 상황에 적용한다. 그리고 가장 가까운 문맥인 10절이 "그리스도의 심판대"에 대한 언급하고 있기 때문에 바울은 "톤 포본 투 퀴리우(τὸν φόβον τοῦ κυρίου, 주의 두려우심)를 알므로"라는 표현을 선택한다. 이 표현은 정경 지혜 문학의 중요 개념으로서 "두려움"에서부터 하나님 앞에서 마땅히 가지게 되는 "경외"에 이르기까지 다양한 의미로 사용되기는 하지만 후자의 의미가 보다 더 지배적이다. 이곳에서 "주의 두려우심"이란 그에 대해 무서워 한다는 것을 뜻하는 것이 아니라 그가 최후 심판관이 되신다는 점에서 그 앞에서 마땅한 경의와 경외를 가지고 살아간다는 것을 뜻한다. 그러므로 바울은 이곳에서 또 하나의 중요한 구약 표현 곧 퀴리오스=칠십인경의 여호와를 선택하여 그리스도께 적용한다. 한 편 이 문구가 바울 서신에서 오직 한 번 사용된다는 점으로 볼 때 바울이 이 표현을 배타적으로 그리스도에 관해서만 사용한다는 것을 알게 된다.[80]

---

79) 다시 말해, 이것은 구약에 사용된 친숙한 관용구이다. 구약에서 이스라엘은 종종 여호와와 약혼하거나 결혼하는 것으로 묘사된다. 사 54:5-6; 62:5; 겔 16:8; 호 2:19-20을 참조하라.

80) 전후 문맥(10절에서 "심판주"는 그리스도이다)과 6-9절에서 퀴리오스를 여러 번 그리스도를 지칭하기 위해 사용했다는 사실을 고려한다면 (참고로 Bultmann⟨146⟩은 "물론 퀴리오스는 그리스도"라고 주장한다), Furnish가 (강조하면서) "주의 두려우심"을 하나님께 적용하는 것(146)은 놀라울 뿐이다.

6) 고린도후서 10:5 - "그리스도께 복종함"

누군가에게 복종한다는 것은 그 자체로 꼭 신적인 권한을 나타내 주는 것은 아니다. 사실 하나님께 복종한다는 표현은 성경에 거의 사용되지 않고 대신 사람이 그의 계명에 복종한다고 표현된다.[81] 그러나 본문에서 요청하고 있는 복종은 하나님 한 분께만 드려야 할 궁극적인 복종이다. 바울이 여기서 다루고 있는 것은 대적자들의 잘못된 주장과 거짓된 가르침이다. 바울을 대적하여 "전쟁"을 하고 있는 자들은 "하나님을 아는 것을 대적하여" 자신을 높이 쌓고 있는 자들로 묘사된다. 자신의 영적인 병기(4절)를 사용하여 바울은 대적들과 더불어 신적인 복종을 목적으로 하는 전쟁을 하려 한다. 이 경우 복종은 "그리스도에게 대한 복종"으로 표현된다. 그러므로 여기서 또 하나의 신적인 권한이 그리스도께 돌려지고 있다.

7) 고린도후서 11:10 - 바울 속에 있는 "그리스도의 진리"에 기초한 호소

이전 서신들에서 그리고 성경적인 전통과 맥을 같이 하여 바울은 "주의 이름"으로 맹세하였다. 여기서 주는 이제 예수 그리스도이다.[82] 약간 다른 방식으로 그리고 실제로 맹세는 아니지만 바울은 자신 안에 있는[83] "그리스도의 진리"에 호소한다. 이것은 바로 바울이 그리스도를 (성령으로) 그 안에 거주하시는 분으로 이해하고 있다는 것을 말해 주는 것이다.[84] 그리고 만일 하나님의 모든 약속이 하나님의 아들 그리스도 안에서 "예"(=진실하심, 신뢰할 수

---

81) 하나님께 대한 직접적인 순종에 대해서는 예를 들어 신 4:30을 보라. 그러나 신명기 전체에서 (그리고 다른 곳에서도) 순종은 하나님의 계명을 지키는 것으로 표현된다.
82) 이 문제에 대해서는 제2장 데살로니가전서에 대한 논의(pp. 102, 131-132)와 제3장 고전 1:3에 대한 논의(pp. 226-227)를 보라.
83) 바울이 이것을 실제적인 맹세로 간주했는지(대부분의 학자들이 그렇게 생각한다)는 특별히 중요한 문제는 아니다. 왜냐하면 Thrall(687)이 말했듯이 바울이 이곳에서 말하는 것은 어떤 경우든 한 가지이나.
84) 대부분의 학자들은 이것을 주어 속격("근원"이나 "기원")으로 본다. 그러나 이 맹세는 무엇인가를 보증하기보다는 "진리"를 보다 객관적인 것으로 이해하도록 해주는 것으로 보인다. 어떤 경우든 Furnish(493)는 이것이 복음을 가리킨다는 입장을 반박한다. 바울은 어떤 객관적인 진리가 아니라 그가 말하려고 하는 것이 절대적으로 신뢰할만한 것이라는 점에 호소하고 있다.

있음(1:18))가 되며 또한 그리스도께서 바울 안에 거하신다면 진리이신 그리스도는 동시에 바울 자신의 말을 보증하시게 되는 것이다. 이것은 성경적 계시에 있어서 기본적으로 하나님을 위해 사용되는 그런 종류의 표현이다. 사실 이사야 65:16에서 하나님께서는 "이러므로 땅에서 자기를 위하여 복을 구하는 자는 진리의 하나님을 향하여 복을 구할 것이요 땅에서 맹세하는 자는 진리의 하나님으로 맹세하리니"라고 분명히 말씀하신다. 바울에게 있어서 그의 "자랑"이 헛되지 않다는 것을 보증하는 "진리"는 그리스도와 함께 머물러 있다. 그는 바울 속에 거하셔서 그 자신의 신실하심을 보증하신다.

8) 고린도후서 12:1-"주의 계시"

바울 서신에서 매우 복잡한 구절들 가운데 하나에서 바울은 일시적으로 대적들과 더불어 "영적 체험 시합"을 하기로 한다. 이를 통해 바울이 의도하는 것은 이러한 영적 체험이 진정한 사도됨을 가늠하는 기준으로서는 그리 중요한 것이 못된다는 것을 말하는 것이다.[85] 대적들은 바울의 약함을 경멸했던 반면 바울은 자신의 약함이 그리스도 - 바울은 그의 복음을 증거한다 - 를 반영하는 것이기에 오히려 이 약함을 자랑한다. "계시"에 대해 말할 때 바울은 대적들의 허를 찌르기 위해서 또한 고린도인들이 경험에 대해 적절한 자리매김을 하도록 돕기 위해서 알려져 있지 않은 계시에 대한 이야기를 들려준다.

우리에게 중요한 것은 이야기 자체의 개략적인 표제로서 사용되는 표현인 옵타시아스 카이 아포칼립세이스 퀴리우(ὀπτασίας καὶ ἀποκαλύψεις κυρίου, 주의 환상과 계시)이다. 비록 대부분 속격 퀴리우(κυρίου)를 주격으로 간주하여[86] 그리스도는 이러한 경험의 근원이 되신다는 식으로 이해하지만 이 보다는 그리스도께서 환상과 계시의 대상이 된다고 이해하는 것이 더욱 그럴듯하다.[87] 이러한 해석은 바울이 이 표현을 다른 곳(롬 2:5; 8:19; 고전 1:7; 갈 1:12)

---

85) 이러한 관점에 대한 보다 충분한 논의를 위해서는 Fee, *God's Empowering Presence*, 347-50을 보라.
86) 번역과 관련해서는 NIV/TNIV, REB, NJB, GNB (TEV), NLT와 NET BIBLE을 참조하라(아무런 설명도 없다!). 참고로 각각의 주석에서 Bultmann, 219; Furnish, 524; Martin, 397(이런 식으로 해석하는 많은 학자들의 목록을 제시한다), Barnett, 559; Barrett(307)과 Matera(277)는 여기 사용된 속격이 주격과 목적격 모두로 사용된다고 제안한다. 이러한 관점을 거부해야 하는 이유에 대해서는 다음 각주를 보라.
87) Fee, *God's Empowering Presence*, 150 각주 192를 보라. 또한 Hughes, 427 각주

에서 사용하는 방식과도 일치하며 또한 결국 이곳에 나타난 바울의 핵심적인 관심사와도 일치하는 것으로 보인다. 다시 말해 다른 많은 사람들이 생각하는 것과는 달리 대적자들이 자랑하는 것은 단지 계시적인 경험 자체가 아니다. 오히려 그들의 자랑이 특별한 관심을 가지는 이유는 이 계시적 경험 속에서 그리스도를 보았다고 그들이 주장하기 때문이다.

이런 이유로 우리는 이 표현을 현재 논의에 포함시키게 되었다. 여기에 바울이 그리스도께 적용하기 위해 사용하는 또 하나의 구약 개념이 있다. 에스겔은 "하나님의 이상"(호라세이스 데우⟨ὁράσεις θεοῦ⟩)을 처음으로 경험한 시점에 대해 언급함으로써 그의 선지자적 사역을 시작한다. 이곳에서 바로 이어 사용되는 "이상"의 내용은 비록 간접적이기는 하지만 궁극적으로는 하나님에 대한 것이다. 바울에게 있어 그리스도는 이러한 경험 속에서 계시된 분이시다.

9) 고린도후서 12:8-10 - "주께로" 향한 기도

이전 서신들에서 발견되는 기도의 패턴과도 같이[88] 바울은 사단적인 "육체의 가시"로부터 벗어나기 위해 그가 주께 드렸던 세 차례의 기도에 대해 언급한다. 기도를 드렸던 주는 그리스도 예수일 수밖에 없다는 것은 바울이 일관적으로 그리고 본질적으로 배타적으로 사용하는 퀴리오스 칭호에 의해 분명해진다. 물론 이 칭호는 본문에서 전후 문맥을 통해 볼 때 그리스도를 가리키는 것이다. 바울의 간구에 대한 신적 응답은 "내 은혜가 네게 족하도다"로 요

97; Thrall, 775; Lambrecht, 200을 보라. 비록 이것은 소수의 의견일지라도 이러한 해석에 반(反)하는 것은 사실상 여기에 소개되는 "계시"가 이후 구절들에서 자세히 설명되지 않는다는 점뿐이다. 그러나 이것은 우리의 논의와는 무관해 보인다. 왜냐하면 바울은 해당 구절을 "표제"로 사용하려고 했으며 거의 확실히 이 표제는 대적들이 사용했던 표현에서 유래한 것이기 때문이다. 바울 서신과 칠십인경에 사용된 이 속격이 나타내는 일반적인 의미는 이상과 계시 속에 보이는 분으로서의 "주"이다. 특별히 Thrall, 774-75의 논증을 보라.

88) 제2장 데살로니가전·후서에 대한 논의를 보라(pp.108-112, 187-143). Windisch(388)과 Héring(93 각주 20)는 (후사의 경우 더욱 강조적으로) 고린도후서의 본문은 진위가 분명한 바울 서신에서 기도가 직접적으로 그리스도께 드려지는 유일한 예라고 주장한다(Matera⟨284⟩는 찬성하며 Windisch를 인용한다). 그러나 데살로니가전서와 고린도전서로부터의 증거들이 보여주는 것처럼 이러한 주장은 분명히 성립될 수 없다. 이 문제에 대해서는 Hurtado, *Lord Jesus Christ*, 138-43을 보라.

약될 수 있다. 한편 고린도후서 결론부의 축도에서 바울은 "사랑"을 하나님 아버지께로부터 기인한다고 말하듯이 이 "은혜"를 그리스도께로부터 기인하는 것으로 묘사한다. 더욱이 바로 다음 구절에서 바울은 이러한 신적인 결정을 수용하게 되는데 이 장면에서 바울은 "그리스도의 능력"이 자신 안에서 역사하며 또한 "그리스도를 위하여" 이러한 연약함을 인내한다고 말한다.

다시 한 번 주목할 것은 바울이 아주 쉽게 하나님께 기도하듯이 그리스도께 기도하며[89] 유일신 사상에 위배된다는 의식 없이 이러한 기도를 보고하고 있다는 점이다. 이것은 부활하신 그리스도를 바울이 "아버지의 오른편에 앉아계셔서"(시 110:1) 바울 자신을 위해 중보하시는 "주"로서 전제하고 있다는 것을 보여주는 것이다. 이러한 역할은 다른 무엇보다 신적인 권한임이 틀림없다.

10) 고린도후서 13:13(14) - 삼중적 축도 속에 표현된 그리스도

고린도인들이 "주 예수 그리스도의 은혜" 받기를 기원하는 축도와 함께 바울은 고린도후서를 마무리 한다. 이것은 앞선 본문과 바울의 전체적인 습관에 밀접하게 관련이 되어 있는 것이다. 그러나 바울 서신 중에서는 단지 이곳에서만 바울은 아버지와 성령을 축도에 덧붙인다. 그리하여 그리스도와 아버지 그리고 성령을 포함하고 있는 독특한 삼중적 기도로 끝을 맺는다. 그러므로 우리는 바울이 분명하게 그리스도와 성령을 하나님 아버지와 같은 맥락에 위치시키는 세 개의 본문(고전 12:4-6; 엡 4:4-6) 가운데 두 번째 본문 특별히 축도의 형식을 가진 본문을 만나게 된다.

13:13   ἡ χάρις τοῦ κυρίου Ἰησοῦ Χριστοῦ
         καὶ ἡ ἀγάπη τοῦ θεοῦ
         καὶ ἡ κοινωνία τοῦ ἁγίου πνεύματος
            μετὰ πάντων ὑμῶν

13:13   **주 예수 그리스도의 은혜와**
         아버지의 사랑과
         성령의 교통하심이

---

89) Furnish, 530을 참조하라.

제4장 고린도후서에 나타나는 기독론   313

너희 무리와 함께 (있을지어다)

바울이 열등한 기독론을 주장하였다면 그는 그리스도와 성령의 역할을 하나님 아버지의 역할 아래 종속시켰을 것이다. 그러나 바울은 그렇게 하지 않는다. 그는 성삼위 안에서 각 위격이 각자의 특별한 신적 속성으로 고린도인들을 축복하게 되기를 바란다. 이 경우 신적인 삼위에게 유래하는 것으로 간주되는 속성은 교회 안에서 항시적으로 역사하는 삼위의 사역을 각각 가장 특징적으로 보여주는 속성이라고 말할 수 있다. 곧 모든 것은 궁극적으로 하나님의 사랑을 나타낸다. 그러나 이것은 그리스도의 죽음과 부활에 나타난 그리스도의 은혜를 통하여 역사적으로 표현된다. 그리고 이제 함께 아버지의 영임과 동시에 아들의 영이신 성령에 참여함으로써 하나님의 백성들은 하나님의 사랑을 받을 수 있게 되었다.

정확하게 이와 같은 기도가 교회로 하여금 하나님에 대한 존재론적 삼위일체의 관점에서 공식화하도록 해 주었으며 그리스도를 완전한 신성으로 이해함에 있어서 바울이 취했던 모범을 따르게 해 주었던 것이다.[90]

6. 그리스도 헌신과 구원론- 고린도후서 5:14-6:2

지금까지 우리는 바울의 그리스도에 대한 이해(기독론)와 하나님의 "구원"의 수단인 그리스도의 죽음과 부활에 대한 이해(구원론) - 하나님의 이름을 위한 한 백성을 창조하는 새 언약의 수단 - 사이의 관계에 대해 말할 기회가 없었다. 바울이 지금까지 구원에 있어서 그리스도의 역할을 언급하지 않은 것은 아니다. 그는 실로 그렇게 했다.[91] 그러나 이 시점에 이르기까지 바울은 "우리를 위한" 그리스도의 죽음이 어떤 방법으로 이루어졌으며 또한 어떤 의미를 갖게 되는지에 대한 해설을 제공하지 않았다. 그러나 현재 본문으로부터 상당한 변화가 나타나기 시작한다. 이 본문을 바울 기독론에 대한 논의에 포함시키는 이유는 다른 곳에서는 진재된 것으로 인식해야만 했던 것을 현재 본문이 분명하게 표현하고 있기 때문이다. 우리를 위해 죽으신 분이 누구이

---
90) 또한 Barrett, 311과 Barnett, 619도 같은 입장이다. 대부분의 주석가들은 이 초기 "삼위"께 드려지는 삼중기도의 중요성을 주목하고 있다.
91) 예를 들어 살전 5:10-11; 고전 1:30-31; 5:7; 6:11; 8:11; 11:25-26; 15:3-4을 보라.

시냐 하는 것은 그리스도 사건에 대한 바울의 이해에 있어서 절대적으로 중요하다.

복음 자체에 대해 처음으로 다소 긴 설명을 시작하게 될 때에도 바울은 여전히 자신의 사도됨의 자격을 길게 변론하고 있던 중이었다(위 pp. 282-286 을 보라). 이 경우 복음은 화목이라는 관점에서 서술되는데 이 점은 충분히 이해할만하다.

현재 본문이 우리의 논의에서 강조되어야 하는 또 다른 이유는 이후 갈라디아서에 나올 내용이 이곳에 예고되어 있기 때문이다. 바울 서신 전체를 통틀어 그리스도의 중심되심에 대한 강조는 갈라디아서에서 그 정점에 달한다. "죄를 알지도 못하신 자"라는 표현의 중요성에 대해 논의할 때 우리는 이미 현재 고린도후서 본문을 부분적으로 살펴보았다(pp. 270-273). 이곳에서는 현재 우리의 연구에 있어 중요한 두 가지 특징만을 살펴보고자 한다. 첫째로 14절부터 시작되는 본문 전체는 그리스도 중심적이면서 동시에 하나님 중심적이다. 이 문제에 대해 어떠한 입장을 취하는가는 부분적으로 해석자가 무엇을 찾고자 하는가 혹은 두 가지 강조점들 가운데 어떤 것에 중심을 두고 싶은가와 관련이 있다. 둘째로 이곳에서 우리는 바울의 구원에 대한 완벽한 문법을 발견하게 된다. 이 문법을 우리는 데살로니가후서 2:13에서 처음으로 주목하여 보았으며 다시 고린도전서 8:6에서 살펴보았다. 곧 하나님 아버지는 언제나 만유의 궁극적인 근원으로 묘사된다. 그러나 하나님께서 사랑 안에서 우리의 구원을 위해 계획하셨던 모든 것은 그리스도에 의해 성취되었다. 그러므로 사실상 만약 하나님께서 이들 본문에 있어 처음이라면 그리스도는 끝이라고 말해도 과언이 아니다. 이러한 이해는 18-21절에서 바울이 "화목"에 대해 해설할 때 특별히 (문자적으로) 더욱 사실로 나타난다. 본문은 "모든 것이 하나님께로 났나니"로 시작한다. 그리고 하나님은 그리스도께서 행하시는 모든 것의 궁극적인 원천이시다. 그러나 마지막 말은 엔 아우토 (ἐν αὐτῷ, 그〈그리스도〉 안에서)이다.

이 모든 것의 최종 결과는 마찬가지로 이중적이다. 한 편으로 우리의 구원이 하나님의 뜻과 동시에 우리를 위해 자발적으로 행하신 그리스도의 활동에 기초를 두고 있기 때문에 바울은 문맥에 따라 원하는 대로 하나님이나 혹은 그리스도의 역할을 강조할 수 있다. 그러나 바울이 같은 문맥에서 이 두 역할을 결합하게 될 때 이들 사이의 관계는 언제나 바로 이전 문단에서 살펴본 대로다.

다른 한 편으로 특별히 바울이 그리스도의 사역과 그리스도와의 관계에 초점을 맞추게 될 때 내가 "그리스도 헌신"이라고 부르는 바울의 강조점을 놓치는 사람은 아무도 없을 것이다. 복음에 대한 바울의 이해에 있어 그리스도의 중심성이란 단순히 역사적인 실재나 신학적인 통찰 그 이상을 의미한다. 나중에 빌립보서에서 그리스도에 대한 전적인 헌신으로 표현되는 것은 이미 이전 서신들에 잘 반영되어 있다. 따라서 바울이 그리스도를 향하여 보여주는 그러나 하나님 아버지께는 거의 표현되지 않는 이러한 헌신 속에 바울의 고유한 기독론이 존재한다고 제안한다.[92] 나는 어떻게 이러한 이해가 이 위대한 본문 속에서 작동하고 있는지를 살펴봄으로써 나는 이번 장을 마무리할 것이다. 이 본문은 두드러진 두 부분 곧 14-17절과 18-21절로 구성된다.

1) 새로운 질서를 세우신 그리스도 (고후 5:14-17)

이 첫 번째 부분에서 바울은 단지 그리스도만을 언급한다. 바울의 마지막 부분의 바울이 전한 십자가에 못 박히신 메시아와 그의 십자가 사도권 모두에 대해 의심을 품고 있던 고린도인들을 향해 바울은 마지막 부분에서 자신을 강권하여 인도하는 것은 "그리스도의 사랑"이라고 주장한다. 이 강권함은 그리스도의 죽으심과 부활에 관한 바울의 깊은 확신에서 나오는 것이다(14절). 그리스도의 죽음이 모든 사람을 대신한 것이므로 그의 죽음은 전 인류가 죽음의 선고 아래 있다는 것을 의미한다. 그리고 그리스도의 부활이 의미하는 것은 새로운 질서 속에서는 단지 그리스도께서 살리시는 자만이 사실상 살아있는 자라는 것이다. 그러므로 (하나님의 새 질서 속에서) 사는 자들은 이제 그들을 위해 죽으셨다가 다시 사신 자를 위해서만 살게 되는 것이다(15절). 더욱이 그리스도의 죽으심과 부활을 통해서 도래하게 된 새로운 질서는 고린도인들이 이 세상을 바라보는 현재의 관점을 무효화한다. 왜냐하면 그들의 가치관은 "옛 시대"(카타 사르카〈κατὰ σάρκα, 육체를 따르는〉)의 관점을 반영하고 있기 때문이다. 그리스도니 그 외 사람이나 사물을 이러한 관점으로 바라보는 것은 더 이상 유효하지 않다(16절). 왜인가? 그것은 그리스도 안에 있다는 것은 새 창조에 속한다는 것을 의미하기 때문이다. 이전 것은 지나

---

92) 제11장 pp. 720-729를 보라.

갔고 새로운 것이 도래하였다(17절). 이 혁신적이고 새로운 질서에 대한 관점 - 십자가에 의해 특징지어지는 부활의 생명 - 은 바울이 생각하고 행동하는 모든 것의 핵심에 놓여 있다(빌 3:4-14을 참조하라)고 이해하는 것은 결코 지나친 말이 아니다. 그리스도를 향한 그의 전적인 헌신에 대한 "이유"를 찾기란 어렵지 않으며 나는 이 헌신이 본래 상당히 기독론적 색채를 띠고 있었다고 제안하는 바이다.

2) 그리스도, 하나님의 화목의 수단 (고후 5:18-21)

우리를 위한 죽음으로 표현되는 그리스도의 사랑이 가져오는 결과로부터 시작하여 바울은 이제 그 수단에 대해 설명한다. 20절에 나타난 적용을 제외하고 이제 하나님은 모든 문장의 문법적 주어가 된다. 모든 것은 "우리"(너희 고린도인들과 나)를 그리스도를 통하여 자신과 화목케 하신 하나님으로부터 말미암는다. 그리고 그는 우리에게 (특별히 나에게) 화목의 직분을 주셨다. 이와 더불어 우리는 핵심적인 본문 19절에 이르게 된다. "하나님"은 여전히 주어이며 하나님과 그리스도 사이의 관계는 이제 상당히 (의도적으로?) 모호하게 우리에게 열려 있게 된다. 그러나 기독론은 상당히 중요하다. 이 본문의 핵심적인 부분은 다음과 같다.

5:19 θεὸς ἦν   ἐν Χριστῷ κόσμον   καταλλάσσων ἑαυτῷ
     <u>하나님께서</u> **그리스도 안에** <u>계시사</u> 세상을 <u>자기와 화목하게</u> 하시며

우리에게 중요한 것은 이 구절에 구두점을 어떻게 찍느냐하는 것이다. 문장 구조 자체로 볼 때 이와 관련된 결정은 다양하게 나타날 수 있다. 바울은 전치사구("그리스도 안에")와 화목의 대상을("세상을") 사용하여 연결 동사("계시사")와 재귀대명사를 가진 분사("자기와 화목하게 하시며")를 분리시킨다. 이 문장 순서를 통해 바울이 의도한 것은 무엇일까? 다음 세 가지 경우가 있을 수 있다.

① 성육신 안에서 하나님은 세상을 자신과 화목케 하셨다. 이 경우 "그리스도" 다음에 쉼표가 필요할 것이다. 이렇게 본다면 세상을 자기와 화목케 하실 때 하나님은 그리스도 안에 계셨다.

② "그리스도 안에서"(즉 그리스도의 사역을 통해) 하나님은 세상을 자기와 화목하게 하셨다. 이 경우 쉼표는 "그리스도 안에서" 앞뒤에 찍어야 할 것이다. 곧 하나님은, 그리스도 안에서, 세상을 자기와 화목케 하셨다.

③ 하나님께서 세상을 자기와 화목시킬 때에 하신 일에 있어서 보다 많은 강조가 그리스도께 주어진다. 이 경우 쉼표가 필요 없을 것이다. 그래서 문장은 모호한 상태로 남게 된다. 하나님은 그리스도 안에서 세상을 자신과 화목케 하시며.

첫 번째 선택은 KJV을 통하여 영어권에 소개되었으며 오랫동안 지배적인 관점이 되었다. 이제 지배적인 관점은 대부분의 최근 영어 번역본에서 발견되는 두 번째 옵션으로 기울고 있다. 그러나 두 번째 입장은 엔…카탈라손($\hat{\eta}\nu$ … $\kappa\alpha\tau\alpha\lambda\lambda\acute{\alpha}\sigma\sigma\omega\nu$)을 설명적 미완료(paraphrastic imperfect) 구문으로 간주하는 경향이 있다. 그러나 문제는 "-이다" 동사가 이 동사를 완성시키기 위해 사용된 분사와 어느 정도 간격을 두고 사용된 경우를 바울 서신에서는 찾아볼 수 없다는 것이다. 이러한 이유로 나는 세 번째 입장이 가장 바람직하다고 생각한다. 바울은 엔($\hat{\eta}\nu$)뒤에 엔 크리스토($\acute{\epsilon}\nu$ $X\rho\iota\sigma\tau\hat{\omega}$)를 곧바로 붙여 사용함으로써 의도적으로 모호한 입장을 취한다. 확실히 전치사는 대행의 의미를 갖는 전치사로 보인다(두 번째 옵션에서와 마찬가지로). 그러나 동시에 이것은 아버지와 아들 사이에 가장 가까운 종류의 관계를 암시한다. 세상을 자신과 화목시키려고 할 때 하나님 자신은 그리스도 안에서 일하고 계셨다.

비록 이러한 이해는 전통적인 의미에서 성육신은 아니지만 바울이 아버지의 뜻과 아들의 구속 사역 사이의 밀접한 관계를 그리고 있다는 것을 암시한다. 그리고 바울이 아들을 열정적이고 헌신적으로 따르는 자가 된 것은 바로 이러한 인식 때문이었다. 구속에 있어서 그리스도께서 담당한 우선적인 역할을 고려하지 않은 채 바울의 기독론을 논한다는 것은 위험천만하다. 이러한 결론은 우리를 다음 장, "갈라디아서에 나타나는 기독론"으로 안내한다.

부록 I: 본문들

(괄호 [[ ]]는 오직 하나님만을 가리키는 언급하는 본문을 가리킨다. 삼중 괄호 [[[ ]]] 안에 이탤릭체로 쓰여진 것은 퀴리오스()가 여호와를 의미하는 칠십 인경 인용을 가리킨다).

1:1 Παῦλος ἀπόστολος **Χριστοῦ Ἰησοῦ** διὰ θελήματος θεοῦ καὶ Τιμόθεος ὁ ἀδελφὸς τῇ ἐκκλησίᾳ τοῦ θεοῦ τῇ οὔσῃ ἐν Κορίνθῳ σὺν τοῖς ἁγίοις πᾶσιν τοῖς οὖσιν ἐν ὅλῃ τῇ Ἀχαΐᾳ,

1:2 χάρις ὑμῖν καὶ εἰρήνη ἀπὸ θεοῦ πατρὸς ἡμῶν καὶ **κυρίου Ἰησοῦ Χριστοῦ**.

1:3–5 ³Εὐλογητὸς ὁ θεὸς καὶ πατὴρ τοῦ **κυρίου ἡμῶν Ἰησοῦ Χριστοῦ**, ὁ πατὴρ τῶν οἰκτιρμῶν καὶ θεὸς πάσης παρακλήσεως, ⁴ὁ παρακαλῶν ἡμᾶς ἐπὶ πάσῃ τῇ θλίψει ἡμῶν εἰς τὸ δύνασθαι ἡμᾶς παρακαλεῖν τοὺς ἐν πάσῃ θλίψει διὰ τῆς παρακλήσεως ἧς παρακαλούμεθα αὐτοὶ ὑπὸ τοῦ θεοῦ. ⁵ὅτι καθὼς περισσεύει **τὰ παθήματα τοῦ Χριστοῦ** εἰς ἡμᾶς, οὕτως **διὰ τοῦ Χριστοῦ** περισσεύει καὶ ἡ παράκλησις ἡμῶν.

[[1:9–10 ⁹ἀλλὰ αὐτοὶ ἐν ἑαυτοῖς τὸ ἀπόκριμα τοῦ θανάτου ἐσχήκαμεν, ἵνα μὴ πεποιθότες ὦμεν ἐφ᾽ ἑαυτοῖς ἀλλ᾽ ἐπὶ τῷ θεῷ τῷ ἐγείροντι τοὺς νεκρούς· ¹⁰ὃς ἐκ τηλικούτου θανάτου ἐρρύσατο ἡμᾶς καὶ ῥύσεται, εἰς ὃν ἠλπίκαμεν ὅτι καὶ ἔτι ῥύσεται,]]

[[1:12 Ἡ γὰρ καύχησις ἡμῶν αὕτη ἐστίν, τὸ μαρτύριον τῆς συνειδήσεως ἡμῶν, ὅτι ἐν ἁπλότητι καὶ εἰλικρινείᾳ τοῦ θεοῦ, [καὶ] οὐκ ἐν σοφίᾳ σαρκικῇ ἀλλ᾽ ἐν χάριτι θεοῦ, ἀνεστράφημεν ἐν τῷ κόσμῳ, περισσοτέρως δὲ πρὸς ὑμᾶς.]]

1:14 καθὼς καὶ ἐπέγνωτε ἡμᾶς ἀπὸ μέρους, ὅτι καύχημα ὑμῶν ἐσμεν καθάπερ καὶ ὑμεῖς ἡμῶν **ἐν τῇ ἡμέρᾳ τοῦ κυρίου ἡμῶν** [v.l.-ἡμῶν] **Ἰησοῦ**.

1:18–22 ¹⁸πιστὸς δὲ ὁ θεὸς ὅτι ὁ λόγος ἡμῶν ὁ πρὸς ὑμᾶς οὐκ ἔστιν ναὶ καὶ οὔ. ¹⁹ὁ τοῦ θεοῦ γὰρ υἱὸς **Ἰησοῦς Χριστὸς** ὁ ἐν ὑμῖν δι᾽ ἡμῶν κηρυχθείς, δι᾽ ἐμοῦ καὶ Σιλουανοῦ καὶ Τιμοθέου, οὐκ ἐγένετο ναὶ καὶ οὒ ἀλλὰ ναὶ **ἐν αὐτῷ γέγονεν**. ²⁰ὅσαι γὰρ ἐπαγγελίαι θεοῦ, **ἐν αὐτῷ τὸ ναί**· διὸ **καὶ δι᾽ αὐτοῦ** τὸ ἀμὴν τῷ θεῷ πρὸς δόξαν δι᾽ ἡμῶν. ²¹ὁ δὲ βεβαιῶν ἡμᾶς σὺν ὑμῖν **εἰς Χριστὸν** καὶ χρίσας ἡμᾶς θεός, ²²ὁ καὶ σφραγισάμενος ἡμᾶς καὶ δοὺς τὸν ἀρραβῶνα τοῦ πνεύματος ἐν ταῖς καρδίαις ἡμῶν.

[[1:23 Ἐγὼ δὲ μάρτυρα τὸν θεὸν ἐπικαλοῦμαι ἐπὶ τὴν ἐμὴν ψυχήν, ὅτι φειδόμενος ὑμῶν οὐκέτι ἦλθον εἰς Κόρινθον.]]

제4장 고린도후서에 나타나는 기독론 319

2:10 ᾧ δέ τι χαρίζεσθε, κἀγώ· καὶ γὰρ ἐγὼ ὃ κεχάρισμαι, εἴ τι κεχάρισμαι, δι' ὑμᾶς **ἐν προσώπῳ Χριστοῦ**.

2:12 Ἐλθὼν δὲ εἰς τὴν Τρῳάδα εἰς **τὸ εὐαγγέλιον τοῦ Χριστοῦ** καὶ θύρας μοι ἀνεῳγμένης **ἐν κυρίῳ**,

2:14–17 ¹⁴Τῷ δὲ θεῷ χάρις τῷ πάντοτε θριαμβεύοντι ἡμᾶς **ἐν τῷ Χριστῷ** καὶ τὴν ὀσμὴν τῆς γνώσεως αὐτοῦ φανεροῦντι δι' ἡμῶν ἐν παντὶ τόπῳ· ¹⁵ὅτι **Χριστοῦ εὐωδία** ἐσμὲν τῷ θεῷ ἐν τοῖς σῳζομένοις καὶ ἐν τοῖς ἀπολλυμένοις, ¹⁶οἷς μὲν ὀσμὴ ἐκ θανάτου εἰς θάνατον, οἷς δὲ ὀσμὴ ἐκ ζωῆς εἰς ζωήν. καὶ πρὸς ταῦτα τίς ἱκανός; ¹⁷οὐ γάρ ἐσμεν ὡς οἱ πολλοὶ καπηλεύοντες τὸν λόγον τοῦ θεοῦ, ἀλλ' ὡς ἐξ εἰλικρινείας, ἀλλ' ὡς ἐκ θεοῦ κατέναντι θεοῦ **ἐν Χριστῷ** λαλοῦμεν.

3:3–6 ³φανερούμενοι ὅτι ἐστὲ **ἐπιστολὴ Χριστοῦ** διακονηθεῖσα ὑφ' ἡμῶν, ἐγγεγραμμένη οὐ μέλανι ἀλλὰ *πνεύματι θεοῦ ζῶντος*, οὐκ ἐν πλαξὶν λιθίναις ἀλλ' ἐν πλαξὶν καρδίαις σαρκίναις. ⁴Πεποίθησιν δὲ τοιαύτην ἔχομεν **διὰ τοῦ Χριστοῦ** πρὸς τὸν θεόν. ⁵οὐχ ὅτι ἀφ' ἑαυτῶν ἱκανοί ἐσμεν λογίσασθαί τι ὡς ἐξ ἑαυτῶν, ἀλλ' ἡ ἱκανότης ἡμῶν ἐκ τοῦ θεοῦ, ⁶ὃς καὶ ἱκάνωσεν ἡμᾶς διακόνους καινῆς διαθήκης, οὐ γράμματος ἀλλὰ *πνεύματος*· τὸ γὰρ γράμμα ἀποκτέννει, τὸ δὲ *πνεῦμα ζῳοποιεῖ*.

3:14 ... ἄχρι γὰρ τῆς σήμερον ἡμέρας τὸ αὐτὸ κάλυμμα ἐπὶ τῇ ἀναγνώσει τῆς παλαιᾶς διαθήκης μένει, μὴ ἀνακαλυπτόμενον ὅτι **ἐν Χριστῷ καταργεῖται**·

3:16–18 ¹⁶ἡνίκα δὲ ἐὰν ἐπιστρέψῃ **πρὸς κύριον**, περιαιρεῖται τὸ κάλυμμα. ¹⁷*ὁ δὲ κύριος τὸ πνεῦμά ἐστιν·* οὗ δὲ *τὸ πνεῦμα* **κυρίου**, ἐλευθερία. ¹⁸ἡμεῖς δὲ πάντες ἀνακεκαλυμμένῳ προσώπῳ **τὴν δόξαν κυρίου** κατοπτριζόμενοι **τὴν αὐτὴν εἰκόνα** μεταμορφούμεθα ἀπὸ δόξης εἰς δόξαν καθάπερ **ἀπὸ κυρίου** *πνεύματος*.

4:2–7 ²ἀλλὰ ἀπειπάμεθα τὰ κρυπτὰ τῆς αἰσχύνης, μὴ περιπατοῦντες ἐν πανουργίᾳ μηδὲ δολοῦντες τὸν λόγον τοῦ θεοῦ ἀλλὰ τῇ φανερώσει τῆς ἀληθείας συνιστάνοντες ἑαυτοὺς πρὸς πᾶσαν συνείδησιν ἀνθρώπων ἐνώπιον τοῦ θεοῦ. ³εἰ δὲ καὶ ἔστιν κεκαλυμμένον τὸ εὐαγγέλιον ἡμῶν, ἐν τοῖς ἀπολλυμένοις ἐστὶν κεκαλυμμένον, ⁴ἐν οἷς ὁ θεὸς τοῦ αἰῶνος τούτου ἐτύφλωσεν τὰ νοήματα τῶν ἀπίστων εἰς τὸ μὴ αὐγάσαι **τὸν φωτισμὸν τοῦ εὐαγγελίου τῆς δόξης τοῦ Χριστοῦ, ὅς ἐστιν εἰκὼν** τοῦ θεοῦ. ⁵Οὐ γὰρ ἑαυτοὺς κηρύσσομεν ἀλλὰ **Ἰησοῦν Χριστὸν κύριον**, ἑαυτοὺς δὲ δούλους ὑμῶν **διὰ Ἰησοῦν**. ⁶ὅτι ὁ θεὸς ὁ εἰπών· ἐκ σκότους φῶς λάμψει, ὃς ἔλαμψεν ἐν ταῖς καρδίαις ἡμῶν πρὸς φωτισμὸν τῆς γνώσεως τῆς δόξης τοῦ θεοῦ ἐν **προσώπῳ Ἰησοῦ** [v.l.-Ἰησοῦ] **Χριστοῦ**. ⁷Ἔχομεν δὲ τὸν θησαυρὸν τοῦτον ἐν ὀστρακίνοις σκεύεσιν, ἵνα ἡ ὑπερβολὴ τῆς δυνάμεως ᾖ τοῦ θεοῦ καὶ μὴ ἐξ ἡμῶν·

4:10–15 ¹⁰πάντοτε **τὴν νέκρωσιν τοῦ Ἰησοῦ** ἐν τῷ σώματι περιφέροντες, ἵνα καὶ **ἡ ζωὴ τοῦ Ἰησοῦ** ἐν τῷ σώματι ἡμῶν φανερωθῇ. ¹¹ἀεὶ γὰρ ἡμεῖς οἱ ζῶντες εἰς θάνατον παραδιδόμεθα **διὰ Ἰησοῦν**, ἵνα καὶ **ἡ ζωὴ τοῦ Ἰησοῦ φανερωθῇ** ἐν τῇ θνητῇ σαρκὶ ἡμῶν. ¹²ὥστε ὁ θάνατος ἐν ἡμῖν ἐνεργεῖται, ἡ δὲ ζωὴ ἐν ὑμῖν. ¹³Ἔχοντες δὲ τὸ αὐτὸ πνεῦμα τῆς πίστεως κατὰ τὸ γεγραμμένον· ἐπίστευσα, διὸ ἐλάλησα, καὶ ἡμεῖς πιστεύομεν, διὸ καὶ λαλοῦμεν, ¹⁴εἰδότες ὅτι <u>ὁ ἐγείρας</u> **τὸν κύριον Ἰησοῦν** καὶ ἡμᾶς **σὺν Ἰησοῦ** <u>ἐγερεῖ καὶ παραστήσει</u> σὺν ὑμῖν. ¹⁵τὰ γὰρ πάντα δι᾽ ὑμᾶς, ἵνα ἡ χάρις πλεονάσασα διὰ τῶν πλειόνων τὴν εὐχαριστίαν περισσεύσῃ <u>εἰς τὴν δόξαν τοῦ θεοῦ</u>.

[[5:1 Οἴδαμεν γὰρ ὅτι ἐὰν ἡ ἐπίγειος ἡμῶν οἰκία τοῦ σκήνους καταλυθῇ, οἰκοδομὴν <u>ἐκ θεοῦ</u> ἔχομεν,]]

[[5:5 <u>ὁ δὲ κατεργασάμενος</u> ἡμᾶς εἰς αὐτὸ τοῦτο <u>θεός</u>, <u>ὁ δοὺς</u> ἡμῖν τὸν ἀρραβῶνα τοῦ πνεύματος.]]

5:6–10 ⁶Θαρροῦντες οὖν πάντοτε καὶ εἰδότες ὅτι ἐνδημοῦντες ἐν τῷ σώματι ἐκδημοῦμεν **ἀπὸ τοῦ κυρίου**· ⁷διὰ πίστεως γὰρ περιπατοῦμεν, οὐ διὰ εἴδους· ⁸θαρροῦμεν δὲ καὶ εὐδοκοῦμεν μᾶλλον ἐκδημῆσαι ἐκ τοῦ σώματος καὶ ἐνδημῆσαι **πρὸς τὸν κύριον**. ⁹διὸ καὶ φιλοτιμούμεθα, εἴτε ἐνδημοῦντες εἴτε ἐκδημοῦντες, **εὐάρεστοι αὐτῷ** εἶναι. ¹⁰τοὺς γὰρ πάντας ἡμᾶς φανερωθῆναι δεῖ ἔμπροσθεν **τοῦ βήματος τοῦ Χριστοῦ**, ἵνα κομίσηται ἕκαστος τὰ διὰ τοῦ σώματος πρὸς ἃ ἔπραξεν, εἴτε ἀγαθὸν εἴτε φαῦλον.

5:11–21 ¹¹Εἰδότες οὖν **τὸν φόβον τοῦ κυρίου** ἀνθρώπους πείθομεν, <u>θεῷ</u> δὲ πεφανερώμεθα· ἐλπίζω δὲ καὶ ἐν ταῖς συνειδήσεσιν ὑμῶν πεφανερῶσθαι. ... ¹³εἴτε γὰρ ἐξέστημεν, <u>θεῷ</u>· εἴτε σωφρονοῦμεν, ὑμῖν. ¹⁴**ἡ γὰρ ἀγάπη τοῦ Χριστοῦ** συνέχει ἡμᾶς, κρίναντας τοῦτο, ὅτι **εἷς ὑπὲρ πάντων ἀπέθανεν**, ἄρα οἱ πάντες ἀπέθανον· ¹⁵καὶ **ὑπὲρ πάντων ἀπέθανεν**, ἵνα οἱ ζῶντες μηκέτι ἑαυτοῖς ζῶσιν ἀλλὰ **τῷ ὑπὲρ αὐτῶν ἀποθανόντι καὶ ἐγερθέντι**. ¹⁶Ὥστε ἡμεῖς ἀπὸ τοῦ νῦν οὐδένα οἴδαμεν κατὰ σάρκα· εἰ καὶ ἐγνώκαμεν **κατὰ σάρκα Χριστόν, ἀλλὰ νῦν οὐκέτι γινώσκομεν**. ¹⁷ὥστε εἴ τις ἐν **Χριστῷ**, καινὴ κτίσις· τὰ ἀρχαῖα παρῆλθεν, ἰδοὺ γέγονεν καινά· ¹⁸τὰ δὲ πάντα <u>ἐκ τοῦ θεοῦ τοῦ καταλλάξαντος ἡμᾶς ἑαυτῷ</u> **διὰ Χριστοῦ** καὶ <u>δόντος</u> ἡμῖν τὴν διακονίαν τῆς καταλλαγῆς, ¹⁹ὡς ὅτι **θεὸς ἦν** ἐν **Χριστῷ** κόσμον <u>καταλλάσσων ἑαυτῷ</u>, μὴ λογιζόμενος αὐτοῖς τὰ παραπτώματα αὐτῶν <u>καὶ θέμενος</u> ἐν ἡμῖν τὸν λόγον τῆς καταλλαγῆς. ²⁰**Ὑπὲρ Χριστοῦ** οὖν πρεσβεύομεν <u>ὡς τοῦ θεοῦ</u> παρακαλοῦντος δι᾽ ἡμῶν· δεόμεθα **ὑπὲρ Χριστοῦ**, καταλλάγητε <u>τῷ θεῷ</u>. ²¹**τὸν μὴ γνόντα ἁμαρτίαν** ὑπὲρ ἡμῶν **ἁμαρτίαν ἐποίησεν**, ἵνα ἡμεῖς γενώμεθα <u>δικαιοσύνη θεοῦ</u> **ἐν αὐτῷ**.

[[6:1 Συνεργοῦντες δὲ καὶ παρακαλοῦμεν μὴ εἰς κενὸν <u>τὴν χάριν τοῦ θεοῦ</u> δέξασθαι ὑμᾶς·]]

[[6:4 ἀλλ᾽ ἐν παντὶ συνίσταντες ἑαυτοὺς <u>ὡς θεοῦ</u> διάκονοι,]]

[[6:7 ἐν λόγῳ ἀληθείας, <u>ἐν δυνάμει θεοῦ</u>·]]

제4장 고린도후서에 나타나는 기독론   321

6:15 τίς δὲ συμφώνησις Χριστοῦ πρὸς Βελιάρ, ἢ τίς μερὶς πιστῷ μετὰ ἀπίστου;

[[6:16 τίς δὲ συγκατάθεσις ναῷ θεοῦ μετὰ εἰδώλων; ἡμεῖς γὰρ ναὸς θεοῦ ἐσμεν ζῶντος, καθὼς εἶπεν ὁ θεὸς ...]]

[[6:16-18 (LXX)¹⁶ ... ὅτι *ἐνοικήσω ἐν αὐτοῖς καὶ ἐμπεριπατήσω καὶ ἔσομαι αὐτῶν θεὸς καὶ αὐτοὶ ἔσονταί μου λαός*. ¹⁷*διὸ ἐξέλθατε ἐκ μέσου αὐτῶν καὶ ἀφορίσθητε, λέγει κύριος, καὶ ἀκαθάρτου μὴ ἅπτεσθε· κἀγὼ εἰσδέξομαι ὑμᾶς* ¹⁸*καὶ ἔσομαι ὑμῖν εἰς πατέρα καὶ ὑμεῖς ἔσεσθέ μοι εἰς υἱοὺς καὶ θυγατέρας, λέγει κύριος παντοκράτωρ*.]]

[[7:1 Ταύτας οὖν ἔχοντες τὰς ἐπαγγελίας, ἀγαπητοί, καθαρίσωμεν ἑαυτοὺς ἀπὸ παντὸς μολυσμοῦ σαρκὸς καὶ πνεύματος, ἐπιτελοῦντες ἁγιωσύνην ἐν φόβῳ θεοῦ.]]

[[7:6 ἀλλ' ὁ παρακαλῶν τοὺς ταπεινοὺς παρεκάλεσεν ἡμᾶς ὁ θεὸς ἐν τῇ παρουσίᾳ Τίτου,]]

[[7:9-11 νῦν χαίρω, οὐχ ὅτι ἐλυπήθητε ἀλλ' ὅτι ἐλυπήθητε εἰς μετάνοιαν· ἐλυπήθητε γὰρ κατὰ θεόν, ἵνα ἐν μηδενὶ ζημιωθῆτε ἐξ ἡμῶν. ¹⁰ἡ γὰρ κατὰ θεὸν λύπη μετάνοιαν εἰς σωτηρίαν ἀμεταμέλητον ἐργάζεται· ἡ δὲ τοῦ κόσμου λύπη θάνατον κατεργάζεται. ¹¹ἰδοὺ γὰρ αὐτὸ τοῦτο τὸ κατὰ θεὸν λυπηθῆναι πόσην κατειργάσατο ὑμῖν σπουδήν,]]

[[7:12 ... ἀλλ' ἕνεκεν τοῦ φανερωθῆναι τὴν σπουδὴν ὑμῶν τὴν ὑπὲρ ἡμῶν πρὸς ὑμᾶς ἐνώπιον τοῦ θεοῦ.]]

[[8:1 γνωρίζομεν δὲ ὑμῖν, ἀδελφοί, τὴν χάριν τοῦ θεοῦ τὴν δεδομένην ἐν ταῖς ἐκκλησίαις τῆς Μακεδονίας,]]

8:5 καὶ οὐ καθὼς ἠλπίσαμεν ἀλλὰ ἑαυτοὺς ἔδωκαν πρῶτον **τῷ κυρίῳ** καὶ ἡμῖν διὰ θελήματος θεοῦ

8:9 γινώσκετε γὰρ **τὴν χάριν τοῦ κυρίου ἡμῶν Ἰησοῦ Χριστοῦ**, ὅτι δι' ὑμᾶς **ἐπτώχευσεν πλούσιος ὤν**, ἵνα ὑμεῖς **τῇ ἐκείνου πτωχείᾳ** πλουτήσητε.

[[8:16 χάρις δὲ τῷ θεῷ τῷ δόντι τὴν αὐτὴν σπουδὴν ὑπὲρ ὑμῶν ἐν τῇ καρδίᾳ Τίτου,]]

8:19 οὐ μόνον δέ, ἀλλὰ καὶ χειροτονηθεὶς ὑπὸ τῶν ἐκκλησιῶν συνέκδημος ἡμῶν σὺν τῇ χάριτι ταύτῃ τῇ διακονουμένῃ ὑφ' ἡμῶν **πρὸς τὴν αὐτοῦ** [v.l.- αὐτοῦ] **τοῦ κυρίου δόξαν** καὶ προθυμίαν ἡμῶν,

8:21 προνοοῦμεν γὰρ καλὰ οὐ μόνον **ἐνώπιον κυρίου** ἀλλὰ καὶ ἐνώπιον ἀνθρώπων.

8:23 εἴτε ὑπὲρ Τίτου, κοινωνὸς ἐμὸς καὶ εἰς ὑμᾶς συνεργός· εἴτε ἀδελφοὶ ἡμῶν, ἀπόστολοι ἐκκλησιῶν, **δόξα Χριστοῦ**.

[[9:7-8 ⁷ἕκαστος καθὼς προῄρηται τῇ καρδίᾳ, μὴ ἐκ λύπης ἢ ἐξ ἀνάγκης· ἱλαρὸν γὰρ δότην <u>ἀγαπᾷ ὁ θεός</u>. ⁸<u>δυνατεῖ δὲ ὁ θεὸς πᾶσαν χάριν περισσεῦσαι εἰς ὑμᾶς</u>,]]

9:11-15 ¹¹ἐν παντὶ πλουτιζόμενοι εἰς πᾶσαν ἁπλότητα, ἥτις κατεργάζεται δι᾽ ἡμῶν <u>εὐχαριστίαν τῷ θεῷ</u>. ¹²ὅτι ἡ διακονία τῆς λειτουργίας ταύτης οὐ μόνον ἐστὶν προσαναπληροῦσα τὰ ὑστερήματα τῶν ἁγίων, ἀλλὰ καὶ περισσεύουσα διὰ πολλῶν εὐχαριστιῶν <u>τῷ θεῷ</u>. ¹³διὰ τῆς δοκιμῆς τῆς διακονίας ταύτης δοξάζοντες <u>τὸν θεὸν</u> ἐπὶ τῇ ὑποταγῇ τῆς ὁμολογίας ὑμῶν **εἰς τὸ εὐαγγέλιον τοῦ Χριστοῦ** καὶ ἁπλότητι τῆς κοινωνίας εἰς αὐτοὺς καὶ εἰς πάντας, ¹⁴καὶ αὐτῶν δεήσει ὑπὲρ ὑμῶν ἐπιποθούντων ὑμᾶς διὰ τὴν ὑπερβάλλουσαν <u>χάριν τοῦ θεοῦ</u> ἐφ᾽ ὑμῖν. ¹⁵<u>χάρις τῷ θεῷ</u> ἐπὶ τῇ **ἀνεκδιηγήτῳ αὐτοῦ δωρεᾷ**.

10:1 Αὐτὸς δὲ ἐγὼ Παῦλος παρακαλῶ ὑμᾶς **διὰ τῆς πραΰτητος καὶ ἐπιεικείας τοῦ Χριστοῦ**, ὃς κατὰ πρόσωπον μὲν ταπεινὸς ἐν ὑμῖν, ἀπὼν δὲ θαρρῶ εἰς ὑμᾶς·

10:4-8 ⁴τὰ γὰρ ὅπλα τῆς στρατείας ἡμῶν οὐ σαρκικὰ ἀλλὰ <u>δυνατὰ τῷ θεῷ</u> πρὸς καθαίρεσιν ὀχυρωμάτων, λογισμοὺς καθαιροῦντες ⁵καὶ πᾶν ὕψωμα ἐπαιρόμενον <u>κατὰ τῆς γνώσεως τοῦ θεοῦ</u>, καὶ αἰχμαλωτίζοντες πᾶν νόημα **εἰς τὴν ὑπακοὴν τοῦ Χριστοῦ**, ⁶καὶ ἐν ἑτοίμῳ ἔχοντες ἐκδικῆσαι πᾶσαν παρακοήν, ὅταν πληρωθῇ ὑμῶν ἡ ὑπακοή. ⁷Τὰ κατὰ πρόσωπον βλέπετε. εἴ τις πέποιθεν ἑαυτῷ **Χριστοῦ εἶναι**, τοῦτο λογιζέσθω πάλιν ἐφ᾽ ἑαυτοῦ, ὅτι **καθὼς αὐτὸς Χριστοῦ**, οὕτως καὶ ἡμεῖς. ⁸ἐάν [τε] γὰρ περισσότερόν τι καυχήσωμαι περὶ τῆς ἐξουσίας ἡμῶν ἧς **ἔδωκεν ὁ κύριος** εἰς οἰκοδομὴν καὶ οὐκ εἰς καθαίρεσιν ὑμῶν, οὐκ αἰσχυνθήσομαι.

[[10:13 ἡμεῖς δὲ οὐκ εἰς τὰ ἄμετρα καυχησόμεθα ἀλλὰ κατὰ τὸ μέτρον τοῦ κανόνος οὗ <u>ἐμέρισεν ἡμῖν ὁ θεὸς</u> μέτρου, ἐφικέσθαι ἄχρι καὶ ὑμῶν.]]

10:14 οὐ γὰρ ὡς μὴ ἐφικνούμενοι εἰς ὑμᾶς ὑπερεκτείνομεν ἑαυτούς, ἄχρι γὰρ καὶ ὑμῶν ἐφθάσαμεν **ἐν τῷ εὐαγγελίῳ τοῦ Χριστοῦ**.

10:17-18 ¹⁷Ὁ δὲ καυχώμενος **ἐν κυρίῳ** καυχάσθω· ¹⁸οὐ γὰρ ὁ ἑαυτὸν συνιστάνων, ἐκεῖνός ἐστιν δόκιμος, ἀλλὰ ὃν **ὁ κύριος συνίστησιν**.

11:2-4 ²ζηλῶ γὰρ ὑμᾶς <u>θεοῦ ζήλῳ</u>, ἡρμοσάμην γὰρ ὑμᾶς ἑνὶ ἀνδρὶ παρθένον ἁγνὴν παραστῆσαι **τῷ Χριστῷ**· ³φοβοῦμαι δὲ μή πως, ὡς ὁ ὄφις ἐξηπάτησεν Εὕαν ἐν τῇ πανουργίᾳ αὐτοῦ, φθαρῇ τὰ νοήματα ὑμῶν ἀπὸ τῆς ἁπλότητος [καὶ τῆς ἁγνότητος] **τῆς εἰς τὸν Χριστόν**. ⁴εἰ μὲν γὰρ ὁ ἐρχόμενος **ἄλλον Ἰησοῦν κηρύσσει ὃν οὐκ ἐκηρύξαμεν**, ἢ πνεῦμα ἕτερον λαμβάνετε ὃ οὐκ ἐλάβετε, ἢ εὐαγγέλιον ἕτερον ὃ οὐκ ἐδέξασθε, καλῶς ἀνέχεσθε.

11:7 ⁷Ἢ ἁμαρτίαν ἐποίησα ἐμαυτὸν ταπεινῶν ἵνα ὑμεῖς ὑψωθῆτε, ὅτι δωρεὰν <u>τὸ τοῦ θεοῦ εὐαγγέλιον</u> εὐηγγελισάμην ὑμῖν;]]

11:10 ἔστιν **ἀλήθεια Χριστοῦ** ἐν ἐμοὶ ὅτι ἡ καύχησις αὕτη οὐ φραγήσεται

제4장 고린도후서에 나타나는 기독론 323

εἰς ἐμὲ ἐν τοῖς κλίμασιν τῆς Ἀχαΐας.

[[11:11 διὰ τι; ὅτι οὐκ ἀγαπῶ ὑμᾶς; ὁ θεὸς οἶδεν.]]

11:13 οἱ γὰρ τοιοῦτοι ψευδαπόστολοι, ἐργάται δόλιοι, μετασχηματιζόμενοι εἰς **ἀποστόλους Χριστοῦ**.

11:17 ὃ λαλῶ, **οὐ κατὰ κύριον λαλῶ** ἀλλ' ὡς ἐν ἀφροσύνῃ, ἐν ταύτῃ τῇ ὑποστάσει τῆς καυχήσεως.

11:23 **διάκονοι Χριστοῦ** εἰσιν; παραφρονῶν λαλῶ, ὑπὲρ ἐγώ·

11:31 ὁ θεὸς καὶ πατὴρ **τοῦ κυρίου Ἰησοῦ** οἶδεν, ὁ ὢν εὐλογητὸς εἰς τοὺς αἰῶνας, ὅτι οὐ ψεύδομαι.

12:1–3 ¹Καυχᾶσθαι δεῖ, οὐ συμφέρον μέν, ἐλεύσομαι δὲ εἰς ὀπτασίας καὶ **ἀποκαλύψεις κυρίου**. ²οἶδα ἄνθρωπον **ἐν Χριστῷ** πρὸ ἐτῶν δεκατεσσάρων, εἴτε ἐν σώματι οὐκ οἶδα, εἴτε ἐκτὸς τοῦ σώματος οὐκ οἶδα, ὁ θεὸς οἶδεν, ἁρπαγέντα τὸν τοιοῦτον ἕως τρίτου οὐρανοῦ. ³καὶ οἶδα τὸν τοιοῦτον ἄνθρωπον, εἴτε ἐν σώματι εἴτε χωρὶς τοῦ σώματος οὐκ οἶδα, ὁ θεὸς οἶδεν,

12:8–10 ⁸ὑπὲρ τούτου τρὶς **τὸν κύριον** παρεκάλεσα ἵνα ἀποστῇ ἀπ' ἐμοῦ. ⁹καὶ **εἴρηκέν μοι**· ἀρκεῖ σοι **ἡ χάρις μου**, ἡ γὰρ δύναμις ἐν ἀσθενείᾳ τελεῖται. ἥδιστα οὖν μᾶλλον καυχήσομαι ἐν ταῖς ἀσθενείαις μου, ἵνα ἐπισκηνώσῃ ἐπ' ἐμὲ **ἡ δύναμις τοῦ Χριστοῦ**. ¹⁰διὸ εὐδοκῶ ἐν ἀσθενείαις, ἐν ὕβρεσιν, ἐν ἀνάγκαις, ἐν διωγμοῖς καὶ στενοχωρίαις, **ὑπὲρ Χριστοῦ**· ὅταν γὰρ ἀσθενῶ, τότε δυνατός εἰμι.

12:19 Πάλαι δοκεῖτε ὅτι ὑμῖν ἀπολογούμεθα. κατέναντι θεοῦ **ἐν Χριστῷ** λαλοῦμεν·

[[12:21 μὴ πάλιν ἐλθόντος μου ταπεινώσῃ με ὁ θεός μου πρὸς ὑμᾶς καὶ πενθήσω πολλοὺς τῶν προημαρτηκότων καὶ μὴ μετανοησάντων ἐπὶ τῇ ἀκαθαρσίᾳ καὶ πορνείᾳ καὶ ἀσελγείᾳ ᾗ ἔπραξαν.]]

13:3–7 ³ἐπεὶ δοκιμὴν ζητεῖτε **τοῦ ἐν ἐμοὶ λαλοῦντος Χριστοῦ**, ὃς εἰς ὑμᾶς **οὐκ ἀσθενεῖ ἀλλὰ δυνατεῖ** ἐν ὑμῖν. ⁴καὶ γὰρ **ἐσταυρώθη ἐξ ἀσθενείας**, **ἀλλὰ ζῇ** ἐκ δυνάμεως θεοῦ. καὶ γὰρ ἡμεῖς ἀσθενοῦμεν ἐν αὐτῷ, ἀλλὰ ζήσομεν **σὺν αὐτῷ** ἐκ δυνάμεως θεοῦ εἰς ὑμᾶς. ⁵Ἑαυτοὺς πειράζετε εἰ ἐστὲ ἐν τῇ πίστει, ἑαυτοὺς δοκιμάζετε· ἢ οὐκ ἐπιγινώσκετε ἑαυτοὺς ὅτι **Ἰησοῦς Χριστὸς** ἐν ὑμῖν; εἰ μήτι ἀδόκιμοί ἐστε. ⁶ἐλπίζω δὲ ὅτι γνώσεσθε ὅτι ἡμεῖς οὐκ ἐσμὲν ἀδόκιμοι. ⁷εὐχόμεθα δὲ πρὸς τὸν θεὸν μὴ ποιῆσαι ὑμᾶς κακὸν μηδέν,

13:10 διὰ τοῦτο ταῦτα ἀπὼν γράφω, ἵνα παρὼν μὴ ἀποτόμως χρήσωμαι κατὰ τὴν ἐξουσίαν ἣν **ὁ κύριος ἔδωκέν** μοι εἰς οἰκοδομὴν καὶ οὐκ εἰς καθαίρεσιν.

[[13:11 λοιπόν, ἀδελφοί, χαίρετε, καταρτίζεσθε, παρακαλεῖσθε, τὸ αὐτὸ φρονεῖτε, εἰρηνεύετε, καὶ ὁ θεὸς τῆς ἀγάπης καὶ εἰρήνης ἔσται μεθ' ὑμῶν.]]

부록 II: 용법의 분석

(* = 무관사, += 소유격 대명사를 가진, [LXX] = 칠십인경 반영/인용)

고린도후서
θεός   78+2 칠십인경 인용
Christ   75

자료
1. κύριος Ἰησοῦς Χριστός (4)
    1:2   G*
    1:3   G+
    8:9   G+
    13:13 G
1a. Ἰησοῦς Χριστός κύριος (1)
    4:5   A*
2. κύριος Ἰησοῦς (3)
    1:14   G+ [이문-ἡμῶν]
    4:14   A
    11:31 G
3. Χριστός Ἰησοῦς (1)
    1:1   G*
3a. Ἰησοῦς Χριστός (3)
    1:19   N (υἱός와 동격)
    4:6   G* (이문-Ἰησοῦ)
    13:5   N* (이문-Χρ. Ἰης)
4. κύριος (18+8=26 [+2=여호와])
    2:12   D* (ἐν)
    3:16   A* (πρός)

3:17   G*
3:18   G*
3:18   G* (ἀπό)
5:6   G (ἀπό)
5:8   A (πρός)
5:11   G
(6:17   N* [LXX=여호와])
(6:18   N* [LXX=여호와])
8:5   D
8:19   G (ὠαὐτοῦ를 가진) [이문-αὐτοῦ]
8:21   G* (ἐνώπιον)
10:8   N
10:17   D* (ἐν)
10:18   N
11:17   A* (κατά)
12:1   G*
12:8   A
13:10   N

5. Ἰησοῦς (7+12=19)
   4:5   A* (διά)
   4:10   G
   4:10   G
   4:11   A* (διά)
   4:11   G
   4:14   D* (σύν)
   11:4   A*

6. Χριστός (38+9=47)
   1:5   G
   1:5   G (διά)
   1:21   A* (εἰς)
   2:10   G*

2:12   G
2:14   D (ἐν)
2:15   G*
2:17   D* (ἐν)
3:3   G*
3:4   G (διά)
3:14   D* (ἐν)
4:4   G
5:10   G
5:14   G
5:16   A*
5:17   D* (ἐν)
5:18   G* (διά)
5:19   D* (ἐν)
5:20   G* (ὑπέρ)
5:20   G* (ὑπέρ)
6:15   G*
8:23   G*
9:13   G
10:1   G
10:5   G
10:7   G*
10:7   G*
10:14 G
11:2   D
11:3   A (εἰς)
11:10 G*
11:13 G*
11:23 G*
12:2   D* (ἐν)
12:9   G

12:10   G* (ὑπέρ)
   12:19   G* (ἐν)
   13:3   G
7. υἱός (1[+2]))
   1:19   N (τοῦ θεοῦ)
   [1:3 암시: ὁ θεὸς καὶ πατὴρ τοῦ…]
   [11:31 암시: ὁ θεὸς καὶ πατὴρ τοῦ…]

PAULINE CHRISTOLOGY

제5장

갈라디아서에 나타나는 기독론

바울 서신 중 처음 네 편지들로부터 갈라디아서로 넘어가는 것[1]은 새로운 세계에 들어가는 것과 같다. 여러 가지 관심사를 다루는 대신에, 갈라디아서에서는 이방인의 율법 준수라는 한 가지 문제, 특히 디아스포라 유대인들을 그들의 이방인 이웃들과 구별해주는 기본적인 요소들인 할례와 안식일, 음식법 등의 준수라는 문제에 강렬하게 초점을 맞추고 있다.[2] 바울이 세운 갈라디아 교회들은 몇 명의 유대인 그리스도인 순회 선교사들에 의해 침입을 받았다. 바울은 그들을 "선동가"(agitators)라고 부른다. 그들은 갈라디아의 이방인들을 그 요소들에 순종하도록 하여 그들의 회심을 "완성시키는" 데 열심이었다. 갈라디아서는 그런 문제에 대한 바울의 두드러지고 강렬한 "아니오"(no)이다.

이런 이유 때문에, 갈라디아서는 명확하고 유별나게 구원론의 문제, 즉 성경에 의해 효력이 그리스도 안에서의 구원 문제에 할애되어 있다. 같은 이유로, 갈라디아서는 바울 서신 중에서 가장 강력한 기독론 중심 서신들 중의 하나이다. 그러나 앞 장의 결어에서 언급하였듯이, 그리스도에 대한 이런 초점

---

1) 갈라디아서 주석 목록이 참고문헌(pp. 925-926)에 나와 있다. 이들은 본 장에 인용할 때는 저자의 성만 사용한다.
2) 할례는 이스라엘에서는 언약의 표시였으나 이방인들은 그것을 너무나 싫어했기 때문에 언제나 두드러진 이슈가 되었다. 따라서 이것은 끊임없이 논쟁을 일으키는 문제이다. "날"의 준수가 4:10에 언급되어 있고, 2:11-13의 음식법에 관한 이야기는 바울로 하여금 곧장 본 서신의 일차적 논증으로 들어가게 한다.

은 언제나 바울의 유대교 유일신론이라는 더 큰 틀을 벗어나지 않는다. 따라서 모든 국면에서 초점은 그리스도의 사역에 맞춰지며, 아버지 하나님께 모든 것에 대한 궁극적인 책임이 돌려진다.

이러한 이중 초점은(현저하게 확대된) 인사말의 맨 처음에 나타난다. 즉, 바울의 사도직(1절)은 "예수 그리스도와" 바울이 즉시 덧붙인 대로, "그를 죽은 자 가운데서 살리신 하나님 아버지로 말미암아" 왔다는 것이다. 은혜와 평강의 기원을 담은 인사말(3절)은 언제나 그랬듯이 "우리 아버지 하나님과 주 예수 그리스도로부터"이다. 그런데 이 경우에는 인사말이 확대되어 있다. 말하자면, 그리스도께서 "이 악한 세대에서 우리를 구하시려고 우리 죄를 대속하기 위하여 자기 몸을 주셨으니"라는 말이 덧붙여져 있는 것이다. 이 말은 "하나님 곧 우리 아버지의 뜻을 따라"라는 말의 수식을 받고 있다. 그 다음, "영광이 저(하나님)에게 세세토록 있을지어다"라는 송영이 뒤따라온다. 이중 초점은 시종일관 계속된다. 특히, 중요한 구원론적인 순간들을 보면 그렇다. 즉, 하나님은 바울 속에 그의 아들을 나타내시기를 기뻐하셨던 분이다(1:15-16). 그리고 하나님은 이방인을 속량하시고 또한 이방인을 하나님의 가족으로 입양한 것을 보증하기 위해서, 먼저 아들을 보내시고 다음에 아들의 영을 보내주셨다(4:4-7).

아버지의 뜻이라는 맥락에서 그리스도의 구원 사역에 맞춰진 이 단일 초점이 기독론적인 갈라디아서에서는 훨씬 더 적게 발견된다는 것이다. 그러나 우리가 발견하게 되는 것은, 우리가 기대하게 된 바와 같이, 몇 개의 전제적인(presuppositional) 기독론적 요소인데, 거기에서 바울은 고등기독론을 간략히 상정할 뿐 논쟁점으로 삼지 않는다.

1. 자료에 대한 예비적 고찰

그리스도와 하나님에 대한 다양한 언급이 본 장 말미의 부록 I에 나와 있고, 전체에 걸쳐 바울이 그리스도에 대해 말하고 있는 상이한 방식들에 대한 분석이 부록 II에 나와 있다. 자료가 본 서신의 강조점들을 스스로 말해준다. 그리스도는 이름이나 칭호로 49회나 언급되지만, 데오스는 엄밀히 말해서 29회만 언급된다. 그리스도에 관한 언급에서 가장 두드러진 특징들은, 결국 동전의 양면이 되고 있다는 것이다. 첫째, 호 퀴리오스라는 칭호의 사용은 갑작스럽고 철저하게 감소한다. "주 예수 그리스도"라는 조합된 이름이 네 차례 나오는 것 외에는(이는 기본적으로 예상되는 위치에 나온다), 예수는 단지 두 번만 "주"로 지칭된다. 그것은 1:19에서 야고보를 "주의 형제"라고 한 것과 5:10의 "엔 퀴리오(ἐν κυρίῳ, 주 안에서) 확신하노라"라는 매우 바울적인 확언 안에 나오는 것이다. 이는 또한 다음을 의미한다. 곧 바울 서신에서는 처음으로, 칠십인경의 퀴리오스(=여호와)가 그리스도를 가리킨다는 것을 말해 주는, 구약으로부터 어떠한 암시도 없다.

둘째, 크리스토스라는 호칭/이름은 통틀어 38회 나오는데, 이는 분명히 본 서신에서 가장 일반적인 명칭으로서 하나님에 대한 명백한 언급보다 아홉 배나 많이 등장한다. 이 중에 22회는 단독으로 나오며, 이 중에 세 번(1:7; 6:2, 12) 외에는 정관사가 붙어 있지 않다.[3] 이것은 이제 그리스도가 주(主)를 언급하는 중요한 이름이 되었다는 것을 의미한다. 그는 단순히 "그리스도"이지, "그 그리스도=메시아"가 아닌 것이다.

이상의 몇 가지 관찰 결과와 더불어, 그리스도를 "아들"로 지칭한 것이 갑작스럽게 증가하는 점을 주목하여야 한다(4번). 각각의 경우에 그리스도는 분명하게 "하나님의(그의) 아들"로 불린다.[4] 이것은 본 서신에서 결정적인 기독론 항목(item)이기 때문에, 우리는 여기에서 분석을 시작한다.[5]

2. 그리스도, 하나님의 메시아적 아들: 선재(先在)와 성육신

데살로니가전서 1:1, 10을 논하면서, 우리는 바울 서신에서 데오스가 처음 나올 때 하나님이 "아버지"로 호칭되고(1:1), 이와 관련하여 1:10에서 예수를 "그의 아들"로 지칭하며, 이 경우에 예수는 높임을 받으셔서 하나님의 진노

---

3) 3개의 예외는 관사를 동반하는지배 명사에 의해서 관사가 요청되는 속격 결합형(토 유앙겔리온 투 크리스투/토 노무 투 크리스투/토 스다우로 투 크리스투⟨τὸ εὐαγγέλιον τοῦ Χριστοῦ/ τὸ νόμου τοῦ Χριστοῦ/ τῷ σταυρῷ τοῦ Χριστοῦ⟩)로 나타난다.
4) 2:20의 "하나님의 아들"과 다른 세 곳(1:16; 4:4, 6)의 "그의 아들"(his Son).
5) 여기서 "하나님의 아들" 기독론이 지배하는 두 서신은 바울이 더 엄격한 유대교의 관점에서 가장 열정적으로 논증하는 두 서신(갈라디아서와 로마서)임을 주목하는 것이 중요하다. 실로, 이것은 로마서의 맨 처음에 등장한다(1:2-4). 이것은 그 자체로 이 주제의 헬라적 기원을 주장했던 사람들을 주저하게 하는 사안이다.

와 함께 강림하실 분이시고 그의 백성은 거기서 건짐을 받을 것이라고 한 점을 주목하였다. 비슷한 일이 고전 1:1, 9에서 다시 일어난다. 거기서 그리스도인 공동체는 "하나님의 아들의/과의 코이노니아(κοινωνία, 교제)"로 간주된다. 이는 다시금 고린도후서의 초두에 등장하는데, 1:3에 보면 이번에는 하나님이 명확하게 언급되어 있고, 이후로는 "우리 주 예수 그리스도의 아버지"로 알려지게 된다. 그 다음 19절에 가면 그의 아들은 하나님(아버지)의 모든 약속에 대한 신적인 "예"가 되는 것으로 묘사된다.

우리는 더 나아가 고린도전서 15:23-28과 관련하여, "아들" 명칭은 그리스도가 현재적으로 통치하는 "왕"으로 언급되는 구절 끝에 온다는 점을 관찰하였다. 믿음 안에서 죽은 자들이 부활할 때, 그 때 구원론적인 사이클이 완성될 것인데, "아들 자신"은 모든 것을 아버지의 손에 되돌려 드린다. "아들"을 "왕"과 묶어주는 이 본문은 특히 유대교의 메시아 기대를 반영한다. 이것은 다시 골로새서 1:12-16에서도 눈에 띄게 분명해진다.[6]

이상의 자료는, 비록 바울이 그의 구주에 대해서 가장 빈번하게 사용하는 것은 아닐지라도, 하나님의 아들로서의 예수라는 호칭이 사실상 그에게는 신학적으로나 기독론에서나 상당한 무게를 가진다는 점을 지적해 준다. 이것에 대한 이유들이 갈라디아서에서 "하나님의 아들" 구절 세 곳에 등장한다. 거기에서 바울은 자기 자신의 회심에 대해서 말하기를, 그(바울)로 하여금 그의 아들을 이방인들에게 전파하도록 하기 위해서 "하나님이 … 그의 아들을 내 속에 나타내셨다"고 처음 언급한다. 이것 뒤에는 2:20에 "그리스도의 헌신"으로 가득 찬 구절이 뒤따른다. 거기서 바울은 "나를 사랑하사 나를 위해 자기 자신을 버리신 하나님의 아들"로서 자기 안에 사시는 분에 관해서 말한다. 이 모든 것은 4:4-7에서 최고조에 달한다. 이 구절에서 바울은 아들에 대해서 "율법 아래에 있는 자들을 속량하시고 우리로 아들의 명분을 얻게" 하기 위해서 아버지의 "보냄을 받았다"고 말한다. 이것은 본 서신에서 결정적인 기독론적 구절일 뿐만 아니라 바울 서신에서 더욱 중요한 구절들 중 하나이다.

그러나 이 세 구절을 좀 더 자세하게 살펴보기 전에, 3:1-4:7의 논의에서 한 가지 중요한 순간을 주목함으로써 시작하고자 한다. 그 구절에는 그리스도를 아브라함의 참 자손이라고 한(3:16) 암시적인 메시아 신앙도 엿보인다.

---

6) pp. 449-455 를 보라.

1) 갈라디아서 3:16 - 아브라함의 "자손" 그리스도

2:15-4:7의 긴 논의에서 바울의 열망은, "율법을 행하는 것"이 더 이상 그리스도의 속량함을 받고 성령으로 사는 사람들이 선택할 사항이 아니라는 것을 갈라디아 사람들에게 이해시키는 것이다. 모두(冒頭)에서 전격적으로 문제를 제기하고 그들 입장의 논리적 모순을 증명한 후에(2:15-19)[7], 바울은 "율법의 행위"와는 전혀 무관한 그들 자신의 성령 체험에 호소한다(3:1-5). 그리스도와 성령에 대한 체험(3:6-9)을 지지하는 성경의 증거를 제공하기 위해서, 바울은 창세기 12:1-25:11의 아브라함 이야기를 주목한다. 그 이유는 분명하다. 즉, 아브라함은 ① 유대 민족의 아버지이고, ② 그를 통해 하나님이 "모든 족속"(=이방인)을 축복하신다는 약속의 수납자이고, ③ 본 서신에서 싸우고 있는 주된 문제인 할례 언약의 수령자이며, ④ 성경이 "그의 (하나님에 대한) 믿음이 그에게 의로 여겨진바 되었느니라"고 한 사람이다. 이 이야기에 기초한 바울의 추후 논쟁(3:10-4:7)은 실로 경이로운 것임이 드러난다. 그는 이 모든 공을 하나도 떨어뜨리지 않고 공중에 띄우면서도, 시종일관 그의 논지를 4:4-7에 나오는 절정의 순간으로 가져간다.

논의의 초두에서, 바울은 결정적인 문제를 끄집어낸다. 누가 아브라함의 참 "자손", 즉 이방인들의 복을 포함하는 약속을 물려받을 그의 "씨"인가? 이 질문에 대한 최종적 대답이 3:29에 나온다. "너희가 그리스도의 것이면" 아브라함의 참 자손("씨")이요, 따라서 "약속대로 유업을 이을 자"다. 이 결론은 4:4-7에서 정교하게 진술된다. 이 요점에 이르는 과정에서, 바울은 그리스도를 아브라함의 참 "씨"라고 말하고 있으며, 따라서 "그리스도의 것"이 된 사람들이 아브라함의 참 자손이라고 말한다. 바울이 어떻게 거기에 도달하는가는 풀어 헤쳐 볼 필요가 있다.

---

7) 비록 바울의 문장이 압축적이기는 하지만(2:15-19) 그의 논리는 다툴 만하다. 첫 번째 전제, 유대인이든지 이방인이든지 그리스도를 믿는 자들은 순종하지 못했다. 두 번째 전제, 만일, 우리가 또한 율법(의 어떤 부분)을 지켜야 한다는 선동자들의 주장이 옳다면, 우리는 이러한 점에서 율법을 지키지 않음으로써 사실 범법자가 되고, 그리하여(본래 율법을 지키지 않는 이방인들처럼) 죄인이 되는 것이다. 결론적으로 우리는 그리스도에 대한 우리의 믿음으로 인하여 율법을 지키고 있지 않기 때문에, 우리는 지금 범법자임이 드러난다. 이것은 그리스도가 우리의 죄인 됨에 책임이 있다는 뜻이다(크리스토스 하마르티아스 디아코노스〈Χριστὸς ἁμαρτίας διάκονος〉, 그리스도께서 죄의 종이 되셨다). 바울의 반응이 메 게노이토(μὴ γένοιτο, "결코 그럴 수 없느니라!")한 것은 놀랄 일이 아니다.

성경 이야기 시작 부분에서, 이스라엘은 전체로서 하나님의 "아들"과 동일시된다(출 4:22-23). 나중에 가서는 백성을 대표하는 그들의 왕이 하나님의 "아들"과 동일시된다(시 2:7). 다윗 왕조가 (눈으로 보기에) 몰락한 후에는, "하나님의 아들"이 메시아의 상징이 된다. 복음서 이야기에서는, 예수 자신이 메시아 왕으로서 이 역할 속으로 들어간다. 그는 이스라엘과 동일시[8]하여 그들의 구원자가 된다. 그리하여 그는 자기 백성을 다시 한 번 "하나님의 아들들"로 만들 수 있게 된다.

이것이 바울이 3:6-4:7에서 다루고 있는 메시아 비전이다. 초기부터 그는 그리스도를 아브라함의 "씨"(단수)와(3:16) 동일시함으로써 이 방향으로 움직인다. 따라서 그는 약속의 진짜 상속자이기도 하다(이 약속은 이제 하나님의 백성에게 유효하다. 그들은 "그리스도의 것"이기 때문이다). 영어에서처럼 헬라어의 집합적 단수인 "씨"에 대한 언어유희에서, 바울은 의도적으로 그것이 단수라는 것과 그러므로(예언적으로) 메시아를 가리킨다는 것을 강조한다.[9] 아브라함에게 하신 하나님의 약속은 그의 "씨"에게 하신 것이었지(예, 창 13:15), "씨들"에게 하신 것이 아니었고, 메시아적 "씨"는 그리스도이다.[10] 그렇다면, 이것은 4:4-7의 결론적인 선언 뒤에 놓여 있는 메시아적 "하나님의 아들" 기독론이다.

2) 갈라디아서 4:4-7 (그리고 갈 1:19)

4:4-7 4 ὅτε δὲ ἦλθεν τὸ πλήρωμα τοῦ χρόνου, ἐξαπέστειλεν ὁ θεὸς τὸν υἱὸν αὐτοῦ, γενόμενον ἐκ γυναικός, γενόμενον ὑπὸ νόμον, 5 ἵνα τοὺς

---

8) 따라서 그는 (세례의) 물속에 들어가는데, 거기서 그는 하늘의 음성에 의하여 "하나님의 사랑하는 아들"로 지칭된다(창 22:2과 시 2:7의 칠십인역 반영). 그 다음에 그는 광야에서 사십 일 동안 시험을 받으러 가며, 시험을 받는 동안 그는 이스라엘이 시험을 실패한 신명기 구절들을 인용한다. 그리고는 자기 주변의 열두 사람을 모음으로써 공적인 사역으로 들어간다. 이 문제에 관해서는 N. T. Wright, *Jesus and the Victory of God* (Minneapolis: Fortress, 1996), 474-539를 더 보라.
9) 이것은 "아들"이라는 말을 두고 구약에서 일어나는 일과 매우 유사하다. 출 4:22-23에서 아들은 이스라엘 전체를 집합적으로 지시하는 말이지만, 나중의 왕권 자료들을 보면 왕 자신에게 유일한 초점을 맞추고 있다(예, 시 2:7). 뒤에 나오는 골 1:12-15에 대한 논의를 더 보라(pp. 449-455).
10) 이 구절에 대한 메시아적 이해를 위해서는, Lightfoot, 142-43; Longenecker, 132; Hensen, 98; Dunn, 184; Martyn, 340을 참조하라.

제5장 갈라디아서에 나타나는 기독론   335

ὑπὸ νόμον ἐξαγοράσῃ, ἵνα τὴν υἱοθεσίαν ἀπολάβωμεν. 6 Ὅτι δέ ἐστε υἱοί, ἐξαπέστειλεν ὁ θεὸς[11] τὸ πνεῦμα τοῦ υἱοῦ[12] αὐτοῦ εἰς τὰς καρδίας ἡμῶν κρᾶζον αββα ὁ πατήρ 7 ὥστε οὐκέτι εἶ[13]δοῦλος ἀλλὰ υἱός εἰ δὲ υἱός, καὶ κληρονόμος διὰ θεοῦ[14]
4 때가 차매 하나님이 그 아들을 보내사 **여자에게서 나게 하시고**[15] **율법 아래에 나게 하신 것은** 5 율법 아래에 있는 자들을 **속량하시고** 우리로 "아들"의[16] 명분을 얻게 하려 하심이라 6 너희가 "아들"이므로 하

---

11) 이 문장의 표현된 주어("하나님")가 B 1739 sa에는 생략되었다. 이 증거와 그리고 주어를 추가하는 서기관들의 경향을 고려할 때, 이 "생략"은 원래 그랬던 것이라고 쉽게 주장할 수 있을 것이다. 반면에, 훨씬 더 가능성이 있는 것은 바울 자신이 이 문장을 4절과의 관계에서 완전한 대칭으로 만든 장본인이며, 그러므로 B 또는 그 가장 가까운 사본에는 이 주어가 생략되어 있고, 이 현상이 다른 두 개의 가장 밀접하게 관련된 증거물 안에 그대로 옮겨져 있다는 것이다.
12) 바울의 병렬을 완전히 놓치고서, P⁴⁶과 마르시온(아마 독립적인 듯)은 투 휘우(τοῦ υἱοῦ)를 생략한다. 그러면 본문은 "하나님이 그의 아들을 보내셨다"(4절) "하나님이 그의 영을 보내셨다"(6절)가 된다. 만일 이것이 의도적인 생략이라면(비록 homoeoteleuton에 의해서 생겨날 수 있었을지라도, 매우 그럴 가능성이 있었다), 이는 신학적인 이유에서였든지(성령에 대한 혼동을 피하기 위해서, 즉 그는 하나님의 영이지, 그리스도의 영이 아니다) 아니면 덜 신학적인 이유에서였을 것이다(단순히 하나님이 아들과 성령을 둘 다 보내셨다는 바울의 요점을 진술하는 어색한 방식이라고 여겨졌던 것을 "분명하게 하기 위해서"). 그러나 이 생략은 너무 많은 것을 놓치고 있다. 아래의 논의를 보라.
13) 본 서신에서 오직 여기서만, 바울은 백성 전체를 지칭할 때 이인칭 *단수*로 전환한다. 이것은 아마 자기의 요점을 개별화(individualizing)하기 위한 방편이었을 것이다.
14) 이 데우는 P⁴⁶ ℵ* A B C* 1739ᵛⁱᵈ lat bo에서 볼 수 있다. 이것이 원문이었다는 것은, ① 초기의 탁월한 지지와 ② 바로 이 난점이 사본 전승(textual tradition)에서 발견되는 다섯 가지 변형을 낳았다는 사실에 의해 확실해진다. 그 변형들은 모두 이것을 원문으로 읽는 토대 위에서 설명될 수 있으나, 이 현상은 상이한 본문이 있는 다른 어떤 경우에는 해당되지 않는다.
15) 헬라어는 게노메노스(γενόμενος, 양 구절에 나오는)인데, 이것은 문자적으로는 "되었다"는 뜻이다. 빌 2:7b-8의 유사한 용법에 비추어 볼 때, 이 분사들은 "이야기적 행동"(narrative action)을 표현한다(R. B. Hays, *The Faith of Jesus Christ: An Investigation of the Narrative Substructure of Galatians 3:1-4:11* 〈SBLDS 56, Chico, Calif, Scholars Press, 1983〉, 105). 따라서 여자로부터 "되었다" 할 때, 그는 "태어난" 것이다. 불행하게도, 이 일반적인 (그리고 정확한) 영어(그리고 대부분이 다른 언어) 번역 때문에 영어 독자는 빌 2:7b-8상의 유사한 설명에 나오는 그 평행구들을 놓치게 된다. 아래 2(c)의 추가적인 논의를 보라.
16) 이 단어는 남자 상속자를 로마의 가정에 입양하는 것에 대한 기술적인 용어로서(TNIV의 주석을 보라). "아들" 언어(하나님의 아들과 "아들들"로서의 우리)에 대한 언어유희를 만들어낸다. 이것은 불행하게도 성(gender)이 배제되어

나님이 그 **아들의 영을** 우리 마음 가운데 **보내사** "아바 아버지"라 **부르게 하셨느니라** 7 그러므로 네가 이 후로는 종이 아니요 "아들"이니 "아들"이면 하나님으로 말미암아 유업을 받을 자니라

이 문장은 본 서신 전체에 걸쳐 있는 바울의 단일한 관심사에 대하여 기독론-구원론의 토대를 제공한다. 즉, 그들은 그리스도 예수 안에 있고(3:26, 28) 그리스도가 그들 속에서 "형상이 이루어지고" 있기 때문에(4:19), 갈라디아의 이방인들은 "율법 아래로" 갈 필요가 없다. 그것은 앞에 나오는 유비(1-2절)로 말하려고 하던 것과 그 적용(3절)을 묶어주는 언어로 시작한다. 하나님의 백성이 아직 노예교사의 후견 아래 있는 "미성년자"보다 더 나을 것이 없던 이전 시대와는 대조적으로, 이제 그들이 "성년"에 도달하는 하나님의 시대가 도래하였다.[17] 바울이 줄곧 주장해 온 것처럼, 하나님의 시간이 특히 십자가 위의 구속 사역을 통하여 그리스도와 함께 왔다. 따라서 비록 뒤따르는 내용에서 바울의 강조점들은 주로 구원론적인 것들이기는 하지만, 다양한 "하나님의 아들" 진술들(유대교 메시아 사상, 선재, 성육신, 역사적 예수의 지식) 역시 등장한다. 이것들은 바울의 특별한 관심사항들에게는 결정적으로 중요하며, 그러므로 면밀한 조사의 이유가 된다.

① 이 구절에서 유대교 메시아 사상의 토대는 a-b-b'-a' 교차대구로 분석되는 부분의 가운데 행들에 놓여 있으며,[18] 하나님이 그의 아들과 그의 아들의 영을 보내셨다는 두 개의 주요한 선언으로 둘러싸여 있다. 따라서,

(A)		하나님이 그 아들을 보내사
	(a)	여자에게서 나게 하시고
	(b)	율법 아래 나게 하신 것은
	(b')	율법 아래 있는 자들을 속량하시고
	(a')	우리로 아들의 명분을 얻게 하려 하심이라
(B)		하나님이 그 아들의 영을 보내사

보이게 하지 않고서 현대의 영어로 옮기기가 어렵다. 여기서 이 단어를 "자녀들"로 번역하게 되면 언어유희를 잃게 된다. 이런 이유 때문에, 필자는 언어유희를 드러내고 성(gender)의 난점을 피하기 위해서 이를 "아들들"로 번역하기로 하였다.

17) 이 두 부분에 대한 Hansen(114-16)의 유익한 서두를 주목하라. "아들들이 노예들과 같았을 때," "노예들이 아들들이 되었을 때."

18) Lightfoot(168)이 처음 주목하였고 주석들에 규칙적으로 실린다.

두 개의 "b" 행은 함께 ① 아들은 유대교라는 정황에서 태어났다는 것과 ② 그가 오신 목적은 현재적 속박 가운데 있는 자들을 "속량하기 위한 것"이었다는 것을 확언한다. 따라서 마치 모세가 이스라엘의 "구속자" 역할을 수행하여 하나님의 권세와 재판권 아래서 그들을 이집트의 노예 속박에서 인도해 나왔듯이, 이제 "하나님의 왕적인 아들"이 율법에 노예가 되어 있는 자들을 위한 "구속"을 이루기 위해서 하나님으로부터 왔다.

② 그러나 이제 새로운 "구속자 왕 (하나님의 아들)"은 또한 하나님의 영원한 아들이라는 것이 판명된다. 그는 속량하기 위해서 하늘에서 파송되었다. 이 점에서, 바울은 고린도전서 8:6에 전제되었고(그의 선재와 관련하여) 고린도후서 8:9에 은유적으로 그리스도 자신의 행동으로 표현되었던 것(그의 성육신과 관련하여)을 분명하게 진술한다. 따라서 그리스도와 성령의 사역을 함께 묶기 위해서 의도적으로 선택한[19] 것으로 보이는 언어를 사용하여, 바울은 "하나님이 그 아들을 엑사페스테이렌(ἐξαπέστειλεν, 보내사)"이라고 함으로써 시작한다.

가끔 반대 목소리가 있기는 하지만,[20] 세 가지 사항은 그리스도의 선재,[21]

---

19) 이것들은 바울 서신에서 이 단어가 오직 두 번 나오는 경우다. 이러한 이유 때문에, 그리고 전체에 대한 "공식적인"(formulaic) 느낌 때문에, 여기에서 바울 이전의 구원론 공식을 찾아내는 것이 유행이었다. 그 공식은 비록 그것을 자기의 신학에 완전히 통합하지는 않았지만 바울이 사용했던 것이다(!). 이 논의의 많은 부분은 E. Schweitzer의 몇몇 논문(article)에서 유래하였다. 그는 솔로몬의 지혜서와 필로가 쓴 한 구절을 토대로 그러한 "공식"을 만들었다(특히 다음 글을 보라. "Zum religionsgeschichtlichen Hintergrund der 'Sendungsformel' 갈 4.4f., 롬 8:3f., 요 3:16f., 요일 4.9," ZNW 57 〈1966〉, 455-468 〈영문 축약판으로는 TDNT 8:354-357, 363-392의 히오스에 대한 그의 항목을 보라〉). 참조. 그의 이전 문하생 W. Kramer는 "지혜 사색이 (바울의) 공식화에 끼친 영향은 의심할 수가 없다"(!)고 말한(Christ, Lord, Son of God, 121, 각주 406). 바로 이 사색적 연구의 각별히 의심스러운 성격과 특히 지혜와의 관계에 관해서는, Fee, God's Empowering Presence, 911-13을 보라. 참조. Dunn (Christology in the Making, 39-43). Dunn은 옳게도 이를 거부하고 예수님의 포도원 농부 비유(막 12:1-12)를 그 언어의 "기원"을 찾아내는 적절한 장소로 본다(필자는 이게 정확하다고 주장한다). 그러나 동시에 Dunn은 동등하게 이중적인 아담 기독론을 그 자리에 대치한다. 비록 Dunn이 아들의 인간성에 대한 바울의 강조를 옳게 포착하기는 했지만, 아담은 "하나님의 아들" 전통들과 동일시하는 유비는 없다.

20) 예컨대, Bousset, Kyrios Christos, 208-20과 특히 Dunn, Christology in the Making, 38-44, 그 다음으로는 Tuckett, Christology and the New Testament, 51-52를 보라.

21) 세 가지 이유를 다르게 제시한 경우는, Matera, New Testament Christology, 106을 보라. "여자에게서 남" 외에, 그는 그리스도의 "아들의 신분"은 독특하며 그가 선재하는 아들이라는 점은 "그의 사역에 구원의 가치를 부여한다"고 덧붙인다.

즉 그리스도는 자신이 신이며 구속을 이루기 위해서 하나님으로부터 왔다는 것을 상정하고 있음을 지적해준다. 즉, ⓐ "그가 보냈다"는 동사의 사용, 특히 그 영을 보내심에 관한 6절의 병행구에 비추어, ⓑ 만일 그렇지 않았다면 불필요했을 어구인 게노메논 에크 귀나이코스(γενόμενον ἐκ γυναικός, 여자에게서 "난"), ⓒ 보통 "출생"을 의미하는 동사 겐노메노스(γεννώμενος, 난)보다는 게노메노스(γενόμενος, 난)의 사용 등이다. 이들 각각은 더 설명이 필요하다.

a. 맨 먼저 복합어 엑사포스텔로(ἐξαποστέλλω, 보내다)는 그 자체만으로는 선재하는 존재의 보냄을 반드시 함의하지는 않는다는 점이 인정되어야 한다.[22] 결국, 로마서 8:3의 다른 문맥에서는 바울 자신이 여기에서 말하고 있는 것을 반복하여 "보냄(sending)"을 뜻하는 평범한 동사 펨포(πέμπω, 보내다)를 사용한다. 이 동사는 보내진 자가 그 이전에 존재했다는 것을 함의하지는 않는다. 그래서 예컨대, 엑사포스텔로는 사도행전에서 사람들을 "보낸다(sending away)"고 할 때나(9:30, 17:14) 누군가를 어떤 임무를 위해 "보낸다"고 할 때(11:22)도 규칙적으로 나타난다. 그리고 하나님 편에서 볼 때는, 그가 "출신"을 따지지 않고 인간 종들에게 "위임하는" 데 사용된다(7:12, 22:21). 그러나 다른 문맥에서는 하나님이 천사들을 땅 위에 사자로 "보내"거나(예를 들어, 창 24:40, 행 12:11) 솔로몬이 지혜(의인화된)를 "보내" 달라고 하나님께 기

---

22) 비록 이것이 일반적으로 당연시되어 오기는 했지만(예, Lightfoot은 "그 말은 아들의 선재를 당연시하고 있다"(168)고 주장함을 주목하라), Burton(217)을 보라. 그는 이것이 맞지 않다는 것을 인식하고 그 문장 자체의 논리가 그러한 견해를 요구하는 것처럼 보인다고 지적하였다. Dunn(*Christology in the Making*, 39)은 이 점을 지나치게 중요시한다. "나누고 정복하기 위한" 시도에서, 선재를 반대하는 그의 주장의 많은 부분은, 이 동사 자체는 그 문제를 지니고 있지 않다는(대다수가 쉽게 동의할 점) 증거를 보여주기 위해 문헌 윤색(scouring)을 근거로 한다. 그러나 우리가 포함시키지 않도록 주의해야 할 것은, Dunn이 그러는 것처럼 보이는 것과 같이, 그러한 보냄을 반드시 가리키는 것은 아니기 때문에, 아마도 그렇지 않을 것이라는 점이다. 그 구절의 전반적인 증거는 정확하게 그 반대를 암시한다. 그것이 천상의 존재의 보냄을 가리킬 수도 있기 때문에, 이 구절, 특히 뒤따르는 두 어구의 전반적인 문맥과 언어는, 여기서는 그것이 정말 그렇다는 것을 암시한다. Dunn의 주장은 특히 6절의 영이라는 평행 언어의 중요성을 고려하는 데 실패했다. 따라서 비록 바울의 관심은 실제로 예수님의 기원에 있지 않다는 것이 틀림없는 사실이기는 하지만, 증거의 누적된 무게와 이 모든 것이 표현된 방식은 확실히 선재를 전제하고 있다. 참조. W. Kasper, *Jesus the Christ* (trans. V. Green, New York: Paulist Press, 1976), 173과 대부분의 주석.

제5장 갈라디아서에 나타나는 기독론   339

도 드리는(지혜서 9:10) 것에서도 사용된다. 현재의 경우에서 문제는, 그 동사가 무엇을 의미할 수 있느냐가 아니라 바울 자신은 무엇을 전제하고 있었으며, 그 동사가 이 두 문장에 사용됨으로써 갈라디아 사람들이 어떻게 이해할 것으로 기대했느냐 하는 것이다.

여기가 6절의 성령에 대한 한 쌍의 용법이 적절해지는 곳이다. 시편 104:30(103:30 칠십인경)에서 반복되는 언어를 사용함으로써[23] 그리고 4-5절에서 말하는 것과 평행구절이자 밀접하게 관련된 어절에서, 바울은 하나님이 우리 마음에 "그 아들의 영을 보내서" 그를 아바라고 부르도록 하셨다고 말한다. 이 두 번째 보냄을 통해서, 하나님은 앞서 "보내신" 아들에 의해서 확보된 "아들의 신분"을 확증하신다. 이중 보냄의 두 번째 경우에서 하나님이 그 아들의 영을 보냄은 오직 선재하는 하나님의 영만을 가리킬 수 있다. 그 영은 이제 동등하게 아들의 영으로 이해된다. 첫 번째 경우에서 바울이 그리스도의 선재에 대해서도 전제적으로 말하고 있다는 것을 확인해주는 것은 이 이중 보냄이다.[24]

b. 전체적인 논의의 초점을 여기에 맞추는 데 있어서, 바울이 보기에는, 그리스도의 사역은 역사적이고 객관적인 실체이다. 인류 역사의 한 시점에서 하나님의 정한 때가 되자, 하나님의 메시아 아들이 그들을 "아들들"로 입양하심으로써 율법의 몽학선생(토라 준수)으로부터 해방하기 위해서, 하나님의 백성이라는 정황 안에서(γενόμενον, 율법 아래 난) 인류 역사에 들어오셨다(γενόμενον, 여자에게서 난). "여자에게서 남"이라는 어구가 눈에 띄는 것은, 그것이 전체 논의에 얼마나 불필요한가 하는 것이다.[25] 바울의 관심은 정확

---

23) 헬라어 엑사포스테레이스 토 프뉴마 수 카이 크티스데손타이(ἐξαποστελεῖς τὸ πνεῦμά σού καὶ κτισθήσονται, 주의 영을 보내어 그들을 창조하사).
24) Burton, 217도 보라. 참조. Bruce는 "만일 그 영이 하나님이 그를 보내기 전의 영이있다면, 그 아들은 아바 하나님이 그를 보내기 전의 아들이었을 것이다"(195). 이 동사에 대한 Dunn의 분석이 엄격하게 4절에 국한된 것은 퍽 흥미롭다. 명백한 이유로, 그는 6절에서 그 동사의 가능한 의미에 대한 어떠한 토론도 단순하게 피한다(Fee, *God's Empowering Presence*, 402, 각주 127에 있는 비평을 보라).
25) 이 논의 안에 있는 어느 것도 이 어구(phrase)로부터 따오지 않고, 그리하여 문맥상 이 논의에서 필요성의 결여를 지적하고 있다는 사실은, 많은 사람들이 바울이 여기서 바울 이전의 "보냄 공식화"를 사용하고 있다고 생각하는 이유들 중의 하나이다(위의 각주 18을 보라). 참조. Betz, 207, Longenecker, 166-67. 모든 고대 문헌 가운데서 오직 바울에게서만 발견되는 문장이, 바울 이전의 공식(pre-Pauline formula)을 찾아내는 바탕이 된다고 주장하는 것은 역사적 탐구의 주목할만한 부분이다. 이는 물론 증명될 수도 논박될 수도 없다. 그러나 바울의 문장들을 삭제함으로써만

하게 그의 문장의 그 다음 두 어구("율법 아래 있는 자들을 속량하기 위해서, 율법 아래 나게") 안에 놓여 있다. 바울이 처음에 그리스도를 게노메논 에크 귀나이코스(γενόμενον ἐκ γυναικός, 여자에게서 나셨다)고 언급한 것은, 만일 우리가 전체 문장의 술부인 그리스도 선재의 전제적 성격을 인식하기만 한다면 이해할 만하고 생각된다. 또는 이것을 다른 식으로 말하면, 두 게노메노스(γενόμενος, 난)어구가 아들의 인간적 조건을 강조한다는 사실은, 보냈다는 말이 인간이 아니었던 존재를 전제하고 있다는 것을 암시하는 듯하다.[26]

c. 끝으로, 이 두 종속절에 분사 게노메논을 선택한 것은 특히 엑사페스테이렌(ἐξαπέστειλεν, 보냈다)의 쌍 수식어로서, 보통 주어지는 것보다 더 많은 의미를 지니는 것 같다. 기노마이(γίνομαι, 되다)가 "태어남"을 의미할 수 있고,[27] 영어로 뜻이 통하게 할 목적으로 여기에서 거의 그렇게 번역되는 것은 사실이지만, 사실 그 동사는 "되다, 존재하게 되다"라는 일차적인 의미를 지니고 있다. 그것은 그 언어에서 더 융통성 있는 동사들 중의 하나이다(종종 단순히 "되다"의 대치어). 놓치지 말아야 할 요점은, 여기에서 그 용법은 문맥이 요구하는 것도 아니고 의미가 요구하는 것도 아니다. 사실상, 본 장의 뒤쪽에서, 이스마엘(그리고 이삭도 암시되어 있음)의 출생을 언급할 때, 바울은 "태어남"에 대해서 일반적인 동사를 사용한다(겐나오⟨γεννάω⟩, 4:23, 24, 29).

더 나아가 더 중요한 것은, 두 어절(clause)은 거의 확실하게 주동사의 뒤에 있도록 의도되었다는 것이다. 그 어절들은 아들의 선재가 먼저 있고, 유대교의 맥락 안에서 인간 어머니로부터의 "존재하게 됨"이 뒤따른다는 것을 암시

존재하는(!) 이전의 공식에 대한 바울의 "첨가물"을 찾을 수 있다고 제안이 될 때, 그 공식은 아주 많이 마치 "독특한" 창작물인 것처럼 보인다.

26) 참조. Burton: "(b) 어절은 둘 다 분명히…아들이 보냄 가운데서 복종하였던 굴복, 그가 구속하기 위해서 사람들의 수준으로의 낮아지심을 지적하기 위해서 추가된 것이다"(217). 따라서 그의 선재가 아닌 오직 예수의 인간성만 강조하고 있는 것이 아니라(Tuckett, Christology, 52-53처럼), 전제적인 공통의 기반은 그의 선재이고, 따라서 "가현적" 그리스도를 용인하지 않기 때문에, 오히려 그의 인간성을 강조하는 것으로 보아야 한다.

27) 실로, 이것이 BDAG에 제공되어 있는 첫 번째 뜻이라는 점("출생의 과정을 통해서 존재하게 됨")이 자못 흥미롭다. 그러나 이 경우에, 이 뜻을 처음에 두는 것은 그러한 단어를 취급하는 Danker의 통상적인 방식에 배치된다. 그의 방식에서, 보통 주어지는 첫 번째 뜻은 다른 모든 것들이 도출되어 나오는 뜻이다. 더욱이, 이 첫 번째 표제 아래 나오는 그의 다섯 가지 예들 중 둘이 식물의 생명과 관계가 있으며(마 21:19; 고전 15:37), 다른 셋은, 이것을 포함하여(요 8:58; 롬 1:3), 출생 그 자체에 초점을 맞추지 않고, 세상에 아브라함 또는 그리스도의 나타남에 초점을 맞춘다.

하는 순서이다. 그렇지 않았다면, 그 분사들은 주동사의 선행사로 표현되었을 것이다. 즉, 여자에게서와 율법 아래 난 후에, 아들은 율법 아래 있는 자들을 속량하기 위해서 하나님의 보냄을 받았다. 그것은 문법적으로 가능하지만, 문장 자체의 요점을 무시하는 듯하다. 그 요점은 하나님의 아들은 우리의 인간적 상황 속으로 보내졌는데, 오직 그렇게 속량이 효력을 발휘할 수 있기 때문이었다는 것이다.[28] 따라서 이 경우에 마리아로부터의 "출생"은 그리스도의 인간 어머니를 통한 "지상의 존재로 들어옴"이라는 말로 표현된다. 그리고 이는 우리의 세 번째 기독론 관찰로 연결된다.

③ 지나가는 듯하지만, 이 어구("여자에게서 남")에서 바울은, 그리스도의 성육신을 강조하기에, 그리스도는 이전의 갈라디아 이방인들이 복종하였던 비역사적이고 비시간적인 스토이케이아 투 코스무(στοιχεῖα τοῦ κόσμου, 세상의 초보적인 영적 세력들(3절, TNIV))과 현저한 대조를 이룬다. 즉, 만일 "하나님이 그 아들을 역사의 알맞은 때에 보내셨다"는 주절에 그의 선재가 함의되어 있다는 것을 이 어절이 확인해 준다면, 이 어절은 그 나름으로 그의 진짜 인간성을 특별히 강조하고 있는 것이 된다.[29] 즉, "하나님의 아들"은 가현적 그리스도가 아니었으며, 비록 하나님의 선재하는 아들이었지만, 우리의 인간성을 완전하게 공유하셨다.

따라서 바울은 이 요점 - 이방인들은 성령에 의해서 예수 그리스도 안에 있는 믿음을 통하여 하나님의 백성이 되었고, 토라에 복종할 의무가 없다는 주장에 대해, 그럼에도 불구하고 그들은 하나님의 계속되는 이야기 속에 꼭 들어맞는다는 것을 강조한다. 그리스도와 성령을 통해서 하나님의 자녀들이 될 때, 그들은 또한 아브라함의 자녀들이요 그러므로 하나님이 아브라함에게 하신 약속의 상속자들이다. 그리고 여기에 성육신을 강조하는 이유가 있다. 그리스도가 역사적 이스라엘을 위해서 율법으로 살아야 하는 "저주," 그럼으로써 믿음으로 사는 것을 배제하는 "저주"를 제거하신 것은, 바로 그리스도

---

28) 이 전체적인 질문에 관해서는, 바울의 묵시적 세계관은 이 어절에 대해서 거의 그와 같은 이해를 요구한다는 Martyn(406-8)의 강조를 주목하라.
29) 대부분의 해석자들이 그렇다 참조. Betz는 "이 인류학적인 정의(여자에게서 남, 율법 아래 남)에는 기독론적인 목적이 주어져 있다고 한다. 이것은 그리스도의 나타나심은 그 말 그대로 인간 존재의 나타남이었다는 것을 지적한다"(207-8). 참조. Longenecker는 "질적인(qualitative) 표현으로서 '여자에게서 남'은 예수의 진짜 인간성과 대표적 특성에 관해서 말한다. 즉, 그는 참으로 우리와 함께 하시는 분이었다"(171).

자신이 이스라엘 이야기의 맥락 안에서 역사에 들어오셨기 때문이다(3:12-14). 따라서 두 개의 "나셨다(was born)"라는 말의 이중 초점은 이것이다. 하나님의 아들은 진짜 인간이자 이스라엘의 정황 안에서 태어난 분이었다.

④ 이 동일한 맥락에서, 우리는 그리스도의 인간성과 관련하여 아바 외침의 중요성을 더 주목해야 한다. 이것은 바울이 역사적 예수에 대한 지식을 보여주는[30] 또 하나의 확실한 사례이다.[31] 두 번째 것은 본 서신의 더 앞쪽에서 그가 야고보를 "주의 형제"라고 지칭한 데서 나타난다(갈 1:19). 그리고 바울 자신의 증언에 의하면 그는 예루살렘에서 베드로(및 야고보)와 2주일간을 보냈기 때문에, 바울이 역사적 예수에 대해서 거의 아무 것도 몰랐다고 하는 것은 가장 심각한 수준의 근시안적 회의론이다.[32] 만일 그가 알고 있는 것이 다른 사람으로부터 온 것이라 해도 그가 보여주는 것은 역사적 예수에 대한 그 지식이다.

현재 다루고 있는 사례 안에는, 만일 예수 자신에게로 거슬러 올라가지 않는다면, 복음서들이 보여주는 것처럼, 예수의 죽음과 부활 이후 수십 년 동안 이방인들의 입술에서 아람어의 아바 호칭이 발견되는 것에 대한 합리적인 역

---

30) 예로, 고전 11:23-25을 보라. 여기서 바울은 주의 만찬 제정의 역사적 맥락을 분명히 알고 있다.

31) 이 말은 그가 직접적인 지식을 가졌다는 뜻은 아니다. 비록 어떤 이들이 고후 5:16을 그런 뜻을 암시하는 것으로 읽었지만(내 생각에는 부정확하다) 말이다. 결국, 그 구절에서 카타 사르카는 그리스도를 가리키는 것이 아니다. 오히려, 그것은 세상을 보는 바울의 방식이다. 그러므로 TNIV가 바르게 번역했다. "(아무도) 세상적인 관점에서 바라본다"(=새 창조를 도래케 하신 그리스도의 죽음과 부활을 통하여 철저히 선택사항에서 제외된 옛 질서의 관점에서).

32) 이것은, 바울이 일종의 두 번째 기독교 창설자이고 그러므로 역사적 예수에는 거의 관심도 없고, 알지도 못했다는 믿음이 널리 퍼져 있던 시대의 산물로 태어난 회의론이다. 그러한 회의론은 Bultmann의 유명한 주장에 의해서 필자의 이전 세대에 고조되었다. "나는 진실로 우리가 예수의 생애와 인격에 관해서 거의 아무 것도 알 수 없다고 생각한다. 이는 초기의 기독교 자료들이 그 어느 것에도 관심을 보이지 않기 때문이다."(*Jesus and the Word* 〈trans. L. P. Smith and E. Huntress, New York: Charles Scribners' Sons, 1934〉, 8). 처음부터 신약 학자들은 그러한 입장이 일반적으로 사실일 것 같지 않다는 것을 분명히 했어야만 했다. 만일 바울의 강조점들이 다른 곳에(구원의 사건에) 놓여 있다면, 그 사건의 윤리적 요구에 대한 열정(여기서 그는 그리스도를 따르고 있다고 주장한다. 고전 11:1)은 바울을 근시안적으로 보려고 했던 사람들 사이에서 어느 정도의 주의를 일으켰어야 마땅했다. 최근의 새로운 견해에 대해서는, Wright, *Jesus and the Victory of God*; 참조. J. D. G. Dunn, *A New Perspective on Jesus: What the Quest for the Historical Jesus Missed* (Grand Rapids: Baker Academic, 2005).

사적 설명이 전혀 없다. 즉, 우리는 신자들이 그리스도의 공동체 모임 안에서 하나님께 아바라 "부르짖었다"는 것과 그들은 성령이 자기들을 움직여 그렇게 하도록 하신다는 것을 온전히 의식한 채 그렇게 했다는 것, 그럼으로써 그들은 아버지와의 친밀한 관계를 표현하는 예수 자신의 말을 사용하고 있었다는 것을 심각하게 받아들일 필요가 있다.[33]

그러나 아바라는 언어 자체에 관해서 더 언급할 필요가 있다. 그것은 어떤 면에서 이 말이 바울을 지지하는 논점을 담고 있으며, 주목할만한 양의 문헌이 이 말을 둘러싸고 발전하였기 때문이다. 이 점에서 획기적인 연구는 요아킴 예레미야스(Joachim Jeremias)의 연구다.[34] 그는 그중에서도 특히 다음과 같은 결론을 내렸다. 첫째, 이것은 친밀한 호칭으로서 아람 가정의 어린 아이들에게서 비롯되었다. 둘째, 예수님이 하나님을 부르는 데 이 용어를 사용한 것은 모든 유대 문헌 가운데서 독특한 것이었다. 셋째, 따라서 그 기도는 예수님이 자기 자신을 하나님의 아들로 이해한 점의 독특성을 드러내주었다. 넷째, 예수님은 제자들에게 그들에 대한 은혜의 연장(extension)으로서의 자신에 대해 이 용어를 사용하도록 하였다. 신약학에서 그러한 "획기적인 연구 결과"가 다 그렇듯이, 약간의 교정과 진전이 결국 이루어지게 된다.[35] 그러나 마침내 소란이 가라앉고, 예컨대, 심지어 제임스 바아(James Barr)의 최소주의

---

[33] 아마 바울 서신에서 가장 비슷한 어구는 고전 12:3의 "예수는 주시다"라는 고백에서 발견된다. 이 고백은 성령에 의하지 않고는 아무도 할 수가 없다. 두 경우 모두, 고려중인 것은 황홀경이 아니라 성령의 임재다. 성령께 그러한 기본적인 기도와 고백의 궁극적인 원인이 있으며, 이는 우리가 진짜로 그리스도의 것이라는 증거가 된다.

[34] *The Prayer of Jesus* (SBT 2/6; London: SCM Press, 1967), 11-65(독일어 원전은 1966년에 나왔다).

[35] 예레미야스 이후의 저작으로는, Dunn, *New Perspective on Jesus*, 21-26, C. E. B. Cranfield, *A Critical and Exegetical Commentary on the Epistle to the Romans* (전 2권, 6판: ICC; Edinburgh: T&T Clark, 1975-1979), 1:399-402, J. M. Oesterreicher, "'Abba, Father!' On the Humanity of Jesus," in *The Lord's Prayer and Jewish Liturgy* (ed. J. J. Petchovski and M. Brocke; New York: Seabury, 1978), 119-36, G. Vermes, *Jesus and the World of Judaism* (London: SCM Press, 1983), 39-43, J. Fitzmyer, "'Abba and Jesus' Relation to God," in *A cause de l'e,vangile: Me,langes offerts a Dom Jacques Dupont* (ed. R. Gantoy, LD 123; Paris: Cerf, 1985), 16-38, J, Barr, "'Abba' Isn't 'Daddy,'" *JTS* 39 (1988), 28-47, idem, "'Abba, Father' and the Familiarity of Jesus' Speech," *Theology* 91 (1988), 173-79, A. Mawhinney, "God as Father: Two Popular Theories Reconsidered," *JETS* 31 (1988), 181-89, E. Obeng, "Abba, Father: The Prayer of the sons of God," *ExpTim* 99 (1988), 363-66, Dunn, "Prayer," *DJG* 617-25, esp. 618-19, L. W. Hurtado, "God," *DJG* 275-76을 보라.

(minimalist) 입장을 당연한 것으로 받아들이려고 할지라도,[36] 이것의 대부분은 여전히 남는다. 실제로, 예레미야스가 내린 결론들의 기본적인 건전성을 입증하는 데 도움을 주는 것은 바울이 사용하는 이 용법이다.

우리의 목적을 위해서, 세 가지 사항이 중요하다.

a. 갈라디아서와 로마서(그가 방문한 적이 없는 교회에 써 보낸!)에서 바울이 사용한 이 용법은, 이방인 교회들이 사용하는 기도 언어의 잘 알려진 용법이다.[37] 더욱이, 이 두 구절은 모두 - 특히 두번 째 - 의 논점은, 예수의 생애에서나 초기 교회에서나 다 중요했다는 주요한 증거가 된다. 이 기도 언어가, 아람어 원형으로, 그처럼 널리 사용된 것은, 이것이 예수 자신의 용어였다는 것과 그가 사실상 제자들로 하여금 자기를 따라서 이 언어를 사용하도록 하였다는 근거로 가장 쉽게 설명될 수 있을 것이다.[38] 사실상, 바울의 현재 논의의 경우, 모든 것은 이제는 신자들이 아들의 영에 의하여 아들의 언어를 사용하고 있다는 사실에 달려 있다. 그러한 용법의 기원을 예수 자신에게 두는 것과 그를 통해서 초기 교회에 두는 것을 부인하는 것은 역사적 회의론을 외부의 한계까지 밀어붙이는 것이다.

b. 정확한 의미에 대한 결론은 아직 내려지지 않은 듯하며, 아바라는 용어 자체의 의의도 그렇다. 예레미야스는 그것이 어린 자녀의 말에서 왔다는 단정을 근거로 친밀감에 대한 주목할만한 주장을 펼쳤다. 버미스(Vermes)와 바아는 그것이 성인 자녀의 언어이기도 했다는 증거를 제시함으로써 거기에 의문을 제기했다. 기원의 문제에 관해서는 후자가 옳다고 해도 무방할 것 같다. 그러나 아람 가정에서 성인 자녀가 그 말을 사용했다고 해서 그것이 더 성인의 언어가 되는 것은 아니다.[39] 매우 가능성이 높은 것은, 그 말은 사실 친밀

---

36) 앞의 각주를 보라.
37) 이것은 이 어절에서 바울이 "우리 마음"으로 전환한 것에 의해서 더욱 더 증명되는데, 이는 바울에게 있어서 이것이 그의 모든 교회 신자들의 공통된 경험이라는 것을 의미하는 것이다.
38) 많은 것 중에서, Dunn, *New Perspective on Jesus*, 22-26, Obeng, "Abba," 364, Hurtado, "God"을 보라.
39) Barr("'Abba'' Isn't 'Daddy'")는 이곳의 요점을 놓친 듯하다. 비록 그가 그 말은 아이들의 재잘거림에서 유래하지 않았다고 한 것이 확실히 맞기는 하지만(결국, 왜 다른 소리가 아니라 이 소리인가?), 이 말들(아빠와 엄마)은 대부분의 아이들이 더듬거리는 최초의 말들이라는 점을 주목할 필요가 있다. 말하자면, 그들은 이 말들이 아이들이 처음 "배우는" 말들이기 때문에 그렇게 하는 것이다("아빠라고 해 봐"에서처럼). 그리고 필자가 아는 어떤 언어에서도 부모에게 있어서 더 형식적인 말은 아이들이 말하도록 처음

감을 표현하는 언어였으며, 자녀들이 처음에는 유아로서, 나중에는 성인으로서 사용했다는 것이다. 이는 부모에 대한 애정을 담은 말을 평생 사용하는 많은 문화에서 볼 수 있는 현상을 반영하는 것이다. 그런데 이것은 일반적으로 영어권 가정에서는 그렇지 않다. 따라서 만일 영어로 아버지를 친근하게 부르는 "대디"(Daddy)가 마땅치 않은 등가어(equivalent)라면 - 마땅치 않은 게 거의 확실하다 - 그 용어의 기본 취지와 예수님이 하나님을 부르는 데 그것을 사용한 것은 여전히 (신학적인 것뿐 아니라) 기독론적인 무게를 지닌다. 만일 그 용어가 예레미야스의 가정처럼 예수님께 특이한 것으로 증명될 수 없다면,[40] 그것은 확실하게 그가 독특하게 사용한 호칭 형식이라고 주장할 수 있을 것이다. 또한 예수님에게 있어서 그것은 하나님을 시종일관 가정(home)의 언어로 호칭함으로써 유일한 아들 됨에 대한 그 자신의 의식을 표시한 용어로 가장 잘 이해된다. 그가 제자들로 하여금 자신을 따라서 이 말을 사용하도록 초청한 것은, 그의 입장에서는 은혜의 표현이었음이 거의 확실하다.

c. 그 용어 자체의 의미와 그러한 외침이 가슴에서 나온다는 사실은, 바울에게는 하나님과의 친밀성의 한 형태가 관련되어 있다는 것을 암시한다.[41] 여기에 우리가 하나님의 자녀라는 궁극적인 증거가 있다. 즉, 우리는 예수님 자신이 사용했던 것과 동일하게 친밀한 관계의 용어로 하나님을 부른다는 것이다. 우리는 종들이 아니라 자녀들이다. 성령께서는 종교적인 의무들에 대한 단순한 준수를 훨씬 더 뛰어넘는 곳으로 우리를 데려가셨다. 하나님 자신이 성령(아버지와 아들 두 분의 영)의 인격 안에서 그의 백성 안에 거하기 위해서 오셨다. 그리고 그 아들의 언어, 곧 사적인 관계의 언어를 그들에게 주심으로써 그 관계를 인치셨다. 바울에게 있어서 그리고 우리에게 있어서, 이것은 은혜의 궁극적인 표현이다. 바울이 토라 준수에 그처럼 반감을 가진 것도 놀랄 일이 아니다. 왜냐하면 율법 준수는 예속이라는 말로 표현될 수밖

"배우는" 말이 아니다. 따라서 "기원"은 그 자체로는 관계가 없지만, 용법과 의의는 그렇지 않다.

40) Vermés, *Jesus and the World of Judaism*, Barr, "'Abba, Father,'" Mawhinney, "God as Father" 등이 그렇다.

41) 이 주제에 관해서 Barr에 반대하여 글을 쓴 대부분의 학자들이 그렇다. Barr는 이 경우에 살아계신 하나님과의 진정한 만남보다는 느낌에 더 치우친 "감상적인" 관계성을 끝내기 위해서 역사적 실재를 넘어간 듯하다. 반면에, "친밀함"은 "개별적인 것"과 동일하지 않다. 현재의 문맥에서 이 외침의 집합적 성격에 관해서는, M. M. Thompson, *The Promise of the Father: Jesus and God in the New Testament* (Louisville: Westminster John Knox, 2000), 116-32를 보라.

에 없는 관계를 앞세워서 자녀의 부모와의 이러한 관계를 필연적으로 파괴하기 때문이다. 그러니까 토라 준수는 책임과 의무에 입각해서 행하는 것으로, 그 가운데서 사람은 다른 모든 사람들을 향한 사랑의 섬김으로 귀결되는 하나님 자신의 형상(참조. 4:20)으로 재창조되기보다는 하나님에게 "노예"가 되는 것이다. 아들이신 그리스도는 부모와 자녀의 관계를 효력 있게 하셨고, 아들의 영은 그것이 작동하게 하신다. 따라서 이 선언들 속에 상정된 기독론은 완전하다.

⑤ 바울이 4-5절에 주장된 구원론적 실재에 대하여, 갈라디아인들이 성령을 받았다고 6절에서 더 정교하게 말한 것 역시 또 하나의 기독론적 요소를 제공한다. 왜냐하면 이것은 바울 서신이에서 하나님의 영을 "아들이신 그리스도의 영"으로 부르는 네 번 중 두 번째이기 때문이다. 고린도후서 3:17에서 이미 이루어졌던 이러한 상호교환은, 로마서 8:9-10에서 가장 분명하게 등장하며 다시 빌립보서 1:19에서 간접적으로 나타나게 된다.[42] 그것은 바울의 저작에서 아버지와 아들의 정체성 공유에 대한 가장 확실한 사례들 중의 하나다. 바울 서신에서, 성령은 매우 자주 하나님의 영으로 지칭되며, 이는 바울이 사용한 구약의 근거들과 아주 일치한다. 그런데 그가 동일한 성령을 "아들의 영"으로 그처럼 쉽게 그리고 전제적으로 지칭할 수 있다는 그 사실은, 아들이 계시한 아버지에게 그렇듯이, 아들에게도 "신적인"이라는 말이 적합한 언어임을 나타낸다. 따라서 아들은 아버지와 정체성을 공유한다는 점을 암시한다.

끝으로, 우리는 이 구절의 마지막 전치사구 "하나님으로 말미암아"를 주목해야 한다. 이 전치사구는 구절 전체를 하나님 중심의 출발점으로 향하게 한다. 그리스도와 성령에 대한 바울의 진술들이 우리의 기독론과 성령론을 위해서 중요한 만큼, 바울은 빈번하게 우리를 그의 기본적인 단일신론적 뿌리로 다시 데리고 갈 것이다. 이 모든 것, 곧 아들의 사역과 우리의 구원에 효력을 발생시키고 효과 있게 하는 성령의 사역은, 궁극적으로 하나님 아버지에게서 비롯된다. 그러므로 이 경우에 문단 전체는 "하나님이 보내사"와 "하나

---

42) "분명하게"와 "간접적으로"라는 말은, 롬 8:9-10에서 "하나님의 영"으로서의 성령과 "그리스도의 영" 간의 교체는 단일한 문장 안에 나타나지만, 빌 1:19에서 "그리스도 예수의 영의 도우심"에 대한 언급은, 현재의 본문에서처럼, "하나님의 영"에 대한 언급과는 별도로 떨어져서 나타난다는 뜻이다. 이는 바울이 성령에 대해서 말하는 더 일반적인 방식이다.

님으로 말미암아"로 둘러싸여 있다. 이런 장치의 결론적인 표현에 관해서 더 주목할 필요가 있는 것은, 하나님이 이제는 "행위자" - 보통 그리스도를 위해 마련되었던 언어 - 로 그려지고 있다는 것이다. 따라서 이 경우에 "상호교환"은 다른 방향으로 향한다. 즉, 통상 그리스도가 행하시는 것을 하나님도 행하신다는 것이다.

3) 갈라디아서 1:16-17

갈라디아서에서 바울이 다루는 첫 번째 문제는 자기의 사도직의 진정성인데, 왜냐하면 갈라디아인들이 믿음에 이르게 된 것은 그의 사도적 사역을 통해서였기 때문이다. 비록 그런 상기시키는 말로 편지가 사실상 시작되기는 하지만,[43] 이야기 자체는 1:11에 나온다. 그 이야기에서 그는 자기 복음의 신적 기원을 다시 역설한다. 바울은 먼저 자기의 이야기를 그리스도와 그의 교회를 향한 증오(13절)와 젊은 바리새인으로서 자기의 주목할만한 업적의 맥락 안에 위치시킨다(14절). 그 후에 바울은 계속 15절에서 자신과 예루살렘 사이에 기본적인 관계가 없음을 이야기한다.[44]

바울 서신에서 한층 놀라운 순간은, 여기서 바울이[45] 자기의 "회심"에 대해서 "하나님이 그 아들을 내 속에 나타내셨다"고 이야기한다는 것이다. 그가

---

43) 1:1, 12에 관해서는 아래를 보라.
44) 바울이 여기서 대답하고 있는 것은, 그에게 합당한 자격증명서가 없다는 이유로 선동자들이 그의 사도적 권위를 부인하는 것에 대한 것이다. 즉, 그들은 예루살렘 출신이지만, 바울은 그렇지 않다는 것이다. 그러나 그는 그들이 불리한 점으로 보는 것을 이용할 것이다. 바울과 선동자들 간의 차이는 말하자면, 그들은 예루살렘에서 왔다는 것이며, 그 점은 단지 인간적 권위를 가지고 있을 뿐임을 의미하는 것이다. 바울은 스스로 예루살렘과 거리를 둠으로써 일격을 가한다. 즉, 그의 사도직은 명백히 디 안드로푸(δι' ἀνθρώπου, 사람으로 말미암아)로 올 수 없으며, 실제로 직접 그리스도와 아버지로부터 온다는 것이다.
45) 물론, 이것은 바울이 의도한 것이다. 비록 대다수의 목격자들이 읽은 15절의 호 데오스가 거의 진짜일 것 같지 않지만 말이다. 그것은 P^{46} B F G 0150 it$^{ar.b.f.g.o}$ vg sy^p Ir$^{lat1/2}$ Epiph 등 초기의 다양한 역본들에는 빠져 있다. 심지어 한 역본에 의한 "누락"도 이 지점에서는 설명하기 어렵다. 그러나 여기에서 누락은, 그것이 동과 서(East and West) 두 곳에서 그토록 일찍 나타났으려면 적어도 두 번은 발생했어야만 했을 것이다. Metzger와 Wikgren의 의견이 다른 목소리도 그러하다. B. M. Metzger, *A Textual Commentary on the Greek New Testament* (2판, New York: United Bible Society, 1994), 521-22.

놀란 것은(우리의 예상에 의하면)은 두 가지다. 첫째, 바울은 이 경우에 자기의 회심에 대하여 나에게 일어난 일이라는 말이나, 다음 구절에서처럼, 그리스도가 나를 위하여 (그리고 다른 모든 사람들을 위하여) 사랑으로 행하신 일이 아니라 내 속에 일어난 계시라고 생각하고 있다. 둘째, 바울 속에 계시된 분은 "그리스도"나 "주 예수"가 아니라 하나님 자신의 아들이다. 이 두 가지 사실은 간단한 논의가 필요하다.

① 수많은 학자들이 이 문장을 읽은 방식에도 불구하고, 바울의 엔(ἐν, 안에)은 "안에(in)"가 가진 통상적인 장소의 의미를 지니고 있다는 점을 진지하게 받아들여야 한다. 요점은, 바울은 여기에서 하나님이 그의 아들을 그에게 계시하셨다는 것을 입증하려 하지 않는 것이다. 비록 이것이 고린도전서 9:1-2에 처음 언급된바 그의 부활하신 주님과의 만남에 대해서 이야기하는 다른 방식인 것 같지만 말이다. 이것은 일찍이 12절에서 언급한 것이다. 그는 그 말을 분명하고도 쉽게 반복할 수도 있었을 것이다.[46] 그러나 바울의 요점은 궁극적으로 그의 사도직 및 그의 복음의 참된 출처와 관계가 있다. 따라서 그는 여기서 자기 자신이 그 계시의 장소임을 강조한다. 이는 문맥상 그가 12절에서 말한 그리스도의/로부터의 계시는, 아들의 계시가 바울 속에서 일어났다는 것을 의미한다. 그리하여 그리스도의 복음과 바울의 사도직이 바울 속에서 일어난 아들의 계시로서 다른 사람들에게 보일 수 있게 된다.[47] 무

---

46) 증거는 바울이 어떻게 아포칼립토(ἀποκαλύπτω)라는 동사를 사용하는가와 관련해서 아주 확실하고 일관성이 있어 보인다. 그는 계시가 어떤 사람*에게* 오는 것에 대해서 말할 때, 여격을 사용한다(고전 2:10, 14:30, 엡 3:5, 빌 3:15). 그는 계시의 위치를 지적할 때, 엔을 사용한다(롬 1:17과 이곳). 고전 3:13의 용법은 아마도 수단의 여격일 것이다. 널리 퍼져 있는 견해의 더 큰 문제점은, 바울이 어떤 것의 수령자를 지적하기 위해서 엔을 사용하는 알려진 사례가 없다는 것이다.

47) 또 그러한 예로는, Lightfoot, 83; Dunn, 64, M. Hooker, *Pauline Pieces* (London: Epworth, 1979), 63. 반대 의견으로는 Burton, 50, Bruce, 93, Martyn, 158, Kim, *Origin of Paul's Gospel*, 56, Matera, *New Testament Christology*, 83, 105. 불행하게도, Matera는 이 점을 놓침으로써 갈라디아서의 기독론에 대한 (그렇지 않았다면 도움이 되었을) 논의(105-7)를 심각한 위험에 빠뜨린다. 유사하게 김(세윤)이 석의적 난점을 충분하게 주목하지 않은 채 바울의 다메섹 도상 경험을 언급하는 데 이 본문을 사용한 것도 그렇다. 참조. Ziesler (*Pauline Christianity*, 25). Ziesler는 이것을 다메섹 도상 경험에 대한 바울의 언급 중 세 번째로 목록에 올렸다. 그리고 U. Schnelle (*Apostle Paul: His Life and Theology* 〈Grand Rapids: Baker, 2005〉, 64-65)은 신속하게 그리고 반대 의견의 모든 증거를 반박하면서, 엔 에모이(ἐν ἐμοι, 내 속에)는 단순 여격으로 번역되어야 한다고 말한다. Betz(71)는 그것을 "신비한 체험"을 암시하는 것으로 본다. 이는 이 편지의 관심사에 비추어 볼 때 특히

자비한 대적자가 이제는 자기가 한때 파괴하려고 했던 것의 전파자가 된 점이, 바울로서는 "하나님의 은혜"에 대한 최고의 증거이다.

② 크리스토스가 그의 주(Lord)를 지칭하는 가장 일반적인 방식이 되고 있는 한 편지에서(이점에서 6회), 바울이 하나님을 바울 속에 그의 아들을 나타내신 분으로 언급하셨다는 점이 아마 주목을 받아야 할 것이다. 이곳의 용례는 다음의 두 차례 출현(2:20; 4:4-6)을 위한 토대를 세워주는 듯하다. 그 두 번은 함께 바울의 복음의 중심 가까이에 하나님의 아들 기독론이 있음을 암시한다. 이 기독론 안에는 유대교의 메시아 사상이 깊이 박혀 있다. 비록 현재의 사용이 단순히 무심코 된 것일 수도 있지만, "메시아 아들"로서의 그리스도에 대한 이 강조는 이방인 신자들이 신자로 완성되기 위해서는 어느 정도의 "유대인 됨"을 받아들이도록 선동자들에 의해서 부추김을 받고 있는 편지에 나타나는 점을 주목할 가치가 있다. 유대교의 메시아는 내 속에 계시되었다고 바울은 반박한다. 그 계시가 어떻게 일어났는지는 다음에 하나님의 아들 언어가 나올 때 등장한다.

4) 갈라디아서 2:20

바울은 "그리스도 헌신"이 철저하게 배어 있는 구절에서 "그리스도 예수를 믿음으로"[48]와 "율법의 행위로," 이 양자가 서로 배타적이라고 주장함으로써 시작한다(16절). 실로, 만일 갈라디아인들이 그리스도를 믿는 믿음에 율법 준수를 추가한다면, 이는 율법에 대한 복종이 여전히 필요하다는 것을 함의하게 될 것이다. 그것은 다음 차례로 바울과 베드로 같은 사람들이 여전히 "죄인"이라는 것을 의미하게 될 것이다. 왜냐하면 그들은 그리스도에게 믿음을 둠으로써 더 이상 율법에 복종하지 않기 때문이다. 그리고 그것은, 바울이 강하게 주장하는 대로, 그리스도를 "죄의 종"으로 만드는 것과 같다(왜냐하면 그를 통하여 그들은 더 이상 율법을 준수하지 않으며 따라서 "범법자들"로서 "죄인들"이 되었기 때문이다). 그러한 모순을 적절하게 반박한 후에, 바울은 계속해서 자기는 이미 율법에 대하여 죽었고 따라서 전적으로 하나님을 위해서 살고 있다는 사실에 호소한다. 그리고 그것과 더불어 그리스도가 다시 이야기 속

의심스럽다.
48) 에크 피스테오스 크리스투(ἐκ πίστεως Χριστοῦ)의 의미에 대한 이 선택에 관해서는, 뒤에 있는 부록을 보라.

으로 들어온다. 그런데 이번에는 그리스도가 바울이 죽고 사는 수단으로 제시된다.

바울의 죽음은 크리스토 쉬네스타우로마이(Χριστῷ συνεσταύρωμαι, 내가 그리스도와 함께 십자가에 못 박혔나니)라는 말로 표현된다. 이것은 그리스도가 그의 십자가형을 통해서 믿는 자들을 위해서 하신 일에 대하여 말하는 매우 사적인 방식이다. 그의 죽음은 그들의 죽음을 의미하였다. 그것만이 그들을 새 생명으로의 일으킴을 받을 수 있게 한다.[49] 그러나 이 경우에 바울은, 그리스도의 부활에 기인하는 "새 생명"을 생각해보는 대신에,[50] 십자가형의 의미로 돌아가서(다음에 무엇을 논할 것인지 예상하면서) 그것을 가장 친밀한 말로 표현한다. 동시에 그는 1:16-17에 나타난 하나님의 아들 언어를 사용한다. "이제 내가 육체 가운데 사는 것은 나를 사랑하사 나를 위하여 자기 자신을 버리신 하나님의 아들을 믿는 믿음(의 영역) 안에서 사는 것이라." 이런 종류의 사적인 언어는 바울에게서 희귀하다(빌립보서 이전에는). 바울의 기독론에 있어서 그것의 중요성을 더 언급할 필요가 있다.

앞 장의 결론에서 언급한 대로, 자신을 구원하신 그리스도에 대한 바울의 전적인 헌신을 심각하게 다루지 않고서 그의 기독론을 설명하기란 거의 불가능하다. 여기서 하나님의 아들은 "나"를 사랑하시고 따라서 (십자가 위에서 죽음으로써) "나"를 위해서 자기 자신을 주셨다는 말로 표현된다. 이 문장에서 놀라운 점은 구원의 사건에 대하여 매우 개인적인 방식으로 말하고 있다는 것이다. 통상적으로, 바울은 우리의 구원에 관하여 다음과 같이 말한다. 첫째, 그것은 하나님의 사랑에 뿌리를 두고 있다.[51] 둘째, 그것은 집합적으로 하나님의 백성 모두를 위한 것이다. 오직 여기에서만 구원이 개인적으로 바울과 관련하여 표현되고 있다. 이것은 물론 문맥상 갈라디아인들을 위한 전형적인 표현으로도 이해될 수 있을 것이다. 그러나 우리는 십자가형을 당하신 하나님의 아들에 의하여 개인적으로 사랑을 받고 있다는 바울 자신의 인식을 쉽게 지나칠 수가 없다. 고린도후서 5:14에서 바울을 "강권하는" 것은 바로 이 사랑이다. 그리고 이것은 아마 매우 확실하게 우리가 다른 사람들의 짐을 짊어질 때 "성취되는"(6:2) "그리스도의 법"인 것 같다. 바울이 말하는 그 많

---

49) 또 고후 5:14-15에 나오는 바울이 고린도인들에게 펼치는 논의를 보라.
50) 예컨대, 고후 5:14-15; 롬 6:4-10에서 그러는 것처럼.
51) 예컨대, 롬 5:5-8; 고후 13:13(14)을 보라. 이 사랑은, 그리스도와의 관계에 의해서 표현될 때는, "그리스도 안에 있는 하나님의 사랑"으로 지칭된다(롬 8:39).

은 것들이 그토록 그리스도 중심이 되도록 하는 것은, 그를 위한 그리스도의 이 개인적인 사랑이다.

5) 부기: 피스티스 예수 크리스투(Πίστις Ἰησοῦ Χριστοῦ, 그리스도 예수를 믿음")

지금 다루고 있는 이 본문은, "하나님의 아들을 믿음으로"(TNIV)라는 어구와 함께, 특별한 논의가 필요하다. 왜냐하면 일부 신약학자들이 어구와 16절의 피스티스 예수 크리스투(πίστις Ἰησοῦ Χριστου, 그리스도 예수를 믿음)를 주격적 속격이요 따라서 우리를 위한 죽음으로 이어졌던 그리스도 자신의 미쁘심을 가리키는 것으로 해석하기 때문이다. 그것을 여기서 논의하는 이유는 만일 이렇게 보는 사람들이 옳다면, 이는 이 서신에서 바울이 예수의 인간성을 생각하고 있는 또 하나의 사례이기 때문이다. 필자는 이 문제에 관하여 다른 편에 서 있기 때문에, 여기서 필자가 그렇게 생각하고 따라서 그것을 바울의 기독론 논의에 포함시키지 않는 이유를 제시하고자 한다.

이처럼 그리스도와 함께 피스티스(πίστις, 믿음)를 속격으로 사용한 경우는 갈라디아서에 네 번(2:16⟨2번⟩, 20; 3:22)과 로마서에 두 번(3:22, 26), 빌립보서에 한 번(3:9) 나온다. 각각의 경우에 그것은 "율법의 행위"와 정면으로 대조를 이룬다. 문제는 그 속격이 "목적격적"(그리스도가 믿음의 대상)이냐 "주격적"(그리스도가 "신실하게" 산 자)이냐 하는 것이다.[52] 비록 "그리스도의 미쁘심"을 가리킬 수도 있는 곳들이 있기는 하지만(예, 롬 3:22 그리고 3:3의 "하나님의 미쁘심"과 4:12, 16의 아브라함의 믿음),[53] 이곳 갈라디아서의 경우와 이 어구

---

52) 이를 주격으로 보는 사람들의 1980년 참고문헌에 대해서는, Longenecker, 87을 보라. 더 최근의 영향력 있는 변호에 대해서는 R. B. Hays, *Faith of Jesus Christ*, M. D. Hooker, "ΠΙΣΤΙΣ ΧΡΙΣΤΟΥ," *NTS* 35 (1989), 321-42와 특히 E. H. Lovering Jr., ed., *SBL Seminar Papers*, 1991 (SBLSP; Atlanta: Scholars Press, 1991), 714-44에서 Hays와 Dunn 간의 논쟁을 보라. 목적격 속격에 대한 변호들에 대해서는(Dunn 외에), A. J. Hultgren, "The PISTIS CHRISTOU Formulation in Paul," *NovT* 22 (1980), 248-63. V. Koperski, "The Meaning of pistis Christou in Philippians 3:9," *LS* 18 (1993), 198-216을 보라. 이것을 주격으로 보는 주석들에 대해서는, R. P. Martin, *The Epistle of Paul to the Philippians* (rev. ed., TNTC; Grand Rapids: Eerdmans, 1987), P. T. O'Brien, *Commentary on Philippians* (NITGC; Grand Rapids: Eerdmans, 1991)을 보라.
53) 그렇지만 또한 피스티스가 뒤쪽의 이 두 어구에서는 상당히 다른 뉘앙스를 지니고

가 다른 곳에 (아주 적지만) 나타나는 경우에는 그럴 것 같지 않다. 필자가 보는 난점들은 다음과 같다.

① 주격적 속격 견해에 가장 불리한 예는 그것이 처음으로 등장하는 경우이다(갈 2:16). 거기에서 이 어구는 즉각 (동족 동사와 더불어) "우리도 예수 그리스도를 믿나니"라는 말로 설명된다. 동의어 반복에 대한 일반적인 호소는 여기에서 말끔히 해결되지 않는다. 왜냐하면 바울의 수사법이 가진 힘은 "율법의 행위"와 "그리스도를 믿음"의 삼중 반복에 놓여 있기 때문이다. 그리고 이 경우에는, 이 두 번째 어절의 바로 그 표현 방식과 강조점들이 "새로운 시각"을 반대한다. 즉, 바울이 즉각 그 어구를 카이 헤메이스 에이스 크리스톤 예순 에피스투사멘(καὶ ἡμεῖς εἰς Χριστὸν Ἰησοῦν ἐπιστεύσαμεν, 우리도 그리스도 예수를 믿나니)를 가지고 한정할 때, "우리도"는 분명히 앞서 나온 것으로부터 따온 것이다. 사람이 의롭게 되는 것은 율법의 행위로써가 아니라 에안 메 디아 피스테오스 예수 크리스투(ἐὰν μὴ διὰ πίστεως Ἰησοῦ Χριστοῦ, 오직 예수 그리스도를 믿음으로 말미암는 줄) "(우리가) 알므로," 우리 자신도 (=바울과 베드로, 바나바, 나머지 사람들), 비록 율법을 지키는 유대인이었지만, 우리도 그리스도에게 우리의 믿음을 둔다. 그 "우리도"가 "그리스도 자신의 미쁘심"을 따르는 것을 거의 의미 없게 만든다.

② 피스티스와 속격의 결합과 관련하여 "피스티스가 인칭 속격을 취할 때는 목적격적 속격인 경우가 거의 없다"는 주장이 있어 왔다.[54] 그러나 알려진 거의 모든 유비(analogy)들은 전혀 진정한 유사가 아니다. 왜냐하면 그것들 대다수는 인칭 소유격 대명사이고 따라서 모두가 명사 피스티스와 함께 헬라어 정관사를 동반함으로써 저자가 "(우리가) 소유하는 믿음"에 대해서 말하고 있다는 것을 정확하게 알려주고 있기 때문이다.[55] 이는 바울의 경우에 이 (가능성이 있는) 용법에 대한 하나의 유비는 로마서 3:3이라는 것을 의미한다. 그

있다는 점을 주목해야 한다(pace Hays; O'Brien).
54) NET BIBLE, p. 2176, 각주 52. 지지하는 본문으로 제시된 구절은 마 9:2, 22, 29; 막 2:5; 5:34; 10:52; 눅 5:20; 7:50; 8:25, 48; 17:19; 18:42; 22:32; 롬 1:8; 12; 3:3; 4:5, 12, 16; 고전 2:5; 15:14, 17; 고후 10:15; 빌 2:17; 골 1:4; 2:5; 살전 1:8; 3:2, 5, 10; 살후 1:3; 딛 1:1; 몬 6; 벧전 1:9, 21; 벤후 1:5. 이 목록(도합 36개 항목)은 주의 깊게 조사해 보기 전까지는 위압적인 것 같이 보인다.
55) 이것은 그 속격들 중에서 적어도 서른 두 번의 경우에 나타난다. 나머지 네 번 중 두 번은 아브라함을 주어로(롬 4:12, 16), 한 번은 "하나님의 택하신 자"(딛 1:1)를 주어로 한다. 그러므로 이 목록에서 오직 하나의 가능한 유사는 항상 롬 3:3에 호소하는 경우이다.

러나 사실은 진정한 유비가 아니다. 왜냐하면 두 명사는 정관사를 동반함으로써 바울이 "(한 분이시고 유일하신) 그 하나님의 그 미쁘심"을 언급하고 있다는 것을 확실히 하고 있기 때문이다. 이 경우에 하나님이 피스티스의 주체라는 것은 두 단어와 함께 정관사의 사용으로 분명해진다. 그러나 이 토론에서 중대하게 간과되고 있는 것은 피스티스를 속격과 함께 사용하는(이중적인 비정관사) 용법에 대한 진정한 유사이다. 즉, 마가복음 11:22인데, 거기에서 예수님은 제자들에게 에케테 피스틴 데우(ἔχετε πίστιν θεοῦ, 하나님을 믿으라)라고 말씀하셨다. 그리고 여기에서는 아무도 "하나님의 미쁘심을 가져라(Have God's faith〈fulness〉)"는 번역을 상상하지 않을 것이다.

③ 더욱이, 피스티스가 "미쁨"을 의미하는 로마서 3:3과 4:16은 겉으로는 유비처럼 보이지만 정확한 유비가 아니다. 피스테오스 크리스투(πίστεως Χριστοῦ)가 나오는 일곱 차례 경우 모두에서 두 단어는 다 정관사 없이 등장한다.[56] 이것은 "그리스도를 믿음으로"를 암시하는데, 이는 정확하게 바울이 데살로니가후서 2:13에서 사용하는 것과 같다(ἐν … πίστει ἀληθείας, 진리를 믿음으로). 사실, 이 본문은 그리스도가 속격으로 되어 있는 이 어구에 대한 진짜 유사를 제공하지만, 대다수의 토론에서는 간과된다(참조. 위의 막 11:22). 갈라디아서의 용법에서처럼(아래 6항을 보라), 이 별난 표현은 바울의 수사법에 기인하는데, 그것은 데살로니가 신자들과 "진리를 사랑하지 않기" 때문에 (살후 2:10) 멸망 받을 운명에 놓인 사람들 간의 날카로운 대조를 표현하는 방식이다. 더욱이, 아브라함에 관한 로마서 4:16의 용법이 비록 "정확한 병행"처럼 보일지 모르지만(O'Brien, *Philippians*), 사실은 4:12에 완전히 의존하고 있다. 거기에서는 한정하는 관사가 바울의 의미를 확실하게 해 준다("아브라함의 믿음/미쁨"〈참조. 롬 3:3〉).

④ 의미심장하게, "새로운 시각"은 온통 바울 서신 전체에서 일곱 번밖에 나오지 않는 이 한 어구의 해석에 기초를 두고 있다. 그리고 실제로 바울에게서 (적어도 한 번) 찾을 수는 있지만 잘해야 이차적인 의미에 지나지 않는, 명사 피스티스에 대한 한 가지 이해를 가지고 그렇게 한다. 즉, 다른 어느

---

56) 혹자는 바울이 갈 2:20에서 정관사를 사용하고 있다는 것을 반대할지 모르지만, 이것은 유사하지 않다. 왜냐하면 이 경우에서 그 용법은 병치이지, 진짜 관사적인 것은 아니기 때문이다. 바울은 전형적인 형식으로, 그의 대조를 시적 교차대구로 표현했다. 호 데 눈 조 엔 사르키, 엔 피스테이 조 테 투 휘우 투 데우(ὃ δὲ νῦν ζῶ ἐν σαρκί, ἐν πίστει ζῶ τῇ τοῦ υἱοῦ τοῦ θεοῦ) 여기서 단어 순서 조 엔 사르키, 엔 피스테이 조(ζῶ ἐν σαρκί, ἐν πίστει ζῶ)는 끼어든 조(ζῶ)때문에 이를 한정하는 테(τῇ)를 요청한다.

곳에서도 바울은 평이한 말로(〈바울에게는〉 특별한 의미를 가진 명제적 표현으로보다는) 그리스도의 미쁘심에 의거한 우리의 구원에 대해서 어떤 말도 하지 않는다.

⑤ 그럴 뿐만 아니라, 바울은 그 어구의 축약형(속격 한정사 없이 에크 피스테오스(ἐκ πίστεως), 믿음으로)을 갈라디아서에서만 적어도 일곱 번 사용하며,[57] 각각의 경우에 그것은 그들이 의롭다 함을 받은 그들의 그리스도에 대한 "믿음"을 가리키는 것이지, 그러한 의롭다 함을 가능하게 한 그리스도의 미쁘심을 가리키는 것이 아니다. 피스테오스 자체는 더 긴 어구에서 따온 것 같기 때문에, 바울이 거기에다 다른 의미, 곧 같은 어구가 속격 "그리스도의"와 함께 나타나는 두 경우(2:16; 3:22)에서 의도되었던 것과 다른 의미를 부여한다는 것이 특히 이상할 것이다. 말하자면, 피스테오스가 우리는 "믿음으로"=그리스도 예수를 신뢰함으로 산다는 것을 의미하기 때문에, 어떻게 그 어구의 더 긴 형태가 그리스도를 "믿음"의 목적어가 아닌 주어로 만들 수 있겠는가?

⑥ 끝으로, 그 어구 자체는 거의 확실하게 그 첫 예(갈 2:16)에서 엑스 에르곤 노무(ἐξ ἔργων νόμου, 율법의 행위로)와 대조적으로 만들어진 것 같다. 거기서 "행위"는 우리가 행하는 것을 가리킬 수 있을 뿐이다. 유사에 의해서, 그리고 완전히 반대로, 에크 피스테오스 크리스투(ἐκ πίστεως Χριστοῦ, 그리스도를 믿음으로)도 우리가 "행하는" 것이다. 우리는 우리의 믿음을 그리스도께 두는 것이다. 따라서 이 어구가 바울 서신에 존재하는 유일한 이유는 수사학적인 것이다. 즉, 그것은 그리스도를 믿는 것을 문법적으로나 신학적으로 "율법의 행위"의 반대로 표현하는 하나의 방식인 것이다.

따라서 이 어구가 그리스도 자신의 미쁘심과 관계가 있다는 강력한 주장이 있었지만, 그것은 그리스도의 위격(person)에 대한 바울의 이해에 대한 우리의 이해를 돕는 것 같지 않다.

3. 그리스도와 신적 특권들

앞 서신들에서처럼, 갈라디아서에서 바울은 그리스도의 신적 지위와 정체성을 전제하는 아주 부수적인 방식으로 그리스도를 언급한다. 또한 앞에서

---

57) 갈 3:7, 8, 9, 11, 12, 24; 5:5를 보라.

처럼, 이것들 중 많은 경우는 바울이 하나님께 돌리는 것만큼, 같은 행동이나 속성을 선뜻 그리스도께 돌리는 사례들이며, 어떤 경우에는 그 반대이다. 이것들을 성경의 순서대로 살펴보기로 하자.

1) 갈라디아서 1:1— 바울의 사도직의 동인

이 용례에 관해서는, 3장에서 고린도전서 1:17; 1:1에 대한 논의를 보라(p. 136). 필자는 바울의 사도직에 관한 이례적인, 그러나 현재 상황에서는 필요한, 수식어 때문에 그것을 여기서 다시 제기한다. 사도로서의 그 소명의 기원과 따라서 그 배후에 있는 권위를 확립하기 위한 마음에서, 바울은 표준적인 그리스도"의"(또는 이 경우에는 "말미암아")를 "그를 죽은 자 가운데서 살리신 하나님 아버지"와 결합시킨다. 다른 곳에서는,[58] 하나의 전치사가 메시아적 아들 "예수 그리스도"와 하나님 아버지, 이 둘을 한 전치사의 복합 목적어로 결합시킨다.

따라서 다음 두 가지 요점이 처음부터 확립된다. ① 바울의 사도직은 신적 기원을 가지고 있다. 즉, 그리스도와 아버지 두 분으로부터 왔다. ② 천상의 그리스도는, 바울을 부르시고 능력을 주신 분인데, 이제는 죽은 자들 가운데서 살아나심을 통하여 이 신적 권위로 오셨다.

2) 갈라디아서 1:3; 6:18— 축도에 나오는 그리스도의 은혜

은혜의 원천으로서의 그리스도와 아버지(1:3)에 관해서는(6:18에서는 그리스도 한 분으로부터 오는 것으로 되어 있다), 3장의 고린도전서 1:3의 논의를 보라(pp. 226-227). 축도(6:18)는 이 경우에 특별히 지극적이다. 왜냐하면 그것은 이 편지에서 역사적 예수에 대해 마지막으로 분명한 언급을 하고 있기 때문이다. "내가 내 몸에 예수의 흔적[59]을 지니고 있노라." 그 다음에 "형제들아 우리 주 예수 그리스도의 은혜가 너희 심령에 있을지어다 아멘"이 뒤따른다.

---

58) 특히, 2장에서 살전 1:1의 논의를 보라(pp. 105-107).
59) 이것은 (바울이 쓴 원문이 확실한데) P^{46} A B C* 33 629 1241 pc의 표현이다. 후대의 필사자들은 여러 시대에 여러 방식으로 "예수"를 다음과 같이 읽도록 조정했다. "그리스도," "주 예수," "주 예수 그리스도," "우리 주 예수 그리스도." 이 모두는 바울이 썼을 것이라고 기대되는 방식들로 읽는 경향들을 반영한다.

따라서 표준적인 축도 상의 "은혜"는 고심이 담긴 어떤 것이다.[60] 그러나 여기서 그것은 또한 예수의 고난을 직접 아는 사람으로부터 온다.

3) 갈라디아서 1:6, 15; 2:21 – 그리스도/하나님의 은혜

바울이 "축도 상의 은혜"를 하나님과 그리스도 두 분으로부터 오는 것으로 쉽게 교환할 수 있듯이, "부르시는" 또는 "구원하시는" 은혜도 마찬가지다. 공유하는 신적 특권으로서의 이 실재는 다음 본문들에서 볼 수 있듯이, 본 서신에 현저하게 표현되어 있다.

1:6 Θαυμάζω ὅτι οὕτως ταχέως μετατίθεσθε ἀπὸ τοῦ καλέσαντος ὑμᾶς ἐν χάριτι Χριστοῦ[61]
너희를 <u>부르신 이</u>를 이같이 속히 떠난 것을 내가 이상히 여기노라 **그리스도의 은혜로**

1:15-16 15 Ὅτε δὲ εὐδόκησεν [ὁ θεὸς] ὁ ἀφορίσας με ἐκ κοιλίας μητρός μου καὶ <u>καλέσας διὰ τῆς χάριτος αὐτοῦ</u> 16 ἀποκαλύψαι τὸν υἱὸν αὐτοῦ ἐν ἐμοί

---

60) 이것은 "너희 심령에"를 덧붙인 첫 번째 사례이다. 이것은 빌레몬서와 빌립보서에 다시 나온다.

61) 이것은 바울에게는 매우 이례적인 표현이어서, 필사자들은 반사적으로 그것을 자기의 기대에 맞게 조정하였다. 따라서 "그리스도"가 F* G Hvid a b Tert Cyp에는 생략되었다(분명하게 "서구적" 현상이다〈NA27 안에 P46vid가 포함된 것은 여기서 특히 의심된다〉). 그리고 그것은 몇몇 후기 MSS에서 "하나님"으로 바뀌었다. 다른 종류의 한 변화에서(그러나 여전히 그것이 원문이라는 증거를 보여주지만), 어떤 MSS는 "그리스도" 앞에 "예수"를 첨가하였다(D 326 1241S pc). Bruce(80)가 이 증거가 "골고루 나뉘었다"고 본 것은 전적으로 잘못이다. 비록 "생략"이 Martyn(109)에 의해서 채용되고 있기는 하지만, 여기는 NA27/USB4의 괄호들이 제거되고 크리스투가 유지될 필요가 있는 곳이다. 왜냐하면 필사자가 하나님이 실제 주어인 문장에서 "은혜 안에" 어구에 "그리스도"를 추가하였을 상황을 상상하기는 어렵기 때문이다. 즉, 만일 본문이 단순히 "너희를 은혜 안으로 부르신 이"라고 하였다면, 누군가가 거기에 속격 "그리스도의"를 첨가하였다고 상상하기는 어렵다 - 아마 하나님을 주어로 하는 "그의 은혜"이고, "그리스도의 은혜"가 아닐 것이다! 예를 들어, Lightfoot(75-76)이 원문에서 봉착했던 난점을 주목하라. 그러나 그는 그것이 진짜임을 인정하고 더 이상 언급을 하지 않았다.

제5장 갈라디아서에 나타나는 기독론   357

내 어머니의 태로부터 나를 택정하시고 그의 은혜로 나를 부르신 이가 그의 **아들을** 내 속에 나타내기를 기뻐하셨을 때에

2:21 Οὐκ ἀθετῶ τὴν χάριν τοῦ θεοῦ
내가 하나님의 은혜를 폐하지 아니하노니

이 후자의 두 본문은 독자들에게는 너무 "정상적"으로 보여서 "하나님의 은혜"라는 표현을 읽고도 거의 주목하지 못한다.[62] 정확히 그 반대의 경우가 1:6의 "그리스도의 은혜"이다. 비록 이 표현이 교회에 보내는 대다수의 서신들을 마치는 축도에는 나오지만(골로새서는 유일한 예외이다), 서신들의 몸통(body)에는 거의 나타나지 않는다.[63] 이 현상은 또한 현재의 본문에서 크리스투가 서구 전통에 의해서 생략된 이유이기도 하다(각주 61을 보라).

그러나 우리는 여기서 그것을 어떻게 생각해야 하는가? 선택은 장소(그리스도 안에 있는 자들에 의해서 발견되는 은혜)나 수단(하나님이 그리스도의 은혜를 수단으로 그들을 부르셨다는 것) 사이에 있다. 몇몇 주석가들과 대다수의 영어 번역은 후자를 선호하지만,[64] 그것은 다른 곳의 바울의 용법과 상치된다. 즉, 전치사 엔은 "부름"이라는 동사를 수식할 때, 다른 곳에서는 장소를 나타낸다(살전 4:7; 고전 7:15; 18, 20, 22, 24; 골 3:15; 엡 4:4).[65] 여기서 달리 생각할 만한 이유는 없다. 그것은 특히 1:15에서, 바울이 이 개념을 도구적인 방법으로 표현하고 싶을 때, 디아 테스 카리토스 아우투(διὰ τῆς χάριτος αὐτοῦ, 은혜로〈=은혜에 의하여〉)라고 하기 때문이다. 따라서 바울의 요지는 갈라디아인

---

62) 카리스(χάρις)가 아버지와 아들 두 분으로부터 오는 것으로 표현된 인사말들과 위치들과는 별도로(살후 1:12), 그것은 고전 3:10; 15:10 (2번); 고후 1:12; 6:1; 8:1; 9:14; 골 1:6; 엡 3:2, 7; 딛 2:11(그리고 갈라디아서의 이 두 곳에서)에 우발적이지만 조심스럽게 나타난다.

63) 살후 1:12에서 결합된 순간과는 별도로(제2장 pp. 122-124 를 보라), 다른 곳에서는 오직 고후 8:9에서만 발견되며, 그 본문과 관련하여 제안된 대로, 거기에서 이 어구는 "주는 것의 은혜"에 말을 맞추기 위해서 따온 것이다(제4장 p. 268을 보라). 이것은 또한 롬 5:15의 아담과 그리스도 대조에서 나오지만, "한 사람의 은혜"라고 하였다.

64) Bruce, 80; Longenecker, 15, 마찬가지로 대다수의 최근 영어 번역본들(REB, NAB, NASB, NIV/TNIV, GNB, NET BIBLE〈놀랄 만큼 설명 없이〉)을 보라. 처격(locative)에 대해서는 NRSV, NJB, ESV를 보라.

65) Burton, 20-21에서도 주목된다. 참조. Betz, 48; Fung, 44; Martyn, 109; Dunn(41)은 미결정.

들에 대한 하나님의 "부르심"은 그들로 하여금 그리스도의 은혜를 경험한 자들로 계속 남아 있도록 하기 위함이었다. 이 서신의 이 시작 지점에서 그러한 어구는 서신의 나머지 내용을 예기하도록 의도되었던 것으로 보인다. 즉, 하나님의 은혜로 속량되었으므로, 그들은 회심 이후로 계속해서 "그리스도의 은혜 안에 살아야" 한다는 것이다.

따라서 비록 이 어구가 그리스도의 구속 사역에 대한 다소 완곡한 언급이기는 하지만, 바울이 "은혜"를 그리스도에게 돌릴 수 있는 자유로움은 그의 전제적인 기독론을 반영한다.

4) 갈라디아서 1:12— 계시하시는 분 그리스도

본 서신의 더 난해한(우리에게) 속격 구문 중의 하나에서, 바울은 개인적인 이야기를 시작한다. 이 이야기에서 바울은 그의 복음이 디 아포카뤼프세오스 예수 크리스투(δι' ἀποκαλύψεως Ἰησοῦ Χριστοῦ, 예수 그리스도의/로부터의 계시로 말미암아) 그에게 왔다고 주장함으로써, 자기 자신의 사도직과 "복음"이 직접 하나님으로부터 온 것임을 단언할 뿐만 아니라, 그럼으로써 또한 자기 자신을 예루살렘과 거리를 둔다. 문제는 그리스도가 계시의 대상(내용)이냐, 아니면[66] (문법적) 주체, 즉 그에게 복음을 계시하신 분이냐 하는 것이다. 결국 이것들은 아마 같은 지점에 매우 근접하게 될 것이지만(즉, 계시하는 자는 또한 계시된 자이다), 이 경우에서 속격은 아무래도 주격일 것 같다(TNIV: "나는 예수 그리스도로부터의 계시에 의해서 그것을 받았다"처럼).[67] 결국, 이 특정 문장에서의 문제는 계시의 출처이지, 내용이 아니다. 계시는 어떤 인간으로부터 그에게 "전달되지"도 않았고,[68] (인간) 교사들에 의하여 그에게 오지도 않았다. 오히려, 그는 그의 복음을 그리스도 자신의 직접적인 계시로 받았던 것이다.

---

66) 그런 경우는 Burton, 41-43,;Bruce, 89; Betz, 63; Fung, 54; Morris, 51; Dunn, 53; atera, 53; Martyn, 144.
67) 또 그런 경우는 Lightfoot, 80; Longenecker, 24,;Hansen, 41.
68) 헬라어 우데 가르 에고 파라 안드로푸 파레라본 아우토(οὐδὲ γὰρ ἐγὼ παρὰ ἀνθρώπου παρέλαβον αὐτὸ, 왜냐하면 나는 그것을 인간으로부터 받지도 않았기 때문이다). 여기서 파레라본(παρέλαβον)은 전통을 대대로 전달하는 것에 대한 준전문적인(semitechnical) 용어이다. 바울의 경우에, "전통"은 그리스도 자신으로부터 직접 온 것이지, 단순히 인간으로부터 온 것은 아니다.

그렇다면, 여기에 그리스도께서 공유하시는 또 하나의 신적인 특권이 있다. 히브리어 성경에서 여호와는 일관되게 계시의 원천이며, 바울에게 있어서도 마찬가지다. 그것은 곧이어 따라오는 이야기(2:15-16)에 포함되어 있다.[69] 그러나 여기에서는 그리스도 자신이 계시의 원천이다.

5) 갈라디아서 4:14— 나를 앙게론 데우(ἄγγελον θεοῦ, 하나님의 천사)와 같이, 그리스도 예수와 같이 영접하였다

본 서신에서 좀 더 흥미를 자아내는 순간은, 바울은 갈라디아인들이 그의 신체적 결함에도 불구하고 전에 그를 따뜻하게 맞아주었던 일을 상기시키고 있다는 점이다. 그들은 그가 지금 "내 육체 안에 너희를 시험하는 것," 곧 그들이 그의 육체적 가시(질환)에 관하여 견뎌야 했던 시험이라고 부르는 것을 멸시하지 않았다. 그 반대로, 그들은 그를 앙겔론 데우(ἄγγελον θεοῦ, 하나님의 천사)와 같이, 그리스도 예수와 같이 영접하였다. 이 경우에서 문제는 앙겔론 데우(ἄγγελον θεοῦ, 하나님의 천사)의 의미인데, 대다수의 현대 영어 번역본에서 "하나님의 천사"로 번역되어 있다.[70]

여기서 두 가지 사항이 논의가 필요하다. 첫째, 그 어구는 포괄적인 것으로서 "하나님으로부터 온 한 천사(an angel from God)"를 의미하는가 아니면 특정적인 것으로서 바울은 칠십인경의 일반적인 어구를 가져와서 "하나님의 그 천사"를 의도하고 있는가.[71] 둘째, 두 호스(ὡς, 같이) 어구 간의 관계 — 점진적 점층적인가(한 단어에서 더 높은 다음 단어로 이어짐) 아니면 병렬적

---

69) 비록 동사 아포칼립토는 가장 자주 "신적 수동형"(divine passive〈=[하나님이] 계시하셨다〉. 예컨대, 롬 8:18; 엡 3:5를 보라)으로 나타나기는 하지만, 바울은 또한 그것을 고전 2:10; 빌 3:15에서 능동형으로 표현한다.
70) NJB는 언어를 "현대화"하여 그 말을 "하나님으로부터 온 전령"이라고 번역한다. 그러나 그것은 원래 의미를 너무 많이 놓친 것 같다.
71) 후자를 지지하는 경우는, Wallace, *Greek Grammer beyond the Basics*, 252, 각주 97을 보라. 이는 N. Turner, *Syntax* (J. H. Moulton, A Grammar of New Testament Greek; Edinburgh: T&T Clark, 1963의 vol. 3), 180을 따른 것이다. 더 많은 논의는 다음을 보라. *Current Issues in Biblical and Patristic Interpretation: Studies in Honor of Merrill C. Tenney Presented by His Former Students* (Grand Rapids: Eerdmans, 1975), 324-35에 나오는 W. G. MacDonald, "Christology and the Angel of the Lord"; D. Hannah, *Michael and Christ: Michael Traditions and Angel Christology in Early Christianity* (WUNT 2/109; Mohr Siebeck, 1999), 19-20을 보라.

인가(두 번째가 첫 번째를 명백하게 설명함). 병렬적이려면 그 어구가 특정적 (specific)이어야만 한다는 것을 유의하여야 한다. 만일 포괄적이라면, 자동적으로 그 두 어구는 점진적(그리고 점층적)이라는 것을 의미한다.

① 첫 번째 사항에 관해서는, 영어 번역본들이 이 길로 가기를 꺼려해 왔다는 사실에도 불구하고, 바울이 칠십인경에서 일반적인 어구를 가져왔다는 것을 강력한 증거들이 있다. 몇 가지 점들이 이 선택을 지지한다. 첫째, 이것은 우리가 이 책에서 줄곧 주목해 온 바울의 습관과 전적으로 일치한다. 즉, 그는 헬라어 성경을 먹고 호흡하여 그 성경 언어가 수많은 방식으로 온갖 종류의 문맥에 등장하도록 한다. 여기서 칠십인경의 증거는 인상적이기도 하고 좀 혼란스럽기도 하다. 첫째로, "주(또는 '하나님')의 천사"는 여러 구약 이야기에서 정규적으로 하나님의 전령으로 봉사한다.[72] 이들 중 어떤 이야기에서는, "천사"가 주님 자신으로 판명된다. 특히 그런 곳으로는 창세기 18장과 출애굽기 3-4장에 나오는 중요한 이야기들을 들 수 있다. 사사기 6장의 기드온 이야기도 추가된다. 각각의 경우에 첫 번째 나오는 것은, 비록 관사가 있는 식으로 이해되도록 하려고 했던 것이 틀림없지만, 여기서처럼 관사가 없다.[73] 즉, 이 "천사"는 "한 천사"가 아니라 "주의 천사"이다. "하나님의 천사"는 칠십인경의 확실한 배경이 없기 때문에, 이 경우 바울의 무관사 채택은 같은 방향을 가리키는 듯하다.[74]

그 어구에 대한 구약의 근거가 있을 가능성을 감안할 때, 그것의 자연적인 의미로 보이는 것에 대한 학계의 혐오는 이해하기가 어렵다. 특히, 바울은 그 다음에서 훨씬 더 대담하게 그들이 자기를 예수 그리스도와 같이 영접하였다고 말하고 있기 때문이다. 따라서 바울은 전적으로 여기서 그가 그들로부터 받은 영접의 수준을 높이 평가하고 있는 것 같다. "너희는 나를 하나님의 천사와 같이 영접하였다."

그러나 바울이 그 다음 어구 "예수 그리스도와 같이"를 하나님의 천사와 병치시키고, 따라서 하나님의 천사와 동일시할 의도가 있었는가는 다른 문제

---

72) 이 사실은 제2 성전시대 유대교에서 천사들에 대한 엄청난 추론으로 이어졌다. 심지어 그들의 이름을 짓고 계급을 만들기까지 하였다(Hannah, *Michael and Christ*, 25-75의 논의를 보라).
73) 창세기와 사사기 이야기에서는, 그 다음에 나오는 것들에는 수구(首句) 반복 관사(anaphora=the angel referred to at the beginning〈시작할 때 언급된 그 천사〉)가 있다.
74) 이것은 특히 Turner와 Wallace가 주장하는 요점이다(각주 71을 보라).

이다. 즉, 그리스도는 충분히 구약의 "주/하나님의 천사" 역할을 담당하는 듯하나, 나머지 바울 서신에 비추어 볼 때, 바울이 절대적인 동일시를 의도하고 있는 것 같지는 않다.

② 그러나 만일 이렇게 된다면, 그것은 두 번째 문제가 쉽게 해결되지 못하게 한다. "하나님의 천사"가 그리스도 자신과 같은 분임을 지지하는 것은, "주의 천사"가 자주 여호와 자신의 현현임이 판명되고 그리하여 그 둘이 어떤 면에서 하나가 된다는 사실이다.[75] 반면에, 바울이 일종의 "천사 기독론"을 가졌다고 믿을 만한 확고한 증거는 전혀 없다.[76] 우리는 언제나 그 자체가 다소 애매한 한 두 개 본문에 근거를 둔 기독론의 관점을 경계한다.[77]

어떤 경우든, 여기서 필자의 관심은 바울이 갈라디아에 임하신 하나님의 현존으로서 그리스도를 등장시킬 수 있는 자유로움에 있다. 그리스도를 등장시킨 것은 바울이 갈라디아인들이 그를 연약한 모습대로 영접한 것에 대하여 그들에게 줄 수 있는 궁극적인 영예이다. 따라서 우리는 사실상 여기서 신원확인보다는 전진(progression)을 다루고 있는 듯하며, 이는 그리스도가 구약의 천사에 의한 하나님의 현현들보다 더 높은 완전한 단계라는 것을 의미할 것이다.

6) 갈라디아서 4:19— 너희 속에 그리스도의 "형상이 이루기"까지

갈라디아인들이 당면한 문제(성령의 사람들을 위한 율법 준수의 불필요)에 관하여 제 정신으로 돌아오기를 바라는 마음 때문에, 바울은 놀랍게 이미지들을 혼합한다. 그들을 향한 간절함이 너무 강렬하여 그리고 어떤 면에서 너무 고통스러워서, 그는 자기 자신이 그들을 위해서 다시 "해산의 고통"을 경험하고 있다고 묘사한다. 그렇지만, "형성되어 가는 것"은 바울 자기 안에서가 아니라 그들이 그리스도와 그의 성품을 닮아 변화될 때 그들 가운데서 일어난다. 이것의 기독론적 의의는 다음 사실에 있다. 곧 그리스도가 그들 안에서

---

75) 이 사항에 관해서는, 예컨대, J. Durham, *Exodus* (WBC 3; Dallas: Word, 1987), 30-31을 보라.
76) 이 제안에 대한 Hannah의 거부는 이 이슈에 대한 가장 설득력 있는 논의로 남아 있다.
77) 특히, Fee, *God's Empowering Presence*, 831-34에서 고전 15:47과 롬 1:3-4의 이례적인 두 어구에 근거한 "영 기독론(Spirit Christology)"에 대한 논의를 보라. 그러한 기독론들은 하나의 난해한 본문에 대한 오직 한 가지(거의 가능성이 없는) 독법 안에서만 찾을 수 있다는 바로 그 사실로 볼 때 의심이 간다.

와 그들 가운데에서 "형성된다"는 것은,[78] 그들이 그리스도 안에 궁극적으로 표현되어 있는 하나님의 형상 자체를 지니고 있어야 한다는 것을 의미한다는 것이다. 따라서 이 본문은 우연하게도 고린도후서 4:4, 6과 (특히) 로마서 8:29 같은 본문 뒤에 놓여 있는, 하나님이 우리를 "그 아들의 형상을 닮도록" 예정하셨다고 하는, 하나님의 형상(imago Dei) 기독론을 반영한다.

7) 갈라디아서 6:2- 그리스도의 "법"

본 서신에서 더 놀라운 움직임들 중 하나는, "율법"이 그리스도를 믿는 사람들에 의해서 준수될 필요가 있다는 것에 강력하게 반대해 온 사람이 이제는 믿는 자들이 서로 섬기는 것에 대한 궁극적인 표현으로서 이 언어를 선택해서 사용한다는 점이다. 만일 "율법"이 더 이상 성령으로 사는 사람들을 위해서 설 자리가 없다면(5:18, 23), 같은 것이 그것을 대치한 "그리스도의 법"에는 해당되지 않는다. 물론, 이 언어유희를 가지고, 바울은 진짜 기독교 윤리가 "율법 준수"("율법의 행위"는 바울의 언어이다)와 대조해서 얼마나 급진적인가를 지적하고 있다.

이 어구의 기독론적 중요성은 실로 주목할 만하며, 개념상 그들 안에 그리스도의 "형상이 이루어지는 것"과 관련된다(4:19). 하나님의 율법을 지키는 것이 경건의 궁극적인 표현이라고 하는 세계관(그의 반대자들이 주장하는)이 엄존하는 상황에서, 바울은 "율법"을 그리스도로 바꿀 준비가 되어 있다. 따라서 우리가 지금 "우리 주 예수 그리스도의 아버지"로 알고 있는 그 아버지의 완벽한 형상인 아들 그리스도는 율법에 대한 궁극적인 정의를 내리신다. 그 정의에서 하나님의 성품은 "나를 사랑하사 나를 위하여 자기 몸을 버리신"이라고 한 2:20의 언어 안에서 발견된다.[79] 그러므로 어떤 면에서, "그리스도의 사랑"은 율법을 재정의해 줄 뿐만 아니라 성육하시고 못 박히신 그리

---

78) 이것은 정확하게 규명하기 어려운 바울의 엔 휘민(ἐν ὑμῖν) 용법들 중 하나이다. 한편으로, 그것은 거의 확실하게 적어도 배분적(distributive)인 의미일 것 같다(그들 각자가 그리스도를 닮도록 형성되어야 한다). 다른 한편으로, 그러한 순간들은 보통 집합적인 의미(그들은 그러한 형상을 지닌 자들의 공동체들이 되어야 한다)로 생각되기도 한다.

79) 유사한 해석에 대해서는, R. B. Hays, "Christology and Ethics in Galatians: The Law of Christ," *CBQ* 49(1987), 268-90과 J. M. G. Barclay, *Obeying the Truth: A Study of Paul's Ethics in Galatians* (Edinburgh: T&T Clark, 1988), 131-35를 보라.

스도를 율법의 신적인 표현이요 따라서 율법의 대치로 보기도 한다. 다시금, 특히 바울 안에 있는 고등기독론(high Christology)의 전제적인 성격이 가장 예기치 못한 방식으로 나타난다.

4. 결론

본장 전체에 걸쳐 결론이 내려졌기 때문에, 우리는 처음에 수행했고 장 전체에 걸쳐 보여주었던 관찰 내용들을 다만 강화하고자 한다. 본 서신에서 하나의 주요한 기독론 구절(4:4-7)에는 많은 기독론적 기초들이 담겨 있다. "아들"이라는 언어는 무엇보다도 유대교의 메시아 사상과 관련하여 가장 잘 이해된다. 즉, 3:16에서 그리스도가 아브라함의 참된 자손으로 지명되었다고 하였다. 동시에, 주된 절인 "하나님이 그 아들을 보내사"는 그의 진정한 인간성을 근거로 그의 성육신을 강조하는 것이기는 하지만 아들의 선재를 함축한다. 의미상, 6절 또한 역사적 예수에 대한 지식을 보여준다. 반면에, 구절 전체는 바울의 근본적인 하나님중심 개념으로 "둘러싸여" 있다. 즉, 하나님이 그 아들을 보내셨으며, 결국 우리는 "하나님을 통해서" 상속자들이 된다는 것이다.

그 외의 더 우연한 기독론적 순간들은 모두 앞 서신들에서 우리가 보아 온 것들과 일치한다. 특히, 그리스도는 아버지와 함께 다양한 "신적 특권"을 계속 공유하신다는 것이다. 그러므로 그것이 4:4-7에 표현된 방식을 제외하고는, 여기에서 새로운 것은 거의 없고, 바울이 앞 서신들에서 말한 것들을 강화하는 것들이 대부분이다.

부록 I: 본문들

(괄호 [[ ]]는 오직 하나님만을 가리키는 언급하는 본문을 가리킨다.)

1:1 Παῦλος ἀπόστολος οὐκ ἀπ' ἀνθρώπων οὐδὲ δι' ἀνθρώπου ἀλλὰ διὰ **Ἰησοῦ Χριστοῦ** καὶ <u>θεοῦ πατρὸς τοῦ ἐγείραντος</u> **αὐτὸν** ἐκ νεκρῶν,

1:3-5 ³χάρις ὑμῖν καὶ εἰρήνη <u>ἀπὸ θεοῦ πατρὸς ἡμῶν</u> καὶ **κυρίου Ἰησοῦ Χριστοῦ** ⁴**τοῦ δόντος ἑαυτὸν** ὑπὲρ τῶν ἁμαρτιῶν ἡμῶν, **ὅπως ἐξέληται** ἡμᾶς ἐκ τοῦ αἰῶνος τοῦ ἐνεστῶτος πονηροῦ <u>κατὰ τὸ θέλημα τοῦ θεοῦ καὶ πατρὸς ἡμῶν</u>, ⁵<u>ᾧ ἡ δόξα εἰς τοὺς αἰῶνας τῶν αἰώνων</u>, ἀμήν.

1:6-7 ⁶Θαυμάζω ὅτι οὕτως ταχέως μετατίθεσθε ἀπὸ τοῦ καλέσαντος ὑμᾶς **ἐν χάριτι Χριστοῦ** εἰς ἕτερον εὐαγγέλιον, ⁷ὃ οὐκ ἔστιν ἄλλο, εἰ μή τινές εἰσιν οἱ ταράσσοντες ὑμᾶς καὶ θέλοντες μεταστρέψαι **τὸ εὐαγγέλιον τοῦ Χριστοῦ**.

1:10 Ἄρτι γὰρ ἀνθρώπους πείθω ἢ <u>τὸν θεόν</u>; ἢ ζητῶ ἀνθρώποις ἀρέσκειν; εἰ ἔτι ἀνθρώποις ἤρεσκον, **Χριστοῦ δοῦλος** οὐκ ἂν ἤμην.

1:12 οὐδὲ γὰρ ἐγὼ παρὰ ἀνθρώπου παρέλαβον αὐτὸ οὔτε ἐδιδάχθην ἀλλὰ **δι' ἀποκαλύψεως Ἰησοῦ Χριστοῦ**.

[[1:13 Ἠκούσατε γὰρ τὴν ἐμὴν ἀναστροφήν ποτε ἐν τῷ Ἰουδαϊσμῷ, ὅτι καθ' ὑπερβολὴν ἐδίωκον <u>τὴν ἐκκλησίαν τοῦ θεοῦ</u> καὶ ἐπόρθουν αὐτήν,]]

1:15-16 ¹⁵ὅτε δὲ <u>εὐδόκησεν [ὁ θεὸς]</u> ὁ ἀφορίσας με ἐκ κοιλίας μητρός μου καὶ <u>καλέσας διὰ τῆς χάριτος αὐτοῦ</u> ¹⁶ἀποκαλύψαι **τὸν υἱὸν αὐτοῦ ἐν ἐμοί**, ἵνα εὐαγγελίζωμαι **αὐτὸν** ἐν τοῖς ἔθνεσιν,

1:19 ἕτερον δὲ τῶν ἀποστόλων οὐκ εἶδον εἰ μὴ Ἰάκωβον **τὸν ἀδελφὸν τοῦ κυρίου**.

[[1:20 ἃ δὲ γράφω ὑμῖν, ἰδοὺ <u>ἐνώπιον τοῦ θεοῦ</u> ὅτι οὐ ψεύδομαι.]]

1:22 ἤμην δὲ ἀγνοούμενος τῷ προσώπῳ ταῖς ἐκκλησίαις τῆς Ἰουδαίας **ταῖς ἐν Χριστῷ**.

[[1:24 καὶ ἐδόξαζον ἐν ἐμοὶ <u>τὸν θεόν</u>.]]

2:4 διὰ δὲ τοὺς παρεισάκτους ψευδαδέλφους, οἵτινες παρεισῆλθον κατασκοπῆσαι τὴν ἐλευθερίαν ἡμῶν ἣν ἔχομεν **ἐν Χριστῷ Ἰησοῦ**, ἵνα ἡμᾶς καταδουλώσουσιν,

제5장 갈라디아서에 나타나는 기독론   365

[[2:6 ... ὁποῖοί ποτε ἦσαν οὐδέν μοι διαφέρει· πρόσωπον [ὁ] θεὸς ἀνθρώπου οὐ λαμβάνει]]

2:16-21 ¹⁶εἰδότες [δὲ] ὅτι οὐ δικαιοῦται ἄνθρωπος ἐξ ἔργων νόμου ἐὰν μὴ **διὰ πίστεως Ἰησοῦ Χριστοῦ**, καὶ ἡμεῖς **εἰς Χριστὸν Ἰησοῦν ἐπιστεύσαμεν**, ἵνα δικαιωθῶμεν **ἐκ πίστεως Χριστοῦ** καὶ οὐκ ἐξ ἔργων νόμου, ὅτι ἐξ ἔργων νόμου οὐ δικαιωθήσεται πᾶσα σάρξ. ¹⁷εἰ δὲ ζητοῦντες **δικαιωθῆναι ἐν Χριστῷ** εὑρέθημεν καὶ αὐτοὶ ἁμαρτωλοί, ἆρα **Χριστὸς ἁμαρτίας διάκονος;** μὴ γένοιτο. ¹⁸εἰ γὰρ ἃ κατέλυσα ταῦτα πάλιν οἰκοδομῶ, παραβάτην ἐμαυτὸν συνιστάνω. ¹⁹ἐγὼ γὰρ διὰ νόμου νόμῳ ἀπέθανον, ἵνα θεῷ ζήσω. **Χριστῷ συνεσταύρωμαι**· ²⁰ζῶ δὲ οὐκέτι ἐγώ, ζῇ δὲ **ἐν ἐμοὶ Χριστός**· ὃ δὲ νῦν ζῶ ἐν σαρκί, ἐν πίστει ζῶ τῇ τοῦ υἱοῦ τοῦ θεοῦ τοῦ ἀγαπήσαντός με καὶ παραδόντος ἑαυτὸν ὑπὲρ ἐμοῦ. ²¹οὐκ ἀθετῶ τὴν χάριν τοῦ θεοῦ· εἰ γὰρ διὰ νόμου δικαιοσύνη, ἆρα **Χριστὸς δωρεὰν ἀπέθανεν.**

3:1 ⁵Ὦ ἀνόητοι Γαλάται, τίς ὑμᾶς ἐβάσκανεν, οἷς κατ᾽ ὀφθαλμοὺς **Ἰησοῦς Χριστὸς προεγράφη** ἐσταυρωμένος;

[[3:6 καθὼς Ἀβραὰμ ἐπίστευσεν τῷ θεῷ, καὶ ἐλογίσθη αὐτῷ εἰς δικαιοσύνην·]]

[[3:8 προϊδοῦσα δὲ ἡ γραφὴ ὅτι ἐκ πίστεως δικαιοῖ τὰ ἔθνη ὁ θεὸς, προευηγγελίσατο τῷ Ἀβραὰμ ὅτι ἐνευλογηθήσονται ἐν σοὶ πάντα τὰ ἔθνη·]]

[[3:11 ὅτι δὲ ἐν νόμῳ οὐδεὶς δικαιοῦται παρὰ τῷ θεῷ δῆλον, ὅτι ὁ δίκαιος ἐκ πίστεως ζήσεται·]]

3:13-14 ¹³**Χριστὸς** ἡμᾶς ἐξηγόρασεν ἐκ τῆς κατάρας τοῦ νόμου γενόμενος ὑπὲρ ἡμῶν κατάρα, ὅτι γέγραπται· ἐπικατάρατος πᾶς ὁ κρεμάμενος ἐπὶ ξύλου, ¹⁴ἵνα εἰς τὰ ἔθνη ἡ εὐλογία τοῦ Ἀβραὰμ γένηται **ἐν Χριστῷ Ἰησοῦ**, ἵνα τὴν ἐπαγγελίαν τοῦ πνεύματος λάβωμεν διὰ τῆς πίστεως.

3:16 τῷ δὲ Ἀβραὰμ ἐρρέθησαν αἱ ἐπαγγελίαι καὶ τῷ σπέρματι αὐτοῦ. οὐ λέγει· καὶ τοῖς σπέρμασιν, ὡς ἐπὶ πολλῶν ἀλλ᾽ ὡς ἐφ᾽ ἑνός· καὶ τῷ σπέρματί σου, **ὅς ἐστιν Χριστός.**

[[3:17-18 ¹⁷τοῦτο δὲ λέγω· διαθήκην προκεκυρωμένην ὑπὸ τοῦ θεοῦ ὁ μετὰ τετρακόσια καὶ τριάκοντα ἔτη γεγονὼς νόμος οὐκ ἀκυροῖ εἰς τὸ καταργῆσαι τὴν ἐπαγγελίαν. ¹⁸εἰ γὰρ ἐκ νόμου ἡ κληρονομία, οὐκέτι ἐξ ἐπαγγελίας· τῷ δὲ Ἀβραὰμ δι᾽ ἐπαγγελίας κεχάρισται ὁ θεός.]]

[[3:20-21 ὁ δὲ μεσίτης ἑνὸς οὐκ ἔστιν, ὁ δὲ θεὸς εἷς ἐστιν. ²¹ὁ οὖν νόμος κατὰ τῶν ἐπαγγελιῶν τοῦ θεοῦ; μὴ γένοιτο. εἰ γὰρ ἐδόθη νόμος ὁ δυνάμενος ζῳοποιῆσαι, ὄντως ἐκ νόμου ἂν ἦν ἡ δικαιοσύνη·]]

3:22 ἀλλὰ συνέκλεισεν ἡ γραφὴ τὰ πάντα ὑπὸ ἁμαρτίαν, ἵνα ἡ ἐπαγγελία **ἐκ πίστεως Ἰησοῦ Χριστοῦ** δοθῇ τοῖς πιστεύουσιν.

3:24–29 ²⁴ὥστε ὁ νόμος παιδαγωγὸς ἡμῶν γέγονεν **εἰς Χριστόν**, ἵνα ἐκ πίστεως δικαιωθῶμεν· ²⁵ἐλθούσης δὲ τῆς πίστεως οὐκέτι ὑπὸ παιδαγωγόν ἐσμεν. ²⁶Πάντες γὰρ υἱοὶ θεοῦ ἐστε διὰ τῆς πίστεως **ἐν Χριστῷ Ἰησοῦ**· ²⁷ὅσοι γὰρ **εἰς Χριστὸν** ἐβαπτίσθητε, **Χριστὸν ἐνεδύσασθε**. ²⁸οὐκ ἔνι Ἰουδαῖος οὐδὲ Ἕλλην, οὐκ ἔνι δοῦλος οὐδὲ ἐλεύθερος, οὐκ ἔνι ἄρσεν καὶ θῆλυ· πάντες γὰρ ὑμεῖς εἷς ἐστε **ἐν Χριστῷ Ἰησοῦ**. ²⁹εἰ δὲ ὑμεῖς Χριστοῦ, ἄρα τοῦ Ἀβραὰμ σπέρμα ἐστέ, κατ' ἐπαγγελίαν κληρονόμοι.

4:4–7 ⁴ὅτε δὲ ἦλθεν τὸ πλήρωμα τοῦ χρόνου, ἐξαπέστειλεν ὁ θεὸς **τὸν υἱὸν αὐτοῦ, γενόμενον ἐκ γυναικός, γενόμενον ὑπὸ νόμον**, ⁵ἵνα τοὺς ὑπὸ νόμον ἐξαγοράσῃ, ἵνα τὴν υἱοθεσίαν ἀπολάβωμεν. ⁶Ὅτι δέ ἐστε υἱοί, ἐξαπέστειλεν ὁ θεὸς τὸ πνεῦμα **τοῦ υἱοῦ αὐτοῦ** εἰς τὰς καρδίας ἡμῶν κρᾶζον· Ἀββα ὁ πατήρ. ⁷ὥστε οὐκέτι εἶ δοῦλος ἀλλὰ υἱός· εἰ δὲ υἱός, καὶ κληρονόμος διὰ θεοῦ.

[[4:8–9 ⁸Ἀλλὰ τότε μὲν οὐκ εἰδότες θεὸν ἐδουλεύσατε τοῖς φύσει μὴ οὖσιν θεοῖς· ⁹νῦν δὲ γνόντες θεόν, μᾶλλον δὲ γνωσθέντες ὑπὸ θεοῦ, πῶς ἐπιστρέφετε πάλιν ἐπὶ τὰ ἀσθενῆ καὶ πτωχὰ στοιχεῖα οἷς πάλιν ἄνωθεν δουλεύειν θέλετε;]]

4:14 καὶ τὸν πειρασμὸν ὑμῶν ἐν τῇ σαρκί μου οὐκ ἐξουθενήσατε οὐδὲ ἐξεπτύσατε, ἀλλὰ ὡς ἄγγελον θεοῦ ἐδέξασθέ με, **ὡς Χριστὸν Ἰησοῦν**.

4:19 τέκνα μου, οὓς πάλιν ὠδίνω μέχρις οὗ μορφωθῇ **Χριστὸς ἐν ὑμῖν**·

5:1–6 ¹τῇ ἐλευθερίᾳ ἡμᾶς **Χριστὸς** ἠλευθέρωσεν· στήκετε οὖν καὶ μὴ πάλιν ζυγῷ δουλείας ἐνέχεσθε. ²Ἴδε ἐγὼ Παῦλος λέγω ὑμῖν ὅτι ἐὰν περιτέμνησθε, **Χριστὸς** ὑμᾶς οὐδὲν ὠφελήσει.... ⁴κατηργήθητε **ἀπὸ Χριστοῦ**, οἵτινες ἐν νόμῳ δικαιοῦσθε, τῆς χάριτος ἐξεπέσατε. ⁵ἡμεῖς γὰρ πνεύματι ἐκ πίστεως ἐλπίδα δικαιοσύνης ἀπεκδεχόμεθα. ⁶ἐν γὰρ **Χριστῷ Ἰησοῦ** οὔτε περιτομή τι ἰσχύει οὔτε ἀκροβυστία ἀλλὰ πίστις δι' ἀγάπης ἐνεργουμένη.

5:10 ἐγὼ πέποιθα εἰς ὑμᾶς **ἐν κυρίῳ** ὅτι οὐδὲν ἄλλο φρονήσετε·

[[5:21 φθόνοι, μέθαι, κῶμοι καὶ τὰ ὅμοια τούτοις, ἃ προλέγω ὑμῖν, καθὼς προεῖπον ὅτι οἱ τὰ τοιαῦτα πράσσοντες βασιλείαν θεοῦ οὐ κληρονομήσουσιν.]]

5:24 οἱ δὲ **τοῦ Χριστοῦ Ἰησοῦ** [v.l.-Ἰησοῦ] τὴν σάρκα ἐσταύρωσαν σὺν τοῖς παθήμασιν καὶ ταῖς ἐπιθυμίαις.

6:2 Ἀλλήλων τὰ βάρη βαστάζετε καὶ οὕτως ἀναπληρώσετε **τὸν νόμον τοῦ Χριστοῦ**.

[[6:7 Μὴ πλανᾶσθε, θεὸς οὐ μυκτηρίζεται.]]

6:12 ὅσοι θέλουσιν εὐπροσωπῆσαι ἐν σαρκί, οὗτοι ἀναγκάζουσιν ὑμᾶς περιτέμνεσθαι, μόνον ἵνα **τῷ σταυρῷ τοῦ Χριστοῦ** [v.l. Ἰησοῦ] μὴ διώκωνται.

6:14 ἐμοὶ δὲ μὴ γένοιτο καυχᾶσθαι εἰ μὴ ἐν τῷ σταυρῷ **τοῦ κυρίου ἡμῶν Ἰησοῦ Χριστοῦ, δι' οὗ** ἐμοὶ κόσμος ἐσταύρωται κἀγὼ κόσμῳ.

6:15 [v.l. + ἐν γὰρ Χριστοῦ Ἰησοῦ] οὔτε γὰρ περιτομή τί ἐστιν οὔτε ἀκροβυστία ἀλλὰ καινὴ κτίσις.]]

[[6:16 καὶ ὅσοι τῷ κανόνι τούτῳ στοιχήσουσιν, εἰρήνη ἐπ' αὐτοὺς καὶ ἔλεος καὶ ἐπὶ τὸν Ἰσραὴλ τοῦ θεοῦ.]]

6:17-18 ¹⁷Τοῦ λοιποῦ κόπους μοι μηδεὶς παρεχέτω· ἐγὼ γὰρ **τὰ στίγματα τοῦ** [v.l. + κυρίου] **Ἰησοῦ** ἐν τῷ σώματί μου βαστάζω. ¹⁸**Ἡ χάρις τοῦ κυρίου ἡμῶν Ἰησοῦ Χριστοῦ** μετὰ τοῦ πνεύματος ὑμῶν, ἀδελφοί· ἀμήν.

부록 II: 용법의 분석

(* = 무관사, += 소유격 대명사를 가진)

갈라디아서
  θεὸς   29
  Christ   45

자료
1. κύριος Ἰησοῦς Χριστός (3)
    1:3   G*
    6:14   G+
    6:18   G+
2. κύριος Ἰησοῦς (0)
3. Χριστός Ἰησοῦς (8)
    2:4   D* (ἐν)
    2:16   A* (εἰς)
    3:14   D* (ἐν)
    3:26   D* (ἐν)
    3:28   D* (ἐν)
    4:14   A*
    5:6   D* (ἐν)
    5:24   G (이문-Ἰησοῦ)
3a. Ἰησοῦς Χριστός (5)
    1:1   G* (διά)
    1:12   G*
    2:16   G*
    3:1   N*
    3:22   G*
4. κύριος (2+3=5)

제5장 갈라디아서에 나타나는 기독론 369

   1:19   G
   5:10   D* (ἐν)
5. Ἰησοῦς (1+15=16)
   6:17[이문- κυρίου]
6. Χριστός (22+15=37)
   1:6   G*
   1:7   G
   1:10   G*
   1:22   D* (ἐν)
   2:16   G*
   2:17   D* (ἐν)
   2:17   N*
   2:19   D*
   2:20   N*
   2:21   N*
   3:13   N*
   3:16   N*
   3:24   A* (εἰς)
   3:27   A* (εἰς)
   3:27   A*
   3:29   G*
   4:19   N*
   5:1   N*
   5:4   G* (ἀπό)
   6:2   G
   6:12   G (이문-Ἰησοῦ)
7. υἱός (4)
   1:16   A+
   2:20   G
   4:4   A+
   4:6   G+

PAULINE CHRISTOLOGY

제6장

로마서에 나타나는 기독론

본 연구 목적을 고려할 때 로마에 있던 기독교 공동체에 보내는 바울의 편지에 가장 중요한 점을 꼽는다면 수신자들이 바울의 메시지를 통해 개종한 자들이 아니라는 사실이다.[1] 이러한 이유로 바울은 자신의 주장을 보다 신중하게 제시하고 있다고 볼 수도 있다. 그래서 본문 자체만 놓고 보면 바울은 구원론이 아닌 교회론적 차원에서 주장을 전개하고 있음을 분명히 알 수 있다. 이방인이 '율법 행위'가 아닌 은혜를 통해 유대인과 더불어 하나님의 종말론적 백성이 된다는 것이 시종일관 나타나는 그의 주장이다. 이러한 논지를 다양한 방법으로 명확히 하는데, 편지를 시작하는 방법을 포함하여, 바울의 사도성을 개진하면서 그리스도께서 하나님의 메시아적 아들(다윗의 자손이시며 지금은 승귀하신 주)이라는 복음(1:3-4)을 상술하는 점이나, 이방인 선교에 초점을 두고 있는 점이 그렇다(1:5-6).

1:16-17에서 시작되는 논의 역시 이렇게 시작된다. 유대인과 더불어 시작했던 하나님의 구원 이야기가 이제는 '믿음'이라는 동일한 조건을 통해 이방인도 포함된다는 것이다. 뒤이어 등장하는 인간의 타락에 관한 이야기(1:18-3:20)는 의도적으로 이방인과 유대인 모두를 가리키고 있다. 그리고는 "모든 (이방인과 유대인) 사람이 죄를 범하였기에"[2] 하나님께서 그리스도 안에서 주

---

1) 로마서 주석서는 책 뒤의 참고문헌을 참조하라. 본 장에서는 저자의 성만 언급한다.
2) TNIV 성경은 본문을 "유대인과 이방인 사이에 아무런 구분이 없으니 모두가 죄를 지었기 때문이다"라고 진술한다.

시는 의를 필요로 하며 이를 믿음을 통해 얻게 된다고 진술한다. 그 다음에 나오는 아브라함 이야기(4:1-25)는 의도적으로 아브라함을 유대인과 이방인의 조상으로 묘사한다. 그리고 나서 6-8장은 신자들을 위한 이 의가 율법이 아닌 그리스도와 성령과 관련이 있다고 논증한다. 로마서가 쓰일 당시 유대인 사회가 대체적으로 그리스도를 거부했기 때문에 바울은 그들의 실패와 그들과 관련된 궁극적인 포용에 대해 개진할 필요성을 느끼게 된다(9-11장). 정확히 말하면 유대인과 이방인이 하나로 모이는 것이야말로 아브라함에게 주신 언약이 성취되는 것이기 때문이다.

그래서 서신의 초반부에서는 논의의 주 초점이 할례, 즉 유대인과 이방인을 구분하는 율법 준수의 대표적 형태에 맞추어져 있다. 그러나 논의가 결론으로 진행되어 가면서 유대인과 이방인이 음식과 '날'(=안식일)에 대한 문제에 있어서의 견해 차이를 안고 어떻게 공생할 수 있는가라는 실천적인 이슈를 부각시킨다(14:1-15:6). 이러한 논의는 유대인과 이방인을 향해 "너희도 서로 받으라"(15:7)고 강력히 호소함으로써 끝이 난다. 유대인과 이방인이 "한 마음과 한 입으로 하나님 곧 우리 주 예수 그리스도의 아버지께 영광을 돌리게" 됨으로써 구약의 약속이 성취된다. 이러한 진술 이후 이방인들이 그들의 공통분모(common denominator)이신 하나님의 한 백성에 포함된다고 증언하는 네 개의 구약 본문을 인용한다(15:9-12). 그리고는 축복 기도로 마무리된다(15:13).

로마서를 루터의 입장이 아닌 바울의 입장으로 읽으면 바울의 열정, 즉 이방인 선교에 대한 열정을 만나게 된다. 그는 이방인들을 유대인과는 분리된 하나님의 백성들이 아닌 유대인과 더불어 하나님의 한 백성으로 생각한다. 이러한 점은 개신교의 전통적 관심과 일치한다. 이러한 열정을 현실화 하는 유일한 방법은 유대인과 이방인 모두가 '하나님의 의'를 필요로 한다는 점을 함께 인정하는 것이다. 이러한 일은 '율법 준수'와는 상관없이 그리스도의 죽음과 부활 그리고 믿음으로만 받을 수 있는 성령의 선물을 통해 이루어진다.

이토록 정교하게 구성된 논의는 로마에 있던 유대인 그리스도인과 이방인 그리스도인 사이에 있던 갈등을 해결하려는 의도가 있다고 볼 수 있다. 하나님 아버지께서 그의 아들과 성령을 통해 처음부터 이방인들을 포용하시려 했던 신적 목적이 성취되었음을 보여주고 있는 것이다. 바울은 이러한 이야기를 전개하면서 몇 가지 주요 강조점을 부각시킨다. 본 연구의 목적을 고려할 때 특히 세 가지가 눈에 띈다. 첫째로 이 이야기는 하나님의 이야기다. 따라서 하나님을 그 이름이나 다른 방법(대명사, 서술어 등)을 동원하여 자주 거론하는데, 그 빈도수가 그리스도라는 말의 절반에 이를 만큼 높다. 로마서 전체를 볼 때 그리스도께서 이루셨고 성령에 의해 그 효력이 나타나는 구원 행위의 원동력은 하나님이시다. 이 서신서에서 이와 같은 강조점은 매우 뚜렷이 드러난다.

둘째로 그리스도께서 하나님의 구원 행위에 있어서 유일한 대리자라는 사실이 로마서 전체에서 발견된다. 이러한 사실 때문에 그리스도는 종종 구원 행위 자체에서 가장 중요한 역할을 감당한다. 결국 그리스도의 역할에 관한 관심사가 주로 구원론적이지만 로마서에서 특히 드러나는 기독론적 강조를 간과할 수는 없다.

셋째로 유대인과 이방인이 하나님의 하나 된 백성이며 율법과 상관없이 그리스도인으로 살아간다는 로마서의 초점이 위에서 말한 기독론적 강조에 중대한 영향을 미친다. 예수께서는 하나님의 메시아적 아들로서(그리고 그분은 아버지께서 보내신 영원한 아들이시다) 죽으셨다가 부활하셨으며 지금은 시편 110:1을 성취하심으로써 하나님 우편에 앉아 계신 승귀하신 주가 되신다. 바울이 5:12-21에서 그리스도를 "둘째 아담"이라는 개념으로 설명하는 부분을 포함하여 여타 기독론적 주제들은 모두 하나님의 아들/메시아와 승귀하신 주라는 범주에 속한다고 볼 수 있다. 이전 장에서와 마찬가지로 여기서도 우선은 어법에 대해 미리 살펴봄으로써 뚜렷이 드러나는 바울의 강조점을 알아보고자 한다.

1. 자료에 대한 예비적 고찰

그리스도와 하나님을 다양하게 가리키고 있는 본문들은 본장 끝에 있는 부록 I에 실어 놓았고, 그리스도에 대한 바울의 설명 방법은 부록 II에서 분석해 보았다. 앞에서도 얘기했지만, 다른 바울 서신서와 마찬가지로 본 서신이 지닌 특별한 관심사야말로 그리스도를 지칭하는 방법과 빈도수를 결정하는 주요 요인이 된다.

다른 서신서와 비교해 볼 때 로마서의 가장 두드러지는 특징은 그리스도를 지칭하는 것에 비해 하나님을 지칭하는 구절이 압도적이라는 사실이다(153번/96번).[3] 사실 로마서는 바울 서신에서 가장 하나님 중심적인 편지이다. 그러나 모든 스토리의 중심에는 그리스도의 사역이 자리하고 있다. 그래서 그리스도가 96번 나오는 로마서는 127번 나오는 고린도전서에 이어 두 번째로 바울 서신에서 그리스도를 많이 언급하는 서신서이기도 하다. 동시에 갈라디아서의 어법에 나타나는 독특한 특징이 로마서에서도 발견된다. 그리스도를 이스라엘 이야기라는 배경 속에서 이해함으로써 이방인을 포함하는 메시아 대망을 성취하는 신적 수단으로 보려는 로마서의 분명한 관심사를 고려할 때, 크리스토스가 가장 많이 사용되는(58회) 용어라는 사실과 로마서의 한 구절(9:5)에서 명백히 호 크리스토스가 '메시아'를 의미한다는 사실이 쉽게 이해가 된다. 또한 갈라디아서와 마찬가지로 하나님의 아들이라는 표현이 자주 등장하는 점(7번으로 바울 서신에서 가장 많이 쓰인다)도 같은 맥락에서 설명이 가능하다.

두 번째로 두드러지는 기독론적 특징은 그리스도가 계속해서 퀴리오스라는 사실이 강조되고 있는 점이다. 그러나 하나님에 관한 이야기를 새 언약 개념으로 상술하는 논의와 마찬가지로 '주'라는 명칭 사용은 "주는 그리스도"라는 고백이 새 언약 아래 있는 이들을 특징짓는다는 사실을 명시하는 10:9에서야 처음 나타난다. 이 구절 이후로 이 명칭이 두 군데, 즉 14:1-12에 나타나는 논의(음식법과 "날"을 준수하느냐 어기느냐에 대한)와 16:3-16의 문안 인사에서 주로 사용된다. 특히 문안 인사 본문에서는 '주'와 '그리스도'라는 두 명칭이 동시에 사용되어 로마에 거주하던 하나님의 백성들이 "주 안에"와 "그리스도 안에" 있는 자들로 표현된다.

마지막으로 로마서에서 이해하기 어려운 표현 중에 하나가 9:5에 나타나고 있음을 주목할 필요가 있다. 이 구절을 보면 '메시아'를 데오스라 부르고 있

---

3) 이 수치는 이름이나 칭호(데오스⟨θεός⟩, 크리스토스⟨Χριστός⟩, 퀴리오스⟨κύριος⟩, 예수스⟨Ἰησοῦς⟩, 휘오스⟨υἱός⟩)만을 고려한 결과이며 대명사나 그리스도를 가리키는 "우리를 사랑하시는 이"(8:37)와 같은 간접적인 표현은 제외했다. 바울이 누구를 가리키려 하는지 불분명한 퀴리오스=하나님이라는 구도가 나오는 칠십인경 인용부분 역시 고려하지 않았다. 이러한 현상은 아래 pp. 420-426 에서 자세히 논의할 14:11을 제외하고도 로마서에서 총 8번 나온다(바울 서신에서는 총 12번 나온다(3장에 있는 각주 7번을 참조하라)). 만일 이러한 현상이 다른 서신에서 등장했다면 일부 학자들은 그 서신의 진정성에 대해 의문을 충분히 제기하고도 남았을 것이다.

는데, 문법적으로 볼 때는 가능한 표현이며 많은 학자들 역시 그렇게 보고 있다. 필자는 이 표현과 관련된 문법적인 부분을 다르게 이해해야 한다고 생각하기 때문에 이 구절을 좀 더 상세히 살펴 볼 것이다.

2. 하나님의 메시아적/영원한 아들이신 예수

로마서의 기독론과 관련하여 가장 두드러지는 점이 있다면 그것은 하나님의 아들 기독론(Son of God Christology)의 중요한 역할이라고 할 수 있다. 이 기독론은 유대교의 메시아 사상에 기초하고 있지만 동시에 아들이 하나님 아버지와 선재했다고 이해하는 영원한 아들 개념을 통해 표현되고 있다. 이러한 기독론적 강조가 나타나는 이유는 로마서 전체의 총체적 관심사와 관련이 있다. 즉 유대와 이방인 모두가 하나님의 백성이 된다는 것이다. 따라서 여러 주요 위치에서 하나님의 아들 기독론이 여러 형태로 나타나고 있다. 실제로 이 기독론은 로마서 서두에서부터 나타나는데, 매우 상세히 진술된 문안 인사 본문(1:1-7)에서 기독론이 나타나고 있다.[4]

1) 로마서 1:2-4

로마서를 시작하는 매우 긴 문안 인사 구절은 기본적으로 "하나님의 복음을 위하여 택정함을 입었으니"(1절)라는 구절의 설명 부분이다. 여기서 세 가지 사실이 강조되고 있다. 첫째, 이 복음은 약속의 성취라는 측면에서 구약과 연속선상에 있다. 그리스도는 다윗의 혈통에서 나셨다(2-3절). 둘째, 그 복음의 내용은 무엇보다 기독론에 관한 것으로, 그리스도의 지상 사역과 능력으로 승귀하신 현 상태에 관한 것이다(3-4절). 셋째, 바울이 사도로 부르심을 받아 "택정함을 입은" 것은 "모든 이방인 중에서 믿어 순종케" 하려는 것

---

[4] 하나님이 메시아적/영원한 아들 모티브에 대해 논의한 앞의 여러 장도 보라(살전 1:9-10; 고전 15:25-28; 고후 1:3, 19; 갈 4:4-7). 이 주제에 대한 로마서의 관점을 심도있게 논의한 L. W. Hurtado, "Jesus' Divine Sonship in Paul's Epistle to the Romans," in *Romans and the People of God: Essays in Honor of Gordon D. Fee on the Occasion of His 65th Birthday* (ed. S. K. Soderlund and N. T. Wright; Grand Rapids: Eerdmans, 1999), 217-33을 보라.

이었다(5-6절).[5] 여기서는 위 세 가지 강조 사항 중 앞의 두 사항에 대해 살펴보려 한다. 그리스도 예수께서 하나님의 아들임과 동시에 이스라엘의 메시아라는 사실을 도입부분에서부터 강조하는 바울의 기독론적 진술을 논할 것이다.

3-4절은 서문(1:1-17) 내에서 그 복음의 내용에 대해 이야기하는 두 본문 중 하나이다. 또 다른 본문인 16-17절은 엄격히 말해 구원론에 관한 진술이며 [6] 로마서의 전체의 논증을 진술하는 역할을 한다. 3-4절은 그 내용이 명확히 기독론적이며 처음부터 바울의 유대인 독자들을 위해 복음이 그리스도를 핵심적인 주제로 할 뿐 아니라 구약에서 제시된 하나님의 약속에 대한 성취(2절)임을 강조하려는 듯하다. 또한 바울은 그리스도께서 바로 유대인들의 메시아 대망에 대한 성취임을 강조하고 있다(3절). 여기서 하나님의 약속은 당연히 이방인들에 대한 하나님의 축복을 포함하고 있으며 로마서는 궁극적으로 이에 대해 이야기하고 있다.

이 도입 구절에 나타나는 기독론적 관심은 조심스럽게 짜인 구조를 들여다 볼 때 가장 효과적으로 알 수가 있다.

1:3-4 περὶ τοῦ υἱοῦ αὐτοῦ   A
  τοῦ γενομένου   B
    ἐκ σπέρματος Δαυὶδ   C
    κατὰ σάρκα   D
  τοῦ ὁρισθέντος υἱοῦ θεοῦ ἐν δυνάμει B
    κατὰ πνεῦμα ἁγιωσύνης   D
    ἐξ ἀναστάσεως νεκρῶν,   C
 Ἰησοῦ Χριστοῦ τοῦ κυρίου ἡμῶν A

---

5) 뒤 이어 나오는 감사/기도 구문에서는 바울이 로마에 직접 방문하여 로마서에서 쓰려고 하는 내용을 직접 대면하여 전하고자 한다는 소망이 집중적으로 강조되고 있다. 본 서문이 일반적인 길이보다 훨씬 길고 그 내용이 평범하지 않은 점은 아마도 그 내용 자체와 관련이 있어 보인다. 로마 교회는 비교적 개척된 지 오래되었고 바울이 직접 세운 교회가 아니었기 때문에 왜 로마서를 쓰고 있는지를 정당화해야 한다는 특별한 압박감을 느꼈을 것이며 동시에 조만간 로마에 도착하려는 그의 소망을 미리 가늠하게 하는 역할을 한다.

6) 많이 알려진 본 구절을 보면 특별히 로마서가 신론 중심적(theocentric)이라는 사실이 눈에 띈다. 3:21-26에서 구체적으로 설명될 그리스도의 구원 사역이라는 개념이 "복음"이라는 말에 전제되어 있지만 그리스도라는 말이 여기서는 거의 언급되지 않는다.

제6장 로마서에 나타나는 기독론   377

이 아들로 말하면	A		
나셨고		B	
다윗의 혈통에서			C
육신으로는			D
능력으로 하나님의 아들로 인정되셨으니		B	
성결의 영으로는			D
죽은 자 가운데서 부활하여			C
곧 우리 주 예수 그리스도라	A		

　위 구조를 보면 전체 구절이 A행으로 시작하고 끝나며, 그리스도가 앞에서는 하나님의 아들로 언급된다면 뒤에서는 예수 그리스도 우리 주라는 유사한 신적 명칭으로 묘사되고 있다. 두 가지 주요 내용은 여러 B(+C, D)행에서 다루어지고 있는데 바울은 이들을 의도적으로 대조시키고 있다.[7] 첫째로, 그리스도의 지상에서의 삶[8]에 대해 논의하되, 그분이 "다윗의 혈통"으로서 유대인의 메시아 대망을 성취하셨다고 진술한다. 둘째로, "능력으로 하나님의 아들"[9]이라 인정되신 그분의 현 상태에 대한 언급이 그 뒤를 잇는데, 여기서는 죽음에서 부활하셨다는 사실이 함축되어 있다. 두 구절 모두 서로 닮은 전치

---

7) 이 본문이 긴밀하게 짜인 일종의 시적 성향을 띠고 있기 때문에 신약 학자들은 이 본문이 바울 이전의 문체에 가깝다고 말한다(살전 1:10; 갈 4:4-5 참고). 하지만 이를 증명하기도 그렇다고 부정하기도 어렵다(Cranfield는 이러한 주장이 '가장 그럴 듯하다'고 말하지만 한편으로는 '흔히들 추정하는 것보다 그렇게 확실한 것은 아니다'라고 말한다(1:17)). 본문이 바울의 주관심사와 뉘앙스를 지닌 바울 문장으로 우리에게 주어진 이상 바울 자신이 믿는 것을 썼다고 추정할 수 있을지도 모른다. 이럴 경우 본문을 저술한 이유가 매우 분명해지기 때문에, 여기서 바울 이전의 교리적 의미를 찾는 것은 타당성이 전혀 없다. Käsemann이 제시한 경우들(10-13)을 보더라도 그렇다. 여기서 그는 바울 이전 저술의 신학과 바울 자신의 신학을 구분할 수 있다고 보며, Tuckett(*Christology*, 50-51)은 이러한 견해를 적극 수용하고 있다.
8) 바울은 카타 사르카(κατὰ σάρκα, 육체에 따른)라는 말을 통해 이러한 개념을 설명하고 있음이 분명하다. 이 구분은 9:5에서 같은 의미로 반복되고 있으며 여기서 바울은 그리스도 예수를 '지상의 삶을 사는 메시아'로 설명하고 있다.
9) 대부분의 수석서(예를 들면 Cranfield, Dunn, Morris, Moo)와 번역성경(TNIV, NRSV)의 경우와 마찬가지로 필자는 엔 뒤나메이(ἐν δυνάμει, 능력으로)라는 구문이 호리센토스(ὁρισθέντος, 선포하다/위임하다)라는 분사구문(Sanday와 Headlam)이 아닌 '하나님의 아들'이라는 구를 수식하고 있다고 본다. 여기서 육신 가운데 계신 '연약한' 하나님의 아들과 부활로 인해(혹은 부활 이후로부터) '*권능을 지니신*' 하나님의 아들로서 신적 '인정'을 받으신 분과 대조를 이룬다.

사구(에크⟨ἐκ⟩/카타⟨κατά⟩)가 수식하고 있으며 시적 균형을 이룬 대조 속에서 셈어의 병행구절로 표현되고 있다.[10] 이 두 구문은 B행의 균형을 조심스럽게 맞추고 있고, 수식어들은 바울의 하나님의 아들 기독론의 핵심을 압축된 형태로 표현하고 있다. 여기서 네 가지 사항을 주목할 필요가 있다.

① 이 구절은 바울의 하나님의 아들 기독론이 다윗의 언약에 기초된 유대교의 메시아 사상에 깊이 뿌리박고 있다는 사실을 확증하고 있다.[11] 서두에 나오는 두 구절이 이를 더욱 명확히 한다. 첫째, 이 복음은 하나님의 아들에 대한 것으로 "하나님이 선지자들로 말미암아 … 성경에 미리 약속하신 것"이다(2절). 몇몇 주요 본문을 통해 이러한 하나님의 메시아적 아들 모티브를 쉽게 추적해 볼 수 있다(출 4:22-23; 삼하 7:13-14; 시 2;6-9; 89:3-4, 26-29). 첫 번째 구절을 보면 모세가 바로에게 이스라엘이 여호와의 "장자"라고 말한다. 이 표현은 나중에 다윗 후손의 왕에게 적용되는데, 다윗의 언약 구절과 특히 시편 1편과 더불어 전체 시편을 소개하고 있는 대관식 시인 시편 2편에서 나타난다. 다윗 언약에 따르면 왕족인 '하나님의 아들'(son of God)은 영원히 하나님의 백성을 다스리도록 되어 있다. 그리고 이 같은 사실은 역으로 에스라 가문의 에단이 겪던 깊은 고뇌의 원인이 된다(시 89). 그러나 에단도 '장자'와 '아들'이라는 표현을 다윗 후손의 군주들에게 적용하고 있다. 바울은 이 같은 성경 이야기를 잘 알고 있다. 본문은 로마서 9:4-5과 더불어 에단의 신음이 하나님의 아들(Son of God)이자 메시아이신 예수께서 행하신 지상과 천상의 사역 속에서 완전히 이루어졌다고 확신하는 바울의 신념을 명시하고 있다.[12]

---

10) 물론 이러한 대조를 가지고 두 구문이 정반대의 성격을 나타내려는 의도가 있다고 볼 필요는 없다. J. D. G. Dunn, "Jesus-Flesh and Spirit: An Exposition of Romans 1:3-4," JTS 24 (1973): 49와 여타 페이지에 대해서는 유감이다. 추가적으로 Fee, God's Empowering Presence, 478-84를 보라.

11) Cranfield는 설령 "신약 시대의 일부 유대인이 다윗의 후손을 메시아의 절대적 조건으로 보진 않았다"고 할지라도 "메시아가 다윗 가문에 속해 있다는 기대가 강력하게 자리 잡고 있었다"(1:58)는 점에 주목한다. 대부분의 해석자들도 그렇게 생각하며 특히 Dunn은 "예수께서는 이스라엘 백성들이 마지막 때를 기다리며 간직하고 있던 예언적 기대를 성취하신 왕족인 메시아로서, 그분은 기름 부음을 받은 다윗의 아들이시라는 분명한 확신"에 대해 언급한다(1:12).

12) 이것은 바울의 하나님의 아들 기독론을 이해하는 데 적절한 출발점이다. 참고로 Schlatter는 "예수께서 육신 가운데 계셔서 이스라엘과 다윗의 가문에 소속되지 않았다면 약속된 하나님의 아들이 아니었을 것이다"(9)라고 말한다. 그리고 Stuhlmacher는 "3절과 4절은 복음서에 나타나는 그리스도의 역사를 간결한 형태로

제6장 로마서에 나타나는 기독론 379

② 여기서 하나님의 아들이 선재하셨다고 명확히 진술하거나 영원하신 아들에 대해 이야기하고 있지는 않지만 8:3절을 보면 이러한 표현을 발견하게 된다. 뒤에 나타나는 명확한 진술에 근거해 볼 때 본문의 구문 '투 게노메누 에크 스페르마토스 다위드 카타 사르카'(τοῦ γενομένου ἐκ σπέρματος Δαυὶδ κατὰ σάρκα, 육신으로는 다윗의 혈통에서 나셨고) 안에 선재성이 전제되어 있다고 볼 수도 있다. 비록 구문 '카타 사르카'(κατὰ σάρκα)가 전체 내용을 위해선 필요하지만 여기서 말하는 첫 번째 요지와 관련해서는 갈라디아서 4:4-5의 유사한 구조가 보여주듯 그렇게 필요한 건 아니다. 그래서 두 개의 카타구문이 의도적으로 그리스도의 '낮아지심'(humiliation)과 '승귀'를 밝혀주고 있지만 첫째 구문은 그리스도의 지상 사역을 강조하기도 한다. 하나님의 아들이 '카타 사르카', 즉 육신으로는 다윗의 혈통으로 '오시기' 위해 하늘로부터 '내려오셨다.'[13] 이러한 어법은 9:5에 나오는 메시아 구절에서 사용된다. 여기서 바울은 '메시아 카타 사르카'라고 말하는데 이는 '지상에서의 삶과 관련된'이라는 뜻을 의미할 뿐이다.[14] 이 구문에는 그리스도께서 이전에는 하늘에 계셨다는 뜻이 함축되어 있다.

③ 언제나 그렇듯이 그리고 여기서는 그런 의도가 없어 보이지만, 이러한 표현은 가현설과 관련된 기독론에 반기를 든다.[15] 바울은 보통 그리스도께

담고 있으며, 예수의 모든 삶, 즉 태어나서 승귀하시기까지의 여정이 하나님의 약속이라는 표지판 아래 서있다는 사실을 강조한다"(19)고 말한다. 여기에서 풍부하게 나타나는 유대적 유산을 간과하려는 성향에 대해서는 Käsemann, 11-13을 보고, 이에 대해 대응하는 Fitzmyer, 233을 보라.

13) 이 문맥에 나오는 게노메누(γενομένου)에 관해서는 5장에서 갈 4:4-7에 대해 논하는 부분을 보라. 참고로 Lightfoot은 이 단어가 여기서는 "아들께서 성육신 이전에 선재하셨음을 암시한다"(245)고 제안한다.

14) 참고로 Cranfield는 "여기지기서(1:3과 9:5) 이 구문은 그리스도의 인성에 관한 한 '사람으로서'를 뜻한다고 보는 것이 가장 적절하다"(1:60)고 말한다. 대부분의 주석서도 이와 같이 이야기 한다(예를 들면 Byrne, 44). 이와는 달리 Dunn(1:13)은 카타 사르카(κατὰ σάρκα)/카타 프뉴마(κατὰ πνεῦμα) 대조를 주목하며 역설하기를, 이 대조에서 '육신적인' 측면에 항상 경멸적인 의미가 담겨 있으므로 그리스도와 관련하여 "어느 정도 부정적인 함의"가 발견된다고 한다. 이러한 견해는 육신에 대한 언급이 무엇보다 그리스도가 다윗의 자손과 관련되어 있다는 그의 견해와 어느 성도 신상관계에 있다. 여하튼 바울이 사르크스(σάρξ)라는 단어를 항상 경멸적인 뜻으로 사용하는 것은 아니다. 바울은 인간으로 산다는 것 자체를 경멸적인 뜻으로 이해하지 않는다.

15) 참고로 Schlatter는 "바울은 그리스도를 유대교와 분리하거나 삶에 본질적인 자연적 조건과 분리시키는 모든 가현적 기독론을 거부하는 것이 복음의 본질적 특성이라는 생각을 견지했다. 이 복음은 하나님의 아들이 육신으로 사셨고 그 육신을 통해 다윗의

서 지니신 인성의 진정성에 대해 강조하지 않지만, 그리스도께서 영원하신 아들로서 선재하셨음을 지나가듯 지시하는 구문들은 그리스도께서 실제 성육신하셨다는 사실을 부인하려는 모든 기독론에 결정적인 타격을 가하기도 한다.[16]

④ 하나님의 아들 기독론의 절정은 4절에서 표현된다. 여기서는 그분의 '낮아지심'에 이어 죽음에서 부활하신 하나님의 영원하신/메시아적인 아들께서 "능력으로 하나님의 아들"이 되신 것을 높인다. 그리고 이 일은 성결을 주시는/공급하시는 성령과 관련이 있다.[17] 바울은 그 승귀하신 '능력 있는 하나님의 아들'의 종이고(1절), 바로 그분이 바울을 부르시고 능력을 주셔서 이방인들을 하나님의 백성이 되도록 하는 사명을 감당하도록 하셨다(5-6절). 후반부에서는(8:32-34) 승귀하신 아들이 하나님의 우편에 앉아 그의 백성을 위해 중보하시는 분으로 묘사되고 있다.

마지막으로 주목할만한 사항이 있다면 4절의 마지막 문장이 일부 학자들이 주장하듯 성령 기독론(Spirit Christology)이 담긴 구절 중 하나라는 점이다.[18] 그러나 본 구절의 경우 그렇게 명확하진 않다. 실제 본문은 영 기독론을 언급하는 것과 거리가 멀고, 성령을 가리키고 있으며 이 성령이 8:9-11에서는 "그리스도의 영"이라고 불리는 것처럼 그리스도와 밀접하게 연관되어 있지만 분명히 그리스도와는 분리되어 있음을 알 수 있다. 본문은 그리스도가 성령의 임재를 가리킨다고 말하지 않는다. 더욱이 본문은 성령이 하나님께서 그리스도를 죽음에서 일으키실 때 사용하신 '도구'라고 말하지도 않는

아들과 아브라함의 아들이 되셨다고 말한다"(9).

16) 따라서 Käsemann(10-12)이 (1) 원래 고유의 '진술'을 바울식의 표현에서 격리시키고 (2) 바울의 고백이 아닌 본래의 고백에 나타나는 그리스도의 인성을 강조함으로써 위 입장에 매우 근접해 간다는 점은 다소 흥미롭다. 이는 바울이 썼거나 바울의 의도를 받아 적은 것을 간단히 거부하는 것이다.

17) 카타 프뉴마 하기오쉬네스(κατὰ πνεῦμα ἁγιωσύνης)라는 보기 드문 구문을 이렇게 이해하는 것에 대해서는 Fee, *God's Empowering Presence*, 483을 보라. 이 구문은 '성령'(Holy Spirit)을 완곡하게 표현하는 구문이라고 볼 수도 있지만, 왜 여기서 그렇게 하고 있는지 질문할 필요가 있다. 여하튼 바울은 '성령'이라는 용어를 주로 사용한다. 그리고 특히 로마서에서 성령은 자기 백성들 안에 거함으로써 그들이 하나님 앞에서 거룩하게 살도록 하시는 분으로 이해되고 있다.

18) 예를 들면 N. Q. Hamilton, *The Holy Spirit and Eschatology in Paul* (SJTOP 6; Edinburgh: Oliver & Boyd, 1957), 12-15을 보라. 본서 3장에서 고전 15:45에 대해 논의한 내용과 4장에서 고후 3:17에 대해 논의한 부분을 참고하라.

다.[19] 바울이 다른 서신에서도 진술한 것처럼 하나님께서 친히 그리스도를 죽음에서 건지셨으며, 성령을 통해 이를 행하셨다고 말하지 않는다. 오히려 본문에서 말하는 성령은 천상의 종말론적 측면의 삶과 관련이 있다고 생각되며, 그리스도께서 부활하심으로써 이러한 삶에 동참하셨고 그의 백성들 역시 이에 동참하게 될 것이다.

2) 로마서 1:9

그리스도를 아들로 묘사하는 또 다른 구절은 바울이 감사를 표하는 본문 초두에 나온다. 이 구절은 2:16 이전 구절 중 그리스도를 지칭하는 마지막 구절이기도 하다.[20] 본 구절은 바울이 그들의 믿음 때문에 "예수 그리스도로 말미암아…내 하나님께 감사"한다는 내용에서 그들을 위해 지속적으로 기도한다는 내용으로 전환하는 곳이다. 바울은 그들을 직접 대면한 적이 없기 때문에 하나님께서 친히 자신의 증인이 되신다고 고백한다. 그리고 그 증인 되시는 하나님은 "그의 아들의 복음 안에서 내 심령으로 섬기는 분"이시다.

이러한 진술은 문안 인사의 초반부를 반영하고 있는데, 하나님의 복음은 "다윗의 혈통에서 나신 아들"에 관한 말씀이다. 여기서 이러한 사실을 반복하는 이유는 두 가지이다. 우선 감사와 기도 부분이 문안 인사와 연속성 관계에 있음을 보여주기 위해서다. 다시 말하면 바울은 그리스도에 대한 이전의 진술을 다시 한 번 거론하려는 것이다. 동시에 위와 같은 반복은 로마서의 이방인 수신자들에 대해 초점을 두고 있는 본문에서 그들이 하나님의 메시아적 아들이자 영원하신 아들의 사역을 통해 성경 이야기에 속하게 되었다는 점을 생각나게 하는 역할도 수행한다.

---

19) 이러한 견해에 대해서 Hamilton, *The Holy Spirit and Eschatology*; Hendriksen, 1:44; J. M. Scott, *Adoption as Sons of God: An Exegetical Investigation into the Background of ΥΙΟΘΕΣΙΑ in the Pauline Corpus* (WUNT 2/48, Tübingen: Mohr Siebeck, 1992), 240. 또한 롬 8:11에서와 마찬가지로 여기서도 같은 의미로 이야기하고 있다고 추정하는 많은 학자들을 참고하라. 그러나 사실은 바울이 그렇게 말하지도 암시하지도 않았다. 이에 대해서는 G. D. Fee, "Christology and Pneumatology in Romans 8:9-11-and Elsewhere: Some Reflections on Paul as a Trinitarian," in *To What End Exegesis? Essays Textual, Exegetical, and Theological* (Grand Rapids: Eerdmans, 2001), 230-34를 보라.

20) 그리고 이렇게 그리스도를 짧게 언급하고 지나가는 경우는 1:18-3:20에 이르는 논의에서 이 구절이 유일하다고 판단된다.

3) 로마서 5:10

로마서 5:6-11은 5:5부터 설명되는 하나님의 사랑에 대한 사실을 발전시키는 듯하며, 동시에 3:21-26에서 언급된 그리스도의 죽음의 효력에 담긴 화해의 측면을 강조함으로써 상술하려는 것처럼 보인다.[21] 이렇게 해서 바울은 우리가 "그 아들의 죽으심으로 말미암아 하나님으로 더불어 화목"되었다고 말한다(10절). 그는 의도적으로 하나님의 아들 기독론을 구속과 관련된 은유들에 적용하는 것처럼 보인다. 동시에 바울은 창세기 22장에 나오는 아브라함 이야기를 반영하고 있는 8:32, 34을 가리키고 있는 것으로 보인다. 여기서 바울이 진술하는 것처럼 하나님께서는 "자기 아들을 아끼지 아니하시고 우리 모든 사람을 위하여 내어주셨다." 따라서 본문은 미약하게나마 기독론적인 의미를 담고 있다. 그리고 '하나님의 아들'이라는 말을 사용한다는 것은 메시아적 아들 또는 영원한 아들 모티브를 반영한다기보다는 구원론과 관련이 있다. 바울 신학에서 '하나님의 아들의 죽으심'은 그리스도의 최우선적이면서 중요한 사명이라는 점을 제외하면 말이다.[22]

그럼에도 본문에서 상세히 서술되는 '하나님의 사랑'이라는 모티브를 간과할 수 없다. 하나님의 아들이 죽으신 사실 속에서 풍성히 드러나는 것은 다름 아닌 하나님의 사랑이다. 여기에 담긴 아버지와 아들의 긴밀한 개인적 관계는 부인하기 힘든 사실이다. 이러한 진술들은 우리로 하여금 구원론을 넘어 존재론을 염두에 두도록 만든다. 하나님의 아들은 하나님 아버지와 전적으로 동일시되어야 한다.

---

21) 초반부에서 바울은 세 번 은유를 칭의, 구속, 속죄 수단이라는 개념을 설명하면서 사용한다. 이들 각각은 타락이라는 인간의 속성(유죄, 죄에 종노릇 함, 파기된 언약)을 바라보는 방법에 대해 반응하고 있다. 여기서 화해가 하나님에 대한 인간의 적대를 극복하는 기능을 담당한다. 추가적으로 G. D. Fee, "Paul and the Metaphors of Salvation: Some Reflections on Pauline Soteriology," in *The Redemption: An Interdisciplinary Symposium on Christ as Redeemer* (ed. S. T. Davis, D. Kendall, and G. O'Collins; Oxford: Oxford University Press, 2004), 43-67을 보라.

22) Schlatter(124)도 그렇게 생각한다. Dunn(1:260)은 이러한 견해를 초기 하나님의 아들 기독론에 대한 바울의 독특한 공헌이라 생각한다.

4) 로마서 8:3

본문을 보면 로마서에 나타나는 '하나님의 아들'에 대한 또 다른 기독론적 언급을 마주하게 된다. 그러나 서문과는 대조적으로 '아들'이라는 개념에 대한 메시아적 배경이 이제는 율법이 할 수 없었던 우리의 죄를 해결하는 문제를 위해 하나님께서 영원하신 아들을 보내셨다는 개념에 적용된다.

이 구절은 로마서의 현 주장을 배경으로 읽어나갈 필요가 있다. 왜냐하면 이 구절은 율법(토라) 자체가 과연 악한지의 여부를 묻는데 특히 여기서는 장문의 '여담'(digression)을 통해 7:5-6의 내용을 발전시키고 있기 때문이다. 이러한 설명은 앞에서 죄에 대해 부정적으로 언급했기 때문일 뿐 아니라 특히 7:4-5에서 바울이 죄, 육체, 사망과 같은 측면에서 다루었기 때문에 결국 필요하게 되었다. 그래서 본문(8:3-4)에서 바울은 '세 번째 법'(2절), 즉 그리스도의 구속 사역에 기초하여 생명을 주는 성령의 법에 대해 개진하고자 하는 것이다.[23]

율법 준수가 더 이상 필요 없도록 만드는 그리스도의 역할을 설명하는 데 있어 바울은 하나님께서 구속을 위해 자기 아들을 보내셨다는 사실을 언급한다.

그리스도의 사역은 본문의 주요 관심사로서 주어와 술어를 보면 하나님께서 '육신에 죄를 정하셨다"는 점을 역설하고 있다. 이는 이중적인 의미의 육체를 지니고 있다. 하나님께서 '육체 가운데' 죽으신 그리스도의 죽음으로 우리 '육신' 가운데 있던 죄의 선고를 내리셨다. 어떻게 하나님이 이 일을 하셨는지는 중심 수식어가 잘 설명해 준다. 즉 "자기 아들을 죄 있는 육신의 모양으로 보내신" 것이다.[24]

여기서 그리스도의 선재와 성육신이 역설된다는 것은 분명해 보이다. 물론 바울은 이러한 개념들을 논증하지 않으며, 자주 지적되는 것처럼 이러한

---

23) 다시 말해 바울은 7:22-23에서 노모스(νόμος)라는 단어를 유희적으로 사용하여 첫 번째 '율법'(토라)은 두 번째 '율법'(죄)에 대해 할 수 있는 것이 아무 것도 없기 때문에 효력이 없다는 점을 역설한다. 그래서 8:2에서 세 번째 '율법' 즉 유효한 율법인 성령의 법에 대해 거론하는 것이다. 이러한 해석을 위해선 Fee, *God's Empowering Presence*, 523-25을 보라.

24) 페리 하마르티아스(περὶ ἁμαρτίας)를 이렇게 해석하는 예로 Wright(*The Climax of the Covenant*, 220-25)를 보라. 그는 칠십인경이 페리 하마르티아스를 '속죄 제물'(sin offering)로 이해하는 점을 예로 들어 이와 같은 결론에 이른다(분명 그렇게 보인다).

해석이 그의 주장에 있어 근본적으로 중요한 것도 아니다.[25] 그럼에도 위 개념들은 바울의 진술에 자연스럽게 전제되어 있다고 본다. 일부 학자들은 이에 반대 의사를 표명하지만,[26] '보내셨다,' '자기 아들,' 그리고 '죄 있는 육신의 모양으로'라는 세 개의 표현들은 각기 나름대로 필자의 견해를 증명해 주고 있다. 왜냐하면 그리스도께서 보내심을 받기 전에 '육신'으로 계시지 않았다는 점은 기정사실이기 때문이다.[27] 그렇지 않을 경우 본문이 지닌 의미에 대해 의심하지 않을 수 없다. 하나님께서 인류의 구속을 위해 한 인간을 그의 아들로 택하여 보내셨다는 주장은 율법의 무효성에 대한 하나님의 승리를 말하는 바울의 이해의 범주에서 벗어난 것이라 생각된다.

첫째로, 처음 두 표현을 하나로 묶어 보면 나중에 요한복음에서 나타나는 보내심이라는 개념을 반영하고 있음을 알 수 있다. 과거분사(펨사스, πέμψας)는 육체에 죄를 정하신 하나님의 행위에 선행하는 행위를 암시한다. 그래서 그 아들은 이러한 죄의 선고를 주목적으로 세상에 보냄을 받았던 것이다. 여기서 시선을 끄는 것은 "자기 아들"(톤 헤아우톤 휘온, τὸν ἑαυτοῦ υἱὸν)이라는 독특한 구문이다. '자기'(his own)라는 개념을 강조하는[28] 이 구문은 선재하신 아들께서 하나님의 '아들'인 이스라엘에 대해 해결할 수 없었던 죄의 문제를 해결하기 위해 보냄을 받았다는 점을 가리키고 있다고 본다.

둘째로, "죄 있는 육신의 모양으로"라는 구문은 7:14("나는 육신에 속하여 죄 아래 팔렸도다")에 등장하고 18-20에서 다시 언급되는 동일한 구문을 가리키고 있다. 7:18을 보면 "내 속"이 "내 육신에"로 설명되고 있고 이는 20절에서 "내 속에(내 육신에) 거하는 죄"라는 말로 표현된다. 본문에서 그리스도에 대해 말하는 바울은 그분이 이러한 육신의 "모양으로"(호모이오마티, ὁμοιώματι (빌 2:7 참고))오셨다고 한다. 이 말은 그리스도께서 어떤 면에서 우리 '육체'

---

25) 예를 들어 Käsemann, 217이나 Moo, 510-11을 보라.
26) 특히 Dunn(1:420-11)은 이러한 말의 법칙에 잠재된 '아담 기독론'이 그러한 견해와 상반된다고 생각한다. 그는 *Christology in the Making*, 38-40, 44-45에서 이러한 자신의 입장을 훨씬 자세하게 밝히고 있다. 그러나 이러한 주장은 명백하게 진술되고 있는 말보다 희미한 반영에 우선권을 두는 뒤바뀐 해석을 하고 있다. 성경 전승 전체나 바울 서신들을 보더라도 아담이 '하나님의 아들'로 불리는 경우는 없다. 그리고 바울 서신에서 아담은 분명히 타락의 시작으로만 묘사되고 있다(롬 5:12-21).
27) 대부분의 주석가들이 동의한다. 참고로 Käsemann은 이를 "하나님의 선재하신 아들의 성육신을 세상의 구원으로 묘사하는 예문"이라고 말한다.
28) Cranfield, 1:379도 보라. 참고로 같은 장의 후반부를 보면 투 이디우 휘우(τοῦ ἰδίου υἱοῦ)라는 구문이 나온다(32절).

와 유사하셨지만 다른 면에서는 상이하셨음을 의미한다.[29] 바울이 이 점을 의도한다는 사실은 위 표현을 사용하는 것을 볼 때 분명해 보인다. 만일 바울이 그리스도를 죄 있는 우리들과 보다 완전하게 동일시하려 했다면 단순히 '죄 있는 육체로'라고만 하면 되었을 것이다. 그러나 여기서는 앞에서 제시한 주장을 고려할 때 이 구문에 나오는 모든 표현('모양,' '육체,' '죄 있는')이 필요했다. 그리스도는 반드시 죄의 문제를 다루셔야만 했고, 따라서 '우리의 육체'를 입고 오셨으되(우리의 경우 죄로 가득 찬) 그 '모양'으로 오셨다. 왜냐하면 '육체로' 오셨지만 죄가 없으셨기 때문이다(이에 대해 고후 5:21이 분명히 언급한다).

따라서 하마르티아스(ἁμαρτίας)라는 속격을 해석할 때 '죄 있는'이라는 형용사를 주로 사용하지만 바울은 그렇게 형용사처럼 사용하려는 의도가 없었을 것이다. 바울이 그리스도의 성육신에 대해 말하고 있기 때문에 죄 있는 '육체'라는 말을 사용하지만 이는 우리의 육체를 말하는 것일 뿐 그리스도의 육체와는 상관없다. 이와 유사한 경우를 '육체'라는 단어가 매우 유동적으로 사용된다는 사실에서도 찾아볼 수 있다. 7:14-20에 나오는 '육체'의 뉘앙스가 본문에서는 미묘하게 바뀌었다. 다시 말해 분명 그리스도께서는 '육신'으로 오시되 우리 육신 및 인성과 동일하게 되셨다. 우리의 육체가 죄로 가득 차 있었지만 말이다. 그러나 그분의 육체는 우리와 똑같은 몸, 즉 타락하여 하나님을 거역하는 육체가 아니었다. 따라서 그리스도는 "죄 있는 육신의 모양으로" 오셨으며 이는 그분이 우리와 '육체'를 공유하셨지만 오직 죄로 물든 우리 '육체'의 '모양' 뿐이었다.

결론적으로 바울은 본문과 같은 치밀하게 구성된 문장을 통해 구원론을 목적으로 하는 영원하신 하나님의 아들 기독론을 가정하며 또한 설명하고 있다.[30]

---

29) 참고로 BDAG(s.v. 호모이오마⟨ὁμοίωμα⟩)를 보면 "바울이 본 단어를 사용해서 지상 사역을 하는 예수가 죄 있는 인간과 유사했지만 완전히 같지는 않다는 두 가지 사실을 거론하고 있다고 본다"고 주장한다. 빌립보서 2:7에 대해 논의하는 본서의 제9장을 보라.

30) 이 모든 사실을 미루어 볼 때 "로마서 8:3은 지혜 전승을 인용하고 있다"는 C. M. Pate의 주장은 매우 놀랍기만 하다(*The Reverse of the Curse: Paul, Wisdom, and the Law* ⟨WUNT 2/114, Tübingen: Mohr Siebeck, 2000⟩, 233). 그는 이러한 주장을 하면서 잘 알려진 일련의 언어적 유사점을 제시하고 있지만 이들이 서로 유사하다고 보기는 어렵다. 그리고 8:3과 다섯 가지의 '개념적인 유사점들'이 있음을 차례대로 제시하지만 정작 8:3은 이러한 상상을 무너뜨린다. 특히 바울 서신 전체를 보면 시락서나 솔로몬의 지혜서를 지칭하는 말이 단 한 번도 언급되지 않는다. 이에 대해

5) 로마서 8:15-17

성령 안에 있는 생명이 율법 준수에 근거한 생명을 초월할 뿐 아니라 궁극적으로 우월하다는 주장을 마무리해가는 바울은 율법 아래 사는 '종'의 개념 대신 그리스도와 성령을 통해 주어진 '아들의 명분'(sonship)이라는 주제에 대해 다루기 시작한다. 바울은 그렇게 해서 갈라디아서 4:4-7에 나오는 비유적 표현을 다시 사용하지만 여기서는 상당 부분 변화를 주고 있다. 특히 주목할 만한 것은 갈라디아서에 나타나는 전적으로 기독론 중심적이며, 삼위적이고 (triadic), 구원론적 초점이 여기서는 모두 성령께 맞추어지고 있다. 그래서 갈라디아서 4:5에서는 그리스도를 통해 가능케 된 "아들의 명분"이 여기서는 성령과 관련하여 이야기되고 있다. 본문에서 성령은 "양자의 영"이시다.

그러므로 본문은 하나님의 아들 기독론을 간접적으로 반영하고 있다. 이는 전적으로 하나님을 '아버지'라 지칭하는 모든 바울 서신 구절과 마찬가지로 그리스도께서 '아들'로 계시되고 있기 때문이다. 특히 여기서 더욱 그렇다. 신자들의 아바 탄원은 다름 아닌 그리스도께서 하나님을 부를 때 사용하시는 것이다.[31] 더욱이 본문은 그리스도를 직접적으로 '하나님의 아들'이라 부르는 구절들로 둘러싸여 있다(8:3과 8:29, 32-34). 따라서 여기서 그리스도를 '아들'이라고 직접적으로 지칭하지는 않지만 이 같은 사실이 17절을 보면 간접적으로 묘사되고 있다. '자녀'된 우리는 하나님의 유일한 아들(the Son)이신 그리스도와 함께 "한 후사"가 된다.

6) 로마서 8:28-39

자칫 잘못하면 로마서 8장을 읽을 때 유대인과 이방인 모두가 율법 준수가 아닌 그리스도와 성령을 통해 하나님의 한 백성이 되었다고 말하는 바울의 일관된 주장을 간과하기 쉽다. 이러한 주장의 요지는 우선 하나님께서 죄라는 문제를 해결하기 위해 그 아들을 보내셨다는 점이며(3절), 둘째로 성령의 은사를 통해 신자들이 더 이상 죄나 율법에 사로잡히지 않고 살아갈 수 있게 되었다는 점이다. 그렇다고 해서 하나님께서 그의 백성들을 현 고난에서 건

논의하고 있는 본서의 부록 A를 보라. 앞에서 말한 유사점들도 올려놓았다.
31) 이 문제에 대해서는 5장에서 갈 4:4-7을 논의하는 부분(pp. 344-347)을 보라.

져내셨다는 말은 아니다. 오히려 그 반대다. 우리가 "그리스도와 함께 고난을 받을 때" "그와 함께 영광을 받게" 될 것이다(17절). 현재 겪고 있는 고난이나 약함의 필요성과 본질을 주장하려는 바울은 우리의 미래적 부활을 보장하시는 성령께서 "처음 익은 열매"로서(23절) 우리 안에 계시며 우리를 위해 중보하시고 우리의 약함을 도우신다(26절). 기쁜 소식이 있다면 하나님께서 성령의 마음을 아신다는 것이며, 성령께서 하나님의 뜻을 따라 우리 대신 간구하신다는 사실이다(27절).

이와 함께 바울은 1:18에서 시작한 긴 논증을 마무리하려 한다. 이를 위해 바울은 우리의 약함을 위해 일하시는 그리스도의 역할로 시선을 옮겨 독자들을 격려하기 위한 여러 결어를 내린다. 즉 하나님께서 모든 일에 그들과 함께하시며 그분의 영원한 뜻을 이루시기 위해 모든 일 가운데 역사하신다(28절). 치밀하게 점강적(crescendo) 내용의 구문으로 구성된 본문에서 첫 번째 '결어'는 우리의 현재 상황을 하나님의 영원하신 뜻 안에 위치시킨다. 우선은 아들의 성육신에 내포된 궁극적인 목적 안에 위치시키고(29절), 결국 우리를 영화롭게 하실 하나님의 뜻 안에 위치시킴으로써(30절), 17절에서 이미 진술했던 극적인 내용을 반영하고 있다. 그리고 바울은 가장 위대한 진술 중 하나인 마지막 결어를 내린다(31-39절). 초점이 여전히 하나님께 맞추어져 있으므로 논의에 담긴 신론 중심적인 성격은 그대로 유지하고 있지만, 32절과 34절에서 두 가지 중요한 기독론적 강조점('아들'과 '주')을 거론하고 있다. 여기서 바울은 최종 영광을 고대하는 우리를 위한 그리스도의 과거와 현재의 역할을 설명하고 있다. 세 개의 주요 기독론 구절(29-30, 32, 34)은 보다 자세히 살펴 볼 필요가 있다. 처음 두 구절은 여기서 살피기로 하고, 34절은 로마서에 나타나는 퀴리오스 기독론 논의를 시작하면서 다루고자 한다.

(1) 로마서 8:29-30

바울은 로마서의 매우 중요한 부분 중 하나에서 1:18에서 시작했던 기본적인 성경적 신학적인 주장을, 잠시 종말론적 미래에 대해 다루면서 이러한 시각으로 하나님께서 그리스도 안에서 뜻을 세우시고 행하신 모든 것을 소급함으로써 마무리한다. 관계대명사 후스(οὖς)로 시작함으로써 "(하나님의) 뜻대로 부르심을 입은 자들"(28절)이라는 문장을 수식하는 네 개의 서로 유사한 구절과 더불어 바울은 연속해서 등장하는 다섯 개의 동사가 지닌 논리를 가지고 신적 은혜의 전반적인 파노라마를 구상한다. 즉 하나님께서는 미리 아셨고, 그래서 예정하셨으며, 부르셨고, 의롭다 하셨으며 영화롭게 하셨다. 이다섯 동사 중 처음 두 동사는 하나님의 영원하신 뜻과 관련이 있고, 이는 다음에 등장하는 두 동사는 역사 속에서 일할 때만 알려지게 되며, 마지막 동사는 이 모든 것을 종말론적으로 마무리 한다. 잇달아 등장하는 이들 동사들만 발췌해서 나열해 보면 다음과 같다.

		οὓς		προέγνω,
			καὶ	προώρισεν
		οὓς	δὲ	προώρισεν,
		τούτους καὶ		ἐκάλεσεν·
	καὶ	οὓς		ἐκάλεσεν,
		τούτους καὶ		ἐδικαίωσεν
		οὓς	δὲ	ἐδικαίωσεν,
		τούτους καὶ		ἐδόξασεν

하나님이 미리 아신
또한 미리 정하셨으니
또 미리 정하신
또한   부르시고
부르신
또한   의롭다 하시고
의롭다 하신
또한   영화롭게 하셨느니라

이런 구조로 나열해 보면 긴 문장이 그 자체만으로도 마치 하나의 신학적인 진술처럼 보인다. 그러나 두 가지 이유로 인해 그렇지 않다고 말할 수 있다. 첫째로, 여기서 바울의 관심사는 하나이다. 이 어구들은 이방인과 유대인 그리스도인들에게 그들이 겪고 있던 환란과 약함 속에서도 하나님이 그들과 함께 하신다는 사실을 확증하기 위한 긴 논증 끝에 위치하고 있다. 따라서 이러한 어구들은 왜 그들이 그리스도와 성령을 통해 역사하시는 하나님을 신뢰해야하며 율법 준수는 의존할 필요가 없는지를 말해주는 신학적인 시각을 궁

극적으로 제공하고 있다.

둘째로, 위 구조를 보면 신적 목적을 이야기하는 데에 있어 매우 중요한 요소를 빠뜨리고 있음(지금으로선 의도적이라 생각되는)을 알 수 있다. 하나님께서 처음부터 계획하고 계셨던 것은 인류 구속에 있어 우리가 "그 아들의 형상을 본받게 하기 위하여 미리 정하셨으니 이는 그(아들)로 많은 형제 중에서 맏아들이 되게 하려 하는" 것이었다. 따라서 위 구조의 첫째 구절은 사실 다음과 같아야 한다.

8:29 οὓς   προέγνω,
    καὶ   προώρισεν συμμόρφους
              τῆς εἰκόνος τοῦ υἱοῦ αὐτοῦ,
         εἰς τὸ εἶναι αὐτὸν πρωτότοκον
                    ἐν πολλοῖς ἀδελφοῖς

하나님이 미리 아신 자들로
또한 본받게 하기 위하여 미리 정하셨으니
         그 **아들**의 **형상**을
     맏아들이 되게 하려 하심이니라
              이는 그로 많은 형제(자매) 중에서

필자는 메시아 사상과 관련된 바울의 '하나님의 아들' 기독론을 가리키고 있는 세 단어를 볼드체로 표시하였다. 이들은 또한 서신서 초반부인 1:2-4에서 가정된 기독론의 본질을 여기 결말부(지금까지의 논증을 마무리 하는)에서 암시하고 있다. 더욱이 본장의 서두(8:3)에서 주장한 것에 따르면 바울이 볼 때 하나님의 메시아적 이들은 다름 아닌 영원하신 하나님의 아들로서, 본문이 말하는 것과 같이 궁극적인 하나님의 뜻을 위해 세상으로 보내심을 받은 분이시다. 그리스도를 지칭하는 위 단어들과 관련해서 세 가지 문제를 주목할 필요가 있다.

① 위에서 언급한 세 단어들은 골로새서 1:13-15에 나오는 일련의 호스(ὅς)절에서 재등장하므로, 이 단어들이 바울 서신 전체에서 다양한 형태로 설명되는 바울 기독론의 토대를 이루는 주요 요소임을 알 수 있다. 신적 아들은 아버지의 맏아들로서 아버지의 형상을 띠고 있다. 골로새서를 보면 하나님

의 아들이 '나라'를 지닌 분으로 묘사되는 문맥에서 세 단어들이 추가적으로 등장한다.

② 바울 서신 중 여기서 처음으로 함께 등장하는 '아들'과 '맏아들'은 출애굽기 4:22-23을 직접적으로 반영하고 있다고 보는 것이 가장 적절하다. 이 본문의 칠십인경을 보면 타데 레게이 퀴리오스 휘오스 프로토토코스 무 이스라엘(τάδε λέγει κύριος υἱὸς πρωτότοκός μου Ισραελ, 그러므로 주께서 "이스라엘은 내 맏아들"이라 말씀하신다)라고 말하고 있다. 이러한 구절이 다윗을 지칭하고 있는 시편 89:27(칠십인경에서는 88:27-28)에서도 다소 상이한 형태로 반영되고 있다.

αὐτὸς ἐπικαλέσεταί με πατήρ μου 그는 나를 '**나의 아버지**'라 부를 것이다
....
κἀγὼ πρωτότοκον θήσομαι αὐτόν 그리고 나는 그를 내 **맏아들로** 삼을 것이다

특히 골로새서 1:13에서는 '왕권'이 덧붙는다는 점을 감안할 때 이 두 단어의 조합을 우연이라 하기 어렵다. 하나님의 아들 역시 하나님의 '맏아들'(= 장자 상속권을 지닌)로서 바울은 이 아들이야말로 메시아적 왕의 역할을 감당하시며 하나님의 백성을 변호하기 위해 오셨다고 이해하고 있다. 따라서 "많은 형제 중에서 맏아들"이신 그리스도께서 지극히 높은 위치에 계시며 동시에 우리는 '장자권'을 지니신 그분과 전적으로 밀접한 관계를 맺고 있다.[32]

③ 제4장에서 고린도후서 3:18과 4:4-6을 논의하면서 언급했듯이 하나님께서 그리스도 안에서 이루려 하신 구속 사역의 궁극적 목적은 인류의 신적 형상을 회복하는 것이다. 따라서 아담의 타락으로 인해 손상되었던 신적 형상을 지니고 계신 영원하신 아들께서 바로 그 목적을 이루기 위해 오셔서 우리로 하여금 변화되어 다시 한 번 그 형상을 입도록 하신 것이다.[33] 따라서 본문

---

32) 이 마지막 요지에 대해서는 Fitzmyer, 525를 보라.
33) 참고로 Cranfield(1:432)는 "바울은 여기서 그들이 최종적으로 영화롭게 될 것을 말하고 있을 뿐 아니라 점점 그리스도를 닮아가는 것에 대해서도 말하되 고난과 복종 가운데 그렇게 될 것을 말하고 있다"고 생각한다. Barth, 223과 Schlatter(193)는 하나님의 아들이 완벽한 하나님의 형상과 인류 창조 시 하나님의 뜻을 지니고 있다는 것이 어떤 의미인지를 잘 설명해 주고 있다. 이와 관련하여 성육신하신 아들과 부활하신 아들 사이를 구분하려는 Dunn(483-84)의 시도는 중요한 요소를 지나치게 간과하고 있다. 하나님의 '형상'으로서 '맏아들'의 역할을 감당하시는 아들은 우리의

에서도 수정된 형태의 아담 기독론이 내재되어 있으며, 여기서 신적 아들이신 그리스도께서 완벽한 신적 형상을 지니고 계시되 하나님께서 최초에 인간을 창조하실 때 의도하셨던 순수한 형상을 온전히 지니고 계셨다. 둘째 아담은 성육신하신 후 죽음과 부활을 통해 첫째 아담이 실패한 것을 회복시켜 놓으셨다. 이것이야말로 하나님께서 그분의 부르심 및 그리스도의 죽음과 부활을 통해 가능케 된 우리의 구원과 관련하여 예정하신 것이다. 그 구원은 우리가 마지막으로 영화롭게 될 때 실현될 것이다.

(2) 로마서 8:32

그리스도를 하나님의 아들로 지칭하는 또 다른 구절은 바울이 로마서에서 보다 과감한 필치를 담은 구절 중 하나이다. 바울은 역시나 과감한 수사학적 질문인 "만일 하나님이 우리를 위하시면 누가 우리를 대적하리요"에 대해 강력히 긍정하는 답변을 하면서 창세기 22장의 아브라함과 이삭 이야기를 의도적으로 반영하고 있다. 이러한 반영이 실재할 뿐 아니라 의도적이라고 보는 것이 거의 옳다고 본다. 왜냐하면 아브라함을 향해 하나님께서 두 번 말씀하시는데 모두 아브라함의 충성을 궁극적으로 인정하는 내용의 말씀이기 때문이다.

창 22:12	σὺ καὶ οὐκ ἐφείσω	τοῦ υἱοῦ σου τοῦ ἀγαπητοῦ
창 22:16	καὶ οὐκ ἐφείσω	τοῦ υἱοῦ σου τοῦ ἀγαπητοῦ
롬 8:32	ὃς γε οὐκ ἐφείσατο	τοῦ ἰδίου υἱοῦ
창 22:12	네가 네 **아들 네 독자라도 아끼지 아니하셨으니**	
창 22:16	네 **아들 네 독자를 아끼지 아니하였은즉**	
롬 8:32	**자기 아들을 아끼지 아니하시고**	

이러한 바울의 과감한 진술은 하나님께서 아브라함에게 인정했던 것을 하나님께 돌리고 있다는 것과 관련이 있다. 이 구약 이야기는 성경적인 지식이

구속을 위해 성육신하신 분이며 지금은 부활하신 주이시다. 특히 성육신하신 후 십자가의 길을 걸으셨으며 그분을 따르는 자들 안에 신적 형상을 심어주셨다. 영화롭게 되는 것 역시 이러한 순서를 따르고 있다. 아들께서 먼저 '맏아들'이 되셔서 '나머지 형제들과 자매들'보다 우선하실 뿐 아니라 그들을 '영화로운' 자들로 삼으셨다.

전혀 없는 사람이라 해도 놓칠 수 없을 정도로 유명한 이야기다. 동시에 이러한 바울의 말에 대한 반어적인 부분은 아브라함이 그가 사랑하는 아들을 아끼지 않았기 때문에 하나님께서 숫양을 주셔서 직접 이삭을 아끼셨다는 점이다. 그러나 하나님의 경우 자신의 하나 뿐인 '아들'을 아끼지 않으시고 우리를 위해 말하자면 숫양이라 할 수 있는 아들을 거저 내어 주셨다. 이러한 일과 관련해서 굳이 아들에게 신적인 신분을 요구할 필요는 없지만 반영 자체만 볼 때 영원하신 아들이라는 개념이 전제되어 있다고 볼 수 있다.

그러나 바울이 창세기 이야기(22:2)의 초두에도 나오는 칠십인경의 투 아가페투(τοῦ ἀγαπητοῦ, 사랑하는) 대신 이디우(ἰδίου, 그의/하나 뿐인)[34]를 쓰고 있다는 점을 염두에 두어야 한다.[35] 로마 교회가 오직 칠십인경만 알고 있었기 때문에 바울이 칠십인경을 정기적으로 인용하거나 반영하고는 있지만, 그는 이삭이 아브라함의 '유일한' 아들이라는 사실을 강조하는 히브리어 본문도 잘 알고 있었다. 어쩌면 칠십인경 역자가 이삭을 아브라함이 '사랑하는' 아들이라고 부른 이유는 모세가 실수했다는 생각을 '막으려는' 데에 있다고 추측할 수도 있다. 실제 아브라함은 많은 아들이 있었기 때문이다. 물론 여기서 말하려는 요지는 아브라함이 다른 아들이 없었다는 것이 아니라 이삭만이 (임신할 수 없는) 사라를 통해 약속된 아들이라는 점에 있다. 그래서 이삭만이 '아브라함의 유일한' 아들인 것이다.

이러한 히브리어 본문의 반영과 본문의 이야기의 배경이 되는 아브라함과 이삭의 특별한 관계는 결국 하나님께서 우리를 위해 아끼지 않으셨던 '아들'은 이삭이 아브라함에 있어 그랬던 것처럼 진정 '하나님의 유일한' 아들이셨다.[36]

---

34) 참고로 BDAG 2를 보면 이디오스(ἴδιος)에 대한 두 번째 정의를 "놀라우리만큼 밀접한 관계 또는 배타적인 관계와 연관된"이라고 내리고 있다.
35) 공관복음에 나오는 천국에서의 목소리를 보면 칠십인경의 표현이 나타나고 있음을 알 수 있다. 막 1:11과 병행구절을 참고하라. 수 에이 호 휘오스 무 호 아가페토스(σὺ εἶ ὁ υἱός μου ὁ ἀγαπητός, 너는 내 사랑하는 아들이라).
36) 이러한 극적 사건에 대해선 위에서 8:3에 대해 논의한 부분을 보라. 참고로 Cranfield는 "이 형용사가 본문에 담긴 강렬한 의미를 고취시키는 역할을 하며 아버지께서 자신의 가장 귀한 자녀들을 구원하기 위해 얼마나 값진 대가를 지불하는지를 강조하고 있다"고 말한다(1:436).

7) 로마서 9:4-5

이 본문은 본 장의 끝 부분에서 바울이 그리스도를 데오스로 지칭하는지의 문제를 논하며 제법 상세하게 다룰 것이다. 그럼에도 여기서 다루려는 것은 바울 서신에서 유일하게 본문만이 유대인의 메시아를 지칭하기 위해 정관사가 포함된 헬라어 단어인 호 크리스토스를 사용하고 있기 때문이다. 바울에게 있어 본문은 두 가지 임무를 수행하고 있다. 유대인들이 그리스도를 인정하게 되기를 바울이 간절히 원하는 성경적-역사적 이유를 제공하는 것과 그들이 현재는 실패하지만 미래에는 궁극적으로 인정하게 될 것을 설명하는 다음 논증과 연결시켜 주는 것이다. 따라서 바울은 연속해서 '양자권,'[37] '영광,'[38] '언약들,' '율법 수여,' '성전 예배,' '약속들'[39]을 열거하면서 이 모든 것들이 하나님의 역사적 백성의 소유가 된다고 말하고 있다. 이 목록은 바울이 '조상들'을 다시 거론하고 '메시아'를 언급하며 정점에 다다르며 끝이 난다 (이 단어들에 의해 앞뒤로 둘러싸여 있다고 해도 좋다). 따라서 이와 같이 열거된 유대인들의 특권 중에서 메시아야말로 절정의 위치에 있으며 하나님께서 그의 고대 백성에게 주신 궁극적인 특권이라 할 수 있다.

치밀하게 짜인 문안 인사(1:2-3)에서 하나님의 아들이신 메시아가 처음 언급되고 메시아를 궁극적인 유대인의 특권이라고 역설되는 것을 볼 때 바울의 하나님의 아들 기독론은 무엇보다도 유대인의 메시아 사상에 기초하고 있다고 보는 것이 맞다. 그리스도께서는 이새와 유다 가문으로 유대인들이 오래토록 기다려 온 다윗의 자손이시다. 바울은 아마도 그리스도께서 죽음에서 부활하신 사실을 통해 그분이 영원하신 아들(1:4)이라는 점을 믿게 되었지만 그렇다고 해서 이 같은 바울의 기독론이 하나님의 백성의 역사에 뿌리를 두

---

37) 헬라어 휘오세시아(υἱοθεσία)는 8:15에서 그리스도를 믿는 자들의 '양자권'을 가리키는 데 쓰이는 동의어이다. 이 단어는 자유인으로 태어난 아들이 지닌 모든 권한과 함께 법적인 상속자를 입양하는 로마 문화를 반영하고 있기 때문에 칠십인경에서는 사용되지 않는다. 따라서 이 용어는 바울의 것으로서, 이렇게 해서 바울은 이스라엘의 시초가 출 4:22-23이 암시하듯 '입양'이라는 형태로 시작되었다는 점을 언급함으로써 역사적 이스라엘을 새 언약을 받은 이스라엘과 설합시킨다.
38) 이 단어들의 선택은 하나님께서 이스라엘을 소중한 소유로 '입양하신' 이야기가 나오는 출애굽기 19장의 시내산 경험을 환유(metonymy)로 나타내려는 의도 때문일 것이다.
39) 이 연대기적 나열의 가장 마지막 단어는 그리스도와 성령을 통해 성취된 현재를 가리키기 위해 사용되었을 것이다.

고 있다는 사실을 거부하는 것은 아니다.

더욱이 로마서 1:3과 마찬가지로 토 카타 사르카(τὸ κατὰ σάρκα, 육신으로 는)라는 수식어와 특히 정관사 토(τό)⁴⁰⁾를 사용한 것을 보면 바울은 여기서 지상의 메시아께서 선재하셨으나 카타 사르카(κατὰ σάρκα)와 상관없었다는 점을 전제하고 있다고 봐야 한다. 이 카타 사르카는 여기서 메시아의 인성을 가리키고 있다. 따라서 이 구문은 바울이 8:3에서 명료하게 말한 것을 전제하고 있는 것이다.

8) 로마서 15:6

마지막 '하나님의 아들' 본문은 고린도후서 1:3과 11:31에서 이미 사용된 바 있는 용어로 표현되고 있다. 하나님께서 무엇보다 "우리 주 예수 그리스도의 아버지"이시므로 우리는 이제 하나님을 아버지로 이해하고 있다. 그러므로 로마서에 담긴 열정이 로마 교회(들)를 향한 끝에서 두 번째 축복 기도문인 본문에서 표현되고 있다고 볼 수 있다. 이 본문은 빌립보서에 나타나는 유사한 열정을 담고 있다. 하나님께서는 신자들이 서로에게(여기서는 유대인과 이방인) 동일한 마음을 품도록 하시며 이는 그리스도를 본받는 일이다. 그래서 그들이 "한 마음과 한 입으로 하나님 곧 (지금 우리에게 알려진 대로) 우리 주 예수 그리스도의 아버지께 영광을 돌리게" 하신다.⁴¹⁾

3. 주되신 예수

용어 사용을 개관하면서 언급했듯이 바울 서신에서 가장 눈에 띠는 현상 중 하나는 로마서에 나타나는 바울의 퀴리오스 사용이다. 바울의 초기 세 서신만 해도 가장 많이 사용되던 용어가 고린도후서에 와서 멈춘 이후 바울 서신의 마지막 서신인 디모데후서에 이르기까지 그렇게 자주 사용되지 않는다. 바로 이전 서신(갈라디아서)에서는 거의 사라질 정도다. 로마서에 와서는 본 명칭 사용이 보다 정상적인 모습으로 돌아온다. 눈에 띠는 점이 있다면 9

---

40) Cranfield, 2:464를 참고하라.
41) 이 구문과 관련하여 유일하게 그럴듯한 대안에 대해서는 고후 1:3에 대해 논의하는 4장을 보라(pp. 275-278).

장에 이르기까지 본 명칭이 세 개 단어의 조합어인 '주 예수 그리스도'라는 명칭 속에서만 나타난다는 점이다. 그 이후 '주'라는 명칭만 단독으로 사용되기 시작하면서 보다 자주 등장하게 된다.

로마서에서는 바울의 퀴리오스 기독론인 8:34에서야 시편 110:1을 암시하면서 처음 나타나지만, 실제 퀴리오스를 기독론적 명칭으로 사용하는 경우는 "예수를 주로 시인하며"와 같은 기본적인 기독교적 고백을 진술하는 10:9이 되서야 나타난다. 이 진술은 고린도전서 1:2에서 반영되기도 하는 주요 구절인 요엘 3:5의 칠십인경 본문에 의해 상술된다. 퀴리오스의 이름을 부르는 자들은 누구든지 구원을 얻는다는 내용의 본문이다. 그 이후로 본 명칭은 중요한 두 구절에서도 발견된다(14:1-12; 16:1-16). 우선 8:34부터 살펴보기로 한다.

1) 로마서 8:34

초반 논의(1:18-8:30)에 대한 바울의 결론부(8:31-39)로 돌아가 보면 이 부분이 일련의 수사학적 질문의 형태로 구성되어 있음을 보게 된다. "그런즉 이 일에 대하여 우리가 무슨 말 하리요"[42]라는 질문에 대한 대답으로 - 그리고 수사학이 또 다른 수사학을 불러오기 때문에 - 우선 "만일 하나님이 우리를 위하시면 누가 우리를 대적하리요?"라는 질문을 던진다. 이에 대해 바울은 위에서 시작한다. 하나님? 그분은 "자기 아들을 아끼지 아니하시고 우리 모든 사람을 위하여 내어주신 이가 어찌 그 아들(그리스도)과 함께 모든 것을 우리에게 은사로 주지 아니하시겠느뇨?"라고 반문한다. 이는 두 번째 수사학적 질문으로 이어진다. "누가 능히 하나님의 택하신 자들을 송사하리요?" 그리고는 다시 한 번 위에서 시작한다. "하나님? 직접 의롭디 히신 분께서?"[43] 그리고는 세 번째 질문이 계속된다. "누가 정죄하리요?" 이에 대해 네 가지로 대답을 하며 그리스도에 대한 기본적인 이야기를 반영한다. 다시 위에서 시

---

42) 여기서 헬라어 타우타(ταῦτα)는 적어도 8장에서 언급한 내용을 가리키고 있긴 하지만 서두부터 논의한 내용을 거론하고 있다고 보는 것이 옳다.

43) 이와 관련하여 본문이 의문문인지(필자의 견해. Barth, 328과 Barrett, 172을 참고하라) 평서문인지(대다수의 견해) 견해가 나뉜다. 아래 각주 45번도 보라.

작하되 이번에는 "그리스도,[44] 우리를 위해 죽으신 분?[45] 다시 살아나신 분께서? 또한[46] 하나님 우편에 계신 자께서? 우리를 위하여 간구하시는 자께서?"

마지막 대답에서 이탤릭체로 바꾼 단어들을 보면 바울이 시편 110:1에서 표현된 메시아를 향한 소망을 부활하신 주께서 성취하셨다는 초대 그리스도인의 공통적인 이해에 대해 상고하고 있음을 알 수 있다. 시편 110:1은 바울이 고린도전서 15:27에서도 이미 인용했던 구절로, 현재 하늘을 다스리시는 그리스도께서 우리의 최종 원수를 척결할 날을 기다리시는 장면을 강조하는 데에 사용된다. 여기서 이 반영은 골로새서 3:1에서와 마찬가지로 그리스도를 믿은 자들을 위로하기 위해서다. 그리스도께서는 이제 '부활하신 분'으로서 우리 모두의 주가 되시며 우리를 위한 하늘의 중재자로서 신적 권위를 지닌 자리에 계신다. 바울은 이것이 최상의 표현이라 생각하고 있음이 분명하다. 하나님의 우편에 앉아 계신 모든 이들의 주께서는 동시에 그의 백성들을 언제나 변호하시는 분이시다. 바울은 마지막으로 묻는다. 어느 누구 혹은 그 어떤 것이 이 같은 그리스도의 사랑으로부터 우리를 끊을 수 있으리요?

바울은 어쩌면 우리를 그 사랑에서 끊을 수 있을 지도 모르는 여러 긴박한 상황들을 나열하지만(35b-36절) 바로 자신의 최종 확신을 제시한다. 피조계 내에 존재하는 그 어떤 것도 우리를 그분의 사랑으로부터 끊을 수 없다. 따라

---

44) 이러한 독법(예수스⟨'Ἰησοῦς⟩를 뺀)은 B D 0289 1739 1881 𝔐 a m sy^p sa이 지지한다. '예수 그리스도'로 읽는 사본은 P^46 ℵ A C F L Ψ 6 33 81 104 365 1505 al sy^h lat bo 등이 있다. 필사자의 실수(유사한 어미를 가진 구절로 인한 시각적인 실수인 필사상의 실수⟨homoioteleuton⟩로 인한 우연한 생략, 또는 이미 익숙한 단어이므로 첨가)로 볼 경우 두 독법 모두 가능하다고 주장할 수도 있지만, 여기서는 생략으로 보기보다는 아마도 실수에 의해 첨가한 것으로 보는 것이 더 그럴듯해 보인다. 왜냐하면 바울은 예수의 죽음을 신학적인 사건이 아닌 역사적 사건으로 지칭할 때 '예수'라는 단어를 자주 사용하기 때문이다.

45) 본 절의 나머지 모두를 평서문으로 보는 것이 가장 일반적인 견해다(Cranfield, 1:434과 Käsemann다운 교리적인 설명도 보라⟨248⟩). 필자는 수사학적으로 볼 때 계속해서 의문문이 사용되고 있다고 생각한다(Lietzmann, Barrett, Fitzmyer, Achtemeier도 그렇게 생각한다).

46) 이 카이(καί)는 원본이 분명하다(ℵ에서 생략된 이유로 네슬레 본문의 이전 판들에서는 모두 생략되었지만). Cranfield는 이 단어가 "그다지 필요하지 않으므로" 생략할 수도 있다고 보지만 "의도적으로 첨가되었다고 보기는 힘들다"는 점을 인정한다. 따라서 이 단어는 "뒤따라 나오는 구절에 동화되면서" 덧붙여졌다고 봐야 한다고 그는 주장한다(2:458). 그러나 '의도적'이라고 보면 안되는가? 필자는 카이가 바로 다음 구절에서도 나오므로 이럴 경우 어색한 문장이 될 수 있어 앞의 단어가 생략되었다고 보는 것이 가장 적절하다고 본다.

서 우주 전체를 다스리는 주이신 예수 그리스도께서 자기 백성을 사랑하시고 보호하신다는 사실은 기쁜 소식인 것이다. 그리스도의 사랑은 그렇게 해서 39절에 나오는 하나님의 사랑과 독립적이면서도 동일하게 된다. 다시 말해 하나님의 사랑은 그리스도 예수 안에서 역사적으로 표현되고, 그리스도의 사랑은 승귀하신 위치에 계신 모든 이들의 주로서 우리에게 여전히 내려온다. 결국 여기서 신성이 궁극적으로 공유되고 있다.

2) 로마서 10:5-13

바울이 설령 의식적으로 고안해 내진 않았다 해도 로마서의 전체 논의에서 처음으로 그리스도를 주라고 지칭하는 경우가 두 번째 주요 논의(9-11장)의 중심부에서 나타난다는 점은 다소 흥미롭다. 8:31-39에서 자신의 확신을 피력한 바울은 곧바로 현재 이스라엘의 불신앙이라는 문맥 속에서 하나님의 신실하심을 설명하는 데 갖은 노력을 다한다. 서문(9:1-5)과 고백적인 결어문(11:33-36)을 제외하면 본 논의는 크게 세 부분으로 뚜렷이 나뉜다. (1) 9:6-29에서는 현재 이스라엘의 (메시아에 대한) 불신앙에 비추어 하나님의 신실하심이라는 문제를 거론한다. 그들의 거부에도 불구하고 하나님의 말씀은 절대 실패하지 않았다. 오히려 하나님의 선택에 대해 보다 성경적인 관점에서 이해할 필요가 있다. (2) 9:30-10:21에서는 이스라엘 백성들의 실패는 다름 아닌 그들 자신의 책임이라고 역설한다. 왜냐하면 그들은 의를 율법(토라) 자체에서만 찾음으로써 율법의 텔로스(τέλος, 목적/성취)인 그리스도를 간과했기 때문이다. (3) 11:1-32에서는 이 문제를 이스라엘의 거역이라는 주제에 비추어 다룬다. 하나님께서도 이스라엘을 거부하셨는가? 그 대답은 분명히 '그렇지 않다'이다.

두 번째 논의부분의 중심 본문은 잘못된 열정을 품고 있던 이스라엘에 대한 즉각적인 반응을 담고 있다. 토라에 근거하여 의를 추구하던 그들은 하나님께서 그리스도를 통해 제공하셨던 의를 놓치고 말았다. 그래서 갈라디아서 3:11 12에서 제기했던 주장을 다시 거론하는 바울은 칠십인경 본문을 이용해 토라에 의존하여 사는 이들과 믿음으로 사는 이들을 대조시킨다. 그는 레위기 18:5에 근거하여 전자에 속하는 자들은 율법으로 살도록 저주를 받앉으며 자연적으로 믿음으로 사는 삶에서 제외되었다고 말한다(10:5).[47] 그러나 여기서 나타나는 대조는 성경적으로 신명기 30:11-14에 기초하고 있으며,[48] 기독론적으로는 그리스도의 죽음과 부활에 근거하고 있다. 따라서 바울은 영감을 통한 영적인 적용을 본문에 가함으로써 신명기 9:4로 시작하여("심중에…하지 말라")[49] 신명기 30:12("누가…하늘에 올라가서")을 내용으로 하는 콜라주(collage)를 만들어 낸다. 바울은 이 구절을 성육신과 관련시켜 해석하여, "그리스도를 모셔 내리려는 것이요"라고 진술한다. 그러나 이스라엘이 바다 건너 하나님의 말씀을 찾는 내용을 담은 신명기 30:13로 이야기를 이어나가지 않고 시편 107:26(칠십인경은 106:26)의 말로 대신 하는데("누가 음부로 내려 가겠느냐"), 여기서 바울은 부활과 관련시켜 해석한다. "그리스도를 죽은 자 가운데서 모셔 올리려는 것이라."[50] 그리고는 신명기 30:14로 돌아가 "말씀이 네게 가까와 네 입에 있으며 네 마음에 있다 하였으니"라고 말하고 여기서 말하는 말씀을 "우리가 전파하는 믿음의 말씀"으로 해석한다.

바울은 위 구약 구절에서 "네 입"과 "네 마음"을 가져다가 기초적인 기독교적 실재에 기초하여 기독교적 고백과 관련시켜 활용한다. "네 입"의 고백은 "예수를 주"로 시인하는 것이며 "네 마음"의 믿음은 부활과 관련이 있다. 그리고는 이 개념들을 교차 적용함으로써 "마음으로 믿는 것"은 의에 이르고 "입으로 시인하는 것"은 구원에 이른다고 진술한다(10:10). 여기서 무엇을 "마음으로 믿는지"가 매우 중요하며 이를 간과해선 안 된다. 예수를 죽음에서 건지신 하나님께서 그분을 지극히 높은 곳으로 높이셨고, 모든 입이 고백하게 될 모든 이름 위에 뛰어난 이름(the Name)을 그분에게 부여하셨다(빌

---

47) 이렇게 본 문장에 대해 일반적이지 못한 해석을 가하는 Cranfield, 2:521-22와 Dunn 2:601도 보라. 보다 그럴 듯한 해석을 위해선 Moo, 648-49를 보라.

48) 본문이 이스라엘에게 잘 알려진 구절이라는 점을 주목해야 한다. 왜냐하면 이스라엘은 새 언약(렘 31:31-34; 겔36:24-32)에 대한 선지자적 약속의 근거가 되는 할례 받은 마음에 대한 약속을 열심히 추종했기 때문이다. 바울 자신도 이미 본 서신의 앞부분(2:28-29; 7:6)에서 이러한 개념과 말을 활용했다.

49) 이 본문을 조심스럽게 분석한 Christopher Stanley는 바울이 여기서 "신 30:11 대신 신 9:4의 첫 줄을 사용하고 있다"고 제시한다(*Paul and the Language of Scripture*, 129). 이러한 주장은 일리가 있다. 왜냐하면 본문 전체가 신 30:11-14에 대한 일종의 '강해'이기 때문이다.

50) 바울이 여기서 성육신과 부활을 지칭하고 있다는 견해에 대해선 Barrett, 199; Cranfiled, 2:524-25; Murray, 53; Fitzmyer, 590-91; Byrne, 321; Moo, 655-56; Schreiner, 558을 보라. 이와 반대되는 견해로는 Käsemann, 288-90과 Dunn, 2:605-6이 있다.

2:9-11). 본문에서 바울이 말하고자 하는 점은 바로 그 이름을 입으로 (부활하시고 승귀하신 주되신 예수라) 고백해야하며 이를 통해 구원에 이르게 된다는 사실이다.

바울은 여기서 그치지 않고 기독론적 의미가 풍성한 일련의 구약 본문을 활용하고 있다. 9:32-33에서 이사야 28:16을 인용하는 바울은 이사야 8:14(볼드체)을 이용하여 콜라주를 만든다.

> 보라 내가 **부딪히는** 돌과 **거치는 반석**을 시온에 두노니
> 저를 믿는 자는 부끄러움을 당치 아니하리라

여기서 바울의 관심사는 현재 메시아를 거역하고 있는 이스라엘을 적나라하게 나타내고 있는 첫 줄에 있다. 본문(10:11)에서는 두 번째 줄을 거론하며 위 구절로 다시 돌아간다. 여기서 칠십인경에 나오는 '그'는 그리스도로 이해해야 한다.

로마서의 열정적 메시지는 그리스도 예수 안에서 유대인과 이방인이 하나님의 한 백성이라는 사실이기 때문에, 바울은 3:22-23의 말을 반영하며 "유대인이나 헬라인이나 차별이 없음이라"라고 진술한다. 그러나 3:22-23에서 말하는 차별은 유대인과 헬라인 모두가 죄를 지었으므로 불충분한 점과 관련이 있다면 여기서 말하고자 하는 결론은 구원과 관련해서 "유대인이나 헬라인이나 차별이 없다"라는 것이다. 왜냐하면 "한 주께서 모든 사람의 주가 되사 저를 부르는 모든 사람에게 부요하시기" 때문이다. 물론 여기서 말하는 '주'는 '예수를 주'라는 고백할 때와 같은 분을 가리키고 있다. 본문의 마지막 구절은 요엘 3:5(칠십인경)을 인용하면서 보충되고 있다.[51]

> πᾶς γὰρ ὃς ἂν ἐπικαλέσηται τὸ ὄνομα κυρίου σωθήσεται
> 누구든지 **주의 이름을** 부르는 자는 구원을 얻으리라

본 연구의 목적을 고려할 때, 본문에 대한 강해를 통해 기독론적으로 중요한 세 가지 요소를 주목할 필요가 있다.[52]

---

51) 히브리어 성경의 장 절 배열을 따르는 영어 본문은 욜 2:32이다.
52) 여기에 나타나는 기독론적인 함의를 지적하는 본문과 관련된 연구서가 너무 부족하다는 사실은 놀랍기만 하다. 이러한 함의를 발견하고 가장 명료하게 개진한

① 여기서 특별히 언급하진 않지만 신명기 30:12에 대해 기독론적인 해석을 하는 바울은 분명 그리스도의 성육신에 대한 자신의 신념을 전제하고 있다. 이러한 면은 두 번째 절(시편 107:26〈칠십인경은 106:26〉 인용)이 그리스도의 부활과 관련해서 해석되고 있다는 사실을 볼 때 확실하다. 여기서 바울이 승귀하신 그리스도께서 하늘에 계신다는 점을 전제하고 있다거나 완곡어법으로 그리스도께서 미래에 재림하실 것임을 가리키고 있다고 보기는 어렵다. 바울은 첫 번째 구절을 가지고 그리스도께서 같은 조건으로 유대인과 이방인을 구속하기 위해 이 땅에 오신 - 8:3에서 진술하듯 하나님께서 보내신 - 사실을 설명하기 원했기 때문에, 부활에 대해 이야기하기 위해서는 신명기 외의 구절을 인용할 필요가 있었다. 따라서 여전히 하늘에 계신 그리스도께서 이 땅에 오시기만을 기다리고 있는 유대교는 잘못인 것이다. 갈라디아서 4:4-5에서 바울이 고백하듯 그리스도는 "여자에게서 나게 하시고 율법 아래 나게 하신 것은 율법 아래 있는 자들을 속량"하시기 위해 이미 이 땅에 오셨다.

② 기본적인 기독교 고백인 '주'(the Lord)가 언급되는 9절은 로마서에서는 처음으로 이 명칭만 따로 떨어뜨려 언급하는 곳인데, 사실 바울 서신 전체를 통해 볼 때는 두 번째 경우라 할 수 있다. 유대교 쉐마의 퀴리오스와 당대의 통치자였던 가이사에 대응하는 기독교적 확신과 관련된[53] 이 고백의 중요성에 대해서는 본서 3장의 고린도전서 12:3 논의(pp. 210-211)와 빌립보서 2:11을 상세하게 분석한 9장(pp. 595-597)을 보라.

③ 이에 반하는 일부 견해에도 불구하고[54] 12-13절의 논의 끝 부분에 나오는 기독론적 요소들은 바울의 전제된 고등기독론을 지칭하고 있다. 이러한

학자(Dunn, 2:617-18)는 동시에 그것을 축소시키려 하고 있다. Cranfield(2:529, 532)만큼은 특별히 예외다. 이와 동일한 견해를 보이는 Dunn의 주석서 이후의 연구는 Fitzmyer, 593("초대교회가 그리스도를 Kyrios로 고백하고 있음을 보여주는 생생한 증거"), Moo, 659-60, Schreiner, 561이 있다.
53) 이러한 이중적인 초점에 대해서는 Cranfield, 2:528을 보라. 그는 위 명칭이 "퀴리오스 카이사르(κύριος Καῖσαρ)에 대응하는 차원에서 '유래'되었다고 볼 필요는 없다"고 생각한다(이탤릭체는 필자 표시).
54) 특히 Dunn은 12-13절에서 바울이 진술한 것을 명료하게 분석하고 바울의 요지는 "기독론이 아니라 오히려 구원사이다"라고 (옳게) 역설한다(2:617). 그러나 바로 그 요지가 기독론적인 요소를 말하고 있는 것은 아닌가? 바울이 그리스도를 신성과 관련시켜 '역설하려는 것은 아니다'. 그는 단지 그것을 가정할 뿐이되 반대에 대한 두려움 없이 모두가 공감할 것이라는 기대를 가지고 대수롭지 않게 가정하고 있는 것이다. 따라서 본문의 기독론은 고도의 고등기독론에 속한다.

현상은 세 가지로 나타나고 있는데 동시에 이러한 고백을 실제적으로 풀어주고 있는 14:1-12을 미리 가리키고 있다.

  a. 첫째로, 끝에서부터 시작해 보면 13절에 나오는 요엘 2:32(칠십인경은 3:5) 인용은 로마서에서 칠십인경의 '호 퀴리오스=여호와' 구도가 직접 그리스도에게 적용되는 유일한 예이다.[55] 바울 서신에 나타나는 이러한 현상에 관해서는 특히 2장과 3장의 논의를 보라(데살로니가전·후서와 고린도전서에 대한). 여기서 다시 바울은 요엘서에 나타나는 '주'의 역할이 이제는 그리스도 주께서 감당하신다는 점을 단정하고 있으며, 그래서 이러한 이동이 확실하기 때문에 특별히 논쟁하지도 않는다. 그러나 이 경우 바울은 요엘의 말(language)을 차용하고 있을 뿐 아니라, 분명 이러한 고백을 본문에 내재된 종말론적 약속의 성취로 보고 있다. 바로 여기서 주께서 약속하신 날이 도래했다는 사실이 증명된다. 약속된 성령(욜 2:28)이 넘치도록 주어졌으며 유대인과 이방인 모두가 "주의 이름을 부르므로" 구원을 얻게 될 것이다.

  b. 유대인과 이방인으로부터 새 백성을 만들려는 하나님의 계획 중심에 '주'로서의 예수께서 계신다는 사실을 바울은 위 구약본문을 인용하면서 이미 밝혔다. 따라서 유대인과 이방인이 부르는 퀴리오스는 다름 아닌 모든 사람의 주와 '동일한 '주'이시다. 이것이야말로 그리스도께서 부활하시고 '하나님 우편에' 계심으로써 담당하신 절대적인 신적 특권 중에 하나이다. 바로 이 점이 특별히 14:1-12에서 부각되는 내용이다.

  c. 마지막으로 "모든 사람의 주"가 되시는 그리스도께서는 주로서 모든 사람에게 "부요하시다." 그 이름을 부르는 자들에게 모든 신적인 부를 아낌없이 주시기 때문이다. 여기서 바울은 이미 고린도후서 8:9에서 언급했던 신적 특권을 거론한다. 이전에 부요하셨던 분이 성육신과 십자가를 통해 자신을 가난하게 하셨기 때문에 그들에게 부요한 하나님의 자비를 베풀 수 있게 되었다. 빌립보서 4:19과 유사하게 바울은 "그리스도 예수 안에 있는 풍성함"으로 그들의 모든 필요를 충족시키실 하나님께 우정이 지닌 상호성(reciprocity)을 대입한다.

  그래서 바울의 주장은 실제로 구원론적이지만, 이 구원론은 주이신 하나님의 아들이 요엘서가 말하는 예언의 성취이자 본질적으로 신적인 특권을 지니게 되셨다는 사실을 전제하며 설명되고 있다.

---

  55) 이밖에 다른 예문이 있다고 볼 수 있으나(롬 14:11) 확실하지 않고 개연성만 있을 뿐이다. 아래에 나오는 다음 논의 부분을 보라.

3) 로마서 14:1-12

바울은 이 본문에서 로마서를 통해 말하고자 하는 논의의 실제적인 절정에 이른다. 어떤 면에서는 모든 논의가 바로 이 지점을 향해 개진되어 온 것이다. 율법의 시대가 막을 내렸다면, 율법을 준수하는 유대인 그리스도인과 준수하지 않는 이방인 그리스도인이 어떻게 함께 하나님의 한 백성이 될 수 있다는 말인가? 바울은 바로 이 쉽지 않은 문제를 본문에서 신중히 다루고 있다.[56]

이러한 바울의 논의는 그 자체만으로도 매우 중요하면서 흥미롭다. 이 이슈를 다루는 바울은 분명히 이방인의 위치에 서서 이야기 한다. 다른 곳에서도 역설했던 입장을 견지하며, "그리스도 예수 안에서는 할례나 무할례나 (그러므로 음식도 날도) 효력이 없되"라고 진술한다(고전 7:19; 갈 5:6). 그럼에도 바울의 논증은 주로 이방인을 향하고 있으며, '이방인의 자유'를 유대인에게 강요하지 않음으로써 유대인을 사랑하라고 권고하고 있다. 그렇다 하더라도 본 논증의 신학적인 측면이 지닌 본질은 공평하다. 왜냐하면 이방인에게 호소하고는 있지만 유대인 신자들이 그리스도와 성령 안에서 기존과 다른 시각

---

56) 일부는 이런 견해가 가능성 있다고 보지만 사실은 보다 확실하다. 왜냐하면 유대인과 이방인에 대한 언급이 (조심스럽게?) 끝까지 나타나지 않기 때문이다. 대신 바울은 "믿음이 연약한 자"(14:1-2)와 "강한 자"(15:1)라는 표현을 사용한다. 많은 학자들은 이를 고린도전서 8-10장과 연결시켜 여기서 이슈가 되고 있는 음식은 고린도전서 본문이 가리키는 '우상 제물로 쓰이는 고기'를 의미한다. 그러나 그렇지 않다. 왜냐하면 (1) 고린도전서 8:1-10:22은 우상 신전에 참석하는 문제와 관련이 있으며 따라서 여기서의 주관심사는 음식이 아니라 우상 숭배이기 때문이다. (2) 음식과 관련된 문제는 오로지 고린도전서 10:23-11:1에서만 지적되고 있으며 바울은 여기서 음식을 취할 수 있는 자신의 권한을 강력히 지지하고 있다. 자신의 거처 밖에서 일어나는 정황에서는 그 권한을 포기할 의향이 있다고 말하지만, (3) 우상은 여기서 그다지 부각되지 않는다. 반면 여기서 안건이 되고 있는 음식 문제는 나중에 '정한 것'이나 '속된 것'으로 표현된다(14:14, 20). 더욱이 유대인과 이방인을 가정하고 있는 15:5-12의 마지막 적용 구절은 여기서 취하고 있는 입장을 선호하고 있다고 생각된다. 거의 대부분의 학자들은 이러한 견해를 견지한다(가장 최근에는 Cranfield, 2:694-95; Dunn, 2:295; Stuhlmacher, 219; Fitzmyer, 687; Moo, 829; Schreiner, 714-15 등이 있다. M. B. Thompson, *Clothed with Christ: The Example and Teaching of Jesus in Romans 12:1-15:13* 〈JSNTSup 59; Sheffield: JSOT Press, 1991〉), 233-34과 다른 여러 곳도 참고하라). 치열한 논쟁을 고려하여 Morris(475)는 중립적인 입장을 취하지만 그 역시 본문에 나타나는 유대적 성향을 간과하고 있다(예를 들면 14:14, 20).

을 갖도록 도우려는 의도가 있기 때문이다. 그렇다면 바울은 지금 이방인들에게는 양보를 종용하는 동시에 유대인의 입장에 도전하려는 수사학을 펼치고 있는가?

여하튼 바울의 논의는 네 부분으로 나뉘는데[57] 이방인을 향한 말로 시작하지만(3절)[58] 그 다음부터는 유대인과 이방인 모두에게 호소한다. 여기서 이슈는 '음식'(2-3절)과 '날'(5-6절)에 대해서다. 하나님께서 이들을 지키는 것에 대해 전혀 관심이 없다는 사실은 분명하다. 그러나 이를 준수하는 자들과 준수하지 않는 자들은 오로지 하나님께만 책임을 다해야 하므로 어떤 형태의 판단(준수하는 자들에 의한)이나 경멸(준수하지 않는 자들에 의한)은 있을 수 없다. 사실 이들 모두가 하나님의 심판대 앞에 설 자들이며, 이 같은 사실은 그들 모두에게 경고이자 확약(assurance)이 된다. 이러한 논증의 목적은 두 가지로 생각해 볼 수 있다. 음식과 날을 진정한 의라는 영역에서 배제하려는 것과 이 두 가지 문제와 관련하여 오로지 하나님께서 책임을 다함으로써 유대인과 헬라인이 서로 판단하거나 경멸하지 말라고 요구하려는 것이다. 따라서 바울은 자신의 복음을 지키는 동시에 다른 이들에 의해 억압당하는 이들도 보호한다.

---

[57] 첫 번째 파트(14:1-12)는 관련 이슈와 해결책을 제시한다. 두 번째 파트(14:13-23)는 주로 이방인을 향해 이야기하는데, 하나님 앞에서 그들이 무엇을 실천하든 상관없이 유대인을 사랑할 의무가 있으며 그래야 실족하거나 넘어지게 하지 않는다. 여기서 전체 내용을 보면 '실질적인' 내용의 논증이 이방인을 향하고 있다는 것을 알 수 있다. 하지만 '신학적으로' 이방인의 편에 서서 사실은 유대인의 입장을 무너뜨리고 있다. 세 번째 파트(15:1-6)는 이방인에 대한 마지막 호소문으로 그리스도의 모범에 대한 호소문으로 이를 뒷받침할 뿐 아니라, 마지막 기도문을 통해 유대인도 논의 범주에 끌어들이고 있다. 네 번째 파트(15:7-13)는 전체 논증에 대한 결론 역할을 한다. 첫째, 유대인과 이방인에게 서로를 용납하라고 간청한다. 그리스도께서 '너희'를 용납하셨듯이 밀이다(이 경우 분명 두 부류 모두를 가리키고 있다). 둘째, 7절의 간청을 뒷받침하는 논증을 하며 그리스도께서 그들을 받으신 것은 유대교를 통해서나 이방인을 위해 하셨다. 셋째, 마지막 결말을 명시하면서 유대인과 이방인은 하나님의 한 백성으로 함께 하나님을 찬양함으로써 언약과 관련된 약속을 이룬다고 선언한다. 이 모든 것을 마지막 기도문으로 마무리 한다.

[58] 이러한 사실은 여기서 동사 엑수데네오(ἐξουθενέω)를 선택한 것을 볼 때 분명해 보인다. 바울은 본문 전체에서 일관되게 크리노(κρίνω)와 엑수데네오를 사용한다. 여기서 이 두 동사는 관련인 두 태도를 반영하고 있다. 정확히 말하자면 디아스포라의 유대인에게 특이하게 보였던 종교적인 의무와 관련해서 유대인과 이방인이 서로에 대해 취하는 태도를 말한다. 따라서 율법을 준수하지 않는 이방인들은 율법을 준수하는 유대인들을 '경멸'하고 후자는 전자를 '판단'했던 것이다.

이 부분에서 눈에 띠는 것은 급작스럽게 초점이 그리스도 위주로 바뀐다는 점이다. 그리스도는 적어도 8번이나 '호 퀴리오스'로 언급되며 동사 퀴리유에인(κυριεύειν, 다스리다)도 한 번 사용된다. 그렇게 해서 그리스도 주께서는 이전 유대교에서 하나님의 것으로만 돌리던 신적 특권을 지니게 된다. 따라서 하나님께서는 약한 사람을 받아주신 분이지만(3절) 그 사람은 "제 주인"(=예수 그리스도)[59]과의 관계 여부에 따라 서거나 넘어진다(4절). 바울은 여기에 바로 이어 덧붙이기를 "저가 세움을 받으리니 이는 저를 세우시는 권능이 주께[60] 있음이니라"라고 말한다. 그리고 6b절에서 날을 지키느냐 지키지 않느냐의 문제를 언급한 후, 날을 특별하게 생각하는 이들(유대인)이나 모든 것을 먹는 이들(이방인)[61] 모두 이제는 '주' 예수와의 관계 속에서 그리하여야 한다. 왜냐하면 각각은 정결한 음식(kosher)이든[62] 부정한 음식이든 그들에게 음식을 주신 하나님께 감사하기 때문이다. 이제는 부정한 음식이냐 아니냐의 여부를 떠나 그들이 동일한 주께 속했다는 사실에 모든 것이 달려 있다.

그리고 바울은 본제에서 잠시 벗어난 여담을 꺼내는 것 같지만 설명의 의미가 담긴 가르(γάρ, 왜냐하면)가 확증하는 것처럼 바울은 지금 앞에서 역설했던 내용, 즉 유대인과 헬라인의 주께서 정결한 음식에 대해 개의치 않는다

---

59) 여기서 나타나는 논증이 가정사를 유비로 들어 시작되기 때문에 주석서나 번역서가 처음 사용되는 퀴리오스를 은유적인 의미로 나타내는 경향이 있다. 그래서 "그들이 주인(lord) 앞에 서거나 넘어진다"라고 표현한다(NRSV, 참고로 TNIV는 "그들의 주인(master)에게"라고 번역한다). 그러나 이것은 다소 신중을 기할 문제다. 왜냐하면 바로 뒤이어 오는 구절을 보면 바울은 이미 그리스도를 염두에 두고 있음이 분명하기 때문이다. 그래서 바울은 이 유비에서 현 지점에 이를 때 이미 그리스도를 가리키고 있다. 어쨌든 바울은 유비와 관련해서 충분히 사용할 수 있었던 단어 데스포테스(δεσπότης)를 사용하지 않는다. 그래서 필자는 본문에서 대문자로 된 '주'(Lord)를 사용했고, 이 단어를 포함한 구절을 셀 때 본문도 포함시킨 것이다. 일부(예를 들어 Dunn, 2:796, Fitzmyer, 686, 690)는 본 유비를 다음 문장("저를 세우시는 권능이 주(master)께 있음이니라")에도 적용하려 한다. 그러나 이러한 해석은 단순한 인간적 수준에서 볼 때 그 뜻이 제대로 통하지 않는다.
60) 이 문장의 기독론적 함의는 퀴리오스를 데오스로 바꾼 후기 필사자에 의해 뚜렷이 드러난다(D F G 048 33 1739 1881 M). 그들이 이렇게 바꾼 이유는 문장의 의미가 보통 하나님의 속성으로 이해되었기 때문일 것이다.
61) 이러한 표현은 조심스럽게 균형을 유지하려는 바울이 의도한 것으로 보인다. 그는 이 균형을 유지하며 논증을 시작했고 여기까지 유지되어 왔다. 일부 날(특히 안식일)을 성스럽게 생각하는 이들은 유대인 그리스도인인 반면 이방인 그리스도인은 정결하다고 인정되지 못한다.
62) 이러한 시대착오는 단순히 유대교의 음식법을 가리키는 당시의 약칭(shorthand)으로 사용된다.

는 사실을 정당화하려 하고 있는 것이다. 동시에 바울은 나머지 논증을 예시하고 있다. 음식에 대해 하나님께서 무관심하신 것은 사실이지만 그들이 동일한 주께 속했다는 것은 유대인도 헬라인도 자기를 위해 살거나 죽지 않는다는 것을 의미한다(7절). 살아도 주를 위해 살며 죽는다 해도 여전히 동일한 주께 속해 있다. 따라서 그들은 사나 죽으나 주의 백성들이다. 실제로 바울은 신학적으로 보다 특별한 곳에서 말하기를, 그래서 그리스도께서[63] 돌아가셨고 다시 사셨다.[64] 그렇게 해서 그분은 죽은 자와 산 자를 다스리는 완전한 주권을 지니고 계시다.

바울은 그들이 현재 서로에게 행하는 '판단'과 '경멸'을 궁극적인 종말론적 문맥 안에서 설명하며 결론짓는다. 그들 모두는 하나님의 베마(bēma, 심판대) 앞에 설 것이며(10절) 거기서 자기 자신을 위해서만 말하게 될 것이다(12절). 그러나 논리적으로 상통하는 두 구절 사이에 뒷받침을 위한 증거 구절로 구약 본문을 끼워 넣는다. 그러나 이 증거 본문이 무엇을 뒷받침 하는지는 그리 명확하지 않다. 이 본문은 7-8절을 마무리하는 9절("그리스도께서 죽었다가 다시 살으셨으니 곧 죽은 자와 산 자의 주가 되려 하심이니라")을 옹호하고 있는가? 아니면 1절에서 시작한 논증을 3절에 나오는 두 부정적인 동사('판단하다'와 '경멸하다')를 사용하여 마무리 짓는 10절("우리가 다 하나님의 심판대 앞에 서리라")을 뒷받침 하는가? 처음 읽을 때는 후자를 선호하게 되지만 좀 더 주의 깊게 관찰해 보면 다시 생각하게 된다. 왜냐하면 인용 자체가 지닌 의미 때문이기도 하고, 10절과 12절 끝에서 본문비평 사본들이 두 가지 서로 다른 증

---

63) 여기서 '그리스도'로 바뀐 점을 주목해야 한다. 왜냐하면 바울이 볼 때 호 퀴리오스는 승귀하신 주를 가리키므로 십자가에서 돌아가시지 않았기 때문이다. 우리 죄를 위해 돌아가신 분은 유대인의 메시아였다. 이러한 명칭 변경은 거의 본능에 의해 이루어졌다고 보는 것이 가장 적절하다.

64) 이것은 가장 흥미로운 부분 중 하나이다. 여기서 KJV이 번역한 공인 본문(Textus Receptus)은 당시 경합을 벌이던 동방 사본과 서방 사본을 혼합했다. 현대 비평적 본문에서 찾아볼 수 있는 알렉산드리아 사본의 독법은 א* A B C 365 1506 1739 1881 pc co 가 지지한다. '서방 사본'의 독법인 아네스테(ἀνέστη)는 F G 629가 따른다. 사본 D로 시작해서 계속 두 단어가 혼합되어 아네스테 카이 에제센(ἀνέστη καὶ ἔζησεν)이 되었고, KJV은 결국 "죽었다가 일어났고 부활했다"는 이상한 번역을 하고 말았다. 그러나 서방 사본의 독법을 설명할 수도 있다. 사실 바울이 이 동사를 "그리스도가 죽었다"는 문장에 바로 붙이는 경우는 바울 서신에서 본 구절이 유일하다. 여타의 경우 그냥 "그분이 사셨다"는 형태를 취한다. 바울이 여기서와 같은 형태의 문장을 선택한 것은 사람이 살든지 죽든지 여전히 "다시 살아나신" 분의 주권 하에 있다는 사실과 관련된 문맥 때문일 것이다.

요한 독법을 보여주고 있기 때문이다. 그래서 필자는 끝에서 인용문은 위 두 구절 모두에 대한 증거구문이라고 주장할 것이다. 그들은 결국 하나님의 베마 앞에 서야하기 때문에 서로를 판단하거나 경멸하지 않을 것이다. 거기서 모든 무릎이 그리스도께 꿇고 그분의 주권을 인정하며 그들의 입술로 하나님을 고백/찬양할 것이다.[65] 왜냐하면 부활하신 주께서 산 자와 죽은 자를 다스리는 주권을 지니고 계시기 때문이다.

두 가지 본문비평적인 이슈부터 시작하고자 한다. 10절에서 "우리가 다" 신적인 베마 앞에 서야한다고 역설하는 바울은, 모든 신자들이 그리스도의 베마 앞에 서야한다고 역설했던 고린도후서 5:10에서 처음 사용한 은유를 다시 사용한다. 그러나 여기서는 동일한 사건을 하나님의 베마와 연결시켜 설명한다. 이에 대한 사본적 증거를 보면 다음과 같다.

θεοῦ ℵ* A B C* D F G 630 1506 1739 1852 2200 pc lat co
Χριστοῦ ℵ^c C^2 Ψ 048 0209 6 33 1175 𝔐 r vg^{cl} sy Mcion^T Ambst

이 경우 사본들은 '하나님'을 원본으로 보려는 경향이 많은 것 같다. 가장 초기이자 제일 중요한 사본들은 데우(θεοῦ)를 선호한다. 나중에 크리스투(Χριστοῦ)로 바뀐 것은 바울이 고린도후서에서 진술한 것을 확증하고 이와 조화시키려 한 것이라 설명할 수 있다.

둘째로, 바울은 12절 끝에서 마무리하기를 이 베마에서 우리는 각각 ⓐ 우리 자신에 대해 설명하거나 ⓑ 우리 자신에 대해 하나님께 설명할 것이라고 진술한다. 이에 대한 사본적 증거를 보면 다음과 같다.

+ τῷ θεῷ ℵ A C D Ψ 048 0150 0209 33 81 1175 1241 2127 𝔐 lat sy co
- τῷ θεῷ B F G 6 424^c 1739 1881 2200 it$^{f.g.o.r}$ Cyp Ambst

위 경우와는 달리 여기서는 어떤 독법도 강력한 지지를 받지는 않으며, 두 주요 초기 전승(이집트와 라틴)의 증거가 서로 갈라진다. 그럼에도 주요 이집트 전승(B 1739)과 초기 라틴 전승은 토 데오(τῷ θεῷ)가 없는 본문을 지지한

---

65) 엑소몰로게세타이(ἐξομολογήσεται)의 의미에 대해서는 BDAG를 보라. 이 단어는 본문에서 추가적으로 '찬양하다'라는 뜻도 담고 있다고 보는 것이 옳다. 반면 빌(2:10)에서는 '고백하다'라는 뜻으로 쓰였다.

다. 더욱이 소위 내적 증거는 모두 짧은 본문을 지지하고 있다. 이러한 독법은 단순한 실수로 설명한다. 왜냐하면 문장을 볼 때 시각적인 혹은 심적인 실수를 유발할만한 요소가 없기 때문이다. 동시에 본 문장은 간접 목적어를 필요로 하며 10절과 11절이 어떻게 끝나는가를 보면 '하나님'을 그 목적어로 고르게 된다. 따라서 우리는 바울이 본 문단을 "이러므로 우리 각인이 자기 일을 직고하리라"며 (짧게) 마무리하고 있다고 결론 맺을 수 있다.

그러나 여기서부터는 하나도 쉬운 게 없다. 실제 11절에 나오는 인용문을 들여다보면 왜 인용이 나타나는지 혹은 이것이 어떤 의미인지에 대해 서술하기는 쉬워도 설명하기는 어려운 복잡한 문제와 마주하게 된다. 이러한 어려움은 세 가지 문제로부터 비롯된다. (1) 바울의 본문은 칠십인경에 나오는 두 개의 이사야 본문(49:18; 45:23)을 그대로 가져다가 만든 콜라주이다.[66] 일반적으로 "주께서 가라사대 내가 살았노니"는 하나님을 가리킨다고 단정하게 된다. 바울의 다른 모든 칠십인경 인용문이 "기록되었으되"로 시작될 경우와 마찬가지로 말이다. (2) 그러나 지금까지 살펴본 로마서의 모든 본문은 주되신 그리스도와 로마 교인들과의 관계를 다루고 있다. (3) 그리고 인용문의 주요 부분이 빌립보서 2:10에 재등장하는데 거기서는 특별히 주되신 그리스도께 "모든 무릎이 꿇고"라는 말로 해석된다.

따라서 관건은 바울이 인용문(조 에고 레게이 퀴리오스〈ζῶ ἐγώ, λέγει κύριος, 주께서 가라사대 내가 살았노니〉)의 서두에 나오는 '주'와 두 번째 인용문의 첫 줄에 나오는 "내게"를 가지고 그리스도를 가리키는지 아니면 하나님을 가리키는지에 대해서다. 이 문제는 2차적으로 영어 번역문에서 어떻게 시문을 구성할 것인가, 즉 2연으로 혹은 3연으로 할 것인가를 결정하게 한다. 아래의 관련 본문을 살펴보면 바울과 칠십인경 사이에 유일하게 다른 점이 오직 "모든 혀기…고백히리리"의 어순뿐이라는 사실을 알게 될 것이다.

사 49:18 ζῶ ἐγώ λέγει κύριος,
사 45:23 ὅτι ἐμοὶ κάμψει πᾶν γόνυ καὶ ἐξομολογήσεται[67] πᾶσα γλῶσσα

---

66) 이 주장은 일반적으로 생각하는 것보다 더 분명하다. 사실 "수께서 가라사대 내가 살았노니"라는 구문은 칠십인경에서 22번 나타난다. 필자는 그저 논의를 위해 45:23에 가장 가까운 구절을 선택한 것뿐이다. 이 구문을 흔하게 볼 수 있다는 점으로 인해 두 구절의 결합이 과연 의도적인지 아닌지의 문제는 그리 중요하지 않게 된다.

67) A사본과 ℵ의 수정본이 이 원문을 지지한다. B와 ℵ*는 오메이타이(ὁμεῖται, 맹세하다)로 읽는다. 여기서 알렉산드리아 사본이 칠십인경의 원본이라는 주장의

τῷ θεῷ |

롬 14:11a ζῶ ἐγώ, λέγει κύριος,
롬 14:11b-c ὅτι ἐμοὶ κάμψει πᾶν γόνυ καὶ πᾶσα γλῶσσα ἐξομολογήσεται τῷ θεῷ

① 한편으로 '레게이 퀴리오스'(λέγει κύριος)가 가리키는 말을 '하나님'으로 보는 견해에 대해 할 말이 많다.

  a. 바로 앞에 나오는 구절에서 언급된 신적 존재는 하나님이다. 그래서 "우리가 다 하나님의 심판대 앞에 서시라 기록되었으되 주(하나님)께서 가라사대 내가 살았노니 모든 무릎이 내게 꿇을 것이요 모든 혀가 하나님께 자백하리라 하였느니라"가 된다. 동시에 후기 필사자들이 12절 끝에 '하나님께'를 집어넣어 이러한 사실을 올바르게 생각했다. 그들에게 있어 심판은 오직 하나님 아버지 앞에서만 일어나는 것이었다.

  b. 현 견해와 관련해서 가장 현저하게 눈에 띄는 것은 아마도 "주께서 가라사대 내가 살았노니"라는 표현이 "기록되었으되"라는 형식으로 시작하는 인용문 안에 나타난다는 사실이다. 바울이 인용문에서 퀴리오스를 포함하고 있는 경우 이 단어가 누구를 가리키는지는 인용문이 말하고자 하는 요지에 비해 부수적인 위치에 있다. 그래서 이 퀴리오스는 자연스럽게 여호와를 지칭하고 있다고 추정하게 된다.[68] 따라서 "주께서 가라사대"라는 '삽입구'는 아마도 바울이 마지막 심판의 확실성 배후에 있는 신적 맹세를 강조하려는 데에서 비롯된 것으로 보인다.

  c. 이러한 견해 역시 이사야의 시구를 변형시키지 않고 그대로 보존하는 이점이 있다. 이 경우 그 시구는 다음과 같은 형태를 취하게 된다.

14:11 ζῶ ἐγώ, λέγει κύριος,
      ὅτι ἐμοὶ κάμψει πᾶν γόνυ

타당성에 대해서는 G. D. Fee, *Paul's Letter to the Philippians* (NICNT; Grand Rapids: Eerdmans, 195), 223 각주 28을 보라. 여기서 그리고 빌 2:11에서 바울이 인용하는 본문은 그가 접할 수 있던 유일한 본문이었을 것이라는 점과 본 인용문이 그가 만들어낸 것이 아니라는 점에 대해서는 의문의 여지가 없다. 바울이 구약을 인용할 때 항상 정확한 것은 아니지만 의도적인 변경을 통해 주장하지는 않는다.

68) 이 인용문에 대해선 3장의 각주 7번을 보라.

καὶ πᾶσα γλῶσσα ἐξομολογήσεται τῷ θεῷ.
주께서 가라사대 내가 살았노니
모든 무릎이 내게 꿇을 것이요
모든 혀가 하나님께 자백하리라

이렇게 되면 본문에 나타나는 신적 존재는 오직 한 분뿐이므로 해석이 간단해진다. 구약에서 "살아계신 분"으로 알려진 하나님 아버지께서 그들 각각은 음식 및 날과 관련하여 오직 자신을 위해서만 자백하면 될 것이라고 직접 맹세하신다.

② 그러나 주를 하나님과 결합하는 경우가 매우 특이할 뿐 아니라 빌립보서 2:10-11의 해당 본문이 기독론적이라는 사실을 고려할 때 위 입장에 대한 재고의 가치가 충분하다. 따라서 퀴리오스가 그리스도를 가리킨다는 입장의 경우 다음과 같은 이유 때문이다.[69]

a. 조 에고 레게이 퀴리오스(ζῶ ἐγώ, λέγει κύριος)가 추가된 것은(이사야서에 다른 구절을 인용하여) 9절의 진술을 뒷받침하기 위한 의도로 이해해야 한다. 그리스도께서 죽으셨다가 에제센(ἔζησεν, 다시 살아나셨다) 하신 것은 산 자와 죽은 자에 대한 주권을 감당키 위한 분명한 목적 때문이었다. 따라서 우주적 심판과 관련된 구약 인용문의 도입부분이 "주께서 가라사대 내(그리스도)가 살았노니"인 것이다.[70]

b. 이와 같은 경우 위 구절이 추가되어 주 그리스도와 하나님 아버지께서 심판 시 함께 계실 것이라는 사실을 알리고 있으며, 이 점은 고린도후서 5:10과 일맥상통한다. 그렇다면 이사야 45:23 인용구절의 첫 줄은 그리스도와도 관련이 있다고 생각된다. 그래서 "모든 무릎이 내(주 그리스도)게 꿇을 것이요 모든 혀기 하나님께 자백하리라"가 된다.

c. 이러한 사실은 바울이 빌립보서 2:10-11에서 이와 똑같은 방식으로 본문

---

69) 필자가 알고 있는 한 이러한 해석을 받아들이고 있는 두 학자는 M. Black ("The Christological Use of the Old Testament in the New Testament," *NTS* 18 〈1971-1972〉, 8)과 D. B. Capes (*Old Testament Yahweh Texts in Paul's Christology* 〈WUNT〉 2/47, Tübingen: Mohr Siebeck, 1992〉, 123-30)이다. Hurtado (*Lord Jesus Christ*, 112)는 양자를 모두 긍정한다.

70) Black은 이러한 해석에 의심의 여지가 없다고 생각한다. 그래서 그는 "이것이 바로 바울의 해석이다. 하나님을 향한 찬양이 그리스도를 주로 표현하는 고백에 수반하여 나타난다"라고 주장한다("Christological Use," 8).

을 재거론한다는 점에 의해 더욱 뒷받침 되고 있다. 승귀하신 그리스도 예수께서 모든 이름 위에 뛰어난 이름을 받으시고, 이는 그분이 이제 구약의 '퀴리오스=아도나이=여호와' 본문에 나타나는 '주'이심을 의미한다. 따라서 모든 무릎이 그리스도 앞에 꿇게 될 것이며 모든 입이 '주는 예수 그리스도시요'라고 고백하게 될 것이다. 동시에 칠십인경의 토 데오(τῷ θεῷ)가 빌립보서에서는 "하나님 아버지께 영광을 돌리게 하셨느니라"라는 형태로 나타난다. 하나님께서 그리스도를 높이셨고 모든 이름 위에 뛰어난 이름을 그리스도께 주신 것이다. 위 빌립보서 구절이 보여주고 있는 이러한 조합은 본문(로마서- 역주)에서 처음 구성된 형태를 모두 반영하고 있다고 봐야 한다.

d. 이러한 해석은 호 퀴리오스=그리스도 예수라는 원리가 본문을 지배하고 있으므로 그리스도를 계속해서 가리키고 있다는 사실과 어울린다. 본문 전체를 볼 때 주가 그리스도를 가리킨다는 점에 대한 유일한 예외는 바울이 12절에서 "하나님의 베마"라는 개념을 거론할 때뿐이다. 이렇게 해서 마지막 심판은 부활하셔서 산 자와 죽은 자의 '주'가 되신 그리스도 앞에서와 모든 이들이 최종적으로 '고백'하게 될 하나님 앞에서 일어나게 된다.

e. 더욱이 이 점은 베마와 관련된 사본학적 난제를 설명해 주기도 한다. 필사자들은 아마도 이 구문이 고린도후서에서 "그리스도의 심판대"로 표현된 사실을 익히 알고 있었기 때문에 여기에(10절) '그리스도'를 집어넣었을 것이다. 게다가 문맥에도 매우 민감했을 것이다. 산 자와 죽은 자에 대한 주권을 지니신 주께서는 마지막 심판 때 모든 이들이 앞에 서게 될 바로 그 주이시다.

f. 마지막으로 - 필자가 보기에 가장 확정적인 증거다 - 이러한 해석은 12절 끝 부분에 간접목적어가 없는 이유를 가장 적절히 설명해 주기도 한다. 본 해석에 의하면 모든 이들이 그리스도 앞에 엎드리며 하나님을 찬양한다. 그러면서 그들은 일반 사람들의 시각에 의거하여 다른 이들이 먹거나 먹지 않는 문제를 고하는 것이 아니라 오직 자기 자신에 대해 이야기 하게 될 것이다. 따라서 먹는 문제와 관련해서 어떻게 살았는지를 하나님께 고백한다는 강조는 어디에서도 찾아볼 수 없다.

이러한 해석이 바울의 의도라고 가정한다면 본 인용문은 아마도 이러한 형태를 띠게 될 것이다(본서에서 이전에 했던 것처럼 볼드체와 밑줄을 사용한다).

14:11 ζῶ ἐγώ, λέγει κύριος, ὅτι ἐμοὶ κάμψει πᾶν γόνυ
καὶ πᾶσα γλῶσσα ἐξομολογήσεται τῷ θεῷ
주께서 가라사대 내가 **살았노니** 모든 무릎이 **내게** 꿇을 것이요
모든 혀가 <u>하나님께</u> 자백하리라

이 경우 바울이 여타 서신에서 진술했던 것과 마찬가지로 아버지와 아들이 마지막 심판 때 자리를 공유한다. 또한 뒤따르는 18절의 분위기와도 잘 어울린다. "이로써 그리스도를 섬기는 자는 하나님께 기뻐하심을 받으며 사람에게도 칭찬을 받느니라."

결국 지금까지 살펴 본 다양한 근거들은 '하나님'을 지지하는 가장 강력한 주장을 가볍게 뛰어넘는 것처럼 보인다. 즉, 다른 바울의 '인용'에 나타나는 어법을 보면 퀴리오스라는 언급은 인용된 본문의 요점에 비하면 부수적인 위치에 있다는 주장을 뛰어 넘는 것이다.[71] 의도성(intentionality)이야말로 여기서 필요한 요소이자 위 인용을 다른 인용들과 구별해 주는 요인이 된다. 그렇게 생각하는 이유를 두 가지로 설명할 수 있다. 첫째로, 인용문에 맹세 의미가 담긴 관용표현을 '덧붙이는 경우'는 바울 서신에서 이 구절이 유일하다. 다른 곳에서는 단순히 '레게이 퀴리오스'(λέγει κύριος)만 인용문에 덧붙인다(고후 6:17; 롬 11:3; 12:19). 그리고 그것도 바울이 인용한 구절이 단순히 성경이 아닌 여호와께서 직접 말씀하신 것임을 나타내기 위해서이다.

둘째로, 이러한 사실은 추가된 구문이 맹세 구문으로서의 고유 역할을 지니고 있긴 하지만 사실 그 이상의 의미를 지니고 있다는 점을 가리킨다. 9절에 나타나는 놀라운 단언을 바울은 성경을 활용하여 의도적으로 거론하고 있는 것이다. 그리스도께서 죽었다가 다시 사셨기 때문에 산 자와 죽은 자에 대한 주권을 소유하게 되셨고, 그들이 하나님의 베마 앞에 서게 될 때 주되신 그리스도 앞에 엎드리게 될 것이다.

바울이 일관되게 그리스도를 '주'로 진술하고 있는 본문의 고등기독론에 대한 관찰을 요약해보면 다음과 같다.

① 본문에 나오는 '주'는 명칭으로서의 의미(그리스도께서 부활을 통해 신적

---

71) 3장의 각주 7번을 보라.

'주'가 되셨다는 점)와 기능적인 의미(그러한 '주'로서 모든 이들이 최종적으로 섬기게 될 분이라는 점)를 담고 있다. 이 말의 이중적인 의미가 구약에서는 하나님께만 적용하던 것이라는 사실은 본문에 담긴 고등기독론을 부각시킨다. 백성들은 왕, 통치자, 가장을 지상에서의 '주'로 섬긴다. 그러나 모든 만물의 궁극적인 주권은 오직 하나님께서만 갖고 계시며, 그래서 그분만이 아도나이 여호와라고 불리실 수 있다. 본문을 보면 주되신 그리스도께서 이미 이러한 역할을 감당하고 계시다고 바울은 고백한다.

② 이 경우 그리스도의 주권이 죽음과 부활에 기초해서 산 자와 죽은 자에게 확대된다고 역설하고 있는 것이다. 유대인들이 볼 때는 그러한 역할이 어떤 상황에서든 하나님만의 특권이다. 바울이 이해하는 바에 의하면 그리스도께서 그 궁극적인 신적 특권을 공유하고 계신다.

③ 그리스도의 궁극적 주권에 대해 이와 같이 이해하는 것은 전체 논증의 전제가 된다. 음식과 날에 대해 어느 것이 옳으냐의 문제로 놓고 다투어봐야 어느 쪽도 '이기지' 못하는 이유는 이런 문제가 주 그리스도와 전혀 무관하기 때문이다. 그뿐 아니라 그리스도는 사람들이 약할 때 세우시는 분이시다(4절).

④ 그리스도께서 현재 산 자들과 죽은 자들에 대한 주권을 갖고 계시기 때문에 마지막 심판 때 아버지와 함께 나타나실 것이다. 아버지 뿐 아니라 아들에게도(여기서와 고후 5:10) 자백할 의무가 있다는 분명한 암시는 두 분이 신적 정체성을 공유하고 계시며 존재와 관련하여 개념적으로 중복된다는 사실을 지시하고 있다.

⑤ 마지막으로, 만일 보다 일반적인 해석에 근거하여 본문의 그리스도를 마지막 심판에 참여하게 될 신적 존재 중에 한 분으로 이해하지 않는다 해도, 사실 다른 본문에선 그리스도를 그렇게 설명하고 있다(고후 5:10). 그렇기 때문에 본문이 그리스도를 지칭하고 있다고 주장할 수 있다는 사실 자체가 본문 전체에 고등기독론이 가정되어 있다고 인정하는 것이다.

4) 로마서 16:1-16, 18

로마서의 마지막 퀴리오스 본문에는 기독론적인 요소가 거의 없지만 여기서 다루려고 한다. 왜냐하면 위 두 본문을 보면 '그리스도 안에서'(엔 크리스토〈ἐν Χριστῷ〉)와 '주 안에서'(엔 퀴리오〈ἐν κυρίῳ〉)가 완전히 혼용되고 있기 때문이다. 그래서 바울은 로마에 있는 기독 공동체가 뵈뵈를 '주 안에서' 성도들의 합당한 예절로 영접하라는 권고로 16장을 시작한다. 여기서부터 바울은 그리스도인들이 '주 안에' 있는 것과 '그리스도 안에' 있다는 말을 번갈아가며 사용한다. 브리스길라와 아굴라는 우르바노(9절)와 마찬가지로 '그리스도 예수' 안에서 동역자들이다(3절). 에배네도는 아시아에서 '그리스도께' 처음 익은 열매다(5절). 사도들로부터 좋은 평을 받던 안드로니고와 유니아는 사도 바울보다 먼저 '그리스도 안에' 있던 자들이며(7절), 아벨레는 '그리스도 안에서' 인정받은 사람이다(10절).

다른 사람들도 위와 비슷하게 '주 안에' 있다. 암블리아는 "주 안에서 내 사랑하는" 자다(8절). 드루배나와 드루보는 "주 안에서 수고한" 자들이며 버시는 "주 안에서 많이 수고"했다(12절). 루포는 "주 안에서 택하심을 입은" 자이며(13절) 나깃수의 가족 구성원들은 '주 안에' 있는 자들이다(11절- 역주).

이 모든 요소들은 바울에게 있어 새롭게 하나님의 백성으로 존재한다는 것은 모두가 성령 안에서 동일한 삶의 영역에서 사는 것이다. 즉 그들이 '주 안에서' 존재하고 살아가고 수고하는 것을 말한다. 이렇듯 실존에 대해 그리스도 중심적으로 이해하는 것은 로마서에서 보다 다양한 형태로 나타나며, 신자들이 행하는 거의 모든 것이 어떻게든 그리스도와 연결되어 있다. 여기서는 이에 대해 간략한 목록을 만들고 보고, 로마서 전체의 논증에 담긴 하나님 중심적 성향에 비해 현 시대의 삶에 대한 바울의 이해가 어떻게 그리스도 안에서의 삶에 의해 전적으로 형성되어 있는지 해당 예문의 수를 통해 알아 볼 것이다.

1:1 바울은 "그리스도 예수의" 사도이다
1:5 바울의 사도성은 "그(예수 그리스도 우리 주)로 말미암아" 받았다.
1:6 로마 신자들은 "그리스도의 것"으로 부르심을 입었다(=그의 "부르심을 입은 자들"이 되기 위해)
1:8 바울은 그리스도 예수로 말미암아 감사한다(7:25 참고)
2:16 하나님은 "예수 그리스도로 말미암아" 마음의 은밀한 것을 심판하실 것이다
3:22 믿음은 "그리스도 예수"를 믿는 것이다
3:24 구속의 근원은 그리스도 예수시다

5:1 하나님과의 화평은 "우리 주 예수 그리스도로 말미암아" 누리게 된다
5:11 "우리 주 예수 그리스도로 말미암아" 하나님을 자랑하게 된다(개역 성경은 "하나님 안에서 또한 즐거워하느니라"- 역주)
6:3 우리는 "그리스도 예수와 합하여" 세례를 받았다
6:11 우리가 "그리스도 예수 안에" 있을 때 하나님에 대하여 산 자가 된다
6:23 영생의 은사는 "그리스도 예수 우리 주 안에" 있다
7:25 우리가 정죄함에서 구원 받은 것은 "예수 그리스도 우리 주"를 통해서다
8:1 그러므로 "그리스도 예수 안에" 있다는 것은 정죄함이 없다는 말이다.
8:10 그리스도께서 우리 안에 계신다(성령을 통해서라는 뜻이 암시되어 있다)
8:35 아무 것도 우리를 그리스도의 사랑으로부터 끊을 수 없다(37절 참고)
8:39 실로 하나님의 사랑은 "그리스도 예수 우리 주 안에" 있다
9:3 저주를 받는 것은 그리스도의 저주를 받는 것과 같다
10:4 그리스도께서 친히 율법의 완성이시다
10:17 복음이 "그리스도의 말씀"으로 묘사된다
13:14 범죄 행위에 대한 해결책은 "주 예수 그리스도로 옷 입는" 것이다
14:14 그 자체만으로 부정한 것은 아무 것도 없다는 바울의 확신은 주 예수께로부터 비롯된다
14:18 형제와 자매를 존중해 줌으로서 그리스도를 섬기는 것은 하나님을 기쁘게 하는 일이다
15:16 이방인을 향한 바울의 사역은 "그리스도 예수로부터" 나온다
15:17 그러므로 바울의 유일한 자랑은 하나님의 일에 대하여 "그리스도 예수 안에서" 이루어진다
15:18 왜냐하면 모든 일을 이루신 분은 그리스도 예수시기 때문이다
15:29 바울이 로마로 가는 것은 "그리스도의 충만한 축복" 속에서 이루어진다
16:22 더디오는 "주 안에서" 문안 인사를 한다
16:27 하나님께 영광을 돌리는 마지막 송영이 "예수 그리스도로 말미암아" 이루어진다

이 목록은 결국 그리스도가 하나님 아버지와 신적 특권을 공유하신다고 말하는 몇몇 구절들을 주목하게끔 한다.

4. 그리스도와 신적 특권

이전 서신서들과 마찬가지로 바울은 로마서에서도 그리스도가 신적 특권을 공유하고 계신 분이라는 사실을 전제하며 설명한다. 그러나 로마서의 논증에 기본적으로 나타나는 하나님 중심적인 특성 때문에 본 서신의 전체 분량을 고려할 때 신적 특권에 대한 구절이 예상보다 적다.

1) 그리스도의 영 (롬 8:9-11)

바울이 보통 "하나님의 영"이라고 지칭하는 성령은 바울 서신 전체에서 네 번 "그리스도의 영"이라고 불린다. 우리는 이미 고린도후서 3:17과 갈라디아서 4:6에서 이 같은 명명을 확인했으며 빌립보서 1:19에서 다시 한 번 발견하게 될 것이다. 그러나 로마서 8:9-10에서 나타나는 바울의 명명은 다른 구절과는 달리 매우 독특하다. 신자들에게는 "하나님의 영"이 있기 때문에 그들은 "성령" 안에 거한다. 바로 다음 문장을 보면 이 영이 "그리스도의 영"이라 불리고 있으며, 이를 "그리스도께서 너희 안에 계시면"이라는 문장이 뒤따른다.[72] 후대에 그리스도의 신격과 성령에 대해 삼위일체와 관련된 존재론적 논의를 야기한 것이 다름 아닌 바울 사상에 나타나는 위와 같은 명칭 교환이다. 여기서는 이러한 면이 그리스도의 완전한 신성을 일관되게 지시하는 신적 특권의 공유라는 점만 언급하려 한다. 바울이 다른 두 구절에서 '동일한/한 영'이라고 부르는데 그 문맥을 보면 그리스도 역시 '동일한/한 주'로 묘사되고 아버지 역시도 '동일한/한 하나님'(고전 12:4-6; 엡 4:4-6)으로 서술된다. 이러한 문맥 속에서 그 영은 동시에 아버지와 아들의 영이라 부른다.

바울 신학에 나타나는 소위 성령 기독론[73]에 대한 논의에 있어 본문이 지

---

72) 바울의 성령론과 관련된 본문의 중요성에 대해서는 Fee, *God's Empowering Presence*, 543-54을 보라.
73) 이 용어는 신약학계에서 가장 불분명한 용어 중 하나다. 정의를 내리자면 그리스도와 성령은 존재론적으로 동일한 존재라는 뜻이다. 그리고 일부 학자들은 실제 이러한 개념을 역설하려고도 한다. 예를 들어 I. Hermann, *Kyrios und Pneuma: Studien zur Christologie der paulinischen Hauptbriefe* (SANT 2; Munich: Kösel, 1961), 132-26을 보라. 반면 이와 유사한 내용을 말하는 경우도 있는데 예를 들면 Dunn(다음 각주를 보라)과 Hamilton (*Holy Spirit and Eschatology*, 3-16)이 있는데 후자의 경우 3페이지에서는 차이가 있다고 언급해놓고 해당 장 나머지 부분에서는 동일한

닌 역할 때문에 추가적으로 이야기해 볼 이슈가 있다. 그것은 바울이 부활하신 그리스도와 성령을 완전히 동일시해서 두 분이 '존재론'[74]적으로 볼 때 실제로 동일하다고 보고 있는 지에 대한 문제다. 바울이 볼 때 신자가 성령의 중보사역을 통해 살아계신 그리스도를 실재로 경험한다는 점에 대해선 의문의 여지가 없다. 그러나 이는 성령과 하나님 아버지에 대해서도 동일하게 적용된다. 그리고 무엇보다 본문은 완전한 존재론적 정체성에 대해 언급하지 않는다. 여기서 바울이 주로 말하려 하는 것은 존재론적인 이야기라기보다는 마지막 구문, 즉 "그리스도께서 너희 안에 계시면"에 초점을 두고 있다. 이 구문은 바울이 방금 언급했던 "누구든지 그리스도의 영이 없으면 그리스도의 사람이 아니라"를 축약한 표현이다. 이를 간략히 말하면 "또 그리스도께서 너희 안에 계시면"이 되는 것이며 문맥을 볼 때 "그리스도께서 *성령에 의해* 너희 안에 계시면"이라는 뜻이 된다.[75] 여기서 이탤릭체로 된 부분은 필

정체성을 강력히 주장하고 있다.
74) 여기서 쓰인 표현을 보면 의미가 매우 혼란스럽다. 한편으로, 일부만 실현된 종말론이 말하는 '아직 아니'(not yet)의 입장에서 볼 때 그리스도는 성령을 통해 경험하게 되어 있다는 점을 모두가 수긍할 것이다. 다른 한편으로는, 이러한 진술을 뒷받침하기 위해 다음과 같은 주장을 하기도 한다. 즉 "바울에게 내재 기독론(Immanent christology)이란 성령론을 지칭한다. 신자의 경험에 있어 그리스도와 성령은 차이가 *없다*. 그렇다고 해서 바울이 그리스도와 성령을 구분하지 않는다는 말은 아니다. 다만 여기서 바울이 후대의 삼위일체 교리를 지지하고 있다고 보기는 힘들다는 뜻이다"(J. D. G. Dunn, "1 Corinthians, 15:45-Last Adam, Life-Giving Spirit," in *Christ and Spirit in the New Testament: Studies in Honour of Charles Fransis Digby Moule* 〈ed. B. Lindars and S. S. Smalley, London: Cambridge University Press, 1973〉, 139). 물론 후자의 경우는 명백한 오류이며, 이점을 본 장의 간략한 분석을 통해 지적할 것이다. 여기서는 위 견해가 용어와 관련하여 생소한 혼동을 보이고 있다는 점을 지적하고 싶다. 내재 기독론은 존재론, 즉 실존하는 그리스도와 관련이 있다. 그래서 Dunn의 첫 번째 주장은 자신이 두 번째와 세 번째 주장에서 언급한 것을 뒤엎는 것이다. 정말 어떤 구분이 있다고 주장하려면 신학적인 차원에서 접근했어야 했다. 바울 신학에서 다른 것은 몰라도 부활하신 그리스도와 성령은 혼동이나 혼합은 전혀 없다. 하나님 아버지의 경우와 마찬가지로 그리스도의 경우도 그렇다. 두 분은 모두 한 성령을 통해 세상에서와 신자 안에서 활동적으로 역사하시는 분으로 이해된다. '성령 기독론'에 대한 비판에 대해서는 Fee, "Christology and Pneumatology"를 보라.
75) 이는 고전 1:24에 대해 바울이 그리스도와 의인화 된 지혜를 동일시하고 있다는 Dunn이나 다른 학자들의 주장에서 보이는 동일한 종류의 잘못된 해석과 일맥상통한다. 이러한 해석은 사실 바울을 완전히 오해하고 있는 것이다. 24절의 '그리스도'는 명확히 23절의 '십자가에 못 박힌 그리스도'를 축약해서 지시하고 있을 뿐이다(다시 말해 바울은 "십자가에 못 박힌 그리스도께서 하나님의 능력이며

요치 않다. 전절에서 이미 언급된 내용이므로 독자들은 이미 알고 있다.

따라서 본문은 바울 서신에서 원-삼위일체(proto-Trinitarian)가 드러나는 중요한 본문 중 하나이다. 무엇보다 바울은 하나님의 구원 역사를 아버지와 아들과 성령의 공동 사역으로 보았다. 그러므로 그는 성령을 아버지와 아들의 영으로 이해했던 것이다.

2) 그리스도의 사랑 (롬 8:35)

위에서 다룬 1:18-8:30을 마무리 짓는 구절로 다시 돌아가 보면 바울은 그리스도께서 우리를 사랑하신다고 말하고(35, 37절) "우리 주 예수 그리스도 안에 있는 하나님의 사랑"을 지칭하면서 전체 논의를 마무리 하고 있다. 본문 자체만 보면 그리스도의 사랑은 순전히 대리적인 개념으로 이해될 수 있으나 전체 본문은 하나님께서 우리에게 보여주셨고 하나님의 성품 중 하나(롬 5:5-8)인 사랑은 그리스도 역시 지니고 계신 신적 품성으로 우리에게 주신 사랑과 똑같이 이해되어야 한다.[76] 이렇게 두 분이 공유하고 계신 성품에 대해서는 2장의 데살로니가후서 2:13 논의 부분을 보라(고후 5:14 참고).

3) 그리스도를 통한 권고 (롬 15:30)

마지막으로 바울은 이전에 보낸 서신서와 마찬가지로[77] "우리 주 예수 그리스도로 말미암아" 독자들에게 권한다. 이러한 권함이 그리스도와 성령에 의존하고 있다는 사실은 바울 신학에서 그리스도의 역할보다는 성령의 역할에 대해 보다 많은 정보를 제공한다. 그럼에도 이러한 권함은 구약에서 오직 여호와의 이름으로만 행하도록 명령하고 있는 '맹세'와 매우 흡사하다. 바울이 스스럼없이 그리스도께 호소하는 것을 보면 여기서도 바울 기독론에 전제된 본질이 언급되고 있는 것이다.

하나님의 지혜"라고 말하려는 것이다). 본문을 다르게 읽는다는 것은 전적으로 구원론적인 바울의 문장에 전혀 어울리지 않는 의제를 적용하는 것이다. 이에 대해 논의하는 3장과 부록 A에서 '지혜'와의 혼동에 대해 논의하는 부분을 보라.
76) 참고로 Cranfield는 바울이 "하나님의 사랑과 그리스도의 사랑을 구별 없이 말할 수 있다"고 주장한다(2:259).
77) 2장의 pp. 102, 130을 보라.

4) 그리스도의 모든 교회 (롬 16:16)

바울은 이전과 마찬가지로 여러 지인들에게 긴 문안 인사를 하고 난 후 편지를 작성하고 있는 지역의 신자들이 답하는 인사를 전하며 글을 마무리 한다. 여타 구절에서 바울은 "하나님의 교회(들)"[78]라고 말하며 각 절에서 속격은 아마도 소유와 서술의 의미를 지닌다. 그래서 교회들은 하나님께 속해 있으며 세상에서 하나님의 뜻을 위해 존재한다. 이 구문은 칠십인경에서 여러 번 나타나는데 보통 '주(여호와)의 총회'(에클레시아 퀴리우⟨ἐκκλησία κυρίου⟩)라고 불린다.[79] 따라서 바울이 기독교 공동체를 세웠던 많은 그리스-로마 마을과 도시 중심에는 또 다른 '총회' 즉 살아계신 하나님 또는 본문과 같이 살아계신 그리스도께 속한 '총회'가 있었다. 이와 같은 이름의 상호 교환은 본질적으로 눈에 띄지 않는다는 사실 때문에 주목할 만하다. 그래서 일반적으로 하나님께 속한 것이라 생각하던 것이 여기서는 그리스도께 속한 것으로 표현된다. 분명히 신적 특권이 공유되고 있다.

5. 둘째 아담으로서의 그리스도

로마서 5:12-21에서 바울은 전체 서신에서 세 번째로 그리고 마지막으로 그리스도를 아담과 분명히[80] 대조하고 있다. 앞에서 나온 두 본문의 경우(고전 15:21-22, 44b-49) 바울이 부활에 대해 고린도 교인들과 논쟁하는 두 군데에서 아담이 등장한다. 첫 번째 본문에서는 신자들의 미래 부활이 확실하다

---

78) 살전 2:14, 살후 1:4, 고전 1:2, 10:32, 11:16, 22, 15:9, 고후 1:1, 갈 1:13, 딤전 3:5, 3;15을 보라. 여기서 살전 2:24, 살후 1:4, 고전 11:16, 딤전 3:5은 본문처럼 복수를 사용한다.
79) 신 23:1, 2, 대상 28:8, 미 2:5를 보라. 느 13:1은 "하나님의 총회"(에클레시아 데우, ἐκκλησία θεοῦ)라고 한다.
80) 필자가 이렇게 말하는 이유는 일부 학자들이 이렇게 분명한 구절을 근거로 이러한 주제를 추정하고는 그리스도의 인성을 강조하고 있는 일부 구절에서도 같은 주제를 찾는 경향이 있기 때문이다(특히 Dunn, *Christology in the Making*, 98-128, Wright, *Climax of the Covenant*, 57-62, 90-97). 그러나 그러한 추정을 지지하는 근거는 전혀 없다고 본다. 왜냐하면 바울 자신이 매우 특별한 상황에서만 이 이미지를 필요로 하고 있기 때문이다. 그리고 바울은 그리스도의 인성에 대해 매우 다양한 방법으로 다양한 상황 속에서 이야기 한다. 이에 대한 추가적 논의는 본서의 12장과 13장을 보라.

는 점이 그리스도의 부활에 기초하고 있다. 첫째 아담이 세상에 죄와 죽음을 가져와 우리가 이를 전해 받은 것처럼, 둘째 아담이신 그리스도께서 부활하셔서 부활의 삶이 죽을 수밖에 없었던 우리의 운명에 대한 하나님의 보답이라는 사실을 보장해 주셨다. 두 번째 본문에 나타나는 대조는 미래의 부활이 육체적인 부활이 될 것이라는 주장의 일부로 사용되고 있다. 우리가 아담을 통해 썩게 될 몸을 지니게 된 것처럼, 신자들은 부활을 통해 부활하신 그리스도의 몸과 같은 육신을 지니게 될 것이다. 따라서 두 본문에서 아담은 죽어 썩게 될 운명인 우리 인류의 조상 역할을 한다.

세 번째 본문(롬 5:12-21)에서는 죄와 의라는 이슈가 대조되어 있다. 죄가 한 사람을 통해 세상에 들어왔듯이 의(righteousness) 역시 한 사람을 통해 죄인들에게 주어졌다. 본문의 관심사는 죄와 의가 지닌 보편성이다. 그리스도께서 주신 의는 유대인이든 이방인이든 모든 죄인들을 위한 것이므로 이방인이 의를 얻기 위해 '율법을 행해야 할' 필요성은 없어졌다. 따라서 어느 누구도 바울이 사용한 것보다 더 비중있게 튀포스(τύπος)를 사용해선 안 된다. 아담은 패턴이라는 의미에서 '모형'이 될 뿐 보다 원형적인 신학적 의미와는 상관이 없다.[81]

아담이 분명하게 언급되는 세 본문의 공통 분모적 요소가 두 가지라는 점을 주목할 필요가 있다. 첫째, 아담이 거론되는 경우는 바울의 논증이 죽음을 초래하는 인간의 죄가 지닌 보편성을 포함할 때뿐이다. 둘째 요소는 본 연구의 목적을 고려할 때 매우 중요한 것으로 바울은 각 본문에서 아담과 우리의 인성을 공유하고 계시되 죄는 없으신 그리스도의 진정한 인성을 강조하기 위해 그리스도를 거론한다.

그러므로 여기서 좀 더 염두에 두어야 할 것은 아담과 그리스도를 대조하는 세 본문이 인간의 죄(아담)와 구속(그리스도)을 이슈로 다루고 있으며, 일부 구절에서 발견되는 이른바 아담 기독론이 여기서도 강조되고 있다는 주장은 그 근거가 희박하다. 바울은 여기서 유비를 사용하고 있다. 아담은 죄인이며 그리스도는 아담의 유산이 미치는 영향을 무력화하는 둘째 아담이시다. 아담과 그리스도를 명확히 반영하는 다른 경우는 8:29이 유일하다. 여기서 아들을 신적이면서 참 인적 에이콘(이미지)을 지니신 분으로 묘사함으로써 창세기 1:26-27의 칠십인경 표현을 의도적으로 사용하고 있다. 이것이 매우

---

[81] 이 문제에 대해서는 Schlatter, 129를 보라. Barrett, 112 참조.

중요한 반영인 것은 사실이나 그렇다고 해서 그리스도를 둘째 아담으로 이해함으로써 구약의 설명 자체를 심각하게 넘어서고 바울이 의도하지 않은 바울 기독론을 말하려는 것을 지지하지는 않는다.

6. 바울이 메시아를 '하나님'이라 칭하는가?- 로마서 9:5

로마서 9:5은 바울 서신에서 가장 어려운 기독론 구절 중 하나이다. 여기서 문제는 바울이 메시아 혹은 하나님 아버지를 지칭하는 문장 끝에서 송영을 적으려 했는가에 관해서다. 특히 구두점에 관한 문제로, 본문을 '일반적인' 문법을 적용해 읽는 것과 그 실제 내용이 얼핏 서로 어색하게 보인다.[82] 본문은 다음과 같이 씌어 있다(실제 사본 전승에서처럼 구두점 없이).

9:5 ὅιτινές εἰσιν Ἰσραηλῖται ⋯ ὧν οἱ πατέρες καὶ ἐξ ὧν ὁ Χριστὸς τὸ κατὰ σάρκα ὁ ὢν ἐπὶ πάντων θεὸς εὐλογητὸς εἰς τοὺς αἰῶνας ἀμήν

저희는 이스라엘 사람이라 ⋯ 조상들도 저희 것이요 육신으로 하면 그리스도가 저희에게서 나셨으니 저는 만물 위에 계셔 세세에 찬양을 받으실 하나님이시니라 아멘

이에 대한 번역(호 크리스토스로 시작하는)은 크게 세 가지 경우로 나누어진다.[83]

---

82) 1904년까지 거슬러 올라가 보면 E. C. Burkitt이 "(롬 9:5의) 구두점은 로마서의 다른 어떤 구절보다 많이 논의되어 왔다"고 말했다("On Romans ix 5 and Mark xiv 61," *JTS* 5 〈1904〉, 451). 본문에 대해 가장 최근에 심도 있게 논의한 사람은 B. M. Metzger ("The Punctuation of Rom 9:5," in Lindars and Smalley, *Christ and Spirit*, 95-112)와 M. J. Harris (*Jesus as God: The New Testament Use of Theos in Reference to Jesus* 〈Grand Rapids: Baker, 1992〉, 143-72)로 이들은 여기서 제시한 견해와 반대 입장을 취한다(이를 간략히 다루고 있는 Cranfield, 2:464-70 참고). 반대 입장을 선호하는 학자들은 Hodge, Godet, Sanday and Headlam, Schlatter, Murray, Fitzmyer, Moo, Schreiner가 있다.

83) Metzger는 학자들의 주장을 구두점에 따라 8가지의 서로 다른 해석 목록을 만들었다(참고로 Cranfield〈2:465-70〉는 6개의 목록을 제시한다). 그러나 결국 Metzger가 짧게 요요약해 놓았듯이 그가 제시한 8가지 선택은 결국 여기서 제시한 3가지 경우 중 하나로 요약될 수 있다.

a. … 육신으로 하면 그리스도시요 만물 위에 계신 하나님으로서 영원히 찬양 받으실 분이시다.
b. … 육신으로 하면 그리스도시요 만물 위에 계신 분이시다. 하나님은 영원히 찬양 받으시리라.
c. … 육신으로 하면 그리스도시라. 만물 위에 계신 하나님은 영원히 찬양 받으시리라.

여기서 주지하려는 것은 본문의 내용이 무엇인지에 관한 논쟁이 없다면 호 온(ὁ ὤν)이 호 크리스토스였다고 볼지도 모른다는 점이다. 그러나 이 경우 그 무엇이라는 것이 우리의 문법적 상식을 심각하게 넘어 서게 되고, 이 때문에 많은 학자들은 문법적으로 허용 가능한 또 다른 옵션을 선호하게 된다.
그러나 마지막 구문이 '그리스도'를 수식하고 있다고 보는 해석을 선호하는 유일한 경우는 문법 구조를 소위 '일반적인' 방법으로 풀어내는 것이다.[84] 이외의 해석 방법들은 모두 이러한 일반적 방법과 상반되어 보이기 때문에, 이 경우 '일반적'이라는 개념은 어떻게 보느냐에 따라 달라진다. 실제로 '일반적'이라는 말은 구두점을 다르게 찍는 것이 '비정상적'이라는 뜻이 아니다. 다만 첫 직관(first instincts)상 구두점이 없을 경우 본문의 마지막 구문이 호 크리스토스를 수식한다고 보게 된다는 뜻일 뿐이다. 그러나 모두가 인정하듯이 데오스라는 단어를 접하게 되면 누구나 그러한 생각을 잠시 멈추게 된다. 왜냐하면 첫 직관이 이차적 상황과 직면하게 되는데 이들이 상충하기 때문이다. 결국 필자가 생각해 볼 때 멈추게 만드는 이유들은 우리가 '일반적' 문법이라고 인식하는 것을 완전히 넘어선다. 왜냐하면 사실 구두점을 다르게 찍어 해석하는 것 역시 다른 본문에서 발견되는 바울의 용법과 상응하기 때문이다. 여기서는 왜 필자가 세 번째 선택을 선호하는지 그 이유를 제시하려 하며, 이는 첫 번째 선택과 맞서는 입장이기도 한다.[85]

---

84) 필자는 여기서 인용부호를 경멸의 의미로 사용하려는 것이 아니다. 이는 Metzger가 자신의 소논문에서 첫째 옵션을 기술하기 위해 사용했던 구조와 용어를 그대로 보여준 것이다.

85) Denney, Barth, Barrett, Käsemann, Dunn, Stuhlmacher, Byrne의 주석도 이 입장을 취한다. 또한 O. Kuss, "Zu Römer 9,5" in *Rechtfertigung: Festschrift für Ernst Käsemann zum 70. Geburtstag* (ed. J. Friedrich, W. Pölmann, and P. Stuhlmacher, Tübingen, Mohr Siebeck, 1976), 292-303과 Richardson, *Paul's Language about God*, 30-31을 보라.

① 바울은 자신의 초기 서신의 일부 주요 본문에서 유대교의 쉐마를 두 부분으로 나누고(고전 8:6),[86] 유일한 데오스를 아버지로 유일한 퀴리오스는 예수 그리스도(아들)로 지칭하고 있다. 그래서 바울은 그리스도의 신적 신분을 언급하는 동시에 쉐마에 기독교적 해석을 시발점으로 데오스와 퀴리오스를 구분하고 있다. '유일한 주이신 하나님'은 이제 '하나님 아버지'와 '주 예수 그리스도'로 이해해야 한다.

여기서 말하고자 하는 점은 이렇게 명칭과 관련된 구분이 디모데전·후서와 디도서를 포함한 바울 서신 전체에 나타나고 있다는 것이다. 유일한 예외는 퀴리오스의 정체성에 대해 아무런 언급이 없는 칠십인경 인용구절뿐이다.[87] 모두가 이러한 견해에 동의한다는 뜻은 아니다. 그러나 동의하지 않는 이들은 퀴리오스가 그리스도가 아닌 하나님 아버지를 지시한다고 생각되는 구절을 보고 동의하지 않을 뿐이지 다른 경우는 없다. 그리고 이들 구절의 문맥을 고려하면 다르게 제안할 수도 있다. 왜냐하면 바울은 해당 서신의 서두에서부터 두 명칭을 구분하고 있으며 그것도 어떤 문맥상의 설명도 없이 그렇게 하고 있는데,[88] 명칭 구분을 동의하지 않는 입장은 이러한 사실을 애써 외면해야만 하기 때문이다. 더욱이 바울은 다른 어떤 곳에서도 이 두 명칭을 교환해 가며 사용하지 않기 때문에 퀴리오스와 데오스가 누구를 지칭하는지 추측하도록 만든다.

② 다른 곳에 나타나는 바울의 (문법적/구문론적) 용법에 대한 이슈가 종종 현 논의에서 거론되곤 한다. 그러나 이것은 어떤 유비가 가장 중요한지의 문제와 관련된 부적절한 혼합이 될 수도 있다. 필자가 보기에 이 유비들 중에 가장 그럴듯한 것은 바울이 율로게토스(εὐλογητός)를 송영으로 사용하고 있는 두 본문에서 나타나는 것이다(롬 1:25; 고후 11:31). 이 본문에서 로마서의

---

86) Metzger ("Punctuation of Rom. 9:5," 110)는 "(그 '일반적인' 해석에 반하는) 결정적인 논증은 외적 증거에 근거하고 있다"고 말하며 반대한다. 그러나 그 역시 로마서가 아닌 바울 서신에서 얻은 증거 자료를 제시하고 있다. 여기서 우선적으로 주지하고자 하는 점은 바울이 고전 8:6에서 보여주고 있는 신분 구분이 로마서 전체에서도 나타나고 있다는 사실이다. 그래서 만일 이른바 '일반적인' 해석이 여기서 옳은 것이라면 이 특이한 로마서 구절은 바울이 교회에 보낸 모든 서신과 아마도 목회 서신을 포함한 바울 서신 전체에서도 특이한 구절이 된다(이에 대한 예외로 볼 수 있는 경우에 대해서는 본서 10장의 딛 2:13 논의 부분을 보라). 또한 본문이 초대 교회에서 일어난 기독론적 논쟁과 아무런 관련이 없다고 지적하는 Barth(330)도 보라.
87) 3장의 각주 7번을 보라. 위에서 롬 14:10-11에 대해 논의한 부분도 참조하라.
88) 예를 들어 2장에서 살후 2:13과 3:15에 대해 논의한 부분을 보라.

제6장 로마서에 나타나는 기독론 423

서두 구절과 관련된 부분이 특히 중요해 보인다. 서로 병행을 이루고 있는 두 구절은 아래와 같다(고후 11:31 포함).

롬 1:25 παρὰ τὸν κτίσαντα, ὅς ἐστιν εὐλογητὸς εἰς τοὺς αἰῶνας, ἀμήν

롬 9:5 ὁ ὢν ἐπὶ πάντων θεὸς εὐλογητὸς εἰς τοὺς αἰῶνας, ἀμήν

고후 11:31 ὁ θεὸς καὶ πατὴρ τοῦ κυρίου Ἰησοῦ οἶδεν, ὁ ὢν εὐλογητὸς εἰς τοὺς αἰῶνας, ὅτι ⋯

본문과 밀접하게 연관된 문법적인 문제와는 관계없이 두 구절의 하나님의 '복'은 거의 똑같아 보이며, 복이라는 단어 자체만 보면 세 구절이 모두 같다. 하나님의 정체성과 관련된 도입 부분만 서로 다를 뿐이다. 그리고 각 구절을 보면 문맥이 그 도입 부분과 밀접하게 연결되어 있다. 또한 두 구절에서 하나님을 모든 만물의 창조자/주관자로 찬양하고 있음을 알게 된다.

③ 로마서 전체와 특히 본문(9-11장)에 나타나는 바울의 주장이 전적으로 하나님 중심적이므로 이러한 로마서의 강조점을 뒤엎으려면 단순한 문법적인 선택 이상의 것이 필요하다고 본다. 특히나 3-5절의 내러티브로부터 송영에 이르기까지 메시아를 이스라엘이 지닌 특권의 정점으로 묘사하는 본문의 경우 더욱 그러하다. 뒤이어 나오는 논증 역시 하나님 중심적인 관심을 유지하고 있으며, 그리스도가 율법 준수를 종식시키려는 하나님의 수단으로 묘사됨으로써 '예수를 퀴리오스'로 고백하는 것만이 유대인과 이방인이 하나님의 복을 받게 되는 유일한 길이 된다(9:30-10:21). 유대교의 맥락에서 유대인의 특권 목록 중에 최고 특권인 메시아를 하나님으로 칭송하는 것[89]이 바울 입장에서는 매우 기이하게 보였을 것이다. 본문을 모든 특권들로 인해 하나님을 찬양하는 송영 구절로 보는 것이 가장 잘 어울릴 때 말이다.[90]

---

89) 본문이 그리스도를 지시하는 송영이라고 보는 이들은 이 점을 너무 쉽게 간과한다. 실제로 대부분의 현대 주석가들이 호 크리스토스(ὁ Χριστός)를 칭호로(=메시아) 옳게 인식하지만(NRSV, NAB, REB, TNIV 참조) 송영을 그리스도와 연관시키는 이들이 이 호칭을 하나의 이름으로 다루고 있는 점은 다소 흥미롭다. 왜냐하면 '메시아는 하나님이시다'라고 말하는 것은 유대인의 메시아 사상을 송두리째 왜곡하는 것이기 때문이다. 밑에서 언급하게 될 ④를 보라.
90) 참고로 Käsemann은 "여기서 (하나님)에 대한 송영은 문맥상 시의적절하다. 왜냐하면

이러한 관점에 근거할 때, 메시아라는 선물로 내용이 절정에 이르는 현 본문의 서론부(9:1-5)와 본문의 긴 논증[91]은 11:33-36에 나오는 최종적인 '하나님의 복'과 매우 잘 어울리게 된다. 종합해 보면 이 '복'은 9-11장의 논증을 시작하고 끝맺는 역할을 하고 있다. 그리고 후자의 내용이 순전히 하나님 중심적이므로 전자 역시 마찬가지라고 볼 수 있다. 특히 그리스도가 단지 유대인의 특권 목록(그분은 최고 절정이지 중심은 아니다)이나 뒤따르는 주장에서 중심에 있는 것은 아니기 때문이다.

④ 이와 동일한 관점에서 호 크리스토스가 본문에서 칭호로 쓰인다는 점에 대해서는 일반적으로 동의한다. 이 단어가 그리스도를 지칭하는 '이름' 역할을 하므로 이중적 의미가 있다 하더라도 칭호로 사용되고 있다고 보는 것이 '호 온…데오스'(ὁ ὢν…θεός)가 '메시아'와 동격의 의미로 사용되고 있다는 주장보다 더욱 그럴듯해 보인다. 바울이 예수 그리스도 혹은 아들을 '하나님'으로 지칭하는 것과 메시아의 도래를 유대인의 특권의 절정으로 묘사하며 송영을 통해 메시아는 다름 아닌 하나님이시라고 말하는 것은 별개의 문제라고 볼 수도 있다. 이러한 입장은 개연성의 범위를 지나치게 확장하고 있는 것 같다.

⑤ 마지막으로 '일반적인' 해석을 선호하는 것처럼 보이는 것들도 사실 꼭 그렇다고 볼 필요가 없다. 이와 관련하여 두 가지 문제가 관건이다. 즉 호 온이 나타나는 점과 전치사구 에피 판톤(ἐπὶ πάντων)이 바로 뒤이어 나타난다는 점이다.

a. 바울 서신에서 단 두 번 등장하는(여기와 고후 11:31) 호 온이라는 구문은 첫 번째 옵션을 지지하는 결정적인 문법적 증거라 생각되곤 했다. 그러나 주목해야 할 것은 이 구가 처음 나타나는 본문(고후 11:31)에서 명확한 산문의 형태로 쓰이고 있다는 점이다. 그렇게 사용되기 때문에 이 구의 어감(sense)과 의미(meaning)가 분명하며 문법적으로 다른 의미를 지닐 여지가 전혀 없다. 여기서 바울은 맹세를 하고 있는데, 이는 후대 랍비 유대교 문헌이 일반적으로 하나님을 언급한 후에 '그는 찬양을 받으리라'고 첨언하는 경우

하나님께서 그러한 복을 주셨고 그렇게 하심으로써 기독교 공동체에게 복을 주실 때처럼 자신을 호 온 에피 판톤(ὁ ὢν ἐπὶ πάντων, 즉 역사를 인도하시는 분으로 드러내셨다"고 말한다(260).

91) 다소 아이러니하게도 이는 1-5장의 주장을 고려할 때 이스라엘이 이방인과 더불어 궁극적으로 구원의 영역에 포함된다는 점과 상관이 있다.

와 가장 흡사한 신약 구절이다. 그래서 "주 예수의 아버지 영원히 찬송할 하나님이 나의 거짓말 아니하는 줄을 아시느니라"고 고백한다. 호 온이라는 구와 관련해서 중요한 점은 분사 온(ὤν)이 본문에서 얼마나 불필요한가이다. NASU의 과장된 영어번역은 "하나님 우리 주 예수 그리스도의 아버지, 영원히 찬양받으실 그분은…을 아신다"라고 기록한다. 그러나 온이 없이도 완전히 똑같이 번역할 것이며 이 분사가 현 위치에 없더라도 있는 것처럼 해석하게 되어 있다. 반면에 이 (불필요한) 분사를 집어넣은 것은 아마도 관련 분사가 "우리 주 예수 그리스도"가 아닌 "우리 하나님 아버지"를 주어로 받고 있다는 점을 강조하려는 바울의 의도 때문일 것이다.

이와 마찬가지로 위 분사는 논의하고 있는 본문에서 복이 그리스도를 지칭할 경우 역시 불필요하다. 바울은 직접적인 동격어를 언급할 수도 있었을 것이다. 즉 '엑스 온 호 크리스토스 토 카타 사르카 호 온 에피 판톤 데오스 율로게토스 에이스 투스 아이오나스, 아멘'(ἐξ ὧν ὁ Χριστὸς τὸ κατὰ σάρκα, ὁ ὢν ἐπὶ πάντων θεὸς εὐλογητὸς εἰς τοὺς αἰῶνας, ἀμήν, 육신으로 하면 그리스도가 저희에게서 나셨으니 저는 만물 위에 계셔 세세에 찬양을 받으실 하나님이시라 아멘)이 된다. 따라서 종종 그리스도를 가리키는 결정적 요인으로 여기는 온(ὤν)은 사실 그렇게 쓰이고 있지 않다. 오히려 여기서 바울은 주어를 바꾸려는 차원에서 이 분사를 사용하고 있다고 보는 것이 적절하다.

b. 이러한 주장은 필자가 결정적 요인으로 생각하는 것에 의해 더욱 분명해진다. 즉 "만물 위에"라는 전치사구를 호 온과 명사 데오스 사이에 두는 바울의 '둘러싸인'(inclosed) 어순 사용이 바로 그 요인이다. 이러한 어순은 분명 강조를 위해서다. 그리고 바울은 그렇게 해서 창조자이신 하나님을 부각시키는 1:25로부터 '복'을 가져온다. 이제 바울은 논증의 후반부에서 창조주 하나님이 만물 위에 계신다는 사실을 강조하고 있다. 여기서 만물은 특히 "육신으로 하면 그리스도"라는 선물로 절정에 이르는 유대인의 여러 특권을 포괄하고 있다.

따라서 만일 이러한 어순을 '일반적인'(모호한) 순서, 즉 '호 데오스 온 에피 판톤 율로게토스(ὁ θεὸς ὢν ἐπὶ πάντων εὐλογητός)로 바꾸면 이를 그리스도께 돌리는 송영으로 해석하는 것이 있을 수 없게 되거나 적어도 보기 드문 경우가 된다. 다른 곳에서 나타나는 바울의 어법에 근거하여 '카타 사르카'(κατὰ σάρκα)를 완전히 끊어서 읽고 송영 부분을 '일반적인' 바울식으로 읽게 되면

"만물 위에 계신 하나님께서 세세에 찬양을 받으리라 아멘"이 된다. 이렇게 하면 다른 곳에 나타나는 바울의 어법에서 벗어나지 않으며, 이렇게 갑자기 등장하는 하나님의 복이 특히 유대인의 '특권'을 나열하는 본문에서 발견되는 전형적인 바울 어법이라는 점을 알게 된다. 메시아라는 선물로 절정에 이르는 자기 백성의 역사를 포함한 모든 만물 위에 계신 하나님은 영원히 찬양 받으신다.

필자가 말하고자 하는 것은 온이 의미로는 결국 아무런 관련이 없지만 어순에 있어서는 분명 중요한 역할을 한다는 것이다.[92] 하나님이 영원히 찬양받으셔야 한다는 점만 바울이 강조하려 했다면 '온 에피 판톤'(ὧν ἐπὶ πάντων)은 없었을 것이므로 지금과 같은 논의는 생기지도 않았을 것이다. 하나님께서 '만물' 특히 자기 백성이 지내온 영광스러운 역사의 궁극적인 근원이자 주관자라는 점을 강조해야하기 때문에 어순을 그렇게 배치한 것이다. 이것은 바울 서신 전체에 나타나는 바울의 어법은 물론이거니와 로마서 전체를 볼 때 어울리지 않는다. 특히 메시아의 성육신이 세상에서 하나님이 역사하신다는 사실의 궁극적인 표현이라고 바울이 묘사하면서 갑작스럽게 메시아를 데오스라 부르는 현 문맥을 볼 때 그렇다.

결과적으로 이러한 시각이 여기서 별로 그럴듯해 보이지 않을는지는 모르지만 문법을 해석하는 데 있어 가능하거나 그럴듯한 방법이라는 점에 대해서는 문제 소지가 거의 없다고 할 수 있다. 이것은 바울이 그리스도를 호 데오스라고 지칭하는 분명한 예가 사실상 없다는 것을 의미한다. 바울이 쉐마를 재 작업하는 부분과 여타 모든 서신의 문안 인사 부분에서 보여주었던 명확한 명칭 구분을 고려해 볼 때 이러한 사실은 충분히 예상 가능한 일이다.

7. 결론

본 장에서는 여러 결론을 미리 언급해 왔기 때문에 여기서는 서두에서 관찰되었던 것을 소급할 필요가 있으며, 지금은 본 서신에 나타나는 고등기독

---

92) 두 번째 선택만큼은 예외라는 점을 주목해야 한다. 다시 말해 두 번째 선택에 있어서는 이 분사가 절실히 필요해 보인다는 것이다. 이 경우 해당 구문은 '메시아'와 동격을 이루며, '메시아'를 극적으로 지칭하는 부분에서 극적인 역할을 한다. 여러 면에서 이 선택은 다른 어떤 것보다 가장 그럴듯해 보이나 데오스에 정관사가 없다는 점은 설명하기 매우 힘들다.

론의 중요성을 언급해 보려 한다.

　로마서는 바울 서신 중에 하나님 중심적인 내용을 가장 철저히 제시하는 서신이다. 바울에 대해 오로지 명성을 통해서만 알고 있는(1:11-13; 15:22-29) 공동체에게 쓴 본 편지는 다른 어떤 서신보다 조심스럽게 '작성된'(composed) 것으로 보인다. 이렇게 하나님 중심적인 편지에서 어떤 이들은 바울이 그리스도를 아들과 주로 설명하는 일에 보다 많은 관심을 두고 있다고 생각할지도 모르며, 이러한 생각은 사실일 리가 있는 것 같기도 하다. 그러므로 그리스도를 주로 표현하는 의도적이고 전제적 진술을 통해 초기 서신에서도 나타났던 고등기독론을 암시되고 있다는 점을 우리가 여기서 발견한다는 사실은 매우 중요하다.

　그리스도에 대한 주요 초점은 그분이 하나님의 아들이라는 사실에 맞추어져 있으며, 이는 서두(1:2-4)에서부터 하나님의 메시아적 아들(다윗의 자손으로서)이 아버지께서 이 땅에 보내심으로써 오신 선재하신 아들로 소개되고 있다는 사실로 인해 더욱 분명해진다. 동시에 이 칭호(육신으로서의 메시아〈9:5; 1:2 참고〉)가 지닌 메시아적 아들이라는 측면과 아담과 비교되는 부분은 그리스도의 인성이 사실임을 완전하게 부각시키고 있다. 본 서신이 제공하는 증거에 근거해 볼 때 그리스도에 대한 가현설적 입장은 전혀 일리가 없다.

　동시에 선재하셨고 성육신하신 하나님의 아들은 죽음에서 부활하심으로써 '주'의 역할을 온전히 감당하셨다. 따라서 이전과 마찬가지로 그분은 구약에서 말하는 '주'로서 사람들은 구원을 위해 그분의 이름을 부른다(10:9-13). 그리고 그분은 산 자와 죽은 자의 주로서(14:9) 분명 마지막 심판 때 궁극적인 신적 특권을 공유하신다.

부록 I: 본문들

이중 괄호 [[ ]]는 하나님만 지시하는 본문을 의미하고 삼중 괄호 [[[ ]]]는 이 탤릭체로 된 부분은 칠십인경 인용문을 의미하며 여기서 퀴리오스는 여호와를 지칭한다.

1:1-7 ¹Παῦλος **δοῦλος Χριστοῦ Ἰησοῦ**, κλητὸς ἀπόστολος ἀφωρισμένος εἰς εὐαγγέλιον θεοῦ, ²ὃ προεπηγγείλατο διὰ τῶν προφητῶν αὐτοῦ ἐν γραφαῖς ἁγίαις ³**περὶ τοῦ υἱοῦ** αὐτοῦ τοῦ γενομένου ἐκ σπέρματος Δαυὶδ κατὰ σάρκα, ⁴τοῦ ὁρισθέντος **υἱοῦ** θεοῦ ἐν **δυνάμει** κατὰ πνεῦμα ἁγιωσύνης ἐξ ἀναστάσεως νεκρῶν, **Ἰησοῦ Χριστοῦ τοῦ κυρίου ἡμῶν**, ⁵**δι' οὗ** ἐλάβομεν χάριν καὶ ἀποστολὴν εἰς ὑπακοὴν πίστεως ἐν πᾶσιν τοῖς ἔθνεσιν **ὑπὲρ τοῦ ὀνόματος αὐτοῦ**, ⁶ἐν οἷς ἐστε καὶ ὑμεῖς κλητοὶ **Ἰησοῦ Χριστοῦ**, ⁷πᾶσιν τοῖς οὖσιν ἐν Ῥώμῃ/ ἀγαπητοῖς θεοῦ, κλητοῖς ἁγίοις, χάρις ὑμῖν καὶ εἰρήνη ἀπὸ θεοῦ πατρὸς ἡμῶν καὶ **κυρίου Ἰησοῦ Χριστόυ**.

1:8-10 ⁸Πρῶτον μὲν εὐχαριστῶ τῷ θεῷ μου διὰ **Ἰησοῦ Χριστοῦ** περὶ πάντων ὑμῶν ὅτι ἡ πίστις ὑμῶν καταγγέλλεται ἐν ὅλῳ τῷ κόσμῳ. ⁹μάρτυς γάρ μού ἐστιν ὁ θεός, ᾧ λατρεύω ἐν τῷ πνεύματί μου ἐν **τῷ εὐαγγελίῳ τοῦ υἱοῦ** αὐτοῦ, ὡς ἀδιαλείπτως μνείαν ὑμῶν ποιοῦμαι ¹⁰πάντοτε ἐπὶ τῶν προσευχῶν μου δεόμενος εἴ πως ἤδη ποτὲ εὐοδωθήσομαι ἐν τῷ θελήματι τοῦ θεοῦ ἐλθεῖν πρὸς ὑμᾶς.

[[1:16-17 ¹⁶Οὐ γὰρ ἐπαισχύνομαι τὸ εὐαγγέλιον, [v.l. + τοῦ Χριστοῦ] δύναμις γὰρ θεοῦ ἐστιν εἰς σωτηρίαν παντὶ τῷ πιστεύοντι, Ἰουδαίῳ τε πρῶτον καὶ Ἕλληνι. ¹⁷δικαιοσύνη γὰρ θεοῦ ἐν αὐτῷ ἀποκαλύπτεται ἐκ πίστεως εἰς πίστιν, καθὼς γέγραπται· ὁ δὲ δίκαιος ἐκ πίστεως ζήσεται.]]

[[1:18-23 ¹⁸Ἀποκαλύπτεται γὰρ ὀργὴ θεοῦ ἀπ' οὐρανοῦ ἐπὶ πᾶσαν ἀσέβειαν καὶ ἀδικίαν ἀνθρώπων τῶν τὴν ἀλήθειαν ἐν ἀδικίᾳ κατεχόντων, ¹⁹διότι τὸ γνωστὸν τοῦ θεοῦ φανερόν ἐστιν ἐν αὐτοῖς. ὁ θεὸς γὰρ αὐτοῖς ἐφανέρωσεν. ²⁰τὰ γὰρ ἀόρατα αὐτοῦ ἀπὸ κτίσεως κόσμου τοῖς ποιήμασιν νοούμενα καθορᾶται, ἥ τε ἀΐδιος αὐτοῦ δύναμις καὶ θειότης, εἰς τὸ εἶναι αὐτοὺς ἀναπολογήτους, ²¹διότι γνόντες τὸν θεὸν οὐχ ὡς θεὸν ἐδόξασαν ἢ ηὐχαρίστησαν, ἀλλ' ἐματαιώθησαν ἐν τοῖς διαλογισμοῖς αὐτῶν καὶ ἐσκοτίσθη ἡ ἀσύνετος αὐτῶν καρδία. ²²φάσκοντες εἶναι σοφοὶ ἐμωράνθησαν ²³καὶ ἤλλαξαν τὴν δόξαν τοῦ ἀφθάρτου θεοῦ ἐν ὁμοιώματι εἰκόνος φθαρτοῦ ἀνθρώπου καὶ πετεινῶν καὶ τετραπόδων καὶ ἑρπετῶν.]]

[[1:24-26 ²⁴Διὸ παρέδωκεν αὐτοὺς ὁ θεὸς ἐν ταῖς ἐπιθυμίαις τῶν καρδιῶν αὐτῶν εἰς ἀκαθαρσίαν τοῦ ἀτιμάζεσθαι τὰ σώματα αὐτῶν ἐν αὐτοῖς, ²⁵οἵτινες μετήλλαξαν τὴν ἀλήθειαν τοῦ θεοῦ ἐν τῷ ψεύδει καὶ ἐσεβάσθησαν

제6장 로마서에 나타나는 기독론 429

καὶ ἐλάτρευσαν τῇ κτίσει παρὰ τὸν κτίσαντα, ὅς ἐστιν εὐλογητὸς εἰς τοὺς αἰῶνας. ἀμήν. ²⁶διὰ τοῦτο παρέδωκεν αὐτοὺς ὁ θεὸς εἰς πάθη ἀτιμίας,]

[[1:28 καὶ καθὼς οὐκ ἐδοκίμασαν τὸν θεὸν ἔχειν ἐν ἐπιγνώσει, παρέδωκεν αὐτοὺς ὁ θεὸς εἰς ἀδόκιμον νοῦν, ποιεῖν τὰ μὴ καθήκοντα,]]

[[2:2–6²οἴδαμεν δὲ ὅτι τὸ κρίμα τοῦ θεοῦ ἐστιν κατὰ ἀλήθειαν ἐπὶ τοὺς τὰ τοιαῦτα πράσσοντες ³λογίζῃ δὲ τοῦτο, ὦ ἄνθρωπε ὁ κρίνων τοὺς τὰ τοιαῦτα πράσσοντας καὶ ποιῶν αὐτά, ὅτι σὺ ἐκφεύξῃ τὸ κρίμα τοῦ θεοῦ; ⁴ἢ τοῦ πλούτου τῆς χρηστότητος αὐτοῦ καὶ τῆς ἀνοχῆς καὶ τῆς μακροθυμίας καταφρονεῖς, ἀγνοῶν ὅτι τὸ χρηστὸν τοῦ θεοῦ εἰς μετάνοιάν σε ἄγει; ⁵κατὰ δὲ τὴν σκληρότητά σου καὶ ἀμετανόητον καρδίαν θησαυρίζεις σεαυτῷ ὀργὴν ἐν ἡμέρᾳ ὀργῆς καὶ ἀποκαλύψεως δικαιοκρισίας τοῦ θεοῦ ⁶ὃς ἀποδώσει ἑκάστῳ κατὰ τὰ ἔργα αὐτοῦ·]]

[[2:11 οὐ γάρ ἐστιν προσωπολημψία παρὰ τῷ θεῷ.]]

[[2:13 οὐ γὰρ οἱ ἀκροαταὶ νόμου δίκαιοι παρὰ τῷ θεῷ . . .]]

2:16 ἐν ἡμέρᾳ ὅτε κρίνει ὁ θεὸς τὰ κρυπτὰ τῶν ἀνθρώπων κατὰ τὸ εὐαγγέλιόν μου **διὰ Χριστοῦ Ἰησοῦ.** [v.l. Ἰησοῦ Χριστοῦ]

[[2:17 Εἰ δὲ σὺ Ἰουδαῖος ἐπονομάζῃ καὶ ἐπαναπαύῃ νόμῳ καὶ καυχᾶσαι ἐν θεῷ]]

[[2:23–24 ²³ὃς ἐν νόμῳ καυχᾶσαι, διὰ τῆς παραβάσεως τοῦ νόμου τὸν θεὸν ἀτιμάζεις· ²⁴τὸ γὰρ ὄνομα τοῦ θεοῦ δι᾽ ὑμᾶς βλασφημεῖται ἐν τοῖς ἔθνεσιν,]]

[[2:29 . . . οὗ ὁ ἔπαινος οὐκ ἐξ ἀνθρώπων ἀλλ᾽ ἐκ τοῦ θεοῦ.]]

[[3:2–7² . . . πρῶτον μὲν γὰρ ὅτι ἐπιστεύθησαν τὰ λόγια τοῦ θεοῦ. ³τί γάρ; εἰ ἠπίστησάν τινες, μὴ ἡ ἀπιστία αὐτῶν τὴν πίστιν τοῦ θεοῦ καταργήσει; ⁴μὴ γένοιτο· γινέσθω δὲ ὁ θεὸς ἀληθής, πᾶς δὲ ἄνθρωπος ψεύστης, καθὼς γέγραπται· ὅπως ἂν δικαιωθῇς ἐν τοῖς λόγοις σου καὶ νικήσεις ἐν τῷ κρίνεσθαί σε. ⁵εἰ δὲ ἡ ἀδικία ἡμῶν θεοῦ δικαιοσύνην συνίστησιν, τί ἐροῦμεν; μὴ ἄδικος ὁ θεὸς ὁ ἐπιφέρων τὴν ὀργήν (κατὰ ἄνθρωπον λέγω); ⁶μὴ γένοιτο· ἐπεὶ πῶς κρινεῖ ὁ θεὸς τὸν κόσμον; ⁷εἰ δὲ ἡ ἀλήθεια τοῦ θεοῦ ἐν τῷ ἐμῷ ψεύσματι ἐπερίσσευσεν εἰς τὴν δόξαν αὐτοῦ, τί ἔτι κἀγὼ ὡς ἁμαρτωλὸς κρίνομαι;]]

[[3:11 . . . *οὐκ ἔστιν ὁ ἐκζητῶν τὸν θεόν.*]]

[[3:18 *οὐκ ἔστιν φόβος θεοῦ ἀπέναντι τῶν ὀφθαλμῶν αὐτῶν.*]]

[[3:19 . . . ἵνα πᾶν στόμα φραγῇ καὶ ὑπόδικος γένηται πᾶς ὁ κόσμος τῷ θεῷ·]]

3:21–26 ²¹Νυνὶ δὲ χωρὶς νόμου δικαιοσύνη θεοῦ πεφανέρωται μαρτυρουμένη ὑπὸ τοῦ νόμου καὶ τῶν προφητῶν, ²²δικαιοσύνη δὲ θεοῦ **διὰ πίστεως Ἰησοῦ Χριστοῦ** εἰς πάντας τοὺς πιστεύοντας. οὐ γάρ ἐστιν διαστολή, ²³πάντες γὰρ ἥμαρτον καὶ ὑστεροῦνται τῆς δόξης τοῦ θεοῦ ²⁴δικαιούμενοι δωρεὰν τῇ αὐτοῦ χάριτι **διὰ τῆς ἀπολυτρώσεως τῆς ἐν Χριστῷ Ἰησοῦ**· ²⁵ὃν προέθετο ὁ θεὸς **ἱλαστήριον** διὰ τῆς πίστεως **ἐν τῷ αὐτοῦ αἵματι** εἰς ἔνδειξιν τῆς δικαιοσύνης αὐτοῦ διὰ τὴν πάρεσιν τῶν προγεγονότων ἁμαρτημάτων ²⁶ἐν τῇ ἀνοχῇ τοῦ θεοῦ, πρὸς τὴν ἔνδειξιν τῆς δικαιοσύνης αὐτοῦ ἐν τῷ νῦν καιρῷ, εἰς τὸ εἶναι αὐτὸν δίκαιον καὶ δικαιοῦντα τὸν **ἐκ πίστεως Ἰησοῦ**. [v.l.-Ἰησου]

[[3:29–30 ²⁹ἢ Ἰουδαίων ὁ θεὸς μόνον; οὐχὶ καὶ ἐθνῶν; ναὶ καὶ ἐθνῶν, ³⁰εἴπερ εἷς ὁ θεὸς ὃς δικαιώσει περιτομὴν ἐκ πίστεως . . .]]

[[4:2–3² . . . ἔχει καύχημα, ἀλλ' οὐ πρὸς θεόν. ³τί γὰρ ἡ γραφὴ λέγει; ἐπίστευσεν δὲ Ἀβραὰμ τῷ θεῷ καὶ . . .]]

[[4:6 . . . ᾧ ὁ θεὸς λογίζεται δικαιοσύνην χωρὶς ἔργων·]]

[[[4:8 μακάριος ἀνὴρ οὗ οὐ μὴ λογίσηται κύριος ἁμαρτίαν.]]]

[[4:17 . . . κατέναντι οὗ ἐπίστευσεν θεοῦ τοῦ ζωοποιοῦντος τοὺς νεκροὺς καὶ καλοῦντος τὰ μὴ ὄντα ὡς ὄντα.]]

[[4:20 εἰς δὲ τὴν ἐπαγγελίαν τοῦ θεοῦ οὐ διεκρίθη τῇ ἀπιστίᾳ ἀλλ' ἐνεδυναμώθη τῇ πίστει, δοὺς δόξαν τῷ θεῷ]]

4:24 ἀλλὰ καὶ δι' ἡμᾶς, οἷς μέλλει λογίζεσθαι, τοῖς πιστεύουσιν ἐπὶ τὸν ἐγείραντα **Ἰησοῦν τὸν κύριον ἡμῶν** ἐκ νεκρῶν,

5:1–2 ¹Δικαιωθέντες οὖν ἐκ πίστεως εἰρήνην ἔχωμεν πρὸς τὸν θεὸν **διὰ τοῦ κυρίου ἡμῶν Ἰησοῦ Χριστοῦ** ²δι' οὗ καὶ τὴν προσαγωγὴν ἐσχήκαμεν τῇ πίστει εἰς τὴν χάριν ταύτην ἐν ᾗ ἑστήκαμεν καὶ καυχώμεθα ἐπ' ἐλπίδι τῆς δόξης τοῦ θεοῦ.

[[5:5 . . . ὅτι ἡ ἀγάπη τοῦ θεοῦ ἐκκέχυται ἐν ταῖς καρδίαις ἡμῶν διὰ πνεύματος ἁγίου τοῦ δοθέντος ἡμῖν.]]

5:6–11 ⁶ἔτι γὰρ **Χριστὸς** ὄντων ἡμῶν ἀσθενῶν ἔτι κατὰ καιρὸν ὑπὲρ ἀσεβῶν ἀπέθανεν. . . . ⁸συνίστησιν δὲ τὴν ἑαυτοῦ ἀγάπην εἰς ἡμᾶς ὁ θεός, ὅτι ἔτι ἁμαρτωλῶν ὄντων ἡμῶν **Χριστὸς ὑπὲρ ἡμῶν ἀπέθανεν**. ⁹πολλῷ οὖν μᾶλλον δικαιωθέντες νῦν **ἐν τῷ αἵματι αὐτοῦ** σωθησόμεθα **δι' αὐτοῦ** ἀπὸ τῆς ὀργῆς. ¹⁰εἰ γὰρ ἐχθροὶ ὄντες κατηλλάγημεν τῷ θεῷ **διὰ τοῦ θανάτου τοῦ υἱοῦ** αὐτοῦ, πολλῷ μᾶλλον καταλλαγέντες σωθησόμεθα **ἐν τῇ ζωῇ αὐτοῦ**. ¹¹οὐ μόνον δέ, ἀλλὰ καὶ καυχώμενοι ἐν τῷ θεῷ **διὰ τοῦ κυρίου ἡμῶν Ἰησοῦ Χριστοῦ δι' οὗ** νῦν τὴν καταλλαγὴν ἐλάβομεν.

5:15 . . . πολλῷ μᾶλλον ἡ χάρις τοῦ θεοῦ καὶ ἡ δωρεὰ ἐν χάριτι τῇ **τοῦ ἑνὸς ἀνθρώπου Ἰησοῦ Χριστοῦ** εἰς τοὺς πολλοὺς ἐπερίσσευσεν.

5:17 . . . πολλῷ μᾶλλον οἱ τὴν περισσείαν τῆς χάριτος καὶ τῆς δωρεᾶς τῆς δικαιοσύνης λαμβάνοντες ἐν ζωῇ βασιλεύσουσιν **διὰ τοῦ ἑνὸς Ἰησοῦ**

제6장 로마서에 나타나는 기독론 431

Χριστοῦ.

5:18–19, 21 [18]... οὕτως καὶ **δι' ἑνὸς δικαιώματος** εἰς πάντας ἀνθρώπους εἰς δικαίωσιν ζωῆς. [19]... οὕτως καὶ **διὰ τῆς ὑπακοῆς τοῦ ἑνὸς** δίκαιοι κατασταθήσονται οἱ πολλοί.... [21]... οὕτως καὶ ἡ χάρις βασιλεύσῃ διὰ δικαιοσύνης εἰς ζωὴν αἰώνιον **διὰ Ἰησοῦ Χριστοῦ τοῦ κυρίου ἡμῶν**.

6:3–5 [3]ἢ ἀγνοεῖτε ὅτι, ὅσοι ἐβαπτίσθημεν **εἰς Χριστὸν Ἰησοῦν**, **εἰς τὸν θάνατον αὐτοῦ ἐβαπτίσθημεν**; [4]συνετάφημεν οὖν **αὐτῷ** διὰ τοῦ βαπτίσματος εἰς τὸν θάνατον ἵνα **ὥσπερ ἠγέρθη Χριστὸς ἐκ νεκρῶν** διὰ τῆς δόξης τοῦ πατρός, οὕτως καὶ ἡμεῖς ἐν καινότητι ζωῆς περιπατήσωμεν. [5]εἰ γὰρ σύμφυτοι γεγόναμεν τῷ ὁμοιώματι **τοῦ θανάτου αὐτοῦ**, ἀλλὰ καὶ τῆς ἀναστάσεως ἐσόμεθα·

6:8–11 [8]εἰ δὲ ἀπεθάνομεν **σὺν Χριστῷ**, πιστεύομεν ὅτι καὶ **συζήσομεν αὐτῷ** [9]εἰδότες ὅτι **Χριστὸς ἐγερθεὶς ἐκ νεκρῶν** οὐκέτι ἀποθνῄσκει, θάνατος **αὐτοῦ** οὐκέτι κυριεύει. [10]ὃ γὰρ ἀπέθανεν, τῇ ἁμαρτίᾳ ἀπέθανεν ἐφάπαξ· ὃ δὲ ζῇ, ζῇ τῷ θεῷ. [11]οὕτως καὶ ὑμεῖς λογίζεσθε ἑαυτοὺς εἶναι νεκροὺς μὲν τῇ ἁμαρτίᾳ ζῶντας δὲ τῷ θεῷ **ἐν Χριστῷ Ἰησοῦ**. [v.l. +τῷ κυρίῳ ἡμῶν]

[[6:13... παραστήσατε ἑαυτοὺς τῷ θεῷ ὡσεὶ ἐκ νεκρῶν ζῶντας καὶ τὰ μέλη ὑμῶν ὅπλα δικαιοσύνης τῷ θεῷ.]]

[[6:17 χάρις δὲ τῷ θεῷ ὅτι...]]

[[6:22 νυνὶ δὲ ἐλευθερωθέντες ἀπὸ τῆς ἁμαρτίας δουλωθέντες δὲ τῷ θεῷ ἔχετε τὸν καρπὸν ὑμῶν εἰς ἁγιασμόν,]]
6:23 τὰ γὰρ ὀψώνια τῆς ἁμαρτίας θάνατος, τὸ δὲ χάρισμα τοῦ θεοῦ ζωὴ αἰώνιος **ἐν Χριστῷ Ἰησοῦ τῷ κυρίῳ ἡμῶν**.

7:4 ὥστε, ἀδελφοί μου, καὶ ὑμεῖς ἐθανατώθητε τῷ νόμῳ **διὰ τοῦ σώματος τοῦ Χριστοῦ**, εἰς τὸ γενέσθαι ὑμᾶς **ἑτέρῳ, τῷ ἐκ νεκρῶν ἐγερθέντι**, ἵνα καρποφορήσωμεν τῷ θεῷ.

[[7:22 συνήδομαι γὰρ τῷ νόμῳ τοῦ θεοῦ κατὰ τὸν ἔσω ἄνθρωπον,]]

7:25 χάρις δὲ τῷ θεῷ **διὰ Ἰησοῦ Χριστοῦ τοῦ κυρίου ἡμῶν**. ἄρα οὖν αὐτὸς ἐγὼ τῷ μὲν νοῒ δουλεύω νόμῳ θεοῦ, τῇ δὲ σαρκὶ νόμῳ ἁμαρτίας.

8:1–2 Οὐδὲν ἄρα νῦν κατάκριμα **τοῖς ἐν Χριστῷ Ἰησοῦ**. [2]ὁ γὰρ νόμος τοῦ πνεύματος τῆς ζωῆς **ἐν Χριστῷ Ἰησοῦ** ἠλευθέρωσέν σε ἀπὸ τοῦ νόμου τῆς ἁμαρτίας καὶ τοῦ θανάτου.

8:3 τὸ γὰρ ἀδύνατον τοῦ νόμου ἐν ᾧ ἠσθένει διὰ τῆς σαρκός, ὁ θεὸς **τὸν ἑαυτοῦ υἱὸν πέμψας** ἐν ὁμοιώματι σαρκὸς ἁμαρτίας καὶ περὶ ἁμαρτίας κατέκρινεν τὴν ἁμαρτίαν ἐν τῇ σαρκί,

[[8:7–8 διότι τὸ φρόνημα τῆς σαρκὸς ἔχθρα εἰς θεόν, τῷ γὰρ νόμῳ τοῦ θεοῦ οὐχ ὑποτάσσεται, οὐδὲ γὰρ δύναται· [8]οἱ δὲ ἐν σαρκὶ ὄντες θεῷ ἀρέσαι οὐ δύνανται.]]

8:9-11 ⁹ὑμεῖς δὲ οὐκ ἐστὲ ἐν σαρκὶ ἀλλὰ ἐν πνεύματι, εἴπερ <u>πνεῦμα θεοῦ</u> οἰκεῖ ἐν ὑμῖν. εἰ δέ τις **πνεῦμα Χριστοῦ** οὐκ ἔχει, οὗτος οὐκ ἔστιν **αὐτοῦ**. ¹⁰**εἰ δὲ Χριστὸς** ἐν ὑμῖν, τὸ μὲν σῶμα νεκρὸν διὰ ἁμαρτίαν τὸ δὲ πνεῦμα ζωὴ διὰ δικαιοσύνην. ¹¹εἰ δὲ <u>τὸ πνεῦμα τοῦ ἐγείραντος</u> **τὸν Ἰησοῦν ἐκ νεκρῶν** οἰκεῖ ἐν ὑμῖν, <u>ὁ ἐγείρας</u> **Χριστὸν** ἐκ νεκρῶν ζῳοποιήσει καὶ τὰ θνητὰ σώματα ὑμῶν διὰ <u>τὸ ἐνοικοῦν αὐτοῦ πνεῦμα</u> ἐν ὑμῖν.

8:14-17 ¹⁴ὅσοι γὰρ <u>πνεύματι θεοῦ</u> ἄγονται, οὗτοι <u>υἱοὶ θεοῦ εἰσιν</u>. ¹⁵οὐ γὰρ ἐλάβετε πνεῦμα δουλείας πάλιν εἰς φόβον ἀλλὰ ἐλάβετε πνεῦμα υἱοθεσίας ἐν ᾧ κράζομεν· <u>αββα ὁ πατήρ</u>. ¹⁶αὐτὸ τὸ πνεῦμα συμμαρτυρεῖ τῷ πνεύματι ἡμῶν ὅτι ἐσμὲν <u>τέκνα θεοῦ</u>. ¹⁷εἰ δὲ τέκνα, καὶ κληρονόμοι· κληρονόμοι μὲν <u>θεοῦ</u>, **συγκληρονόμοι δὲ Χριστοῦ, εἴπερ συμπάσχομεν** ἵνα καὶ **συνδοξασθῶμεν**.

[[8:19 ἡ γὰρ ἀποκαραδοκία τῆς κτίσεως τὴν ἀποκάλυψιν <u>τῶν υἱῶν τοῦ θεοῦ</u> ἀπεκδέχεται.]]

[[8:21 ὅτι καὶ αὐτὴ ἡ κτίσις ἐλευθερωθήσεται ἀπὸ τῆς δουλείας τῆς φθορᾶς εἰς τὴν ἐλευθερίαν τῆς δόξης <u>τῶν τέκνων τοῦ θεοῦ</u>.]]

[[8:27 <u>ὁ δὲ ἐραυνῶν τὰς καρδίας οἶδεν</u> τί τὸ φρόνημα τοῦ πνεύματος, ὅτι <u>κατὰ θεὸν</u> ἐντυγχάνει ὑπὲρ ἁγίων.]]

8:28-30 ²⁸οἴδαμεν δὲ ὅτι <u>τοῖς ἀγαπῶσιν τὸν θεὸν</u> πάντα συνεργεῖ εἰς ἀγαθόν, τοῖς κατὰ πρόθεσιν κλητοῖς οὖσιν· ²⁹ὅτι οὓς <u>προέγνω</u>, καὶ <u>προώρισεν</u> συμμόρφους **τῆς εἰκόνος τοῦ υἱοῦ** <u>αὐτοῦ</u>, **εἰς τὸ εἶναι αὐτὸν πρωτότοκον** ἐν πολλοῖς ἀδελφοῖς· ³⁰οὓς δὲ <u>προώρισεν</u>, τούτους καὶ <u>ἐκάλεσεν</u>· καὶ οὓς <u>ἐκάλεσεν</u>, τούτους καὶ <u>ἐδικαίωσεν</u>· οὓς δὲ <u>ἐδικαίωσεν</u>, τούτους καὶ <u>ἐδόξασεν</u>.

8:31-35 ³¹Τί οὖν ἐροῦμεν πρὸς ταῦτα; <u>εἰ ὁ θεὸς ὑπὲρ ἡμῶν</u>, τίς καθ᾿ ἡμῶν; ³²<u>ὅς γε</u> **τοῦ** <u>ἰδίου</u> **υἱοῦ** <u>οὐκ ἐφείσατο ἀλλὰ ὑπὲρ ἡμῶν πάντων παρέδωκεν</u> αὐτόν, πῶς οὐχὶ **καὶ σὺν αὐτῷ** τὰ πάντα ἡμῖν <u>χαρίσεται</u>; ³³τίς ἐγκαλέσει <u>κατὰ ἐκλεκτῶν θεοῦ; θεὸς ὁ δικαιῶν</u>· ³⁴τίς ὁ κατακρινῶν; **Χριστὸς Ἰησοῦς ὁ ἀποθανῶν**, μᾶλλον δὲ **ἐγερθείς**, ὃς καί ἐστιν <u>ἐν δεξιᾷ τοῦ θεοῦ</u>, ὃς καὶ ἐντυγχάνει ὑπὲρ ἡμῶν; ³⁵τίς ἡμᾶς χωρίσει ἀπὸ τῆς ἀγάπης τοῦ Χριστοῦ;

8:37 ἀλλ᾿ ἐν τούτοις πᾶσιν ὑπερνικῶμεν **διὰ τοῦ ἀγαπήσαντος ἡμᾶς**.

8:39 ... οὔτε τις κτίσις ἑτέρα δυνήσεται ἡμᾶς χωρίσαι <u>ἀπὸ τῆς ἀγάπης τοῦ θεοῦ τῆς</u> **ἐν Χριστῷ Ἰησοῦ τῷ κυρίῳ ἡμῶν**.

9:1 Ἀλήθειαν λέγω **ἐν Χριστῷ**, οὐ ψεύδομαι, συμμαρτυρούσης μοι τῆς συνειδήσεώς μου ἐν πνεύματι ἁγίῳ,

9:3-5 ³ηὐχόμην γὰρ ἀνάθεμα εἶναι αὐτὸς ἐγὼ **ἀπὸ τοῦ Χριστοῦ** ὑπὲρ τῶν ἀδελφῶν μου τῶν συγγενῶν μου κατὰ σάρκα, ⁴οἵτινές εἰσιν Ἰσραηλῖται, ὧν

제6장 로마서에 나타나는 기독론   433

ἡ υἱοθεσία καὶ ἡ δόξα καὶ αἱ διαθῆκαι καὶ ἡ νομοθεσία καὶ ἡ λατρεία καὶ αἱ ἐπαγγελίαι, ⁵ὧν οἱ πατέρες καὶ ἐξ ὧν ὁ **Χριστὸς τὸ κατὰ σάρκα**, ὁ ὢν ἐπὶ πάντων θεὸς εὐλογητὸς εἰς τοὺς αἰῶνας, ἀμήν.

[[9:6 Οὐχ οἷον δὲ ὅτι ἐκπέπτωκεν ὁ λόγος τοῦ θεοῦ. . . .]]

[[9:8 . . . οὐ τὰ τέκνα τῆς σαρκὸς ταῦτα τέκνα τοῦ θεοῦ . . .]]

[[9:11 . . . ἵνα ἡ κατ᾽ ἐκλογὴν πρόθεσις τοῦ θεοῦ μένῃ,]]

[[9:14 Τί οὖν ἐροῦμεν; μὴ ἀδικία παρὰ τῷ θεῷ; μὴ γένοιτο.]]

[[9:16 ἄρα οὖν οὐ τοῦ θέλοντος οὐδὲ τοῦ τρέχοντος ἀλλὰ τοῦ ἐλεῶντος θεοῦ.]]

[[9:20 ὦ ἄνθρωπε, μενοῦνγε σὺ τίς εἶ ὁ ἀνταποκρινόμενος τῷ θεῷ;]]

[[9:22 εἰ δὲ θέλων ὁ θεὸς ἐνδείξασθαι τὴν ὀργὴν καὶ γνωρίσαι τὸ δυνατὸν αὐτοῦ . . .]]

[[9:24 οὓς καὶ ἐκάλεσεν ἡμᾶς οὐ μόνον ἐξ Ἰουδαίων ἀλλὰ καὶ ἐξ ἐθνῶν,]]

[[[9:28-29 ²⁸*λόγον γὰρ συντελῶν καὶ συντέμνων ποιήσει κύριος ἐπὶ τῆς γῆς.* ²⁹*καὶ καθὼς προείρηκεν Ἡσαΐας· εἰ μὴ κύριος σαβαὼθ ἐγκατέλιπεν ἡμῖν σπέρμα, ὡς Σόδομα ἂν ἐγενήθημεν καὶ ὡς Γόμορρα ἂν ὡμοιώθημεν.*]]]

9:32 . . . προσέκοψαν **τῷ λίθῳ τοῦ προσκόμματος**,

10:1-4 ¹Ἀδελφοί, ἡ μὲν εὐδοκία τῆς ἐμῆς καρδίας καὶ ἡ δέησις πρὸς τὸν θεὸν ὑπὲρ αὐτῶν εἰς σωτηρίαν. ²μαρτυρῶ γὰρ αὐτοῖς ὅτι ζῆλον θεοῦ ἔχουσιν ἀλλ᾽ οὐ κατ᾽ ἐπίγνωσιν· ³ἀγνοοῦντες γὰρ τὴν τοῦ θεοῦ δικαιοσύνην καὶ τὴν ἰδίαν δικαιοσύνην ζητοῦντες στῆσαι, τῇ δικαιοσύνῃ τοῦ θεοῦ οὐχ ὑπετάγησαν. ⁴**τέλος γὰρ νόμου Χριστὸς** εἰς δικαιοσύνην παντὶ τῷ πιστεύοντι.

10:6-7 ⁶ . . . *μὴ εἴπῃς ἐν τῇ καρδίᾳ σου· τίς ἀναβήσεται εἰς τὸν οὐρανόν;* τοῦτ᾽ ἔστιν **Χριστὸν καταγαγεῖν**· ⁷*ἤ· τίς καταβήσεται εἰς τὴν ἄβυσσον;* τοῦτ᾽ ἔστιν **Χριστὸν ἐκ νεκρῶν ἀναγαγεῖν**.

10:9 ὅτι ἐὰν ὁμολογήσῃς ἐν τῷ στόματί σου **κύριον Ἰησοῦν** καὶ πιστεύσῃς ἐν τῇ καρδίᾳ σου ὅτι ὁ θεὸς αὐτὸν ἤγειρεν ἐκ νεκρῶν, σωθήσῃ·

10:12-13 ¹²οὐ γάρ ἐστιν διαστολὴ Ἰουδαίου τε καὶ Ἕλληνος, ὁ γὰρ **αὐτὸς κύριος πάντων, πλουτῶν** εἰς πάντας τοὺς ἐπικαλουμένους **αὐτόν**· ¹³*πᾶς γὰρ ὃς ἂν ἐπικαλέσηται τὸ ὄνομα κυρίου σωθήσεται.*

[[[10:16 . . . Ἡσαΐας γὰρ λέγει· *κύριε, τίς ἐπίστευσεν τῇ ἀκοῇ ἡμῶν;*]]]

10:17 ἄρα ἡ πίστις ἐξ ἀκοῆς, ἡ δὲ ἀκοὴ **διὰ ῥήματος Χριστοῦ**. [v.l. θεοῦ]

[[11:1-2 ¹Λέγω οὖν μὴ ἀπώσατο ὁ θεὸς τὸν λαὸν αὐτοῦ; μὴ γένοιτο· καὶ γὰρ ἐγὼ Ἰσραηλίτης εἰμί, ἐκ σπέρματος Ἀβραάμ, φυλῆς Βενιαμίν. ²<u>οὐκ ἀπώσατο ὁ θεὸς τὸν λαὸν αὐτοῦ</u> ὃν <u>προέγνω</u>. ἢ οὐκ οἴδατε ἐν Ἠλίᾳ τί λέγει ἡ γραφή, ὡς ἐντυγχάνει <u>τῷ θεῷ</u> κατὰ τοῦ Ἰσραήλ;]]

[[[11:3 <u>κύριε, τοὺς προφήτας σου ἀπέκτειναν, . . .</u>]]]

[[[11:8 καθὼς γέγραπται· ἔδωκεν αὐτοῖς <u>ὁ θεὸς</u> πνεῦμα κατανύξεως,]]]

11:21-23 ²¹<u>εἰ γὰρ ὁ θεὸς</u> τῶν κατὰ φύσιν κλάδων <u>οὐκ ἐφείσατο</u> μή πως οὐδὲ σοῦ φείσεται. ²²ἴδε οὖν <u>χρηστότητα καὶ ἀποτομίαν θεοῦ</u>· ἐπὶ μὲν τοὺς πεσόντας ἀποτομία, ἐπὶ δὲ σὲ <u>χρηστότης θεοῦ</u>, . . . ²³ . . . δυνατὸς γάρ ἐστιν <u>ὁ θεὸς</u> πάλιν ἐγκεντρίσαι αὐτούς.]

[[11:29-36 ²⁹ἀμεταμέλητα γὰρ <u>τὰ χαρίσματα καὶ ἡ κλῆσις τοῦ θεοῦ</u>. ³⁰ὥσπερ γὰρ ὑμεῖς ποτε <u>ἠπειθήσατε τῷ θεῷ</u>, νῦν δὲ ἠλεήθητε τῇ τούτων ἀπειθείᾳ ³¹οὕτως καὶ οὗτοι νῦν ἠπείθησαν τῷ ὑμετέρῳ ἐλέει, ἵνα καὶ αὐτοὶ νῦν ἐλεηθῶσιν. ³²<u>συνέκλεισεν γὰρ ὁ θεὸς</u> τοὺς πάντας εἰς ἀπείθειαν, ἵνα τοὺς πάντας <u>ἐλεήσῃ</u>. ³³ ⁷Ω <u>βάθος πλούτου καὶ σοφίας καὶ γνώσεως θεοῦ</u>· ὡς ἀνεξεραύνητα <u>τὰ κρίματα αὐτοῦ καὶ ἀνεξιχνίαστοι αἱ ὁδοὶ αὐτοῦ</u>. ³⁴<u>τίς γὰρ ἔγνω νοῦν κυρίου; ἢ τίς σύμβουλος αὐτοῦ</u> ἐγένετο; ³⁵<u>ἢ τίς προέδωκεν αὐτῷ, καὶ ἀνταποδοθήσεται</u> αὐτῷ; ³⁶ὅτι <u>ἐξ αὐτοῦ καὶ δι' αὐτοῦ καὶ εἰς αὐτὸν τὰ πάντα· αὐτῷ ἡ δόξα εἰς τοὺς αἰῶνας</u>, ἀμήν.]]

[[12:1-2 ¹Παρακαλῶ οὖν ὑμᾶς, ἀδελφοί <u>διὰ τῶν οἰκτιρμῶν τοῦ θεοῦ</u> παραστῆσαι τὰ σώματα ὑμῶν θυσίαν ζῶσαν ἁγίαν <u>εὐάρεστον τῷ θεῷ</u>, τὴν λογικὴν λατρείαν ὑμῶν· ²καὶ μὴ συσχηματίζεσθε τῷ αἰῶνι τούτῳ, ἀλλὰ μεταμορφοῦσθε τῇ ἀνακαινώσει τοῦ νοὸς εἰς τὸ δοκιμάζειν ὑμᾶς <u>τί τὸ θέλημα τοῦ θεοῦ</u>, τὸ ἀγαθὸν καὶ εὐάρεστον καὶ τέλειον.]]

[[12:3 . . . ἀλλὰ φρονεῖν εἰς τὸ σωφρονεῖν, ἑκάστῳ <u>ὡς ὁ θεὸς ἐμέρισεν</u> μέτρον πίστεως.]]

12:5 οὕτως οἱ πολλοὶ **ἓν σῶμά ἐσμεν ἐν Χριστῷ**, . . .

12:11 τῇ σπουδῇ μὴ ὀκνηροί, τῷ πνεύματι ζέοντες, **τῷ κυρίῳ δουλεύοντες**,

[[[12:19 . . . γέγραπται γάρ· <u>ἐμοὶ ἐκδίκησις, ἐγὼ ἀνταποδώσω, λέγει κύριος.</u>]]]

[[13:1-6¹Πᾶσα ψυχὴ ἐξουσίαις ὑπερεχούσαις ὑποτασσέσθω· οὐ γὰρ ἔστιν ἐξουσία <u>εἰ μὴ ὑπὸ θεοῦ</u>, αἱ δὲ οὖσαι <u>ὑπὸ θεοῦ τεταγμέναι εἰσίν</u>· ²ὥστε ὁ ἀντιτασσόμενος τῇ ἐξουσίᾳ <u>τῇ τοῦ θεοῦ διαταγῇ</u> ἀνθέστηκεν, . . . ⁴<u>θεοῦ</u> γὰρ διάκονός ἐστιν σοὶ εἰς τὸ ἀγαθόν. ἐὰν δὲ τὸ κακὸν ποιῇς, φοβοῦ· οὐ γὰρ εἰκῇ τὴν μάχαιραν φορεῖ. <u>θεοῦ</u> γὰρ διάκονός ἐστιν ἔκδικος εἰς ὀργὴν τῷ τὸ κακὸν πράσσοντι. . . . ⁶ διὰ τοῦτο γὰρ καὶ φόρους τελεῖτε· <u>λειτουργοὶ</u> γὰρ <u>θεοῦ εἰσιν</u> εἰς αὐτὸ τοῦτο προσκαρτεροῦντες.]]

13:14 ἀλλὰ **ἐνδύσασθε τὸν κύριον Ἰησοῦν Χριστὸν** καὶ τῆς σαρκὸς

제6장 로마서에 나타나는 기독론   435

πρόνοιαν μὴ ποιεῖσθε εἰς ἐπιθυμίας.

14:3-9 ³ . . . ὁ θεὸς γὰρ αὐτὸν προσελάβετο. ⁴σὺ τίς εἶ ὁ κρίνων ἀλλότριον οἰκέτην; τῷ ἰδίῳ κυρίῳ στήκει ἢ πίπτει. σταθήσεται δὲ, δυνατεῖ γὰρ ὁ κύριος στῆσαι αὐτόν. ⁵ὃς μὲν γὰρ κρίνει ἡμέραν παρ᾽ ἡμέραν, ὃς δὲ κρίνει πᾶσαν ἡμέραν· ἕκαστος ἐν τῷ ἰδίῳ νοῒ πληροφορείσθω. ⁶ὁ φρονῶν τὴν ἡμέραν κυρίῳ φρονεῖ· καὶ ὁ ἐσθίων κυρίῳ ἐσθίει, εὐχαριστεῖ γὰρ τῷ θεῷ· καὶ ὁ μὴ ἐσθίων κυρίῳ οὐκ ἐσθίει, καὶ εὐχαριστεῖ τῷ θεῷ. ⁷οὐδεὶς γὰρ ἡμῶν ἑαυτῷ ζῇ καὶ οὐδεὶς ἑαυτῷ ἀποθνῄσκει· ⁸ἐάν τε γὰρ ζῶμεν, τῷ κυρίῳ ζῶμεν. ἐάν τε ἀποθνῄσκωμεν, τῷ κυρίῳ ἀποθνῄσκομεν. ἐάν τε οὖν ζῶμεν ἐάν τε ἀποθνῄσκωμεν, τοῦ κυρίου ἐσμέν. ⁹εἰς τοῦτο γὰρ Χριστὸς ἀπέθανεν καὶ ἔζησεν, ἵνα καὶ νεκρῶν καὶ ζώντων κυριεύσῃ.

14:10-12 ¹⁰σὺ δὲ τί κρίνεις τὸν ἀδελφόν σου; ἢ καὶ σὺ τί ἐξουθενεῖς τὸν ἀδελφόν σου; πάντες γὰρ παραστησόμεθα τῷ βήματι τοῦ θεοῦ, [v.l. Χριστοῦ] ¹¹γέγραπται γάρ· ζῶ ἐγώ, λέγει κύριος [or κύριος] ὅτι ἐμοὶ κάμψει πᾶν γόνυ καὶ πᾶσα γλῶσσα ἐξομολογήσεται τῷ θεῷ. ¹²ἄρα ἕκαστος ἡμῶν περὶ ἑαυτοῦ λόγον δώσει. [v.l. + τῷ θεῷ]

14:14 οἶδα καὶ πέπεισμαι ἐν κυρίῳ Ἰησοῦ ὅτι οὐδὲν κοινὸν δι᾽ ἑαυτοῦ, . . .

14:15 . . . μὴ τῷ βρώματί σου ἐκεῖνον ἀπόλλυε ὑπὲρ οὗ Χριστὸς ἀπέθανεν.

[[14:17 οὐ γὰρ ἐστιν ἡ βασιλεία τοῦ θεοῦ βρῶσις καὶ πόσις . . .]]

14:18 ὁ γὰρ ἐν τούτῳ δουλεύων τῷ Χριστῷ εὐάρεστος τῷ θεῷ καὶ δόκιμος τοῖς ἀνθρώποις.

[[14:20 μὴ ἕνεκεν βρώματος κατάλυε τὸ ἔργον τοῦ θεοῦ.]]

[[14:22 σὺ πίστιν ἣν ἔχεις κατὰ σεαυτὸν ἔχε ἐνώπιον τοῦ θεοῦ. . . .]]

15:3 καὶ γὰρ ὁ Χριστὸς οὐχ ἑαυτῷ ἤρεσεν, ἀλλὰ καθὼς γέγραπται· . . .

15:5-6 ⁵ὁ δὲ θεὸς τῆς ὑπομονῆς καὶ τῆς παρακλήσεως δῴη ὑμῖν τὸ αὐτὸ φρονεῖν ἐν ἀλλήλοις κατὰ Χριστὸν Ἰησοῦν, ⁶ἵνα ὁμοθυμαδὸν ἐν ἑνὶ στόματι δοξάζητε τὸν θεὸν καὶ πατέρα τοῦ κυρίου ἡμῶν Ἰησοῦ Χριστοῦ.

15:7-9 ⁷Διὸ προσλαμβάνεσθε ἀλλήλους, καθὼς καὶ ὁ Χριστὸς προσελάβετο ὑμᾶς εἰς δόξαν τοῦ θεοῦ. ⁸λέγω γὰρ Χριστὸν διάκονον γεγενῆσθαι περιτομῆς ὑπὲρ ἀληθείας θεοῦ, εἰς τὸ βεβαιῶσαι τὰς ἐπαγγελίας τῶν πατέρων, ⁹τὰ δὲ ἔθνη ὑπὲρ ἐλέους δοξάσαι τὸν θεόν, καθὼς γέγραπται· . . .

[[[15:11 . . . αἰνεῖτε, πάντα τὰ ἔθνη, τὸν κύριον . . .]]]

[[15:13 ὁ δὲ θεὸς τῆς ἐλπίδος πληρώσαι ὑμᾶς πάσης χαρᾶς καὶ εἰρήνης ἐν τῷ πιστεύειν, . . .]]

15:15-20 ¹⁵τολμηρότερον δὲ ἔγραψα ὑμῖν ἀπὸ μέρους ὡς ἐπαναμιμνῄσκων ὑμᾶς διὰ τὴν χάριν τὴν δοθεῖσάν μοι ὑπὸ τοῦ θεοῦ ¹⁶εἰς τὸ εἶναί με **λειτουργὸν Χριστοῦ Ἰησοῦ** εἰς τὰ ἔθνη, ἱερουργοῦντα τὸ εὐαγγέλιον τοῦ θεοῦ, ἵνα γένηται ἡ προσφορὰ τῶν ἐθνῶν εὐπρόσδεκτος, ἡγιασμένη ἐν πνεύματι ἁγίῳ. ¹⁷ἔχω οὖν **τὴν καύχησιν ἐν Χριστῷ Ἰησοῦ** τὰ πρὸς τὸν θεόν· ¹⁸οὐ γὰρ τολμήσω τι λαλεῖν ὧν οὐ **κατειργάσατο Χριστὸς** δι᾽ ἐμοῦ εἰς ὑπακοὴν ἐθνῶν, λόγῳ καὶ ἔργῳ, ¹⁹ἐν δυνάμει σημείων καὶ τεράτων, ἐν δυνάμει πνεύματος θεοῦ. [v.l.-θεοῦ] ὥστε με ἀπὸ Ἰερουσαλὴμ καὶ κύκλῳ μέχρι τοῦ Ἰλλυρικοῦ πεπληρωκέναι **τὸ εὐαγγέλιον τοῦ Χριστοῦ**, ²⁰οὕτως δὲ φιλοτιμούμενον εὐαγγελίζεσθαι οὐχ ὅπου **ὠνομάσθη Χριστός**, ἵνα μὴ ἐπ᾽ ἀλλότριον θεμέλιον οἰκοδομῶ,

15:29 οἶδα δὲ ὅτι ἐρχόμενος πρὸς ὑμᾶς **ἐν πληρώματι εὐλογίας Χριστοῦ** ἐλεύσομαι.

15:30 Παρακαλῶ δὲ ὑμᾶς, ἀδελφοί, **διὰ τοῦ κυρίου ἡμῶν Ἰησοῦ Χριστοῦ** καὶ διὰ τῆς ἀγάπης τοῦ πνεύματος συναγωνίσασθαί μοι ἐν ταῖς προσευχαῖς ὑπὲρ ἐμοῦ πρὸς τὸν θεόν,

[[15:32–33 ³²ἵνα ἐν χαρᾷ ἐλθὼν πρὸς ὑμᾶς διὰ θελήματος θεοῦ συναναπαύσωμαι ὑμῖν. ³³ὁ δὲ θεὸς τῆς εἰρήνης μετὰ πάντων ὑμῶν, ἀμήν.]]

16:2 ἵνα αὐτὴν προσδέξησθε **ἐν κυρίῳ** ἀξίως τῶν ἁγίων . . .

16:3 Ἀσπάσασθε Πρίσκαν καὶ Ἀκύλαν τοὺς συνεργούς μου **ἐν Χριστῷ Ἰησοῦ**,

16:5 . . . ἀσπάσασθε Ἐπαίνετον τὸν ἀγαπητόν μου, ὅς ἐστιν ἀπαρχὴ τῆς Ἀσίας **εἰς Χριστόν**.

16:7–13 ⁷. . . οἵτινές εἰσιν ἐπίσημοι ἐν τοῖς ἀποστόλοις, οἳ καὶ πρὸ ἐμοῦ γέγοναν **ἐν Χριστῷ**. ⁸ἀσπάσασθε Ἀμπλιᾶτον τὸν ἀγαπητόν μου **ἐν κυρίῳ**. ⁹ἀσπάσασθε Οὐρβανὸν τὸν συνεργὸν ἡμῶν **ἐν Χριστῷ** καὶ Στάχυν τὸν ἀγαπητόν μου. ¹⁰ἀσπάσασθε Ἀπελλῆν τὸν δόκιμον **ἐν Χριστῷ**. ἀσπάσασθε τοὺς ἐκ τῶν Ἀριστοβούλου. ¹¹ἀσπάσασθε Ἡρῳδίωνα τὸν συγγενῆ μου. ἀσπάσασθε τοὺς ἐκ τῶν Ναρκίσσου τοὺς ὄντας **ἐν κυρίῳ**. ¹²ἀσπάσασθε Τρύφαιναν καὶ Τρυφῶσαν τὰς κοπιώσας **ἐν κυρίῳ**. ἀσπάσασθε Περσίδα τὴν ἀγαπητήν, ἥτις πολλὰ ἐκοπίασεν **ἐν κυρίῳ**. ¹³ἀσπάσασθε Ῥοῦφον **τὸν ἐκλεκτὸν ἐν κυρίῳ** καὶ τὴν μητέρα αὐτοῦ καὶ ἐμοῦ.

16:16 . . . ἀσπάζονται ὑμᾶς **αἱ ἐκκλησίαι πᾶσαι τοῦ Χριστοῦ**.

16:18 οἱ γὰρ τοιοῦτοι **τῷ κυρίῳ ἡμῶν Χριστῷ οὐ δουλεύουσιν** ἀλλὰ τῇ ἑαυτῶν κοιλίᾳ,

16:20 ὁ δὲ θεὸς τῆς εἰρήνης συντρίψει τὸν σατανᾶν ὑπὸ τοὺς πόδας ὑμῶν ἐν τάχει. **ἡ χάρις τοῦ κυρίου ἡμῶν Ἰησοῦ** μεθ᾽ ὑμῶν.

16:22 ἀσπάζομαι ὑμᾶς ἐγὼ Τέρτιος ὁ γράψας τὴν ἐπιστολὴν **ἐν κυρίῳ**.

16:25–27 ²⁵Τῷ δὲ δυναμένῳ ὑμᾶς στηρίξει κατὰ τὸ εὐαγγέλιόν μου **καὶ τὸ**

제6장 로마서에 나타나는 기독론 437

κηρύγμα Ἰησοῦ Χριστοῦ, κατὰ ἀποκάλυψιν μυστηρίου χρόνοις αἰωνίοις σεσιγημένου, ²⁶φανερωθέντος δὲ νῦν διά τε γραφῶν προφητικῶν κατ' ἐπιταγὴν <u>τοῦ αἰωνίου θεοῦ</u> εἰς ὑπακοὴν πίστεως εἰς πάντα τὰ ἔθνη γνωρισθέντος, ²⁷<u>μονῳ σοφῳ θεῳ</u>, **διὰ Ἰησοῦ Χριστοῦ**, <u>ᾧ ἡ δόξα εἰς τοὺς αἰῶνας</u>, ἀμήν.

부록 II: 용법의 분석

(*= 무관사; += 소유격 대명사가 병행하는; [[LXX]]=칠십인경 반영/인용)

로마서
θεός   147+9번의 κύριος [LXX] / 2번의 πατήρ
그리스도 97

자료
1. κύριος Ἰησοῦς Χριστός (6)
   1:7   G*
   5:1   G+(διά)
   5:11   G+(διά)
   13:14 A
   15:6   G+
   15:30 G+(διά)

1a. Ἰησοῦς Χριστός κύριος (3)
   1:4   G+(υἱός와 동격)
   5:21   G+(διά)
   7:25   G+(διά)

1b. Χριστός Ἰησοῦς κύριος (2)
   6:23   D+(ἐν)
   8:39   D+(ἐν)

2. κύριος Ἰησοῦς (2)
   14:14 D* (ἐν)
   16:20 G+

제6장 로마서에 나타나는 기독론 439

[10:9에서의 사용은 술어]

2a. Ἰησοῦς κύριοj (1)
 4:24   A+

2b. κύριος Χριστόj (1)
 16:18 D+

3. Χριστός Ἰησοῦς (12)
 1:1   G*
 2:16   G* (διά) [v.1.(이문) Ἰησοῦ Χριστοῦ]
 3:24   D* (ἐν)
 6:3   A* (εἰς)
 6:11   D* (ἐν) [v.1.(이문) +τῷ κυρίῳ ἡμων]
 8:1   D* (ἐν)
 8:2   D* (ἐν)
 8:34   N* [v.1.(이문) Ἰησοῦς]
 15:5   A* (κατά)
 15:16 G*
 15:17 D* (ἐν)
 16:3   D* (ἐν)

3a. Ἰησοῦς Χριστός (7)
 1:6   G*
 1:8   G* (διά.
 3:22   G*
 5:15   G* (ἄνθρωπος 와 동격)
 5:17   G* (εἰς와 동격)
 16:25 G*
 16:27 G* (δια,)

4. κύριος 19+15=34⟨+9 LXX⟩
   [[4:8   N* (LXX)]]
   [[9:28   N* (LXX)]]
   [[9:29   N* (LXX)+σαβαώθ]]
   10:9   A*
   10:12   N
   10:13   G*
   [[10:16 V* (LXX)]]
   [[11:3   V* (LXX)]]
   [[11:34 G* (LXX)]]
   12:11   D
   [[12:19 N* (LXX)]]
   14:4   D
   14:4   N
   14:6   D*
   14:6   D*
   14:6   D*
   14:8   D
   14:8   D
   14:8   G
   [14:9   κυριεύσῃ]
   [[14:11 N* (LXX)]]
   [[15:11 A* (LXX)]]
   16:2   D* (ἐν)
   16:8   D* (ἐν)
   16:11   D* (ἐν)
   16:12   D* (ἐν)
   16:12   D* (ἐν)
   16:13   D* (ἐν)
   16:22   D* (ἐν)

5. Ἰησοῦς (3+14)

   3:26　G*
   8:11　A
   10:9　A*

6. Χριστός (34+24=58)

   5:6　N*
   5:8　N*
   6:4　N*
   6:8　D* (σύν)
   6:9　N*
   7:4　G
   8:9　G*
   8:10　N*
   8:11　A*
   8:17　G*
   8:35　G
   9:1　D* (ἐν)
   9:3　G (ἀπό)
   9:5　N
   10:4　N*
   10:6　A*
   10:7　A*
   10:17　G* [v.l.(이문) θεου)][다른 독법은 이를 생략]
   12:5　D* (ἐν)
   14:9　N*
   14:15　N*
   14:18　D
   15:3　N
   15:7　N
   15:8　A*

15:18   N*
15:19   G
15:20   N*
15:29   G*
16:5   A* (εἰς)
16:7   D* (ἐν)
16:9   D* (ἐν)
16:10   D* (ἐν)
16:16   G

7. 휘오스(υἱός 7)
   1:3   G (αὐτοῦ)
   1:4   G (θεοῦ)
   1:9   G (αὐτοῦ)
   5:10   G (αὐτοῦ)
   8:3   A (ἑαυτοῦ)
   8:29   G (αὐτοῦ)
   8:32   G (ἰδίου)

8. 다른 어휘
   8:29   τὸν πρωτότοκον
   9:32   τῷ λίθῳ τοῦ προσκόμματος

제7장

골로새서(와 빌레몬서)에 나타나는 기독론

필자가 생각하는 바울의 서신의 저작 연대순이 옳다면, 로마서에서 골로새서로 넘어가면 우리는 바울이 세우지 않은 교회에 보내는 두 번째 편지를 계속해서 살펴보게 된다.[1] 그러나 로마서와는 크게 대조적으로 골로새교회는 바울의 동역자 중 하나가 세웠기 때문에 바울은 교회에 대한 사도적 권위를 지니고 있었다. 바울 서신에서 골로새서가 특별히 두드러지는 점은 기독론이 매우 중요한 사안이라는 것과, 이것이 구원론과 따로 떨어져 있지 않고 긴밀한 관계를 유지하면서도 -그래서 본 서신을 바울이 쓴 것이 아니라고 주장할 수 있을지도 모른다[2] - 독자적으로 개진되고 있다. 그 이유는 골로새 교회

---

1) 골로새서 주석서 목록은 참고문헌(pp. 927-928)에 올려놓았다. 본 장에서는 저자의 이름만 언급해서 각 주석서를 인용할 것이다. 골로새서에 나타나는 기독론에 대해서는 E. O. Francis, "The Christological Argument of Colossians," in *God's Christ and His People: Studies in Honour of Nils Alstrup Dahl* (ed. J. Jervell and W. A. Meeks; Oslo: Universitetsforlaget, 1977), 192-208을 보라.

2) 많은 학자들이 골로새서의 바울 저작을 부인하면서도 빌레몬서의 바울 저작을 인정하고 있다는 점은 신약 학계의 미스터리이다. 빌레몬과 오네시모가 두 서신을 읽기 위해 빌레몬에 있는 가정 교회 현장에 있었다는 점을 고려한다면 두 서신은 서로 많은 공통점을 지니고 있음을 알 수 있다. 한편으로는 빌레몬서 전체가 바울이 얻게 되리라고 확신하는 것, 즉 오네시모를 용서하고 공동체가 다시금 그를 받아 주리라는 점에 대해 집중하고 있다. 반면 골 3:18-4:1이 말하는 '가정생활 지침'의 50퍼센트가 종이 행해야 할 사항에 대해 집중적으로 논하는 것을 볼 때 오네시모는 특별히 이를 유의해서 경청해야 했을 것이다. 허위 저자가 바울의 이름을 이용해서 골로새서를 썼고, 그가 '바울'을 이해하기 위한 자료로 빌레몬서만 사용했다고 하는 것은(이와 반대 견해로는 M. Kiley, *Colossians as Pseudepigraphy* 〈BibSem 4; Sheffield:

의 상황과 더불어 골로새 교인들이 "권세들"과 마술에 열광하거나 염려하고 있던 점과 관련이 있다.[3] 현안이 열광에 관한 것이라면 만물의 주가 되시는 그리스도를 '폐하는' 위협이 될 것이다. 상황이 염려에 대한 것이라면 "권세들"은 두려움을 몰아내는 기독론적 맥락에 위치할 필요가 있다.[4]

결과적으로 바울의 평생에 걸친 '그리스도를 향한 헌신'이 본 서신에서 매우 뚜렷하게 나타난다. 그리고 이와 같은 면은 로마서와 같이 이방인 개종자가 하나님의 역사에서 차지하는 자신의 위치를 명확히 인식하기를 바라는 바울의 깊은 관심과 함께 나타난다. 그들이 "권세들"에 어떤 형태로든 열광하는 한, 자신의 아들을 보내신 하나님의 역사가 지닌 의미를 놓칠 위험이 있다. 그래서 본 서신은 새 언약으로 표현되는 하나님의 역사에서 이방인이 어떤 위치를 차지하는지를 지속적으로 상기시키고 있음을 알 수 있다. 동시에 바울은 그들에게 그리스도의 인격과 역할을 한결같이 제시하여, 그리스도는 다름 아닌 하나님의 영원하신 아들이시며 그분의 나라에서 그들이 살며 섬기고 있다는 사실과 그리스도가 그들의 구속자이시자 자신의 몸, 즉 그들이 속한 교회의 머리시라는 사실을 지속적으로 상기시킨다. 그들의 구속자로서 어둠으로부터 그들을 건져내실 구원자이신 하나님의 아들은 만물의 창조자로서 죽음과 부활을 통해 굴복시키신 "권세들"마저 창조하신 분이시다.

따라서 지금까지 살펴본 여타 바울 서신에서 암시되던 기독론에서 강조된 요소들이 기독론이 독자적으로 나타나는 한 편지에서 중요하게 다루어진다

JSOT Press, 1986〉, 75-107) 위작이라는 주장에 역사적 개연성이 전혀 없도록 만든다. 그리고 사실 바울의 '규범'에서 '벗어났다'고 알려진 부분들(어떤 근거로 이를 결정하는지 의아할 따름이다)은 모두 골로새서에 나타나는 골로새 교회의 역사적 정황에 비추어 설명할 수 있다. 고린도후서와 로마서가 의심스럽다는 전제(사실 로마서는 학자들이 제시하는 바울의 '규범'에서 훨씬 '이탈'하고 있다)에 대해 예를 들어 Kiley의 기준을 사용한다면, 고린도후서와 고린도전서의 관계 및 로마서와 갈라디아서와의 관계를 고려할 때 고린도후서와 로마서는 바울의 저작임이 틀림없다. 이러한 경우야말로 "들어가는 대로 나오는"(what goes in is what comes out) 전형적인 사례다

3) '거짓 가르침'이 지역 종교(마술과 중재자를 믿는)와 복음의 혼합물이었다고 강력히 주장하는 연구에 대해서는 C. E. Arnold, *The Colossian Syncretism: The Interface between Christianity and Folk Belief at Colossae* (Grand Rapids: Baker, 1996)을 보라.

4) Francis("Christological Argument")는 기독론이 바울과 골로새 교인들 사이의 일치점이었다는 주장을 편다. 이 경우 "권세들"(1:16b)에 대한 아들의 주권을 칭송하는 '찬송'에 '추가'된 부분은 권세를 기독론적 시각에서 보려는 명백한 시도에서 비롯되었다고 생각한다.

는 사실은 놀라운 일이 아니다. 그리스도는 하나님의 영원하신 메시아적 아들이시자 아버지의 우편에 앉아계신 승귀하신 주 그리스도이시다. 또한 신적 형상을 완벽히 지니고 계신(1:15) 하나님의 아들이신 그리스도는 만물의 창조자이시며(1:16-17) 새 창조를 시작하셔서 이를 통해 하나님의 백성들은 동일한 형상(3:10), 즉 그들을 창조하신 그리스도의 형상으로 회복될 것이다.

동시에 그리스도께 부여된 중심 역할은 새로운 강조점을 부각시키기도 한다. 그분은 영원히 선재하시는 아들로서 우주를 창조하셨고 다스리신다. 그분은 성육신하신 구속자로서 그 안에서 하나님의 모든 충만이 실체적으로 거한다. 그 아들은 자기 몸인 교회의(of) '머리'이시며 모든 권세 위의(over) '머리'가 되신다. 결과적으로 본 서신은 그리스도시요 하나님의 아들이시며 승귀하신 주께서 '영원한 과거'와 현재와 '영원한 미래'에서 절대적으로 존귀한 분이심을 증거한다.

그럼에도 불구하고 바울이 실제 골로새서에 진술하는 것을 유심히 읽으면 분명히 드러나는 '하나님의 아들/승귀하신 주 기독론'이 학계에서는 한결같이 순화되거나 이른바 지혜 기독론에 대한 선호 때문에 주 관심에서 멀어졌다. 그래서 아래에 나오는 석의적 조사의 일부분은 지혜 기독론 선호의 부적절함을 논하는 데에 할애될 것이다.[5]

1. 자료에 대한 예비적 고찰

그리스도와 하나님을 언급하는 본문[6]은 본 장 끝에 있는 부록 I에서 찾아볼 수 있다. 이전 장에서와 마찬가지로 부록 II에서는 바울이 본 두 서신에서 어떻게 그리스도에 대해 설명하고 있는지 분석한 것을 실으려 한다. 로마서 이후 아마도 수 년 후에 보낸 편지치고는 바울의 패턴이 여전히 이전의 (일반적인?) 방식을 고수하고 있다는 점은 주목할 만하다. 그리고 골로새서에 나타나는 패턴이 기독론에 대한 논증이 전혀 없는 빌레몬서에서도 발견된다.[7] 이

---

5) 참고로 3장 pp. 179-185에서 동일한 쟁점을 고린도전서와 관련시켜 다루고 있다.
6) 동일한 자료를 가지고 색다른 성격의 분석을 시도하는 연구에 대해서는 Francis, "Christological Argument," 196-201을 보라.
7) 완전한 논의를 위해 빌레몬서로부터 얻을 수 있는 자료도 포함될 것이다. 이 서신은 기독론적인 분석을 전혀 필요로 하지 않지만 말이다. 그러나 Wright, "ΧΡΙΣΤΟΣ as 'Messiah' in Paul," in *Climax of the Covenant*, 41-55을 보라.

전 서신서들과 마찬가지로 그리스도가 하나님보다 더 자주 언급되며(37번/29번), 이 수치는 1:15-22에 나오는 대명사들은 포함하지 않은 것이다. 이들은 전부가 13절에 있는 휘오스(υἱός, 아들)를 선행사로 받고 있고(골로새서에서 여기서만 휘오스가 사용된다), 2:8-15의 8개 대명사는 크리스토스를 선행사로 받는다. 그리스도를 지칭하는 데 있어 가장 자주 쓰이는 단어는 칭호가 이름으로 변한 크리스토스로(25번) 다른 명칭과 결합된 형태로 나오거나(6번) 단독으로 사용된다(19번). 이 단어는 바울이 시편 110:1을 반영하고 있는 3:1에서도 퀴리오스 대신 사용되고 있다. 이와는 달리 예수는 겨우 6번만 나오며 항상 그리스도나 주와 결합되어 나타난다.

반면에 칭호 호 퀴리오스는 14번 등장하고 그중에 4번은 결합어 형태로 쓰이고 있는데 여기서 나타나는 어법은 로마서와 놀라우리만큼 유사하다. 왜냐하면 14번 중에 7번과 칭호만 단독으로 나타나는 10번의 경우 중 6번이 모두 한 본문, 즉 3:18-4:1의 '가정생활 지침'에 집중되어 있기 때문이다. 이중 4번은 종에 대한 언급과 함께 나타난다.

이와 같은 패턴의 어법을 볼 때 하나님의 아들로서의 예수와 승귀하신 주라는 기독론의 두 가지 주요 항목이 로마서와 동일하다는 점은 그리 놀랄 일이 아니다. 압도적으로 많이 쓰이는 크리스토스가 구원론적인 맥락이나 다른 종류의 맥락에서 가장 자주 등장하지만 말이다.

2. 하나님의 메시아적/영원한 아들이신 예수

성경본문에 장과 절 숫자를 부여함에 따라 나타나는 유감스러운 결과는 종종 자의적으로 시도되는 구분이 마치 성경 저자의 의사가 실제로 반영된 것이라고 생각하는 경향이 있다는 점이다. 특히 1:9에서 시작되는 본 서신의 감사 부분의 경우 그렇다. 이 본문이 처음에는 하나님의 역사(12-14절)에서 골로새 교인들의 위치를 상기시키는 방향으로 전개되다가, 그리스도는 누구신가의 문제를 근거로 골로새 교인들이 누구인지의 문제에 직면하도록 그리스도를 시적으로 찬양하는 내용으로 발전된다(15-20절).[8]

---

[8] 현 학계의 현인들은 이를 하나의 찬송으로 본다. 그러나 Wright (*Climax of the Covenant*, 99-106)는 단순히 시라고 부르길 원하며, S. E. Fowl (*The Story of Christ in the Ethics of Paul: An Analysis of the Hymnic Material in the Pauline Corpus*

15-20절이 본 서신에 기록되기 이전부터 존재했는지의 여부에 대해 논란이 있다.[9] 어느 경우든 바울은 의도적으로 이 경이로운 시적 본문을 너무 길어 다루기 어려운 문장에 결합시켰다.[10] 그 결과 하나님의 메시아적 아들을 설명하는 기독론이 하나님의 영원하신 아들로서 만물의 창조자이자 주가 되시는 그리스도의 보다 위대한 실재(reality)와 혼재하게 되었다. 본문이 골로새서에 제일 처음 등장하고 바울 서신에서 가장 중요한 기독론적 구절 중에 하나이므로 이를 좀 더 자세히 살펴볼 것이다. 그러나 그 이전에 골로새서에서 하나님을 아버지라고 언급하는 구절을 간략히 살펴보고자 한다.

1) 골로새서 1:2-3- 하나님 우리 아버지와 우리 주 예수 그리스도의 아버지

본 서신에서 가장 독특한 부분 중 하나는 문안 인사 구절이다. 이 문안 인사는 이전과 같이 "우리 아버지 하나님으로부터 은혜와 평강이 있을찌어다"라고 시작되지만 "주 예수 그리스도"로 끝나는 이전의 문안 인사와는 다르게 마무리 된다. 이는 골로새서의 초반부를 미리 암시하려는 바울의 의도로 보인다.

⟨JSNTSup 36; Sheffield: Sheffield Academic Press, 1990⟩, 31-45)은 본문이 현재 신약학계에서 사용하는 개념의 '찬송'이 아니라고 단호히 말한다. 대신 "신적 인물의 본질이나 혹은 행위를 시적으로 표현하고 있다는 개념에서 찬송"이라고 본다(45). 필자는 본장 전체에서 간략한 표기를 위해 '찬송'이라는 용어를 인용부호를 붙여 사용할 것이다.
9) 이 문제에 대해서는 *Story of Christ*, 44-45에 있는 Fowl의 요약을 보라. 유감스럽게도 신약학계는 그 '찬송'이 바울의 원래 저작으로부터 제외되었다는 생각에서 아무런 진전을 보이지 않았다. 그리고는 그 '찬송'을 독자적인 것으로 보고 토론을 벌이되, 마치 그 실체를 실제로 찾아낼 수 있는 것처럼 생각하고 실제 위치한 유일한 문맥과는 상관없이 의미 있는 논의가 가능하다고 여긴다. 이 문제에 대해서는 본서의 1장을 보라(p. 52).
10) 본문에 나타나는 분명한 시적 표현 외에도 그것을 '찬송'으로 볼 수 있는 주요 증거를 세 가지로 살펴 볼 수 있다. (1) 일련의 대명사들이 모두 13절의 아들을 지시하고 있다. 어떤 대명사라도 원래 선행사와 상관이 없다고 한다면 독자들로 히여금 헤석하기 어렵게 된다. (2) 비슷하게 시작되는 두 개의 '연'을 발견할 수 있다. (3) 16절의 대부분을 차지하는 권세에 대한 구문의 '찬송'에 삽입된 것으로 보이는 것들은 그 어느 것도 구약 전승에 속하지 않으며 시의 흐름을 방해하고 있는 것처럼 보인다(그러나 Wright, 104-5를 보라). 마지막 현상은 바울의 관심사가 어디에 있는지를 암시하고 있다. 하나님의 영원하신 아들은 권세를 포함한 '*모든 만물*'의 주가 되신다.

따라서 바울은 문안 인사를 하며 하나님께서 우리 아버지, 즉 골로새에 있는 모든 신자들의 아버지라는 사실을 강조한다. 바울의 여타 서신을 읽은 이들은 여기서 그리스도에 대한 언급이 빠졌다는 점을 인식하고 의아해 할 것이다. 그러나 감사 구절(3절)을 보면 왜 바울이 그것을 '생략'했는지 충분히 이해하게 된다. 골로새서의 초반부와 고린도후서의 초반부(1:3)에서 바울이 하나님을 '찬양'하는 구절을 되짚어 보면 하나님이 우리 아버지이시자 "우리 주 예수 그리스도의 아버지"로 소개되고 있다. 그러나 고린도전서 본문과 비교해 보면 골로새서의 본문은 다음과 같이 쓰여 있다.

골 1:3 Εὐχαριστοῦμεν τῷ θεῷ,[11] πατρὶ τοῦ κυρίου ἡμῶν Ἰησοῦ Χριστοῦ

고후 1:3 Εὐλογητὸς ὁ θεὸς καὶ πατὴρ τοῦ κυρίου ἡμῶν Ἰησοῦ Χριστοῦ

골 1:3 하나님 곧 **우리 주 예수 그리스도의** 아버지께 감사하노라

고후 1:3 찬송하리로다 **우리 주 예수 그리스도의** 아버지시요…하나님이시요

골로새서에서는 "우리 주 예수 그리스도의 아버지"가 "하나님"과 분명한 동격을 이루고 있으며, 이는 고린도후서의 베라카(berakah)에 나오는 카이(καί, 그리고)를 동격의 의미로 해석해야한다는 점을 의미한다(필자는 그렇게 해석한다). 또한 고린도후서와 마찬가지로 이러한 호칭은 1:12에서 시작되는 두 번째 감사 본문에서 중심을 이루는 하나님의 아들 기독론을 미리 지시하고 있다. 하나님을 이렇게 부르는 것에 담긴 의미에 대해서는 4장의 고린도후서 1:3 논의 부분을 보라(pp. 276-278).

---

11) p[61vid] B C* 1739에서는 카이가 없다. 이 본문이 다른 것보다는 훨씬 더 원본에 가깝다고 생각한다. 왜 의도적으로 생략했는지 그 이유를 여기서 설명할 수는 있지만(필자는 뒤따르는 구문이 '하나님'과 동격 관계에서 이해되어야 한다는 점을 명확히 하려고 한다) 적어도 이러한 질문을 던질 필요가 있다. 바울 서신 중에 비단 여기서만 생략이 나타나는 이유는 무엇일까?

2) 골로새서 1:12-17- 그리스도: 하나님의 메시아이시며 영원하신 아들

계속 되는 구절의 대부분을 차지하는 그리스도 이야기를 '찬송'에 대한 분석부터 시작하기보다는 그 '찬송'이 절대적으로 중요한 부분을 이루는 긴 문장의 시작 구절인 12절부터 분석해보려 한다. 그러나 여기서부터 시작하는 이유가 단지 바울의 문장이 그렇게 하도록 요구하기 때문만은 아니다. 사실 본문의 상당 부분이 본래의 이스라엘 이야기를 축어적으로 반영하고 있는데, 그렇지 않으면 본문에 나타나는 그리스도의 역할을 제대로 이해하지 못하거나 심각하게 왜곡될 수 있다.[12] 여기서 바울의 문장을 눈에 잘 띄게 나열해 볼 필요가 있을 것 같다.[13] 우선은 관련 본문을 있는 그대로 나열하되 보기 편하도록 아버지를 언급하는 부분은 밑줄을 긋고 **아들**을 언급하는 부분은 볼드체로 표기할 것이다. 구약 이야기를 반영하는 부분은 이텔릭체로 표기할 것이다.

1:12-16 12 εὐχαριστοῦντες τῷ πατρὶ τῷ ἱκανώσαντι ὑμᾶς εἰς τὴν μερίδα τοῦ κλήρου τῶν ἁγίων ἐν τῷ φωτί 13 ὃς ἐρρύσατο ἡμᾶς ἐκ τῆς ἐξουσίας τοῦ σκότους καὶ μετέστησεν εἰς τὴν βασιλείαν τοῦ **υἱοῦ** τῆς ἀγάπης αὐτοῦ, 14 ἐν ᾧ ἔχομεν τὴν ἀπολύτρωσιν, τὴν ἄφεσιν τῶν ἁμαρτιῶν 15 ὅς ἐστιν εἰκὼν τοῦ θεοῦ τοῦ ἀοράτου, πρωτότοκος πάσης κτίσεως, 16 ὅτι ἐν αὐτῷ ἐκτίσθη τὰ πάντα … 우리로 하여금 빛 가운데서 성도의 기업의 부분을 얻기에 합당하게 하신 아버지께 감사하게 하시기를 원하노라 그가 우리를 흑암의 권세에서 건져내사 그의 사랑의 **아들의** 나라로 옮기셨으니 그 **아들 안에서** 우리가 구속 곧 죄 사함을 얻었도다 그는 보이지 아니하시는 하나님의 **형상이요** 모든 창조물보다 **먼저 나신 자니** 만물이 **그에게 창조되되** …

---

12) 이 문제에 대해서는 Wright, 61-64를 보라. 참고로 J. Behr, "Colossians 1:13-20: A Chiastic Reading," *SVTQ* 40 (1966), 247-64와 F. Matera, *New Testament Christology* (Louisville: Westminster John Knox, 1999), 136-40을 보라.

13) 편의를 위해 필자는 1:13-20의 구조에 대한 전체 분석을 부록 3으로 만들어 서로 다른 부분들이 서로 어떻게 연결되어 있는지 살펴 볼 수 있도록 하였다.

무엇보다 세 가지 요소가 매우 중요하다. 첫째, 전체 본문이 한 문장으로 이루어져 있지만 이야기의 전개가 (1) 이방인을 구원하신(12절의 휘마스〈ὑμᾶς, 너희; 개역성경은 '우리'로 번역함- 역주〉를 주목하라) 하나님 아버지에 대한 감사에서 (2) 유대인 공동체를 대표하는 바울과 디모데(13절에서 헤마스〈ἡμᾶς, 우리〉로 바뀌는 것을 주목하라)를 포괄하는 고백으로 넘어가는 것을 쉽게 발견할 수 있을 것이다. 그리고는 '우리'를 구속하신 일이 무엇(what)이며 어떻게(how) 이루어졌는지를 언급한 다음(13-14절) 그 일을 행하신 분(the one who)에 대한 설명으로 이야기가 바뀐다(15-17절).

둘째로, '너희'에서 이방인과 유대인 모두를 포함하는 '우리'로 바뀐 것처럼 아버지의 역할이 아들의 그것으로 전환된다. 그래서 12-13절은 전적으로 아버지께서 하신 일에 대해 이야기한다. 그분은 우리를 어둠의 권세에서 건져 사랑하는 아들의 나라로 옮기심으로써 기업의 부분을 주셨다. 13절 끝에서 아들을 언급하면서 이야기의 초점이 아들이 하신 일로 옮겨지고(14절), 마지막에는 전체 창조 질서와 관련된 아들의 정체성에 초점을 둔다(15-16절).[14] 이 모든 사항을 문법을 수정해서 나열하면 보다 쉽게 관찰할 수 있다.

<u>τῷ πατρὶ</u>
  <u>τῷ ἱκανώσαντι</u> ὑμᾶς εἰς τὴν μερίδα τοῦ κλήρου τῶν ἁγίων ἐν τῷ φωτί
    <u>ὃς ἐρρύσατο</u> ἡμᾶς ἐκ τῆς ἐξουσίας τοῦ σκότους
    καὶ
    <u>μετέστησεν</u> εἰς τὴν βασιλείαν τοῦ υἱοῦ <u>τῆς ἀγάπης αὐτοῦ</u>,
      ἐν ᾧ ἔχομεν τὴν ἀπολύτρωσιν,
        τὴν ἄφεσιν τῶν ἁμαρτιῶν·
      ὅς ἐστιν εἰκὼν <u>τοῦ θεοῦ τοῦ ἀοράτου</u>,
      πρωτότοκος πάσης κτίσεως,
        ὅτι
      ἐν αὐτῷ ἐκτίσθη τὰ πάντα

---

14) H. C. G. Moule은 1세기 전에 쓴 *Colossian Studies* (London: Hodder & Stoughton, 1902)에서 "바울의 사상이 기도를 통해 예배적인 고백으로 발전된다"고 말한 적이 있다.

물론 이것이 뜻하는 바는 15절에서 새 문단을 시작하고 '누구'(NIV, ESV,[15] NLT, GNB)의 선행사를 '그리스도'로 대체한 영어 번역본이 바울의 문법과 관심사를 상당 부분 제대로 반영하지 못한다는 점이다. 그리고 이와 동일한 상황이 15-20절을 언제든 바울의 문장과 문법으로부터 분리할 수 있는 것처럼 다루는 주석가들에게도 적용된다.[16] 더욱이 바울의 본문으로부터 분리할 때만 15-20절에서 의인화된 지혜(personified Wisdom)를 발견할 수 있지만, 여하튼 소피아(Sophia)의 여성상은 아버지의 형상도 그분의 독생자도 아니다.

셋째로, 골로새 교인들이 하나님 아버지와 그 아들의 구속 사역에 포함되는 내용을 담은 내러티브의 첫 부분이 이스라엘에 대한 주요 이야기에 대한 반영으로 가득하다. 따라서 골로새 교인들의 상황에 맞추어진 이 짧은 구절은 이방인 그리스도인들이 그리스도를 통해 하나님의 구속 역사 안에 들어간 사실에 대한 로마서의 주관심사를 다시 거론하고 있는 것이다.

(1) 골로새서 1:12-14- 하나님의 메시아적 아들

대부분 15절에서 시작되는 시구에 관심을 보이는 반면 12-15절에 나타나는 이스라엘 이야기에 대한 반영은 쉽게 놓치는 경향이 있다. 그리스도에 의

---

15) NIV와 ESV의 경우 번역자들이 대명사 'he'를 고수하고는 있지만 말이다. 문제는 15절 앞에 제목을 '그리스도의 지존하심'으로 넣었다는 데에 있다. 이러한 삽입은 일반 독자들이 바울이 말하고자 하는 바를 올바로 이해하지 못하도록 방해한다. TNIV는 이 제목을 고수하긴 하지만 이를 "하나님의 아들의 지존하심"으로 바꾸어 '아들'을 15절에 나오는 대명사의 선행사로 (올바로) 대체한다.

16) 다소 흥미롭게도, 15-20절을 12-20절에 나타나는 문법적인 근원으로부터 분리하려는 시도가 신약학계가 본문을 '찬송'으로 부르기 시작하던 시점과 거의 동시에 일어났다. 그리고 이러한 흐름은 그 '찬송'이 바울 이전에 쓰인 것을 해석하면서부터 완전히 굳어졌다. 그래서 이전 연구들(예들 들어 Lightfoot; 146, Moule, 71-72; Hendriksen, 71)은 이 '찬송'이 하나님의 아들에 관한 것이라는 사실을 알아보았으나 후대에 나온 수많은 연구들(모두가 그런 것은 아니다. 예를 들어 O'Brien, 42,;Wright, 70; Barth와 Blanke, 194)은 문법적으로 볼 때 실제 선행사를 무시하는 경향이 있다(Lohse, 41, 46; Martin, 57-58; Schweizer, 63-69; Pokorny, 74-75; Dunn, 87. Dunn의 *Theology of Paul the Apostle*, 268에선 그렇지 않다). 참고로 H. Ridderbos, *Paul: An Outline of His Theology* (Grand Rapids: Eerdmans, 1975), 70-71, Reid, *Jesus, God's Emptiness, God's Fullness*, 33, Kim, *Origin of Paul's Gospel*, 144을 보라. 실제로 Kim은 이토록 중요한 문법적 요소를 무시하고 마음대로 주장하기를 "골 1:15에서 '에이콘(εἰκών) - 기독론'은 본질적으로 '지혜 - 기독론'이다"라고 한다. 하나님의 아들이 어떻게 여성이 되는 지에 대해선 아무런 언급도 없다.

해 골로새 교인들이 그 이야기에 기록되었고 이를 감사함으로 칭송한다.[17] 관련된 구약 이야기를 다양한 방법으로 구성해 볼 수 있지만 아래에 나오는 6가지 요소들을 제외하고는 그렇게 하기 어렵다. 이 요소들은 바울 서신에서 꾸준히 다양한 형태로 나타난다.

① 창조
② 아브라함(이방인 구원에 대한 약속과 함께)
③ 출애굽(속박에서 벗어나 약속된 땅을 얻음)
④ 율법 수여(특히 이스라엘이 율법을 준수하지 못한 것이라 예상하는 신명기)
⑤ 다윗 왕권
⑥ 포로기와 이방인을 특별히 포함하기로 했던 약속된 회복(종말론적 완성)

구약 이야기에 나타나는 위의 모든 기본 요소들은 현 본문에서 어떤 형태로든 언어적 혹은 개념적 반영을 보여주고 있다. 여기서 율법 수여는 예외로 이 요소는 바울이 2:13-23에서 골로새 교인들이 당면한 상황을 직접적으로 언급할 때 보여주는 그의 주관심사 중 일부로 나온다.

우리의 관심은 세 가지로, 바울의 구약을 인용하는 이야기의 세 번째와 다섯 번째 요소(출애굽과 다윗 왕권)를 살펴보고 메시아적 아들 개념이 어떻게 영원하신 아들 개념으로 전개되어 가는지를 짚어 볼 것이다.

① 본문이 이방인의 구원이라는 주제로 시작되긴 하지만(12절) - 여하튼 본문은 감사 구절이다 - 바로 이어 출애굽에 담긴 두 가지 측면을 반영함으로써 그 구원의 실재를 찬양한다.[18] 첫째로 바울은 그들이 '기업을 얻게 되었다'는 내용으로 시작한다. 여기서 구문 '에이스 텐 메리다 투 클레루 톤 하기온'(εἰς τὴν μερίδα τοῦ κλήρου τῶν ἁγίων, 성도의 기업을 얻기)은 땅의 배분을 설명하면서 메리스(μερίς, 일부)와 클레로스(κλῆρος, 기업)를 반복해서 사용하는 여호수아서[19]를 언어적으로 명확히 반영하고 있다. 그래서 관련 구약 이야기에 익

---

17) 대부분의 주석가들은 12-14절에 기본적인 구약 이야기가 나타난다는 점에 대해 말로만 동의할 뿐 정작 15절에 대한 주석을 시작할 때는 전혀 언급하지 않는다. 예외적인 연구는 매우 드물기만 하다. Wright, 60-64; Barth와 Blanke, 183-93을 보라.
18) 참고로 Wright(60-63)는 이 부분의 제목을 '새 출애굽'이라 붙인다.
19) 예를 들어 수 12:6부터 시작해서 클레로스(κλῆρός 몫=기업)는 약속된 땅을 기업으로 받는 내용과 더불어 33번 나오고 메리스(μερίς 일부=몫)는 13번 등장한다. 두 단어는 14:3-4, 18:6-10, 19:9, 48-49, 24:30/32에서도 비슷하게 나온다.

숙한 사람이라면 누구나 이러한 반영을 알아차리게 될 것이다. 더욱이 클레로스(κλῆρος)는 출애굽과 관련된 주요 본문(예를 들어 밑에서 소개하고 있는 출 6:6-8을 보라)에서도 등장하는데, 특히 하나님께서 이스라엘을 (애굽에서) '건져내어' (약속된 땅으로) '인도하시는' 것을 그들로 하여금 기억하도록 하는 데에 한결같이 사용된다. 또한 '기업'을 톤 하기온(τῶν ἁγίων, 성도)과 연결시켜 표현하는 것은 출애굽 모티브를 견지하고 있다는 뜻이다. 왜냐하면 이스라엘이 시내 광야에서 하나님의 백성으로 세워질 때 '제사장 나라와 거룩한 백성(에스노스 하기온⟨ἔθνος ἅγιον⟩)'이라 불리기 때문이다(출 19:6). '거룩한 백성'이라는 표현은 후대에 쓰인 구약 본문에서 '거룩한 백성=성도'라는 용어의 유래가 되었다고 본다.[20]

둘째로 바울은 출애굽 이야기의 초반부, 즉 구속 모티브(deliverance motif)를 이와 관련된 주요 본문 중에 하나인 구절의 표현을 반영함으로써 거론한다. 이 구절의 칠십인경은 다음과 같이 쓰여 있다. 엑싸소 휘마스 아포 테스 뒤나스테이아스 톤 아이귀프티온 카이 뤼소마이 휘마스 에크 테스 둘레이아스 카이 뤼트로소마이 휘마스(ἐξάξω ὑμᾶς ἀπὸ τῆς δυναστείας τῶν Αἰγυπτίων καὶ ῥύσομαι ὑμᾶς ἐκ τῆς δουλείας καὶ λυτρώσομαι ὑμᾶς, 내가 애굽 사람의 **무거운 짐** 밑에서 너희를 빼어 내며 그 고역에서 너희를 **건지며**…너희를 **구속하여**). 그리스도의 구원 사역에 대해 설명하는 바울은 이 본문에서 사용된 두 개의 주요 동사('건지다'와 '구속하다')를 사용하여 애굽으로부터의 구속을 반영하며 '어둠의 권세'(테스 엑수시아스 투 스코투스, τῆς ἐξουσίας τοῦ σκότους)로부터 건져내신 사건을 묘사한다.

② 바울의 내러티브에서 하나님 아버지의 최종 역사는 '우리'를 '에이스 텐 바실레이안 투 휘우 테스 아가페스 아우투'(εἰς τὴν βασιλείαν τοῦ υἱοῦ τῆς ἀγάπης αὐτοῦ, 그의 사랑의 아들의 나라)로 옮기시는 것이라고 기술된다. 그래서 바울은 그 구속자께서 다윗의 자손이신 메시아적 왕이라는 사실을 역설한다. 그는 하나님의 아들의 '왕권'에 대해 말하면서 고린도전서 15:24에서 처

---

20) 이 문제에 대해서는 Schweizer, 47, O'Brien, 26, Bruce, 50, Dunn, 77을 보라. Lohse(Martin, 54, Pokorny, 52, MacDonald, 50 등이 그의 견해를 따른다)는 쿰란 자료에 기초하여 위 본문에서 저자가 의미하는 것이 '하늘의 천사들'(36)이라고 제안하지만 신빙성은 없다. 관련 용어가 골로새서는 물론이거니와(1:2, 4, 26; 3:12을 보라) 바울 서신(바울이 칠십인경을 '인용'하고 있는 살전 3:13은 제외)에서 지속적으로 사용되고 있고, 또한 본문의 지배적 주제인 출애굽 모티브를 고려해 볼 때 쿰란 문서에서 병행 구절을 찾는 것은 올바른 방법이 아니다.

음 찾아볼 수 있는 이 모티브의 주요 언어를 사용하고 있다. 고린도전서에서와 마찬가지로 여기서도 하나님의 아들을 지금 다스리시는 왕으로 묘사하며, 골로새에 있는 이방인들이 그분의 다스림 아래로 옮겨졌다고 말한다. 정확히 이 지점에서 메시아적 아들과 영원하신 아들이 교차되고 있으며 이를 15절에서 자세히 거론하고 있다.

그리스도의 아들 신분에 담긴 다윗과의 관련성은 사무엘하 7:14, 18절의 칠십인경 본문을 반영하는 "그의 사랑의 아들"이라는 수식어에 의해 암시되고 있다. 여기서 하나님은 다윗에게 그의 왕위를 이어받을 아들에 대해 말하고 계신다. 에고 에소마이 아우토 에이스 파테라 카이 아우토스 에스타이 모이 에이스 휘온(ἐγὼ ἔσομαι αὐτῷ εἰς πατέρα καὶ αὐτὸς ἔσται μοι εἰς υἱόν, 나는 그 아비가 되고 그는 내 **아들이** 되리니). 이에 대해 다윗 왕이 대답하기를 티스 에이미 에고 퀴리에 무 퀴리에 카이 티스 호 오이코스 무 호티 에가페카스 메 에오스 투톤(τίς εἰμι ἐγώ κύριέ μου κύριε καὶ τίς ὁ οἶκός μου ὅτι ἠγάπηκάς με ἕως τούτων, 주 여호와여 나는 누구오며 내 집은 무엇이관데 나로 이에 이르게 하셨나이까〈필자는 '이렇게 이토록 **사랑하셨나이까**'라고 번역- 역주〉)라고 한다.

골로새서 본문에서 "그의 사랑의 아들"이라는 생소한 구문은 아마 모호하게 표현하려는 바울의 의도라고 생각된다. 한편으로 이러한 표현은 '사랑받는 아들'[21])을 가리키는 셈어적 표현으로 하나님 아버지와 아들의 관계를 우선적으로 나타내고 있다. 아버지께서는 다름 아닌 자신의 아들을 사랑하신다. 동시에 바울의 직접적인 논점을 고려할 때 보혈을 흘려 구속하신 하나님의 아들은 바울이 로마서 5:5-9에서 역설하듯이 우리를 향한 하나님의 사랑의 궁극적인 발현이시다.[22]

내러티브의 나머지 부분과 관련하여 특별히 중요한 사항은 "그의 사랑의 아들"이 22절에 걸쳐 나타나는 - 지금으로선 18절까지만 살펴보려 하지만 - 모든 대명사의 선행사가 된다는 점이다. 어쩌면 바울이 이 구절에 이르기까지 그 선행사를 의식적으로 염두에 두기에는 제법 거리가 될지도 모른다. 그럼에도 반드시 알아두어야 할 것은 어떤 경우든 모든 대명사가 선행사인 '아들'로 대체될 수 있다는 사실이다.

③ 다음에 살펴 볼 내용에는 매우 흥미로운 요소들이 많다. 바울이 창조

---

21) 예를 들어 Bruce, 52과 Dunn, 79도 그렇다.
22) 이 문제에 대해서는 Lightfoot, 142을 보라.

(15-17절) 및 교회(18-20절)와 하나님의 아들과의 관계를 규명할 때 그가 로마서 8:29에서 하나님의 아들에 대해 설명하면서 사용했던 두 용어, 즉 에이콘과 프로토토코스(πρωτότοκος, 먼저 나신 자)를 다시 사용한다. 로마서에서의 초점은 구속받은 인류와 하나님의 아들 사이의 관계에 맞추어져 있었다. 여기서는 하나님의 아들 이미지를 유지하면서 아버지와 아들과의 관계에 초점을 두고 있다.

바울은 하나님의 아들을 보이지 않는 하나님의 형상을 온전히 소유하신 분이라 명명하고, 그분이 지니신 먼저 나신 자의 위치가 이제는 우리의 구속이 아닌 총체적 창조와 관련이 있다고 진술한다. 그래서 메시아적 아들(13절)이 이제는 영원하신 아들로 밝혀지고 있다. 그분은 선재하시고 권세를 포함한 모든 피조계의 중재자이시며 동시에 주님이시다. 이러한 사실이 실질적으로 의미하는 바는 13b절과 14a절을 형성하는 문장 구성 요소들이 그 '찬송'에 있는 두 개의 절(strophes)을 미리 지시하고 있다는 점이다. (1) 왕권을 지니신 주로서의 하나님의 사랑하는 아들이 15-17절의 주요 초점이다.[23] (2) 구속자로서의 하나님의 사랑하는 아들은 18-20절의 핵심이다.

필자가 여기서 이러한 사항들을 논하는 이유는 14절에서 15절로 전환이 매우 급격하므로 '찬송'과 이전 구절과의 관계를 종종 간과되고 있기 때문이다.[24] 그러나 바울 기독론과 현재 다루고 있는 긴 문장의 문법을 볼 때 그러한 단절은 있을 수 없다. 지금까지 논의한 바대로 하나님의 아들 기독론은 그리스도께서 '보내심'을 받았다는 사실에 근거하고 있으며 육신으로는 다윗의 자손이시다.[25] 그러나 이러한 메시아적 기독론이라는 전제는 궁극적으로 다윗의 아들이 다름 아닌 하나님께서 세상에 보내신 영원한 아들이시라는 사실에 입각하고 있다. 이제 이와 같이 서술되고 있는 기독론을 살펴보고자 한다.

---

23) 16b절(권세들에 대한 왕의 주권)이 삽입됨으로써 아들이 지닌 선재하신 창조자로서의 역할을 새강조하여 사신이 창조하신 모든 민물을 다스리시는 주린지로 나디네고 있다.
24) 혹은 Tuckett(*Christology*)과 다른 학자들의 경우와 마찬가지로 의도적으로 축소되기도 한다("말문을 여는 관계절은 … 앞에 나온 내용과 문법적으로 쉽게 연결되지 않는다"⟨75⟩). 이러한 생각은 옳지 않다. 왜냐하면 롬 8:20을 보면 이들이 정확하게 조합되어 있기 때문이다(아들, 형상, 장자).
25) 예를 들어 5장의 갈 4:4-5 논의와 6장의 롬 1:3-4, 8:3, 9:5 논의를 보라.

(2) 골로새서 1:15-17- 하나님의 영원하신 아들, 만물의 창조자이시며 주

첫 번째 절(strophe)을 보다 자세히 살펴보기 전에 '찬송' 전체(15-20절)를 볼 때 세 가지 두드러지는 특징을 우선 주목할 필요가 있다.[26]

첫째로 여기서 충분히 거론된 것이 본 서신의 후반부에서 더욱 자세히 설명되기 때문에 독자로 하여금 여기서의 '찬송'은 서신 전체에서 일종의 전주곡(또는 서곡) 역할을 한다고 생각하게끔 한다. 이러한 현상은 분명 16절에서 b1-4행이 '방해'하는 경우에도 동일하게 적용된다고 생각하지만[27] 두 번째 절 (18-20절)에서도 나타난다. 여기를 보면 요소 하나하나가 차례대로 소개되고 (때로 거의 암호처럼) 뒤에 가서야 자세히 설명되기 때문에 독자들이 의 설명에 비추어 본문으로 되돌아와 해석하도록 만든다.[28]

둘째로, 골로새서 15:20에서 가장 두드러지는 특징 중 하나는 바울이 고린도전서 8:6에서 하나님의 아들을 '주'라고 간결히 진술하는 것과 본문이 명백하게 상관되어 있다는 점이다. 실제로 의도적이든 그렇지 않든 15-20절은 고린도전서 구절에서 그리스도와 연결된 두 개의 디아(διά) 구문을 상술하고 있는 것처럼 보인다.

δι' οὗ τὰ πάντα   καὶ ἡμεῖς   δι' αὐτοῦ

---

26) 대부분의 주요 본문들이 그렇듯이 위 구절에 관한 참고 문헌도 상당히 많다. 보다 완전한 목록(1987년까지)을 보려면 Pokorny, 56-57을 보라. 또한 J. F. Balchin, "Colossians 1:15-20: An Early Christian Hynm? The Argument from Style," *VE* 15 (1985), 65-93, S. M. Baugh, "The Poetic Form of Col 1:15-20," *WTJ* 47 (1985), 227-44, Wright, *Climax of the Covenant*, 99-119, Fowl, *Story of Christ*, 103-54 L. L. Helyer가 쓴 몇 몇 소논문도 보라. "Colossians 1:15-20: Pre-Pauline or Pauline?" *JETS* 26 (1983), 167-79, "Arius Revisited: The Firstborn over All Creation (Col 1:15)," *JETS* 31 (1988), 59-67, "Recent Research on Col 1:15-20 (1980-1990)," *GTJ* 12 (1992), 61-67, "Cosmic Christology and Col 1:15-20," *JETS* 37 (1994), 235-46.

27) 아래(p. 458)의 구조 분석과 본 장 끝의 부록 3에 있는 전체적인 구조 분석을 보라.

28) 이러한 면은 다음과 같은 사항에서도 마찬가지다. (1) 아들 그리스도를 그분의 몸인 교회의 '머리'로 표현하는(2:19 참조) 은유는 2:10에서 색다른 뉘앙스로 재거론된다. (2) 그리스도를 아르케(ἀρχή, 시작)로 표현하는 구절이 3:10-11에 나오는 '새 창조' 모티브를 미리 지시하고 있다. (3) 부활의 '첫 열매'가 되시는 그리스도께서 삶을 현재와 그리고 영원토록 보장하신다(2:12-13; 3:1-4). (4) 19절에서 쓰이는 "모든 충만"이라는 표현이 2:9에서는 보다 자세히 "신성의 모든 충만"이라고 설명되고 있다. (5) "그의 십자가의 피로 화평을 이루사"라는 구문이 2:13-15에서 보다 자세히 진술되고 있다.

제7장 골로새서(와 빌레몬서)에 나타나는 기독론   457

만물이 **그로 말미암고**   우리도   **그로 말미암았느니라**

15-17절은 사실상 '찬송'의 중심에 위치하는 구문 "만물이 그로 말미암고"의 여백을 시적으로 메우고 있다. 이와 마찬가지로 18-20절은 구문 "우리도 그로 말미암았느니라"의 여백을 시적으로 메우고 있다. 그렇게 해서 두 구절은 창조와 구속에 있어서 하나님의 아들이 지닌 역할과 관계가 있다.

셋째로, 두 절에 있는 두 개의 a행이[29] 창세기 1장의 창조 내러티브를 반영하는 단어를 가지고 하나님의 아들을 나타낸다. 15절에서 그 아들에 대해 첫 번째로 언급하는 것은 그분이 보이지 않으시는 하나님의 에이콘이시라는 사실이다. 하나님의 아들과 첫 창조와의 관계에 집중하고 있는 절에서 그 아들에 대해 처음 꺼내는 이야기의 내용은 그분이 하나님의 진정한 형상을 지니신 분으로서 아담을 대체하신다는 것이다. 하나님의 아들에 대한 두 번째 절의 첫 언급은 그분이 아르케(ἀρχή)시라는 것이다. 이를 통해 창세기 1:1을 여는 단어들을 반영함으로써 하나님의 아들이 새 창조의 '시작'이심을 밝히고 있다.

이제 우리는 첫 창조에 대한 절을 살펴보고자 한다.[30] 여기서 강조점은 창조 행위와 하나님의 아들이 자신의 중재를 통해 창조된 것(what has been created)에 대한 절대적 주권을 가지고 계시다는 데에 있다. 따라서 하나님의 아들은 분명 창조된 세계의 일부가 될 수 없다.[31] 필자는 계속되는 논의를 위

---

29) 본 장의 끝 부분에 있는 부록 3의 구조적 분석을 보라
30) 필자의 구조적 배열을 모두가 동의하진 않을 것이다. 사실 본문은 세 절로 구분되기도 한다. 필자가 위와 같이 구분한 이유는 본문을 석의하면서 명확히 드러날 것이나 필자의 기본적 관심사는 확신시키려는 것이 아니라 단지 관련된 요소들을 간략히 주석하기 위해 전체 본문을 편리하게 나열한 것이다.
31) 필자가 이 점을 강조하고 있는 이유는 흔히들 의인화된 지혜에 해당되는 모티브를 바울이 반영하고 있다고 생각하기 때문이다(pp. 481-492). 그러나 지혜가 물질의 창조보다 선행하는 것은 사실이지만 지혜 자체는 늘 하나님의 '창조물' 중에 가장 먼저 창조되었다고 언급하고 있다. 따라서 의인화된 지혜가 선재하는 것은 사실이나 영원성을 가지고 있다고 명시되진 않는다. 예를 들어 잠언 8:22-26(다른 본문들은 모두 여기서 유래되었다)을 보라. "여호와께서 그 조화의 시작 곧 태초에 일하시기 전에 나를 가지셨으며 만세 전부터, 상고부터, 땅이 생기기 전부터 내가 세움을 입었나니 아직 바다가 생기지 아니하였고…내가 이미 났으며." 시락서 1:4, 9도 참조하라. "다른 어떤 것보다 지혜가 먼저 창조되었으며," "주께서 직접 지혜를 창조하셨다." 하나님의 영원하신 아들에 대한 바울의 진술 그 어느 것도 시락서와 근소하게나마 유사한 점조차 없다.

해 본문을 아래와 같이 나열해 보았다. 논의 중에 이 부분을 자주 언급하게 될 것이다.

I. (a) ὅς ἐστιν   εἰκὼν   τοῦ θεοῦ τοῦ ἀοράτου
   (a′)   πρωτότοκος πάσης κτίσεως,
   (b)   ὅτι   ἐν αὐτῷ   ἐκτίσθη   τὰ πάντα
   (b¹)   ἐν τοῖς οὐρανοῖς καὶ ἐπὶ τῆς γῆς
   (b²)   τὰ ὁρατὰ καὶ τὰ ἀόρατα
   (b³)   εἴτε θρόνοι εἴτε κυριότητες
   (b⁴)   εἴτε ἀρχαὶ εἴτε ἐξουσίαι
   (b′) τὰ πάντα δι' αὐτοῦ καὶ εἰς αὐτὸν ἔκτισται
   (c) καὶ αὐτός ἐστιν   πρὸ πάντων
   (c′) καὶ τὰ πάντα   ἐν αὐτῷ   συνέστηκεν

I. (a)   **그는**   **형상이요**   보이지 아니하시는 하나님의
   (a′)   **먼저 나신 자니** 모든 창조물보다
   (b)   **그에게 창조되되**   만물이
   (b¹)   하늘과 땅에서
   (b²)   보이는 것들과 보이지 않는 것들과
   (b³)   혹은 보좌들이나 주관들이나
   (b⁴)   정사들이나 권세들이나
   (b′) 만물이 다   **그로 말미암고 그를 위하여**   창조되었고
   (c) 또한 **그가**   **만물보다 먼저 계시고**
   (c′) 만물이   **그 안에** 함께 섰느니라

이 절은 세 쌍의 병행구로 이루어져 있으며 두 번째 쌍의 첫째 줄(b행)은 상당히 확장되어 있다. 이 모든 줄은 특별히 권세를 포함한 모든 창조 질서에 대해 하나님의 아들이 선재 하시며 우월하심을 강조한다. 골로새 교회에 어떤 일이 발생하고 있었든지 권세에 대한 그들의 열정이나 염려는 권세에게 필요 이상의 지대한 역할을 부여하는 결과를 초래했다. 바울의 초점은 어떤 경우에도 분명한 그리스도의 절대적 탁월성에 있다. 그리스도께서는 그들보

제7장 골로새서(와 빌레몬서)에 나타나는 기독론   459

다 먼저 존재하셨을 뿐 아니라 그들의 창조자시며 주님이시다.

① 첫 번째 이중 행(a/a')은 하나님의 아들이 아버지 및 창조와 본질적으로 맺고 있는 두 주요 관계를 확인시켜 준다. 첫째, 하나님의 아들은 유일하신 하나님의 에이콘,[32] 즉 눈에 보이지 않고 볼 수도 없는[33] 하나님의 형상이시다. 성육신을 통해서 하나님의 형상을 완전히 입고 계신 하나님의 아들을 통해서만 보이지 않으시는 하나님이 드러난다(고후 4:4-6 참조). 그래서 첫째 아담이 지녔었으나 타락으로 말미암아 훼손되고 만 하나님의 '형상'을 하나님께서 세상에 보내신(갈 4:4) 영원하신 아들이 회복시키셨다. 그러므로 첫 절의 나머지 부분 전부가 창조된 질서에 대한 그리스도의 우월성에 대해 이야기하는 현 문맥에서 제일 먼저 바울 고유의 어법으로 역설되는 사실은 하나님 아버지와 그 아들이 동일한 신분을 지니고 계시다는 점이다.[34]

둘째로, 이와 직접적으로 관련된 논지를 골로새 교회의 상황에 비추어 보면 하나님의 형상을 지니신 그분의 아들은 모든 피조물의 프로토토코스(πρωτότοκος)이시다. 따라서 이전에 구속된 이들과 하나님의 아들의 관계를 강조하는 데 사용된 단어가 여기서는 창조와 관련하여 상속자이자 주권자이신 '장자'라는 특별 신분을 소유하고 계신 하나님의 아들을 지시한다.[35] 이 점

---

32) 바울 서신에서 이 단어가 가리키는 뜻에 관해서는 이 단어가 처음 등장하는 고후 3:18과 4:4에 대한 4장의 논의(pp. 296-301)를 보라. 동 단어를 구약(창 1-2장)의 의미와 무관하게 사용하는 솔로몬의 지혜서에 대해서는 pp. 488-492를 보라.
33) 헬라어 아오라토스(ἀόρατός 롬 1:20; 히 11:27 참조). 이 단어는 칠십인경에서 3번 나오지만 하나님이나 그분의 성품과는 관련이 없다. 아마도 하나님을 볼 수 있다는 암시가 구약에서 다양하게 나타나는 점 때문일 것이다(출 33:20-23; 시 63:2; 욥 42:5 참조). 그러나 이 단어는 아마도 융통성을 발휘한 표현임에 분명하다. 그래서 제2 성전 시대에는 하나님의 '비가시성'에 대한 인식이 보다 일반적이었다.(Philo, *Som*. 1.71-72을 보라, 마 6:6, 18의 예수님 참조). 이 단어를 사용한 이유는 분명 하나님의 아들이 절대적인 주권을 행사하는(16b) "보이지 않는" 것들과 의도적으로 대조를 이루게 하려는 데에 있을 것이다.
34) 특히 하나님이 사랑하시는 아들을 우리에게 구속을 주시는 분으로 밝히고 있다는 점을 유의하라(14절). 그래서 신적 형상의 *본질*은 창조가 아닌 구속에서 발견된다. 다시 말해 그 형상을 지니셨고 우주의 공동 창조자이신 분이, *동시에* 모든 신적 충만이 "십자가의 보혈을 통해" 화해를 원*성*하기 위해 거하기로 선택한 거처가 되시기도 한다. 따라서 고전 1:18-25과 빌 2:8과 마찬가지로 하나님의 형상(성품)이 그리스도께서 십자가에서 죽으실 때 완전히 드러난다. 이것을 의인화된 지혜가 수행했던 일종의 현실과 동떨어진 비역사적 역할로 탈역사화하는 것은 관련 기독론의 '출처'에 대해 외적 관심 때문에 바울의 관심사를 흐리게 만드는 꼴이다(pp. 481-492).
35) 때로 바울의 이러한 어법이 지혜 전승에 의존하고 있다고 주장하기도 한다.

은 16-17절이 보다 자세히 설명할 것이다. 여기에 나타나는 바울의 어법은 시편 89:27(칠십인경은 88:28)에서 유래된 것이 거의 확실하다. 여기를 보면 여호와께서 다윗의 자손에 대해 "내가 그의 아버지가 되리라. 카고 프로토토콘 데소마이 아우톤"(κἀγὼ πρωτότοκον θήσομαι αὐτόν, 내가 또 저를 장자로 삼고)이라고 말씀하신다.[36]

② 전형적인 시편처럼 두 개의 b행을 소개하는 호티(ὅτι)는 하나님의 '형상'이시자 창조에 있어 절대적으로 우월하신 분으로 인해 기뻐해야 할 이유[37]를 설명하고 있다. 서로 유사한 두 행은 모두 "만물"이 "그에게" 창조되었다는 점을 강조하고 있으며 이러한 사실이 두 번째 b행에서 "그로 말미암아"와 "그를 위하여"라는 표현을 자세히 설명되고 있다. 이러한 설명은 16a절(b행)의 엔 아우토(ἐν αὐτῷ)가 원인[38]이 아니라 17b절에서와 같이(b¹행) 장소를 나타내는 여격이라는 사실을 지시한다. 따라서 이 두 행(b/b')은 하나님의 아들과 창조와의 관계에 대해 인클루지오를 형성한다. 두 행 사이에 위치하고 있

그러나 그것은 간단히 말해 옳은 생각이 아니다. 이 단어가 솔로몬의 지혜서에서 한 번(18:13에서 이집트인들의 장자를 살해하는 내용을 설명할 때 복수 형태로 나타남), 시락서에서 한 번(36:17에 나타나는데 사본학적으로 다른 독법이 있으며 이스라엘이 하나님의 '장자'로 불리는 출 4:22-23을 반영하고 있다) 쓰인다. 추가적인 논의는 pp. 484-487을 보라. 물론 이 단어가 의인화된 지혜를 가리키는 데 사용된 적은 없을 것이다. 왜냐하면 단어의 정의는 '처음 태어난 *아들*'을 암시하기 때문이다.

36) Rabbi Nathan도 이 본문을 그렇게 해석한다(Lightfoot, 146에서 인용). "하나님께서 말씀 하시기를 내가 야곱을 장자로 삼았고(출 4:22) 또한 왕인 메시아를 장자로 삼을 것이라(시 89:28).

37) 여기서 호티(ὅτι)는 시편의 경우에서 자주 볼 수 있듯이 원인이 아닌 설명을 나타내는 역할을 한다. Eadie, 52와 Lightfoot, 150을 참조하라.

38) NLT, GNB, NET BIBLE, NIV(지금은 TNIV로 수정된)와 마찬가지다. 이 단어가 원인을 나타내고 있다고 보는 주석서들(Eadie, 52; Lohse, 50; Pokorny, 79; Barth와 Blanke, 198; Dunn 91)은 '그에게'라는 말이 그분으로 인해 "하늘과 땅이 '만났다'"는 의미를 지니고 있다고 제시한다(원인으로 보지만 이러한 제시를 하지 않는 주석서는 Lightfoot, 71; Moule 76,;Haupt, 30-31; O'Brien, 45; Bruce, 61-62; Wright 71; Garland, 88; Martin, 58 등이다). 이럴 경우 하나님의 아들은 시락서 24:5과 지혜서 18:16에 나오는 '신적 말씀'의 역할에 견주게 된다. 그러나 이러한 해석은 바울의 논점을 놓치고 시락서와 지혜서를 잘못 읽어낸 것이다. 인용된 시락서 본문은 '하늘과 땅을 잇는' 지혜와는 하등의 관련이 없다. 오히려 이 구절의 지혜는 자신을 칭송하고 있으며 자신의 원래 거처는 하늘에 있으나 땅에서 집을 구하다 발견한 것이 이스라엘이라는 것이다. 그리고 지혜서 18:16은 이집트의 장자들을 멸망시킨 '말씀'에 관한 구절이다. 바울이 본문에서 말한 하나님의 아들과 동떨어진 우주적 '말씀'을 여기서 찾는 것은 시문에 담긴 의미를 지나치게 확대 해석하는 것이라 생각한다.

는 것은 우선 타 판타(τὰ πάντα, 만물)의 총체적인 본질이며 그래서 하늘과 땅 혹은 보이는 것과 보이지 않는 것(모든 "권세들"을 포함한)이든, 상상할 수 있는 모든 피조물은 "그 안에"(개역성경은 "그에게"- 역주) 존재한다. 영원하신 아들이신 그분은 창조된 존재의 모든 영역을 포함하시기 때문에 어떤 것도 그분 밖에 있거나 그분으로부터 독립된 존재일 수 없다. 따라서 "창조된 만물"이 "그 안에서" 구성되고 존속한다는(17b절) 의미에서 "만물"은 "그 안에서" 창조되었다(16a절). 이렇게 전후에 배치된 두 행에 수반된 고등기독론적인 확언은 부정할 수도 없고 중보 역할에 대한 또 다른 표현이라고 오해해서도 안 된다. 하나님의 아버지의 존재 바깥에는 아무 것도 존재하지 않는 것과 마찬가지로 하나님의 아들 바깥 역시 아무 것도 존재하지 않는다.

③ 추가적으로 주목해야 할 사실은 b'행이 고린도전서 8:6을 직접 반영하면서 하나님의 아들이 창조의 신적 대리자라는 사실을 뚜렷이 반복하고 있다는 점이다. 그러나 이 행의 후반부를 보면, 모든 피조물에 대해 먼저 나신 자의 권한을 지니신 하나님의 아들은 - 어느 누구도 그분으로부터 떨어져 존재하지 않으며 그들 모두는 사실 그분에 의해 창조되었고 - 창조의 목적이 되셔서(에이스 아우톤, εἰς αὐτὸν) 모든 만물이 그분을 위해(for) 존재하고 그분을 (toward) 가리키고 있다고 역설된다. 이러한 경우 하나님의 아들은 고린도전서 8:6에 나오는 하나님 아버지가 행하던 역할에 참여하는 것으로 나타난다. 더욱이 로마서 11:36에서 하나님께만 적용되던 세 개의 포괄적인 전치사 중에 두 개(디아⟨διά⟩, 에이스⟨εἰς⟩)가 하나님의 아들에게 적용되고 있다. 그리고 고린도전서에서 하나님께만 적용되며 개념적으로 신적 수동태에서 등장하는(에크티스데⟨ἐκτίσθη⟩, 창조된) 에크(ἐκ)가 만물이 그 안에서(다시 말해 '하나님의 아들 안에서') 창조되었다는 역설(assertion)에 의해 (상당 부분) 완화되기도 한다.

④ c행(17a절)은 a', b, b'행이 암시하던 내용을 재차 강조하고 있다. 하나님의 아들은 만물보다 먼저 '계셨다'라고 하지 않고 계신다라고 이야기한다. 이 헬라어 전치사는 영어 단어 before와 같이 그 의미가 불분명하므로(시간적이면서 공간적이) 창조 질서 이전의 존재를 강조함과 동시에 창조 질서보다 우월하시다는 사실을 강조한다. 그분은 창조 세계가 존재하도록 하신 대리자이기 때문이다. 마지막 행(c')에서는 만물을 만드신 선재하신 창조주가 되시는 하나님의 아들의 역할이 그분 안에서 그리고 그분을 통해 "함께 섰다"라

는 강조로 계속해서 전개되고 있다.

이 본문이 고린도후서 4:4은 말할 것도 없이 고린도전서 8:6과 맺고 있는 언어적 관련성은 동일한 기독론적 관점이 두 본문 배후에 있다는 점을 시사한다. 특히 다음 절(18-20절) 앞 본문에 나왔던 '카이 헤메이스 디 아우토'(καὶ ἡμεῖς δι' αὐτοῦ, 우리가 그로 말미암아)와 유사하게 자세히 설명한다. 그래서 본문은 고린도전서에서 이미 전제된 내용을 매우 자세히 기술하고 있다. 신약에서 이와 같은 고등기독론을 찾아볼 수 없다. 실제로 바울이 여기서 진술한 내용은 요한 전승과 히브리서에서도 반영된다. 그리고 바울이 골로새 교인들로 하여금 이러한 기독론에 동조하도록 역설하고 있다는 사실은 고등기독론이 매우 이른 시기부터 교회 안에 존재했다는 점을 추측케 한다. 또한 현 본문에서 고린도전서 8:6로 발전했다고 설명하는 것은 본문에서 보다 총체적으로 분석되고 있는 바울의 기독론적 가정을 올바로 표현하는 방법이라 보기 어렵다.

3) 골로새서 3:10- 그리스도와 새 창조: 회복된 형상

바울이 골로새서에서 에이콘을 사용하는 두 번째 경우는 '창조'라는 내용을 다루는 문맥에서 나타난다. 그러나 여기서는 신자들이 그들을 창조하신 분의 '형상'대로 새롭게 될 것이라는 내용과 관련이 있다. 따라서 바울은 골로새 교인들이 "권세들"과 부합하고 하나님과의 관계를 확고히 하기 위해 얽매이고자 하는 '규정과 조례'(rules and regulations) 대신에(2:14-23) 그리스도께서 완성하신 새 창조의 영역에 속해있다는 사실이 드러나도록 그리스도 안에 살라고 종용하고 있다(3:1-11). 이러한 과정 가운데 끝 부분에 있는 요약 구절로 이동하는 바울은 2:11-13에서 세례와 관련된 용어를 사용하며 골로새 교인들을 권고한다. 왜냐하면 그들은 "(그들의) 옛 사람과 그 행위를 벗어버리고"(3:9) '카타 에이코나 투 크티산토스 아우톤'(κατ' εἰκόνα τοῦ κτίσαντος αὐτόν, 새 '사람'을 창조하신 자의 형상을 따라) 계속해서 새롭게 될 "새 사람을 입었기" 때문이다. 이 구문이 창세기 1:26, 28을 반영하고 있기 때문에 여기서 쟁점은 투 크티산토스(τοῦ κτίσαντος)가 누구를 지시하는지에 대해서다. 즉 타락으로 인해 "옛 사람"이 된 "최초의 '사람'"(아담)을 만드신 하나님의 아버지를 지시하는지, 아니면 새 창조를 책임지실 분으로 해석해야 할 그리스도 아들을 가리키는지에 대해 논쟁 중이다.

종종 반대 견해가 제기되고 있긴 하지만,[39] 본 서신의 문맥상 처음 읽을 때 모호해 보이는 것도 좀 더 유심히 살펴보면 그리스도 아들을 가리키고 있다고 봐야 한다. 문맥과 관련해서 세 가지 사항이 이를 지지한다. 첫째로, 직계 문맥을 보면 "거기는(새 창조 언어가 전제하는 새 질서가 있는) 헬라인이나 유대인이나…분별이 있을 수 없나니 오직 그리스도는 만유시오 만유 안에(모든 것이 되시며 모든 것 안에) 계시니라"라는 확언이 본 구절을 뒤따른다. 따라서 그리스도 중심적인 내용으로 끝을 맺는 문장에서 창조하신 자가 '하나님'을 가리킨다고 보기는 어렵다. 하나님에 대해서는 '진노'와 관련시킨 것이 마지막 언급이다(6절).

둘째로, 2:20에서 시작하여 3:1-4에 이르는 보다 광범위한 문맥을 봐도 마찬가지다. 여기서는 세례와 관련된 용어가 압축되어 있어 새롭고 전혀 다른 형태의 윤리적 삶을 위한 토대 역할을 한다. 골로새 교인들은 "그리스도와 함께 죽었고"(2:20, 십자가에서 죽었고 세례를 통해 실현된) "그리스도와 함께 다시 살리심을 받았다"(3:1). 그러므로 그들은 새롭게 얻은 생명에 상응하는 생활을 하도록 노력해야 한다. 그들의 생명은 "하나님 우편에 앉아 계시며" 현재 '생명'의 근원이 되시는 그리스도 안에 놓여 있다(3:2-3). 따라서 자연스럽게 추정해 볼 수 있는 사실은 그리스도께서 새 생명의 창조자이실 뿐 아니라 그들이 계속해서 새롭게 되어 갈 새 형상을 지니신 분이라는 점이다.

셋째로, 위와 같은 사실은 골로새서의 초반부를 생각하게 한다. 그곳을 보면 하나님의 아들이 신적 형상을 지니신 분으로 강조되고 있으며 만물이 처음 창조될 때 "그분 안에서, 그분을 통해 그리고 그분을 위해" 만들어졌다고 명시한다. 신적 형상의 소유자인 선재하신 하나님의 아들에 대해 온 우주의 창조자라고 말하고, 하나님 아버지에 대해서는 새로운 질서에 있어 창조자라고 말하는 것은 그리스도 아들에 대해 모든 초점이 맞추어져 있는 골로새서에서 그다지 어울리지 않는 말일 것이다.

이외에도 여기서 바울은 에이콘을 사용하면서, 가장 최근에 보낸 로마서

---

39) 예를 들어 Lightfoot, 216, Moule, 213, Lohse, 143, O'Brien, 191, Dunn, 222, Jervell, *Imago Dei*, 249 등을 보라. Martin(107)과 Schweizer(198)는 두 분을 가리킨다고 생각했을 것이다. 즉 그 '형상'은 그리스도를 의미하고 창조자는 하나님이라는 것이다. 여기서 채용한 해석에 대해선 Chrysostom, *Hom. Col.*, Wright, 138-39, Barth와 Blanke, 413-14을 보라.

8:29에서 언급했던 '형상'과 '먼저 나신 자'를 다시 거론하고 있음을 알 수 있다. 로마서에서 하나님의 아들이신 그리스도는 그분이 구속한 많은 형제와 자매 가운데 '먼저 나신 자'로 지칭되었다. 그 구속은 하나님의 아들이 지닌 것과 동일한 형상을 지니도록 예정되었다는 말로 표현된다. 골로새서에서도 하나님의 아들은 새 창조를 통해 사람이 처음 창조될 때 죄 때문에 잃게 된 '하나님의 형상'을 다시 회복시키신다.

3. 성육신하신 구속자로서의 아들

찬송의 첫 절이 선재하신 하나님의 아들이 신적 형상을 지니셨고 현존하는 만물을 창조하셨다는 점을 강조하고 있다는 점을 고려할 때 그 아들이 구속자로서의 역할을 감당하기 위해 성육신 하셨다는 사실을 둘째 절이 강조하고 있다고 해서 놀랄 것은 하나도 없다. 그러나 그 강조가 19-20절이 되서야 나타나며, 여기서 성육신과 진정한 인성이 그분의 화해 사역의 수단으로 부각된다. 후자에 대한 이야기가 21-22절까지 이어지는데 여기서 바울은 그 화해 사역이 '그의 육체 안에서' 일어났다는 사실을 비중 있게 다루고 있다.

그러나 바울의 진술은 거기서 출발하지 않는다. 그 출발점은 골로새서의 주 관심, 즉 골로새의 교인들과 그들이 그리스도와 어떤 관계에 있는지에 대한 관심이 나타나는 곳에서 시작된다. 이러한 내용이 여기서(18절) 처음 등장할 뿐 아니라 골로새서의 주요 관심사이기 때문에 우선 '주제' 구절과 이와 연결된 후속 구절에 나타나는 기독론적 내용을 살펴볼 필요가 있다. 여기서 바울은 퀴리오스라는 용어를 사용하지 않은 채 하나님의 아들이 부활을 통해 '만물'[40]에 대해 우월할 뿐 아니라 으뜸이라는 사실을 역설하며 이야기를 시작한다.

---

40) 헬라어 엔 파신(ἐν πᾶσιν). 본 시구에서 타 판타(τὰ πάντα)가 이런 식으로 수정되어 쓰이는 곳은 이곳이 유일하다. 아마도 여기서 이슈가 단순히 창조 세계가 아니라 새 창조와 여기에 속하게 된 골로새 교인들에 대한 문제이기 때문일 것이다. 그래서 부활하심으로써 모든 피조물에 대해 '처음 나신 자의 권한'을 지니신 하나님의 아들이 '머리'가 되시는 교회를 포함한 '만물 안에서도' 동일한 권한을 지니고 계신다.

1) 골로새서 1:18- 새 창조의 "머리"이신 그리스도

위에서 언급한 '찬송'의 첫 절이 하나님의 아들과 창조 질서 사이의 관계에 초점을 두고 있는 것과는 대조적으로 둘째 절은 그 아들과 교회의 관계 및 교회에 대한 권세와의 관계에 집중한다. 본 절의 초점은 14절에서부터 거론된 하나님의 아들의 구속 사역, 특히 (명확히) 권세라는 맥락에서 교회에 영향을 미치는 그리스도의 화목 사역에 맞추어져 있다. 이전과 같이 본 논의 역시 전체 구조를 살펴봄으로써 전개될 것이다.

```
        (d) καὶ αὐτός ἐστιν ἡ κεφαλὴ τοῦ σώματος    τῆς ἐκκλησίας
II. (a) ὅς       ἐστιν  ἀρχή,
    (a′)                πρωτότοκος ἐκ τῶν νεκρῶν,
    (a¹)                         ἵνα γένηται    ἐν πᾶσιν αὐτὸς πρωτεύων,
    (b)           ὅτι ἐν αὐτῷ εὐδόκησεν πᾶν τὸ πλήρωμα κατοικῆσαι
    (b′)          καὶ δι' αὐτοῦ ἀποκαταλλάξαι τὰ πάντα εἰς αὐτόν,
    (b¹)                        εἰρηνοποιήσας διὰ τοῦ αἵματος τοῦ
                                                           σταυροῦ αὐτοῦ
    (b²)               δι' αὐτοῦ⁴¹⁾ εἴτε τὰ ἐπὶ τῆς γῆς
                                   εἴτε τὰ ἐν τοῖς οὐρανοῖς

        (d) 그는          몸인 머리라              교회의
```

---

41) 여기서 분명히 드러나는 디 아우투(δι' αύτου)의 중복 사용은 일부 초기 사본이나 주요 사본 그리고 일부 후대 사본에도 나타나지 않는다(B D* F G I L 075 81 1175 1241 1739 1881 it bo arm eth). 그러나 주 사본으로 채택된 강력하면서 초기의 사본적 증거는 이를 포함하고 있다(P^{46} ℵ C D¹ ψ 048 0150 6 33 pler). 이 경우 왜 이 구문이 생략되었는지 쉽게 설명할 수 있다. 왜냐하면 불필요한 반복으로 보였기 때문이다. 같은 맥락에서 볼 때, 이 구가 순전히 실수로 반복되고 있다고 보는 것 말고는 의도적으로 첨가되었다고 보기는 매우 어렵다. 이 전치사구의 포함을 지지하는 초기 사본을 비롯한 광범위한 사본적 증거가 있다는 사실은 이러한 '실수'가 한 번 이상 발생할 필요도 있다는 뜻으로 볼 수 있을 지도 모른다(신빙성은 가장 없다). 이와 관련하여 Metzger, *Textual Commentary*, 554의 논의를 보라. 만일 '반복'이 원문일 경우 그것은 수사학적 목적 때문일 것이다. '만물'이 '십자가의 보혈'을 통해 '화목케 되었다는 사실을 강조할 때 여기에는 사람과 권세(권세의 경우 바울이 2:14-15에서 밝힌 것처럼 무력하게 된다)가 모두 포함된다.

II. (a) 그가 근본이요

    (a′)   먼저 나신 자니 **죽은 자들 가운데서**
    (a^1)   이는 친히 만물의 으뜸이 되려 하심이요
    (b)   **예수 안에** 아버지께서는 모든 충만으로 거하게 하시고
    (b′) **그로 말미암아 자기와 화목케 되기를 기뻐하심이라**
    (b^1) 화평을 이루사
                    그의 십자가의 피로
    (b^2) 만물 곧 땅에 있는 것들이나 하늘에 있는 것들을

  이 구절의 여러 요소들은 15-17절에서 언급한 내용과 상응하기도 하고 대조되기도 한다. 주목할만한 것은 그 구조가 하나님의 아들을 '몸의 머리'로 표현한다는 점에서 서로 유사하다는 사실이다. 이를 뒤이어 서로 비슷한 호티 절이 나오며 여기서 하나님의 아들이 창세기 1장을 재차 반영하는 가운데 아르케(ἀρχή, 새로운 시작 그리고 개역 성경은 '근본'- 역주)로 소개되고 있다. 그리고 그리스도를 죽음에서 부활하심으로써 새로운 창조를 여신 프로토코스(πρωτότοκος, 먼저 나신 자)로 지칭하는 내용이 뒤를 잇고 있다. 그리고 셋째 행(a^1)은 다시 하나님의 아들이 이러한 역할을 감당하시게 된 목적을 이번에는 히나(ἵνα)절(목적을 나타내는)을 사용해 나타낸다. 마지막 네 줄은 첫 절(strophe)에서 나온 세 개의 전치사구(엔⟨ἐν, 안에⟩ 디아⟨διά, 말미암아⟩, 에이스⟨εἰς, 위해⟩)를 반복하는 것이 그 특징이다. 이들은 모두 공간/장소를 나타내고 있으며 여기에 "모든 (신적) 충만"이 화목케 하시는 중재와 그 목적과 더불어 거하고 있다. 여러 기독론적 요소를 언급할 필요가 있다.

  ① 바울은 이전에 교회를 그리스도의 몸으로 비유함으로써 일치 안에 다양성이 필요하다는 사실을 강조한 적이 있다(고전 12:12-25; 10:17 참조). 그러나 여기서 바울은 헬라적 의미가 담긴 '머리' 은유를 사용하여[42] 교회가 그리스도와 맺고 있는 철저히 의존적인 관계를 부각시키고 있다. 실제로 바울이 나중에 얘기하기를(2:19) 머리와 연결되지 못하는 것은 하나님과의 관계에서 완전히 낙오된 것을 뜻한다. 그래서 교회가 마치 창조 세계가 '그분 안에' 있는 것처럼 '그리스도 안에' 존재하고 있다고 이해해야 한다. 하나님의 아들이

---

42) 헬라인들은 인체에서 머리를 가장 중요한 부위로 여겼다. 왜냐하면 사람의 몸이 수행하는 모든 기능이 머리로부터 비롯되고 머리에 의해 유지되기 때문이다. 그래서 이러한 은유를 통해 몸이 머리에 의존한다는 사실에 초점이 집중되어 있다.

실존하는 모든 만물의 거처가 되시는 것과 같이 자신의 몸인 교회의 '머리'가 되신다. 그래서 교회는 그분 안에 존재할 뿐 아니라 필요한 모든 생명이 연결되어 있는 '머리'로부터 공급받아야 한다.

이 은유에서 특히 두드러지는 점은 그리스도와 성령에 의해 새롭게 세워진 그리스도와 하나님의 백성 간의 연합이다. 구약 역사에서는 이스라엘이 하나님께서 택하시고 소유하신 하나님의 백성으로서 그분을 의존하고 섬긴다. 그들은 오로지 하나님과의 관계 속에서만 살아간다. 몸의 역학 관계에 대한 그리스-로마식 이해를 바탕으로 한 은유를 사용하는[43] 바울은 벌써부터 그리스도의 몸으로 새롭게 구성된 하나님의 백성을 성만찬에서 쓰이는 떡과 연결시켰다(고전 10:16-17). 바울이 이 은유를 가장 먼저 상술할 때(고전 12:12-26) 강조하고자 했던 것은 몸과 그리스도와의 관계가 아니라 올바로 기능하는 몸이 가져야 할 일치 안에서의 다양성이 필요하다는 것이었다(엡 4:10-16 참조). 그러나 골로새서 본문에서는 교회와 그리스도 간의 관계를 강조하고 있으며, 이러한 관계는 과거 이스라엘이 여호와와 맺었던 관계보다 훨씬 중요하게 되었다. 교회라는 몸의 '머리'이신 그리스도와 골로새 교인들이 연결될 때 결국 모든 권세에 대한(over) 전적인 주권을 지니신 분과 연결되는 것이다(2:10).

② 이중적 의미를 내포한 (d)절을 이렇게 이해한다고 할 때 관계대명사 호스(ὅς, a행)는 첫째 절에도 나오는 호스와 비슷하게 해석되어야 한다. 첫째 절에서 가장 먼저 등장하는 것은 온전한 신적 형상을 소유하셨던 성육신하신 하나님의 아들이 보이지 않는 하나님과의 관계를 밝히는 구문이었다. 한편 이 절에서 가장 먼저 언급되는 것, 즉 아르케이신 그리스도는 바로 앞에서 자기 몸인 교회를 지시하는 구절에 비추어 해석되어야 한다. 여기서 바울은 창세기 1:1을 분명 의도적으로 반영하면서[44] 하나님의 아들이 이전 창조의 '원인'(cause)이었던 것처럼 새 창조의 '시작'이라는 사실을 역설한다.[45] 그렇게 될 수 있었던 것은 그분이 죽은 자들에 대해 '먼저 나신 자'가 되신 데서 비롯된다. 그러나 이 경우 프로토토코스(πρωτότοκος)는 두 가지 의미를 담고 있

---

43) 이에 대해서는 G. D. Fee, *The First Epistle to the Corinthians* (NICNT; Grand Rapids: Eerdmans, 1987), 602.

44) 이렇게 생각할 수밖에 없는 이유는 첫째 절이 최초의 창조에 초점을 두는 만큼이나 이 절은 새 창조에 대한 관심을 두고 있기 때문이다.

45) 이러한 견해는 Calvin에게까지 소급해 볼 수 있다. Martin, 59; O'Brien, 50; Wright, 73을 보라. 참고로 Ridderbos는 "그는 그 길을 연 선구자이자 창시자였다"고 말한다(*Paul*, 56).

다. 죽음에서 '처음' 부활하셨던 하나님의 아들이 교회와 관련하여 '먼저 나신 자'의 권한을 지니고 계신다. 만물이 새 창조의 주관자이신 하나님의 아들에게 속해 있으므로, 모두가 결국 미래의 생명에 관한 한 전적으로 그분께 달려 있다.

③ 새 창조의 "근원"이 되신(부활을 통해) 그리스도의 목적(히나⟨ἵνα⟩)은 그리스도에 대해 최초의 창조와 관련시켜 언급하던 내용을 좀 더 반영하는 차원에서 표현된다(a^1행). 그리스도께서 처음 창조에 있어 장자권을 가지고 계신 것처럼 "죽은 자들 가운데서 먼저 나신 자"가 되시고 "친히 만물의 으뜸이" 되셨다.[46] 실제로 그분의 부활에는 바로 이러한 목적이 있었다. 따라서 하나님의 아들 기독론은 은연 중에 개념적인 측면에서 퀴리오스 기독론을 향해 이동하기 시작한다. 여기서 퀴리오스가 나타나지는 않지만 말이다.

2) 골로새서 1:19-22- 성육신과 구속

서두에서 자신의 몸인 교회의 '머리'이신 하나님의 아들에 대해 언급하는 a행으로 말문을 연 바울이 이제는 (일련의 b행에서) 그 아들이 어떻게 그 역할을 감당하는지 그 방법에 초점을 둔다. 이렇게 해서 우리는 하나님의 아들이 다름 아닌 성육신하신 구속자라는 바울의 확신을 직면하게 된다. 바울은 이것을 두 번 진술하는데, 한 번은 '찬송'(19-20절)에서 일반적인 표현을 사용하고 다른 한 번은 골로새 교인들에게 구체적으로 적용되는 내용을 말한다(21-22절). 두 경우 모두 구원을 나타내는 은유로 하나님의 원수가 하나님과 화해한다는 개념이 사용된다(고후 5:18-21 참조). 또한 두 경우 모두 구원을 위해 성육신하신 분의 육신적 실재(bodily reality)를 강조한다. 이러한 바울의 진술이 보기에는 충분히 명료해 보이나 사실 세세한 내용 모두가 분명한 것은 아니므로 조심스럽게 관찰할 필요가 있다.

(1) 골로새서 1:19-20(2:9)- 성육신하신 화해자 그리스도
바울은 앞 구절을 설명해 주는 호티를 이용해 '만물의' 으뜸이 되신 하나님의 아들에 대한 자신의 확신을 거론하며, 어떻게 그리고 왜 이러한 일이 가능

---

46) Lightfoot은 바울이 '만물 안에'(개역 성경은 '만물의'- 역주)라는 구문을 통해 말하려는 뜻은 "단지 우주에서 뿐아니라 교회에서도"라고 주석한다(158).

하게 되었는지를 두 가지로 밝히고 있다. '어떻게'는 b행에 나오는데 여기서 바울은 그 아들이 성육신할 때 "모든 충만"이 선택한 것(또는 기뻐했던 것)은 [47] 그분 안에 거하는 것[48]이었다고 역설한다. '왜'라는 문제는 b'행에서 언급한다. "모든 (하나님의) 충만"이 하나님의 아들 안에 거하기로 작정했기 때문에 그 아들이 '만물'의 신적 화해를 위한 대리자가 될 수 있었다. 다시 말하지만 이러한 내용은 충분히 분명해 보이는 것 같다. 어려움이 있다면 그것은 바울이 "모든 충만"을 쓰고 있다는 데서 비롯된다. 이것이 무슨 뜻이며 왜 이렇게 말했으며, 본 절의 나머지 부분에서 어떤 역할을 하는지에 대해 설명하기가 쉽지 않다. 이 문제들이 상호적으로 연결되어 있기 때문에 하나씩 살펴보기로 한다.

① 첫 번째 문제("모든 충만"이 무슨 뜻인지에 대한)에 관해 바울은 2:9에서 다시 이 문제를 거론하며 이를 더 명확히 밝혀 주는 명사 테스 데오테토스(τῆς θεότητος, 신성의)를 강조의 의미가 담긴 부사 소마티코스(σωματικῶς, 육체로)와 함께 사용한다. 이 명사가 처음 쓰일 때는 신성을 나타내는 추상 명사였던 반면 2:9에서는 (분명히) '하나님'을 나타내는 완곡어 기능을 하고 있다. 바울이 현 본문에서 2:9과 마찬가지로 성육신하신 하나님의 아들을 지칭하고 있는 것에 대해서는 의문의 여지가 없다. 이는 강조를 나타내는 '육체로'가 추가된 2:9을 볼 때 분명하다.

따라서 바울은 본문을 통해 요한복음 1:1-18과 히브리서 1:1-3에서 볼 수 있는 내용을 전하고 있다. 13-14절로부터 충분히 알 수 있는 것처럼 바울의 주 관심은 하나님의 아들을 통해 골로새 교인들이 구속을 얻었다는 데에 있다. 19-20절에서는 이 문제를 본격적으로 거론한다. 그러나 요한복음과 히브리서처럼 바울 역시도 구속을 위해 세상에 오신 성육신하신 하나님의 아들을 무엇보다 모든 창조 질서의 선재하신 신적 대리자로 이해해야 한다는

---

47) 참고로 BDAG는 유도케오(εὐδοκέω)의 의미가 단순히 '기뻐하다'라기보다는 '어떤 대상을 좋게 여겨 선택할 가치가 있다고 생각하다'라고 제시한다. REB는 '기쁨'이라는 개념을 다양한 형태로 표현하는 여타 영어 번역본과는 달리 "하나님께서 모든 충만으로 거하시기로 *정하셨다*"라고 번역한다.

48) 혹은 본문을 있는 그대로 읽을 경우 이러한 의미를 암시하는 것처럼 보인다. 그러나 대부분의 주석가들은 문장 자체에는 나오지 않는 지시 대상 즉, 하나님을 문장의 주어로 덧붙이기를 선호한다. 그러나 거의 대부분이 인정하는 것처럼 이러한 견해가 존속하는 이유는 본문의 끝에 나오는 에이스 아우톤(εἰς αὐτόν)을 아들이 아닌 하나님을 지시하는 재귀 대명사(⟨에⟩아우톤⟨ἑ⟩αὐτόν)로 해석하는 입장을 이전부터 견지해 왔기 때문이다. 이에 대한 대답은 아래를 보라.

사실을 우선적으로 거론한다. 그리고 본문에 나오는 시에 맞게 성육신에 대해서 간단하게 역설한다. 이 내용이 두 번째 예문(2:9)에서는 '육체적' 존재라는 표현으로 보다 강조되고 있다. 19-20절에서는 직접적으로 언급하지 않는 부분이다.

그러나 여기서 주목해야 할 사항은 바울이 이전 편지에서는 암시적으로 언급한 내용을 여기서는 의도적으로 보다 명료하게 나타내고 있다는 점이다. 그는 직접적인 말로 모든 하나님의 충만이 그분의 아들이신 예수께서 세상에 오실 때 성육신이라는 개념으로 나타났다고 역설한다. 이전에 기록된 서신의 여러 구절(예를 들어 고후 8:9; 갈 4:4-5; 롬 8:3)에서 암시적으로 전제되어 있었던 내용이 여기서 분명하게 표현되고 있는 것이다.

② 왜 "모든 충만"이라는 완곡어를 썼는지에 대해서는 단지 추론만이 가능하다. 그럼에도 데오스를 지속적으로 사용하는 바울의 어법과 관련해서 충분히 설명할 수 있다고 본다. 바울 서신 전체를 보면 그는 이 용어를 특별히 하나님 아버지를 가리키고자 할 때 일관되게 사용한다.[49] 그래서 아들 그리스도께서 신적 신분을 공유하고 있음에도, "신성의 모든 충만"이라는 완곡적 표현은 바울로 하여금 굳이 데오스가 그리스도 안에 '거하셨다'라고 상술하지 않고서도 성육신에 대해 생각할 수 있도록 만든다. 이렇게 해서 "모든 충만"이라는 말이 하나님 아버지와 아들이 창조하신 온 우주에 하나님이 계신 것과는 대조적으로 하나의 구체적인 장소에 '거하시는' 하나님을 완곡하게 표현하는 말인 것처럼 보이지 않도록 한다.

③ 그러나 성육신하신 하나님의 아들 안에 하나님께서 '거하신다'는 사실을 표현하는 이 완곡어는 본문의 나머지 부분에서 어떻게 기능하는지의 또 다른 난제를 만들어 냈다. 여기서 쟁점은 세 개의 문법적인 문제로 이에 대한 즉각적인 해결책은 없다. 각각의 문제는 헬라어 명사에는 후속 문장과 문법적으로 일치해야만 하는 성(gender)이 있다는 데서 비롯된다. 본문에서 '판 토 플레로마'(πᾶν τὸ πλήρωμα)라는 말이 남성 명사인 데오스에 대한 완곡한 표현이지만 중성이다. 중성 명사는 주격과 대격에서 동일한 모양이기 때문에 특히 부정사와 함께 쓰일 때 주격인지 대격인지 판단하기가 어렵다. 그래서 위에서 언급했던 세 가지 문제는 다음과 같다. 첫째, 판 토 플레로마(πᾶν τὸ πλήρωμα)가 주 동사 유도케센(εὐδόκησεν, 선택했다/기뻐했다)의 주어

---

49) 이 '규칙'에 대해 다수의 학자들이 예외라고 생각하는 두 구절에 대해서는 6장의 롬 9:5 논의(pp. 420-426)와 10장의 딛 2:13 논의(pp. 656-661)를 보라.

인가 아니면 뒤에 있는 부정사의 주어인가? 그리고 문장에 나타나지 않는 데오스가 주 동사의 주어인가? 둘째, b¹행에 있는 분사 에이레노포이에사스(εἰρηνοποιήσας, 화평을 이룬)는 남성 단수지만 문법적으로 일치하는 선행 명사가 없다. 본문에서 언급하지도 않은 '하나님'을 '선택했다'의 주어로 읽도록 바울이 의도한 것일까? 아니면 "모든 충만"이 실제로 '하나님'을 나타내므로 바울이 일종의 변형 문법을 만들어낸 것일까? 셋째, b'행의 끝에 나오는 전치사구 에이스 아우톤(εἰς αὐτόν, 그에게)의 아우톤은 분명히 인칭 대명사이다. 그러나 관련 문장 자체만 본다면(전체 본문인 찬송 시에서 분리시켜 본다면) 대부분의 영어 번역 성경이 자의적으로 해석하듯 재귀 대명사(자신에게로)가 되어야 할 것 같다. 그것도 아니면 아우톤은 실제로 두 번째 대상을 가리킨다(이 경우 '하나님').

이 마지막 항목이 현재 논의를 진행하는 데 있어 기독론적으로 관련이 있으며, 앞에 있는 두 문제와 연결되어 있기도 하다. 바울의 의도가 '만물'이 하나님과 화목케 되었다는 말인가 아니면 아들과 화목케 되었다는 말인가? 이 문제는 22절의 끝에 있는 카테노피온 아우투(κατενώπιον αὐτοῦ, 그 앞에)에 대한 우리의 해석에 영향을 미친다. 두 선택이 대명사 없이 그리스도는 볼드체로 하나님은 밑줄로 표시하게 되면 논의를 이해하기가 보다 쉬워진다.

본문에 나타나지 않는 '하나님'이 문장의 주어라면 관련 구절은 아래와 같을 것이다.

[하나님께서는] 모든 충만으로 **그 아들 안에** 거하게 하시고
그 아들로 말미암아 만물을 하나님 자신과 화목케 하시고
그 아들로 말미암아 땅에 있는 것들이나 하늘에 있는 것들을
그 아들의 십자가의 피로 화평을 이루사

만일 "모든 충만"이 문장의 주어일 경우 관련 구절은 아래와 같을 것이다.

모든 충만이 **그 아들 안에** 거하기로 정하셨고
그 아들로 말미암아 만물을 **그 아들과** 화목케 하시고
그 아들로 말미암아 땅에 있는 것들이나 하늘에 있는 것들을
그 아들의 십자가의 피로 화평을 이루사

우선은 위의 두 경우 모두 적어도 하나의 변칙적인 문법이 나타난다. 첫 번째 예문에서는 인칭 대명사가 재귀 대명사로 바뀐다. 두 번째 예문에서는 (문법적으로) 중성 명사를 수식하기 위해 남성 분사가 개념적으로 만들어진다. 그러나 첫째 (분명 대다수의) 입장이 안고 있는 실제 문제는 강조점을 하나님의 아들에서 하나님 아버지로 옮긴다는 데에 있다. 하나님이 본문을 여는 전치사구("보이지 아니 하시는 하나님의 형상")를 제외하면 전체 찬송 시에서 한 번도 명확히 거론되지 않는데도 말이다. 그리고 이러한 입장을 취하는 이유는 주로 바울이 다른 서신에서 화목에 대해 말한 것 때문이다. 거기서는 하나님과 화목케 되는 것에 대해 이야기 한다.[50] 그러나 여기서는 전체 시문이 하나님 아버지가 아닌 하나님의 아들에 대해 말하고 있다. 성육신이라는 개념이 성립되려면 반드시 거론해야 하는 모호한 표현, 즉 "모든 충만"에서만 하나님 아버지가 등장한다.

이제 쟁점은 20절에 나오는 에이스 아우톤(εἰς αὐτόν, 그에게)와 22절 끝에 나오는 카테노피온 아우투(κατενώπιον αὐτοῦ, 그 앞에), 이 두 전치사구에 집중된다. 이 두 구를 재귀적인 의미로 보는 성향은 매우 놀랍게도[51] 사본학적 전통의 긴 역사 속에서 한두 번 시도된 것이 아니다. 더욱 놀라운 것은 이와 같이 재귀적 의미로 보는 경향이 해석과 번역사에서 지금까지 존속되고 있다는 사실이다.[52] 그러나 이 전문이 그리스도에 대해 찬송하는 시라는 점을 고려하면 두 개의 인칭 대명사를 재귀 대명사로 바꾸는 것은 두 번째 절이 내용상 어울리지 않는 결과를 초래한다. 이뿐만 아니라 독자로 하여금 갑작스럽게 본문에 나오는 모든 대명사들이 누구를 가리키는지 고민하게 만든다. 지

---

50) 실제로 NET BIBLE의 번역자들은 "하나님은 세상을 자신과 화목케 하신 분이시므로(고후 5:19 참조) *분명히* 유도케센(εὐδόκησεν)의 주어라고 노골적으로 주장한다(이탤릭체는 필자의 표기다). 이러한 주장은 필자에게 분명하지 않다.
51) 특히 C. F. D. Moule, *An Idiom Book of New Testament Greek* (2d ed., Cambridge: Cambridge University Press, 1959), 119(Metzger, *Textual Commentary*, 554에서 전문 인용)을 보라.
52) 이러한 경향은 '기능적 동등성'(functional equivalent)이라는 항목에 속하는 번역의 경우 특히 그렇다(예를 들어 NIV/TNIV: "하나님이 기뻐하셨으므로", GNB, REB, NJB 참조). 그러나 보다 '문자적' 해석을 표방하는 번역 성경 역시 다를 바가 없다(NASB, ESV, NRSV). 지금까지 알려진 예외는 NAB 성경으로 "그로 말미암아 만물이 그와 화목케 되었다"고 해석한다. 대부분의 경우 이러한 입장은 이 본문과 바울이 다른 곳에서 화목에 대해 이야기 한 내용을 (불필요하게) 일치시키려고 했기 때문이다(고후 5:18-21; 롬 5:10-11).

금까지 줄곧 '하나님의 아들'을 선행사로 지시하고 있었기 때문이다.

그러나 바울은 자신이 무슨 말을 하려고 하는지 전혀 혼란스러워 하지 않았다고 봐야 한다. "모든 충만"이라는 완곡어가 지칭하는 '하나님'이 현 문장에 나오는 여러 동사의 암시적 주어인 것은 사실이지만, 전체 본문이 아들의 사역에 초점을 맞추고 있다는 점 역시 사실이다. 새 창조의 '시작'이 되시는 분은 하나님의 아들이시며 그 아들이 부활을 통해 절대적인 으뜸의 자리에 계신 것이다. 따라서 바울이 "(신성의) 모든 충만이 그 아들 안에 거하기로 정하셨다/기뻐하셨다"로 말함으로써 아들의 완전한 신성을 강조하고자 하면서 하나님 아버지를 중점적으로 다룰 리가 없다. 다름 아닌 완곡한 표현이야말로 하나님의 아들에 대한 강조를 유지하고 있다.

그러나 석의적으로 이러한 입장을 취하게 된 보다 중요한 이유는, 그렇게 할 때 첫째 절에서와 마찬가지로 이 절에서도 아들을 지칭하는 모든 대명사를 손대지 않은 채로 둘 수 있게 된다. 이 사실은 16절의 b¹행에서 두 전치사구('그로 말미암아'와 '그에게/위해')가 하나님의 아들에 집중하고 있는 것처럼 여기서도 마찬가지다.[53] 그리고 하나님의 아들을 첫 창조의 대리자와 목적으로 이해하는 것보다 화해(와 새 창조)의 대리자와 목적으로 보는 것이 특별히 더 어려운 것은 아니다. 최초의 창조가 "그에게, 그로 말미암고, 그를 위하여" 이루어졌던 것처럼, 새 창조에서도 신성의 충만이 "그 안에" 거하기를 기뻐하셨고 십자가에서 죽으심으로 "그로 말미암아" 만물이 그분과 화목케 되었다.

이러한 석의적 입장을 취하면 세 가지 추가적인 이점이 있다. 첫째, 이러한 입장은 바울이 언급한 인칭 대명사 에이스 아우톤(εἰς αὐτόν, 그에게/그를 위해)을 재귀 대명사 에이스 아우톤(εἰς αὑτόν, 자신에게)로 바꾸지 않도록 한다. 이 재귀 대명사는 헤아우톤(ἑαυτόν)의 철자로 바울 서신 어디에서도 나오지 않는 말이다. 사실 바울은 재귀 대명사 사용하기를 싫어하지는 않는다. 재귀적 의미가 필요할 때마다 일정하게 사용한다. 따라서 바울이 위의 인칭 대명사를 재귀 대명사로 바꾸려고 하지 않았다고 생각하는 것이 마땅하다고 본다. 둘째, 대명사의 흐름을 있는 그대로 두는 것이 또 의미하는 바는 투 스타

---

53) 참고로 Barth와 Blanke는 "여기서 가리키는 것은 그리스도와의 화목이다…강조점을 재귀대명사로 바꿔서 에이스 아우톤(εισ αυτον, 그에게)이 '하나님'을 지시한다고 해석하려는 시도는 수긍하기 힘들다"고 말한다(214-15). 이와 유사하게 16절과의 병행 구절을 주목하는 Matera (*New Testament Christology*, 143)가 이러한 입장을 취한다.

우루 아우투(τοῦ σταυροῦ αὐτοῦ, 그의 십자가의)를 읽게 될 때 적절한 선행사를 찾으려고 b' 행의 앞부분에 나오는 디 아우투(δι' αὐτοῦ, 그로 말미암아)로 돌아가려는 섣부른 해석을 미연에 방지한다. 대신에 이 절에 나타나는 모든 대명사는 처음 절에서도 그랬던 것처럼 그리스도를 지시하는 것으로 보인다. 셋째, 마지막으로 판 토 플레로마(πᾶν τὸ πλήρωμα)를 주동사 '택했다/기뻐했다'가 아닌 첫 부정사('거하다')의 주어로 읽는 문법적 전략(strategem)은 바울이 2:9에서 말하는 것과 상응한다. 현 본문에서 시적으로 표현하는 것과 같은 내용을 2:9에서는 보다 상세히 기술하고 있는데 전자에서 주로 쓰인 전치사구나 대명사는 사용하지 않고 직설적인 산문체로 상술한다. 그리고 사실 2:9에서는 판 토 플레로마(πᾶν τὸ πλήρωμα)가 문장의 주어로, 현 본문에서도 그렇게 보인다.

　마지막으로 주목해야 할 것은 대명사를 올바로 해석한다고 해서 하나님의 '권위를 폐하는'(dethrone)것은 아니다. 다만 전체 '찬송'의 어느 곳에서도 하나님 아버지에 초점을 두는 경우가 없다는 것이다. 오히려 올바른 해석을 통해 하나님의 아들에게 '권위를 부여하게'(enthrone) 되는 것이다. 그리스도께서 십자가에서 돌아가심으로써 그 아들 안에 거하기를 기뻐했던 "모든 충만"이 만물을 그 아들과 화목케 되는 결과를 만들어 냈다. 이 화목은 또한 십자가에서 그 아들이 돌아가심으로써 화평을 이루었기 때문이다. 그리고 위에서도 언급했던 대로(각주 34번) 바로 이런 이유 때문에 에이콘이 '찬송'에서 가장 먼저 나오는 것이다. 구속이라는 목적을 위해 신적 형상을 지니신 하나님의 아들이 만물의 공동 창조자이시기도 하다(고전 8:6 참조). 그러므로 본문에서 기독론적으로 개진된 내용을 보면 지금까지 우리가 살펴 본 바울 서신의 내용과 부합한다. 바울은 그리스도께서 하나님 아버지와 다름 아닌 신적 특권을 공유하신다고 일관되게 해석한다.

　"그의 사랑의 아들"(1:14)을 수식하는 첫 번째 '누구'(who) 절이 '죄 사함'이라는 개념으로 '구속'을 설명하고 있는데, 그렇다면 만물이 하나님의 아들을 통해 그리고 그분과 '화목케 된다'는 바울의 진술은 무슨 뜻인가? 여기서 진술된 내용이 다음 구절에서는 골로새 교인들에게 구체적으로 적용됨으로써 본 절이 의도적으로 보다 폭 넓은 적용을 시도하고 있다는 사실을 비추어 볼 때 이 질문은 훨씬 더 중요해진다. 그 경우 본 절의 타 판타(τὰ πάντα)가 첫 번째 절에 나오는 타 판타(τὰ πάντα)와 동일하다고 봐야한다. 그래서 두 절의

'만물'은 특히 "정사들이나 권세들"을 포함한 창조된 모든 세계를 가리킨다. 그렇게 생각하는 이유는 바로 이 단어를 2:10, 15에서 다시 사용하고 있기 때문이다. 여기서는 그리스도가 십자가를 통해 "권세들"을 이기심으로써 그들을 무력하게 만드셨고 만인 앞에 부끄럽게 하셨기 때문이다.

이러한 사실은 바울이 "십자가의 피"를 하나님의 속죄 수단으로 이해하고 있지만(2:13-14; 1:14 참조), 아마도 그는 본문에 나오는 '화목'이 속죄 개념을 넘어 골로새 교인들을 위해 권세를 굴복시키신 하나님의 아들의 역할도 가리킨다고 이해하고 있다.[54] 이러한 생각이 옳을 경우 왜 우주의 창조(첫째 절)와 새 창조(둘째 절) 모두가 '그 아들로 말미암아/그 아들에게/그 아들을 위해' 이루어졌다고 찬송하는지 그 이유를 설명해 준다. '그분을 통해' 만물이 창조되었고 '그분을 통해' 만물이 화목케 되었으므로 그분은 자신의 창조 사역과 화해 사역의 궁극적인 목적이 되시는 분이다. 그래서 그리스도께서는 '만물' 안에서 신적인 으뜸의 자리를 차지하고 계신 것이다. 결과적으로 '화해'라는 개념은 특별히 기독론적인 말로서 동시에 바울이 지금 골로새에 있는 신자들에게 구체적으로 적용하고자 하는 그리스도의 구원 사역을 포함한다(21-22절).

끝으로 이 절은 성육신을 강조할 뿐 아니라 b'행("그의 십자가의 피로 화평을 이루사")을 통해 그 인성의 진정성을 강조하고 있기도 하다. 하나님의 아들은 단지 우리를 위해 죽으신 것이 아니라 십자가에서 피를 흘리심으로써 화평을 성취하셨다. 이러한 사실이 2:14-15에서 자세히 설명되고 보다 강력히 표현되고 있기 때문에 그리스도의 죽음에 담긴 '지상적인' 성격을 유의해야 한다. 왜 이러한 사실이 강조되고 있는지에 대해서는 추측할 수밖에 없지만 가장 그럴듯한 설명은 그것이 현재 '보이지 않는 권세들,' 즉 그리스도께서 십자가에서 굴복시키신 권세에 골로새 교인들이 심취해 있다는 상황과 밀접하게 관련되어 있다는 것이다. 바울이 후대에 생긴 신학적인 동기로 인해 이러한 주장을 펼치는 것은 아니라 할지라도 그가 그리스도의 성육신에 담긴 진정한 인성에 대해 올바르게 접근했다는 것을 여기서 알 수 있다.

(2) 골로새서 1:21-22- 골로새 교인들에 대한 적용

본 연구의 목적을 생각할 때 본문을 쉽게 지나쳐 버릴지도 모른다. 그러나

---

54) 본문을 이렇게 해석하는 입장에 대해서는 예를 들어 Lohse, 59; Bruce, 75; Martin, 60; O'Brien, 56; Wright, 76-77; Garland, 94-95; Dunn, 102-3을 보라.

위에서 본 20절도 그랬던 것처럼 이 본문 역시 다양한 영어 번역이 있기 때문에 유심히 살펴 볼 필요가 있다. 여기서도 번역자들이 전치사구 '카테노피온 아우투'(κατενώπιον αὐτοῦ, 그 앞에)를 가지고 어떻게 본문을 해석하고 이해해야 할지 결정하는 경향을 보여 왔음을 알게 된다. 그러나 이 경우 문제의 심각성이 가중된다. 왜냐하면 본문을 현재 우리가 가지고 있는 본문 교정판(critical editions)에 있는 본문을 그대로 번역할 경우 바울의 원 의도를 반영하지 못할 수도 있기 때문이다. 두 가지 사항, 즉 원문과 해석이라는 문제 때문에 어려움이 있다.

우선 우리에게 세 가지 형태로 전해 내려온 원문 문제를 해결해야만 한다.

아포카텔락센(ἀποκατήλλαξεν, 그가 화목케 하셨다) ℵ A C D^c K와 거의 모든 여타 사본

아포카텔라게테(ἀποκατήλλάγητε, 너희가 화목케 되었다) P^{46} B (33) Hil Ephraem

아포카텔라게테스(ἀποκατήλλαγέτες, 화목케 하신) D* F G $it^{b.d.g}$ vg^{ms} Ir Ambst

두 개의 주요 난점이 사본학적 비평과 연관되어 있다. 첫째, 바울 서신과 관련해서 가장 신빙성 있는 사본 중에 두 사본(P^{46} B)이 문법적으로 볼 때 맞지 않는 독법을 제시한다(선행하는 대명사와 분사는 여격인 반면 관련 동사는 수동태이므로 목적어를 받을 수 없다). 동시에 P^{46} B 본문만이 왜 다른 독법이 존재하는지 적절하게 설명해 줄 수 있다.[55] 이것이 원본이라면 바울이 하나의 문장을 나름대로 시작했다가 다르게 끝맺고 있다고 볼 수도 있을 것이다("전에 원수가 되었던 너희, 그러나 이제는 너희가 화목케 되었다").[56] 둘째, 이러한 사

---

55) 사실 서방 사본(D*, et al)은 P^{46} B 사본의 훼손이라는 말 외에는 설명할 방법이 없다. 필사자들이 만들어 낸 것은 일종의 변형 문법이었다. 두 개의 분사가 아무런 주동사 없이 쓰이고 있기 때문이다. 이러한 사실은 P^{46} B 사본이 바울의 원문이라는 주장의 신빙성을 배가시킨다.

56) 어떻게 이런 문장이 나온 것인지에 대해 추정하는 일이 그리 어려운 일은 아니다. 바울은 동사의 목적어로 사용하기 위해 대격 명사로 문장을 시작했다. 그러나 주절로 이동하면서 *대조* 자체에 대한 강조가 뉘니 데(νυνὶ δὲ, 그러나 이제)라는 형태로 대신 자리하게 되었다. 이로써 바울은 *골로새 교인들*을 여전히 이야기 중심에 두면서 대조한다.

실 때문에 대부분의 본문 비평가들은 '문법적으로 맞는' 독법을 택하게 되었다. 그러나 그렇게 하게 되면 P46 B와 같은 탁월한 사본의 원본(Vorlage)을 옮겨 적던 필사자들이 어떻게 그런 엄청난 필사상의 실수를 저질렀는지 설명할 수 없게 된다. 다시 말해 사본을 옮겨 적는 필사자의 시각에서 볼 때, 다른 독법이 원문이었다면 이 독법을 설명하기가 거의 불가능하다는 것이다. 이러한 경우에는 반드시 본문 비평의 주요 '법칙'이 우선시 되어야 한다. 즉 모든 여타 독법이 생겨나게 된 원인을 가장 잘 설명해 주는 독법이 원문일 가능성이 가장 높다.

이러한 이유 때문에 필자는 라이트풋(J. B. Lightfoot)과 메쯔거(B. M. Metzger)의 견해[57]를 따라 P46과 B의 본문이 바울의 원문임에 틀림없다고 생각한다. 그 이유는 첫째, 이 본문에 나타나는 필사상의 실수는 상대적으로 적은 수의 사본에서 조차도 설명하기가 매우 어려웠을 것이기 때문이다. 둘째, 그리고 서방 사본의 독법은 이 본문이 서방 필사자들이 의도적으로 수정을 가한 본문이라는 사실을 명확히 전제하고 있기 때문이다. 물론 필사자들이 기이한 짓을 할 때도 있으나 여기에 나타나는 수정은 다분히 의도적이라고 볼 수밖에 없다. 그리고 바울이 본래 기록한 원문이 비문법적이었고 이를 필사자들(그런 경우 꼭 '원 저자를 도와주려' 노력하는)이 의도적으로 바꾸었다고 보는 것이, 마치 대다수 본문(Majority Text)의 독법과 필사자(혹은 필사자들)가 원문을 설명하기 곤란한 형태로 고친 것처럼 바울 역시 완벽히 이해할 수 있는 본문을 기록했다고 보는 것보다는 훨씬 적절하다고 생각한다.

따라서 필자는 원문인 P46과 B의 본문을 가지고 본 논의를 시작하면서, 선행하는 내용과 상응하는 해석을 제시해 보려 한다. 관련 헬라어 본문은 이렇게 쓰여 있다.

1:21-22 Καὶ ὑμᾶς ποτε ὄντας ἀπηλλοτριωμένους καὶ ἐχθροὺς τῇ διανοίᾳ ἐν τοῖς ἔργοις τοῖς πονηροῖς, νυνὶ δὲ ἀποκατήλλάγητε ἐν τῷ σώματι τῆς σαρκὸς αὐτοῦ διὰ τοῦ θανάτου παραστῆσαι ὑμᾶς

---

57) Lightfoot, 252-53을 보라. Metzger, *Textual Commentary*, 554 55을 참조하라. 흥미롭게도 Dunn(105 각주 1)은 이러한 독법이 "원문으로 여길 만한 요건을 모두 갖추고 있다"고 인정한다. 하지만 그는 "2인칭 수동태 동사는 문법상 전혀 적합하지 않으므로 초기 수정/개정 작업이 전적으로 정당화되었다고 결론 내릴 수 있다"며 공증된 이차적 본문에 대해서만 석의하며 논의를 진행시킨다. Barth와 Blanke, 220-21을 참조하라.

ἁγίους καὶ ἀμώμους καὶ ἀνεγκλήτους κατενώπιον αὐτοῦ
전에 악한 행실로 멀리 떠나 마음으로 원수가 되었던 너희를 이제
는 **그의 육체의 죽음으로 말미암아** 화목케 하사 너희를 거룩하고
흠 없고 책망할 것이 없는 자로 **그 앞에 세우고자** 하셨으니

여기서의 난제는 이전의 경우와 같으며 대다수 본문이 실제 원문일 경우 크게 달라질 것이 없다. "그의 육체"에 나오는 대명사의 선행사는 하나님의 아들(또는 그리스도)을 가리키고 있다고 널리 알려져 있다. 현 본문의 선행사가 14절까지 대명사 밖에 없는데도 말이다. 쟁점은 부정사 "너희를… 세우고자 하셨으니"의 암시된 주어 문제와 그들이 "누구 앞에" 서게 될 것인지에 대한 문제다.

반면에 대다수의 주석가들은 "그가 너희를 그 앞에 흠 없이… 세우시려고 그의 육체로 화목케 하셨다"라고 쓰인 본문에 대해 주석을 달고 있다. 여기서 그들이 다시금 심각한 문제에 부딪히는데 그 이유는 (본문에 명기되지 않은) '하나님'을 '그'라고 가정하기 때문이다. 그러나 그들 역시도 제일 먼저 나오는 대명사가 문장의 주어가 될 수 없다는 점은 인정하기 때문에(문법적인 규칙에 따르면 이 대명사가 주어가 되어야 하지만) "그러나 이제는 **그리스도의 육체의 죽음과 피로** 말미암아 하나님께서 너희를 자신과 화목케 하셨다"(REB; NIV/TNIV 참조)라고 번역한다. 그렇게 하는 이유는 이전 절에서의 경우와 마찬가지다. 바울이 볼 때 하나님의 화목케 하시므로 죽었다가 부활하신 하나님의 아들이 신자들을 마지막 때에 하나님 앞에 세우신다. 그러나 이러한 입장이 이차적인(대다수) 본문에서조차 반드시 선택해야 할 필요는 없다는 점을 지적해야 한다.

바울의 원문에서 이것은 소수가 선택한다. 수동태는 바울이 전절에서 완곡어("모든 충만")를 사용할 때의 경우와 동일한 이유, 즉 그리스도와 골로새 교인들에게 초점을 맞추려는 이유 때문에 나타난다고 생각한다. 이 수동태 역시 유사한 종류의 완곡적 표현을 보여준다. "너희가 화목케 되었다"는 신적 수동태(divine passive)를 능동태로 바꾸면 "하나님께서 너희를 화목케 하셨다"가 될 것이다. 그러나 이것은 바울이 말하려는 것이 아니다. 그는 수동태를 이용하여 자신의 (실제) 육체적 죽음으로 화목케 하신 하나님의 아들에 지속적으로 초점을 맞출 수 있다. 그 아들이 화목케 하셨기 때문에 골로새 교인

들(그리고 여타 신자들)이 마지막 때에 하늘의 법정 앞에서 그 아들 앞에 흠 없고 거룩하게 서게 된 것이다.

따라서 이전 절과 마찬가지로 대명사가 가리키는 대상을 아들에서 하나님으로 바꿀만한 문법적 근거는 전혀 없다. 하나님의 아들은 14절 이후에 나오는 17개의 남성 대명사(관계 대명사, 인칭 대명사, 강의〈intensive〉 대명사)[58]가 문법적으로 지칭하는 대상일 뿐 아니라 하나님을 문장의 주어로 언급하는 유일한 말은 모호한 (그리고 문법적으로 중성인) "모든 충만" 뿐이다. 바울의 본문을 우리가 예상하는 것에 부합하도록 바꾸기 보다는, 바울 서신에서 하나님의 아들이 하나님 아버지와 신적 특권을 공유한다는 사실을 바울이 단순히 가정하는 구절이 하나 더 있다는 점을 알아야 한다. 따라서 그리스도나 하나님을 지시하는 '심판석'과 마찬가지로[59] 마지막 때에 신적 임재(divine presence) 앞에 있게 될 신자들을 가리키는 전치사구에서도 바울은 신자들이 하나님과 하나님의 아들 앞에 서게 될 것이라 생각한다.[60] 이 경우 하나님의 아들이 '하나님 앞에' 신자들을 세울 것이라고 묘사되긴 하지만 초점은 그들을 구속하신 분의 임재 앞에 서게 된다는 점에 맞추어져 있다.

3) 골로새서 2:2-3

바울은 편지의 서문(혹은 서곡)을 골로새 교인들의 상황에 적용함으로써 보다 상세히 기술하기보다는(2:6에서 그렇게 한다) 특별히 이방인을 위한 복음을 선포하는 일에 대한 자신의 역할을 설명하기 시작한다(1:24-2:5). 그렇게 해서 바울은 첫째 감사문(1:9-11)에서 사용했던 일부 표현을 사용하되, 관련 문제의 '무모한' 성질을 정곡을 찌르는 방향으로 상술해 나간다. 그는 1:9에서 언급했던 쉬네시스(σύνεσις, 이해), 에피그노시스(ἐπίγνωσις 〈진정한〉 지식),

---

58) 개념적으로 바울이 이러한 논점을 본문 전체를 통해 이해시키려 하고 있지 않다고 주장한다 해도 위의 사실은 옳다. 다시 말해 '하나님의 아들'이 분명한 선행사라는 사실을 바울이 잠시 잊어도 무리는 아니다. 왜냐하면 바울은 본문의 끝에서야(24절) 지칭 대상을 그리스도로 바꿨기 때문이다. 그러나 제일 처음 '하나님의 아들'로 불렸던 분이 다른 호칭('그리스도'나 '주')이 문맥과 더 잘 맞을 수도 있겠지만 전체 본문이 지속적으로 지칭하는 대상이라는 사실에 대해서는 의문의 여지가 없다.
59) 4장의 고후 5:10 논의 부분(pp. 306-308)과 6장의 롬 14:10 논의 부분(pp. 406-412)을 보라.
60) 이 문제에 대해서는 4장의 고후 2:10과 8:21 논의 부분(pp. 303-304)을 보라.

소피아(σοφία, 지혜)와 유대교 묵시 문헌에서 쓰이는 뮈스테리온(μυστήριον, μψστερψ, 비밀)과 아포크뤼포이(ἀπόκρυποι, 숨겨진)를 가지고 골로새 신자들의 무익한 탁상공론이 모두 그리스도로 집중되도록 한다. 그래서 바울은 이러한 말을 모두 포함하는 문장으로 이방인을 향한 자신의 목표를 진술한다. "원만한 이해의 모든 부요에 이르러 하나님의 비밀인 그리스도를 깨닫게 하려 함이라 그 안에는 지혜와 지식의 모든 보화가 감취어 있느니라." 따라서 '비밀'은 더 이상 숨겨져 있지 않고 그리스도 안에서 완전히 드러났다.

그러므로 바울은 전형적인 방법으로 자신의 '대적자'의 말을 취하여 변형시켜서 다시 한 번 골로새 교인들이 지닌 모든 것의 중앙에 그리스도를 위치시키고자 하는 목적에 활용한다. 그렇게 하면서 바울은 그리스도께서 가장 위대한 역할을 감당하시는 분임을 재차 깨닫게 된다. 하나님에 대해 알려진 것, 즉 그분에 대한 지혜와 지식은 모두 "신성의 모든 충만이 육체로 거하는" 그리스도 안에서 드러났다(2:9).

따라서 여기서부터는 바울의 관심사가 대부분 구속자이신 그리스도로 전환되지만 그리스도께서 완전한 신성을 지니신 분이라는 사실을 언급해야 할 필요성을 강력히 느꼈다. 그분은 선재하신 창조자로서 신성의 모든 충만이 거하는 분이시며 하나님의 '비밀'의 궁극적인 계시자이시다. 그리고 분명히 이 모든 것이 권세를 무력화하고 골로새 교인들을 사로잡고 있는 것은 그 어떤 것이라도 제거한다. 하나님께서 이방인 신자들을 그들의 죄 뿐 아니라 '율법 준수'의 짐으로부터 구원하셨고 새 창조를 통해 생명과 의의 근원이 되시는 그리스도 안에 나타나셨다. 그러므로 그분은 현재와 미래의 삶을 충분히 책임지신다.

이것과 관련하여 마지막으로 한 마디 하고자 한다. 이러한 석의 과정에서 본문의 '의미'에 집중함으로써 그리스도의 절대적 위대하심과 영광에 초점을 맞추고 있는 바울의 전체 관심사를 놓칠 경우 일종의 비극적인 일이 발생한다. 바울이 무엇을 말하고자 하는지를 '올바로 이해하고자' 할 때 자칫 바울이 왜 그렇게 말하는지를 '잘못 이해'할 심각한 위험이 늘 도사리고 있다. 이 본문을 가지고 예수께서 비난하셨던 바리새인들의 율법 행위를 똑같이 행할 위험이 항상 존재한다는 것이다. 즉 주를 향한 경배와 열정을 제쳐두고 석의 작업을 미세하게 조정하는 일에 매달림으로써 그 경배와 열정으로 돌아가지 않는다. 우리가 바울의 확고한 열정과 헌신에 빠져들지 않는다면 주에 대한 바울의 이해를 우리는 결코 이해할 수 없게 된다. 결국 우리는 이 본문으로 인해 형식적인 몸짓에서 멈추지 않고 겸손히 무릎 꿇을 수 있어야 한다.

4) 부기: 골로새서에 나타나는 그리스도와 지혜

앞서 골로새서 1:15-17에 대해 논의할 때 많은 학자들은 '찬송'에 나오는 바울의 표현 배후에 있는 의인화된 지혜에 대한 언급이 빠졌다는 사실을 눈치 챘을 것이다. 물론 필자가 일부러 그 언급을 뺀 것이다. 왜냐하면 지혜는 바울의 논의에서 중요한 요소로 포함되지 않기 때문이다.[61] 그러나 매우 많은 이들이 다르게 주장하거나 단언하고 있기 때문에[62] 현 논의를 끝맺기 전에 관련 증거 자료를 면밀히 살펴 볼 필요가 있다.

전체 본문이 전형적인 바울의 하나님의 아들 기독론과 암시적으로 상응하고 있다는 점을 문법과 어법에 근거해서 지적했던 위 석의를 생각해 볼 때 한 가지 질문이 생겨난다. 어떻게 바울의 진술 배후에서 의인화된 지혜라는 개념을 찾게 되었는가? 이에 대한 대답은 세 가지로 나누어 볼 수 있다. 첫째로, 위에서도 언급했던 본문과 고린도전서 8:6과의 관계가 거의 항상 논의의 출발점이 된다.[63] 일단 바울이 고린도전서 1:18-25에서 (반어적으로) 권세와 지혜에 대해 이야기하는 부분에 근거하여(!) 고린도전서 8:6에서 (존재하지도 않

---

61) Ridderbos (*Paul*, 79-80) 역시도 이와 유사하게 골로새서에 나타나는 이러한 개념을 거부하며 이를 "막연한 회상"이라 규정한다.

62) 사실 Dunn (*Christology in the Making*, xix-xx)은 이 본문과의 진정한 상호작용을 다소 어렵게 만든다. 왜냐하면 정작 상호작용이 필요한 곳, 즉 그가 지혜와 관련하여 이 본문에 대한 '해결책'을 찾으려 할 때 전혀 상호작용하지 않기 때문이다. 그리고 사실 이 본문에서는 언어적으로나 개념적으로나 지혜라는 말이 나타나지 않는다. Dunn은 골로새서 본문에 대한 더욱 상세한 논의는 "그리스도를 지혜와 동일시하는 부분이 *Christology*에서 만족할 만큼 세세하게 기록되어 있으므로 논쟁의 대상이" 되어서는 안 된다는 입장을 고집한다(xix). 그러나 이것은 반드시 논의되어야 할 쟁점에 대한 문을 사전에 닫는 것과 같다. 여하튼 (1) 바울은 '찬송'에서 칭송받고 있는 분을 하나님의 사랑하는 아들로 규정하고 있다(13절). (2) 그리고 앞으로 지적하겠지만 바울이 유대교에 나타나는 지혜를 문자적으로 반영하고 있다고 알려져 있으나 본질적으로 그러한 반영은 존재하지 않는다(어쩌면 그러한 반영이 있다고 여기지 않는다면 말이다). 그래서 대화를 계속 진행해 나가려면 바울 자신의 문법이 중요하다는 점을 적극 부인해야 하고, 그리고 나서 본문으로부터 기껏해야 *문자적인 반영이 희미하게 보이는* 단어들을 찾아낼 수는 있으나 바울이 이를 인지하고 있었다는 사실은 증명될 수 없다는 점에 동의해야만 한다.

63) pp. 456-462를 보라.

는) 의인화된 지혜를 찾았다면 골로새서 본문과의 관련성을 찾는 것은 충분히 쉬워 보인다. 골로새서에 나타나는 '찬송'의 두 부분이 고린도전서 구절의 두 부분을 상술하고 있기 때문이다. 둘째로, 골로새에 있던 잘못은 일종의 '무모한' 관심사였다는 점에 대해 자주 언급했다. 왜냐하면 지혜와 지식이라는 말이 수차례 등장하기 때문이다. 그래서 바울은 자신의 복음이 지향하는 목적을 위해 '지혜'를 구해내려는 것으로 보일 수 있다. 셋째로, 이러한 입장을 지지하는 증거는 본문과 지혜 전승에 나오는 몇몇 개별 구절 사이에 알려진 문자적/언어적 유사점 안에서 찾아볼 수 있다. 여기서 지혜 전승은 전적으로 솔로몬의 지혜서를 말한다. 우리가 이미 골로새서 1:15-17과 고린도전서 8:6이 관련성을 긍정적으로 언급했으므로(그러나 지혜에 대해 언급하지 않은 것은 바울이 언급하지 않기 때문이다) 여기서는 지혜 기독론(Wisdom Christology)을 뒷받침하는 것으로 알려진 다른 두 항목을 조사하고자 한다.

(1) 실제적인 바울의 소피아(Σοφία 지혜) 사용

바울이 의인화된 지혜를 골로새서에 나타나는 그리스도에 대한 자신의 관점의 배경이 되는지의 여부에 대한 열쇠 중에 하나는 바울이 6번 언급하는 소피아(σοφία, 지혜)라는 단어를 실제 어떻게 그리고 얼마나 자주 사용하고 지를 살펴보는 것이다(편의상 '지혜'라는 말은 밑줄을 긋고 그리스도가 지혜와 구체적으로 연결되어 있는 부분은 볼드체로 표기할 것이다).

1:9 πληρωθῆτε τὴν ἐπίγνωσιν τοῦ θελήματος αὐτοῦ ἐν πάσῃ σοφίᾳ καὶ συνέσει πνευματικῇ,

1:28 καὶ διδάσκοντες πάντα ἄνθρωπον ἐν πάσῃ σοφίᾳ

2:3 ἐν ᾧ εἰσιν πάντες οἱ θησαυροὶ τῆς σοφίας καὶ γνώσεως ἀπόκρυφοι
2:23 ἅτινά ἐστιν λόγον μὲν ἔχοντα σοφίας ἐν ἐθελοθρησκίᾳ καὶ ταπεινοφροσύνῃ
3:16 ἐν πάσῃ σοφίᾳ διδάσκοντες καὶ νουθετοῦντες ἑαυτούς

4:5 ἐν σοφίᾳ περιπατεῖτε πρὸς τοὺς ἔξω τὸν καιρὸν ἐξαγοραζόμενοι

소피아라는 단어가 (바울 서신치고는) 자주 등장하는 사실은 골로새 교회의 상황을 이야기하다고 볼 수 있을지도 모른다. 특히 바울이 2:23에서 교회가 "지혜 있는 모양"을 가지려고 '율법을 준수하려는' 경향에 대해 진술한 내용이 특히나 그 상황을 구체적으로 나타내고 있다. 그러나 이러한 용어 사용은 의인화된 지혜와는 아무런 상관이 없고 지혜의 속성과 관련 있다. "그 안에는 지혜와 지식의 모든 보화가 감취어 있느니라"는 구절(2:3)에서도 마찬가지다. 골로새서에서 그리스도와 지혜가 실제로 병치되어 있는 곳은 이 구절뿐이다. 그러나 이 구절과 의인화된 지혜의 역할을 그리스도께서 감당하신다는 것과는 아무런 관련이 없다. 왜냐하면 바울의 표현이 그러한 전승과는 완전히 무관하기 때문이다. 마지막으로 세 번 등장하는 엔 파세 소피아(ἐν πάσῃ σοφίᾳ)는 유의해서 살펴야 할 정도로 중요하게 사용된 것은 아니다. 바울이 다른 이들을 "모든 지혜로" 가르쳤고 그들 역시 "모든 지혜로" 가르쳐야 한다는 말은 교육의 방법론과 상관있을 뿐 그 내용과는 관련이 없으며, 이는 이 단어를 한정적으로(attributive) 해석해야 한다는 점을 암시한다. 그들이 성령의 지혜와 총명(1:9)으로 하나님의 뜻에 대한 지식으로 가득 채워지는 경우도 마찬가지다.[64] 외인을 향하여 "지혜로(in wisdom) 행하라"(4:5) 말은 단순히 '지혜롭게 행하라'는 뜻이다.

따라서 골로새서에서 바울이 소피아를 실제 사용했다는 사실이 그가 1:15-17에서 하나님의 아들을 의인화 된 지혜와 관련시켜 이해했을 것이라는 희망을 만들어 내는 데는 별 도움을 주지 않는다. "지혜와 지식"의 모든 보화를 그리스도 안에 둠으로써 그리스도가 하나님의 모든 지혜의 보고로 만든다고 해서 그분을 지혜의 여신(Lady Wisdom)과 동일시 한다는 뜻은 아니다. 또한 이러한 표현이 지혜가 의인화되고 있는 유대교 지혜 문헌의 문맥에서 전혀 나타나지 않는다. '지혜'가 바울이 논박하고 있는 쟁점의 일부이기 하지만, 이러한 사실은 바울이 지혜 문헌에서 찾아볼 수 있는 표현을 가지고 그리스도에게 적용하고 있다는 입장을 전혀 긍정하지 않는다. 바울은 실제 그런 의도가 없기 때문이다.

---

64) 이러한 뜻이 이 표현의 뜻에 가장 가깝다는 점에 대해서는 Fee, *God's Empowering Presence*, 640-43을 보라.

(2) 추정되는 바울의 '지혜' 어휘 사용

골로새서에 나타나는 바울의 어휘에 관해 보다 중대한 쟁점은 사실 소피아 사용이 아닌 지혜 문헌뿐 아니라 특별히 지혜의 여신이라는 독특한 분야에 속하는 것으로 알려진 여타 표현의 사용이다.[65] 그리고 1:15-17에 나오는 '찬송'의 첫째 절 배후에 의인화된 지혜 개념이 있다는 주장은 궁극적으로 바로 여기에 기초하고 있다. 그래서 던(Dunn)은 바울이 여기서 "일련의 상호 관계 (바울과 의인화된 지혜 사이의)를 활용하고 있으며 이것을 우연으로 보기 어렵다"고 주장해 오고 있다. 던이 계속해서 주장하기를 본문(과 고전 8:6)에 나타나는 바울의 표현은 "지혜 기독론의 고전적 표현"을 보여주고 있다고 한다.[66] 이러한 주장에도 불구하고 골로새서는 지혜 전승과 언어적으로나 개념적으로 전혀 연결되지 않았다. 던이 말하는 "일련의 상호 관계"는 다섯 가지 요소로 이루어져 있다(여기에는 창조와 관련된 그리스도의 역할도 포함되는데, 이 중요한 쟁점은 부록 A에서 살펴 볼 것이다). 다른 네 개의 주요 요소는 주로 언어적인 내용으로 여기서 보다 면밀한 분석을 필요로 한다. 여기에 18절에 나오는 아르케도 추가될 것이다. 왜냐하면 관련 논의 중에 이 단어도 자주 언급되기 때문이다. 이들 요소 중에 두 개(에이콘과 아르케)만 지혜 전승에 실제 나타나며 이 모든 논의가 에이콘에 대한 조사로부터 출발하기 때문에, 이들을 끝 부분에서 다루는 것이 그들의 중요성을 고려할 때 적절하다. 여기서는 우선 두 번째 요소, 즉 바울이 15절에 나오는 프로토토코스(πρωτότοκος)를 사용하는 양상에 대해 살펴볼 것이다.

① 일반적으로 주장되는 것처럼 의인화된 지혜는 "창조에 있어 하나님의 '먼저 나신 자'"로 불린다.[67] 그러나 이러한 생각이 옳지 않은 이유는 바울이

---

65) 예를 들어 C. H. Dodd는 "모든 내용이 유대교의 지혜 신학으로 소급될 수 있다"고 말한다("The History and Doctrine of the Apostolic Age," in *A Companion to the Bible* 〈ed. T. W. Manson; Edinburgh: T&T Clark, 1974〉, 409). 참고로 Dunn은 "여기서 저자는 신적 지혜를 나타내는 데에 쓰이는 표현을 취하여 그리스도의 중요성을 표현하는 데에 재사용하고 있다"고 주장한다(89).
66) Dunn, *Theology of Paul*, 269. 여기서 논박하고 있는 그의 전체 주장은 pp. 268-90에 나오며, Dunn은 거기서 "분명히 바울은 이전에 신적 지혜에 적용되던 역할을 그리스도께 적용하고 있다"고 결론짓는다. 이러한 사실이 정말 분명해 보일 수도 있겠지만 미(beauty)의 경우와 마찬가지로 지극히 주관적인 판단에서 비롯된 생각이다.
67) Dunn, *Theology of Paul*, 269을 보라. Lohse, 48(과 추가 설명하는 각주 113번)을 참조하라. 책 전체에 걸쳐 자주 반복된다.

사용하는 프로토토코스가 지혜 문헌 어디에서도 발견되지 않기 때문이다.[68] 이때 거론되는 잠언 8:22, 25은 칠십인경에서 전혀 다른 단어를 사용하고 있을 뿐 아니라 그 논점(지혜가 하나님께서 창조하신 '피조물'의 첫 번째 피조물이므로 세상에 나타나 다른 모든 것을 창조하면서 기뻐하였다는 사실) 역시 여기에 나타나는 바울의 프로토토코스 사용과 상당히 다르다. 바울의 논점은 하나님의 아들이신 그리스도께서 모든 피조물에 대해 장자권을 소유하고 계신다는 사실이다. 왜냐하면 모든 만물이 그분 안에, 그분을 통해 그리고 그분을 위해 창조되었기 때문이다.

이 단어가 지혜 문헌에서 나타나지 않는다는 사실로 인해 학자들은 알렉산드리아의 유대인 철학자 필로(Philo)에게 시선을 옮겨 이러한 난관에서 벗어나보려 한다. 그러나 로고스(Logos)와 관련해서 필로가 사용하는 단어는 프로토고노스(πρωτόγονος)이며, 세 번 쓰일 때마다 '아들'이라는 단어를 수반하는 형용사로 사용된다.[69] 더욱이 이 단어는 각각의 자리에서 "태(womb)에서

---

[68] 적어도 바울의 의미를 담은 채 사용되지 않는다(위의 각주 35번을 보라). 거기서 인용한 의심스러운 두 예문 이외에도 Dunn은 필로의 다른 두 구문이 이러한 '병행'을 뒷받침한다고 생각한다(*Ebr.* 30-31, *QG* 4.97). 그러나 이 두 구문 역시 의심스럽기는 마찬가지다. 첫 번째 구문에서 필로는 '지식'과 하나가 되시는 하나님에 대해 말하고 있다. 하나님께서 "하나 뿐이 사랑하시는 아들을 낳으셨는데 그 아들은 감각들, 즉 우리가 보는 세상에 의해서 이해된다"(LCL 3.335). 그래서 여기서 '지식'은 지혜와 동일시되고, 필로는 바로 이 지점에서 잠언 8:22을 자기 나름대로 인용하며 "하나님께서 자신의 모든 창조 역사에 있어 제일 먼저(πρωτίστην) 나를 얻으셨다"라고 기록한다. 그러나 그것은 바울의 프로토토코스(πρωτότοκος)사용과 아무런 관련이 없다. 바울이 말하는 프로토토코스는 하나님의 아들이 제일 먼저 *창조되었다*는 뜻이 아니라 만물위에 계신 상속자이자 주관자로서 먼저 나신 자의 *역할*을 지니고 계신다는 뜻이다. 다른 관련 본문은 오직 아르메니안 번역본에서만 나타나며 여기서는 아무런 도움이 못된다. 계속해서 주지해야 할 것은 필로는 항상 이 특별한 단어를 가지고 완전히 상반된 의미를 나타내는데 사용하고 있다는 점이다. 필로의 작품에서 프로토코스가 45번 쓰이는데 실제로 '가장 먼저 태어난' 아들이나 동물(딸은 한 번도 지칭하지 않는다!)을 이야기하는 구약 내러티브의 문맥에서만 일관되게 나타난다. 실질적으로 관련된 단어 프로토고노스(πρωτόγονος)에 대해서는 아래의 각주를 참조하라.

[69] *Agr.* 51, *Conf.* 146, *Somn.* 1.125을 보라. 필로의 구문 프로토고논 휘온(πρωτόγονον υἱόν 처음 태어난 아들)은 구체적으로 '태에서 가장 먼저 나온 아들'을 의미한다. 그리고 이 세 구절 어디에서도 하나님의 지혜는 언급되지 않는다. Dunn은 놀랍게도 "창조와 관련되어 사용되는 단어 프로토토코스의 *제일 명백한* 선행사는 지혜다"라는 주장을 한다(90, 이탤릭체는 필자의 표시). 각주에 이를 지지하는 네 개의 구절을 나열하지만 이 중 어느 것도 이 단어를 포함하지 않는다. 그리고 Dunn은 다른 각주에서 시 89:27을 "여기서는 관련이 적다"며 무시해 버린다. 골 1:15에 나오는 이

나온 첫 남자"라는 의미를 담고 있고 장자권이나 상속권을 소유하고 있다는 부가적인 의미는 없다. 따라서 필로는 지혜 문헌에서 프로토토코스를 찾는 작업에 미미한 도움조차 주지 않는다. 게다가 가장 고상했던 1세기 유대교 저자가 여성을 '먼저 난 남자'라는 말로 생각했다고 상상하기는 어렵다.[70] 그러므로 바울이 '호칭'으로 사용하는 단어가 의인화된 지혜와 관련된 지혜 문헌에는 나오지 않을 뿐 아니라 위 본문들의 남성 저자들이 그렇게 생각했을 리도 없다.

② 또한 시락서 1:4이 지혜를 "만물 이전에" 있었다고 설명한다고 주장하기도 한다. 이는 골로새서에서 바울이 하나님의 아들에 대해 진술하는 것과 '상관이 있다.' 그러나 이러한 사실이 의심스러운 것은 시락의 구문이 전혀 다른 단어를 사용할 뿐 아니라 바울의 나타내고자 하는 뜻과는 거의 상반되는 의미를 내포하고 있다.

골 1:17a καὶ αὐτός ἐστιν πρὸ πάντων
　　　　또한 그가 만물보다 먼저 계시고

시락서 1:4a προτέρα πάντων ἔκτισται σοφία
　　　　지혜가 모든 만물보다 먼저 창조되었고

시락서 1:9a κύριος αὐτὸς ἔκτισεν αὐτὴν
　　　　주께서 친히 지혜를 창조하셨느니라

시락서가 "지혜가 만물보다 먼저(프로테라 판톤⟨προτέρα πάντων⟩) 창조되었고" 말할 때 "다른 모든 만물보다 먼저"(before all things else)라는 뜻을 담고 있음이 거의 분명하다.[71] 따라서 시락서는 단순히 잠언 8:22-31을 반영하며 이 땅의 '지혜로운' 구상이란 하나님께서 자신의 지혜로 세상을 창조하셨음

단어의 실제 선행사는 13절에 나오는 다윗의 후손인 하나님의 아들인데도 말이다. 바울이 실질적으로 사용하는 단어 프로토고노스는 칠십인경에서 단 2번만 나타나며 그 중 하나는 이스라엘을 지칭한다(시락서 36:17)는 점을 유의할 필요가 있다.

70) 이러한 사실 때문에 M. R. D'Angelo는 골로새서의 찬송시를 지혜(소피아)와 관련해서 상상력을 발휘하여 재구성한다(MacDonald, 66을 보라).

71) P. W. Skehan과 A. A. di Lella, *The Wisdom of Ben Sira* (AB 39; Garden City, N.Y.: Doubleday, 1987), 136을 보라.

제7장 골로새서(와 빌레몬서)에 나타나는 기독론   487

을 의미한다고 전한다. 지혜가 인격화 되었을 때 필연적으로 "다른 모든 만물보다 먼저" 창조되었음이 분명하다. 반면에 바울은 하나님의 아들이 '에스틴 프로 판톤'(ἐστιν πρὸ πάντων, 만물보다 먼저 계시고)이라고 말하면서 그 아들을 통해 만물이 창조되었고 그 아들은 '시간적으로' 선재하셨고 지위적으로 가장 우월하셨기에 "만물 보다 먼저" 계신다. 따라서 시락서에서 찾아 낸 위 구문은 하나님의 아들이 영원히 선재하셨다고 해석하는 바울의 이해와 문자적으로나 개념적으로나 아무런 관련이 없다.

③ 더욱이 "만물이 그(하나님의 아들) 안에 함께 섰느니라(쉬네스테겐 ⟨συνέστηκεν⟩)"라는 바울의 진술은 "만물을 함께 세우는 것(토 쉬네콘 ⟨τὸ συνέχον⟩"에 대해 설명하는 솔로몬의 지혜서 1:6-7과 상응한다고 추정한다. 이 지혜서 구절에서 '세우는 것'은 구체적으로 주의 '영'을 지칭하고 있다. 관련된 두 본문은 아래와 같다.

골 1:17b καὶ <u>τὰ πάντα ἐν αὐτῷ συνέστηκεν</u>

지혜서 1:7 ὅτι <u>πνεῦμα κυρίου</u> πεπλήρωκεν τὴν οἰκουμένην
καὶ <u>τὸ συνέχον τὰ πάντα</u> γνῶσιν ἔχει φωνῆς

위에서 의인화된 지혜를 찾아내려면 신앙적인 도약이 여러 번 필요하다.[72] 첫째로 지혜서 1:6의 번역과 관련된 매우 복잡한 쟁점이 있다. 다시 말해 가짜 솔로몬(Pseudo-Solomon)이 "지혜는 친절한 영"이라고 말할 때 지혜와 주의 영을 동등하게 여기는 것인가 - 이점이 훨씬 더 적절해 보인다 - 아니면 지혜의 '영적' 특성을 지칭하는 것인가? 둘째로, 이 문헌에서 지혜의 의인화는 6:12에 이르러서야 비중 있게 다루어진다.[73] 그리고 14:2에 잠깐 모습을 드러

---

72) F. Thielman(*Theology of the New Testament: A Canonical and Synthetic Approach* ⟨Grand Rapids: Zondervan, 2005⟩)은 지혜 기독론에 반하는 필자의 이전 주장의 타당성("Wisdom Christology in Paul: A Dissenting View")을 인정하면서도 "바울이 골 1:15-17에서 그리스도에 대해 진술한 것과 … 지혜서 1:6-7 사이에 문자적이며 개념적인 유사성이 있어 … 바울이 지혜 전승의 일부를 *의도적*으로 반영하고 있다는 주장이 그럴 듯하다"고 제시한다(379 각주 15 ⟨이탤릭체는 저자의 표기⟩). 사실 이 본문을 지혜 문헌을 반영하는 구절로 여기는 것은 지혜 문헌의 영향을 오히려 약화시킨다. 이러한 주장은 바울 신학에 대한 Thielman의 탁월한 연구에 유감스러운 오점으로 남는다.
73) 소피아(Σοφία)가 1:4, 6에 있는 서문에서 소개하는 차원으로 언급되지만 완전히

내는 것을 제외하면 이러한 의인화는 10:12에서 느닷없이 종적을 감춘다. 이는 의인화된 지혜라는 개념이 문헌 전체의 3분의 2가 넘는 분량에서 전혀 발견되지 않는다는 뜻이다. 셋째로, 저자는 사실 "지혜가 만물을 함께 모아 놓는다"라고 말하지 않는다.[74] 대신 '그 영'이 그 일을 행한다. 이 문헌이 바울의 지혜 기독론의 '출처'로 만들 수 있는 유일한 방법은 가짜 솔로몬은 '영'과 '지혜'를 동일하게 여긴다고 주장하는 것이다. 그러나 이는 희박한 가능성마저도 없는 이야기다. 그래서 바울이 설령 이 본문을 알았다 하더라도 그가 영과 지혜를 동일하게 이해(전혀 일리 없는 시나리오다)하지 않는 이상 그 본문의 영향을 받았을 리가 없다.

④ 마지막으로 바울이 지혜 전승과 공유하는 두 단어를 살펴보도록 하자. 여기서 쟁점은 그가 단어의 의미도 공유하는지의 여부다. 그래서 어떤 이는 바울이 지혜 전승에 의존했다고 주장하거나 이 전승과 유사한 방법으로 관련 단어를 우연히 사용했다고 주장할 수도 있다. 바울이 1:18에서 그리스도를 아르케로 묘사하는 부분부터 살펴보려 한다. 흥미롭게도 이 단어는 잠언 8:22-23과 잠언 8:33을 그대로 반영하고 있는 시락서 24:9에서만 지혜를 가리키는 단어로 쓰인다. 그리고 잠언 8:23의 칠십인경 번역자가 '지혜'를 아르케라는 단어와 같다고 생각했을 가능성은 매우 희박하다. 저자가 23절에서 22절을 상술하면서 지혜를 아르케라는 단어 자체와 동일시하지 않고 지혜가 창조 이전에 "태초에"(at the beginning) 존재한다는 사실과 동일시하다고 여기고 있다. 이제 남은 것은 필로가 하나님의 지혜를 이와 같이 설명하는 유일한 구절(Leg. 1.43)을 살펴보는 일이다. 그러나 필로가 의인화된 지혜라는 개념

의인화된 것은 아니다.

74) Dunn 역시 필로가 로고스에 대해 동일하게 이야기하는 서너 예문에 호소한다. 그러나 그것은 증명되어야 할 내용, 즉 두 저자 모두 혹은 특히 지혜 문헌의 저자가 로고스와 소피아를 교환해가며 사용하는지를 기정사실로 가정하는 처사다. 이러한 '교환'은 주로 지혜서 9:1-2의 병렬구조에 근거하지만 그것은 이 본문을 올바로 해석했다고 보기 어렵다. 여기에는 두 가지 이유가 있다. (1) 이 구절은 솔로몬인 지혜를 구하는 기도문의 초반부이며 저자가 이 기도문 전체에 걸쳐 의인화하려는 모습은 철저하게 보이지 않는다. (2) 그리고 1절과 2절에 나오는 이중어는 '동의적' 병행법이 아닌 '점진적' 병행법의 실례이다. 따라서 하나님은 세상을 자신의 로고스로 창조하셨고 인간을 자신의 지혜로 만들어 내셨다. 이 구절은 창조에 대해 두 번 이야기하는 것이 아니라 첫째 날과 여섯째 날을 반영하며 창조에 있어서의 두 단계와 분명하게 구분된 행위를 설명하고 있다. 그리고 사람을 만드신 행위는 온 우주를 창조하신 행위와 같지 않다. 본서의 부록 A(pp. 885-888)를 보라.

제7장 골로새서(와 빌레몬서)에 나타나는 기독론   489

을 염두에 두고 있는지는 불확실하다.[75] 그리고 바울은 분명 창세기 1:1을 반영하고 있으며 그리스도를 새 창조라는 차원에서 생각하고 있다. 이러한 개념은 지혜 전승에서는 찾아볼 수 없는 완전히 생소한 개념이다.

⑤ 마지막으로 바울이 지혜 전승에 의존하고 있다는 증거로 항상 먼저 거론하는 용어, 에이콘에 대해 논의할 차례다.[76] 바렛(C. K. Barrett)은 지혜서 7:26을 근거 구절로 인용하며 "형상이 지혜 문헌에 속한 단어다"라고 과감히 단언한다.[77] 이러한 주장은 사실을 지나치게 과장하고 있을 뿐이다. 왜냐하면 지혜서 전체에서 본 단어가 이러한 의미로 나타나는 구절은 오로지 이 구절뿐이기 때문이다.[78]

보다 중요한 사실은 바울과 가짜 솔로몬의 표현이 정말 유사한 것은 아니

---

75) 여기서 의인화된 지혜를 염두에 두지 않는다는 점은 필로가 두 개의 문단 뒤에서 덕목에 대해서 설명할 때도 지혜와 비슷하게 말하고 있다는 사실에서 분명해진다. Colson과 Whitaker(LCL 1.175)는 그렇게 생각하지 않으며 이 단어들이 의인화되고 있다고 판단될 때는 첫 글자를 대문자로 표기하려 한다. 그들은 이렇게 해석한다. "지혜에 대해 다양한 이름을 사용하는 모세는 이미 숭고한 하늘의 지혜가 많은 이름을 가지고 있다는 사실을 명시했으며" 이 이름에는 "근원, 형상 그리고 하나님의 비전"이 포함된다. 그렇지만 어떤 경우든지 필로를 지혜 문헌에 대한 논의에 결부시키는 것은 문제의 소지가 있다. 관련 논의를 위해 *생각할 수 있는 대상*이 필로의 작품이 *유일할 경우* 더더욱 그렇다.
76) 공정하게 얘기하면 이 단어가 바울의 진술에서 제일 먼저 나오기 때문이다. 그러나 학자들이 이 단어 하나를 가지고 바울과 지혜 문헌 사이에 *문자적* 관련성이 실제로 있다고 확신하는 것 역시 관련 문헌을 살펴볼 때 명확한 사실이다.
77) C. K. Barrett, *Paul: An Introduction to His Thought* (Louisville: Westminster John Knox, 1994), 146-47. 참고로 Dunn(86)이 말하는 "특별히 지혜서 7:26"은 둘째 관련 예문(Philo, *Leg*. 1.43)과 더불어 전체 문헌에서 찾을 수 있는 유일한 두 예문이다. 그리고 지혜서 7:26은 지혜가 "하나님의 형상"이라고 말하지 않는다. 이러한 주장이 학문적 접근이라기보다는 수사학에 가깝다는 사실은 필자의 세미나에서(위의 p xxviii) Barrett의 문장과 Dunn이 언급한 '특별히'에 근거해 볼 때 이 단어가 전체 문헌에서 얼마나 자주 나타날 것 같은지를 질문했을 때 입증되었다. 여기 나오는 단 한 번 밖에 없다는 사실을 알고 모두들 깜짝 놀랐다. 유감스럽게도 Thielman(위의 각주 72번을 보라)은 이것을 바울 서신과 지혜 전승 사이에 나타나는 또 다른 "문자적이며 개념적인 연관성"이라고 생각한다. 유감스러운 이유는 두 저자가 이 말을 실제 사용하는 방법이 서로 동떨어져 있기 때문이며 동시에 여기서 바울은 분명 창세기 1-2장을 반영하고 있기 때문이다.
78) 이 단어는 다른 곳, 즉 시락서 17:3과 창 1:27을 직접적으로 지시하는지혜서 2:23 그리고 가짜 솔로몬이 우상에 대해 언급하는 여러 예문(지혜서 13:13, 16; 14:15, 17; 15:5)과 어두움을 은유적으로 묘사하는 한 구절(17:21)에서도 발견된다. 그러나 이러한 사용은 의인화된 지혜와는 전혀 상관이 없으므로 여기서는 중요하지 않다.

라는 점이다. 왜냐하면 의인화된 지혜는 "하나님의 에이콘"도 아니고 하나님의 형상을 지닌 채 존재한다고 볼 수도 없기 때문이다. 대신 지혜는 오로지 "하나님이 지니신 선하심의 형상"(에이콘 테스 아가도테토스 아우투⟨εἰκών τῆς ἀγαθότητος αὐτοῦ⟩)일 뿐이며, 이는 저자의 주요 관심사 중에 하나이다. 반면에 바울은 고린도후서 4:4-6에서 진술한 것과 매우 유사한 내용을 말하고자 한다. 보이지 아니하시는 하나님께서 그 아버지의 진정한 형상을 유일하게 지니신 그분의 사랑하시는 아들을 통해 드러나실 수 있게 되었고(골 1:13), 바울은 그 아버지께 감사드리고 있다(12절).

더욱이 두 저자는 이러한 어법의 출처에 관한 한 공유하는 것이 하나도 없다. 바울이 창세기 1-2장을 반영하고 있다고 모두가 동의하는 3:10-11의 추가적 증거는 바울이 이 단어가 처음 등장하는 본문에서도 여전히 창세기를 반영하고 있다는 점을 강력히 논증한다. 따라서 이 어법은 성육신하셨고 이제는 승귀하신 하나님의 아들과 관련이 있다는 점도 분명히 한다. 하나님의 아들은 보이지 않는 하나님 '형상'을 지니신 유일하신 분이다. 로마서 8:29에서 하나님이 그 아들을 향해 예정하신(predestining) 목적은 자기 백성들이 타락으로 인해 훼손되었던 동일한 형상을 지니도록 하는 것이다.

반면에 지혜서에 나타나는 어법은 창세기 이야기와 아무런 관련이 없다. 위에서 언급한 지혜서 구절은 의인화된 지혜를 가리키는 일련의 28개 구절 중 가장 마지막 구절이다. 지혜서의 경우 형상과 관련된 설명은 창세기 1-2장이 아닌 거울 은유(the metaphor of a mirror)에 의해 촉발된다. 지혜서 7:26을 들여다보면 이러한 색다른 양상을 확인할 수 있다. 비교할 수 없는 지혜의 위대함을 찬송하는 일련의 이행연구(doublets)와 삼행연구(triplets)에서 세 번째 구는 아래와 같다.

    ἀπαύγασμα γάρ ἐστιν φωτὸς ἀιδίου
    지혜는 영원한 빛의 반영이며
    καὶ ἔσοπτρον ἀκηλίδωτον τῆς τοῦ θεοῦ ἐνεργείας
    하나님의 사역을 반영하는 흠 없는 거울이며
    καὶ εἰκὼν τῆς ἀγαθότητος αὐτοῦ
    하나님이 지니신 선하심의 형상이다

여기서는 거울 이미지가 삼중적인 역할을 부담하고 있으며 따라서 창세기와는 전혀 무관하다. 가운데 행은 거울 자체를 지칭하고 있는 반면 첫째와 마지막 행은 지혜가 하나님의 본성과 성품에 관해 무엇을 반영하고 있는지 가리키고 있다. 첫째로(첫 행), 지혜는 하나님의 본성과 관련해서 그분이 영원히 거하시는 빛을 반영한다. 여기서 지혜는 빛 자체도 아니며 빛의 근원도 아니다. 둘째로(셋째 행), 지혜는 하나님의 성품과 관련해서 그분이 소유하신 선하심을 있는 그대로 반영하는 형상(mirror image)이다. 재차 말하지만 여기서 지혜는 선(goodness) 자체도 선의 근원도 아니다. 이러한 유비와 관련해서 다른 것은 몰라도 거울 이미지는 창세기를 반영하고 있지 않으며 바울이 골로새서 1:15에서 하나님의 아들에 대해 진술하는 내용과 유사하지도 않다. 하나님의 아들만이 딴 방법으로 보이지 아니하시는 하나님의 에이콘이시다.

따라서 바울이 여기서 이 용어를 사용할 때 이전과 마찬가지로 하나님의 아들만이 하나님 아버지와 진정으로 같다는 사실에 집중하고 있다. 이렇게 해서, 분명히 말하지는 않지만 그 아들이 자신의 인성 안에 신적 형상을 지니고 계신 둘째 아담이 된다.[79] 동시에 그분은 자신의 인성 안에 아담과 하와가 지니도록 계획되었던 바로 그 형상을 지니고 계시기도 하다. 이 구절을 비롯하여 특별히 뒤이어 나오는 구절에 비추어 볼 때 성육신 개념이 전제되어있다는 사실을 부정하기 어렵다. 그리스도께서 하나님을 계시하신 것은 하나님의 아들이신 그분이 지상에서의 삶과 십자가에서 완전한 신적 형상을 지니고 계셨기 때문이다.

그러므로 이렇게 문제 소지가 있는 '병행 구절'(parallels)이 다양한 형태로 나타나지만 던(Dunn)이 주장하고 그의 저서 전체가 가정하고 있는 '연속적 상관성'(sequence of correlation)을 만들지 않는다. 실제 골로새서 본문과 지혜 문헌 사이에는 진정한 언어적 관련성이 없다. 그리고 언어적 관련성 없이 개념적 관련성을 주장할 수 있는지의 여부는 논란의 여지가 있다. 바울의 구절이 가리키는 것은 하나님의 아들 기독론이며, 여기서 그는 창세기로부터 도출해 낸 성경적인 이미지와 다윗 왕권을 사용한다. 우리가 바울 신학에서 지혜 기독론이라는 개념을 호의적으로 받아들이려면 바울이 문학적으로나 개념적으로 지혜 문헌에 나름대로 의존하고 있다는 점을 입증할 필요가 있다(예를 들어 12-14절은 이스라엘의 기본 이야기와 관련이 있다고 입증할 수 있다). 그

---

79) 이 문제에 대해서는 4장의 고후 3:18, 4:4 논의와 6장의 롬 8:29 논의를 보라.

러나 이러한 측면은 여기서도 다른 바울 서신에서도 전혀 나타나지 않는다.

더욱이 자주 거론되지 않지만 거론할 필요가 있는 점은 여기서 지혜를 찾는 이들은 바울인 '찬송'에서 말하는 대부분의 내용이 지혜와는 아무런 상관이 없다는 사실을 직면해야만 한다. 예를 들면 마틴(Martin)은 실제로 b'행의 둘째 부분에 대해 지적하듯 "그 어떤 유대인 저자도 감히 지혜가 모든 창조의 궁극적인 목적이었다고 추정할 정도의 위치에 오르질 못했다."[80] 그리고 그 '병행 구절'은 보는 사람에 따라 다르기 때문에, 창조에 있어서의 대리자와 관련된 그리스도와 지혜의 유사성을 포함하여 병행 구절로 추정되는 경우도 마찬가지로 보는 사람에 따라 다르다. 왜냐하면 이 의심스러운 병행 구절을 제외하면 바울 서신에서 그리스도와 의인화된 지혜 사이에는 그 어떤 유사점도 없다. 이러한 관점을 위한 모든 것이 궁극적으로는 창조와 관련된 지혜의 중재 역할이라는 이슈에 달려있으므로 이 문제는 본서 끝에 있는 부록 A에서 충분히 논할 것이다.

4. 승귀하신 주로서의 그리스도

골로새서에서 퀴리오스가 그리스도나 하나님의 아들에 비해 상대적으로 적게 사용되는 것이 사실이나 로마서에서 쓰이는 상황과 정확히 일치하는 곳에서 나타난다. 그러나 골로새서에서 주로서의 그리스도가 명확히 쓰이고 있지는 않지만 간헐적인 논증에서 전제되어 있다. 이러한 양상을 하나님의 아들이 부활을 통해 우주에서 절대적으로 우월한 위치를 담당하셨다고 진술하는 1:18을 살펴보면서 이미 언급했다. 이러한 문맥 속에서 드러나는 논제는 교회를 위해 권세들을 굴복시키는 주로서의 역할이다. 이제 우리는 주로서의 그리스도가 분명하게 나타나는 여러 구절을 조사하고자 한다. 여기서 드러나는 사실은 퀴리오스가 주로 윤리적/행동에 관한 관심사와 관련되어 등장한다는 점이다. 이러한 현상은 관련 구절을 골로새서에 나오는 순서대로 다루면서 점차 명확해진다.

---

80) Martin, 58. 이러한 주장은 바울이 현 찬송 시에서 하나님의 아들에 대해 진술한 것을 잘못 이해한 상황 속에서 제시된다. Martin이 역설하는 대로 하나님의 아들이 창조의 '설계자'는 아니다(지혜서 8:6). 사실 그 아들은 창조가 일어나는 영역이며("그 안에"), 창조는 그분으로 말미암아 일어난다.

1) 골로새서 1:10

초반의 감사구절(1:3) 후에 그리스도를 퀴리오스로 처음 언급하는 바울은 골로새 교인들이 성령의 지혜와 하나님에 대한 지식으로 채워지기를 기도한다.[81] 그렇게 해서 그들은 '주'께 합당히 행할 수 있게 된다. 여기서 윤리적인 함의가 분명해진다. 기독론적인 전제는 그들의 현 삶이 그리스도의 주권 아래에 놓여야 하며 모든 행위에 있어 그분께 책임을 다해야 한다는 사실이다. 그러므로 다시 한 번 주로서의 그리스도께서 바울의 유대교가 하나님께만 적용했던 역할을 담당하신다.

2) 골로새서 2:6

본 서신의 본론부에 나오는 첫 번째 구절에서 - 골로새 교인들을 위한 바울의 관심사와 관련하여 - 초반부의 기도문(1:9)에 나오는 페리파테사이 (περιπατῆσαι, 살아가다)가 표현하는 윤리적/행동에 관한(ετηιχαλβεηάιοραλ) 관심사를 거론하며 말문을 연다. 여기를 보면 매우 명료하게 기술된다. 그들이 톤 크리스톤 예순 톤 퀴리온(τὸν Χριστὸν Ἰησοῦν τὸν κύριον, 주〈되신〉그리스도 예수)을 영접한 것처럼 그들은 주 안에서, 즉 '그분의 주권이 미치는 영역 안에서' '살아가야' 한다. 바울 서신에서 이렇게 독특한 어구는 여기서만 나오기 때문에[82] 바울이 이러한 어구를 의도적으로 강조적인 의미로 이해하도록 했다고 생각해도 무난하다. 그렇다면 이 어구를 "그리스도 예수를 주로 받아들였다"고 해석하는 여러 영어 번역은[83] 매우 정확하다고 할 수 있다. 여기서는 골로새 교인들이 '받아들인' 그리스도께서 지니신 주권을 그들이 인식해야 한다는 사실이 강조되고 있다. 다시 말해 그들이 신자기 되면서 그리

---

81) 이 구문을 이렇게 해석하는 경우에 대해서는 Fee, *God's Empowering Presence*, 641-43을 보라(이제는 TNIV 참고).
82) 지금까지 살펴 본 바울 서신에서 '그리스도 예수 우리 주'라는 어순은 겨우 3번만 나온다(고전 15:31; 롬 6:23; 8:39). 이후로는 오직 빌 3:8에서만 나온다(다만 주 앞에 '나의'라는 독특한 표현이 덧붙는다). 현재 어법에서 전적으로 예측하기 힘든 특성은 정관사가 반복되는 현상이다(한 번은 '그리스도'와 함께 다른 한 번은 '주'와 함께 쓰인다).
83) NIV/TNIV, REB, GNB, NLT, NET BIBLE이 위와 같이 번역한다. 참고로 NET BIBLE의 각주를 보면 "동사 파라라베테(παραλάβετε)가 자주 이중적인 대격을 취하지는 않지만 여기서는 그런 것 같다"고 언급하고 보다 자세히 설명한다.

스도 예수를 믿었을 뿐 아니라 다른 종교 의식과 로마 제국의 여타 모든 '주'가 아닌 그분을 그들의 주로 경배했다.

따라서 초반 기도문에서 전제되어 있는 그리스도의 주권이 여기서는 골로새 교인들이 그리스도를 그들의 주로 '받아들였다'는 말로 표현된다. 이 말은 그들이 새로운 삶 속에서 그분의 주권을 가장 고귀한 기준들로 삼았다는 뜻이며, 이러한 내용이 두 번 바뀌는 은유를 통해 보다 자세히 설명된다. 그들은 하나의 나무로서 주께 견고히 뿌리내려야(에리조메노이 ⟨ἐρριζωμένοι⟩) 한다.[84] 그리고 그들은 하나의 성전으로서[85] 그분 위에 세워져야 한다. 이러한 명령은 서두에 배치되어 골로새서에서 첫 번째 문제로 다루어지는 이유는, 바울이 볼 때 그들이 유대교 율법에 대해 열광하고 권세에 지나치게 많은 권한을 부여함으로써 그리스도의 권위를 박탈하고, 그들이 진정으로 하나님 위주의 삶을 살 때 옳지 못한 토대 위에 서게 하는 이중적 결과를 초래하기 때문이다. 언제나 그렇듯이 주로서의 그리스도 개념은 바울 기독론에서 전제되어 있는 지배적인 특성이다.

3) 골로새서 3:1-4

2:6과 함께 일종의 인클루지오 역할을 하는 구절에서 이 문단은 여러 가지 기능을 수행한다. 첫째로, 문단을 여는 에이 쉬네게르데테 토 크리스토(εἰ συνηγέρθητε τῷ Χριστῷ, 너희가 그리스도와 함께 다시 살리심을 받았으면)로 에이 아페다네테 쉰 크리스토(εἰ ἀπεθάνετε σὺν Χριστῷ, 너희가…그리스도와 함께 죽었거든)로 시작하는 2:20-23과 본 문단을 밀접하게 연결시키고 있다. 둘째로, 바울은 위의 동일한 구절을 가지고 골로새 교인들로 하여금 2:11-13에서 언급했던 그들의 세례를 떠올리도록 한다. 그들은 이전 삶에 대해서는 '죽었

---

84) 이것은 엔 아우토(ἐν αὐτῷ)의 선행사가 사실 전체 구문 "주되신 그리스도 예수"라기보다 톤 퀴리온(τὸν κύριον)이라는 사실을 가정한다. 바울이 강조하고자 하는 바는 그들의 그리스도를 주로 받아들이는 일이다. 그렇게 해서 그들은 그들이 '뿌리 내린' 주를 섬긴다.

85) 이것은 바울이 전제하고 있는 건물 은유가 다른 곳에서와 거의 유사하게 하나님의 새 언약 성전이 된 하나님의 백성을 가리킨다는 사실을 가정한다. 이러한 사실은 예를 들어 고전 3:16-17에서 명확하게 진술되고 있다. 또한 골로새서 옆에 위치한 엡 2:20, 22에서도 특별히 강조되고 있는데, 동일한 동사가 구체적으로 성전과 관련되어 쓰이고 있다(바울이 에베소서를 쓰지 않았다 해도 에베소서 저자는 분명 골로새서 본문을 이런 식으로 이해했을 것이다).

고' 새로운 삶으로 '일으키심을 받았다.' 셋째로, 바울은 특별히 2:20-23을 염두에 두고 그들이 과거에 무엇에 대해 죽었는지(이전 방식의 삶이 지은 죄⟨3:5-9⟩)를 설명하고 만지지도 말고 맛보지도 말아야 할 '율법 행위'는 그들이 지은 죄에 대해 아무런 가치도 없다. 이제 그들은 그들이 얻은 새 생명에 상응하는 삶을 살아야 한다는 점을 깨달아야 한다. 그 삶은 그리스도와 함께 살리심을 받아 얻은 삶이며, 그들의 생명이신 그분 안에 감추어진 삶이다. 그러므로 이 삶은 그리스도의 성품과 사람과 같이 되심(likeness)을 반영하게 될 것이다(3:12-15).

처음부터 이러한 논증을 전개하는(3:1) 바울이 퀴리오스를 분명히 언급하지는 않지만 로마서 8:34에서처럼 시편 110:1을 반영하면서 이 명칭을 전제하고 있다. 그리스도는 하나님의 우편에 앉아 계신 메시아적인 '주'이시다. 그러나 여기서는 그분의 현재 행하시는 중보 사역에 초점이 맞추어져 있지 않다. 바울은 그분이 '위에,' 즉 하늘에서 "하나님 우편에" 계신 분이라 말함으로써 골로새 교인들의 세계관을 바로잡고 있다. 그들의 마음이 "땅(아랫)의 것"에 고정되어 있으므로 권세와 율법에 빠져들게 되고, 그들의 '윤리'는 세상 중심적으로 '붙잡고, 만지고, 맛보는' 일에 묶여 있다(2:21). 그들은 그들의 마음을 재정비해서 하나님 우편에 앉아계신 그리스도에 초점을 맞추어야 한다.

그렇게 해서 그리스도의 현재 주권을 인정할 뿐 아니라 "그 안에서" 이전 삶에 대해 죽었다는 사실을 인정하게 된다. 그리고 그들의 새로운 삶은 그들의 생명이신 '그리스도 안에 감추어졌다.' 그래서 골로새 교인들은 현재 그분 안에 보호되고 있으며(따라서 율법 행위는 불필요) 미래에 대해서도 보장받는다. 그들의 생명이신 그리스도께서 나타나실 때에 그들도 그분과 함께 "영광 중에" 나타날 것이다. 따라서 현재 그들은 '주' 안에 뿌리내리며 그분 위에 세움을 입고(2:6), 또한 그분 안에 감추어져 있다. 모든 면에서 "하나님의 오른편에 앉아 계신" 주께서 현재와 미래에 대해 절대적 주권을 소유하고 계신다. 이러한 확신이 담긴 기독론은 자명하다.

4) 골로새서 3:13-17

바울은 강력한 원색적인 용어를 사용하여 골로새 교인들의 이교도적 과거를 묘사함으로써(3:5-9) 그들의 새로운 생명에 대한 이전의 소개 구절의 뒤를 잇는다. 그들은 이제 이전 방식의 삶에 대해서 죽었고, 세례에 참예함으로써 옛 생활의 옷을 벗어 버렸다. 바울은 12절에서 "그리스도와 함께 하나님 안에 감추어진" 새로운 생명의 '옷'을 묘사하기 시작한다(12-15절). 이 표현은 예수님의 말씀이나 삶과 매우 흡사하다.[86] 그들이 그리스도 안에서 새로운 삶을 살아가는 방법 중에 하나는 "주(그리스도)[87]께서 너희를 용서하신 것 같이"[88] 서로를 '용서'하는 것이다(13절). 여기서 주의 용서란 하나님에 대해 범한 잘못을 용서하는 것이라 추정되므로, 바울은 다시 한 번 하나님께만 속했던 신적 역할을 주로서의 그리스도께 특별한 논증 없이 적용한다.[89]

바울은 15절에서 그들로 하여금 "그리스도의 평강이 너희 마음을 주장하게 하라"고 권고한다. 이는 그들이 어려움에 처한 가운데 각각 개인적인 평안을 경험하라는 뜻이 아니라 그리스도의 평안이 하나의 집단으로서의 그들 안에 지배적으로 나타난다는 뜻이다. 왜냐하면 그들이 바로 이 '평강'을 위해 부르심을 받아서 한 몸, 즉 교회로 모였기 때문이다. 후대의 필사자들이 이 표현을 '하나님의 평강'[90]으로 바꾸어 쓴 사실은, 그들이 평강을 주로 하나님에 대해 이야기할 때 쓰는 속성이라고 생각했다는 사실을 입증해 준다. 이러한 논제에 대해서는 이 구문을 상호 교환하는 데살로니가전·후서에 대한 2장의 논의를 보라.

바울은 그들이 예배하는 가운데 성령의 인도를 따라 말씀("그리스도에 대한 말씀")과 노래로 그리스도의 역할에 초점을 맞추라는 간청으로 본문을 마무

---

86) 특히 마 11:29를 주목하라. 여기서 예수께서 "내게 배우라 나는 프라위스 카이 타페이노스 테 카르디아(πραΰς καὶ ταπεινὸς τῇ καρδίᾳ 마음이 온유하고 겸손하니)"라는 말씀이 기록되어 있다. 이 단어들은 바로 바울이 12절에서 신자들의 새 '옷'에 대해 이야기할 때 사용했던 다섯 개의 단어 중 두 개의 단어다.
87) 초대교회는 분명히 이렇게 해석했을 것이다. 왜냐하면 대부분의 필사본(C K P Ψ 33 81 1739 M it)이 주를 크리스토스로 바꾼 반면 하나의 사본(ℵ)만 데오스로 바꾸었기 때문이다. 원문은 P^{46} A B D* G vg al의 독법이다.
88) 때로는 2:13에 근거해서 이 퀴리오스가 하나님 아버지를 지칭한다고 읽는 이들도 있다. 그러나 여기서는 바울의 고유 어법이다(Lohse, 148; Martin, 112; O'Brien, 202-3; Dunn, 231; Pokorny, 171; Barth와 Blanke, 423).
89) 참고로 Barth와 Blanke는 "하나님이 예수의 경우와 마찬가지로 한 행위와 동일한 행위의 주체로 명명될 수 있으며 이러한 어법에 아무런 모순도 발생하지 않는 사실을 바울 서신에서 여러 번 관찰하게 된다"고 말한다.
90) 이러한 독법이 대다수의 본문의 독법이 되었지만 18세기 이전에는 그렇게 많이 알려지지 않았던 것으로 보인다(사본 Ψ에서 나타난다).

리 한다(16절).⁹¹⁾ 끝 부분에서는 그리스도에 대한 노래가 궁극적으로 하나님께 드려져야 한다고 언급한다.⁹²⁾ 따라서 이와 유사한 구절인 에베소서 5:18-19이 보다 명료하게 보여주는 것처럼 바울은 그리스도께서 개종과 예배 모두에서 중심 역할을 담당한다고 이해한다. 그렇다고 해서 그리스도께서 하나님 아버지께 속한 궁극적인 역할을 침범하는 것은 아니다. 그리스도의 구원이 하나님의 사랑에 기초하여 그리스도의 죽음으로 성취되고(성령을 통해 효력이 발생하듯이, 예배에 있어서도 이러한 역할들이 역으로 수행되고 있다. 성령께서 그리스도의 영광을 내용으로 하는 노래를 고무하고, 이 모든 것이 궁극적으로는 하나님 아버지에 대한 감사로 마무리 된다. 이와 같은 본문들이 모두 모여 초기 그리스도인들로 하여금 하나님에 대해 삼위적(triadic) 개념으로 생각하게 했고, 결국 하나님을 삼위 일체 개념으로 명확히 표현하도록 이끌었다.

골로새 교인들의 삶(12-15절)과 예배(16절)에 대한 간청을 내용으로 하는 이 모든 본문이 하나의 결어를 통해 하나로 결합되며, 이를 통해 우리는 새 질서 속에서 나타나는 그리스도의 역할과 관련하여 다른 곳에서도 언급했던 통찰을 얻는다. 그들은 무엇을 하든지, 말에나(16절) 일에나(12-15절) '모든 것'을 주 예수의 이름으로 행해야 하며, 그분을 통해 하나님께 감사드려야 한다. 이 구문에 담긴 기독론적 중요성에 대해서는 데살로니가후서 3:6에 대한 2장의 논의와 고린도전서 1:10에 대한 3장의 논의를 보라.

5) 골로새서 3:18-4:1

바울은 보다 일반적인 가르침을 담은 3:12-17의 말미에 그리스도인의 가정 안의 여러 관계에 대해 자세히 다루고 있다(3:18-4:1). 이는 골로새서와 빌레몬서에서 가장 두드러지는 특징 중에 하나다. 빌레몬서에 명명된 네 명의 이름 중에 두 명의 이름이 빌립보서의 마지막 인사 구문에 재등장하기 때문에 (오네시모⟨3:9⟩와 아킵보⟨3:17⟩) 골로새서를 우선은 빌레몬의 가정 교회에서 크게 낭독했을 것이라고 추측해볼 수 있다. 그러나 빌레몬서 역시 그곳에서

---

91) 이 본문을 이렇게 해석하는 입장에 대해서는 Fee, *God's Empowering Presence*, 649-57을 보라.
92) 후대 필사자들이 16절 끝 부분에 나오는 데오(θεῷ)를 뒤늦게 엡 5:19과 동화시키려고 퀴리오(κυρίῳ)로 바꾸었지만 말이다.

크게 낭독되었을 것이다. 왜냐하면 이 서신 역시 빌레몬의 집에서 모이던 교회에 보낸 편지이기 때문이다(몬 2). 이것이 의미하는 것은 빌레몬과 (용서받은) 오네시모가 모두 골로새서를 낭독하는 장소에 있었을 것이라는 점이다. 부연하면 소위 가정생활 지침을 담은 편지는 곁에 있는 편지, 에베소서를 제외할 경우 골로새서가 유일하다.

이 본문에서 눈에 띄는 특성은 노예와 관련된 내용에 많은 공간이 할애된다는 점이다.[93] 그러나 빌레몬과 오네시모가 골로새서를 처음 낭독하던 장소에 있었다고 생각한다면 아마도 그리 놀랄 만한 일은 아닐 것이다. 오네시모가 설령 그 편지가 작성될 때부터 그 내용을 이미 알고 있었다고 해도 말이다(4:9). 여하튼 가정생활 지침 본문을 보면 네 부류가 거론되는데, 그들이 불특정 복수 형태로 언급되고는 있지만 그들에게 우선적으로 해당하는 이름을 각각 연결시켜 볼 수 있다. 빌레몬은 남편이자(19절) 아버지이며(21절) '주인'이다(퀴리오이〈κύριοι〉 4:1). 압비아는 아내이며(18절), 아킵보(?)는 아들일 것 같다(20절). 오네시모는 종이다(22-25절). 주목할만한 점은 116개의 단어 중 56개의 단어(전체의 48퍼센트 이상에 해당)가 종에 대한 내용을 위해 사용되고, 116개 중 74개의 단어(전체의 64퍼센트에 해당)가 주인과 종의 관계를 기술하는 데 쓰인다.

이러한 불균형적 단어 사용에 대해 여러 사항을 추측해볼 수 있다. 그러나 그것은 일차적으로 바울이 오네시모에게 편지를 보낼 수밖에 없도록 만든(그리고 본 서신을 기록한 부차적인 계기가 되었던) 오네시모의 행위를 다른 노예들이 행하지 않도록 미연에 방지하는 차원으로 보인다. 본 연구의 목적상 이러한 역사적 사실들은 본 서신에 나타나는 퀴리오스의 전체 빈도 수 중 절반 이상(16번 중 9번)이 현 본문에 집중적으로 나타나는 점을 설명해 준다. 여기서 바울은 언어유희를 사용하여 가장(가정의 퀴리오스가 되는)과 가정의 다른 구성원들이 함께 그리스도를 그들의 퀴리오스로 섬기는 문맥 안에서 가장(householder)에 대해 기술하고 있다.

따라서 아내와 자녀들은 엔 퀴리오(ἐν κυρίῳ, 주 안에 있는 자)들로서 그들 각자에게 맡겨진 역할을 감당해야 한다. 그리고 '주 안에서'라는 표현이 그리

---

93) 이 구절에 대해서는 J. M. G. Marclay, "Ordinary but Different: Colossians and Hidden Moral Identity," *ABR* 49 (2001), 34-52과 A. Standhartiginer, "The Origin and Intention of the Household Code in the Letter to the Colossians," *JSNT* 79 (2001), 117-30을 보라.

스도인 생활을 다양한 측면으로 기술하는 바울의 편지에서 일반적으로 나타나고 있음에도 골로새에 살던 신자들은 그것을 잘 알지 못했을 것이다. 무엇보다 그들은 바울을 개인적으로 알지 못했고, 이 구가 본 서신에서는 처음으로 (네 번 중에〈4:7, 17절을 보라〉) 두 번 나온다. 여기서 바울의 논지는, 빌레몬과 같은 남자가 자기 가정의 퀴리오스이지만 그의 아내와 자녀들은 '주 안에서' 사는 그리스도인의 삶을 그와 함께 영위하는 자들로서 그에게 순종할 의무가 있다는 것으로 생각된다.

그러나 여기서 주 관심의 대상은 바로 주인과 종의 관계이다. 종들로 하여금 "상전에게 카타 사르카"(κατὰ σάρκα), 즉 상전을 지상에서의 현 삶에 맞게 순종할 것을 요구하는 내용으로 시작되며 종들을 향한 긴 이야기는 결국 이러한 순종마저 유일하시며 홀로 진실하신 주와 그들과의 관계에 비추어 이해되어야 한다는 점을 지속적으로 상기시키는 구절로 마무리 된다. 따라서 그들은 세상에 있는 "상전들"을 "사람을 기쁘게 하는 자"와 같이 섬기는 것이 아니라 "오직 주를 두려워하며" 진심 어린 마음으로 섬겨야 한다(22절). 이 구절은 '두려움'이 그리스도를 목적어로 받는 유일한 예문으로 주와 여호와가 동일시되는 칠십인경의 표현을 빌려온 것이 분명하다. 그리고 여기서 '두려움'은 부정적인 의미보다는 경외라는 의미로 쓰였으므로 고등기독론의 한 단면이라고 볼 수 있다.

더욱이 그들은 세상의 "상전들"(lords)을 위한 모든 일을 그들의 진정한 주인(Master)이신 '주(Lord)를 위해' 하듯 해야 한다(23절). 실로 바울은 계속해서 그러한 섬김이 세상의 종들이 보통은 예상하지 못하는 것을 받을 것이다. 즉 "유업(!)의 상을 주께" 받게 된다. 이를 계속 반복되어 온 직설법 문장이 뒤따른다. 그들이 지상의 '주'를 위해 일할 때조차 "너희는 주 그리스도를 섬기느니라."[94]

결과적으로 '주권'이라는 말에 대한 독특한 언어유희는 바울로 하여금 전체 가족을 주되신 그리스도 하에 놓게 할 뿐 아니라 주되신 그리스도께서 어떻게 세상에서 일어나는 모든 관계를 조정하는지에 대한 인상적인 실례이기도 하다. 가정의 '주'를 그리스도인으로 만드신 하나님은 그 가장을 그리스

---

94) 둘류에테(δουλεύετε)라는 동사의 형태가 매우 모호하긴 하지만(직설법이거나 명령법) 대다수의 영어 번역과 주석가들은 이렇게(직설법으로- 역주) 생각하는데, 이는 대부분 어순(명령법이 문장 끝에 나올 수도 있고 나오기도 하지만 문장 앞에 나오는 것에 비해 매우 드물다) 때문이다.

도의 궁극적인 주권 하에 놓으시고 동시에 세상 주인들이 지닌 '주권'의 본질에 대한 기준을 세우셨다. 그 기준은 자신의 주권 하에 놓인 이들을 위해 자신을 내어 놓으신 그리스도이시다. 바울은 그렇게 해서 전통적인 가정을 조정함으로써, 그리스도인인 주인이 종을 학대하는 일이 이제는 전적으로 모순논리(contradiction in terms)가 되었다. 이 모든 것의 배후에는 시편 110:1의 주되신 그리스도가 계시며, 그분은 하나님의 우편이라는 절대적 권위의 자리에 앉아 계신다.

6) 골로새서 1:27-29

본 서신에서 찾아볼 수 있는 마지막 기독론적 본문을 유의해서 볼 필요가 있다. 그 본문은 바로 골로새서 1:27-29로 지금까지 구분 지어 놓은 카테고리에 잘 들어맞지는 않는다. 바울이 자신의 역할을 "이방인을 위한 사도"로 설명하는 문단에서 그 역할을 철저히 그리스도의 사역이라는 문맥 안에 놓는데, 이는 결국 또 하나의 기독론적 중요성을 나타내고 있다. '비밀'이라는 말을 사용하는 바울은 그리스도께 행하신 일에 비추어 이 용어를 새롭게 이해하는 방법을 택한다. '비밀'은 현재 '감춰진' 것과는 아무런 관련이 없고, 대신 하나님 안에 한때 '감춰진' 것이 이제는 그리스도 안에서 밝히 드러나는 것과 관련이 있다.[95]

여기서 쟁점은 이방인 선교에 대한 바울의 이해와 관련되어 있다. 그는 이것을 기독론적 용어를 사용하여 "너희(이방인) 안에 계신 그리스도," 즉 하나님의 최종 영광을 얻기 위한 구체적 소망이 되시는 그리스도와 관련시켜 설명한다(27절). 바울이 이방 선교에 있어서 자신의 역할로 화제를 바꾸면서 "우리가 그(그리스도)를 전파하여"라는 말로 자신의 복음 전파를 구체화 한다. 그 전파가 '권함'이든 '가르침'이든 모든 사람을 "그리스도 안에서 완전한 자로" 세우려는 목적이 있다(28절). 이것이 바로 그가 말미에 덧붙이는 것처럼 그의 노력과 수고하는 주요 이유가 되며, 그 수고는 "내 속에서 능력으로 역사하시는 그리스도의 역사를 따라" 이루어진다.

따라서 다소 복잡한 현 본문(26-29절)은 신적 특권이 하나님의 아버지와 공유되고 있는 또 다른 장면이다. 물론 에네르게오/에네르게이아(ἐνεργέω

---

[95] 이 논제에 대해서는 Fee, *First Epistle to the Corinthians*, 104-5을 보라.

ἐνεργεία, 강력하게 움직이는 개역성경은 "능력으로 역사하시는"- 역주)라는 말이 생명이 없는 실재(사랑, 하나님의 말씀과 같은)에도 적용될 수는 있다. 그러나 다른 곳에서 바울이 그 말을 신적 행위에 직접 적용할 때는 역사하시는 주체는 하나님 아버지이시거나(골 2:12처럼. 고전 12:6; 갈 2:8; 빌 2:13 참조) 성령이시다(고전 12:11). 똑같이 강력한 신적 역사가 여기서는 그리스도께 적용된다.

5. 결론

골로새서에 나타나는 기독론이 이전에 기록된 서신에서 이미 살펴 본 궤도를 고수하고 있다는 사실에 놀랄 필요는 없다. 그러나 골로새 교회의 관심사가 다르기 때문에 바울의 강조점도 다르다. 행동에 관한 그리고 윤리적인 면에서 바울의 퀴리오스 기독론이 로마서에서와 마찬가지로 서신 전체에 지배적으로 나타난다. 본 서신에서 빠진 것이 있다면 바울 서신에서는 두 번째로 (갈라디아서를 보라) '퀴리오스=여호와'라는 개념을 개진하는 칠십인경을 거의 반영하지 않는 점이다.

반면에 하나님의 메시아적 아들 기독론(messianic Son of God Christology)은 처음부터 나타나며, 이를 통해 바울은 그리스도 안에서 정점에 이르는 하나님의 역사 안으로 이방인인 골로새 교인들을 포함시킨다. 그러나 이러한 기독론적 내용은 바울 서신에서 가장 분명히 드러나는 영원하신 하나님의 아들 기독론으로 급히 바뀐다. 따라서 옛 창조와 새 창조에 있어 신적 중재자이신 그의 역할이 강조되는 것처럼 하나님의 아들이 선재하셨다는 사실 역시 단순히 주장되는 것이 아니라 강조되고 있다. 모든 창조 질서는 무엇보다 모든 존재가 거하는 영역인 하나님의 아들 '안'에 있다. 동시에 그 만물은 '그분을 통해' 그리고 '그분을 위해' 창조되었다. 그리고 하나님의 아들은 자신의 죽음과 부활로 구속을 가져왔을 뿐 아니라 새 창조를 시작케 하셨다. 이를 통해 그의 백성들은 신적 형상으로 재창조되어가고 있다.

바울이 여기서 진술한 상당 부분이 신약에서 가장 고등한 기독론을 나타내고 있지만 바울이 여기서 처음 밝힌 것은 아니다. 이전의 기록된 서신에서 다양하게 암시되고 전제되었던 것이 여기서 올바른 가르침의 방편으로 분명하게 설명되고 있는 것이다. 따라서 바울의 표현을 빌면 하나님의 아들은 죽음에서 부활하심으로써 모든 만물에 비해 가장 우월하시다는 사실을 드러내셨다.

부록 I: 본문들

(이중 괄호 [[ ]]는 하나님만 지시하는 본문을 가리킨다)

Colossians

1:1–2 ¹Παῦλος **ἀπόστολος Χριστοῦ Ἰησοῦ** <u>διὰ θελήματος θεοῦ</u> καὶ Τιμόθεος ὁ ἀδελφὸς ²τοῖς ἐν Κολοσσαῖς ἁγίοις καὶ πιστοῖς **ἀδελφοῖς ἐν Χριστῷ**, χάρις ὑμῖν καὶ εἰρήνη <u>ἀπὸ θεοῦ πατρὸς ἡμῶν</u>.

1:3–4 ³Εὐχαριστοῦμεν <u>τῷ θεῷ πατρὶ</u> **τοῦ κυρίου ἡμῶν Ἰησοῦ Χριστοῦ** πάντοτε περὶ ὑμῶν προσευχόμενοι, ⁴ἀκούσαντες **τὴν πίστιν ὑμῶν ἐν Χριστῷ Ἰησοῦ** καὶ τὴν ἀγάπην ἣν ἔχετε εἰς πάντας τοὺς ἁγίους

1:6–8 ⁶... καὶ ἐπέγνωτε <u>τὴν χάριν τοῦ θεοῦ</u> ἐν ἀληθείᾳ· ⁷καθὼς ἐμάθετε ἀπὸ Ἐπαφρᾶ τοῦ ἀγαπητοῦ συνδούλου ἡμῶν, ὅς ἐστιν πιστὸς ὑπὲρ ὑμῶν **διάκονος τοῦ Χριστοῦ**, ⁸ὁ καὶ δηλώσας ἡμῖν τὴν ὑμῶν ἀγάπην ἐν πνεύματι.

1:9–14 ⁹Διὰ τοῦτο καὶ ἡμεῖς, ἀφ' ἧς ἡμέρας ἠκούσαμεν, οὐ παυόμεθα ὑπὲρ ὑμῶν προσευχόμενοι καὶ αἰτούμενοι, ἵνα πληρωθῆτε <u>τὴν ἐπίγνωσιν τοῦ θελήματος αὐτοῦ</u> ἐν πάσῃ σοφίᾳ καὶ συνέσει πνευματικῇ, ¹⁰περιπατῆσαι **ἀξίως τοῦ κυρίου** εἰς πᾶσαν ἀρεσκείαν, ἐν παντὶ ἔργῳ ἀγαθῷ καρποφοροῦντες καὶ αὐξανόμενοι <u>τῇ ἐπιγνώσει τοῦ θεοῦ</u>, ¹¹ἐν πάσῃ δυνάμει δυναμούμενοι κατὰ τὸ κράτος <u>τῆς δόξης αὐτοῦ</u> εἰς πᾶσαν ὑπομονὴν καὶ μακροθυμίαν, μετὰ χαρᾶς ¹²εὐχαριστοῦντες <u>τῷ πατρὶ τῷ ἱκανώσαντι ὑμᾶς</u> εἰς τὴν μερίδα τοῦ κλήρου τῶν ἁγίων ἐν τῷ φωτί· ¹³<u>ὅς ἐρρύσατο ἡμᾶς</u> ἐκ τῆς ἐξουσίας τοῦ σκότους <u>καὶ μετέστησεν</u> εἰς **τὴν βασιλείαν τοῦ υἱοῦ τῆς ἀγάπης αὐτοῦ**, ¹⁴ἐν ᾧ ἔχομεν τὴν ἀπολύτρωσιν, τὴν ἄφεσιν τῶν ἁμαρτιῶν·

1:15–20 ¹⁵**ὅς ἐστιν εἰκὼν** <u>τοῦ θεοῦ τοῦ ἀοράτου</u>, **πρωτότοκος πάσης κτίσεως**, ¹⁶**ὅτι ἐν αὐτῷ ἐκτίσθη τὰ πάντα** ἐν τοῖς οὐρανοῖς καὶ ἐπὶ τῆς γῆς, τὰ ὁρατὰ καὶ τὰ ἀόρατα, εἴτε θρόνοι εἴτε κυριότητες εἴτε ἀρχαὶ εἴτε ἐξουσίαι· **τὰ πάντα δι' αὐτοῦ καὶ εἰς αὐτὸν ἔκτισται**· ¹⁷**καὶ αὐτός ἐστιν πρὸ πάντων καὶ τὰ πάντα ἐν αὐτῷ συνέστηκεν**, ¹⁸**καὶ αὐτός ἐστιν ἡ κεφαλὴ τοῦ σώματος** τῆς ἐκκλησίας· ὅς ἐστιν ἀρχή, **πρωτότοκος ἐκ τῶν νεκρῶν**, ἵνα γένηται ἐν πᾶσιν αὐτὸς πρωτεύων, ¹⁹**ὅτι ἐν αὐτῷ εὐδόκησεν πᾶν τὸ πλήρωμα κατοικῆσαι** ²⁰**καὶ δι' αὐτοῦ ἀποκαταλλάξαι τὰ πάντα εἰς αὐτόν**, εἰρηνοποιήσας διὰ τοῦ αἵματος τοῦ σταυροῦ αὐτοῦ, δι' αὐτοῦ εἴτε τὰ ἐπὶ τῆς γῆς εἴτε τὰ ἐν τοῖς οὐρανοῖς.

1:21–22 ²¹Καὶ ὑμᾶς ποτε ὄντας ἀπηλλοτριωμένους καὶ ἐχθροὺς τῇ διανοίᾳ ἐν τοῖς ἔργοις τοῖς πονηροῖς, ²²νυνὶ δὲ **ἀποκατήλλαξεν ἐν τῷ σώματι τῆς** σαρκὸς αὐτοῦ διὰ τοῦ θανάτου παραστῆσαι ὑμᾶς ἁγίους καὶ ἀμώμους καὶ ἀνεγκλήτους **κατενώπιον αὐτοῦ**,

1:24 Νῦν χαίρω ἐν τοῖς παθήμασιν ὑπὲρ ὑμῶν καὶ ἀνταναπληρῶ τὰ ὑστερήματα τῶν θλίψεων **τοῦ Χριστοῦ** ἐν τῇ σαρκί μου ὑπὲρ τοῦ σώματος αὐτοῦ, ὅ ἐστιν ἡ ἐκκλησία,

[[1:25 ἧς ἐγενόμην ἐγὼ διάκονος κατὰ τὴν οἰκονομίαν τοῦ θεοῦ τὴν δοθεῖσάν μοι εἰς ὑμᾶς πληρῶσαι τὸν λόγον τοῦ θεοῦ,]]

1:27–29 ²⁷οἷς ἠθέλησεν ὁ θεὸς γνωρίσαι τί τὸ πλοῦτος τῆς δόξης τοῦ μυστηρίου τούτου ἐν τοῖς ἔθνεσιν, ὅ ἐστιν **Χριστὸς ἐν ὑμῖν**, ἡ ἐλπὶς τῆς δόξης· ²⁸ὃν ἡμεῖς καταγγέλλομεν νουθετοῦντες πάντα ἄνθρωπον καὶ διδάσκοντες πάντα ἄνθρωπον ἐν πάσῃ σοφίᾳ, ἵνα παραστήσωμεν πάντα ἄνθρωπον **τέλειον ἐν Χριστῷ**. [v.l. + Ἰησοῦ] ²⁹εἰς ὃ καὶ κοπιῶ ἀγωνιζόμενος κατὰ τὴν **ἐνέργειαν αὐτοῦ τὴν ἐνεργουμένην** ἐν ἐμοὶ **ἐν δυνάμει**.

2:2–3 ²ἵνα παρακληθῶσιν αἱ καρδίαι αὐτῶν συμβιβασθέντες ἐν ἀγάπῃ καὶ εἰς πᾶν πλοῦτος τῆς πληροφορίας τῆς συνέσεως, εἰς ἐπίγνωσιν τοῦ μυστηρίου τοῦ θεοῦ, **Χριστοῦ**, ³**ἐν ᾧ εἰσιν** πάντες οἱ θησαυροὶ τῆς σοφίας καὶ γνώσεως ἀπόκρυφοι.

2:5 εἰ γὰρ καὶ τῇ σαρκὶ ἄπειμι, ἀλλὰ τῷ πνεύματι σὺν ὑμῖν εἰμι, χαίρων καὶ βλέπων ὑμῶν τὴν τάξιν καὶ τὸ στερέωμα **τῆς εἰς Χριστὸν πίστεως** ὑμῶν.

2:6–7 ⁶Ὡς οὖν παρελάβετε **τὸν Χριστὸν Ἰησοῦν τὸν κύριον, ἐν αὐτῷ** περιπατεῖτε, ⁷ἐρριζωμένοι καὶ ἐποικοδομούμενοι **ἐν αὐτῷ** καὶ βεβαιούμενοι τῇ πίστει καθὼς ἐδιδάχθητε, περισσεύοντες ἐν εὐχαριστίᾳ.

2:8–10 ⁸Βλέπετε μή τις ὑμᾶς ἔσται ὁ συλαγωγῶν διὰ τῆς φιλοσοφίας καὶ κενῆς ἀπάτης κατὰ τὴν παράδοσιν τῶν ἀνθρώπων, κατὰ τὰ στοιχεῖα τοῦ κόσμου καὶ οὐ **κατὰ Χριστόν**· ⁹ὅτι **ἐν αὐτῷ** κατοικεῖ πᾶν τὸ πλήρωμα τῆς θεότητος σωματικῶς, ¹⁰καὶ ἐστὲ **ἐν αὐτῷ** πεπληρωμένοι, **ὅς ἐστιν ἡ κεφαλὴ** πάσης ἀρχῆς καὶ ἐξουσίας.

2:11–15 ¹¹**Ἐν ᾧ καὶ** περιετμήθητε περιτομῇ ἀχειροποιήτῳ ἐν τῇ ἀπεκδύσει τοῦ σώματος τῆς σαρκός, ἐν τῇ **περιτομῇ τοῦ Χριστοῦ**, ¹²συνταφέντες **αὐτῷ** ἐν τῷ βαπτισμῷ, ἐν ᾧ καὶ συνηγέρθητε διὰ τῆς πίστεως τῆς ἐνεργείας τοῦ θεοῦ τοῦ ἐγείραντος **αὐτὸν ἐκ νεκρῶν**· ¹³καὶ ὑμᾶς νεκροὺς ὄντας ἐν τοῖς παραπτώμασιν καὶ τῇ ἀκροβυστίᾳ τῆς σαρκὸς ὑμῶν, συνεζωοποίησεν ὑμᾶς **σὺν αὐτῷ, χαρισάμενος** ἡμῖν πάντα τὰ παραπτώματα. ¹⁴ἐξαλείψας τὸ καθ' ἡμῶν χειρόγραφον τοῖς δόγμασιν ὃ ἦν ὑπεναντίον ἡμῖν, καὶ αὐτὸ ἦρκεν ἐκ τοῦ μέσου προσηλώσας αὐτὸ τῷ σταυρῷ· ¹⁵ἀπεκδυσάμενος τὰς ἀρχὰς καὶ τὰς ἐξουσίας ἐδειγμάτισεν ἐν παρρησίᾳ, θριαμβεύσας αὐτοὺς **ἐν αὐτῷ**.

2:17 ἅ ἐστιν σκιὰ τῶν μελλόντων, **τὸ δὲ σῶμα τοῦ Χριστοῦ**.

2:19 καὶ οὐ κρατῶν **τὴν κεφαλήν**, ἐξ οὗ πᾶν τὸ σῶμα διὰ τῶν ἁφῶν καὶ

제7장 골로새서(와 빌레몬서)에 나타나는 기독론 505

συνδέσμων ἐπιχορηγούμενον καὶ συμβιβαζόμενον αὔξει <u>τὴν αὔξησιν τοῦ θεοῦ</u>.

2:20 εἰ ἀπεθάνετε **σὺν Χριστῷ** ἀπὸ τῶν στοιχείων τοῦ κόσμου, τί ὡς ζῶντες ἐν κόσμῳ δογματίζεσθε;

3:1-4 ¹Εἰ οὖν **συνηγέρθητε τῷ Χριστῷ**, τὰ ἄνω ζητεῖτε, **οὗ ὁ Χριστός ἐστιν** <u>ἐν δεξιᾷ τοῦ θεοῦ</u> καθήμενος· ²τὰ ἄνω φρονεῖτε, μὴ τὰ ἐπὶ τῆς γῆς. ³ἀπεθάνετε γὰρ καὶ ἡ ζωὴ ὑμῶν κέκρυπται **σὺν τῷ Χριστῷ** <u>ἐν τῷ θεῷ</u>· ⁴**ὅταν ὁ Χριστὸς φανερωθῇ**, ἡ ζωὴ ὑμῶν, τότε καὶ ὑμεῖς **σὺν αὐτῷ** φανερωθήσεσθε ἐν δόξῃ.

[[3:6 δι' ἃ ἔρχεται <u>ἡ ὀργὴ τοῦ θεοῦ</u> ἐπὶ τοὺς υἱοὺς τῆς ἀπειθείας.]]

3:10-11 ¹⁰καὶ ἐνδυσάμενοι τὸν νέον τὸν ἀνακαινούμενον εἰς ἐπίγνωσιν **κατ' εἰκόνα τοῦ κτίσαντος** αὐτόν, ¹¹ὅπου οὐκ ἔνι Ἕλλην καὶ Ἰουδαῖος, περιτομὴ καὶ ἀκροβυστία, βάρβαρος, Σκύθης, δοῦλος, ἐλεύθερος, ἀλλὰ τὰ πάντα καὶ ἐν πᾶσιν **Χριστός**.

[[3:12 Ἐνδύσασθε οὖν, ὡς <u>ἐκλεκτοὶ τοῦ θεοῦ</u> ἅγιοι καὶ ἠγαπημένοι, σπλάγχνα οἰκτιρμοῦ χρηστότητα ταπεινοφροσύνην πραΰτητα μακροθυμίαν,]]

3:13-15 ¹³ἀνεχόμενοι ἀλλήλων καὶ χαριζόμενοι ἑαυτοῖς ἐάν τις πρός τινα ἔχῃ μομφήν· καθὼς καὶ ὁ [v.l. + Χριστὸς] **κύριος ἐχαρίσατο ὑμῖν**, οὕτως καὶ ὑμεῖς· ¹⁴ἐπὶ πᾶσιν δὲ τούτοις τὴν ἀγάπην, ὅ ἐστιν σύνδεσμος τῆς τελειότητος. ¹⁵καὶ **ἡ εἰρήνη τοῦ Χριστοῦ** [v.l. θεοῦ] **βραβευέτω** ἐν ταῖς καρδίαις ὑμῶν, εἰς ἣν καὶ ἐκλήθητε ἐν ἑνὶ σώματι·

3:16-17 ¹⁶**ὁ λόγος τοῦ Χριστοῦ ἐνοικείτω** ἐν ὑμῖν πλουσίως, ἐν πάσῃ σοφίᾳ διδάσκοντες καὶ νουθετοῦντες ἑαυτούς, ψαλμοῖς ὕμνοις ᾠδαῖς πνευματικαῖς ἐν τῇ χάριτι ᾄδοντες ἐν ταῖς καρδίαις ὑμῶν **τῷ θεῷ**. [v.l. κυρίῳ] ¹⁷καὶ πᾶν ὅ τι ἐὰν ποιῆτε ἐν λόγῳ ἢ ἐν ἔργῳ, **πάντα ἐν ὀνόματι κυρίου Ἰησοῦ** εὐχαριστοῦντες τῷ θεῷ πατρὶ δι' αὐτοῦ.

3:18-4:1 ¹⁸Αἱ γυναῖκες, ὑποτάσσεσθε τοῖς ἀνδράσιν ὡς ἀνῆκεν **ἐν κυρίῳ**. ¹⁹Οἱ ἄνδρες, ἀγαπᾶτε τὰς γυναῖκας καὶ μὴ πικραίνεσθε πρὸς αὐτάς. ²⁰Τὰ τέκνα, ὑπακούετε τοῖς γονεῦσιν κατὰ πάντα, τοῦτο γὰρ εὐάρεστόν ἐστιν **ἐν κυρίῳ**. ²¹Οἱ πατέρες, μὴ ἐριθίζετε τὰ τέκνα ὑμῶν, ἵνα μὴ ἀθυμῶσιν. ²²Οἱ δοῦλοι, ὑπακούετε κατὰ πάντα τοῖς κατὰ σάρκα κυρίοις, μὴ ἐν ὀφθαλμοδουλίᾳ ὡς ἀνθρωπάρεσκοι, ἀλλ' ἐν ἁπλότητι καρδίας **φοβούμενοι τὸν κύριον**. [v.l. θεόν] ²³ὃ ἐὰν ποιῆτε, ἐκ ψυχῆς ἐργάζεσθε ὡς **τῷ κυρίῳ** καὶ οὐκ ἀνθρώποις, ²⁴εἰδότες ὅτι **ἀπὸ κυρίου** ἀπολήμψεσθε τὴν ἀνταπόδοσιν τῆς κληρονομίας. **τῷ κυρίῳ Χριστῷ** δουλεύετε· ²⁵ὁ γὰρ ἀδικῶν κομίσεται ὃ ἠδίκησεν, καὶ οὐκ ἔστιν προσωπολημψία. ⁴:¹Οἱ κύριοι, τὸ δίκαιον καὶ τὴν ἰσότητα τοῖς δούλοις παρέχεσθε, εἰδότες ὅτι καὶ ὑμεῖς **ἔχετε κύριον ἐν** ούρανῷ.

4:3 προσευχόμενοι ἅμα καὶ περὶ ἡμῶν, ἵνα <u>ὁ θεὸς ἀνοίξῃ</u> ἡμῖν θύραν τοῦ λόγου λαλῆσαι **τὸ μυστήριον τοῦ Χριστοῦ**, δι' ὃ καὶ δέδεμαι,

4:7 Τὰ κατ' ἐμὲ πάντα γνωρίσει ὑμῖν Τύχικος ὁ ἀγαπητὸς ἀδελφὸς καὶ πιστὸς διάκονος καὶ σύνδουλος **ἐν κυρίῳ**,

[[4:11 καὶ Ἰησοῦς ὁ λεγόμενος Ἰοῦστος, οἱ ὄντες ἐκ περιτομῆς, οὗτοι μόνοι συνεργοὶ εἰς <u>τὴν βασιλείαν τοῦ θεοῦ</u>,]]

4:12 ἀσπάζεται ὑμᾶς Ἐπαφρᾶς ὁ ἐξ ὑμῶν, **δοῦλος Χριστοῦ Ἰησοῦ**, πάντοτε ἀγωνιζόμενος ὑπὲρ ὑμῶν ἐν ταῖς προσευχαῖς, ἵνα σταθῆτε τέλειοι καὶ πεπληροφορημένοι <u>ἐν παντὶ θελήματι τοῦ θεοῦ</u>.

4:17 καὶ εἴπατε Ἀρχίππῳ· βλέπε τὴν διακονίαν ἣν παρέλαβες **ἐν κυρίῳ**, ἵνα αὐτὴν πληροῖς.

Philemon

Phlm 1 Παῦλος δέσμιος **Χριστοῦ Ἰησοῦ** καὶ Τιμόθεος ὁ ἀδελφός ...

Phlm 3 χάρις ὑμῖν καὶ εἰρήνη <u>ἀπὸ θεοῦ πατρὸς ἡμῶν</u> καὶ **κυρίου Ἰησοῦ Χριστοῦ**.

Phlm 4–6 [4]Εὐχαριστῶ <u>τῷ θεῷ μου</u> πάντοτε μνείαν σου ποιούμενος ἐπὶ τῶν προσευχῶν μου, [5]ἀκούων σου τὴν ἀγάπην καὶ τὴν πίστιν, ἣν ἔχεις **πρὸς τὸν κύριον Ἰησοῦν** καὶ εἰς πάντας τοὺς ἁγίους, [6]ὅπως ἡ κοινωνία τῆς πίστεώς σου ἐνεργὴς γένηται ἐν ἐπιγνώσει παντὸς ἀγαθοῦ τοῦ ἐν ἡμῖν **εἰς Χριστόν**.
[v.l. + Ἰησοῦν]

Phlm 8–9 [8]Διὸ **πολλὴν ἐν Χριστῷ παρρησίαν ἔχων** ἐπιτάσσειν σοι τὸ ἀνῆκον [9]διὰ τὴν ἀγάπην μᾶλλον παρακαλῶ, τοιοῦτος ὢν ὡς Παῦλος πρέσβυτης νυνὶ δὲ καὶ **δέσμιος Χριστοῦ Ἰησοῦ**.

Phlm 16 ... ἀδελφὸν ἀγαπητόν, μάλιστα ἐμοί, πόσῳ δὲ μᾶλλον σοὶ καὶ ἐν σαρκὶ **καὶ ἐν κυρίῳ**.

Phlm 20 ναὶ ἀδελφέ, ἐγώ σου ὀναίμην **ἐν κυρίῳ**· ἀνάπαυσόν μου τὰ σπλάγχνα **ἐν Χριστῷ**. [v.l. κυρίῳ]

Phlm 23 Ἀσπάζεταί σε Ἐπαφρᾶς ὁ συναιχμάλωτός μου **ἐν Χριστῷ Ἰησοῦ**,

Phlm 25 Ἡ χάρις **τοῦ κυρίου Ἰησοῦ Χριστοῦ** μετὰ τοῦ πνεύματος ὑμῶν.

부록 II: 용법의 분석

(* = 무관사; += 소유격 대명사가 병행하는)

골로새서
    θεός   22
    그리스도 37

빌레몬서
    θεός   2
    그리스도 11

자료
1. κύριος Ἰησοῦς Χριστος (1 / 2)
    골 1:3   G+
    몬 3   G (ἀπο),
    몬 25   G

1a. Χριστός Ἰησοῦς κύριος (1 / 0)
    골 2:6   A

2. κύριος Ἰησοῦς (1 / 0)
    골 3:17   G*
    몬 5   A (ἀπο))

2b. κύριος Χριστός (1 / 0)
    골 3:24   D

3. Χριστός Ἰησοῦς

골 1:1   G*
골 1:4   D* (ἐν)
골 4:12   G*
몬 1   G*
몬 9   G*
몬 23   D* (ἐν)

4. κύριος (10+4=14 / 2+6=8)
  골 1:10   G
  골 3:13   N [v.l.(이문) +Χριστός]
  골 3:18   D* (ἐν)
  골 3:20   D* (ἐν)
  골 3:22   A [v.l.(이문) θεόν]
  골 3:23   D
  골 3:24   G* (ἀπό)
  골 4:1   A ('주'⟨a Lord⟩)
  골 4:7   D* (ἐν)
  골 4:17   D* (ἐν)
  몬 16   D* (ἐν)
  몬 20   D* (ἐν)

5. Ἰησοῦς (0 / 0)

6. Χριστός (19+6=25 / 3+5=8)
  골 1;2   D* (ἐν)
  골 1:7   G
  골 1:24   G
  골 1:27   N*
  골 1:28   D* (ἐν)
  골 2:2   G* (μυστήριον과 동격)
  골 2:5   A* (εἰς)

골 2:8   A* (κατά)
골 2:11   G
골 2:17   G
골 2:20   D* (σύν)
골 3:1   D
골 3:1   N
골 3:3   D* (σύν)
골 3:4   N
골 3:11   N*
골 3:15   G [v.l.(이문) θεοῦ]
골 3:16   G
골 4:3   G
몬 6   A* (εἰς)[v.l.(이문) +'Ιησοῦν]
몬 8   D* (ἐν)
몬 20   D* (ἐν)

7. 휘오스(υἱός, 1 / 0)
   골 1:13   G (αὐτοῦ)

부록 III: 골로새서 1:15-20의 구조에 대한 분석

(**boldface** = the Son; underline = God the Father; *italics* = "all created things")

[context]
13 <u>ὃς ἐρρύσατο</u> ἡμᾶς   ἐκ τῆς ἐξουσίας
                             τοῦ σκότους
   καὶ <u>μετέστησεν</u>   εἰς τὴν βασιλείαν [cf. strophe I]
                             τοῦ υἱοῦ <u>τῆς ἀγάπης αὐτοῦ</u>,
14   **ἐν ᾧ** ἔχομεν   τὴν ἀπολύτρωσιν, τὴν ἄφεσιν τῶν ἁμαρτιῶν·
                                                       [cf. strophe II]

[the poem]
I   (*a*)   **ὅς ἐστιν**   **εἰκὼν**   <u>τοῦ θεοῦ τοῦ ἀοράτου</u>,
      (*a'*)   **πρωτότοκος**   *πάσης κτίσεως*,
      (*b*)   ὅτι   **ἐν αὐτῷ** ἐκτίσθη   *τὰ πάντα*
           (*b¹*)   *ἐν τοῖς οὐρανοῖς καὶ ἐπὶ τῆς γῆς*,
           (*b²*)   *τὰ ὁρατὰ καὶ τὰ ἀόρατα*,
           (*b³*)   *εἴτε θρόνοι εἴτε κυριότητες*
           (*b⁴*)   *εἴτε ἀρχαὶ εἴτε ἐξουσίαι·*
      (*b'*)   *τὰ πάντα*   **δι' αὐτοῦ καὶ εἰς αὐτὸν**   ἔκτισται·
      (*c*)   καὶ **αὐτός**   **ἐστιν**   *πρὸ πάντων*
      (*c'*)   καὶ *τὰ πάντα* **ἐν αὐτῷ** συνέστηκεν,
[janus] (*d*)   καὶ **αὐτός ἐστιν**   **ἡ κεφαλὴ τοῦ σώματος**, τῆς ἐκκλησίας·
II   (*a*)   **ὅς ἐστιν ἀρχή**,
      (*a'*)   **πρωτότοκος** ἐκ τῶν νεκρῶν,   [cf. I(*a'*)]
      (*a¹*)   ἵνα γένηται *ἐν πᾶσιν* **αὐτὸς πρωτεύων**, [cf. I(*c*)]
      (*b*)   ὅτι   **ἐν αὐτῷ** εὐδόκησεν <u>πᾶν τὸ πλήρωμα</u>
                                               κατοικῆσαι [cf. I(*c'*)]
      (*b'*)   καὶ   **δι' αὐτοῦ**   ἀποκαταλλάξαι *τὰ πάντα εἰς αὐτόν*,
                                                          [cf. I(*b'*)]
          (*b¹*)   εἰρηνοποιήσας διὰ τοῦ αἵματος
                                                                   τοῦ σταυροῦ αὐτοῦ,
          (*b²*)   **δι' αὐτοῦ**   *εἴτε τὰ ἐπὶ τῆς γῆς*   [cf. I(*b¹*)]
                                          εἴτε τὰ ἐν τοῖς οὐρανοῖς.
cf. 1 Cor 8:6
          (1)   ἀλλ'   ἡμῖν   <u>εἷς θεὸς</u>   <u>ὁ πατὴρ</u>
                                      <u>ἐξ οὗ</u>   *τὰ πάντα* καὶ ἡμεῖς <u>εἰς αὐτόν</u>,
          (2)   καὶ   **εἷς κύριος Ἰησοῦς Χριστὸς**,
                                      δι' οὗ   *τὰ πάντα* καὶ ἡμεῖς **δι' αὐτοῦ**.

제8장

에베소서에 나타나는 기독론

골로새서에서 에베소서로 넘어오면 "같지만 같지 않은"(the same but not the same) 느낌이 든다.[1] 에베소서가 골로새서와 분명히 상관이 있지만 골로새서가 보여주는 '교정'이라는 요소는 빠져 있다. 그러므로 본 서신은 바울 사도에게 익숙해지기보다 더욱 세심한 모습을 보인다. 실제 에베소서는 로마서와 갈라디아서의 관계와 유사하게 골로새서와의 관계를 유지하는 것처럼 보인다. 이 두 경우 모두 첫째 서신(갈라디아서와 골로새서)은 논증과 교정으로 가득한 반면, 둘째 서신(로마서와 에베소서)은 열정적이거나 논증적인 요소가 약하지만 동시에 다른 바울 서신에서는 발견되지 않는 독특한 요소들이 풍성하다.[2] 에베소서는 또한 그리스도의 역할을 한결같이 하나님께서 신적 계획을 완성하셨다는 거대한 맥락에서 설명한다는 점에서 로마서와 공통점이 있다. 이러한 특징이 로마서를 특별히 신론 중심적인(theocentric) 서신으로 만들있다. 에베소서의 경우는 이러한 성향이 약하다. 여기서는 초점이 전적으로 그리스도의 역할에 집중되기 때문에 기독론 중심적인(christocentric) 성향

---

1) 에베소서 주석서 목록은 참고문헌에 올려놓았다. 본 장에서는 저자의 이름만 언급해서 각 주석서를 인용할 것이다.
2) 신약 학계가 대체로 에베소서를 위서(πσευδεπιγραπηψ)로 생각하는 반면 로마서에 대해서는 그렇게 생각하지 않는다는 사실이 매우 흥미롭다. 왜냐하면 로마서야말로 색다른 내용이나 여타 바울 서신과는 다른 점들이 에베소서보다 훨씬 더 많이 나타나는 서신이기 때문이다. 그렇다고 해서 에베소서에 심각한 문제점들을 볼 수 없다는 뜻은 아니다. 다만 저자 문제는 보는 사람에 따라 달라지는 경향이 있는 쟁점이라는 것이다. 그러므로 대개 이 문제는 애초부터 어떤 입장을 취하느냐에 달려있다.

이 매우 뚜렷하다.

에베소서에서 가장 독특한 특징은 바울의 여타 서신에 비해 상황과 관련된 내용이 훨씬 적다는 점이다.[3] 본 서신 어디에서도 그러한 내용을 필요로 하지 않는 것 같다. 게다가 에베소서는 바울을 개인적으로 전혀 모르는 이들에게 보낸 편지라는 점에서 로마서나 골로새서 - 바울이 세우지 않은 교회에 보낸 편지 - 를 훨씬 능가한다.[4] 6:21-22을 보면 독자들이 바울을 간접적으로 알고 있다는 사실을 가정하고 있지만 말이다. 아마도 이 서신은 아시아의 여러 교회들 안에서 낭독되도록 회람용으로 쓰였을 것이다. 여하튼 에베소서는 바울과 그의 독자들이 상당히 많은 가정(assumptions)을 공유했다는 사실을 반영한다. 이 가정들은 매우 다양하게 설명되고 있으며, 그리스도 예수가 초기 이방인 공동체 안에서 차지했던 중심적 위치를 암시하고 있다.

에베소서의 저작 장소와 저작 이유에 대해서 어떻게 생각하든지 이 서신에는 한편으로 골로새서를 움직이게 하고 다른 한편으로는 로마서를 움직이게 하는 열정이 놀라우리만큼 혼합되어 있다. 에베소서를 시작하는 베라카(하나님께 드리는 찬양)는(1:3-14) 골로새서의 주관심사, 특히 구속자로서의 그리스도의 역할을 반영하되 골로새서에서 언급된 우주적 함의를 웅장한 필치로 자세히 기술하고 있다(예를 들어 1:20). 그래서 구속은 언제나 그렇듯이 인간의 단절과 죄로부터 비롯된다. 동시에 뒤따르는 감사와 기도 본문을 보면 하나님의 아들의 죽음과 부활 - 승귀로 인해 권세가 하늘에서 그분의 발 아래에 놓여 있다. 그러나 이러한 내용이 2장에서 역사적으로 전개될 때 쟁점은 로마서의 쟁점인 반면 - 십자가의 화해 사역을 통해 하나님의 한 백성이 된 유대인과 이방인 - 3장에서는 이러한 화해 사역에 있어 바울의 사도적 역할이 거론된다.

로마서의 경우처럼 에베소서를 기독론 중심적인 서신으로 만드는 그리스도의 사역은 에베소 교인들이 세상에서 하나님의 사람이 되어가는 윤리적 측면을 그리스도의 구원 사역에 포함시킬 경우 한층 더 구원론적이라고 볼 수

---

3) 아마도 이 특징이 에베소서가 바울의 저작이 아니라는 의심을 사도록 만드는 원인이 된다고 본다. 이 쟁점의 어느 한 쪽에 안착하게 되는 자료 분석에 대해서는 Lincoln, lix-lxxiii와 O'Brien, 4-47을 보라.
4) 1:15과 3:1-2이 이를 명백히 입증한다. 이뿐 아니라 에베소서는 애정을 나타내는 용어가 없으며 수신자가 이방인이라는 점 말고는 수신자와 그들의 상황에 대해 구체적으로 알고 있다는 어떤 암시도 없다. 바울은 로마와 골로새에 친구와 지인이 있었다(롬 16:1-16; 골 1:8; 몬 1-3). 에베소에 보내는 편지는 이러한 요소가 모두 없다.

있다. 결국 에베소서는 갈라디아서와 매우 흡사하게 철저히 기독론적인 요소가 다른 바울 서신에 비해 적다. 그러나 언제나 그렇듯이 그리스도를 구주와 구속자로 강조하는 것 자체가 이미 기독론적이라 할 수 있다. 이와 마찬가지로 1장에 나오는 베라카와 기도문 말미에서 하나님의 아들이 하나님 우편의 절대적 주권 자리에 앉으셔서 "만물 안에서 만물을 충만케 하시는 자"로 소개되는 부분 역시도 기독론적인 것이다(23절). 하나님께서는 그 아들을 통해 구속을 베푸시고 모든 만물이 그 아들 안에서 하나 되게 하실 것이다(3-10절). 따라서 골로새서 1:15-20에 나오는 '찬송'에 담긴 함의들이 에베소서에 이르러 우주적인 차원에서 완전히 실현된다.

설령 이 모든 것이 없다 해도 그리고 새로운 전환이 있다 해도, 여전히 에베소서는 바울 서신 전체에서 드러나는 기독론적 패턴과 강조를 동일하게 간직하고 있다. 본 서신에서 제일 먼저 등장하는 것이 하나님의 아들이신 그리스도이며 서신 전체에 걸쳐 다양한 형태로 반복되고 있다. 다만 유대인의 메시아 사상이 말하는 하나님의 아들 개념에서 영원하신 아들 개념으로의 전환이 본 서신에서는 그다지 명확하지 않다. 하나님의 나라가 (아마도) 메시아적 왕으로서의 그리스도와 연결되어 있는 5:5의 구문 '엔 테 바실레이아 투 크리스투 카이 데우'(ἐν τῇ βασιλείᾳ τοῦ Χριστοῦ καὶ θεοῦ, 그리스도와 하나님의 나라에서) 에 전제되어 있다고 생각되지만 말이다. 동시에 부활하신 하나님의 아들이 아버지의 우편으로 승귀하셨다는 사실은 퀴리오스이신 그분의 현재 역할을 가정한다. 결과적으로 에베소서에서는 하나님의 아들과 퀴리오스 기독론이 독특하게 혼합되어 있다.

1. 자료에 대한 예비적 고찰

이전과 마찬가지로 그리스도와 하나님이 언급되는 모든 본문은 부록 I에서 볼 수 있으며, 어법에 대한 분석은 부록 II에서 다루었다. 에베소서의 어법에서 가장 눈에 띄는 특성은 그리스도가 하나님보다 두 배 이상 자주 언급된다는 것이다(65번/31번). 빌레몬서 이외에(11번/2번) 바울 서신의 어법과 가장 현격한 차이를 보인다. 이러한 현상이 골로새서에서 다소 완화된 채 시작했고(37번/29번) 빌립보서에서는 다시 등장한다(48번/23번). 따라서 하나님 아버지의 사역이 그리스도를 통해 표현된다는 내용을 서술하는 서신에서도 그리스도는 여전히 하나님 아버지보다 훨씬 자주 언급된다. 여기에 나오는 모든 대명사를 포함한다고 해도 결과는 마찬가지다.

그리스도에 관한 한, 칭호가 이름으로 바뀐(the title-turned-name) 크리스토스(Χριστός)는 지금까지 가장 일반적으로 쓰이는 표현으로 주가 언급되는 65곳 중 47곳에서 나타난다. 여기서 흥미로운 점은 바울 서신에서 점차적인 어법상의 변화가 있다는 사실이다. 즉 데살로니가전·후서에서는 퀴리오스가 지배적으로 쓰이지만,[5] 고린도전서에서는 서로 비슷하게 나타나고, 후기에 작성된 서신(목회 서신을 포함)에서는 디모데후서에 이르기까지 크리스토스라는 칭호가 퀴리오스에 비해 압도적으로 많이 쓰인다. 이런 면에서 에베소서는 바울 서신에서 바로 다음에 위치한 빌립보서와 가장 유사하다.[6]

어법에 관하여 주목할 사항이 두 가지 더 있다. 첫째로, 모든 이들이 인식하는 것처럼 본 서신은 두 부분으로 극명하게 나뉜다. 1-3장은 그리스도의 죽음과 부활-승귀가 사실이라는 점과 이 사실에 담긴 구원론적 함의를 자세히 설명하는 반면 4-6장은 여기에 내포된 교회론적이면서 행동에 관한(윤리적인) 함의들을 상술한다. 흥미로운 점은 특이한 어법 역시 이러한 패턴을 따른다는 사실이다. 크리스토스 예수스(Χριστός Ἰησοῦς)라는 조합어가 에베소서에서 총 10번 나타나는데(예수스 크리스토스〈Ἰησοῦς Χριστός〉는 한 번) 모두 1-3장에서만 나오는 반면, 호 퀴리오스가 단독으로 14번 나오는 중에 한 번을 제외한 전부와 과반수의 (호) 크리스토스(〈ὁ〉 Χριστός), 단독으로 28번 중 17번)가 4-6장에 나온다. 이러한 현상을 어떻게 설명해야 할지 명확하진 않지만 아마도 1-3장이 그리스도의 위격과 사역에 초점을 맞추고 있다는 사실과 관련이 있어 보인다. 다시 말해 그리스도가 이야기의 '대상'이 된다는 말이다. 이와는 반대로 4-6장에서는 초점이 수신자들에게 맞추어져 있으며 그들이 어떻게 그리스도께서 하신 일에 비추어 살아가야 하는지에 집중되어 있으

---

5) 데살로니가전서에는 퀴리오스가 그리스도를 36번 언급하는 부분 중에 29번 나오는 반면 데살로니가후서에서는 23곳 중 22곳에서 나온다.

6) 그러므로 다소 흥미로운 점은, 이러한 어법을 의식적으로 구사하지 않은 상태에서 에베소서가 바울의 패턴과 완벽한 조화를 이룬다는 사실이다. 허위 저자가 동일한 어법을 사용했다고 보기는 어렵다. 특히 그에게 알려진 서신이 골로새서가 유일했다고 본다면 말이다. 이러한 어법과 관련해 또 흥미로운 점은 에베소서가 가정된 연대순에 의하면 다음 서신인 빌립보서 사이에 꽤 많은 공통점이 있다. 어법이 아니면 둘 사이에는 공통점이 거의 없다.

므로, 여기서는 그리스도께서 이야기의 능동적인 '주체'가 된다. 그래서 바울의 어법은 점차 변하는 성향이 있다고 볼 수 있다.

둘째로, '아들'이라는 호칭이 한 번만 나오지만(4:13) '아버지'라는 표현이 다른 어떤 바울 서신보다 더욱 자주 하나님께 적용된다(8배). 이것이 문안 인사와 베라카 모두에서 처음 나타나는 사항이므로 논리적으로 볼 때 다시금 여기서부터 우리의 기독론적 분석을 시작해야 한다.

2. 하나님의 메시아적/영원하신 아들이신 예수

에베소서의 기독론은 전체적으로 그리스도께서 하나님 아버지의 뜻과 목적을 이루어 나가시는 맥락 속에서 전개된다. 하나님의 아버지에 대한 독자들의 지식은 그분께서 "우리 주 예수 그리스도의 아버지"가 되신 데서 기인하기 때문에 서두의 베라카와 감사기도문에서 두드러지게 나타나는 조합어와 관심사가 편지 전체에서와 특히 바울의 독자를 위해 역할을 다한다. 이러한 표현의 배후에는 바울 서신에서 자주 나타나는 하나님의 아들 기독론이 있다. 그러나 후반으로 가면 이 기독론을 유대인의 메시아 사상의 맥락에서 다루는 한 본문이 나온다(5:5). 여기서 우리의 논의를 시작하고자 한다.

1) 하나님 아버지의 아들이신 그리스도 예수

하나님 아버지를 하나님의 아들의 아버지라는 맥락에서 설명하는 여러 본문은 대부분 1장에 나오는 서두의 베라카와 감사기도문에 나온다. 이러한 측면은 바울이 하나님을 자신과 독자들의 아버지로 언급하는 데 있어 기초를 제공한다.

(1) 에베소서 1:2; 6:23

에베소서에 나타나는 생소한 특징 중에 하나는 본 서신이 비슷한 글, 즉 은혜와 평강을 기원하는 글로 시작하고 끝이 난다는 사실이다. 이 특징은 본 서신이 회람용 서신일 개연성을 높여 준다.

1:2 χάρις ὑμῖν καὶ εἰρήνη
      ἀπὸ θεοῦ πατρὸς ἡμῶν   καὶ κυρίου Ἰησοῦ Χριστοῦ
6:23 εἰρήνη τοῖς ἀδελφοῖς καὶ ἀγάπη μετὰ πίστεως
      ἀπὸ θεοῦ πατρὸς   καὶ κυρίου Ἰησοῦ Χριστοῦ

1:2 하나님 우리 아버지와 **주 예수 그리스도**로 좇아
      은혜와 평강이 너희에게 있을지어다
6:23 아버지 하나님과 **주 예수 그리스도**에게로부터
      평안과 믿음을 겸한 사랑이 형제들에게 있을지어다

편지를 마무리하는 축복문이 그 나름대로 흥미로운 특징들이 여럿 있지만[7] 위 두 본문과 관련된 우리의 직접적인 관심은 두 개의 목적어를 받는 하나의 전치사에 담긴 기독론적 가정에 있다. 여기에는 은혜와 평강이라는 신성한 덕목이 하나님 아버지와 그 아들로부터 독자들에게 주어진다는 사실이 가정되어 있다. 이전과 마찬가지로 1:2의 '우리'(6:23에는 빠진)는 이중적인 의미가 담겨 있다. 하나님께서 '우리' 아버지라는 뜻과 예수 그리스도께서 '우리' 주시라는 뜻이다. 이 문안 인사에 전제되어 있는 기독론적 측면에 대해서는 2장의 데살로니가전서 1:1, 3 논의에서 보다 깊게 다룰 것이다.

(2) 에베소서 1:3, 6-7

에베소서는 보다 일반적으로 나타나는 수신자들을 위한 감사와 기도문 대신 베라카, 즉 하나님께 드리는 찬양으로 시작하는 두 번째(고후 1:3을 보라) 서신이다.

엡 1:3 Εὐλογητὸς ὁ θεὸς καὶ πατὴρ τοῦ κυρίου ἡμῶν Ἰησοῦ Χριστοῦ,
        ὁ εὐλογήσας ἡμᾶς
고후 1:3 Εὐλογητὸς ὁ θεὸς καὶ πατὴρ τοῦ κυρίου ἡμῶν Ἰησοῦ Χριστοῦ,

---

7) 이 요소들 중에는 흥미롭게도 휘민(ὑμῖν)이 토이스 아델포이스(τοῖς ἀδελφοῖς)로 대체되는 점, '은혜'와 '평강'이 '평강'과 '사랑'(그런데 이것이 누구로부터 오며 누구에게 준다는 말인가?)으로 바뀐다는 점, 잘 알려진 '믿음, 소망, 사랑'이 여기서는 '평강, 사랑, 믿음'이라고 표현된다는 점, 마지막으로 믿음이 하나님과 그리스도로부터 오기를 간절히 바라는 문맥에서 메타 피스테오스(μετὰ πίστεως)가 뜻하는 것이 포함된다.

제8장 에베소서에 나타나는 기독론

ὁ πατὴρ τῶν οἰκτιρμῶν

엡 1:3 찬송하리로다 하나님 곧 **우리 주 예수 그리스도**의 아버지께서… 우리에게 복주시되
고후 1:3 찬송하리로다 그는 **우리 주 예수 그리스도**의 아버지(개역 성경에는 '아버지'가 빠짐- 역주) 하나님이시요 자비의 아버지시요

고린도후서와의 차이점은 에베소서의 베라카의 경우 보다 전통적인 형태의 감사와 기도문이 뒤따른다는 점이다. 이를 통해 바울은 이방인 독자들이 보다 광범위한 계획 속에 있다는 사실을 알도록 고무하려는 뚜렷한 목적을 비치고 있다. 또한 베라카에 나오는 대부분의 동사들의 문법적인 주어인 하나님 아버지께서 찬양을 받으신다는 신학적인 결과를 얻는다. 그러나 그 찬송은 하나님께서 그 아들을 통해 행하신 역사를 높이는 찬양이며, 두 본문(1:3-14, 15-23) 모두가 그 아들을 높이는 내용이 주를 이루며, 유대인과 이방인의 구속 사건은 부차적인 내용일 뿐이다.

이러한 베라카는 특별히 바울의 독자들을 위해서 기록된 것으로 보인다. 이를 통해 이방인 독자들을 격려하고 그들이 그리스도와 성령에 의해 하나님의 역사 속에 포함되었다는 점을 재확인시키려는 것이다. 이러한 면은 다양한 이미지(시민권/외국인/가정/성전)를 번갈아 사용하며 이방인과 유대인 모두가 새롭게 구성된 이스라엘 백성에 포함되었다는 사실을 강조하는 2:11-22에서 더욱 분명해진다. 그러나 이러한 내용은 1장에서 이미 예견되었는데, 특히 베라카와 감사기도문에서 인칭 대명사가 바뀌는 것이 이를 입증한다. 그래서 베라카의 초반부(1:3-10)에서 1인칭 복수 대명사가 쓰인다(7번 나오며 이 외에 1인칭 복수 동사도 나옴). 여기서 바울이 말하는 '우리/우리를'은 적어도 바울 자신과 독자들을 포함한다.

11-14절에 나오는 적용은 두 가지 측면이라는 사실은 세 번 반복되는 "그 안에서 또한"(in whom also)라는 표현을 통해서 미리 알 수 있다. 이 표현이 처음 사용된 것은 "우리(유대인)도 기업을 얻었다"는 의미인데, 이는 곧 출애굽기의 표현을 사용하여 유대인이 하나님의 구원 역사에 가장 먼저 포함되었던 일을 설명하는 것이다. 13절에서는 "그 안에서"가 강조를 위해 두 번 반복된 것과 1인칭 복수에서 2인칭 복수로의 전환이 눈에 띈다. 그렇게 해서 그리

스도와 성령을 통해 "너희(이방인)도" 약속된 성령으로 신적 인치심을 받았고 이스라엘에 주신 약속 안에 들어갈 수 있게 되었다는 사실이 부각된다.

감사 기도문(15-23절)에서 1인칭 단수로 전환됨으로써 1절에서 자신과 독자들의 신분을 밝힌 문안 인사로 다시 시선을 돌리게 만든다. 그가 감사하는 이유는 순전히 '너희'(=이방인 신자들) 때문이며 이러한 감사는 18절까지 계속된다. 그러나 바울의 전형적인 모습대로[8] 19절에서는 감사를 모두 포괄하는 "믿는 우리"라는 말을 한다. 이 말은 실질적으로 모든 하나님의 백성을 포함하는 데까지 이르는 포괄적인 표현이다.

베라카 자체에 담긴 기독론에 대해서는 고린도후서 1:3-5과 11:31을 논의하는 4장을 보라. 그러나 에베소서에 나오는 베라카의 경우 고린도후서와는 전혀 다른 내용을 담고 있다. 왜냐하면 두 서신에 나타나는 고유 관심사가 베라카에 각각 반영되고 있기 때문이다(위로와 칭찬). 그럼에도 에베소서의 베라카는 고린도후서의 그것과 마찬가지로 바울이 찬양을 드리는 하나님 아버지에 대한 기독론적인 신분증명을 내용으로 한다. 회당에서 찬송을 받으시던 이스라엘의 하나님은 이제 "우리 주 예수 그리스도의 아버지"로 고백되며 찬송을 받으신다. 따라서 편지를 읽어나갈 때 처음 맞닥뜨리는 것은 또 다시 서두에 놓인 하나님의 아들 기독론이다.

이러한 사실은 6절의 끝 부분과 7절의 시작 부분에서 바울이 그리스도를 "그의 사랑하시는 자"라고 표현하면서 추가적으로 확증된다. '그리스도'가 하나님의 구원 행위에 있어 신적 대리자로 언급되는 세 개의 전치사구문 다음에, 바울은 그가 골로새서 1:12-14의 감사문에서 언급했던 다윗 자손으로서의 왕 개념을 반영하고 있다. 하나님 아버지께서 그의 "사랑하시는 자(아들)" 안에서 "우리에게 은혜를 베푸신다." 따라서 분명하게 나타나진 않지만 이 모든 표현의 배후에는 바울 서신에 깊이 뿌리내린 하나님의 아들 기독론이 전제되어 있다.

(3) 에베소서 1:4- 선재하신 하나님의 아들

바울은 2:11-21에 가서야 어떻게 하나님께서 역사적으로 이방인 독자들을 구원 역사에 포함하셨는지를 상술하지만, 편지 초반에 나오는 베라카를 보면 그러한 역사적 사실이 궁극적인 신적 목적 안에 담겨 있음을 볼 수 있다.

---

8) 이 문제에 대해서는 7장의 골 1:12-13 논의(p. 450)를 보라.

하나님께서는 영원 전(eternal past), 즉 세상을 창조하시기 전에 그리스도 안에서 '우리'를 택하셔서 자신의 영광을 찬양하게 하셨다. 이렇게 해서 바울은 특별한 논증 없이 그리스도의 선재성에 대한 자신의 전제된 신념을 재차 나타내고 있다.[9] 우리는 세상이 창조되기 전에 그분 안에서 선택 받았다.

이러한 의미가 본문에 대한 명백한 의미라고 생각된다. 어쩌면 바울이 그리스도를 전치사구 "그 안에서"로 시간적인 측면보다는 개인적인 측면에서 설명하고 있다고 볼 수 있다. 다시 말해, 바울이 여기서 '그 안에서'라는 전치사구를 사용한 것은 세상이 시작되기 전에 하나님께서 예정하셨는데 그 예정이 그리스도 안에서 특정한 시점에 일어났을 것이라는 사실을 초시간적(atemporal)으로 예견한다는 의미이다.[10] 그러나 이러한 추측이 타당하지 않은 것은 4절의 서두에 있는 카도스(καθὼς, -처럼)가 3절이 예정의 현재적(역사적) 실재를 표현하고 있음을 암시하는 반면 뒤이어 나오는 내용은 시간이 생기기 전부터 신적 목적에 포함된 예정의 과거적 실재를 설명하고 있기 때문이다. 그리고 하나님의 아들이신 그리스도께서는 이미 영원 전부터 그 신적 계획의 일부셨다.

(4) 에베소서 1:17

두 번째 나오는 베라카 형식(17절)에 대해서는 기독론과 관련된 논란이 일찍부터 있어 왔다. 왜냐하면 표면적으로만 보면 현 베라카 구절의 기독론이 바울 서신에 일반적으로 나타나는 기독론에 비해 하등 기독론에 가까워 보이기 때문이다. 실제 바울이 이 관용 표현을 그렇게 기술할 수밖에 없었다면 그 내용에 대한 오랜 역사의 논쟁은 제법 중요하다고 볼 수 있다.[11] 그러나 이

---

9) 사실 위와 같이 이러한 개념이 전제되어 있기 때문에 다수의 영어 주석서가 이를 언급조차 하지 않는다(Scott, 140; Hendriksen, 76; Bruce, 254; Lincoln, 24; Best, 121; O'Brien, 100; Hoehner, 108-9는 예외). 부분적으로는 많은 주석가들이 이방인 신자들이 이미 영원 전부터 하나님의 계획 속에 있었다는 사실을 확증시키려는 역사적인 맥락에서 본문을 다루려 하기보다는 본문에서 예정론을 다루는 데에 보다 많은 관심을 두기 때문이다.
10) 주석들이 이러한 견해를 명확히 표명하는 것은 아니지만 "하나님의 목적을 염두에 둘 때 신자들은 그리스도를 통해 양자가 되어 그분 안에 거하고 있다고 보았다"는 Abbott의 주석으로부터 이러한 견해를 읽어낼 수 있다.
11) 초기 역사의 일부에 대한 간략한 개관에 대해서는 Eadie, 78-80을 보라. 아리우스 논쟁에서부터 출발한 이 논쟁은 이와 유사한 논쟁들이 신학적인 방향으로 흐르면서 오히려 문맥 안에 있는 관련 본문은 제대로 드러나지 않는 경우가 얼마나 자주

러한 표현이 17절에서 처음 시도된 것은 아니다. 여기서 바울은 자신이 3절에서 설명했던 것을 전제하고 있는 반면, 앞에서 세 번 반복된 "그의 영광(독사, ⟨δόξα⟩)의 찬송"이라는 구문을 활용하여 하나님의 신분을 강조하고 있기 때문이다. 하지만 일반적인 항목(the standard rubric) 안에서는 그 신분을 설명할 수가 없었으므로[12] 바울은 단순히 그가 기도를 드리는 하나님에 대한 평소 자신의 표현을 재구성해서 설명한다.

1:3 εὐλογητὸς   ὁ θεὸς καὶ πατὴρ τοῦ κυρίου ἡμῶν Ἰησοῦ Χριστοῦ
1:17 ἵνα [13]   ὁ θεὸς τοῦ κυρίου ἡμῶν Ἰησοῦ Χριστοῦ,
                        ὁ πατὴρ τῆς δόξης
1:3 찬송하리로다 하나님 곧 **우리 주 예수 그리스도의** 아버지께서
1:17 **우리 주 예수 그리스도의** 하나님, 영광의 아버지께서

여기서 다루어야 할 사항은 두 가지로 볼 수 있다. 첫째로, 3절에 나타나는 바울의 관심은 하나님의 아들이 하나님 아버지와 맺는 관계가 아니라 아버지께서 아들과 맺으시는 관계에 대해 설명하려는 데에 있다. 다시 말해 바울이 하나님께 드리는 찬양은 하나님께서 바로 우리가 "우리 주 예수 그리스도의 아버지"로 알고 있는 분이라고 진술하고 있다. 바로 이러한 하나님께서 우리를 그분의 아들이신 그리스도 안에서 축복하신 것이다. 둘째로, 그러나 바울은 이제 동일한 하나님을 6절, 12절, 14절에서 찬송하는 그의 '영광'으로 표현한다.

"영광의 아버지"라는 구문이 '영광스러운 아버지'라는 뜻일 수도 있지만(요즘의 일부 번역 성경에서처럼),[14] 그럴 경우 앞서 나온 베라카와의 관련성이 없

발생하는지를 여실히 보여주고 있다.
12) 다시 말해 헬라어라도 바울이 "하나님, 우리 주 예수 그리스도의 (그리고) 영광의 아버지"라고 표현할 수는 없었을 것이다 - 물론 파테르를 반복할 수는 있었다("하나님과 우리 주 예수 그리스도의 아버지, 영광의 아버지").
13) 여기서 히나(ἵνα)는 호티(ὅτι)의 역할을 수행하며 바울이 드리는 기도의 내용을 소개한다. Best, 161을 참조하라.
14) 예를 들면 NIV/TNIV, NLT, GNB, REB를 보라. 이 번역의 문제점은 헬라어를 모르는 독자들은 3-14절에 나오는 "그의 영광을 찬미하게"와의 관련성을 파악할 수 없다는 점이다. 이러한 번역은 다음 구문도 "성도 안에서 그의 영광스러운 기업의 풍성함"이라고 번역하며 동일한 실수를 범한다. 그러나 이 구문 역시 "성도 안에서 그의 기업의 영광의 풍성"이라고 보다 문자적인 번역을 시도해서 이 단어를 있는

어지고 만다. 바울은 이 둘을 의도적으로 연결시키고 있다. 그리고 이러한 관계는 역으로 위의 어색한 표현을 설명해 준다. 왜냐하면 심지어 헬라어라 할지라도 "하나님, 우리 주 예수 그리스도의 영광의 하나님"(the God and Father of glory of our Lord Jesus Christ)이라고 말할 수는 없었을 것이다. 따라서 바울이 여기서 강조하고자 하는 점은 우리에게 "우리 주 예수 그리스도 예수의 아버지"로 알려진 하나님을 측량할 수 없는 무한한 영광 안에 거하는 분으로 묘사한다. 하나님의 아들이 실현하신 신적 역사는 바로 그 영광을 찬미하게 하려고 나타났다.[15]

바울의 독자들은 초반부의 베라카를 통해 "우리 주 예수 그리스도의 하나님"이라는 표현이 그리스도께서 경배하시는 하나님을 지칭하는 말이 아님을 알았을 것이다.[16] 이러한 개념은 바울에게 완전히 생소한 개념이다. 독자들은 그 표현이 하나님의 아들 안에서 진정으로 계시된 하나님을 뜻한다는 점을 알고 있었을 것이다. 동시에 이 하나님은 '무한한 영광 중에 거하시는 아버지'이시다.

따라서 그분은 본문이 정의하는 영광의 하나님이시며, 바울이 확고한 신념을 가지고 기도할 수 있는 분이시다. 바울의 기도에 나타나는 확신은 그 하나님이 누구보다 우리 주 예수 그리스도의 아버지이시므로 자신의 기도 제목이 독자들에게 유효하다는 사실에 궁극적으로 기초하고 있다.

따라서 우리는 바울이 부활하시는 주를 처음 만난 경험이 하나님에 대한 이해를 포함한 그의 모든 사고에 미치는 영향이 얼마나 지대한지를 다시 한 번 바울 서신을 통해 생각하게 된다.

(5) 에베소서 4:13

바울의 하나님의 아들 기독론이 하나님을 아버지로 언급하는 이전의 모든

그대로 유지해야 한다. Hoehner, 255을 참조하라.
15) 이러한 관계를 다루는 주석서가 좀처럼 눈에 띄지 않는다는 사실은 놀랍다. 그러나 예외로 Best, 161의 구문에 대한 논의를 보라. 구약의 배경에 관해서는 시 29:3("영광의 하나님"), 시 24:7-10("영광의 왕")을 참조하라. 고전 2.8에 대한 본서 3장의 논의(pp. 228-229)를 보라.
16) 아리우스와 다른 이들이 문맥에 근거하지 않고 '그들 나름대로' 해석했듯이 본 문장만을 분리해 놓고 보면 그런 해석이 명확해 보인다. '나의 하나님'이나 '너의 하나님' 또는 '이방인의 하나님'과 같은 표현처럼 말이다. 그러나 직계 문맥과 바울 서신 전체에 나타나는 어법을 고려해 볼 때 그러한 해석은 옳지 않다.

구절의 배후에 있다는 사실은 그리스도께서 친히 교회에 주신 다양한 직분의 역할을 기술하는 긴 문장 가운데서 하나님의 아들을 언급하는 사실을 볼 때 확실해 보인다.[17] 그러한 직분(사도, 선지자, 복음 전하는 자, 목사-교사)을 주신 이유는 궁극적으로 교회의 성숙을 위해서다. 그 성숙은 봉사의 일을 통해 그리스도의 몸이 세워져 가겠지만, 성숙의 최종 목표는 그리스도의 몸이 두 가지 측면에서 하나를 이루는 것이다. 즉, 믿음이라는 면과 "하나님의 아들을 아는 일"[18]에 하나가 되는 것이다.

4:13 καταντήσωμεν οἱ πάντες εἰς τὴν ἑνότητα τῆς πίστεως
καὶ τῆς ἐπιγνώσεως τοῦ υἱοῦ[19] τοῦ θεοῦ
우리가 다 하나님의 아들을 믿는 것과 **아는 일**에 하나가 되어

여기서 눈에 띄는 것은 '하나님의 아들'이라는 칭호가 그리스도를 언급하는 구절로 둘러싸인 본문에서 느닷없이 나타난다는 점이다. 이것이 어쩌면 일시적인 어법의 변화일 수도 있다. 그러나 그보다는 바울이 1장 초반에서 보여준 하나님에 대한 찬송과 독자들을 위한 기도에서 이 주제를 의도적으로 끌어왔다고 보는 것이 더 그럴 듯하다. 여기서 하나님은 의도적으로 우리 주 예수 그리스도의 아버지로 불리고 있으며, 따라서 하나님의 아들이라는 개념이 전제되어 있다. 본문에서 하나님의 아들을 아는 온전한 지식은 하나님을 온전히 아는 것과 동일한 의미다. 왜냐하면 여기서 말하는 지식이 사실과 정보의 축적을 뜻하기보다는 서로를 아는 이들이 더욱 잘 알게 되는 것을 말하기 때문이다. 따라서 이러한 어법을 통해 우리는 유대인의 메시아 사상을 다

---

17) 이 본문(4:13)을 가지고 그리스도의 파루시아 때 신자들이 왕과 신랑으로 그분을 맞이하게 될 것이라는 뜻으로 해석하는 M. Barth의 색다른 관점(484-96)에 대한 비판은 Lincoln, 255을 보라.
18) 헬라어 에피그노시스(ἐπίγνωσις). '온전한 지식'이 어쩌면 '과장된 번역'일 수도 있으나 그노시스(γνῶσις)로부터 구별하려는 시도의 일환이다. 여기서 바울은 단순히 '대상에 관한 지식'에 그치지 않고 밀접한 관계라는 개념까지 포함하려 하고 있다. 현 단어를 이러한 상황에서 사용하는 바울의 어법에 대해서는 단어와 같은 어원을 지닌 단어가 쓰인 고전 13:12를 논의하는 G. D. Fee, *The First Epistle to the Corinthians* (NICNT; Grand Rapids: Eerdmans, 1987), 648-49을 보라.
19) 일부 서방 사본(F G b Clementpt Lucifer에서 투 휘우(τοῦ υἱοῦ)가 없는 이유는 분명히 네 글자가 모두 같은 모양으로 끝나고 이를 축약된 형태로 표기할 경우 TOY YY TOY ΘY로 보였기 때문일 것이다.

루지 않고 예수께서는 하나님 아버지께서 세상에 보내신 하나님의 아들이라는 바울의 신념을 다루고 있다.[20] 현 본문에서 고등기독론이 가정되어 있다는 점은 자명하다.

2) '우리' 아버지이신 하나님

하나님을 아버지로 언급하는 여러 구절은 하나님이 우리 주 예수 그리스도의 아버지라는 사실을 전제하지만 여기서는 하나님이 그리스도가 구속하신 자기 백성의 아버지라는 사실을 강조한다. 각각의 해당 구절에서 바울은 유대인과 이방인이 함께 하나님의 하나 된 백성이라는 사실을 강조한다. 다섯 개의 구절이 이와 같은 내용을 담고 있다.

(1) 에베소서 2:18
바울 서신에서 유대인과 이방인이 하나님께서 새롭게 구성하신 하나 된 백성이라는 사실을 보다 웅장한 필치로 표현하는 구절 중 하나에서(2:11-18) 바울은 "우리 둘이 한 성령 안에서 아버지께 나아감을 얻게 하려 하심이라"는 말로 끝맺는다.[21] 여기서 다시 하나님을 아버지로 언급한다는 사실은 그 아들을 통해 하나님이 우리의 아버지도 되신다는 점(갈 4:4-6)이 전제되어 있다.[22] 그렇게 생각하는 이유는 서두의 베라카에서 이 점을 강조했을 뿐 아니라 이 본문 전체가 하나님의 아들이신 그리스도의 사역에 대해 이야기하고 있기 때문이기도 하다. 바울은 구약의 희생 제사 체계로부터 중요한 표현을 가져와서 그리스도께서 자신의 '피'를 통해 유대인과 이방인을 분리시켰던 적대감의 벽을 허무셨다고 제시한다. 그 벽은 다름 아닌 "의문에 속한 계명의" 율법이다. 따라서 그리스도께서는 십자가에서 돌아가심으로써 그들 모두를(이방인뿐 아니라) 하나님과 화목케 하셨고, 그렇게 해서 그들의 오랜 적대감을 종

---

20) 참고로 Robinson은 "… 보는 바와 같이 신적 아버지와의 관련된 그리스도의 선재성에 대한 사상을 암시한다"고 말한다.
21) 강소섬이 너션히 하나님께 함께 나아길 수 있게 된 유대인과 이방인에게 있다는 점은 바울의 어순을 봐도 분명해 진다. 본문은 (문자적으로 볼 때) 이렇게 쓰여 있다. "Because through him (Christ) we have access, the both of us, by the one Spirit to the Father." 그다지 좋은 영어 문장은 아니지만 헬라어 원문이 유대인과 이방인이 함께 한 백성이 되었다는 사실을 어떻게 강조하고 있는지 잘 나타내고 있다.
22) Eadie, 187; Lincoln, 149; O'Brien, 209도 위와 같은 생각을 한다.

식시키셨다. 그래서 결국 바울은 유대인과 이방인이 그들의 주 예수 그리스도의 아버지이신 하나님께 같이 나아갈 수 있는 권한을 공유하고 있다고 역설한다. 다름 아닌 그리스도를 통해 하나님의 그들 모두의 아버지가 되셨다. 따라서 반복하자면 유대인의 메시아 사상이 여기에 나타나지 않지만 바울의 하나님의 아들 기독론, 즉 그리스도께서 메시아적/영원하신 아들이라는 기독론이 하나님에 대한 본문의 설명 속에 내포되어 있다.

(2) 에베소서 3:14-16

똑같은 내용이 에베소서 3:14-16에서도 반복된다. 여기서 바울은 방금 진술했던 화목이라는 문맥 속에서 자신의 사도성을 설명하려 하고 있다. 그 화목은 이제 밝혀진 '비밀'로서 그리스도를 통해 "이방인들이 복음으로 말미암아 그리스도 예수 안에서 함께 후사가 되고 함께 지체가 되고 함께 (그리스도께서 성취하신) 약속에 참예하는 자가 됨이라"(3:6)는 내용을 가리킨다. 2장에서 바울이 어떻게 하나님 아버지를 동일한 내용의 틀 속에서 설명했는지를 고려할 때, 이방인을 위한 그의 긴 기도문에서도 유대인과 이방인이 서로가 하나라는 위대한 사실을 함께 파악하고 실현할 것이라는 설명을 전개한다는 사실이 그리 놀라운 일은 아니다. 그래서 1절에서 시작했다가 하나님께서 그리스도 안에서 행하시는 역사 속에서 바울이 맡은 역할을 설명하느라 중단되었던 기도문이 14절에서 바울이 아버지 앞에 "무릎을 꿇고" 빌면서 다시 이어진다.

문맥을 보면 하나님께서 자기 백성의 아버지라는 사실을 분명히 하고 있음을 알 수 있다. 그분은 온 우주의 모든 만물을 이름 지으신 분이시므로 당연한 사실이다.[23] 그러나 보다 거시적인 문맥은 하나님과 우주와의 관계는 단순히 하나님께서 우주를 만드셨기 때문만이 아니라(9절 참조) 에베소서의 서두에서 하나님을 우리 주 예수 그리스도의 아버지로 찬송하고 있기 때문이다.[24]

---

23) 적어도 이 구절에서는 '신적 수동태'인 오노마제타이(ὀνομάζεται, 이름을 얻은)의 핵심적인 포인트로 보인다. 끝 부분에 수동태 동사를 쓰는 이유는 만물이 그들에게 '이름을 주신' 하나님으로부터 유래된다는 사실을 강조하려는 데에 있다.
24) 본문을 이와 같이 해석하는 입장은 매우 이른 시기부터 형성되었다. 이러한 사실은 투 퀴리우 헤몬 예수 크리스투(τοῦ κυρίου ἡμῶν Ἰησοῦ Χριστοῦ)라는 구문이 결국 다수의 본문(Majority Text)이 된 Old Latin 문헌과 같이 이른 시기의 사본에 포함되었다는 점에 의해 입증된다. 보다 짧은 원문은 P^{46} ℵ* A B C P 6 33 81 365

(3) 에베소서 4:6

하나님의 정체성을 다시 삼위적으로 설명하고 있는 부분이 에베소서 4:4-6에 다시 나타난다. 여기서 성령의 도움으로 살아가는 윤리적 삶에 대해 직접적인 관심을 밝히고 있는 바울은 하나님의 삼위적 정체성을 구원과 관련된 각각의 역할에 따라 상향식 순으로 명명한다. 2:18, 22에서 언급한 내용을 가지고 자신의 독자들이 성령께서 일치시키신 것을 지키는 일이 바울의 직접적인 관심사이기 때문에(3절), 바울은 그 하나됨이 궁극적으로 다음에 나타나는 '하나됨'에 근거하고 있다고 역설한다. ① 공동체를 형성하고 하나님께서 약속하신 분으로서 그들이 지닌 소망의 기반이 되시는 한 성령(4절)의 '하나됨,' ② 신자들의 공통된 믿음과 세례를 통해 그들을 위한 한 주(5절)의 '하나됨,' ③ 만유 "위에 계시고 만유를 통일하시고 만유 가운데" 계신 분으로 풀이되고 있는 "만유의 아버지"로 다시 표현되고 있는 한 하나님(6절)의 '하나됨'에 기초하고 있다.[25] 이렇게 해서 바울은 2:18과 3:14에서 강조했던 것을 재차 강조하며 하나님께서 유대인과 이방인의 아버지이시며 만유의 아버지라고 역설한다. 다시 말하지만 이런 이유는 무엇보다 그분이 우리 주 예수 그리스도의 아버지이시기 때문이다(1:3).[26]

(4) 에베소서 5:1

바울은 요약 구절이자 전환점 역할을 하는 구절로 보이는 곳에서 독자들을 하나님의 사랑을 입은 자녀라 부르며 하나님께서 보여주신 용서를 본받으라고 권고한다. 하나님이 여기서 '아버지'라고 언급되진 않지만 그들을 하나님의 자녀로 부르는 내용에 암시되어 있다. 여기서 중요한 것은 유대인과 이방인이 하나님의 한 백성이라는 사실과 이를 서로 하나 되어 살아감으로써 증명해야 한다는 점이다. 그래서 4:1에서 시작한 본문은 그들에게 사랑으로 '행

1175 1739와 더불어 오리겐과 콥틱 문서에 나타난다. Best(337)는 이러한 독법을 거부한다면 위와 같은 해석도 받아들일 수 없게 된다고 주장한다. 그러나 그것은 매우 불필요한 주장이다. 왜냐하면 여하튼 현재 기도문의 주체는 바울이며, 하나님께서 유대인과 이방인이 함께 나아가는 대상이 된다고 방금 전에 말한 사람도 바울이기 때문이다(2:18). 하나님을 만유의 아버지로 보고 있는 추가된 설명어가 왜 그 의미를 바꾸어야 하는지 전혀 분명치 않다. 여기서 제시한 해석에 대해서는 O'Brien, 255을 보라.

25) 최근의 일부 주석가들(Lincoln, 240, O'Brien, 284)은 바울이 고전 8:6에서 유대교의 쉐마를 수정했던 것과 이 표현이 관계가 있다고 주장한다.
26) 중간에 낀 '한 주'라는 표현에 담긴 기독론적 함의에 대해서는 pp. 532-534를 보라.

하라'고 권고하고, 평안의 매는 줄로 성령께서 하나 되게 하신 것을 힘껏 지키라고 권면한다. 왜냐하면 몸은 하나여야 하기 때문이다(이는 이방인과 유대인이 한 몸을 이룬다는 3:6의 논증에서 온 것이다).

본 장의 나머지 내용은 대부분 연합의 수단(그리스도께서 그들에게 주신 사역의 은사를 통해)과 본질에 대해 설명한다. 따라서 바울이 4:25에서 후자를 설명할 때 교회가 '한 몸'이라는 이미지를 다시 사용한다. 그러므로 5:1에 이르기까지 언급되는 모든 죄는 한 몸의 연합을 무너뜨리는 죄를 의미한다는 사실을 분명히 알게 된다. 바울은 이전의 내용을 요약하고 5:3에서 목록이 소개되는 다른 종류의 죄로 주제를 전환하기 위해, '자녀같이 아버지를 본받아' 잘못을 범한 이들을 용서하고 그들을 위해 자신을 내어 주신 하나님의 아들이 보여주신 사랑처럼 어떤 경우든지 "사랑 가운데서 행하라"고 권면한다. 그래서 바울은 4:1부터 시작된 전체 본문을 하나의 틀에 맞출 뿐 아니라 5:15-20에서 다시 언급하는 연합된 삶이라는 주제로의 이동을 미리 가리키고 있다. 마지막으로 하나님을 '우리' 아버지로 언급하는 본문이 바로 5:15-20이다.

(5) 에베소서 5:20

골로새서에서 이미 개진된 노선을 따르는 바울은 그들의 찬미에 담긴 교육적인 측면을 이용하여 이전에 집중했던 윤리적인 관심에서 그리스도인 가정 안에서 그리스도를 나타내는 일에 대한 관심으로 주제를 전환한다. 그래서 바울은 그들이 성령으로 감동된 예배 속에서 다양한 형태의 신령한 노래를 통해 "서로 화답하고" 또한 "우리 주 예수 그리스도의 이름으로" 토 데오 카이 파트리(τῷ θεῷ καὶ πατρί, 〈우리〉 아버지 하나님께) 감사해야 한다고 권고한다. 따라서 에베소서의 기본적인 권고 부분은 전체 서신이 언급하며 시작했던 것과 동일한 내용으로 끝맺는다. 1:3에서 우리가 찬미하는 하나님은 우리 주 예수 그리스도의 아버지로 알려진 분이시다. 5:20에서 하나님의 아들의 이름으로 감사드리는 하나님은(5:20) 동시에 '우리' 아버지시다.

결과적으로 이 모든 분문이[27] 하나님의 백성에 보다 많은 초점이 맞추어져 있지만 그들이 섬기며 예배하는 하나님은 유일하신 하나님이시며, 우리 주 예수 그리스도의 아버지이므로 그들의 아버지가 되신다는 사실을 상술한다.

---

27) 위 본문들이 어떻게 쓰이는 지에 대한 요약 설명에 대해서는 Robinson, 83을 보라.

이 모든 내용을 보면 하나님의 영원한 아들이신 그리스도에 초점이 맞추어져 있다. 현 논의와 관련된 마지막 본문에서 영원하신 아들이 다윗의 자손으로서 하나님의 아들이 지닌 메시아적 역할을 담당하셨다는 사실이 전제된 곳을 살펴보고자 한다.

(6) 에베소서 5:5 - 메시아적 왕이신 예수

골로새서를 다시 반영하지만 에베소서의 광범위한 문맥에 맞게 재구성된 본문에서, 바울은 하나님의 미래적 나라를 "그리스도와 하나님 나라"라고 언급한다. 두 본문(골 1:12-13과 현 본문)의 문맥은 이방인들이 '기업'의 부분을 얻는다는 내용과 관련이 있다. 기업이라는 말이 원래 쓰인 배경을 보면 다윗의 왕의 후손이 하나님의 백성을 다스리게 된 약속된 땅을 이스라엘이 받는다는 내용과 관련이 있다. 골로새서에서 바울은 그의 이방인 독자들이 "아버지의 사랑의 아들의 (현재) 나라로" 옮겨졌을 때 이미 기업의 일부를 받았다는 사실을 확신하게 한다. 현 본문에서는 바울이 자신의 유대교적 관점에 근거해서 독자들로 하여금 이교도적 이방인의 특성을 나타내는 행위를 버리라고 종용한다. 성적 부도덕, 더러운 행위, 탐욕(여기서는 일종의 우상숭배로 정의되는)이 그것이다. 바울은 이러한 행위를 행하는 이들이 "(도래하는) 그리스도와 하나님 나라에서 기업을" 얻지 못한다고 말을 잇는다.

이 구절의 투 크리스투(τοῦ Χριστοῦ)가 하나님의 아들의 새로운 '이름'(name)이라기보다 그 아들의 칭호[28]라는 주장은 세 가지 점에서 일리가 있다. 첫째로, 조합어 투 크리스투 카이 데우(τοῦ Χριστοῦ καὶ θεοῦ, 정관사가 붙은 호 크리스토스(ὁ Χριστός)가 카이(καί)와 관사가 없는 데우(θεοῦ)와 연결됨)는 에베소서에서뿐 아니라 바울 서신 전체를 봐도 매우 독특한 표현이다. 사실 이러한 형태(예를 들어 관사가 붙은 명사/카이/무관사 명사)가 1:3이나 5:20에서 볼 수 있듯이 전혀 없는 것은 아니다. 다만 이 두 본문에서는 두 번째 명사가 첫 번째 명사와 동격 관계이다("하나님 곧 아버지"). 그러나 현 본문의 경우는 이러한 동격 관계가 아니기 때문에 이와 같이 보기 드문 어법은 호 크리스토스가 '그리스도/메시아'를 뜻한다는 사실을 암시한다. 둘째로, 바울 서신에서 보다 일반적인 표현은 신약의 나머지 부분에서처럼 "하나님 나라"라고 볼 수 있다.[29] 그러나 골로새서 1:13(그리고 고전 15:24)에 근거해 볼 때 하

---

28) Hoehner, 661-62('아마도').
29) 이러한 표현이 매우 일반적이기 때문에 두 개의 (서로 유사한) 문서(F G)는 바울의

나님 나라라는 본문의 표현은 하나님의 메시아적 아들을 왕으로 나타낸다는 점을 암시한다. 셋째로, 명사가 나열된 순서를 보면 하나님 아버지의 나라를 의미하기도 하는 메시아의 통치를 강조하고 있음을 알 수 있다. 하나님 나라는 메시아적 왕이라는 개념으로 가장 적절하게 표현될 뿐 아니라 사도 바울이 가정하고 있는 고등기독론도 가리킨다. 그래서 하나님의 영원하신 아들이 현재 하나님의 영원한 나라를 다스리시는 것은 그분이 오랫동안 기다려왔던 유대인의 메시아 역할을 지상에서의 삶을 통해 담당하셨기 때문이다.

이 모든 내용이 말하려는 것은, 바울이 하나님의 아들이나 하나님 아버지라는 표현을 이용하여 하나님의 영원하신 아들이 사무엘하 7:14와 시편 2:7에서 하나님의 아들이라 불리는(시 89:26-27 참고) 다윗 후손의 메시아적 왕의 역할을 지상 사역을 통해 수행하셨다는 사실을 지속적으로 전제하고 있다는 것이다.

3. 퀴리오스인 그리스도

이전에 기록된 모든 서신을 보더라도 바울은 호 퀴리오스라는 칭호를 사용하지 않고서는 그리스도에 대해 이야기하지 않는다. 다음 서신에서 암시되듯이(빌 2:10-11) 바울이 볼 때 그리스도께서 승귀하실 때 이 칭호를 얻으셨다. 이 칭호가 바울의 이전 서신에서는 지배적으로 나타나지만 골로새서와 마찬가지로 에베소서에서는 주로 윤리적인/행위에 관한 구절, 즉 4-6장에서 쓰이는 경향이 있다. 초대교회와 바울이 이 칭호를 사용하는 데는 그리스도께서 하나님 아버지의 '오른편'으로 승귀하심으로써 시편 110:1("여호와께서 내 주에게 말씀하시기를 내가 네 원수로 네 발등상 되게 하기까지 너는 내 우편에 앉으라 하셨도다")을 성취하셨다는 신념이 자리하고 있다. 바울이 이러한 사실을 네 번째로 언급하는 구절은[30] 에베소서 1:15-23의 감사 기도문에 나타난다. 그것은 바울 서신에서 처음 등장하는 구절(고전 15;24-27)에서 처럼 시편 8:6에서 빌려 온 표현과 결합되어 있다. 그리고 퀴리오스라는 칭호가 아래 본문에 나타나지는 않지만 에베소서에 나타나는 이 칭호에 대한 논의를 이

어순을 필사자의 생각대로 뒤바꾼다.
30) 이러한 어법에 대해 보다 집중적으로 관찰한 내용을 보려면 이 어법이 처음 등장한 고전 15:24-27에 대한 3장의 논의(pp. 192-194)를 보라. 롬 8:34와 골 3:1을 참조하라.

본문을 살펴보면서 시작하려 한다. 본문이 관련 칭호를 사용하는 모든 구절과 관련하여 매우 중요한 역할을 하기 때문이다.

1) 에베소서 1:20-23 - 하나님의 우편에 계신 승귀하신 그리스도

본 서신에서 압도적으로 등장하는 구원론적 모티브는 그리스도의 회복 사역과 관련이 있다. 그리스도께서 죽음을 통해 유대인과 이방인으로부터 새로운 안드로포스(ἄνθρωπος, 사람)를 창조하셨고 그들을 분리시켰던 담(율법)을 허무셨다(2:11-22). 이러한 주제는 3장에서 5장에 걸쳐 교회를 그리스도의 몸으로 비유되며 전개된다. 그러나 골로새서로부터 넘어온 이차적인 구원론적 모티브는 그리스도께서 자신의 죽음과 부활-승귀를 통해 '권세'를 정복하고 굴복시키셨다는 내용을 담고 있다. 이 권세는 영적인 세력으로서 루고스 계곡(Lycus Valley)과 이곳 너머에 거주하던 수많은 신자들의 삶에 중대한 영향을 미쳤다.

그러므로 두 개의 구원론적 모티브가 본 서신을 시작하는 베라카(1:3-14)와 감사기도문(1:15-23)에서 특별히 비중 있게 다루어지고 있는 점은 놀랄만한 일이 아니다. 권세를 굴복시키신 그리스도의 승리라는 개념이 베라카("아버지께서…모든 신령한 복으로 우리에게 복 주시되")에서도 넌지시 드러나지만 이 주제는 우리의 죄를 용서하고 하나님의 아들로 삼으신(5-8절) 십자가의 구속 사역과 보다 밀접한 관련이 있다. 그러나 기도문을 보면 그 초점이 전체적으로 권세를 굴복시키신 그리스도의 승리에 맞추어져 있다. 바울은 '권세'라는 말을 이례적으로 많이 사용하면서 하나님의 권세를 그리스도를 죽음으로부터 일으키신 역사와 이방인 신자들을 위한 하나님의 '기업'과 관련시켜 이야기 한다.

우리의 직접적인 관심은 그리스도를 죽음에서 일으키시고 지극히 높은 곳으로 높이신 후 하늘에서 "자기의 오른편에 앉히신" 하나님의 전능하신 권세에 대해 이야기하는 20-23절에 있다. 이것이 시편 110:1(칠십인경 109:1)을 의도적으로 반영하고 있다는 사실은 아래에 나오는 두 구절을 보면 분명히 알 수 있다.

시 109:1 (칠십인경)   εἶπεν ὁ κύριος τῷ κυρίῳ μου

```
                κάθου                    ἐκ δεξιῶν μου
엡 1:20  καὶ καθίσας              ἐν δεξιᾷ αὐτοῦ ἐν τοῖς ἐπουρανίοις
시 109:1 (칠십인경)  여호와께서 내 주에게 말씀하시기를
         너는 내 우편에 앉으라 하셨도다
엡 1:20  하늘에서 자기의 오른편에 앉히사
```

여기서 바울의 초점은 하나님께서 그리스도를 주로 삼으시고 다른 모든 권세보다 높이셨다는 내용을 담은 시편의 두 번째 행에 있다. 여기에 나오는 권세는 골로새서에 나오는 표현을 활용하여 다음과 같이 명명된다. 파세스 아르케스 카이 엑수시아스 카이 뒤나메오스 카이 퀴리오테토스 카이 판토스 오노마토스 오노마조메누(πάσης ἀρχῆς καὶ ἐξουσίας καὶ δυνάμεως καὶ κυριότητος καὶ παντὸς ὀνόματος ὀνομαζομένου, 모든 정사와 권세와 능력과 주관하는 자와…일컫는 모든 이름). 마지막 구문이 암시하는 것은, 바울이 매우 포괄적인 표현을 의도적으로 사용해서 '권세'가 어떤 이름으로 독자들에게 인식되든 상관없이 그리스도께서 모든 권세 위에 뛰어나신 퀴리오테토스(κυριότητος, 주관하는 자)로 승귀 하셨다는 점이다.[31]

바울은 시편 110:1(칠십인경 109:1)의 둘째 절을 반영하는 마지막 문장으로 그의 기도문을 마무리한다. 그러나 이제는 시편 8:6(칠십인경은 8:7)의 표현을 사용한다(이러한 현상은 이미 고전 15:24-27에서도 나타났다). 그래서 그리스도께서 권세의 자리(아버지의 우편)에 오르셨을 뿐 아니라 하나님께서 그렇게 하심으로써 모든 권세를 자신의 권세 아래로 굴복시키셨다.

```
시 109:1 (칠십인경)  ἕως ἂν θῶ τοὺς ἐχθρούς σου ὑποπόδιον τῶν ποδῶν σου
시 8:7 (칠십인경)     πάντα ὑπέταξας           ὑποκάτω τῶν ποδῶν αὐτοῦ
엡 1:22       καὶ πάντα ὑπέταξεν            ὑπὸ τοὺς πόδας αὐτοῦ
시 109:1 (칠십인경) 내가 네 원수로 네 발등상 되게 하기까지
시 8:7 (칠십인경)    만물을 그 발 아래 두셨으니
엡 1:22           또 만물을 그 발 아래 복종하게 하시고
```

그러므로 바울이 이해하는 승귀하신 그리스도는 시편 110:1이 말하는 '주'

---

31) 참고로 Matera는 "…그리스도의 즉위에 의해 하나님께서는 메시아로 하여금 인류뿐 아니라 영적 존재들마저 통치하게 하셨다"고 말한다(*New Testament Christology*, 150).

가 되신 분이시며 현 시대와 다가올 시대에 하늘과 땅에서 모든 권세를 소유하신 분이시다. 그리고 바울은 이 모든 일들이 그의 독자들을 위해 일어났다는 사실을 상기시킨다. 따라서 바울은 놀랍게도 몸과 머리 은유를 가지고(여기와 골 2:9-10에서만 쓰인다) 그리스도께서 모든 권세 위에 계신 '머리'로 표현함으로써 이 은유에 대한 유대인의 해석을 활용한다.[32]

이 본문에 전제되어 있고 특히 마지막 구절에서 절정을 이루는 고등기독론을 혼동할 수 없다. 마지막 구절을 보면 문법적으로 매우 명확해 보이긴 하지만 미묘한 의미는 그렇게 명료하지 않다. 이 구절은 이렇게 쓰여 있다. 헤티스 에스틴 토 소마 아우투 토 플레로마 투 타 판타 엔 파신 플레루메누(ἥτις ἐστὶν τὸ σῶμα αὐτοῦ, τὸ πλήρωμα τοῦ τὰ πάντα ἐν πᾶσιν πληρουμένου, "교회는 그의 몸이니 만물 안에서 만물을 충만케 하시는 자의 충만이니라"). 이 구절의 문법은 매우 평이해 보인다. 유대인과 이방인이 하나님의 한 백성이 되는 교회는 그리스도의 몸으로 묘사된다. 그리스도께서는 하늘에 하늘의 보좌에 앉아 계시며 모든 권세가 그 발 아래 복종하는 주님이시다.

그러나 바울은 여기서 말을 끝맺지 않는다. 왜냐하면 그는 교회를 이제 승귀하신 주께서 담당하신 위대한 역할의 일부분으로 이해하고 있기 때문이다. 바울은 '교회'라는 개념에 덧붙여 교회를 그리스도의 몸에 비유한다. 이제 그 교회는 그리스도께서 세상에 계속해서 임재하신다는 표현으로 이해된다. 그렇게 해서 바울은 마지막 구절에 다음과 같은 내용을 추가한다. 그리스도의 몸인 교회는 그리스도의 '충만'을 나타내며, 여기서 그리스도는 원래 하나님에게만 적용되는 말로 표현되고 있다. 그의 교회를 통해 그리스도의 충만은 타 판타 엔 파신(τὰ πάντα ἐν πᾶσιν, 만물 안에서 만물)을 충만케 한다.[33]

---

32) 흥미롭게도 바울은 이 비유를 그리스도와 교회와의 관계를 설명하는 데 사용하면서 그 비유에 내한 헬라식인 해석에 근거한다. 그래서 그리스도는 몸의 '머리'이시며 관련된 모든 지체는 그 머리를 전적으로 의존하며 그 머리에 의해 유지된다. 3장에서 고전 11:3에 대해 논의한 부분과 이와 관련된 분석을 제시하는 소논문을 보라. G. D. Fee, "Praying and Prophesying in the Assemblies: 1 Corinthians 11:2-16," in *Discovering Biblical Equality: Complementarity without Hierarchy* (ed. R. W. Pierce and R. M. Groothuis, Downers Grove, Ill.: InterVarsity Press, 2004), 142-60.

33) 문법만 보면 적어도 위와 같은 해석을 하게 된다. 쟁점은 중간태(그리스도가 가정된 주어가 되는)도 될 수 있고 수동태(하나님이 가정된 주어가 되는)도 될 수 있는 분사 플레루메누(πληρουμένου)의 의미다. 대다수의 주석가들은 이 분사를 중간태로 본다. 수동태라고 주장하는 이들 가운데 특히 Best, 187-89을 보라. 한편 다음 연구를 참고하라. J. A. T. Robinson, *The Body: A Study in Pauline Theology* (SBT 5;

이러한 표현은 정확히 하나님 아버지에 대해 반복적으로 쓰이던 것이다. 에베소서에서는 4:6에서 하나님께서 "만유 위에 계시고, 만유를 통일하시고 만유 가운데" 계신다고 진술한다.

본문에는 분명 기독론적인 함의가 드러난다. 그리스도의 죽음과 부활로 인해 창조 질서의 그 어느 부분도 그리스도의 임재가 충만케 하지 않는 것이 없다. 바로 이런 이유로 '그리스도 안에/ 그리스도 예수 안에/ 주 안에'라는 구가 에베소서에 자주 등장하는 것이다. 교회가 존재한다는 것은 전적으로 '그리스도 예수 안에' 있다는 말로 한정된다. 그래서 그의 백성은 이 땅에 있는 그분의 '충만'의 표현이며, 동시에 하나님께서 "그리스도 예수 안에서 함께 하늘에 앉히신" 자들이다(2:6). 따라서 그리스도께서는 성육신과 승귀를 통해 "만물 안에서 만물을"(그의 완전한 신성을 전제하는 구) 충만케 하신다.

2) 에베소서 4:4-6 - 한 퀴리오스와 한 하나님의 삼위적 성격

에베소서에서 기독론적으로 중요한 두 번째 본문은 윤리적/행위에 관한 부분의 서두에서 나타난다. 이를 두 부분으로 나누어 논의해보려 한다(4-6절, 7-13절). 이전에 언급한대로 본 서신의 4-6장은 그리스도께서 유대인과 이방인을 하나의 새로운 인류로 만드신 역사에 담긴 실제적 함의를 구체적으로 설명한다. 그래서 바울은 이 부분을 그의 기본적인 간청으로 시작한다. 그들은 "사랑 가운데서 서로 용납하고"(2절) "평안의 매는 줄로 성령의 하나 되게 하신 것을 힘써 지킴으로써"(3절) "부르심을 입은 부름에 합당하게 행하여야 한다"(1절). 다음에 부각되는 두 가지 논제는 우선 그들의 연합에 대한 신학적인 근거(4-6절)와 그들이 그러한 연합을 이루도록 돕는 은사의 근원이다(7-18절). 우리의 직접적인 관심은 바울이 이 두 가지 논제 앞에 마련한 중요한 근거에 있다.

바울은 논의를 출발하면서 여기서도 몸을 근본적인 연합 속에 다양성이라는 문제로 보는 자신의 이해를 반영한다. 그는 이를 고린도전서 12:12-26에서 처음 개진했었다. 두 본문의 경우 그들의 연합은 신적 삼위, 즉 한 성령,

---

London: SCM Press, 1952), 68-69, R. Yates, "A Re-examination of Ephesians 1:23," *ExpTim* 83 (1972), 146-51, P. Benoit, "Body, Head and pleroma in the Epistles of the Captivity," in *Jesus and the Gospel* (trans. B. Weatherhead, 2 vols., London: Darton, Longman & Todd, 1973-1974), 2:90, Hoehner, 298-99.

한 주, 만물의 아버지이신 한 하나님(4-6절; 고전 12:4-6 참고)에서 발견된다. 그리고 두 경우 모두 어순이 항상 성령, 그리스도, 하나님 순이다. 왜냐하면 성령이 신자들을 하나 되게 하는 사역의 열쇠가 되시기 때문이다. 그러나 몸이 내포하는 본질적인 다양성을 포함하지 않는 연합은 실제로 있을 수 없다. 고린도전서에서 가장 시급했던 문제점은 다양성 자체에 있었다. 고린도 교인들이 연합을 획일성과 혼동했던 것이다. 여기서 강조점은 주로 몸의 하나 됨에 있다. 다양성이라는 문맥 안에서 그들이 '하나 된다는 것'은 신적 삼위, 즉 성령, 주, 아버지의 '하나됨'에 기초하고 있다고 바울은 가정한다. 그래서 바울은 뜻밖에도 아래와 같은 주장을 갑자기 전개한다.

ἓν σῶμα
καὶ ἓν πνεῦμα,
    καθὼς καὶ ἐκλήθητε ἐν μιᾷ ἐλπίδι…
몸이 하나이며
성령이 하나이니
    이와 같이 한 소망 안에 … 너희가 부르심을 입었느니라

εἷς κύριος,
  μία πίστις,
  ἓν βάπτισμα,
εἷς θεὸς καὶ πατὴρ πάντων,
  ὁ ἐπὶ πάντων
  καὶ διὰ πάντων
  καὶ ἐν πᾶσιν
주도 하나이요
  믿음도 하나이요   세례도 하나이요
하나님도 하나이시니 곧 만유의 아버지시라
  만유 위에 계시고
  만유를 통일하시고
  만유 가운데 계시도다

바울이 이토록 역동적인 주장을 한 성령과 한 주를 얘기하는 문맥에서 펼치면서, 그의 독자들이 어디서 왔으며 그리스도 안에서 한 몸을 이룬다는 것이 무슨 뜻인지를 설명함으로써 그들의 '하나됨'을 강조한다. 한 성령께서 그들을 한 몸으로 만드셨고 그들이 하나님의 소유로 '인치셔서' 그들의 미래를 보장해 주셨다(1:13-14). 그래서 독자들의 '유일한 소망' 역시 '한 성령'과 연결되어 있다. 한 주와 연결되어 있는 대상은 그들의 '한 믿음'과 '한 세례,' 즉 그리스도의 몸으로 함께 연합된 유대인과 이방인의 공통분모이다. 이 모든 일이 만유의 아버지이시며 그분을 통해 만물이 존재하는 하나님께서 한 분이라는 틀 안에서 일어난다.

이러한 종류의 확언을 하는 바울은 하나님의 신분이 아들과 성령을 포함한다고 생각했던 다른 초기 신자들의 이해(베드로전·후서, 요한 전승, 히브리서)와 조화를 이룬다. 바울이 볼 때 신적 '하나됨'과 그들의 다양성 속에 일치야 말로 유대인과 이방인이 한 몸으로 하나되는 일의 궁극적인 기초가 된다. 그러한 주장에 적잖게 내포되어 있는 신학적 의의를 포함한 기독론적 의의에 대해서는 3장의 고린도전서 12:4-6 논의를 보라.

3) 에베소서 4:7-13 - 승귀하신 그리스도, 은사 수여자

그들의 연합에 대한 기초를 알려 준 바울은 이제 그 연합을 그들의 다양성 안에서 이루기 위한 수단을 기술한다. 그리고 여기서 다시 바울의 고등기독론이 나타난다. 그는 고린도전서 12:7과 로마서 12:6에서 찾아볼 수 있는 유사한 주제 진술로 시작한다. 에니 데 에카스토 헤몬 에도데 헤 카리스 카타 토 메트론 테스 도레아스 투 크리스투(ἑνὶ δὲ ἑκάστῳ ἡμῶν ἐδόθη ἡ χάρις κατὰ τὸ μέτρον τῆς δωρεᾶς τοῦ Χριστοῦ, 우리 각 사람에게 그리스도의 선물의 분 량대로 은혜를 주셨나니).[34] 이 구절을 처음 읽을 경우 동사 에도데(ἐδόθη, 주

---

34) 이러한 종류의 문장은 위서를 지지하는 이들로 하여금 다시 생각하게 만든다. 왜냐하면 본문이 전형적인 바울의 문장이며 이전에 고린도전서와 로마서에서 말한 내용과 완벽하게 조화를 이루기 때문이다. 게다가 만일 허위 기자가 이러한 문장을 쓰려 했다면 이 두 서신의 내용을 충분히 숙지해야 할 정도로 본문의 내용이 매우 정교하기 때문이다. 관련된 세 본문을 아래와 같이 고린도전서와 관련된 곳은 굵은 글씨로 로마서와 관련된 곳은 밑줄로 표기해서 살펴보자.

고전 12:7 ἑκάστῳ δὲ δίδοται ἡ φανέρωσις τοῦ πνεύματος πρὸς τὸ συμφέρον
롬 12:6 ἔχοντες δὲ χαρίσματα κατὰ τὴν χάριν τὴν δοθεῖσαν ἡμῖν

어진)를 하나님을 주어로 하는 '신적 수동태'로 가정하는 것은 충분히 일리가 있다. 특히 "그리스도의 선물의 분량대로" 주어졌다는 점을 가리키는 마지막 전치사구를 볼 때 그렇게 볼 수 있다. 다시 말해서 교회에 주신 하나님의 선물은 하나님께서 그리스도를 우리에게 그리스도를 주신 은혜에 나타나는 '분량'에 상응한다는 말이다.

그러나 아래의 논의는 그러한 생각을 멈추게 한다. 대부분의 영어 번역은 속격 투 크리스투(τοῦ Χριστοῦ)를 주격으로 보고 그리스도가 은사를 주신다고 해석한다.[35] 이것이 바로 바울이 말하려고 한 것으로 사실은 다음 구절에서 시편 68:18(칠십인경은 67:19)이 모호하게 인용된 데서 기인한다. 그 인용문을 시작하는 디오 레게이(διὸ λέγει, 그러므로 이르기를)는 바울이 내세우려는 논점을 지지하려고 시편을 인용하고 있다는 사실을 지시한다. 그리스도께서 자신의 교회를 세우기 위해 필요한 여러 은사들을 책임지고 계신다는 것이다. 그래서 바울은 칠십인경을 거의 축어적으로(verbatim) 인용하며 아래와 같이 기록한다.

엡 4:8 ἀναβὰς εἰς ὕψος ᾐχμαλώτευσεν αἰχμαλωσίαν,
         ἔδωκεν δόματα τοῖς ἀνθρώποις
시 67:19 (칠십인경) ἀνέβης εἰς ὕψος ᾐχμαλώτευσας αἰχμαλωσίαν
         ἔλαβες δόματα ἐν ἀνθρώπῳ
엡 4:8 **그가 위로 올라가실 때에 사로잡힌 자를 사로잡고 사람들(human beings)에게 선물을 주셨다**
시 67:19 (칠십인경) **주께서 높은 곳으로 오르시며 사로잡은 자를 끌고 선물을 인간(humanity)**[36]**에게서…받으시니**

엡 4:7 ἑνὶ δὲ ἑκάστῳ ἡμῶν ἐδόθη ἡ χάρις κατὰ τὸ μέτρον τῆς δωρεᾶς τοῦ Χριστοῦ 이와 같이 바울은 동일한 논증을 세 번 반복하되 각각의 특별한 상황에 맞추어 조정하고 있다.

35) 예를 들면 NRSV는 보다 문자적으로 번역하지만 모호하지 않게 "그리스도의 은사의 분량에 따라"라고 표현한다. 기능적인 동등성을 나타내는 번역은 이를 더 분명히 나타낸다("은혜가 그리스도께서 나누어 주시는 대로 주어졌다"(TNIV), "그리스도께서 은혜를 나누어 주시는 대로 부여되었다"(NJB), "그리스도께서 주신 것에 비례하여"(GNB)). 대부분의 주석서도 이와 같이 번역하며, 특히 가장 최근에는 Hoehner, 523도 그렇게 번역한다.

36) 위와 같이 제시된 영어 번역은 성(gender)을 정확히 표기하려는 목적보다는, 바울과 칠십인경이 같은 단어를 사용하지만 바울은 히브리어 성경의 복수를 고수한 반면

바울의 인용과 관련해서 많은 학자들이 어려워하는 점은 대부분의 인용문과는 달리 시편 본문을 자신의 목적에 맞게 의도적으로 수정한 것 같다는 사실이다. 이 수정된 인용문은 시편 기자가 원래 말하고자 하는 의미와 정반대의 의미를 나타낸다. 반면에 고대 근동의 상황에 대한 바울의 (올바른) 이해에 비추어 볼 때 바울의 수정에는 충분한 이유가 있다는 점을 논증해 볼 수도 있다. 여호와를 예루살렘의 거룩한 언덕에 오르신 전사 왕(warrior-king)으로 묘사하는 시편에서 기자는 여호와께서 다른 모든 고대 전사들과 마찬가지로 엄청난 전리품을 획득하셨다고 언급한다. 그러나 전사 왕이 전리품을 노략한 이유는 단순히 자신의 부를 축적하기보다는 자기 백성에게 유익을 주기 위함이었다. 이것은 여호와께서 바로와 그리고 바로의 신들과 대결하는 장면을 묘사하는 출애굽기에 나타난다. 모세의 찬가에서 바로가 자랑하기를 "내가 쫓아 미쳐 탈취물을 나누리라"(출 15:9)고 했지만 이러한 일은 일어나지 않았다. 여호와께서 "그를 바다에 던지셨기" 때문이다. 출애굽기 내러티브에서는 여호와께서 이러한 일을 바로와 그의 백성에게 행하실 것이라는 사실이 이미 이전에 언급되었다. "내가 애굽 사람으로 이 백성에게 은혜를 입히게 할지라 너희가 갈 때에 빈 손으로 가지 아니하리니 여인마다 그 이웃 사람과…은 패물과 금 패물과 의복을 구하여 너희 자녀를 꾸미라 너희가 애굽 사람의 물품을 취하리라"(출 3:21-22).

이러한 내용이 바울의 시편 인용 배후에 자리하고 있다. 인용문을 이어 나오는 바울의 해석이 암시하는 것처럼(9-10절) 바울의 일차적 관심은 그리스도께서 보좌에 올라 고대 전사 왕의 역할을 담당하시고 말하자면 전리품을 나누어 주셨다는 사실에 있다. 바울은 본문을 로마서 10:6-10절에서처럼 기독론적으로 해석함으로써 이러한 논점을 제시한다. 로마서에서 바울은 그리스도의 죽음과 부활과 승천을 신명기 30:12-14에 비추어 해석하되 시편 107:26의 표현을 사용했다(본서의 6장을 보라). 그는 여기서도 시편 68:18를 사용하여 동일한 방법으로 기록한다.

한편으로는 현 본문이 "높은 곳으로 오르시고"라는 말을 사용하는데, 이 표현은 원래 여호와께서 시온 산에 오르신 것을 언급하는 말이었으나 이제는 그리스도께 적용하여 하나님의 우편으로 올라가신 그리스도를 묘사하는 데 사용되고 있다. 그분은 그곳에서 하늘이나 땅에 있는 모든 권세를 초월하는

칠십인경은 단수를 사용했다는 것을 보여주려 한 것이다.

권세를 지니고 계신다. 이러한 사실은 역으로 바울이 1장에서 강조했던 점을 다시 거론하도록 만든다. 아버지의 우편으로 승천하신 그리스도께서 이전에 죽음으로 인해 낮은 곳으로 '내려 오셨다'는 사실을 은연 중에 주장한다. 그러나 그리스도께서 부활을 통해 죽음을 정복하셨기 때문에 우주 전체의 그 어떤 부분도 그분의 주권 하에 속하지 않는 것이 없다.[37]

반면에 그리스도께서 죽음과 무덤을 이기신 사실은 그분이 원수로부터 '전리품'을 취해 자기 소유로 삼으셨을 뿐 아니라 그렇게 하심으로써 교회에게 자신의 소유인 은사를 부여하실 수 있게 되었다는 것을 의미한다. 이는 그분의 '내려오심'(descent) 이후에 일어난 '올라가심'(ascent)에서 기인하며, 바울이 시편을 인용한 근본적인 이유도 이와 같은 사실을 설명하는 데에 있다. 시편을 이렇게 사용하는 바울은 단순히 관련 시편의 논점, 즉 여호와께서 자기 백성을 위해 이집트(와 가나안)를 무너뜨리셨다는 논점을 파악했을 뿐이다. 그러므로 시편에 대한 아람어 탈굼이 바울과는 무관하게 이와 동일한 시편 해석을 시도했다는 점은 다소 흥미로운 점이다. 탈굼 역시 본문을 "여호와께서 사로잡힌 자를 사로잡고⋯사람의 아들들에게 선물을 주셨다"고 해석한다.[38]

---

37) 이러한 소수의 견해는 Chrisostom까지 소급된다(Robinson, 180; Hendriksen, 192; Barth, 433-34; O'Brien, 295; Hoehner, 536 참고). 대부분은 '내려오심'이 단순히 그리스도의 성육신 자체를 가리킨다는 입장을 고수한다. Eadie, 293(상당히 많은 초기 주석가들의 목록을 제공한다), Westcott, 60; Mitton, 147-48; Bruce, 343-44; Best, 384-86; Macdonald, 290-91을 보라. 이러한 입장과 결부된 주요 난제는 형용사 카토테라(κατώτερά "아랫 곳")와 관련되어 있다. 한편으로는, 단순히 이 땅에 내려오셨다는 뜻일 경우 전혀 필요치 않는 단어가 되며, 다른 한편으로는 속격 '이 땅의'와 결합될 경우 불필요하게 중복된 표현이 되어 버린다. 단순히 성육신을 말하고자 했다면 '낮은 곳, 즉 땅'이라고 하거나 그냥 '이 땅에'라고 하면 될 것을 왜 "이 땅의 아랫 곳"(lower parts of the earch)이라 말했는가? 그래서 많은 이들은 이 표현이 Hades로 내려가신 사실을 가리킨다고 해석하지만(Tertullian, Irenaeus, Jerome; Alford, Ellicott, Scott), 그것은 본문에 불필요한 의미를 억지로 끼워 맞춘 것이다. 마지막으로 G. B. Caird는 오순절 '강림'을 가리킨다고 열심히 주장한다. 그리스도께서 성령으로 오신 것을 뜻한다는 말이다.("The Descent of the Spirit in Ephesians 4:7-11," in *Studia evangelica* II 〈ed. E. L. Cross, TUGAL 87; Berlin: Akademie, 1964〉, 535-45). Lincoln(247) 역시 이러한 견해를 선호하며 W. H. Harris, "The Ascent and Descent of Christ in Ephesians 4:9-10," BSac 151 (1994), 198-214. Idem, *The Descent of Christ: Ephesians 4:7-11 and Traditional Hebrew Imagery* (Grand Rapids: Baker, 1998), 171-97을 참조하라.

38) 11절의 직접적인 문맥에 비추어 G. V. Smith("Paul's Use of Psalm 68:18 in Ephesians 4:8," *JETS* 18 〈1975〉, 181-89)는 이 견해에 덧붙여 여호와께서 이스라엘 백성으로부터 레위 족속을 '취하신' 것에 대해 말씀하시는 민 18:6("너희 형제

여기서 기독론적 함의를 쉽게 찾아볼 수 있다. 첫째로, 바울 서신의 여타 많은 본문들과 마찬가지로 여호와를 지칭하는 구약 본문이 주로서의 그리스도에게 적용되는 데 쓰인다. 그리스도께서는 이제 전사 왕으로서 죽음과 부활을 통해 하나님의 모든 원수들을 굴복시키실 뿐 아니라 그분의 몸인 교회 안에 있는 모든 은사의 근원이 되신다. 둘째로, 원래는 하나님만의 특권으로 이해되던 것들이 이제는 그리스도 주께서 동일하게 공유하고 계신다. 바울은 이같은 사실을 변증이나 구체적 설명 없이 제시한다.

4. 그리스도와 신적 특권

앞선 본문들이 에베소서에 나타나는 주요한 기독론적 의미를 나타내지만, 초기에 기록된 모든 서신과 마찬가지로 에베소서 역시 바울이 기본적으로 가정하고 있는 고등기독론을 반영하는 '부차적인'(incidental) 다양한 형태의 구절들이 풍성히 나타난다. 이들을 본 서신에 나오는 순서대로 살펴보고자 한다.

1) 에베소서 3:19; 5:1-2, 25-27- 그리스도의 사랑

이전에 언급한 대로(살전 2:13; 고후 5:14; 롬 8:35) 바울은 그리스도의 사랑보다는 하나님의 사랑에 대해 보다 자주 이야기 한다. 그리고 그가 그리스도의 사랑에 대해 이야기할 때 주로 우리를 위해 돌아가심으로써 보여주신 사랑이라는 말로 표현한다(5:2, 25). 그러나 본 서신에서 세 가지 경우의 어법에 대해서는 추가적으로 설명할 필요가 있다. 바울이 자신의 독자를 위해 드리는 긴 기도문의 절정 부분인 3:19에서 바울의 관심사는 그들이 풍성하신 그리스도의 사랑을 알게 되고 하나님의 충만하신 것으로 채워지는 일이다. 아마 2:14-18에서 그리스도에 대해 언급했던 내용을 암시적으로 가리키고 있긴 하지만 이 구절은 사실 바울이 우리를 위한 그리스도의 죽음을 직접적으로 거론하지 않고(5:2처럼) 그분의 사랑을 이야기하는 유일한 구절이다. 사실

레위인을 취하여 … 너희에게 선물로 주어")을 바울이 염두에 두고 있다고 주장한다. O'Brien(292-93)이 특히 이러한 견해에 관심을 보인다. 물론 이 견해의 맹점은 시편의 전사 왕 모티브가 반영되지 않는다는 것이다.

이 본문은 바울이 '하나님의 사랑'에 대해 설명할 것이라고 추측할 수도 있는 부분이다. 그러나 바울에게 있어 이러한 사랑은 하나님 아버지와 그 아들과 관련될 경우 교환해서 쓸 수 있는 개념이다.[39]

5:1-2에 나오는 명령문은 로마서 8:35, 39에도 나타나는 것처럼 하나님의 사랑과 그리스도의 사랑의 호환성을 반영하고 있기 때문에 특별히 주목할 필요가 있다. 이 본문에서 하나님의 사랑이 독자들이 '사랑을 입은' 자녀라는 말로 표현된다. 여기서 그들은 서로 간의 관계를 형성할 때 아버지의 사랑을 본받으라는 권고를 받는다. 그러나 바울이 그러한 사랑(하나님의 아들이 보여주신)의 극적인 예를 설명하려 할 때 "우리를 사랑하사 우리를 위하여 자신을 버리신 그리스도"에 대해 이야기 한다. 따라서 그가 하나님의 사랑과 그리스도의 사랑을 교환해서 사용한다는 점과 그리스도의 사랑에 대한 특별한 표현 방법은 초기 서신에서 이미 언급된 내용을 반영하고 있다.

이와 유사하게 5:25-27에서 바울은 그리스도인 가장에게 아내를 사랑하라고 권고하면서 그리스도라는 모델을 제시하며 사랑하라고 지시한다. 그는 5:2과 동일한 표현을 써서 아내 사랑이 "그리스도께서 교회를 사랑하시고 위하여 자신을 주심 같이 … 거룩하게 하신" 것과 동일한 종류의 사랑이라고 권고한다. 놀랄만한 기독론적 의미는 이 긴 문장의 끝 부분에 나온다. 신랑(그리스도)이 교회를 물로 씻어 깨끗하게 하셔서 "자기 앞에 영광스러운 교회로 세우실" 것이다. 물론 바울은 이렇게 진술함으로써 관련 유비를 계속해서 유지한다. 그러나 그렇게 함으로서 그는 그리스도께서 '교회를 하나님 앞에 세우실 것'이라고 생각할 수도 있는 예상을 빗나가게 만든다. 그는 이와 동일한 이미지를 가지고 그리스도 앞에 교회를 세우는 자신에 대해 이야기할 때도 그렇게 했다(고후 11:2). 여기서 그리스도는 교회를 '세우시는 분'(presenter)이자 '받는 분'(receiver)이시다. 그러므로 바울은 다시금 원래 하나님 아버지께 속했던 역할을 손쉽게 그리스도께 적용한다.

2) 에베소서 4:17- 수정된 맹세 형식

바울 서신에 나오는 이전의 여러 구절을 보면 바울이 어떠한 논점을 중요

---

[39] 지금까지 "지식에 넘치는 그리스도의 사랑"에 대해 많은 논의가 있어왔다. 분명 바울은 이 사랑이 드러나는 영향력을 통해 인식될 수 있지만 결국은 그리스도 안에 있는 사랑을 온전히 이해하기란 인간의 능력 밖이라는 사실을 말하고자 하는 것이다.

성이나 비중을 강조하기 원할 때 부드러운 어조로 주의 이름을 부르며 맹세하곤 한다.[40] 이러한 현상은 본 서신에서도 나타나긴 하지만 맹세의 형태라기보다는 에베소 교인들에게 이방인처럼 살지 않도록 종용하는 명령의 근거에 가깝다.

4:17 τοῦτο οὖν λέγω καὶ μαρτύρομαι ἐν κυρίῳ
그러므로 **내가** 이것을 말하며 **주 안에서 증거하노니**

이전과 마찬가지로 이러한 형태의 맹세가 지닌 중요성은 이전에 이스라엘이 여호와(=주)의 이름으로만 맹세해야만 했던 사실과 관련이 있다(신 6:13). 그래서 바울은 그의 독자들에게 이전에 누리던 삶의 양식을 버리라고 요구할 때 "주 안에서 증거하노니"라고 말하는데, 여기서 주이신 그리스도께서 이전에는 여호와의 고유 영역이었던 역할을 담당하시게 된다.

3) 에베소서 4:21 - 그리스도 안에 있는 진리

4:21 ὑμεῖς δὲ οὐχ οὕτως ἐμάθετε τὸν Χριστόν εἴ γε αὐτὸν ἠκούσατε καὶ ἐν αὐτῷ ἐδιδάχθητε, καθώς ἐστιν ἀλήθεια ἐν τῷ Ἰησοῦ
오직 너희는 **그리스도를** 이같이 배우지 아니하였느니라 **진리가 예수 안에** 있는 것 같이 너희가 과연 **그에게서** 듣고 또한 **그 안에서** 가르침을 받았을진대

이 뛰어난 문장에서 바울은 다시 한 번 하나님의 인격에 있어 본질적인 요소(절대적 진리)가 예수 안에서 발견된다고 역설한다. 하나님께서 유일한 참 하나님(the one true God)이실 뿐 아니라 진리의 하나님(the God of truth)이시라는 사실은 전형적인 구약 사상이다. 시편 31:5b(칠십인경 30:6b)는 많은 예문 중 하나로, 엘뤼트로소 메 퀴리에 호 데오스 테스 알레데이아스(ἐλυτρώσω μέ κύριέ ὁ θεὸς τῆς ἀληθείας, 진리의 하나님 여호와여 나를 구속하셨나이다)라고 기록되어 있다. 하나님에 대해 이와 같이 이해하는 방식이 그분에 대한 바울의 해석에도 전가되어 나타난다. 바울에게 있어 하나님은 살아계신 참 하나님

---

40) 예를 들어 본서 2장에서 살전 5:27과 살후 3:6에 대해 논의한 부분을 보라. 또한 고전 1:10, 5:3, 4을 논의한 3장과 고후 11:10을 논의한 4장 그리고 롬 15:30을 논의한 6장을 보라.

이시며(살전 1:9) 복음 안에서 진리를 드러내시는 분이시다(롬 15:8). 그러나 고린도후서 11:10에서는 "내 안에" 있는 "그리스도의 진리"라고 기록하고 있다(본서 4장을 보라). 이와 유사하게 바울은 자신의 복음에 담긴 내용을 "예수 안에 있는 진리"라고 표현한다.

4) 에베소서 5:8-14 - 그리스도, 빛의 근원

구약에 나타나는 하나님에 대해 그 어떤 것이 사실이든, 그분은 분명 빛의 근원이자(가장 먼저 만들어진 피조물〈창 1:3〉) 영원히 꺼지지 않는 빛 가운데 거하시는 분이시다. 우리는 다름 아닌 하나님의 빛 안에서 빛을 본다(시 36:9b). 태양이 더 이상 필요치 않게 될 것이라는 종말론적인 약속이 있다. 왜냐하면 "여호와가 네게 영영한 빛이 되시기" 때문이다(사 60:19). 에베소서는 이 신적 속성을 그리스도께 적용한다.

빛과 어두움이라는 말로 어두운 세상에서 살아가는 하나님의 백성을 나타내는 바울은 우선 그의 독자들이 엔 퀴리오(ἐν κυρίῳ), 즉 그리스도 안에 있기 때문에 그들 자체가 빛이라고 말한다(8절). 이 개념을 계속 활용하여 그들이 세상에서 어떻게 살아야 할지를 설명하는 바울은 알 수 없는 자료를 인용하여 그들이 잠에서 깨어 죽음에서 일어나는 날 "그리스도께서 너희를 비춰 시리라"(14절)라고 진술한다.[41] 따라서 전적으로 신적 특권으로 여겼던 개념이 그리스도께 속하는 것으로 전제되어 있다.

5) 에베소서 5:10 - 주를 기쁘시게 하는 삶

선행하는 본문 중간에서 바울은 자신의 독자들이 빛의 자녀가 되리라는 사실을 강조하려는 수단으로 "주께 기쁘시게 할 것이 무엇인지 분별하는(개역성경은 '시험하여 보라'- 역주)" 법을 배우라고 권고한다. 그리스도께 적용되는 신적 특권이 이와 같이 가정하는 것에 대해서는 고린도후서 5:9에 대해 논의하는 4장을 보라.

---

[41] 이 구절이 구약 본문의 혼합일 수 있다는(고전 2:9과 마찬가지로) 가능성에 대해서는 Hendriksen, 234-36을 보라. 근거 자료가 초기 기독교의 찬가라는 생각이 보다 보편적이다. Best, 497-98이 그렇게 생각한다.

6) 에베소서 5:17 (그리고 1:1; 6:6) – 주의 뜻과 하나님의 뜻

'하나님의 뜻'을 행한다는 개념이 구약에서 자주 발견되진 않지만 히브리서 10:5-10("보시옵소서 두루마리 책에 나를 가리켜 기록한 것과 같이 하나님의 뜻을 행하러 왔나이다")이 인용하고 상술하는 시편 40:8과 같은 본문에 뿌리를 두고 있는 것이 분명하다. 이러한 개념이 바울 서신에서는 자주 등장한다.[42] 에베소서에서는 바울의 사도성을 이야기하는 전형적인 구문인 1:1과 종의 행동에 대해 설명하는 6:6에 이 개념이 나타난다. 바울이 한결같이 신적 뜻에 대해 이야기하고 있다는 사실에 비추어 볼 때 그의 독자들에게 "주의 뜻이 무엇인가 이해하라"(알라 쉬니에테 티 토 델레마 투 퀴리우, ἀλλὰ συνίετε τί τὸ θέλημα τοῦ κυρίου)고 권면하는 것은(5:17) 분명한 신적 특권이 또 다시 주(=그리스도)께 이전되었음을 부각시키는 것이라고 볼 수 있다.

7) 에베소서 5:19-20 – 주께 그리고 주의 이름으로 부르는 찬송

골로새서 3:16에서 바울은 그리스도에 대한 복음을 노래한다는 표현으로 그들의 예배를 설명한다. 이는 그러한 노래가 궁극적으로는 하나님께 드리는 것이며 그분께 감사하는 것임을 가리킨다. 골로새서 본문과 유사한 현 본문에서는 동일한 내용의 권면이 구조적으로 재조정되어 찬송 목적(서로를 가르치고 권면하기), 찬송 내용(그리스도에 대한 메시지), 찬송 방법(모든 지혜로)이 언급되지 않는다. 이러한 사실이 지칭하는 것은 그 찬송을 받는 대상 역시 하나님 아버지에서 그리스도 주로 바뀌었다는 것이다. 그러나 감사는 항상 "주의 이름으로" 하나님께 드린다.

따라서 바울은 특유의 방법을 사용하여 두 서신의 찬송 구절 속에 나타나는 다른 여러 행위에 대해서도 그랬던 것처럼 에베소 교인들이 찬송하는 신적 존재에 대해서도 같은 상호 교환을 시도한다. 그리고 이러한 명칭의 상호 교환은 또 다른 기독론적 함의를 담고 있다.[43] 왜냐하면 그들의 노래는 신적

---

42) 살전 4:3, 5:18(엔 크리스토 예수〈ἐν Χριστῷ Ἰησοῦ〉가 병행하는), 고전 1:1, 고후 1:1, 8:5, 갈 1:4, 롬 1:10, 12:2, 15:32, 골 1:1, 9, 4:12, 딤후 1:1을 보라.

43) Eadie는 이 본문의 명령적 성격을 주목하고는 "사도 바울의 명령에 복종하던 초대교회가 그리스도의 신성을 인식했고 그분을 하나님으로 찬송했다"고 말한다(404).

존재에 대한 예배이기 때문이다.[44]
'주의 이름으로' 감사를 드린다는 바울의 말에 대해서는 데살로니가후서 3:6에 대한 본서 2장의 논의와 고린도전서 1:10에 대한 3장의 논의를 보라.

8) 에베소서 6:5 -그리스도 주께 순종; 에베소서 6:8 - 주의 보상

골로새서 3:19-4:1에 나오는 규칙과 상당 부분 차이를 보이는 본 서신의 '가정생활 규칙'에서(5:21-6:9)에서 바울은 종들에게 하나님을 섬기듯이 이 땅의 '주'를 섬기라고 권고한다. 이 논제에 대해서는 골로새서의 관련 본문을 논의한 본서 7장을 보라.

여기서도 바울은 종들이 이 땅의 주인을 마치 하늘에 계신 주님을 섬기듯이 섬긴다면 그 결과로 각 사람이 종이든 자유인이든 코미세타이 파라 퀴리우(κομίσεται παρὰ κυρίου), 즉 주에게 보상을 받을 것이라고 말한다. 이 말은 고린도후서 5:10에서(본서 4장을 보라) "그리스도의 심판대" 앞에 나오게 될 이들(우리 모두)에게 일어날 결과를 설명할 때 사용한 것과 동일한 표현이다.

9) 에베소서 6:10 - 주 안에서의 강건

이 본문의 개념에 대해서는 데살로니가후서 3:3에 관해 논의하는 본서 2장을 보라. 현 본문이 명령문 - 바울의 독자들이 이 문제와 관련해서 해야 할 사항에 대한 - 으로 쓰여 있기 때문에 그 논점이 데살로니가 교인들에게 말했던 직설법에 나타나는 것과 똑같다("주〈=그리스도〉는 미쁘사 너희를 굳게 하시고"). 그러므로 데살로니가후서 3:3 및 데살로니가전서 3:12과 마찬가지로 여기서도 바울은 하나님 아버지의 것이라고 생각했던 신적 역할을 주께서 지니고 계신다고 여긴다(살후 2:17; 롬 16:25).[45]

---

44) Hurtado, *Lord Jesus Christ*, 150-51를 참조하라.
45) 물론 롬 16:25은 현존하는 로마서 사본들이 마무리되는 데에 있어 나타나는 각각의 다양한 방법들이 시도 획연한 차이를 드러내기 때문에 바울의 지적이 아니라는 의심을 받고 있다. 이 커다란 논제에 대해서는 H. Y. Gamble, *The Textual History of the Letter to the Romans: A Study in Textual and Literary Criticism* (SD 42; Grand Rapids: Eerdmans, 1977). 위와 같은 송영에 대해 간략히 논의하는 B. M. Metzger, *A Textual Commentary on the Greek New Testament* (2d ed.; New York: United Bible Societies, 1994), 476-77을 보라. 이를 보다 깊이 다룬 연구에 대해서는 L. Hurtado,

그러나 이에 못지않게 중요한 점이 있는데 그것은 이 구문이 어떻게 끝나는가이다. 다시 말해 카이 엔 토 크라테이 테스 이스퀴오스 아우투(καὶ ἐν τῷ κράτει τῆς ἰσχύος αὐτοῦ, 그 힘의 능력으로 강건하여지고)로 끝나는 이 구문은 본 서신의 앞부분에서 그리스도를 죽음에서 일으키신 하나님의 능력(카타 텐 에네르게이안 투 크라투스 테스 이스퀴오스 아우투〈κατὰ τὴν ἐνέργειαν τοῦ κράτους τῆς ἰσχύος αὐτοῦ〉, 그의 힘의 강력으로 역사하심을 따라)에 대해 이야기할 때(1:19)도 사용하던 것과 똑같은 표현이다. 그러므로 다시 한 번 바울은 눈에 띌 만큼 심사숙고한 흔적 없이 다른 곳에서 하나님에 대해 이야기하던 것을 주되신 그리스도에게 적용하고 있다.

5. 결론

마지막 부분에서 이전 본문들에 담긴 다양한 구문과 관련해서 주목할만한 점은 본 장에서 살펴 본 현상이 다른 서신에 나타나는 바울과 상당히 일치한다는 사실이다. 누군가가 바울의 이름을 빌려 기록하면서 완벽하게 바울과 같이 되어 이와 같은 일을 해낼 수 있을지에 대해서는 의문이다. 여하튼 본 서신에서 보다 부차적인 요소로 나타나는 것들이 바울 서신 전체에서 볼 수 있는 바울 특유의 기독론과 완전히 일치한다는 것이다. 물론 바울 서신 전체를 볼 때 에베소서가 갈라디아서 이후로 가장 적은 기독론적 요소를 담고 있지만 말이다. 이러한 특성은 갈라디아서와 본 서신이 서로 유사한 주요 관심사, 즉 유대인과 이방인이 그리스도와 성령을 통해 하나님의 한 백성이 되었다는 사실을 중점적으로 표명한다는 점과 상응한다. 에베소서의 경우 기독론적 자료의 양을 늘린 것은 본 서신의 이차적인 논제 - 권세를 굴복시키신 주로서의 승귀하신 그리스도 - 이다.

이러한 두 가지 관심사는 본 서신에 이중적으로 나타나는 기독론적 강조점, 즉 하나님의 아들이신 그리스도와 부활하신 주로서의 그리스도를 설명해 주기도 한다. 따라서 에베소서의 기독론은 이전에 기록된 바울 서신과 매우 흡사하며 진정한 바울 기독론을 나타내고 있다.

"The Doxology at the End of Romans," in *New Testament Textual Criticism-Its Significance for Exegesis: Essays in Honour of Bruce M. Metzger* (ed E. J. Epp and G. D. Fee; Oxford: Clarendon, 1981), 185-99를 보라.

부록 I: 본문들

(이중 괄호 [[ ]]는 하나님만 지시하는 본문을 가리킨다)

1:1-2 ¹Παῦλος **ἀπόστολος Χριστοῦ Ἰησοῦ** διὰ θελήματος θεοῦ τοῖς ἁγίοις τοῖς οὖσιν ἐν Ἐφέσῳ καὶ πιστοῖς **ἐν Χριστῷ Ἰησοῦ**, ²χάρις ὑμῖν καὶ εἰρήνη ἀπὸ θεοῦ πατρὸς ἡμῶν καὶ **κυρίου Ἰησοῦ Χριστοῦ**.

1:3-10 ³Εὐλογητὸς ὁ θεὸς καὶ πατὴρ **τοῦ κυρίου ἡμῶν Ἰησοῦ Χριστοῦ**, ὁ εὐλογήσας ἡμᾶς ἐν πάσῃ εὐλογίᾳ πνευματικῇ ἐν τοῖς ἐπουρανίοις **ἐν Χριστῷ**, ⁴καθὼς ἐξελέξατο ἡμᾶς **ἐν αὐτῷ** πρὸ καταβολῆς κόσμου εἶναι ἡμᾶς ἁγίους καὶ ἀμώμους κατενώπιον αὐτοῦ, ἐν ἀγάπῃ ⁵προορίσας ἡμᾶς εἰς υἱοθεσίαν **διὰ Ἰησοῦ Χριστοῦ** εἰς αὐτόν, κατὰ τὴν εὐδοκίαν τοῦ θελήματος αὐτοῦ, ⁶εἰς ἔπαινον δόξης τῆς χάριτος αὐτοῦ ἧς ἐχαρίτωσεν ἡμᾶς **ἐν τῷ ἠγαπημένῳ**. ⁷ἐν ᾧ ἔχομεν τὴν ἀπολύτρωσιν **διὰ τοῦ αἵματος αὐτοῦ**, τὴν ἄφεσιν τῶν παραπτωμάτων, κατὰ τὸ πλοῦτος τῆς χάριτος αὐτοῦ ⁸ἧς ἐπερίσσευσεν εἰς ἡμᾶς, ἐν πάσῃ σοφίᾳ καὶ φρονήσει, ⁹γνωρίσας ἡμῖν τὸ μυστήριον τοῦ θελήματος αὐτοῦ, κατὰ τὴν εὐδοκίαν αὐτοῦ ἣν προέθετο **ἐν αὐτῷ** ¹⁰εἰς οἰκονομίαν τοῦ πληρώματος τῶν καιρῶν, ἀνακεφαλαιώσασθαι τὰ πάντα **ἐν τῷ Χριστῷ**, τὰ ἐπὶ τοῖς οὐρανοῖς καὶ τὰ ἐπὶ τῆς γῆς **ἐν αὐτῷ**.

1:11-14 ¹¹Ἐν ᾧ **καὶ** ἐκληρώθημεν προορισθέντες κατὰ πρόθεσιν τοῦ τὰ πάντα ἐνεργοῦντος κατὰ τὴν βουλὴν τοῦ θελήματος αὐτοῦ ¹²εἰς τὸ εἶναι ἡμᾶς εἰς ἔπαινον δόξης αὐτοῦ τοὺς προηλπικότας **ἐν τῷ Χριστῷ**. ¹³ἐν ᾧ καὶ ὑμεῖς ἀκούσαντες τὸν λόγον τῆς ἀληθείας, τὸ εὐαγγέλιον τῆς σωτηρίας ὑμῶν, **ἐν ᾧ καὶ** πιστεύσαντες ἐσφραγίσθητε τῷ πνεύματι τῆς ἐπαγγελίας τῷ ἁγίῳ, ¹⁴ὅ ἐστιν ἀρραβὼν τῆς κληρονομίας ἡμῶν, εἰς ἀπολύτρωσιν τῆς περιποιήσεως, εἰς ἔπαινον τῆς δόξης αὐτοῦ.

1:15-23 ¹⁵Διὰ τοῦτο κἀγὼ ἀκούσας τὴν καθ' ὑμᾶς πίστιν **ἐν τῷ κυρίῳ Ἰησοῦ** καὶ τὴν ἀγάπην τὴν εἰς πάντας τοὺς ἁγίους ¹⁶οὐ παύομαι εὐχαριστῶν ὑπὲρ ὑμῶν μνείαν ποιούμενος ἐπὶ τῶν προσευχῶν μου, ¹⁷ἵνα ὁ θεὸς **τοῦ κυρίου ἡμῶν Ἰησοῦ Χριστοῦ**, ὁ πατὴρ τῆς δόξης, δώῃ ὑμῖν πνεῦμα σοφίας καὶ ἀποκαλύψεως ἐν ἐπιγνώσει αὐτοῦ, ¹⁸πεφωτισμένους τοὺς ὀφθαλμοὺς τῆς καρδίας ὑμῶν εἰς τὸ εἰδέναι ὑμᾶς τίς ἐστιν ἡ ἐλπὶς τῆς κλήσεως αὐτοῦ, τίς ὁ πλοῦτος τῆς δόξης τῆς κληρονομίας αὐτοῦ ἐν τοῖς ἁγίοις, ¹⁹καὶ τί τὸ ὑπερβάλλον μέγεθος τῆς δυνάμεως αὐτοῦ εἰς ἡμᾶς τοὺς πιστεύοντας κατὰ τὴν ἐνέργειαν τοῦ κράτους τῆς ἰσχύος αὐτοῦ, ²⁰ἣν ἐνήργησεν **ἐν τῷ Χριστῷ** ἐγείρας αὐτὸν ἐκ νεκρῶν καὶ καθίσας ἐν δεξιᾷ αὐτοῦ ἐν τοῖς ἐπουρανίοις ²¹ὑπεράνω πάσης ἀρχῆς καὶ ἐξουσίας καὶ δυνάμεως καὶ κυριότητος καὶ παντὸς ὀνόματος ὀνομαζομένου, οὐ μόνον ἐν τῷ αἰῶνι τούτῳ ἀλλὰ καὶ ἐν τῷ μέλλοντι· ²²καὶ πάντα ὑπέταξεν ὑπὸ τοὺς πόδας αὐτοῦ καὶ αὐτὸν ἔδωκεν κεφαλὴν ὑπὲρ πάντα τῇ ἐκκλησίᾳ, ²³ ἥτις ἐστὶν τὸ σῶμα αὐτοῦ, τὸ πλήρωμα τοῦ τὰ πάντα ἐν πᾶσιν πληρουμένου.

2:4–10 ⁴ὁ δὲ θεὸς πλούσιος ὢν ἐν ἐλέει, διὰ τὴν πολλὴν ἀγάπην αὐτοῦ ἣν ἠγάπησεν ἡμᾶς, ⁵καὶ ὄντας ἡμᾶς νεκροὺς τοῖς παραπτώμασιν συνεζωοποίησεν τῷ Χριστῷ, χάριτί ἐστε σεσῳσμένοι – ⁶καὶ συνήγειρεν καὶ συνεκάθισεν ἐν τοῖς ἐπουρανίοις ἐν Χριστῷ Ἰησοῦ, ⁷ἵνα ἐνδείξηται ἐν τοῖς αἰῶσιν τοῖς ἐπερχομένοις τὸ ὑπερβάλλον πλοῦτος τῆς χάριτος αὐτοῦ ἐν χρηστότητι ἐφ᾽ ἡμᾶς ἐν Χριστῷ Ἰησοῦ. ⁸Τῇ γὰρ χάριτί ἐστε σεσῳσμένοι διὰ πίστεως· καὶ τοῦτο οὐκ ἐξ ὑμῶν, θεοῦ τὸ δῶρον· ⁹οὐκ ἐξ ἔργων, ἵνα μή τις καυχήσηται. ¹⁰αὐτοῦ γάρ ἐσμεν ποίημα, κτισθέντες ἐν Χριστῷ Ἰησοῦ ἐπὶ ἔργοις ἀγαθοῖς οἷς προητοίμασεν ὁ θεός, ἵνα ἐν αὐτοῖς περιπατήσωμεν.

2:12–18 ¹²ὅτι ἦτε τῷ καιρῷ ἐκείνῳ χωρὶς Χριστοῦ, ἀπηλλοτριωμένοι τῆς πολιτείας τοῦ Ἰσραὴλ καὶ ξένοι τῶν διαθηκῶν τῆς ἐπαγγελίας, ἐλπίδα μὴ ἔχοντες καὶ ἄθεοι ἐν τῷ κόσμῳ. ¹³νυνὶ δὲ ἐν Χριστῷ Ἰησοῦ ὑμεῖς οἵ ποτε ὄντες μακρὰν ἐγενήθητε ἐγγὺς ἐν τῷ αἵματι τοῦ Χριστοῦ. ¹⁴Αὐτὸς γάρ ἐστιν ἡ εἰρήνη ἡμῶν, ὁ ποιήσας τὰ ἀμφότερα ἓν καὶ τὸ μεσότοιχον τοῦ φραγμοῦ λύσας, τὴν ἔχθραν ἐν τῇ σαρκὶ αὐτοῦ, ¹⁵τὸν νόμον τῶν ἐντολῶν ἐν δόγμασιν καταργήσας, ἵνα τοὺς δύο κτίσῃ ἐν αὐτῷ εἰς ἕνα καινὸν ἄνθρωπον ποιῶν εἰρήνην ¹⁶καὶ ἀποκαταλλάξῃ τοὺς ἀμφοτέρους ἐν ἑνὶ σώματι τῷ θεῷ διὰ τοῦ σταυροῦ, ἀποκτείνας τὴν ἔχθραν ἐν αὐτῷ. ¹⁷καὶ ἐλθὼν εὐηγγελίσατο εἰρήνην ὑμῖν τοῖς μακρὰν καὶ εἰρήνην τοῖς ἐγγύς· ¹⁸ὅτι δι᾽ αὐτοῦ ἔχομεν τὴν προσαγωγὴν οἱ ἀμφότεροι ἐν ἑνὶ πνεύματι πρὸς τὸν πατέρα.

2:19–22 ¹⁹Ἄρα οὖν οὐκέτι ἐστὲ ξένοι καὶ πάροικοι ἀλλὰ ἐστὲ συμπολῖται τῶν ἁγίων καὶ οἰκεῖοι τοῦ θεοῦ, ²⁰ἐποικοδομηθέντες ἐπὶ τῷ θεμελίῳ τῶν ἀποστόλων καὶ προφητῶν, ὄντος ἀκρογωνιαίου αὐτοῦ Χριστοῦ Ἰησοῦ, ²¹ἐν ᾧ πᾶσα οἰκοδομὴ συναρμολογουμένη αὔξει εἰς ναὸν ἅγιον ἐν κυρίῳ, ²²ἐν ᾧ καὶ ὑμεῖς συνοικοδομεῖσθε εἰς κατοικητήριον τοῦ θεοῦ ἐν πνεύματι.

3:1–2 ¹Τούτου χάριν ἐγὼ Παῦλος ὁ δέσμιος τοῦ Χριστοῦ Ἰησοῦ [v.l.-Ἰησοῦ] ὑπὲρ ὑμῶν τῶν ἐθνῶν ²εἴ γε ἠκούσατε τὴν οἰκονομίαν τῆς χάριτος τοῦ θεοῦ τῆς δοθείσης μοι εἰς ὑμᾶς,

3:4 πρὸς ὃ δύνασθε ἀναγινώσκοντες νοῆσαι τὴν σύνεσίν μου ἐν τῷ μυστηρίῳ τοῦ Χριστοῦ,

3:6–7 ⁶εἶναι τὰ ἔθνη συγκληρονόμα καὶ σύσσωμα καὶ συμμέτοχα τῆς ἐπαγγελίας ἐν Χριστῷ Ἰησοῦ διὰ τοῦ εὐαγγελίου, ⁷οὗ ἐγενήθην διάκονος κατὰ τὴν δωρεὰν τῆς χάριτος τοῦ θεοῦ τῆς δοθείσης μοι κατὰ τὴν ἐνέργειαν τῆς δυνάμεως αὐτοῦ.

3:8–12 ⁸Ἐμοὶ τῷ ἐλαχιστοτέρῳ πάντων ἁγίων ἐδόθη ἡ χάρις αὕτη, τοῖς ἔθνεσιν εὐαγγελίσασθαι τὸ ἀνεξιχνίαστον πλοῦτος τοῦ Χριστοῦ ⁹καὶ

제8장 에베소서에 나타나는 기독론 547

φωτίσαι πάντας τίς ή οἰκονομία τοῦ μυστηρίου τοῦ ἀποκεκρυμμένου ἀπὸ τῶν αἰώνων ἐν τῷ θεῷ τῷ τὰ πάντα κτίσαντι, ¹⁰ἵνα γνωρισθῇ νῦν ταῖς ἀρχαῖς καὶ ταῖς ἐξουσίαις ἐν τοῖς ἐπουρανίοις διὰ τῆς ἐκκλησίας ἡ πολυποίκιλος σοφία τοῦ θεοῦ, ¹¹κατὰ πρόθεσιν τῶν αἰώνων ἣν ἐποίησεν **ἐν τῷ Χριστῷ Ἰησοῦ τῷ κυρίῳ ἡμῶν,** ¹²**ἐν ᾧ** ἔχομεν τὴν παρρησίαν καὶ προσαγωγὴν ἐν πεποιθήσει διὰ τῆς πίστεως **αὐτοῦ.**

[[4:24 καὶ ἐνδύσασθαι τὸν καινὸν ἄνθρωπον τὸν κατὰ θεὸν κτισθέντα ἐν δικαιοσύνῃ καὶ ὁσιότητι τῆς ἀληθείας.]]

[[4:30 καὶ μὴ λυπεῖτε τὸ πνεῦμα τὸ ἅγιον τοῦ θεοῦ, ἐν ᾧ ἐσφραγίσθητε εἰς ἡμέραν ἀπολυτρώσεως.]]

4:32 γίνεσθε δὲ εἰς ἀλλήλους χρηστοί, εὔσπλαγχνοι, χαριζόμενοι ἑαυτοῖς, καθὼς καὶ ὁ θεὸς **ἐν Χριστῷ** ἐχαρίσατο ὑμῖν.

5:1–2 ¹Γίνεσθε οὖν μιμηταὶ τοῦ θεοῦ ὡς τέκνα ἀγαπητὰ ²καὶ περιπατεῖτε ἐν ἀγάπῃ, **καθὼς καὶ ὁ Χριστὸς ἠγάπησεν ἡμᾶς καὶ παρέδωκεν ἑαυτὸν** ὑπὲρ ἡμῶν προσφορὰν καὶ θυσίαν τῷ θεῷ εἰς ὀσμὴν εὐωδίας.

5:5 τοῦτο γὰρ ἴστε γινώσκοντες, ὅτι πᾶς πόρνος ἢ ἀκάθαρτος ἢ πλεονέκτης, ὅ ἐστιν εἰδωλολάτρης, οὐκ ἔχει κληρονομίαν **ἐν τῇ βασιλείᾳ τοῦ Χριστοῦ καὶ θεοῦ.**

[[5:6 Μηδεὶς ὑμᾶς ἀπατάτω κενοῖς λόγοις· διὰ ταῦτα γὰρ ἔρχεται ἡ ὀργὴ τοῦ θεοῦ ἐπὶ τοὺς υἱοὺς τῆς ἀπειθείας.]]

5:8 ἦτε γάρ ποτε σκότος, **νῦν δὲ φῶς ἐν κυρίῳ·** ὡς τέκνα φωτὸς περιπατεῖτε

5:10 δοκιμάζοντες τί ἐστιν **εὐάρεστον τῷ κυρίῳ,**

5:14 πᾶν γὰρ τὸ φανερούμενον φῶς ἐστιν. διὸ λέγει· ἔγειρε, ὁ καθεύδων, καὶ ἀνάστα ἐκ τῶν νεκρῶν, καὶ ἐπιφαύσει σοι **ὁ Χριστός.**

5:17 διὰ τοῦτο μὴ γίνεσθε ἄφρονες, ἀλλὰ συνίετε τί **τὸ θέλημα τοῦ κυρίου.**

5:19–20 ¹⁹λαλοῦντες ἑαυτοῖς ἐν ψαλμοῖς καὶ ὕμνοις καὶ ᾠδαῖς πνευματικαῖς, ᾄδοντες καὶ ψάλλοντες τῇ καρδίᾳ ὑμῶν **τῷ κυρίῳ,** ²⁰εὐχαριστοῦντες πάντοτε ὑπὲρ πάντων **ἐν ὀνόματι τοῦ κυρίου ἡμῶν Ἰησοῦ Χριστοῦ** τῷ θεῷ καὶ πατρί.

5:21–24 Ὑποτασσόμενοι ἀλλήλοις **ἐν φόβῳ Χριστοῦ,** ²²αἱ γυναῖκες τοῖς ἰδίοις ἀνδράσιν **ὡς τῷ κυρίῳ,** ²³ὅτι ἀνήρ ἐστιν κεφαλὴ τῆς γυναικὸς **ὡς καὶ ὁ Χριστὸς κεφαλὴ τῆς ἐκκλησίας, αὐτὸς σωτὴρ τοῦ σώματος·** ²⁴ἀλλὰ ὡς ἡ ἐκκλησία **ὑποτάσσεται τῷ Χριστῷ,** οὕτως καὶ αἱ γυναῖκες τοῖς ἀνδράσιν ἐν παντί.

5:25–27, 29–32 ²⁵Οἱ ἄνδρες, ἀγαπᾶτε τὰς γυναῖκας, **καθὼς καὶ ὁ Χριστὸς**

4:17-18 ¹⁷Τοῦτο οὖν λέγω καὶ **μαρτύρομαι ἐν κυρίῳ**, μηκέτι ὑμᾶς περιπατεῖν, καθὼς καὶ τὰ ἔθνη περιπατεῖ ἐν ματαιότητι τοῦ νοὸς αὐτῶν, ¹⁸ἐσκοτωμένοι τῇ διανοίᾳ ὄντες, ἀπηλλοτριωμένοι τῆς ζωῆς τοῦ θεοῦ διὰ τὴν ἄγνοιαν τὴν οὖσαν ἐν αὐτοῖς, διὰ τὴν πώρωσιν τῆς καρδίας αὐτῶν,

4:20-21 ²⁰Ὑμεῖς δὲ οὐχ οὕτως ἐμάθετε τὸν **Χριστόν**, ²¹εἴ γε αὐτὸν ἠκούσατε καὶ ἐν αὐτῷ ἐδιδάχθητε, καθώς **ἐστιν ἀλήθεια ἐν τῷ Ἰησοῦ**, 3:14-17 ¹⁴Τούτου χάριν κάμπτω τὰ γόνατά μου πρὸς τὸν πατέρα, [v.l. + τοῦ κυρίου ἡμῶν Ἰησοῦ Χριστοῦ] ¹⁵ἐξ οὗ πᾶσα πατριὰ ἐν οὐρανοῖς καὶ ἐπὶ γῆς ὀνομάζεται, ¹⁶ἵνα δῷ ὑμῖν κατὰ τὸ πλοῦτος τῆς δόξης αὐτοῦ δυνάμει κραταιωθῆναι διὰ τοῦ πνεύματος αὐτοῦ εἰς τὸν ἔσω ἄνθρωπον ¹⁷**κατοικῆσαι τὸν Χριστὸν** διὰ τῆς πίστεως ἐν ταῖς καρδίαις ὑμῶν,

3:19 γνῶναί τε τὴν ὑπερβάλλουσαν τῆς γνώσεως **ἀγάπην τοῦ Χριστοῦ**, ἵνα πληρωθῆτε εἰς πᾶν τὸ πλήρωμα τοῦ θεοῦ.

3:20-21 Τῷ δὲ δυναμένῳ ὑπὲρ πάντα ποιῆσαι ὑπερεκπερισσοῦ ὧν αἰτούμεθα ἢ νοοῦμεν κατὰ τὴν δύναμιν τὴν ἐνεργουμένην ἐν ἡμῖν, ²¹αὐτῷ ἡ δόξα ἐν τῇ ἐκκλησίᾳ καὶ **ἐν Χριστῷ Ἰησοῦ** εἰς πάσας τὰς γενεὰς τοῦ αἰῶνος τῶν αἰώνων, ἀμήν.

4:1 Παρακαλῶ οὖν ὑμᾶς ἐγὼ ὁ δέσμιος **ἐν κυρίῳ** ἀξίως περιπατῆσαι τῆς κλήσεως ἧς ἐκλήθητε,

4:5-7 εἷς κύριος, μία πίστις, ἓν βάπτισμα, ⁶εἷς θεὸς καὶ πατὴρ πάντων, ὁ ἐπὶ πάντων καὶ διὰ πάντων καὶ ἐν πᾶσιν. ⁷Ἑνὶ δὲ ἑκάστῳ ἡμῶν ἐδόθη ἡ χάρις κατὰ τὸ μέτρον **τῆς δωρεᾶς τοῦ Χριστοῦ**.

4:8-11 ⁸διὸ λέγει· ἀναβὰς εἰς ὕψος ᾐχμαλώτευσεν αἰχμαλωσίαν, ἔδωκεν δόματα τοῖς ἀνθρώποις. ⁹τὸ δὲ **ἀνέβη** τί ἐστιν, εἰ μὴ **ὅτι καὶ κατέβη εἰς τὰ κατώτερα μέρη τῆς γῆς**; ¹⁰**ὁ καταβὰς αὐτός ἐστιν καὶ ὁ ἀναβὰς** ὑπεράνω πάντων τῶν οὐρανῶν, ἵνα **πληρώσῃ τὰ πάντα**. ¹¹Καὶ **αὐτὸς ἔδωκεν** τοὺς μὲν ἀποστόλους, τοὺς δὲ προφήτας, τοὺς δὲ εὐαγγελιστάς, τοὺς δὲ ποιμένας καὶ διδασκάλους,

4:12-16 ¹²πρὸς τὸν καταρτισμὸν τῶν ἁγίων εἰς ἔργον διακονίας, εἰς οἰκοδομὴν **τοῦ σώματος τοῦ Χριστοῦ**, ¹³μέχρι καταντήσωμεν οἱ πάντες εἰς τὴν ἑνότητα τῆς πίστεως καὶ **τῆς ἐπιγνώσεως τοῦ υἱοῦ τοῦ θεοῦ**, εἰς ἄνδρα τέλειον, εἰς μέτρον ἡλικίας **τοῦ πληρώματος τοῦ Χριστοῦ**, ¹⁴ἵνα μηκέτι ὦμεν νήπιοι, κλυδωνιζόμενοι καὶ περιφερόμενοι παντὶ ἀνέμῳ τῆς διδασκαλίας ἐν τῇ κυβείᾳ τῶν ἀνθρώπων, ἐν πανουργίᾳ πρὸς τὴν μεθοδείαν τῆς πλάνης, ¹⁵ἀληθεύοντες δὲ ἐν ἀγάπῃ αὐξήσωμεν **εἰς αὐτὸν** τὰ πάντα, **ὅς ἐστιν ἡ κεφαλή, Χριστός**, ¹⁶ἐξ οὗ πᾶν τὸ σῶμα συναρμολογούμενον καὶ συμβιβαζόμενον διὰ πάσης ἁφῆς τῆς ἐπιχορηγίας κατ' ἐνέργειαν ἐν μέτρῳ ἑνὸς ἑκάστου μέρους τὴν αὔξησιν τοῦ σώματος ποιεῖται εἰς οἰκοδομὴν ἑαυτοῦ ἐν ἀγάπῃ.

제8장 에베소서에 나타나는 기독론 549

ἠγάπησεν τὴν ἐκκλησίαν καὶ ἑαυτὸν παρέδωκεν ὑπὲρ αὐτῆς, ²⁶ἵνα αὐτὴν **ἁγιάσῃ καθαρίσας τῷ λουτρῷ τοῦ ὕδατος** ἐν ῥήματι, ²⁷ἵνα **παραστήσῃ αὐτὸς ἑαυτῷ** ἔνδοξον τὴν ἐκκλησίαν, μὴ ἔχουσαν σπίλον ἢ ῥυτίδα ἤ τι τῶν τοιούτων, ἀλλ᾽ ἵνα ᾖ ἁγία καὶ ἄμωμος. . . . ²⁹Οὐδεὶς γάρ ποτε τὴν ἑαυτοῦ σάρκα ἐμίσησεν ἀλλὰ ἐκτρέφει καὶ θάλπει αὐτήν, **καθὼς καὶ ὁ Χριστὸς τὴν ἐκκλησίαν**, ³⁰ὅτι μέλη ἐσμὲν **τοῦ σώματος αὐτοῦ**. . . . ³²τὸ μυστήριον τοῦτο μέγα ἐστίν· ἐγὼ δὲ λέγω **εἰς Χριστὸν** καὶ εἰς τὴν ἐκκλησίαν.

6:1 Τὰ τέκνα, ὑπακούετε τοῖς γονεῦσιν ὑμῶν **ἐν κυρίῳ** [v.l. omit] τοῦτο γάρ ἐστιν δίκαιον.

6:4 Καὶ οἱ πατέρες, μὴ παροργίζετε τὰ τέκνα ὑμῶν ἀλλὰ ἐκτρέφετε αὐτὰ ἐν παιδείᾳ καὶ **νουθεσίᾳ κυρίου**.

6:5–9 ⁵Οἱ δοῦλοι, ὑπακούετε τοῖς κατὰ σάρκα κυρίοις μετὰ φόβου καὶ τρόμου ἐν ἁπλότητι τῆς καρδίας ὑμῶν **ὡς τῷ Χριστῷ**, ⁶μὴ κατ᾽ ὀφθαλμοδουλίαν ὡς ἀνθρωπάρεσκοι ἀλλ᾽ **ὡς δοῦλοι Χριστοῦ** ποιοῦντες <u>τὸ θέλημα τοῦ θεοῦ</u> ἐκ ψυχῆς, ⁷μετ᾽ εὐνοίας δουλεύοντες **ὡς τῷ κυρίῳ** καὶ οὐκ ἀνθρώποις, ⁸εἰδότες ὅτι ἕκαστος ἐάν τι ποιήσῃ ἀγαθόν, τοῦτο κομίσεται **παρὰ κυρίου** εἴτε δοῦλος εἴτε ἐλεύθερος. ⁹Καὶ οἱ κύριοι, τὰ αὐτὰ ποιεῖτε πρὸς αὐτούς, ἀνιέντες τὴν ἀπειλήν, εἰδότες ὅτι καὶ αὐτῶν καὶ ὑμῶν **ὁ κύριός ἐστιν ἐν οὐρανοῖς** καὶ προσωπολημψία οὐκ ἔστιν παρ᾽ αὐτῷ.

6:10–11 ¹⁰Τοῦ λοιποῦ, ἐνδυναμοῦσθε **ἐν κυρίῳ** καὶ **ἐν τῷ κράτει τῆς ἰσχύος αὐτοῦ**. ¹¹ἐνδύσασθε <u>τὴν πανοπλίαν τοῦ θεοῦ</u> πρὸς τὸ δύνασθαι ὑμᾶς στῆναι πρὸς τὰς μεθοδείας τοῦ διαβόλου·

[[6:13 διὰ τοῦτο ἀναλάβετε <u>τὴν πανοπλίαν τοῦ θεοῦ</u>,]]

[[6:17 . . . ¹⁷δέξασθε καὶ τὴν μάχαιραν τοῦ πνεύματος, ὅ ἐστιν <u>ῥῆμα θεοῦ</u>.]

6:21 . . . Τύχικος ὁ ἀγαπητὸς ἀδελφὸς καὶ **πιστὸς διάκονος ἐν κυρίῳ**.

6:23–24 ²³Εἰρήνη τοῖς ἀδελφοῖς καὶ ἀγάπη μετὰ πίστεως <u>ἀπὸ θεοῦ πατρὸς</u> καὶ **κυρίου Ἰησοῦ Χριστοῦ**. ²⁴ἡ χάρις μετὰ πάντων τῶν ἀγαπώντων **τὸν κύριον ἡμῶν Ἰησοῦν Χριστὸν ἐν ἀφθαρσίᾳ**.

부록 II: 용법의 분석

(* = 무관사; += 소유격 대명사가 병행하는)

에베소서
θεός 31
그리스도 65

자료

1. κύριος Ἰησοῦς Χριστός (6+1=7)
   1:2   G* (ἀπό)
   1:3   G+(πατήρ와 함께)
   1:17 G+(θεός˜ πατήρ와 함께)
   [3:14 v.l.(이문) G+(πατήρ와 함께)]
   5:20 G+
   6:23 G* (ἀπό)
   6:24 A+

1a. Χριστός Ἰησοῦς κύριος (1)
   3:11 D* (ἐν)
   [3:12 ἐν ᾧ]

2. κύριος Ἰησοῦς (1)
   1:15 D* (ἐν)

3. Χριστός Ἰησοῦς (10+1=1)
   1:1   G*
   1:1   D* (ἐν)
   2:6   D* (ἐν)

2:7   D* (ἐν)
2:10 D* (ἐν)
2:13 D* (ἐν)
2:20 G* [독립적 속격]
3:1   G [v.1.(이문)ʾ Ἰησοῦν]
3:6   D* (ἐν)
3:21 D* (ἐν)

3a. Ἰησοῦς Χριστός (1)
  1:5   G* (διά)

4. κύριος
  2:21 D* (ἐν)
  [2:22 (ἐν ᾧ)]
  4:1   D* (ἐν)
  4:5   N*
  4:17 D* (ἐν)
  5:8   D* (ἐν)
  5:10 D
  5:17 G
  5:19 D
  5:22 D
  6:1   D* (ἐν)[v.1.(이문)은 이를 생략]
  6:4   G*
  6:7   D
  6:8   G* (παρά)
  6:9   N
  6:10 D* (ἐν)
  6:21 D* (ἐν)

5. Ἰησοῦς

4:21   D (ἐν)

6. Χριστός
　　1:3　　D* (ἐν)
　　[1:4　ἐν αὐτῷ]
　　1:10　D (ἐν)
　　[1:10　ἐν αὐτῷ]
　　1:12　D (ἐν)
　　[1:13　ἐν ᾧ]
　　[1:13　ἐν ᾧ]
　　1:20　D (ἐν)
　　2:5　　D
　　2:12　G* (χωρίς)
　　2:13　G
　　[2:14　αὐτὸς ⋯ ἐστιν]
　　[2:18　δι' αὐτοῦ]
　　3:4　　G
　　3:8　　G
　　3:17　A
　　3:19　G
　　4:7　　G
　　[4:11　αὐτὸς ἔδωκεν]
　　4:12　G
　　4:13　G
　　4:15　N* (κεφαλη,와 동격)
　　4:20　A
　　4:32　D* (ἐν)
　　5:2　　N
　　5:5　　G
　　5:14　N
　　5:21　G*

5:23　N
5:24　D
5:25　N
5:29　N
5:32　A* (εἰς)
6:5　D
6:6　G*

7. υἱός
   4:13　G (τοῦ θεοῦ)

8. 다른 어휘
   1:6 (ἐν τῷ ἠγαπημένῳ)

PAULINE CHRISTOLOGY

제9장

빌립보서에 나타나는 기독론

빌립보서는 바울 서신에서, 특히 기독론을 논의할 때 빼놓을 수 없는 중요한 서신서다.[1] 8장까지 살펴본 바에 따르면, 기독론에 대해 명확히 진술한 구절은 골로새서 1:15-17뿐이다. 이외의 바울 기독론은 추정에 의존하게 된다. 즉 그리스도의 사랑과 구속적 희생이나 신앙 공동체 안에서 이루어지는 모든 관계와 행위에 담긴 그분의 사랑의 함의로부터 대부분의 기독론적 요소를 추정해 내는 것이다. 이런 의미에서 빌립보 성도들에게 보낸 서신 역시 골로새서와 더불어 기독론적으로 가장 중요한 신약 서신서 중의 하나이다(2:6-11).

바울의 사역이 막바지에 이를 무렵 로마에서 기록된[2] 빌립보서는 빌립보 성도들을 향한 진실한 사랑과 염려가 담긴 우정 모티브가 풍부하다. 동시에 마게도니아 평야의 동쪽 끝자락에 위치한 로마의 작은 변방에 살던 이방인들

---

1) 빌립보서 수석서는 참고문헌에 올려놓았다(pp. 929-930). 본 장에서는 저자의 성(surname)만 언급하도록 한다.
2) 로마 저작과 다른 서론적 논의에 대해서는 Fee, 1-53 특히 34-37과 이를 개별적으로 증명해준 Bockmuehl, 25-32를 보라. 최근의 신약 학자들은 신빙성 있는 자료를 바탕으로 빌립보서가 더 이른 시기에 에베소에서 쓰였다고 확신한다. 그러나 바울이 에베소에서 투옥되었다는 기록이 없으며, 그곳에 시위대(1:13)나 가이사 집에 살던 사람들(4:22) 중 눈에 띨만한 사람도 없었을 것이다. 왜냐하면 아시아는 황제가 아닌 원로원이 다스리던 지방이었기 때문이다. 전통적인 견해가 지닌 가장 큰 난점은 바울이 빌립보와 로마를 몇 차례 오고 갔는지의 여부가 불확실하다는 것이다. 그러나 자료를 조금 다른 시각으로 살펴보면 세 번이 아닌 다섯 번의 왕래가 있었음을 추정해 볼 수 있다(Fee, 36-37을 보라).

이 빌립보교회 성도들을 괴롭히는 상황 속에서 생겨난 교회의 내분이라는 문제도 지적하고 있다.

앞서 살펴 본 바울의 초기 서신처럼 여기서도 두 요소가 대두된다. 하나는 바울의 삶과 세계관에서 그리스도가 핵심이 된다는 점이며, 또 다른 하나는 바울의 고등기독론이 신학적 체계를 갖춘 것이 아니라 서신 전체에서 자연스럽게 나타나는 점이다. 실제로 바울 기독론의 절정이라는 평을 받는 본문은 (2:6-11), 바울이 극도의 긴장 속에 처한 신앙 공동체에게 역설하는 겸손과 이타심에 대한 궁극적인 패러다임을 제시하는 데 사용된다.

그러나 빌립보서에 나타나는 바울 기독론이 이러한 장엄한 내러티브에 제한되지는 않는다. 예를 들면 대부분의 기독론적 진술이 한 구절에 집중되어 있는 갈라디아서와는 달리, 빌립보서에서는 기독론이 서신서 전체에서 다양하게 나타난다. 위에서처럼 여기서도 우선은 사용된 문체를 간략히 살펴보며 논의를 시작하고자 한다.

1. 자료에 대한 예비적 고찰

본 연구에 의해 밝혀진 그리스도와 하나님에 대한 다양한 언급은 본 장의 끝에 부록 I에 실려 있다. 또한 그리스도를 가리키는 다양한 표현에 대한 분석은 부록 II에 실려 있다.

빌립보서에 나타나는 바울의 용어 사용에서 가장 두드러진 특징은 바울이 골로새서와 빌레몬서 그리고 특히 에베소서에서 사용했던 패턴을 여기서도 계속 고수하고 있다는 점이다. 에베소서와 유사하게 빌립보서에서도 그리스도라는 명칭은 하나님보다 두 배 이상 자주 언급된다(그리스도는 49번, 하나님은 23번).[3] 이외에는 눈에 띌만한 독특한 용어 사용이 빌립보서에서 발견되지 않는다. '퀴리오스 예수스 크리스도스'(κύριος Ἰησοῦς Χριστός, 주 예수 그리스도)라는 삼중적 칭호가 5번 나타나되 편지 전반에 걸쳐 나타난다(1:2; 2:11; 3:8, 20; 4:23). 이중 칭호는 총 16번('그리스도 예수' 또는 '예수 그리스도'가 15번, '주 예수'가 1번) 사용되는데 대부분 전치사구에서 발견된다. 그리고 다시 말하지만 이러한 용어들은 한 군데 모여 있는 것이 아니라 편지 전반에

---

3) 골로새서(그리스도-37번, 하나님 29번)와 에베소서(그리스도-63번, 하나님-31번) 참고.

흩어져 있다.

반면 '예수'라는 단일 명칭은 한 번 나타난다(2:10에서 속격⟨genitive⟩ 무관사 형태로). '주'는 9번 나타나는데 그 중 8번은 '엔 퀴리오'(ἐν κυρίῳ)형태로 나타나며 4:5에서만 예외적으로 시편 145:18과 유사한 형태를 취한다. '그리스도'라는 명칭은 가장 많이 사용되는데(단독으로 17번, 다른 명칭과 함께 38번), 특히 동사의 주어나 목적어 또는 전치사구(4번 중 2번은 엔 크리스토⟨ἐν Χριστῳ⟩형태로) 등 매우 다양한 방법으로 사용된다. '그리스도'와 '주'는 편지 전반에 걸쳐 나타나지만, '그리스도'만 단독으로 언급되는 경우는 3:18 이후에서 사라지며, '주'는 단독으로 9번 사용되는데 그 중 5번은 4:1-10에서 나타난다. 반면 데살로니가후서 이후로는 처음으로 '휘오스'라는 그리스도 명칭이 사용되지 않는다. 그럼에도 하나님은 3번에 걸쳐 '파테르'라고 불리며 항상 '그리스도'와 밀접하게 연관되어 사용된다.

마지막으로 교회에 보내는 서신서 중 처음으로 '소테르'(σωτήρ, 구주)라는 명칭이 '주 예수 그리스도'와 함께 등장한다(3:20).[4] 이 명칭이 '시민권'을 다루는 문맥에서 나타나는 것을 볼 때 로마 제국에서 '주와 구주'(Lord and Savior)로 불리는 황제, 특히 네로와 직접적인 대치 관계에 있음이 거의 분명하다.

우리는 여기서 두 개의 주요 기독론 구절인 2:6-11과 3:20-21을 고찰하고자 한다. 이 두 구절은 바울의 전형적인 퀴리오스 기독론이 가장 극적으로 표현되는 곳이지만, 특히 2:6-11은 인류 구원을 위해 완전한 인간의 몸으로 성육신하신 그리스도께서는 선재하신 분, 즉 완전한 신성을 소유하시고 하나님과 동등하신 분이라는 바울의 신앙을 가장 선명하고 강력하게 표현된 곳이기도 하다.

2. 그리스도의 선재성과 성육신 - 빌립보서 2:6-8

빌립보서 2:6-11은 가장 중요한 기독론 구절 중 하나이고, 또한 이 본문과 관련된 많은 이슈에 대한 견해가 늘 일치하는 것은 아니므로, 우선적으로 몇

---

4) 그러나 엡 5:23을 보면 "몸의 구주"라는 비호칭적(nontitular) 어법이 사용된다.

가지 중요한 언급을 미리 해 둘 필요가 있다.[5] 특히 본문의 구조와 유래 그리고 빌립보서의 문맥에서 수행하는 역할에 대해 논의해야 할 것이다. 그 역할에 대해 먼저 다루어 보자.

본문이 인접한 문맥(2:1-5)을 보면 6-8절이 주로 패러다임으로서의 역할을 하고 있음을 알 수 있다.[6] 빌립보에 위치하고 있던 신앙 공동체는 그 지역의 이방 사회가 가하는 박해와 더불어 일정 수준의 내분이라는 심각한 문제를 안고 있었다. 이 두 문제점은 1:27-30에 나타나는 서두에서 함께 언급되고 있

---

5) 여기서 취하고 있는 입장에 대한 보다 깊은 토론과 주장을 살펴보려면 Fee, 191-218을 보라. Bockmuehl, 114-40도 참고.
6) Fee, 199-201(특히 각주 33번)은 5절이 패러다임적 의미를 지니고 있다고 말한다. 하지만 5절은 다르게 해석되어야 한다. 왜냐하면 문맥이나 문법을 보면 6-8절이 패러다임 역할을 한다는 전통적인 시각이 타당하기 때문이다. 물론 두 가지 예외적인 견해도 있다. E. Käsemann, "A Critical Analysis of Philippians 2:5-11," *JTC* 5 (1968), 45-88, R. P. Martin, A Hymn of Christ: Philippians 2:5-11 in *Recent Interpretation and in the Setting of Early Christian Worship* (rev. ed.; Downers Grove, Ill.: InterVarsity Press, 1997). Käsemann은 Lohmeyer와 정반대 입장을 취하고 있는데, 이는 윤리가 은혜가 아닌 인간적인 자기 노력에 있음을 암시하는 것 같은 '그리스도를 본받음'이라는 개념을 혐오하는 그의 신학적 성향에 기초하고 있다. 추가적으로 Martin은 9-11절에서 나타나는 그리스도를 본받기란 '불가능'하다고 말한다. 그러나 이러한 반대견해는 바울이 말하는 본받음의 의미를 잘못 이해하는 데에 기인한다. 여기서 본받음이란 '나를 그대로 따라하라'는 의미가 아니라 본문의 문맥을 볼 때 '그리스도께서 성육신 하신 후 십자가에 달려 돌아가신 것처럼 남을 위해 헌신하는 마음을 지니라'는 뜻이다. 이토록 의미심장한 구절을 단순히 하나의 전형적인 패러다임으로 간주함으로써 그 구절이 지닌 힘을 잃지 않도록 하려는 의욕은 이해할 만하나, 바울 자신은 실제 그 패러다임을 실천했던 것으로 보인다. 계속해서 바울은 3:5-14에서 자신이 그리스도를 본받아 살고 있다고 말하며 빌립보 교인들로 하여금 자신을 본받아(3:15-17) 십자가를 지는 삶을 살라고 권고한다. 9-11절이 패러다임을 제시하는 구절이 아니라는 주장은 타당성이 없다고 생각된다. 왜냐하면 사실 그러한 견해는 다수의 견해가 아니기 때문이다. 오히려 이 구절은 6-8절에서 언급된 자기 희생적 겸손을 몸소 실천하는 그리스도를 하나님께서 인정하신다고 말하고 있다. L. W. Hurtado ("Jesus as Lordly Example in Philippians 2:5-11," in *From Jesus to Paul: Studies in Honour of Francis Wright Beare* ⟨ed. P. Richardson and J. C. Hurd; Waterloo, Ont.: Wilfred Laurier University Press, 1984⟩, 113-26)를 보면 특별히 Käsemann과 Martin의 견해를 반박하며 이들이 지나치게 단순화된 견해(Martin이 'naive ethical idealism'이라고 부르는)를 반대한다고 지적한다. 그러한 반대는 같은 주제에 대해 연구한 대부분의 학자들의 견해와 일치하지 않는다. 보다 심층적인 논의를 위해 O'Brien, 253-62, S. D. Fowl, *The Story of Christ in the Ethics of Paul: An Analysis of the Function of the Hymnic Material in the Pauline Corpus* (JSNTSup 36; Sheffield: Sheffield Academic Press, 1990), 77-101을 보라.

는데, 특히 내분에 대한 문제는 2:1-16의 서두와 말미에서 언급된다. 바울은 독자들에게 "한 마음을 품으라"⁷⁾고 강력히 호소한 후 교회의 일치를 저해하는 마음 상태를 부정적으로 묘사한다. "아무 일에든지 다툼(ἐπιθεία)이나 허영(κενοδοξία)으로 하지 말고" 대신 '겸손'하게 다른 이들을 돌보라고 바울은 권면한다(3-4절). 그리고는 그리스도의 '마음'에 호소한다(5절).

이를 이어 잘 알려진 그리스도 이야기가 뒤따르는데, 바울은 여기서 3절의 용어와 직접적으로 대조를 이루는 두 가지 요점을 말한다. 하나님이셨던 그리스도는 인간이 되심으로써 '자기를 비우셨다'(6-7절). 인간이 되신 그리스도는 자기를 낮추어 죽기까지 복종하셨다(7b-8절). 이를 통해 그리스도는 '다툼'을 버리고 종의 형체를 가지고 자신을 비움으로써 하나님과 같은 분임을 입증하셨다. 또한 허영을 버리고 자신을 낮추어 십자가에 이르기까지 복종하심으로써 진정한 인성을 지니고 계셨음을 입증하셨다. 9-11절은 하나님이 모든 이름 위에 지극히 뛰어난 이름(Lord)을 주셔서 높이심으로써 그리스도를 인정하셨음을 증언한다. 따라서 6-8절에 나오는 모든 요소들은 신앙 공동체 내에서 이기적인 삶을 추구하는 이들에게 그리스도께서 보여주신 신적 대안을 제시하려는 데에 초점을 두고 있다.

동시에 본문은 그리스도에 대한 핵심적인 이야기를 절제된 시적 표현을 통해 전개하고 있다. 이러한 점 때문에 본문이 신약 학자들 사이에서 수십 년 동안 아무런 이견 없이 '빌립보서 찬가'(the Philippian hymn)로 불리고 있다. 이러한 일치된 의견과 함께 거론되는 이슈는 이 찬가가 바울의 저작이 아니라는 점이다. 왜냐하면 본문 이후로 빌립보서 어디에서도 그와 같은 기독론적 진술이 명확히 제시되지 않기 때문이다.⁸⁾ 그러나 이러한 견해에 대해 조

---

7) 헬라어 프로네오(φρονέω)는 바울 서신에서 23번 나타나는데(신약 전체에서 26번), 로마서에서 9번, 빌립보서에서만 10번이나 나타난다. 이 단어는 두 서신에서 주로 '어떤 것에 대해 유의하고'(BDAG), 일정한 방법으로 마음을 정하여, 주어진 사고방식과 삶의 방식을 따르라는 내용의 교훈적인 구절에서 쓰인다.

8) 특히 마지막 주장은 겉으로만 그럴듯해 보일 뿐이다. 바울은 조직 신학을 쓰고 있는 것이 아니라 그의 교회가 당면한 특정 상황에서 성도들을 바로잡고 고무하고자 기록한 편지이다. 즉, 서신에 담긴 대부분은 그 상황에 수반되는 사건과 밀접하게 결부되어 있다는 것이다. 예를 들어 고린도인들이 식탁 교제 시 가난한 자들을 학대하지 않았더라면 바울이 세운 교회들이 마지막 만찬을 거행했을 것이라고 생각하는 신약학자가 있을까? 그리고 로마서 9-11장은 다른 서신서와 다르므로 우리로 하여금 바울의 신학에 대해 알아야 할 모든 부분을 모두 알지는 못하고 있음을 늘 생각하게 한다. 위 빌립보서 구절은 바울이 지은 본문의 극히 일부분이며 3절에서 표현된

심스러울 필요가 있다. 왜냐하면 스티븐 포울(Stephen Fowl)이 지적하듯이 '찬가'로 불리는 빌립보서 본문은 찬가를 포함하고 있는 다른 자료로부터 밝혀낸 것과 전혀 일치하지 않기 때문이다.[9] 여기서 바울은 그리스도에 대한 이야기(the story of Christ)를 전형적인 패러다임으로 묘사하므로, 필자는 그 이야기를 간단히 '그리스도 이야기'(the Christ story)라 부를 것이다.

더욱이 이 본문은 시적 운율을 담고 있지만 바울 고유의 특성이 내포된 세 문장으로 이루어져 있다.[10] 바로 살펴보고자 하는 것은 그 중 서로 유사한 구조를 지닌 처음 두 문장이다(6-8절).

I a   ὃς ἐν μορφῇ θεοῦ ὑπάρχων
   b   [οὐχ ἁρπαγμὸν ἡγήσατο τὸ εἶναι ἴσα θεῷ,
   c   ἀλλα][11] ἑαυτὸν ἐκένωσεν
   d   μορφὴν δούλου λαβών
   e   ἐν ὁμοιώματι ἀνθρώπων γενόμενος
II f   καὶ σχήματι εὑρεθεὶς ὡς ἄνθρωπος
   g   ἐταπείνωσεν ἑαυτὸν
   h   γενόμενος ὑπήκοος μέχρι θανάτου
   i   θανάτου δὲ σταυροῦ[12]

태도를 완화하려고 쓰였으므로 바울이 기록했거나 받아 적게 한 것으로 추정하는 것이 옳을 것이다. Cf. D. J. Moo: "방법론적으로 볼 때 바울이 인용하는 것은 무엇이든 바울 스스로가 긍정하는 것이다"(*The Epistle to the Romans* 〈NICNT; Grand Rapids: Eerdmans, 1996〉, 49 〈on Rom 1:3-4〉).

9) *Story of Christ*, 31-45, cf. G. D. Fee, "Philippians 2:5-11: Hymn or Exalted Pauline Prose?" in *To What End Exegesis? Essays Textual, Exegetical, and Theological* (Grand Rapids: Eerdmans), 175-91.

10) 바울의 특성이 담겨있다고 하는 이유는 (1) 첫 번째 문장에 나오는 '아니하시고 오히려' 대조는 전적으로 바울의 표현이며, (2) 9절을 시작하는 디오 카이(διὸ καὶ) 역시 바울이 주로 사용하는 표현이기 때문이다. (3) 또한 10절에서 사 45:23을 인용하는 점 역시 바울적이라고 할 수 있으며(실제 바울은 롬 14:11에서도 같은 본문을 인용한다), (4) 9-11절에 나타나는 퀴리오스 기독론은 신학적으로 볼 때 이전 서신(고전 8:6)에서 다루었던 유대교의 쉐마를 반영하고 있다.

11) 괄호를 사용한 것은 해당 구절을 본문에서 분리하려는 것이 아니라 이어지는 논의의 편의를 위한 것이다.

12) 이러한 배열은 필자가 직접 시도한 것이지만 본문은 NA27판/USB4판을 사용했다. 희랍어 표준 원문(Textus Receptus)에서 나타나는 특이한 점 중에 하나는 6절에 a-c행을, 7절에 d-f행을, 8절에 g-i행을 포함시킨 배열이다. 그러나 킹제임스 성경은

제9장 빌립보서에 나타나는 기독론   561

Ⅰ a   그는 근본 하나님의 "본체"시나
     b   (하나님과 동등됨을 취할 것으로 여기지 아니하시고
     c   오히려) 자기를 비어
        d   종의 "형체"를 가져
        e   사람들과 같이 되었고
Ⅱ f   "사람의 모양"으로 나타나셨으매[13]
     g   자기를 낮추시고
        h   죽기까지 복종하셨으니
        i   곧 십자가에 죽으심이라

    이 두 문장은 '아니하시고 오히려'의 반전이 담긴 괄호 안의 구문을 제외하면 서로 유사한 구조를 지니고 있기 때문에, 서로를 일치시키려는 저자의 의도를 엿볼 수 있다. 실제 괄호 구문 b를 제하고 보면, 두 문장이 서로 균형을 이루고 있음을 알 수 있다. 첫 문장에서 그리스도께서 어떻게 하나님으로서 행하셨는지를 가리키고 있다면, 둘째 문장은 그리스도께서 어떻게 인간으로서 행하셨는지를 말하고 있다. 그러나 바울은 b를 포함시켜 다른 서신에서와 마찬가지로 '아니하시고 오히려'의 대조를 통해 '그러나' 이후에 서술되는 내용을 강조한다. 물론 위 두 줄 (b와 c)의 경우 그리스도께서 '하나님의 본체'라는 말이 지니는 실제적 의미를 부정적으로 그리고 긍정적으로 규정하고 있지만 말이다.
    추가적으로 언급할 내용은 두 문장(6-7절)의 첫 번째 문장을 해석하기가 용이하지 않다는 점이다. 사용된 개념이 심오할 뿐 아니라 신학적인 의미가 풍성하고 용어가 그리 단순하지 않기 때문이다. 이러한 사실에 대하여 두 가지를 더 언급할 필요가 있다. 첫째로 역사적으로 볼 때 본문에 대한 논의는 다음 네 개의 해석하기 어려운 표현에 집중되어 왔다. 즉 엔 모르페 데우(ἐν μορφῇ θεοῦ, 하나님의 본체), 하르파그몬(ἁρπαγμὸν, 취할 것으로), 헤아우톤 에케노센(ἑαυτὸν ἐκένωσεν, 자기를 비어), 엔 호모이오마티 안드로폰(ἐν ὁμοιώματι ἀνθρώπων, 사람들과 같이 되었고)이다. 이같이 해석하기 어려운 표현들이 신성에 관한 미스터리를 담고 있는 첫 번째 문장에 집중되어 있음을

    English Bible 번역에서 사용한 배열을 채용했다.
13) e와 f행에 나오는 안드로포스(ἄνθρωπος)를 해석하는 어려움에 대해서는 딤전 2:5에 대해 언급한 제10장 각주 35번을 참고하라(p. 638).

주목해야 한다. 즉 바울이 예수님의 지상 사역에 대해 사람들이 알게 되고 믿게 되었던 요소들에 근거하여, 그리스도께서 하나님으로서 선재하셨다는 사실에 관해 사람들이 잘 알 수는 없었지만 믿게 되었던 무언가에 대해 말하려 하고 있다. 해석상의 어려움은 바로 이러한 사실에 기인한다. 바울은 지금 자신이나 초대 교인들이 경험하진 못했지만 틀림없는 사실이라 믿고 있는 그리스도의 성육신 전과 그 과정과 그 나중에 대한 설명을 내러티브 형식으로 기록하고 있는 것이다. 그리스도의 선재성(preexistence)은 그리스도에 대한 그들의 이해에 이미 전제되어 있다.

둘째로 바울의 주관심사는 신학적인 논의가 아니라 그리스도 예수께서 하나님으로서 선재(물론 이 점은 신학적인 요소를 담고 있지만)하실 때 무엇을 자신의 사고방식과 일치하도록 행하셨는지를 서술하는 데에 있다.[14] 그리스도께서 인류 역사에 개입하신 사건이야 말로 인류가 경험한 하나님의 계시 중 가장 의미심장한 사건이다. 십자가에 달리신 메시아[15]라는 기독교 신앙의 궁극적인 모순만큼 심오하다. 따라서 바울이 전적으로 의도하진 않았다 하더라도 본문 안에는 반드시 다루어야 할 기독론적인 요소가 풍성하다.

마지막으로 일부 학자들이 본문에서 바울이 그리스도를 둘째 아담으로 제시하고 있다고 생각하고 있다.[16] 이러한 시각은 두 가지 방향으로 진행된다.

---

14) 자주 누락되는 부분이다. 이에 대해서 Kennedy, 435를 보라.
15) 이에 대해서는 고전 1:13-2:16에 대해 다루고 있는 제3장의 논의(pp. 178-179)를 보라.
16) Plummer(44)는 이를 창세기 2-3장과의 관련성 여부를 살핀 후 부정하지만 최근 들어 그 관련성이 널리 수용되고 있다. (예를 들면, Caird, 118; Houlden, 73; Kent, 127; Silva, 116 〈일부분〉, Cullmann, *Christology*, 175, Ridderbos, *Paul* 74, A. Bandstra, "'Adam' and 'the Servant' in Philippians 2:5ff.," *CTJ* 1 〈1996〉, 213-16, M. Hooker, "Philippians 2:6-11," in *Jesus and Paulus: Festschrift fur Werner Georg Kümmel zum 70. Geburtstag* 〈ed. e. E. Ellis and E. Grässer; Göttingen: Vandenhoeck & Ruprecht, 1978〉, 151-64, Dunn, *Christology in the Making*, 114-21, Wright, *Climax of the Covenant*, 90-97). 이러한 유비(analogy)를 표현하기 위해 어느 정도의 의도를 가지고 용어를 사용했는지에 대해서는 "문맥을 볼 때 유비로 볼 필요가 있다"고 주장하는 Caird로부터 "전형적인 방법으로 아담이 암시되고 있다"며 신중한 태도를 취하는 Wright까지 매우 다양한 제안이 있다(참고로 Silva는 서로 "긴밀한 관계"가 있다고 주장한다). 하지만 반대 견해도 있다. Collange, 88, T. F. Glasson, "Two Notes on the Philippoians Hymn (ii.6-11)," *NTS* 21 (1974-1975), 133-39, R. B. Strimple, "Philippians 2:5-11 in Recent Studies: Some Exegetical Conclusions," *WTJ* 41 (1979), 247-68, P. D. Feindberg, "The Kenosis and Christology: An Exegetical-Theological Analysis of Phil 2:6-11," *TJ* 1 (1980), 21-46, Fowl, *Story of Christ*, 70-

첫째로 그리스도를 오직 인간으로만 보고, 선재하셨던 것이 아니라 자기를 희생시키면서까지 아담이 되기를 거부함으로써 하나님의 우편에 앉게 되는 '보상'을 받았다고 주장하는 저등기독론(diminished Christology)으로 진행된다. 또 다른 방향은 아담의 실패와 아담의 임무를 맡아 완벽하게 성공으로 이끈 그리스도의 신성 사이가 서로 뚜렷하게 대조되었다고 보는 고등기독론이다.[17] 이러한 시각은 본문과 창세기 2-3장 사이에 실질적인 언어적 유사점이 결여되어 있음에도 비교적 일반적인 견해가 되었다. 이러한 견해는 바울이 실제 진술한 것과 진술하지 않은 것에 비추어 계속해서 평가해 볼 것이다.

1) 엔 모르페 데우 휘파르콘(ἐν μορφῇ θεοῦ ὑπάρχων, 근본 하나님의 '본체'시나- 6a)

6절을 여는 분사구문 "근본 하나님의 본체(모르페, μορφή)시나"[18]는 기독론과 관련되어 두 가지 이슈를 제시하고 있다. 즉 모르페가 어떤 의미인지와 이 분사구문이 그리스도의 선재성을 전제하고 있는지에 대해서다. 우선 후자에 대해서 먼저 살펴보되, 최근에 제기되는 학자들의 견해와는 달리 이 구문은 나머지 문장이 가정하고 있는 것을 전제 조건으로 표현하고 있음을 유의할 것이다. 예수님은 우리 인류 역사의 한 시점에서 "자기를 비어 종의 형체를 가져 사람들과 같이 되었던" 선재하신 분이셨다. 이러한 주장을 지지하는 몇 가지 결정적인 증거가 있다.

첫째 바울이 정형동사 대신 분사를 사용한 것은 그리스도께서는 언제나 하

73, Melick, 102-3; Bockmuehl, 131-33. 이 이슈를 최근에 매우 훌륭하게 개관한 O'Brien, 263-88를 보라

17) 첫 번째 견해를 지지하는 가장 저명한 학자는 J. D. G. Dunn(*Christology in the Making*, 114-21, 310-13)이다 (Cf. idem, *Theology of Paul*, 281-88, cf. J. Murphy-O'Connor, "Christological Anthropology in Phil. II, 6-11," *RB* 83 〈1976〉, 25-50). 두 번째 견해에 대해서는 Wright, *Climax of the Covenant*, 90-97을 보라. 이 두 학자들의 중요성이 잘 알려져 있으므로 필자는 그들의 견해를 다루고자 한다.

18) 헬라어 휘파르콘(ὑπάρχων)은 가끔 에이나이(εἶναι, το βε)와 혼용되기도 있지만 여기서는 '(실제로) 존재한다'는 주 개념을 내포하고 있는 것으로 보인다(cf. BDAG, contra BAGD). 과거 해석가들(예를 들면 Lightfoot, 110; Plummer, 42)은 이 단어 자체가 이미 선재성을 의미한다고 주장하기도 하지만 코이네 시대(the Koine period)에 그러한 의미를 지녔다고 보기는 어렵다고 생각된다. MM 650-51을 보라.

나님의 본체로 존재하고 계시다는 사실을 나타내려 했기 때문일 것이다.[19] 실제로 이 분사는 과거형인 "여기지 아니하시고"보다는 문장의 주동사인 "자기를 비어"를 수식하면서 동시에 시간적인 대조를 이루고 있다. 그리스도께서 '일정한 존재'로 계실 때 "자기를 비어" 다른 '형체'를 취하셨다는 사실은 현재 문장의 끝(d행과 e행)에 나타나는 두 개의 과거 분사가 잘 설명해 주고 있다. 그래서 그리스도는 "종의 '형체'를 가지기" 전에 사실 하나님의 본체셨다. 더욱이 이러한 사실은 문장의 마지막 분사인 "사람의 모양으로 나타나셨으매"와 본질적으로 대조되는데, "근본 하나님의 본체시나"라는 구절이 하나님으로서 선재하신 그리스도를 전제한다고 할 때 대조되는 면이 가장 분명해진다.[20] 그래서 설령 바울이 시작 부분에서 그리스도를 아담과 대조하고

---

19) 비슷한 문맥에서 위와 같이 분사 구문을 사용하는 예는 고후 8:9에서 찾아볼 수 있다. Dunn(*Christology in the Making*, 310-11)은 위와 같은 주장에 대해 문제를 제기한다. 왜냐하면 분사 자체만 가지고 이러한 의미를 지니고 있다고 보기에는 무리가 있다고 생각하기 때문이다. 오히려 이 분사는 단지 예수님께서 '욱스 헤게사토'(οὐχ ἡγήσατο', 여기지 아니하다) 하실 때의 존재 상태를 가리키고 있다고 보는 것이다. 그러나 이에 대해 두 가지 면에서 반대 의견을 제시할 수 있다. 첫째는 첫번째 동사인 욱스 헤게사토를 단순히 한 시점을 가리키고 있다고 볼 필요는 없으며 오히려 그분이 하나님의 본체셨을 때의 총체적 시기 속에서 품으셨던 심적 상태를 의미한다고 보는 것이 적절하다. 둘째로 Dunn이 주장하는 것처럼 바울이 실제 아담/그리스도 대조와 같은 개념을 의도했다면, 단순히 호스 엔(ὃς ἦν)을 사용했다면 그러한 의도를 더욱 분명히 전달할 수 있었을 것이다. 여전히 중요한 것은, 여기서 분사는 문장의 주동사인 에케노센(ἐκένωσεν, 자기를 비우다)를 수식하고 있다고 보는 것이 가장 적절하다는 점이다. 7절 하반절의 분사도 주동사인 에타페이노센(ἐταπείνωσέν 자기를 낮추다)을 수식하고 있다. 이러한 사실은 분사 '되어'(being)와 "여기지 아니하시고"에 대해 일어나는 수많은 논란은 아직도 논의의 여지가 있음을 시사한다. 예를 들면 양보적(concessive) 의미로 해석하는 다수의 견해(NRSV〈'그는 하나님의 형상을 띠고 있었으나'〉, cf. NASV, ESV, NAB, Lightfoot, 111; Vincent, 58; Michael, 85; Hendriksen, 103; Silva, 112)가 있는 반면, 결과적(causal) 의미로 보고(cf. Hawthorne, 85; Wright 〈*Climax of the Covenant*, 83 각주 110〉, C. F. D. Moule ("The Manhood of Jesus in the New Testament," in *Christ, Faith and History: Cambridge Studies in Christology* 〈ed. S. W. Sykes and J. P. Clayton; Cambridge: Cambridge University Press, 1972〉, 97) '그가 하나님의 형상을 띠고 있었기 때문에… 그것이 무슨 의미인지를 인식할 수 있었다'는 식으로 해석한다. 보다 적절한 해석은 바울이 주동사와 관련하여 상황에 따라 의미를 달리한다고 보는 것이다. 즉 '(이전에도 늘 그랬던 것처럼) 하나님의 형상을 지니고 있던 상황 속에서 자신을 비우셨다'고 해석하는 견해이다(cf. GNB: '그는 항상 하나님의 본질을 지니고 있었다', Meyer, 79도 보라).

20) Dunn은 이 문제에 대해 a행과 d행 그리고 b행과 e행이 이중적인 인클루지오(수미쌍관)를 이루고 있다고 제시한다(*Christology in the Making*, 115).

제9장 빌립보서에 나타나는 기독론   565

있다 해도 그 구절이 하나님의 형상을 지닌 그리스도의 인성을 암시하고 있다고 보기는 어렵다. 따라서 "그리스도가 인간이지만 하나님과 같이 된 상태에서 자기를 비어 사람들과 같이 되었다(혹은 태어났다)"는 표현은 앞뒤가 맞지 않는 말이 되고 만다.[21]

둘째로 여기서 모르페[22]라는 단어를 살펴 볼 필요가 있는데, 이때 두 가지 난제에 봉착한다.[23] 즉 바울이 이 단어를 통해 말하려고 했던 뜻이 무엇인지와 영어에 이 단어와 정확하게 일치하는 동의어가 없다는 점이다.[24] 이 단어를 이해하는 결정적인 방법은 바울의 단어 선택에 담긴 이유와 문장에서 어떤 의미를 내포하고 있는지를 추정해 보는 것이다. 바울이 급박하게 말하고자 하는 것은 하나님으로서와 사람으로서 그리스도께서 품으신 마음에 대해서다. 그런데 바울은 '하나님의 본체'(a행)에서 '사람이 되어'(e행)로의 변화를 나타낼 때 인성의 본질을 메타포(d행)를 사용하여 표현한다. 즉 그리스

그래서 a행의 "근본 하나님의 '본체'셨으나"는 '하나님의 형상을 지니고' 의미하고, d행에 수미쌍관 구절에서 그리스도께서 종의 '형체'를 가졌다는 것은 아담이 죄에 대해 종이 되었다는 것과 일치한다고 생각한다. 두 번째 대조는 보다 많은 상상을 필요로 하는데 이에 대해서는 아래 "The Role of the Participles in Verse 7-8" 항목의 두 번째 요점을 보라.

21) Wright이 정확히 고찰한 것처럼 "(그 대조는) 단순하게 특정한 종류의 인성에서 또 다른 인성으로 변화된다는 의미는 아니다"(*Climax of the Covenant*, 92).

22) 이 단어는 신약에서 단 두 군데에서만 쓰인다. 이에 대한 연구는 엄청나게 많다. 그중 사전에서 찾아볼 수 있는 가장 좋은 연구는 *TDNT* (4.759-62 ⟨J. Behm⟩)와 *EDNT* (2.442-43 ⟨W. Pohlmann⟩)에 나오는 소논문(article)으로 후자는 특히 유용한 참고문헌 목록을 제공하고 있다. 영어로 쓰인 논의 중 가장 뛰어난 것은 Kennedy(435-36 ⟨MM 417에서 인용됨⟩)의 연구로 전통적인 용어 사용 연구에 국한된 Lightfoot(127-33)의 연구(물론 전통적인 용법에 대해선 유용하지만 바울 서신에는 나타나지 않는 이슈를 연구했다)를 뛰어넘는다. 한편 모르페가 의미적으로 다를 수 있는 에이콘이나 독사(δόξα)와 유사하다고 주장하는 Martyn (*A Hymn of Christ*, 99-133)의 논의나 보다 최근에 출판된 주석서도 보라(Hawthorne, 81-84; Silva, 113-16; O'Brien, 207-11; Fee 204; Bockmuehl, 127).

23) 어떤 학자들은 여기서 다른 이슈 즉 이 단어의 문화적-역사적 배경을 거론하기도 한다 (또한 'hymn'에서 찾아볼 수 있는 다른 개념들을 언급하기도 한다). 이 이슈에 대해서는 O'Brien, 193-98을 보라. 이 단어가 기독교 이전에 나타난 영지주의적 구원자 신화를 반영하고 있다고 보는 Käsemann이 영향력 있는 견해는 일종의 학문적인 신화에 불과하다. 왜냐하면 초기 기독교 시대에 대한 그의 견해를 입증할만한 자료가 신빙성이 있든 없든 전무하기 때문이다.

24) Cf. Vincent는 "모르페를 의미하는 단어로 'form'을 택하는 것은 부적절하지만 보다 적절한 영어 단어를 찾을 수 없다"고 지적한다(57). 필자 역시 다른 선택의 여지가 없다는 사실을 고려하여 'form'을 사용하되 인용부호를 사용해서 표기할 것이다.

도께서 "종의 '형체'를 취하셨다." 모르페는 그리스도의 본성(하나님 되심)과 메타포(종의 역할을 택하심)의 성격을 동시에 규정하는 데 있어 가장 적절한 단어였다.[25] 왜냐하면 이 단어는 '형체'(form)나 '모양'(shape)을 의미하되 주로 눈으로 식별되는 외적인 특성이 아닌 본질적인 특성이나 자질을 나타낸다. 따라서 이 단어는 주어진 본성의 특성을 묘사하는 것이라고 정의할 수 있다.[26] 그러므로 이 단어는 바울의 의도를 가장 적절하게 표현할 수 있는 헬라어이다. 그리고 a행에 있는 엔 모르페 데우(ἐν μορφῇ θεοῦ)의 의미를 d행을 고려하지 않고 이해하려는 것은 잘못된 시도라고 말할 수 있다.[27]

모르페를 이렇게 이해하는 것은 이 단어가 에이콘과 의미상 거의 완벽하게 일치하기 때문에 그리스도가 둘째 아담이라는 의미론적(semantic) 암시를 가능케 한다는 견해에 대해 중대한 반론을 제기한다는 점을 주목할 필요가 있다. 전체 문장을 볼 때 개념적인(conceptual) 암시가 있는 지의 여부에 대해서는 논의의 여지가 있지만[28] 현재 본문과 창세기 1-3장 사이에는 문자적으로

---

25) 두 번째 문장이 없었다면 바울은 아마도 퓌세이 데오스(φύσει θεος) 또는 엔 퓌세이 데우(ἐν φύσει θεοῦ)라고 썼다고 볼 수도 있었을 것이다. 하지만 '종'이라는 단어가 은유적이며 그 뜻을 이해하기 위해서는 두 번째 분사(e행)를 필요로 하는 두 번째 문장에서 퓌시스(φύσις)는 어울리지 않는다. 또한 7절의 마지막 분사 구문에 나오는 스케마(σχῆμα) 역시 적절하지 않다(USB 4판의 영어 번역에서는 8절 초두에 나온다). 왜냐하면 이 단어는 본질이나 실재를 의미하기보다 외적 양태를 강조하는 단어이기 때문이다. Meyer가 지적하듯 "모르페 데우는 퓌시스를 전제하고 있다"(80).
26) 그래서 MM도 이 단어를 "실제의 기초가 되는 실존을 진실하고도 완벽하게 표현하는 형체(form)"라고 정의내린다(417 〈Kennedy 인용〉) (cf. Martin, 94; Hawthorne, 83; O'Brien, 210). 지적한 바와 같이 이 단어가 두 번째 사용된 구절(7절)을 보면 모르페가 에이콘과 동의어 역할을 한다는 주장이 일리가 없다는 점을 잘 알 수 있다. 모르페가 두 번째 쓰인 경우는 또한 다양한 형태로 모르페=독사라는 입장을 주장하는 견해를 반박하기도 한다 (예를 들면 Meyer, Jones, Martin 〈95〉, Strimple 〈"Philippians 2:5-11"〉, Bockmuehl 〈128-29〉, Fowl 〈*Story of Christ*, 54〉. 우리에게 첫 번째 문장(엔 모르페 데우〈ἐν μορφῇ θεοῦ〉)만 주어져 있다면 이들 견해는 일리가 있을지도 모르지만 '영광'이라는 개념을 종의 역할에 부여하는 것은 각 단어가 지닌 고유 의미로부터 크게 벗어나는 것이다(cf. Collange, 97-98; Hawthorne, 82).
27) 사실 Dunn은 이 점에 대해 제안하기를 "본 구절은 아담이 타락으로 인해 어떤 결과를 초래하였는지를 가리킨다. 즉 아담은 그가 나뉘어 받은 하나님의 영광을 잃어버리고 종이 되었다는 점을 의미한다"(*Christology in the Making*, 115). 흥미로운 점은 이러한 언어가 구약이나 아담을 가리키는 바울 서신 어디에서도 사용되지 않는다는 것이다(바울이 로마서 6장에서 성도들의 노예화를 이야기 할 때 이러한 언어를 차용하지만 아담이라는 단어는 어디에서도 보이지 않는다).
28) 밑에서 b행에 대해 논의한 부분을 보라.

단 하나의 일치도 발견되지 않는다는 것은 부인할 수 없다. 이 두 단어가 의미상 관련이 있다고 알려진 것은 순전히 신빙성이 결여된 의미론에 입각한 학문적 신화에 해당된다.[29] 여하튼 다음 구절이 분명히 밝히는 것처럼 에이콘이라는 단어에는 현재 구문에 담긴 "하나님과 동등됨"이라는 의미를 담고 있지 않다.

물론 초기 기독교인들이 믿게 된 것은 그리스도의 부활과 승천에 기초하여 실질적으로 인간이셨던 분께서 자신을 하나님의 본체로서 선재하셨다고 계시하신 사실이다. 이것은 그분이 '하나님과 유사하나 실질적으로는 그렇지 못한'이라는 뜻이 아니라 하나님의 본질적인 성품을 지니셨다는 의미이다. 분명 이러한 해석은 '다름 아닌 하나님의 성품을 지닌'(in very nature God)이라고 번역한 TNIV의 배경이 되고 있다.[30] 이러한 본성은 현재 구문처럼 강조

---

29) 이에 대한 Cullmann의 '단어 연구'를 보라. 그는 "롬 8:30에서 에이콘이 모르페 바로 뒤에 위치하고 있다는 점은 흥미로운 사실이다. 왜냐하면 이것은 *빌 2:6이 창 1:26을 가리키고 있다는 사실을 확증하고 있기 때문이다*"라고 말한다(*Christology*, 177 〈이탤릭체는 필자가 추가한 것임〉). 이와 관련된 총체적인 이슈에 대해서는 D. H. Wallace, "A Note on morphe," *TZ* 22 (1966), 19-25, D. Steenburg, "The Case against the Synonymity of *MORPHE* and *EIKON*," *JSNT* 34 (1988), 77-86, Hurtado, *Lord Jesus Christ*, 121-22를 보라. 두 단어가 의미상 일치한다는 주장이 부적절하다는 점은 Louw와 Nida가 편찬한 *Greek-English Lexicon of the New Testament Based on Semantic Domains*을 찾아보면 두 단어가 단 한 번도 함께 다루어지지 않는다는 점을 통해서도 입증된다. 그리고 Hurtado가 지적한 것처럼 정말 중요한 이슈는 두 단어가 아니라 구문 자체(모르페와 속격 데우가 결합된)가 무슨 의미인지를 분석하는 일이다. 왜냐하면 이러한 의미로는 유대교 문헌에서 한 번도 사용된 적이 없기 때문이다. 더군다나 바울이 다른 서신에서는 에이콘을 하나님의 아들이신 그리스도를 가리키는 데에 사용하여 그리스도께서 지니신 진정한 하나님의 '형상'을 말하고 있다는 점(고후 4:4; 골 1:15)이나 처음부터 신적 이미지를 지니도록 만들어졌던 인간 내면에 그분의 신적 이미지가 내재하고 있다는 설명(고후 3:18; 롬 8:29; 골 3:10)을 보면 '본체'와 '형상'과의 관계에 관한 총체적인 이슈가 더욱 풀기 어려운 문제가 되고 만다. 칠십인경에서 실제로 쓰인 위 단어들이 초기 서신에서도 긴요하게 쓰인 사실을 고려해 보면, 바울이 정말 에이콘에 대해 말하려 했다면 왜 군이 모르페라는 단어를 지속적으로 사용했는지에 대해 의아해하지 않을 수 없다. 왜냐하면 바울은 d행에서 모르페가 아닌 다른 단어를 사용할 수도 있었기 때문이다. 참고로 Wright는 "칠십인경에서 모르페와 에이콘이 동의어로 분명하게 사용된 것은 이미도 저자의 착각에서 비롯된 것으로 보인다"고 추정하기도 한다(*Climax of the Covenant*, 72). 맞는 말이다!

30) GNB는 "그는 언제나 하나님의 본성을 소유했다"(he always had the nature of God)고 번역하고 NEB는 "신적 본성이 태초부터 그에게 있었다"(the divine nature was his from the first)고 번역한다. REB도 후자와 같은 번역을 시도하지만 본성(nature)을 이미 살펴 본 것처럼 의미가 명확하지 않은 형체(form)로 환원시켰다.

목적을 위해 제일 앞에 위치함으로써 뒤따르는 구절과 전체 구절이 일리 있도록 만들어 준다.

2) 토 에이나이 이사 데오(τὸ εἶναι ἴσα θεῷ, 하나님과 동등됨- 6b)

바울이 첫 번째 구문에서 말하고자 했던 '순전한 하나님의 성품'은 바로 뒤따르는 구절, 즉 빌립보서에서 가장 유명한 구절에 의해 확증된다. "근본 하나님의 본체시나"라며 말문을 연 바울은 "하나님과 동등됨을 취할 것으로 여기지 아니하시고"라며 말을 이어나간다. 하르파그몬의 정확한 의미를 찾는 것뿐 아니라 그동안 문법과 관련하여 간과되었던 두 가지 중요한 문제점을 주목해서 볼 필요가 있다. 하나는 어순에 관한 것이고 또 다른 하나는 부정사와 함께 사용되어 앞에서 이미 언급한 대상을 가리키는(수구〈首句〉 반복) 토(τό, 그)의 용법[31]에 관한 문제점이다.

첫째는 어순에 관해서다. 바울의 문장은 사실 간접 강화 형태를 띤다. 이러한 강화는 두 가지 형태의 대격, 즉 문법적으로 확연히 드러나는 대격이거나 영어의 'to be'와 같이 암시적인 대격이 뒤따르는 동사에 의해 표현될 수 있다. 첫 번째 대격은 주어가 되며 두 번째 대격은 술어 명사나 서술 형용사가 된다.[32] 본문을 보면 부정사 구문인 토 에이나이 이사 데오(τὸ εἶναι

Cf. *TCNT*; Montgomery; Phillips.
31) 형태만 보면 이 구문은 관사+부정사 구문이다. 그러나 이러한 부정사 구문이 바울 서신에서 흔치 않고 이러한 용법이 첫 번째 구문과 명확하게 상반되기 때문에, 본 구문의 주 기능은 어떤 것을 지칭하는지는 상관없이 앞의 어구를 가리키는(anaphoric) 전방조응 기능이다(cf. Wright, 83). 이와는 달리 Wallace는 이러한 경우에서 토(to,)의 기능은 "단순히 그것(부정사)를 목적어로 드러내는 일"이라고 상반된 의견을 제시한다(*Greek Grammar beyond the Basics*, 220). 그러나 이같은 생각은 적절하지 않다. 왜냐하면 전체 구문은 오히려 헤게사토(ἡγήσατο) 뒤에서 간접적인 서술 형태를 취하고 있는 것으로 보이기 때문이다(이와 같은 용례는 각주 33번에서 언급한 Heliodorus의 저서에서 찾아볼 수 있다).
32) 이 점에 근거하여 이 구절과 3절과의 관계를 거의 주목하지 않는다는 점에 대해 의아해 하는 일부 견해가 있는데, 사실 핵심을 찌르는 지적이다. 바울이 알렐루스 헤구메노이 휘페레콘타스 헤아우톤(ἀλλήλους ἡγούμενοι ὑπερέχοντας ἑαυτῶν)이라고 말하는 데, 이 경우 간접 강화 형태를 띠지만 구절의 주어를 앞으로 보낸다("자기보다 남을 낫게 여기고"). 이러한 점은 아마도 현 구절에서 같은 동사가 쓰이고 3절의 타페이노프로쉬네(ταπεινοφροσύνῃ)와 유사한 에타페이노센(ἐταπείνωσεν)이 8절에서 쓰이는 데에 대한 명백한 근거를 제공한다고 생각한다.

ἴσα θεῷ, 하나님과 동등됨)가 암시적 대격인 'to be'의 주어가 되고 하르파그몬 (ἁρπαγμόν)은 술어 명사가 된다. '일반적'인 영어식 어순을 따르면 "[그는] 하나님과 동등됨을 취할 것으로 여기지 않았다"("[He] considered the being equal with God [to be] not harpagmon").[33] 그러나 이 경우 바울은 술어 명사를 앞에 두게 되어 하나님과의 동등함을 구성하지 않는 요소가 무엇인지를 우선적으로 강조하게 된다.[34] 즉 그리스도는 욕심 많은 기회주의자라는 요소가 배제된 것이다. 분명 바울은 이 점을 강조했기 때문에 다음 구절에서 신성과 완전히 정반대가 되는 점을 강조할 수 있었다. 동시에 이러한 사실은 현 구문("하나님과 동등됨")을 동일한 강조의 의미가 담긴 끝 부분에 위치시킴으로써 그리스도가 하나님과 완전히 동등하시다는 점을 역설한다.

또한 이러한 어순은 지금까지 자주 그래왔듯이 부정사 구문이 마치 그리스도께서 하나님과 동등하지도, 자신의 소유가 될 수 없는 것을 취하려 하시지도 않았다는 의미로 해석하며 하르파그몬에 내재된 문자적 개념의 목적어로 이해해서는 안된다. 빌립보서 연구에 있어 그러한 제안이 아무리 빈번하다 해도 이 술어 명사의 의미나 문법 그리고 부정사 구문 모두 그러한 해석을 허용하지 않는다.[35]

---

33) 이러한 문법적 주장이 때로는 흐려지거나 잘못 이해되곤 하지만, 단어와 형태의 결합을 제대로 이해하는 유일한 방법이라고 생각한다. Cf. 이러한 관용어 용례를 소개하고 있는 Lightfoot(111)이 이러한 결합을 주장한다(Heliodorus vii.20: 욱스 하르파그마 우데 헤프마이온 에게이타이 토 프라그마⟨οὐχ ἅρπαγμα οὐδὲ ἕπμαιον ἡγεῖται τὸ πρᾶγμα⟩, 그는 이 문제를 약탈이나 하나님이 주신 선물로 생각하지 않는다). Lightfoot은 이 구문을 이렇게 해석한다. "그러나 그는 그것(it)을 상(prize) 즉 어떤 환란 속에서도 꽉 쥐고 간직해야 하는 보물로 생각하지 않았다." 그는 '그것'(it)이 부정사 구문을 대신하고 있다고 본다.
34) 이러한 사실은 부정을 나타내는 욱스(οὐχ)가 동사가 아닌 명사를 수식하는 위치에 있다는 점에 의해 확인된다. 이 문제에 대해서는 J. Carmignac, "L'importance de la place d'une négation: OYX ΑΡΠΑΓΜΟΝ ΗΓΗΣΑΤΟ (Philippiens II.6)," NTS 18 (1971-1972), 131-66을 보라.
35) 이 점이 바로 Dunn의 본문 평가가 지니고 있는 명백한 난점 중의 하나이다. 그가 문법적인 문제에 대해선 일체 함구하는 것이 다소 흥미롭다. 그래서 그는 "그(그리스도)가 아담으로서 하나님과 동등됨을 선택하지 않았다"(he chose ⟨I⟩ not as…to grasp equality with God)라는 '번역에 가까운' 본문 해석을 제시한다. 그러나 이러한 해석은 문법은 무시하고 오로지 하르파그모스(ἁρπαγμός)의 의미에만 초점을 두어 구절 나머지를 여기에 일치시키는 해석이다. 또한 Dunn이 헤게사토(ἡγήσατο)의 의미를 "선택했다"(chose)라고 번역한 것은 바울의 문장을 심각하게 고려하지 못한 것이며 3절과의 문자적 관계(각주 32를 보라)를 무시하고 있기 때문이다.

둘째로 앞에서 이미 언급한 대상을 가리키는 토의 용법에 대해 살펴보자. 무엇보다 이 정관사는 동사 "to be"를 가지고 명사를 만드는 기능이 있음을 주지하는 것이 매우 중요하다. 이 경우 이 정관사는 거의 전방 조응 기능을 한다. 즉 현 구문을 앞에 나온 "하나님의 형상"을 의도적으로 가리키며 둘을 거의 동격화해버리는 기능을 한다.[36] 그래서 바울은 그리스도의 이야기에 대해 말할 때 "이기적 욕망"이나 "허영"과 정반대 의미를 지닌 신적 "마음" (mind-set)을 설명하기 위해 "하나님의 형상"이 여기서 어떤 의미인지를 분명히 하고자 한다. 방금 언급한 "하나님과 동등됨"은 그의 아들 안에 자기를 계시하신 하나님께서 그리스-로마의 판테온에 있던 탐욕스런 신들은 물론이거니와 자신을 신성시 한 '주' 네로(Nero)와 극명히 대조되는 마음을 예증하신 것이다.

따라서 최종 결론은 이 두 구문이 바울이 빌립보서에서 다양한 방법을 동원하여 말하고자 하는 바를 분명히 해 주고 있다는 점이다. 즉 그리스도는 하나님의 아들로 선재하셨으며 그의 아들 신분은 아버지와 완전하면서 동일한 신성을 지닌 신분이었다는 사실이다. 본문에서 가장 두드러지는 부분은 하나님이셨던 그리스도께서 성육신 하실 때 취하신 행동이 당시 사람들이 그들이 믿던 신으로부터 일반적으로 기대하던 것과는 완전히 대조적이었음을 바울이 역설하고 있다는 점이다. 그래서 하르파그모스(ἁρπαγμός)를 고찰하면, 왜 그리스도를 완전한 신성을 지닌 분으로 파악하는 바울의 이해가 하나님의 성품에 대한 바울의 이해를 형성하신 그리스도의 방법을 이해하는 데 도움이 되는지에 대한 통찰력을 얻는다.

3) 우크 하르파그모스(Οὐχ ἁρπαγμός, 취할 것으로 여기지 아니하시고 - 6b)

이 단어의 정확한 의미를 이해하는 데에 있어 잘 알려진 난점은 두 가지로 압축된다.[37] 하나는 이 단어가 그리스 문헌에 잘 나타나지 않는다는 점이며,

---

36) Cf. Fowl은 "이 절의 강조점은 하나님과 동등됨에 대한 그리스도의 입장을 역설하는 데에 있다"고 말한다 (94).
37) 모르페와 마찬가지로 관련 연구가 많이 이루어졌다. 최근 연구 중 가장 훌륭한 것은 이전 논쟁을 요약하고 모든 이슈를 고려해 볼 때 만족스러운 해답을 제공하고 있는 Wright의 연구다(*Climax of the Covenant*, 62-90). 필자의 견해는 그의 연구

다른 하나는 문헌에서 쓰일 경우 '강탈'[38]이라는 의미로 쓰이기 때문에 본문에는 적용하기 힘들다는 점이다.[39] 이 말은 학자들이 그 의미를 결정하는 데 있어 (1) 문맥을 살피거나 (2) 헬라어 명사의 형태 또는 (3) 관용적으로 사용되는 유사 구절을 찾는 일에 그 근거를 두고 있다.[40]

일부 학자들이 볼 때 이 문제는 아직 결론이 나지 않은 상태지만, 그래도 이 단어에 대한 가장 적절한 의미는 이전의 제안[41] 중에 모울(Moule)과 후버

덕분임을 기꺼이 인정하는 바이다. Wright는 기본적으로 R. W. Hoover의 견해("The HARPAGMOS Enigma: A Philological Solution," HTR 64 (1971), 95-119)를 취하고 있으며, C. F. D. Moule("Further Reflexions on Philippians 2:5-11," in *Apostolic History and the Gospel: Biblical and Historical Essays Presented to F. F. Bruce on His 60th Birthday* 〈ed. W. W. Gasque and R. P. Martin; Grand Rapids: Eerdmans, 1970〉, 264-76)의 통찰에 의해 조정된 입장을 취한다.

38) 이 명사는 폭력이나 갑작스러움이 담긴 "낚아채다" 또는 "잡다"라는 의미를 지닌 동사 아르파조(ἁρπάζω)에서 그 형태가 유래한 것이다.

39) (KJV나 이러한 의미를 바탕으로 주석하고자 하는 이들과 달리) 본문에 전혀 어울리지 않는 뜻이다. J. C. O'Neill("Hoover on *harpagmos* Reviewed, with a Modest Proposal concerning Philippians 2:6," HTR 81 〈1988〉, 445-49)은 Hoover의 주장(각주 37을 보라)을 논박하며 "거의 터무니 없는 의미"이지만 "강탈"이라는 뜻이 그나마 "고를 수 있는 유일한 것"이라고 주장한다(448). O'Neill의 자포자기적 제안은 본문을 수정하는 것이다. 그러면서도 그는 Hoover의 자료(Heliodorus에서 찾아낸 증거자료〈Hoover, 102-6〉는 특별히 주목할 만하다)의 *일부*만을 문제 삼는다. O'Neill은 Hoover가 발견한 증거를 하나의 "잣대"로 바꾸어 놓고는, 그 잣대를 여러 예외적 실례를 들어 제거한다. 그렇다고 해서 관용어에 대한 Hoover의 이해까지 제거한 것은 아니다.

40) 이와 결부된 문제는 위에서도 이미 언급했듯이 그리스도께서 "하나님과 동등됨"을 이미 소유하고 있지 않았기에 갈망하고 계셨던 어떤 것이었거나 아니면 이미 소유했지만 "취할 것"으로 여기지 않으셨던 그 무엇이었는지에 대해서다. 본문에서 나타나는 이러한 구분을 전문용어로 표현해 보면, 이전에는 소유하지 않았다는 개념이 내제된 ρεσ ραπτα("취한 것"="강탈") 또는 ρεσ ραπιενδα("취해야 할 것")이나 이미 소유했다는 뜻이 담긴 ρεσ ρετινενδα("집착해야 할 것")이라고 말할 수 있다.

41) 각주 37번을 보라. 이 두 연구는 거의 동시에 이루어졌다(각각 1971년과 1970년에 이루어졌다). Hoover의 연구는 W. W. Jaeger("Eine stilgeschichtliche Studie zum Philipperbrief," *Hermes* 50 〈1915〉, 537-53)에 기초하고 있으나 이러한 시각의 계열은 Lightfoot(111)으로까지 소급된다. Moule은 그의 연구가 보여주는 튼튼한 언어학적 기초를 J. Ross("ΑΡΠΑΓΜΟΣ 〈Phil. ii.6〉," *JTS* 10 〈1909〉, 573-74), Γ. Ε. Vokes ("하르파그모스(Ἁρπαγμός) in Phil. 2:5-11," in *Studia evangelica* II 〈ed. F. L. Cross; TUGAL 87; Berlin: Akadamie, 1964〉, 670-75) 그리고 S. H. Hooke(*Alpha and Omega: A Study in the Pattern of Revelation* 〈London: J. Nisbet, 1961〉)에 두고 있다. J. M. Furness, "하르파그모스…헤아우톤 에케노세(Ἁρπαγμός … ἑαυτὸν ἐκένωσε)," *ExpTim* 69 (1957-1958), 93-94, H. Dean, "Christ's True Glory,"

(Hoover)가 제안했던 정의 중 하나에서 찾을 수 있다고 보는 것이 가장 적절하다. 전자는 헬라어 명사의 형태에 근거하여 결론 내리기를 모스(μος)로 끝나는 명사는 일반적으로 명사에 담긴 축어적 개념(verbal idea)을 실체적으로 표현하기보다는 축어적 개념 자체를 가리킨다고 말한다.[42] 이러한 시각에 의하면 하르파그모스를 하나의 "사물"로 생각해선 안 된다(명사에 담긴 축어적 개념으로 다루어지게 될 "어떤 실체"). 오히려 그러한 명사는 "취하는" 또는 "붙잡는"이라는 개념을 강조하는 일종의 추상 명사로 봐야 한다. 그래서 그리스도는 "하나님과 동등됨"을 "취하는 것"이나 "이기적인 것"으로 여기지 않았고, 오히려 다른 사람들을 위해 "자신을 비어" 왕권에 대한 대중적인 시각을 거부했다. 모울의 표현에 따르면 하나님과의 동등성은 "취하는 것"이 아니라 "버리는 것"을 의미한다. 이러한 입장은 추천할 만하다고 보며,[43] 명사가 문맥에서 지닌 전체적인 의미를 가장 적절한 방향으로 해석하고 있다고 생각된다.[44]

이에 대한 대안은 하르파그모스를 같은 어원을 가진 하르파그마(ἅρπαγμα, 전리품이나 먹이)의 동의어로 보는 것이다. 이 단어는 바울의 관용적 표현[45]과 유사하게 "이용하다"는 의미가 담긴 "붙잡아야 할 대상"과 같은 것을 가리키는 말이다. 이러한 견해가 그럴듯해 보이긴 하지만 이를 지지하는 사람들이 주장하듯이 하르파그모스와 하르파그마가 그렇게 혼용될 수 있는지에 대해서는 논쟁의 여지가 있다.[46] 어떤 경우이든 주목해야 할 점은 본 구절이 바로

ExpTim 71 (1960), 189-90도 보라. 일부는 Moule의 견해를 추종하지만 (예를 들면, Hawthorne, 85), 일반적 입장(필자의 주석서 역시 따르고 있는)은 Moule의 견해를 염두에 두면서 Hoover의 견해를 지지한다(Martin, 96-97; Strimple, "Philippians 2:5-11"; Feinberg, "Kenosis and Christology"; Wright, Climax of the Covenant, 76-80; Silva, 118; Fowl, *Story of Christ*, 55-56, O'Brien, 214-15; Melick, 102-3). 이러한 입장은 오래 전에 Käsemann, "Critical Analysis," 63("자신의 유익을 위해서 어떤 것을 사용하는")이 취하기도 했다.
42) MM78에 있는 논의를 보라.
43) 이에 대해 이의를 제기하는 학자들은 "취하지 않고 있는 것 또는 버리는 것"이 여전히 목적어를 필요로 한다는 지적을 하는데 이미 Moule이 그에 대한 답을 주었다. 본 명사를 "실제적"인 의미를 지닌 명사로 볼 경우 그러한 목적어를 필요로 하지 않는다는 것이다. 어쨌든 Dunn의 '번역'은 그 문법적 근거가 희박하다("하나님과 동등됨을 취해야 할 어떤 것으로 여기지 않았다").
44) Wright(*Climax of the Covenant*, 83) 역시 이 점을 지적하고 있다.
45) 즉 '생각하다'나 '행하다'와 같은 동사와 함께 "이중 대격"의 일부로 나타날 때 말이다.
46) Cf. 지나치게 과장된 면이 없지 않아 있는 O'Neill, "Hoover on *harpagmos*,"의

똑같은 지점에서 나타난다는 것이다. 그래서 바울은 그리스도의 "마음"에서 발견되는 진정한 하나님의 형상이야말로 하나님은 자신을 섬기는 분이 아닌 자신을 내어주신 분으로, 이용하시는 분이 아니라 사랑하시는 분이라고 계시하고 있다.

또한 하르파그모스는 본문에서 아담/그리스도 기독론이 있다고 말하는 이들에게 중요한 근거를 제공하고 있음을 주목할 필요가 있다. 하지만 이러한 견해는 하르파그모스라는 단어가 그 문맥과 어울리지 않으며 또한 그 의미에 대해 새로이 부각되는 견해와도 잘 부합하지 않는다는 점을 충분히 이해할 필요가 있다. 창세기 내러티브에서 언어적인 연관성을 찾을 수 없고, 개념적 연관성 역시 인위적인 결과일 뿐 바울이 뚜렷하게 언급한 것은 아니므로, '아니하시고 오히려' 구절에 나타나는 의도적인 대조는 오히려 그리스-로마 판테온에 있는 변덕스럽고 욕심 많은 여러 신들과 황제에 대한 계획적인 대항으로 보는 것이 더 적절하다고 생각한다. 더더욱 이러한 시각은 하나님의 변호 구절의 끝인 11절의 핵심을 이룬다(이 구절에서 '주'는 자기 부하들을 부려 빌립보에 있는 신자들을 신음케 하는 네로 황제(Nero Caesar)를 가리키는 것이 아니라 모든 신과 황제가 언젠가는 그 앞에 무릎 꿇게 될 승귀하신 예수 그리스도를 가리킨다). 어쨌든 우리의 현 관심사는 빌립보 신자들의 행위에 대해서다. 그들은 그들이 섬기는 신과 같게 될 것이다. 즉 이전의 다른 신을 섬긴 행위로부터 그리스도 안에 있는 하나님의 형상으로 새롭게 빚어지는 변화 과정 속에 있다.

4) 에케노센 헤아우톤(Ἐκένωσεν ἑαυτὸν, 자기를 비어- 7a)

우리는 현 구절의 주동사를 접하게 될 때 바울이 빌립보서에서 말하고자 하는 주요 핵심 중 하나를 만나게 된다. 이슈가 되는 것은 동사 에케노센(ἐκένωσεν)을 문자적으로 이해해야 하는가 아니면 상징적으로 이해해야 하는가에 대해서다. 바울은 신성을 지닌 그리스도께서 (문자적으로) 무언가를 "자신으로부터 비워" 종의 "형체"를 가졌다고 이해했는가? 아니면 이 진술을 달리 표현할 방법이 없기 때문에 결국 회화적 기법을 가미하여 그리스도께서

비난이 좋은 예이다. 이 두 제안(Moule과 Hoover)에 대한 첫 번째 문제 지적은 이 단어에 대한 언어적 증거가 부족하다는 점이다.

인간이 되시기 위해 자신을 "아무 것도 아닌 존재로 만드셨음"을 나타내는 강렬한 은유인가?

이 문제에 대해 분명한 해답을 내놓을 수는 없지만, 적어도 6-8절의 두 문장이 나타내는 유사 구조에 기초하여 6절과 8절의 분사들이 같은 의미를 전달한다고 주장할 수는 있다. 이 두 개의 분사가 각 구절에서 주동사와 형태상의 연관성이 있다고 이해하면 위의 주장이 더욱 그럴듯해진다. 즉 이것이야말로 그리스도께서 자기를 비우시고 낮아지신 방법이라는 것이다. 다름 아닌 "인간이 되신 것" 그리고 "복종하신 것" 말이다. 이것이 사실이라면 동사 에케노센은 바울이 같은 동사를 고린도전서 1:17에서 사용하면서 "말의 지혜"로 십자가를 전할 경우 그 의미와 능력을 잃게 된다는 말하는 것과 일맥상통하는 의도적이면서도 강력한 은유라고 할 수 있다.

그러므로 여기서 중요한 문제는 그리스도께서 자신에게서 비우신 것이 무엇인가가 아니라 바울이 이토록 강력한 이미지를 사용하지 않고서 성육신하신 하나님의 신적 비밀을 표현할 다른 방도가 있었겠느냐 하는 것이다. 역사적으로 볼 때 에케노센이 마치 그리스도께서 무언가를 "자신으로부터 비우셨다"는 것은 지나친 해석이다. 여하튼 하르파그모스가 그리스도가 취할 대상을 필요로 하지 않고 오히려 하나님의 성품에 반대되는 것이 무엇인지를 가리키듯이, 그리스도 자신에게서 무언가를 비우셨다는 것도 마찬가지다. 그분은 오로지 "자신을 비우신" 것이다.[47] 그래서 바울에게 있어 이슈는 선재하실 뿐 아니라 신성을 지니신 그의 아들에 의해 드러난 하나님의 무아(無我)다. 이로 인해 그분은 "인간이 되시기"위해 다른 사람들을 겸손히 섬기기 위해 인성을 나타내신 종의 모르페를 가지셨다.[48]

이러한 의미는 문맥과 일치한다. 왜냐하면 그토록 강력한 은유는 오로지 사람이었던 존재에게는 어울리지 않기 때문이다. 따라서 바울이 빌립보 교

---

47) 필자가 주석서를 저술하면서, 이러한 견해를 지지하는 학자가 1911년의 W. Warren("헤아우톤 에케노센〈ἑαυτὸν ἐκένωσεν〉에 대하여" *JTS* 12 〈1911〉, 461-63)까지 소급된다는 사실을 알게 되었다. 마침 Michael, 90도 이 사실을 특별히 언급하고 있다.

48) 물론 이전 문제에 대해 신학적으로 물을 필요가 있지만 매우 다르게 물어야 한다. 그리고 그런 질문은 우리로 하여금 위와 같은 강력한 은유를 사용하는 바울의 의중으로부터 심각하게 벗어난다. 그리스도께서 성육신하시면서 스스로에게 부과한 자기 제한의 본질은 바울의 범위 밖에 있다.

인들에게 당부하는 것은 예수님에 대한 새로운 시각[49]이 아니라 십자가 사건에 대한 바울의 시각에 기초하여 하나님의 실제 성품 즉 기이하고도 풍성한 사랑이 십자가 위에서 온전히 나타났다는 사실을 믿는 믿음이 더욱 굳건해지는 것이다.[50] "취하지 않으셨다"(ποτ ἁρπαγμόν)는 구문은 결국 4절에서 "너의 일을 돌아보지 말라"(TNIV)는 내용과 일치한다. 하나님이신 그리스도께서 그렇게 하셨기 때문이다. 따라서 바울이 오직 한 "마음"(토 아우토 프로네테, τὸ αὐτὸ φρονῆτε〈2절〉)을 품으라고 권고함으로써 빌립보 교인들이 자기보다 남을 낮게 "여겨" "겸손"으로 그 한 마음을 나타내라고 한 것처럼, 여기서도 역시 이 "마음"(프로네이테, φρονεῖτε〈5절〉) 즉 하나님과 동등됨을 어떤 자기 유익을 위해 취할 것으로 "여기지"(4절과 같은 동사) 않았던 그리스도 예수 안에 있는 "마음"을 품으라는 것이다. 예수님은 오히려 인류 구원이라는 목적을 가지고 "자신을 비우셨다."

5) 7-8절에 나타나는 분사의 역할

이것이 바로 바울의 의도라는 논지는 그리스도가 지닌 인성의 실재[51]를 복합적으로 강조하는 두 개의 분사 구문 즉 8절에 뒤따르는 주석적인 분사 구분과 8절을 시작하는 분사구문에 의해 더욱 명확해진다. 더더욱 그러한 것은 바울이 "그는 근본 하나님의 본체시나"라고 진술할 때 그리스도께서 이미 인간이셨음을 말하고 있다고 생각하기가 매우 어렵기 때문이다.

---

49) 빌립보교회는 바울의 교회이므로 여기서 제시되는 메시지는 이미 그들이 익히 알던 내용이었을 것이다.
50) 이러한 이유로 8절에서 마지막으로 나오는 분사를 마무리하는 '종결부' 즉 "십자가에서 죽으심이라"가 그렇게 표현된 것이다. 수사적 효과를 극대화하기 위함이다. 여기서 우리는 진정한 "하나님 형상"의 극점을 보게 된다. 이는 하나님이신 그리스도께서 자신을 십자가 위에서 철저한 "약함"(비하) 가운데 자신을 비우심으로써 드러내신 것이다. 십자가에 대한 유사한 이해에 대해서는 특별히 고전 1:18-25을 다루는 G. D. Fee, *The First Epistle to the Corinthians* (NICNT; Grand Rapids: Eerdmans, 1987), 67-78을 보라.
51) 더더욱 그러하다면, Dunn과 다른 학자들이 주장이 바울이 그리스도께서 하나님으로서 선재하셨다는 시각을 의도적으로 정면 대응하려 했다는 주장으로 생각할 수도 있다. 그러나 이것이 사실이라면 바울이 다른 곳에서 그리스도에 대해 진술한 것은 잘못 이해한 것이라고 해도 어찌할 도리가 없게 된다(예를 들면, 고전 8:6; 10:4, 9; 고후 4:4; 롬8:3). 다소 흥미로운 점이 있다면 Dunn은 각 본문에서 그리스도의 선재성이 암시되고 있다고 인정하면서도 그러한 주장에 대해 반박하고 있다는 것이다.

① 첫 번째 분사는 자신을 비우신 그리스도의 본성 즉 우리 인류 역사 속에서 그 본성이 어떻게 드러났는지를 설명한다. 그 분사는 다음과 같다. 모르펜 둘루 라본(μορφὴν δούλου λαβών, 종의 "형체"를 가짐[52]으로써). 여기서 "형태" (모르페)는 위에서 살펴 본 의미와 정확히 일치한다. 즉 그리스도께서 세상에 계시는 동안 종이라는 개념에 내재된 '근본적인 특성'을 취하신 것이다. 여기서 모르펜 둘루(μορφὴν δούλου)라는 복합어는 갈라디아서 5:13(="종노릇 하라")에 나타나는 동사와 일면 상응하는 의미를 지닌 것으로 보인다.[53] 바울이 볼 때 이것이야말로 신적 사랑이 어떻게 가장 독특하면서도 심오한 모습으로 세상에 나타났는지 보여주고 있다.

종종 제안되는 것이 있다면 여기서 둘로스(δοῦλος, 종)가 좀 더 중요한 위치를 차지하고 있다는 점인데, 바울이 "종"이라고 말할 때는 단순히 "가사 일을 돕는 하인"이라는 의미를 뛰어넘는 다른 "배경"을 염두에 두고 있었다고 말한다. 기본적으로 두 가지 제안이 있다. 우선 그리스도께서 사람이 되실 때 자신의 "권세"에 "굴레"를 허용하셨다가 죽음으로써 그것을 제거하셨다는 제안은 설득력이 없다.[54] 이러한 제안의 지닌 가장 분명한 난점은 본문이 그렇게 말하고 있지 않다는 사실이다. 이것은 현 '찬가'를 바울 이전의 것으로 보는 이들의 견해인데, 그들이 말하는 "종"의 의미가 바울 이전의 배경에서 나온 것이며, 이를 바울이 현 문맥에 불완전하게 적용시켰다는 것이다.

좀 더 신빙성 있는 '배경'은 흥미롭게도 언어적, 개념적 연관성을 띠고 있는 이사야 42-53장의 주의 종이다.[55] 칠십인경에서는 이사야의 종이 매우 다

---

52) Cf. 헬라어 라본(λαβών)는 일반적으로 부정과거분사는 과거시제를 지칭한다.
53) 동사의 의미를 이렇게 해석하는 연구에 대해서는 Fee, *God's Empowering Presence*, 425를 보라. 그리스도께서 누군가에게 반드시 종노릇해야 한다는 주장('하나님' ⟨Meyer, 91; Plummer, 45⟩ 또는 "권세" ⟨다음 각주를 보라⟩)은 은유를 억제하고 있고 이를 놓치고 있는 것이다.
54) Käsemann("Critical Analysis," 67-68)과 그의 견해를 따르는 Beare, 82와 Gnilka, 120, Carid, 121-22, Bornkamm, "Zum Verstandnis des Christus-Hymnus, Phil. 2.6-11," in *Studien zu Antike und Urchristentum* (BEvT 28; Munich: Kaiser, 1959), 181을 보라.
55) 특히 종의 엔 테 타페이노세이(ἐν τῇ ταπεινώσει, 8절) 문맥에서 에이스 사나톤(εἰς θάνατον, 53:8, 12)이 반복되고 있음을 주목할 필요가 있다. 또한 "자신을 비웠다"는 구절과 "그가 자신의 영혼을 버려 사망에 이르게 되었다"(53:12) 사이에 흐르는 개념적인 연관성을 주목해야 한다. 또한 52:13도 보라("내 종과 카이 휘포데세타이 카이 독사데세타이 카이 스포드라⟨καὶ ὑψωθήσεται καὶ δοξασθήσεται σφόδρα, 높이 들려서 지극히 존귀하게 되리라⟩"). 다음 연구들을 참고하라. Michael, 90-91(그

른 헬라어로 표현되고 있다.⁵⁶⁾ 따라서 이러한 연관성이 존재한다고 볼 때, 그리고 적어도 그 연관성이 6절에 나타나는 "아담에 대한 암시"만큼이나 일리가 있다고 볼 때, 이사야를 일반적인 배경으로 보는 것이 가장 적절하다. 예수님은 자신의 죽음을 이사야 53장에 기초하여 해석하셨고, 바울과 초대교회는 그리스도의 "종 됨"이 다른 사람들을 위해 "자기 영혼을 버려 사망에 이르게"(사 53:12) 됨으로써 궁극적으로 성취되었음을 즉각적으로 인식하게 되었다. 따라서 초대 교인들이 본문을 이러한 배경에서 이해하지 않았다는 추측은 수긍하기가 힘들다. 특히 종이 하나님에 의해 높임 받을 것이라는 내용으로 현재 본문이 마무리 된다면 이사야 53장은 같은 내용의 본문(52:13)으로 시작되기 때문이다.⁵⁷⁾

그러나 현재 문맥을 보면 예수님에 대한 메시아 신앙이나 예수님께서 이사야가 말하는 주의 종이 지닌 역할을 완성하신다는 사실을 강조하고 있지 않다. 오히려 종의 섬김이 그리스도의 성육신에 내재된 본질이라는 부분이 강조되고 있다. 그분은 인류 역사에 퀴리오스로 오신 것이 아니다. 그 신분은 하나님께서 변호하실 때 얻게 된다(9-11절). 오히려 예수님은 아무런 유익이

입장이 모호하긴 하다), Hendriksen, 109; Cerfaux, *Christ in the Theology of Saint Paul*, 288-98, J. Jeremias, "Zu Phil ii 7: ΕΑΥΤΟΝ ΕΚΕΝΩΣΕΝ," *NovT* 6 (1963), 182-88, Martin, *A Hymn of Chirst*, 169-96, Strimple, "Philippians 2:5-11," 260-61, Feinberg, "Kenosis and Christology," 36-40, J. G. Gibbs, "The Relation between Creation and Redemption according to Phil. II.5-11," *NovT* 12 (1970), 170-83 그리고 Reid, *Jesus, God's Emptiness, God's Fullness*, 58-60(그는 아담이나 지혜에 대한 언급 없이 전적으로 이사야 53장을 토대로 본문을 해석한다). 이 이슈에 대해 도움이 될만한 논의를 위해서는 O'Brien, 268-71을 보라. 그는 논의 끝에 이사야 53장의 배경설을 거부한다.
56) 이사야는 파이스 데우(παῖς θεοῦ)라고 하는 반면 바울은 둘로스(δοῦλος)를 사용한다. 여기서 유의할 점이 있다. 왜냐하면 그 종은 자신에 대해 주의 불도스(49:5)라고 하며 이와 같은 표현을 42:19, 48:20, 49:3에서 이스라엘에게도 똑같이 사용한다(Bockmuehl, 135). 반면 빌립보서에서는 종이라는 단어에 타이틀이 전혀 붙지 않으며, 바울 그리스도를 "주의 종이라" 말한 적이 없다. 이유인 즉 바울은 퀴리오스를 그리스도에게만 사용하고자 했기 때문이다. 이사야 53장과의 연관성을 거부하는 대부분의 견해는 이러한 언어적 차이점에 근거하고 있다(예를 들면 Plummer, 45),
57) 이와 비슷한 입장은 Bockmuehl, 135-36과 Silva(125)가 취하고 있다. 이들은 주장의 근거로 다음을 인용한다. J. Heriban, *Retto φρονεῖν ε κένοσις: Studio esegetico su Fil 2*, 1-5, 6-11 (Rome: LAS, 1983), 160-62, G. Wagner, "Le xcandale de la criox expliqué par le chant du Serviteur d'Isaïe 53: Réflections sur Philippiens 2/6-11," *ETR* 61 (1986), 177-87.

없는 신분 즉 권리도 특권도 없이 전 인류를 섬기시려고 둘로스의 신분으로 오셨다.[58] 그리고 이 모든 사항은 분명 3-4절을 주목하고 있다.[59] 따라서 현 구문(7절)의 둘로스는 두 정점 즉 예수님이 "하나님의 본체"(6a절)시라는 사실과 하나님 아버지께서 지극히 높이시고 모든 이들이 퀴리오스라 시인한다(11절)는 사실 사이에서 최하위 역할을 한다.

② 두 번째 분사 구문은 ⓐ 첫 번째 분사 구문을 발전시키는데[60] ⓑ 특히 그리스도의 인성이 실재임을 강조하고 ⓒ 다음 절(8절)의 이해를 준비하는 차원에서 현 구절을 마무리 짓는다. 두 구문이 함께 그리스도의 "비움"에 대해 정의하는 것이다. "종의 형체를 가지고"라는 구문이 처음 나오는 것은 수사적인 이유 때문이다. 즉 "하나님의 본체시나"와 분명하게 대조하고 그리스도의 성육신의 진정한 본질을 두드러지게 한다. 그래서 성육신에 담긴 "특성"과 "본질"을 반영하고 있다. 이 두 번째 구문은 성육신의 "실제적" 측면을 가리키고 있다. 그래서 그리스도께서 "종의 형체를 가지고" 이 땅에 오셨다. 즉 "나타나시되"[61] "사람의 모양으로 나타나신"[62] 것이다.

이 구문은 바울이 본문 서두에서 그리스도께서 "하나님의 본체"셨다고 말한 것 때문에 필요한 것이 아닌가 생각된다. 바울은 여기서 더욱 분명하게 단언하기를 (하나님의 본체이신) 그리스도께서 안드로폰(ἀνθρώπων, 사람들〈복수라는 점을 주목〉)의 모양으로 태어나심으로써 "자신을 비우셨다"고 한다. 만일 첫 번째 구문의 의도가 우리로 하여금 그리스도께서 인간이셨다는 사실을

---

58) Moule("Further Reflexions," 268-69)은 이를 주 모티브로 제시한다. Hauthorne, 87과 Bruce, 78도 참고하라.

59) 또한 Hurtado, "Jesus as Lordly Example,"를 보라. Cf. O'Brien, 223-24. E. Schweizer는 "그리스도께서 사람과 실제도 하나가 되셨다는 사실이 암시되고는 있으나 여기서 강조점은 그리스도께서 모든 인류로부터 구별하는 그가 지닌 특별함에 있다"고 주장한다(*Lordship and Discipleship* 〈SBT 28; London: SCM Press, 1960〉, 63).

60) Cf. Meyer는 "구체화"한다고 평가하고(90), Kennedy는 "정의내린다"고 하며(437), Vincent는 "설명한다"고 주장한다(59).

61) 헬라어 게노메노스(γενόμενος). 이 단어에 대해서는 갈 4:4에 대한 5장의 논의를 보라. 여기를 보면 유사한 용법이 거의 대부분 "태어났다"고 번역된다. 그러한 해석이 빌립보서에서는 어울리지 않지만(NRSV는 예외이다), 사실상 현 본문과 갈라디아서 본문은 후자에서 그리스도의 "나타나심"이 "여자로부터"라고 구체화된 것 말고는 별다른 차이점이 없다.

62) 헬라어 안드로폰(ἀνθρώπων)이라는 복수가 사용된 것은 그리스도께서 전 인류와 동일시 하셨음을 암시하려는 의도로 보인다. 그 다음 구에서는 "한 사람"으로 구체화된다.

알게 하려는 것이었다면, 두 번째 구문과 다음 구문은 지나친 반복이 되고 만다(이미 인간이신 분이 이제 인간들〈복수〉의 모양으로 오신다). 던은 이러한 반복을 피하기 위해 그 반복은 실제 본문이 진술하는 것 이상의 무언가를 가리킨다며 완곡한 석의(circuitous exegesis)를 본문에 가한다. 즉 그것은 타락한 인성을 지녀 결국 죽음에 이르게 된 아담을 지칭하고 있다는 것이다.[63] 그러한 견해가 지닌 문제점은 그러한 견해를 수긍하게 할만한 언급이 본문에 전혀 없다는 점이다. 실제 이러한 시각은 사전에 재구성된 아담 패러다임을 그리스도를 이해하는 기본 도구로 삼고 그 패러다임을 현 구문에 적용하도록 만든다.[64]

마지막으로 눈여겨 볼 사항은 로마서 8:3에서도 유사하게 사용된 "모양"(likeness)이라는 애매한 단어다. 로마서에도 마찬가지도 바울이 호모이오마(ὁμοίωμα)를 사용한 것은 의도적으로 보이는데, 그리스도께서 사람으로 오신 것이 신성을 포기하신 것이 아니라는 그의 신앙(나머지 초대교회와 같은)에서 비롯된다. 이 단어는 그리스도께서 한편으로는 우리 인간과 유사하시나 다른 한 편으로는 우리와 다르시다는 애매모호한 의미를 전달한다. 여기서 유사성은 그의 완전한 인성을 의미한다. 성육신으로 인해 그리스도께서는 우리와 "같이" 되셨는데 이는 우리와 "똑같이" 되셨음을 의미한다. 여기서 차이점은 그리스도께서 "하나님의 본체"이심을 버리지 아니하셨다는 점과 관

---

63) 바로 Dunn(*Christology in the Making*, 115-16)이 현 구문을 그렇게 해석한다. 그러나 Dunn에게 있어 이 부분은 매우 난해한 부분으로 드러난다. 왜냐하면 그 구문이 첫째 아담을 지칭하고 있다는 데에 대해서는 명확한 입장을 보이지만 어떻게 이것이 그리스도를 가리키게 되는지에 대해서는 불분명하기 때문이다. 그래서 그는 "그 대조는 … 아담이 어떤 존재였다가 어떤 존재가 되었는지(즉 사람들이 타락한 것)가 보여주는 대조이며, 이러한 아담 이해가 그리스도에게 적용되었다"고 생각한다. 그러나 Dunn은 이러한 이해가 어떻게 그리스도에 대한 바울의 이야기와 부합하는지에 대해서는 조심스럽게 언급을 회피하고 있다. 이렇게 명확성이 부족한 이유는 두 가지 때문일 것이다. 바울이 다른 곳에서 그리스도의 무죄를 역설하고 있으며(고후 5:21), 이 구절이 아담 이야기가 아니라 그리스도 이야기라는 사실 때문이다. Dunn은 바울이 둘째 아담에 대한 이야기를 하고 있다며, 마치 누구나 쉽게 찾아낼 수 있는 기정사실로 추정하고 있는데, 사실 단 하나의 언어적 단서도 없다.

64) 물론 이러한 시도는 Dunn이 *Christology in the Making*의 앞 장에서 했던 것이다(pp. 107-13). 이것은 빌립보인들이 이러한 재구성에 관여했을 것이라는 것을 사실로 추정할 때 가능하지만 본문을 보면 그러한 생각에 동조할만한 근거를 전혀 찾을 수가 없다. Dunn의 입장으로 접근할 때 나타나는 어려움은 Dunn이 애매모호함을 일소할 수 있는 "번역"을 제시한 적이 없다는 것과 독자로 하여금 바울의 언어가 알려진 바에 따라서 나아가도록 한다는 것이다.

련되어 있다. 따라서 한편으로는 그리스도께서 우리와 온전히 동일시하셨기 때문이며 다른 한편으로는 사람이 되셨지만 사람이라고만 할 수 없기 때문에 그분은 사람들의 "모양"으로 오신 것이다. 그분은 인간의 삶을 사신 하나님이셨으며 이 모든 사실은 이러한 표현에 의해 확실시 된다.[65]

요약하자면 첫 번째 절 즉 그런 종류의 것으로는 신약에서 처음 나타나는 구절은 신약 기독론에서 매우 중요한 두 가지 논지를 제공하고 있다. 첫째, 그리스도께서는 하나님의 "본체"셨으며 하나님과 동등하셨으므로 종의 "형체"를 가져 "자신을 비우시기로" 결정하실 때 선재하셨다. 둘째, 그분은 인간의 "모양"(호모이오마, ὁμοιώμα)으로 오심(게노메노스, γενόμενος)으로써 종의 "형체"를 가지셨다. 그래서 하나님께서는 그리스도 예수 안에서 그의 성품을 주셨다. 이것이 바로 그리스도께서 "하나님과 동등"하시다는 의미이며 남을 위하여 자기를 비우시되 종의 역할을 감당하심으로써 그렇게 하셨다는 것이다. 이로써 그리스도께서는 하나님의 성품을 계시하고 계실 뿐 아니라, 본문의 문맥을 통해서 볼 때 하나님의 형상대로 창조되어 그분의 "마음"을 품고 "모양"을 취하는 것이 어떤 의미인지를 밝혀주신다. 즉 남을 위해 종의 역할을 감당하는 것이며, 이것이 바로 다음 구절이 상세히 말하고자 하는 큰 윤곽이다.

③ 연이어(f행) 나타나는 세 번째 분사 구문은 두 번째 문장의 서두에 위치함으로써 첫 번째 문장에서 a행이 수행하는 기능과 똑같은 기능을 하고 있다. 즉 그리스도께서 두 개의 주동사가 의미하는 행위("자기를 비우심/자기를 낮추심")를 행하실 때 그분의 존재 양식(하나님/사람)을 확립하는 기능이다. 그런데 세 번째 구문은 바로 전 문장이 그리스도의 성육신에 대해 언급하지 않고 남겨 놓은 부분을 다룸으로써 위의 기능을 수행한다. 그 결과 그리스도의 인성에 담긴 진정성에 대해 이중적인 주장을 하게 된다. 즉 "사람의 모양으로 나타나신" 그리스도께서 복종의 길을 택하셨다.[66] 연이어 나오는 세 개의 분사 구문이 똑같은 논지를 개진하고 있다는 사실은 바울이 그리스도께서 어떤 "분이셨는데" 성육신 하실 때 어떻게 "나타나셨는지" 그 대조를 강조하

---

65) 그렇다고 해서 이 구문이 본문에서 드러나고 있는 강력한 대조들 중 일부라는 사실을 잊어선 안된다. 그리스도께서는 인간이 될 때 "아무런 명성도 없게 만드셨다." 우리 인간이 좋아하든 좋아하지 않든 상관없이 말이다!

66) 다시 한 번 유의할 필요가 있는 것은 6절의 엔 모르페 데우 히파르콘(ἐν μορφῇ θεοῦ ὑπάρχων)이 단순히 그리스도께서 이미 아담처럼 하나님의 형상을 지닌 인간이셨음을 나타내는 구절이라면 본문이 지나치게 반복적이라는 점이다.

고 있다는 점을 암시하고 있다.[67]

이러한 구조 자체는 그리스도께서 인간이 되어가시되 오로지 타락하여 죽음에 이르게 된 아담과 같은 인간이 "되어가고" 있다고 해석하는 입장을 부정한다. 바울이 역설하는 것은 그리스도께서 "나타나셨으되"[68] 식별할 수 있는 인간의 형태[69]로 나타나셨다는 점이다. 만일 본문에 나타나는 바울의 의도가 전통적으로 인식되어 온 것과 달랐더라면 위 주장은 이치에 맞지 않는 주장이 되고 말았을 것이다. 성육신으로 인해 그리스도께서는 완전히 새로운 일을 하셨는데 그것은 바로 이전과는 전적으로 다른 존재가 되신 것이다. 우리에게는 신학적이기도 한 신비스러운 사건이다. 결국 그리스도께서 인간이 되심으로써 "자신을 비우셨다"는 것에 대한 삼중적인 강조는 의도적인 대조를 이루고 있다고 보는 것이 옳다. 즉 단순히 그리스도께서 어떤 존재셨다가 어떤 존재가 되셨는지 그 대조를 강조하는 것만은 아니다. 그리스도 안에서 성육신하신 것과 십자가에 달리시기까지 행하신 복종은 신앙 공동체 안에 존재하는 모든 관계에 대한 궁극적인 패러다임 역할을 하는 하나님의 성품도 강조하는 것이다.

6) "자신을 낮추시고" (8)

본문의 두 번째 문장에서 주절은 성육신하신 그리스도께서 인성을 입고 어떻게 행하셨는지를 설명해주고 있다. 그 행위는 그분이 성육신 하시기 전 하

---

67) 반면 Dunn은 이 세 구문이 "타락한 아담의 성품을 묘사하는 다양한 방법으로 봐야 하며 아담 신학으로부터 유래된 것"이라고 주장한다(*Christology in the Making*, 117). Dunn에 따르면 이와 같은 사실은 그분이 중요한 부분에서 올바른 선택을 함으로써 "아담이 저지른 잘못을 원상태로 되돌려 놓은 사람"임을 뜻한다는 것이다. 하지만 의아스러운 것은 왜 바울이 Dunn의 논지를 그렇게 자주 반복할 필요를 느꼈는가? 그리고 바울의 그리스도에 대한 Dunn의 주장처럼 단지 인간에 불과한 사람에 대해 어떻게 그리 분명하게도 "사람의 모양"을 취하고 "사람으로 나타나셨다"고 이야기 할 수 있는가?
68) 헬라어 휴레데이스(εὑρεθείς〈휴리스코[εὑρίσκω]의 부정과거 수동형〉)는 '의도적인 탐색에 의해 무엇가를 떠올리게 되는'이라는 의미에서부터 '놀랄만한 깨달음이나 발견' 또는 현 본문에서처럼 '상황이나 조건을 얻다'라는 단순한 의미를 지니고 있다(BDAG).
69) 헬라어 스케마티(σχήματι). 바울 서신에서 여기서와 고전 7:31에서만 쓰이는데 곧 사라지고 말 '현재만 드러나 있는' 세계를 말한다. 이 단어는 단순히 표현을 다양하게 하기 위해 쓰였다기보다는 그것을 어떤 사물을 인식할 수 있게 하는 외적 본질을 강조하고 있다.

나님으로서 행하신 방법과 정확히 일치한다는 사실은 그리 놀랄만한 일이 아니다. 여기서 우리의 초점은 그분의 인성이므로 두 가지로 나타나는 기독론적 요점을 주목할 필요가 있다. 첫째, 그분은 하나님께 복종함으로써 인간으로서의 삶을 사셨다. 둘째, 십자가 위에서의 죽음은 하나님의 뜻을 이루기 위한 의도적인 선택이었다. 그 죽음은 악한 사람들이 그의 생명을 빼앗은 것과 같은 부류의 죽음과는 달랐다.

이 두 가지 요점은 강조되어야 한다. 왜냐하면 바울 기독론에는 당시 교회에 팽배해 있던 아폴로나리우스(Apollonarius, 알렉산드리아 계열의 4세기 말 신학자- 역주)의 그리스도에 대한 사상, 즉 그리스도의 신성이 그의 인성에 첨가된 것으로 이해했던 입장으로 연계될만한 요소가 없기 때문이다. "자신을 비웠다"는 은유를 바울이 선택한 것은 그의 기독론적 사상이 이단적인 기독론적 이해와는 이미 거리가 멀다는 사실을 증명한다. 현재 동사는 단순히 성육신의 진정성을 강조하기 위함이다. 그분은 자신을 비우셨고 십자가에서 돌아가시기까지 복종하셨다.

반면에 현 구절은 바울 서신 전체에서 발견되는 것을 내러티브 형태로 상술하기도 한다. 십자가는 하나님께서 활용하신 단순한 인간 행위가 아니었다. 본 구절은 다른 서신서에서도 발견되는 점을 명확히 밝힌다. 즉 십자가는 하나님의 뜻이 자아낸 직접적인 결과라는 것이다. 사실 본 구절은 예수님께서 "내 뜻이 아니라 아버지의 뜻대로"라고 하신 겟세마네 기도의 바울 버전인 셈이다.

앞에서도 그랬듯이, 둘째 아담으로서의 그리스도라는 개념을 본문 해석에도 끌어들이고 있지만, 너무 많이 벗어난 느낌이다. 아담은 그의 불순종이 죽음에 이르게 했다면(창세기의 내러티브에 의하면 930년 쯤 후에), 현 내러티브에서는 그리스도의 순종이 죽음을 야기한다. 그러나 기준 틀도 없이 어떻게 아무런 문자적 연관성도 없는 위와 같은 '반영'을 발견해야한 한다는 것인가? 그리고 '복종' 모티브는 다른 바울 서신(롬 5:19)에서 차용된 것임에 분명하다. 그럼에도 그리스도와 아담의 관련성을 주장하기 위한 유일한 방법은 던이 하는 것처럼 그리스도에 대한 바울의 근본적인 입장을 기본 틀로 삼는 것이다. 하지만 그럴 경우 빌립보 교인들은 바울과의 개인적 접촉을 통해 그의 입장을 알게 되었다는 말이 된다. 분명 그들은 고린도전서나 로마서를 접하지 않았기 때문이다.

7) 부기: 대안적 입장에 대한 최종 언급

9-11절의 변호 구절을 살피기 전에 소위 아담 기독론에 대해 결말을 지을 필요가 있다. 특히나 던이 처음 그의 *Christology in the Making*에서 아담 기독론을 주장한 이후 나중에 나온 그의 걸작 *Theology of Paul the Apostle*에서도 별다른 수정 없이 그대로 반복되고 있기 때문이다. 이러한 견해의 토대는 빌립보서 어디에서든 분명한 증거를 찾았기 때문이 아니라 던이 그의 *Christology in the Making*의 앞 장에서 재구성해 놓은 아담 기독론이라는 미리 고안된 패러다임 때문이다. 이러한 견해에서 매우 중요한 것은 바울로부터 그리스도의 선재에 대한 확신을 보여주는 힌트는 어떤 것이든 읽어내는 작업이다. 이렇게 전제된 패러다임에 기초하여 던은 현재 본문에서 "아담 전승과 아담 기독론과 관련 있는 부분을 네 개 또는 다섯 개 정도 발견하게 된다"고 주장한다. 던은 다섯 가지 요소를 나열하고 이것보다 더 "빌립보서 찬가와 여러 면에서 일치하는 대안적 구조 틀은 아직 나타나지 않고 있다"고 말한다.[70] 그 다섯 가지는 다음과 같다.

1. 6a절- 하나님의 본체시나
2. 6bc절- 하나님과 동등됨을 취하라는 유혹을 받았다
3. 7절- (타락과 죄에 대한) 종의 형체를 가졌고
4. 8절- 죽기까지 복종하셨으며
5. 9-11절- 높임과 영광을 받으셨다[71]

---

70) *Theology of Paul*, 284, 각주 77. 전제 조건의 중요성을 강조하고 있는 것이다. 즉 스토리가 오직 전제 개념이나 유비에 비추어서만 이해될 수 있다는 것인데, 이는 바울이 그의 주요 자료를 얻게 된 결정적 경험이었던 부활하신 그리스도와의 대면을 무시해버리는 셈이 된다(그러면 바울은 아라비아〈갈 1:17〉에서의 그 많은 시간에 무엇을 하고 있었는지 의아하게 여길 수도 있다). 이러한 사실은 선재성이 바울뿐 아니라 그의 교회들과 히브리서 저자와 요한에게 있어서도 필요한 전제 조건이라고 생각할 때 더욱 중요하다. 그렇게 해서 그리스도의 선재성은 1세기 중반의 초대교회에 독자적으로 널리 알려졌을 것이 분명하다.

71) 각각의 요점들은 여러 참고 문헌의 '지지'를 받고 있는데 그 참고 문헌을 찾아보면 오히려 Dunn의 입장을 의심스럽게 만들고 있다는 점을 알게 된다. Dunn은 창세기 1-3장(요점 1과 2를 위해 인용하는 부분)에서 고전 15장과 로마서 5장(요점 3-5에 해당)에 나타나는 바울의 아담 언급을 너무나 쉽게 연결시킨다. 그러나 그는 창세기 2:17(사실상 문자적으로는 아담과 직접적 연관이 없는)을 인용하는 요점 4를 제외하고는 창세기와 서신서를 동시에 참조문으로 인용하지 않는다. 요점 3-5를 지지하는 구약 구절은 지혜서 2:23-24(요점 3과 4를 위한)과 시편 8:5b-6(요점 5를

이 다섯 가지 요소들이 지닌 문제점은 그 어느 것도 바울이나 창세기의 본문을 그대로 읽어볼 때 자명한 것이 하나도 없다는 점이다.[72] 이미 위에서도 지적했던 것처럼 요점 1은 모르페와 에이콘의 의미상의 중복은 실재가 아닌 의미론상의 희망을 나타내고 있다. 여기서 우리는 문자적 연관성을 절대적으로 필요로 한다. 우리는 아담을 암시적으로 지칭하고 있다는 '개념적' 가능성에 감동받은 한 학자가 이 두 단어 사이에 (제한적인) 의미론상의 중복이 있다는 것을 알 수도 있다는 사실을 수긍할 수 있다. 그러나 빌립보에 있던 신자들은 이것을 어떻게 알 수 있었겠는가? 그 '중복'은 일반적인 영어권 독자들과 마찬가지로 빌립보 교인들에게도 작용했을 것이다. 즉 '형체'(form)를 읽을 때 그 단어가 '형상'(image)이라는 말과 제한적인 의미론적 중복이 된다고 생각할 리는 없으므로 '형체'를 읽으면 '형상'이라고 듣게 된다. 학자들이나 이러한 점을 빌립보 교인들 또는 우리에게 말해 줄 수 있었을 것이다.

요점 2는 어쩌면 창세기 이야기를 반영하고 있다고 인식할 수도 있다. 그러나 그것은 순전히 개념의 반영이지 언어의 반영은 아니며, 더욱이 아담 이야기나 바울이 실제로 말한 부분과 일치하지도 않는다. 창세기 기사는 아담이 아닌 하와를 주로 언급한다.[73] 그들은 하나님과 동등하게 되라는 유혹을 받은 것이 아니라 선과 악에 대한 지식에 있어 "하나님 같이"되라는 유혹을 받았다. 이러한 사실이 분명히 일어났다고 내러티브에서 말하고 있으며 (3:22), 따라서 신적 지위를 획득하는 것과는 하등의 관계도 없었다.[74] 위에서

위한)이다. 예를 들면, 지혜서 2:23("하나님께서 우리를 타락하지 않도록 창조하셨고 하나님의 영원한 형상대로 우리를 만드셨다." 이 구절은 창세기를 반영하고는 있지만 아담이 아닌 인간이 주관심사다)이 어떻게 그리스도께서 "종의 형체를 가지셨다"는 요점 3을 반영하고 있다는 말인가? 심지어 요점 3의 괄호 안에 있는 '타락과 죄'는 지혜서와 바울을 부정확하게 혼합시켜 놓은 결과로 보인다. 따라서 이들 요점에 대해서 우리가 얻은 것은 창세기 기사가 아니라 바울 서신에 나타나는 아담에 대해서다. 아담을 언급하고 있는 두 구절 어느 곳에서도 Dunn의 아담 신학과 유사한 어떤 것도 찾을 수 없지만 말이다. 따라서 빌립보인들이 어떻게 바울이 무엇을 하는지를 파악하였는지 궁금할 수밖에 없다.

72) 실제 이러한 지적은 D. Juel이 다른 문맥에서 "분명한 것을 모호한 것으로 해석하고, 본문이 제시하는 방향은 무시하고 있다"는 지적의 핵심 포인트다(*Messianic Exegesis: Christological Interpretation of the Old Testament in Early Christianity* 〈Philadelphia: Fortress, 1988〉, 92 각주 4).

73) 이러한 양상은 1-7절에서 나타나는 뱀, 여자, 아담 순서를 따르고 있는 "심판" 장면에서도 계속된다(3:14-19).

74) Dunn은 이러한 반대 입장을 현학적이라고 여기면서 "선과 악을 아는 것"은 하나님과의 동등함을 의미하는 것이라고 말한다. 그러나 "하나님처럼 되는 것"을 선과

지적한대로 "하나님과의 동등됨"은 그리스도께서 이미 지니셨던 것이지 그가 취하지 않으려 했던 대상이 아니었다.[75] 마지막으로 나머지 세 요점들은 던의 주해를 읽어도 특별한 도움이 있어야 제대로 이해할 수 있다. 게다가 특히 각각의 요점에 해당된다고 달아놓은 각주들을 보면 본문 내용과의 연관성이 떨어지는 것 같다.[76] 유추는 좀 더 엄격하게 이루어져야 한다고 본다.

따라서 이러한 입장은 성경 본문에서 찾을 수 있는 증거가 불충분할 뿐 아니라, 본문은 지상에 계시던 예수님을 다루고 있으며 그분의 선재를 다루는 것은 아니라는 견해에 반하여 다음과 같은 주요 요인들을 앞의 석의 작업을 통해 알게 되었다. ① 그리스도-아담 유비가 제대로 기능하도록 하려면 문법과 용어를 인식할 수 있는 범위를 넘어서까지 확대시켜야 한다. ② 에케노센에 내재된 강력한 은유가 이미 인간이신 분을 지칭한다고 보기에는 부적절하다. ③ 6절에서 "하나님과 동등"하셨음을 의미하는 "하나님의 본체셨으나"라고 묘사된 그리스도는 나중에 "사람들과 같이 되셨고" "사람의 모양으로 나타나셨다"고 언급된다. 이 모든 것을 태생이 "아래로부터" 온 것으로 이해할 수밖에 없는 둘째 아담을 이야기하는데에 사용하는 것은 매우 어색해 보인다. (4) 전체 내러티브의 구조 즉 "인간의 모양으로 나타나셨으매"로 시작되는 두 번째 문장(8절)은 첫째 문장의 시작부분("하나님의 본체시나")과 강렬한 대조를 이룬다. 이 두 개념의 차이를 강하게 대조시킨다는 것 자체가 원래부터 사람이었던 존재에게는 전혀 어울리지 않는다. (5) 이러한 입장은 첫째 분사("하나님과 본체시나")와 마지막 종결부("십자가에 죽으심") 사이에 나타나는 극적 대조가 빚어내는 본질적인 역동성을 그 내러티브의 서두 부분에서 사라지게 만드는 것이다. (6) 그리스도에 대한 변호를 이야기하는 구절에서 아담을 지칭하는 요소를 찾는다는 것은 상당한 확대 해석을 필요로 한다. 또한 여기 나타나는 순전한 변호 개념은 구약이나 바울 서신에 나타나는 아담 이야기 어디에서도 발견되지 않는다.[77]

악을 스스로 결정할 수 있다는 개념으로만 국한시키는 창세기 기사에서는 Dunn이 말하는 논지가 분명하게 드러나지 않는다. 그리고 선과 악을 아는 일이 신격화가 제외된 채 실제 일어났으므로, 그렇다면 도대체 어느 곳에 하나님과의 동등함이 아담을 위해 마련되었는지 궁금할 따름이다.

75) Cf. Bockmuehl, 131-32.
76) 각주 70번을 보라.
77) 좀 더 심도있는 평가에 대해서는 다음 연구를 보라. Feinberg, "Kenonsis and Christology", L. D. Hurst, "Re-enter the Pre-existent Christ in Philippians 2:5-11?"

이것이 의미하는 것은 아담-그리스도 유비가 처음 두 행에서 어느 정도 나타날 수 있는지와는 상관없이, 그러한 유비는 정확히 주동사의 핵심 의미와 두 수식어("그분은 종의 '형체'를 가지셨고 사람들과 같이 되심으로써 자신을 비우셨다")의 역할, 즉 둘째 수식어(e행)가 그리스도의 인간 "되심"을 강조함으로써 첫째 수식어(d행)를 상술하고 있다는 점에 의해 무너지고 만다. 따라서 개연성 있는 아담/그리스도 유비를 완전한 유비로 바꿈으로써 그리스도의 선재와 성육신을 무시하거나 약화시키는 것은 계속 이어지는 언어적, 개념적 난관을 극복해야 한다는 과제가 주어진다.

반면 균형이 잘 잡힌 본문은 3절에 나오는 두 개의 부정적 태도("이기적 야망"과 "허영")에 대해 대응하기 위해 기록되어 있다. 그래서 하나님으로서의 그리스도께서는 "종의 형체를 취하심으로 자신을 비우셨고" 사람으로서의 그리스도께서는 "십자가에서 죽기까지 복종하심으로 자신을 낮추셨다." 이 모든 사항은 바울이 그리스도를 선재하셨고 신성을 지니신 분으로 이해하고 있다는 점을 고려할 때 뜻이 완벽하게 통한다. 반대로 아담과 대조시켜서 그리스도의 역할을 강조하고 아래로부터의 기독론을 가정하려 할 때는 모든 의미가 불분명해진다. 추종을 불허하는 스타일로 바르트(Barth)가 역설했듯이, "이 외에 다른 그리스도는 없으니, 하나님과 동등하신 분이 사람이 되셨다"(66).

NTS 32 (1986), 449-57, T. Y.-C. Wong, "The Problem of Pre-existence in Philippians 2,6-11," *ETL* 62 (1986), 167-82, C. A. Wanamaker, "Philippians 2.6-11: Son of God or Adamic Christology?" *NTS* 33 (1987), 179-93, Fowl, Story of Christ, 70-73, O'Brien, 263-68, Bockmeuhl, 131-33. 유용한 개관을 보려면 L. W. Hurdato, "Pre-existence," *DPL* 743-46을 참고하라. 마지막으로 바울이 잘못 쓰인 언어나 문법 없이 이러한 대안적 입장을 더욱 쉽게 표현할 수도 있었다는 사실을 유념해 둘 필요가 있다. 예를 들면, 바울이 반영을 의도했다면 모르페 대신 에이콘을 사용할 수도 있었다. 또한 b행에 나오는 정관사 즉 전방조응적인 부정사 대신에 그가 말하고자 하는 핵심을 보다 잘 표현해 줄 수 있는 몇 가지 명사들이 있었다. 실제 바울은 "그가 자신을 비우셨다"는 강력한 은유 대신에 여러 다른 동사들을 사용했더라면, 다수의 학자들이 각각의 단어들과 구절들이 일반적으로 의미하는 것과 일치하는 무엇인가를 바울이 말하고자 했다고 생각하지 않을 수도 있었을 것이다.

3. 그리스도, 모든 이름 위에 뛰어나신 주- 빌립보서 2:9-11

이 세 번째 문장은 6절에서 시작된 그리스도 이야기를 선재하셨던 분의 자기희생적 낮추심을 변호하는 내용으로 마무리하지만, 기독론적 관점에서 다소 다른 방향으로 그 강조점이 진행되는 것을 볼 수 있다. 처음 두 문장이 그리스도의 선재성과 성육신하심으로써 계시하신 하나님의 성품에 대한 바울의 이해를 극적으로 묘사하고 있다면, 이 변호 구절은 바울이 말하는 퀴리오스 기독론의 절정이라고 할 수 있다. 바울은 그리스도의 승귀에 대해 이야기함으로써 그가 빌립보 교인들에게 요구하는 패러다임의 정당성을 확인시켜 주고 그리스도의 사람들에게 임할 종말론적 변호를 항상 주시하도록 한다.[78] 이 점이 바로 서신 전체에 흐르는 바울의 관심사이고 본문이 결론을 내리려는 강조점이기도 하다(2:16). 고난 가운데 있는 신앙 공동체를 향해 현재와 미래 모든 면에서 그리스도가 절대적으로 중심에 계셔야 한다고 반복해서 주지시키는 것을 볼 때 이러한 맺음말은 매우 유효적절하다.

본문이 비록 송영 분위기를 지니고는 있지만 분사구문으로 구성된 구조를 띤 이전 구절의 시적 구조가 본문에서 나타나진 않는다.[79] 실제 모든 면이 바뀌었다. 6-8절에서는 모든 동사와 분사의 주어가 그리스도이지만 여기서는 하나님이 주어이고 그리스도는 목적어로서 거룩한 "이름"을 받고 "모든 무릎"과 "모든 입"이 드리는 경배를 받으시고 하나님은 이 모든 것이 자신에게 영광이 되게 하신다. 이 부분이 찬가의 일부분이라면 이와 유사한 병행 구절을 유대교나 헬레니즘 또는 바울 서신서 어디에서도 찾을 수가 없다.[80] 10-11

---

78) 영어로 된 주석서 중에 제일 먼저 이렇게 9-11절을 해석하는 입장을 주목하고 있는 학자는 Michael(93)이다. 대부분 이 점을 간과한다. 왜냐하면 이 구절을 접할 당시만 해도 그리스도에 대한 바울의 이야기에 관심을 집중하면서도 대부분 이러한 문맥을 고려하지 않았기 때문이다. Barth(66-67)는 5절에 대한 그의 해석을 기초로 하여 빌립보 교인들이 "그리스도 안에" 있기 때문에 그 결과로 인해 신원 받을 수 있다고 보고 있다. 그러나 그러한 시각은 오직 신학적인 이유로 인해 생겨났다. 신원에 있어 개인적인 노력을 중시하고 은혜는 회피해 버리는 것처럼 보이는 일종의 imitatio Christi의 일환으로 본 것이다. 하지만 하나님께서는 그분의 목적을 이루기 위해 자기 백성들 안에서 행하시는 분임을 역설하는 12-13절을 고려할 때 권력으로 더당치 않은 생각이다.

79) Cf. Silva (127)과 O'Brien. 이들은 이 구절을 바울의 산문 문장으로 이해하고 그 역할이 무엇인지 묘사하지만 찬송의 언어를 지속적으로 사용한다.

80) 바울 서신에서도 병행 구절이 없다는 점은 훌륭하게 균형을 이루고 있고 셈어족 병행구조로 되어 있는 롬 11:33-36의 송영 구절과 대조해 볼 때 더욱 분명해진다. 참고로 갈라디아서 1장 서문에 "붙어 있는" 선포 구절을 보면 바울은 그리스도에

절에 나타나는 병행구조(parallelism)는 빌립보서 안에서 일어나는 본문 간의 관련성에서 비롯된 것이다.[81] 실제 전체 본문은 이사야 45:18-24의 신탁을 반영하기 위해 구성되어 있다. 이사야서 본문에서는 칠십인경의 퀴리오스가 여호와 즉 이스라엘의 구주를 가리키며, 그분의 승귀된 지위가 모든 신과 나라 위에 있음을 강력하게 선포되고 있다.

앞으로 이어질 논의를 위해 각각의 '행'간에 나타나는 기본적인 구조를 만들어 참조하기 편하도록 해 보았다.

a διὸ καὶ ὁ θεὸς αὐτὸν ὑπερύψωσεν
b καὶ αὐτῷ ἐχαρίσατο τὸ ὄνομα τὸ ὑπὲρ πᾶν ὄνομα,
c ἵνα ἐν τῷ ὀνόματι Ἰησοῦ πᾶν γόνυ κάμψῃ
c¹ ἐπουρανίων καὶ ἐπιγείων καὶ καταχθονίων
d καὶ πᾶσα γλῶσσα ἐξομολογήσηται ὅτι κύριος Ἰησοῦς Χριστὸς
d¹ εἰς δόξαν θεοῦ πατρός.

a 이러므로 하나님이 그를 지극히 높여
b (그리고) (그에게) 모든 이름 위에 뛰어난 이름을 주사
c 예수의 이름에 **모든 무릎을 꿇게 하시고**
c¹ 하늘에 있는 자들과 땅에 있는 자들과 땅 아래 있는 자들로
d **모든 입으로** 예수 그리스도를 **주라 시인하여**
d¹ 하나님 아버지께 영광을 돌리게 하셨느니라

이 구조를 대략 개관해 보기만 해도 본문이 송영이 아니라는 사실을 확인할 수 있다. 사실 이 본문은 전적으로 바울 문장으로서 바울이 사용하는 관용적 표현과 바울의 칠십인경 사용(굵은 글씨 부분) 그리고 바울 신학과 바울의 근본적인 고백, 즉 주는 다름 아닌 예수 그리스도시라는 신앙 고백으로 이루

대해 이렇게 말한다. "그리스도께서 하나님 곧 우리 아버지의 뜻을 따라 … 우리를 건지시려고 우리 죄를 위하여 자기 몸을 드리셨으니"(4절). 빌립보서 본문과 마찬가지로 이 부분은 일종의 신조이지 찬가는 아니다. 표현되고 있는 언어가 찬송을 하며 높일 때 사용되는 언어이지만 그 '시적 표현'은 지엽적일 뿐 전적으로 찬가라고 볼 수는 없다.

81) 1:20과 2:14-16에 대해서는 Fee를 보라. 이후에 나오는 4:5도 참고하라(pp. 608-609)

어져 있다.[82]

바울은 본문을 추론을 뜻하는 "그러므로"[83]로 시작함으로써 이전 내러티브에 대해 적합한 결론을 이끌어 내며, 자기를 비우시고 십자가에서 죽기까지 자신을 낮추신 그리스도의 신적 변호를 말하고 있다. 하나님께서 "하나님과 동등됨"이라는 표현에 대해 '긍정'하신 것처럼, "그를 지극히 높여 모든 이름 위에 뛰어난 이름을 주셨다."[84] 여기서 두 동사가 하나님의 이중적 행위(높이심과 이름을 주심- 역주)를 표현하고 있지만 바울은 분명 그들을 가지고 하나의 실재를 지칭하려 하고 있다. 즉 하나님께서 그리스도에게 가장 뛰어난 "이름"을 주심으로써[85] 그분을 높이셨다는 사실이다. 그럼에도 이 두 부분은 여러 이슈들을 제기하고 있기 때문에 심층적인 고찰이 필요하다.

1) 하나님이 그를 지극히 높여 (9a)

a행에서 하나님께서 그리스도를 "지극히 높이셨음"[86]을 역설하는 데 있어 바울은 일반적으로 사용되는 동사 "높이다"를 원래 '위에'라는 뜻을 지닌 전

---

82) 세 번째 요소 즉 바울의 신앙 고백에 대해서는 제3장에 나오는 고전 12:3에 대한 논의(pp. 210-211)와 제6장에 나오는 롬 10:9에 대한 논의(pp. 399-401)를 보라. 본문이 바울의 여러 특성과 잘 맞아 떨어지기 때문에 어떻게 이 본문을 바울이 쓴 것이 아닌 바울 이전의 기록으로 간주할 수 있는지 의아하게 생각하기도 한다(e.g., Käsemann, "Critical Analysis", Beare, 77; Martin, 93).
83) 헬라어 디오 카이(διὸ καὶ). 연결사 자체(디오)는 언제나 이전 문장으로부터의 추론 개념이 결부되어 있으며 절대로 이전 문장과는 단절된 채 새로 시작하는 기능을 하지 않는다. 이러한 기능은 운(οὖν)의 특징이다. 카이는 상호 관계를 강화하는 기능을 한다고 보는 것이 가장 적절하다. 이에 대해 BDAG는 이 연결사는 "그 자체가 이미 추정이라는 개념이 담겨있다"고 말한다. 바울 서신에서 이러한 용례를 살펴보려면 고후 1:20, 4:13(2번); 5:9, 롬 4:22, 15:22을 보라.
84) 바울이 부활이나 승천에 대해 아무런 언급이 없다는 이유로 바울 저작이 아니라고 주장하기도 한다. 그러나 이러한 종류의 신경(교의)문은 대부분 바울 서신에서 구원론적인 의미를 담고 있으며 부활에 대해서는 언급하지 않는다. 다른 경우와 마찬가지로 여기서도 부활과 승천은 바울의 담화 속에 전제되어 있다고 볼 수 있다.
85) 그래서 카이는 설명 기능을 하고 있고 이 구절을 중언법(hendiadys)으로 읽기도 한다. 두 번째 동사가 첫 번째 동사의 의미를 상술하거나 완성하는 기능을 하기 때문이다. 바울 서신에서 이러한 용례를 보려면 특히 고전 11:22을 보라("너희가 빈궁한 자들을 부끄럽게 함으로써 하나님의 교회를 업신여기느냐", cf. TNIV 성경을 참고하라). Silva, 128-29도 보라.
86) 헬라어 휘페립소센(ὑπερύψωσεν)은 신약에서 오직 여기에만 나온다.

치사 휘페르(ὑπέρ)와 묶어 복합어로 사용한다. 6절에 대한 명확한 이해(그리스도께서 "취하지" 않은 것은 이전에 갖지 못한 것이라는 생각)에 근거하여, 일부는 바울이 그리스도께서 이전에 지니셨던 지위보다 더 높은 "지위"를 얻으심으로써 그의 겸손에 대해 보상받으셨음을 역설하고 있다고 본다.[87] 다른 학자들은 권세를 이기신[88] 그리스도의 승리를 강조하지만 그러한 생각은 내러티브와 어울리지 않을 뿐 아니라 "하늘에 있는 자들과 땅에 있는 자들과 땅 아래 있는 자들"에 대해 (거의 완전히) 잘못 이해하고 있기 때문에 생긴 것임에 틀림없다. 그러나 동사 "지극히 높이다"에는 위와 같은 의미가 전혀 없다. 사실 바울은 휘페르 복합어를 다른 신약 저자들에 비해 훨씬 자주 사용하고 있는데 주로 이 복합어는 초월성[89]을 강조하거나 표현하는 데 사용되고 지위[90]를 나타내는 데에 사용되지 않는다. 여기서도 마찬가지로 하나님께서 그리스도를 "지극히 높이셨다"고 할 때는 그분이 그리스도를 가장 높이 올리셨다는 의미이다. 그 뜻이 무엇인지에 대해서 다음 절이 상술한다.

2) 모든 이름 위에 뛰어난 이름 (9b)

이 절에서의 중심 개념은 하나님께서 그리스도를 지극히 높이신 방법과 관련이 있다. 즉 모든 이름 위에 뛰어난 이름으로 그리스도를 "영화롭게 하신"[91] 것이다. 여기서 이슈가 되는 것은 바울이 "모든 이름 위에 뛰어난 이름"이라고 할 때 (b행에서) 의도하는 뜻이 무엇인가 하는 점이다. 다음 절이

---

87) 예를 들면 Meyer, 99; Houlden, 77; Silva, 127-28을 보라. 하늘이 땅과 함께 언급될 때의 일종의 "연대적 배열"에서 그리스도는 "새로운 역할"을 맡고 있는 것 같은 느낌이 들기도 한다. 말하자면 우리 내면에서 흘러나오는 고통을 아는 동정심 많은 대제사장의 직분 같은 것 말이다. 그러나 본문을 이렇게 이해한다고 해서 "지위적인" 중요성을 찾아 낼 수 있다고 보기는 어려운 것 같다.

88) 예를 들면, Käsemann, "Critical Analysis", Beare, 86; Carid, 123.

89) MHT 2.326을 보라. 여기서 지적한 대로 영어 동의어는 "over-복합어"가 될 것이다(예를 들면, "overjoyed, overburden, overdevelop"). 또한 많이들 생각하듯이 여기서 강조하려는 것은 비교급이 아니라 최상급이다.

90) 예를 들면, 롬 5:20과 고후 7:4에 나오는 휘페르페리슈오(ὑπερπερισσεύω, '남아 돌다')이나 롬 8:37에 나오는 아우페르니카오(αὐπερνικάω, '완전히 압도하다')를 참조하라.

91) 헬라어 에카이리사토(ἐχαρίσατο)는 명사 카리스(χάρις)로부터 만들어진 동사로서 바울이 자주 사용하는 단어다. 1:29을 참조하라.

"예수의 이름"(the Name)을 언급하며 시작되기 때문에 여기서 말하는 이름은 "예수"를 지칭한다고 일반적으로 생각되어 왔다.[92] 그러나 문맥이나 역사적 상황 그 어느 것도 그러한 입장을 지지하지 않는다. "예수"라는 이름은 높임 받은 하늘에서의 삶이 아니라 특별히 그분의 지상에서의 삶과 관련이 있다. 따라서 엔 토 오노마티 예수(ἐν τῷ ὀνόματι Ἰησοῦ, 예수의 이름에)는 "예수"라는 이름을 듣고 그 앞에 무릎을 꿇었음을 지칭하는 것이 아니라 전에 서 언급된 것 즉 "이제 예수님께서 소유하게 되신 이름"[93]을 직접적으로 가리키고 있다.

계속해서 어어지는 것은 바울이 반복적으로 그리고 지속적으로 칠십인경에 나타나는 '퀴리오스=여호와'라는 구도를 승귀하신 그리스도에게 적용하는 것에 대해 자신이 직접 설명하는 부분이다. 이러한 설명은 이미 바울의 초기 서신서에서도 나타난다(데살로니가전·후서). 바로 다음에 기록한 서신(고전 8:6)을 보면 바울은 유대교의 쉐마를 헬라어로 된 두 부분으로 나누어 오직 한 데오스(하나님 아버지)만 계시며, 오직 한 퀴리오스(예수 그리스도)만 계시다고 말한다. 이를 통해 바울은 그리스도께서 신적 존재이심으로 말하면서도 열렬한 유일신론자라고 말할 수 있게 된 것이다.

본문의 나머지 부분은 이러한 이름이 바로 바울이 가리키고 있는 이름이라는 점을 확고히 한다. 그래서 그 이름('the Name')은 대문자로 표기하고 정관사로 강조하는 것이다. 바울이 말하는 토 오노마 훼페르 판 오노마(τὸ ὄνομα τὸ ὑπὲρ πᾶν ὄνομα)를 "모든 이름 위에 있는 이름"(the name that is above every name)이라고 번역하는 것도 괜찮지만 바울이 전방조응 관사를 사용함으로써 훼페르 판 오노마(ὑπὲρ πᾶν ὄνομα) 구문은 형용사적 수식어 기능을 하고 있음을 의미한다. 따라서 "즉 모든 이름 위의 이름"(namely, the one above every name)라고 번역할 수 있다. 바울의 요지는 하나님께서 그리스도를 높이실 때 그분에게 구약에서는 말하는 신적 이름(the Divine Name)을 가리키는 "그 모든 이름 위에 뛰어난 이름"(the name-above-every-name Name)으로 주셨다

---

92) 이 관용어는 성경에서 매우 흔하게 사용된다는 점을 고려할 때 그렇게 이해할 수도 있다고 본다(예를 들면, "주(너의 하나님) 이 이름"). Moule이 이러한 주장을 했다("Further Reflexions," 270. 이 관용어는 빌립보서에서도 정기적으로 찾아볼 수 있다.

93) Plummer(48) 역시 그렇게 (올바로) 생각하며 (역시나 올바르게) 바울이 사용하는 엔(ἐν)을 "at"으로 번역하는 일반적 습관을 거부한다. 대신 모든 이들이 무릎을 꿇게 되는 것은 "이제 예수님께서 소유하게 되신 이름으로" 무릎을 꿇는 것이다. 시 63:4(칠십인경에서는 62:5)을 참조하라.

는 점이다. 이 이름은 시내산에서 모세에게 계시하신 이름 즉 하나님의 영원한 이름으로(출 3:13-15), 그분은 한 분이시며 그분의 이름 역시 하나이다(신 6:4). 또한 그분은 예루살렘을 택하셔서 그 이름이 거하는 장소로 삼으셨고(신 12:5), 모든 이스라엘이 그 이름을 불러야 할 장소로 삼으셨다(신 12:11). 그 이름이 바로 칠십인경의 퀴리오스를 통해 이제는 높임 받으신 그리스도께 수여된 그 이름이다.

이러한 해석에 대한 확증은 계속 진행되는 논의로부터 나온다. 인간과 같이 되심으로써 자신을 비우셨고 십자가에서 죽기까지 복종하심으로써 자신을 낮추셨던 분이 승귀하신 사건은 마지막 때에 모든 피조계가 온전한 경의를 표하는 종말론적인 결과[94]를 야기한다. 이 점을 주지시키기 위해 바울은 다시 한 번 이사야 45:23의 표현을 차용한다.[95]

빌 2:10-11 10 πᾶν γόνυ κάμψῃ ἐπουρανίων καὶ ἐπιγείων καὶ
καταχθονίων 11 καὶ πᾶσα γλῶσσα ἐξομολογήσηται ὅτι κύριος
Ἰησοῦς Χριστὸς
사 45:23 ὅτι ἐμοὶ κάμψει πᾶν γόνυ
καὶ ἐξομολογήσεται πᾶσα γλῶσσα τῷ θεῷ

cf. 사 45:18 οὕτως λέγει κύριος ὁ ποιήσας τὸν οὐρανόν…
빌 2:10-11 10 하늘에 있는 자들과 땅에 있는 자들과 땅 아래 있는 자들로

---

94) 헬라어 히나(ἵνα)는 고전 헬라어에서 목적을 표현하는 단어인데 바울 서신을 포함한 신약 전반에 걸쳐 여전히 그런 의미로 쓰이고 있다. 그런 몇 군데를 살펴보면 바울에게 있어 목적이 목표를 넘어 결과까지도 포괄하는 경우가 있는 것 같다 (위에서 언급한 2절을 참고하고, 갈 5:17에 대해 논의하는 Fee, *God's Empowering Presence*, 434-37를 보라). 대부분의 해석가들은 이것을 전적으로 목적을 의미하는 것으로 본다.
95) 본문 간의 상호성이 분명하다는 점은 바울이 롬 14:11에서 같은 구절을 인용하고 있다는 점에서 증명된다(제6장에 있는 논의 ⟨pp. 404-412⟩를 보라). 이러한 인용이 특히 중요한 이유는 사 45:23을 인용하는 두 구절 모두 오메이타이(ὁμεῖται) 대신 이사야서에 나오는 엑스모로게세타이(ἐξομολογήσηται)를 사용함으로써 현 본문에 있는 본문 간의 관련성을 입증해 주고 있기 때문이다(제6장에 있는 각주 67번 ⟨p. 407⟩을 보라). 이러한 사실은 Kreitzer(*Jesus and God*, 115-16)가 주장하는 것과는 달리 바울이 이 본문을 "느슨하게 재작업"하고 있거나 "간접적으로 가리키는" 것이 아니라는 사실을 보여준다. 이것은 본문 간의 관련성을 보여주는 좋은 예로서 바울이 이전의 본문에서 사용한 언어를 선택하되 그 본문에 있는 기본적인 문맥적 핵심을 함께 도입해서 현재의 상황에 재적용하고 있다.

모든 무릎을 꿇게 하시고 11 모든 입으로 예수 그리스도를 주라 시인하여

사 45:23 내게 **모든 무릎이 꿇겠고 모든 혀가 맹약하리라**

cf. 사 45:18 **여호와는** 하늘을 창조하신 하나님이시며…

두 구절 모두가 강조하는 것은 모든 피조물이 마지막 때에 그리스도께 경의를 표하고 경배할 것이라는 사실이다. 그래서 6절에서 시작된 내러티브는 중요한 요지들을 모두 거론하고 있다. 이 내러티브는 영원 전에 "하나님의 본체"셨던 그리스도로부터 출발하여, 그분의 성육신에 초점을 맞추고, 마지막으로 그분의 승귀가 이미 완성된 것처럼 표현함으로써(9절) 부활과 승천을 전제하고 있다. 여기서는 모든 피조물이 그의 주되심을 얻게 될 때인 종말론적 미래를 가리키며 끝을 맺고 있다.[96] 이러한 결론으로 맺는 두 구절을 더욱 자세히 살펴 볼 필요가 있다.

3) 모든 무릎이 꿇을 것이다 (10)

특별히 여기서 분명한 것은 바울이 독자들로 하여금 이사야 45장에서 여호와에 대해 진술한 것을 배경으로 그리스도에 대한 진술을 듣게 의도하고 있다는 점이다. 이사야에 나타나는 고무적인 신탁 본문(사 45:18-24a)에서 여호와는 하나님이시며 그분이 창조하신 모든 것 즉 모든 신들과 열방들보다 뛰어나시다는 사실을 선포한다. 그리고 그분은 이스라엘의 구원자이시며 이스라엘이 전적으로 신뢰해야 할 분이시다. 22-24a절에서 모든 이들에게 구원을 베푸시며 존경을 받으시는 여호와는 "내게 모든 무릎이 꿇겠고"라고 선포하신다. "무릎을 꿇는 것"은 경의를 의미하는 일반적인 관용적 표현으로, 가끔 기도 시에 사용하기도 하지만 대부분의 경우 경의를 표하는 신이나 사람

---

[96] 이러한 입장은 대다수 학자들의 견해임이 너무 분명하기 때문에 이 사건에 대한 "시간"에 대해 논란이 있다는 사실에 놀랄 수도 있다(Martin, *A Hymn of Christ*, 266-70을 보라). 이 문제에 대해 Lohmeyer(97)은 제대로 파악하고 그 시간은 "하나님의 현재"라는 시각에서 본 종말론적 미래를 뜻한다고 말한다. 이 말은 곧 바울 신학의 모든 것을 드러내는 "이미/아직"이라는 종말론적 틀을 말하고 있다.

의 권위를 인식하게 될 때 사용한다.[97] 여기서 바울이 역설하는 것은 그리스도의 부활을 통해 그리고 그분이 승천하실 때 하나님께서 경외를 받으실 권한을 그 아들에게 물려 주셨다는 사실이다. 그분은 모든 무릎이 그 앞에 꿇게 될 주님이시다.[98]

바울이 이사야가 사용하던 용어를 이런 방식으로 사용하는 것이 매우 중요한 이유는 그가 이사야 45:23에서 여호와 이스라엘의 하나님을 의미하는 "내게"를 "예수의 이름으로" 바꾸었다는 점 때문이다. 이러한 표현으로부터 무릎 꿇는 이들이 그의 구원을 인정할 것이라는 암시를 찾아볼 수는 없다. 반면에 그들은 지금은 비록 그 주권을 인정하지 않는다 해도 마지막 때가 되면 그분의 주권 앞에 무릎 꿇게 될 것이다. 따라서 이 구절은 열방에 대한 여호와의 주권을 나타내는 구약 본문이 칠십인경의 퀴리오스를 통해 그리스도에게 연결되는 또 하나의 예로 볼 수 있다.

또한 바울은 이사야의 신탁과 조화를 이루면서도, 여기서 인용하고 있는 표현과는 달리 그리스도께서 언젠가는 받으실 총체적 경외를 독특하게 선포한다. 즉 "하늘에 있는 자들과 땅에 있는 자들과 땅 아래 있는 자들"이 그들의 무릎을 퀴리오스의 권위 앞에 꿇게 될 것이라고 선포한다. 구약의 신탁과의 조화, 특히 '주'는 하늘과 땅의 창조자라고 말하면서, 바울은 의도적으로 그리스도의 주권의 범위를 창조된 모든 대상으로 확장한다.[99] "하늘에 있는" 자들은 하늘에 있는 모든 존재와 천사와 사탄을 가리킨다.[100] 땅에 있

---

97) 시 95:6, 막 15:19, 눅 5:8, 22:41, 행 7:60, 9:40, 엡 3:14을 보라. *NIDNTT* 2:859-60 (Schönweiss)와 *EDNT* 1:257-58 (Nützel)을 참조하라.

98) N. Nichardson은 전적으로 동의할 수 없는 의견을 (강력한 주장으로) 제시한다. 그가 말하기를 "예수의 이름 앞에 '무릎을 꿇는 것'은 여호와는 하나님이라는 사실을 인정하는 새로운 방법이다"라고 주장한다. 그리고 덧붙이기를 "본문에는 구약의 하나님에게 사용된 언어가 예수께 옮겨진 것"이 없다고 말한다(*Paul's Language about God* 〈JSNTSup 99; Sheffield: Sheffield Academic Press, 1994〉, 285). 그러나 이러한 주장은 "그 이름"에 대한 바울의 주요 논지를 전반적으로 놓치고 있다고 생각한다. 구약 본문에 등장하는 퀴리오스는 이제 그리스도께 옮겨졌으므로 이제는 그분 앞에 모든 무릎이 꿇을 것이다.

99) 그러나 이 세 단어가 중성이어서 무생물까지 포함하는 모든 피조물을 가리킨다고 보기에는 무리가 있어 보인다. Lightfoot(115)이 이같이 주장했고 많은 이들이 이 견해에 동의한다. Plummer, 49, W. Carr, *Angels and Principalities: The Background, Meaning and Development of the Pauline Phrase "hai archai kai hai exousiai"* (SNTSMS 42; Cambridge: Cambridge University Press, 1891), 86-89.

100) 대부분의 해석가들이 이렇게 생각한다. 이 표현은 물론 "권세"를 포함하기도 하지만 권세에 대한 강조가 눈에 띠지 않을 뿐더러 이 세 가지 명칭이 모두 "영적

는 자들은 그리스도의 파루시아 때 지구상에 살고 있는 모든 이들과 빌립보에서 현재 고통으로 신음하는 이들을 지칭한다. "땅 아래 있는" 자들은 그리스도의 주권을 인정하기 위해 죽음에서 일어나게 될 "죽은 자들"을 지칭하는 듯하다. 따라서 이 구절에 담긴 고등기독론은 부인하기가 쉽지 않다.

4) 모든 입으로 시인하여 (11)

이사야의 신탁에서 발견되는 시에 대해 언급할 것이 더 있다. 모든 피조물이 무릎 꿇고 그리스도의 이름에 합당한 경배를 드릴 뿐 아니라, "모든 입"[101]이 죄를 자백[102]하며 고통당하는 교회가 쓰는 용어로 경의를 표하게 될 것이다. 즉 주는 예수 그리스도이심을 시인할 것이다. 이사야(칠십인경)에서 '모든 입의 시인'이란 모든 인간을 다스리는 여호와의 유일한 주권에 대한 모든 열방의 최종적인 항복을 의미한다. 바울이 그의 방대한 서신서에서 이러한 기초적인 기독교 고백을 언급하고 있는 것은 여기가 세 번째이다. 바울 서신에서는 이러한 고백이 언제나 "주는 예수"라는 형식을 취하고 있으며 여기서는 "그리스도"를 덧붙이고 있다. 바울이 볼 때 이러한 고백은 신자와 불신자를

권세"를 가리키고 있다는 제안은 설득력이 떨어진다(Käsemann, 〈"Critical Analysis"〉, Beare, 86; Martin 〈*A Hymn of Christ*, 257-65〉, Traub 〈*TDNT* 5:541-42〉, Nützel 〈*EDNT* 1:258〉). O. Hofius는 이러한 시각이 부적절한 방법론에 의한 결과라며 반박한다(*Der Christushymnus Philipper 2,6: Untersuchungen zu Gestalt und Aussage eines urchristlichen Psalms* 〈WUNT 2/17; Tübingen: Mohr Seibeck, 1976〉, 20-40, cf. Car, *Angels and Principalities*, 86-89). 그 방법론은 (1) "찬가"가 바울 이전의 저작(따라서 바울의 저작이 아닌)이라는 전제를 두고 있으며, (2) 그 찬가가 유래된 "배경"을 영지주의 또는 헬레니즘에서 말하는 우주론으로 보고, (3) 바울의 언급을 이같은 배경에서 이해하려 한다. 그밖에 위 방법론의 약점은 빌립보시에서는 신자들이 그러한 "권세"에 의해 괴롭힘 당하고 있다는 힌트를 찾을 수가 없다는 점이다. 그들에게 있어 문제점은 그런 "권세"가 아니라 사람들과 관련이 있으며 그들의 반대로 인해 심각한 고통을 겪고 있다.

101) 헬라어 글로사(γλῶσσα). 이 단어는 일반적으로 사람들이 구사하는 언어를 가리키지만 여기서는 그 범위가 넓다(="구사하는 언어와 상관없는 모든 사람"〈BDAG〉). 그래서 바울은 이사야 45:23의 칠십인경에서 발견되는 개념을 사용해서 병행을 이루는 "무릎"과 조화를 이루어 "모든 사람들의 입"이 시인하게 될 것이라고 말하는 것이다.

102) 여기서 호티(ὅτι)는 호티(ὅτι)-recitativum(직접 인용문을 소개하기 위해 사용되는)절로서 다른 바울 서신서에서처럼 이러한 표현들이 고백할 때 실제로 사용하는 표현임을 가리키고 있다.

구분하는 선이다(롬 10:9). 이 고백은 그가 고전 12:3에서 이미 역설했듯이 성령을 통해서만 가능하다. 회심에 있어서 성령의 결정적인 역할을 알 수가 있다. 로마서 10:9에서는 이 고백이 예수님의 부활에 대한 확신과 결부되어 있으며 똑같은 결합이 분명 본문에서도 나타난다. 마지막 때가 되면 모든 피조물이 부활하신 예수님을 보게 될 것이며, 이 목격에 기초해서 퀴리오스는 다름 아닌 십자가에서 죽임을 당했고 신자들이 경배하는 바로 그 예수시라는 사실을 선포하게 될 것이다. 그 고백은 회심 고백이 아니라 "너희가 못 박은 이 예수를 하나님이 주와 그리스도가 되게 하셨느니라"(행 2:36)는 말씀을 최종적으로 인정하는 고백이다.

일부 반대 견해가 있긴 하지만 이러한 고백이 초대 유대 기독교 공동체[103]에서 일어났다는 점에 대해서 별 다른 이견이 없다. 고린도전서 16:22에 나오는 아람어로 된 고백 "마라나타"가 이를 분명히 입증해 주고 있기 때문이다.[104] 그래서 아람어를 사용하는 초기 신앙공동체에서 하나님께 사용되었던 표현을 그리스도께 공동 기도를 드릴 때 사용하게 된 것이다. 이런 이유로 본문의 고백에 나타나는 기독론적 함의에 대해 이의를 제기하는 사람은 없다. 한편 유대교 회당에서는 '주'라는 명칭이 오랫동안 하나님의 "이름"(여호와)을 대신하는 명칭으로 사용했지만, 초대 신자들은 그 "이름"(주)을 부활하신 그리스도에게 적용했다. 따라서 바울에 의하면 하나님께서 그리스도를 죽음에서 건지심으로써 그분을 가장 높은 곳에 올리셨고 하나님의 이름 즉 하나님의 권능과 권위 수여를 지칭하는 히브리식 개념의 그 이름을 수여하셨다.[105]

반면에 바울의 유일신 사상은 "하나님 아버지께 영광을"이라는 마지막 구문을 통해 그대로 유지되고 있음을 알 수 있다.[106] 고린도전서 8:6을 보면 오직 한 분뿐인 주님(예수 그리스도로서 만물이 그로 말미암고 우리도 그로 말미암는다)이 나오는데, 그분의 사역은 오직 한 분이신 하나님의 사역(아버지로서 우리를 포함하여 만물이 그로부터 그리고 그를 위하여 났다) 안에서 이루어진다. 이와 매우 흡사하게 여기 빌립보서 본문에서도 마지막 문장이 "하나님께서 모

---

103) 이 문제에 대해서는 특별히 Hurtado, "Lord," *DPL* 560-69를 보라.
104) 이 본문에 대한 논의는 제3장(pp. 205-208)에서 보라.
105) Kreitzer (*Jesus and God*, 116)를 참조하라. 필자는 여기서 그의 언어를 차용했다.
106) Cf. ibid., 161. Hurtado, "Lord," 565도 이 부분을 인용하고 있다. 의의 열매가 "예수 그리스도로 말미암아 하나님의 영광과 찬송이 된다"고 선포하는 1:11을 보라.

든 이름 위에 뛰어난 이름을 주셔서 그리스도를 지극히 높이신 사건"으로 시작되고 이 모든 것이 하나님 아버지께 영광이라는 내용으로 마무리된다.[107]

마지막으로 예수를 '주'라 선포하는 것은 이방 거주민들이 "주 가이사"를 포함하여 "많은 주"를 섬기던 로마 시민들이었던 도시에서 함께 살던 신자들에게 중대한 효과가 있었다는 사실을 주목해야 한다. 바울은 지금 그의 편지 수신자가 누구인지를 분명히 알고 있다. 왜냐하면 그는 지금 로마 황제의 죄인 중에 하나이며 빌립보 신자들은 로마 시민들로 인해 큰 고통을 겪고 있기 때문이다. 바울이 역설하는 것은 모든 사람들, 즉 로마 황제마저 포함하는 모든 자들이 주님은 오직 한 분이라는 사실을 마지막 때에 인정하게 될 것이라는 사실이다.

4. 그리스도, 하늘의 구주와 주- 빌립보서 3:20-21

이 서신서가 제기하는 주장의 마지막 부분을 향하면서 그리고 그리스도 이야기(3:4-14)를 모델 삼아서 자신의 이야기에 대한 적용부분을 신학적으로 끝맺으면서 바울은 서신서 전반에 걸쳐 있는 종말론적 주제를 끄집어내어 모든 논의를 거기에 맞추려 한다. 마음이 세상에 고정되어 있어 십자가의 원수로 살아가는 이들과는 대조적으로, 바울은 이제 승귀하신 주이시며 구주를 모든 것의 종말론적 목적으로 묘사하고 있다. 그는 이것을 그리스도의 현재적 통치와 앞으로 올 파루시아라는 개념으로 표현하며 신자들의 종말론적 존재는 현재 다스리시는 그리스도에 의해 전적으로 결정된다고 역설한다.

이 본문에 사용되는 표현은 2:6-11의 그리스도 이야기에 대한 반영으로 가득 차 있다. 그럼에도 본문은 서신서에서 독특한 기능을 수행하는 네 특히 3:1에서 시작된 주장을 마무리 하고 바울의 패턴(17-18절)과는 반대되는 길을 '걷는' '많은 이들'에 대해 즉각적으로 답변하는 기능을 한다. 그 사람들은 "땅의 일을 생각하기"(19절) 때문에 궁극적으로 심판을 받게 된다. 동시에 바울은 신자들이 지녔던 '이중' 시민권의 역할에 대해 언급한다(1:27 참조). 그들은 현재 로마의 식민지인 빌립보에 사는 로마 시민이지만 그들의 진짜 시

---

107) 즉 이 구문은 단지 마지막 구문이 아니라 내러티브 전체(6절부터 시작하는)와 조화를 이룬다.

민권은 하늘에 있음을 확신하라고 한다.[108] 이 모든 것이[109] 기독론적 관심이 고도로 집중되어 있는 한 문장에서 언급되고 있다. 그리스도가 모든 것의 초점이자 중심일 뿐 아니라 여기서 그분의 행위들은 모두 구원론을 다루는 바울 서신의 본문에서 주로 하나님 아버지께 적용되던 것이다.[110] 기독론적 요소가 강한 세 가지 문제가 우리의 관심을 끈다.

1) '구주'이자 '주'로서의 그리스도

바울이 현 주장을 마무리 하는 첫 번째 요지는 빌립보 교인들이 현재 지니고 있는 시민권은 이미 "하늘에" 있으며 그곳에서 "구원하는 자(의 도래)를 간절히 기다린다"는 것이다.[111] 그는 바로 높임 받으실 때 '주'라는 이름을 얻게

---

108) 이 문제에 대해서는 A. T. Lincoln, *Paradise New and Not Yet: Studies in the Role of the Heavenly Dimension in Paul's Thought with Special Reference to His Eschatology* (SNTSMS 43; Cambridge: Cambridge University Press, 1981), 97-101를 보라.
109) 이 본문이 그리스도의 승귀에 대해 언급하고 있고 2:6-11과 언어적으로 관련이 있기 때문에 일부는 이 본문 역시 바울 이전에 저작된 것으로 추정하기도 한다. 그러나 전자의 본문과 마찬가지로 현 본문에서는 특히 바울의 전형적인 특성이 내포된 본문이다. 종말론적 전망과 기독론적 초점이 여기서처럼 결정적인 부분일 때마다 반복적으로 결합되기 때문이다. 이에 대한 논의는 Fee, 376-77을 보라.
110) 일부는 바울의 저작이라 하나 이것을 무효한 주장이라고 본다(예를 들면, G. Strecker, "Redaktion und Tradition im Christushymnus Phil 2 6-11," *ZNW* 55 ⟨1964⟩, 63-78, J. Becker, "Erwagungen zu Phil. 3,20-11," *TZ* 27 ⟨1971⟩, 16-29). 이러한 지적은 놀랍기만 하다. 왜냐하면 바울 자신이 직접 여기서 말하고 있는 것을 필사자로 하여금 받아 적게 하고 있기 때문이다. 그리고 2:6-11에서도 언급했던 것처럼 빌립보 교인들이 듣도록 받아 적게 한 것은 바울 자신이 확신하고 있는 것임이 분명하다. 1절에서 시작된 권고 부분을 완전한 결론으로 이끌고 가는 것을 보면 더욱 그렇다는 것을 알게 될 것이다. 바울 이전 즉 바울 저작이 아니라는 개념은 이러한 경우 타당하지 않다. 좀 더 포괄적인 반박에 대해서는 Kim, *Origin of Paul's Gospel*, 150-56을 보라.
111) 이 절의 언어가 구체적으로 그리스도의 파루시아(재림)를 가리키고 있지는 않지만 바울이 말하는 것을 보면 그러한 의미를 전제하고 있음을 알 수 있다. 첫째, 그리스도를 "하늘로부터" 기다린다는 것은 다름 아닌 그분의 재림을 말하고 있다. 둘째, 동사 아페크데코메다(ἀπεκδεχόμεθα, 우리가 간절히 기다린다)는 바울이 종말론적인 "심판"을 위해 오실 그리스도의 재림과 연관시켜 사용하는 단어이다(cf. 고전 1:7; 갈 5:5; 롬 8:19, 23, 25 ⟨신약 전체를 보면 히 9:28과 벧전 3:20에서도 종말론적인 문맥에서 사용되고 있다⟩). 바울은 이 단어를 사용하여 "하늘의 상"을 위하여 좇아가는 그의 삶을 되돌아 보게 하고(12-14절), 같은 방법으로 그 목표를

되신 "주 예수 그리스도"이시다(2:9-10). 그래서 바울은 무엇보다 종말론적인 주와 구주로 오실 그리스도의 도래에 초점을 두고 있다.

바울의 당시 독자들의 정황과 바울 기독론에 대한 이해를 고려할 때 "간절히 기다리는" 분이 "구주"[112]라 불리는 점은 매우 중요하다. 바울이 "구주"라는 단어를 다른 곳에서는 거의 사용하지 않는다는 점에서 그 중요성은 더욱 고조된다. 지금까지 살펴본 바울 서신 중에서는 그리스도를 "구주"라 부르는 구절은 에베소서 5:23이 유일한데 이 경우 전적으로 그리스도의 명칭으로 사용된 것도 아니다.[113] 바울은 빌립보 교인들을 위해서 특별히 그리스도를 구주라고 부르고 있는데, 그 명칭이 원래 가이사를 지칭하는 명칭으로[114] 흔히 '주'라는 타이틀과 결합되기 때문이다.[115] 따라서 "구주"라는 명칭은 의도적

지속적으로 바라보며 현재를 어떻게 살아가고 있는지 강조한다.
112) 헬라어 소테라(σωτῆρα)는 강조를 나타내는 맨 앞에 위치(동사 앞의 목적어)하고 있으며 정관사 없이 사용되고 있다. 그러나 일부가 주장하는 것처럼, 바울이 여기서 많은 구세주 중 한 구세주("a Savior")를 의미한다고 볼 수는 없다. 이러한 무관사 용법은 오히려 바로 뒤에 나오는 퀴리온 예순 크리스톤(κύριον Ἰησοῦν Χριστόν)처럼 강조의 의미를 지닌 것으로 보는 것이 옳다. 이러한 현상은 "Colwell 법칙" 즉 한정 서술 명사가 동사에 선행할 때는 주로 무관사라는 법칙(이 경우 동격이 뒤따르는 한정 직접 목적어도 유사한 기능을 한다고 생각된다)의 변형으로 보인다.
113) 물론 바울 서신에는 이러한 용법을 따르는 구절이 일반적이다. 딛 1:4; 3:6(일부는 여기에 2:13을 추가하기도 하지만 이에 대해서는 pp. 656-661를 참조하라); 딤후 1:10(현 본문과 매우 유사한 문맥). 많은 학자들(예를 들면, Beare, 137; Collange, 140; O'Brien, 462-63)은 이러한 용례가 바울이 종말론적 구원을 일어날 미래를 나타내기 위해 사용한다고 알려져 있는 동사 "save" 사용을 반영하는 것이라고 강조한다. 그러나 고전 1:21; 15:2, 롬 8:25, 엡 2:5, 8이 입증하는 것처럼 그렇게 단순하지는 않다.
114) Foerster, *TDNT* 7:1010-12를 참고하라. 헬레니즘으로부터 유래된 이 용어는 "구하는" 또는 구출해 내는 사람을 뜻한다. 그래서 "죄로부터의 구원"이라는 뜻과는 하등의 관련이 없으며 대신 신이나(제우스, 아폴로, 포세이돈, 헤라클레스, 아스클레피우스, 사라피스 등의 다양한 신이 여기에 해당한다) 주요 위인들(예를 들면 폼페이나 황제들)에 의해 구출되고 보호받는다는 뜻을 지닌다. 그래서 가이사는 "세상의 구원자"라고 불리고, 아우구스투스는 자신을 가리켜 "인류의 구원자"라고 한다. K. H. Schelkle (*EDNT* 3:326-27) 바울의 "구세주" 사용이 황제를 가리킨다고 보지 않는다. 대신 그들의 나라가 하늘에 있으며 그들이 기다리는 진정한 "구세주"가 거기로부터 올 것임을 알리는 문상에서 의노셕으로 사용되고 있다고 생각하는데, 이러한 입장은 필자가 견지하는 견해에 무게를 더 실어주고 있다. P. Perkins, "Philippians: Theology for the Heavenly Politeuma," in *Thessalonians, Philippians, Galatians, Philemon* (vol. 1 of Pauline Theology, ed. J. M. Bassler; Minneapolis: Fortress, 1991), 83-94.
115) Bockmuehl, 235를 참고하라.

이라고 보는 것이 거의 확실하며, 이는 빌립보 교인들의 "시민권"이 로마 제국의 빌립보에 있는 것이 아니라 하늘에 있다는 바울의 역설이 동일하게도 의도적인 성격이 강하기 때문이다.

바울이 그리스도를 "구주"라 부르는 것은 이 명칭이 구약에서 "하나님 우리(나의) 구주"를 가리키기 위해 자주 사용된다는 점을 고려할 때 특별히 기독론적으로 중요하다. 특히 이 단어가 칠십인경으로부터 유래한다는 점에서 그 중요성을 찾아볼 수 있다. 칠십인경을 보면 "구주"라는 용어를 자주 그리고 중요한 위치에서 이스라엘을 애굽의 속박으로부터 "구원하신"(="구출해 내신") 하나님과 동격으로 사용되기 때문이다. 따라서 모세의 노래(신 32:15)에서 "야곱"은 그가 "하나님 그의 구주를 버렸다"는 이유로 비난받으며, 시편의 제1권(1편에서 41편 - 역주)의 중심부분에서 다윗은 "하나님 나의 구주"라고 말하고 있다(시 25:5; 27:9).

바울이 빌립보 교인들로 하여금 재차 확신케 하는 진술에 관한 한, 이 모든 주장에 대한 결정적 요지는 바울이 20절 마지막에서 "주 예수 그리스도"라는 말을 "구세주"와 동격 관계에 놓고 있다는 사실에 있다. 이러한 어법(어순까지 포함)은 바울이 2:11에서 가져온 것이다(이러한 결합은 빌립보서에서 이 두 곳에서만 나온다). 그래서 빌립보 교인들은 그들의 구주가 다름 아닌 "주 예수 그리스도"이시며, 모든 입이 종말론적인 대단원의 막이 내릴 때 그분의 주권을 시인하게 된다는 사실을 상기하게 된다.

2) 우리 몸을 변화시키실 분

바울의 두 번째 절은 그리스도께서 종말론적으로 구주로서 어떻게 기능하실 것인지에 초점을 맞추고 있다.

3:21 ὃς μετασχηματίσει	τὸ σῶμα	τῆς ταπεινώσεως ἡμῶν
σύμμορφον	τῷ σώματι	τῆς δόξης αὐτοῦ
변케 하시리라	몸을	우리의 낮은
같이	몸의 형체와	자기 영광의

이러한 언어유희, 대조, 반영은 이미 현 서신서의 이전 구절에서도 사용

되었다는 사실을 누구나 쉽게 감지할 수 있다. 여기서 중요한 대조는 우리 몸과 그리스도의 몸이다. 우리 몸이 2:8에서 "자기 몸을 낮추셨다"의 '낮음'(humiliation)을 표현하고 있다면 그리스도의 몸은 2:11에서 하나님 아버지께 해당되던 단어인 "영광"을 가리키는 표현이다.[116] 동시에 쉼모르폰(σύμμορφον)은 분명 3:10에 대한 의도적인 반영이며,[117] 그곳에서 신자는 '쉼모르피조메노스 토 다나토 아우투'(συμμορφιζόμενος τῷ θανάτῳ αὐτοῦ, 그의 죽으심을 본받아)해야 한다. 게다가 메타스케마티세이(μετασχηματίσει)는 2:7b의 명사 스케마티세이(σχηματίσει, 사람의 형태로)로부터 형성된 동사다.[118]

바울의 어법이 여기서는 확연히 다른 것은 사실이지만, 그 개념은 고린도 교인들 중 일부가 미래에 일어날 육체적 부활을 부인하던 상황에 대해 바울이 이전에 말했던 부분(고전 15:42-57)을 배경으로 이해되어야 한다. 우리의 현재 몸은 썩어 없어질 것이며 "자연적"이지만(그리고 죽게 되면 "욕된 것과 약한 것으로 심고"), 변화된 신령한 몸은 썩지 않으며 "초자연적"[119]이다(그리고 "영광스러운 것"과 "강한 것"으로 다시 산다). 그래서 현재 몸은 부활로 인해 초자연적인 몸을 얻게 된 "하늘에 속한 자"의 "형상"으로 변화될 것이다. 본문에서 강조되고 있는 것은 부활에 관한 것이지만 똑같은 변모가 파루시아가 일어날 때까지 살게 될 사람들에게도 일어날 것임을 강조하며 끝을 맺는다 (고전 15:52-53).

본 절에서는 기독론적으로 중요한 두 개의 요지가 담겨 있다. 첫째, 고린도전서 15:44b-49과 더불어 본문은 그리스도께서 성육신 하셨을 때 우리와의 육체적인 연합을 강력히 피력하고 있다. 2:7-8에서 "육체"라는 용어를 사용하지 않고 그 연합을 강조하고 있다. 역으로 이것은 바울이 그리스도의 성육신을 영원한 것으로 이해하고 있으며 따라서 그리스도께서 하나님 우편으로 높임 받으신 후에도 육체의 몸(영원히 존재할 몸으로 변화되었지만)으로 계시다

---

116) 동시에 이 영광은 원수들의 영광이 부끄러움에 있다(있어야만 한다)는 사실과 의도적으로 대조되고 있다(3:19).
117) 왜냐하면 이 단어가 3:10과 근접해 있으며 3:10의 동사는 바울 전체 서신에서 빌립보서의 현 본문에서만 발견되기 때문이다. 또한 같은 어원을 지닌 명사는 여기서와 신자들에게 그리스도의 형상을 "본받으라"고 말하는 롬 8:29에만 나온다.
118) 이 본문과 2:6-11사이의 문자적인 반영에 대한 완전한 목록을 보려면 Lincoln, *Paradise Now*, 88을 보라.
119) 휩스키콘 소마(ψυχικόν σῶμα)와 프네우마티콘 소마(πνεωματικόν σῶμα)의 대조관계와 "현재의 자연적 삶과 영의 마지막 종말론적 삶"에 적용되는 몸에 관해서는 Fee, *God's Empowering Presence*, 22-64를 보라.

고 믿고 있음을 입증하는 명백한 증거가 된다. 따라서 비록 우리에게는 신비스러운 이야기지만 바울이 분명히 믿기로는, 본질적으로 하나님과 같으셨던 분이(2:6) 우리와 같이 사람이 되셨고 영광 중에 높임을 받으신 후에도 우리의 육체적 존재를 실제로 공유하고 계신다.

물론 여기서의 포인트는 바울의 현 관심사, 즉 그리스도의 사람들은 이와 똑같은 미래를 맞이하게 될 것이라는 점이다. 빌립보 교인들이 현재 감당해야 할 운명은 1:29-30에서 역설하고 2:17에서 암시하고 있듯이 "그리스도를 위해 고난 받는" 것이다. 그러나 그런 고난 속에서도 "주 안에서 기뻐할" 수 있다(2:18; 3:1; 4:4). 왜냐하면 고통 자체는 "그 부활의 권능"에 의해 가능케 된 것이고 동시에 그 부활이야말로 그들의 미래를 확실히 책임지기 때문이다. 그러므로 빌립보 교인들은 현재의 "낮음" 속에서 구주의 도래를 기다리며 그 도래와 함께 그들의 낮은 몸이 그리스도께서 지니신 영광의 몸의 형체로 변화될 일을 기다린다.

둘째, 21절에서 가장 두드러지는 점은 그리스도가 본문의 (문법적인) 주어가 된다는 사실이다. 다른 곳에서는 하나님의 명시적 또는 암시적 행위에 해당되는 사항이 여기서는 그리스도께 전환된다는 점은 빌립보서에서 가장 두드러지는 변화 중 하나이다. "변화"라는 표현이 명확히 나타나진 않지만 바울은 여러 곳에서 그 개념에 관해 이야기하고 있다. 고린도전서 15:38을 보면 부활하게 될 사람들에게 새로운 "몸"을 주실 분은 하나님이시라고 말한다. 고린도후서 5:1에서는 새 몸은 "하나님이 지으신 집 곧 손으로 지은 것"이 아니다. 로마서 8:11은 하나님께서 그리스도를 죽은 자 가운데서 살리시고, 그리스도께서 "너희 안에 거하시는 그의 영으로 말미암아 너희 죽을 몸도 살리시리라"고 말씀한다(TNIV).[120] 그러나 본문은 이러한 사역을 모두 그리스도께서 감당하신다고 말한다. 그분은 현재 낮은 위치에 있어 죽을 수밖에 없는 몸을 손수 그분의 영광스러운 몸과 같이 "변화시키실" 것이다.

---

120) TNIV의 번역이 (다른 영어 성경의 번역과는 달리) 본문을 정확히 보고 있다. 즉 영이 대리인 역할이 아닌 미래의 육체적 부활이 거할 처소가 된다는 점을 제대로 밝혀주고 있다. 이 원문과 관련된 문제와 문맥에서 이 구절이 뜻하는 의미에 대한 문제에 대해서는 Fee, *To What End Exegesis?*, 230-34, 특히 각주 47을 보라.

3) 만물을 복종케 하심

21절에서 기독론적으로 중요한 세 번째 요소는 본문 마지막 구문에서 나타난다. 그리스도께서 몸의 변화를 행하실 때 사용하시는 능력은 카타 텐 에네르게이안 투 뒤나스타이 아우톤 카이 휘포탁사이 아우토 타 판타(κατὰ τὴν ἐνέργειαν τοῦ δύνασθαι αὐτὸν καὶ ὑποτάξαι αὐτῷ τὰ πάντα, 만물을 자기에게 복종케 하실 수 있는 자의 역사에 의해서)다. 바울은 다른 곳에서 하나님 아버지에 대해 사용하는 어법을 여기서 그리스도에 대해 사용하고 있기 때문에, 어떤 면에서 보면 이러한 "변화"는 가장 두드러지는 변화 중 하나라고 할 수 있다.

첫째로 이 변화가 "일치하고"[121] 있는 "역사"는[122] "만물을 자기에게 복종시키도록 할 수 있는" 것으로 정의된다. 이러한 구는 골로새서 1:29, 에베소서 1:19, 3:7, 4:16과 같은 옥중서신에서만 찾아볼 수 있다. 골로새서와 에베소서는 "역사"가 전적으로 하나님께서 하시는 일이지만 여기서는 그 아들에게도 동일하게 해당된다.

둘째로 "자기에게 복종케 하실 수 있는"이라는 구는 하나님이 "만물을 그의 메시아에게 복종케 하시리라"는 시편 8:7의 칠십인경을 바울이 종말론적으로 해석한 데서 비롯된다. 고린도전서 15:28을 보면 그리스도께서 이번엔 만물을 하나님 아버지께 복종케 하셔서 하나님이 "만유 안에 계시게 된다." 본문에서 놀라운 것은 그리스도께서 만물을 자신에게 "복종케" 하신 것이 그

---

121) 헬라어 카타(κατά). 이 전치사가 순전히 도구의 의미로만 사용된다는 입장을 반박하는 견해와 그에 대한 논의에 대해서는 Fee, *God's Empowering Presence*, 481, 각주 24를 보라. 이러한 반대 견해는 현 본문을 근거로도 개진될 수 있다. 여기서 카타는 도구적 의미를 띠고 있지 않을 뿐 아니라(TNIV, NASB, NRSV, NAB, REB, NJB에게는 실례지만) 전달하고 있는 이미가 어떤 행위를 행할 때 따라야 하는 "규범"이나 "기준"에 가깝다. 그래서 바울은 도구적인 의미가 담긴 "역사에 의해서"라고 하지 않고 "역사와 일치하는"이라고 말한다. 바울은 이러한 역사가 그리스도께서 이미 경험한 부활과 변화를 통해 이미 일어났다는 사실을 인식하고 있다.

122) 헬라어 카타 엔 에네르게이아(κατὰ τὴν ἐνέργειάν). Cf. 엡 3:7, 카타 텐 에네르게이안 테스 뒤나메오스 아우투(κατὰ τὴν ἐνέργειαν τῆς δυνάμεως αὐτοῦ, 그의 능력이 역사하시는대로), 또한 엡 1:10, "그의 힘의 강력으로 역사하심을 따라" 그리고 3:20, "우리 가운데서 역사하시는 능력대로." 이 본문들은 하나님의 능력이 세상에서 우리 눈에 보이게 일하시고 계심(계실 것임)을 나타내고 있다. 빌 2:13에서 나타나는 동사(에네르게오〈ἐνεργέω〉- 역주)는 하나님께서 그의 선한 목적을 위해 모든 일을 사람들 안에서/사이에서 행하시고 있음을 말하고 있다.

리스도의 권능 때문이라고 말하고 있다는 점이다.

셋째로 짧은 단어 "또한"(필자는 카이 휘포탁사이⟨καὶ ὑποτάξαι⟩에서 카이⟨καὶ⟩를 '또한'으로 번역한다- 역주)은 매우 중요하기 때문에 생략해서는 안 되지만 많은 영어 번역 성경이 이를 생략한다(한글개역성경에도 생략되어 있음- 역주).[123] 이 단어는 빌립보 교인들에게 확신을 주는 역할을 맡고 있는 마지막 단어다. 그리스도께서는 빌립보에서 대적하는 이들에 의해 고통당하고 있는 이들의 현 육체를 변화시키실 능력과 동일한 능력으로 "만물"[124] 역시 복종시키되 주의 이름으로 인해 빌립보 교인들에게 고통을 주는 황제와 모든 이들을 복종시킬 것이다. 바울이 이미 1:28에서 말하고 3:19에서 암시했듯이 "하나님으로부터" 오게 될 그들의 구원은 동시에 대적하는 것들의 "멸망"을 초래하게 될 것이다.

물론 여기서 바울이 강조하고자 하는 점은 본문 전체와 빌립보서 전체에서와 같이 기독론에 관한 것이 아니다. 즉 바울의 기독론적 확언은 의도적이라기보다는 부수적이다. 빌립보서를 보면 실제 그렇게 다루어지고 있다. 본문에서 바울은 그리스도의 신성을 명시하거나 입증하려고 총력을 기울이고 있는 것이 아니다. 바울에게 있어 이러한 점은 이미 기정사실이기 때문에 그가 만물을 복종케 하는 행위와 같은 신적 역사의 주체가 하나님 아버지라고 할 수도 그 아들이라고도 할 수 있는 것이다.

5. 다른 기독론적 구절/구문

빌립보서라는 짧은 서신서에 명시되거나 전제되어 있는 기독론이 매우 풍성하다는 사실을 볼 때, 기독론적 의미를 담고 있는 부수적 표현들이 매우 많다는 사실은 그리 놀랄만한 일이 아니다. 이러한 표현들의 대부분은 그 용법에 따라 두 개의 카테고리로 분류될 수 있다. 즉 칠십인경의 신적 퀴리오스⟨δίνε κύριος⟩가 지닌 역할에 가정된 그리스도와 신적 특권의 일부를 공유하

---

123) 예를 들면 NIV, GNB, NAB, REB는 이 단어를 생략한다. NRSV는 'also'라고 번역하고 있고, RSV, NASB, NJB는 'even'이라고 번역한다.

124) 헬라어 타 판타⟨τὰ πάντα⟩. 바울은 이 표현을 창조된 우주 전체를 가리키거나 주어진 주제 전체를 가리킬 때 사용한다. 여기서의 용법에 대해선 고전 8:6 (2번)과 고전 15:27-28(4번)을 보라. 현 본문은 고전 15:25-28의 주장을 직접적으로 반영하고 있다.

시는 그리스도 이렇게 두 가지다. 아래 논의들은 이미 이전 장에서 많이 언급된 내용들이 될 것이다.

1) 퀴리오스인 그리스도=칠십인경의 구문에 등장하는 여호와

(1) 그리스도의 날 (1:6, 10; 2:16)

빌립보 신자들을 향한 바울의 또 다른 관심사는 비록 매우 명확하지는 않아도 여전히 눈에 띄는 것으로, 그들의 미래적 희망에 담긴 절대적인 확실성에 대해 시선을 고정시키라는 것이다. 이러한 관심사는 매우 다양한 방법으로 표현되는데 감사(1:6)와 기도(1:10-11)로 시작하여 서신서 전체에 걸쳐 언급되고 있다. 그 결과 바울은 그의 독자들로 하여금 다른 어떤 서신서에서보다 더욱 자주 그들의 확실한 미래를 상기시킨다. 그리스도에 대해 전적으로 집중하고 있는 서신서에서 이러한 요소를 발견하게 되는 것은 놀라운 일이 아니다.

바울의 초기에 저작한 두 서신서를 보면 다가올 위대한 "여호와의 날"에 대한 예언적 용어를 초대교회가 그리스도의 미래적 도래(재림)를 지칭하는데에 사용하고 있다. 두 서신서에서 바울은 칠십인경의 표현(헤메라 퀴리우, ἡμέρα κυρίου)을 바꾸지 않고 그대로 그리스도에게 적용한다. 고린도전서 1:8에서 바울은 '주'를 "주 예수 그리스도"와 동일시한다. 바울은 그의 인생이 끝이 다가올 무렵, 그리스도에 대한 그의 온전한 헌신에 걸맞게 미래적 희망을 "주 예수 그리스도의 날"이라고 부른다. 그러나 이것은 분명 그리스도가 예언적 구에 나타나는 퀴리오스=여호와와 같다는 의미를 전달하고 있다.

(2) 예수 그리스도의 성령 (1:19)

이 구절은 바울 서신서에서는 총 네 번째로 성령을 그리스도의 영이라 부르고 있다(고후 3:17; 갈 4:6; 롬 8:9). 로마서 8:9에 대한 논의에서 이미 지적했듯이 다른 곳에서는 고유의 정체성을 지니고 있는 영(the Spirit)은 이를 주로 "하나님의 영"이라고 부르는 칠십인경의 용법에 기초하고 있다. 앞의 세 구절에서처럼 빌립보서에서 영의 의미를 전환시킨 이유는 순전히 문맥상의 전환이라 할 수 있다. 그리스도께서 하나님을 닮는 일에 대한 궁극적인 패러다임으로 제시되는 현 서신서에서, 특히 그리스도께서 십자가에서 죽기까지 복종하셨다는 부분에서, 바울은 성령으로 하여금 자신의 고난 속에서도 그리스도를 찬미할 수 있게 해달라고 기원한다.

기독론적으로 중요한 점은 자주 하나님의 성령이라 불리는 한 분이신 성령께서(고전 11:4; 엡 4:4) 예수 그리스도의 성령이라고도 불린다는 사실이다. 실제로 이러한 전환은 하나님을 삼위일체 개념으로 설명하는 데 중요한 역할을 한다.

(3) 존귀히 되시는 그리스도 (1:20)

이전에 나오는 구문이 본 절 나머지를 지배한다는 사실을 주목할 필요가 있다. 그래서 독자들의 기도와 예수 그리스도의 성령의 "도우심"을 통해 바울은 하나님의 소테리아(σωτηρία, 구원/변호)를 경험할 것이라 기대한다. "내 구원에 이르게 할 줄 아는고로"라는 구문과 더불어 바울은 욥이 "설령 하나님이 나를 죽인다 하여도" 그분 앞에 자신의 상황을 아뢰기를 소원하는 욥기 13:16의 칠십인경 본문 내용을 상고하고 있다. 욥은 이러한 선택이 매우 두려운 것이긴 하지만 변호와 구원을 위해서는 유일한 희망이라는 것을 깨닫고 있다. 바울은 그에게 다가올 고난을 바라보며 확언하기를, 그가 "예수 그리스도의 성령"을 통해서 하나님의 "구원=변호"를 받게 되고 결과적으로 자신의 몸(살든지 죽든지)에서 "그리스도가 존귀히 됨"으로써 "부끄러움"이 사라지게 될 것임을 확신하고 있다.

"부끄러움"이 그리스도의 "존귀케 됨"과 병치되는 것은 시편 34:2-3(칠십인경은 33:3-4)의 도입부분과 시편 34:26-27(칠십인경은 34:26-27)의 결론 부분을 반영하고 있다. 바울이 바라는 것은 그가 받을 고난이 "부끄러움" 즉 바울 개인에 대한 부끄러움이 아니라 그리스도와 교회에 대해 부끄러운 일이 되지 않는 것이다. 그의 소원은 자신이 살든지 죽든지 하나님의 "구원/변호"를 통해 그리스도께서 "존귀히 되는" 것이다. 이러한 결합은 바울 서신에서 유일하게 여기서만 나타날 뿐 아니라 전체 문맥과 일치하기 때문에, 바울이 여기서도 칠십인경에서 '주'를 설명할 때 사용하는 구약 표현을 주되신 그리스도(Christ as Lord)께 적용하고 있다고 추측할 수도 있다고 본다.

따라서 고난 중에 주의 도움을 요청하는 이들을 묘사하는 구약 본문의 표현을 반영하는 다양한 종류의 반영이 본문 전체에 풍성히 나타난다. 다만 여기서는 성령이 존귀하게 하실 '주'는 그리스도 예수 뿐이시다.

(4) 주 안에서 기뻐하라 (3:1; 4:4; 참고, 4:10)

위에서 언급한 구절처럼, 바울은 카이레테 엔 퀴리오(χαίρετε ἐν κυρίῳ, 주 안에서 기뻐하라⟨3:1과 4:4⟩)라는 명령문으로 본 서신의 마지막 경고/권고문을 구성할 때에도 구약 개념을 반영하고 있다. 바울은 이 어법을 4:10에서도 택하여 독자들의 선물에 대해 대답할 때 사용한다. 비록 칠십인경 번역가들이 두 개의 다른 동사를 사용하지만(바울과는 모두 다른),[125] 주로 이러한 관용어는 칠십인경 전체에 걸쳐 이스라엘의 경건을 가리키는 표현으로 쓰인다(대부분은 직설법으로 사용된다. 예를 들면 시 32:11⟨칠십인경 31:11⟩; 33:21⟨칠십인경 32:21⟩; 35:9⟨칠십인경 34:9⟩; 40:16⟨칠십인경 39:17⟩을 보라). 아직까지는 그 이유가 알려진 바 없지만, 이 구절 모두가 위의 관용어 사용에 있어 한결같이 카이로(χαίρω)를 피한다(반면 슥 10:7을 보라). 반면에 바울은 위 시편 구절의 칠십인경 본문을 인용하지 않으며 거기서 사용하는 용어를 단 한 번만 사용한다(고후 2:2).[126] 그러나 칠십인경에서 위 명령문이 매우 유연하게 쓰이고 있다는 것과 구약에 대한 바울의 언어적인 선호를 고려해 볼 때, 그가 이 명령문을 구약의 관용어에서 가져온 것이 아니라고 보기는 어렵다. 특히나 빌립보 교인들과 마찬가지로 시편 기자의 정황이 대부분 구속이나 괴로움 가운데 있다는 사실을 볼 때 더욱 그러하다. 결국 여기서도 마찬가지로 바울은 여호와의 고유 영역이었던 부분을 아무런 사전의 계산 없이 주 예수 그리스도의 것으로 돌린다.

(5) 그리스도 예수 안에서의 자랑 (3:4), 그리스도 예수 나의 주를 아는 것 (3:8)

할례를 장려하는 이들(카타-토메⟨κατάτομή⟩, 육체를 "훼손하는 자들")과 하나님을 영으로 섬기는 이들을 구분하려는 상황(3:2-3) 속에서 바울이 덧붙이기를 진정한 할례자(페리-토메⟨περιτομή⟩)는 "그리스도 예수 안에서 자랑하는" 이들이라 말한다(3:4). 이러한 어법은 매우 드물기 때문에 바울이 여기서도 구약 본문 즉 예레미야 9:23-24에 나오는 중요한 본문(바울이 볼 때)을 반영하

---

125) 시편 본문은 한결같이 아갈리아오타(ἀγαλλιάωτα)와 유프라이노(εὐφραίνω)를 사용한다. 첫 번째 단어는 바울 서신에서 전혀 등장하지 않는 단어이며 두 번째 단어는 고후 2:2과 칠십인경 인용이 담긴 두 구절(갈 4:27; 롬 15:10)에서 발견된다.
126) 이러한 예외적 사용은 바울의 단어 사용에 대한 일종의 단서를 제공한다. 왜냐하면 그가 카이로(χαίρω)를 사용할 때는 주로 축어적으로 사용되는 반면, 여기서의 유프라이노는 엄격하게 말해 축어적 인용이라 보기 어렵다(="기쁘게 하다").

고 있다고 추정하게 한다(고전 1:31에 대한 제3장의 논의(   )를 보라). 합법적으로 유일한 "자랑"은 "주 안에서" 하는 것이며 이러한 자랑은 "주를 아는 것"에 있다. 그래서 3:8에서만 단 한 번 나오는 "주를 아는 지식"이 3:4의 뒤에서 "그리스도 예수로 자랑하는 것"이 어떤 의미인지 자세히 설명하고 있다는 점을 단순한 우연으로 치부하기는 어렵다고 생각된다. 예레미야서에서 하나님의 말씀은 "자랑하는 자는 이것을 자랑할찌니 곧 명철하여 나를 아는 것"(9:24)이라고 하는 점을 고려할 때 더더욱 그렇다.

바울 서신의 다른 부분에서와 마찬가지로 여기서도 바울의 그리스도에 대한 헌신이 칠십인경에서 여호와를 지칭하는 데 사용되던 표현을 그리스도에게 적용하도록 하고 있다. 그렇게 전환하는 것을 바울은 어려워하지 않는다.

(6) 주께서 가까우시니라 (4:5)

바울의 마지막 권고라는 문맥에서 갑작스럽게 직설법(호 퀴리오스 엥귀스⟨ὁ κύριος ἐγγύς, 주께서 가까우니라⟩)[127]이 등장하는 것은 그 의도가 불확실한 것만큼이나 의외다. 이런 종류의 권고문에서 전형적으로 나타나는 연결사 생략법(asyndeton)은 이 직설법 문장에도 동일하게 나타난다. 그래서 바울이 이전에 언급한 것을 맺으려 하는 것인지 뒤에 나오는 내용을 소개하려 하는 것인지 구분하기가 어렵다. 즉 미래적 종말론을 표현하려는 것인지 실현된 종말론을 표현하려는 것인지 가늠하기 힘들다. 바울이 의도하는 것이 "주 안에서 늘 기뻐하라. 그리고 너의 관용을 모든 사람에게 알게 하라. 왜냐하면 주께서(주의 도래가) 가까우니라"라는 말인가?[128] 아니면 "주께서 (늘) 가까이 계시기 때문에 아무 것도 염려하지 말고 너희 간구를 하나님께 알리라"는 의미인가?[129] 또는 어쩌면 바울에게서 발견하게 되는 것과 같은 의도적인 이중 의미

---

127) 여기서 해석의 어려움은 부사 엥기스(ἐγγύς) 때문이다. 영어의 "near"와 같이 문맥에 따라 공간적인 개념으로도 쓰이고 시간적인 개념으로도 쓰일 수 있기 때문이다. 현 본문과 같이 공간적일 수도 시간적일 수도 있는 문맥에서 이 부사가 쓰일 경우 그 의미는 완전히 불분명하다.

128) 이 입장을 견지하는 Lightfoot(160)은 파루시아를 생각하며 마크로뒤미아(μακροθυμία, 관용)을 요구하는 구절인 약 5:8과의 유사성을 주목한다. Cf. Plummer, 93; Michael, 197; Lohmeyer, 168-69; Barth, 122; Beare, 146; Hendriksen, 194; Gnilka, 169; Houlden, 109; Martin, 155; Kent, 151; Silva, 227.

129) Calvin, 288; Caird, 150-51; C. Bugg, "Philippians 4:4-13," *RevExp* 88 (1991), 253-57. NEB 본문은 이 직설법 문장으로 새 문단을 시작한다("주께서 가까우니라. 두려워하지 말라…").

(double entendre)와 유사하게 두 가지 모두를 의도하고 있는가?[130] 한편으로는 본문이 일종의 본문의 상호 관련성의 한 예[131]로 보이기도 한다. 왜냐하면 "여호와께서는 자기에게 간구하는 모든 자에게 가까이 하시는도다"라는 시편 145:18을[132] 의도적으로 반영하고 있기 때문이다. 이렇게 볼 경우 본문은 6-7절을 "실현된" 종말론에 대한 표현으로 소개하고 있는 것이 된다. 즉 "주께서 언제나 가까이 계시므로 두려워하지 말고 기도하라"는 말이 된다. 반면에(어쩌면 동시에) 본문은 스바냐 1:7, 14("주의 날이 가까왔으므로")에 나오는 묵시적 표현도 반영하고 있다. 이러한 표현을 바울이 로마서 13:12에서 사용하고 있으며, 주의 재림에 대해 이야기하는 야고보서 5:8에서도 등장한다.

종합해보면, 본문은 고통당하는 교회 회중에게 전하는 종말론적인 메시지 중 가장 마지막 메시지로서 현재의 고난 속에서도 확실한 미래를 상기시키고 있다고 보는 것이 적절하다고 생각된다. 그래서 본문은 용기를 북돋워주며 확신을 가져다주는 말씀이다.[133] 그들이 받는 고난이 가이사를 주라고 외치는 이들 때문이므로 진정한 '주'께서 "가까이" 오셨음을 상기시켜주고 있는 것이다. 그들을 위한 종말론적 변호가 다가왔다는 말씀이다. 동시에 본문은 시편 기자의 용어를 이용하여 현재의 고난 가운데에서 기도하도록 격려한다. 왜냐하면 "주께서는" 그분께 간구하는 이들에게 매우 구체적인 방법으로 "가까이 하시기" 때문이다. 바울이 계속해서 강조하듯이 그렇게 가까이 계신

---

130) Elliot, 101; Vincent, 133; Collange, 144; Bruce, 142-43; Hawthorne, 182; O'Brien, 490.
131) Cf. Lohmeyer, 169; D. M. Stanley, *Boasting in the Lord: The Phenomenon of Prayer in Saint Paul* (New York: Paulist Press, 1973), 106, J. Baumgarten, *Paulus und die Apokalyptik: Die Auslegung apokalyptischer Überlieferungen in den echten Paulus-briefen* (WMANT 44; Newkirchen-Vlyun: Newkirchener Verlag, 1975), 205-8, O'Brien, 489. 빌립보서에 나타나는 이러한 현상에 대해서는 1:19; 2:10, 15-16을 보라.
132) 시 144:18(칠십인경), 엥기스 퀴리오스 파신 토이스 에피카루메노이스 아우톤(ἐγγὺς κύριος πᾶσιν τοῖς ἐπικαλουμένοις αὐτόν) cf. 34:18(칠십인경은 33:19), 엥기스 퀴리오스 토이스 쉰테트리메노이스 텐 카르디안(ἐγγὺς κύριος τοῖς συντετριμμένοις τὴν καρδίαν, 여호와는 마음이 상한 자에게 가까이 하시고); cf. 119:151(칠십인경 118:151)에서는 2인칭 단수로 나타난다. 바울은 호 퀴리오스 엥기스(ὁκύριος ἐγγύς)라는 어순을 취함으로써 "가까이"가 아닌 "주"를 강조하고 있다. Baumgarten(Paulus und die Apokalyptik, 205-8) 이러한 어법에서 고등기독론이 암시되고 있음을 적절하게 강조한다. 위에서 다룬 2:10에 대한 논의를 참고하라.
133) 바울은 동기부여의 말을 의도했다고 보는 것이 썩 어울리지는 않지만 가능성은 있다. 그렇게 되면 "관용을 행하라, 왜냐하면 주께서 가까이 계시기 때문이다"라고 해석할 수도 있게 된다.

"주는" 바로 주 예수 그리스도시다.

2) 신적 특권의 공유자

빌립보서가 비교적 간결한 서신서임에도 바울이나 다른 신약 저자들이 주로 하나님 아버지께 적용하는 방법으로 그리스도에 대해 이야기하는 구문이 여러 개 더 있다. 그 중에 네 구문에 대해 간단히 설명해 보고자 한다.

(1) 예수 그리스도의 심장으로 (1:8)

바울은 빌립보 교인들의 정체성과 복음 안에서 맺어진 자신과 그들과의 관계를 중점적으로 언급하는 다소 복잡한 감사의 말을 마치면서, 자신이 그들을 개인적으로 얼마나 사모하고 있는지를 부드러운 맹세 어조로 알린다. 바울은 그들을 예수 그리스도의 심장으로(엔 스플랑크노이스 크리스투 예수〈ἐν σπλάγχνοις Χριστοῦ Ἰησοῦ〉) 사모하고 있었다. 이렇게 자신의 속내를 누군가를 향한 깊은 감정을 표현하는 방법으로 사용하는 것은 일반적으로 관용적인 헬라식 어법이다. 구약에서는 이러한 어법을 전혀 사용하지 않지만 반복적으로 나오는 오이크티르몬/-모스(οἰκτίρμων/μος)와 거의 동의어로 봐도 무관하다. 실제로 빌립보서 2:1을 보면 바울은 2-4절의 권고를 지탱하는 최종적인 근거로 이와 같은 깊은 감정(그들이 바울 자신에 대해 가졌으면 하는)에 호소하고 있는 것을 알 수 있다.

구약에서는 오이크티르몬/-모스가 하나님의 성품을 나타내는 데에 사용되며, 특히 중요한 계시적 본문인 출애굽기 34:4-6〈자비롭고〈오이크티르몬, οἰκτίρμων〉 은혜로운〈엘레몬, ἐλεήμων〉 주 하나님〉에서는 이스라엘을 향한 하나님의 성품을 표현하는 데 사용된다. 본문에서는 동일한 성품이 그리스도에게 적용되고 있으며 빌립보에 있는 형제들을 향한 바울의 강렬한 사랑의 기초 역할을 하고 있다.

(2) 주 예수 안에서의 소망 (2:19)과 확신 (1:14; 2:24)

1:27-2:18에 달하는 긴 권고에 이어 제일 먼저 등장하는 것은 두 명의 동료 즉 빌립보서를 전해 줄 에바브로디도(2:25-30)와 바울이 투옥된 이후의 결과에 관한 소식을 가지고 갈 디모데(2:19-24)에 대한 칭찬이다. 그 결과는 전적

으로 독자들은 알 수 없는 하나님의 미래 계획에 달려 있기 때문에 바울은 그에게 곧 일어날 일에 대한 확신 속에서 말을 꺼낸다. 바울이 말하기를 "곧 이 사람을 보내기를 바란다"고 말한다. 현대의 일상 영어로는 이러한 표현이 별 의미가 없게 들릴지도 모르나 사실 바울에게 있어서는 확신이 담긴 표현이다. 바울은 이미 자신이 감옥에서 풀려날 것을 예상하고 있었고(1:24), 이러한 예상은 2:23-24에서 반복적으로 언급된다. 따라서 이 본문은 단순히 미래에 대한 희망을 담은 메시지가 아니라 2:24에서 더욱 명확히 언급하는 것처럼 확신에 더욱 가깝다.

따라서 이 "소망"은 구약적인 용어로 표현되고 있다.[134] 설령 구약 본문에서 쓰인 뜻과 똑같은 의미로 사용되지 않는다해도 마찬가지다. 구약에서 이 용어는 하나님께서 미래에 어떻게 역사하실 지에 대해 품게 되는 전적인 확신과 관련이 있었다. 바울에게는 일상적인 현실 속에서 오직 그리스도만 신뢰하게 되는 또 다른 기회일 뿐이다.

"주 안에서 확신"을 이야기하는 두 경우 중에서 바울의 것이 진정한 신뢰에 더욱 가깝다. 칠십인경에서 한결같이 등장하는 헬라어 관용구는 페이도 (πείθω, 설득하다)라는 동사로 구성된다. 이 동사는 완료 시제로서 사람이나 사물에 대해 "설득당하다"라는 개념에 가까우며 그래서 사람에 대해 확신하게 된다는 뜻이 담겨 있다. 이러한 사용은 바울 서신 중 데살로니가후서 3:4에서 제일 먼저 발견된다. 여기서 바울은 데살로니가 교인들에 대해 주 안에서 온전히 확신한다고 말한다. 이러한 확신의 근원이 하나님께 있기 때문에, 칠십인경에서는 '신뢰'라는 개념을 지닌 다양한 형태의 용어가 페이도에 의해 헬라어로 녹아들어 간 것이다. 바울의 어법이 이러한 구약 개념을 배경으로 하고 있다는 것은 거의 확실하다.

첫 번째 용례(1:14)를 보면 확신은 바울이 투옥된 것 때문에 그리스도를 선포하기 위해 일어났던 이들과 관련이 있다. 그러한 확신은 분명 그의 투옥 때문에 필요했다. 특히 그들은 "겁 없이 하나님의 말씀을 더욱 담대히 말해야" 했다면 확신이 필요했을 것이다. 두 번째 해당 본문(2:24)에서 확신이라는 말은 바울이 얼마나 간절히 감옥에서 풀려나기 원했는가를 암시한다. 놀라운

---

134) 예를 들면 시 4:5(칠십인경 4:6) 카이 엘피사테 에피 퀴리온(καὶ ἐλπίσατε ἐπὶ κύριον, 소망을 주게 두라)을 보라. 그리고 시편 전체를 보면 목적어가 퀴리오스일 때는 주로 에피(ἐπί)가 쓰이고 "(주의) 이름 안에서 소망"이라는 관용구가 사용될 때는 엔(ἐν)이 사용된다(시 33:21〈칠십인경 32:21〉).

점은 칠십인경에서 시편 기자의 여호와를 신뢰한다는 용어를 여기서는 바울이 그리스도와 관련시켜 사용한다는 것이다.

(3) 내게 능력 주시는 자 (4:13)

하나님께서 사람들에게 "힘을 주셔서" 다양한 사역을 감당케 하신다는 내용은 구약에서 전형적으로 다루는 주제이다. 바울은 데살로니가전서 3:13(그리스도께)과 데살로니가후서 2:17(하나님께)에서 같은 목적을 위해 기도한다. 현 본문(빌 4:13)에서 유일한 이슈는 본문에서 주어가 하나님과 그리스도 중 어느 분인가 하는 점이며, 문맥을 살펴 볼 때 그리스도로 보는 것이 옳다(10절을 보라). 적어도 이러한 입장은 필사가들이 "하나님"이 아닌 "그리스도를" 사본 전승에 추가하던 초대교회에서 매우 일반적이었다. 디모데전서 1:12에서 바울 사도를 능력있게 하시는 그리스도를 가리키는 데 동일한 동사가 사용된다. 바울의 생각에 그리스도와 하나님은 하나님의 백성들을 위한 역사를 공유하신다.

그래서 뒤에서 언급하게 될 공동체를 포함하는 모든 교회 공동체와의 조화 속에서 바울은 신적 행위나 특권을 한결 같이 그리스도께 적용한다. 바울은 이러한 적용을 매우 다양하게 시도하기 때문에, 그러한 어법에 기초적으로 깔린 전제는 그리스도에 대해 바울이 갖고 있는 이해의 깊이를 잘 설명해 주고 있다. 그리고 이러한 사실은 바울이 지닌 모든 세계관 중심에 그리스도께서 자리 잡고 있다는 사실을 반영해주고 있다. 그리스도에 대한 바울의 세계관이 전부 구원론과 관계된 것만은 아니다.

6. 바울과 그리스도를 향한 헌신

우리는 고린도후서에서 나타나는 기독론을 고찰하면서 바울의 그리스도 중심적인 구원론이 어떻게 그의 기독론으로 흘러들어 갔는지 살펴 볼 수 있었다. 바울이 그리스도에 대한 자신의 전적 헌신을 설명하지 않는 빌립보서에서 나타나는 바울 기독론을 보면 그가 실제와는 동떨어진 추상적인 개념의 신학을 전개하고 있는 것처럼 보인다. 여기서 바울은 자신의 삶에 실린 열정을 아름다운 운율에 맞추어 표현한다. 에모이 가르 토 젠 크리스토스 카이 토

제9장 빌립보서에 나타나는 기독론

아포다네인 케르도스(ἐμοὶ γὰρ τὸ ζῆν Χριστὸς καὶ τὸ ἀποθανεῖν κέρδος, 내게 사는 것이 그리스도니 죽는 것도 유익함이라, 1:21). 이러한 종류의 헌신은 바울 서신 전체에 흩어져서 나타나지만, 여기 빌립보서에서만큼은 두드러지게 눈에 띈다. 우리처럼 바울을 그가 남긴 서신서를 통해 이해할 수밖에 없는 사람들은 이러한 모토야말로 매 순간 바울을 움직이게 하며 여기서 가장 중요한 복음을 전파하도록 한다는 점을 깊이 고려해야 한다. 그러나 빌립보서와 이 모토가 분명히 밝히는 것처럼 이것이 전부는 아니다.

바울 서신에서 놀라운 점은 하나님 아버지를 향한 자신의 헌신에 대한 표현이 거의 전무하다는 사실이다. 바울에게 하나님은 처음과 나중 되시는 분인데도 말이다. 그리고 자신의 헌신적 삶이 시편 기자에 의해 형성된 완전한 유일신론자인 바울인데도 말이다. 그 시편 기자는 여호와에 대한 헌신을 표현하기를 "내 영혼이 여호와를 갈망하나니"(42:2)라고 하며 또한 "하나님이여 나의 하나님이시라…내 영혼이 주를 갈망하며 내 육체가 주를 앙모하나이다"(63:1)라고 고백한다. 그리고 "내 마음과 육체가 생존하시는 하나님께 부르짖나이다"(84:2)라고 말한다. 바울은 이와 같은 헌신이 모두 그리스도 주께 향하도록 한다.

바울의 헌신적 신앙은 크게 두 가지 형태이다. 하나는 바울이 서신서 곳곳에서 말하는 것처럼 구원론적인 이유 즉 구원 자체와 구원에 담긴 새 창조적인 측면으로 인해 그리스도를 깊이 사랑한다는 고백이다. 여기서 특별히 후자는 바울이 자신에 관한 이야기를 빌립보 교인들에게 본받을만한 패러다임으로 제시할 때 나타나는데(3:14, 15, 17), 그 이야기는 바로 2:6-11에 나오는 그리스도 이야기의 주요 개념을 의도적으로 따르고 있다고 생각된다. 그래서 "그리스도 예수를 아는 것"(8절)은 부활의 권능을 힘입어 그리스도의 형상과 일치하는 것 즉 인류를 위한 그분의 희생적 죽음을 본받는 것이다(10절).

다른 하나는 그 헌신이 그리스도께 직접적으로 향하는 것이다. 이것이야말로 그의 모토와 조화를 이룬다고 볼 수 있다. 바울에게 있어 산다는 것이 전적으로 그리스도와 관련되어 있으며 죽는 것은 그리스도를 "얻는 것"(gain)을 의미한다. 이러한 고백이 어디까지나 구원론적인 메시지가 아니라는 점은 그가 말하는 "얻는 것"(the gain)이 "떠나서 그리스도와 함께 있는 것"(1:23)을 의미한다는 점에서 잘 드러난다. 바울의 입장에서는 이러한 선택을 선택할 수만 있다면 택하고 싶은 더 좋은 선택이다. 이러한 고백은 전형적인 인간

적 담론이므로 바울 개인의 고백으로 이해해야만 한다.[135]

그러므로 바울이 "그리스도와 함께 있다"는 것에 대해서 한결같이 종말론적인 목표를 떠올리는 점이 눈에 띈다. 이러한 특징은 이미 데살로니가전서 5:10-11("자기와 함께 살게 하셨느니라")에서 시작된다. 이것은 고린도후서 5:8에서 재언급된다("우리가 원하는 바는 차라리 몸을 떠나 주와 함께 거하는 그것이라"). 이러한 고백은 빌립보서에서 최대한으로 표현되는데 위에서 언급한 2:23에서 먼저 나타나고 특히 3:8-9에서 언급된다. 여기서 바울은 1:21을 반영하며 "그리스도를 얻고 그 안에서 발견되려 하는" 선택과 비교해 볼 때 다른 모든 것은 잃어버렸다고 단언한다. 따라서 우리는 문맥에 따른 석의를 통해 그리스도를 얻는 것이 3:13에서 말하는 "앞에 있는 것"이며 14절에서 말하는 종말론적인 상을 가리키고 있음을 알게 된다. 이밖에 다른 해석은 바울을 부당하게 취급하게 될 것이다.

그리스도를 향한 바울의 순전한 헌신에 대해 달리 어떻게 해석하든, 그 헌신은 단순히 높임 받은 인간에 대한 헌신이 아니라 그분의 신성에 대한 헌신임을 반드시 인정해야만 한다. 그래서 재차 언급하자면 바울의 고등기독론은 바울이 의도적으로 신학 용어를 사용하여 개진하지 않았음에도 바울 서신에 나타나고 있는 것이다.

7. 결론

앞 장에서와 마찬가지로, 이 장에서도 기독론적인 결론들을 추려보았다. 다른 대부분의 서신서에서 주요 모티브였던 바울의 퀴리오스 기독론이 빌립보서에서도 중요하게 나타난다는 점은 그리 놀랄만한 일이 아니다. 2:6-11에서 나오는 그리스도 이야기가 이러한 모티브를 독특하게 강조하며 마무리 될 뿐 아니라, 또한 주 예수 그리스도께서 우리의 현재 몸을 그분이 현재 누리고 계신 "영광의 몸"과 같이 변화시켜 주실 것이다. 이러한 모티브를 강조하는 일부 요소들이 로마 황제(여기서는 네로)와 간접적으로 상응하고 있음을 부인

---

135) 그렇지 않으면 마치 한 남자가 결혼을 한 후 자기 아내에 대해 생각할 때 "일을 참 잘하는" 면만 떠올리는 것과 같다. 실제로 목사였던 필자의 아버지가 담당했던 초기 교구에 한 늙은 독일 이민자가 있었는데 자기 아내에 대해 그런 식으로 이야기 했다고 한다.

하기는 어렵다. 빌립보 교인들이 경험하고 있는 외적 압력의 배후에는 병적으로 자기중심적인 네로가 있기 때문이다.

이 마지막 요소는 아마도 빌립보서에서 그리스도 주를 "구주"라 부를 수밖에 없는 위급한 상황의 배경과 관련이 있을 것이다. 바울이 그리스도를 구주라 부르는 보기 드문 현상은 물론 그 표현이 구약에 기초하고 있긴 하지만 위와 같은 역사적 정황 속에서 생각해 볼 때 이해하기 쉬워진다.

현 서신서에 하나님의 아들 기독론이 거의 나타나지 않는다고 볼 때(전혀 나타나지 않는다는 견해가 다수의 입장이다), 그리스도 이야기의 결론이 그리스도의 선재, 성육신, 승귀가 주요 개념으로 다루어지는 문맥에서 "하나님 아버지의 영광"이라는 표현을 언급하고 있다는 점은 다소 흥미롭다. 다른 곳에서 하나님이 아들을 보내셨다는 개념으로 설명되고 있는 그리스도의 선재가 특히 그렇다. 여하튼 빌립보서는 바울 서신에서 발견되는 그리스도의 선재와 성육신이라는 주제를 가장 직설적으로 잘 나타내고 있다.

부록 I : 본문들

(이중 괄호[[ ]]는 하나님만 언급하고 있는 본문을 가리킨다)

1:1 Παῦλος καὶ Τιμόθεος **δοῦλοι Χριστοῦ Ἰησοῦ** πᾶσιν τοῖς ἁγίοις **ἐν Χριστῷ Ἰησοῦ** τοῖς οὖσιν ἐν Φιλίπποις σὺν ἐπισκόποις καὶ διακόνοις,

1:2 χάρις ὑμῖν καὶ εἰρήνη <u>ἀπὸ θεοῦ πατρὸς ἡμῶν</u> καὶ **κυρίου Ἰησοῦ Χριστοῦ**.

[[1:3 Εὐχαριστῶ <u>τῷ θεῷ μου</u> ἐπὶ πάσῃ τῇ μνείᾳ ὑμῶν]]

1:6 ... ὅτι ὁ ἐναρξάμενος ἐν ὑμῖν ἔργον ἀγαθὸν ἐπιτελέσει **ἄχρι ἡμέρας Χριστοῦ Ἰησοῦ**·

1:8 <u>μάρτυς γάρ μου ὁ θεός</u> ὡς ἐπιποθῶ πάντας ὑμᾶς **ἐν σπλάγχνοις Χριστοῦ Ἰησοῦ**.

1:10–11 [10]εἰς τὸ δοκιμάζειν ὑμᾶς τὰ διαφέροντα, ἵνα ἦτε εἰλικρινεῖς καὶ ἀπρόσκοποι **εἰς ἡμέραν Χριστοῦ**, [11]πεπληρωμένοι καρπὸν δικαιοσύνης τὸν **διὰ Ἰησοῦ Χριστοῦ** <u>εἰς δόξαν καὶ ἔπαινον θεοῦ</u>.

1:13–14 [13]ὥστε τοὺς δεσμούς μου φανεροὺς **ἐν Χριστῷ** γενέσθαι ἐν ὅλῳ τῷ πραιτωρίῳ καὶ τοῖς λοιποῖς πᾶσιν, [14]καὶ τοὺς πλείονας τῶν ἀδελφῶν **ἐν κυρίῳ πεποιθότας** τοῖς δεσμοῖς μου περισσοτέρως τολμᾶν ἀφόβως τὸν λόγον λαλεῖν.

1:15–18 [15]τινὲς μὲν καὶ διὰ φθόνον καὶ ἔριν, τινὲς δὲ καὶ δι' εὐδοκίαν **τὸν Χριστὸν κηρύσσουσιν**· [16]οἱ μὲν ἐξ ἀγάπης, εἰδότες ὅτι εἰς ἀπολογίαν τοῦ εὐαγγελίου κεῖμαι, [17]οἱ δὲ ἐξ ἐριθείας **τὸν Χριστὸν καταγγέλλουσιν**, οὐχ ἁγνῶς, οἰόμενοι θλῖψιν ἐγείρειν τοῖς δεσμοῖς μου. [18]Τί γάρ; πλὴν ὅτι παντὶ τρόπῳ, εἴτε προφάσει εἴτε ἀληθείᾳ, **Χριστὸς καταγγέλλεται**, καὶ ἐν τούτῳ χαίρω.

1:18–21 [18]... Ἀλλὰ καὶ χαρήσομαι, [19]οἶδα γὰρ ὅτι τοῦτό μοι ἀποβήσεται εἰς σωτηρίαν διὰ τῆς ὑμῶν δεήσεως καὶ ἐπιχορηγίας **τοῦ πνεύματος Ἰησοῦ Χριστοῦ** [20]κατὰ τὴν ἀποκαραδοκίαν καὶ ἐλπίδα μου, ὅτι ἐν οὐδενὶ αἰσχυνθήσομαι ἀλλ' ἐν πάσῃ παρρησίᾳ ὡς πάντοτε καὶ νῦν **μεγαλυνθήσεται Χριστὸς** ἐν τῷ σώματί μου, εἴτε διὰ ζωῆς εἴτε διὰ θανάτου. [21]Ἐμοὶ γὰρ **τὸ ζῆν Χριστὸς** καὶ τὸ ἀποθανεῖν κέρδος.

제9장 빌립보서에 나타나는 기독론   617

1:23 συνέχομαι δὲ ἐκ τῶν δύο, τὴν ἐπιθυμίαν ἔχων εἰς τὸ ἀναλῦσαι καὶ **σὺν Χριστῷ εἶναι**, πολλῷ [γὰρ] μᾶλλον κρεῖσσον·

1:26 ἵνα τὸ καύχημα ὑμῶν περισσεύῃ **ἐν Χριστῷ Ἰησοῦ** ἐν ἐμοὶ διὰ τῆς ἐμῆς παρουσίας πάλιν πρὸς ὑμᾶς.

1:27 Μόνον ἀξίως **τοῦ εὐαγγελίου τοῦ Χριστοῦ** πολιτεύεσθε,

[[1:28 καὶ μὴ πτυρόμενοι ἐν μηδενὶ ὑπὸ τῶν ἀντικειμένων, ἥτις ἐστὶν αὐτοῖς ἔνδειξις ἀπωλείας, ὑμῶν δὲ σωτηρίας, καὶ τοῦτο ἀπὸ θεοῦ·]]

1:29 ὅτι ὑμῖν ἐχαρίσθη **τὸ ὑπὲρ Χριστοῦ**, οὐ μόνον τὸ **εἰς αὐτὸν** πιστεύειν ἀλλὰ καὶ **τὸ ὑπὲρ αὐτοῦ πάσχειν**,

2:1 Εἴ τις οὖν παράκλησις **ἐν Χριστῷ**, εἴ τι παραμύθιον ἀγάπης, εἴ τις κοινωνία πνεύματος, εἴ τις σπλάγχνα καὶ οἰκτιρμοί,

2:5–11 ⁵Τοῦτο φρονεῖτε ἐν ὑμῖν ὃ καὶ **ἐν Χριστῷ Ἰησοῦ**, ⁶**ὃς** ἐν μορφῇ θεοῦ **ὑπάρχων** οὐχ ἁρπαγμὸν **ἡγήσατο** τὸ εἶναι **ἴσα θεῷ**, ⁷ἀλλὰ **ἑαυτὸν ἐκένωσεν** μορφὴν δούλου **λαβών**, ἐν ὁμοιώματι ἀνθρώπων **γενόμενος**· καὶ σχήματι **εὑρεθεὶς** ὡς ἄνθρωπος ⁸**ἐταπείνωσεν ἑαυτὸν** γενόμενος ὑπήκοος μέχρι θανάτου, θανάτου δὲ σταυροῦ. ⁹διὸ καὶ ὁ θεὸς **αὐτὸν** ὑπερύψωσεν καὶ ἐχαρίσατο **αὐτῷ** τὸ ὄνομα τὸ ὑπὲρ πᾶν ὄνομα, ¹⁰ἵνα **ἐν τῷ ὀνόματι Ἰησοῦ** πᾶν γόνυ κάμψῃ ἐπουρανίων καὶ ἐπιγείων καὶ καταχθονίων ¹¹καὶ πᾶσα γλῶσσα ἐξομολογήσηται **ὅτι κύριος Ἰησοῦς Χριστὸς** εἰς δόξαν θεοῦ πατρός.

[[2:13 θεὸς γάρ ἐστιν ὁ ἐνεργῶν ἐν ὑμῖν καὶ τὸ θέλειν καὶ τὸ ἐνεργεῖν ὑπὲρ τῆς εὐδοκίας.]]

[[2:15 ἵνα γένησθε ἄμεμπτοι καὶ ἀκέραιοι, τέκνα θεοῦ ἄμωμα μέσον γενεᾶς σκολιᾶς καὶ διεστραμμένης, ἐν οἷς φαίνεσθε ὡς φωστῆρες ἐν κόσμῳ,]]

2:16 λόγον ζωῆς ἐπέχοντες, εἰς καύχημα ἐμοὶ **εἰς ἡμέραν Χριστοῦ**, ὅτι οὐκ εἰς κενὸν ἔδραμον οὐδὲ εἰς κενὸν ἐκοπίασα.

2:19 Ἐλπίζω δὲ **ἐν κυρίῳ Ἰησοῦ** Τιμόθεον ταχέως πέμψαι ὑμῖν, ἵνα κἀγὼ εὐψυχῶ γνοὺς τὰ περὶ ὑμῶν.

2:21 οἱ πάντες γὰρ τὰ ἑαυτῶν ζητοῦσιν, οὐ **τὰ Ἰησοῦ Χριστοῦ**.

2:24 πέποιθα δὲ **ἐν κυρίῳ** ὅτι καὶ αὐτὸς ταχέως ἐλεύσομαι.

[[2:27 καὶ γὰρ ἠσθένησεν παραπλήσιον θανάτῳ· ἀλλὰ ὁ θεὸς ἠλέησεν αὐτόν, οὐκ αὐτὸν δὲ μόνον ἀλλὰ καὶ ἐμέ,]]

2:29–30 ²⁹προσδέχεσθε οὖν αὐτὸν **ἐν κυρίῳ** μετὰ πάσης χαρᾶς καὶ τοὺς τοιούτους ἐντίμους ἔχετε, ³⁰ὅτι **διὰ τὸ ἔργον Χριστοῦ** μέχρι θανάτου ἤγγισεν παραβολευσάμενος τῇ ψυχῇ,

3:1 Τὸ λοιπόν, ἀδελφοί μου, χαίρετε **ἐν κυρίῳ**.

618 바울의 기독론

3:3 ἡμεῖς γάρ ἐσμεν ἡ περιτομή, οἱ πνεύματι θεοῦ λατρεύοντες καὶ καυχώμενοι **ἐν Χριστῷ Ἰησοῦ** καὶ οὐκ ἐν σαρκὶ πεποιθότες,

3:7-14 ⁷Ἀλλὰ ἅτινα ἦν μοι κέρδη, ταῦτα ἥγημαι **διὰ τὸν Χριστὸν** ζημίαν. ⁸ἀλλὰ μενοῦνγε καὶ ἡγοῦμαι πάντα ζημίαν εἶναι διὰ τὸ ὑπερέχον **τῆς γνώσεως Χριστοῦ Ἰησοῦ τοῦ κυρίου μου, δι' ὃν** τὰ πάντα ἐζημιώθην, καὶ ἡγοῦμαι σκύβαλα, ἵνα **Χριστὸν κερδήσω** ⁹καὶ εὑρεθῶ **ἐν αὐτῷ**, μὴ ἔχων ἐμὴν δικαιοσύνην τὴν ἐκ νόμου ἀλλὰ τὴν **διὰ πίστεως Χριστοῦ**, τὴν ἐκ θεοῦ δικαιοσύνην ἐπὶ τῇ πίστει, ¹⁰τοῦ γνῶναι **αὐτὸν** καὶ τὴν δύναμιν **τῆς ἀναστάσεως αὐτοῦ** καὶ τὴν κοινωνίαν τῶν **παθημάτων αὐτοῦ**, συμμορφιζόμενος **τῷ θανάτῳ αὐτοῦ**, ¹¹εἴ πως καταντήσω εἰς τὴν ἐξανάστασιν τὴν ἐκ νεκρῶν. ¹²Οὐχ ὅτι ἤδη ἔλαβον ἢ ἤδη τετελείωμαι, διώκω δὲ εἰ καὶ καταλάβω, ἐφ' ᾧ καὶ κατελήμφθην **ὑπὸ Χριστοῦ Ἰησοῦ**. [v.l.-Ἰησοῦ] ¹³ἀδελφοί, ἐγὼ ἐμαυτὸν οὐ λογίζομαι κατειληφέναι· ἓν δέ, τὰ μὲν ὀπίσω ἐπιλανθανόμενος τοῖς δὲ ἔμπροσθεν ἐπεκτεινόμενος, ¹⁴κατὰ σκοπὸν διώκω εἰς τὸ βραβεῖον τῆς ἄνω κλήσεως τοῦ θεοῦ **ἐν Χριστῷ Ἰησοῦ**.

[[3:15 Ὅσοι οὖν τέλειοι, τοῦτο φρονῶμεν· καὶ εἴ τι ἑτέρως φρονεῖτε, καὶ τοῦτο ὁ θεὸς ὑμῖν ἀποκαλύψει·]]

3:18 πολλοὶ γὰρ περιπατοῦσιν οὓς πολλάκις ἔλεγον ὑμῖν, νῦν δὲ καὶ κλαίων λέγω, τοὺς ἐχθροὺς **τοῦ σταυροῦ τοῦ Χριστοῦ**,

3:20-21 ²⁰ἡμῶν γὰρ τὸ πολίτευμα ἐν οὐρανοῖς ὑπάρχει, ἐξ οὗ καὶ **σωτῆρα ἀπεκδεχόμεθα κύριον Ἰησοῦν Χριστόν**, ²¹**ὃς μετασχηματίσει** τὸ σῶμα τῆς ταπεινώσεως ἡμῶν σύμμορφον **τῷ σώματι τῆς δόξης αὐτοῦ** κατὰ τὴν ἐνέργειαν τοῦ δύνασθαι **αὐτὸν** καὶ **ὑποτάξαι αὐτῷ** τὰ πάντα.

4:1 Ὥστε, ἀδελφοί μου ἀγαπητοὶ καὶ ἐπιπόθητοι, χαρὰ καὶ στέφανός μου, οὕτως στήκετε **ἐν κυρίῳ**, ἀγαπητοί.

4:2 Εὐοδίαν παρακαλῶ καὶ Συντύχην παρακαλῶ τὸ αὐτὸ φρονεῖν **ἐν κυρίῳ**.

4:4-7 ⁴Χαίρετε **ἐν κυρίῳ** πάντοτε· πάλιν ἐρῶ, χαίρετε. ⁵τὸ ἐπιεικὲς ὑμῶν γνωσθήτω πᾶσιν ἀνθρώποις. ὁ **κύριος ἐγγύς**. ⁶μηδὲν μεριμνᾶτε, ἀλλ' ἐν παντὶ τῇ προσευχῇ καὶ τῇ δεήσει μετὰ εὐχαριστίας τὰ αἰτήματα ὑμῶν γνωριζέσθω πρὸς τὸν θεόν. ⁷καὶ ἡ εἰρήνη τοῦ θεοῦ ἡ ὑπερέχουσα πάντα νοῦν φρουρήσει τὰς καρδίας ὑμῶν καὶ τὰ νοήματα ὑμῶν **ἐν Χριστῷ Ἰησοῦ**.

[[4:9 . . . καὶ ὁ θεὸς τῆς εἰρήνης ἔσται μεθ' ὑμῶν.]]

4:10 Ἐχάρην δὲ **ἐν κυρίῳ** μεγάλως ὅτι ἤδη ποτὲ ἀνεθάλετε τὸ ὑπὲρ ἐμοῦ φρονεῖν, ἐφ' ᾧ καὶ ἐφρονεῖτε, ἠκαιρεῖσθε δέ.

4:13 πάντα ἰσχύω ἐν **τῷ ἐνδυναμοῦντί** με.

4:18-19 ¹⁸ἀπέχω δὲ πάντα καὶ περισσεύω· πεπλήρωμαι δεξάμενος παρὰ Ἐπαφροδίτου τὰ παρ' ὑμῶν, ὀσμὴν εὐωδίας, θυσίαν δεκτήν, εὐάρεστον τῷ θεῷ. ¹⁹ὁ δὲ θεός μου πληρώσει πᾶσαν χρείαν ὑμῶν κατὰ τὸ πλοῦτος αὐτοῦ **ἐν δόξῃ ἐν Χριστῷ Ἰησοῦ**.

제9장 빌립보서에 나타나는 기독론 619

[[4:20 τῷ δὲ θεῷ καὶ πατρὶ ἡμῶν ἡ δόξα εἰς τοὺς αἰῶνας τῶν αἰώνων, ἀμήν.]]
4:21 Ἀσπάσασθε πάντα ἅγιον ἐν Χριστῷ Ἰησοῦ. ἀσπάζονται ὑμᾶς οἱ σὺν ἐμοὶ ἀδελφοί.

4:23 Ἡ χάρις τοῦ κυρίου Ἰησοῦ Χριστοῦ μετὰ τοῦ πνεύματος ὑμῶν.

부록 II: 용법의 분석

(*= 무관사; += 소유격 대명사가 병행하는)

빌립보서
    θεός   22
    그리스도 48

자료
1. κύριος Ἰησοῦς Χριοστός (4+1=5)
    1:2   G*
    2:1   N*
    3:2   A* (σωτήρ와 함께)
    4:23 G

1a. Χριοστός Ἰησοῦς κύριος (1)
    3:8

2. κύριος Ἰησοῦς (12+3=15)
    1:1   G*
    1:1   D* (ἐν)
    1:6   G*
    1:8   G*
    1:26 D* (ἐν)
    2:5   D* (ἐν)
    3:3   D* (ἐν)
    3:12 G* [다른 형태. - Ἰησοῦ] (ὑπό)

3:14   D* (ἐν)
4:7   D* (ἐν)
4:19   D* (ἐν)
4:21   D* (ἐν)

3a. Ἰησοῦς Χριοστός (3)
1:11   G* (διά)
1:19   G*
2:21   G*

4. κύριος (9+6=15)
1:14   D* (ἐν)
2:24   D* (ἐν)
2:28   D* (ἐν)
3:1   D* (ἐν)
4:1   D* (ἐν)
4:2   D* (ἐν)
4:4   D* (ἐν)
4:5   N
4:10   D* (ἐν)

5. Ἰησοῦς (1+21=22)
2:10   G*

6. Χριοστός (17+20=37)
1:10   G*
1:13   D* (ἐν)
1:15   A
1:17   A
1:18   N*
1:20   N*

1:21   N*
1:23   D* (σύν)
1:27   G
1:29   G* (ὑπέρ)
2:1   D* (ἐν)
2:16   G*
2:30   G*
3:7   A (διά)
3:8   A*
3:9   G*
3:18   G

제10장

목회 서신에 나타나는 기독론

디모데와 디도에게 보낸 세 개의 편지를 살펴보면 이전의 편지와는 사뭇 다르다는 것을 발견하게 된다.[1] 무엇보다 이전의 열 개 서신들은 교회 문서

---

1) 목회 서신에 대한 주석은 참고 문헌에 기재되어 있다. 여기서는 각 저자들의 성만 언급될 것이다. 신약 학자들 사이에서는 목회 서신을 바울의 저술이라고 보지 않는 것이 다수의 입장이기 때문에 거기에 나타나는 기독론은 흔히 따로 분류되어 연구되어 오곤 했다. 이러한 연구들은 시대적 순서로 나열해 보면 다음과 같다. A. Clöpper, "Zur Christologie der Patoralbriefe," *ZWT* 45 (1902), 339-61, H. Windisch, "Zur Christologie der Pastoralbriefe," *ZNW* 34 (1935), 213-38, V. Hasler, "Epiphanie und Christologie in den Pastroalbriefe," *TZ* 33 (1977), 193-209, H. Simonsen, "Christologische Traditionselemente in den Pastoralbriefen," in *Die paulinische Literatur und Theologie-skandinavische Beiträge: Anlässlich der 50. jährigen Gründugns-Feier der Universität von Aarhus* (ed. S. Pedersen; Teologiske studier 7, Århus: Forlaget Aros, 1980), 51-62, I. H. Marshall, "The Christology of the Pastoral Epistles," *SNTSU* 13 (1988), 157-77, K. Läger, *Die Christologie der Pastoralbriefe* (Hamburger theologische Studien 12; Münster: LIT, 1966), A. Y. Lau, *Manifest in the Flesh: The Epiphany Christology of the Pastoral Epistles* (WUNT 2/86; Tübingen: Mohr Siebeck, 1996), J. M. Bassler, "A Plethora of Epiphanies Christology in the Pastoral Letters," *PSB* 17 (1996), 310-25, H. Stettler, *Die Christologie der Pastoralbriefe* (WUNT 2/105; Tübingen: Mohr Siebeck, 1998). 또한 신약 기독론을 다루는 연구에서도 간단히 다루어지고 있다. 가장 최근의 저서로는 F. Young, *The Theology of the Pastoral Letter* (NTT; Cambridge: Cabmrdige Universtiy Press, 1994), 59-68이 있고, 이밖에 Matera, *New Testament Christology*, 158-72, Tuckett, *Christology*, 84-88, Towner, "Christology," 219-44가 있다.

들이다. 즉 교회에게 보낸 편지로서 회중 앞에서 크게 읽도록 되어 있던[2] 신앙 공동체를 향한 성령에 감동된 말씀이었다.[3] 반면에 세 개의 목회 서신은 바울의 어린 동역자들에게 보낸 편지로서, 그들은 교회가 안고 있는 문제를 해결해야 할 책임이 있던 자들이다. 또한 교회 질서 확립에 대한 관심이 목회 서신서에서는 많이 진보되었다는 사실과 더불어, 사용되는 용어와 스타일을 미루어 볼 때 이전의 편지와는 다르다.[4]

다수의 신약 학자들은 목회 서신의 저자가 바울이라고 생각하지 않지만 본 서의 특성상 본 장에 포함시켜야 한다. 왜냐하면 본서의 관심사는 바울의 저작으로 알려진 서신서에서 나타나는 기독론에 비해 목회 서신의 기독론이 얼마나 상이한 지를 살피는 데에 있기 때문이다. 독자들이 볼 때 기독론적 강조가 있을 만한 곳에서 오히려 그러한 강조를 찾기 힘든 서신서가 바로 목회 서신이다.[5] 그러나 본 장 첫 번째 관심은 비교가 아니라 분석이다.[6]

수 년 전 필자는 이 세 개의 편지를 하나로 묶는 일이 애초부터 균형을 잃

---

2) 이러한 점은 빌레몬서에도 적용된다. 이 서신은 특별히 빌레몬을 염두에 두고 기록되었지만 골로새 교회의 독자를 위해서도 쓰였기 때문에 빌레몬과 오네시모스가 자리하고 있다는 가정 하에 골로새 교인들 앞에서 크게 읽도록 되어 있었다.
3) 바울 서신을 이렇게 이해하는 입장에 대해서는 고전 5:3-5과 14:36-38에 대해 논의하고 있는 Fee, *God's Empowering Presence*를 보라.
4) 여기서 이 이슈들을 총체적으로 다루진 않을 것이다. 관련 주석서와 신약 개론서를 보면 된다. 첫 번째와 두 번째 다른 점 사이에 흐르는 긴장 때문에 신약 학자들은 누가 본 서신서들의 저자인지를 놓고 서로 다른 입장을 취하였다. 저자가 누구인지를 결정하는 문제는 바울 서신과 다른 점을 인정하면서도 유사점이 풍부한 점을 강조하느냐, 아니면 차이점을 부각시켜서 그 유사점을 차치해 버리느냐의 문제이다.
5) 특히 이러한 역사를 소개하고 있는 Law, *Manifest in the Flesh*, 1-17을 보라. 간략하면서도 유익한 개관을 보려면 Towner, "Christology," 219-21을 참고하라. Matera의 연구 역시 이 점을 지적하면서, "목회 서신의 기독론은 저자명으로 사용되고 있는 바울이라는 위대한 사도의 기독론과 견줄 수는 없을지라도 바울 전승의 도움으로 중요한 공헌을 한다는 점은 분명한 사실이다"라고 말한다(*New Testament Christology*, 158).
6) 하지만 '분석' 역시 객관적이라 말하기는 어렵다. 목회 서신에 나타나는 모든 기독론적 논의들은 주로 저자에 대한 견해와 밀접하게 맞물려 있다. 목회 서신을 액면 그대로(바울이 기록한 것처럼) 받아들이면 기독론적 논의들을 이전 서신서들에 비추어서 읽게 된다. 한편 목회 서신을 위전(pseudepigraphy) 즉 거짓 저자 이름이 붙은 편지로 생각하는 사람들은 다양한 방법을 동원하여 바울과 대조하며 읽는다. 익명성이라는 것은 그 익명의 저자가 원 저자의 저작과 비슷하게 기록하려는 데서 시작되어야 하며, 이것이야말로 '저자'로 추정되는 이가 의도했던 것일 텐데도 대조 작업에 초점을 둔다.

은 것이며,[7] 각각의 차이점이 지닌 중요성을 지나치게 간과하는 것이라고 주장했었다. 특히 세 편지에서 나타나는 삶의 정황*(Sitze im Leben)*이 두드러지게 다르다는 점이다. 디모데전서와 디도서에서는 바울이 아직 선교 여행 중인 것으로 가정하는 반면, 디모데후서에서는 바울이 로마에서 투옥 중인 것으로 가정한다. 이러한 차이점들은 역으로 각 서신서에서의 기독론적 강조점에 영향을 미친다. 실제로 이러한 영향이 크기 때문에 언급한 차이점들이 세 편지를 동일한 저자가 썼다는 주장을 반박하는 데 중요한 역할을 한다.

세 편지가 공유하고 있는 공통점은 모두가 사도 바울과 오랜 기간 알고 지내던 젊은 동역자에게 전달된 편지라는 점이다. 그 동역자들은 각각 에베소(디모데)와 그레데(디도)에 남아(파송되어) 바울의 리더십에 대한 문제와 그의 복음을 반대하는 문제를 다루도록 되어 있었다. 이같은 사실은 디모데전서와 후서가 많은 부분을 공유하고 있다는 것을 가리킨다. 가장 다른 점이 있다면 바울의 정황에 관한 것이다.[8] 전자의 경우 바울은 순회 선교를 다니는 선교사인 반면 후자의 경우 황제의 죄수이다. 그래서 디모데전서는 주로 거짓 가르침이 들어온 이후로 교회의 일부 지도자들이 방황하던 상황에서 디모데의 진정성을 증명하고 지도하기 위해 쓰였다. 디모데후서는 더 나중에 기록되었는데, 에베소에 여전히 잔재하고 있던 '이단' 문제는 두기고에게 맡기고 디모데에게는 로마로 와 줄 것을 요청하고 있다(딤후 4:9-13). 왜냐하면 감옥 안에 있던 바울은 이제 그리 좋지 않은 결과가 닥쳐오리라 예상하고 있기 때문이다.[9]

두 서신 사이에 존재하는 기독론적인 차이점은 바로 역사적 상황과 결부된 명백한 차이점 때문이다. 디모데전서에서 그리스도의 인성을 강조하는 것은 거짓 가르침에 대한 대응으로 보는 것이 옳고, 디모데후서에서 퀴리오스 되신 그리스도를 강조하는 것은 바울이 곧 네로 즉 현재 로마를 다스리는

---

7) Fee, 5-14를 보라. 실제 위전 이론의 신빙성을 가장 심각하게 위협하는 요소는 "그렇다면 왜 세 개의 서신이 굳이 필요했으며 서로 다른 삶의 정황 속에서 기록되었는가"라는 문제다. 이를 위해서는 Towner, 27-36을 보라.
8) 디모데전서에서 바울은 디모데를 보내/남겨 심각하게 변질된 복음이 침입하도록 일부 지역교회의 장로가 부부기고 있는 것을 막으려 하다 그리고 바울 자신은 일정한 때에 찾아가 보려 한다(3:14). 디모데후서에서는 바울이 에베소에 있는 디모데를 로마로 부르려는 의도를 가지고 가르침을 전달한다.
9) 이러한 예상은 빌립보서에서 바울이 언급한 것(1:25-26; 2:23-24)과는 다른 양상을 띤다. 그래서 대부분 목회 서신에서 언급하고 있는 투옥은 바울이 두 번째 옥에 갇힌 것이라고 제안한다.

"주와 구주" 앞에서 재판을 받아야 하는 상황과 밀접한 관련이 있는 것이다.

디도서에서 가장 두드러지는 특징은 서신 내에서 그리스도가 네 번만 언급되고 있을 정도로 기독론적 자료가 턱없이 부족하다는 점이다. 디도서의 주안점은 행위와 구원론에 있다. 특히 구원론에 대한 관심은 그레데 교회들 안에서 일어났던 왜곡된 가르침을 교정하려는 데서 비롯되었다. 그래서 디도서를 보면 구원론에 대한 요약을 제공하는 두 본문에서만 그리스도가 언급되고 있다(2:11-14; 3:4-7). 그럼에도 이 두 본문은 매우 중요한 기독론적 자료를 제공하고 있기 때문에 신중한 고찰을 요한다.

이렇게 각 서신서의 강조점이 명백한 차이를 보이고 있기 때문에 각 서신의 기독론은 따로 살펴보아야 하지만, 그럼에도 바울 서신서 사이에서 볼 수 있는 것처럼 한 서신이 다른 두 서신과 여러 특징을 공유하고 있다는 가정에 대해서 지속적으로 유의할 필요가 있다. 동시에 이전 서신에서 설명되고 있는 기독론에 대해서도 계속 염두에 두어야만 한다.[10] 본 장은 각 서신서를 일반적으로 추정되는 시간적 순서에 따라 디모데전서, 디도서, 디모데후서 순으로 차례차례 살펴 볼 것이다.

1. 디모데전서에 나타나는 기독론

이전 서신서에서처럼 디모데전서의 기독론 역시 기독론 자체가 이슈이기 보다는 바울을 끊임없이 괴롭히는 구원론이라는 커다란 문제들을 다루기 위해 등장한다. 현 서신에서 말하는 문제들이란 에베소에서 일어났던 거짓 가르침에 대한 우려와 밀접한 관련이 있다. 본 장의 목적을 고려할 때 정확히 그 거짓 가르침의 내용이 무엇이었는지를 밝힐 필요는 없다. 다만 독신과 음식 제한이 4:3-5에서 명시되는 것을 볼 때 금욕주의적인 이상[11]과 관련된

---

10) 이러한 이유로 필자는 여러 난제들을 인식하고 있으면서도 바울을 본 서신서들의 저자로 부르려 한다. 그러나 이러한 선택은 이 서신서들이 바울 자신으로부터 왔다는 점을 입증하려는 것과 전혀 무관하다. 나중에 생각해보니 저자를 바울이라고 언급하는 것이 '저자'나 '바울'(인용부호를 사용하여)이라고 하는 것보다 더 나은 선택이라 생각되었다.

11) 이들은 역으로 본 서신에 담긴 다른 요소들의 배경이 되고 있는 것 같다. 예를 들어 2:15에서 결혼을 종용한다거나 5:23에서 디모데에게 포도주를 마시라고 권면하는 것을 보면 그렇다.

가르침이 아니었을까 추측해볼 수 있다. 그러나 이러한 가르침은 만물을 창조하신 하나님을 거역하는 것이므로 바울이 반대하고 나선다. 하나님이 창조하신 모든 만물은 선하기 때문이다. 모든 만물의 선함에 대한 거부가 바로 본 서신서에서 나타나는 기독론적인 주요 강조점의 배후에 있는 것으로 보인다.

이에 대해 바울은 두 가지 논지를 내세운다. 하나는 그리스도께서 자신을 속전으로 주심으로써 죄인을 구원하시기 위해 오셔서(1:15; 2:6), 구원을 위한 기본 토대를 금욕주의적인 규칙으로부터 은혜로운 수용으로 바꾸어 놓으셨다. 다른 하나는 실제로 육체를 입고 이 땅에 오신 그리스도께서 직접 피조물의 선함을 확인시켜 주셨다. 그래서 기독론을 다루고 있는 현 서신서의 네 본문을 보면 그리스도의 인성을 강조한다(1:15; 2:4-6; 3:16; 6:12-13). 이 중에서 첫 번째와 세 번째 본문은 또한 그리스도의 성육신을 반영/강조하고 있다. 동시에 이 중 세 본문은 직간접적으로 구원론적인 함의를 내포하고 있다.[12]

1) 자료에 대한 예비적 고찰

부록 I과 II의 자료를 자세히 살펴보면 디모데전서의 용어 사용이 이전의 바울 서신의 그것과 매우 흡사하다는 사실을 발견할 수 있다. 그리고 교회에 보내는 서신들이 서로 비교해 볼 때 각 서신서만의 독특한 본문을 담고 있는 것처럼 디모데전서 역시 그렇다.

그리스도를 가리키는 완전한 3중적 형태의 명칭은 4번 나타나는데, "그리스도 예수 우리 주"라고 말하거나 "우리 주 예수 그리스도"라고 언급한다. 여기서 새로운 점은 "그리스도 예수 우리의 소망"이라는 결합어가 바울 저작의 증거 자료로 쓰이는 "하나님 우리 구주"라는 어구와 연계되어 문안 인사 안에서 나타난다는 점이다("우리 구주 하나님과 우리 소망이신 그리스도 예수의 명령을 따라").

---

12) 3:16의 찬가에서만 그리스도의 구원 사역에 대한 명확한 언급이 없다. 많은 학자들은 그리스도의 죽음, 부활, 승귀를 전제하고 있는 2행("영으로 의롭다 하심을 입으시고")에서 구원론적 함의가 추정될 수 있다고 주장한다. 또한 이방인들이 그리스도에 대한 설교를 듣고 믿게 되는 내용을 담은 4행과 5행에서도 그러한 함의가 나타난다고 한다. 그럼에도 다른 세 본문과는 대조적으로 명확한 언급이 없다.

가장 일반적인 명칭(16번 중 10번)은 "그리스도 예수"라는 결합어 즉 두 단어만이 짝을 이루어 한결같이 이 순서로 등장한다(갈라디아서 참고). 이러한 순서는 이전의 서신서에서도 가장 일반적으로 사용된다(61번 중 20번). 로마서나 데살로니가전서에서와 같이 하나님 그리스도보다 더 자주 언급된다(22번/16번). 이러한 현상은 디모데후서에서 급격하게 바뀐다(13/27).

디모데전서의 용어 사용에서 가장 눈에 띄는 특징은 그리스도가 단독 이름/명칭으로는 단 두 번만 나온다는 점이다. 1:14에 나오는 호 퀴리오스와 5:11에 등장하는 호 크리스토스가 전부다. 이러한 용어 사용은 대체적으로 바울 서신 전체와 조화를 이룬다. 왜냐하면 '주'가 사용되는 빈도수를 보면 변동이 매우 심하기 때문이다(예를 들면 갈라디아서에서는 단 2번만 사용된다).[13] 그래서 이 명칭이 홀로 쓰일 때(디모데후서에서는 13번이나 나온다)는 대부분 중요한 주제와 밀접하게 연결되어 있음을 알리는 신호 역할을 한다.

2) 그리스도, 성육신하신 구주

본 서신을 기독론적으로 분석하려면 네 개의 중요 본문을 기독론에 중점을 두고 석의하는 것에서 시작해야 한다. 여기서는 이 본문을 성경에 나오는 순서대로 살펴볼 것이다(1:11-17; 2:4-6; 3:16; 6:13-16). 이들 본문의 공통점은 모두가 그리스도의 인성을 확인시켜주고 있다는 것이다. 한편 두 본문(1:15; 3:16)은 그리스도의 선재를 전제하고 있고 따라서 그리스도의 인간적 삶을 성육신(divine incarnation)으로 이해하고 있다는 점을 반영하고 있다.

(1) 디모데전서 1:11-17

거짓 교사들을 강력한 어조로 고발하는 서두의 끝 부분에서(3-7절) 바울은 그들의 소망이 율법 교사가 되는 것이라고 말한다. 이 말은 역으로 율법이 선한 것이라는 사실을 긍정하는 말이기는 하나 신자들을 위해서는 그렇지 않다. 오히려 바울의 의도는 그 불의한 자들의 죄를 꾸짖으려는 데에 있다. 그래서 바울은 십계명을 반영하려는 듯(8-10a절) 그들의 죄를 나누어 열거한다. 마지막 부분에서 그들의 죄(그러므로 율법까지도)는 "바른 교훈"과 극명하게

---

13) 이러한 총체적 문제에 대해서는 데살로니가전·후서 전반에 걸친 용어 사용과 로마서 13장과 골 3:17-4:1 그리고 디모데후서 4장을 보라.

대조를 이루고 있다. 바른 교훈은 바로 뒤따르는 구절에서 "복되신 하나님의 영광의 복음"을 나타내는 것으로 묘사된다(10b-11). 이와 더불어 바울은 주를 향한 감사의 말을 쏟아내며(12절), 바로 자신이야말로 은혜의 복음이 실현되었다는 사실을 알리는 뚜렷한 본보기라고 말한다(13-16절).

감사 구절에서 진정한 감사의 마음을 쏟아내면서도 교훈적인 내용을 담아 나중에 다루게 될 문제를 앞서 언급하는 것은 바울 서신의 전형적인 특징이다. 여기서 그리스도의 자비가 얼마나 위대하고 넓은지 강조되고 있는데, 그리스도를 대적하고 있어 율법 행위로는 해결할 수 없는 죄의 본질을 고려할 때 이와 같은 강조는 필요하다. 그 결과 감사에서 증언으로 바뀌는 본문의 유일한 초점은 그리스도다. 실제 11절(율법이 필요한 진정한 이유에 대한 설명을 마무리 하는 구절)로 시작되는 바울의 연속적인 기독론적 확언은 15-16절에서 절정을 이루고 하나님을 찬양하는 축복 기도로 끝을 맺는다. 모든 확언이 똑같이 분명하지는 않다. 실제 일부는 의문스러워 보이기도 하기 때문에 여기서 한 문장씩 살펴보고자 한다.

① 1:11
… τῇ ὑγιαινούσῃ διδασκαλίᾳ … κατὰ τὸ εὐαγγέλιον τῆς δόξης τοῦ μακαρίου θεοῦ, ὃ ἐπιστεύθην ἐγώ,
… 바른 교훈 … 이 교훈은 내게 **맡기신바** 복되신 하나님의 영광의 복음을 좇음이니라

8-11절을 마무리하는 말씀에서 우리가 눈여겨 볼 점은 두 가지이다. 하나는 복음이 "복되신 하나님의 영광"과 관련이 있다는 점이다. 이 구문은 디도서 2:13에서도 일부가 사용된다. 다른 하나는 바울이 그 복음을 받았다는 점이다. 일반적으로 이러한 주제만 놓고 보면 별 문제가 없어 보인다. 그러나 본문은 좀 다르다. 왜냐하면 바로 뒤따라오는 구절에서 바울에게 사도 신분을 주신 그리스도를 향한 감사의 내용이 정교한 문체로 전개되고 있기 때문이다. 따라서 위 두 구문에서 이미 그리스도께 초점을 두고 있는지에 대해서 논쟁의 여지가 있다.

첫째로 바울이 하나님의 영광을 나타내는 복음에 대해서 설명할 때 이미

그리스도를 염두에 두고 있다고 보는 것이 매우 타당하다고 본다.[14] 이러한 견해의 타당성은 디도서 2:13에서 말하는 그리스도와 관련이 있다.[15] 그리스도의 성육신과 구속을 통해 하나님에 대해 계시된 것을 지칭하는 표현과 더불어 "영광"은 고린도후서 3:7-4:6에 나오는 장문의 주장에서 처음 등장한다. 디도서에서는 그러한 표현이 그리스도의 파루시아 때 현시될 미래적인 하나님의 영광으로 기술된다. 따라서 바울이 하나님에 대해 단순히 구약에서 유래된 용어를 사용하고 있다고 보기보다는 뒤에 나오는 감사 구절을 통해 의도적으로 복음에 내재된 그리스도 중심적인 본질을 나타내려 한다고 보는 것이 타당하다.

두 번째 이슈는 에피스튜덴(ἐπιστεύθην, 내게 맡기신)이라는 '신적 수동태'[16]의 암시적 주체가 '하나님'이신가 아니면 '그리스도'이신가 하는 문제다. '하나님'을 선호하는 입장은 이 수동태 동사 바로 뒤를 "복되신 하나님"이 따르고 있다는 사실을 주목한다. 그래서 TNIV 성경은 이를 "하나님께서 맡기신"이라고 번역한다. 그러나 달리 생각할 수도 있다. 왜냐하면 감사 구절이 전적으로 그리스도를 가리키고 있으며, 13절과 16절에서 반복되는 수동태 "내가 긍휼을 입은 것은"의 주어가 그리스도이기 때문이다. 실제로 뒤이어 나오는 감사문의 모든 것이 바울의 사도성에 있어 그리스도의 주도권과 그분의 절대적인 역할에 초점을 맞추고 있다.

그래서 11절과 관련된 문제들에 명확한 해답을 주기는 어렵지만 11절에 나타난다고 볼 수 있는 기독론적 함의는 적어도 12-16절에서 암시되고 있다.

② 1:12-13

12 Χάριν ἔχω τῷ ἐνδυναμώσαντί με Χριστῷ Ἰησοῦ τῷ κυρίῳ ἡμῶν, ὅτι πιστόν με ἡγήσατο θέμενος εἰς διακονίαν 13 τὸ πρότερον ὄντα

---

14) Kelly, 51과 Knight, 91을 보라. 이러한 입장은 이미 오래 전에 Fairbairn, 90-91이 제안했었다. Lock과 Bernard는 가능성이 있다고 지적한 반면 Marshall, 383은 그러한 입장을 거부한다.

15) 딛 2:13을 이런 식으로 이해하는 연구에 대해서는 아래에서 총체적으로 다루고 있는 논의를 보라(pp. 656-661) '영광'을 이렇게 이해하면 Johnson, 172이 지적한대로 본문과의 조화와 관련된 문제를 완화시킨다.

16) 이것이 문장의 문법적인 주어(에고⟨ἐγώ⟩)가 사실은 개념적인 목적어가 되는 이른바 신적 수동태의 본질이다. 능동태로 바꾸어 보면 본절은 "그분이 내게 복음을 맡기셨다"고 읽을 수 잇을 것이다. 여기서 문제는 암시적 "그"의 선행사다. '신적 수동태'에 대해서는 Wallace, *Greek Grammar beyond the Basics*, 437-38을 보라.

βλάσφημον καὶ διώκτην καὶ ὑβριστήν, ἀλλὰ ἠλεήθην, ὅτι ἀγνοῶν ἐποίησα ἐν ἀπιστίᾳ
12 나를 **능하게 하신 그리스도 예수 우리 주께** 내가 감사함은 나를 충성되이 **여겨** 내게 직분을 **맡기심이니** 13 내가 전에는 훼방자요 핍박자요 포행자이었으나 도리어 **긍휼을 입은 것은** 내가 믿지 아니할 때에 알지 못하고 행하였음이라

이 서문에서 우리의 시선을 끄는 것은 기독론적인 요소가 세 구절에서 언급된다는 점이다. 이 점이 중요한 것은 디모데전서 전체를 봐도 그렇듯이 바울이 위와 같은 요소들을 가지고 의도적으로 기독론을 말하려 하는 것 같진 않기 때문이다.

ⓐ 로마서 16:4만 빼고는[17] 바울의 모든 서신서에서 감사할 조건들을 보고[18]하거나 감사를 권고하는 형식(예를 들면 살전 5:18)을 취하는 감사문은 언제나 하나님을 그 대상으로 하고 있다. 그런데 여기서도 보면 다른 곳에서는 하나님께(토 데오⟨τῷ θεῷ⟩) 드리는 감사를 그리스도께 드리고 있다. 감사를 그리스도께 드린다는 사실은 문법과 문맥을 볼 때 확실하다.

이렇게 하나님과 그리스도 사이의 전환 현상은 두 가지 측면에서 전형적인 바울의 것이다.[19] 첫째로 바울은 기도 보고문(prayer reports)에서도 똑같이 전환한다. 대부분 그리고 유일신론자인 유대인들은 쉽게 예상할 수 있듯이 기도는 기본적으로 하나님께 드리는 것이다. 그러나 고린도후서 12:8에서 바울이 말하기를 "육체에 가시"를 제거해 달라고 세 번을 "주(=그리스도)께 간구하였더니"라고 한다.[20] 그 간청에 그리스도께서 응답하시기를 "내 은혜가 네게 족하도다"라고 하신다. 본문에 나타나는 감사문 역시 어떤 특별한 이유 때문에 주로 하나님께 드리던 것을 그리스도께 드리고 있다

둘째로 놀랍게도 바울은 위의 두 경우에서 나타나는 전환 작업을 이전에는

---

17) 여기서는 바울이 교회를 대신해서 브리스길라와 아굴라에게 감사를 표하고 있다.
18) 예를 들면 살전 1:2; 2:13; 고전 1:4; 골 1:3; 빌 1:3을 보라.
19) 바울 서신의 많은 구절들이 그렇듯이 이러한 자료를 두 가지로 나누어 볼 수 있다. 그래서 일부(예를 들면 Quinn and Wacker, 122-23)는 본 서신에 이러한 예외가 등장한다는 것은 바울의 저작이 아니라는 것을 말한다고 생각한다. 그러나 정말 가짜 저자가 존재했다면 어떻게 이러한 교환 현상이 전적으로 바울의 것임을 신중히 생각하지 못하고 예외적인 표현을 사용할 수 있었는지 의문이다.
20) 제4장의 논의(pp. 311-312)를 보라.

단 한 번도 한 적이 없다는 사실이다. 어떻게 그토록 열렬한 유일신론자[21]가 마치 그리스도께서 하나님이신 것처럼 간청과 감사가 담긴 기도를 그리스도께 드릴 수가 있다는 말인가?

ⓑ 기독론적인 목적을 생각할 때 훨씬 더 중요한 것은 본문의 뒷부분에서 신적 행위를 묘사하는 동사들의 주어가 전적으로 그리스도라는 사실이다. 역으로 바울은 (ⅰ) 그리스도께서 "나를 능하게 하셨다"(엔뒤나모산티 메 ⟨ἐνδυναμώσαντί με⟩)고 단언하고,[22] (ⅱ) 그리스도께서 "나를 충성되이/신실하게 여기셨다"(피스톤 메 에게사토⟨πιστόν με ἡγήσατο⟩)라고 확언한다.[23] 그리고 (ⅲ) 그리스도께서 "내게 직분을 맡기셨다"(테메노스 에이스 디아코니안 ⟨θέμενος εἰς διακονίαν⟩).

따라서 바울이 뒷부분에서는 자신을 향한 그리스도의 자비의 구원론적 측면을 강조하지만 감사문의 서두에서는 그렇지 않다. 오히려 그는 통치하시는 주의 신적 행위를 말하고 있다. 왜냐하면 이러한 동사들이 모두가 바울이 사도가 되는 데에 있어 승귀하신 그리스도의 역할을 가리키고 있기 때문이다.

ⓒ 계속해서 바울은 그리스도께서 택하신 사람이 어떤 종류의 사람이었는지를 기술하고자 한다. 그는 부르심을 받고 회심하기 전까지 모든 면에서 그리스도를 일관적으로 대적하던 인물이었다. 그는 훼방자,[24] 핍박자, 포행자였던 것이다. 바울이 확신하기로 그가 선택받은 일은 신적인 긍휼 행위였다("그러나 내가 긍휼을 입었다"). 이 신적 수동태의 암시적 주어는 다시 한 번 그리스도이다. 이와 다르게 해석하려 하면 바울의 논지, 즉 그가 광폭하게 대적하던 분에 의해 긍휼을 입게 되었다는 포인트를 놓칠 수 있으며 증언에 담긴 기

---

21) 2:5의 "하나님은 한 분"이라는 고백을 볼 때 저자가 바울이든 다른 사람이든 유일신론자임이 분명하다.

22) 이 동사는 다른 바울 서신에서는 그리스도의 "능력 주심"을 가리키는 말로 사용되고 있다(빌 4:13과 딤후 4:17을 보라). 엡 6:10과 딤후 2:1에서는 명령법으로 쓰인다. 하나님은 그의 백성에게 능력을 주시는 분이라는 개념은 비록 다른 동사가 더 자주 사용되기는 하지만 성경에서 매우 보편적인 개념이다.

23) 고전 7:25을 참고하라. 여기서도 같은 표현이 그리스도를 설명하는 데 사용된다. 즉 그분의 은혜가 바울을 충성된 자로 만들어 이전에 한 번도 계시된 적이 없는 문제에 대해 길잡이가 되게 한다.

24) 본 문맥에서 이 단어를 사용한 것은 어떤 면에서 기독론적으로 중요하다고 볼 수도 있다. 왜냐하면 그 표현은 신에 대한 모독을 암시한다는 의미로 쓰였기 때문이다. 그래서 문맥이 가리키는 것은 그리스도의 이름을 사람들이 모독했다는 사실이다.

독론적 본질을 방해할 수도 있다.[25] 이전에도 그랬던 것처럼, 일반적인 상황에서는 위의 동사의 암시적 주어는 하나님이 될 것이다. 하지만 여기서와 16절에서 모든 초점은 바울을 위해 그리스도께서 하신 일에 맞추어져 있다. 그리고 고린도전서 7:25이 밝히는 것처럼 바울은 이와 같은 동사를 그리스도께 적용하는 데 아무런 거리낌이 없다.

다시 말하지만, 여기서 신적 속성을 그리스도께 적용하고 있는 것은 사실 바울이 무언가를 입증하려 한다기보다는 기정사실을 단순히 기술하고 있는 것뿐이다.

③ 1:14

ὑπερεπλεόνασεν δὲ ἡ χάρις τοῦ κυρίου ἡμῶν μετὰ πίστεως καὶ ἀγάπης τῆς ἐν Χριστῷ Ἰησοῦ
우리 주의 은혜가 그리스도 예수 안에 있는 믿음과 사랑과 함께 넘치도록 풍성하였도다.

그리스도를 만나기 전 자신이 어떤 사람이었는지를 서술한 다음 바울은 그를 향한 그리스도의 긍휼에 대해 상세히 기술한다. 그러면서 바울은 직분을 받게 된 것이 전적으로 그리스도께 기초하고 있음을 알리되, 그리스도 중심적인 구절 즉 의도적으로 그리스도를 반복해서 언급함으로써 언뜻 보기에 다소 어색한 형태의 문장을 통해 알린다. 일부 학자들은 그래서 본문에서 '주'가 하나님을 가리킨다고 말하지만,[26] 이러한 생각은 저자에게는 전혀 복잡하거나 어색하지 않은 부분을 현재 독자들 입장에 서서 '순화'하려는 시도에 불과하다. 인류 구원을 위해 하나님께서 행하신 모든 사역은 죽음으로써 자기를 희생하셨고 이제는 지극히 높은 곳에서 다스리시는 그리스도를 통해 이루어졌다. 그래서 바울이 볼 때는 그 흘러넘치도록 풍성한 "은혜"와 믿음과 사

---

25) 문맥을 볼 때 이러한 '신적 수동태'에 대해 위와 같은 입장을 취하는 것이 적절한 것 같은데 모든 주석가들이 그렇게 생각하는 것은 아니다. 실제로 대부분이 문맥과 관련된 문제 제기 없이 하나님을 주어로 기정하고 있다(Johnson, 179; Towner, 140; Quinn and Wacker〈129〉는 불분명한 입장을 취한다). 이 동사의 의미가 불분명하기 때문에 일부는 14절의 "주" 역시 하나님을 가리키고 있다고 생각한다(다음 각주를 보라).

26) Kelly, 53과 Lea, 74를 보라. 그러나 최근 주석가들은 대부분 여기서 제안하는 입장을 취한다(e.g., Spicq, 1:343; Knight, 97; Quinnn and Wacker, 131; Marshall, 394 각주 100 〈"분명하게"〉). 같은 입장을 다소 머뭇거리며 견지하는 Young, *Theology*, 59도 보라.

랑은 그리스도로부터 직접 얻게 되는 축복들이다.

제2장에서 지적했듯이,[27] 거의 모든 바울 서신은 그리스도의 "은혜"를 바라는 축복 기도로 끝을 맺는다. 그러나 본문을 포함하여[28] 세 군데에서만은 이미 현재(現在)하고 있는 은혜 즉 하나님이 아닌 그리스도로부터 오는 은혜를 말한다. 본문에서 특히 두드러지는 특징은 "믿음과 사랑이" 그리스도의 은혜의 '부대 상황'[29]으로 추가된다는 점이다. 바울이 늘 말하듯이 그리스도를 믿는 것과 남을 사랑하는 것 모두가 그리스도 안에서 이루어질 뿐 아니라 우리를 위한 그분의 선제적 은혜와 필수적으로 동반되어 나타나는 표현들이다. 기독론적으로 볼 때 중요한 것은 이러한 '은혜들'이 십자가에서 행하신 그리스도의 역사적 사역을 가리키는 것이 아니라 바울이 살아계시고 다스리시는 그리스도를 개인적으로 만남으로써 경험한 은혜를 지칭하는 것이다.

④ 1:15
> πιστὸς ὁ λόγος καὶ πάσης ἀποδοχῆς ἄξιος, ὅτι Χριστὸς Ἰησοῦς ἦλθεν εἰς τὸν κόσμον ἁμαρτωλοὺς σῶσαι, ὧν πρῶτός εἰμι ἐγώ
> 미쁘다 모든 사람이 받을만한 이 말이여 **그리스도 예수께서** 죄인을 구원하시려고 세상에 **임하셨다** 하였도다 죄인 중에 괴수니라

이제 현 내러티브는 인간의 죄에 대한 신적 해결책을 찬양하기 위해 잠깐 그 흐름이 단절된다. 동시에 바울이 그리스도의 긍휼을 얻게 된 사건이야말로 그 긍휼을 궁극적으로 보여주고 있다는 사실에 지속적으로 초점을 맞춘다. 그래서 12절에서 시작된 그리스도 주께 대한 순전한 감사가 "받을만한 말"이라는 표현에서 그 절정을 이룬다. 이 표현은 디모데전서에서 총 세 번 사용되는 데 본문에서 처음 나옴으로써,[30] 그리스도의 구원 행위가 신적 토

---
27) 본서 52-53을 보라.
28) 다른 두 본문은 고후 8:9과 12:9이다. 그래서 이러한 용어 사용은 다른 곳에서는 전혀 나타나지 않으므로 바울의 것이 아니라는 Quinn and Wacker(131)의 제안은 부정확하다.
29) 메타(μετά)의 이러한 의미를 살펴보려면 BDAG A 3b를 보라.
30) 3:1과 4:8을 보고 딤후 2:8과 딛 3:4-7을 참조하라. 이 첫 구절과 4:8-9에는 이 표현을 좀 더 자세하게 즉 "그리고 완전히 받아들이기에 합당한"(=모든 사람이 받을만한)이라고 설명되어 있다. 이러한 표현은 아마도 거짓 교사들이 유대교 율법에 호소하는 것에 대해 바울의 '증언'이 지닌 대조적인 속성과 일부분 관련이 있다.

대 위에 위치하고 있을 뿐 아니라 효과적인 수단임을 기술하고 있다.

이의를 제기하는 학자들이 일부 있긴 하지만[31] 이 구절에 담긴 모든 내용은 본 서신의 큰 맥락과 더불어(특히 3:16) 선재성과 성육신이라는 전제적 기초 위에 서있다.[32] 만일 "세상에 임하신" 분이 그저 인간에 불과하고 그의 탄생이 단순히 상서로운 사건에 불과했다면 본 서신의 저자에게는 세상에 그런 인물이 왔다는 것 자체가 별 의미가 없었을 것이다. 그런 인물들은 적어도 성경 저자들의 언어나 세계관으로 볼 때 "세상에 임하지" 않는다. 여기서 이슈는 궁극적으로 저자와 독자(들) 사이에 존재하는 공통적인 토대에 대해서다. 그리스도의 선재성이 바울의 신앙체계에 있어 중심을 이룬다는 사실은 여러 본문에 의해 입증된다(고전 8:6; 10:4, 9; 고후 8:9; 골 1:15-20; 빌 2;6-7). 바울 이후의 저자가 바울이 그리스도의 선재성을 긍정하지 않았다고 추정하는 것은 자멸할 수밖에 없는 주장이라고 생각한다. 도대체 '바울을 따르는 이들'(Paulinist)이 어떻게 이러한 서신서들을 바울의 저작이라고 주장하면서 바울에게 있어 매우 중요한 기독론적 논지는 제하려 들 수 있는가?

그래서 매우 간략히 기술된 15절 '말씀'은 인류 구원이라는 문제에 중점을 두면서도 동시에 그리스도께서 "세상에 임하신" 사건을 선재성과 성육신이라는 관점에서 바라보며 인류 구원을 위한 기초적 전제로 생각한다. 여기서 그리스도께서 바울(과 다른 이들)을 구원하시기 위해 역사적으로 시작하신 사역이 나타난다. 이것이 바로 바울 자신이 극단적인 죄인이었음에도 부활하신 그리스도로부터 역사적으로 경험하게 되었던 긍휼의 시발점이다. 그래서 그리스도께서 바울에게 복음을 전하는 사도직을 맡기신 것이다. 그리고 바울이 다른 곳에서 설명하는 "오심"과는 (다소) 대조적으로, 여기서의 관점은 하나님께서 그의 아들을 보내신 사건(갈 4:4; 롬 8:3)이 아니라 그 아들이 능동적으로 세상에 임하셨다는 사실에 집중된다.

마지막으로 주목할 점은 이 구절의 요지가 죄인들을 향한 신적 긍휼의 발현으로 복음을 칭송하는 데에 있다는 사실이다. 이 복음은 율법 준수를 강조하고 금욕적인 이상을 변호하던 거짓 가르침과 명백하게 대조된다. 이런 거

---

31) 예를 들어 Windisch, 222; Dibelius and Conzelmann, 29; Collins, 39; Dunn, *Christology in the Making*, 239, 345를 보라.
32) 참고적으로 Marshall, 398은 "해당 문맥은 저자의 현현 기독론이다"라고 하며 덧붙이기를 그래서 "선재성이 … 암시되어 있다"고 제안한다. 같은 입장을 취하는 다른 연구도 보라(Fairbairn, 96; Bernard, 32; Spicq, 1:344; Hanson, 61).

짓 가르침을 따라 구원을 이해하면 긍휼이 필요 없게 된다. 그러면 그리스도 안에서 하나님의 긍휼을 입은 바울은 전혀 구원에 이를 수가 없다. 그래서 바울은 하나님의 모든 구원 행위 속에서 능동적인 대리자가 되시는 그리스도를 계속해서 강조하고 있는 것이다.

⑤ 1:16

ἀλλὰ διὰ τοῦτο ἠλεήθην, ἵνα ἐν ἐμοὶ πρώτῳ ἐνδείξηται Χριστὸς Ἰησοῦς τὴν ἅπασαν μακροθυμίαν πρὸς ὑποτύπωσιν τῶν μελλόντων πιστεύειν ἐπ᾽ αὐτῷ εἰς ζωὴν αἰώνιον

그러나 내가 **긍휼을 입은** 까닭은 **예수 그리스도께서** 내게 먼저 **일절 오래 참으심을 보이사** 후에 **주를** 믿어 영생 얻는 자들에게 본이 되게 하려 하심이니라

바울은 감사 본문의 마지막 절에서 14절부터 언급해 온 그리스도께서 주신 긍휼을 반복한다. 이를 통해 자신의 회심에 담긴 본보기적 속성을 강조하려는 것이다. 그의 요지는 그리스도께서 가장 요란하게 대적하던 원수를 긍휼로 품으실 수 있다면 다른 모든 사람들에게 풍성한 소망이 있을 것이라는 사실이다. 이 본문은 그리스도께서 신적 수동태 "내가 긍휼을 입었다"의 주어로 암시되고 있음을 분명히 밝히고 있다. 왜냐하면 그리스도께서 바울을 구원하신 것은 그분이 오래토록 심각한 고통을 당하고 계셨음을 궁극적으로 표시하고 있기 때문이다. 이러한 사실은 역으로 기독론적인 중요성을 보여주는 또 다른 부분이다. 왜냐하면 바울이 볼 때 마크로뒤미아(μακροθυμία)라는 단어는 하나님의 성품을 나타내고 있기 때문이다. 이 사실은 로마서 2:4과 9:22에서 명백하게 진술되고 있으며 고린도전서 13:4과 갈라디아서 5:22에서 암시되고 있다. 더욱이 엔데이크뉘미(ἐνδείκνυμι)라는 동사는 특별히 신약에서 바울의 용어로 신적 성품을 강력히 드러내고자 할 때 자주 사용하는 용어이다.[33]

믿을 수 없을 정도로 심오한 깊이를 지닌 신적 속성은 성령을 통해 다른 이들을 향한 신자들의 사랑에 내포된 특징을 기술하고 있을 뿐 아니라 죄인을 구원하시기 위해 세상에 임하신 그리스도 안에서 완벽하게 나타난다. 그

---

33) Marshall, 260을 보라.

분의 구원 사역에 대해서는 아래서 살펴 볼 기독론 본문(2:4-6)에서 상술할 것이다. 그전에 감사문을 마무리 하는 송영에 대해 몇 가지 설명할 필요가 있다.

⑥ 1:17
τῷ δὲ βασιλεῖ τῶν αἰώνων, ἀφθάρτῳ ἀοράτῳ μόνῳ θεῷ, τιμὴ καὶ δόξα εἰς τοὺς αἰῶνας τῶν αἰώνων, ἀμήν
만세의 왕 곧 썩지 아니하고 보이지 아니하고 홀로 하나이신 하나님께 존귀와 영광이 세세토록 있을지이다 아멘

앞에서 본 감사문에 기독론적 성격이 매우 짙다는 점을 감안할 때, 그 마지막 부분이 하나님 중심적인 송영으로 마무리된다는 사실은 놀랍다.[34] 바울은 여기서 그의 유대교적 유산에서 절대적 위치에 있던 유일신 사상을 강조하는 용어로 한 분이신 하나님께 찬양을 드린다. 여기서 신명기 6:4, 즉 유대교의 절대적 토대가 되는 쉐마(the Shema)가 반영된다. 바울이 고린도전서 8:6에서 쉐마에 대해 기독교적으로 재해석했던 것을 반영하던 것처럼, 여기서도 그리스도의 신적 역사를 절대적 유일신 사상에 기초하여 기술하고 있다.

어쩌면 바울이 지금 이전의 감사문에 담긴 기독론 일변도의 내용을 '교정'하려는 것이라고 생각할 수 있겠지만, 다른 각도에서 이해하는 것이 더 적절해 보인다. 다른 어떤 신념을 바울이 사실로 믿든, 아니면 우리가 그리스도의 신성이 지닌 존재론적 본질을 어떻게 이해하든 상관없이, 바울이 생각하는 구원은 언제나 하나님 아버지의 사랑에서 기인하며 그리스도와 성령의 사역을 통해 모든 사람들에게 줄 수 있는 구원이다. 따라서 다름 아닌 기독론 중심성(christocentricity) 때문에 바울은 마지막 절에서 이렇게 감탄조의 고백을 할 수밖에 없었던 것이다. 송영은 한편으로 그리스도께서 아버지와 독립적으로 일하시지 않는다는 사실을 강조하지만, 다른 한편으로는 앞에서부터 이

---

34) 선행 문단의 내용이 그리스도를 중점적으로 다루고 있기 때문에 Mounce(60)는 이 송영 역시 그리스도에게 드려지고 있다고 보는 것이 옳다고 주장하다 그러나 바울 서신에서 (혹시 위전이라 해도 〈특히 고전 8:6을 보라〉) 모노스 데오스(μόνος θεός)가 그런 의미로 쓰인다는 주장은 전혀 일리가 없다. 이는 마치 다수 학자들이 딤후 2:19의 데오스가 퀴리오스로 대체된 것이 하나님 아버지를 지칭하기 위함이라는 주장만큼이나 그 타당성이 결여된 주장이다(딤후 2:19에 대해 아래에서 논의된 내용을 보라).

야기 해온 그리스도 중심적인 내용이 결국 하나님의 신적 역사라는 구두점을 찍는 역할도 하고 있다. 그리스도께서는 아버지와 떨어져서 일하지 않으셨으며/않으시며, 그의 사역을 이 세상에서 역사하시는 하나님과 분리해서 생각할 수도 없다.

(2) 디모데전서 2:3-6

3 … τοῦ σωτῆρος ἡμῶν θεοῦ, 4 ὃς πάντας ἀνθρώπους θέλει σωθῆναι καὶ εἰς ἐπίγνωσιν ἀληθείας ἐλθεῖν. 5 Εἷς γὰρ θεός, εἷς καὶ μεσίτης θεοῦ καὶ ἀνθρώπων, ἄνθρωπος Χριστὸς Ἰησοῦς, 6 ὁ δοὺς ἑαυτὸν ἀντίλυτρον ὑπὲρ πάντων

3 … 우리 구주 하나님 … 4 하나님은 모든 사람이 구원을 받으며 진리를 아는데 이르기를 원하시느니라 5 하나님은 한 분이시요 또 하나님과 사람 사이에 **중보도 한 분**이시니 곧 **사람이신 그리스도 예수**라 6 그가 모든 사람을 위하여 **자기를** 속전으로 **주셨으니** 기약이 이르면 증거할 것이라[35]

디모데전서에서 두 번째로 등장하는 이 기독론 구절에는 판타스 안드로푸스(πάντας ἀνθρώπους, 모든 사람들)[36]에 대한 반복적인 강조를 신학적으로 뒷받침하려는 의도가 담겨 있다. 본문은 모든 종류의 기도를 모든 이들을 위하여 드리라고 권면하는 구절이다. 이러한 권면에 대한 신학적인 근거는 바로 "우리 구주 하나님은 모든 사람이 구원 받기를 원하신다"는 말씀에 있다. 하나님께서는 한 '사람'(man)이신 그리스도 예수를 통해 모든 '사람'(men)을 구

---

35) 어떤 이들은 이 구절에 나오는 "모든 사람들"을 어떻게 해석할 것인가라는 번역상의 어려움을 호소하곤 한다. 왜냐하면 'men/man'이라는 현대 영어 단어는 성인 남자에 국한되는 경향이 있기 때문이다. 헬라어에서는 과거 초기 영어처럼 안드로포스(ἄνθρωπος, man)가 두 가지 의미로 사용되어 성인 남자를 가리키기도 하고 인류 전체를 지칭하기도 했다. 이러한 이중적 개념은 바울이 사용하는 헬라어를 이해하는 데 도움을 줄 뿐 아니라 '사람'의 의미를 이해하는 데 미묘한 역할을 한다. 즉 오직 한 분이신 중보자이며 진정한 사람이신 대표자, 예수 그리스도께서 하나님과 '인간=인류' 사이를 잇고 계시므로 우리의 기도 역시 "모든 사람을" 위하여 드려야 한다. TNIV 번역('man'대신 'human being'을 사용하는- 역주)은 바울의 헬라어가 담고 있는 이러한 의미를 정확히 잘 잡아내고 있다. 왜냐하면 여기서 그리스도의 남성(maleness)에 대한 강조는 어디에도 없기 때문이다.
36) 1절, 3절, 6절을 보라. 이러한 역점은 에베소에서 회람되던 거짓 가르침의 배타주의와 직접적인 대립 관계에 있다는 결론은 매우 일리가 있다(Fee, 6-10, 61-62를 보라).

원하고자 하시므로 우리 구주가 되신다. 여기서 바울은 역점을 그리스도의 남성(maleness)이 아닌 그분의 인성에 두고 있으며[37] 따라서 그분의 성육신이 실재라는 사실을 강조하고 있다. 그 신적 중보자는 일종의 천사가 현현한 것이 아니었으며 일시적으로 인간으로 '나타난' 신적 출현도 아니었다. 바울이 말하려는 요지는 그리스도께서 신성을 소유하셨지만 철저히 인간이 되셔서 자신을 속전으로 주셨다는 점이다.

결과적으로 여기서 우리는 두 가지 기독론적 강조를 발견하게 된다. 첫째로, 그리스도께서는 그분의 인성을 통해 하나님과 인류 사이를 중재하시는 진정한 사람이셨다는 사실이다.[38] 둘째로, 동시에 그리스도께서는 성육신하신(divinely incarnate) 중재자시다. 그분은 성육신을 통해[39] "자신을 주심"으로써 진정한 효력을 발휘하는 속전[40]을 인류의 죄를 위해 제공하셨다.

이 부분만 따로 떼어 놓고 보면, 이와 같은 해석이 본문에는 나타나지 않는 무언가를 읽어내려는 것처럼 보일 수도 있다. 하지만 서신의 일부분을 연구할 때는 반드시 서신 전체를 염두에 두고 있어야 한다.[41] 실제로 여기서 첫 번째 '말씀' 즉 "그리스도 예수께서 죄인을 구원하시려고 세상에 임하셨다"(1:15)는 말씀과 3:16의 찬가 첫 줄에 나오는 "그는 육신으로 나타난바 되

---

37) Fairbairn, 116-17; Marshall, 430; Mounce, 87; Johnson, 192, cf. P. Towner, *The Goal of Our Instruction: The Structure of Theology and Ethics in the Pastoral Epistles* (JSNTSup 34; Sheffield: Sheffield Academic Press, 1989), 54-55.
38) 참고적으로 Knight은 TNIV의 번역을 벌써부터 제안했던 그의 주석서에서 "한 분이신 하나님께서 자신과 … 사람들 사이에 한 중보자를 세우셨는데 …, 그분(그리스도 예수)은 사람이시다"(121).
39) 이것이 직접적으로 얘기되지 않으면 그리스도의 인성을 강조하는 이유를 발견하기 어려워진다. 그리스도께서 원래 신성을 지니셨다는 사실에 대한 전제가 없다면 왜 굳이 그리스도께서 '사람'이시라고 짚어 말하는가? 다음 연구를 참조하라(Fairbairn, 117; Bernard, 41; Lock, 28; Scott, 21-22; Spicq, 1:366; Mounce, 88).
40) 본문에서의 주안점이 구원론과 관련 있다는 점을 감안할 때 우리는 "모든 사람을 위한 속전"이라는 이미지가 막 10:45을 반영하고 있고, 따라서 궁극적으로는 사 53:12에 나오는 고난 받는 종을 가리키고 있으며, 그를 통해 하나님께서 자기 백성들을 애굽의 속박으로부터 구원하시는 사건까지 소급하고 있음을 주목해야 한다. 바울 서신에서 이러한 은유가 제일 처음 나오는 곳은 고전 1:30이며 6:31과 롬 3:24에서 다시 언급된다. 목회 서신에서는 딛 2:14에서도 찾아볼 수 있는데 여기서는 기독론적 중요성이 추가된다.
41) 주석서들과 연관된 여러 문제점 중 하나는 본문을 논의할 때 다른 본문과 분리해서 논의하려는 경향이다. 그래서 거짓 교사들과 대립 구도에 있는 그리스도의 인성에 대한 강조가 주석서에서 주목받지 못하고 있다. 설상가상으로, 그 역점을 주목을 하는 경우조차 거짓 가르침을 일종의 영지주의적인 형태로 본다는 것이다.

시고"라는 말씀이 중요하다. 그래서 "한 분이신 하나님"과 "한 분이신 중보
자 곧 사람이신 그리스도 예수"를 강조하는 것은, 한편으로 저자의 유일신
사상의 불가침성을 보존하려는 의도로 보이며, 다른 한편으로는 그 유일한
중재자께서 선재하셨고 신성을 지니셨음에도 불구하고 동시에 진정한 인간
이셨다는 사실을 역설하려는 것으로 생각된다.[42] 따라서 그리스도의 성육신
에 전제되어 있는 신성은 하나님의 유일성이라는 기본적인 신념을 부정하
지 않는다. 그래서 리차드 보컴(Richard Bauckham)이 주장했던 것처럼[43] 위
와 같은 유일신 개념은 한 하나님이라는 신분을 둘러싼 기존의 경계선을 확
장시킨다.

따라서 그리스도의 신성이 전제되어 있는 현 본문에서 우리는 두 가지가
강조되고 있음을 보게 된다. 우선 바울은 그리스도의 인성이 사실임을 강조
함으로써, 거짓 가르침의 금욕적인 세계관으로 인해 그가 강조하는 내용이
경시되고 있었음을 말해주고 있다.[44] 또한 그의 궁극적인 관심사가 구원론에
관한 것이라 해도, 바울의 여타 서신에서도 나타나는 것처럼 사람이신 구주
께서 신성을 지니셨음을 확언하는 것 역시 그의 관심사이다.

(3) 디모데전서 3:16

ὃς[45] ἐφανερώθη ἐν σαρκί, ἐδικαιώθη ἐν πνεύματι, ὤφθη ἀγγέλοις,

---

42) Marshall, "Christology," 173을 보라. 참고적으로 빌 2:7-8에서 예수님의 신성이
전제되거나 드러나는 바울의 본문에서 그분의 인성을 강조하는 내용이 나오는 것은
다소 흥미로운 점이다.
43) Bauckham, *God Crucified*, 25-42를 보라.
44) 이 문제에 대해서는 4:3-5에서 그들의 입장을 강력하게 반대하는 부분을 보라.
여기서 바울은 모든 피조물들의 본질적인 선함을 강조한다. 물론 그리스도의 진정한
인성에 대한 강조가 이 큰 관심사와 조화를 이루는지에 대해서는 논란의 여지가 있다.
45) 여기서 ὃς(a* A* C* G 33 365 442 2127 sy co arm goth eth Or Epiph Jerome)는
원본이며 D사본이 바꾸어 버린 호(ὅ)(그렇게 해서 토 뮈스테리온⟨τὸ μυστήριον⟩과
조화를 이루게 하려고)가 아니라는 사실이나 또는 후기의 사본들이 데오스로 읽는
것은 세 가지 이유로 분명해진다. 첫째로 이러한 독법은 초기 자료들 사이에서
널리 채택된 것으로 초기 자료들의 토대가 되는 헬라어 사본들 역시 이러한 독법을
지지한다. 둘째로 이러한 독법은 "더 어려운 독법"(사본학에서 원문을 결정할 때
의존하는 기본 원리 중 하나- 역주)이므로 다른 사본으로부터 유래되었다고 보기는
힘들다. 셋째로 당시 시대적 상황을 고려할 때 '하나님'이라는 단어를 비문법적인
'who'로 바꾸었을 가능성은 매우 희박하다. 따라서 후대의 필사자들이 과감하게
제시하는 바에 따르면, 바울이 그 당시에 데오스라는 단어(바울이 하나님 아버지를
언급할 때만 독점적으로 사용하던)를 그리스도를 지칭하는 데 사용할 준비가 되어

ἐκηρύχθη ἐν ἔθνεσιν, ἐπιστεύθη ἐν κόσμῳ, ἀνελήμφθη ἐν δόξῃ
그는 육신으로 **나타난바 되시고** 영으로 **의롭다 하심을 입으시고** 천사들에게 **보이시고** 만국에서 **전파되시고** 세상에서 **믿은바 되시고** 영광 가운데서 **올리우셨음이니라**

최근까지 디모데전서의 다른 어떤 구절보다도 이 구절에 대한 연구가 더욱 많이 이루어져왔다.[46] 여기에는 그럴만한 이유가 있다. 이 본문은 그 내용을 산문 형식으로 늘어놓아도 문장 전체에 흐르는 시적인 본질을 감출 수가 없다. 이 시적 구절을 해석하는 데 있어 여러 어려움이 있는데 ① 운문 자체 때문에 그렇고,[47] ② 운문과 관련해서 일부 절의 의미를 분석하기가 수월치 않으며,[48] ③ 마지막으로 본문이 그 문맥에서 수행하는 역할을 이해하는 것이 용이하지 않다.

본 연구의 목적을 고려할 때 위의 모든 문제 특히 운문과 관련된 이슈를 모

있지 않았다는 것이다(제3장에서 나오는 고전 8:6에 대한 논의⟨pp. 161-168⟩를 보라. 또한 이후의 딛 2:13에 대한 논의⟨pp. 656-661⟩와 제6장에서 로마서 9:5 논의⟨pp. 420-426⟩)도 참조하라).

46) 그러나 요즘은 딤전 2:11-15을 연구하는 엄청난 양의 소논문과 서적이 쏟아져 나오고 있다. 여성 사역 문제를 놓고 복음주의 크리스천들이 찬반으로 나뉘어 있기 때문이다.

47) 이러한 첫 번째 난관은 해당 운문이 AB, AB, AB 패턴을 따르는지 아니면 AB/C AB/C패턴을 따르는지를 결정하는 것이다. 그래서 두 형식에 따라 본문을 나누면 각각 아래와 같다.

육신으로 나타난바 되시고, 영으로 의롭다 하심을 입으시고,
천사들에게 보이시고, 만국에서 전파되시고,
세상에서 믿은바 되시고, 영광 가운데서 올리우셨음이니라.

육신으로 나타난 바 되시고, 영으로 의롭다 하심을 입으시고, 천사들에게 보이시고,
만국에서 선파되시고, 세상에서 믿은바 되시고, 영광 가운데서 올리우셨음이니라.

본문의 구조에 대해 다른 제안들도 있지만 더 깊이 다루는 것은 본서의 연구 범위를 넘어서는 것이다.

48) 이러한 점은 특히 그리스도의 승귀를 재차 언급하고 있는 것처럼 보이는 둘째 절과 여섯째 절을 볼 때 그렇다. 필자의 이러한 이유로 6개의 행으로 구성된 본문을 두 개의 연(stanzas)으로 나누어야 제대로 이해할 수 있다고 생각한다. 즉 첫 번째 연은 그리스도께서 세상에서 살아가신 모습을 기술하고 있고, 두 번째 연(4-6행)은 그리스도의 승천(3행) 이후 복음의 전파를 다루고 있다고 보는 것이다. 마지막 행은 승천 모티브를 반복함으로써 본 시문을 마무리 한다. Fee, *God's Empowering Presence*, 761-68을 보라.

두 해결할 필요는 없다. 왜냐하면 본 연구의 기독론적 관심은 주로 앞에 나오는 두 운문과 관련이 있기 때문이다. 이 두 운문이 서로 시적인 병행을 이루고 있다는 점에 대해선 이견이 없다. 더욱이 여기서의 병행 관계는 정반대의 뜻이 아닌 서로 유사한 뜻을 가진 단어가 대구(對句) 형태를 취한다는 점에 대해 학자들이 기본적으로 동의한다. 그러나 이러한 기본 개념 외에 다른 사항에 대해선 상당히 다양한 견해가 제기되고 있다.

문맥에 대한 문제에 대해선 아직까지 제대로 다루어진 적이 없기 때문에 [49] 이 문제부터 우선 다루어 보고자 한다. 이를 위한 중요한 단서는 세 군데에서 발견된다. 첫째로, 14절은 2-3장의 결론으로 보기보다는 "사람들이 하나님의 집에서 어떻게 행하여야 하는지"에 대한 지침의 서론으로 보는 것이 가장 적절하다. 이를 통해 14절은 진정한 그리스인의 행위에 대한 포괄적인 관심을 미리 언급하고 있는 것이다.[50] 둘째로, 4:1에서 데(δέ, 그러나)를 흔히 번역하지 않거나 '이제'라는 의미로 해석하지만, 사실은 16절과 정반대되는 문장을 시작하는 반의 접속사로 보는 것이 가장 올바르다.[51] 그래서 바울은 복음에서 발견되는 신적 '비밀'의 내용을 초대 교회가 (확실히) 사용하던 찬가를 인용하여 자세히 설명한 다음, 대조법을 통해 디모데와 에베소에 있는 교회가 그리스도에 대한 기본적 요소들을 상기하도록 하고 있는 이유를 상술하고 있다. 셋째로, 전체 본문을 하나로 묶는 단어가 있다면 그것은 유세베이아(εὐσέβεια, 경건)이다. 이 단어가 16절 서두에 나오는데, 4:7-10에서는 디모데가 지켜야 할 구체적인 실천 사항의 내용을 지배하는 단어(controlling word)로 재등장한다.

이 같은 사실을 통해 우리는 현 찬가의 내용이 정확히 4:1-5에 나오는 거짓 교사들을 고발하기 위한 준비 과정의 성격을 띠고 있음을 알게 된다. 여기서 강조되고 있는 것은 그리스도의 진정한 인성(1행)이다. 그 인성이 성령과 천

---

49) 흔히들 이 구절을 2-3장에 대한 신학적인 결론 부분이라고 생각하지만 이에 대한 논거는 거의 제시되지 않는다(예를 들면, Knight, 16; Marshall, 522; Johnson, 236-37). 좀 더 총체적인 논의와 관계 연구(1992년까지 저술된)를 보려면 Fee, *God's Empowering Presence*, 762-63을 보라. Fowl(Story)와 Towner(Goal of Our Instruction)의 연구는 예외적이지만, 최근 주석서들을 보면 다시 위의 입장을 취하는 성향을 보이고 있다(예를 들면, Mounce, 218; Towner, 284-85).

50) 그래서 TNIV 성경은 14절에 새로운 제목을 달아 놓아 5:1까지 같은 제목 하에 있음을 암시한다. 결국 4:1과는 흐름의 단절이 없다.

51) 그러나 NASU(New American Standard Update) 성경을 보라.

사들에 의해 의롭다 하심을 입고(2-3행), 이를 나중에 초대교회가 선포하게 된다(4-5행). 그리고 마지막으로 "영광 가운데서 올리우신" 그리스도에 대한 변호가 교회의 선포에 추가된다. 이 모든 일들은 일정 형태의 금욕적인 생활을 고집하며 창조 세계의 선함을 부인하는 위선적인 거짓 교사들(하나님에 대한 진리를 왜곡하는)을 정면으로 부인하고 있는 것이다(4:3-5).

이러한 강조는, 그리스도의 구원사역이 본문의 4-5행에서 분명히 전제되어 있긴 있지만 전혀 언급되고 있지 않는 이유를 명료하게 설명해 준다. 열방/이방인들에게 전파해서 믿음을 갖게끔 해야 하는 내용은 다음 두 구절에서 명백하게 진술되고 있다. 즉 "그리스도 예수께서 죄인을 구원하시려고 세상에 임하셨다"(1:15)는 구절과 그분이 "모든 사람을 위하여 자기를 속전으로 주셨으니"(2:6)라는 구절에 담긴 내용이다. 사실 이러한 내용은 바울이 어디서든 전제하고 있는 진리이다. 다만 본문에서 언급되지 않은 까닭은 문맥이 다루고자 하는 이슈가 그리스도의 구속 사역이 아닌 하나님과 그분의 창조에 담긴 의미이기 때문이다. 그리고 성령에 의한 신적 변호(divine vindication)를 강조하는 구절 앞에 놓인 그리스도의 성육신은 초반부터 금욕주의를 전면적으로 부정하기 위한 사전 준비 역할을 하고 있다.

이와 같이 좀 더 넓은 맥락에서 본문 전체를 읽으면, 본문에 나타나는 다양한 의미를 결정할 수 있게 된다. 1행은 성육신 선포에 집중한다. 왜냐하면 "그리스도는 육신으로 나타난바 되시고"(에파네로데[52]) 엔 사르키⟨ἐφανερώθη ἐν σαρκί⟩)라는 표현을 다르게 해석할 적절한 방법이 없기 때문이다.[53] 이와 반

---

52) 본 서신에서 에피파이노⟨ἐπιφαίνω, 나타나다⟩와 같은 어원을 가진 에피파네이아⟨ἐπιφάνεια, 현현⟩는 여기서 처음 등장하는 것이다. 이 두 단어의 밀접한 관련성은 딤후 1:10에서 같은 단어들이 동사와 명사(파네로⟨φανερόω⟩에 피파네이아⟨ἐπιφάνεια⟩)로 쓰이고 있는 것을 보면 알 수 있다. 본문과는 약간은 다른 뉴앙스를 지니고 있어 "나타남을 통해 드러난"(TNIV, NRSV) 혹은 "나타남을 통해 명시된"(ESV) 것으로 번역되기도 하지만 두 단어는 모두 성육신을 가리키고 있다. 특히 이 구절은 위의 동사를 선재성과는 무관한 의미로 해석하기가 타당치 않다는 점을 입증하고 있다. 위 두 단어가 그리스도에 대해 말하는 데 사용되는 두 예문은 그리스도께서 "처음으로 (세상에) 나타나셨음"을 가리킨다. 그러나 두 번째 단어가 그리스도의 성육신(딤후 1:10)이나 파루시아(딤전 6:13; 딛2:13; 딤후 4:1, 8)를 가리키고 있다는 사실은 본 서신에서 두 단어가 모두 구속자께서 하늘로부터 내려오셨음을 강력히 제시한다.
53) 이 문제에 대해서는 특별히 Lau, *Manifest in the Flesh*를 보라. 또한 Bassler, "Plethora of Epiphanies"를 참조하라.

대 견해를 피력하는 일부 학자들이 있지만,[54] 이 본문을 가지고 그리스도의 기원을 사람으로 이해하려는 입장은 부적절하다. 전체 구문이 명백하게 강조하는 것은 그리스도의 '신적 현현'이며 그 현현이 진정한 인성을 지니신 육신으로 나타났다는 점이다.[55] 따라서 바울은 1행을 통해 신자들이 당시 문제를 일으키던 이단이 지닌 속성의 영향을 받아 그리스도의 인성을 가현설로 이해할 가능성을 집중적으로 뿌리 뽑으려 하고 있다.

1행에 나오는 엔 사르키(ἐν σαρκί)는 2행의 엔 프뉴마티(ἐν πνεύματι)와 조화를 이루고 있다. 그러나 일부 영어 성경처럼[56] 이러한 조화를 근거로 하여 '영'을 그리스도께서 지니신 영(spirit)과 관련시키려는 해석은 1행의 내용을 지나치게 간과하는 데서 비롯된다. 그리스도께서 육신으로 나타나신 것에 대해 변호를 받으신 것이 그분의 영혼 내면(internal psyche)에서만 일어났다는 말은 아니다. 그리스도께서는 부활과 승귀를 통해 우리가 종말에 입게 될 존재의 영역 즉 성령(the Spirit)의 영역에 들어가셨다.[57] 그리고 찬가의 나머지 구절은 그리스도께서 "육신으로 나타나셨다"는 사실에 대한 추가적인 변호를 강조한다. 그분의 승귀와 더불어 철저히 그리스도에게 집중하는 후대의 복음 선포는 그분의 성육신이 지닌 유효성을 계속해서 강조한다.

그래서 현 찬가가 시구(詩句)를 사용하여 명백히 밝히려는 것은, 그리스도께서 원래 신적 존재였다는 사실이다. 그리고 만일 초기 필사가가 요한복음으로부터 힌트를 얻어 좀 더 명확한 표현을 구사하기 위해 "하나님께서 육신으로 나타나셨다"라고 언급했다면, 그들이 비록 수정을 시도하긴 했으나 적어도 첫 번째 행의 의미에 대해 바로 이해하고 있었다고 볼 수 있다. 왜냐하

---

54) 예를 들어 Dunn(*Christology in the Making*, 237)이 바로 이러한 입장을 견지하고 있다. 그러나 그의 견해는 석의적 논증이 아닌 단순 주장에 기초하고 있다. 정말로 저자가 단순히 부활 이전에 세상에 존재하셨던 그리스도와 부활 이후에 하늘로 승천하신 그리스도를 비교하려 했다면 동사와 전치사구를 사용하는 위 어법은 비정상적이다. 도대체 왜 사람이 "육체로 나타났다"고 표현한다는 말인가? 이 문제를 달리 표현해 볼 수도 있다. 저자가 선재성과 성육신을 포괄하는 '오심'을 짧은 행으로 이루어진 시구(詩句)로 표현하려면 대체 다른 어떤 표현을 사용했겠는가? 저자가 만일 독자로 하여금 '성육신'이라는 의미를 떠오르지 않게 할 의도가 있었다면 다른 표현을 사용하여 충분히 그렇게 할 수 있었을 것이다.
55) 그래서 여기서 강조점은 그분의 '육신' 자체에 있지 않고 '육신으로' 존재하고 계셔서 우리와 같은 인성을 공유하신다는 사실에 있다.
56) 예를 들면 NRSV는 "영(spirit)으로 의롭다 하심을 입으시고"라고 번역한다.
57) 이러한 해석에 대한 총체적인 설명을 보려면 Fee, *God's Empowering Presence*, 765-67을 참조하라(cf. Knight, 184; Marshall, 525-26).

면 그렇게 이해할 때만 본 문맥에서 찬가 전체를 인용한 이유를 제대로 설명할 수 있기 때문이다.

(4) 디모데전서 6:13-16

ραραγγέλλω ἐνώπιον τοῦ θεοῦ τοῦ ζῳογονοῦντος τὰ πάντα καὶ Χριστοῦ Ἰησοῦ τοῦ μαρτυρήσαντος ἐπὶ Ποντίου Πιλάτου τὴν καλὴν ὁμολογίαν, τηρῆσαί σε τὴν ἐντολὴν ἄσπιλον ἀνεπίλημπτον μέχρι τῆς ἐπιφανείας τοῦ κυρίου ἡμῶν Ἰησοῦ Χριστοῦ, ἣν καιροῖς ἰδίοις δείξει ὁ μακάριος καὶ μόνος δυνάστης, ὁ βασιλεὺς τῶν βασιλευόντων καὶ κύριος τῶν κυριευόντων, ὁ μόνος ἔχων ἀθανασίαν, φῶς οἰκῶν ἀπρόσιτον, ὃν εἶδεν οὐδεὶς ἀνθρώπων οὐδὲ ἰδεῖν δύναται· ᾧ τιμὴ καὶ κράτος αἰώνιον, ἀμήν

만물을 살게 하신 하나님 앞과 본디오 빌라도를 향하여 선한 증거로 증거하신 그리스도 예수 앞에서 내가 너를 명하노니 우리 주 예수 그리스도 나타나실 때까지 점도 없고 책망 받을 것도 없이 이 명령을 지키라 기약이 이르면 하나님이 그의 나타나심을 보이시리니 하나님은 복되시고 홀로 한 분이신 능하신 자이며 만왕의 왕이시며 만주의 주시요 오직 그에게만 죽지 아니함이 있고 가까이 가지 못할 빛에 거하시고 아무 사람도 보지 못하였고 또 볼 수 없는 자시니 그에게 존귀와 영원한 능력을 돌릴찌어다 아멘

참고: 디모데전서 5:21[58)]

διαμαρτύρομαι ἐνώπιον τοῦ θεοῦ καὶ Χριστοῦ Ἰησοῦ καὶ τῶν ἐκλεκτῶν ἀγγέλων, ἵνα ταῦτα φυλάξῃς χωρὶς προκρίματος,

하나님과 **그리스도 예수**와 택하심을 받은 천사들 앞에서 내가 엄히 명하노니 너는 편견이 없이 이것들을 지켜

위 본문은 디모데전서에서 기독론을 다루고 있는 네 번째 주요 본문으로서, 마지막으로 디모데에게 당부하는 구절의 마지막 부분에 위치하고 있다 (6:3-6). 이 당부는 1:3-7과 인클루지오를 이루어 서신 전체의 틀을 잡는다. 바

---

58) 다음에 나올 딤후 4:1에 대한 아래에서의 논의(pp. 690-691)도 보라

울은 오직 여기서만 디모데에게 거짓 교사들을 저지하라고 권고하는(3-10절) 동시에 그들을 피하라고 당부한다(11절). 그리고는 디모데로 하여금 열심을 다해 복음을 좇으라고 바울은 말한다. 이러한 당부의 목적은 그리스도께서 파루시아로 "나타나실" 때까지 디모데가 순전한 마음으로 "이 명령"[59]을 지키도록 하는 것이다(14절).

동시에 이 당부 구절은 디모데로 하여금 "하나님과 그리스도 앞에서" 당부를 받는 자로 엄숙한 서약의 자리에 서게 한다. 이와 같은 내용을 담은 구절이 디모데전서와 후서에서 총 세 번 나오는 데 본문은 그 중 두 번째 구절이다. 첫 번째 예문은 디모데전서 5:21에 나온다. 여기서 "택하심을 입은 천사들"이 언급되는 것을 보면, 본문에서의 당부는 하늘 법정이 열린 가운데 주어지는 당부를 가리킨다. 그러나 본문과 디모데후서 4:1의 초점은 디모데가 권고를 받을 때 앞에 서게 될 신적 인물들에게 맞추어져 있다.

본문의 기독론적 중요성은 네 가지로 분류될 수 있다. 첫째, 바울이 목격자로 있던 하늘 영역으로부터(5:21) 그가 엄히 명령을 내리며 앞에 있던 분들의 실제 이름을 부르는 자리로 움직일 때, 하나님과 그리스도께서 그가 내린 명령을 증언하는 신적 목격자라고 고백한다는 점을 주목해야 한다. 즉 바울이 하늘을 묘사하는 장면으로부터 이동하여 디모데가 하나님 앞에 서서 서약하며, 이때 그리스도를 본문에서 하나 뿐인 전치사 에노피온(ἐνώπιον, 앞에서)의 복합 목적어로 포함시킨다. 그래서 데살로니가전서·후서까지 소급되는 용어 사용법이 이 구문에서도 계속된다는 사실을 알게 된다.[60] 아래에서도 언급하겠지만(딤후 4:1) 본문은 디모데가 명령을 받을 때 그 앞에 증거자로 계시는 그리스도를 집중적으로 강조한다.

둘째, 매우 길고 복잡한 하나의 문장으로 이루어진 13-16절 전체가 위 당부를 설명해 주고 있다. 그러나 문장을 쉽게 분해해서 분석할 수 있으며, 이를 통해 왜 본문이 한 문장으로 이루어져 있는지 이해할 수 있게 된다. 본문은 a/b/b'/a'라는 교차대구 패턴(chiastic pattern)으로 되어 있다. 그 당부를 증언하는 분들은 (a) 살아계신 하나님(창조를 암시하는)이시며 (b) 십자가에 달리시기 전에 능력있게 증거하셨던 역사적인 예수시다. 모든 것의 궁극적인 목적은

---

59) 여기서 '이'(this)가 가리키는 선행어가 무엇인지는 분명하지 않다. 단순히 바로 이전에 언급된 당부 내용만을 가리킨다고 보기보다는 서신서 서두(1:3-7)까지도 소급된다고 보는 것이 가장 적절하다고 생각한다.

60) 제2장에서 살전 1:1에 대해 논의하는 부분을 보라.

(b') 그리스도의 재림이며 모든 사물의 근원은 (a') 영원하신 하나님 한 분 뿐이다. 그래서 바울의 다른 서신과 마찬가지로[61] 그리스도의 사역은 시공을 초월하는 하나님의 영원한 진리라는 테두리 안에 있다.

셋째, 그리스도에 대한 본문의 언급은 본 서신 전체를 통해 강조되는 것과의 완벽한 조화를 이루는 가운데 모든 초점이 그리스도께서 지상에 계실 때 영위하셨던 삶에 맞추어져 있다.[62] 여기서 그리스도의 십자가 사건(결국 그분의 '증거'는 문자 그대로의 뜻보다는 십자가 위에 달리심으로써 누구나 볼 수 있게 완전히 드러나게 되었다는 뜻이 담겨 있다)이 희미하게 암시되고 있지만, 보다 강조되고 있는 것은 그리스도께서 이 땅에 사시면서 가장 중요한 순간에 증언하셨던 것에 대해서다. 그래서 본문을 보면 위에서 살펴본 세 본문과 마찬가지로 바울이 디모데와 에베소에 있는 서신의 청자들(hearers)로 하여금 그리스도의 성육신이 실재임을 부인하지 못하도록 한다. 여기에 추가적인 함의가 있다면, 본문은 바울이 십자가 사건에 대해 보다 완곡하게 역설하고 있는 세 번째 예문이 된다는 점이다.

넷째, 디모데전서 1:12-17과 마찬가지로 본문은 하나님의 절대적 주권과 더불어 유일신론이라는 절대적 진리를 강조하며 마무리된다. 하나님과 그리스도 사이의 존재론적 관계에 대한 바울의 해석을 우리가 어떻게 이해하든 관계없이, 그리스도께서 실재 신성을 지니고 계신 존재라는 사실은 바울 기독론에서의 근본적, 절대적 신념인 유일신론[63]에 우선하지 않는다.

3) 다른 기독론적 본문

지금까지 디모데전서의 기독론을 논의하면서 거의 대부분의 관련 본문을 다루었으나, 서신서 여기저기에 흩어져서 그리스도를 지칭하고 있는 일부 구절들도 간략하게 살펴 볼 필요가 있다. 왜냐하면 이들 역시 전 장에서 고찰한 내용의 범위 안에 있기 때문이다. 실제로 한 구절만 제외하고는 모든 구절이 전 장에서 거론된 용어 사용을 반영하고 있다. 이러한 기타 구절에 나타나는 용어를 바울이 직접 사용했든, 아니면 바울을 추종하는 인물이 탁월한 감각

---

[61] 예를 들면 고전 8:6과 15:25-28을 보라.
[62] 이전과 마찬가지로 이 요지는 거의 주목받지 못했다.
[63] 이 경우 에베소에 존재했던 다양한 형태의 퀴리오스 숭배를 포함하여 로마 황제에 대응하는 것에 대해 역설하고 있음을 볼 수 있다.

으로 바울을 모방했든, 중요한 것은 위에서 살펴본 바울의 전형적인 어법을 반영하고 있다는 점이다. 이에 대해 간략히 언급할 것이다.

(1) 하나님과 그리스도 (딤전 1:1-2)

Παῦλος ἀπόστολος Χριστοῦ Ἰησοῦ κατ᾽ ἐπιταγὴν θεοῦ σωτῆρος ἡμῶν καὶ Χριστοῦ Ἰησοῦ τῆς ἐλπίδος ἡμῶν Τιμοθέῳ γνησίῳ τέκνῳ ἐν πίστει, χάρις ἔλεος εἰρήνη ἀπὸ θεοῦ πατρὸς καὶ Χριστοῦ Ἰησοῦ τοῦ κυρίου ἡμῶν

우리 구주 하나님과 **우리 소망이신 그리스도 예수**의 명령을 따라 **그리스도 예수의** 사도 된 바울은 믿음 안에서 참 아들 된 디모데에게 편지하노니 **하나님 아버지**와 **그리스도 예수 우리 주**께로부터 은혜와 긍휼과 평강이 네게 있을찌어다

목회 서신서 전체와 디모데전서 6:13과 마찬가지로, 본문에서도 하나님과 그리스도가 단 하나의 전치사의 목적어로 함께 쓰이기 때문에 두 분이 바울의 사도직(1:1)의 유일한 근원이라는 사실이 강조되고 있다. 실제로 이 분들은 바울을 사도로 부른 "명령"의 유일한 출처가 되신다.[64]

문안 인사에서도 동일한 내용이 강조된다. 여기서 "긍휼"이라는 낱말이 추가되어 있는 반면 '우리의'라는 공동 소유 의미의 소유격은 사용되지 않지만, 근본적인 논지는 이전 편지들과 동일하다. 현 문안 인사는 디모데에게 하나님 아버지와 그리스도 주로부터 내려오는 은혜와 긍휼과 평강이 풍성하기를 기원한다. 실제 14절에서 은혜라는 말이 다시 사용되는데, 바울에게 임한 은혜의 근원은 다름 아닌 "우리 주"시라고 진술된다.

또한 1절에서 사도직의 근원을 언급할 때 바울은 하나님을 "우리 구주"로, 그리스도 예수를 "우리 소망"이라고 고백하고 있다는 점을 주목할 필요가 있다. 이러한 사례가 목회 서신서에서 처음 등장하고 있지만, 편지를 쓰다가 특별히 강조될 부분을 앞에서 언급하는 어법을 보면 전형적인 바울의 기법이라고 할 수 있다. 그래서 "우리 구주 하나님"을 2:3에서 다시 언급하면서 본 서신에서 가장 중요한 구원론적 본문으로 이어지도록 한다. 게다가 끝 부분(6:14)을 보면 바울이 특별히 그리스도의 미래적 재림을 강조하고 있는데, 본

---

64) 이 문제에 관해서는 2장의 살전 1:1 논의(pp. 105-107)를 보라. 그리고 Mounce, 8-9에 나오는 논의도 참조하라.

서신서의 다른 곳에서는 이러한 주제가 거의 언급되지 않는다.

(2) 그리스도와 사도/신자들

디모데전서에 가장 두드러지는 특징은 문안 인사와 주요 기독론적 본문을 제외하고 나면 그리스도가 몇 군데에서만 언급된다는 점이다. 실제로 단 네 곳에서만 언급된다(3:13; 4:6; 5;11; 6:3). 이 예문들을 차례대로 살펴보면 ① 그리스도를 믿음의 대상으로 소개하고, 신자가 믿음 안에서 한결같은 관계를 유지해야 하는 대상으로 소개한다(3:13). 또한 ② 그리스도를 (바울의 경우 〈1:1〉와 마찬가지로) 디모데가 행하는 사역의 원천으로 묘사하며(4:6), ③ 신자인 미망인이 (아마도) 그리스도 밖에서 결혼하고자 할 경우 그리스도를 배반하는 것이라고 말하며(5:11), 그분은 복음이라는 "바른 말"의 근원이자 내용이라고 진술한다(6:3).

그리스도에 대한 다양한 표현을 이토록 자연스럽게 구사하는 것을 보면 본 서신서의 기독론은 영락없는 바울 기독론이다. 이들이 가리키는 것은 저자가 철저하게 그리스도 중심적인 사상을 소유하고 있다는 점이다. 설령 이러한 표현들이 갈라디아서에서 만큼 자주 사용되지는 않는다 해도, 본 서신서에서 발견된 다른 모든 증거자료와 저자의 마음에 간직되어 있는 그리스도의 중심적 역할이 여전히 부각되고 있다. 달리 말하면 디모데전서의 기독론은 이전의 바울 서신에 나타나는 기독론과 조화를 이루고 있다. 실제로 고린도후서와 고린도전서 사이의 차이점이나 로마서와 갈라디아서 사이에서 나타나는 심각한 차이점을 디모데전서와 바울 서신과의 관계에서는 발견하기 어렵다.

2. 디도서에 나타나는 기독론

본 서신의 기독론과 관련하여 세 가지 요소가 크게 두드러진다. 첫째는 그리스도를 직접직으로 인급하는 경우가 드물다. 직접적인 언급은 단 네 번만 나오는 데[65] 각각의 경우 "예수 그리스도" 또는 "그리스도 예수"라고 말한다. 둘째로 바울 서신 중에서 퀴리오스가 나오지 않는 서신서는 디도서 하나뿐이

---

65) 이와는 대조적으로 데오스는 로마서와 디모데전서와 유사하게 13번 나온다.

다. 마지막으로 디모데전서에서 하나님 아버지와 함께 세 번 사용되는 소테르(σωτήρ)라는 칭호는 여기서 적어도 두 번 정도 등장하며 그리스도를 가리키는 말로 사용된다.[66]

그리스도는 총 세 구절에 나타나는데 두 번은 문안 인사(1:1-4)에서 나오고, 나머지는 본 서신에서 중요한 신조 구절에서 각각 한 번씩 나온다(2:11-14; 3:47). 이 신조 구절은 일부 그레데 사람들이 배교한 것을 지적하고자 하는 바울 복음을 요약해주고 있다. 해당 본문을 차례대로 분석해 보도록 한다.

1) 그리스도 예수 우리 구주 (딛 1:1-4)

문안 인사에서 두 번 언급되는 그리스도는 전형적인 위치에 놓여 있으며 하나님 아버지와 연결되어 있다. 첫째로 1절에서 바울은 자신을 하나님의 종이요 **예수 그리스도**의[67] 사도(둘로스 데우 아포스톨로스 데 예수 크리스투〈δοῦλος θεοῦ, ἀπόστολος δὲ Ἰησοῦ Χριστοῦ〉)라고 소개한다. 이렇게 결합된 표현이 독특한 것은 사실이지만, 실은 바울이 다른 서신서에 사용하는 표현의 변형이며, 이러한 변형은 아래서 언급하고자 하는 주요 사항들과 관련되어 있다.[68] 본서의 목적을 고려할 때 여기서는 바울이 다른 곳에서 자신을 "그리스도의 종"(갈 1:10; 롬 1:1; 빌 1:1)[69]이라고 소개하는 반면 디도서에서 만큼은

---

66) 세 번째 경우는 2:13에 나오는 데 이에 대해서는 논란의 여지가 많다.
67) "예수 그리스도"라는 보기 드문 어순은(동방과 서방 모두의 초기 증거자료에서 발견된다(א* C D F G 33 326 1739 pc latt). 하지만 J. K. Elliott (*The Greek Text of the Epistles to Timothy and Titus* 〈SD36; Salt Lake City: University of Utah Press, 1968〉, 201)은 이를 반대하는데 일종의 독특한 '절충주의'에 근거하여 부적절한 입장을 취하고 있다) 본 서신에서 십여 차례 나타나는 현상 중 일례이다. 이 같은 사실이 진정성 문제와 결부될 때 이를 긍정하는 증거로도 부정하는 증거로도 모두 사용된다. 이유를 명확히는 알 수 없지만 "예수 그리스도"라는 어순이 네 번 중 세 번 디도서에 나타난다(1:1; 2:13; 3:6).
68) 이러한 특성과 더불어 다른 것들도 자세히 살펴보려면 Marshall과 Towner의 주석을 보라.
69) 바울은 딤후 2:24에서 디모데를 가리키는 말로 둘로스를 사용한다(그러나 그리스도의 종이 아닌 주의 종이라 칭한다). 이러한 용법이 칭호를 가리키는지에 대해서는 Mounce(378)의 제안대로 확실하지 않다. 왜냐하면 이와 똑같은 표현이 구약에서는 전혀 사용되지 않기 때문이다. 하나의 칭호가 되려면 선례가 있어야 한다고 생각할 것이다(Mounce가 인용하고 있는 구약 구절들을 보면 'my'나 'his'라는 속격은 나오지만 데우나 크리스투는 없다).

제10장 목회서신에 나타나는 기독론   651

"하나님의 종"이라고 하는 부분을 간략히 다루어보고자 한다. 이 서신서에서 명칭은 사도라는 신분의 위상을 떨어뜨리는 것처럼 보일 수도 있으나, 실은 그레데 신자들이 그의 말에 경청하도록 강권하고 있다고 보는 것이 옳다. 바울이 사도이긴 하지만 무엇보다 하나님의 명령에 복종하는 "종"이므로 그들이 바울의 말을 듣는 것이 맞다. 왜냐하면 그의 말은 다름 아닌 그의 주 하나님으로부터 유래된 것이기 때문이다.

여기서의 기독론적 논지는 물론 바울이 다른 곳에서 자신과 그리스도와의 관계를 개진한 내용과 동일하다. 그래서 바울 서신 전반에 걸쳐 나타나는 하나님과 그리스도의 상호 교환 현상이 서신 서두에서도 그대로 나타난다.[70] 다만 여기서는 그리스도께 주로 적용되었던 역할이 하나님 아버지께 적용되고 있다.

기독론과 관련되어 두 번째 지적할 점은 바울이 자신을, 특히 그의 소명과 사역을 하나님과 그리스도와 연결시켜 소개한다는 점이다. "그리스도 예수의 사도"라는 칭호는 바울의 권위가 의심을 받고 있는 상황에서 쓰인 고린도전서 1:1에서 처음 나오는데, 이후의 서신부터는 이 칭호가 공식적인 칭호로 쓰인다(빌립보서와 빌레몬서는 예외). 그래서 이 칭호가 세 개의 목회 서신서 모두에서 쓰이고 있는 것은 분명 각각의 교회에서 저자의 권위를 세우기 위한 일환으로 생각된다. 여기에 담긴 기독론적 중요성에 대해서는 3장에서 다룬 고린도전서 논의를 보라.

그레데의 상황 속에서 강조되는 바울의 권위가 유래하는 궁극적 원천인 하나님과 그리스도가 문안 인사의 서두 부분에서 처음으로 함께 나타나고 인사 말미(일반적인 위치)인 4절에서 다시 한 번 나타남으로써 문안 인사의 시작과 끝을 장식하게 된다. 여기서 기독론적 함의들로 가득 찬 매우 독특한 요소들이 나타나는데 이에 대해 좀 더 살펴 볼 필요가 있다. 이 인사 구절(2행)을 다른 곳에서는 거의 일반적으로[71] 쓰이는 인사와 비교해 볼 수 있다.

---

70) 2장의 가장 초기의 예문(데살로니가전서와 후서)에 관한 논의(pp. 101-104, 132-138)를 보라.

71) 여기서 데살로니가전서와 후서 그리고 골로새서만 예외다. 바울의 최초 편지(데살로니가전서)의 경우 간략하게 "너희에게 은혜와 평강이"라고 인사한다. 데살로니가후서는 처음으로 복합어를 사용하여 전서의 인사말을 조금 더 상세하게 표현한다("하나님 아버지와 주 예수 그리스도로부터"). 여기서부터 이 인사말은 지속적으로 나타나기 시작하는데 여기에 '우리의'라는 속격이 '아버지'에 첨부된다. 골로새서에서는 바울이 "-와 주 예수 그리스도"를 뺀다. 디도서를 포함한 모든 예문을

χάρις ὑμῖν καὶ εἰρήνη ἀπὸ θεοῦ πατρὸς ἡμῶν καὶ κυρίου Ἰησοῦ Χριστοῦ
χάρις καὶ εἰρήνη ἀπὸ θεοῦ πατρὸς καὶ Χριστοῦ Ἰησοῦ τοῦ σωτῆρος ἡμῶν
하나님 우리 아버지와 **주 예수 그리스도**로 좇아 은혜와 평강이
하나님 아버지와 **그리스도 예수** 우리 **구주**로 좇아 은혜와 평강이

 바울이 이전에 하나님과 그리스도를 하나의 전치사와 함께 복합 목적어로 사용한 사실에 대해 언급한 모든 요소가 여기서도 나타난다.[72] 이 경우 가장 두드러지는 부분은 보편적 표현인 '주'되신 '구주'가 사용된 점이다. 또 눈에 띄는 점이 있다면 바울이 바로 앞 절에서 하나님께도 같은 명칭을 적용하는 것이다. 즉 바울은 "우리 구주 하나님의 명대로 내게 맡기신 것이라"고 진술하고 있다. 이와 같이 두 개의 명칭 즉 "하나님 우리 구주"와 "그리스도 예수 우리 구주"는 3:4, 6에서 반복된다.[73] 이러한 용어 사용과 관련해서 두 가지 요소가 본 연구를 위해 중요하다.
 ① 빌립보서에서는 처음으로 3:20에서 그리스도를 '구주'라 부르는데, 이에 대해 앞에서 논의할 때 그리스도의 두 가지 칭호 즉 '주와 구주'의 중요성에 대해 언급했었다. 두 용어가 구약의 칠십인경에 기초하고 있지만, 네로 황제에게 공식적으로 적용되던 칭호이기도 했다. 빌립보가 당시 로마의 식민지로서 황제에게 충성을 표해야만 했기 때문에 황제에게 적용된 칭호를 부활하신 그리스도께 사용한다는 것은, 그분의 '현현'을 간절히 기다리는 이들의 입장에서 볼 때 황제와 황제 숭배에 정면으로 맞선다는 의미가 담겨 있었다.
 한편 이러한 역사적 실재가 디도서에서 두 칭호를 사용하는 것과 무관하다고 할 수는 없으나, 디모데전서에서는 '구주'라는 칭호를 한결같이 하나님께만 적용하고 있기 때문에, 디도서에서 같은 칭호를 그리스도께 적용하는 것이 로마 황제와 깊은 관련이 있다고 보기에는 무리가 있다.[74] 디도서의 거의 모든 내용은 그레데 섬에서 교회를 세우면서 겪었던 난관을 이야기하고 있을 뿐, 황제에 대한 충성을 주요 이슈로 다루지는 않는다.[75] 그레데의 이슈에 대

보면 전체적인 통일성을 추구하는 후기 필사가들로 인해 본문의 변형이 발견된다.
72) 2장에서 데살로니가전서와 후서에 대해 논의하는 부분(pp. 105-107)을 보라.
73) Kelly, 229와 Mounce, 382 역시 이와 같은 지적을 하고 있다.
74) 참고적으로 Kelly는 "황제를 주라고 칭하는 관습이 점점 확대되는 가운데 기독교 신자들이 이를 고치기 위해 같은 용어를 사용했다고 볼 필요는 없다"(40) 주장한다.
75) 이 문제에 대해서는 그레데 주민들의 역사와 성격 그리고 그들과 황제와의 관계에 대해 논의하고 있는 Johnson, Marshall, 특히 Towner의 최근 주석을 보라.

해서는 본문에 근거하여 재구성되어야 한다. 그리고 이 경우 중요한 단서는 바울이 1:10-16에서 그레데가 거짓 신자들로 들끓는 곳이라는 불명예스러운 평가를 받고 있다고 직접적으로 지적하고 있다는 데에 있다. 그곳은 진리가 항상 존경받는 곳이 아니었다. 동시에 바울은 그의 대적자들을 "유대인의 허탄한 이야기"(Jewish myths)로 말장난이나 하는 무리로 간주한다. 그들이 말하는 '깨끗함'(purity)은 인격적인 순전함이 아니라 제의적 '청결'(cleanness)만을 의미할 뿐이다.

이러한 단서들을 고려해 보면 바울이 "하나님 우리 구주"라는 타이틀을 사용한 주 배경이 디모데전서와 마찬가지로 칠십인경에 기초하고 있음을 알게 된다. 이스라엘을 애굽의 구속으로부터 '구원하셨거나' '이끌어내신' 하나님을 가리키는 칠십인경의 중요한 구절들을 보면 한결같이 이 칭호를 사용하고 있다. 그래서 모세의 찬가(신 32:15)에서 '야곱'이 "그의 구주이신 하나님"을 거역했다는 이유로 비난 받는다. 시편 제1권의 중심 부분을 보면 '다윗'이 "하나님 나의 구주"라고 고백하고 있다(시 25:5; 27:9). 구약이 바울의 용어 사용에 있어 주요 출처가 된다는 입장은 디도서에 나타나는 두 개의 교의적(creedal) 구절인 2:13-14과 3:4-7에서 이스라엘 이야기를 반영하고 있는 부분이 상당수 발견 된다는 점에서 더욱 확실해진다(아래의 논의를 보라). 이 모든 논의를 종합해 보면 바울은 지금 구약을 제의적인 목적으로 사용하는 그레데 신자들의 오류를 지적하고, 대신 하나님의 새 언약 백성은 지금도 진행 중인 하나님의 이야기라는 틀 안에 있다는 점을 항상 염두에 두고 구약을 사용해야 한다는 그만의 기준을 제시하고자 하는 것이다. 따라서 디모데전·후서와 더불어 본 서신에서도 "하나님 우리 구주"라는 칭호를 한결같이 하나님께 사용하는 것은 그리 놀라운 일이 아니다.

② 이러한 칭호 사용에 담긴 기독론적 중요성은 본문에서 뿐 아니라 3:4-7에서도 발견된다. 여기서 바울은 "하나님 우리 구주"를 언급한 다음 바로 이어서 "그리스도 예수/예수 그리스도 우리 구주"를 부르고 있다(1:3-4; 3:4, 6). 이제는 이와 같이 명칭을 상호 교환하는 현상이 그리 새로운 일은 아니다.[76] 그러나 여기서 분명한 점은 그리스도께서 새 언약 완성에 대한 이야기에서 중심 역할을 담당하신다는 사실이다. 바울이 이 두 칭호를 사용함으로써 "하

---

76) 기왕 말이 나온 김에 이렇게 칭호 교환이 섬세하면서도 어렵지 않게 이루어지는 것은 전적으로 바울의 기법이라는 점을 주목할 필요가 있다. 가짜 저자가 어떻게 이런 기법들을 이해하고 파악할 수 있었겠는가?

나님 우리 구주"는 구원의 궁극적 근원을 의미하고 "예수 그리스도 우리 구주"는 구원의 효과적 수단을 가리킨다는[77] 기본적 시각을 반영하고 있지만, 이전 서신과 마찬가지로 이러한 상호 교환은 거의 기계적으로 이루어진다. 즉 그리스도에 대해 무언가를 입증하려고 노력하고 있지 않으며, 이러한 상호 교환을 한 문장에서 시도할 때조차 긴장을 느끼지 않는다.

2) 바울은 예수님을 '하나님'이라 부르고 있는가? (딛 2:11-14)

디도서에서 기독론을 다루는 본문에 대해 많은 학자들은 바울이 본 서신서에서는 두 번째로 데오스를 그리스도라 부르는 구절이라고 생각한다.[78] 그러나 로마서 9:5과 마찬가지로 본문에 대해서도 동일한 논란이 일어나고 있다. 이것이 다른 곳에 나타나는 바울의 칭호 사용 때문만은 아니다. 여기에 어떤 중요성이 담겨 있는 것은 사실이지만, 논란의 주요 원인은 현재로서는 본문을 가득 메우고 있는 구문론적, 문법적 이슈들을 해결할 방도가 거의 없다는 데에 있다.

여기서 당면 문제는 예수 크리스투(Ἰησοῦ Χριστοῦ)라는 명칭이 선행하는 속격과 동격 관계에 있다는 사실로부터 기인한다. 그런데 여기서 어떤 속격과 동격이라는 말인가? 이 질문에 세 가지 대답이 추정 가능하다. 첫째는 "우리 주"와 동격이라는 추측이며, 둘째는 "우리의 크신 하나님과 구주," 또는 마지막으로 "우리의 크신 하나님과 구주의 영광"과 동격이라는 추측이다. 여기서 첫 번째 추측은 KJV에서 발견되는 것으로 영어권 교회에서 오랫동안 수용되던 해석이다. 여기서 "우리 크신 하나님"과 "우리 구주 예수 그리스도"라는 구문은 아버지와 그의 아들을 가리키는 말로 이해되어 왔다. 두 번째 추측은 현재 거의 '지배적인' 견해로 신약학계의 거의 모든 학자들이 수용하고 있으며[79] 대부분의 영어 번역 성경에서 채택하고 있다. 세 번째 선택은 홀트(F. J. A. Hort)가 처음 주장한 이후, NEB 성경과 필자의 주석서(1984, 1988) 그리고 가장 최근에는 타우너(P. H. Towner)의 주석서에서 채택한 입장이다. 본 연구는 바로 세 번째 입장을 주장하려고 한다. 그러나 이 문제를 상

---

77) Marshall, 135도 보라.
78) 2장에 나타나는 살후 1:12에 대한 논의(pp. 122-124)와 6장에 나타나는 롬 9:5에 대한 논의(pp. 420-426)를 보라.
79) 특히 Harris, *Jesus as God*, 173-85의 주장을 보라.

세히 살펴보기 전에 관련 본문에 대한 전체적인 의미를 파악할 필요가 있다.

본문을 해석하는 데 있어서의 난관은 2:11-14이 헬라어로 된 하나의 긴 문장으로 구성되어 있다는 점이다. 여기서 주요 주어와 서술어는 에페파네… 헤 카리스 투 데우(ἐπεφάνη … ἡ χάρις τοῦ θεοῦ, 하나님의 은혜가 나타났다)이다. 이렇게 긴 문장을 사용한 이유는 바울이 염두에 두고 있는 두 가지 중요한 사안 때문일 것이다. 하나는 지금까지 살펴 본 것을 고려해 볼 때 바울은 지금 그레데의 상황에 맞는 기초적인 기독교 이야기를 교육적인 차원에서 전하고자 한다는 점이다. 바울이 동일하게 관심을 갖고 있는 또 다른 사안은 그 이야기 자체가 그리스도의 인성과 사역이 강조되고 있다는 사실을 강조하는 것이다. 그렇게 해서 본문은 나름대로 그리스도의 이중적 '현현'[80]을 다루고 있다. 첫째는 11절에서 희미하게 암시되었다가 14절에 와서는 명확히 진술되고 있는 그리스도의 첫 번째 현현이다. 둘째는 13절에서 "우리의 복스러운/즐거운 소망"이라고 표현되는 그분의 재림이다. 이것이 의미하는 것은 그리스도께서 '현현하신' 목적(모든 이들의 구원)이 12절에서 처음 언급되고, 14절에서는 그 목적을 이루기 위한 수단이 설명된다는 점이다. 우리가 살펴보려 하는 본문은 바로 목적과 수단을 설명하는 구절 사이에 끼어서, 그리스도의 현현이 하나님의 영광이 완전히 드러날 마지막 때에 일어나는 두 번째 '나타나심/현현'을 통해 종말론적으로 완성된다는 점을 확언하고 있다. 따라서 본문의 '논리'는 이런 식으로 쉽게 추적해 볼 수 있지만, 여러 상세한 내용으로 파고 들어가다 보면 그 흐름을 쉽게 놓칠 수도 있다.

- 11절- 그리스도께서 나타나셨다는 *사실*이 하나님의 은혜가 나타났다는 말로 표현되고 있다.
- 12절- 그 나타나심의 일차적 *목적*은 교훈을 주는 것이다(이를 통해 사람들이 살아가는 방법을 알게 된다).
- 13절- 그 나타나심의 궁극적인 *결말*은 두 번째 나타나심이다.

---

80) 헬라어 에피파이노(ἐπιφαίνω)/에피파네이아(ἐπιφανεία). 위에 있는 각주 52를 보라. 이 두 용어들은 그리스도의 '나타남/오심'에 대한 신학적인 개념으로 쓰인 경우는 신약에서 살후 2:8과 목회 서신에서만 나타난다(동사는 딛 2:11에서 나오고 명사는 딛 2:13, 딤전 6:14, 딤후 1:10; 4:1, 8에 나온다(누가도 이 용어를 두 번 사용하지만 신학적으로 사용하진 않는다)). 이러한 어법 변화는 자신을 신적 현현이라고 표현하는 네로에 대한 반응이라는 개념으로 생각하면 이해하기 쉽다.

14절- 그 목적을 위한 *수단*은 그리스도의 죽음으로 인한 구속과 깨끗케 하심이다.

모든 것을 종합해 보면 여기서는 그리스도께서 두 번 '나타나셨다'는 사실이 언급되고 있음을 알 수 있다. 11절에서 시작되어 14절에 완성되는 첫 번째 나타나심은 하나님의 *은혜*가 역사적으로 '현현'했음을 의미한다. 13절에서 묘사되는 두 번째 나타나심은 그리스도께서 두 번째 오실 때 하나님의 영광이 미래에 '현현'하실 것임을 의미한다. 이러한 의미가 적어도 본문이 의도하는 의미라고 생각된다.[81] 그러나 두 번째 '현현'의 뜻은 훨씬 더 난해하며 논란의 여지가 많다.

(1) 그리스도, 하나님의 영광의 현현 (13)

이 구절과 결부된 문제들을 가장 쉽게 이해할 수 있는 방법은 아마도 본문의 구조에 접근하는 다양한 시각에 기초하여 각각의 견해들을 고찰해 보는 것이다. 여기서 문제는 바울이 본문에서 두 명(하나님과 그리스도)을 지칭하는지 한 명(그리스도)만 지칭하는지이다.

선택 1 ('두 명'〈KJV, NRSVmg〉)
προσδεχόμενοι τὴν μακαρίαν ἐλπίδα
          καὶ
          ἐπιφάνειαν τῆς δόξης
          τοῦ μεγάλου θεοῦ
          καὶ
          σωτῆρος ἡμῶν
          Ἰησοῦ Χριστοῦ

= 복스러운 소망과 크신 하나님과 우리 구주 예수 그리스도의 영광스러운 나타나심을

---

81) Mounce(431)가 '과거(12절),' '현재(13절),' '미래(13절)'로 나누어 분석하는 것보다 이러한 시각이 더 타당하다고 본다. 왜냐하면 14절이 과거 시제로 표현되고 있고 11-12절이 말하고자 하는 내용을 제공하고 있기 때문이다.

선택 2 ('한 명'〈NRSV, TNIV, ESV〉)[82]
προσδεχόμενοι τὴν μακαρίαν ἐλπίδα
καὶ
ἐπιφάνειαν
τῆς δόξης
τοῦ μεγάλου θεοῦ καὶ σωτῆρος ἡμῶν
Ἰησοῦ Χριστοῦ
= 복스러운 소망과 우리 크신 하나님과 구주, 예수 그리스도의 영광이 나타나심을

선택 3 ('두 명'〈NEB; Hort, Fee, Towner〉)
προσδεχόμενοι τὴν μακαρίαν ἐλπίδα
καὶ
ἐπιφάνειαν
τῆς δόξης
τοῦ μεγάλου θεοῦ καὶ σωτῆρος ἡμῶν
Ἰησοῦ Χριστοῦ
= 복스러운 소망과 우리 크신 하나님과 구주의 영광, 예수 그리스도의 나타나심을

이러한 여러 견해들을 어떻게 평가할 것인가? 우선, 속격인 '영광의'를 형용사로 해석해서(the glorious appearing, 영광스러운 나타나심) 해석상의 어려움을 극복하려는 KJV의 번역과 이를 추종하는 NASB, NIV(NET 성경도 포함)의 번역은 가장 잘못된 번역으로 간주해도 될 것 같다.[83] 이러한 번역을 지지하는 증거는 거의 없으며 오히려 거의 모든 자료가 그와 같은 견해를 반대한

---

82) ESV는 '구주' 앞에 있는 반점(comma)을 제거해서(NRSV와 TNIV에서는 그대로 놔둠) 본서에서 지지하는 입장대로 해석될 가능성을 의도적으로 차단한다. 하지만 본문은 분명히 "우리 크신 하나님과 구주 예수 그리스도"다.
83) 고후 4:4을 보면 위 번역 성경들이 똑같은 번역을 하고 있다('영광스러운 복음'). 하지만 문맥을 살펴보면 '영광'이라는 개념이 그 문맥 전체를 지배하고 있다. 위 본문을 이들처럼 번역하는 것은 11절이 말하는 '은혜의 현현'과의 병행을 불분명하게 만들며(cf. Marshall, 275) 문장 전체에 흐르는 수사를 파괴한다. Knight, 322와 Mounce, 421 역시 적절하게 그들의 견해를 반박한다

다. 또한 일반적인 바울의 어법과 전혀 어울리지 않을 뿐 아니라 본문의 강조점을 다른 곳에서 찾는 결과를 초래한다. 즉 그리스도의 두 번째 '현현'이 일어날 때 드러나게 될 하나님의 영광이 아닌 그리스도의 오심이 지닌 본질 묘사에 역점을 두게 되고 만다.

이와 유사하게 위의 번역 성경들이 속격 구문인 투 메갈루 데우 카이 소테로스 헤몬(τοῦ μεγάλου θεοῦ καὶ σωτῆρος ἡμῶν, 우리 크신 하나님과 구주의)을 두 명을 가리키는 구문으로 해석하려는 시도 역시 무시해도 될 것이다.[84] 문법과 본문의 전체적 의미를 고려해보면 그렇게 해도 된다고 생각한다. 여기서 '그랜빌 샤프의 법칙'(Granville Sharpe's Rule)이 적용되는데, 이 법칙에 따르면 하나의 정관사가 수식하는 두 개의 명사는 둘이 아닌 하나의 개체로 이해되어야 한다. 게다가 '형용사-명사-와(and)-명사-형용사' 형식은 다른 바울 서신[85]에서와 마찬가지로 두 개의 형용사를 반복하지 않고서도 두 개의 명사를 수식하는 편리한 방법으로 사용되고 있다. 그래서 '위대한'과 '우리의'는 하나의 실존인 "하나님과 구주"를 수식하고 있는 것이다. 더욱이 KJV는 하나님과 그리스도께서 재림 때 함께 나타나실 것이라고 제시함으로써 본문을 심각하게 변형시켰다.

결국 우리가 택할 수 있는 선택은 두 번째와 세 번째 선택으로 압축된다. 대부분의 경우는 둘 중에 두 번째 선택지가 부전승하는 경향이 있다. 막연하게 '예수 그리스도'는 바로 뒤따라오는 단어나 단어군과 동격 관계에 있을 것이라고 단정 내리기 때문이다. 그러나 본서의 주장과 일반적인 바울의 어법을 고려할 때 그러한 단정은 심각한 문제를 안고 있다. 이것을 몇 가지 지적해 보겠다.

① 만일 본문에 여러 개의 수식어가 없었더라면 본문을 두 번째 선택지처럼 읽을 사람은 없을 것이다. 즉 현재 절이 단순히 "하나님의 영광과 예수 그리스도의 나타나심을 기다리게 하셨으니"라고 되었더라면 "예수 그리스도"가 하나님과 동격 위치에 자리한다고 생각하는 사람은 아무도 없을 것이다.

---

84) 이러한 옵션에 대해서 여기서는 매우 간략하게 언급하고 넘어가려 한다. 왜냐하면 거의 모든 연구들이 이러한 견해에 동의하지 않기 때문이다. 좀 더 충분한 논의를 보려면 Marshall과 Towner, 그리고 Harris, Jesus as God, 421을 보라.

85) 예를 들면 살후 2:17의 엔 판티 에르코 카이 로고 아가도(ἐν παντὶ ἔργῳ καὶ λόγῳ ἀγαθῷ)는 '모든 행동과 선말 말로'가 아닌 '모든 선한 말과 행동'이라고 올바르게 번역되어 있다.

② 이에 대한 증거 자료로는 동일한 구조가 나타나는 골로새서 2:2이 있다. 여기서 바울은 에이스 에피그노신 투 뮈스테리우 투 데우, 크리스투(εἰς ἐπίγνωσιν τοῦ μυστηρίου τοῦ θεοῦ, Χριστοῦ, 하나님의 비밀인 그리스도에 대한 지식)라고 말하는데, NIV는 '하나님'과 '그리스도' 사이에 '즉/이른바'(namely)를 삽입해서 이 구문의 의미를 분명히 하려 했다. 실제 바울이 이 구문을 위의 디도서 본문처럼 작성하고자 했다면 "우리 크신 하나님과 구주의 비밀, 즉 그리스도를 아는 지식"이라고 말했을 것이다. 그렇다면 선행사는 '비밀'에서 '우리 크신 하나님과 구주'로 바뀌었을 것이다.

③ 그러므로 우리가 '예수 그리스도'를 '우리 구주'나 '우리 크신 하나님과 구주'와 동격으로 읽었던 요인은, 바로 하나님의 두 번째 칭호인 '우리 구주' 때문에 두 동격 명사 사이에 생긴 간격 때문이다.[86] 그래서 마샬(Marshall)이 제안하기를 바울은 그 사이에 관계 대명사와 같은 일종의 지시사를 집어넣어 의미의 모호성을 경감시키려 했다고 말한다.[87] 그러나 이 제안은 바울이 기록하려 했던(받아적게 했던) 의도가 자신에게는 명료하지만 독자들 입장에서 볼 때 난해할 수 있다는 사실을 인식했다고 가정하는 것이다. 여하튼 바울의 구문을 일상 영어로 "우리 크신 하나님과 구주의 영광의 나타나심, 즉 그리스도를 기다리며"(awaiting the appearance of our great God and Savior's glory, Jesus Christ)라고 옮겨 적으면 의미가 더욱 분명해진다. 바로 이런 방법을 가지고 일부 번역 성경들(예를 들면 NRSV나 ESV)이 골로새서 2:2("하나님의 비밀, 즉 그리스도")의 어색한 표현을 극복하려고 한다.

④ '영광'을 '예수 그리스도'와 동격어로 보는 견해가 지지되는 이유는 바

---

[86] 이렇게 말한다고 해서 필자가 '간격이라는 요소'가 분명히 주는 해석의 어려움을 간과하려는 것은 아니다. 필자의 포인트는 본서에서 주장하고 있는 입장이 지닌 해석상의 어려움은 간격이라는 요소가 *유일하다*는 점이다. 만일 바울이나 그의 이름을 차용한 사람이 그리스도를 "우리 *크신* 하나님과 구주"라고 부른다는 사실이 바울의(그리고 목회 서신의)어법과는 모든 면에서 어울리지 않는다는 이유로 이를 매우 난해하게 생각한다면, 그런 여러 어려움 중 사소한 부분에 속한다고 본다.

[87] Marshall, 229를 보라. '거리'라는 요소는 사실상 이러한 견해를 거부하는 가장 일반적인 요인이다. 때로는(예를 들면, Mounce, 431) "하나님의 영광"이 그리스도를 가리키는 칭호라는 점을 문제 삼아 거부하기도 한다. 필자 역시 그러한 해석이 타당한지는 의문이다. 그리스도는 "하나님의 은혜"가 아닌 것처럼 "하나님의 영광"도 아니다. 두 경우 모두 그리스도의 칭호처럼 보이지만 말이다. 본문은 하나님의 영광이 *나타나심*과 관련이 있다.

울의 개념과 일치하기 때문이다.[88] 독사(δόξα)가 13번이나 나오는 고린도후서 3:7-4:6(4장을 보라)을 보면 바울이 그리스도를 '하나님의 영광'이라고 명확히 언급하고 있지는 않지만 그리스도께서 하나님의 영광의 현현이라는 사실을 명시한다. 왜냐하면 그리스도는 하나님의 참 '형상'이시기 때문이다. 우리가 그리스도의 얼굴을 성령을 통해 바라볼 때 율법(토라)은 베일이 벗겨지고, 우리들의 모습이 그 영광(하나님의 참 형상 안에서 나타나는 하나님의 영광)으로 변하게 된다. 위의 디도서 본문과 유사하게, 그리스도께서는 하나님의 영광에 대한 다가올 현현이 되신다. 왜냐하면 그분은 계시된 하나님의 은혜 중 최초의 현현이시기에 "그의 친 백성을" 구속하시고 깨끗하게 하는 신적 역할을 감당하셨다.

더욱이 바울의(혹은 바울의 이름을 차용한 누군가의) 입장에서는 그리스도의 오심을 그리스도의 '영광'이 나타나셨다는 말로 표현하기가 어려웠던 것으로 보인다. 물론 그분이 오실 때 그분의 영광도 함께 드러나게 될 것이다. 그러나 왜 그런 진술을 현 문맥에서 하고 있는 것일까? 실제로 어떤 이들은 이러한 난점을 타계해 보려고 이 구문을 서술적 속격으로 바꾸기도 한다. 하지만 이미 언급했듯이 그러한 시도는 강조점을 부적절한 곳으로 옮기는 결과를 초래한다.

⑤ 바울이나 허위 기자(pseudepigrapher)의 입장에서 볼 때, 그리스도를 데오스라고 바꾸어 부르는 데에 또 다른 어려움이 있다. 바울 어법과 관련된 두 개의 문제점 때문에 그렇다. 첫째로 바울은 고린도전서 8:6에서 유대교의 쉐마를 두 부분으로 나누어 적용하여, 하나님 아버지를 '유일한 데오스'라고 말하고 그리스도는 '유일한 퀴리오스'라고 한다. 앞의 수많은 구절을 통해 우리는 바울이 쉐마를 얼마나 일관성 있게 전개하는지를 살펴보았다. 따라서 이러한 일관성을 부정하기란 매우 강력한 반증이 있지 않는 한 불가능하다. 더구나 그 일관성을 부인한다 해도 현재 어법과 전체 본문을 이해하는 데 전혀 도움이 되지 않는다.

둘째로, 바울이 그리스도를 '하나님'이라고 고백할 뿐 아니라 위의 첫 예문에서[89] 하나님의 명칭에다 구약에서 잘 알려진 형용사를 적용하여 "그 크신

---

88) 특히 C. C. Newman, Paul's Glory-Christology: Tradition and Rhetoric (NovTSup 69, Leiden, Brill, 1992)를 보라.

89) 어쩌면 두 번째 예문일 수도 있다. 이와 유사한 논의에 대해서는 롬 9:5에 대해 논의하는 6장을 보라.

하나님"⁹⁰⁾이라고 부른다는 이중적인 어려움이 있다. 바울이 하나님 아버지의 명칭에 '위대한'을 사용하는 것은 충분히 이해할 수 있지만, 그리스도를 그렇게 부르는 의도에 대해서는 여전히 미스테리로 남아있다. 더욱이 고등기독론이 눈에 띌 정도로 부각되지 않는 서신서에서 그리스도를 하나님이라고 부르는 표현이 나온다는 점은 우리를 더욱 의아하게 만든다.⁹¹⁾

⑥ 마지막으로 모든 논의를 종합해서 '우리 구주'라는 명칭이 현 문맥에서 하나님과 가장 잘 어울리는지 아니면 예수님과 가장 잘 어울리는지를 재검토해야 한다. 물론 본 서신서에서는 하나님과 그리스도 모두 구주로 언급되고 있다는 사실을 유념할 필요가 있다. 14절을 근거로 이 구절이 그리스도를 구주로 지칭하는 또 다른 본문인지에 대해서는 논란의 여지가 있다. 반면 이 본문은 "하나님 우리 구주"라는 명칭(2:10; 3:4)으로 시작하고 끝난다. 그리고 "하나님의 은혜"와 "하나님의 영광"은 그리스도께서 두 번 나타나시면서 드러나기 때문에, 바울이 그리스도의 오심으로 발현되는 하나님의 영광을 강조하기 위해 앞 절인 10절에서 "하나님 우리 구주"라고 불렀던 것을 이 본문에서 다시 거론하고 있다고 보는 것이 문맥 상 가장 잘 어울리는 해석이라고 생각된다.

결국 그리스도를 이례적으로 데오스라 부르는 것만이 위에서 말한 새로운 합의에 대해 이의를 제기하는 것이 아니라, 이 구문의 역할과 전체 문장에서 나타나는 하나님 명칭 역시 다른 해석의 필요성을 제기한다. 신자들의 소망은 하나님의 영광이 최종적으로 나타나는 것, 즉 예수 그리스도의 재림을 간절히 기다리는 데에 있다. 이것이 바로 고등기독론이라고 지금까지 개진된 긴 논의의 마지막 부분에 강조적인 의미로 덧붙이고 싶다. 그리스도의 재림은 하나님의 영광이 완전히 그리고 최종적으로 현현하는 사건이다.

---

90) 위대한'이라는 형용사가 하나님을 수식하는 구절이 신약 전체에서 유일하게 본문에서만 나타난다는 점 때문에 일부는 이러한 현상이 그리스도와 가장 잘 어울린다고 주장하기도 한다. 그러나 이러한 주장의 근거는 너무 취약하다("크도다 경건의 비밀이여"라고 말하는 딤전 3·16과는 거의 비교하지 않는다) 그러한 주장에 대한 반증으로는 신약에서 유사한 용어들이 하나님을 지칭하는 데 사용되고 있다는 사실과('위대함/광대함' 〈눅 9:43; 히 1:3; 8:1; 유 25를 보라〉), 구약에서는 하나님께 적용되는 이와 같은 표현이 셀 수 없이 쓰이고 있다는 점이다.
91) 이러한 견해는 물론 일부분 현 본문을 어떻게 해석하느냐에 달려 있다. 이 본문을 제외하면 고등기독론이 크게 부각되는 주제가 아니라는 것이 필자의 포인트다.

(2) 그리스도, 하나님의 은혜의 현현 (11, 14)

이 구절에서 찾아볼 수 있는 기독론에 관한 자료는 여러 가지가 있다. 첫째 그리스도께서 우리의 죄를 위해 자신을 주신 것(14절)은 '하나님의 은혜'의 '나타남'(11절)에 담긴 핵심 내용이 된다. 즉 이 구절에서 "하나님의 은혜"는 단순히 하나님의 속성을 가리킬 뿐 아니라 그레데 신자들의 구원에 대해 신학적으로 설명하는 기능을 맡고 있다. 물론 이 용어 자체가 이미 그들의 구원이 실존하고 있다는 사실을 강조하고 있기는 하다. 하지만 본문의 문법적 주어가 되는 "하나님의 은혜"는 그리스도께서 우리를 위해 구속적인 자기희생을 수행하심으로써 역사적으로 실현된다. 따라서 "하나님의 은혜"는 "우리를 구속하시기 위하여 자신을 내어 주신" 그리스도의 오심을 통해 역사적으로 나타나게 된 것이다.

이러한 표현은 바울이 다른 서신에서 개진하는 그리스도의 죽음에 대한 생각과 조화를 이루지만, 저자는 의도적으로 칠십인경의 표현을 빌려 쓰고 있다. 그렇게 함으로써 구약에서는 하나님의 행위에 적용되는 것을 그리스도께 적용하는 전형적인 바울의 어법을 보여주고 있다. 이러한 표현이 구약의 여러 구절에서 사용되고 있지만, 바울은 특히 시편 130:8(칠십인경은 129:8)[92]을 반영하고 있다(겔 37:23을 참조하라).

딛 2:14	ὃς ἔδωκεν ἑαυτὸν … ἵνα λυτρώσηται ἡμᾶς	
		ἀπὸ πάσης ἀνομίας
시 129:8 (칠십인경)	καὶ αὐτὸς	λυτρώσεται τὸν Ισραηλ
		ἐκ πασῶν τῶν ἀνομιῶν αὐτοῦ
딛 2:14	그가 … 자신을 주심 **모든 불법에서 우리를 구속하시고**	
시 129:8 (칠십인경)	저가 이스라엘을 그 **모든 죄악에서 구속하시리로다**	

다른 서신과 마찬가지로 "그가 … 자신을"은 시편에서 여호와를 가리키고 있으나 여기서는 하나님의 은혜의 역사적 현현이신(그리고 그 영광의 미래적

---

92) 일부는 막 10:45(마 20:28, 두나이 텐 프쉬켄 아우투 뤼트론 안티 폴론(δοῦναι τὴν ψυχὴν αὐτοῦ λύτρον ἀντὶ πολλῶν, 많은 사람의 대속물로 주려 함이니라))에 나오는 예수님의 말씀과 비슷하다는 점을 주목하기도 한다. Knight, 327을 보라. 그러나 이 본문은 분명히 사 53:12을 반영하고 있기 때문에 복음서와의 관계는 직접적이라기보다는 부수적이다.

현현이신) 그리스도를 직접적으로 지칭하고 있다. 이렇게 해서 바울의 전형적인 고등기독론이 본문에서 암시되고 있는데, 다음 구절에서는 더욱 분명히 진술된다.

속전으로서의 '구속'과 그레데 신자들이 당면하고 있던 행위와 관련된 문제들 외에 바울이 덧붙여 말하고자 하는 것은 그리스도께서 우리를 구속하셨기 때문에 "우리를 깨끗하게 하사 친 백성이 되게 하셨다"(TNIV 참조)는 사실이다. 이 본문에는 구약과의 본문의 관련성이 가득하며 특히 에스겔 36-37장에서 여러 구절들이 인용되고 있다. 본문에서 사용되는 상당수의 표현이 에스겔 37:23에서 발견된다.[93]

딛 2:14 ὃς ἔδωκεν ἑαυτὸν … ἵνα λυτρώσηται ἡμᾶς
　　　　　　　　　　　　　　　　　　　　ἀπὸ πάσης ἀνομίας
　　　　　　　　καὶ καθαρίσῃ   ἑαυτῷ λαὸν
　　　　　　　　　　　　　　　 περιούσιον,
겔 37:23 καὶ   ῥύσομαι αὐτοὺς ἀπὸ πασῶν τῶν
　　　　　　　　　　　　　　　　　　　　ἀνομιῶν αὐτῶν
　　　　ὧν ἡμάρτοσαν ἐν αὐταῖς καὶ καθαριῶ αὐτούς
　　　　　　　　　　　　　　 καὶ ἔσονταί μοι εἰς λαόν

딛 2:14 그가 … 자신을 주심은 **모든 불법에서** 우리를 **구속하시고**
　　　　… 우리를 **깨끗하게 하사 친 백성이 되게** 하려 하심이니라
겔 37:23 내가 그들을 그 **범죄한 모든 처소에서** 구원하여 **정결케 한즉**
　　　　　　　　　　　그들은 **내 백성이 되고**

본 서신의 서두에서 본 것처럼 칠십인경에서 하나님을 가리키는 데 사용되는 용어를 가져다가 그리스도께 적용하고 있다. 여기에 담긴 기독론적 중요성을 간과해서는 안 된다. 구약 이야기의 전체 논지는 하나님께서 자신을 위하여 백성을 구원하신다는 사실이다. 그 백성들은 그들의 삶을 통해 열방에서 하나님의 영광을 반영하게 될 것이다. 여전히 본문은 하나님을 가장 근본적인 원동력으로 묘사하고 있지만 그리스도의 역할은 새로운 백성들을 구속할 뿐 아니라 자신을 내어주어 그분의 (신적) 목적을 위해 그들을 '깨끗하게'

---

93) Knight, 328; Marshall, 25; Towner, 762-63도 보라. 에스겔과 바울의 본문이 문자적으로 일치하는 것을 볼 때 단순히 '회상하는 것' 이상을 의미한다(Mounce, 431).

하심으로써 그의 소유된 백성이 되게 하신다. 그리스도의 친 백성이 된 그들은 "선한 일에 열심"을 다한다(14절).

3) 그리스도, 성령을 주시는 분 (딛 3:6)

디도서에서 그리스도를 지칭하는 마지막 본문은 구원론적인 요약을 담고 있는 두 개의 본문(3:4-7) 중 두 번째 본문이다. 선행하는 본문과 마찬가지로 여기서도 하나님의 '현현'이 나오는데 이번에는 그분의 '자비와 사랑'이 나타난다. 그러나 여기서 주 초점은 "중생과 새롭게 하심"의 대리자 역할을 하시는 성령께 맞추어져 있다.[94] 이 이야기에서 그리스도의 역할은 두 가지로 나뉘며 둘 모두 기독론적인 중요성을 함축하고 있다.

첫째로 그리스도께서는 성령을 제공하시는 분이시다. 즉 신자들이 다시 태어나고 새롭게 되는 것은 하나님께서 "우리 구주 예수 그리스도로 말미암아 우리에게 풍성히 부어주신" 성령을 통해 이루어진다. 본 서신의 여러 구절들과 마찬가지로 이러한 표현 역시 다른 어떤 곳에서도 나오지 않는다. 그러나 전혀 놀라운 일도 아니고 그렇다고 바울 신학에서 벗어나는 표현도 아니다. 전혀 그렇지 않다. 적어도 네 곳에서 바울은 성령을 (예수) 그리스도의 영이라고 부르고 있다.[95] 이것은 하나님께서 "그의 영"을 보내신다는 말씀의 실현을 바울이 좀 더 삼위일체적인 뉘앙스를 담아 표현한 것뿐이다. 물론 그러한 개념은 사도행전 2:33에 나오는 베드로의 설교와 잘 맞아 떨어지고 있다. 여기서 누가는 초대 교회가 공유하던 이해에 대해 매우 상세히 설명하고 있는데, 즉 "하나님이 오른손으로 예수를 높이시매 그가 약속하신 성령을 아버지께 받아서 너희 보고 듣는 이것을 부어 주셨느니라"라고 진술한다.

당연히 여기서 암시되고 있는 기독론은 매우 중요하다. 하나님의 구원 사역이 아버지와 아들과 성령의 공동 사역으로 언급될 뿐 아니라 구약에서 하나님의 고유 영역이었던 것이 그의 아들 그리스도를 통해 성취된다고 말하고 있다. 아무런 논증도, 기독론적으로 분명한 의식적인 동기 부여도 없이

---

94) 이러한 거시적인 문제점에 대해서는 Fee, *God's Empowering Presence*, 777-84에 나오는 논의를 보라.
95) 고후 3:17("주의 영"); 갈 4:6("아들의 영"); 롬 8:9("그리스도의 영"); 빌 1:19("예수 그리스도의 영").

말이다.[96]

둘째로 바울은 "저(그리스도)[97]의 은혜를 힘입어 의롭다 하심을 얻어 영생의 소망을 따라 후사가 되게 하려 하심이라"고 말하며 그리스도에 대해 세심하게 설명해 나가고 있다. 여기서 놀랄 이유가 없는 것은 2:13-14에서 이미 언급했듯이 그리스도께서는 하나님의 구원 사역을 위한 대리자이실 뿐 아니라 영생이라는 최종 목표를 보장해 주시는 분이시기 때문이다. 그러나 여기서 기독론적으로 중요한 점이 있다면 본 서신서를 통해 그동안 밝혀진 것과 유사하게 우리의 구원에 있어 하나님 아버지의 역할을 설명하는 데에 일반적으로 사용되었던 표현이 이제는 무조건적으로 그리스도께 적용된다는 점이다. 이제는 "저의 은혜"라는 표현이 구원론적 요약 구절인 본문을 이전 구절(2:11-14)과 묶어주고, 그리스도의 은혜를 힘입어 우리가 "의롭게 된다"고 말한다. 그래서 한결같이 하나님에게 사용되고 적용되던 용어가 이제는 하나님의 구원 행위의 중재자로 섬기시는 그리스도께 직접적으로 적용되고 있다. 일반적으로 구원의 근원에게 적용하던 표현을 구원의 대리자에게 사용하는 현상이 언어학적으로 볼 때 매우 자연스럽게 이루어지고 있다.

이 모든 것을 종합해 볼 때 디도서의 기독론은 양적으로 볼 때는 적지만 디모데전·후서뿐만 아니라 바울 서신에서도 발견되는 기독론과 일치하고 있다. 2:13에 대한 필자의 해석을 고려해 볼 때 여기서의 기독론은 교회에 보내는 편지에서 발견되는 기독론보다 발전된 '고등' 기독론이라고 보기는 힘들다. 그러나 비록 그리스도가 언급되는 빈도수가 놀라우리만큼 적은 것은 사실이라고 해도, 디도서의 기독론을 '하등' 기독론이라 할 수 있는 근거는 어디에도 없다.

3. 디모데후서에 나타나는 기독론

디모데에게 보내는 바울의 두 번째 편지는 연대순으로 볼 때 목회 서신

---

96) 이 요지에 대해서는 "그리스도의 사역이 단 번에 하나님의 사역과 같은 레벨로 놓여졌다"고 제안하는 Lock(155)를 참조하라.
97) 헬라어 테 에케이누 카리티(τῇ ἐκείνου χάριτι). 여기서 에케이누(ἐκείνου, 저)가 누구를 가리키는지에 대한 문제에 관해서는 BDAG가 그리스도라고 단정 짓는다("바로 앞에 나오는 명사를 가리키며 다시 언급하는"[α β.]).

중에서 가장 나중에 쓰인 서신이다.[98] 이 서신은 바울이 교회에 보낸 서신과 비교해 볼 때 여러 면에서 매우 유사하기 때문에 만일 목회 서신 중 이 서신만 남았다면 바울 저작을 인정받을 확률이 매우 높다. 본 서신의 기독론은 특별히 주목할 만하다. 왜냐하면 목회 서신 전반에 걸쳐 나타나는 기독론적 특성이 본 서신에서도 상당 부분 발견되기 때문이다. 이전과 같이 여기서도 저자의 어법에 대한 개관과 함께 논의로부터 출발하고자 한다.

1) 자료에 대한 예비적 고찰

디모데후서에서 그리스도는 이름(name)이나 칭호(title)로 총 29번[99] 언급되는데 이는 데오스가 사용되는 빈도수(13번)의 두 배가 넘는 수로 바울이 교회에 보낸 주요 편지들과 같은 양상을 보이고 있다(여기서 로마서는 예외다). 29번의 경우 중 17번은 퀴리오스라는 칭호가 사용되며,[100] 이중에 단 한 번만 단독으로 쓰이지 않고 다른 이름과 결합되어 사용된다(문안 인사에 나옴⟨1:2⟩). 또한 이중 네 번은 관사가 붙지 않으며, 이전 서신들과 같이 저자가 칠십인경을 인용하거나 칠십인경의 개념을 차용할 때 나타난다.[101] 한편 나머지 12번은 "그리스도 예수"(11번)나 "예수 그리스도"(1번)로 나타난다.[102]

위와 같은 통계학적인 자료를 고려할 때 현 논의가 퀴리오스 사용에 대한

---

98) 이러한 추정은 저자가 바울이든 허위 기자든 옳은 말이다. 본 서신서에서 아마 바울이 전하는 일종의 유언과 약속을 기록하려고 했을 것이다.
99) 이 수치는 2:14에서 데우(θεοῦ)보다 퀴리우(κυρίου)가 원문이라는 사본학적 결정을 포함하는 계산에서 비롯된다(pp. 693-696).
100) 바울 서신에서도 그렇듯이 모든 학자들이 각 예문의 퀴리오스가 항상 그리스도를 가리킨다고 생각하지는 않는다. 이 중 논란이 되는 구절은 아래에서도 논의되고 있는 1:18; 2:19; 4:17-18이다. 실제로 Young(*Theology*, 60)은 본 서신서의 해당 용어 사용이 '두말할 나위 없이 모호하다'고 이야기 한다. 그러나 그의 견해는 바울의 저작이 확실한 서신과 비교할 때 나타나는 완벽한 일치에 대해 지나치게 회의적인 것 같다. 이에 대해서는 계속되는 논의에서 지적할 것이다. 물론 데오스와 퀴리오스가 분명히 구분되는 1:2에서 그리스도와 퀴리오스를 '동일시' 하는 문제에 대해서는 좀 더 심도 있는 연구가 요구된다.
101) Marshall은 이러한 예문에서 그리스도보다는 하나님 아버지를 가리키고 있다고 주장한다. 그러나 그는 바울의 독특한 어법의 본질을 놓치고 있는 듯하다. 왜냐하면 바울이 칠십인경 본문 또는 어법을 그리스도께 적용할 때는 무관사 형태의 퀴리오스를 사용한다(예를 들면, 살전 4:6; 5:2; 살후 2:13; 고전 1:31; 2:16; 롬 10:13). 2:19에 대해서는 아래의 논의를 보라.
102) 1번만 나타나는 예외적인 구절은 2:8이다.

고찰로부터 시작되는 것이 옳지만, 다른 두 가지 요소가 현 논의의 순서를 정하는 데 결정적인 역할을 한다. 첫째, 디모데후서의 기독론이 디모데전서의 기독론적 내용과 깊은 관련이 있다는 점이다. 둘째, 본 서신서는 교회에 보내는 편지들과도 밀접하게 연결되어 있다는 사실이다. 우선 디모데전서와의 밀접한 관계를 살펴보도록 하자.

2) 선재하시고 성육신하신 예수

본 서신서가 디모데전서보다는 더 사적인 편지에 가깝지만 바울은 여전히 에베소의 회중들 앞에서 본 편지가 읽혀지기를 원한다. 이러한 의도는 바울이 여전히 거짓 교사들에 대해 신경 쓰고 있다는 점이나 편지의 마지막 부분에서 은혜를 두 번 언급하는 것에서 드러난다. 그 끝 부분을 보면 디모데에게는 호 퀴리오스 메타 투 프뉴마토스 수(ὁ κύριος μετὰ τοῦ πνεύματός σου)라고 하며 교회 전체 회중들에게는 헤 카리스 메트 휘몬(ἡ χάρις μεθ' ὑμῶν)이라고 말한다. 결국 이러한 어법은 본 서신의 기독론이 디모데와 회중 모두를 대상으로 하고 있다는 뜻이 된다. 디모데에게 용기를 북돋아 주려는 것이 동시에 신앙 공동체에게는 예수님의 지상에서의 삶을 상기시키는 역할을 한다. 우선은 회중에게 그리스도의 선재성과 성육신을 역설하거나 암시하고 있는 반(半)교리적 내용의 두 구절을 우선 고찰하려 한다.

(1) 디모데후서 1:8-10

8 μὴ οὖν ἐπαισχυνθῇς τὸ μαρτύριον τοῦ κυρίου ἡμῶν μηδὲ ἐμὲ τὸν δέσμιον αὐτοῦ, ἀλλὰ συγκακοπάθησον τῷ εὐαγγελίῳ κατὰ δύναμιν θεοῦ, 9 τοῦ σώσαντος ἡμᾶς καὶ καλέσαντος κλήσει ἁγίᾳ, οὐ κατὰ τὰ ἔργα ἡμῶν ἀλλὰ κατὰ ἰδίαν πρόθεσιν καὶ χάριν, τὴν δοθεῖσαν ἡμῖν ἐν Χριστῷ Ἰησοῦ πρὸ χρόνων αἰωνίων, 10 φανερωθεῖσαν δὲ νῦν διὰ τῆς ἐπιφανείας τοῦ σωτῆρος ἡμῶν Χριστοῦ Ἰησοῦ, καταργήσαντος μὲν τὸν θάνατον φωτίσαντος δὲ ζωὴν καὶ ἀφθαρσίαν διὰ τοῦ εὐαγγελίου

8 그러므로 네가 **우리 주를 향한 증거**(필자 사역이며 개역 성경은 "우리 주의 증거"- 역주)[103]와 또는 **주를 위하여** 갇힌 자 된 나를

---

103) 이러한 번역은 투 퀴리우 헤몬(τοῦ κυρίου ἡμῶν)이 대부분의 주석가나 번역

부끄러워 말고 오직 하나님의 능력을 좇아[104] 복음과 함께 고난을
받으라 9 하나님이 우리를 구원하사 거룩하신 부르심으로 부르심은
우리의 행위대로 하심이 아니요 오직 자기 뜻과 **영원한 때 전부터
그리스도 예수 안에서** 우리에게 주신 [105] 은혜대로 하심이라
10 이제는 **우리 구주 그리스도 예수의 나타나심으로 말미암아**
나타났으니 저는 사망을 **폐하시고** 복음으로써 **생명과 썩지 아니할
것을 드러내신지라**

이 본문은 디모데에게 현재 당면한(그리고 미래에 닥칠) 고난을 이유로 바울과 복음에 대한 충성을 저버리지 말라는 서두 내용의 핵심적 위치에 있다. 이러한 호소는 디모데에게 "복음과 함께 고난에 동참하라"는 권면의 말씀이다. 여기서 말하는 고난은 그리스도께서 예전에 받으셨던 고난(2:8-13)과 바울이 현재 로마 제국 하에서 받는 고난이라는 개념이 전제되어 있다. 본문은 능력을 주시는 하나님의 성령의 은사에 대한 언급(6-7절, 14절)으로 전체적인 틀이 짜여 있다. 그분으로 인해 믿음을 신실하게 지킬 수 있는 연유에서다. 이 호소의 핵심부에서는 복음에 대해 반(半)교리적인 설명을 하고 있는데,[106] 그 복

성경이 선호하는 주격 속격이 아닌 목적격 속격이라는 확신이 반영되어 있다. Johnson(346)은 둘 다 가능하다는 입장이지만, 일반적인 번역을 따르면 주께서 하신 증거가 부끄러움의 대상이 된다는 의미가 되므로 어울리지 않는다.

104) 카타를 이렇게 해석하는 경우는 BDAG B 5a d (513A)에 나온다. 이것은 7절에 나오는 하나님의 영을 가리킨다(Fee, *God's Empowering Presence*, 790, Knight, 373, Marshall, 704).

105) 대부분의 주석가와 일치하는 이 번역은 텐(τὴν)의 선행사가 (하나님의 뜻이 역사적으로 실현된) '은혜'라고 가정한다. 아마도 Johnson(348-49)만이 '뜻'과 '은혜' 모두 선행사가 된다고 주장한다.

106) 대부분의 신약 학자들의 주장에 따르면 이 본문은 저자가 기존의 신조에 호소하고 있는 본문 중에 하나이다. 그러한 견해가 때로는 바울 저작에 대한 반증으로 사용되기도 하지만 사실 두 가지 이유에서 설득력이 없다. (1) 이와 같은 반교리적인 진술은 살전(1:9-10; 5:9-10)에서부터 시작하여 바울 서신 전체에 걸쳐 나타난다. (2) 그 중 어느 것도 서로 비슷하지 않다(가장 유사한 본문은 갈 4:4-7과 롬 8:15-16이다). 요한복음의 저자의 자료 사용에 대해 일갈한 Pierson Parker의 말을 재구성해 보면 다음과 같다. "바울이 기존의 신조들을 이용하고 있다면, 이는 마치 그가 그것들을 모두 혼자 기록했다는 말과 같다." 그래서 현 본문은 위의 두 가지 이유를 근거로 전적으로 바울의 기록이라고 말할 수 있다. 일부 어법이 새롭긴 하지만 여기서 조심해야 할 것은 그런 새로운 어법 사용은 반신조적 내용을 담은 대부분의 구절에서 발견되는 현상이다.

음은 영원한 과거에 시작하여 그리스도 예수 우리 구주의 "나타나심"을 통해 역사적으로 발현된 복음이다. 그리스도께서 이 땅에 오시면서 하신 일은 죽음을 자신의 죽음과 부활로써 무너뜨리고 사람들로 하여금 영원한 생명을 분명히 볼 수 있게 하신 것이었다.

이렇게 해서 바울은 기독교 복음에 담긴 본질적인 문제들의 일부를 디모데에게 상기시키고 있는데, 여기서 그 문제들은 에베소의 상황에 맞게 재단되어 디모데전서에서 일어났던 여러 사안을 다루도록 해놓았다. 본문은 바울 복음의 기본 속성과 조화를 이루는 가운데 하나님 아버지를 모든 만물의 궁극적 근원이자 원동력으로 소개하고 있다. 하나님(데오스)께서는 우리에게 새 생명을 주심으로 구원을 베푸셨는데, 그 생명은 그분의 뜻과 은혜 안에 존재하고 있는 실체다. 또한 본문은 바울 복음과 마찬가지로 하나님의 구속 의지가 "우리 구주[107] 예수 그리스도" 안에서 역사적으로 발현되었다고 말한다. 이 점을 지적하면서 바울은 그리스도에 대한 기독론적 중요성에 대해 여러 가지 요소를 언급한다. 이들은 디모데전서에 강조되고 있는 것과 일치하는 요소들로 그리스도께서 선재하셨고 실제로 성육신하셨다는 점을 주목하고 있다.

① 그리스도의 선재성에 관해 바울은 하나님의 구원 의지가 세상에 시간의 개념이 존재하기 이전에 이미 그리스도 예수 안에서 존재하고 있었다고 역설한다. 하나님의 마음과 뜻에 따라 구원은 이미 그리스도 안에서 "우리에게 주어졌다." 이러한 역사적 사건이 "우리 구주 그리스도 예수"께서 역사 속에 "나타나신 것,"[108] 즉 성육신으로 인해 이루어졌다. 여기서 눈에 띄는 것이 퀴리오스라는 명칭의 부재인데 이는 본 서신서의 주관심사와 관련이 있다.

---

107) 본 서신에서 여기서만 소테르(σωτήρ)가 등장한다. 이 용어의 사용에 대해서는 특별히 딛 1:3-4 논의 부분을 보라. 현재 신조 문구는 목회 서신의 '구주' 사용과 관련하여 왜 바울이 하나님과 그리스도라는 칭호를 사용할 수 있는지에 대한 통찰력을 제공한다. 하나님께서는 궁극적인 그리고 원천적인 "우리 구주"시다(딤전 1:1; 2:3; 딛 1:3; 2:10, 13; 3:4). 그리고 그리스도께서는 인류 역사 속에서 구원을 이루신 분으로서의 "우리 구주"시다(딛 1:4; 3:6; 딤후 1:10).

108) 이 난어에 대해서는 각주 52번으로 보라. 이 틴이기 그리스도를 지칭한다는 입장은 거의 대부분 긍정하고 있다. 그러나 Dunn(*Christology in the Making*, 237-38)은 주장하기를 바울의 본문들을 읽을 때 선재성과 성육신을 확언하지도 전제되지도 않았다고 볼 수도 있다고 말한다. 다른 데서와 마찬가지로 Dunn은 자신의 전제적 기초원리('발전하여 기독론적 틀'〈developmental Christological scheme〉에 관련된)에 입각하여 본문이 의도하는 의미를 제어하고 있다.

즉 그리스도의 죽음과 부활로부터 비롯된 그분의 현재적 통치/주권(lordship)을 강조하고 있지 않고[109] 오히려 그분의 죽음과 부활을 전제된 상황에서 굴욕적인 죽음을 통해 사면(赦免)하신 일(고전 15:24-27을 참조하라)에 역점을 두고 있기 때문이다.

② 이러한 이야기를 통해 바울이 강조하고자 하는 것은 그리스도를 통해 받을 수 있게 된 '생명'인데 이는 1절에서 언급된 "생명의 약속"을 지칭하고 있다. 따라서 "그리스도 예수의 나타나심"으로 드러나게 된 '생명'은 미래에 초점을 두고 있으며, 이 같은 사실은 바로 뒤따르고 있는 "썩지 아니할 것"이라는 표현에 의해 더욱 명백해진다. 본 연구의 목적을 고려할 때 중요한 사항은 이러한 표현 배후에 전제된 개념이다. 여호와에 대해 진정한 진술이 많이 있지만 무엇보다 중요한 것은 그분은 "살아계신 하나님"으로서 모두에게 생명을 주셨고/주신다는 사실이다. 이 명칭 자체에서도 이미 반영되고 있는 생명은 오로지 하나님께 속해 있고, 사실 모든 생명체는 생명 제공자이신 하나님으로부터 생명을 얻은 것에 불과하다. 여기서 바울이 강조하려는 것은 이러한 생명 제공에 있어서의 그리스도께서 담당하신 역할이다. 왜냐하면 그분은 부활하심으로써 "사망을 폐하시고" 자신의 백성에게 영원한 생명을 보장해 주셨기 때문이다.

그러므로 현 내러티브는 디모데전서에서처럼 그리스도의 지상에서의 삶 자체를 강조하지는 않지만 이러한 개념이 서신서 전반에 걸쳐 전제되어 있다. 바울은 디모데를 더욱 의연하게 하려는 생각을 가지고 그리스도께서 역사 속에서 행하신 사역을 통해 주신 디모데의 확실한 미래를 상기시켜 주고 있다. 동시에 바울은 이러한 메시지를 통해 그리스도의 성육신을 부각시킴으로써 거짓 교사들에 정면으로 맞서고 있다. 이와 같은 바울의 두 가지 관심사는 그리스도 내러티브를 언급하는 다음 본문에서 다시 나타난다.

(2) 디모데후서 2:8-13

8 μνημόνευε Ἰησοῦν Χριστὸν ἐγηγερμένον ἐκ νεκρῶν, ἐκ σπέρματος Δαυίδ, κατὰ τὸ εὐαγγέλιόν μου, 9 ἐν ᾧ κακοπαθῶ μέχρι δεσμῶν ὡς κακοῦργος, ἀλλὰ ὁ λόγος τοῦ θεοῦ οὐ δέδεται 10 διὰ τοῦτο πάντα

---

109) 9장에서 빌 2:9-11을 논의하는 부분(pp. 587-597)과 현 서신에서 그리스도의 나라(4:1)를 강조하는 것 그리고 그리스도께서 "의로운 재판장"(4:8, 14)이시라는 구절을 보라.

ὑπομένω διὰ τοὺς ἐκλεκτούς, ἵνα καὶ αὐτοὶ σωτηρίας τύχωσιν τῆς ἐν Χριστῷ Ἰησοῦ μετὰ δόξης αἰωνίου 11 πιστὸς ὁ λόγος
  εἰ γὰρ συναπεθάνομεν, καὶ συζήσομεν
  12 εἰ ὑπομένομεν, καὶ συμβασιλεύσομεν
  εἰ ἀρνησόμεθα, κἀκεῖνος ἀρνήσεται ἡμᾶς
  13 εἰ ἀπιστοῦμεν, ἐκεῖνος πιστὸς μένει, ἀρνήσασθαι γὰρ ἑαυτὸν οὐ δύναται

8 나의 복음과 같이 **다윗의 씨로 죽은 자 가운데서 다시 살으신 예수 그리스도를** 기억하라 9 복음을 인하여 내가 죄인과 같이 매이는 데까지 고난을 받았으나 하나님의 말씀은 매이지 아니하니라 10 그러므로 내가 택하신 자를 위하여 모든 것을 참음은 저희로도 **그리스도 예수 안에 있는** 구원을 **영원한 영광과 함께** 얻게 하려 함이로라 11 미쁘다 이 말이여,
  우리가 주와 **함께** 죽었으면 또한 **함께** 살 것이요
  12 참으면 또한 **함께** 왕 노릇할 것이요
  우리가 **주를** 부인하면 **주도** 우리를 **부인하실 것이라**
  13 우리는 미쁨이 없을지라도 **주는 일향 미쁘시니 자기를 부인하실 수 없으시리라**

이 구절을 통해 바울은 서두에서 디모데에게 복음을 위해 고난을 견디는 데 동참하라고 했던 호소를 마무리 짓는다. 이 두 호소문(1:6-14; 2:1-13)에 나타나는 공통 요소는 다름 아닌 지상에서의 그리스도 삶이 지닌 특징이 그러한 고난이라는 점이다. 첫 번째 호소에서는 이러한 개념이 단지 전제되어 있었다면 두 번째 호소에서는 좀 더 분명하게 개진되고 있다. 여기서 그리스도의 삶에 대한 진술과 그 삶에 동참하려는 바울의 열정이 전형적인 형태로 엮어져 있다.

특히 디모데전서에서 부각되었던 기독론적 관심, 즉 그리스도의 성육신과 지상 사역이 실재했다는 점이 여기서는 더욱 상세하게 설명되고 있다. 이러한 역설적인 진술은 본 서신서에서 유일하게 그리스도의 명칭을 뒤바꾸어 부르는 부분과 함께 시작된다.[110] 즉 "예수 그리스도를 기억하라"라는 말씀으로 예수님의 지상에서의 삶을 강조하고 있는데, 이러한 사실은 뒤따르는 두 수

---

110) 따라서 이 역순의 명칭에 대해 좀 더 일반적인(본 서신에서) 명칭인 '그리스도 예수'로 바꾸려는 사본학적 '교정'이 거의 시도되지 않았다는 사실은 주목할 만하다.

식어에 의해 더욱 명확히 드러난다. 이전의 내러티브에서도 그랬던 것처럼 바울은 여기서도 예수님의 부활을 가장 중요한 문제로 언급한다. 그러나 바울은 동시에 예수님께서 다윗 계열의 후손임을 강조함으로써[111] 그분이 유대인들의 메시아시라는 사실에 역점을 두고 있다.[112] 따라서 목회 서신에서는 현 본문이 크리스토스라는 헬라어가 두 가지 역할 즉 이름과 칭호를 동시에 가리키는 예문[113] 중 하나이다.

이와 더불어 바울은 복음 즉 '그가 하나님으로부터 받은 말씀'으로 인해 겪게 된 자신의 고난에 대해 다시 거론한다. 바울은 "택하신 자"들 때문에 그 고난을 기쁜 마음으로 견딜 수 있다. 왜냐하면 그들은 그리스도를 통해 구원을 얻었고 이를 통해 종말론적으로 "영원한 영광"을 얻게 되기 때문이다. 그러나 이 내러티브에서 바울의 궁극적인 관심사는 바로 디모데를 비롯한 "택하신 자"들에 집중되어 있다. 그는 그들이 끝까지 복음과 함께 해야 한다고 말하고 있다. 이 때문에 목회 서신에서 언급되는 "바른 교훈"의 다섯 번째와 마지막 언급이 여기서 나오고 있는 것이다.

다음에 나오는 4행시는 현재의 억압 속에서 신자들이 지녀야 할 '인내'를 강조하고 있다.[114] 그들은 둘 중에 하나를 선택할 수 있다. 즉 끝까지 변치 않고 참을 것인지 아니면 억압을 이기지 못해 그리스도를 부인할 것인지 양자택일해야 하는 것이다. 이 4행시는 두 선택의 종말론적인 결과가 어떠할것인지를 재확인 시키는 데에 초점을 두고 있다. 하지만 전체적인 내용을 종합해 보면 강조점이 신자들에게 있는 것이 아니라 그리스도께 있다. 그래서 1행과 2행의 종말론적인 '결과' 부분은 본 서신서의 두 서문이 말하는 두 개의 기독론적 강조점을 상술하고 있다.

1행에서는 1:10에서 언급되었던 생명의 공급자이신 그리스도에 대해 다시 이야기하고 있고, 2행에서는 2:8의 메시아 사상을 다시 거론하고 있다. "다윗

---

111) 이 문제에 관해서는 6장에서 롬 1:3-4 논의 부분을 참조하라.
112) 이 표현은 삼하 7:12에 나오는 다윗의 언약 부분을 의식적으로 차용하고 있다(아나스테소 토 스페르마 수 메타 세⟨ἀναστήσω τὸ σπέρμα σου μετὰ σέ, 내가 네 몸에서 날 자식을 세워⟩). 시 89:4, 29을 참조하라. 추가적인 논의는 3장의 롬 1:3 논의(pp. 376-379)를 보라.
113) 3장에서 고전 1:20-25에 대해 논의하는 부분(pp. 178-179)을 보라. 롬 9:5과 엡 5:5도 참조하라.
114) 극히 일부는 4행시가 뒤따르는 본문과 연결이 된다고 주장하기도 한다. Knight, 400-408을 참고하라. 그러나 이러한 견해는 전혀 일리가 없으며 뒷받침 할 아무런 증거도 없다.

의 자손"을 기원으로 하시는 그리스도는 지금 하늘을 다스리시는 왕이시다 (고전 15:25를 참고하라). 그분과 함께 죽은 이들에게 주어진 약속은 그분과 함께 왕 노릇하는 것이다. 이러한 모티브야말로 바울이 자주 사용하는 주제이며, 이 구절에 다양한 기독론적 주제들이 하나로 묶여 있는 것을 보면 전형적인 바울의 기법과 같다는 사실을 알 수 있다.

마지막으로 4행에서는 그리스도의 신성이 "주는 일향 미쁘시니 자기를 부인하실 수 없으시리라"라는 구문에서 다시 한 번 가정되고 있다. 이 표현은 하나님께서 자신에 대해 지니고 계신 신실함이라는 영원히 변치 않는 성품을 가리키고 있다. 진리가 되시는 하나님께서 거짓말을 하실 수 없는 것처럼 당연히 자신을 부인하시지도 않는다. 본문에서는 하나님께 적용되는 용어로 그리스도에 대해 언급하고 있으며, 이러한 개념이 사실은 본문 전체에 전제되어 있다.

3) 칠십인경에 나오는 퀴리오스가 되시는 그리스도

위에서 살펴본 본문에서 칠십인경이 말하는 메시아적 왕이 반영되고 있는 점을 미루어 볼 때 본 서신서에서 바울이 퀴리오스를 어떻게 사용하는지 살펴볼 필요가 있다. 이를 위해 여러 본문을 고찰하되 바울이 퀴리오스=여호와라는 공식을 택하여 그리스도께 적용하고 있는 본문을 중심으로 살펴보고자 한다.[115]

(1) 디모데후서 2:7
바울은 2:1-7의 권고 본문을 수수께끼 같은 말로 마무리 하면서 디모데에게 "내 말하는 것을 생각하라"고 당부한다. 그리고는 격려 차원의 메시지를 덧붙여 "주께서 범사에 네게 총명을 주시리라"고 말한다. 디모데전서에서 처음으로 본문 간의 관련성을 엿볼 수 있는 곳이 바로 이 구절이다. 여기서는 잠언 2:6의 칠십인경 본문을 반영하고 있는 것으로 보인다.

딤후 2:7 δώσει γάρ σοι ὁ κύριος   σύνεσιν ἐν πᾶσιν

---

115) 이 문제에 대해서는 데살로니가전·후서, 고린도전서, 로마서, 골로새서, 에베소서, 빌립보서의 해당 본문을 살펴보라.

잠 2:6   ὅτι   κύριος δίδωσιν σοφίαν … γνῶσις καὶ σύνεσις
딤후 2:7   **주께서** 범사에 네게 **총명을 주시리라**
잠 2:6   대저 **여호와는** 지혜를 **주시며**

여기 나타나는 본문 간의 관련성이 다른 본문과 비교해 볼 때 우연성이 높아 보이지만 여전히 바울 어법의 특징이 반영되고 있다. 바울이 구약의 퀴리오스=여호와 본문을 인용 또는 암시하거나 반영하고 있을 때를 보면 '주'가 예수 그리스도를 의미하는데, 본문에서도 같은 양상을 띠고 있기 때문이다.[116] 그래서 구약에서 하나님께 적용되는 신적 행위가 그리스도의 특권으로 된다는 바울 개념이 본문에서도 잘 드러난다고 할 수 있다.

(2) 디모데후서 2:19

ὁ μέντοι στερεὸς θεμέλιος τοῦ θεοῦ ἕστηκεν, ἔχων τὴν σφραγῖδα ταύτην· ἔγνω κύριος τοὺς ὄντας αὐτοῦ, καί· ἀποστήτω ἀπὸ ἀδικίας πᾶς ὁ ὀνομάζων τὸ ὄνομα κυρίου

그러나 하나님의 견고한 터는 섰으니 인침이 있어 일렀으되 **주께서 자기 백성을 아신다** 하며 또 **주의 이름을 부르는 자마다** 불의에서 떠날찌어다 하였느니라

바울은 디모데에게 그리스도와 복음과 그리스도의 사도인 바울 자신에게 충실할 것을 두 번째로 당부하고 나서 거짓 교사들을 고발하는 내용의 본문(2:14-23)을 적고 있다. 이 본문은 경고와 당부로 이루어져 있는데 주요 거짓 교사들의 이름을 거론한다. 그들의 가르침이 일시적으로는 성공한 것 같으나 미래에 대한 약속은 그들의 가르침이 아니라 복음에만 있다고 바울은 강조한다. 이를 위해 그는 칠십인경에서 두 개의 퀴리오스 본문을 인용하며 디모데의 현재 상황에 적용하고 있다. 또한 복음에 대한 강조를 성전 이미지로 시작하는 부분 역시 칠십인경을 반영하고 있다. 이 세 가지 요소를 차례대로 살펴보고자 한다.

① 디모데전서 3:16로부터 성전 이미지를 가져온 바울은 디모데(와 그를 통

---

116) 적어도 대부분의 주석가들은 이렇게 생각한다(예를 들면, Bernard, 118; Marshall, 731; Quinn and Wacker, 624). 한편 Knight(396)는 이와 반대로 생각하고 Mounce(511)는 두 입장 모두 일리가 있다고 본다.

해 교회에게도)에게 "하나님의 견고한 터는 섰다"는 사실을 다시 한 번 역설한다. "하나님의 터"(데멜리오스 투 데우⟨θεμέλιος τοῦ θεοῦ⟩)라는 표현은 이사야 28:16을 반영하고 있다고 본다.[117] 이 구약 본문은 "주 여호와께서 가라사대 보라 내가 한 돌을 시온에 두어 기초(데멜리오스⟨θεμέλιος⟩)를 삼았노니 곧 시험한 돌이요 귀하고 견고한 기초(데멜리오스) 돌이라 그것을 믿는 자는 급절하게 되지 아니하리로다"라고 말한다. 이 구약 구절과 관계가 있다고 보는 이유는 바울이 로마서 9:33에서 이 구절에 담긴 기독론적 중요성을 지적하고 있기 때문이다. 여기서 "기초"는 성전을 나타내는 제유법(提喩法)적 표현으로 사용되고 있다고 생각되며, 바울에게 있어 성전은 교회[118] 즉 하나님의 백성을 나타내는 은유적 표현이다.

이 은유는 디모데에게 교회가 하나님의 소유임을 재확인 시켜 준다. 실제로 교회에는 하나님의 "인침"(=소유권 표시)이 있다. 이 "인침"은 마치 두 개의 본문을 '인용'하고 있는 듯한 형태를 취하며 두 가지 내용을 담고 있다. 하나는 하나님을 강조하고 있고 다른 하나는 하나님의 백성이 보여야 할 반응을 언급한다. 여기서 본문의 기독론적 중요성이 부각되는데 그 이유는 진술 내용의 신적인 측면이 '주(퀴리오스)=그리스도 예수'라는 공식에 기초하고 있기 때문이다.

② 하나님께서는 그분의 이름을 위하여 자기 백성을 보호하신다는 사실을 강조하는 바울은 민수기 16:5에 전형적인 기독론적 수정을 가하여 "주께서 자기 백성을 아신다"고 말한다.

딤후 2:19 ἔγνω κύριος[119] τοὺς ὄντας αὐτοῦ
민 16:5   ἔγνω ὁ θεὸς   τοὺς ὄντας αὐτοῦ

여기서의 구약 인용의 경우 구약 본문의 문맥이 그대로 드러나고 있다.

---

117) 이러한 견해는 Bertil Gärtner, *The Temple and the Communitz in Qumran and the New Testament* (SNTSMS 1, Cambridge: Cambridge University Pres, 1965), 71까지 소급된다. Marshall, 755와 특히 Towner, 534-35를 참조하라.
118) 다시 말하면 "기초"는 전체를 대표하는 일부분 역할을 하고 있고 "성전"은 바울서신에서 수차례 등장하는 교회에 대한 은유적 표현이다(고전 3:16-17; 고후 6:16; 엡 2:20).
119) 두 개의 신뢰도 높은 사본(a 1739)은 데오스라고 되어 있어 바울이 칠십인경 본문을 인용하고 있음을 알려준다.

즉 광야에서 발생한 모세와 아론에 대한 고라의 반역이 에베소에 나타난 거짓 교사들에 의해 반복되고 있다. 여기서 인용된 칠십인경 본문을 보면 히브리어 본문과 두 가지 점에서 차이점을 드러내고 있다. 히브리어 본문은 "아침에 여호와(주)께서 자기에게 속한 자가 누구인지 보이시고(make known)"라고 기록한다. 반면에 칠십인경 번역은 히브리어 요다(יָדַע)를 '아시고'(has known=knows)라고 번역하고, 하나님의 이름에 대해 무관사인 퀴리오스 대신 호 데오스를 사용했다.[120]

바울의 인용을 보면 자기만의 기독론적 개념이 담겨 있다. 칠십인경의 의미와 어순을 따르는 동시에 퀴리오스 개념을 본문에 적용하고 있다. 이렇게 해서 바울은 그리스도 주를 구약에서 말하는 여호와와 동일시하는 본문을 다시 한 번 기록하게 되었다.[121] 일부는 이러한 견해를 반박하며 바울이 말 하려는 것은 그리스도가 아닌 '하나님'일 것이라고 제안할는지도 모른다.[122] 그러나 이러한 생각은 문맥과 어울리지 않을 뿐 아니라 본 서신서, 특히 1:2에

---

120) 물론 이러한 사실은 번역가가 맛소라 본문처럼 보이는 히브리어 본문을 사용하고 있었음을 가정하고 있다. 그가 만일 다른 히브리어 본문을 사용하고 있었다면 그 다른 점에 대해 바울은 아무런 책임이 없다. 그럴 리는 없지만 설령 바울이 단순한 인용을 시도하고 있다 해도 필자의 주장은 여전히 유효하다.

121) 본 서신서의 퀴리오스 사용을 감안할 때 본문에서 주는 그리스도를 가리키는 것으로 이해하는 것이 일반적이라고 생각할 수도 있다(pp. 665-667을 보라.) 하지만 이러한 견해는 사실 소수의 입장이다. Lock, 97, Hanson, 137(그는 본문을 민수기 본문의 '느슨한 버전'이라고 부른다), Capes, *Old Testament Yahweh Texts*, 145-49가 이러한 입장을 취하고 있다. Johnson(197) 역시 이러한 해석의 가능성은 인정하지만 결국 부정하고 만다. Marshall(757)은 이와 같은 해석을 입증할 증거를 찾기가 어렵다고 하는데, 이는 바울 서신(목회 서신을 포함) 전반에 걸쳐 나타나는 바울의 어법, 특히 바울이 칠십인경을 인용하거나 반영할 때 나타나는 어법을 염두에 두지 않는 것 같다(각주 101번을 보라). 여기서 만일 바울이 하나님 아버지를 지칭하고자 했다면, 칠십인경 본문을 있는 그대로 인용하면 될 일이었다. 그가 칠십인경 본문의 내용을 조정하여 '하나님' 대신 '주'를 사용하고 있다는 사실은 주가 '하나님'을 가리킨다는 주장을 뒷받침할만한 증거 제시를 어렵게 한다.

122) 이는 문제가 되는 두 가정에 기초하고 있다. 하나는, 관사가 없다는 점은 바울이 '하나님'을 가리키고 있음을 제시한다는 가정이다. 다른 하나는, '하나님'이 인접한 문맥에서 초점을 맞추고 있는 대상이라는 가정이다. 그러나 첫 번째 가정과 관련해서 알아야 할 것은 바울이 그러한 어법에 대해 일관적이지 않다는 점이다. 왜냐하면 그는 여호와를 가리키고 있는 구약 본문을 인용하거나 반영하여 그리스도께 적용하고자 할 때 관사를 거의 사용하지 않기 때문이다(각주 101번을 참조하라). 두 번째 가정의 경우, 15절에서 언급되고 있는 신적 존재는 다름 아닌 '하나님'이라는 지적은 맞는 말이나 14절에서 부각되는 대상은 '그리스도'로(아래 논의를 보라) 보는 것이 훨씬 타당하며 선행하는 호소문에서도 '그리스도'가 가장 크게 부각되고 있음을 주목해야 한다.

서 명백하게 사용하고 있는 바울의 전형적인 어법과도 일치하지 않는다. 바울 서신 전반에 걸쳐 호 데오스는 전적으로 하나님을 가리키는 용어로 사용되는 반면, 그리스도는 한결같이 구약 본문의 퀴리오스, 즉 여호와를 간접적으로 가리키는 말로 쓰이고 있다.

하나님의 백성은 곧 그리스도의 소유된 백성이라는 것이 본 서신서의 기독론적 논지다. 충성(오네시보로〈1:16-18〉)과 불충(후메내오와 빌레도〈2:14-18〉)을 다루는 문맥에서 바울은 주(그리스도)께서 고라 반역의 경우에서와 같이 자기 백성을 아신다는 사실을 디모데에게 재차 확인 시킨다. 여기서 자기 백성은 그리스도께 속한 교회의 견고한 터에 있는 첫 번째 돌이다. 다음 인용문을 보면 이러한 이해가 더욱 개진되고 있음을 알 수 있다.

③ 마지막 '인용문'은 칠십인경의 여러 본문이 조합되어 있는 본문이다. 여기서 가장 흥미로운 부분은 어떻게 하나님의 백성이 "주의 이름을 부르는 자들"로 정의되고 있느냐는 것이다. 여기서 바울은 이사야 26:13[123]을 재구성하고 있다. 이 구약 본문의 헬라어 번역이 강조하고 있는 것은 하나님의 진정한 백성들은 "주 외에 다른 주들"의 이름을 부르지 않고 오직 "주의 이름을 부르리이다"라는 고백이다.

딤후 2:19 ἀποστήτω ἀπὸ ἀδικίας[124] πᾶς ὁ ὀνομάζων τὸ ὄνομα κυρίου
사 26:13   κύριε ἐκτὸς σοῦ ἄλλον οὐκ οἴδαμεν   τὸ ὄνομά σου ὀνομάζομεν
딤후 2:19 **주의 이름을 부르는 자마다** 불의에서 떠날지어다

---

123) 이러한 구문은 다른 곳(레 24:16〈2번〉; 암 6:10)에서도 발견되지만 다른 신으로 인해 주를 부인한다는 내용의 사 26:18을 반영하고 있는 인접 문맥을 보면 바울은 이사야서를 염두에 두고 있다고 보는 것이 옳다. Knight(416)는 다음 구절인 2:22과 밀접한 관련이 있어 보이는 욜 3:5(칠십인경)을 바울이 염두에 두고 있다고 제안하지만 인용 구문은 이사야 본문과 더욱 유사하다고 생각한다.

124) 네슬레-알란트 27판은 이러한 용어들과 관련하여 시락서 17:26이 현 본문에서 실제로 인용되고 있다고 관주에 적고 있으나 동의하기 어렵다. 해당 시락서 본문은 다음과 같다.
ἐπάναγε ἐπὶ ὕψιστον καὶ ἀπόστρεφε ἀπὸ ἀδικίας καὶ σφόδρα μίσησον βδέλυγμα
가장 높으신 주께 돌아오며 죄로부터 돌아서라 그분이 싫어하시는 것을 너희도 혐오하라(NRSV).
두 저자가 사용한 동사가 동일하다면 시락서 인용은 가능하다고 볼 수 있다. 그러나 전혀 다른 동사가 상이한 문맥에서 사용되고 있기 때문에 '인용'을 인정하기는 어렵다. 더 신빙성 있는 제안이 있다면 두 본문이 모두 (기본적으로 유대적인) 유사한 관심사를 반영하고 있다고 하는 것이다. 그래서 바울이 혹시 시락서를 전혀 모르고 있었다 해도 개념적인 반영이 있다고 볼 수는 있다.

사 26:13 **주여** 우리가 주 외에 다른 이름은 모르며 **주의 이름을 부르리이다**
(개역성경은 "여호와 우리 하나님이시여 우리가 주만 의뢰하고 주의 이름을 부르리이다"- 역주)

여기에 나타나는 기독론적 중요성은 "주의 이름"이라는 구문을 강조하고 있다는 점에서 발견된다. "주의 이름"은 구약에서 여호와를 가리키는 용어이지만 여기에서는 그리스도께 적용되고 있다.[125] 이러한 해석은 다수 학자들의 견해와 상반되지만 바로 뒤따르는 본문 간의 관련적 반영을 보면 그 타당성이 더욱 분명해진다.[126] 그래서 바울은 다시 한 번 퀴리오스=여호와라는 구약 공식을 부활하신 주를 가리키는 데 사용함으로써 한 분이신 하나님의 정체성에 그의 아들(the Son)도 포함된다는 사실을 역설하고 있다.

(3) 디모데후서 2:22

디모데에게 개인적으로 권고하는 내용을 담은 본문의 서두에서, 바울은 선행하는 본문(19절 이전)을 반영하는 동시에 구약에서 가장 일반적인 기법을 반영하며 권고 구절을 기록하고 있다.[127] 그래서 디모데는 거짓 교사들의 오점과 실패를 유념하고 순전한 마음으로 "주를 부르는 자들과"(톤 에피칼루메논 톤 퀴리온⟨τῶν ἐπικαλουμένων τὸν κύριον⟩) 함께 젊을 때의 정욕을 피하고 의와 믿음과 사랑과 화평이라는 기독교적 덕목을 추구하라고 이른다. 주의 이름을 부른다는 것은 다른 서신서에서와 마찬가지로 창세기 내러티브에서 묘사하는 하나님께서 택하신 백성이 지녔던 눈에 띄는 특징 중 하나이다 (12:8; 13:4⟨아브라함⟩; 26:15⟨이삭⟩; 33:20 칠십인경⟨야곱⟩). 대부분의 주석가들은 다른 서신서(고전 1:2; 롬 10:9-13)에서처럼 여기서도 주가 그리스도를 가리킨다는 것을 기정사실로 받아들인다.[128] 그리스도를 가리키는 이름으로 거의 대부분의 경우 퀴리오스가 사용된다는 점을 미루어 볼 때, 현 본문에서의 용어 사용은 바울이 이전 서신서에서 동일한 표현을 그리스도를 섬기는 이들에

---

125) 이러한 시각은 주를 그리스도로 바꾼 후기 필사가들의 통일된 입장이었다. 이러한 독법이 Textus Receptus에 적용되었고 이를 바탕으로 기록된 KJV에 반영되었다.
126) Fairbairn, 351-52와 Hanson, 138을 보라.
127) 적어도 용어 사용법과 문맥 모두를 볼 때 이러한 주장은 타당하다(Lock, 100도 보라).
128) 다름 학자들이 모두 이러한 입장을 취한다(Bernard, 126;Lock, 101; Scott, 114; Kelly, 19; Spicq 2:763; Hanson, 141). 이에 대해서는 Knight(422)도 같은 입장을 취한다.

제10장 목회서신에 나타나는 기독론 679

게 사용하는 것과 완전히 일치한다고 본다.[129]

(4) 디모데후서 2:24

디모데는 21절의 권고를 따라 다툼을 유발하는 어리석은 변론을 버려야 한다. 바울은 "주의 종"이 절대로 다투어서는 안 되기 때문이라고 그 이유를 설명한다. 그렇게 함으로써 그는 이전 서신서에서 사용하던 "그리스도의 종"과는 대조적으로 여호수아서와 사사기에서 모세와 여호수아에게 사용되던 칭호인 둘로스 퀴리우(δοῦλος κυρίου〈주의 종〉)를 쓰고 있다.[130]

이것만 가지고는 추가적인 설명을 하기 어렵지만 이러한 어법이 여기서만 등장하는 것은 아니다. 실제 이러한 어법은 바울이 여호와를 주로 표현하는 칠십인경 본문을 자신의 서신 전반에 걸쳐 그리스도를 가리킬 때 사용한 수많은 예들 중 하나일 뿐이다.[131] 이 구문에 관사가 없으며 문장 제일 앞에 위치하고 있다는 사실은 바울이 디모데에게 말하고자 하는 논지가 확실하다는 사실을 강조하고 있음을 의미한다. 디모데는 이제 그에게 주어진 주의 성품을 완전히 깨닫는 "주의 종"에 걸맞은 삶을 살아야 한다.

(5) 디모데후서 4:14

바울은 서신이 그 막바지에 이르면서(4:8-22),[132] 퀴리오스를 더욱 많이 언급하고 있다. 특히 미래에 대한 호소나 확신을 담은 본문에서 대부분 나타나며, 각 본문에서 '주'는 항상 그리스도 예수를 의미한다. 왜냐하면 이 구절들 중 첫 구절(8절)이 "주의 나타나심을 사모하는"이라는 구문으로 끝나고 있기 때문이다. 14절부터 보면 여러 부분에서 칠십인경 본문이 반영되고 있는데, 바울이 다른 곳에서 사용하던 기법이 여기서도 그대로 사용된다. 14절은 구리 장색 알렉산더가 바울에게 끼친 해에 대한 그의 반응을 기록하고 있다. 바

---

129) 특별히 3장의 고전 1:2에 대한 논의(pp. 216-218)를 보라.
130) 수 7:14(B 본문), 24:29, 삿 2:8을 보라. 일부(예를 들면, Kelly)는 여기서 이사야 53장에 나오는 고난받는 종 개념을 발견하기도 한다. 그러나 현 서신서에 나오는 구문은 이사야 53장 뿐 아니라 40-55장 어디에서도 나오지 않는다. Dibelius와 Conzelmann은 "여기서 '주의 종'은 본문의 병행구절(딤전 6:11; cf. 딤후 3:17)이 언급하는 '하나님의 사람'을 상기시키고 있다"(113)는 기이한 주석을 시도한다. 하지만 이러한 주석은 실제 바울의 어법과 전혀 어울리지 않는다.
131) 이 문제에 대해서는 2장(pp. 96-100, 117-132)과 3장에 나오는 논의(pp. 205-226)를 보라.
132) 본서 p. 693 이하를 보라.

울은 디모데가 드로아에 도착하게 될 때 알렉산더를 주의하라고 경고할 뿐 아니라 두 개의 다른 칠십인경 본문에 나타나는 표현을 사용하여 "주께서 그 행한대로 저에게 갚으시리니"[133]라며 디모데에게 역설한다.

딤후 4:14　　　　　　　　　ἀποδώσει αὐτῷ ὁ κύριος κατὰ τὰ ἔργα αὐτοῦ
시 61:13 (칠십인경) κύριε … σὺ ἀποδώσεις ἑκάστῳ　　κατὰ τὰ ἔργα αὐτοῦ
잠 24:12　　　　　κύριος … ὃς ἀποδίδωσιν ἑκάστῳ κατὰ τὰ ἔργα αὐτοῦ
딤후 4:14　　　**주께서 그 행한대로 저에게 갚으시리니**
시 61:13 (칠십인경) **주께서 각 사람이 행한대로 갚으심이니이다**
잠 24:12　　　**주께서**(개역성경은 "그가"- 역주) **각 사람의 행위대로 갚으시리라**(개역성경은 "보증하시리라"- 역주)

이렇게 해서 바울은 그가 8절에서 말한 "의의 면류관"에 대한 확신을 반영하며 "주께서 그 날에 내게 '갚으실' 것"임을 역설하고 있다. 이러한 내적 반영(internal echo)은 14절에 나오는 호 퀴리오스가 그리스도를 지칭하고 있다는 사실을 확증하는 역할을 한다.[134] 아래에서 4:1, 8, 14에 대해 논의할 때 추가적으로 언급하겠지만 현 본문은 구약에서 하나님께만 적용되는 신적 특권을 그리스도 예수께서 완벽하게 공유하고 계시다는 사실을 보여주는 확실한 예문이 된다.

(6) 디모데후서 4:16-18

본 서신서는 바울이 로마 황제 앞에서 처한 상황을 마지막으로 설명해 주고 있는 내용으로 끝이 난다. 여기서 바울은 시편 22편(칠십인경은 21편)을 반영하며 끝맺음을 하는데 이 시편 구절은 초대 교인들이 고난 받는 종 메시아에 담긴 다윗 계열의 성격을 이해하는 데 있어 가장 우선적이자 중요하게 여기는 구절이 되었다. 복음서 전승에서는 예수님의 고난에 대한 이해가 다름

---

133) 바울은 롬 2:6에서 악인에 대한 하나님의 "의로운 심판"이라는 구약 언어를 인용하고 있다. 이 본문에 대해서는 TNIV 주석을 보라.
134) 이와 같은 입장을 취하는 학자들이 여럿 있다(Knight, 468; Mounce, 593; Quinn and Wacker, 813). Marshall(822)은 두 경우 모두 인정하는데 8절이 반영되어 있다는 사실을 지나치게 간과하는 것 같다. 이와 반대 입장을 취하는 학자들도 있다(Kelly, 280; Spicq, 2:817; Lea, 255).

아닌 구주에게 적용된다.[135] 현 서신서 본문은 위 시편 구절을 여러 방법으로 반영하고 있다.

① 4:16
딤후 4:16   ἀλλὰ πάντες με ἐγκατέλιπον
시 21:2 (칠십인경) ἵνα τί ἐγκατέλιπές με;
딤후 4:16   다   **나를 버렸으나**
시 21:2 (칠십인경) **응답치 아니하시나이다**

바울은 "다 나를 버렸으나"라는 말로 그의 "처음 변명"(일종의 대배심〈grand jury〉 조사와 유사한)에 대해 자세히 설명하기 시작한다. 여기서 시편 22:2의 용어가 반영되고 있는 것으로 보이며 주께서 로마 황제에 의해 십자가에 달리실 때 외치셨던 말씀이 반영되어 있기도 하다. 이러한 표현은 "메시아께서 걸으신 십자가의 길을 상징하고"[136] 있지만 바울이 말하는 버림 받았다는 개념은 이것과는 전혀 다른 의미를 담고 있다. 즉 여기서 버림받았다는 것은 바울이 보다 올바른 행동을 기대했던 신자들로부터 버림받았다는 뜻이며 하나님으로부터 버림받은 것은 아니다. 실제로 바울은 "주께서 내 곁에 서서 나를 강건케 하심"이라고 고백하고 있다. 이 마지막 말과 함께 바울은 시편 22편의 문맥으로부터 잠깐 이탈하여, 시내산에 있던 모세 앞에서 벌어진 여호와의 현현 사건과 관련된 익숙한 표현을 가져온다.

② 4:17 (참고, 딤후 3:11)
딤후 4:17 ὁ δὲ   κύριός μοι   παρέστη
출 34:5 καὶ κατέβη κύριος … καὶ παρέστη αὐτῷ ἐκεῖ
딤후 4:17 **주께서 내 곁에 서서**
출 34:5 **여호와께서** … 강림하사 그와 함께 **거기 서서**

두 본문의 유사성을 단순히 우연의 일치라고 할 수도 있을 것이다. 그러나

---

135) 특히 복음서가 아람어 본문으로 보존하고 있는 예수님께서 십자가 위에서 하신 말씀 엘로이 엘로이 레마 사박다니(ελωι ελωι λεμα σαβαχθανι, 나의 하나님 나의 하나님 어찌하여 나를 버리셨나이까, 막 15:34; 시 22:2인용)을 보라.

136) 이 말은 Towner, 639의 표현을 차용한 것이다.

이러한 주제가 구약의 출애굽기에서 처음 언급된 것은 하나님의 임재라는 주제가 성경 전반에 걸쳐 자주 등장하게 될 주제임을 미리 암시하고 있다. 바울이 믿기로는, 다름 아닌 그리스도의 임재가 법정에 홀로 서서 증언하게 될 그를 "강건케" 하실 것이다. 이전에도 그랬듯이 여호와가 가장 근본적인 관심 대상이던 칠십인경의 어법이 이제는 그리스도 우리 주의 고유 영역이 되었다.[137] 바울 신학이라는 좀 더 폭넓은 문맥에서 볼 때 임재라는 개념은 원래 성령과 관계된 모티브다.[138] 그러나 여기서는 통치하시는 주께서 직접 바울 곁에 서 계시며, 바울은 바로 이분이 자신을 모든 악한 일에서 건지시고 그를 천국에 들어가도록 인도하실 분이시라고 확신한다. 데살로니가전서와 후서 그리고 빌립보서와 마찬가지로 이러한 용어 사용은 퀴리오스라 불렸던 로마 황제와 정면으로 맞서려는 의도가 담긴 것이 거의 확실하다. 다음 구절을 보면 '주 가이사'(Lord Caesar)가 사자로 묘사되고 있는 반면 진정한 주님이신 그리스도께서는 법정에서 바울과 함께 서 계신다.[139]

17절의 마지막 절은 본 구절 전체가 시편 22편(칠십인경은 21편)에 대한 바울 버전의 '미드라쉬'(유대교의 성서 주석 방법론이나 주석서- 역주)라는 사실을 밝혀준다. 처음 법정에 설 때에 신적 구원 역사를 경험했다고 이야기하는 바울은 '신적 수동태'를 사용하여("내가…건지웠느니라"="주께서 나를 건지셨느니라") 정확히 시편 21-22에서 쓰이는 용어로 그의 '구원'을 이야기하고 있다.

딤후 4:17	καὶ ἐρρύσθην	ἐκ στόματος λέοντος
시 21:21-22(칠십인경)	ῥῦσαι … με	ἐκ στόματος λέοντος
딤후 4:17	**내가 사자의 입에서 건지웠느니라**	
시 21:21-22 (칠십인경)	**나를 사자의 입에서 구하소서**(개역 성경은 21절 한 절이 이 내용을 담고 있다- 역주)	

'다윗'이 사자를 언급할 때 의도했던 뜻이 무엇이든, 시편과의 본문 간의 관련성을 엿볼 수 있는 디모데후서 본문이 말하는 사자는 분명 네로를 직접적으로 가리키고 있다. 시편 기자가 건져달라고 기도하고 있다면, 바울은 최근에 이미 건짐을 받았다고 고백하고 있다. 이러한 '신적 수동태'가 그리스도

---

137) 거의 대부분의 주석가들이 이에 동의하지만, Scott이나 Kelly는 예외다.
138) Fee, *Paul, the Spirit and the People of God*, 9-23을 보라.
139) 추가적으로 Young, *Theology*, 64-65를 보라.

제10장 목회서신에 나타나는 기독론   683

를 주로 지칭하는 역할을 하고 있다는 사실이 두 가지 요소로 인해 더욱 분명해진다. 첫째, 이와 같이 그리스도를 가리키는 데 사용되는 어법은 사실 "주(호 퀴리오스)께서 이 모든 것 가운데서 나를 건지셨느니라"라고 기록된 3:11에서 이미 사용되었다. 이 구절 전체가 그리스도를 가리키고 있음은 물론이다. 둘째, 18절에 이어 계속되는 바울의 확언은 이와 비슷한 구원이 미래에 일어날 것이라고 이야기하면서 시편 22편의 큰 문맥으로부터 온 여러 함의를 전달하고 있다.

③ 4:18a
여기서 바울은 시편 21:21 칠십인경으로부터 온 '건져내다'라는 뜻을 지닌 동사들을 접속사 없이[140] 반복해서 사용한다. 위 구절이 이 동사들을 과거에 일어난 사건에 대해 사용하고 있다면 여기서는 미래에 일어날 일에 대한 확신을 언급하는 데 사용한다.

ῥύσεταί με ὁ κύριος ἀπὸ παντὸς ἔργου πονηροῦ καὶ σώσει εἰς τὴν βασιλείαν αὐτοῦ τὴν ἐπουράνιον
주께서 나를 모든 악한 일에서 **건져내시고 또 그의 천국에 들어가도록 구원하시리니**

일부는 저자가 지금 '주'라는 칭호로 하나님을 지칭하고 있다고 주장하기도 하지만,[141] 이와 반대 입장을 입증하고 있는 세 가지 증거가 서로 밀접하게 결합되어 있다. 첫째, 바울은 본 서신서뿐 아니라 그의 서신 전반을 볼 때 하

---

140) Elliott(*Greek Text*, 210)는 이와는 반대 입장을 취하는데, 그가 엄격하게 추구하는 '절충주의'는 늘 네슬레-알란트 본문을 거부하는 성향을 띠게 한다. 그러나 초기 필사가들 역시 마치 아티카 방언의 영향을 받은 것처럼 카이를 '생략'하고 있는 사실을 설명하기란 거의 불가능하다. 반면에 본문에서 접속사 생략법(asyndeton)이 매우 극명하게 드러나기 때문에 어떤 접속사가 추가되었는지 쉽게 설명할 수가 있다(그리고 정확히 Elliott가 거부하는 이유를 들어 카이를 설명할 수가 있다. 이러한 어법은 아마도 칠십인경에 셈어이 성향이 가미된 결과로 유추해 볼 수 있다). 네슬레-알란트 원문은 가장 오래된(그리고 가장 신빙성 있는) 헬라어 사본(a A C D* 6 33 81 104 1175 1739 1881 *pc*)과 라틴 사본이 지지한다.
141) 예를 들어 Kelly, 280를 보라. 그러나 이러한 입장은 소수의 견해이다. 대다수의 학자들은 반대 입장을 취한다(cf. Bernard, 141; Spicq, 2:821; Hanson, 162; Lea, 257; Knight, 473; Marshall, 826; Quinn and Wacker, 829; Mounce, 598).

나님을 가리키는 데 호 퀴리오스를 사용했다는 명확한 증거가 전혀 없다.[142] 그리고 사실상 모든 증거가 그리스도를 가리키고 있다는 주장을 지지한다. 이러한 증거 자료에는 문안 인사부터 시작해서 일관적으로 동일한 어법을 보여주고 있는 현 서신서도 포함된다.

둘째, 18a절에 나오는 '주'는 17절이 말하는 "내 곁에 서" 계신 '주'와 같은 의미로 사용되고 있다. 이 '주'가 하나님을 가리킨다고 해석될 가능성은 바울 서신 뿐 아니라 신약 전체를 봐도 희박하다. 신약 저자들, 특히 바울이 갖고 있던 '지리적'인 측면에서 보더라도 하나님 아버지와 그의 아들 그리스도께서는 "하늘에" 계신 반면, 성령께서는 지상에서 그리스도의 사역을 계속해서 수행하고 계신다.[143] 바울은 때로 그리스도의 지상 사역과 성령을 서로 바꾸어 쓰기도 하지만[144] 항상 하늘에 계신 분으로 고백되는 하나님 아버지와는 혼용하지 않는다.

셋째, 현재 문맥을 미루어 볼 때 마지막 절("그의 천국에 들어가도록 구원하시리니")은 부활하신 주께서 지극히 높은 곳에서 다스리신다는 바울의 시각을 반영해 주고 있다. 이러한 시각은 이미 2:12에서 암시되고 있으며 4:1에서는 분명히 드러나고 있다. 바울의 경우 "몸을 떠나는 것"은 "주와 함께 거하는 것"을 의미한다(고후 5:8). 바울 사도는 그의 시련이 끝나게 되면 들어가게 될 곳이 다름 아닌 그리스도께서 왕으로서 통치하시는 나라라고 믿고 있다. 이와 다르게 생각하는 학자들은[145] 대부분 바로 뒤에 나오는 송영이 앞 문장에 나오는 '주'를 선행사로 삼고 있다는 점을 주목한다. 따라서 송영 본문을 살

---

142) 퀴리오스가 정체성과는 전혀 상관없는 인용문에 사용되는 예외적 구절에 대해서는 3장의 각주 7번을 보라.

143) 특별히 롬 8:26-34을 보면 바울은 그리 길지 않은 여러 문장 안에서 성령을 우리 마음 안에서 우리를 위해 '중보하시는' 분으로 묘사하며(27절), 승귀되신 그리스도는 하나님 "우편"에서 우리를 위해 '중보하시는' 분이라고 기술한다. 이러한 '지리적' 개념을 미루어 볼 때 요한계시록을 보면 성령께서 왜 단 한 번도 하늘에 계신 분으로 설명되지 않는지 이해할 수 있게 된다. 그분은 "어린 양의 일곱 눈"이나 일곱 촛대라는 상징적인 개념으로 우리와 함께 하신다. 그러나 요한은 일곱 영(사 11:2과 슥 4:1-10을 반영하는)이 "온 땅에 보내심을 받았다"고 명시하고 있다.

144) 위 17절에서도 마찬가지다. 롬 8:9-10을 참조하라.

145) 예를 들어 Scott, 142-43이나 Kelly, 220을 보라. 디모데후서 저자에 대해 편견을 갖고 있는 Hanson은 목회 서신이나 본 서신서에 나타나는 하늘나라는 바울의 그것과는 달리 미래적인 개념의 나라라고 주장한다. 그러나 이러한 생각은 본문의 요지를 잘못 파악하고 있는 데서 비롯된다. 왜냐하면 본문은 몸을 떠나는 것이 주와 함께 하는 것이라는 바울의 믿음을 반영하고 있는 구절이기 때문이다.

펴 볼 필요가 있다.

④ 4:18b
ᾧ ἡ δόξα εἰς τοὺς αἰῶνας τῶν αἰώνων, ἀμήν
그에게 영광이 세세무궁토록 있을찌어다 아멘

여기서 논점은 관계대명사 호(ᾧ)가 연결해 주고 있는 선행사에 관한 것이다. 주로 두 가지 견해가 제기된다.

첫째로, 많은 학자들은 '저자'가 일관된 흐름에서 이탈하여 그리스도를 가리킬 때 사용하던 '주'를 다시 하나님 아버지를 지칭하는 칭호로 사용하고 있다고 생각한다. 그러나 위 논의에서 이미 언급한 것처럼 이러한 견해는 결국 본문에서 선행하는 퀴리오스를 어떻게 이해해야 하는가라는 문제를, 사전에 고정된 시각을 가지고 송영에 대해 접근하려는 석의, 즉 순서가 뒤바뀐 석의로 풀어보려는 것이다.

이러한 견해에 약간의 수정을 가하여 송영을 확정된 구문으로 보고 위의 관계대명사는 특별히 선행사를 필요로 하지 않는다고 생각하는 견해도 있다. 이러한 유추적 설명은 디모데전서 3:16의 용어 사용에 근거한다. 여기서 호스(ὅς)의 선행사가 겉으로 드러나지는 않지만 '그=그리스도'라고 가정된다. 이와 마찬가지로 여기서는 하나님을 가정된 선행사로 이해해야 한다. 그래서 18b절에서 '그'는 '하나님'을 지칭하고 있다.

두 번째 견해는 본문을 있는 그대로 해석하여 바울이 이 구절에서만큼은[146] 그리스도 주께 찬양을 돌리고 있다고 보는 것이다. 그분께서는 지극히 높은 곳에서 만물을 다스리시는 왕이시기 때문이다.

종합해 보면 두 번째 선택지가 가장 바람직한 선택이라고 생각되며, 이에 대해서는 두 가지 이유가 있다. 첫째, 이렇게 본문을 접근할 경우 '확실한 의미를 외면하고 굳이 다른 의미를 찾아' 해석할 필요가 없기 때문이다. 그러한 석의는 지양되어야 한다. 둘째로 '주'가 가리키는 대상이 '그리스도'라는 주장에 대한 예외적인 예문은 오로지 바울 서신에서만 나온다. 그러나 굳이 이러한 성향에 묶여 다른 견해는 옳지 않다고 볼 이유는 없지 않은가? 바울은 하나님께 기도하듯 그리스도께 기도한다. 또한 한결같이 주의 이름으로

---

146) 많은 학자들은 롬 9:5 역시 위 본문과 동일한 성격을 지닌 바울 구절이라고 본다. pp. 420-426을 보라.

축복하는데[147] 이는 일반적으로 하나님께 해당되는 사항이었으며, 이전에는 하나님 아버지께만 전적으로 적용되었던 양식과 용어를 사용하여 주를 찬양한다.

이러한 입장이 올바른 이해라고 가정한다면 본문은 바울 서신에 등장하는 고등기독론의 좋은 예문이 된다. 이러한 특징이 다름 아닌 바울에 의해 쓰였는지 여부에 대해서는 본 서신의 저자에 대한 개인적 견해에 달려 있다. 위 논의에서 언급한 것처럼 본 서신서에서 바울의 기법이 일관적이면서도 섬세하게 나타나고 있다는 점을 미루어 볼 때 저작 문제에 대해 재고할 필요가 있다. 허위 기자가 한 치의 오차도 없이 완벽하게 바울로 탈바꿈 하여 그의 인용 기법이나 본문 간의 관련성을 완전하게 보여줄 수 있다고 생각하는 것이 과연 타당한 지에 대해 재고할 필요가 있다는 것이다.

4) 호 퀴리오스이시며 신적 특권을 소유하신 예수님

마지막으로 이 짧은 서신에서는 앞의 서신과 같이, 저자가 여러 곳에서 신성이라는 개념을 전제한 채 그리스도를 호 퀴리오스라 지칭하고 있다. 여기서 그리스도는 유대교의 유일신론에서 전적으로 신적 특권이라 부르는 요소들을 취하고 있다. 그 중에 한 예문은 1:2의 전형적인 문안 인사 구절이다. 이 구절은 "은혜와 긍휼과 평강"이 하나님 아버지와 그리스도 예수 우리 주께로부터 온다고 기록하고 있다.[148] 그러나 본 서신서의 일부 구절을 보면 그리스도만이 기도와 송영의 대상이 되거나, 원래 한결같이 하나님께 적용되던 행위들의 문법적 주체가 그리스도로 바뀌는 경우가 나타난다. 이러한 변환이 어렵지 않게 이루어지는 것은 전적으로 바울의 기법을 반영하고 있으며, 교회에 보낸 편지와 더불어 상당히 발전된 기독론적 시각이 전제되어 있기 때문이다.

(1) 기도와 송영의 대상이 되시는 예수 우리 주

목회 서신 전체에서와 마찬가지로 디모데후서에서도 예수 "우리 주"께서 기도와 송영의 대상으로 나타난다. 이 같은 사실이 4:18b에서도 적용될 수

---

147) 실제로 본 서신서는 이렇게 끝이 난다. 이후의 4:22 논의(pp. 688-689)를 보라.
148) 이러한 현상이 지닌 중요성에 대해서는 2장에서 위와 유사한 표현이 살전 1:1에 처음 나오는 것에 대해 논의하고 있으니 참조하라(pp. 104-107).

제10장 목회서신에 나타나는 기독론 687

있는지의 개연성에 대해서는 위에서 논의했다. 여기서는 그리스도께서 기도의 대상이 되시는 퀴리오스라고 기록하는 두 본문을 살펴보고자 한다.

① 디모데후서 1:16, 18

바울은 디모데에게 그리스도와 복음과 자신에게 충실할 것을 호소하는 두 본문(1:6-14; 2:1-13) 사이에서 두 가지의 예를 제시하고 있다. 하나는 불충에 대한 실례(부겔로와 허모게네〈15절〉)이고, 다른 하나는 충성에 대한 실례(오네시보로〈16-18절〉)이다. 여기서 우리가 눈여겨봐야 할 것은 후자이다. 바울은 오네시보로를 위해 두 번 기도하고 있는데 처음에는 그의 집(16절)을 위해서 나중에는 오네시보로를 위해 기도한다(18절).[149] 두 기도 모두 긍휼을 구하는 기도이며 특별히 호 퀴리오스께 직접적으로 드리는 기도이다. 그리스도에 대한 지금까지의 논의를 종합해 볼 때 '주'는 오직 그리스도를 지칭한다. 2절에 나오는 전형적인 문안 인사를 보면 앞의 서신서들과 마찬가지로 하나님은 항상 "아버지"로 소개되고 그리스도 예수는 '주'와 동일시된다. 8절에서 호 퀴리오스가 다시 언급되는데, 그 문맥을 살펴보면 2절에서 단정한 일종의 신분 확인 작업을 더욱 확고히 하고 있음을 알 수 있다.[150]

기도는 반드시 하나님께만 드려야 한다는 전제 때문에 다음 구절에 두 번 나오는 호 퀴리오스가 하나님 아버지를 지칭한다고 추정할 수도 있을 것이다. 물론 목회 서신 중에 디모데후서에서만 주되신 그리스도께 기도드리는 구절이 나온다면 그러한 추측은 나름대로 일리가 있을 지도 모른다. 그러나 지금까지 다른 본문을 분석해 오면서 나온 결과와는 전혀 일치하지 않는 생각이다. 바울은 하나님께 기도를 드리듯 아무런 문제없이 주 예수 그리스도께 기도드릴 수 있다.[151] 실제, 높임을 받으신 아들이 아버지 오른편에서 앉아 중재하시고 계신다고 고백하는 사람은 다름 아닌 바울이다(롬 8:34). 중재자에게 기도를 드리는 일은 매우 자연스러운 현상이다.

그래서 16절과 18절에 기록되어 있는 두 번의 기도를 받으시는 퀴리오스

---

149) 오네시보로가 (아마 로마에서) 바울을 섬긴 후 사망했는지의 여부에 대해 논쟁이 되고 있는데 본 연구의 목적을 고려할 때 그러한 논쟁에 지면을 할애할 수는 없다. 이에 대한 총체적인 논의를 대해서는 중요한 주석서를 참조하라.
150) 이 문단의 내용만으로도 이러한 신분 구분의 타당성을 지지하기에 충분하다. 다음 문단은 이 같은 현상이 본 서신서의 저자가 바울이든 바울의 추종자이든 전적으로 바울의 기법이라는 점을 지적하고 있다.
151) 이 문제에 대해서는 특별히 2장(pp. 109- 114, 138-143)을 보라.

는 바로 주 예수 그리스도라고 결론 내려도 무방하다. 그러나 여기서 난제가 있다면 18절("원컨대 주께서 저로 하여금 그날에 주의 긍휼을 얻게 하소서")에 나오는 파라 퀴리우(παρὰ κυρίου, 주로부터〈개역성경은 "주의"- 역주〉)가 가리키는 암시적인 대상이 누군가 하는 문제다. 대부분의 학자들은 '주'의 중복이 너무 많다고 보고, 기도 자체는 분명 주되신 그리스도(중재자)께 드려지고 있지만 긍휼의 근원은 주되신 하나님 아버지를 의미한다고 생각한다. 그들은 칠십인경에서도 수차례 나타나는 파라 퀴리우(παρὰ κυρίου)라는 전치사구에서 퀴리오스가 관사 없이 쓰이고 있다는 사실을 미루어 볼 때 이와 같은 구분은 일리가 있다고 본다.[152]

필자의 주석서에서 바로 이와 같은 입장을 취하고 있었지만 본 연구를 통해 필자의 견해에 재고의 여지가 있음을 알게 되었다. 문제는 바로 이러한 생각이 해결해 줄 수 있는 부분이 사실상 거의 없다는 점이다. 왜냐하면 두 가지 옵션을 모두 적용해서 본문을 해석해 볼 때 모두 어색하기 때문이다. 오네시보로가 "주(하나님 아버지)로부터" 긍휼을 얻게 해달라고 바울이 "주(예수님)"께 기도한다고 하거나, 주 예수께서 오네시보로에게 직접 당신의 긍휼을 내려달라고 바울이 기도한다고 해석하는 것 모두 어색해 보인다. 두 번째 '주'가 본문에서 반드시 언급되어야 한다는 주장을 적용해 보아도 어색한 표현을 해결하는 데 있어 아무 것도 얻는 게 없다. 또한 매우 유사한 동의어 반복(tautology)이 창세기 19:24에서도 쓰이고 있다.[153] 이러한 이유로, 바울은 지금 그의 친구를 위해 간구하는 긍휼의 근원이 누구신지를 강조하려고 나름대로의 동의어 반복법을 만들어 냈다고 추측하는 것이 타당하다고 본다. 여기서 주목해야 할 사항은 바울이 오네시보로를 위해 긍휼(그리스도의 또는 하나님의)을 달라고 그리스도께 기도함으로써 본 서신서의 기독론이 고등기독론임을 나타낸다는 사실이다.

② 디모데후서 4:22
본 서신서에서 가장 눈에 띄는 부분 중에 하나인 4:22에서 저자는 이중적

---

152) 예를 들어 시 24:5; 27:4; 37:23; 118:23(칠십인경 23:5; 26:4; 36:23; 117:23)을 보라.
153) 카이 퀴리오스 에브렉센 에피 소도마 카이 고모라 데이온 카이 퓌르 파라 퀴리우 엑 투 우라누(καὶ κύριος ἔβρεξεν ἐπὶ Σοδομα καὶ Γομορρα θεῖον καὶ πῦρ παρὰ κυρίου ἐκ τοῦ οὐρανοῦ, 여호와께서 하늘 곧 여호와에게로서 유황과 불을 비같이 소돔과 고모라에 내리사).

인 축복을 하며 편지를 끝맺는다. 이것은 디모데전서나 디도서에서는 찾아볼 수 없는 현상이다. 전형적인 '은혜-축복' 메시지는 대부분의 서신에서 마지막 부분을 장식하며 "우리 주(예수 그리스도)의 은혜가 너희와(또는 너희 영혼과) 함께 있을지어다"[154]라는 일반적 형태를 취한다는 사실을 앞장에서 이미 살펴보았다. 골로새서에서만 그리스도를 '은혜'의 근원으로 기록하지 않고 단지 "은혜가 너희와 함께 있을지어다"라며 끝을 맺는다. 이와 같은 간결한 끝맺음은 디모데전서와 디도서에서도 적용되고 있는데 그 축복의 대상이 모두 복수형인 것을 미루어 볼 때 두 서신 모두 교회 회중 앞에서 읽히도록 기록되었음을 입증하는 증거가 된다.

목회 서신의 마지막 편지에서는 두 종류의 축복문이 모두 나오는데, 여기서 "은혜가 너희 모두에게"라는 말이 가장 마지막에 나온다. 바로 앞에 위치하고 있는 구절에서 디모데 개인에게도 '은혜'를 기원하고 있지만, 사실 '은혜'라는 단어는 생략되어 있는 대신 전형적인 축복 기도 형태를 취하여 호 퀴리오스[155] 메타 투 프뉴마토스 수(ὁ κύριος μετὰ τοῦ πνεύματός σου, "주께서 네 심령에 함께 계시기를 바라노니")라며 디모데를 축복한다. 이미 데살로니가전서와 후서에서도 사용되었던 이 어법에 담긴 기독론적 중요성에 대해서는 2장의 논의를 보라(pp. 110-112).

(2) 하늘에 계신 왕이시며 재판장이신 주 예수

이전 서신의 여러 특징 중 본 서신서에서도 부각되는 특징이 있다면 유대교의 메시아 사상이 잠재되어 있다는 점이다. 이러한 사상은 메시아적(지금은 하늘에 계신) 왕의 역할을 감당하고 계신 부활하신 그리스도라는 표현에 담겨 있다. 이러한 표현이 고린도전서 15:23-24에서 처음 나온 이후 바울 서신 전반에 걸쳐 간헐적이긴 하지만 계속해서 사용되고 있다. 그동안 그리스도의 왕권 통치에 대해 특별히 다루진 않았다. 이에 대해서 단순히 가정된 사실로 언급하거나 바울이 여러 주장을 펼 때 필요한 전제 조건으로 사용했다. 여기서 특별히 중요한 점은 디모데후서의 두 구절(2:12; 4:1)이 왕권을 그리스도

---

154) 이러한 축복의 메시지는 고린도후서에서 매우 정교하게 기록되어 있으며 잘 알려진 삼위일체 공식이 나타난다. 에베소서에서는 더욱 더 정교한 형식이 나타나지만 끝 부분을 보면 축복 기도 형태를 취하진 않는다.

155) '주'라는 칭호에 암시되어 있는 개념을 익히 아는 필사가들은 예수('Ἰησοῦ)나 예수 크리스투('Ἰησοῦ Χριστοῦ)를 본문에 삽입하기도 한다.

의 속성으로 기술하고 있다는 것이다. 같은 저자가 디모데전서 1:17에서는 하나님 아버지께 급작스럽게 송영을 드리며 처음으로 하나님을 "만세의 왕"이라고 부르고 있다는 점을 유의할 필요가 있다. 그래서 현 본문이 말하는 왕권은 그리스도 주와 하나님 아버지께서 공유하고 계신 특권이라고 말할 수 있다.

그러나 메시아적 왕을 논의할 때 구약 개념의 왕권이 지니고 있는 요소를 가끔 빠뜨리곤 하는데, 그 요소는 바로 이스라엘의 왕은 동시에 이스라엘의 최고 재판관이었다는 사실이다.[156] 그래서 메시아는 그의 나라가 임하게 될 때 신적 심판도 행사하는 분으로 묘사된다. 본문에서는 이러한 두 가지 요소가 함께 등장하기도 하고 따로 나타나기도 한다. 해당 본문을 서신서에 나오는 순서대로 살펴보고자 한다.

① 디모데후서 2:12

εἰ ὑπομένομεν, καὶ συμβασιλεύσομεν·
εἰ ἀρνησόμεθα, κἀκεῖνος ἀρνήσεται ἡμᾶς·
참으면 또한 **함께** 왕 노릇할 것이요
우리가 주를 부인하면 **주도 우리를 부인할 것이라**

이 본문은 이미 위에서 논의했던 구절이다(pp. 671-673). 거기서 우리는 2:8에 나오는 "다윗의 씨"라는 구문을 토대로 유대교의 메시아 사상이 4행시 중 위 두 행의 배후에 암묵적으로 전제되어 있다고 언급했다. 위 본문의 두 번째 행은 다음에 살펴 볼 본문 즉 그리스도 주께서 하늘에 계신 재판장이심을 기록하는 구절의 전제가 되고 있음이 거의 분명하다. 거룩한 심판의 날에 그리스도께서 지상에서의 재판 때 자신을 부인했던 이들을 거부할 것임을 친히 선포하실 것이다.

② 디모데후서 4:1

διαμαρτύρομαι ἐνώπιον τοῦ θεοῦ καὶ Χριστοῦ Ἰησοῦ τοῦ μέλλοντος κρίνειν ζῶντας καὶ νεκρούς, καὶ τὴν ἐπιφάνειαν αὐτοῦ καὶ τὴν βασιλείαν αὐτοῦ

---

156) 특별히 이 사실이 전체 내러티브의 전제가 되고 있는 열왕기상 3장의 내러티브를 보라.

하나님 앞과 산 자와 죽은 자를 **심판하실 그리스도 예수** 앞에서 **그의 나타나실 것과 그의 나라**를 두고 엄히 명하노니

디모데의 이름을 직접 언급하는 두 서신을 모두 합치면 위 본문은 디모데에게 전하는 세 번째 당부 메시지가 된다. 바울은 자신이 세상을 떠날 것임을 예상하며 디모데에게 당부하고 있다. 그 내용은 디모데가 그리스도와 복음에 충성을 다해야 한다는 것이며 그렇게 해서 자신의 사역과 소명을 이루라는 것이다. 이전의 두 당부 메시지(딤전 5:21; 6:13)와 마찬가지로 하나님이 먼저 나오고 그리스도는 나중에 거론된다. 그러나 데살로니가전서 3:11과 데살로니가후서 2:16-17에 나오는 두 개의 기도문처럼 본문도 그리스도에 대해 상세하게 기록하고 있음을 알 수 있다. 실제로, 본문은 이를 가장 두드러지게 기록하고 있으며 이전 서신의 진술들과 조화를 이룬다.

첫째, 본문은 모든 초점을 그리스도께 두고 그분에 대해 상술하고 있다는 사실을 주목해야 한다. 이와 같은 상술은 디모데전서 6:13의 경우 하나님과 그리스도 모두에게 적용되지만, 여기서는 그리스도의 "나타나심"에 초점을 맞추어[157] 그분을 종말론적인 왕과 재판장으로 묘사하고 있다. 그래서 본 서신서에 나오는 "나타나심"(에피파네이아⟨ἐπιφάνεια⟩)이라는 표현은 그리스도의 성육신(1:10)과 더불어 종말론적 왕이신 그리스도의 재림을 가리키고 있다.

그리스도께서 종말론적 재판장이시라는 주제는 데살로니가전서 4:6에서 처음 나오고 고린도전서 4:4-5과 11:32에서 다시 거론된다. 고린도후서 5:10에서 바울은 그리스도의 종말론적 심판대 앞에 모든 것이 드러나리라고 선포하지만, 로마서 14:10을 보면 같은 심판대가 하나님의 것으로 기록하고 있다. 또한 로마서 2:5-6은 "하나님의 의로운 심판"에 대해 설명하고 있다. 이 모든 것을 종합해 보면 바울은 그리스도를 '의로운 재판관'으로 보고 그분이 의로운 심판을 내리실 것이며, 동시에 모든 사람들이 하나님 앞에 서게 될 것임을 말하고 있다.

현 본문을 보면 바울이 심판을 극단적으로 표현하고 있음을 알 수 있다. 그리스도께서는 자신이 재림하실 때 살아있는 자들과 심판을 받기 위해 부활하게 될 죽은 자를 모두 심판하실 것이다. 동시에 이 마지막 심판은 그리스도의 종말론적 재림을 다루는 문맥에 위치하고 있다. 이렇게 해서 나중에 두 가

---

157) 위에서 딤전 3:16, 6:13, 딛 2:13에 대해 논의한 부분을 보라(특히 각주 52번을 참조).

지로 설명하게 될 심판을 미리 언급하고 있는 것이다. 8절에 나오는 바울에 대해서는 긍정적인 심판이 있을 것이고 14절에 나오는 알렉산더에 대해서는 부정적인 심판이 있을 것이다.

동시에 그리스도의 종말론적 나타나심은 유대인들의 메시아를 향한 소망이 궁극적으로 성취되었음을 의미하는 마지막 나라의 도래를 알린다. 따라서 본 당부 구절은 2:12에서 그리스도의 다스림이라는 주제를 취하여 매우 직설적이고 구체적으로 설명하고 있다. 바울이 디모데에게 확인시켜주었던 그리스도의 의로운 심판을 설명하는 두 구절이 있는데 현 본문은 이들을 미리 가리키는 기능을 한다.

③ 디모데후서 4:8
λοιπὸν ἀπόκειταί μοι ὁ τῆς δικαιοσύνης στέφανος, ὃν ἀποδώσει μοι ὁ κύριος ἐν ἐκείνῃ τῇ ἡμέρᾳ, ὁ δίκαιος κριτής, οὐ μόνον δὲ ἐμοὶ ἀλλὰ καὶ πᾶσι τοῖς ἠγαπηκόσι τὴν ἐπιφάνειαν αὐτοῦ
이제 후로는 나를 위하여 의의 면류관이 예비되었으므로 **주 곧 의로우신 재판장이** 그 날에 내게 **주실 것이니** 내게만 아니라 **주의 나타나심**을 사모하는 모든 자에게니라

이 구절을 통해 바울은 3:10에서 시작하여 4:1에서 다시 한 번 재촉하던 디모데를 향한 마지막 당부를 끝맺는다. 이 구절에서 바울은 그리스도께서 재판장이라는 주제를 다시 거론하며 그분의 재림 때 심판이 있을 것이라고 진술함으로써, 본문을 사실상 4:1과 함께 인클루지오를 이루도록 만든다. 현 본문은 바울의 충성을 마지막으로 확증하는 역할을 하며, 이를 통해 그가 어떤 '심판'을 받게 될지 미리 기술하고 있다. 동시에 본문은 디모데의 선한 싸움을 위한 패러다임 역할을 하고 있다고 볼 수 있다.

바울은 디모데(와 교회)에게 그리스도께서 오실 때 산 자와 죽은 자를 심판하시며, "의로운 재판장"의 의로움을 나타내는 수단으로 바울을 대신하여 승리자의 진노로 갚으실 것이다(아포도세이〈ἀποδώσει〉). 일반적으로 잘 사용되지 않는 이 동사는 '행위를 통한 의'와 관련된 뜻을 내포하는 동사가 아니라 14절을 가리키고 있는 동사라고 생각한다. 그래서 바울은 이 본문을 통해 그리스도께서 자신을 신실하게 따르던 이들에게 '갚을 것이라'는 '의로운 보상'

을 기대하고 있다.

④ 디모데후서 4:14
ποδώσει αὐτῷ ὁ κύριος κατὰ τὰ ἔργα αὐτοῦ
주께서 그 행한 대로 저에게 갚으시리니

바울이 칠십인경의 호 퀴리오스로 그리스도를 지칭한다는 사실에 대해 위에서 논의하면서 이 본문을 이미 살펴보았다. 여기서는 단지 1절에서 시작된 '재판장으로서의 그리스도'에 관한 메시지를 본문이 어떻게 마무리 하는지를 언급하려 한다. 본문은 그리스도께서 재림하실 때 산 자와 죽은 자를 심판하실 그리스도에 대해 결론을 내리는 부분이다. 바울과 그를 따라 그리스도를 추종하던 이들은 "의의 면류관"을 기대해도 되지만, 이와는 정반대의 결과가 알렉산더와 같은 악한 행동을 일삼는 무리들을 기다리고 있다. 그들은 그들의 행위에 해당하는 보응을 받게 될 것이다.

여기에 나타나는 기독론적 논지는 바로 이전에는 하나님의 고유 영역이었던 종말론적 심판이 이제는 "의의 재판장"[158] 되신 그리스도께 이전되었다는 사실이다. 여기에 고등기독론이 함축되어 있다는 사실은 누구나 쉽게 알아차릴 수 있다. 부활하신 그리스도께서 거룩한 종말론적 심판의 자리를 차지하고 계시기 때문이다.

(3) 주 앞에서 엄히 명함 (딤후 2:14)

이 본문이 이전에 바울이 "하나님과 주 앞에서" 디모데에게 당부하는 구절(딤전 5:21; 6:13; 딤후 4:1)과 밀접한 관련이 있는 것은 사실이지만 두 가지 면에서 차이점을 드러낸다. 첫째, 디모데는 여기서 말다툼에 휘말리지 않도록 "하나님 앞에서 그의 백성들에게 경고하라"는 권고를 듣는다. 둘째, 목회 서신에서 이 본문만이 사람들에게 경고를 할 때 오직 한 신적 존재 앞에서 하라고 권고하는 구절이다. 여기서의 난제는 본문이 가리키는 신적 존재가 누구냐에 대해 사본학적으로 매우 다양한 독법이 있다는 점이다. 이 문제와 관련해서 어떤 사본학적 견해들이 있는지 간략히 알아 볼 필요가 있다.

---

[158] 놀라운 점은 Marshall(822)이 여기서 제안하기를 현 본문에서 "주"가 "그리스도 또는 하나님"을 의미한다고 주장하는 것이다. 그가 4:8과 4:17-18에 나타나는 '주'의 의미에 대해서는 매우 확고한 입장을 취하고 있기 때문에 더더욱 놀라운 것이다.

사본학적 증거들은 크게 데우(θεοῦ〈God〉, 하나님)라고 기록하는 자료와 퀴리우(κυρίου, 주)라고 기록하는 자료 이렇게 둘로 나뉜다(개역성경은 '하나님'을 선택- 역주). 일부 소수 자료들은 크리스투(Χριστοῦ, 그리스도)를 지지하기도 한다. UBS/NA 위원회의 '대다수 편집 위원들'이 '하나님'을 선택했지만[159] 이와 다른 선택을 지지하는 증거들이 있다. 우선 사본학적 증거를 보면 다음과 같다.

데우(θεοῦ)　ℵ C F G I 614 629 630 1175 2495 al a vg^{mss} sy^{hmg} sa^{mss} bo^{pt}

퀴리우(κυρίου)　A D K Ψ 048 𝔐 b vg sy sa^{ms} bo^{pt}

크리스투(Χριστοῦ)　206 429 1758 1799

오래되고 신빙성 있는 사본들이 거의 비슷하게 나뉘어 각 독법을 지지하기 때문에 원본 결정을 위해서는 내적 근거를 바탕으로 해야 한다. UBS/NA 위원회와 엘리오트(Elliott)는 이른바 내적 개연성(intrinsic probability)을 선택하여 저자라면 선택했을 단어가 무엇인가에 초점을 두고 결정한다. 이러한 경우 '다른 곳에 나타나는 저자의 용어 사용'에 의해 결정된다.[160] 그러나 사본학적인 선택에 있어 이러한 방법은 주관적인 요소가 개입될 공산이 크며 그래서 일반적으로는 세 번째로 취해야 할 단계로 간주되고 있다. 특히나 이와 같은 방법이 여기서 신빙성이 떨어지는 이유는 동일한 관용어가 사용되는 다른 구절들(딤전 5:21; 6:13; 딤후 4:1)을 보면 모두 투 데우 카이 크리스투 예수(τοῦ θεοῦ καὶ Χριστοῦ Ἰησοῦ)를 당부의 증인으로서 내세우고 있기 때문이다. 하나님이 항상 먼저 언급된다는 점은 분명하지만, 이러한 사실이 한 신적 존재만 지칭하는 본문의 경우를 해결하는 데에 있어 중요한 요소가 되는지는 의문이다. 특히나 저자는 왕이나 재판장과 같은 중요한 역할을 설명

---

159) Metzger, *Textual Commentary*, 579를 보라. Elliott, *Greek Text*, 136-37 역시 이러한 입장을 (물론 망설임이 없지 않아 있지만) 취하고 있다. Knight, 410(어떤 경우든 '하나님'을 가리킨다고 제안한다!), Marshall, 744; Mounce, 522(4:1과 딤전 5:21에서 '하나님'이 언급된다고 주장했으므로 여기서도 위 학자들과는 반대 입장을 표명해야만 했다〈다음의 논의를 보라〉), Johnson, 383을 보라.

160) Bernard, 115를 참조하라. 실제로 Johnson(384)은 이러한 견해가 '보다 쉬운 독법'임을 솔직하게 인정한다. 따라서 본문비평의 모든 일반적인 규칙에 근거한다면 이와는 반대 입장을 주장하는 것이 옳다.

할 때에 하나님이나 그리스도 중 한 분을 불규칙적으로 언급하기 때문이다.

이로 인해 본문의 경우 더욱 신빙성 있는 결정 요소는 이른바 외적 개연성(external probability)을 찾는 것이다. 즉 두 선택 사항 중 하나는 필사가의 오류에서 비롯된다고 추정하는 것이다. 예를 들면 필사가는 그가 가지고 있는 본문에서 단 하나의 명칭을 보고 있다가 옮겨 적을 때 실수로 또는 고의적으로 다른 명칭으로 바꾸었다고 보는 것이다. 이러한 견해와 정확히 맞아 떨어지는 사본학적 원리가 있다면 '더 어려운 독법이 원문일 가능성이 높다'는 규칙이다. 왜냐하면 사본학적 오류가 저자 때문이 아닌 필사가 때문이며, 잘 알려진 대로 필사가들이 다른 본문과의 일치나 유사성을 이유로 본문을 고의적으로 또는 실수로 바꾸는 경우가 허다하기 때문이다.

이러한 규칙이 사실 간단하지만은 않다.[161] 그러나 본문의 경우 원문인 데우가 퀴리우로 바뀌었을 가능성은 단순한 우연이 아닌 이상 거의 불가능하다고 본다. 반면 정반대의 경우는 두 가지 이유에서 쉽게 설명될 수 있다. 첫째, 다른 세 본문이 '하나님'으로 시작하고 있는 사실을 알고 있었거나 일치시키기 위해서였을 것이다. 더욱 중요한 두 번째 이유는 필사가가 들고 있던 본문에 정말로 '하나님'이 쓰여 있었다면 현 문맥을 고려할 때 굳이 그것을 '주'로 바꿀 필요가 없었을 것이라는 점이다. 즉 '주'라는 칭호는 인접 문맥에서 전혀 사용되지 않는 용어이며,[162] 기독론적으로 볼 때 본질적인 이점이 거의 없기 때문에 기독교 필사가가 본문에 '하나님'이 나왔다고 해서 그것을 바꿔야 한다는 강박 관념을 가졌을 이유가 없다. 반면에 만일 문맥과는 어울리지 않게 느닷없이 나타난 '주'가 본문에 기록된 단어였다면, 왜 필사가가 그것을 '하나님'으로 바꾸었는지 몇 가지 이유로 설명할 수가 있다. 우선 '하나님'이라 적는 것이 다른 곳에 나타나는 어법과 일치하기 때문이다. 또한 바로 뒤따르는 문장과도 일치하고 있다. 마지막으로 본문이 누군가의 앞에서 맹세를 할 때 '하나님 앞에서'라는 문구가 더 자연스러운 표현이기 때문이다.

본문의 사본학적 이슈와 관련된 필자의 논증이 옳다고 가정할 경우, 이를 통해 기독론적 논지를 언급할 수 있게 된다. 여기서 '주'가 나타난다는 사실은 본 서신서의 기독론적 강조와 긴밀한 조화를 이루고 있다. 산 자와 죽은

---

161) 특히 본문의 경우 더욱 그렇다. 왜냐하면 필사된 해당 본문이 약자로 쓰였을 수도 있기 때문이다(ΘY또는 KY).
162) 이 용어가 쓰인 인접 구절은 7절이다. 물론 선행절이 언급하고 있는 대상은 그리스도이지만 '주'라는 칭호는 사용하지 않는다.

자를 심판하실 주는 다름 아닌 디모데가 신앙 공동체를 향해 말다툼을 피할 것을 당부할 때 앞에 서야할 바로 그 주시다. 더 나아가 이러한 견해가 본문의 원문과 그 뉘앙스에 대한 올바른 해석이라면, 본문을 바울의 고등기독론이 자연스럽게 드러나는 또 하나의 예문이라고 말할 수 있다.

(4) 근원과 보존자되시는 그리스도 주

필자는 일련의 본문을 간략히 언급함으로써 본 서신서의 기독론에 대한 분석을 끝맺으려 한다. 이 본문들은 따로 떨어져 있을 경우 그리스도의 신성을 드러내지 않지만 그들은 사실 서로 밀접하게 연결되어 있다. 그렇게 서로 결합되어 원래는 하나님의 고유 영역에 속했던 행위들을 그리스도께 적용하고 있는 것이다. 그러므로 이러한 본문은 바울이 그리스도의 신성을 기록한 것이 의식적으로 고안해 낸 노력의 결과가 아니라 그의 세계관에 기본적으로 내재되어 있기 때문임을 명시한다. 필자는 아래 본문들을 제시하며 매우 간략한 주석을 덧붙이려 한다. 왜냐하면 본문 자체가 이미 분명한 의미를 전달하고 있기 때문이다. 다만 필자는 그리스도의 신적 신분에 대한 바울의 전제를 암시하는 전체 진술에 본문이 일조하고 있음을 언급할 것이다.

① 디모데후서 1:1-"그리스도 예수의 사도."

이 구문이 신성을 암시하지는 않지만 바울에게 사명을 주신 분은 현재 통치하시는 주, 즉 예수 그리스도이심을 암시하고 있다. 3장에서 고린도전서 1:17과 1:1에 대해 논의하는 부분을 보라.

② 디모데후서 1:1-"그리스도 예수 안에 있는 생명의 약속."

바울은 이 흔하지 않은 구문을 통해 본 서신에서 언급할 일부 내용들을 미리 거론하고 있다. 그 내용을 보면 처음부터 미래에 일어날 일에 대해 초점을 맞추고 있다. 이 구문은 그리스도께서 "복음으로써 생명과 썩지 아니할 것을 드러내신지라"(1:10)라는 커다란 구원론적 실현을 짧게 설명해 주는 역할을 한다. 이와 더불어 바울은 그 생명이 하나님께 있었던 것처럼 지금은 "그리스도 안에 있음"을 넌지시 비치고 있다.

③ 디모데후서 1:12-"의뢰한 자이시며 의탁한 것을 지키시는 분."

"나의 의뢰한 자"가 누구를 가리키는지에 대해서 어느 정도 논란이 일고 있다.[163] 분명 "우리를 구원하신 분"은 하나님이시지만(9절) 전체 본문(9-10절)

---

163) 여기서 "하나님"을 지칭한다고 주장하는 이들은 문맥이 그들의 주장을 뒷받침한다고 생각한다(Knight, 379; Johnson, 351; Mounce, 487). Marshall(710)은

을 보면 "우리 구주 그리스도 예수"의 구원 사역에 대한 강조가 절정을 이루고 있다는 점 역시 변함없는 사실이다. 따라서 바울이 여기서 지칭 대상으로 염두에 두고 있는 분은 9절에 나오는 하나님 아버지보다는 위 본문과 더 가까운 구절, 즉 9-10절에 나오는 그리스도라고 보는 것이 옳다. 여하튼 여기서 바울이 가리키는 대상이 하나님일 수도 있고 그리스도일 수도 있다는 사실을 모든 학자들이 인식하고 있기 때문에 위에서 말한 논쟁이 발생하게 된다. 이 때문에 일부는 어느 한 편의 손도 들어주기를 거부하는 것이다.

④ 디모데후서 2:1- "그리스도 예수 안에 있는 은혜."

위에서 언급한 생명과 마찬가지로, 본문에서는 하나님의 소유인 "은혜"가 그리스도 예수 안에 있다고 강조된다. 디모데는 바로 그 은혜에 기초하여 강건하라는 권고를 받는다.

4. 결론

이전 장에서도 그랬듯이 본 장에서도 여러 결론적 진술을 각 서신서를 마무리하며 제시했다. 그 결론들을 여기서 종합하려 할 때 필요한 것은 본 장을 시작하면서 언급했던 주요 관심사, 즉 목회 서신의 기독론이 이전에 교회에 보낸 여타 서신들과 상당 부분 일치하고 있다는 사실을 염두에 두는 것이다. 이러한 사실은 학자들이 목회 서신의 저자 문제를 거론하는 데 있어 결정적인 증거를 제시하진 않는다. 그러나 여기가 강조되어야 할 점은 목회 서신에 나타나는 기독론적 요소들이 앞의 바울 서신이 다루고 있는 기독론에 비해 더 풍성하지도 더 취약하지도 않다는 사실이다. 한편으로 목회 서신이 정밀 바울이 아닌 다른 사람이 후대에 기록한 편지라면 좀 더 심도 있는 기독론이 개진되었을지도 모른다. 하지만 목회 서신을 보면 그렇지는 않다. 반면 목회 서신의 기독론은 바울 서신의 그것과 매우 흡사하되, 정교한 부분이나 의식적으로가 아닌 자연스럽게 개진되는 부분까지도 유사하기 때문에, 어떤 이들은 이러한 기독론적 유사점들로 인해 바울의 저작을 강력히 주장하기도 한다(설령 다른 누구가가 바울을 대신해서 기록했다 하더라도 그 유사성의 근원은 바울에게 있다).

---

¹ "그리스도"를 선호하지만 "하나님"도 가능하다고 생각한다.

본 장을 주의 깊게 읽었다면 필자가 후자의 입장을 취하고 있음을 알게 될 것이다. 필자가 이 연구를 시작할 땐 다음 장인 '종합' 편에서 목회 서신은 다루지 않으려고 했다. 그러나 연구가 진행되면서 얻은 증거들을 미루어 볼 때 그럴 수가 없었다. 그래서 필자는 다음 장에서 목회 서신을 '바울 기독론'에 대한 증거의 일부로 포함시킬 것이다. 왜냐하면 바울이 목회 서신을 기록하지 않았다고 하더라도 여타 서신과의 많은 부분이 일치하고 있는데 이를 포함시키지 않는 것은 손해가 될 수 있다고 생각하기 때문이다.

반면에 목회 서신에서 발견되는 증거만 의존해서 구체적인 기독론적 주장을 하기란 필자 입장에서도 수월치가 않다. 그래서 여기서 나온 증거는 보다 큰 그림의 일부로 사용될 것이며, 목회 서신에서 찾은 그 어떤 증거도 기독론에 총체적 진술을 왜곡하지 않을 것이라고 생각한다.

부록 I : 본문들

(이중 괄호[[ ]]는 하나님만 언급하고 있는 본문을 가리킨다)

1 Timothy

1:1–2 ¹Παῦλος ἀπόστολος **Χριστοῦ Ἰησοῦ** <u>κατ' ἐπιταγὴν θεοῦ σωτῆρος ἡμῶν</u> καὶ **Χριστοῦ Ἰησοῦ τῆς ἐλπίδος ἡμῶν** ²Τιμοθέῳ γνησίῳ τέκνῳ ἐν πίστει, χάρις ἔλεος εἰρήνη <u>ἀπὸ θεοῦ πατρὸς</u> καὶ **Χριστοῦ Ἰησοῦ τοῦ κυρίου ἡμῶν**.

[[1:4 . . . αἵτινες ἐκζητήσεις παρέχουσιν μᾶλλον ἢ <u>οἰκονομίαν θεοῦ</u> τὴν ἐν πίστει.]]

1:11 κατὰ τὸ εὐαγγέλιον τῆς δόξης <u>τοῦ μακαρίου θεοῦ</u>, ὃ ἐπιστεύθην ἐγώ.

1:12–17 ¹²Χάριν ἔχω **τῷ ἐνδυναμώσαντί με Χριστῷ Ἰησοῦ τῷ κυρίῳ ἡμῶν**, ὅτι πιστόν με **ἡγήσατο θέμενος** εἰς διακονίαν ¹³τὸ πρότερον ὄντα βλάσφημον καὶ διώκτην καὶ ὑβριστήν, ἀλλὰ ἠλεήθην, ὅτι ἀγνοῶν ἐποίησα ἐν ἀπιστίᾳ· ¹⁴ὑπερεπλεόνασεν δὲ **ἡ χάρις τοῦ κυρίου ἡμῶν** μετὰ πίστεως καὶ ἀγάπης **τῆς ἐν Χριστῷ Ἰησοῦ**. ¹⁵πιστὸς ὁ λόγος καὶ πάσης ἀποδοχῆς ἄξιος, ὅτι **Χριστὸς Ἰησοῦς ἦλθεν** εἰς τὸν κόσμον ἁμαρτωλοὺς σῶσαι, ὧν πρῶτός εἰμι ἐγώ. ¹⁶ἀλλὰ διὰ τοῦτο ἠλεήθην, ἵνα ἐν ἐμοὶ πρώτῳ **ἐνδείξηται Χριστὸς Ἰησοῦς** τὴν ἅπασαν μακροθυμίαν πρὸς ὑποτύπωσιν τῶν μελλόντων πιστεύειν **ἐπ' αὐτῷ** εἰς ζωὴν αἰώνιον. ¹⁷<u>τῷ δὲ βασιλεῖ τῶν αἰώνων, ἀφθάρτῳ ἀοράτῳ μόνῳ θεῷ</u>, τιμὴ καὶ δόξα εἰς τοὺς αἰῶνας τῶν αἰώνων, ἀμήν.

2:3–6 ³τοῦτο καλὸν καὶ ἀπόδεκτον <u>ἐνώπιον τοῦ σωτῆρος ἡμῶν θεοῦ</u>, ⁴<u>ὃς πάντας ἀνθρώπους θέλει σωθῆναι</u> καὶ εἰς ἐπίγνωσιν ἀληθείας ἐλθεῖν. ⁵<u>Εἷς γὰρ θεός</u>, **εἷς** καὶ **μεσίτης** <u>θεοῦ</u> καὶ ἀνθρώπων, **ἄνθρωπος Χριστὸς Ἰησοῦς**, ⁶**ὁ δοὺς ἑαυτὸν** ἀντίλυτρον ὑπὲρ πάντων, τὸ μαρτύριον καιροῖς ἰδίοις.

2:7 ἀλήθειαν λέγω, [v.l. + ἐν Χριστῷ] οὐ ψεύδομαι.

[[3:5 εἰ δέ τις τοῦ ἰδίου οἴκου προστῆναι οὐκ οἶδεν, πῶς <u>ἐκκλησίας θεοῦ ἐπιμελήσεται;</u>]]

3:13 οἱ γὰρ καλῶς διακονήσαντες βαθμὸν ἑαυτοῖς καλὸν περιποιοῦνται καὶ πολλὴν παρρησίαν ἐν πίστει τῇ **ἐν Χριστῷ Ἰησοῦ**.

[[3:15 ἐὰν δὲ βραδύνω, ἵνα εἰδῇς πῶς δεῖ <u>ἐν οἴκῳ θεοῦ</u> ἀναστρέφεσθαι, <u>ἥτις</u>

ἐστὶν ἐκκλησία θεοῦ ζῶντος, στῦλος καὶ ἑδραίωμα τῆς ἀληθείας.]]

3:16 ... ὃς ἐφανερώθη ἐν σαρκι, ἐδικαιώθη ἐν πνεύματι, ὤφθη ἀγγέλοις, ἐκηρύχθη ἐν ἔθνεσιν, ἐπιστεύθη ἐν κόσμῳ, ἀνελήμφθη ἐν δόξῃ.

[[4:3–5 ³... ἀπέχεσθαι βρωμάτων, ἃ ὁ θεὸς ἔκτισεν εἰς μετάλημψιν μετὰ εὐχαριστίας τοῖς πιστοῖς καὶ ἐπεγνωκόσι τὴν ἀλήθειαν. ⁴ὅτι πᾶν κτίσμα θεοῦ καλὸν καὶ οὐδὲν ἀπόβλητον μετὰ εὐχαριστίας λαμβανόμενον· ⁵ἁγιάζεται γὰρ διὰ λόγου θεοῦ καὶ ἐντεύξεως.]]

4:6 Ταῦτα ὑποτιθέμενος τοῖς ἀδελφοῖς καλὸς ἔσῃ διάκονος Χριστοῦ Ἰησοῦ,

[[4:10 ... ὅτι ἠλπίκαμεν ἐπὶ θεῷ ζῶντι, ὅς ἐστιν σωτὴρ πάντων ἀνθρώπων μάλιστα πιστῶν.]]

[[5:4–5 ⁴... τοῦτο γάρ ἐστιν ἀπόδεκτον ἐνώπιον τοῦ θεοῦ. ⁵ἡ δὲ ὄντως χήρα καὶ μεμονωμένη ἤλπικεν ἐπὶ θεὸν ...]]

5:11 ... ὅταν γὰρ καταστρηνιάσωσιν τοῦ Χριστοῦ, γαμεῖν θέλουσιν

5:21 Διαμαρτύρομαι ἐνώπιον τοῦ θεοῦ καὶ Χριστοῦ Ἰησοῦ καὶ τῶν ἐκλεκτῶν ἀγγέλων, ἵνα ταῦτα φυλάξῃς χωρὶς προκρίματος,

[[6:1 ... ἵνα μὴ τὸ ὄνομα τοῦ θεοῦ καὶ ἡ διδασκαλία βλασφημῆται.]]

6:3 εἴ τις ἑτεροδιδασκαλεῖ καὶ μὴ προσέρχεται ὑγιαίνουσιν λόγοις τοῖς τοῦ κυρίου ἡμῶν Ἰησοῦ Χριστοῦ καὶ τῇ κατ' εὐσέβειαν διδασκαλίᾳ,

[[6:11 Σὺ δέ, ὦ ἄνθρωπε θεοῦ, ταῦτα φεῦγε·]]

6:13–16 ¹³παραγγέλω [σοι] ἐνώπιον τοῦ θεοῦ ζῳογονοῦντος τὰ πάντα καὶ Χριστοῦ Ἰησοῦ τοῦ μαρτυρήσαντος ἐπὶ Ποντίου Πιλάτου τὴν καλὴν ὁμολογίαν, ¹⁴τηρῆσαί σε τὴν ἐντολὴν ἄσπιλον ἀνεπίλημπτον μέχρι τῆς ἐπιφανείας τοῦ κυρίου ἡμῶν Ἰησοῦ Χριστοῦ, ¹⁵ἣν καιροῖς ἰδίοις δείξει ὁ μακάριος καὶ μόνος δυνάστης, ὁ βαλιλεὺς τῶν βασιλευόντων καὶ κύριος τῶν κυριευόντων, ¹⁶ὁ μόνος ἔχων ἀθανασίαν, φῶς οἰκῶν ἀπρόσιτον, ὃν εἶδεν οὐδεὶς ἀνθρώπων οὐδὲ ἰδεῖν δύναται· ᾧ τιμὴ καὶ κράτος αἰώνιον, ἀμήν.

[[6:17 ... μηδὲ ἠλπικέναι ἐπὶ πλούτου ἀδηλότητι ἀλλ' ἐπὶ θεῷ τῷ παρέχοντι ἡμῖν πάντα πλουσίως εἰς ἀπόλαυσιν,]]

Titus

1:1–4 ¹Παῦλος δοῦλος θεοῦ, ἀπόστολος δὲ Ἰησοῦ Χριστοῦ κατὰ πίστιν ἐκλεκτῶν θεοῦ καὶ ἐπίγνωσιν ἀληθείας τῆς κατ' εὐσεβείαν ²ἐπ' ἐλπίδι ζωῆς αἰωνίου, ἣν ἐπηγγείλατο ὁ ἀψευδὴς θεὸς πρὸ χρόνων αἰωνίων, ³ἐφανέρωσεν δὲ καιροῖς ἰδίος τὸν λόγον αὐτοῦ ἐν κηρύγματι, ὃ ἐπιστεύθην ἐγὼ κατ' ἐπιταγὴν τοῦ σωτῆρος ἡμῶν θεοῦ, ⁴Τίτῳ γνησίῳ τέκνῳ κατὰ κοινὴν πίστιν,

제10장 목회서신에 나타나는 기독론 701

χάρις καὶ εἰρήνη ἀπὸ θεοῦ πατρὸς καὶ [v.l. + κυρίου] **Χριστοῦ Ἰησοῦ τοῦ σωτῆρος ἡμῶν**.

[[1:7 δεῖ γὰρ τὸν ἐπίσκοπον ἀνέγκλητον εἶναι ὡς θεοῦ οἰκονόμον,]]

[[1:16 θεὸν ὁμολογοῦσιν εἰδέναι, τοῖς δὲ ἔργοις ἀρνοῦνται,]]

[[2:5 . . . ἵνα μὴ ὁ λόγος τοῦ θεοῦ βλασφημῆται.]]

[[2:10 . . . ἵνα τὴν διδασκαλίαν τὴν τοῦ σωτῆρος ἡμῶν θεοῦ κοσμῶσιν ἐν πᾶσιν.]]

[[2:11 Ἐπεφάνη γὰρ ἡ χάρις τοῦ θεοῦ σωτήριος πᾶσιν ἀνθρώποις]]

2:13-14 [13]προσδεχόμενοι τὴν μακαρίαν ἐλπίδα καὶ ἐπιφάνειαν **τῆς δόξης τοῦ μεγάλου θεοῦ καὶ σωτῆρος ἡμῶν Ἰησοῦ Χριστοῦ**, [14]**ὃς ἔδωκεν ἑαυτὸν ὑπὲρ ἡμῶν, ἵνα λυτρώσηται** ἡμᾶς ἀπὸ πάσης ἀνομίας **καὶ καθαρίσῃ ἑαυτῷ** λαὸν περιούσιον, ζηλωτὴν καλῶν ἔργων.

3:4-7 [4]ὅτε δὲ ἡ χρηστότης καὶ ἡ φιλανθρωπία ἐπεφάνη τοῦ σωτῆρος ἡμῶν θεοῦ, [5]οὐκ ἐξ ἔργων τῶ ἐν δικαιοσύνῃ ἃ ἐποιήσαμεν ἡμεῖς ἀλλὰ κατὰ τὸ αὐτοῦ ἔλεος ἔσωσεν ἡμᾶς διὰ λουτροῦ παλιγγενεσίας καὶ ἀνακαινώσεως πνεύματος ἁγίου, [6]οὗ ἐξέχεεν ἐφ᾽ ἡμᾶς πλουσίως **διὰ Ἰησοῦ Χριστοῦ τοῦ σωτῆρος ἡμῶν, ἵνα δικαιωθέντες τῇ ἐκείνου χάριτι** κληρονόμοι γενηθῶμεν κατ᾽ ἐλπίδα ζωῆς αἰωνίου.

[[3:8 . . . ἵνα φροντίζωσιν καλῶν ἔργων προΐστασθαι οἱ πεπιστευκότες θεῷ·]]

2 Timothy

1:1-2 [1]Παῦλος **ἀπόστολος Χριστοῦ Ἰησοῦ διὰ θελήματος θεοῦ** κατ᾽ **ἐπαγγελίαν ζωῆς ἐν Χριστῷ Ἰησοῦ** [2]Τιμοθέῳ ἀγαπητῷ τέκνῳ, χάρις ἔλεος εἰρήνη ἀπὸ θεοῦ πατρὸς καὶ **Χριστοῦ Ἰησοῦ τοῦ κυρίου ἡμῶν**.

[[1:3 Χάριν ἔχω τῷ θεῷ, ᾧ λατρεύω ἀπὸ προγόνων ἐν καθαρᾷ συνειδήσει,]]

[[1:6-7 [6]Δι᾽ ἣν αἰτίαν ἀναμιμνῄσκω σε ἀναζωπυρεῖν τὸ χάρισμα τοῦ θεοῦ, ὅ ἐστιν ἐν σοὶ τῆς ἐπιθέσεως τῶν χειρῶν μου. [7]οὐ γὰρ ἔδωκεν ἡμῖν ὁ θεὸς πνεῦμα δειλείας ἀλλὰ δυνάμεως καὶ ἀγάπης καὶ σωφρονισμοῦ.]]

1:8-10 [8]μὴ οὖν ἐπαισχυνθῇς **τὸ μαρτύριον τοῦ κυρίου ἡμῶν** μηδὲ ἐμὲ τὸν δέσμιον **αὐτοῦ**, ἀλλὰ συγκακοπάθησον τῷ εὐαγγελίῳ κατὰ δύναμιν θεοῦ, [9]τοῦ σώσαντος ἡμᾶς καὶ καλέσαντος κλήσει ἁγίᾳ, οὐ κατὰ τὰ ἔργα ἡμῶν ἀλλὰ κατὰ ἰδίαν πρόθεσιν καὶ χάριν, τὴν δοθεῖσαν ἡμῖν **ἐν Χριστῷ Ἰησοῦ πρὸ χρόνων αἰωνίων**, [10]φανερωθεῖσαν δὲ νῦν **διὰ τῆς ἐπιφανείας τοῦ σωτῆρος ἡμῶν Χριστοῦ Ἰησοῦ, καταργήσαντος** μὲν τὸν θάνατον **φωτίσαντος δὲ ζωὴν καὶ ἀφθαρσίαν** διὰ τοῦ εὐαγγελίου

1:12 . . . ἀλλ᾽ οὐκ ἐπαισχύνομαι, οἶδα γὰρ **ᾧ πεπίστευκα** καὶ πέπεισμαι ὅτι δυνατός ἐστιν τὴν παραθήκην μου φυλάξαι εἰς ἐκείνην τὴν ἡμέραν.

1:13 Ὑποτύπωσιν ἔχε ὑγιαινόντων λόγων ὧν παρ' ἐμοῦ ἤκουσας ἐν πίστει καὶ ἀγάπῃ **τῇ ἐν Χριστῷ Ἰησοῦ**·

1:16 **δῴη ἔλεος ὁ κύριος** τῷ Ὀνησιφόρου οἴκῳ,

1:18 **δῴη αὐτῷ ὁ κύριος εὑρεῖν ἔλεος παρὰ κυρίου** ἐν ἐκείνῃ τῇ ἡμέρᾳ.

2:1 Σὺ οὖν, τέκνον μου, ἐνδυναμοῦ **ἐν τῇ χάριτι τῇ ἐν Χριστῷ Ἰησοῦ**,

2:3 Συγκακοπάθησον ὡς καλὸς **στρατιώτης Χριστοῦ Ἰησοῦ**.

2:7 νόει ὃ λέγω· **δώσει γάρ σοι ὁ κύριος** σύνεσιν ἐν πᾶσιν.

2:8–13 ⁸**Μνημόνευε Ἰησοῦν Χριστὸν ἐγηγερμένον ἐκ νεκρῶν, ἐκ σπέρματος Δαυίδ**, κατὰ τὸ εὐαγγέλιόν μου ⁹ἐν ᾧ κακοπαθῶ μέχρι δεσμῶν ὡς κακοῦργος, ἀλλὰ <u>ὁ λόγος τοῦ θεοῦ οὐ δέδεται</u>· ¹⁰διὰ τοῦτο πάντα ὑπομένω διὰ τοὺς ἐκλεκτούς, ἵνα καὶ αὐτοὶ σωτηρίας τύχωσιν **τῆς ἐν Χριστῷ Ἰησοῦ μετὰ δόξης αἰωνίου**. ¹¹πιστὸς ὁ λόγος· εἰ γὰρ **συναπεθάνομεν, καὶ συζήσομεν**· ¹²εἰ ὑπομένομεν, καὶ **συμβασιλεύσομεν**· εἰ ἀρνησόμεθα, **κἀκεῖνος ἀρνήσεται ἡμᾶς**· ¹³εἰ ἀπιστοῦμεν, ἐκεῖνος **πιστὸς μένει, ἀρνήσασθαι γὰρ ἑαυτὸν οὐ δύναται**.

2:14–15 ¹⁴Ταῦτα ὑπομίμνῃσκε διαμαρτυρόμενος **ἐνώπιον τοῦ κυρίου** [v.l. θεοῦ] μὴ λογομαχεῖν, ἐπ' οὐδὲν χρήσιμον, ἐπὶ καταστροφῇ τῶν ἀκουόντων. ¹⁵σπούδασον σεαυτὸν δόκιμον <u>παραστῆσαι τῷ θεῷ</u>, ἐργάτην ἀνεπαίσχυντον,

2:19 (LXX) ὁ μέντοι στερεὸς θεμέλιος τοῦ θεοῦ ἕστηκεν, ἔχων τὴν σφραγῖδα ταύτην· **ἔγνω κύριος** τοὺς ὄντας **αὐτοῦ**, καί· ἀποστήτω ἀπὸ ἀδικίας πᾶς ὁ **ὀνομάζων τὸ ὄνομα κυρίου**.

2:22 ... δίωκε δὲ δικαιοσύνην πίστιν ἀγάπην εἰρήνην μετὰ **τῶν ἐπικαλουμένων τὸν κύριον** ἐκ καθαρᾶς καρδίας.

2:24 **δοῦλον δὲ κυρίου** οὐ δεῖ μάχεσθαι ἀλλὰ ἤπιον εἶναι πρὸς πάντας,

[[2:25 ... μήποτε <u>δῴη αὐτοῖς ὁ θεὸς</u> μετάνοιαν εἰς ἐπίγνωσιν ἀληθείας]]

3:11–12 ¹¹ ... οἵους διωγμοὺς ὑπήνεγκα καὶ ἐκ πάντων με **ἐρρύσατο ὁ κύριος** ¹²καὶ πάντες δὲ οἱ θέλοντες **εὐσεβῶς ζῆν ἐν Χριστῷ Ἰησοῦ** διωχθήσονται.

3:15 ... τὰ δυνάμενά σε σοφίσαι εἰς σωτηρίαν **διὰ πίστεως τῆς ἐν Χριστῷ Ἰησοῦ**.

[[3:17 ἵνα ἄρτιος ᾖ <u>ὁ τοῦ θεοῦ ἄνθρωπος</u>, πρὸς πᾶν ἔργον ἀγαθὸν ἐξηρτισμένος.]]

4:1 Διαμαρτύρομαι <u>ἐνώπιον τοῦ θεοῦ</u> καὶ **Χριστοῦ Ἰησοῦ τοῦ μέλλοντος κρίνειν** ζῶντας καὶ νεκρούς, καὶ **τὴν ἐπιφάνειαν αὐτοῦ καὶ τὴν**

제10장 목회서신에 나타나는 기독론 703

βασιλείαν αὐτοῦ·

4:8 λοιπὸν ἀπόκειταί μοι ὁ τῆς δικαιοσύνης στέφανος, ὃν **ἀποδώσει μοι ὁ κύριος** ἐν ἐκείνῃ τῇ ἡμέρᾳ, **ὁ δίκαιος κριτής**, οὐ μόνον δὲ ἐμοὶ ἀλλὰ καὶ πᾶσι τοῖς ἠγαπηκόσι **τὴν ἐπιφανείαν αὐτοῦ**.

4:14 . . . ἀποδώσει αὐτῷ **ὁ κύριος** κατὰ τὰ ἔργα αὐτοῦ·

4:17-18 ¹⁷**ὁ δὲ κύριός μοι παρέστη καὶ ἐνεδυνάμωσέν με**, ἵνα δι᾽ ἐμοῦ τὸ κήρυγμα πληροφορηθῇ καὶ ἀκούσωσιν πάντα τὰ ἔθνη, καὶ ἐρρύσθην ἐκ στόματος λέοντος. ¹⁸**ῥύσεταί με ὁ κύριος** ἀπὸ παντὸς ἔργου πονηροῦ καὶ **σώσει εἰς τὴν βασιλείαν αὐτοῦ τὴν ἐπουράνιον**· ᾧ ἡ **δόξα εἰς τοὺς αἰῶνας τῶν αἰώνων**, ἀμήν.

4:22 **Ὁ κύριος** μετὰ τοῦ πνεύματός σου.

부록 II: 용법의 분석

(*= 무관사; += 소유격 대명사가 병행하는); [LXX]=칠십인경 반영/인용-)

목회 서신
θεός   47
그리스도   46

디모데전서
θεός   23
그리스도   16

디도서
θεός   13
그리스도   4

디모데후서
θεός   11
그리스도   26

자료
1. κύριος Ἰησοῦς Χριστος (2/0/0)
   딤전 6:3   G+
   딤전 6:14   G+

1a. Χριστος Ἰησοῦς κύριος (2/0/1)
   딤전 1:2   G+
   딤전 1;12   D+

제10장 목회서신에 나타나는 기독론 705

딤후 1:2　G+

2. κύριος Ἰησοῦς (0/0/0)

3. Χριστὸς Ἰησοῦς (10/1/11)
　딤전 1:1　G*
　딤전 1:1　G*
　딤전 1:14　D* (ἐν)
　딤전 1:15　N*
　딤전 1:16　N*
　딤전 2:5　N*
　딤전 3:13　D* (ἐν)
　딤전 4:6　G*
　딤전 5:21　G*
　딤전 6:13　G*
　딛 1:4　　G* [v.l.(이문) +κυρίου]
　딤후 1:1　G*
　딤후 1:1　D* (ἐν)
　딤후 1:9　D* (ἐν)
　딤후 1:10　G* (σωτήρ와 동격)
　딤후 1:13　D* (ἐν)
　딤후 2:1　D* (ἐν)
　딤후 2:3　G*
　딤후 2:10　D* (ἐν)
　딤후 3:12　D* (ἐν)
　딤후 3:15　D* (ἐν)
　딤후 4:1　G* (ἐνώπιον)

3a. Ἰησοῦς Χριστός (0/3/1)
　딛 1:1　　G*
　딛 2:13　　G* (δόξα와 동격)

딛 3:6   G* (διά)+(σωτήρ)
딤후 2:8   A*

4. κύριος (1/0/16)
   딤전 1:14   G+
   딤후 1:8   G+
   딤후 1:16   N
   딤후 1:18   G* (παρά)
   딤후 2:7   N
   딤후 2:14   G [v.l.(이문) θεοῦ]
            (ἐνώπιον)
   딤후 2:19   N* [LXX]
   딤후 2:19   G* [LXX]
   딤후 2:22   A
   딤후 2:24   G*
   딤후 3:11   N
   딤후 4:8   N
   딤후 4:14   N
   딤후 4:17   N
   딤후 4:18   N
   딤후 4:22   N

5. Ἰησοῦς (0/0/0)

6. Χριστός (1/0/0)
   딤전 5:11   G

7. υἱός (0/0/0)

8. σωτήρ(=하나님)
   [딤전 1:1   G+]

[딤전 2:3 G+]
[[딤전 4:10 (ὅς) 뒤에 서술적 N*]]
[딛 1:3   G+]
딛 1:4   G+
[딛 2:10   G+]
[딛2:13   G+]
[딛 3:4   G+]
딛 3:6   G+(διά)
딤후 1:10 G+

PAULINE CHRISTOLOGY

제 II 부

종 합

PAULINE CHRISTOLOGY

제11장

그리스도, 신적(divine) 구주

이제 본 연구의 중요한 난제를 직면하게 된 골로새서 1:15-17을 제외하고는 그리스도의 인격과 관련된 기독론이 바울의 주관심사가 아니기 때문에, 이전에 언급했던 다양한 논의들을 어떻게 합리적으로 종합해 나갈 것인가? 실제로 우리가 바울 사도를 의존할 수밖에 없다면 구주되신 그리스도(Christ as Savior)로부터 출발해야 할 것이다.[1] 왜냐하면 바울 신학의 어느 부분을 연구하든지 이 주제야말로 바울 신학의 핵심이 되기 때문이다. 다행인 것은 이 핵심적 요소가 다분히 기독론적이라는 사실이다. 따라서 본 장은 (신성한) 구주되신 그리스도에 대한 논의로부터 출발할 것이다.

그러나 이러한 사실은 좀 더 넓은 신학적 배경에서 고려되어야 한다. 왜냐하면 북미 기독교가 이해하는 구원은 바울이 이해했던 것보다 훨씬 개인주의적인 성향이 강하기 때문이다. 따라서 본 장에서는 우선 "그리스도 안에서의 구원"이 사도 바울에게 어떤 의미였는지에 대해 간략히 개관해 볼 것이다. 이 주제는 제14장에서 다시 다루게 될 것이다. 본 장의 말미에서는 특별히 바울의 '그리스도를 향한 헌신'에서 드러나는 그리스도 중심적인 세계관의 기독론적 함의를 관찰할 것이다.

이러한 본 장의 연구는 그리스도의 선재성에 대한 바울의 이해를 살펴보게 될 12장과 자연스럽게 이어진다. 왜냐하면 하나님의 유일성에 대한 바울의

---

1) 이러한 칭호가 거의 사용되지 않으며 바울 서신의 끝 부분(빌 3:20)에 이르러서야 등장하지만 이러한 지적은 맞다. 9장의 관련된 논의 부분(pp. 598-600)을 보라.

이해가 신적 지위를 지니는 하나님의 아들을 포함하지 않았다면 열렬한 유일신론자가 그리스도에 대해 전적으로 헌신한다는 사실을 설명하기란 불가능하기 때문이다. 그러나 그리스도께서 하나님으로 선재하셨다는 것은 역사 속의 그리스도는 성육신이라는 개념으로 이해되어야 함을 의미한다. 하나님의 거룩한 아들은 이 땅에서 진정한 인간의 삶을 사셨다. 그래서 제13장에서는 바울의 '아담' 사용을 근거로 그리스도의 인성 문제를 다루고 창세기 1-2장에서 온 중요한 단어, 즉 에이콘을 다룰 것이다. 이를 통해 바울의 아담 유비에 담긴 궁극적인 관심사가 그리스도의 진정한 인성을 강조하고, 또한 인간이 타락함으로써 잃게 된 신적 형상을 그리스도께서 지니고 계시며 이를 회복시키신다는 사실을 강조하는 데에 있다고 지적할 것이다.

마지막 두 장은 바울 서신 전반에 걸쳐 지속적으로 등장하며 '그리스도는 누구인가?'라는 문제에 대한 바울의 해답을 이해하는 데 중요한 열쇠가 된다고 생각하는 두 개의 주요 기독론적 요소들을 추적해 볼 것이다. 그 해답을 여기서 제시한다면 첫째는 그리스도께서는 하나님의 메시아적/영원한 아들이시다(14장). 둘째로 그분은 메시아시며 시편 110:1에 나오는 높임 받으신 '주'이시다. 바울은 여기서 퀴리오스=여호와 공식 즉 칠십인경이 사용하는 공식을 가지고 그 '주'를 이해하고 있다. 이렇게 그리스도를 주로 이해하는 바울의 신학이 현재를 다스리시는 왕 되신 그리스도에 대한 바울의 이해를 지배하고 있기 때문에, 본 장은 유일신론자인 유대인이 하나님 한 분께만 적용하던 행위가 그리스도께 적용된다는 전제 하에 그리스도를 언급하는 바울의 다양한 방법을 자세히 설명하면서 끝을 맺으려 한다.

여기에 나타나는 여러 요소들은 따로 따로 고찰되어야 하지만[2] 또한 이러한 궁극적인 신학적 문제를 염두에 두며 고찰되어야 한다. 당시 역사적으로 중요했던 유일신론을 포기하기는커녕 오히려 열렬히 신봉하던 바울이 예수님과 하나님의 관계를 어떻게 이해하고 있는가? 한편으로 바울이 그리스도를 영원한 신성이라는 개념으로 이해하고 있다는 점은 서신의 여러 구절을

---

2) 일부는 그리스도에 대한 바울의 시각 중 인격화된 지혜의 역할에 대한 논의가 본 개관에서 빠졌다고 지적할지 모른다. 지혜가 창조의 중재자로서의 그리스도를 가리키고 있는 점이 특히 중요하기 때문이다. 필자는 바울 기독론에 있어 지혜의 역할이 바울 본문을 면밀히 석의한 결과 나온 것이 아니라 현대 학자들의 창조물이라고 확신하기 때문에, 지혜에 대한 심도 있는 논의와 반론은 부록 A에서 다룰 것이다. 또한 이 문제를 다루고 있는 3장 (pp. 179-185), 4장 (pp. 299-301), 7장 (pp. 481-492) 뒤에 추가된 부기도 보라.

통해 확인해 볼 수 있다. 하지만 바울 서신 어디에도 하나님이 두 분이라는 언급이 없다. 따라서 좀 더 광범위한 질문을 끝 부분에 가서 던질 필요가 있다(16장). 하지만 이에 앞서 그리스도의 인격(the person of Christ)에 대한 바울의 개념을 어떻게 잘 이해할 수 있는지 본 장과 계속되는 장에서 앞에서 밝혀진 자료를 통해 접근해 볼 것이다. 우선 바울의 주관심사인 그리스도 안의 구원부터 시작하기로 한다.

1. 구원에 있어서 그리스도의 중심 역할

지금까지 필자는 바울의 구원론을 가급적이면 다루지 않으려고 했지만, 특히 고린도후서와 같은 경우 그렇게 하기란 거의 불가능하다. 다시 말해, 그리스도의 역할은 종종 그리스도의 인격에 대한 바울의 전제와 직접적으로 연결되어 있다. 그리고 부주의하게도 이러한 사실이 자주 간과되곤 한다. 이 장은 이러한 연관성을 주의 깊게 다루려 한다. 이를 위해 필자는 우선 바울 구원론 전반에 대해 간략히 관찰해 보고자 한다.

'그리스도 안에 있는 구원'이라는 구문은 바울 신학의 핵심을 잘 요약해 주는 표현이라고 생각한다. 이 구문을 다음과 같이 풀어 쓸 수 있다. 첫째, 바울 서신에서 이러한 내용을 담고 첫 번째 편지인 데살로니가전서 2:13을 논의하면서, 바울은 구원에 대해 일관된 원리(grammar)를 지니고 있음을 지적한 적이 있다.[3] 이 원리는 다음과 같이 삼위일체를 암시하는 형태를 취하고 있다. 즉 구원은 근본적으로 하나님 아버지의 사랑에 기초하고 있고, 그의 아들 그리스도의 죽음과 부활을 통해 이루어졌으며, 하나님의 성령을 통해 효력이 생긴다. 그래서 이러한 삼위일체적인 현상을 설명하기 위해 어떤 표현을 사용하든지 인간의 구원이 아버지와 아들과 성령의 기초하고 성취된다는 점을 인식할 때 바울을 제대로 이해한다고 할 수 있다.

둘째로 구원의 궁극적인 목적은 단순히 개인을 구원하여 천국에 들어가게

---

3) 2장을 보라. 반교리적인 내용이 담긴 구원론 관련 본문들을 참조하라(고전 6:11; 고후 1:21-22; 13:13〈14〉; 갈 4:4-7; 롬 5:1-5; 8:3-4; 8:15-17; 엡 1:13-14; 4:4-6; 딛 3:5-7). 그러나 이외에도 다른 많은 구절에서 구원론이 내포되어 있다(고전 1:4-7; 2:4-5; 6:19-20; 고후 3:16-18; 갈 3:1-5; 롬 8:9-11; 15:16; 15:18-19; 15:30; 골 3:16; 엡 1:3; 1:17-20; 2:17-18; 2:19-22; 3:16-19; 5:18-19; 빌 1:19-20; 3:3).

하는 것이 아니라 새 언약으로 재구성된 하나님의 백성을 창조하는 것이다. 즉 새 언약 가운데 있는 이들 개개인이 '구원을 얻게' 되지만 이 구원의 목적은 구약의 이스라엘과 같이 삶 자체가 구원을 베푸시는 하나님의 성품을 반영하는 백성을 구성하는 것이다. 이 성품은 성육신하신 그리스도에 의해 태동하여 성령에 의해 하나님의 백성 가운데 재창조된다.

셋째로 하나님의 '그리스도 안에 있는 구원'을 지탱하는 기본 틀은 전적으로 종말론이다. 이 말은 곧 그리스도의 죽음과 부활, 그리고 성령의 은사가 새 시대가 열렸음을 가리킨다는 말이다. 이때 하나님께서 새 창조를 시작하시고 이로 인해 모든 만물이 현 시대의 종말론적인 결말이 이를 때 새롭게 될 것이다.

넷째로 '그리스도 안에 있는 구원'의 수단은 십자가 위에서 당하신 그리스도의 죽음과 부활이다. 이를 통해 사람들이 자아와 죄에 묶인 상태에서 '해방'되고 죽음은 패하게 된다. 바울 서신을 유의해서 읽어 보면 바울 신학의 기본적인 관심사가 그의 근본적인 고백을 개진하는 것임을 알게 된다. 그 고백은 바로 "이는 성경대로 그리스도께서 우리 죄를 위하여 죽으시고 장사 지낸 바 되었다가 성경대로 사흘 만에 다시 살아나사"(고전 15:3-4; 참조. 롬 4:25, "예수는 우리 범죄함을 인하여 내어줌이 되고 또한 우리를 의롭다 하심을 위하여 살아났느니라")라는 고백이다.

위의 네 가지 진술 중에 첫 번째 진술이 본서의 궁극적인 관심을 반영하고 있지만, 본 장에서는 두 번째와 네 번째 진술의 의미를 추적해 볼 것이다. 왜냐하면 특별히 바울의 구원론에 대한 논의에서 두 번째 진술은 잘 거론되지 않기 때문이며, 그리스도의 역할이 다른 부분에 비해 여기서는 그리 분명하지 않기 때문이다.

2. 구원의 궁극적인 목적: 신형상으로의 재창조

전형적인 프로테스탄트 신학이 갖고 있는 심각한 약점 중 하나는 교회론이 빠진 구원론을 개진하는 경향이라고 할 수 있다. 즉 개인 구원에 초점을 두기 때문에 바울의 구원론에 담긴 '하나님의 백성'이라는 측면을 잃어버린 것이다. 이러한 현상은 주로 옛 언약과 새 언약 사이의 중요한 연속적 측면을 제대로 이해하지 못한 채 불연속성을 전제하고 강조하려는 성향 때문이다. 물론 새 언약 안에서 하나님의 백성이 되려면 그리스도 예수를 믿는 믿음과 성령의 선물을 통해 가능하므로 사실상 불연속성은 부인할 수 없는 사실이다.[4] 그러나 이러한 불연속성에 대한 강조 때문에 그리스도의 구원 사역에 담긴 '하나님의 백성'이라는 측면이 동일하게 중요함에도 간과하는 것은 바울 신학을 제대로 이해하지 못하는 것이다.

바울은 그럴 수밖에 없다. 왜냐하면 유대교 공동체 내에서의 바울의 이전 생애와 이방인을 위한 사도로 부르심을 받은 이후의 삶이 한결같이 전제하기를, 그리스도 안에서 일어나는 하나님의 구원 사역의 목적은 마지막 때에 유대인과 이방인을 모아 하나님의 백성을 창조하는 일이기 때문이다. 이러한 창조를 위한 열정은 특별히 갈라디아서와 로마서에 부각된다.[5] 이 두 서신서의 주요 역점은 이신칭의(justification by faith)가 아니라 유대인과 이방인을 불러 하나님의 한 백성을 삼는 데에 있다. 이러한 일은 그리스도와 성령의 사역에 기초하고 있으며 믿음을 통해 실현된다. 실제로 로마서의 전체 주장은 15:5-13에서 그 절정을 이룬다. 6절인 "(유대인과 이방인이) 한 마음과 한 입으로 하나님 곧 우리 주 예수 그리스도의 아버지께 영광을 돌리게 하려 하노라"는 이방인이 구원 계획에 포함되어 있음을 주목하는 네 개의 구약 본문이 연속적으로 뒤따라온다. 이와 유사하게 갈라디아서의 경우 바울이 "할례나 무할례나 아무 것도 아니로되 오직 새로 지으심을 받은 자뿐이니라"(6:15)[6] 라는 금언을 반복하면서 끝을 맺는다. 그리고 이 "규례"를 행하는 모든 이들, 즉 "하나님의 이스라엘"이라 묘사되는 이들을 축복하는 구절이 이어 나온다.

바울 자신의 소명은 바로 이러한 사안과 맞물려 기술된다. 즉 "그러나…은

---

4) 이러한 주장은 바울 서신이 그리스도를 믿고 성령의 은사를 통해 개종된 1세대 성인들을 대상으로 쓰였다는 사실을 전제하고 있다. 다음 세대 신자들은 어떻게 하나님의 새로운 식구가 되는지에 대해서는 후대 기독교인들 사이에서 끝없는 논쟁이 계속되고 있으며 여전히 의견이 분분하다. 이러한 혼란이 발생한 원인의 일부는 바울과 나머지 신약 모두가 이 문제에 대해 구체적인 언질을 주지 않기 때문이다.
5) 사실 이러한 열정은 강조점이 구원론이 아닌 교회론에 맞추어져 있는 에베소서에서도 주요 이슈로 다루어지고 있다.
6) 이 금언은 고전 7:19에서 처음 등장한다("할례 받는 것도 아무 것도 아니요 할례 받지 아니하는 것도 아무 것도 아니로되 오직 하나님의 계명을 지킬 따름이니라"). 갈 5:6에서도 같은 주장이 나오며 "사랑으로써 역사하는 믿음 뿐이니라"라는 진술이 이어 나온다.

헤로 나를 부르신 이가 그 아들을 이방에 전하기 위하여 그를 내 속에[7] 나타 내시기를 기뻐하실 때에"(갈 1:15-16; 참조. 롬 15:15b-19)라고 바울은 고백하고 있다. 이를 누가는 이렇게 말한다. "이스라엘과 이방인들에게서 내가 너 (이방인)를 구원하여 저희에게 보내어 그 눈을 뜨게 하여 어두움에서 빛으로 사단의 권세에서 하나님께로 돌아하게 하고 죄 사함과 나를 믿어 거룩케 된 무리 가운데서 기업을 얻게 하리라 하더이다"(행 26:17-18). 사용되는 어법은 누가의 것이지만 내용은 완전히 바울의 것이다. 그래서 바울은 자신의 사도직에 대한 이해를 이방인들이 하나님의 백성에 포함 되리라는 비전을 목격한 이사야의 용어를 반영하며 표현한다. 이사야서의 서두(2:1-5)에 나타나는 이방인의 포함은 그 이후로도 여러 번 언급된다.[8] 바울의 소명에 대한 바울 자신과 누가의 진술은 이사야의 두 번째 종의 노래(the Servant Songs)를 반영하고 있다(49:1-7).[9]

이러한 비전은 하나님께서 아브라함과 언약을 맺는 구절인 창세기 12:2-3로 소급된다. 하나님께서 "내가 너로 큰 민족으로 이루고"라고 말씀하시며 그 언약의 목적에 대해 "땅의 모든 족속이 너를 인하여 복을 얻을 것이니라"라고 명시하신다. 이 언약에 대한 이스라엘의 실패를 예언서에서 종말론적인 의미로 언급하고 있는데, 바울은 바로 이 예언서를 전적으로 의존하고 있다.

그러므로 이제는 이방인을 포함하는 하나님의 백성을 지칭하고 있는 바울의 표현이 옛 언약과 관련되어 사용되는 용어를 단지 확장시킨 것에 불과하다는 점은 그리 놀랄만한 일이 아니다. 이제 그들은 다니엘 7:18, 22의 표현으로부터 유래한 '성도'라는 말로 불린다. 또한 이 용어는 출애굽기 19:5-6을

---

7) 처소격인 엔 에모이(ἐν ἐμοί)를 부적절하게 여격인 '내게'(개역성경은 처소격을 그래도 유지한다- 역주)로 바꾸는 오류에 대해서는 5장(pp. 347-349)을 보라.
8) 11:10을 보라(롬 15:9-12의 네 번째와 마지막 구절로 인용되고 있다). 또한 42:6과 49:6을 보라. 이 두 구절이 이사야의 종의 노래에 나오고 있기 때문에, 사 5:41(마지막 종의 찬가의 결론부에 위치하고 있는)이 이방인의 포함(갈 4:27)으로 인해 성취된다고 보는 바울의 입장에 대해 놀랄 이유가 없다. 이와 유사하게 롬 10:20에서 인용되는 사 65:1과 롬 9:25-26에서 인용되는 호 2:20과 1:10도 참조하라. 이방인의 포함은 예언서에서도 발견된다(미 4:1-2; 습 3:9; 슥 8:20-22; 14:16-19).
9) 바울은 여기서 1절("내가 태에서 나옴으로부터 나를 부르셨고 내가 어미 복중에서 나옴으로부터 내 이름을 말씀하셨으며")과 6절("내가 또 너로 이방의 빛을 삼아")을 반영하고 있다(42:6 참조). 6절은 위의 누가의 진술에서 반영 되고 있다.

반영하고 있다.¹⁰⁾ 바울에게 있어 '성도'라는 표현이 중요한 이유는 이 용어가 "모든 백성과 나라들과 각 방언하는 자들"(단 7:14)을 포괄하기 때문이다. 같은 의미의 연속성이 바울이 사용하는 에클레시아(ἐκκλησία, 모임)에서도 찾아볼 수 있다. 물론 이 용어가 당시 헬라어 사람들에게 익숙하다는 이점이 있기도 하지만, 바울이 이 용어를 사용한 이유는 이스라엘의 '무리'를 가리킬 때 사용하는 히브리어 카할(קהל)을 칠십인경에서 에클레시아로 번역하여 사용하기 때문이다.

바울이 사용하는 '택하심'과 '새 언약'도 마찬가지다.¹¹⁾ 또한 바울이 하나님의 백성을 가리키는 말로 쓰는 '성전' 이미지(고전 3:16-17; 고후 6:16; 엡 2:20)도 같은 맥락으로 이해해야 한다. 이 이미지는 구약에서 중요하게 다루어지는 '하나님의 임재' 모티브에서 온 것으로, 에베소서 2:20-22에서는 유대인과 이방인이 모두 하나님의 한 백성이라는 사실에 명확하게 적용되고 있다.

바울 신학에서 하나님의 백성에 대한 관심은 다른 다양한 방식으로 표현된다. 바울이 기록한 대부분의 서신이 교회 지도자나 지도자 모임이 아닌 회중 전체를 대상으로 하고 있다는 점은 그냥 지나쳐 버릴 사안이 아니다. 실제로 빌립보서 1:1의 문안 인사에 지도자들(복수형)이 포함되는데, 이때 그들은 추가로 언급되고 있다("또는 에피스코포이〈ἐπίσκοποι, 감독들〉과 디아코노이〈διακόνοι, 집사들〉에게 편지하노니"). 더욱이 교회에서 발생된 문제가 한 개인의 잘못으로 비롯된 결과라 해도 바울은 그 개인을 직접적으로 가리키지 않고 전체 교회로 하여금 그 문제를 공동체의 문제로 다룰 것을 지시한다. 예를 들면 고린도전서 5:1-13과 6:1-12에 나오는 바울의 논의를 보라. 각 본문에서의 이슈는 고린도에 세워진 하나님의 백성으로서의 신앙 공동체이다.¹²⁾ 그렇다고 해서 죄를 지은 개인을 모른 체하는 것은 아니고, 공동체 전체가 나

---

10) 골 1:12-14에 대한 7장의 논의 (pp. 451-455)를 보라.
11) '택하심'에 대해서는 다음 구절들을 보라(살전 1:4; 살후 2:12; 골 3:12; 엡 1:4-11). '새 언약'에 대한 구절도 보라(고전 11:25; 고후 3:6-17; 참조. 갈 4:24; 롬 2:29〈신 30:6을 반영〉).
12) 예를 들면 "주 예수의 이름으로 너희가 내 영과 함께 모여서 우리 주 예수의 능력으로 이런 자를 사탄에게 내어주었으니"(고전 5:4-5)라는 말씀이나 "너희는 누룩 없는 자인데 새 덩어리가 되기 위하여 묵은 누룩을 내어버리라"(7절)는 말씀과 "이 악한 사람은 너희 중에서 내어 쫓으라"(13절-레위기가 인용됨)는 구절을 보라. 한편 교회가 "불의한 자들 앞에서" 올바로 행동하지 못했음을 지적하고 있는 6:1-6을 참조하라. 여기서 바울은 결국 두 명의 소송 당사자 즉 원고와 피고를 향해 이야기를 하지만(7-8절, 9-10절), 그들의 문제가 사실은 전체 공동체의 실패라는 점을 주지하고 있다.

서서 그 문제를 해결해야 한다.

모두를 종합해 볼 때 알 수 있는 것은, 바울에게 있어서 "그리스도 안에 있는 구원"이 하나님을 섬기는 그의 백성을 세우는 것을 목적으로 하고 있다는 점이며, 또한 이러한 목적은 무엇보다 구약의 언약을 통해 세워진 하나님의 백성과 연속 관계에 있다고 봐야만 한다는 점이다.

본 연구의 목적을 미루어 볼 때 이러한 이슈와 관련된 추가적인 요소를 여기서 언급할 필요가 있다. 즉 바울이 사용하는 '새 창조'라는 용어는 그리스도 안에서 하나님께서 역사하시는 구원 사역의 결과를 가리킨다는 점이다. 이와 관련된 것이 바로 '하나님의 형상'과 같은 표현이다. 이 표현과 관련하여 두 가지 사항을 여기서 언급할 필요가 있다. 하나는 바울이 '새 창조'라는 표현을 사용할 때 '하나님의 형상'이라는 개념과 연관시켜 사용한다는 점이다. 다른 하나는 그리스도와 관련해서 '둘째 아담'이라는 개념을 사용한다는 것이다. 바울 기독론뿐 아니라 그의 구원론에서 이러한 표현들이 매우 중요하기 때문에 13장에서 이들을 심도 있게 다룰 것이다.

바울은 '새 창조' 신학을 두 가지 측면에서 개진한다. 첫째로 핵심 본문인 고린도후서 5:14-21이 밝히는 것처럼[13] 그리스도의 죽음과 부활은 근본적인 새 질서, 즉 십자가로 인해 점철되는 부활의 삶을 가능하게 했으며, 이 같은 사실은 바울이 생각하고 행하는 모든 것의 중심에 자리하고 있다(참조. 빌 3:4-14). 둘째로 이러한 새 질서는 이사야 40-66장으로부터 빌려온 '두 번째 출애굽' 개념을 담은 구절이 바울 서신에서 연속적으로 등장한다. 하나님이 "새 일"을 시작하실 것이며(사 43:18-19), 종국에는 "새 하늘과 새 땅"을 세우실 것이다(사 65:17; 66:22-23). 바울이 생각할 때 이 주제는 그리스도의 죽음과 부활에 참여함으로써 죽음을 경험할 뿐 아니라 다시 살아나 새로운 삶을 경험하게 될 신자들에게 적용된다(롬 6:1-14; 7:4-6; 골 3:1-11; 엡 4:20-24). 이 구절들에서 공통적으로 발견되는 것이 있다면 기독교의 세례와의 연관성이 명시적으로(롬 6:1-14) 또는 암시적으로(골 3:1-11과 2:9-12 비교) 나타난다는 점이다. 골로새서 3:1-11을 특히 주목할 필요가 있는데, 왜냐하면 이 본문은 다음과 같이 끝을 맺기 때문이다. "거기는 헬라인이나 유대인이나 할례당과 무할례당이나 야인이나 스구디아인이나 종이나 자유인이 분별이 있을 수 없나니 오직 그리스도는 만유시요 만유 안에 계시니라"(참조. 갈 3:28). 즉 그리

---

13) 4장의 pp. 313-317을 보라.

스도의 죽음과 부활로 인해 이미 시작된 새 질서 속에서 인종, 사회적 지위, 성별과 같이 사람들을 가치에 따라 구분하는 이전 기준은 더 이상 유효하지 않다.

이러한 시각과 관련하여 중요한 것은 바로 바울이 창세기 1:26-27을 반영하는 '하나님의 형상'이란 개념을 사용하고 있는 점이다. 하나님의 '형상을 닮은 자들'은 그분의 창조 사역에 있어 부섭정(副攝政, vice-regents) 위치에 있기 때문에, 이러한 어법 배후에는 고대 근동 지역에서 일반적으로 통용되던 종주권(suzerainty) 개념이 자리하고 있음을 분명하다. 당시 종주는 그의 통치 아래 있는 백성들에게 자신의 주권을 상기시키고자 그 주권에 대한 시각적인 상기효과를 위해 전 지역에 자신의 '형상'을 세웠다. 이와 마찬가지로 하나님께서는 창조에 있어서 남성이나 여성을 불문하고 그의 '형상을 닮은 자들' 안에 그분의 주권을 두심으로써 그 주권을 세상에 알리셨다. 인간의 타락을 통해 왜곡된 것은 다름 아닌 인성에 내재되어 있던 '하나님의 형상'이었다. 바울 신학을 볼 때 정확히 이것 때문에 그리스도께서 역사 속으로 오셔서 새 창조를 시작하시고 하나님의 형상을 회복하신다.[14] 따라서 그리스도는 자신의 인성을 지니신 가운데 영원하신 하나님의 형상을 완벽하고 지니고 계신 "둘째 아담"이시며(고후 4:4; 골 1:15), 동시에 타락한 인간 안에서 하나님의 형상을 회복하시는 분이시다(롬 8:29).[15]

본 장의 연구 목적을 미루어 볼 때 역시 중요한 점은 하나님의 백성을 구원하시는 그리스도를 바울이 프로토토코스(πρωτότοκος)라고 부른다는 사실이다. 즉 "(하나님의) 아들의 형상을 본받게 하기 위하여" 미리 예정된 "많은 형제와 자매(저자의 개인 번역이며 원문이나 개역성경은 '형제'만 언급됨- 역주) 중에서 맏아들"이 되셨다(롬 8:29; 참조. 골 2:10-11). 다른 구절을 보면 실제로 바울은 성령을 통해 하나님의 백성이 된 이들이 마치 거울을 보는 것처럼 그들 자신의 형상이 아닌 그리스도의 형상을 보게 되며 그분의 형상과 같이 변화하여 "영광으로 영광에"[16] 이르게 된다고 진술한다(고후 3:17-18). 그리스도께서는 성령을 통해 인류로 하여금 하나님의 형상을 다시 회복하게 하셔서 새 창

---

14) N. T. Wright가 눌째 아담이 필요한 이유를 부분적으로 첫째 아담이 "그의 형상대로"(창 5:1) 아들을 낳았기 때문이라고 주장(구두로 발제되었다)하는 요점을 주목해야 한다.
15) 뒤이어 논의되는 부분(pp. 760-765)을 보라.
16) 이 구문을 "현재의 영광에서 최종 영광으로"나 "어떤 의미의 영광이 다른 의미의 영광으로," 또는 "한 순간의 영광에서 다른 순간의 영광으로"라고 해석될 수 있다.

조를 이루신다. 그래서 율법이 아닌 "성령을 좇아 행하는 것"(갈 5:16)이 요구되며 이런 이유로 바울의 여타 서신에서 윤리적/행위적인 문제를 심도 있게 다루고 있다. 갈라디아서 5장과 로마서 12-14장이 명시하는 것처럼 "그리스도 안에 있는 구원" 하나님의 성품을 반영하는 행위를 포함한다. 그렇지 않으면 구원은 없는 것이다.[17] 이런 이유로 바울이 갈라디아 교인들을 위해 바라는 것은 "그리스도의 형상이 너희 속에 이루어지는" 것이며(4:19), 같은 내용을 로마서 13:14은 "오직 주 예수 그리스도로 옷 입자"며 훈계조로 이야기한다.

그러므로 바울 신학에서 그리스도의 구원 사역은 하나님의 백성들을 다시 세우는 것일 뿐 아니라, 이들로 하여금 하나님의 형상을 닮은 자들로서의 전인적인 삶을 살게 함으로써 새 창조 사역에 동참하게 하는 것이다. 이 때문에 바울은 그의 교회 회중들이 어느 곳에 있든지 하나님의 백성으로 부름 받은 대로 살아가기를 권고하고 독려하는 일에 그의 모든 에너지를 쏟아 붓는 것이다.

지금까지 논의된 구원론적인 메시지 안에 전제된 것은 그리스도의 선재성과 성육신이다. 그리스도는 "여자에게 나심"으로 존재하게 되신 것이 아니다.[18] 그분은 영원하신 하나님의 아들이시며, 하나님께서 그분을 세상에 보내셔서 하나님의 형상을 지니실 뿐 아니라 회복하도록 하신 분이다. 정확히 이러한 점에서 바울 신학의 기독론과 구원론이 만나게 된다.

3. 바울 기독론에서 '그리스도를 향한 헌신'의 위치

기독론과 구원론이 만난다는 사실은 바울 서신에서 가장 잘 알려져 있으나 거의 심사숙고 되지 않는 한 가지 사실을 설명하는 데 도움이 된다. 즉 바울이라는 열정적인 유일신론자가 그리스도를 열심히 추종하며 섬기게 되었다는 사실이다. 바울 신학에서 말하는 '그리스도를 향한 헌신'은 두 가지 형태를 띠고 있다. 하나는 그리스도에 대한 개인적 헌신이며 다른 하나는 신앙 공

---

17) 바울의 구원론에서 이러한 측면이 결여되어 있는 것은 아마도 이전 여타 신학에서 '행위'의 역할이 지나치게 강조되었기 때문이다. 한편 이 역할은 바울 구원론을 루터 신학과 개혁 신학이 개진함에 있어 간과하고 있어 가장 큰 신학적인 약점이 된다.

18) 이 문제에 대해서는 갈 4:4-6에 대해 논의하는 5장 (pp. 336-341)을 보라.

동체가 그리스도 주께 드리는 예배라는 의미를 지닌 헌신이다. 이 두 가지 모두 기독론적인 전제들로 가득 차 있다.

1) 개인적 헌신의 대상이신 그리스도

디아스포라의 한 독실한 집안에서 성장한 바울은 이스라엘 전체를 향한 최고의 계명을 완벽하게 알고 있었을 것이다. 즉 "너는 마음을 다하고…네 하나님 여호와를 사랑하라"는 계명이다. 그래서 바울 서신에서 이 계명이 거의 언급되지 않는다는 사실은 다소 흥미롭다.[19] 비록 바울이 이 신명기 계명을 정확하게 거론하지는 않고 있으며, 또한 그가 부활하신 주를 만난 이후 갖게 된 그리스도 중심적인 세계관을 특별히 고려해 볼 때, 신명기 계명에 담긴 하나님을 향한 헌신이 이제는 그리스도께 드려지고 있음이 분명하다. 바울 서신을 보면 이러한 양상이 다양하게 그려지고 있으며, 바울이 자신과 그가 세운 교회의 종말론적 미래에 대해 간절한 마음으로 이야기 할 때마다 그의 그리스도를 향한 헌신은 변함이 없다.

여기서 필자는 대부분의 바울 서신이 얼마나 완벽하게 그리스도 중심적인지를 우선 언급하려 한다. 실제로 교회에 보내는 열 개의 편지에서 로마서(차이가 많이 남), 데살로니가후서, 고린도후서(차이가 약간 남)에서만 하나님이 그리스도보다 많이 언급된다. 그러나 전체를 놓고 보면 그리스도가 하나님 보다 63번 더 언급되며(599/536), 이를 바울이 의도적으로 기획한 것은 아닐 것이다. 우리가 석의로 이루어진 여러 장에서 계속적으로 확인한 것처럼, 바울이 신적 행위에 대해 설명할 때 데오스와 크리스토스를 다양한 방법으로 바꾸어 사용한다는 사실이 크게 두드러진다. 위에서도 지적했고[20] 로마서에서노 총체적으로 개진되었던 바울의 변함없는 '구원 원리'(grammar of salvation)를 미루어 볼 때 하나님보다 그리스도가 더 자주 언급된다는 점은

---

19) 사실 세 군데에서 나온다. 롬 8:28과 고전 2:9은 "하나님을 사랑하는 자들"이라고 언급하며 엡 6:24의 은혜를 기원하는 축복 구절에서는 "우리 주 예수 그리스도를 사랑하는 모든 자들"이라고 말한다.

20) 이러한 원리에 대한 '전형적인' 표현은 유대인의 쉐마를 재구성한 고전 8:6에서 발견된다. 여기서 하나님 아버지 앞에 나오는 두 개의 전치사(에크-에이스 ἐκεις (-로부터 -위해))는 그리스도 주 앞에서 두 번 사용되는 디아를 둘러싸고 있다. 3장에서의 논의(pp. 162-166)를 보라.

우연일 수도 있으나 눈여겨 볼 만하다.[21] 급진적으로 바뀐 바울의 세계관으로 인해 모든 것이 그리스도와 관련되어 이루어진다. 교회는 "그리스도 안에" 존재하며, 신자들의 존재와 행위는 모두 "그리스도를 향해," "그리스도에 의해," "그리스도를 통해" 그리고 "그리스도를 위하여" 이루어진다. 그러나 그리스도께 온전히 헌신된 삶에 대한 일반적인 표현들은 구체적으로 묘사되기도 한다.

예를 들어 바울이 고린도 교인들을 향해 독신 생활의 이 점에 대해 주장하는 부분을 살펴보자. 그들은 "주의 일을 염려하여 어찌하여야 주를 기쁘시게 할꼬"(고전 7:32)하며 "몸과 영을 다 거룩하게 하여" 주께 헌신하는 것을 목적으로 한다(7:34). 실제로 독신 생활은 여러 선택 중 최선의 것을 가능케 하여 "이치에 합하게 하여 분요함이 없이 주를 섬기게" 한다(35절). 물론 바울은 지금 사적인 의견을 제시하고 있지만, 고린도 교회의 미혼자들에게 독신이 실행 가능한 선택임을 제안한다.

이와 유사하게 구약은 이스라엘이 '하나님을 아는 일'에 역점을 두고 있지만, 바울 서신에서는 이러한 강조가 한결같이 그리스도와 연결되고 있다. 특히 빌립보서에서 이러한 측면이 두드러지는데, 빌립보 교인들을 향한 바울의 '사모함'이 "예수 그리스도의 심장(=사랑)으로" 이루어진다(1:8). 3:4-14로 넘어가 보면 바울이 십자가를 따르는 삶의 모델로 자신의 삶을 제시할 때 예레미야 9:24을 반영하며 "그리스도 예수로 자랑"한다고 고백한다. 바울은 그분을 위해 "모든 것을 해로 여김은 내 주 그리스도 예수를 아는 지식이 가장 고상함을 인함"이라고 말하는데 여기서 예레미야서에 나오는 '주=여호와'라는 공식이 직접적으로 그리스도께 적용되고 있음을 알 수 있다(9장을 보라). 여기에 나타나는 기독론적 중요성에 대해서는 이의를 제기할 수 없다. 왜냐하면 이러한 고백을 기록하고 있는 바울의 종교적 유산에는 동일한 종류의 헌신을 전적으로 여호와께 드리는 시편 기자가 포함되기 때문이다. 바울은 이제 여호와를 향한 헌신을 그리스도께 우선적으로(primarily) 행하려 한다.

하나님의 종말론적인 도래를 간절히 기다리는 바울의 사상은 바로 이 '그

---

21) 이러한 문제에 대해 다른 신약은 어떠한 성향을 보이는 지는 베드로전서를 참조하라. 여기서 바울과 유사한 기독론적 관심사를 볼 수 있지만 하나님은 43번 언급되는 반면(구약 인용문은 제외하고) 그리스도는 겨우 22번만 언급된다. 이러한 현상은 로마서에서도 마찬가지다. 그러나 여타 문헌에서는 '구원 원리'가 동일한 중요성을 띠면서도 그리스도가 하나님보다 훨씬 많이 나타난다.

리스도를 향한 헌신'이라는 개념에 비추어서 이해해야 한다. 바울 서신을 보면 이러한 기다림은 "하나님과 함께"가 아닌 "그리스도와 함께"라는 개념으로 설명된다. 물론 하나님과 함께 한다는 의미가 그리스도와 연합한다는 개념 속에 내포되어 있다고 볼 수도 있지만 말이다. 이러한 현상은 바울의 초기 두 서신에서 발견된다. 데살로니가전서는 "(우리가) 그의 아들이 하늘로부터 강림하심을 기다린다"(1:10)고 말하며, 그래서 "(우리가) 그와 함께 살게" 되었고(4:17), "우리가 항상 주와 함께 있으리라"고 고백한다. 이에 대해 데살로니가후서에서는 "우리가 그 앞에 모임"(2:1)이라는 표현으로 기술된다. 고린도후서에서는 현재 받는 고난을 능가하는 "영원한 영광의 중한 것"(4:17)이 "차라리 몸(현재 고난 당하는)을 떠나 주와 함께 거하는(영원을 위한 '덧옷'을 입은 몸으로) 그것"(5:8)이라는 말로 표현된다. 바울이 가장 나중에 기록한 서신 중 하나에서는 "떠나서 그리스도와 함께"(빌 1:12) 있고 싶다는 말로 기록되어 있다.

따라서 바울이 나중에 기록한 서신 중 하나에서 기본적인 형태의 축복 구절을 기록할 때 "주 예수 그리스도를 변함없이 사랑하는 모든 자에게 은혜가 있을지어다"라고 기원하는 것에 대해 거의 놀라지 않는다. 이러한 진술은 어릴 적부터 성경을 익히 배워 온 우리들에게는 매우 자연스러워 보인다. 그러나 주의 깊게 생각해보면 재고의 여지가 있음을 알게 된다. 절대적으로 하나님 중심적인 배경에서 자란 철저한 유일신론자가 지금 하나님에 대한 헌신의 대부분을 주 예수 그리스도께 드리고 있는 것이다. 이러한 진술들은 바울이 기독론이라 명하지 않아도 분명한 기독론이며, 그만큼 더욱 명확히 드러난다고 말할 수 있다.

2) 예배의 대상이신 그리스도

그리스도에 대한 헌신의 일환으로서의 '예배'는 바울 서신에서 여러 형태로 나타나며, 대부분 그리스도를 향해 초대 교회가 보여준 헌신의 결과인데 이는 주의 마지막 만찬으로부터 발전되었다.[22] 헌신을 나타내는 여러 형태 중 기독론적 함의를 지니고 있는 세 가지 형태의 헌신을 언급할 것이다. 즉

---

22) 이러한 이슈들에 대해서는 보다 총체적이고 주의 깊은 분석을 제공하는 Hurtado, *Lord Jesus Christ*, 134-53을 보라.

주의 만찬(the Lord's Table), 주를 향한/주께 대한 찬송, 그리스도께 드리는 기도가 그것이다.

① 본 연구의 입장에서 보면, 주의 만찬이 초대교회에서 지녔을 (명백한) 중심 역할은 기독론적으로 볼 때 가장 두드러지는 혁신이다. 흥미로운 점은 우리가 이러한 사실을 알게 된 것은 바울 서신에 나타나는 고린도인들의 오용 때문이다. 따라서 바울 서신 전체에서 오직 고린도전서에서만 성만찬이 적어도 네 번 정도 언급되거나 암시된다(10:2-3, 16-17; 11:17-34; 5:8). 이 중 첫 번째 구절(10:2-3)은 광야에서 신령한 음식과 물을 먹고 마시는 이스라엘의 모습에서 그리스도인들의 만찬이 암시되고 있다. 이 구절은 바울이 10:16-17에서 언급할 내용을 미리 가리키는 역할을 하고 있다고 본다. 여기서 그는 성만찬을 전적으로 그리스도인들의 식탁 교제로 사용하고 있으며, 따라서 우상을 숭배하는 신전에서 거행되는 식탁 교제에 참석하는 것을 금하고 있다. 바울이 지적하기를 이스라엘은 하나님께서 주시는 그들만의 음식과 물을 가지고 있었으나 그것들을 고이 간직하지 못했다. 그리고 그들은 우상 숭배로 인해 광야에서 멸망했다(10:3-10). 동시에(17절) 바울은 떡이 그리스도의 몸인 교회와 관련이 있다고 해석하고 있다. 이렇게 해서 12-14장에서 다루게 될 연합과 다양성이라는 문제를 여기서 미리 언급한다. 이 모든 내용은 그리스도인의 만찬이 그 초점을 주 예수 그리스도께 맞추고 있음을 한결같이 밝히고 있다.

그러나 어떤 분명한 이유로 인해, 후에 성만찬(the Eucharist)이라고 불리게 된 주의 만찬을 설명하는 바울에 대해 계속되는 대부분의 관심사가 그가 세 번째 본문에서 이야기하고 있는 주제와 치유에 집중되고 있다. 이 본문에서는 부자들이 주의 만찬을 사적인 만찬으로 변질시켜 "빈궁한 자들"을 제외시킴으로써 그들을 매도하고 있다.[23] 바울은 이러한 매도를 바로잡으려고 누가복음에 나타나는 내용과 매우 흡사한 성찬예식문을 그들에게 상기시킨다. 본문에 대한 본 연구의 (기독론적) 관심은 이러한 만찬이 주의 신성을 기념하는 기독교적 형태의 만찬이라는 사실에 대해 논란의 여지가 거의 없음을 재

---

23) 이러한 견해에 대해서는 G. D. Fee, *The First Epistle to the Corinthians* (NICNT; Grand Rapids: Eerdmans, 1987), 540-45를 보라. 그러므로 보다 미묘한 해석을 위해서는 A. T. Thiselton, *The First Epistle to the Corinthians: A Commentary on the Greek Text* (NIGTC; Grand Rapids: Eerdmans, 2000), 860-64와 D. Garland, *1 Corinthians* (BECNT; Grand Rapids: Baker Academic, 2003), 539-44를 보라.

차 지적하는 것이다. 이러한 점은 현 본문에서 여러 면으로 개진된다.

첫째, 본문에 나타나는 만찬에 대한 바울의 표현은 퀴리아콘 데이프논(κυριακὸν δεῖπνον)이다(고전 11:20). 이 말은 신약에서 여기서만 나오며 아마도 바울이 의도적으로 부유한 고린도 교인들의 토 이디온 데이프논(τὸ ἴδιον δεῖπνον, 자기의 만찬)과 대조시키려고 만든 표현일 것이다. 여기서 형용사 퀴리아콘(κυριακὸν)은 주와 '관계된'(즉 '기리는') 또는 '속하는'이라는 의미로 그리스도께서 직접 제정하신 만찬이라는 뜻이 내포되어 있다. 그러나 두 가지 뜻 모두 이 만찬이 '주'와 독특한 관련을 맺고 있다는 사실을 강조하고 있다. 주의 이름 안에서 주의 이름을 기리며 만찬이 거행된다. 그래서 주의 만찬이 대신하고 있는 과거 이스라엘의 유월절 만찬과 마찬가지로, 주의 만찬 만이 그리스도인들의 유일한 만찬이며, 그 초점과 영광은 하나님 아버지가 아닌 '주'께 집중되어 있다.

둘째, 바울에 따르면 주의 만찬은 그리스도께서 유월절 만찬의 맥락 속에서 제정하신 것이다. 바울은 이를 두 가지 측면에서 설명한다. 첫째로 "우리의 유월절 양 곧 그리스도께서 희생이 되셨느니라 이러므로 우리가 명절을 지키되 묵은 누룩도 말고 괴악하고 악독한 누룩도 말고"라는 5:8의 역설적 말씀으로 설명한다. 이 구절은 주의 만찬을 암시하고 있으며, 그리스도께서 행한 것과 그리스도인들이 그들의 '잔치'(feast)를 거행하는 것의 관계를 바울이 어떻게 이해했는지를 암시하고 있다. 둘째로 바울은 "주 예수께서 잡히시던 밤에"(11:23)라는 구문으로 시작하며 예수님께서 유월절이라는 맥락에서 만찬을 제정하셨음을 암시하고 있다. 여기서의 초점은 물론 과거에 이스라엘을 애굽으로부터 구원해 내신 여호와를 기억하고 기념하기 위해 매년 거행했던 유월절 만찬이 이제는 기독교 공동체 안에서 그들을 사단의 묶임으로부터 구속하신 그리스도를 기억히며 신성을 지니신 그리스도를 기념하기 위해 정기적으로(매주?) 거행하는 주의 만찬으로 바뀌었다.

셋째, 바울은 10장의 서두에서 의도적으로 '주를 기념하는 만찬'을 이방 신전에서 거행되던 만찬의 유일한 대안으로 제시한다. 일부 고린도 교인들이 우상 숭배 만찬에 참여하기를 고집하지만, 바울이 볼 때 "하나님은 오직 한 분이시다." 따라서 이방인들의 만찬은 신을 기념하고 있는 것 같으나 실재로는 신을 기념하는 것이 아니다. 왜냐하면 그런 '신'은 실재 존재하지 않기 때문이다. 바울은 그러한 '이방신'들을 마귀라고 정의한다. 그래서 바울은 이방인들의 만찬이 아닌 주의 만찬을 진정한 만찬으로 규정함으로써 그리스도인들 음식을 나눌 때 기념하는 신적 대상은 그리스도이심을 기정사실화 한다. 이러한 만찬은 단순히 남을 위해 자신을 희생한 사람을 기념하는 자리가 아니라 부활을 통해 하나님께서 지극히 높이신 분을 기념하는 자리이다.

넷째, 고린도 교인들이 주의 만찬을 오용한 것에 대한 바울의 또 다른 질책은 그 잘못을 기독론적인 틀에 맞추는 것이다. 주의 만찬에서 주의 몸(=교회)을 범하는 일은 하늘로부터의 형벌을 초래한다. 본문이 이 점을 분명히 하는데, 현재 받는 형벌은 '주' 즉 예수 그리스도께서 수치를 당하셨으므로 내리시는 벌이다(32절).[24] 결과적으로 주를 기념하는 만찬에서 그의 백성(하나님의 에이콘을 지닌)을 매도하는 이들에게는 주의 형벌이 임하게 된다. 바울의 유대교적 세계관으로 보면 이 모든 권한은 원래 하나님께 속하는 것들이다.

따라서 본문에 나타나는 모든 내용은 고등기독론을 가정하고 역설하며, 거룩한 구주이신 그리스도와 직접적으로 관련되어 있다.

② 골로새서 3:16을 보면 그리스도인들의 예배에서 불리는 찬송이 그리스도에 대한 메시지에 초점을 두고 있다는 부수적인 사실을 알게 된다. 이와 유사한 구절인 에베소서 5:18-19에서는 '주께' 드리는 찬송에 대해 언급한다. 따라서 찬송은 처음부터 기독교 예배의 핵심이 되었으며, 그 내용은 이미 기정사실화 된 기독론으로 가득 차 있었다. 골로새서에 나오는 여러 권고의 주 관심은 '그리스도의 말씀' 즉 그리스도께 집중되어 있는 복음에 있다.[25] 실제로 이러한 내용은 이 서신서 전체를 지배한다. 그리스도는 하나님

---

24) 3장의 논의(p. 120)를 보라.
25) 이러한 설명은 속격인 투 크리스투(τοῦ Χριστοῦ, 그리스도의)를 목적격 속격으로 해석하여 '말씀'의 내용을 가리키는 것으로 이해한다(E. Lorse, *Colossians and Philemon* ⟨Hermeneia; Philadelphia: Fortress, 1971⟩, 150, R. P. Martin, *Colossians and Philemon* ⟨NCB; London: Oliphants, 1974⟩, 115, P. T. O'Brien, *Colossians, Philemon* ⟨WBC 4; Waco, Tex.: Word, 1982⟩, 206-7, N. T. Wright, *Colossians and Philemon* ⟨TNTC; Grand Rapids: Eerdmans, 1986⟩, 144). 일부는 이 구문을 주격 속격으로 해석한다(T. K. Abbott, *A Critical and Exegetical Commentary on the Epistles to the Ephesians and to the Colossians, to Philemon, and to the Ephesians* ⟨NICNT; Grand Rapids: Eerdmans, 1984⟩, 157 각주 148). 전자의 견해가 골로새서 전체의 흐름과 일치한다고 본다. 대부분의 학자들은 그리스도와 그분의 사역에 집중하는 1:15-18이 초대 교회에서 노래를 통해 가르쳐 온 찬가로부터 유래되었다고 여긴다. 그래서 본문의 관심은 한 자리에 모인 교인들을 향한 그리스도의 말씀도 아니며(물론 이러한 말씀이 설교를 통해 전달되었겠지만) 그리스도의 가르침 자체도 아니라고 한다. 대신 본 서신서의 주요 관심사인 메시지, 즉 그리스도와 그분의 사역에

의 현현이시며, 창조주시며 구속자이시다. 바울은 1:15-23에서 이미 상술했던 "그리스도의 말씀"이 풍성하게 "너희 속에 거하여"라고 강조한다. 이를 통해 그들의 일부 행위가 서로에게 나뉘거나("피차 가르치며 권면하고") 하나님께 드려진다("마음에 감사함으로 하나님을 찬양하고"). 그래서 복음의 '풍성함'이 그들 가운데 '풍성하게' 존재한다. 이 본문의 전체적인 구조를 볼 때 모든 종류의 찬송이 이 풍성함을 가져다주는 데에 있어 중요한 역할을 하고 있다.

여기서 중요한 것은 골로새서 1:15-18 자체가 그리스도에 대한 찬송을 반영하고 있다는 점이다.[26] 이러한 사실은 바울이 왜 본문에 나오는 다양한 종류의 찬송과 신령한 노래들이 "피차 가르치며 권면하는" 수단이라고 말하는지 그 이유를 설명해 준다. 이 찬송들은 본질적으로 교리적이며 신학적인 메시지가 풍성하기 때문에, 당시 초기 그리스도인들이 하나님과 그리스도에 대한 신앙이 어떠했는지에 대한 자료를 제공한다.

위 본문과 비슷한 에베소서(5:18-19) 구절을 보면 바울이 권고하는 찬송을 그리스도께 드린다고 말한다. 그는 이러한 찬송에 이중적인 측면이 있음을 에베소서는 명시하고 있고 골로새서는 암시하고 있다. 즉 찬송은 주께 드리는 예배임과 동시에, 찬송을 부르는 이들로 하여금 교리적으로 가르치는 기능을 담당한다. 이러한 이중성의 배경에는 시편 기자가 있다. 시편을 보면 하나님을 2인칭으로 부르며 노래하는 찬송 구절이 셀 수 없이 많다. 또한 시편 찬가는 하나님을 3인칭으로 지칭하며 그분께 찬양드리는 이들을 위한 하나님의 위대하심과 신실하심을 높인다.[27] 신약 성경에서 찬양이 사용되는 양상을 보면 초대 교회에서 신령한 노래들이 두 가지 기능을 얼마나 중요하게 수행했는지 알 수 있다. 본 연구 목적을 감안할 때 가장 중요한 점은 바울이 서신을 보내는 모든 교회 안에서 그리스도가 찬양의 내용이 되시고 찬양의 대

모든 초점이 맞추어져 있는 복음이 그들의 공동체 생활에 풍성히 임하게 하는 것이 찬양의 관심이라고 여긴다. 보다 심도 있는 논의를 위해서는 Fee, *God's Empowering Presence*, 648-57을 보라.
26) 이 본문에 대한 논의는 7장의 각주 10번(p. 447)을 보라.
27) 이러한 특징이 시편 전반에 걸쳐 나타난다. 예를 들어 시편 30편으로 보면 1-3절에서는 하나님을 2인칭으로 부르며 찬양하고, 4-5절에서는 '회중'의 입장에서 찬양을 독려한다. 이때 4-5절의 말씀 즉 "그 은총은 평생이로다"라는 말씀에 근거한다. 그리고 6-9절에서는 하나님을 다시금 2인칭으로 부르고 있다. 시편 32편, 66편, 104편, 116편을 참조하라. 또한 하나님의 성품과 놀라운 역사에 비추어 전체 회중에게 하나님을 찬양하라고 권고하는 찬송들도 동일하게 이중적인 측면이 담겨 있다.

상이 되신다는 사실이다. 이러한 이중적인 역할은 하나님께 찬양하고 하나님에 대해 노래한 시편 기자와 정확하게 일치한다.

그래서 주의 만찬과 마찬가지로 노래 형태로 드려지는 예배는 예배의 중심이 되시는 그리스도께 집중한다. 그 노래는 '그리스도에 대한 메시지'를 담고 있으며 주로 그리스도께 드려진다. 이러한 예배는 분명히 신성하신 그리스도를 포함함과 동시에 확고한 유일신론을 유지한다.

③ 그리스도 구주를 주로 예배하는 세 번째 형태는 기도다. 이 기도를 하나님 아버지께 직접 드렸던 것처럼 이제는 그리스도께 직접적으로 드린다. 이러한 양상은 바울 서신의 초기 두 편지에서 전반적으로 나타나 후기에 기록된 서신까지 계속 이어진다. 디모데전서와 후서를 바울의 '마지막 편지'로 간주한다면 말이다(10장을 보라).

이에 대한 증거는 바울 서신에서 풍부하게 발견되며 대부분의 기도 구절을 포괄한다. 일부는 기도에 있어 그리스도가 차지하는 비중이 낮다고 생각하지만,[28] 바울의 어법을 볼 때 설득력이 없다. 만일 기도의 대상에서 그리스도가 배제된다면 여기 나타나는 기도들이 하나님께만 드려지는 진정한 기도라고 볼 수도 있을 것이다. 전혀 신빙성 없는 추정은 아니지만 바울은 하나님 아버지께 드리는 기도와 완전히 똑같이 그리스도께 기도하기 때문에, 넓은 시각에서 바울의 기도를 이해할 필요가 있다.

주로 데살로니가전서와 후서에 나오는 '축복'기도문을 보면 바울은 (하나의 단수 동사를 사용하여) 하나님과 그리스도께 기도를 드리며 두 분이 "우리 길을 너희에게도 직행하게 하옵소서"라고 기원한다(살전 3:11). 이 기도에 이어 그리스도께만 기도하는 부분(12-13절)이 나오는데, 주께서 신자들로 하여금 서로에 대해서와 모든 사람에 대한 사랑이 많아지고 풍성해져서 거룩함에 흠이 없기까지 "너희 마음을 굳게 하시기를" 바울은 간절히 구한다. 그 다음 편지(살후 2:16-17)는 기도에 대해 역으로 설명하고 있다. 즉 이번에는 (하나의 단수 동사를 다시 사용하여) 그리스도와 하나님께 기도를 드린다고 하는 것이다. 그리고 하나님께만 드리는 기도가 그 뒤를 따르지만, 성도들을 축복하는 마무리 기도 구절(살후 3:5, 16)에서는 그리스도만 언급되고 있다.

---

28) 예들 들어 Wiles, *Paul's Intercessroy Prayers* (살전 3:11-13에 대해 심도 있게 논의하는 2장〈pp. 111-113〉, 특히 각주 72, 74, 75번을 보라)를 보면 바울의 기도문에서 그리스도를 제외시키려는 다양한 시도를 볼 수 있다. 그러나 그의 시도는 본문에 대한 면밀한 석의 없이 이루어진다.

다른 기도 구절로 넘어가 보면(바울의 과거와 현재 기도를 알리는) 위와 동일한 현상을 볼 수 있다. 바울은 좀 더 직접적인 어조의 기도(16:22)로 초대 교회에서 널리 사용되던 마라나타(Marana tha, "주여 오시옵소서")라는 표현으로 고린도전서를 끝맺는다. 고린도후서 12:8-10에서는 그리스도 주께 "육체의 가시"를 제거해 달라고 간청했음을 알리고, 이 기도에 대한 응답을 그리스도로부터 받았음을 보고한다("내 은혜가 네게 족하도다").

여기서 다시 한 번 짚고 넘어갈 것은, 이러한 형태의 기도가 바울이 의도적으로 노력한 결과는 아니라는 점이다. 바울은 단지 당연히 해야 할 기도를 하고 있을 뿐이다. 그래서 하나님 아버지께 기도하듯 그리스도께도 기도하며, 때로는 두 분께 모두 기도하지만 때로는 한 분께만 기도하기도 한다. 그의 기도에는 그 대상의 신격이 전제되어 있기 때문에 래리 헐타도가 지적하듯이, 기도의 형태로 나타나는 그리스도에 대한 헌신은 여러 면에서 실제적인 '신학적 진술' 자체보다 더 신학적인 측면이 두드러진다.[29]

이 모든 내용의 논지는 구주이신 그리스도께서 단순히 구원의 중재자는 아니라는 점이다. 바울 서신은 그분이 바울과 바울의 교회가 행하는 헌신과 예배의 대상임을 명시한다. 그리스도를 향한 예배는 그분이 우리를 위해 행하신 일과 신성한 구주시라는 사실 때문에 드려진다. 바울 서신으로부터 분명히 알 수 있는 것은 구주가 되시는 그리스도의 의의가 나사렛 예수로서 지상에서의 삶을 시작하면서 나타난 것이 아니라는 사실이다. 이 땅에서의 삶은 하나님의 아들, 즉 선재하신 그리스도께서 세상으로 성육신하셨다는 표시이다.

따라서 만물의 주가 되시는 하나님의 아들에 대한 바울의 이해를 고찰하기 전에 구주께서 구원을 위해 '세상에 오셨다'는 사실을 전제하고 있는 다양한 본문(텍스트)를 면밀히 관찰할 필요가 있다. 여기서 당면 과제는 기독론적으로 중요한 요소, 즉 선재하셨고 성육신하신 구주에 대한 바울의 이해를 우선적으로 파악하는 것이다. 우리 인성과 모든 면에서 동일하신 진정한 인간이셨지만 죄와는 무관하게 세상으로 오신 분에 대해 이해하는 일이 중요하다.

---

29) Hurtado, *Lord Jesus Christ*의 이곳저곳을 보라. 그의 논지는 그리스도에 대해 초기에 알려진 진술이 초기 신앙 공동체에 나타나기 이전에 그리스도에 대한 헌신이 이미 자리를 잡았다는 것이다. 성령에 의해서만 말할 수 있는 퀴리오스 예수스(Κύριος Ἰησοῦς, "예수를 주시라"⟨예를 들어, 고전 12:3⟩)라는 고백과 Marana tha("주여 오시옵소서"⟨고전 16:22⟩)는 그리스도를 향한 헌신에 담긴 함의를 신학적으로 설명하려는 그 어떤 시도보다도 앞선다.

부록: 바울 서신에 나오는 구원론 본문

(이중 괄호[[ ]]안에 있는 본문은 암시 구절)

(Texts in double brackets [[ ]] = allusions only)

1 Thess 1:10   and to wait for <u>his</u> **Son** from heaven, **whom** <u>he raised</u> from the dead—**Jesus, who rescues us from the coming wrath.**

1 Thess 5:9–10   ⁹For <u>God did not appoint us to suffer wrath but to receive salvation</u> **through our Lord Jesus Christ.** ¹⁰**He died for us** so that, whether we are awake or asleep, we may live together with him.

2 Thess 2:13   But we ought always to thank <u>God</u> for you, brothers and sisters **loved by the Lord,** because <u>God chose you</u> as firstfruits <u>to be saved through the sanctifying work of the Spirit</u> and through belief in the truth.

[[1 Cor 1:13   . . . Was Paul **crucified for you?**]]

[[1 Cor 1:17   . . . lest **the cross of Christ** be emptied of its power.]]

1 Cor 1:18   The **message of the cross** . . . **to us who are being saved** . . . **is** <u>the power of God.</u>

1 Cor 1:21   . . . <u>God was pleased</u> through the foolishness of what we preach <u>to save</u> those who believe.

1 Cor 1:23–24   ²³but we preach **a crucified Messiah** . . . ²⁴but to those whom <u>God has called</u> . . . <u>God's power and God's wisdom.</u>

1 Cor 1:30   . . . you are **in Christ Jesus, who has become for us** <u>wisdom from God</u>: **our righteousness, holiness, and redemption.**

1 Cor 2:2   I resolved to know nothing while I was among you except **Jesus Christ and him crucified.**

1 Cor 2:8   . . . they would not have **crucified the Lord of glory.**

1 Cor 5:7   . . . For **Christ, our Passover lamb, has been sacrificed.**

1 Cor 6:11   . . . <u>You were washed, you were sanctified, you were justified,</u> **in the name of the Lord Jesus** and by the Spirit <u>of our God.</u>

1 Cor 6:20   <u>you were bought</u> **at a price.**

1 Cor 7:22–23   ²². . . **Christ's slaves.** ²³**You were bought at a price.**

1 Cor 8:6   . . . and there is but **one Lord, Jesus Christ, through whom** all things came and **we through him.**

제11장 그리스도, 신적 구주 731

1 Cor 8:11 . . . this weak brother or sister, **for whom Christ died,**

1 Cor 11:24–26 ²⁴. . . "This **is my body, which is for you;** do this in remembrance of me." ²⁵. . . "This cup is **the new covenant in my blood.** . . ." ²⁶For whenever you eat this bread and drink this cup, you proclaim **the Lord's death** until **he comes.**

1 Cor 15:2–4 ²By this gospel you are saved, . . . ³. . . that **Christ died for our sins** . . . ⁴**that he was buried, that he was raised the third day** . . .

2 Cor 5:14–15 ¹⁴For **Christ's love compels us,** because we are convinced that **one died for all, and therefore all died.** ¹⁵**And he died for all,** that those who live should no longer live for themselves but **for him who died for them and was raised again.**

2 Cor 5:18–19 ¹⁸All of this is from God, who reconciled us to himself **through Christ** . . . ¹⁹that God was **in Christ** reconciling the world to himself, not counting people's sins against them.

2 Cor 5:21 God made **him who knew no sin to be sin** for us, so that **in him** we might become the righteousness of God.

2 Cor 8:9 For you know **the grace of our Lord Jesus Christ, that though he was rich, yet for your sake he became poor, so that you through his poverty might become rich.**

2 Cor 13:4 For to be sure, **he was crucified in weakness,** yet he lives by God's power.

Gal 1:3–4 ³. . . and **the Lord Jesus Christ,** ⁴**who gave himself for our sins to rescue us from the present evil age,** according to the will of God the Father,

Gal 2:20 I have been **crucified with Christ** . . . **the Son of God, who loved me and gave himself** for me.

Gal 3:1 . . . Before your eyes **Jesus Christ was clearly portrayed as crucified.**

Gal 3:13–14 ¹³**Christ redeemed us from the curse of the law by becoming a curse for us,** . . . ¹⁴**He redeemed us** . . .

Gal 4:4–5 . . . God sent his **Son, born of a woman, born under the law,** ⁵**to redeem** those under the law, that we might receive adoption . . .

Gal 5:1 It is for freedom that **Christ has set us free.**

Gal 6:14 May I never boast **except in the cross of our Lord Jesus Christ, through which the world has been crucified to me,**

Rom 3:24–25 ²⁴All are justified freely by his grace **through the redemp-**

tion that came by Christ Jesus, ²⁵**whom** God presented as a **means of atonement through the shedding of his blood** . . .

Rom 4:5   . . . but trusts God, who justifies the ungodly.

Rom 4:24–25   ²⁴. . . but believe in him who raised **Jesus our Lord from the dead.** ²⁵**He was delivered over to death for our sins and was raised to life for our justification.**

Rom 5:6   . . . while we were still powerless, **Christ died for the ungodly.**

Rom 5:8   But God demonstrates his love for us in this: while we were still sinners, **Christ died for us.**

Rom 5:9   Since we have now been justified **by his blood,** how much more shall we be saved from God's wrath **through him.**

Rom 5:10   For if, while we were God's enemies, we were reconciled to him **through the death of his Son,** how much more, having been reconciled, **shall we be saved through his life.**

Rom 5:11   . . . but we also boast in God **through our Lord Jesus Christ, through whom we have now received reconciliation.**

Rom 5:18   . . . so also **one righteous act resulted in justification and life for all.**

Rom 6:3   . . . all of us who were **baptized into Christ were baptized into his death**

Rom 6:6   . . . our **old self was crucified with him** so that the body ruled by sin might be done away with.

Rom 7:4   . . . you also died to the law **through the body of Christ,**

Rom 7:25   Thanks be to God, who delivers me **through Jesus Christ our Lord.**

Rom 8:3   What the law was powerless to do . . . God did by sending **his own Son in the likeness of sinful flesh as a sin offering.**

Rom 8:17   . . . then we are heirs—heirs of God and **co-heirs with Christ, if indeed we share in his sufferings** . . .

Rom 8:32   He who did not spare his own **Son,** but gave **him** up for us all . . .

Rom 8:34   Who then can condemn? **Christ Jesus who died?** Who was raised to life? **Who is** at the right hand of God **and is also interceding for us?**

Rom 14:9   For this reason, **Christ died and returned to life** so that he might be **the Lord of both the living and the dead.**

Rom 14:15   . . . Do not destroy your brother or sister **for whom Christ died.**

Col 1:12–13   ¹². . . the Father, who qualified you to share in the inheritance of the saints **in the kingdom of light.** ¹³For he has rescued us from the dominion of darkness and brought us **into the kingdom of the Son he loves, in whom we have redemption, the forgiveness of sins.**

Col 1:19–20   ¹⁹For **in him** all the fullness was pleased to dwell, ²⁰and **through him** to reconcile all things **to him, . . . by making peace through his blood, shed on the cross.**

Col 1:21–22   ²¹And you, once being alienated and enemies in your minds by means of your evil deeds, ²²but now **you have been reconciled in the body of his flesh through death** in order to present you holy and unblemished and beyond reproach **before him.**

Col 2:13–15   ¹³. . . God made you alive **with Christ. He forgave us all our sins,** ¹⁴having canceled the statement of indebtedness . . . ; he has taken it away, nailing it **to the cross.** ¹⁵. . . he made a public spectacle of them, triumphing over them **by the cross.**

Col 3:13   . . . Forgive as **the Lord forgave you.**

Eph 1:4–7   ⁴. . . In love ⁵he predestined us for adoption to sonship **through Jesus Christ** . . . ⁷in whom we have redemption through **his blood, the forgiveness of sins,**

Eph 2:4–5   ⁴. . . God, who is rich in mercy, ⁵made us alive **in Christ** even when we were dead in transgressions—it is by grace you have been saved.

Eph 2:14–16   ¹⁴**For he is our peace,** who has made the two one . . . ¹⁵**by setting aside in his flesh the law with its commandments . . . and in one body to reconcile both of them** to God **through the cross, by which he put to death their hostility.**

Eph 4:24   and to put on the new self, **created** to be like God in true righteousness and holiness.

Eph 5:2   . . . **just as Christ loved us and gave himself up for us as a fragrant offering and sacrifice** to God.

Eph 5:25–27   ²⁵. . . **just as Christ loved the church and gave himself up for her** ²⁶**to make her holy, cleansing her by the washing of water through the word,** ²⁷**and to present her to himself as a radiant church** . . .

Phil 2:8   . . . **he humbled himself, by becoming obedient to** death—even death on a cross.**

Phil 3:10   I want to know **Christ, both the power of his resurrection and participation in his sufferings, becoming like him in his death,**

[[Phil 3:18   . . . they live as enemies **of the cross of Christ.**]]

1 Tim 1:15   . . . **Christ Jesus came into the world to save sinners** . . .

1 Tim 2:5–6   ⁵For there is <u>one God</u> and **one mediator between** <u>God</u> and human beings, **Christ Jesus, himself human,** ⁶**who gave himself as a ransom for all people.**

Titus 2:13–14   ¹³. . . **Jesus Christ,** ¹⁴**who gave himself for us to redeem us from all wickedness and to purify for himself a people of his very own** . . .

Titus 3:4–7   ⁴. . . <u>God our Savior</u> . . . ⁵. . . <u>saved us through the washing of rebirth and renewal by the Holy Spirit,</u> ⁶<u>whom he poured out on us generously</u> **through Jesus Christ our Savior,** ⁷**so that having been justified by his grace,** we might become heirs . . .

2 Tim 1:8–10   ⁸<u>God,</u> ⁹<u>who saved us</u> . . . because of his own purpose and grace, which was given to us **in Christ Jesus before the beginning of time** ¹⁰but has now **been revealed through the appearing of our Savior, Christ Jesus, who has destroyed death and brought life and immortality to light through the gospel.**

2 Tim 2:8–10   ⁸Remember **Jesus Christ, raised from the dead, descended from David.** . . . ¹⁰. . . **to obtain the salvation that is in Christ Jesus,**

2 Tim 2:11   . . . **If we died with him, we will also live with him;**

제12장

그리스도, 선재하시고 성육신하신 구주

석의로 구성된 앞 장의 여러 곳에서 바울이 그리스도의 선재성을 하나님의 영원하신 아들로 역설하거나 가정한다는 점을 지적할 수 있었다. 그 중 주요 본문(고전 8:6, 10:4, 9; 고후 8:9; 갈 4:4; 롬 8:3; 골 1:15-20; 2:9; 빌 2:6; 딤전 1:15; 3:16; 딤후 1:9-10)에서 두드러지는 사실은 이 구절들이 그리스도에 대해 구원 사역과 관련해서 설명할 때 그분이 우리 구주(our Savior)일 뿐 아니라 사실은 신적 구주(the divine Savior)라는 사실에 역점을 둔다.[1] 본 장에서는 앞에서 언급했던 것을 반복하지 않고 논의되었던 본문들을 종합하여 고찰하려 한다. 이들은 모두 그리스도께서 하나님의 선재하신 아들이 구원을 위해 성육신하신 사실을 바울이 믿었다고 밝히고 있다. 전체 본문을 총체적으로 살피기 전에 우선은 그 본문들에 담긴 본질의 신학적 중요성을 강조하고자 한다.

---

1) 특별히 여기서 그리스도를 지혜와 동일시하는 것은 잘못이다. 왜냐하면 그리스도의 선재성은 한결같이 그리고 주로 구속자의 역할과 관련이 있기 때문이다. 창조자의 역할은 부차적일 뿐이다. 지혜와 관련되어 다른 설명은 사실일지 몰라도, 지혜는 반인반신의 구속자로도 이해된 적이 전혀 없다. 이에 대한 추가적 논의는 부록 A를 보라(참조. A. H. I. Lee, *From Messiah to Preexistent Son: Jesus' Self-Consciousness and Early Christian Exegesis of Messianic Psalms* 〈WUNT 2/192; Tübingen: Mohr Siebeck, 2005〉, 285-96).

1. 성육신에 대한 바울 신학의 본질

앞 장에서 특별히 부각되었던 논지 중 여기서 반드시 언급할만한 것은 바울이 관련 본문 속에서 그리스도의 선재성과 성육신을 주장하여 입증하려 하지 않았다는 점이다. 바울은 항상 그리스도께서 하나님의 성육신하신 아들이시라는 일반적인 믿음에 기초하여 여타 개념의 타당성을 주장한다. 이러한 사실이야말로 지금까지의 고찰로 얻은 축적 효과를 통해 지대한 기독론적 의미를 전달케 한다. 만일 바울이 성육신을 주장하고 있다면, 그가 무엇을 어떻게 논증해 나가는지와 그러한 논증이 '성공하여' 수용되는지에 대해 추적해 보려 할 것이다. 그러나 성육신은 바울이 주장하려는 대상이 아니라 여타 주장을 위한 근거로 사용된다. 따라서 본 장의 당면 과제는 바울과 그의 교회들이 그리스도를 선재하신 신적 구주로 믿었는지의 여부가 아니라 그러한 기존의 믿음에 담긴 본질이 무엇인가를 고찰하는 것이다.

이러한 성향이 바울 서신의 근저에 깔렸기 때문에 어떤 이들은 일부 본문을 가지고 바울이 성육신을 지지하지 않는다는 견해를 제시할 수도 있 다.[2]

---

2) Dunn은 *Christology in the Making*과 *Theology of Paul the Apostle*에서 어떻게 다양한 본문을 서로 분리시켜 관찰하여, 어떤 본문도 그리스도의 선재성을 명시하거나 가정하지 않는다고 주장할 수 있는지를 보여주고 있다(아쉽게도 이러한 견해는 처음 제기된 것이 아니라 Ziesler가 *Pauline Christianity*, 40-41에서 이미 제시한 것이다). 그러나 바울 신학에서 그리스도의 선재성을 부정하는 Dunn의 방법론은 '분해한 후 정복하기'라고 밖에 말할 수 없는 석의적 과정을 거친 것이다. 즉 바울 본문을 다른 본문에 비추어 해석하기보다는, 교회와 학자들이 오랜 기간 동안 그리스도의 선재성을 찾아 낸 본문 중 어느 것도 그러한 신념을 담고 있지 않다는 사실을 입증해 내려는 데서 출발했다. 따라서 해당 본문이 어떻게 다른 방법으로 해석될 수 있는지를 제시함으로써 바울 신학 안에는 선재성을 긍정하거나 가정하는 본문이 없다고 주장한다. 그러나 본문이 표면적으로 말하고 있는 내용을 일부러 '피해가려는' 목적을 가진 석의는 항상 문제가 된다. 특히 여러 본문들을 종합해서 관찰해야 할 경우는 더더욱 그렇다. 이러한 반론이 일리가 있다고 느낀 Dunn은 그의 확고한 입장에서 한 발 물러서는 듯 하는 태도를 취한다. 그의 대작 *Theology of Paul the Apostle*에서 이러한 긍정적 평가(고전 8:6에 대한)를 남긴다. "그렇다면 고린도전서 8:6에 선재성이라는 개념이 있다는 말인가? 물론 그렇다. 하지만 그것은 신령한 지혜(divine Wisdom)의 선재를 말하고 있다. 즉 하나님의 선재 말이다." 물론 바울은 본문에서 이런 말을 하지도 의도하지도 않는다. 실질적으로 Dunn의 주장은 바울이 "한 주"라 부르는 분(그는 신령한 지혜가 아니다)이 사실 선재한다는 점을 부인하는 것이다(본서의 3장(   )을 보라). 관련된 다양한 본문을 석의하고 있는 앞 장들을 보라. Dunn의 초판에 대해 신랄하게 비판하는 A. T. Hanson, *The Image of the Invisible God* (London: SCM Press, 1892), 59-76을 보라.

이렇게 선별된 본문을 다른 본문과 분리해서 해석하면 그렇게 주장할 수도 있지만, 이러한 주장은 전체 본문을 종합해 볼 때 드러나는 중심 내용이나 선별된 본문에 전제된 의미와는 상충한다.[3] 실제로 이미 모두가 사실로 받아들이고 있는 진술에 대해서는 이에 대해 누군가가 잘못 이해하지 않도록 모든 논거를 포괄적으로 재설명하지 않는다. 그 결과 어떤 곳에서는 언급할 수도 있는 말이지만 이를 모두 표현하지는 않는다는 것이다. 왜냐하면 독자들이 자신의 생각에 동의하고 있다고 가정하는 저자는 굳이 그런 공통된 견해에 대한 구체적 내용을 다시 말하려 들지 않는다.[4]

바울이 그리스도의 선재성과 성육신에 대해 언급할 때 이러한 사실을 기정사실로 간주하고 있다는 기본적인 사실을 미루어 보면, 이러한 통설을 재확인시키려는 바울의 방법이 상당히 다양하다는 사실이 매우 인상적이다. 하지만 그 본질은 언제나 동일하기 때문에 일관성을 띤다. 여기서 다양성이란 각 편지의(또는 한 서신서의 일부 구절의) 조건적 상황과 직접적으로 관련이 있다.[5] 그래서 바울은 직설법이나 은유를 사용하여 교회 회중이 공통적으로 믿고 있는 기본 전제에 담긴 다양한 함의를 상기시키고 있다. 즉 그리스도께서는 하나님의 선재하신 아들이시며 "우리 사람들과 우리의 구원을 위해" 성육신 하셨다는 전제다.

2. 창조와 구속의 대리자이신 그리스도

두 개의 본문이 이 카테고리에 속한다. 고린도전서 8:6과 골로새서 1:15-20은 창조와 구속에 관한 그리스도의 역할에 대해 공통된 표현을 담고 있다(두

---

3) 이 문제와 Dunn에 대한 직접적인 반론을 위해서는 A. T. Hanson, *Image*, 59-76을 보라.
4) 이러한 현상을 보여주는 좋은 예는 고전 8:6과 골 1:15-20을 비교해 보면 알 수 있다(아래를 보라). 고전 8:6의 군더더기 없는 내용에서 충분히 이해할 수 있지만 이를 더욱 상술하고 있는 골로새서는 고린도전서에 대한 우리의 해석이 옳음을 입증해 줄 뿐 아니라 그 전제적 근거가 단순히 고린도전서 본문만 가지고 가정하는 것보다 훨씬 더 확고하다는 사실을 증명해 준다. 예를 들어 골 1:13-20 중에서 13절에서는 하나님의 '사랑의 아들'이, 14-20에 나오는 내용의 주체라는데 기초하여, 고전 8:6에서 하나님을 '아버지로'로 표현하는 것을 미루어 볼 때 여기서 '그'는 아들을 가리키고 있다고 추측할 수 있다.
5) 위 주제를 논의할 때 자주 간과되는 바울 신학과 관한 중요 구분에 대해서는 Baker, *Paul the Apostle*, 22-36을 보라.

본문 모두 창조와 구속이 그분을 통해〈디 아우토, δι' αὐτοῦ〉이루어진다고 진술한다). 그러나 두 본문은 서로 다른 실천적 목적을 가지고 해당 문맥에서 기능하고 있다.

1) 고린도전서 8:6; 10:4, 9

바울이 유일신론을 강조하면서도 하나님 아버지와 그의 아들을 묶기 위해 유대교의 쉐마를 재구성하고 있는 본문(고전 8:6)에서, 쉐마에 나오는 "한 분이신 주"(=여호와)는 주 예수 그리스도와 동일하신 분이라고 그는 역설한다. 이러한 단언은 바울이 고린도 교인들의 시각에 동의하면서 이를 더욱 확장시키려는 문맥에서 나온다. 그들은 지금 유일신론을 열렬히 신봉하는 자들로서 이러한 신념에 근거하여 이방 신전에 참석하는 것이 아무런 문제가 없다고 주장하고 있다(그곳에는 신이 존재하지 않는데 금할 이유가 어디 있는가?). 바울은 물론 그들과 관련된 첫 번째 사안(유일신론)에 대해서는 전적으로 찬동한다. 그러나 두 번째 사안에 대해서는 절대로 그럴 수가 없다. 그래서 바울은 그들의 비논리적인 주장을 신학적인 근거를 대며 거부한다(10:14-22). 여기서 바울이 쉐마를 이용하여 주장을 개진하고 있는 까닭은 그리스도께서 위해 죽으신 이들인 그들이 이러한 이방 신전의 만찬에 참석하게 되면 그 약한 양심이 상하게 될 수밖에 없는 약한 이들을 위해서다(8:10-12).

동시에 그들을 구속하신 동일한 그리스도께서 선재하신 창조자(preexistent Creator) 역할을 감당하셨다는 역설은 바울이 10:1-13에서 창조에 관한 주제를 주장하는 데 있어 준비 작업 기능을 한다. 바울이 볼 때 고린도인들은 구약에서 하나님께서 버리셨던 이스라엘과 똑같은 위험에 처해 있다. 실제로 선재하신 그리스도 즉 쉐마에 나오는 "한 주"는 "저희를 따르는 신령한 반석"으로 이스라엘과 함께 하셨다(10:4). 그리고 이스라엘이 광야에서 시험했던 바로 그 선재하신 그리스도께서 그들이 뱀에게 멸망당하도록 하셨다(10:9). 그러므로 그리스도께서 이스라엘로 하여금 약속된 땅에 들어가는 것을 보장하시지 않았다면, 고린도인들은 그들의 우상 숭배에 대한 관심에 대해 유의할 필요가 있다.

신학적으로 좀 더 심오하게 선재하는 아들[6]을 창조의 대리자(agent of

---

6) 각주 4번을 보라. 하나님을 아버지로 부르는 것의 기원이 바울에게 있어 우리 아버지

creation)로 정의내림으로써 바울은 그분이 본질적으로 신성을 지니신 분이심을 단언한다. 왜냐하면 유대인들은 한결같이 한 분 하나님을 여타 '신들'에 대하여 유일한 창조자이며 만물을 다스리는 통치자로 고백하고 있기 때문이다.[7] 그래서 그리스도를 구속의 수단으로 고백하는 것도 중요하지만 창조의 신적 대리자로 고백하는 것이야말로 그분을 바울이 새롭게 이해하는 "한 분 하나님"의 영역에 명확하게 포함시킨다.

바울이 거리낌 없이 자연스럽게 쉐마의 범위를 확대해서 그리스도를 포함시키고 있다는 사실은, 하나님의 '유일성'에 아버지와 아들이 적용된다는 그의 관점이 특별한 상황 때문에 급조된 것이 아니라는 점을 의미한다. 이와 관련된 구절들이 표현되는 방식, 즉 시적 병행 구조 속에서 긴밀하게 압축된 어조로 표현되고 있는 점을 미루어 볼 때 바울은 근본적인 유일신론과 더불어 그리스도께서 신적 정체성(divine identity)[8]의 영역에 포함된다는 두 가지 중요한 개념을 동시에 언급하는 것이 이번이 처음이 아니다. 그러나 바울 신학에 이러한 표현의 기원이 발생한 시점이나 그 방법과는 상관없이, 여기서 중요한 점은 현 본문이야말로 바울이 그리스도를 하나님의 선재하신 아들이라 고백하는 가장 이른 예문이자 가장 흥미로운 예문이라는 점이다. 이러한 단언을 하는 암시적 이유는 바울이 고린도 교회의 "약한" 신자들을 구원론적인 차원에서 우려하고 있다는 데에서 찾을 수 있다.

물론 그리스도의 선재성에 대해 명확히 밝히고 있는 본문의 의미를 회피하려는 입장을 취하는 이들도 있다.[9] 그러나 이러한 거부적 견해는 석의적으로

되신 하나님이 아닌 "하나님은 우리 주 예수 그리스도의 아버지"라는 하나님의 새로운 신분과 관련되어 있다(고후 1:3; 11:31; 엡 1:3). 그러므로 본문에서 바울이 '한 분이신 하나님'을 아버지와 동일시 할 때 그리스도께서 '아들'이라는 사실이 전제되어 있다.

7) 이 문제에 대해서는 Bauckham, *God Crucified*, 9-13을 보라
8) Ibid., vii-x, 25-42을 보라. '정체성'(identity)이라는 말은 삼위의 신격을 '선택'의 문제로 여기게 한다. 그래서 이러한 '존재론'은 주요 개념이 아닌 파생적 개념이다.
9) 일부가 실제 이러한 주장을 펼치며 전체 본문은 오로지 구원론적인 의미를 지니고 있다고 말한다(3장의 각주 15번을 보라). 그리스도를 의인화된 지혜로 생각하는 이들은 지혜만이 선재했으며 사람이었다가 높임 받으신 그리스도는 단지 그 지혜와 동일시되는 것뿐이라고 주장한다(3장의 무기〈pp. 179-185〉와 부록 A의 논외〈pp. 875-877〉를 보라). 그러나 이 본문에서는 의인화된 지혜에 대한 언급이 전혀 없다. 그리고 바울이 1:24에서 고린도인들이 헬라인들의 지혜에 대한 탐닉을 선호하는 것에 대하여 십자가에 달리신 메시아께서 하나님의 능력이며 하나님의 지혜라고 역설하는 것으로부터 지혜라는 개념을 본문으로 끌어들이는 것은 1:24의 의미와는 완전히 다르게 잘못 '해석'하는 것이다. 사실상 본문은 분명히 그리스도 주에 대해 설명하고

큰 어려움에 직면하며,[10] 본문의 평범한 의미를 회피하는 데에 치중함으로써 바울이 이러한 단언을 내리는 문맥적인 이유를 소홀히 하는 우를 범하게 된다. 더욱이 이러한 입장은 바울이 그리스도를 쉐마에서 말하는 여호와와 같은 분이신 '주'로 명명하는 이유를 놓치고 있다. 쉐마가 원래 주어진 이스라엘과 그리스도께서 이미 함께 하고 계셨기 때문에 바울이 그렇게 명명하는 것인데 말이다. 고린도전서보다 후대에 기록된 골로새서 1:15-20이 그리스도의 선재성을 상술하고 있는 데서 선재성의 타당성은 더욱 분명해지며, 동시에 고린도전서의 압축된 관련 진술을 어떻게 이해해야 하는지에 대한 명확한 길을 제시한다.

마지막으로 이렇게 두드러지는 기독론적 단언이 어떤 면에서는 본문의 주장에 대해 필요하지 않다는 점을 유념해야 한다. 왜냐하면 본문에서는 지금 기독론적인 내용이 문제가 되는 것이 아니기 때문이다. 실제로 하나님 아버지께만 드리는 송영이 담긴 로마서 11;36을 보면 엑스 아우투 카이 디 아우투 카이 에이스 아우톤(ἐξ αὐτοῦ καὶ δι' αὐτοῦ καὶ εἰς αὐτὸν, 〈만물이〉 주에게서 나오고, 주로 말미암고, 주에게로 돌아감이라))라는 구문 전체가 위와 같은 기독론적인 수정 없이 그대로 나타난다. 그러나 바울의 기독론적 단언이 본문의 주장에 담긴 윤리적, 신학적 측면을 유효하게 만들기 때문에, 이러한 기독론적 단언에 담긴 개념이 바울과 고린도 교인들이 함께 기정사실로 받아들이고 있는 한, 현 본문의 주장에 중요한 영향을 미칠 것이라고 생각한다.

2) 골로새서 1:15-20

바울은 마치 고린도전서 8:6의 두 행을 상술하고 있는 것처럼 보이는 두 연으로 구성된 시구(詩句)로 하나님의 아들이 창조와 구속에 있어 신적 대리자

있는데 이것을 '지혜'에 대한 구절이라고 주장하는 것(잘못)은 바울과 그의 교회가 그리스도는 하나님의 선재하신 아들이라고 믿었다는 사실을 암묵적으로 인정한다는 뜻이다.
10) 창조 개념을 나타낸다는 사실을 부정하는 입장이 직면하는 난점에 대해서는 3장의 각주 15번(p. 163)을 보라. 그리스도를 지혜와 동일하게 보기는 어렵다는 주장에 대해서는 바로 위에 있는 각주(특히 1:24에 대한)를 보라. 그리고 부록 A에서 지혜와 관련된 구절을 석의하면서 지적한 것처럼 '지혜'는 지혜 문서에서 단 한 번도 창조에 개입한 실제적 *대리자*로 기술된 적이 없다. 의인화된 지혜는 오로지 현재 존재하고 있다고 생각하며, 이는 창조가 지혜롭게 디자인되었다는 점에 의해 입증된다.

임을 다시 한 번 역설한다(골 1:15-20). 바울은 그 두 행을 정교하게 확장시키면서 그리스도를 옛 창조와 새 창조의 출발점에 놓는다. 여기서도 그리스도의 신분은 정확히 "하나님의 사랑의 아들"(1:13)로 정의된다. 그분은 보이지 않는 하나님의 "형상"이시며(15절) 모든 창조 질서의 기원이자 목적이시다(16절). 동시에 그리스도는 "먼저 나신 자"로서 첫째는 모든 창조물보다 먼저 나신 자이며(15절) 둘째는 죽은 자들 가운데서 먼저 나신자시다(18절). 그러므로 처음 창조의 대리자셨고 새 창조의 "으뜸"이 되시는 하나님의 아들(18절)께서 "그의 십자가의 피로 화평을 이루사" 모든 만물로 하여금 자신과[11]화목케 하셨다.

바울은 열심을 다해 그리스도를 모든 "권세들"보다 뛰어난 최고의 자리에 놓으며 창조와 관련한 그리스도의 역할을 두 가지로 상술한다. 첫째는 바울이 로마서 11:36에서 하나님을 가리킬 때 사용하는 세 개의 전치사 중 두 개를 그 아들에게 사용한다(디아/에이스⟨διά/εἰς, 통해/위해⟩). 둘째로 포괄적인 개념으로 사용되는 엔 아우토(ἐν αὐτῷ, 그 안에)를 두 번 사용하여 창조와 창조된 세계를 유지하는 것과 관련한 그리스도의 역할을 설명한다. 따라서 하나님의 아들 그리스도는 창조자이실 뿐 아니라 피조된 모든 만물이 존재하는 공간이 되신다.[12] 이를 수사학적 표현으로 강조해 보면 그리스도는 보이지 않는 하나님의 형상이시며, 장자권을 소유하신 아들이시다. 또한 모든 만물이 그 아들을 통해서 그리고 그 아들 안에서 존재하며, 그 아들은 부활하심으로써 화해를 위한 죽음을 통해 이루어진 새 창조의 시작이 되신다.

이렇게 그리스도 중심적인 강조는 구속에 관한 연(stanza)에서 계속된다. 이 경우 성육신에 대해서도 동일하게 강조가 나타난다. 완전한 신성 즉 하나님을 의미하는 "모든 충만"이라는 완곡어법을 사용하여 바울은 성육신하신 그리스도 안에 그 "충만"이 내재한다고 역설한다. 그래서 그리스도는 만물을 자신, 함축적으로는 하나님과 화목케 하실 수 있으시다.[13]

본문의 경우 바울이 세운 교회가 아니기 때문에 고린도전서 8:6에 나오는

---

11) 1:19-20에 나오는 재귀 구문 에이스 헤아우톤(εἰς ἑαυτόν)에 대한 올바른 이해에 대해서는 7장(pp. 471-474)을 보라.
12) 이 모든 것이 분명하게 강조되고 있기 때문에 일부는 바울의 저작을 부인함으로써 바울 신학에서 그리스도의 선재성을 배제할 수도 있을 것이다(이러한 입장이 왜 부적절한지는 7장의 각주 2번을 보라). 다른 형태의 반론에 대해서는 앞의 각주들을 보라.
13) 이러한 입장(그리스도는 만물을 자신과 화해시키고 있다)에 대한 전체적인 내용을 위해서는 7장(pp. 468-475)을 보라.

보다 압축적인 진술을 자세히 설명하고 있음을 주목할 필요가 있다. 전체 본문을 보면 바울은 골로새 교인들이 자신과 같은 생각을 하고 있기를 기대하고 있다고 추정되지만, 동시에 만일 바울이 자신이 상정하는 기독론을 의도적으로 소개하고 있다면 본문이야말로 바울 서신에서 발견할 수 있는 본문 중 가장 흡사하다. 그럼에도 본문의 시적 특성과 16b절에서 권세에 대한 구문들이 명백히 추가된 점을 미루어 볼 때, 바울은 여전히 자신과 그의 독자들이 견해가 일치한다는 가정 하에 그리스도를 소개하고 있다.

3) 골로새서 2:9

바울은 2:6에서 관심을 골로새 교인들의 상황으로 돌리면서 일련의 명령문으로 말을 꺼낸다. 첫 번째 명령문은 긍정문으로서 그들이 받은 "그리스도 예수 주 안에서 행하라"고 말한다. 다음 명령문은 부정문으로 현재 그들을 위협하고 있는 "헛된 철학"을 주의하라고 명한다. 이러한 철학은 그리스도가 아닌 세상의 스토이케이아(στοιχεῖα, 초등 학문)를 추종하는 것이다. 바울은 "그리스도를 좇는 것"이 어떤 의미인지를 규명하면서 1:19에서 말했던 내용을 다시 언급한다. 그러나 여기서 그는 성육신이라는 개념을 강조하는 일에 집중한다. 바울은 다시 역설하기를 "그(그리스도) 안에는 신성의 모든 충만이 육체로 거하시고"라고 한다. 이 축약된 구문은 분명히 1:19을 재언급하는 본문이기 때문에 1:15-20에서 말하는 선재성에 대한 강조를 전제하고 있지만, 세상에 신으로 임재하셨던 그리스도께서 진정으로 성육신하셨다는 점을 특별히 부각시키면서 선재성을 상세히 설명하고 있다.

이러한 진술이 당시 골로새교인들이 범했던 잘못과 어떤 관계가 있는지에 대해서는 논란이 일고 있다. 단지 필자의 논지는 그리스도께서 실재로 '육신을 입었다는 것'이 포함되지 않는 '영적인' 해석을 "육체로"라는 추가적 표현이 얼마나 강력히 부정하는지를 유념하자는 것이다. 여기서는 명확히 언급되어 있지 않지만 하나님의 아들을 창조와 구속의 대리자로 규정하는 앞의 본문은 그리스도의 선재성이 전제되었다는 사실을 확고히 하고 있다.

3. "가난하게 되신" 구원자로서의 그리스도

두 개의 '선재성' 구문(고후 8:9; 빌 2:6-8)에서 바울은 전례 없이 강력한 은유적 표현으로 성육신을 설명하고 있다. 이 은유가 강조하는 개념은 그리스도께서 사람이 되시면서 경험하셨던 "가난하게 되심"이다. 두 본문은 그리스도가 바울의 독자들이 실천해야 할 행위의 패러다임이라고 제시한다. 그리고 여기서 사용된 은유가 매우 강력하면서도 어법 자체가 매우 분명하기 때문에 선재성과 성육신을 무시하는 해석은 허용되지 않는다.

1) 고린도후서 8:9

이 본문은 고린도인에게 하여금 예루살렘의 가난한 이들을 계속해서 돌보라는 호소 역할을 한다. 바울은 이러한 호소가 '명령'이나 '강요'로 보이지 않도록 이전과 비교해 볼 때 전혀 다른 어조로 그들의 사랑의 진실함을 테스트하려 한다고 말한다. 바울의 마지막 호소는 그들을 위한 그리스도의 성육신과 구속에 대해 은유로 설명하는 내용으로서, "우리 주 예수 그리스도의 은혜를 너희가 알거니와 부요하신 자로서 너희를 위하여 가난하게 되심은 그의 가난함을 인하여 너희로 부요케 하려 하심이니라"라고 역설한다. 그래서 "너희를 위하여 가난하게 되심"이라는 진술은 그리스도의 성육신에 대한 은유적 표현이다.[14] 그리고 "그의 가난함을 인하여 너희로 부요케 하려 하심이니라"는 구절 역시 고린도 교인들을 위한 그리스도의 십자가를 통해 얻게 된 유익을 나타내는 은유다.

곧 다루게 될 '연보' 문제와 마찬가지로, 여기서도 바울은 그리스도께서 직접 말씀하신 '은혜' 즉 그리스도께서 성육신하심(자연스럽게 그분의 십자가로 연결되는)으로써 보여주신 지극히 큰 '관대하심'(generosity)에 직접적으로 호소한다. 하나님과 함께 계셨던 분의 성육신은 다른 이들(고린도 교인들을 포함하는)을 부요케 하신 "가난하게 되심"으로 밖에 표현할 길이 없다. 그러나 바울이 주장이 목적하는 것은 그들이 "가난하게 되는 것"이 아니다. 그들도 그리스도의 엄청난 관대함에 근거하여 가난한 이들을 끝까지 기쁜 마음으로 돕

---

14) 이 본문이 바울의 '아담 기독론'을 반영하고 있다는 견해가 부적절하다는 점에 대해서는 4장의 각주 13번을 보라.

도록 하는 것이다. 사실상 그들이 그렇게 돕는다고 해서 그리스도의 경우처럼 가난하게 되지는 않는다.

재차 말하지만 이러한 은유적 표현은 바울과 고린도 교인들이 그리스도를 선재하셨으나 성육신하신 분으로 함께 고백하고 있을 때만 제 기능을 발휘한다. 이렇게 간결하고 긴밀하게 짜인 은유적 본문(상세히 서술되었다면 느슨해졌을)이 바울이 고린도전서 8:6을 써서 보냈던 바로 그 신앙 공동체에 전달되었다.

2) 빌립보서 2:6-8

빌립보서 2:6-11에 나오는 그리스도에 대한 진술은 바울이 빌립보에 있던 신앙 공동체의 내적 관계에 대해 개인적 관심을 신적 사례를 이용하여 강조하는 것을 주목적으로 하고 있다. 그는 3절에서 "아무 일에든지 다툼이나 허영으로 하지 말고"라고 당부한다. 빌립보교인들은 이와 정반대의 마음, 즉 그리스도께서 사람들과 같이 되시고(6-7절) 십자가에서 죽으심으로써(8절) 보여주신 마음을 품어야 한다.

바울은 이러한 목적을 가지고 그리스도에 대한 진술을 힘있는 필체로 전개한다. "근본 하나님의 '본체'"로 하나님과 더불어 선재하셨음을 시작으로, 하나님과 본질적으로 동등하셨던 그리스도께서 이기적인 마음으로 자기 것을 취하거나 붙들지 않으셨다고 바울은 역설한다. 이와는 반대로 그리스도께서 "오히려 자기를 비워(하나님의 동등성과 관련) 종의 형체를 (성육신과 관련)" 선택하셨음을 강력한 은유로 강조되고 있다. 바울은 이 구문의 의미를 명확히 하려고 은유적 표현을 사용하지 않고 "사람들과 같이 되었고"라며 그분의 선재성을 있는 그대로 진술한다.[15]

그리고 바울은 그리스도께서 진정으로 인성을 지니셨음을 지적하는 앞 구절을 반영하는 문장으로 그리스도의 성육신이 사실임을 강조하기 시작한다. 그분은 사람들이 인식할 수 있는 모습으로 '나타나셔서' 자기를 비워 십자가에서 죽기까지 하나님 아버지께 복종하신 분이시다. 바울이 볼 때 이 모

---

15) 20세기 신약학계의 성향이 그 어느 때보다 특이했던 시절에 Oscar Cullmann은 그리스도께서 선재하신 거룩한 *사람*, 즉 "선재하신 가운데 이미 하나님의 사람"이었다고 주장했다(*Christology*, 177). 이러한 주장은 본문을 읽기도 전에 하나님의 절대성을 전제하는 신학을 견지하고 있는 사람들의 전형적인 특징이다.

든 것은 빌립보 교인들이 "오직 겸손한 마음으로 각각 자기보다 남을 낮게 여기고 각각 자기 일을 돌아볼뿐더러 또한 각각 다른 사람들의 일을 돌아보도록" 자극하기 위함이다(3-4절). 본문에 드러나는 그리스도의 성육신에 대한 암시적, 명시적 강조를 유의하지 않는 해석은 바울이 서술하고 있는 진술의 문맥을 전혀 고려하지 않는 해석이다. 9장에서도 언급했듯이 문법과 문맥 모두 이러한 해석을 허용하지 않는다.[16] 이미 사람이었고 단지 사람인 대상에게 "사람들과 같이 되었고"라고 말하지 않는 것이다.

다시 말하지만 이러한 개념은 특별한 논증이 필요 없는 공유된 신념이기 때문에 바울은 그리스도를 모범적인 패러다임으로 삼을 수 있다. 빌립보 교회가 1세기의 40년대 말에 세워졌다고 가정한다면 바울이 빌립보서를 기록하기 이전에 이미 많은 신앙 공동체에서 이러한 신념을 공유하고 있었을 것이다.

3) 디모데후서 1:9-10

필자는 이 본문에 대한 논의를 통해 바울의 저작을 부정하거나 찬동하려는 것은 아니다. 디모데후서가 신약 정경에 남아있는 역사적인 이유는 18세기까지 교회가 이 서신의 저자를 바울로 믿고 있었기 때문이다. 본문을 현 논의의 대상으로 삼은 이유는 여기에 나타나는 기독론이 비록 독특하게 표현되고 있긴 하지만 여전히 바울 신학과 일치하고 있다는 점을 언급하기 위해서다.[17]

---

16) 추가적으로 주목해야 할 것은, 하나님께서 사람이 되셨다는 말이 어떤 뜻인지를 강력하게 표현하는 은유가 만약 아담 이야기를 반영하고 있다면 그 의미가 제대로 전달될 수 없다는 점이다. 왜냐하면 아담은 하나님의 '본체'도 아니었고 하나님과 동등하지도 않았기 때문이다. 그래서 죄에 굴복한 아담은 "자기를 비어" 타락한 "종의 형체를" 가졌으며 부정적 의미의 '사람'이 되었다. 창세기 2-3장이 반영 되고 있다면 그저 개념적인 반영이다. 신적 신분을 지니신 그리스도께서 사람이 되기로 하셨지만, 하나님의 형상대로 *창조된* 아담과 하와는 신적 특권을 추구하다 결국 타락하게 되었다. 그러나 여기서 유비적 요소를 더 많이 발견하려면 엄청난 정교함을 필요로 하며 내러티브 자체에서는 명시되지 않는 부분을 창세기에서 찾을 수 있는 능력이 요구된다. 이 본문에 대한 9장의 부기(pp. 583-586)를 더 보라.

17) 여기서 사용되는 단어가 바울의 단어가 아니라는 주장은 정확한 지적이 아니다. 왜냐하면 본 장에서 고찰하고 있는 각각의 본문들은 갈 4:4-7과 롬 8:3-4을 제외하고는 서로 매우 독특한 관계를 유지하고 있기 때문이다. 따라서 독특한 단어 사용이나 표현은 여기서 그리 중요하지 않다. 중요한 것은 이러한 어법으로 표현되는

"가난하게 되심"이라는 모티브가 본문에 드러나진 않지만 그리스도의 선재성과 성육신의 진정성이 다시 한 번 강조되고 있다. 그리스도의 선재성은 "하나님께서 우리를 구원하사…오직 자기 뜻과 영원한 때부터 그리스도 예수 안에서 우리에게 주신 은혜대로 하심이라"는 구절에서 명시되고 있다. 그분의 성육신은 "이제는 우리 구주 그리스도 예수의 나타나심으로 말미암아 나타났으니"라는 구절에서 잘 드러난다. 그래서 본문에서는 전형적인 바울의 관심사가 다시 한 번 표현 되고 있다. 그리스도께서는 하나님과 선재하셨으며 구속을 위해 인류 역사 속으로 성육신 하셨다.

4. '보내심을 받은' 하나님의 아들

마지막으로 갈라디아서 4:4-5과 로마서 8:3과 같은 '보내심' 구절은, 고린도전서 8:6과 골로새서 1:15-20에서 명시하는 내용과 더불어 고린도후서 8:9과 빌립보서 2:6-8에서 동일하게 나타나는 강력한 함의에 비추어 해석되어야 한다. 이 두 구절을 석의하면서 지적했던 것처럼 문법과 문맥을 고려할 때 본문은 성육신과 관련된 구절로 이해할 필요가 있다. 두 본문은 모두 그리스도와 성령께서 율법 준수를 불필요하게 만들었다는 바울의 관심사를 다루는 문맥에 위치하고 있다. 그러므로 이 둘은 본질적으로 구원론을 이야기하고 있는 구절이다. 여기서 바울은 하나님께서 "그의 아들을 보내사" 율법과 죽음의 노예가 된 인류에게 자유를 주셨다고 역설하고 있다.

1) 갈라디아서 4:4-7

본문은 갈라디아서 전반에 걸쳐 개진되는 바울의 유일한 관심사에 대한 기독론적, 구원론적 기반을 제공한다. 갈라디아 이방인들은 이제 그리스도 안에 있으므로 더 이상 "율법 아래" 있을 필요가 없게 되었다. 그래서 본 서신은 이러한 관심사를 바탕으로 구성되어 있다. 바울이 여기서 다양한 방법으로 주장하고 있는 것과 같이, 하나님의 시대가 그리스도를 통해, 특별히 십자가에서 행하신 그분의 구속 사역을 통해 도래했다.

기독론이다.

제12장 그리스도, 선재하시고 성육신하신 구주

바울은 그리스도와 성령의 사역을 하나로 묶으려는 의도로 택한 것으로 보이는 용어를 사용하여 "하나님이 그 아들을 엑사페스테이렌(ἐξαπέστειλεν, 보내사)"이라고 말한다. 이에 대한 반론도 간간이 제기되지만[18] 이러한 내용이 그리스도의 선재성에 대한 역설이라는 점과 신성하신 하나님의 아들이 구속을 이루기 위해 아버지로부터 보내심을 받았다는 사실을 두 가지 요소가 가리키고 있다.

첫째로, 엑사페스텔로(ἐξαπέστελλω)라는 동사 자체에 선재하고 있던 존재를 보낸다는 의미가 담겨있다고 말할 수는 없지만,[19] 그렇게 동사 자체만 따로 분리시켜 볼 필요는 없다. 왜냐하면 바울이 그 다음 문장을 시작하면서 "하나님이 그 아들의 영을 보내셨다"는 개념에 대해 정확히 똑같은 이야기를 하고 있기 때문이다. 바울은 4-5절의 내용과 병행을 이룰 뿐 아니라 밀접하게 연결되어 있는 구절에서, 시편 104:30을 상기시키는 표현을 사용하여 "하나님이 그 아들의 영을" 우리 마음 가운데 보내셔서 아바 아버지라 부르게 하셨다고 진술한다. 이를 통해 하나님께서 이전에 "보내셨던" 아들을 통해 약속되었던 "아들의 명분"(sonship)을 확증한다. 여기에 나타나는 두 번의 보내심 중 하나님께서 그의 아들의 영을 보내셨다는 두 번째 경우는 아들의 영과 동일한 의미의 하나님의 영이 선재한다는 사실을 가리키고 있다. 여기서 바울은 그리스도를 보내신 첫 번째 보내심 역시 그리스도의 선재성을 전제하고 있는 것이다.[20]

---

18) 특히 이 단어에 대한 일련의 (옳은) 관찰을 통해 주장을 개진하는 Dunn(*Christology in the Making*, 38-44)은 위의 표현이 그리스도의 선재성을 명확히 드러내지도(물론 이 주장은 옳다) 전제하고 있지도 않다고 본다. 이 문제에 대해서 Dunn의 견해를 무비판적으로 수용하고 있는 것처럼 보이는 Tuckett(*Christology*, 51-52)을 참조하라. 이러한 입장이 지니고 있는 난점에 대해서는 6장의 논의(pp. 339-340)를 보라. Kasper, *Jesus the Christ*, 173과 대부분의 주석을 참조하라.

19) Dunn(*Christology in the Making*, 39)이 이렇게 시작하고 있다. 실제로 그의 주장은 이러한 사실을 입증할만한 증거를 여러 문헌들을 면밀히 조사한 결과 나온 것이며, 모든 학자들이 이 지적에 쉽게 동의한다. 그러나 Dunn이 암시하는 것처럼, 위 동사가 선재성이 내포된 '보내심'을 반드시 의미한다고 *볼 필요가 없기* 때문에 그런 의미는 *거의 없다고* 보는 것이 옳다는 생각에 대해서는 유의할 필요가 있다. 본문 전체를 보면 이와는 반대되는 증거를 제시하고 있다. 왜냐하면 해당 동사가 하늘에 계신 존재가 보냄을 받았다는 뜻일 수도 있으며, 특히 6절에서 나타난다는 사실 자체가 이미 그러한 의미를 실제로 지니고 있음을 암시한다.

20) 참조로 F. F. Bruce는 "여기서 말하는 성령이 하나님의 보내시기 전의 성령이라면, 그의 아들도 아마 하나님의 보내시기 전의 아들이다." *The Epistle of Paul to the Galatians: A Commentary on the Greek Text* (NIGTC; Grand Rapids: Eerdmans,

둘째는, 여기까지 개진된 바울의 전체 주장과 마찬가지로 그리스도의 사역은 객관적이며 역사적인 실재(reality)라는 점이다. 하나님께서 계획하신 시간에 그리스도께서 인류의 역사 속에 오시되(여자에게서 나시되) 하나님의 백성 가운데로 오셔서(율법 아래 나셔서) 그들에게 "아들의 명분"을 주심으로써 율법 준수로부터 그들을 자유롭게 하셨다. 일면 불필요하게 보이는 "여자에게 나신 것"이라는 구문은 사실 중요한 표현이다. 바울의 주관심은 뒤따르는 두 구문, 즉 "율법 아래 나게 하신 것은 율법 아래 있는 자들을 속량하시고"에 담겨 있다. 바울이 처음에 그리스도께서 "여자에게서 나시고"라고 언급하는 의도는 그리스도의 선재성이 본문 전체의 술어(predicate)라는 점을 인식할 때만 이해할 수 있다고 본다. 여기서 바울이 강조하고자 하는 것은 이전의 이방인들이 종속되어 있던 비역사적이며 초시간적인 "세상의 초등 학문"(3절)과 두드러지게 대조되는 그리스도의 성육신이다.

2) 로마서 8:3-4

7:4-6에서 논증하던 부분을 거론하여 율법이 악한지의 문제에 대한 장황한 '여담'(digression)을 결론 맺는 문장에서, 바울은 2절에서 언급한 '세 번째 법'(7:22-23 참조)을 상술하고 있다. 즉 생명을 주신 성령께서 그리스도의 구속 사역에 근거하고 있다는 것이다. 바울은 율법 준수를 무의미하게 만드신 그리스도의 역할을 언급하면서 다시 한 번 하나님께서 구속을 위해 그 아들을 보내셨음을 말하는데, 여기서 갈라디아서 4:4-5이 떠오르는 표현을 사용하고 있다.

그러나 여기서 바울은 "육신에 죄를 정하신" 하나님의 견지에서 그리스도의 사역을 설명한다. 여기서 우리는 일종의 이중적 의미(double entendre)를 발견한다. "육신으로" 죽으신 그리스도의 죽음을 통해 하나님께서는 우리 "육신" 가운데 있는 죄를 사하셨다. 어떻게 이러한 일을 이루셨는지는 바로 "죄를 인하여 자기 아들을 죄 있는 육신의 모양으로 보내어"라는 수식어구의 논지가 된다.

그리스도의 선재성과 성육신에 대해서 바울은 이를 입증하고자 논증하지 않으며, 그러한 이해가 바울이 말하고자 하는 논지에 대해 본질적으로 가장

1982), 195.

중요하다고 할 수도 없다. 그럼에도 두 개념은 바울의 용어 사용에 있어 자연스럽게 전제되어 있는 개념이다. 특히 "자기 아들을" "죄 있는 육신의 모양으로," "보내셨다"는 삼중으로 결합된 표현에 전제되어 있다. 이 구문이 모여 그리스도께서는 보내심을 받기 전에 "육신"가운데 계시지 않았다는 사실을 암시하고 있으며, 특히 본서에서 집중적으로 고찰하고 있는 다른 본문에서 바울이 확신하는 그리스도의 선재성과 성육신에 비추어 볼 때 그렇다. 여기서 눈여겨볼 점은 "자기의"(his own)가 강조적 위치에 있는 톤 헤아우투 휘온 (τὸν ἑαυτοῦ υἱὸν), 즉 "자기 아들"(his own son)이라는 독특한 구문이다.[21] 이 말이 "양자"(adoption) 개념을 담고 있는 표현이라기보다는, 아들만이 가지고 있는 아버지와의 특별한 관계를 가리키는 표현이다. 동시에 이 말은 8:32에서 언급하는 아브라함과 이삭의 관계를 미리 암시하고 있기도 하다(갈 22:15 참조).

더욱이 "죄 있는 육신의 모양으로"라는 구문은 빌립보서 2:7의 "사람의 모양으로"와 더불어 우리 '육신'과 어떤 면에서는 유사하나 어떤 면에서 전혀 다르다는 점을 의미하고 있다.[22] 바울이 무엇을 말하려 하는지는 이 구문 자체에서 분명히 드러난다. 왜냐하면 바울이 만일 죄 가운데 있는 우리와 그리스도의 동일함을 말하려고 했다면 단순히 '죄 있는 육신으로'라고 하면 충분했을 것이기 때문이다. 따라서 여기서 그리스도의 선재성과 성육신이 바울의 말 속에 전제되어 있을 뿐 아니라, 그분은 죄가 없다는 점을 암시하고 있다.

3) 디모데전서 1:15; 2:5; 3:16

그리스도께서 실제로 "보내심을 받은" 분임을 알리는 서신에서 "바른 교훈"은 그리스도께서 보내심을 받았다는 개념을 강조하지 않고 오로지 그리스도에게만 초점을 두고 있다. 그래서 "그리스도께서 죄인을 구원하시려고 세상에 임하셨다"고 말한다. 이전 본문과 마찬가지로 여기서도 선재성이 눈에 띄지는 않는다. 그러나 이 본문을 석의하면서 시석했넌 것처럼 여기서 그

---

21) 같은 장 후반에 나오는 투 이디우 휘우(τοῦ ἰδίου υἱοῦ)를 참조하라(32절).
22) 참고로 BAGD(호모이오마⟨ὁμοίωμα⟩에 대한)는 "바울이 이 단어를 사용하는 이유는 그리스도께서 죄 있는 인간과 비슷하지만 완전히 똑같지는 않다는 사실을 부각시키기 위함이라고 말할 수 있다"고 언급한다.

리스도의 선재성이 전제되어 있지 않을 경우 그리스도의 구속적 죽음을 이야기 한다는 것 자체가 매우 어색해진다. 왜 단순히 '그리스도 예수께서 죄인들을 구하시려 돌아가셨다'고 말하지 않는가? 그 이유는 고린도전서 15:3이 밝히는 것처럼 본문과 같은 진술이야말로 가장 '교의적인'(creedal) 방법이기 때문이다.

"세상에 임하신" 그리스도에 대한 본문의 강조가 2:5과 3:16에서 성육신의 사실성을 특별하게 언급하며 재등장한다. 이러한 강조는 1:15에 대해 앞에서 해석했던 부분을 더욱 확고히 한다. 하나님과 인류의 유일한 중재자이신 분의 중보 사역이 온전히 사람이셨던 분에 의해 성취되었는데, 여기서 선재성과 성육신 개념이 함의되고 있다. 현 세 본문 중 앞의 두 구절을 이렇게 해석하는 입장은 3:16에 나타나는 시구의 첫줄, 즉 "그는 육신으로 나타난바 되시고"에서 완전히 확정된다. 이 마지막 구절을 석의하면서 지적했던 것처럼 여기서는 바울이 다루고 있는 이단의 배후에 있던, 물질세계를 부정하는 잠재적 가현주의(latent Doceticism)에 대한 반응을 강조하고 있다고 보는 것이 거의 확실하다. 이러한 사실은 본 장의 마지막 고찰로 자연스럽게 이어진다.

5. 바울과 성육신의 중요성

바울과 그의 교회가 함께 공유하고 있던 신념, 즉 그들의 구주이신 주 예수 그리스도께서 하나님과 선재하셨다가 구속을 이루시기 위해 "세상으로 보내심을 받았다"는 신념에 대한 증거를 어떻게 제시할 것인가? 그들의 신념이 사실이라는 점은 바울의 기독론에 대한 우리의 이해에 어떠한 영향을 미치는가?

가장 먼저 분명히 해둘 점은 바울은 그리스도 주께서 신성하다는 사실을 명확하게 이해했다는 사실이다. 그분은 단순히 신적 대리자가 아니었다. 바울의 기독론적 강조 대부분이 부활하신 주 그리스도의 현재적 다스림과 관련이 있다면, 그의 서신에 나오는 여러 구절들은 그리스도께서 오실 때 "신성의 모든 충만이 육체로 거하시게" 될 것임을 밝혀주고 있다. 그래서 바울은 그리스도의 충만한 신성을 입증해야 할 필요성을 느끼지 않는다. 오히려 이

제12장 그리스도, 선재하시고 성육신하신 구주   751

러한 개념은 주되신 그리스도에 대한 바울의 모든 진술에 전제되어 있다. 그리고 분명 이러한 전제 개념은 앞 장에서 논의한 바울의 '그리스도를 향한 헌신'을 상당 부분 설명해 준다. 물론 바울은 "나를 사랑하사 나를 위하여 자기 몸을 버리신 하나님의 아들"(갈 2:20)에 대해 자주 언급하지는 않는다. 그러나 여기서 바울이 그리스도를 "하나님의 아들"로 고백하고 있는 점을 미루어 볼 때, 그리스도의 사랑과 관련하여 바울을 압도하는 것은 단순히 십자가에서의 죽음과 관련 있는 것이 아니다. 여기서 바울이 감격하는 것은 선재하셨던, 즉 하나님의 신적 아들이 성육신 하시고 십자가에서 "나를 위하여" 죽으셨기 때문이다. 달리 말하면 바울이 볼 때 그리스도의 신성은 사소한 주제가 아니라는 것이다. 오히려 주에 대한 바울의 이해와 그분을 향한 바울의 헌신에 있어 가장 중요하다.

동시에 바울의 후대 서신에서 그리스도의 진정한 인성을 강조하고 있는데, 이러한 사실은 바울이 신적 아들이신 그리스도의 진정한 신성을 믿고 있다는 사실을 지지하고 있다. 골로새서와 목회 서신을 보면 이러한 신념이 강조되고 있으며, 이를 통해 우리는 바울이 그리스도의 죽음과 부활 후 한 세대가 흐른 후 두 번째 논쟁을 치룰 필요가 있다는 사실을 알게 된다. 즉 바울은 그리스도의 신성에 대한 그릇된 이해로 인해 그리스도께서 실제로 사람이셨다는 사실을 최소화하려는 이들과 설전을 벌여야만 했다.

골로새서나 목회 서신의 그 어느 구절에서도 가현설을 부정하는 내용이 부각되지는 않지만 가현설의 가능성을 언급하지도 예상하지도 않는다. 바울은 절대로 이러한 입장에 동조하지 않을 것이다. 그리스도께서 "사람과 같이" 또는 "죄 있는 육신의 모양으로" 오셨음을 말했다고 해서 그리스도의 몸이 우리의 것과 같은 실제(육체적인) 몸이 아니었다는 뜻으로 바울이 말하는 것은 아니다. 이러한 표현은 오히려 그리스도의 성육신이 사실임을 보존하려는 차원에서 사용된 것이다. 그리스도는 진정한 하나님이셨으며 진정한 인간의 삶을 사신 분이시다.

바울이 이렇게 표현하지 않았다 해도, 이러한 내용의 기독론이 위 진술들에 가정되어 있음이 거의 확실히다. 동시에 이러한 진술들과 더불어 바울이 두 번 언급했던 "오직 한 분이신 주, 한 성령, 한 하나님"(고전 12:4-6; 엡 4:4-6)이라는 고백과 또한 바울이 반복적으로 강조하던 고백 즉 우리 구원을 이루시는 신적 삼위(the divine Triad)에 대한 고백을 함께 결합시켜 이해해야 한다.[23] 바로 이러한 바울의 고백에 기초할 때, 역사적으로 후대에 살고 있는 우리들이 하나님은 오직 한 분이시나 아버지와 아들과 성령이 한 분이신 하나님의 신적 정체성에 동시에 포함된다는 신념을 가장 잘 표현할 수 있다.

---

23) 이 문제에 대해서는 Fee, *God's Empowering Presence*(관련 본문의 리스트를 위해선 p. 48 각주 39번을 보고, '삼위일체'적 함의에 대한 논의를 위해선 pp. 827-845)를 보라.

제13장

둘째 아담으로서의 예수님

바로 전 장에서는 그리스도의 성육신에 대해 언급하는 후대의 여러 본문에서 바울이 그리스도께서 성육신하신 역사적 사실을 강조하고 있다고 결론지었다. 본 장의 주요 목적은 이러한 결론을 좀 더 자세히 살펴보는 것이다. 특히 전통적인 기독교가 역사적으로 볼 때 아폴로나리우스주의(Apollonarianism)와 유사한 방향으로 흘러왔다. 즉 그리스도의 인성에 대해서는 이론적으로만 언급하고 실질적으로는 그분의 신성을 강조하느라 인성의 진정성은 부정하는 경향이 강했다. 동시에 많은 학자들이 이러한 논의를 전개해 나갈 때 바울이 그리스도를 "둘째 아담" 또는 "마지막 아담"이라고 언급하거나 암시하고 있다는 사실을 주목한다. 따라서 본 장의 상당 부분이 이 이슈를 다루는 데 할애될 것이다. 특히나 아담 기독론의 본질이나 범위라는 이슈가 모든 학자들이 동의하는 문제는 아니기 때문이다.

그리스도와 아담에 대한 주요 이슈는 이와 관련된 바울 자료에 대해 어떤 입장을 취하는가의 문제다. 어떤 학자들은 최소주의적(minimalist) 입장을 취하여 아담이 명확하게 언급되는 구절만 다룬다(고전 15:21-22, 44b-49; 롬 5:12-21). 한편 던이나 라이트와 같은 학자들은 최대주의적(maximalist) 입장을 취한다. 위 두 학자는 이 문제에 대해 서로 다른 방법론으로 접근하지만[1]

---

1) 특히 Dunn, *Christology in the Making*, 98-128과 *Theology of Paul*, 199-204을 보라. 이와는 다른 방법론을 사용하는 Wright, *Climax of the Covenant*, 18-40, 57-62, 90-97을 보라.

두 학자 모두 아담을 지칭하는 본문에서부터 출발하지 않는다.[2] 마지막으로 중도적(middling) 입장의 경우 관련 연구 범위를 위에서 말한 세 개의 아담 구절에 국한시키지는 않지만 바울 서신에서 어떤 구절이 그리스도와 아담을 비교하고 있는지에 대해서 매우 포괄적이지는 않다. 다만 그리스도와 창세기 1-3장에서 실제 사용되는 용어를 바울이 확실히 연결시키고 있다고 생각되는 구절에 한하여 연구 범위에 포함시킨다.[3]

이 중 세 번째 입장이 필자가 보기에 관련 자료와 가장 상응하는 방법론이라고 생각된다. 이를 증명하려면 바울의 '새 창조' 신학을 간략하게나마 다시 살펴 볼 필요가 있다. 왜냐하면 현 사안과 관련하여 다루어야 할 가장 중요한 이슈는 그리스도에 대해 바울이 에이콘을 어떻게 사용하고 있는지를 명확히 해야 하기 때문이다. 현 논의는 '새 창조'로부터 출발하여 아담을 명확히 언급하고 있는 바울 서신의 세 구절과 '형상'이라는 용어로 아담을 암시적으로 가리키고 있는 구절을 고찰하고자 한다. 이를 통해 본 장은 바울의 강조 개념으로 인식되고 있는 내용에 대해 다른 시각으로 끝맺으려 한다. 바울이 그리스도를 선재하셨고 지금은 하나님의 우편에서 앉아 계신 만물의 주로 이해하고 있지만, 그가 그리스도를 구주라 고백할 때는 그분의 진정한 인성을 때로는 강조하기도 하지만 주로 전제하고 있다.

1. 바울과 새 창조 신학

적어도 바울 서신의 세 구절을 보면 행위적인 변화를 목적으로 하는 논증

---

2) Dunn의 논의는 아담이 타락한 이후 '한 사람'(man)이 지게 된 곤경에서부터 출발한다. 그래서 로마서 1:18-34을 창세기 2-3장에 비추어 해석한다(이렇게 하는 것이 옳다고 본다). 그러나 이 로마서 구절에 나오는 복수형인 '사람들'(안드로포이⟨ἄνθρωποι⟩)이 아담을 가리키는 단수로도 볼 수 있다고 추정하며 관련 본문을 그렇게 해석한다. Wright의 경우 창세기에 나타나는(그리고 다른 구약 문헌에서도 나타나는) 아담과 아브라함 사이에 있는 의도적인 문자적 연관성과 아브라함부터 이스라엘에 이르는 연관성을 논의의 출발점으로 한다(필자가 보기에 훨씬 타당하다).
3) 이러한 노선을 택하는 주요 원인은 바울의 용어 사용이 매우 한정되어 있으며 각각의 경우에서 그리스도와 아담 유비를 사용하는 이유가 기독론이 아닌 구원론과 관련되어 있기 때문이다. Matera, *New Testament Christology*, 95를 참조하라. Matera(124-25)는 빌 3:20-21에서 아담 기독론을 찾으려 하지만 그다지 신빙성이 없다.

이 근거하고 있는 것은 바로 그리스도께서 오심과 더불어 특별히 그분의 죽음과 부활을 통해 하나님께서 이사야 65:17-25에서 약속하신 '새 창조'를 시작하셨다는 사실이다.[4] 여기서 특히 두 본문이 논의에 있어 중요한 출발점이다. 우선 고린도후서 5:14-17을 보면, 바울의 사도성과 더불어 그가 전하는 십자가에 달리신 메시아 복음에 대해 의문을 제기하는 고린도인들과 바울이 대면하고 있다. 바울은 그리스도의 죽음과 부활로 인해 주어진 새 창조가 이전의 모든 시각을 무효로 했다고 주장한다(카타 사르카〈κατὰ σάρκα, 육체대로〉).[5] 그리스도의 죽음은 곧 모든 인류가 사형 선고를 받았음을 의미하기 때문에(14절), 죽음으로부터 일어나 생명(하나님의 새 질서 속에서)을 얻게 된 이들은 이제 그들을 위해서 돌아가셨다가 다시 사신 분을 위해 살아야 한다(15절). 그 결과 그리스도나 또는 사람이나 사물을 "육체대로" 바라보는 시각은 더 이상 유효하지 않다고 바울은 계속해서 주장한다(16절). 그리스도 안에 있다는 것은 새 창조의 영역으로 들어갔음을 의미하기 때문이다. 이전 것은 지나갔고 새 것이 왔다(17절). 여기서 바울은 이러한 급진적인 새 질서에 근거한 시각(십자가로 각인된 삶)이 그가 행하고 생각하는 모든 것의 중심에 자리 잡고 있음을 매우 명료하게 진술하고 있다.

이러한 사실은 두 번째 본문과 자연스럽게 연결된다. 십자가를 설명하는 (그리고 부활이 전제되어 있는) 문맥에 위치한 갈라디아서 6:14-16에서는 할례에 근거하여 사람을 구분하는 기존의 질서가 이제는 새 질서로 바뀌었다고 바울은 역설한다. 이미 이전 구절(3:26-29)에서 이 같은 사실을 매우 분명하게 밝힌 바 있다. 세례를 통해 그리스도의 죽음과 부활에 동참하는 일이 모든 것을 급진적으로 바꾸어 놓았다. 이러한 새 질서 속에서는 종교적 인종(유대인/이방인), 사회적 신분(노예/자유인), 성별(남성/여성) 그 어떤 것도 중요하지 않다. 이러한 상황이 바뀌었다는 의미가 아니다(여전히 이방인이며, 자유인이며, 여성으로 남아 있다). 다만 신분에 기초한 가치와 특권이 새 창조의 도래로 인해 무용지물이 되었다는 뜻이다.

위 두 본문은 세 번째 본문의 결정적인 배경이 된다. 골로새서 3:9-11은 본

---

4) 이 모든 것을 종합해 보면 바울의 전체 신학을 특징짓는 총체적인 종말론적 기초 틀과 일치하고 있다. 또한 초대 교회의 나머지 문헌과도 일치한다. 이러한 입장에 대한 간략한 개관을 위해선 Fee, *God's Empowering Presence*, 803-13(12장)을 보라. 좀 더 이해하기 쉬운 설명을 위해서는 idem, *Paul, the Spirit, and the People of God*, 49-62를 보라.
5) 이 본문에 대해 보다 완전하게 주해하고 있는 4장(pp. 313-317)을 보라.

논의에 있어 매우 중요하다. 왜냐하면 바울이 1:13-15에서 그리스도를 설명하면서 사용했던 중요 단어인 에이콘을 본문에서 다시 사용하면서 그리스도를 새 창조의 핵심으로 제시하고 있기 때문이다. 그리스도의 죽음과 부활을 통해 새 인성을 얻는 일이 세례를 통해 입증된다고 말하는 갈라디아서 3:26-28을 반영하는 본 구절에서, 바울은 결과적으로 나타나는 급진적인 새 질서를 반복해서 말하고 있다("거기는 헬라인이과 유대인이나 할례당과 무할례당이나 야만인이나 스구디아인이나 종이나 자유인이나 분별이 있을 수 없나니"). 그러나 본문에서 바울은 앞 절(1:15)에서 그리스도를 하나님의 형상을 지니신 분으로 밝힌 후, "새 사람을 입었으니 이는 자기를 창조하신 자의 형상을 좇아… 새롭게 하심을 입은 자니라"라고 덧붙인다.

이 본문에 대해 7장에서 지적했던 것처럼 본문의 용어는 창세기 1:26-27(그리고 9:6)에 나오는 아담과 하와의 창조 이야기를 반영 하고 있으며 골로새서의 서두에 나오는 그리스도에 관한 시(1:15, 18)를 가리키고 있다. 대다수의 학자들이 이에 대해 반대 의견을 개진하지만, 본 서신서 전반에 걸쳐 언급되는 모든 내용과 더불어 특별히 본문을 보면 여기서 말하는 창조자는 다름 아닌 그리스도시다.[6] 하나님의 아들로서 신적 형상을 지닌 분은 죽음과 부활을 통해 사람들을 똑같은 형상으로 재창조하시는 분이기도 하다. 본 장의 연구 목적을 고려할 때 세 가지 중요한 요소를 본문에서 도출해 볼 수 있다. (1) 새 창조를 통해 (2) 하나님의 새로운 백성이 신적 형상을 회복하게 되는데 (3) 이 모든 일은 이미 신적 형상을 지닌 그리스도에 의해 이루어진다. 이러한 개념과 표현이 결합되어 그리스도께서 "둘째 아담"으로 지니셨을 기독론적 중요성을 나타내고 있다. 그러나 우선은 그리스도가 유비를 통해 아담과 동일시되는 세 구절을 좀 더 면밀히 살펴볼 필요가 있다.

---

6) 간단히 말하자면 그 이유는 (1) 그리스도께서 직접적으로 관련된 문맥에 나타나며 (2) 전체 본문에서도 등장한다(2:20-3:11〈3:6에서 하나님은 오직 진노 개념으로만 설명되고 있다〉). (3) 그리고 1:15-20을 보면 그리스도는 신적 형상을 지니신 분일 뿐 아니라 첫째 창조가 그분을 통해 이루어졌고, 새 창조의 아르케라고 설명되고 있다. 이에 대한 7장의 총체적 논의(pp. 462-464)를 보라.

2. 죄와 죽음- 명시적 비교

그리스도를 "둘째 아담"으로 소개하는 세 본문은 그리스도의 인성이 완전히 드러나는 문맥에서 나타난다. 그리스도께서 사람이 되셨다는 직접적인 언급을 통해 강조하기보다는 본문 전체에 기본적이면서도 총체적으로 전제되어 있다. 실제 그리스도와 아담이 명백히 대조를 이루는 세 본문에서 부각되는 것은 우리 인성과 관련된 두 가지 기본적 실체, 즉 죄와 죽음이다. 이들을 아담이 우리 인성 안에 들어오게 했으나 "둘째 아담"이신 그리스도께서는 죽음과 부활을 통해 극복하셨다. 세 본문을 간략히 개관해보면 이러한 개념이 더욱 확실해진다.

1) 고린도전서 15:21-22

고린도전서의 앞부분이나 데살로니가전서와 후서 어느 곳을 찾아봐도 본문에서 급작스럽게 언급하고 있는 아담에 대해 미리 소개한 구절이 없다. 그러나 바울이 아담을 다시 언급하며 고린도 교인들과 두 번째 논쟁(신자들에게 미래에 일어날 육체적 부활이라는 문제와 관련하여)을 벌이고 있는 점과 로마서 5장에서 같은 문제를 거론하고 있는 사실을 미루어 볼 때, 그가 본문에서 처음 아담을 언급하기 이전에 이미 이전에 아담/그리스도 유비를 반영했다고 생각된다.

본문을 보면 관련 유비가 매우 단순하면서도 직설적임을 알 수 있다. 죽음이라는 문제가 첫째 안드로포스(ἄνθρωπος, 사람)로 인해 인간의 현실이 되었다는 것이다. 이와 유사하게 부활은 둘째 안드로포스이신 그리스도의 부활로 인해 신자들의 미래적 현실이 될 것이다. 이러한 사실이 다른 사람들에 대한 강조와 더불어 반복된다. 아담 안에서 모든 사람이 죽은 것처럼 그리스도 안에서는 모든 사람(신자)이 살게 될 것이다. 이 구절은 신자들의 미래적 부활을 부인하는 일부 고린도 교인들에 대해 쓰인 것이기 때문에 모든 강조점이 다음과 같은 사실에 집중되어 있다 즉 첫 창조의 시작점에 있던 '사람'이 세상에 죽음을 불러왔던 것처럼 새 창조의 시작점에 있는 '사람'은 세상에 육체적 부활을 가져오셨다.

유비는 직설적이며, 역점은 새 창조와 관련된 그리스도의 인간적 역할에 집중되어 있다. 이를 명확히 표현하지는 않지만 말이다.

2) 고린도전서 15:44-49

아담/그리스도 유비를 다시 한 번 사용하는 바울은 그리스도께서 '마지막' 안드로포스라는 사실을 재차 강조하고 있으나 여기서 사용되는 유비가 이전 보다는 다소 복잡해졌다. 관련 주제가 완전히 바뀌었기 때문이다. 15:1-34 을 보면 그리스도의 부활에 전적으로 근거한 신자들의 미래적 부활이 실제 로 일어난 것인지의 여부가 유일한 이슈가 되고 있다. 15:35-49에서는 미래 적 부활에 내포된 육체적 본질이 이슈다. 바울이 이러한 문제를 장황하게 설명하고 있다면, 그 이유는 부활하신 그리스도께서는 사람으로 계실 때 지니셨던 몸을 계속해서 소유하고 계시다는 사실을 강조하려는 바울의 열정 때문이다. 이를 위해 그는 두 개의 복합 형용사, 프쉬키코스(ψύχικος)와 프뉴마티코스(πνεωμάτικος)를 사용한다. 여기서 두 형용사는 단순히 '자연적인'과 '초자연적인'과 같은 의미로 사용되고 있다.[7] 다시 말하면 그리스도께서 지니신 몸은 이 땅에서의 삶에 완전히 적합한 몸으로서 현재 우리가 지니고 있는 것과 동일한 것이었다. 그러나 부활을 이후에 지니게 된 몸은 성령의 마지막 삶에 '적합하도록' 맞추어졌다. 그래서 그리스도의 몸은 우리와 같은 동시에 다르다. 본문에 나오는 다양하고 복잡한 주장은 모두 이러한 사실과 연결되어 있다.

결과적으로 첫 안드로포스인 아담은 "땅에서 났으니 흙에 속한 자"가 되지만, "둘째 아담"은 이 땅에 육신으로 태어났으나 지금은 하늘에 걸맞는 몸을 지니고 계셔서 "하늘에서 나셨느니라"라고 진술되고 있다(47절). 이와 같이 바울이 다소 복잡하게 진술하고 있는 이유는 권고를 목적으로 하기 때문이다. 그는 고린도교인들이 부활할 때, 둘째 아담의 '하늘의 몸'을 입게 될(49절) 이들과 함께 할 수 있는 방식으로 살아가기를 원하고 있다. 왜냐하면 그들은 이미 첫째 아담의 몸과 같은 몸을 소유하고 있기 때문이다.

본문의 경우 논증의 방향이 약간 바뀌었지만, 그리스도께서 '진정한 사람'이 되셨다는 바울의 강조는 이전부터 계속되고 있다. 차이점이 있다면 여기

---

7) 이러한 이슈와 관련 형용사들을 아이러니하게 사용하는 문제에 대해서는 G. D. Fee, *The First Epistle to the Corinthians* (NICNT; Grand Rapids: Eerdmans, 1987), 785-86을 보라.

서 그리스도는 새로운 인성의 창시자로 언급되고 있다는 것이다. 아담은 처음 인성의 원조이다. 따라서 고린도전서 15장에서 두 번 언급되는 관련 유비에서 바울의 관심사는 하나로 압축된다. 즉 인성을 지니신 그리스도께서 죽음과 부활을 통해 자신을 우리 같은 사람들과 동일시하셨을 뿐 아니라 미래의 부활을 유효하게 하셨다. 이는 새 창조, 곧 미래의 삶에 완전히 적합하게 된 새로운 몸의 최종적인 실현을 의미한다.

3) 로마서 5:12-21

고린도전서 15장에서 두 번 나오는 아담/그리스도 대조의 주요 관심사는 죽음과 생명이라는 주제와 관련이 있다. 바울이 로마서 5장에서 이 유비를 다시 거론할 때도 여전히 주요 관심사로 다루고 있다. 그러나 여기서 이슈는 죽음 자체가 아닌 죽음의 원인, 즉 죄에 대해서다. 그러나 위 유비와 연결되는 죄와 의에 맞추어져 있는 초점, 즉 유비를 통해 반복되고 유비로부터 뒤따라오는 초점에도 불구하고 바울은 유비를 가지고 죽음과 생명이라는 문제를 계속해서 강조하고 있다. 아담이 세상에 존재하도록 한 것은 죽음을 초래하는 죄였다. 반면 그리스도께서 세상에 가져오신 것은 생명으로 이끄는 의(righteousness)다. 그리고 고린도전서 15장과 마찬가지로 현 본문 전반에 걸쳐 강조되고 있는 것은 아담과 그리스도를 지칭할 때 반복해서 안드로포스를 사용하는 점이다.

바울 서신 중에서 그리스도와 아담을 직접적으로 언급하는 위의 세 본문에 대해 마지막으로 유념해야 할 것은 그들의 초점이 협의의 개념에 집중되어 있다는 점이다. 세 본문 모두 유비를 사용해서 세상에 죄를 가져온 책임이 있는 한 사람과 죽음과 부활을 통해 세상에 생명을 가져 오신 분을 설명하고 있다. 이외에 다른 개념을 이 유비에서 도출해 내는 것은 무리다. 따라서 왜 많은 학자들이 이 유비에 대해 최소주의적 입장을 취하고 있는지 이해할만도 하다. 관련 유비를 필자와 같이 설명하진 않지만 그들의 기본 입장은 같다. 즉 본문이 구체적으로 진술하는 내용만 주목한다면 아담 기독론과 같은 개념을 지지하는 근거는 희박하다고 할 수밖에 없다.

그러나 좀 더 언급할 사안이 있는데 위 세 본문에서 비롯된 것이다. 각 본문을 보면 아담과 그리스도가 무언가의 시작에 서있다는 점, 즉 두 가지 '창조'의 창시자(progenitor)라는 점을 집중해서 강조하고 있다. 한 창시자는 타락하여 죄와 죽음을 초래한 반면 다른 창시자는 십자가에서 돌아가셨다가 부활하셔서 새 창조를 일으키셨다. 이 문제는 본문에서 암시되지만 바로 아래에서 살펴 볼 여러 본문에서는 명시된다.

3. 하나님의 형상으로서의 그리스도- 암시적 비교

지금까지의 논의를 비추어 보면 바울이 하나님의 아들을 신적 '형상'(롬 8:29; 골 1:13-19; 참조. 고전 15:49; 고후 3:18-4:6; 골 3:10)을 입은 분으로 설명하는 것은, "둘째 아담"이신 그리스도를 의도적으로 첫째 아담과 대조시키려는 것이 거의 확실하다. 특히 바울이 이러한 용도로 에이콘akxo을 처음 사용함으로써(고전 15:49) 아담과 그리스도에 대한 문맥에서 서로를 의도적으로 대조하는 것을 보면 위의 제안이 더욱 확실하다고 할 수 있다.[8] 그러나 학자들의 연구에서 분명치 않은 점은 바울이 에이콘을 사용함으로써 강조하려는 것이 무엇인가 하는 것이다. 강조하려는 것이 신적 형상을 입은 그리스도인가 아니면 신적 형상이 회복된 진정한 사람으로서 아담을 대체했다는 사실인가? 아니면 그리스도를 에이콘이라는 단어로 설명할 때 앞에서와 같은 두 가지 의미를 지닐 수 있다는 사실을 인식하지 않고서는 그러한 설명이 불가능하다는 사실을 미루어 볼 때 바울은 (고의적으로) 모호한 표현을 사용했는가? 이 문제를 풀려면 다음의 다섯 개 본문을 당면 문제와 관련시켜 고찰해야 한다.

---

8) 이 문제에 대해 다소 독특한 논의를 개진하는 Kim은 거의 100페이지에 가까운 분량을 현 모티브에 대한 논의에 할애한다. 그는 아담/그리스도 유비가 바울이 다메섹 도상에서 그리스도를 만난 사건에서 유래한다고 주장한다(*Origin of Paul's Gospel*, 137-268). 그러나 그의 주장은 대략적으로 모아 놓은 것이 분명한 개념들에 큰 비중을 두고 있다. 그의 주장이 사실인지에 대해서는 입증할 수도 없지만 동시에 부정할 수도 없다. 물론 그의 주장은 타당성이 전혀 없어 보인다. 왜냐하면 바울은 다메섹 도상에서의 경험에 기독론적 중요성을 거의 부여하지 않기 때문이다. Kim의 주장은 바울의 에이콘 기독론이 지혜 기독론과 ("분명히"/"분명한"〈117〉) 관련이 있다는 그의 확신에 의해 상당 부분 완화된다. 이러한 확신은 지혜 문헌의 한 본문에 근거하고 있는데, 그 선택된 문헌은 사실 지혜와 '하나님의 형상'을 동일하게 보지 않는다(본서의 7장에 있는 부기〈pp. 489-492〉와 부록 A에서의 논의〈pp. 877-879〉를 보라).

1) 고린도전서 15:49

바울은 이 본문으로 신자가 미래에 경험하게 될 육체적 부활에 대한 기나긴 주장을 마무리 하는데(15:35-49), 21-22절에서 부각시킨 아담/그리스도 유비를 다시 거론하며 마무리한다. 이 마지막 단락을 통해 드러나는 논점은 두 종류의 육체를 대조시키는 것이다. 즉 아담이(그리스도 역시도) 지닌 땅에 속한 몸과 현재로서는 그리스도만 입고 계신 하늘에 속한 새로운 몸이 대조된다. 이 몸은 미래의 삶에 적합한 몸이다. 본 구절의 말미에서 바울은 고린도교인들에게 마지막 권고를 하며 마지막 날에 이 새로운 몸을 입기 위해 올바로 살 것을 종용한다.

거의 대부분의 오래된 신빙성 있는 사본은 본문을 권고문으로 보고 있다.[9] 3장에서도 언급한 대로 바울은 우선 우리가 인간이 되었다는 사실에 공통적으로 드러난 요소를 확언하며 마무리한다. 즉 "우리가 흙에 속한 자의 형상을 입은 것 같이"라고 한다. 그러나 본 서신의 전반에 드러나는 바울의 관심사는 고린도교인들이 그리스도 안에서 주어진 새로운 생명과 일치하는 삶을 사는 것이다. 그래서 바울이 결론짓기를 "또한 하늘에 속한 자의 형상을 입으리라"고 말한다. 이 진술로 바울은 논의의 범위를 약간 더 넓혀 그들의 현재 삶이 사실상 입기로 되어 있는 새로운 몸을 이미 입으신 분과 일치해야 함을 강조한다. 이러한 강조는 이중적 의미(double entendre)를 지니고 있다. 우선은 현재 그리스도께서 지니고 계시고 그를 믿은 이들이 결국에는 입게 될 부활한 몸의 본질을 강조하고 있다. 또 하나는 새로운 몸을 입는 일에 있어 바울이 할 수 있는 일은 아무 것도 없다는 점이다. 고린도교인들은 그들을 기다리는 확실한 미래를 바라보며 살아야 한다고 밖에는 달리 말할 도리가 없는 것이다.

---

9) 이 문제에 대해선 3장을 보라(p. 204). 이러한 사본학적 '실수'는 헬라어 오메가(포레소멘⟨φορέσωμεν, 우리 함께 입자⟩)와 오미크론(포레소멘⟨φορέσομεν, 우리는 입게 될 것이다⟩)이 혼용되기 쉽기 때문이라는 지배적인 원리가 있지만 언제나 무소선석으로 석용뇌시는 않는다. 실제로 대문자의 오래된 사본이나 최근 사본에서 이 두 문자가 혼용되지 않고 있음을 보여주는 본문은 셀 수 없이 많다. 오히려 이와 같은 혼용은 후대의 필사가나 학자가 바울이 말하려 하는 의도를 믿기 힘들 경우 대부분 발생한다. 본문의 경우 사본학적 증거는 절대적으로 권고적 가정법(hortative subjunctive)의 손을 들어주고 있으며, 권고적 가정법으로 해석해야 미래 직설법(future indicative)이 나오는 일부 사본을 설명할 수 있다.

그래서 본문을 보면 인간의 삶을 사시면서 하나님의 형상(imago Dei)을 입으신 그리스도에 초점이 맞추어져 있다. 먼저 진정으로 인간의 몸을 지니셨다가 이제는 변화된 몸을 지니셨다는 사실을 강조하지만 말이다. 여기서 바울은 그리스도께서 신이셨기 때문에 신적 형상을 입으셨다는 사실에 대해서 전혀 강조하지 않는다. 오히려 그분은 "둘째 아담"으로 오셔서 첫째 아담이 실패한 것을 이루셨다. 즉 인성을 지니신 가운데 신적 형상을 지니심으로써 그리스도께서 현재 누리고 계신 종말론적 존재를 최종 목적으로 삼은 모든 이들의 선구자가 되신다.

2) 고린도후서 3:18, 4:4-6

일련의 현 본문에서 가장 두드러지는 특징은 고린도후서에서 처음 언급되는(18절) 에이콘이 창세기 1장으로부터 비롯된 것이 아니라 바울이 당시 구리 거울이 유행하던 도시에 살던 신자들에게 편지를 보내면서 거울 이미지를 사용한데서 비롯되었다는 점이다. 이러한 이미지 사용이 그들의 관심을 집중시킨다고 말할 수 있다면, 18절의 주요 논지는 불멸의 신적 영광을 지니신 그리스도와 관련이 있다(모세가 경험했던 사라지는 영광과 대조를 이룬다). 물론 본문에서 바울이 말하고자 하는 내용은 고린도 교인들이 성령을 통해 마치 거울로 보는 것 같이 그리스도를 '봄'으로써 그들 역시도 동일한 '형상,' 즉 그리스도에 의해 완전히 그리고 완벽하게 생성된 하나님의 형상으로 변하게 된다는 사실이다.

바울이 4:4에서 이러한 이중적 용어('형상'과 '영광')를 다시 사용할 때는 그 역점을 그리스도께 두고 있다. 여기서 바울은 그리스도의 인성은 이미 기정사실이기 때문에 크게 강조하지 않는다. 이러한 사실은 거울 이미지 자체에 이미 내재되어 있다. 본문이 드러내는 것은 신적 영광을 공유하고 계신 그리스도에 의해 태동된 진정한 하나님의 형상이다. 그분은 헌신하고 순종하는 신자들을 인류가 처음 창조되었을 때 지녔던 하나님의 형상으로 변화시키실 것이다. 그러나 이렇게 상이한 강조에도 그리스도에 대한 본문의 묘사는 언제나 그분의 인성을 전제하고 있다고 볼 수 있다. 본문의 표현은 이를 위해서 사용되는 것뿐이다.

따라서 고린도후서의 두 본문이 창세기 1장의 용어를 사용하여 그리스도를 지칭하고 있다는 점은 다소 흥미로운 사실이다. 앞 구절에서는 인성을 지니신 그리스도께서 하나님의 형상을 입으신 점을 강조하고, 나중 구절에서는 그리스도께서 아버지와 신적 영광을 공유하고 계신 점을 부각시키고 있다. 그래서 그분은 완전한 신성을 지니신 분이기에 하나님의 완벽한 형상을 입고 계시며, 신자들은 그 형상을 본받는 과정 속에 있다.

3) 로마서 8:29

이 본문은 그리스도께서 하나님의 '아들'로 명확히 언급되는 두 개의 에이콘 구절(골 1:15과 더불어) 중 첫 번째 구절이다. 이 두 본문 모두에서 창세기 1장의 용어에 담긴 두 가지 측면의 실체(인성과 신성)가 중요한 역할을 하고 있다. 더욱이 두 본문에서 바울은 하나님의 아들을 하나님의 프로토코스 (πρωτότοκος, 맏아들)라고 표현하고 있는데, 이 용어는 유대교 문헌 어디에서도 아담을 가리키는 데 쓰이지 않는다.[10] 따라서 설령 두 본문 모두에서 아담 기독론이 관련 어법의 배후에 깔려 있다 해도, 중점은 하나님의 아들이 메시아라는 기독론으로 이동한다. 이러한 공통점을 감안할 때 두 본문이 서로 다른 내용을 강조하고 있다는 점이 다소 흥미롭다.

로마서 8:29은 8:1-30에서 극적인 자리에 위치하고 있다. 이 문맥에서 바울의 주요 목적은 로마에 있는 유대인 신자들과 이방인 신자들이 그들을 위한 그리스도의 사역과 아버지와 아들의 영(8:9-10)인 성령께서 주시는 하나님의 은사 모두가 현재의 윤리적 삶과 미래의 영원한 삶을 보장한다는 사실을 확신하도록 하는 것이다. 그래서 하나님이 그들을 이미 알고 계신다는 사실과 그들을 미리 택하셨다는 사실을 언급하며 시작되는 구절에서, 바울은 이야기의 흐름을 잠시 벗어나 '예정'의 형태와 궁극적인 목적을 상술한다. 하나님께서는 그들이 "그 아들의 형상을 본받게 하기 위하여" 그들을 미리 정하셨다. 그 아들은 하나님의 형제와 자매가 될 수많은 이들 중에서 하나님의 "맏아들"이 되셨다.

이와 같은 내용에는 두 가지 강조점이 내포되어 있다. 하나는 하나님의 영원하신 아들이 하나님의 형상을 완벽하게 지니고 계신다는 사실이다. 다른

---

10) '지혜'도 이러한 형태로 사용되지 않는다고 덧붙이고 싶은데, 그 이유는 이와는 반대의 견해를 주장하는 경우가 허다하기 때문이다. 7장(pp. 484-486)과 부록 A에 나오는 전체의 논의(pp. 877-878)를 보라.

하나는 우리와 같은 인성과 그분만의 고유한 신성을 지니신 그리스도께서 우리에게도 그와 같은 형상을 주신다는 점이다. 후자의 경우 32절에서 창세기 22장에 나오는 아브라함 이야기를 반영하며 다시 언급되고 있다. 여기서 바울은 하나님께서 우리를 위해 "자기 아들을 아끼지 아니하시고"라고 역설하며 십자가에서의 죽음을 가리키고 있다.

그리스도의 인성을 강조하는 두 번째 문제는 "많은 형제(와 자매- 필자 사역) 중에서 맏아들"이라는 구문과 함께 현재 본문이 다시 언급하고 있다. 그래서 본문에는 창세기 1장에 대한 직접적인 반영이 발견되지 않지만 여기서 사용되는 어법을 보면 이 구약 본문이 현 본문에 여러 의미를 제공하고 있음을 알 수 있다. 그러므로 아담이 하나님의 "맏아들"로서 실패한 곳에서 그리스도께서는 (하나님께서 영원한 과거에 미리 정하신 것을) 이루셨다고 덧붙여도 무관하다.

4) 골로새서 1:15

본문을 석의하면서 지적한 것처럼 15절과 18절에 나오는 'who'를 13절에 나오는 "그의 사랑의 아들"의 관계대명사인 동시에 개념적인 선행사 역할을 하고 있다고 해석할 때, 이 그리스도 시구의 두 '절'의 의미가 더욱 분명해진다. 바울은 여기서 로마서 8:29에서 언급했던 내용을 다시 거론하는데 서로 다른 교회에 다른 상황적 관심을 가지고 접근한다. 여기서 다른 관심이란 하나님의 아들을 메시아이신 아들로 이해해야 한다는 것인데(13절),[11] 그를 통해 실현된 모든 창조와 관련하여 장자권도 소유하고 계신 분임을 알아야 한다. 그래서 본문에서 바울이 사용하는 에이콘이 강조하는 것은 신적 형상을 입으시고 성육신하신 하나님의 아들에 대해서다. 그분은 영원한 과거에 창조 질서의 대리자이자 목적이셨다.

바울이 여기서 다시 한 번 창세기 1장을 간접적이지만 의도적으로 반영하고 있다는 사실은 본문의 두 번째 절이 "그가 아르케(ἀρχή, 근본)요"(18절- 역주)라고 시작되는 것을 볼 때 확고해진다. 이 표현은 매우 드문 표현으로 창세기 1:1을 직접적으로 반영하고 있으며, 첫째 절을 시작하는 에이콘의 경우

---

11) 이러한 사실은 하나님의 아들이 아버지의 "맏아들"(시 9:26-27〈칠십인경 88:27-28〉을 반영하는)이시라는 사실을 추가함으로써 확증된다.

와 마찬가지로 아르케 뒤를 바울이 두 번째 사용하는 프로토토코스가 따르고 있다. 그러나 여기서 바울이 말하고자 하는 것은 그분이 죽음에서 부활하신 새 창조의 "맏아들"이라는 사실이다.

따라서 둘째 절에서 에이콘이 나타나지는 않지만 암시되고 있으며, 이를 통해 바울은 첫째 절에서 신적 형상을 입으신 하나님의 아들을 강조하는 것에서 그분이 화목케 하시는 사역을 통해 우리를 자신과 같게 하시려 한다는 점을 강조하는 것으로 그 초점을 이동시킨다. 그리스도는 모든 신적 충만이 자신의 육체 가운데 거하는 분이시며 십자가에서 흘리신 보혈로 자신과 우리를 화목케 하신 분이시다. 이러한 내용은 바울이 그리스도를 설명하기 위해 다섯 번째로 에이콘을 사용하는 구절로 이어진다.

5) 골로새서 3:10

본문을 설명하면 본 장의 분석은 관련된 모든 본문을 다룬 후 다시 제자리로 돌아온 셈이 된다. 여기서 하나님의 "형상"이시며 아버지의 "맏아들"이시고 부활을 통해 새 창조의 "처음"이 되시는 그리스도께서 상하고 타락한 인류를 '재창조' 하셔서 손수 완벽하게 하신 신적 형상을 입게 하신다. 아버지의 형상을 입으신 첫째 창조를 행하신 창조자께서 이제는 새 창조의 창조자가 되셔서 그의 백성으로 하여금 신적 형상,[12] 즉 현재로서는 그분만이 지니고 계신 형상을 회복하게 하신다. 그래서 본문이 강조하고자 하는 것은 이전과 마찬가지로 신적 형상을 입으셨고 이제는 타락한 인류를 동일한 형상으로 재창조 하시는 그리스도의 역할이다.

6) 빌립보서 2:6-8

필자는 바울 서신에서 실질적으로 사용된 에이콘에 대한 분석의 뒷부분에서 이 본문을 다시 언급하려 한다. 왜냐하면 바울이 그리스도 찬가의 서두(6절)에서 사용하는 모르페의 뜻이 에이콘과 거의 동일하다고 주장하려는 움직임이 신약학계에서 점점 고조되고 있기 때문이다(단순히 단언하는 경우가 더

---

12) 본문을 이렇게 해석해야 한다는 데에 대한 총체적인 논증을 위해선 7장(pp. 462-464)을 보라.

많다). 그러나 9장에서 본문을 석의(pp. 563-568)하면서 지적했던 것처럼 이러한 주장은 지워버려야 할 학문적으로 그릇된 신화이다. 바울의 에이콘 사용에 대한 이전의 논의가 이를 확고히 할 뿐 아니라, 엔 모르페 데우(ἐν μορφῇ θεοῦ, 하나님의 본체시나)라는 구문에 전제된 개념은 그리스도께서 성육신 하시기 전의 신적 존재라는 사실을 강화하기도 한다.

이러한 사실을 두 가지 요소가 더욱 분명하게 한다. 첫째, 전에도 제시했듯이 바울이 모르페를 사용한 명확한 이유는 본문에서 바울이 말하고자 하는 두 가지 측면을 가장 잘 살릴 수 있는 용어는 이것 뿐이기 때문이다. 즉 하나님과 함께 선재하고 계신 그리스도의 '존재 양식'(mode)을 정의하고 성육신 하신 '존재 양식'에 담긴 극적인 본질을 가리키려는 측면과 종의 '형체'(form)를 지니시고 인류 역사에 오신 측면을 모르페라는 용어가 잘 설명해 준다.

둘째, 바울이 여타 편지에서 에이콘을 사용하는 것을 보면 (1) 모르페(μορφή)가 이와 거의 유사하거나 동일한 단어라고 주장하는 것은 어리석다는 점을 지적하고 있고, (2) 그리스도께서 하나님과의 동등됨을 "취할 것으로 여기지 아니하시고"라는 다음 구문이 어떻게 아담을 반영 하는지와 상관없이, 여기서 취한다는 말은 바로 앞에 나오는 엔 모르페 데우(ἐν μορφῇ θεοῦ)를 포함하지 않는다. 또한 바울은 그리스도의 선재에 내포된 신적 본질과 관련하여 '하나님의 형상을 입고 있으나'라고 운을 띄우지 않는다. 이전의 분석이 밝혔듯이 형상과 관련된 표현은 성육신하신 그리스도께서 하나님의 형상을 입으신 사건을 설명할 때만 사용되며, 창세기 1-2장을 반영한다고 볼 경우 의미가 불분명 해지는 선재성을 설명할 때는 사용하지 않는다. 이러한 사실이 의미하는 것은, 그리스도를 웅장한 필치로 묘사하는 본문에 어떤 형태의 '아담' 반영이 있든지 간에 그것은 개념적인 반영일 뿐 어떤 종류의 언어적 관련도 없다.

물론 바울 신학에서 아담 기독론이 발견되기는 한다. 그러나 실제적인 표현이나 창세기 1-2장의 반영이라는 측면에서 볼 때 두 가지 형태의 본문에 국한되어 나타난다. 첫째, 그리스도와 아담이 극명한 대조를 이루는 가운데 그리스도께서 죽음을 초래하는 아담의 죄의 영향을 극복하시고 새 창조의 근원이심을 강조하는 내용의 본문에 나타난다. 둘째, 성육신하신 그리스도께서 실제로 신적 형상을 입으시고 자기 백성을 자신과 같은 형상을 입도록 재창조하신다는 구절에 국한된다.

이러한 내용이 이 땅에 오신 그리스도를 언급하는 바울의 모든 방법을 대변하지는 않는다. 본장의 나머지는 그리스도의 진정한 인성이 강조되고 있음을 증명하는 구절을 살펴보되, 역사적 예수에 대한 바울의 지식과 언급도 간략히 다루어 볼 것이다.

4. 바울의 강조- 진정한 사람이신 신적 구주

20세기 초반에 일어난 19세기 신약 학계에 대한 극심한 회의론으로 인해 수많은 연구들이 쏟아져 나왔다. 그 결과 바울은 단지 인간이었던 예수님을 신적 구주(divine Savior)로 만들어 버린 '나쁜 사람'이라고 고발하는 일이 매우 일반적이었다. 이것과 관련하여 예수님이 십자가 처형으로 돌아가셨다는 것을 제외하고는 역사적 예수에 대한 바울의 지식에 대해서도 극단적으로 회의적이었다. 그러나 20세기 후반으로 들어오면서 이러한 격동적 움직임은 다시 그 이전으로 돌아갔다. 그래서 주요 기독론적 담론들은 바울이 그리스도께서 근본적으로 아래로부터 오셨다고 생각했고, 자기희생적 죽음으로 인해 하늘로 높이 높임 받으신 인간적 구주(human Savior)라는 개념으로 그리스도의 '신적 신분'을 이해했다고 주장하게 되었다.[13]

어떤 면에서는 위의 두 가지 입장을 그리스도의 완전한 인성을 이해하는 데 전적으로 실패했던 기독교의 '정통 신조'(orthodoxy)에 대한 반작용으로 볼 수도 있을 것이다. 이러한 신조는 지상에 계시던 예수님의 논 포쎄 페까레(*non posse peccare*, 죄를 지을 수 없으신)라는 신학적 개념을 바탕으로 이루어진 신념이었다. 그러나 이 신조는 많은 이들이 거부한다. 왜냐하면 그러한 신념은 궁극적으로 그리스도를 일종의 신적 로봇으로 만들어 버리기 때문이다. 그러나 이를 거부하는 이들의 입장에서 보면, 그리스도는 누가의 표현에 따라 하나님께서 함께 하셨기에 포쎄 논 페까레(*posse non peccare*, 죄를 짓지 않을 수 있으신)의 진정한 인격을 지닌 사람이셨다. 이와 같은 정통 신조에 있어서의 이슈는 그리스도께서 이 땅에 계시는 동안 전혀 불가능했던 일을 단순히 연출하고 있는 것처럼 보이지 않도록 그리스도의 진정한 인성에 대한 증거를 확고히 구축하는 일이었다.

---

13) Dunn, *Christology in the Making*, 65-128을 보라.

이러한 후대의 신학적 논쟁으로부터 바울 사도의 기록 자체로 시선을 옮기면 이러한 논쟁과 관련된 자료가 턱없이 부족하다는 사실에 놀라게 된다. 그러나 여기서 말하는 부족은 보다 포괄적인 이슈와 관련이 있다. 바울은 그 어디에서도 이러한 기독론을 개진하고 있지 않다. 대부분 바울은 바로 잡아야 할 필요가 있는 교회들의 당면 문제들을 다루고 있으며 이를 위해 올바른 '신학'을 염두에 두고 있기 때문에, 그리스도에 대한 바울의 언급은 주로 구원론에 초점이 맞추어져 있거나 현재를 다스리시는 주되신 그리스도를 강조하는 일에 집중한다. 그래도 바울은 이러한 강조점들을 매우 자주 정리해 주기 때문에 그리스도에 대한 그와 그의 교회들의 신앙을 기본적으로 재구성할 수가 있다. 그들이 믿기로 그리스도는 참으로 신적 구주셨으며 성육신을 통해 진정한 인간이 되심으로써 구원을 이루신 분이셨다. 그래서 필자는 이 마지막 논지를 지지하는 다양한 자료들을 모아 분석해 봄으로써 본 장을 마무리하려 한다. 끝 부분에서는 바울에게 있어 그리스도의 인성이라는 개념이 얼마나 중요한 전제개념인지를 지적할 것이다.

1) 바울과 역사적 예수

여기서 필자는 바울이 역사적 예수에 대해 알고 있었다고 주장하려는 것이 아니다. 이러한 사실에 대한 증거는 밑에서 소개할 목록으로도 충분하다. 또한 여기서 간략히 살펴보려는 주제들의 타당성을 주장하려 하지도 않을 것이다. 필자의 관심사는 바울이 복음서에서 발견되는 예수와 관련된 전승(tradition)증을 실제로 알고 있었다는 증거들을 나열해 보는 것이다. 그래서 바울이 예수님의 죽음과 부활과 관련하여 믿게 된 모든 것 안에 예수님의 인간적 삶이 전제되어 있음을 지적할 것이다. 기본적으로 말로 전하고 귀로 듣는 문화(oral/aural culture)가 발달한 상황에서 예수님에 대한 정보가 여기저기로 회람되지 않아 바울이 예수님의 삶과 가르침에 대해 전혀 알지 못했다고 추정하는 것은 거의 불가능하다.[14] 예수님에 대한 바울의 지식과 관련된 자료는 두 제목으로 분류할 수 있다.

---

14) 이에 대해서는 Dunn, *New Perspective on Jesus*, 35-56을 보라.

(1) "예수의 삶"에 대한 지식

바울이 '예수님의 삶'에 대한 기본적 정보를 자세히 알고 있었다는 사실은 아래 증거를 통해 확인할 수 있다.[15]

① 갈라디아서 4:4에 따르면 예수님은 율법을 준행하는 가정에서 여자로부터 태어나셨다.[16] 바울은 그리스도께서 오래토록 기다려온 유대교의 메시아라고 믿었으며(롬 9:5; 1:2-4; 고전 1:22), 이는 그리스도께서 하나님의 종말론적 나라를 다스리시고자 오셨다는 뜻이라고 생각했다(고전 15:24; 골 1:13-14). 바울이 반복해서 강조하는 그리스도의 죽음과 부활은 유대교의 메시아 대망 사상(고전 1:20-25)에 비추어 볼 때 너무나 급진적인 이탈이기 때문에, 오로지 성령에 의해서만 그 진정한 본질을 밝혀낼 수 있다는 차원(고전 2:6-10)에서 효과적으로 설명된다.

② 예수님께서 로마의 손에 의해 십자가에서 돌아가셨다는 역사적 사실은 바울의 편지에서 분명하게 부각되어 있다. 그리고 데살로니가전서 2:14-15을 보면 그분의 죽음은 "선지자들의 살해"와 관련된 전승에 속하며 이와 일치한다고 말한다. 더욱이 데살로니가 교인들이 "많은 환난"을 당하는 문맥에 있는 데살로니가전서 1:6에서 가리키는 예수님의 고난은 단지 십자가만 의미하는 것은 아닐 것이다. 따라서 디모데전서 6:13에서 말하는, 예수님께서 본디오 빌라도를 향하여 선한 증거로 증거하셨다는 역사적 확언에 담긴 전형적인 바울적인 본질을 의심할 이유가 없다. 반면에 일부 견해와는 달리 바울이 그리스도의 죽음에만 치중하고 있다는 사실은 그가 예수님의 삶에 대한 추가적 정보를 지니고 있었는지에 대해 거의 아무것도 말해주지 않는다.

③ 바울 서신에 예수님의 지상 생활에 대한 분명한 언급이 생각보다 적다면, 부수적으로 나타난다는 점 자체가 오히려 더 두드러지게 눈에 띄게 된다. 실제로 예수님께 혈육 형제가 있었으며 그들 중에 유대인들로 구성된 초대 기독교 공동체 내에서 잘 알려진 구성원이 있었다는 진술(고전 9:5; 갈 1:19)에는 바울이 예수님에 대해 보다 많은 정보를 알고 있었음을 추정해 볼 수 있다.

---

15) 유사한 내용을 짧은 단락으로 소개하고 있는 Hunter, *Gospel according to Paul*, 59를 참조하라.
16) 일부 학자들은 '준행하는'이라는 표현이 못마땅할지 모르나, 마리아와 요셉이 율법을 준행하는 유대인이 아니었다고 간주할 경우 바울의 어법("율법 아래 태어나")이나 그의 주장을 설명하기 어려워진다.

④ 바울이 예수님의 지상 생활에 대해 더 이상 분명히 언급하는 부분이 없는 것을 볼 때, 섬김을 본질로 하는 그분의 삶에 대해 바울은 잘 알고 있었다고 추정해 볼 수 있다(빌 2:7). 이러한 섬김의 삶은 십자가에서 돌아가신 메시아라는 개념과 더불어 유대교의 메시아 대망 사상과는 극단적으로 동떨어진 개념이었다. 바울은 바로 이러한 기본 틀 속에서 '그리스도를 본받는 삶'에 대해 강력히 호소하고 있다고 이해할 수 있으며, 그의 교회들에게 그러한 자신을 본받으라고 권고할 수 있는 것이다. 이러한 호소와 권고는 빌립보서 3:15-17과 데살로니가전서 1:6-7에서 밝히는 것처럼 자신을 십자가에 못박은 바울의 실제 삶을 가리킬 수도 있지만, 고린도전서 11:1에서는 다른 의미를 지니고 있다. 여기서 바울이 말하는 본받음은 무엇을 하든지 다 하나님의 영광을 위하여 하는 것과 많은 사람을 위하여 모든 일에 모든 사람을 기쁘게 하는 것을 의미한다. 이러한 내용에 가정된 그리스도의 삶에 대한 바울의 지식에 대해 오로지 추측해볼 수 있을 뿐이다. 그러나 이러한 추측은 고린도후서 10:1에 나오는 "온유와 관용"과 빌립보서 1:18의 "심장"이라는 그리스도의 마음에 대한 바울의 호소에 철저히 기초하고 있다고 본다. 왜냐하면 위 덕목 중 두 개는 바울이 골로새 교인들에게 새 사람을 "입어" 창조자의 "형상"으로 새롭게 되라고 당부하는 구절에 나타나기 때문이다(3:10-11).[17]

이러한 내용을 담은 구절이 바울 서신에 많지 않다는 점은 별 의미가 없다. 왜냐하면 이미 존재하는 것에 대해 바울은 그 역사성을 증명하기 위해 재차 논증하는 대신 그리스도를 따르는 초대 교인들이 공통적으로 알고 있는 지식에 근거하여 이를 호소하고 있기 때문이다.

(2) 예수님의 가르침에 대한 지식

바울 서신을 보면 예수님의 구체적 가르침이 그다지 자주 언급되지는 않지만, 언급되고 있는 가르침의 내용이 본질적으로 매우 다양하기 때문에 눈에 띄는 가르침 구절을 빙산의 일각으로 보는 것이 옳다.

① 예수님의 가르침이 가장 먼저 나오는 곳은 바울이 가장 먼저 쓴 데살로니가전서 4:15이다. 여기서 바울은 구체적인 인용은 없이 "주의 말씀"에 호소하고 있다. 바울은 퀴리오스라는 용어를 그리스도를 지칭하는 데만 사용하기 때문에, 여기서 말하는 말씀이 예수님께서 하신 말씀을 가리킨다는 점

---

17) 본문을 이와 같이 해석하는 것에 대해서는 7장(pp. 462-464)을 보라.

에 대해서는 논란의 여지가 없다. 이 말씀을 부활하신 주께서 언급하신 선지자적 말씀으로 볼 수도 있지만, 지상에 계실 때의 예수님께서 말씀하시는 것으로 보는 것이 더 적절하다.

② 갈라디아서 4:6과 로마서 8:16에서 헬라어를 쓰는 이방인 그리스도인들이 하나님 아버지께 예수님이 직접 사용하신 '아바'라는 표현을 쓰며 부르짖는다고 바울은 말하고 있다. 복음서 저자들은 이 표현을 예수님께서 겟세마네에서 직접 입에 담으셨다고 기록하고 있지만, 동시에 예수님께서 가르치신 내용의 일부이기도 하다. 왜냐하면 이 용어가 제자들에게 기도하는 방법을 가르치신 주기도문 내용 속에서 내포되어 있기 때문이다(마 6:9). 이러한 아람어가 헬라어를 쓰는 교회에 남아있다는 사실은 이 단어가 지상에 계셨던 예수님에 대한 근본적인 역사임을 가리키고 있다.[18]

③ 바울은 세 번째 편지에서 그가 신봉하는 입장을 지지하기 위해 예수님의 말씀에 두 차례에 걸쳐 호소한다. 첫 번째 예문인 고린도전서 7:10에서 남편과 헤어지려는 한 아내에 관하여 복음서에서 찾아볼 수 있는 말씀에 호소한다. 이 말씀의 내용을 바울이 상황에 맞게 조정했기 때문에 그 말씀이 정확히 어디서 유래되었는지에 대한 정확한 본질을 추적하는 일은 별 의미가 없다. 다만 복음서에 두 가지 형태로 등장하는 본문을 반영하고 있다(막 10:11/막 19:9; 눅 16:16/마 5:32).

④ 두 번째 예문인 고린도전서 9:14을 보면, 바울은 교회의 물질적인 지원을 받으려 하진 않았지만 받을 자격이 있다는 주장을 하기 위해 예수님의 계명에 호소하고 있다. 이와 비슷한 말씀이 디모데전서 5:18에서 다시 나타난다. 즉 "일꾼이 그 삯을 받는 것이 마땅하다"는 구절인데 이는 누가복음 10:7의 용어가 반영되어 있다.

⑤ 마지막으로 고린도에서 주의 만찬을 오용하는 사태를 바로잡기 위해 바울은 만찬을 제정하는 말씀에 호소하며 이를 주님으로부터 직접 받아 고린도 교인들에게 전해주는 말씀이라고 한다(11:23-25). 그가 말하는 "주께 받은 것이니"의 뜻을 명확히 이해할 수는 없지만, 그가 인용하는 구절의 내용은 누가복음의 구절과 문자적으로 거의 일치한다. 따라서 관련 구절의 '형태'가 복음서 전승에서 온 것으로 추측 가능하다면, 바울은 지금 누가의 구절을 인용하고 있다고 말할 수 있다.

---

18) 이 용어에 담긴 기독론적 함의에 대한 전체적 논의에 대해서는 5장(pp. 342-347)과 6장(p. 386)을 보라.

다시 말하자면, 바울 서신에 예수님의 가르침이 극소수만 확인되지만 이들만 가지고도 바울이 예수님에 대한 풍부한 전승에서 일부를 적극적으로 인용하고자 했다는 사실이 충분히 입증된다고 할 수 있다. 다만 바울이 왜 이런 식으로 인용했는지는 역사적으로 고찰해야 할 문제이다. 바울이 그리스도와 그분의 가르침을 알았다는 사실은 그의 서신에서 명백하게 입증되고 있다.

2) 바울과 지상의 예수

필자는 그리스도의 진정한 인성을 명시하거나 암시하는 여타 구절에 대한 개관을 요약함으로써 본 장을 끝맺으려 한다. 이와 더불어 역사적 예수에 대한 바울의 지식을 보여준다고 방금 언급했던 구절도 간략히 요약할 것이다.

(1) 빌립보서 2:6-8

그리스도께서 "근본 하나님의 본체"로 존재하셨으나 "하나님과 동등됨"을 이기적으로 취하지 않으셨다는 역설로 시작하는 본문에서, 바울은 성육신하신 그리스도의 진정한 인성과 관련하여 가장 강력한 진술을 제시한다. 이 진술은 "자기를 비워 종의 '형체'를 가져"라는 강력한 은유로 시작되고, 이를 직설적 표현인 "사람들과 같이 되었고(태어났고)"라는 구문으로 해석하고 있다. 이 구절은 그리스도께서 하나님으로서 선재하셨음에도 여타 인간과 같이 태어나심으로써 성육신을 감행하셨다는 의미이다.

두 번째 구절은 그리스도께서 진정한 '사람'인 안드로포스로서 무엇을 하셨는지에 대해 설명하고 있다. 그분은 십자가의 길을 걸으심으로써 아버지께 순종하셨다. 이 구절을 석의하면서 지적했던 것처럼, 이러한 표현은 그리스도께서 원래 인간이 아니셨지만 우리와 같은 인간이 되시되 동시에 온전히 완벽하게 되셨다는 사실을 가정하고 있다.

(2) 디모데전서 2:5; 3:16

이와 유사하게, 바울은 그리스도를 하나님과 인간 사이의 신적 중재자로 설명하면서 그리스도께서 진정한 사람이 되셨다는 사실을 강조한다. TNIV 성경이 정확히 번역하는 것처럼, "하나님과 사람 사이에 중보도 한 분이시니 곧 그리스도 예수로서 그분은 사람이시라"(2:5)라고 바울은 말하고 있다. 위 구절과 마찬가지로 그리스도께서 사람으로서 하신 것은 "자기를 속전으로 주신 것"이다. 여기에는 선택과 순종 개념이 전제되어 있다. 따라서 디모데전서의 저작에 대해 논란이 있긴 하지만, 본문에 나타나는 신학적 내용은 사실상 전형적인 바울 신학이라는 점이 중요하다.

2:5을 고려해 볼 때 본질적으로 복음적인 내용을 담고 있는 3:16의 '찬가'가 "그는 육신으로(=완전한 사람으로) 나타난바 되시고"라는 구문으로 시작된다는 사실은 그리 놀랄만한 일이 아니다.

(3) 갈라디아서 4:4-5; 로마서 8:3

갈라디아서 4:4-5을 석의하면서 지적했던 것처럼 매우 간략한 요약으로 구성된 본문의 구원 내러티브는 그리스도의 죽음이 율법 준수의 필요성을 제거했다는 사실에 그 중점을 두고 있다. 본문의 핵심 구절은 "하나님이 그 아들을 보내사…율법 아래 있는 자들을 속량하시고"라고 진술한다. 그러나 본문 가운데 두 구문은 본문의 서두 내용을 상술하고 끝 부분을 미리 언급하는 역할을 하는 동시에 그리스도의 인성을 강조하고 있다. 즉 그분은 여자에게서 태어나셨으며 율법 아래 나셨다는 것이다. 여자에게서 나셨다는 점은 신적 구주는 실제 사람이 아니었을 수도 있다는 가능성을 제거해주며, 율법 아래 있다는 점은 그리스도께서 확인 가능한 구체적인 역사적 정황에 위치하고 있음을 말해준다. 따라서 본문에서 바울은 그리스도의 인성을 드러나게 강조하려 들지는 않지만 사실상 자연스럽게 강조되고 있다. 분명 초대 교회는 인성에 대해 동일한 이해를 가지고 있었기 때문이다.

'보내심 공식'(sending formula)이 나타나는 두 번째 예문(롬 8:3)에서 바울은 그리스도의 인성을 특별히 강조함으로써 그분이 속죄 제물로 온전히 드려질 수 있었다고 말한다. 그래서 그분은 "죄 있는 육신의 모양으로" 오셨다. 그분의 육신은 여타 인간의 육신과 같았지만 자신을 죄에 굴복시키지는 않았다.

(4) 갈라디아서 3:16; 로마서 1:3; 9:5; 디모데후서 2:8

이 본문들은 바울의 사상보다 넓은 국면의 일부분이다. 다음 장에서 자세히 설명하겠지만 유대적 메시아이신 예수님의 인간적 근원을 현 본문에서 소개하고 있다. 한편으로 갈라디아서 3:16에서는 그리스도가 아브라함의 "자손"으로 묘사되고 있는데 여기서 바울은 의도적으로 그리스도를 이스라엘의 체현(embodiment)/극치(culmination)로 소개하고 있다. 반면에 로마서 1:3과 디모데후서 2:8에서는 메시아적 개념을 보다 강조하면서 그리스도를 다윗 계열에서 태어나신 분으로 묘사한다. 특히 로마서 9:5은 그분을 메시아라고 언급하며 유대인들이 지닌 특권의 극적인 발현으로 묘사한다.

여기서도 바울은 그리스도의 인성에 대해 개진하지 않는다. 인성이라는 개념은 단순히 본문의 표현 자체에 내재되어 있다. 이러한 양상은 바울의 크리스토스 사용(부활하신 그리스도를 일컫는 대표적인 용어로 사용하는)에도 동일하게 나타난다. 이 '이름'이 항상 예수님께서 유대적 메시아라는 개념을 전달하고 있다고 수차례에 걸쳐 주장했다.[19] 이렇게 칭호가 이름이 되어버린 그리스도라는 용어는 단순히 신분을 지칭하는 단어로서, 지상에 계셨던 예수님께서 유대적 메시아로 사시다 돌아가셨으나 하나님께서 그분을 죽음에서 일으키셔서 만물의 주로 세우셨다는 역사적 사실을 지속적으로 가리키고 있다.

(5) '예수'라는 이름의 사용

여기서 필자의 관심은 바울 서신 전체에서 드러나는 하나의 절대적 사실이 있는데, 즉 '예수'라는 이름이 언제나 역사적 인물이었던 나사렛 예수를 가리키고 있다는 점이다. 그분을 로마인들이 십자가에 못 박아 죽였으나 초대 기독교인들은 유대적 메시아로서 이제는 부활하신 주로 고백했다. 이러한 역사적 개념의 이름을 사용하는 이유는 지상에 계셨던 그리스도께서 진정한 사람으로 살았다는 점을 구체적으로 지칭하기 위해서다. 그래서 바울이 이 명칭을 사용할 때는 그리스도의 진정한 인성을 가정하고 있다고 봐야 한다.

(6) '우리 죄를 위하여 죽으신' 분

이와 관련된 자료를 모으는 데 있어 반드시 언급해야 할 사항은 바울이 모든 중점을 "십자가 위에서 죽으심"으로써 구속 사역을 행하신 메시아에 집중하고 있다는 사실이다. 이러한 표현이 바울 신학을 구성하는 뼈대가 되기도 하지만, 실제적인 역사적 의미를 절대 포기하지 않는다. 즉 바울이 "하나님의 아들이 나를 사랑하사 나를 위해 자기를 내어주신"이라고 고백할 때 단순

---

19) Wright, *Climax of the Covenant*, 41-55을 보라.

히 그분의 죽음에 담긴 신학적인 측면만 떠올리는 것이 아니라는 것이다. 동시에 바울은 그리스도께서 돌아가신 역사적 사건을 가리키고 있다. 바울은 로마 제국의 손(역사적 의미가 강하게 담긴)에 의해 십자가에서 극심한 고통 속에 돌아가신 사건을 말하고 있다. 또한 "우리를 위한" 십자가와 그리스도의 죽음을 언급할 때마다 동일한 의미가 담겨있다. 이러한 사건은 바울에게 있어 신학으로 시작하지 않는다. 오히려 그 사건은 진정한 사람이셨던 예수님께서 실제 유대적 메시아로서 돌아가셨던 역사로 시작한다. 바울이 발견한 것은 인류가 소리를 높여 나사렛 예수께 '아니오'라고 외쳤던 역사적 사건이 사실상 하나님께서 더 큰 목소리로 인류의 죄에 대해 '안 된다'고 외친 사건이라는 점이다. 반면 역사적 예수께서 죽음과 부활을 통해 죄인들을 위해 행하신 모든 일에 대해 하나님께서는 감탄조의 '그렇다'를 외치셨다.

(7) 우리 죄를 아시는 분

바울 서신에서 유일하게 한 구절이 그리스도의 인성을 여타 인간들과 일치하는 기초 틀 밖에서 분명하게 묘사하고 있다. 한편으로 바울은 죄로 가득한 인간의 양상이 우주적임을 다양하게 기술하고 있다("모든 사람이 죄를 범하였으매 하나님의('하나님께서 의도하신'- 필자 사역) 영광에 이르지 못하더니"). 반면 이것은 우리만이 공유하고 있는 인성의 한 단면이며 예수님께서는 경험적으로 전혀 알지 못하셨다. 바울이 이러한 개념을 주장하려 않지 않을 경우 해당 문맥에서 크게 필요하지 않은 한 본문(고후 5:21)을 보면, "죄를 알지도 못한 자(그리스도)"에 대해 역설하고 있다. 여기서 '안다'라는 단어는 경험으로 알고 있다는 유대적 개념이 담겨 있다.

바울이 이러한 역설을 한 이유는 "우리를 대신하여 죄를 삼으신 것(또는 속죄 제물이 된 것- 필자 사역)"이라는 절정의 구문과 강렬한 대조를 이루도록 하기 위해서다. 이것은 일종의 위대한 교환이다. 바울이 볼 때 이러한 교환은 오직 죄가 없으신 분이 진정으로 우리와 같이 되셨고, 우리의 죄를 경험으로 아신 것이 아니라 십자가에서 돌아가실 때 그 모든 죄를 대신지셨기 때문에 알게 되셨으므로 일어날 수 있었다. 그리스도께서는 이 모든 일을 이루실 때 하나님이시기를 포기하지 않으셨다. 바로 이것이 기독교 신앙의 중심에 자리하고 있는 신비(mystery)이다. 바울은 이 같은 비밀스런 일을 주창하는 주요 지지자들 중에 한 사람이다.

마지막으로 본 연구 전반에 걸쳐 언급했던 것을 반복하자면, 지금까지의 자료를 모아서 얻은 중요한 결과물은 바울이 대부분의 관련 구절에서 그리스도의 인성에 대한 요소를 입증하려고 노력하지 않는다는 점이다. 여기서 바울은 이미 그 인성을 초대교회의 일반적 신앙으로 이해하고 공유하고 있던 교인들에게 편지하고 있는 것이 거의 확실하다. 따라서 바울의 관심은 그들이 동일하게 공유했던 신념의 본질, 즉 진정한 인간이셨던 예수님을 하나님께서 세상에 보내셔서 구속을 이루셨다는 신념의 본질을 설명하는 것이다.

다음 두 장에서 살펴보겠지만 바울은 위와 같은 신념에 두 가지 실체가 결합되어 있다고 생각했다. 첫째로, 지상에서의 삶을 사신 예수님께서 다윗 보다 위대한 자손이 하나님의 백성을 위해 최종적인 구속을 이루실 것이라는 다윗의 약속을 성취하셨다는 점이다. 그러나 사실상 그 자손은 하나님의 영원하신 아들이 성육신하신 분으로 드러났다. 둘째로, 영원하신 아들이 높임을 받으심으로써 하나님 우편에 앉으셔서 '메시아적 주'의 역할을 감당하셨다는 점이다. 그 주께 모든 만물이 복종하며, 마지막 때에 모든 무릎이 주께 꿇고, 그분의 주권을 모든 입이 고백하게 될 것이다.

제14장

예수: 유대적 메시아와 하나님의 아들

우리는 본 장과 다음 장에서 관련 자료들이 제시하는 것은 그리스도의 인격을 이해하기 위한 주요 카테고리임을 마지막으로 관찰할 것이다. 다시 말하면 구속자로서 그리고 새로운 신성의 창조자로서의 역할을 담당했던 분이 누구신가에 대한 문제를 다룰 것이다. 여기서와 다음 장에서 제안하고 자세히 살펴보게 될 해답은 이중적이다. 첫째로, 부활하신 그리스도는 다름 아닌 선재하신 하나님의 아들로서 구속을 위해 우리 가운데 나타난 분이시다. 둘째로 부활하신 그리스도는 시편 110:1을 성취하시며 "하나님 우편에 앉아계신" 승귀하신 주이시다. 첫 번째 경우 아들과 아버지와의 관계에 대해 강조라고 하기는 힘들더라도 일종의 인식이 있음을 주목하게 된다. 두 번째 경우는 승귀하신 그리스도께서 우리와 또한 세상과 맺고 계신 관계를 강조하고 있다.[1]

---

1) 사실 여기서 새로울 것은 없다. 왜냐하면 관련 주제에 대해 많은 학자들이 이와 동일한 방향으로 연구해 왔기 때문이다. 예를 들면, M. Hengel, *Son of God*, 13-15, H. Ridderbos, *Paul*, 68-90, L. W. Hurtado, "Paul's Christology," in *The Cambridge Companion to Paul* (ed., J. D. G. Dunn; Cambridge: Cambridge University Press, 2003), 191-95, Matera, *New Testament Christology*, 132-33. Kramer(*Christ, Lord, Son of God*) 역시 이와 유사한 이야기를 하시만 아쉽세노 '하나님의 아들'을 '그리스도'와 분리해서 생각한다. 본문에서 언급된 두 개의 모티브는 이에 대한 시각을 보다 넓게 가져가는 학자들에게도 중요한 위치를 차지하고 있다. 예를 들어 Ziesler(*Pauline Christianity*, 24-48)는 '메시아'를 '하나님의 아들'로부터 분리시키고 '주'와 '하나님의 아들' 앞에 '지혜'를 붙일 뿐 아니라 끝에는 '성령'을 추가한다. 바울 기독론에 대해 보기 드문 해석이 아닐 수 없다. '주'에 대한 그의 논의는 그 논거를

아래에서 지적하겠지만 이러한 두 개의 주제는 다윗 계열의 왕권에 기초한 유대교의 메시아 사상과 깊이 연관되어 있다. 첫 번째의 경우 예수님께서는 하나님께서 기름 부으신 "다윗의 자손"으로 인식되고 있다. 그분은 하나님의 탁월하신 '아들'로서 그분의 자손은 그 보좌에 '영원히' 앉게 될 것이다. 두 번째 경우 다윗의 메시아적 후손이 시편 110:1이 말하는 여호와의 오른편에 앉아 계신 '주'로 이해되고 있다. 그러나 두 경우와 관련된 바울의 이해는 이러한 유대교의 뿌리를 심각할 정도로 넘어서고 있다. 즉 다윗의 아들은 다름 아닌 하나님의 영원하신 아들이시며, 부활하신 주는 승귀하셔서 자신에게 주어진 하나님의 '이름'을 지니고 계시며, 모든 만물이 마침내 그분 앞에 무릎 꿇고 경배하게 될 것이다.

신약 연구의 역사를 보더라도 역시 '근원' 문제,[2] 특히 그리스도를 하나님의 영원하신 아들로 인정하는 이해를 바울이 어디서 얻게 되었는지의 문제를 고려하도록 만든다. 따라서 그리스도를 메시아와 하나님의 아들로 이해하는 일이 바울 서신의 증거를 미루어 볼 때 이미 바울 이전에 아람어를 사용하는 유대 기독교 공동체 안에 있었다는 점을 주목하는 것은 우연한 관심이라고 볼 수 없다. 바울은 세 군데에서 아람어로 음역된 두 개의 단어가 나오는데, 여기에서는 바울의 신앙 공동체가 이행하고 있던 신앙적인 삶의 일부가 전제되어 있다. 그 두 단어는 '아버지'를 의미하는 아바(갈 4:6; 롬 8:15)와 '주여 오시옵소서'를 의미하는 마라나타(고전 16:22)이다. 이 단어들이 사용된 본문을 석의하면서 언급했듯이[3] 매우 중대한 기독론적 중요성이 이들 안에 내포되어 있다. 이들은 적어도 바울 서신에 나타나는 가장 중요한 두 개의 기독론적 모티브가 아람어가 통용되는 공동체에서 매우 이른 시기부터 잘 알려져 있었다는 사실을 반영하고 있다. 그 모티브는 다름 아닌 하나님의 아들이신 예수님과 주이신 예수님이다. 따라서 바울이 다른 요소들로부터 영향을 받았을

바울 서신에서 찾기 어렵다.
2) 실제로 이 문제는 심도 있는 기독론적 논의를 이끌어 낸다. 그러나 '근원' 문제에서 논의를 시작하는 것은 방법론적으로 볼 때 역순인 것 같다. 가장 먼저 다루어야 할 과제는 서술적인 논의이며 여기서 역사적인 논의로 이어지는 것이 바람직하다. '근원' 문제를 먼저 다룸으로써 바울 기독론에 대해 전제 개념을 가지고 접근해가는 것은 잘못된 방법이다. 이러한 방법은 지혜 기독론이 왜 대중적인지를 설명해 준다. 왜냐하면 관련 본문들은 지혜 기독론을 조금도 뒷받침해주지 않기 때문이다(부록 A⟨pp. 871-874⟩를 보라).
3) 이에 대해선 3장(pp. 205-208), 5장(pp. 342-347), 6장(p. 386)을 보라.

수도 있으나, 이러한 기독론적 모티브는 근본적으로 바울이 이전에 자리 잡고 있던 신앙 공동체에 그 뿌리를 두고 있다.

본 장의 주관심사는 하나님의 아들이신 예수님께 담긴 이중적인 의미, 즉 유대적 메시아와 영원하신 아들이라는 의미를 살펴보는 것이다. 동시에 이전 장에서 중요하게 다루었던 주제를 다시 언급하려 한다. 예수님은 영원하신 아들로서 신적 형상을 온전히 입고 계시며, 죽음과 부활을 통해 그의 백성들 안에 신적 이미지를 회복시키는 새 창조 사역을 이행 중이시다. 이러한 주제들을 개진시키는 일이 단순한 일이 아니므로 필자는 여기서 '논리적 순서'를 제시하고자 한다.

첫 번째 당면 과제는 예수님께서 '하나님의 아들'이라는 사실을 유대인의 메시아 사상에 비추어 입증해 보는 것이다. 이를 위해선 십자가에 달리신 예수님이야말로 유대적 메시아였다는 사실이 바울에게 매우 중요한 사실임을 밝히는 것이다. 부활하신 주님과 다메섹 도상에서 대면하게 된 바울은 이러한 사건이 그에게 걸림돌이 될 수 있었음에도 이를 경시하는 대신 중요하게 다루고 있다. 필자는 이를 염두에 둔 가운데 기본적인 유대인의 이야기를 추적해 봄으로써 바울이 어떻게 이 이야기를 그리스도에 비추어 재해석하고 있는지 생각해 볼 것이다. 이 기본적 이야기 속에서 '하나님의 아들'이라는 주제를 추적해보되 후기 유대교에서 메시아와 관련된 주제로 발전되는 양상도 고찰할 것이다. 바울은 이러한 주제를 하나님의 아들이신 예수님과 구약 이야기의 첫 번째 접촉점으로 간주하고 있다. 그러나 이러한 역사가 그리스도에 대한 바울의 이해에 매우 중요한 것은 사실이지만, 어떻게 그가 그리스도를 하나님의 영원하신 아들이라고 이해하게 되었는지를 설명해 주지는 않는다. 그래서 이에 대해서는 본 장 끝에서 언급할 것이며, 바울이 그리스도를 하나님의 선재하시는(그래서 영원하신) 아들이나 창조의 대리자 그리고 성육신으로 인한 구속의 대리자로 이해하는 것에 집중할 것이다.

1. 하나님의 메시아적 아들이신 예수님

하나님의 아들이신 예수님의 기독론적 중요성을 관찰해 보려면 이스라엘에 대한 주요 이야기와 예수님의 관계에 대해 바울이 어떻게 이해하고 있는

지를 우선 살펴 볼 필요가 있다.[4] 여기서 일단 바울 서신 중에 필치가 가장 약하지만 바울의 사도적 부르심에 대해서는 열정을 가지고 길게 설명하고 있는 로마서를 먼저 보고자 한다. 로마서를 보면 특별히 바울이 예수님의 지상적인 기원을 유대적 메시아로 명확히 상술하고 있다. 사실 로마서 9:5에서 호 크리스토스가 칭호로 사용된다는 데에 대해선 모든 학자들이 동의하고 있으며, 여기서 유대적 메시아이신 예수님이 구약 이야기와 모든 유대적 특권의 절정이라고 설명하고 있다. 실제로 이러한 개념은 로마서에서 서두 즉 문안인사(1:2-4)에서부터 언급되고 있다. 여기서 예수님은 승귀하심으로써 "능력을 지니신(with power) 하나님의 아들"[5]이라는 지위로 되돌아가신 하나님의 영원하신 메시아적 아들로 소개되고 있다. 그러므로 6장에서도 언급했던 것처럼 로마서에서 '하나님의 아들'이 가장 주요한 기독론적 모티브라는 사실은 당연하다.

그러나 본 연구는 '하나님의 아들'이라는 어법보다는, 이 어법이 이스라엘에 대한 기본적인 이야기에서 수행하고 있는 역할로부터 논의를 시작하려 한다. 왜냐하면 바울은 한결같이 그리스도를 그 이야기의 기본 사항(parameter)으로 보고 있기 때문이다. 본 논의는 바울의 이야기가 시작되는 곳에서 함께 시작될 것이다. 즉 시편 110:1이 말하는 승귀하신 (메시아적) 주이신 십자가에 달리셨던 예수님을 바울이 대면한 사건을 살펴 볼 것이다. 이 사건을 통해 메시아이신 예수님에 대해서와 이러한 실체와 십자가와의 관계에 대한 바울의 이해가 급격한 변화를 겪게 된다.

---

4) 역사적으로 볼 때 일부 학자들은 이러한 관계가 명확하지 않다고 생각했다. 특히 매우 오랜 기간 독일 신약학계는 이러한 '칭호'가 그의 신앙을 헬레니즘화한 데서 비롯된 것이라고 주장했다. 그러나 이러한 주장은 이제 아무도 동의하지 않는다. 이에 대해 특별히 Hengel, *Son of God*, 4-5, 17-41에서 개진되는 비평을 보라.

5) 많은 학자들은 이렇게 표현하기를 거부하지만 여기서 필자는 바울을 액면 그대로 서술하려는 것이다. 바울은 하나님 아버지께서 그의 아들을 세상에 보내셨다고 믿던 사람이다(롬 8:3; 참조. 갈 4:4). 여기서 바울은 그가 전적으로 개입하지 않았던 이전의 교의적 진술을 사용하고 있다는 사실을 거부하는 것은 바울이 실제로 보여주고 있는 사실을 간과하는 것이다. 바울은 지금 이 모든 진술을 자기 문장으로 옮겨 적으면서 로마교회 회중에서 이 내용이 읽혀질 것을 염두에 두고 있다. 이 교회는 로마서가 기록되기 이전부터 이미 그리스도에 대한 신앙의 역사가 제법 깊었던 것이다.

1) 궁극적인 걸림돌: 십자가에 못 박히신 메시아이신 예수님

닐스 달(Nils Dal)은 한 때 메시아이신 예수님을 언급하지 않고도 바울의 기독론에 대해 역사적으로 설명할 수 있다고 생각했다. 그러나 나중에 역사적으로 볼 때 "예수께서 메시아였는지의 여부는 한 때 박해자였다가 사도가 된 바울에게 매우 중대한 문제였다"고 옳은 주장을 개진한다.[6] 그리스도에 대한 바울의 시각을 이렇게 접근하는 것이 옳다는 주장을 뒷받침해주는 내용들이 비교적 초기 바울 서신의 여러 구절에서 발견된다. 우선은 고린도전서의 두 구절부터 시작해서 아마도 가장 열정적인 필치로 기록된 갈라디아서의 두 구절을 고찰할 것이다.

(1) **고린도전서** 15:3; 1:18-25

고린도전서 15:3에서 바울이 고린도 교인들에게 '전한' 것, 즉 "그리스도께서 우리 죄를 위해 죽으시고"라는 내용을 상기시킬 때, 분명 바울은 이 내용을 초기에 일반적으로 알려져 있던 교의적 문구로 여기고 있었음이 분명하며, 신약 학계에서도 이렇게 생각하고 있다. 그러나 신약 학자들이 주로 간과하는 것이 있다면 그것은 이 '신조'가 고린도전서의 가장 후반부에 위치하고 있다는 사실이다. 해당 문맥을 보면 바울은 신자들이 미래에 경험하게 될 육체적 부활을 부인하는 이들을 다루고 있다. 따라서 15:3은 1:13-2:16에서 말하고 있는 첫 번째 주제와 인클루지오(수미쌍관)를 이루고 있을 뿐 아니라 이 초반 본문에 비추어 해석되어야 한다.[7] 여기서 바울은 우리 죄를 위하여 돌아가신 분이 다름 아닌 로마인들에 의해 허위 메시아라는 누명을 쓰고 십자가에 달리신 분(2:1-3)이라는 사실을 그가 전하는 복음의 내용에 의도적으로 포함시켰다고 단호히 주장한다. 고린도 교인들과 관련하여 바울이 직면하고 있는 문제는 바로 이렇게 중요한 사실을 일부 교인들이 회피하려 한다는 것이었다. 바울은 그런 것을 받아들일 수가 없다.

---

6) Dahl, *Jesus the Christ*, 15를 보라.
7) 고린도전서를 전체적으로 읽지 않는 것은 Kramer(*Christ, Lord, Son of God*)가 바울 기독론을 연구하기 위해 택했던 방법론을 손상시키는 것이다. 그는 바울 서신에서 이른 바 바울 이전의 자료를 찾으려고 추적함으로써 이 본문을 바울 기독론으로부터 간단히 격리시킨다. 그리고 바울이 직접 이야기하는대로(물론 수사학적인 자리에서) 그가 고린도에서 전했던 그리스도는 '십자가에 달리신 메시아' 예수님이었다는 사실을 Kramer는 전혀 언급하지 않는다.

더욱이 '십자가에 달리신 그리스도'가 사실상 '십자가에 달리신 메시아'를 의미한다고 볼 때만 위 서두 본문이 문맥과 잘 들어맞는다.[8] 이러한 사실은 유대인들에게는 궁극적으로 걸림돌이 되었고 헬라인들에게는 참으로 어리석은 일이 되었다. 그럼에도 바울이 이 사실을 그토록 열심히 부각시키는 데에 대해서 의아해하지 않을 수 있다. 왜 그리스도를 단순히 고유 명사로 사용하여 그분이 '우리를 위해' 돌아가셨다고 말하지 않는가? 바울은 그럴 수가 없다. 그는 유대인들과 헬라인들이 어떻게 반응할 것인지 잘 알고 있으면서도 십자가에 달리신 메시아에 대해 설교했다. 왜 그렇게 하는가? 왜냐하면 바울이 믿기로, 자기 지혜로 '하나님을 알 수 있다'고 생각하는 이들을 무한한 지혜와 권능을 지니신 하나님께서 미련케 하셨기 때문이다.[9]

그러나 여전히 이러한 사실이 바울 기독론과 어떤 관련이 있는지 질문할 수도 있을 것이다. 이에 대한 대답은 "십자가에 달리신 메시아로부터 출발하지 않으면 아무도 바울 자신이나 그리스도를 향한 그의 열심과 헌신의 깊이를 이해할 수 없을 것이다"이다. 그래서 위에서 언급한 달의 관찰이 역사적으로 볼 때 옳다는 것이다. 그의 관찰은 우리로 하여금 바울의 직접적인 진술을 찾도록 이끈다. 즉 인종적인 '분리 벽'으로 양분되어 있던 유대인과 헬라인들이 본능적으로 십자가에 달리신 메시아 개념을 거부하리라는 것을 바울이 잘 알고 있으면서도 어떻게 그러한 복음을 선포할 수 있었는지를 그의 진술에서 찾게 한다. 그리고는 우리의 관심을 다시 바울 자신에 대한 이야기로 향하게 한다.

(2) 갈라디아서 1:14; 빌립보서 3:4-6

갈라디아서의 서두에서 자신의 복음이 그 어떤 사람에게서 난 것도, 예루살렘의 사도들에게 의존해서 배운 것도 아니라는 점을 입증하면서 바울은 그

---

8) 보다 심도 있는 논의를 위해선 3장(pp. 178-179)을 보라.
9) 이 단락의 요지를 놓치는 것은 바울의 전반적인 신학을 놓치는 것과 같다. 예를 들어, Reid(*Jesus, God's Emptiness, God's Fullness*, 19-20)는 부활하신 그리스도를 대면한 바울의 경험의 중요성을 인식하지만 십자가와 관련된 급진적인 방향 전환을 주목하지는 못한다. 그리스도와의 대면 사건은 바울에게 십자가를 이해하는 데 도움이 되는 단순한 통찰력을 준 사건이 아니라, 하나님께서 그리스도를 십자가에 달리게 하심으로써 행하셨던 일에 대한 바울의 깊은 신념이 완전히 뒤바뀐 변혁의 사건이다. 이러한 개인적 경험은 바울이 이해하던 메시아 사상의 가장 깊은 뿌리에서부터 급진적인 패러다임의 변화를 요구했다.

의 회심에 담긴 본질적인 성격을 설명하고 있다. 바울은 자신이 유대교 안에 있는 다른 이들보다 두 가지 면에서 훨씬 탁월했다고 말한다. 즉 교회를 누구보다 앞장서서 핍박했고, 율법(토라)을 열심히 공부했다는 것이다. 여기서 두 번째 요소가 일반적으로 볼 때 더 중요하긴 하지만, 교회를 핍박했다는 언급이 여기서 처음 등장한다는 점도 주목할 만하다. 바울이 예전에는 박해자였다는 사실이 그를 초대 교회 공동체로부터 멀어지게 했던 부분적인 이유다. 이러한 사실은 바울이 그들로부터 독립되어 있었을 뿐 아니라 실제로 예수님을 유대적 메시아로 고백하며 따르던 이들과는 정반대의 위치에 서 있었음을 잘 보여주고 있다. 그래서 역사적으로 볼 때 바울을 그리스도의 추종자로 만들만한 요소가 전혀 없었다. 그런데도 그는 그리스도인이 되었으며 그것도 열정적인 신자가 되었다.

이와 같은 회심 전의 바울에 대한 자서전적 진술에 이어 나오는 구절은 매우 중요한 내용을 담고 있다. 즉 "은혜로 나를 부르신 이가 그 아들을 이방에 전하기 위하여 그를 내 속에 나타내시기를 기뻐하실 때에"라고 말한다. 이 본문을 석의하면서 언급했던 것처럼(5장), 바울의 요지는 계시가 바울에게(to) 나타난 것이 아니라(12절에서 언급된) 바울 안에(in) 나타났다는 점이다. 그의 '회심'이 보여주는 엄청난 반전(그리스도를 미워하던 사람이 그분께 헌신하는 사람으로 변한)은 유대인과 헬라인을 함께 포함하는 은혜의 복음을 극명하게 보여주는 역할을 했다.

14절이 부수적인 구절이 아니라는 사실에 대해 열띤 논쟁을 벌이곤 하지만, 바울이 자신의 이야기를 후대에 기록된 빌립보서 3:4-6에서 다시 거론하면서 동일한 두 가지 요소를 부각시킨다는 점에서 14절은 확실히 중요하다. 바울은 여기서도 그의 유대교 신앙에 있어 의문의 여지가 없는 충성심을 개진한다. 첫째로는 그가 태어나면서도 그에게 주어진 유대교적 환경을 이야기하고(할례, 베냐민 지파, 히브리인 중의 히브리인), 그 다음에는 유대교 내에서 그가 노력하여 이룬 것을 내세운다(교회를 핍박하고 율법에 완벽히 매진하던 열정적인 바리새인).[10] 그래서 바울은 여기서도 그가 교회를 핍박했다는 사실과

---

10) 바울이 그리스도인이 되기 전의 이야기를 말하는 두 구절을 보면, 그가 율법에 충실했다는 점을 언급하기 전에 교회에 폭력을 휘둘렀다는 점을 먼저 이야기하는 점이 다소 흥미롭다. 아마도 바울이 유대교 내에서 마찰을 빚고 있는 와중에 다른 유대인들에게 한 때는 자신도 그들과 같은 모습이었음을 상기시키고자 그런 것 같다. 이에 대해 Hurtado가 추가적인 주장을 하는데, 즉 이 두 강조점이 의미가 분명해지려면 바울이 "유대인 그리스도인들을 충분히 알고 있었기에 그들이 매우

율법을 신실하게 지켰다는 점을 병치한다. 그러나 주 그리스도를 아는 지식의 최고 가치로 인해 이전의 모든 특권을 배설물로 여긴다고 고백한다.

그래서 회심하기 이전의 바울의 삶에서 발견되는 공통적인 요소는 그가 열렬한 율법주의자였다는 사실과 십자가에 달려 돌아가신 예수님이 사실은 유대적 메시아였음을 선포하는 이들을 심하게 미워했다는 사실이다.

(3) 갈라디아서 3:13; 고린도전서 1:22

갈라디아서 후반부를 보면 바울이 왜 그토록 예수님의 제자들을 미워했는지 그 이유를 알게 된다. 그는 3:13에서 십자가에 의한 그리스도의 죽음을 "나무에 달린 자는 하나님께 저주를 받았음이니라"라는 신명기 21:23의 저주(신명기 27장의 저주 용어로 표현되어 있는)와 연결시킨다. 예수님이 로마인들에 의해 '나무에 달렸기' 때문에, 바울의 입장에서 보면 이러한 사실은 예수가 하나님으로부터 저주를 받았다는 분명한 증거가 된다. 그래서 바울이 일찍이 고린도 교인들에게 십자가에 달리신 메시아는 이 세상에서 역사하시는 하나님의 능력과 지혜임을 깨달아야 한다고 주장했던 것은 단순히 그가 영리했기 때문이 아니라 그의 개인적 경험에서 나온 말인 것이다. 왜냐하면 십자가라는 역사적 사건은 모든 유대인들에게 거리끼는 것이었다면(고전 1:21-24), 다소 출신 사울과 같은 열정적인 유대인이 볼 때는 두말할 나위도 없었던 것이다.

이러한 사실이 그리스도를 따르기 전에 나사렛 예수에 대해 바울이 가졌던 이해의 중심에 자리 잡고 있다는 사실은 그가 왜 디모데전서 1:13에서 자신이 한 때는 "훼방자요 핍박자요 포행자"였다고 말하는지에 대한 설명을 돕는다. 바울이 그토록 폭력적으로 교회를 반대하는 일에 앞장섰던 사실이 '내가 주를 보았다'(고전 9:1)고 고백하는 다메섹 도상에서의 경험을 통해 회심하게 된 사건이 얼마나 큰 변화인지를 제대로 설명해 준다. 결과(주 그리스도에 대한 바울의 전적인 헌신)가 원인(십자가에 달리신 분이 부활하신 분임을 목격)과 일치한다는 점에 대해서는 의심의 여지가 없다. 죽음에서 일어나신 예수님을 만난 경험은 바울을 급변하도록 만들었다(고전 15:8 참조). 이러한 사실은 바

위험한 배타적 집단이며 이를 무너뜨리기 위한 단호한 노력이 필요하다는 점을 확신할 수 있었다"고 가정해야 한다는 것이다. 여기에 Hurtado는 "그러므로 바울의 기본적인 기독교 신앙은 그가 이전에 반대했던 신앙을 반영하고 있다고 할 수 있다"라고 덧붙인다.

울이 아라비아로 떠난 일을 설명해 준다(갈 1:17). 아마도 그에게 일어난 일을 정리하기 위해서였을 것이다.

그래서 바울은 이러한 경험 이후로 십자가에 달려 돌아가셨다가 죽음에서 부활하신 하나님의 진정한 메시아 예수님을 열심히 추종하는 인물로 바뀌었다. 갈라디아서 3:10-14의 진술이 가리키는 것처럼 그리스도께서 십자가에 달리신 일이 실제 하나님의 저주를 받았음을 의미하지만 예수님의 죄로 인한 저주가 아님을 바울은 깨닫게 되었다. 실제로 하나님의 저주 아래 있던 이들은 영원하신 하나님을 거부하고 죄 가운데 있던 온 인류였으며, 한 분의 완벽한 희생을 통해 그들도 실질적으로 십자가에 달린 것이다. 그래서 그리스도에 대한 인류의 '부정'(No)은 사실상 우리의 타락과 저항에 대한 하나님의 '부정'이었지만, 그분은 우리에게 은혜와 영원한 영광을 주셨다. 그리스도를 죽음으로부터 일으키심으로써 하나님은 그 아들을 '긍정'(Yes)하시고 그 아들을 통해 전 인류마저 긍정하셨다. 바울이 역설하기를 충실한 유대인들에게 궁극적인 모순(oxymoron)으로 보였던 십자가에 달리신 메시아는 인간의 모든 술수를 제압하는 하나님의 지혜와 권능의 궁극적인 발현이시라는 사실이 결과적으로 판명되었다.

그러므로 여기서 우리는 '자주 언급되는 빈도'가 신학적인 중요성과 무관하다는 사실을 발견하게 된다.[11] 바울이 그의 회심 사건이나 '십자가에 달리신 메시아'이신 그리스도에 대해 자주 언급하지 않는다고 해서 이 사건이나 개념이 바울이 이후에 갖게 된 신학적 이해에 있어서 중요하지 않다고 할 수 없다. 신학적으로 부각되는 것 중 빈도수와 관련된 것이 있다면 셀 수 없을 정도로 언급되는 부활하신 주 예수 '그리스도'이다.[12] 바울이 서신을 기록할

---

11) 이러한 점이 Kramer의 바울 기독론 분석에 나타나는 주요 단점이다(각주 7번을 보라). 그의 연구 범위를 '칭호'로 국한시킴으로써 그리스도=메시아라는 공식을 현격하게 축소시키는 결과를 초래했다. 그리스도의 칭호가 원래 메시아라는 뜻으로 이해되었을 것이라고 인식하긴 하지만 헬라어를 사용하는 헬라 공동체가 이를 충분히 이해했는가에 대한 문제에 대해선 의문을 제기한다(실제로 그는 "이러한 연결은 바울 시대에 세워진 이방인 그리스도인들로 구성된 교회에서 전혀 인식하지 못한다"라고 결론 내린다〈213-14〉 그러나 이러한 주장에 근거할 경우 고전 1:22-25와 롬 9·5을 적절하게 이해하기 힘들다). 하지만 바울이 최초로 세운 신앙 공동체는 인종이 섞여 있었다는 점과 그들을 바울이 직접 가르쳤다는 사실을 기억해야 한다. 어떤 경우든지 연구는 바울의 서신서에 나타나는 바울 자신의 이해로부터 시작되어야 한다.
12) (NA 27판을 사용하여) 실제로 세어 보면 '그리스도'는 교회에 보낸 편지에서 343번, 목회 서신에서는 32번 나온다. 이와는 반대로 바울 서신에서 타이틀로만 사용되는

무렵에는 '그리스도'라는 칭호가 거의 이름에 가깝게 사용되었다 해도 이 '이름'이 메시아적 근원을 가지고 있다는 점을 전면 부인할 수는 없을 것이다. 이러한 사실은 목회 서신을 포함하는 그의 서신을 볼 때 이름과 칭호를 결합하여 만들 수 있는 대부분의 조합어(the combination)가 자주 나타난다는 점에서 입증된다. 여기서 두 번(롬 16:18; 골 3:24)만 사용되는 '주 그리스도'(the Lord Christ)는 예외가 된다. 이 조합어가 사용된다는 사실은 그 칭호가 사실상 하나의 이름으로 쓰이고 있음을 암시하지만 다른 조합어에 비해 '주 그리스도'가 서신서에서 적게 언급되는 점은 바울이 이 조합어가 늦게 떠오르는 표현이거나 거의 사용하지 않았음을 암시한다.[13]

이렇게 칭호가 이름으로 쓰이는 일은 바울이 십자가에서 돌아가셨다가 부활하신 예수님을 유대적 메시아로 이해하는 데서 비롯된 것이기 때문에, 이러한 이해를 그가 한때 열심을 다해 추종했던 전통적 유대교에 대한 기본적 내러티브와 그의 관계를 바탕으로 추적해 보는 것이 중요하다. 다른 어떤 기독론적 진술보다 바울이 스스로 확신하고 있던 것은 십자가에 돌아가셨다가 부활하신 그리스도께서 로마서 9:3-5에서도 감동적인 필치로 증거하는 것처럼 사실상 기본적인 유대교 이야기의 완성이시다.

2) 그리스도와 유대교의 기본 내러티브

이 고찰을 시작하기 전에 유념해야 할 것은 바울이 그의 서신서 전반에 걸쳐 구약 본문을 인용하거나 반영하되, 주로 칠십인경 본문을 2백여 구절에서[14] 매우 다양한 방법으로 사용한다는 사실이다. 바울은 논증을 주목적으로 구약을 인용하지만[15] 구약 인용이 없는 것으로 알려진 서신서(데살로니가전·후서, 골로새서, 빌립보서)의 경우 구약이 심각하게 그리고 매우 자주 반영되어 있는 중요 구절들로 가득하다. 따라서 바울의 독자들이 그러한 반영을 대부

'주'는 교회에 보낸 편지에서 223번, 목회 서신에서 22번 사용된다. 실제 이름인 '예수'는 177번, 목회 서신에서 22번 쓰인다.
13) 이 단락에 포함되어 있는 통계에 대해서는 1장에 있는 표(pp. 77-78)를 보라. Dahl, *Jesus the Christ*, 16 참조.
14) 이 통계는 Ellis, *Paul's Use of the Old Testament*, 150-54에 있는 부록 I에 나오는 실제 결과다.
15) 대부분의 인용 구절은 로마서, 고린도전서, 갈라디아서, 고린도후서에서 발견된다.

제14장 예수: 유대적 메시아와 하나님의 아들 787

분 읽어냈다고 가정하는 것이 옳다.¹⁶⁾

따라서 바울의 구약 사용에 대한 전반적인 고찰을 할 때 두드러지는 점은 바울의 주요 관심사가 이스라엘에 대한 이야기의 중심 특징들에 놓여있다는 사실이다.¹⁷⁾

① 창조
② 아브라함(이방인을 포함하리라는 언약을 받은)
③ 출애굽(노예로부터의 해방과 약속의 땅 수여)
④ 율법 수여(특히 이스라엘의 율법 준수에 대한 실패 예견과 함께 신명기)
⑤ 다윗 계열의 왕권
⑥ 바벨론 유수와 특별히 이방인을 포함했던 회복(종말론적 완성)

그러므로 바울이 인용하는 본문은 모두가 헬라어 성경에서 온 것이지만 대부분(70퍼센트 이상)의 경우 창세기, 신명기, 이사야, 시편 본문을 인용한다는 점은 놀랄만한 일이 아니다.¹⁸⁾ 가장 두드러지는 점은 이스라엘 이야기에 나타나는 그리스도의 역할이다. 그리스도께서 십자가에 달리시고 부활하신 후 승귀하신 일을 하나로 통합하려는 목적으로 이야기가 해석된다. 실제로 바울이 볼 때 그리스도는 위에서 나열한 이스라엘 이야기의 여섯 가지 국면 모두에서 중요한 역할을 하신다. 본 연구의 주 관심은 다섯 번째와 여섯 번째 항목 즉 다윗 계열의 왕권과 종말론적 완성에 있지만 앞의 네 가지 항목에 나타나는 그리스도의 역할을 간단히 살펴봄으로써 전체 그림의 효과를 높일 수 있다. 즉 그리스도는 무엇보다 하나님의 메시아적 아들이시며 동시에 (특히) 하나님의 영원하신 아들이시라는 사실을 크게 부각시킨다.

(1) 창조

창조와 관련된 그리스도의 역할은 바울 서신에서 두 개의 주요 기독론적 본문인 고린도전서 8:6과 골로새서 1:15-16을 보면 확연히 나타난다. 물론

---

16) 이 문제에 대해선 1장의 논의(pp. 71-76)를 보라.
17) 이 문제에 대해선 7장의 골 1:12-14 석의 부분(pp. 451-455)을 보라.
18) 헬라어 성경을 폭넓게 사용하는 점을 비추어 볼 때 지혜 전승 구절의 인용이 거의 없다는 사실을 주목할 필요가 있다. 분명 지혜 전승이 바울 서신에서 중요한 부분을 차지하지 않기 때문일 것이다(부록 A의 분석⟨pp. 879-882⟩을 보라).

일부 학자들은 이 본문이 창조와 관련되어 알려진 인격화된 지혜의 역할을 반영하고 있다고 생각하기도 한다. 그러나 본문을 유심히 살펴보면 지혜와 연관지으려는 입장이 부적절하다는 사실을 알게 된다.[19] 각 본문을 석의해 보면 반복적으로 언급되는 논지가 있는데 그것은 하나님의 아들이신 예수님이 사실은 창조의 신적 대리자라는 사실이다. 이러한 논지가 고린도전서에서는 암시적으로 반복되고 골로새서에서는 명시적으로 반복된다. 즉 고린도전서 8:6에서 하나님을 아버지로 묘사하는 것과 골로새서 1:13에서는 보다 구체적으로 그리스도를 아버지께서 사랑하시는 아들로 묘사하는 내용이 예수님을 하나님의 메시아적/영원하신 아들로 고백하는 문맥에 나타난다는 것이다. 실제로 바울은 1:15-16에서 모든 창조 질서의 영역, 중재자, 목적이 되시는 사랑의 (영원하신) 아들의 대리 사역을 통해 만물이 존재하게 되었다고 역설한다.

(2) 아브라함(이방인도 포함된다는 언약과 함께)

하나님의 택하신 백성의 조상인 아브라함은 바울의 이스라엘 이야기 중 두 부분, 즉 갈라디아서 3장과 로마서 4장에서 특히 중요한 역할을 하고 있다. 그리고 창조에 관해서도 그랬던 것처럼 이 이야기를 종말론적으로 재구성하는 부분에서도 그리스도의 중요성은 절대적이다. 갈라디아서는 그리스도께서 진정한 "아브라함의 자손"이심을 명시함으로써(16절) "그리스도 안에" 속한 자들이면 누구나 아브라함의 자손이라고 진술한다(29절).

로마서의 진술을 보면 아브라함과 관련된 그리스도의 역할이 다소 상이하게 상술되지만 결국에는 같은 의미로 설명되고 있다. 여기서도 아브라함은 유대인과 이방인을 포함하는 모든 사람들의 조상이다. 그러나 여기서는 보다 중요한 역할을 아브라함에게 부여한다. 그는 ① 믿음의 모델이며 ② 할례를 받기 전에 하나님을 믿었기 때문에 하나님을 믿는 이방인들의 조상이기도 하다. 한편 ③ 그는 믿음의 표시로 할례를 받아 그와 유사한 믿음을 지닌 유대인들의 조상이 되었다. 그러나 가장 부각되는 사실은 그가 믿음의 모델 역할을 어떻게 수행했느냐에 대해서다. 죽은 것과 같은 자신의 몸과 아내 사라의 태로부터 이삭을 얻은 아브라함은 실제 죽음에서 일어나신 그리스도를 믿는 믿음으로 이어진다.

---

19) 부록 A(pp. 869-914)와 더불어 고린도전·후서(pp. 179-197, 299-301)와 골로새서(pp. 481-492)에 대한 부기를 보라.

제14장 예수: 유대적 메시아와 하나님의 아들   789

그리스도와 아브라함의 관계와 관련해서 그리스도께서 약속된 아들의 역할을 취하는 내용의 로마서 8:22이 창세기 22:16을 반영하고 있다는 사실을 주목해야 한다. 아브라함이 자신의 독자를 아끼지 않았으므로(우크 에페이소 투 휘우 수 투 아가페투⟨οὐκ ἐφείσω τοῦ υἱοῦ σου τοῦ ἀγαπητοῦ⟩) 하나님이 그를 축복하신 것처럼, 이번에는 하나님께서 아브라함의 역할을 취하여 "자기 아들을 아끼지 아니하시고 우리 모든 사람을 위하여" 내어주셨다(호스 게 투 이디우 휘우 우크 에페이사토 알라 휘페르 헤몬 판톤 파레도켄 아우톤⟨ὅς γε τοῦ ἰδίου υἱοῦ οὐκ ἐφείσατο ἀλλὰ ὑπὲρ ἡμῶν πάντων παρέδωκεν αὐτόν⟩). 따라서 바울 서신에서 아브라함과 이스라엘 이야기에서 그의 역할을 언급하는 모든 구절은 그리스도와 밀접하게 연결되어 있다. 그리스도께서 오심으로써 아브라함과 맺은 모든 민족이 복을 받으리라는 약속이 성취되었다.

(3) 출애굽(노예로부터의 해방과 약속의 땅 수여)

이와 관련된 이야기는 다양한 문맥에서 나타나지만 주로 구원론과 관련된 부분에서 셀 수 없을 정도로 많이 나타난다. 실제로 그리스도 안에 있는 구원에 대한 모든 비유적 표현은 화해 개념을 제외하고는 모세 오경에서 직접적으로 온 것이다. 특히 '구속'이라는 주제가 담긴 구절은 더욱 그렇다. 여기서 대표적인 구절 중 하나인 골로새서 1:12-16을 볼 필요가 있다. 왜냐하면 이 구절은 약속의 땅을 얻는 이야기를 포함하여 출애굽 이야기의 상당 부분을 반영하고 있으며, 동시에 다섯 번째 항목인 다윗 계열의 왕권도 언급하고 있기 때문이다. 이 구절에서 출애굽 이야기와 관련된 중요 부분을 밑줄 쳐보면 아래와 같다.

> 12 너희(개역성경은 우리- 역주)로 하여금 빛 가운데서 <u>성도의 기업의 부분을</u> <u>얻기</u>에 합당하게 하신 <u>아버지께</u> 감사하게 하시기를 원하노라 13 그가 우리를 <u>흑암의 권세에서 건져내사</u> 그의 <u>사랑의 아들의 나라로 옮기셨으니</u> 14 그 아들 안에서 우리가 <u>구속</u> 곧 죄 사함을 얻었도다 15 그는 보이지 아니하시는 하나님의 <u>형상</u>이요 모든 창조물보다 <u>먼저 나신 자</u>니 16 <u>만물이 그에게 창조되되 … 만물이 다 그로 말미암고 그를 위하여 창조되었고</u>

필자는 여기서 본문에 대한 석의를 반복하지 않고 이스라엘 이야기와 관련된 모든 요소가 율법 수여 부분만 제외하고는 본문에서 전부 반영되어 있다는 점을 언급하고 싶다. 율법을 대체하시는 그리스도에 대해서는 2:6-23에서 전적으로 주장하고 있다.[20] 본문을 각 항목에 따라 분류해보면 아래와 같다.

① 창조
그리스도는 만물 이전에 계셨고,
만물이 "그에게"와 "그로 말미암아" 창조되었고,
만물이 "그를 위하여" 존재한다.
그리고 18절이 진술하는 것처럼 그리스도는 새 창조의 '시초'이시다.
② 아브라함: "사랑의 아들"이라는 표현이 여기서 시작한다(창 22:2, 16)
③ 출애굽
  ⓐ 동사 "건져내사"(에뤼사토⟨ἐρρύσατο⟩)와 명사 "구속"(아폴뤼트로신 ⟨ἀπολύτρωσιν⟩)은 해당 이야기에서 핵심 구절인 출애굽기 6:6을 반향하고 있다.
  ⓑ "흑암의 권세"로부터의 구원이 언급된다.
  ⓒ 그 결과 "기업의 부분"을 얻게 된다.
[④ 율법: 이 주제는 2:6-23에서 중심 이슈로 등장한다.]
⑤ 왕권: 다윗 이야기를 문자적으로 반영하는 여러 구절이 있다
  ⓐ 그 아들은 왕이시다(또는 왕은 하나님의 아들이시다)
  ⓑ 그 아들은 하나님이 사랑하시는 분이시다
  ⓒ 그 아들은 하나님의 "먼저 나신 자"(firstborn)이시다(출 4:22과 시 89:26-27과 마찬가지로 프로토토코스⟨πρωτότοκος⟩가 쓰인다)
⑥ 이방인이 종말론적으로 포함된다는 내용이 '우리/너희'의 혼용에서 암시된다.

이 모든 내용이 단 하나의 긴 문장에서 나타나고 있다. 추가적으로 언급할

---

20) 이 문제에 대해선 G. D. Fee, "Old Testament Intertextuality in Colossians: Reflections on Pauline Christology and Gentile Inclusion in God's Story," in *History and Exegesis: new Testament Essays in Honor of E. Earle Ellis on His Eightieth Birthday* (ed. A. Son; London: T&T Clark, 2006), 203-23을 보라.

것은 이 기본적인 내러티브가 바울의 신학 전반에 걸쳐 등장한다는 점이다. 그리스도가 한결같이 이스라엘 이야기의 새 언약적 성취(the new-covenant fulfillment)의 방법으로 묘사되기 때문에, 그분은 출애굽 이야기가 처음 언급될 때의 상황과 연속성 속에 있다고 해석된다. 동시에 고린도전서 10:4, 9은 그리스도께서 당시 이스라엘과 함께 하셨다고 명시하고 있다.

(4) 율법 수여

이 개념이 그리스도께서 오심으로써 '성취되었다'는 사실에 대해서는 모두가 인식하고 있다. 그럼에도 이를 강조하는 구절이 바울 서신 전체에서 네 군데에서만 나온다는 점은 다소 흥미롭다. 이 네 부분은 모두 이방인으로 하여금 율법을 준수하라고 위협하는 문제를 다루고 있다(로마서, 갈라디아서, 빌립보서 3장, 골로새서 2장). 여기서 가장 중요한 기독론적 본문은 "그리스도는 모든 믿는 자에게 의를 이루기 위하여 율법의 마침이 되시니라" (텔로스 가르 노무 크리스토스 에이스 디카이오쉬넨 판티 토 피스튜온티 ⟨τέλος γὰρ νόμου Χριστὸς εἰς δικαιοσύνην παντὶ τῷ πιστεύοντι⟩)라고 진술하는 로마서 10:4이다.

간략히 살펴 본 율법 수여에 대한 논지는 그리스도께서 이스라엘 이야기가 처음 펼쳐졌을 때부터 그들과 함께 하셨다는 사실과 이제는 그 이야기의 종말론적 성취에 있어 중심이 되신다는 점이 바울에게 중요하다는 사실을 지적하려는 것이다. 따라서 이스라엘 이야기의 다섯 번째와 여섯 번째 항목 즉, 동시에 바울 신학에서 주요 개념으로 부각되는 주제에서 그리스도께서 절대적으로 중요한 위치에 있다는 점은 매우 자연스럽다.

3) 다윗의 자손이신 하나님의 아들 예수

바울이 어떻게 그리스도를 하나님의 영원하신 아들로 이해하게 되었는지를 이해하기 위해선 무엇보다 다윗 계열의 왕권에 대해 살펴보아야 한다. 이를 위해선 이스라엘 이야기와 관련된 여러 본문을 조사하고[21] 역사적 예수가 이 이야기에서 수행하는 역할을 고찰해야 한다.

---

21) 전통적으로 신약과 초대 교회 저자들은 이러한 종류의 본문들을 왕권을 지니신 메시아를 가리키는 구절로 보았다(사 9:6-7; 11:1-9; 렘 23:5-6; 33:14-16; 겔 34:23-24; 37:24; 슥 9:9-10; 시 132:11-18).

(1) 출애굽기 4:22-23

우선 이스라엘 백성이 하나님의 아들로 묘사되고 있는 주요 본문인 출애굽기 4:22-23을 주목할 필요가 있다. 여기서 모세는 아래와 같이 바로에게 나아가 말하라는 지시를 받는다.

> 너는 바로에게 이르기를 여호와의 말씀에 이스라엘은 내 <u>아들 장자</u>(휘오스 프로토토코스 무⟨υἱὸς πρωτότοκός μου⟩)라 내가 네게 이르기를 <u>내 아들</u>을 놓아서 나를 섬기게 하라 하여도 네가 놓기를 거절하니 내가 네 아들 네 장자를 죽이리라 하셨다 하라 하시니라

여기서 이스라엘은 애굽인들에게 앞으로 일어날 일에 관한 일종의 언어 유희로서 하나님의 "아들"과 "장자"로 지칭되고 있다. 이러한 주제는 "내 아들을 애굽에서 불러 내었거늘"이라고 진술하는 호세아 11:1에서 반영된다.

(2) 사무엘하 7:13-14, 18 (칠십인경)

때로 '아들'이라는 표현은 이스라엘의 왕을 가리키기도 한다. 이스라엘의 왕은 전체 백성에 대해 하나님의 대리자 역할을 하며 특히 이스라엘을 위해 하나님 앞에 서는 자이다. 따라서 이야기가 진행되면서 특히 이러한 역할을 수행하는 왕이 부각되며, 이 이야기의 주요 전환점이 되는 다윗 언약 부분에서 그러한 역할이 더욱 강조된다. 사무엘하 7:13-14(솔로몬과 그의 자손들에 대한)과 7:18(다윗 자신에 대한)의 칠십인경 본문을 유의해서 보라.

> 13 αὐτὸς οἰκοδομήσει μοι οἶκον τῷ ὀνόματί μου καὶ ἀνορθώσω τὸν θρόνον αὐτοῦ ἕως εἰς τὸν αἰῶνα 14 ἐγὼ ἔσομαι αὐτῷ εἰς πατέρα καὶ αὐτὸς ἔσται μοι εἰς υἱόν ⋯ 18 καὶ εἰσῆλθεν ὁ βασιλεὺς Δαυιδ καὶ ἐκάθισεν ἐνώπιον κυρίου καὶ εἶπεν τίς εἰμι ἐγώ κύριέ μου κύριε καὶ τίς ὁ οἶκός μου ὅτι ἠγάπηκάς με ἕως τούτων
>
> 13 저는 내 이름을 위하여 집을 건축할 것이요 나는 그 나라 위를 영원히 견고케 하리라 14 **나는 그 아비가 되고 그는 내 아들이 되리니** ⋯ 18 다윗왕이 여호와 앞에 들어가 앉아서 가로되 주 여호와여 나는 누구오며 내 집은 무엇이관대 **나를 이에 이르게 사랑**하셨나이까(개역성경은 '나로⋯하셨나이까'

- 역주).

따라서 다윗 언약에 있어 다윗의 자손들은 '하나님의 아들'이라 불릴 것이며 다윗은 자신이 하나님의 사랑을 받고 있다고 대답한다(칠십인경에서만 사랑에 대해 언급한다).

(3) 시편 2:2, 7-8; 72:1 (71:1 칠십인경)

왕을 하나님의 '아들'이라고 부르는 주제는 특히 시편 기자가 자주 사용하여 사실상 다윗 시편의 기본 틀을 구성하는 기능을 한다(1-2권). 실제로 시편의 1-2권을 소개하는 시편 2편은 다윗의 후손들이 즉위할 때 쓰였던 대관식 찬가였음이 거의 확실하다. 여기서 중요한 점은 구약에서는 이 본문에서 처음으로 '왕권을 지닌 아들'이 주의 "기름 부음 받은 자"로도 불리고 있는데, 이를 칠십인경은 크리스토스라고 번역한다는 사실이다. 그래서 이 시편을 보면 이스라엘 왕을 온 백성을 대신하여 하나님 앞에 나아가 탄식하며 찬송하는 자로 소개한다. 여기서 시편 기자는 왕이 '하나님의 그리스도'이자 '하나님의 아들'이라는 사실과 열방(이방인)이 그의 소유가 될 것임을 선포한다.

시 2:2
οἱ ἄρχοντες συνήχθησαν ἐπὶ τὸ αὐτὸ <u>κατὰ τοῦ κυρίου</u> καὶ κατὰ τοῦ χριστοῦ <u>αὐτοῦ</u>
관원들이 서로 꾀하여 <u>여호와와</u> 그 <u>기름 받은 자를 대적하며</u>

시 2:7-8
7 διαγγέλλων τὸ πρόσταγμα κυρίου <u>κύριος εἶπεν</u> πρός με υἱός <u>μου</u> εἶ σύ, <u>ἐγὼ σήμερον γεγέννηκά</u> σε 8 αἴτησαι παρ' ἐμοῦ καὶ δώσω σοι ἔθνη τὴν κληρονομίαν σου⋯
내가 영을 전하노라 <u>여호와께서</u> <u>내게</u> <u>이르시되</u> <u>너는</u> 내 <u>아들이라</u> <u>오늘날</u> <u>내가</u> <u>너를 낳았도다</u> <u>내게</u> <u>구하라</u> <u>내가</u> (<u>네게</u>) 열방을 <u>유업으로</u> <u>주리니</u> ⋯

이와 유사하게 시편을 수집한 이는 심사 숙고하여 솔로몬의 시편을 제2권(42-72편- 역주)을 끝맺는 시로 배치함으로써 이전의 다윗 시편의 틀을 구성하도록 한다.

시 72:1 (71:1 칠십인경)
ὁ θεός τὸ κρίμα σου τῷ βασιλεῖ δὸς καὶ τὴν δικαιοσύνην σου τῷ υἱῷ τοῦ βασιλέως
하나님이여 주의 판단력을 **왕에게** 주시고 주의 의를 **왕의 아들에게** 주소서

(4) 시편 89:26-27 (88:27-28 칠십인경)

시편 89편에서 왕과 예루살렘의 멸망이라는 개념을 비추어 볼 때 포로기 시대에 에스라인 에단이 애처롭게 울부짖었던 것은 바로 이러한 언약의 '영원성' 때문이었다. 하나님이 다윗과 세우신 언약(20-38절)을 읊고 있는 구절에서 그는 하나님께 그분이 하신 말씀을 기억해 달라고 요청한다. "다윗을 찾아…기름으로 부었도다"(에크리사〈ἔχρισα〉)라고 말씀하는 21절을 보라. 또한 참고적으로 39절을 보면 톤 크리스톤 수(τὸν χριστόν σου, 너의 기름 부음 받은 자=너의 그리스도; 개역성경은 '그 관'- 역주)가 하나님을 "나의 아버지"라고 부르며(26절) 하나님은 그를 프로토토콘으로 삼는다(27절). 이렇게 해서 시편 기자는 왕, 즉 '아들이며 장자'(출 4:22-23)이고 '아들'로서 하나님의 '기름 부음 받은 자'(=그리스도)이기도 한 왕이 백성들을 위해 하나님 앞에 선다는 사실을 반영하고 있다.

(5) 복음서에 나타나는 예수님에 대한 이야기

이스라엘 이야기에 대해 다음으로 살펴 볼 것은 예수님에 대해서다. 공관복음에 따르면 예수님은 "장자"라는 개념을 제외한 모든 주제들을 자신에게 적용하며 이스라엘이 오랜 기간 기다려온 메시아적 왕이 자신임을 제시하신다. 실제 주요 주제들은 이미 예수님이 세례받는 장면에서 하늘에서 들리는 목소리에 분명히 나타나며("너는 내 사랑하는 아들이라"), 또한 광야에서 시험 받으실 때 신명기 8장과 6장을 가지고 대응하시던 장면에서도 나타난다. 여기서 예수님은 하나님의 아들인 이스라엘의 역할을 이어 받아, 세례를 위해 물 속으로 들어가시고 광야에서 40일을 보내신다. 이스라엘이 40년간 광야에서 시험을 받다 실패하고 말지만 예수님께서는 모든 시험을 이기시고 그들의 실패한 것을 성공으로 이끄신다. 신약 내러티브를 보면 이 광야에서의 승

리에 이어 예수님께서 하나님의 나라가 도래했음을 선포하는 내용이 바로 뒤따른다.

이 모든 일이 오직 예수님께만 일어났고, 주위 사람들 중 이를 목격한 사람이 없었다. 그렇다면 복음서 저자들은 어떻게 해서 이러한 사건 즉 예수님이 하나님의 아들인 이스라엘의 역할을 받은 것과 암시적으로는 하나님의 아들인 이스라엘 왕의 메시아적 역할을 수행했음을 알게 되었을까? 이에 대해 가능한 답변은 두 가지다. 하나는 그리스도와 관련된 역할을 믿게 된 후대의 교회가 만들어냈다는 것과 다른 하나는 예수님께서 직접 가까운 제자들에게 알려주었다는 것이다. 필자가 지적하고자 하는 것은 어떤 해답이든지 이 내러티브는 복음서가 쓰이기 전에 그리스도에 대해 믿게 된 것과 놀라우리만큼 일치한다는 점이다. 바울의 증언에 따르면 그는 아람어를 사용하는 예수님의 제자들과 거의 교류가 없었으므로, 역사적인 예수에 대해 이렇게 해석하는 것을 바울이 만들어냈다고 말하기는 어렵다.

그러므로 복음서 전승에서 만나게 되는 예수님과 유대 지도자들 간의 연속적인 갈등이 바울 서신에서 나타나는 모습에서도 드러난다는 점은 매우 흥미로운 사실이다. 특히 이러한 갈등 이야기들은 마가복음에서 나열된 순서를 따르고 있다(막 12:1-37/마 21:33-22:46/눅 20:9-47). 이 본문은 숨겨진 비밀을 밝히는 것을 그 내용으로 하고 있다. 다섯 개의 개별 본문 중 중심 본문은 예수님과 유대 지도자들 사이에서 일어나는 세 가지의 서로 다른 충돌을 설명하고 있다. 즉 가이사에게 세금을 내야 하는 문제(13-17절), 죽은 자들의 부활 문제(18-27절), 가장 큰 계명에 대한 문제(28-34절)를 놓고 갈등이 불거지고 있는 것이다. 그러나 이 세 본문은 예수님께서 주도하고 계신 모습을 담고 있는 두 본문에 의해 틀이 잡혀 있다. 악한 포도원 농부 비유에서는 하나님의 아들 기독론이 부각되는데, 하나님께서 마지막으로 이스라엘에 보낸 사람은 다름 아닌 그분이 사랑하시는 아들이시다. 메시아와 관련된 본문인 시편 118:22-23이 이 비유에 녹아있다는 사실에 대해서는 의문의 여지가 없다. 역시 중요한 점은 연속되는 위 본문이 어떻게 끝맺느냐와 관련이 있다. 승귀하신 주 기독론(exalted-Lord Christology)을 통해 나타내고자 하는 예수님의 요지는 자신이 다윗의 자손보다 더 위대한 존재라는 점이다. 하나님의 아들은 다름 아닌 시편 110:1이 말하는 승귀하신 주이시다.

필자가 이스라엘에 관한 근본적인 이야기, 즉 하나님의 아들인 이스라엘과 하나님의 진정한 아들이시자 진정한 이스라엘이신 예수님에 대해 소개하면서 말하려는 것은 하나님의 아들 기독론에 대한 담론은 종류를 무론하고 바로 이 이야기에서 시작되어야 한다는 점이다. 바울 역시 바로 이 이야기에서 출발한다. 이것은 헬라적 사고방식에 영향을 받은 후대의 교회가 만들어낸 것이 아니다. 사실 핵심적인 내용을 들여다보면 전적으로 구약적이지만, 각 이야기가 전개되는 것을 보면 매우 놀랍다. 이스라엘의 메시아적 왕이며 하나님의 진정한 아들은 단순히 다윗의 여러 후손에 추가된 또 다른 한 자손을 의미하지 않는다. 그분은 성육신하신 아들이시며, 육체를 입으심으로써 자신의 진정한 장자권과 왕권을 드러내신 분이시다.

이 모든 내용이 바울 서신에서 드러나지 않을 경우, 바울이 유대적 메시아에 대한 바울의 이해나, 예수님을 이러한 메시아로 이해하는 해석이 바울이 밝히려 하는 주요 내용의 배후에 있다고 말하는 것은 논란의 여지가 있다. 하지만 유대인들과 이방인들이 함께 하나님의 종말론적 백성이라는 사실에 궁극적인 관심을 두고 있는 로마서의 서두에서 가장 먼저 언급되는 것이 바로 위의 내용이다. 그래서 우선은 이 로마서 본문을 살펴보되 '약속된,' '아들,' '다윗'이라는 주요 용어에 초점을 두고 논의하고자 한다. 이러한 내용은 이스라엘에 대한 하나님의 신실하심에 대해 장문의 설명을 제공하는 9:3-5의 서두에서 다시 등장하는데, 여기서도 예수님은 유대적 메시아로 소개되고 있다.[22]

2. 종말론적 왕/하나님의 아들이신 예수

바울 서신에 나타나는 이 주제를 다시 살펴 볼 필요가 있다. 왜냐하면 공관복음에서 볼 수 있는 예수님의 계시와 이에 대해 신학적으로 보다 통찰력 있

---

22) 특히나 흥미로운 사실은 '하나님의 아들'이라는 개념이 지배적인 기독론적 주제로 자리하고 있는 두 서신(갈라디아서와 로마서)이 사실은 엄격한 유대교적 관심이 지배하고 있다는 점이다. 참고로 Hurtado는 "바울이 예수님을 하나님의 아들로 언급하는 구절은 대부분 로마서와 갈라디아서에 집중되어 있다…여기서 바울은 유대교 전승과 가장 진지하면서도 지속적인 대화를 시도하고 있다"("Paul's Christology," 191). 더욱이 골 1:13-17과 더불어 롬 1:2-4은 하나님의 영원하신 아들이 인류 역사에 메시아적 아들로 오셨다는 사실을 미해결된 긴장 상태 그대로 간직하고 있다.

는 내용을 보여주는 요한복음 사이를 직접적으로 연결해 주는 위치에 바울이 서 있기 때문이다. 바울 서신에서 사용되는 하나님의 아들 어법은 메시아적 칭호인 호 크리스토스가 사용되는 방법과 매우 흡사하다. 이 용어가 처음에는 순수하고도 단순하게 메시아적 칭호로 사용되었고(예수님은 그리스도 곧 메시아이시다) 로마서 9:5과 같은 구절에서도 동일하게 사용되다가, 곧 구주의 대표적 이름인 '그리스도'가 되었다. 바울의 여타 서신을 보면 그리스도가 이와 같은 형태로 쓰이고 있으며 이제는 주요 칭호가 된 '주'보다 더욱 많이 사용된다.

같은 현상을 하나님의 아들이라는 표현이 사용되는 곳에서 찾아볼 수 있다. 이 용어는 여전히 유대인의 메시아 사상에 그 뿌리를 두고 있지만 그 아들의 선재성에 대한 바울의 신념 때문에 하나님의 아들이라는 표현 역시 성육신 하시기 전에 하나님으로서 선재하셨던 분을 가리키는 데 사용된다. 이러한 시각의 변화는 바울 서신의 세 구절에서 가장 쉽게 찾아볼 수 있다. 여기서 그리스도와 왕이시며 메시아이신 하나님의 아들과의 관계는, 왕이신 (또한 메시아이신) 아들이 사실 하나님의 영원하신 아들이시라는 보다 커다란 사실과 어렵지 않게 융화된다. 하나님 아버지는 그 아들을 세상에 보내셔서 우리를 그분의 자녀로 삼으셨다.

1) 로마서 1:2-4

여기서의 긴 논의를 통해 필자가 말하려는 것은 바울 신학에 있어서의 하나님의 아들 기독론은 영원성에서 시작되지 않는다는 점이다. 오히려 그것은 이스라엘을 다루시는 하나님에 대한 구약의 내러티브로부터 시작된다. 그러나 바울은 이러한 구약적 용어가 역사적으로 지녔던 메시아적 의미보다 현격하게 발전된 의미로 사용한다. 이러한 사실은 로마서의 서문을 보면 가장 분명히 알 수 있다. 바울은 2-4절에서 진술하기를 그가 증거하는 복음은 선지자들을 통해 예전에 이미 약속되었던 것이고 현재 성취된 약속은 본질적으로 하나님의 아들에 관해서다. 그분은 이 땅에 다윗의 자손으로 오셨지만 이제는 죽음으로부터 부활하신 후 '권세를 지니신 하나님의 아들'이 되신 분이시다.

바울이 그렇게 의도하지 않았을 수도 있으나, 본문은 바울 서신 중에서 다윗의 아들과 영원하신 아들이라는 개념이 융화되는 분명한 구절이다. 바울 서신에서 이런 성격의 구절이 유일하게 본문 하나뿐이라면 양자 기독론(adoptionist Christology), 즉 예수께서 부활하시고 승귀하심으로써 '영원하신' 아들이 되었다는 신학 이론을 감수할 수밖에 없을 것이다. 그러나 로마서의 나머지 부분을 보면 이러한 입장을 허용하지 않는다. 로마서 1:4의 내용은 영원하신 아들을 아버지와 성령께서 변호해주신다는 것이다. 이전에 아버지께서는 그 아들을 "죄 있는 육신의 모양으로"(8:3) 보내셔서 신적 속죄 제물이 되셨고, 이 보내심이야말로 우리가 하나님의 자녀가 되는 시발점이 되었다.

그래서 갈라디아서 1:15-16을 보면 바울이 하나님께서 자기 안에 그 아들을 드러내시기를 기뻐하셨다고 진술하고 있는데, 이는 바울이 그 아들의 근원의 개념을 더 이상 다윗의 왕좌를 물려받는 상속인 개념으로 이해하지 않는다는 사실을 의미한다. 다른 곳에서와 마찬가지로 여기서도 바울은 영원성이라는 개념으로 설명한다. 하나님의 아들은 단지 하나님께서 이스라엘을 속박으로부터 구원하라고 보내신 메시아적 왕이 아니다. 하나님의 아들은 아버지께서 하나님의 백성을 구속하라고 세상에 보내신 분이시다. 이를 통해 그들도 '아들'이 되었으므로 이제 이 아들들은 근동 지중해 연안의 가나안 땅이 아닌 영원한 생명을 얻게 될 완전한 상속인이 되었다. 실제로 바울이 역설하기를 구속받은 자들은 "처음 난 자"와 함께 공동 상속인이며 그분의 형상으로 새롭게 창조되어 가고 있다(8:17, 29).

2) 고린도전서 15:24-28

바울은 두 번째 본문에서도 왕이자 메시아이신 예수님을 영원하신 아들 신분과 융합한다. 그러나 여기서는 이전 본문과는 매우 다르면서도 독특한 방법으로 두 신분의 조화를 모색한다. 본문의 요지는 아들이 그의 통치를 아버지께 양도하는 마지막 때와 관련이 있다. 여기서 바울은 모든 만물이 그분의 통치 아래 있다고 단언한다. 실제 하늘에 계신 메시아는 최종 원수인 죽음을 포함하는 모든 원수가 굴복할 때까지 계속 된다. 그렇게 함으로써 바울은 메시아에 대한 내용을 담은 두 구절 즉 시편 110:1(칠십인경은 109:1)과 시편 8:6(칠십인경은 8:7)을 하나로 융합하고 있다. 그래서 승귀하신 메시아는 지극히 높은 곳에서 "네 (모든) 원수가 네 발등상 되기까지" 통치하실 것이다. 왜냐하면 바울이 8:6의 표현을 사용하여 계속해서 진술하는 것처럼 "(하나님께서) 만물을 그(그 아들의) 발아래 두셨기" 때문이다. 따라서 현재 통치하고 계시는 메시아적 아들이 생명으로 최종 원수인 죽음을 무너뜨리고 나면 아들의 메시아적 역할은 끝이 난다. 그리고 그분의 이전 '역할'인 영원하신 아들로 되돌아가신다.

3) 골로새서 1:13-15

앞의 감사 기도에서 내러티브로 전환하는 본문인 골로새서 1:13-15을 다시 보려고 한다. 여기서 바울은 골로새 교인들의 구속자는 하나님께서 사랑하시는 아들이라고 말하며, 그들의 구속을 "아들의 나라"로 옮기게 된다는 개념으로 설명하고 있다. 위에서도 언급했던 것처럼 이러한 표현이 이스라엘에 대한 기본적 이야기, 즉 하나님의 아들이 다스리시는 나라로 들어가는 의미의 구속에 대한 이야기에 그 뿌리를 두고 있음을 쉽게 확인할 수 있다. 그러나 15-17절을 보면 여기서도 바울이 아버지에 대한 아들의 관계를 설명하면서 구약 표현을 여전히 반영하고는 있지만, 이제는 구약 이야기에서 크게 벗어나 영원성과 연관시켜 해석하고 있다. 그 아들은 아버지와 선재하셨고 그 아버지의 형상을 지니고 계시다. 그분은 모든 창조 질서에 대해 장자권을 소유하고 계시다. 왜냐하면 아들이 모든 창조 질서의 대리자이자 목적이 되시기 때문이다. 더욱이 그분은 그를 위하여 창조된 모든 권세의 머리가 되시며 삶의 모든 원동력이 되시는 머리이시다. 실제로 그 아들은 구속자이시며 새 창조를 위한 창조자가 되신다(3:10-11).

따라서 이 본문들은 바울이 하나님의 아들 기독론에 담긴 두 가지 측면의 긴장 관계를 이해하고 있었음을 암시하고 있다. 영원하신 아들이 메시아적 아들의 역할을 위해 인류 역사에 육신을 입고 오셔서 우리를 구속하셨다. 본 장의 나머지 부분에서는 영원하신 아들에 대한 바울의 이해와 그 아들과 아버지와의 관계에 대한 바울의 이해를 해석할 것이다. 이를 위해 우선은 바울이 하나님의 아들 기독론에 대해 다양하게 접근하는 방법을 고찰해 보고자 한다.

3. 하나님의 선재하시고 영원하신 아들로서의 예수

당면 과제는 예수님을 "하나님의 아들"이라 칭하는 바울을 최종적으로 어떻게 이해할 것인가이다. 특히 아들과 아버지의 관계에 대한 바울의 이해라는 관점에서 접근하려 한다. 이를 위해 관련 자료의 본질과 범위를 먼저 알아보고자 한다.

1) 용어 사용 자료

아래는 어법 사용에 대한 자료이다(관련 본문은 본 장의 부록에 실려 있다).
① 바울은 그리스도를 아들로 17번 지칭하며 이중 16번은 하나님과 관련하여 언급된다('하나님의,' '그의,' 또는 '그 자신의').[23] 해당 구절은 모두 교회에 보낸 서신에 나타난다.
② 바울은 교회에 보낸 서신에서 하나님을 '아버지'라고 30번 지칭하며,[24] 목회 서신에서는 3번 나온다. 고린도전서 15:23-28과 골로새서 1:12-13에서만 아들과 아버지라는 단어 사이에 26개나 그 이상의 다른 단어가 들어가 서로 떨어져 있는 경우를 제외하고 '아들'과 '아버지'는 언제나 한 문장 또는 절에 함께 등장하는 법이 없다. 다시 말하면 예수님은 '하나님의 아들' 또는 '그의(하나님의) 아들'이라고 표현되며 '아버지의 아들'이라는 말은 사용되지 않는다.
③ '아버지'는 30번 나오는데 그중 23번은 '하나님과 아버지'(God and Father)와 같은 조합어로 사용되며 그중 11번은 '우리'가 수식어로 쓰인다('우리 하나님과 아버지').
④ 나머지 12번의 조합어 사용 중에 3번은 '우리 주 예수 그리스도의'에 의

---

23) 신적 속격 수식어가 나타나지 않는 유일한 구절은 고전 15:28이다. 여기서 바울은 아우토스 호 휘오스 휘포타게세타이(αὐτὸς ὁ υἱὸς ὑποταγήσεται, 아들 자신도 … 복종케 되리니)라고 말하고 있다. 그러나 여기서도 강조적인 아우토스가 24절을 가리키고 있는데 여기서 바울은 "저(그리스도)가 … 나라를 토 데오 카이 파트리(τῷ θεῷ καὶ πατρί, 하나님과 아버지께 또는 하나님, 심지어 아버지께-저자 역, 개역성경은 '아버지 하나님'- 역주) 바칠 때라"라고 진술하고 있다.
24) 이 수치는 파테르만 계산된 것이며 두 번 나타나는 Abba는 제외되었다. 왜냐하면 이 두 본문 모두 아람어를 음역한 '아바'라는 단어를 헬라어로 번역하면서 파테르로 바꾸어 사용하고 있기 때문이다.

해 수식되며(고후 1:3; 11:31; 엡 1:3), 골로새서 1:3에서도 같은 형태의 조합어가 사용되긴 하지만 카이가 생략되어 있다. 이 구절을 석의하면서 지적했던 것처럼(7장, pp. 447-448) 이러한 병치법(예: "하나님 곧 우리 주 예수 그리스도의 아버지께 감사하노라")은 다른 본문에서 사용되는 카이 역시 동격을 의미("하나님 곧 아버지")하는 접속사로 사용되고 있다는 단서를 제공한다.

⑤ 아들과 아버지의 관계적인 측면에 대한 강조가 4번 나온다. 두 번은 '사랑하시는'이라는 표현과 함께 사용되고(골 1:13; 엡 1:6), 한 번은 강조('그의' 〈his own〉) 역할을 하는 재귀대명사 헤아우투(ἑαυτοῦ, 롬 8:3)와 함께 나온다. 나머지 한 번은 창세기 22:1-19이 말하는 이삭의 독특한 아들 신분을 반영하는 구절에서 강조를 목적(롬 8:32)으로 나타난다.

이러한 자료 분석을 통해 알 수 있는 것은 '하나님의 아들'이신 그리스도는 그분과 신자의 관계 그리고 그분과 아버지와의 관계가 부각되는 문맥에서 나타난다는 점이다. 아래에서는 아들이 갖는 두 가지 측면의 관계에 대해 살펴보려 한다.

2) 구주이신 하나님의 아들

바울은 인류의 구속에 대해 이야기 할 때 하나님의 아들이라는 표현을 적어도 세 가지 상황에서 사용한다. 첫째로 하나님의 아들 기독론은 바울이 그리스도께서 현재 왕으로서 다스리고 계신다는 사실을 상고할 때 나타난다. 이에 대해서는 골로새서 11:12-15과 고린도전서 15:23-28을 고찰하면서 언급했다. 특히 두 번째 구절은 아들의 현재적 다스림이 최종 원수인 죽음이 무너지고 만물이 타락 이전의 영원한 모습으로 회복될 때까지 계속 될 것임을 말한다. 이러한 어법은 '하나님의 메시아적 아들이신 예수님'과 '하나님의 종말론적 왕/아들이신 예수님' 항목에서 추적해 본 전승에 속한 것이 거의 확실하다.[25]

둘째로 바울은 구속을 받는 것이 아버지이신 영원하신 하나님과 관련하여 어떤 의미인지를 생각하면서 그리스도를 '하나님의 아들'이라고 자주 언급하

---

25) 그리스도의 아들 신분이 끝날 때가 있다는 O. Cullmann(*Christology*, 293)의 제안에 대해서는 본서 3장의 각주 81번을 보라(고전 15:28에 대한). 참고로 Ridderbos는 "여기서 바울이 말하고자 하는 아들의 '후기 존재 양식'은 다른 곳에서 명시되고 있는 그분의 선재성(갈 4:4)에 비추어 판단해야 한다"고 말한다(*Paul*, 69).

다. 특히 유사한 구절인 갈라디아서 4:4-7과 로마서 8:14-18에서 이러한 특징이 잘 드러난다. 갈라디아서는 인간의 구속이 하나님께서 그 아들을 세상에 보내신 직접적인 결과이며, 그 구속에 대한 증거는 하나님께서 그 아들의 영을 우리 마음에 보내셨다는 사실이다. 그래서 우리가 그 아들이 사용했던 표현인 아바를 사용할 수 있게 되었다. 우리 역시도 하나님의 자녀와 상속자가 된 것이다.

여기서 특히 그리스도께서 하나님의 메시아적 아들이심과 동시에 영원하신 아들이라는 개념이 융화된다고 바울은 생각한다. 구속을 위해 세상으로 보내심을 받은 아들은 (율법 아래에서 태어나) 기본적인 구약 이야기의 문맥에서 구속 사역을 수행하신다. 이 이야기는 구속자가 하나님의 영원하신 아들이며 완전한 신적 구주이기 때문에 제대로 진행되어 간다. 그분은 하나님의 형상을 영원히 입고 계시므로 하나님과 동등하시고 완전한 신성을 가지신 분이시다. 그 아들은 성육신을 통해 아버지께 겸손히 순종하셨고 십자가 위에서 돌아가셨다(빌 2:6-8).[26]

우리가 하나님의 아들의 구속 사역을 통해 하나님의 자녀가 되었다는 식의 구원 이해는 그리스도에 대한 바울의 전적인 헌신의 배후에 깔려있다. 이러한 점은 특히 "이제 내가 육체 가운데 사는 것은 나를 사랑하사 나를 위하여 자기 몸을 버리신 하나님의 아들을 믿는 믿음 안에서 사는 것이라"고 말하는 갈라디아서 2:20에서 잘 드러난다. 여기서 구속을 위한 희생을 통해 확연히 드러나는 그 아들의 사랑이 강조되고 있다. 그러나 바울이 하나님을 "우리 주 예수 그리스도의 아버지"로 부르는 네 구절(고후 1:3; 11:31; 골 1:3; 엡 1:3)을 보면 보다 관계적인 측면이 반영되고 있다. 아들이 이 땅에 오심으로써 하나님에 대한 바울의 이해가 급변했다. 이제 하나님은 권능과 영광과 타자성이라는 성품을 칭송하는 유대인의 초월주의적 용어로 칭송받지 않으시고, 대신 우리 주 예수 그리스도의 아버지, 즉 그 아들을 통해 우리가 알게 된 하나님으로서 찬양 받는다.

셋째로 바울이 우리 구속을 새 창조라는 개념으로 생각할 때 하나님의 아

---

26) 참고로 R. Bauckham은 "기독론이 예수의 존재 양식으로부터 그의 사역을 분리해선 안된다. 예수의 사역을 통해 나타나는 하나님의 행위에 대한 순전히 기능적인 기독론은 부적절하다. 왜냐하면 그의 사역은 아버지와의 친밀한 사적 관계에 있는 아들이라는 신분에 깊이 뿌리내리고 있기 때문이다"라고 주장한다("The Sonship of the Historical Jesus in Christology," *SJT* 31 〈1978〉, 25-59).

들 기독론을 염두에 두고 있다. 이 새 창조를 통해 타락한 선조의 형상을 지니고 있는 아담의 자손들이 이제는 하나님의 고유 형상으로 변화되는 과정에 있다. 이러한 일은 한편으론 온전한 하나님의 형상을 입고 계시며(고후 4:4) 다른 한편으론 우리와 동일한 인성을 지니신(롬 8:29) 하나님의 아들에 의해 이루어진다. 그 아들을 통해 영원하신 하나님의 형상으로 변모해가며 동시에 하나님의 아들, 즉 실제로 하나님의 형상을 지니셨던 완전한 사람이셨던 그리스도의 형상으로 변해가고 있다.[27]

이런 점에서 하나님의 아들 기독론이 어떻게 로마서 8장의 틀을 구성하고 있는지를 간략히 언급해 보는 것이 중요하다. 우선 인류의 육체 가운데 있는 죄를 멸하기 위해 하나님께서 그의 아들을 우리와 같은 죄 있는 사람의 모습으로 세상에 보내셨다는 내용의 3절에서부터 시작된다. 이 주제는 14-17에 나오는 적용 부분의 서두에서 다시 언급된다. 여기서 하나님의 아들의 영은 우리를 하나님의 아들로 삼으시고, 그리스도와 함께 하나님의 공동 상속자로 삼으신다. 8장의 후반부인 29-30절에서는 아들의 구속사역이 지닌 최종 목적이 아들의 형상을 닮는 차원에서 표현되고 있고, 이로 인해 하나님의 아들은 많은 형제들과 자매들의 "처음 난 자"가 되신다. 끝 부분인 32-34절에서는 바울이 창세기 22장에 나오는 아브라함과 이삭 이야기를 반영하며, 하나님께서 그 아들을 우리에게 은사로 주심으로써 우리를 구원하신다는 주제로 다시 돌아간다. 즉 하나님께서는 "자기 아들을 아끼지 아니하시고 우리 모든 사람을 위하여 (값없이) 내어주신" 것이다.

이 모든 것을 종합해 볼 때 바울이 말하는 하나님의 아들 기독론은 이스라엘 이야기에 깊이 정착되어 있으며 인류의 구속이라는 개념, 즉 구속을 얻은 이들이 하나님의 '아들'과 상속자로 변모한다는 견지에서 웅장하게 표현되고 있다. 그러므로 바울이 갑자기 송영을 부를 때 "하나님 곧 우리 주 예수 그리스도의 아버지(로 이제는 알려진 하나님-저자 역)"와 영원하신 아들을 찬미하는

---

[27] Kim(*Origin of Paul's Gospel*, 133-36) 바울의 증거를 매우 상이한 방법으로 해석한다. 롬 1:2-4과 16절에서 그가 "복음에 대한 두 가지 정의"라 부르는 개념에 근거하여 깜짝 놀랄만한 주장을 제시한다 즉 "바울에게 있어 '하나님의 아들'이 복음의 정의에서 사용될 때는 율법을 폐지하신 분을 의미하며, 그분이 신자들을 죄와 율법에서 구속하셨으므로 구원의 수단으로서의 율법을 대체하셨"고 주장한다(133). 그러나 이러한 해석은 '하나님의 아들' 롬 1:16에 입각하여 이해하는 것으로, 이른바 두 가지 정의라는 불분명한 방법론에 근거하고 있으며, 하나님의 아들이라는 기독론적 표현에 내포된 관계적 측면을 놓치고 있다.

것은 당연하다.

석의 연구로 구성된 앞의 여러 장에서 지적했던 것처럼 여기서도 이 모든 내용이 얼마나 '자연스럽게' 개진되고 있는가를 주목해야 한다. 설득하려는 시도도 없고(실제로 골로새서 본문은 감사로부터 시작된다) 이를 위해 사용되는 표현이나 이미지의 출처에 대해 주의를 집중시킬 필요도 없다. 이 모든 내용은 단지 바울로부터 나온 것이다. 그렇게 하나님의 아들이신 예수님은 바울 서신에 내재되어, 그분은 그의 백성들을 희생적 죽음과 부활을 통해 구속하신 왕이시며 메시아이심을 자연스럽게 알리고 있다.

3) 하나님의 아들이신 예수님

지금까지 논의된 내용을 종합하면 바울의 구원론적 관심사에서 드러나는 기독론적 함의를 도출해 볼 수 있다. 영원하신 아들이신 그리스도와 하나님 아버지와의 관계에 대한 바울의 전제적 이해를 지적하며 결론지을 필요가 있다. 이러한 이해가 여러 구원론적 본문에 깊이 박혀 있으며 그리스도를 향한 바울의 온전한 헌신을 설명해 주기도 한다.[28]

(1) 아바 탄원

갈라디아서 4:4-7절을 석의하면서 지적했듯이, 신자들의 아바 탄원 사용(갈 4:6; 롬 8:15)을 호소하는 바울의 권고에 담긴 기독론적 중요성을 일부 학자들처럼 최소화해서는 안 된다. 아바 탄원은 신자들이 성령의 은사를 통해 하나님의 자녀가 되었으므로 토라를 지킬 필요가 없음을 나타내는 증거가 된다. 그러나 여기서 간과할 수 없는 것은 이러한 사실이 그리스도를 하나님의 아들로 이해하는 바울에게 매우 중요하다는 점이다.

첫째, 바울은 이 탄원이 사람의 마음에서부터 나온다는 중요한 요지를 제시한다. 왜냐하면 하나님이 아버지께서 그 아들의 성령을 사람의 마음에 보내주셨고, 그 영이 아바 탄원을 이끌어 내기 때문이다. 하나님의 아들이 구속을 이루기 위해 세상으로 파송된 것처럼 그 아들의 성령 역시 신자들의 마음 안으로 파송되어 그 구속의 실현을 경험하도록 한다.

---

28) 이 본문들은 "하나님의 존재가 아닌 그분의 계시적 행위와 관련지어 하나님의 아들을 이야기 할 때 의미가 있다"는 Cullmann의 주장(*Christology*, 293)이 옳지 않음을 보여주고 있다. Ridderbos, *Paul*, 68-69에 있는 비평을 참조하라.

둘째, 이러한 탄원 기도가 초대 교회에서 있었고 수십 년 후에 헬라어를 사용하는 신앙 공동체 내에서도 계속해서 사용되었다는 점에 대해선 의문의 여지가 없다. 왜냐하면 예수님 자신도 기도하셨으며 제자들에게도 기도하도록 가르치셨기 때문이다. 이러한 기도가 지상에 계시던 예수님께 중요했다고 볼 수도 있지만, 바울 서신 중 두 본문은 바울이 그 기도를 하나님의 영원하신 아들이 지상에서 드린 기도로 이해했음을 명확히 보여준다. 두 본문은 모두 하나님의 아들에 대한 구절들인데, 여기서 사용된 하나님의 아들은 아들과 아버지에 대한 관계 중심적 이해를 가리킨다는 사실을 인식하는 데 굳이 영적인 민감함을 필요로 하지 않는다.

따라서 바울이 아바 탄원을 설명하는 방법을 볼 때 부활하신 그리스도께서 하나님의 아들이시라고 이해하는 것이 단순히 칭호 문제를 넘어선다는 점을 가리킨다. 그러므로 요한복음에서 보다 명확히 하는 내용이 훨씬 이전에 기록된 바울 서신에서도 나타난다고 말할 수 있다. 실제 바울의 사용을 보면 요한일서에 나오는 하나님의 아들 기독론과 매우 일치하고 있다. 물론 요한 서신의 경우 주 관심은 "하나님의 아들을 부인하는" 이들, 즉 성육신이 실재성을 부인하는 이들에 쏠려 있다. 그러나 이 '서신'에서 하나님의 아들에 대해 개진하고 있는 내용이 상당 부분 바울 서신에서 쉽게 찾아볼 수 있는 내용과 조화를 이루고 있다.

(2) 아브라함과 이삭의 반영 (창 22장)

예수님을 하나님의 영원하신 아들로 이해하는 관계적 해석은 창세기 22장의 아브라함/이삭 내러티브를 반영하는 여러 구절에서도 등장한다. 이 반영은 하나님의 아들 기독론에 의해 틀이 잡혀 있는 로마서 8장에서 가장 먼저 나온다. 그 '틀'은 3절과 32절에서 볼 수 있다. 전체 서신서 중에 여기서만 바울이 하나님께서 그의 아들을 보내어 구속을 이루게 하셨다고 강조한다. 32절에서는 똑같은 이야기를 창세기 22장의 표현을 직접 빌려다가 진술하며, 아브라함이 자기 '자신의'(own) 아들을 아끼지 않았던 것처럼 하나님께서도 "자기 (자신의) 아들을 아끼지 아니하셨다"고 말한다. 바울이 사용하는 동사가 구약 본문에서도 사용되는 것은 아니지만 말이다. 바울이 언급하고 있는 '자신의'라는 단어(3절에서는 재귀적인 헤아우투가 32절에서는 강조적인 이디오스 ⟨ἴδιος⟩가 사용)는 창세기 내러티브에 대한 랍비적인 이해라고 볼 수 있다. 왜냐하면 하나님께서 아브라함에게 요구하신 것은 아브라함 '자신의' 아들이 특별한 약속의 아들이라는 의미에서 그를 바치라고 하셨기 때문이다. 바울은 영감에서 온 통찰력을 통해 하나님께서 세상에 보내셔서 모든 인류를 위해 희생 제물로 드려진 그분의 아들 역시도 하나님의 독생자셨다는 사실을 깨닫게 된다.

바울이 하나님의 아들을 '하나님이 사랑하시는'(골 1:13; 엡 1:6) 분으로 언급하는 두 구절에서도 이와 동일한 배경을 염두에 두어야 한다. 왜냐하면 이러한 표현인 사실은 창세기 22:2의 칠십인경 본문에서 이삭을 가리킬 때 사용하는 표현이기 때문이다. 즉 라베 톤 휘온 수 톤 아가페톤 혼 에가페사스 (λαβὲ τὸν υἱόν σου τὸν ἀγαπητόν ὃν ἠγάπησας, 네 사랑하는 독자를 데리고)라고 이삭을 표현한다. 바울이 8:32에서 "'자기' 아들을 아끼지 아니하시고" 그분의 휘오이(υἱοί, 아들들=자녀들〈14절, 17절〉)가 될 이들을 위한 구속을 이루게 하신 하나님을 언급한 것은 단순한 신학적 통찰력(insight)이 아닌 신학적 실체(reality)이다. 이러한 반영은 하나님의 영원하신 아들에 대한 지위의 개념으로 이해하는 것을 벗어나 관계의 개념으로 이해 하도록 한다. 바로 이러한 아들이 하나님과 영원히 함께 계시며, "죄 있는 육신의 모양으로 보내어 육신에 죄를 정하게" 하셨으며(3절), "우리 모든 사람을 위하여 내어주신"(32절) 하나님의 아들이시다. 바울이 아들과 아버지의 관계의 측면을 강조하진 않지만 사용되는 표현 자체가 이러한 측면에서 생각하도록 한다.

(3) 갈라디아서 2:20

마지막으로 바울이 갈라디아서 2:20에서 하나님의 아들과 자신의 관계를 매우 사적이면서도 흔하지 않은 방법으로 묘사하는 구절을 확인할 차례다. 또한 바울이 이해하기로 아버지와 아들이 신적 본질과 행위와 관련하여 얼마나 완벽하게 서로 바뀌어 사용될 수 있는지를 언급할 것이다. 로마서 8:32이 표현하는 것처럼 아버지의 행위가 아들의 행위로 완벽하게 이적되었다.

바울은 보다 신학적인 내용인 담긴 내러티브에서(롬 5:6-8) 우리를 위한 아들의 죽음은 특별히 하나님을 대적하던 타락한 인류를 향해 하나님 아버지께서 쏟으신 사랑의 증거라고 강조한다. 그러나 갈라디아서 2:20에서는 느닷없이 그리스도의 죽음을 언급하면서 '나를 사랑하신' 분은 다름 아닌 '하나님의 아들'이시라고 진술한다. 또한 하나님의 아들이 "나를 위하여 자기 몸을 버리셨다(파라돈토스⟨παραδόντος⟩)." 이 아들은 바로 하나님께서 구속을 위해 세상에 보내신 바로 그 아들이시다. 이러한 일은 특히 개인적이며 관계적인 측면이 강하다. 아들과 아버지에 대한 이해가 똑같이 개인적이고 관계적이라는 개념이 배후에 놓여 있다.

4) 하나님의 형상을 지니신 아들

신약학계의 다양한 우여곡절 중에서 가장 두드러지는 것은 '형상'(image)을 인격화된 지혜와 동일시하는 것이다.[29] 이는 바울이 그리스도께서 하나님의 아들이라는 사실을 설명할 때 '형상'이라는 용어를 사용한 데서 비롯된다. 이에 대해서는 13장에서 이미 논의가 되었으므로,[30] 여기서는 아들과 아버지의 관계에 대한 바울의 기본적 이해와 관련하여 용어가 지니는 중요성을 간략히 언급하려고 한다. 이 용어 사용에 대한 강조점은 두 가지 방향으로 생각해 볼 수 있다. 즉 인성을 지닌 가운데 하나님의 형상을 완벽하게 지니신 아들이라는 것과 이것이 가능한 이유는 무엇보다 그분이 하나님의 형상을 완벽하게 입고 계신 아버지의 아들이시기 때문이라는 것이다. 여기서 '부전자전'이라는 격언이 실제로 드러나고 있다. 그러므로 '형상'과 관련된 본문 중에 하나(고후 4:4)에서는 강조점이 신적 형상을 지니신 그리스도께 집중되는 반면 다른 두 본문(롬 8:29; 골 1:15)에서는 신적 형상을 지니신 (사랑 받는) 아들로서의 그리스도가 강조되고 있다.

5) 창조자이신 하나님의 아들

마지막으로 고린도전서 8:6과 골로새서 1·13-17에 나오는 서로 유사한 (그리고 중요한) 기독론 본문을 살펴 볼 필요가 있다. 이 본문을 보면 바울이 하나님의 아들의 선재성을 전제하고 있을 뿐 아니라 구속과 관련된 아들의 역할을 설명하기 전에 창조와 관련된 이전의 역할을 강조하고 있음을 지적할 수 있다. 고린도전서 본문은 본질적인 이야기를 짧은 시구로 표현하며, 유대인의 쉐마가 말하는 한 분이신 데오스는 창조(판타⟨πάντα, 모든 만물⟩)와 구속

---

29) 4장에 나오는 고후 4:4, 6에 대한 부기(pp. 299-301)와 골 1:15에 대한 7장의 논의(pp. 486-492)를 보라. 또한 부록 A(pp. 876-879)도 보라.
30) 13장의 pp. 760-766를 보라.

의 근원(엑스 아우투⟨ἐξ αὐτοῦ⟩)이자 목적(에이스 아우톤⟨εἰς αὐτόν⟩)이신 '아버지'라고 밝히고 있다. 쉐마가 말하는 한 분이신 퀴리오스는 예수 그리스도(하나님의 아들)로서 창조와 구속의 신적 대리자(디 아우투⟨δι αὐτοῦ⟩)이시다. 본문이 그리스도를 아들로 구체화 하지는 않지만 하나님을 아버지로 밝힘으로써 그리스도의 아들 신분을 암시하고 있다.

세상에서 일하시는 하나님의 역사에 대해 간략히 개관하면서 분명히 드러나는 것은 한 분이신 주 즉, 아들이신 그리스도께서 창조와 구속 사역에 있어 하나님 아버지와 영원히 선재하셨으며 동역하셨다는 사실이다. 아버지께서 모든 만물의 근원이자 목적이시라면, 아들은 창조 자체를 포함하는 모든 만물의 신적 대리자이시다. 이 모든 사실이 골로새서 본문에서 보다 분명하고 풍성하게 상술되고 있다.

따라서 골로새서 1:12-14에 나오는 구속 이야기에서 15-17절의 창조 이야기로 논점을 옮길 때, 하나님의 아들이 육신을 입으실 때 아버지의 형상을 지니고 계셨으며 장자로서의 모든 권한을 쥐고 계셨던 분으로 설명하면서 그 이야기를 시작한다. 아들이 이러한 권한을 갖게 된 것은 만물이 그를 통하여 창조되었고, 그를 위하여 그리고 그 안에서 창조되었기 때문이다. 이 본문의 확장성(expansion nature)은 '권세들'이 아들에 의해 창조되었고 궁극적으로 아들에게 복종할 것이라고 해석하려는 바울의 의도에 기인한다. 전 장에서 언급했던 바와 같이 새 창조의 아르케가 되시는(18절) 그리스도는 타락한 인류를 현재 그분만이 완벽하게 입고 계신 신적 형상으로 '재창조'하고 계신다 (3:10-11).

여기서 하나님의 영원하신 아들의 선재성이 매우 확연하게 기술되고 있기 때문에 본문의 증거를 피하는 방법은 낯선 주제를 들여오거나(인격화된 지혜) 바울의 저작을 부인하는 것이다. 그러나 이러한 움직임은 모두 궁여지책일 뿐이다. 골로새서는 바울에 의해 쓰인 편지로 바울의 어법이 전반에 걸쳐 나타날 뿐 아니라 본문은 궁극적으로 어느 누구도 바울의 저작을 부인하지 않는 고린도전서 8:6을 상술한 본문이다.

지금까지의 논의를 종합해 볼 때 바울이 개진하는 하나님의 아들 기독론은 그리스도와 하나님 아버지의 관계 뿐 아니라 창조와 새 창조와 관련된 그리스도의 역할과 그분의 영원한 선재성을 드러내려는 의도로 사용된다. 그분은 하나님의 아들로서 아버지의 형상을 지니고 계시며 육신을 입으셨을 때도 그러하셨다. 그리고 바로 그 하나님의 아들이 새롭게 구성된 하나님의 백성들을 신적 형상으로 재창조하시고 계신다.

4. 결론: '근원'에 대한 질문

결론을 맺기 위해 마지막으로 '근원' 문제로 다시 돌아갈 필요가 있다. 바울은 그리스도께서 하나님의 메시아적 아들이심과 동시에 영원하신 아들이라는 사실을 어떻게 알게 되었는가? 가장 먼저 지적할 것은 바울이 갖고 있는 이해의 근원이 무엇이든지 이러한 진술은 사실이라는 점이다.

가장 먼저 기억해야 할 것은, 바울 서신으로부터 얻은 증거 자체가 밝히는 것처럼 '하나님의 아들'이라는 용어는 다윗 언약에 뿌리를 두고 있는 유대인의 메시아 사상에서 그 근원을 발견할 수 있다는 점이다. 따라서 근원에 대한 실제적 문제는 어법(terminology)과 무관하다. 그 표현은 유대인들이 가지고 있던 종말론적인 기대, 즉 보다 위대한 다윗이 나타나 그의 백성을 현재 당하고 있는 속박으로부터 '구속'할 것이라는 기대와 관련해서 언제든 사용될 수 있는 표현이다.[31] 실제적인 문제는 오히려 메시아이신 아들이 어떻게 "하나님과 본체"로 선재하셨으며 "하나님과 동등"하신(빌 2:6) 영원하신 아들로 이해될 수 있었는지의 여부와 상관이 있다.

첫째로, 그 근원을 물론 바울이 부활하시고 승귀하신 그리스도를 직접 대면한 사건으로 소급해 볼 수 있다. 사실 많은 학자들이 이러한 견해를 견지하고 있으나, 아쉽게도 대부분의 경우는 갈라디아서 1:15-16을 잘못 이해한 결과에 근거하여 이러한 견해를 주장하고 있다.[32] 하나님의 아들이 "엔 에모이(εν εμοί, 내 속에서) 나타내셨다"고 말하는 바울의 평이한 **문법을** '내게 나타내셨다'는 의미로 해석하는 입장을 지지할만한 석의적인 근거나 특히 바울 신학적인 근거를 찾을 수가 없다. 바울은 분명히 자신의 '회심' 사건이 다른 이들에게 또 다른 계시의 자리가 되기를 원했다. 그리스도를 증오하던 자가 열렬한 그리스도 추종자로 바뀐 사건을 통해 다른 이들이 이 땅에서 일하시는 그리스도를 발견할 수 있기를 원했다. 그러나 바울이 부활하신 그리스

---

31) 솔로몬의 시편 17-18장도 이렇게 진술한다.
32) 이 본문에 대한 5장의 논의(pp. 347-349)를 보라.

도와 만남으로써 결국 그리스도께서 선재하신 아들이라는 사실을 알게 되었다는 추정을 위해 이 본문을 필요로 하지는 않는다. 실제 바울이 이 본문을 그러한 추정을 위해 기록했다는 명백한 증거가 없음에도 필자는 그런 추정을 위한 용도로 사용할 수 없다고 주장하고자 한다.

둘째로, 질문에 대한 해답이 유대인의 지혜와 관련이 있다는 추측에 대해 그 어떤 석의적, 언어적, 신학적, 역사적 근거도 없다. 이렇게 생각하려는 이들은 주요 본문들, 특히 골로새서 1:13-17에 나오는 하나님의 아들 모티브를 간과하고 있거나 부정하고 있음이 분명하다. 이러한 견해의 본질적 문제는 이러한 길을 택하는 이유가 학자들에게 선재성뿐 아니라 창조의 대리자 되신 선재하신 분의 '근원' 문제를 쉽게 해결해주기 때문이라는 것이다. 그러나 부록 A에서 지적한 것처럼 이러한 해석은 그들이 잠언 8장과 솔로몬의 지혜서를 잘못 이해하고 있다는 사실을 반영해 준다. 더구나 바울이 유대인의 메시아 사상에 확실히 기초하고 있는 하나님의 아들 기독론을 인격화된 여성적 존재를 통하여 얻었을 것이라고 생각하기는 힘들다. 인격화된 지혜와 관련된 여타 이야기가 사실이든 아니든 상관없이, 유대인이 이해하는 관점에서 지혜는 구속과 관련된 역할을 전혀 하지 않는다.

셋째로, 바울이 아람어인 '아바'를 사용하여 하나님 아버지를 부름으로써 아람어를 사용하는 신앙 공동체 내에서 일정 형태의 하나님의 아들 기독론이 존재했다고 바울 자신이 증거하고 있다는 사실이 자주 간과되거나 경시된다. 그리스도를 선재하신 아들로 이해하는 바울의 사상이 이미 바울 이전에 존재하던 공동체 내에 있었다고 보는 것이 옳다.

하지만 결국 "바울은 그리스도께서 하나님의 선재하시며 영원하신 아들이라는 사실을 어떻게 알게 되었는가?"라는 문제의 명확한 해답은 알 수 없다는 것을 인정할 수밖에 없다. 필자는 마틴 헹겔(Martin Hengel)의 제안이 일리가 있다고 본다. 헹겔은 가능한 모든 증거 자료를 면밀히 분석한 결과를 토대로 "이러한 기독론(퀴리오스 기독론을 포함)의 발전은 매우 짧은 기간 내에 이루어졌다"고 결론짓는다.[33] 그리고는 바나바서 6:13("보라 가장 마지막 것들⟨the last things⟩을 가장 처음 것들⟨the first things⟩로 삼았다")을 인용하며 이것을 역으로도 생각해 볼 수 있다는 가능성을 추정해 본다. 즉 처음 것들은 나중 것들에 비추어 바라보아야 한다는 것이다. 그의 말을 빌자면 "시작은 마지막

---

33) Hengel, *Son of God*, 77을 보라.

제14장 예수: 유대적 메시아와 하나님의 아들   811

에 의해 조명되어야 한다"(69).

　여하튼 하나님의 아들의 선재성에 대한 이해가 초기 공동체 내에서 어떻게 일어났든지(계시나 예수님에 대한 기억이나 깊은 묵상을 통해) 바울이 그렇게 이해한 것은 분명한 사실이다. 퀴리오스 기독론과 더불어 하나님의 아들 기독론은 요한복음에서 분명하고도 자세하게 서술되고 있는 '고등' 기독론을 나타내고 있을 뿐 아니라 전제하고 있다. 이러한 기독론에 관한 한 바울과 요한은 동일한 입장을 취하고 있는 것이다. 또한 하나님의 아들 기독론은 바울의 신학 사상에 있어 부수적이 아닌 필수적인 요소다. 이 요소를 통해 나머지 바울 신학을 논의하는 데에 있어 올바른 출발점을 제시하며 올바른 이해를 돕는다.

부록: 바울 서신에 나타나는 하나님의 아들/ 하나님 아버지 본문

Son and Father in the Same Context

1 Cor 15:24, 28 ²⁴εἶτα τὸ τέλος, ὅταν **παραδιδῷ τὴν βασιλείαν** <u>τῷ θεῷ καὶ πατρί</u>, ὅταν **καταργήσῃ** πᾶσαν ἀρχὴν καὶ πᾶσαν ἐξουσίαν καὶ δύναμιν. . . . ²⁸ὅταν δὲ **ὑποταγῇ αὐτῷ** τὰ πάντα, τότε καὶ **αὐτὸς ὁ υἱὸς** ὑποταγήσεται <u>τῷ ὑποτάξαντι</u> αὐτῷ τὰ πάντα, ἵνα ᾖ <u>ὁ θεὸς</u> τὰ πάντα ἐν πᾶσιν.

Gal 4:4–7 ⁴ὅτε δὲ ἦλθεν τὸ πλήρωμα τοῦ χρόνου, ἐξαπέστειλεν <u>ὁ θεὸς</u> τὸν **υἱὸν** <u>αὐτοῦ</u>, γενόμενον ἐκ γυναικός, γενόμενον ὑπὸ νόμον, ἵνα τοὺς ὑπὸ νόμον ἐξαγοράσῃ, ἵνα τὴν υἱοθεσίαν ἀπολάβωμεν. ⁶Ὅτι δέ ἐστε υἱοί, <u>ἐξαπέστειλεν ὁ θεὸς</u> τὸ πνεῦμα τοῦ **υἱοῦ αὐτοῦ** εἰς τὰς καρδίας ἡμῶν κράζον· <u>ἀββα ὁ πατήρ</u>. ⁷ὥστε οὐκέτι εἶ δοῦλος ἀλλὰ υἱός· εἰ δὲ υἱός, καὶ κληρονόμος <u>διὰ θεοῦ</u>.

Col 1:12–15 ¹²εὐχαριστοῦντες <u>τῷ πατρὶ τῷ ἱκανώσαντι</u> ὑμᾶς εἰς τὴν μερίδα τοῦ κλήρου τῶν ἁγίων ἐν τῷ φωτί· ¹³<u>ὃς ἐρρύσατο</u> ἡμᾶς ἐκ τῆς ἐξουσίας τοῦ σκότους <u>καὶ μετέστησεν</u> **εἰς τὴν βασιλείαν τοῦ υἱοῦ** <u>τῆς ἀγάπης αὐτοῦ</u>, ¹⁴ἐν ᾧ ἔχομεν τὴν ἀπολύτρωσιν, τὴν ἄφεσιν τῶν ἁμαρτιῶν· ¹⁵**ὅς ἐστιν εἰκὼν** <u>τοῦ θεοῦ τοῦ ἀοράτου</u>, **πρωτότοκος** πάσης κτίσεως,

Christ as Son

1 Thess 1:10 καὶ ἀναμένειν **τὸν υἱὸν** <u>αὐτοῦ</u> ἐκ τῶν οὐρανῶν, ὃν ἤγειρεν ἐκ τῶν νεκρῶν, **Ἰησοῦν τὸν ῥυόμενον** ἡμᾶς ἐκ τῆς ὀργῆς τῆς ἐρχομένης.

1 Cor 1:9 πιστὸς <u>ὁ θεός, δι' οὗ</u> ἐκλήθητε εἰς κοινωνίαν **τοῦ υἱοῦ** <u>αὐτοῦ</u> **Ἰησοῦ Χριστοῦ τοῦ κυρίου ἡμῶν**.

2 Cor 1:18–20 ¹⁸<u>πιστὸς δὲ ὁ θεὸς</u> ὅτι ὁ λόγος ἡμῶν ὁ πρὸς ὑμᾶς οὐκ ἔστιν ναὶ καὶ οὔ. ¹⁹**ὁ** <u>τοῦ θεοῦ</u> γὰρ **υἱὸς Ἰησοῦς Χριστὸς ὁ ἐν ὑμῖν δι' ἡμῶν κηρυχθείς**, . . . ²⁰ὅσαι γὰρ ἐπαγγελίαι <u>θεοῦ</u>, **ἐν αὐτῷ τὸ ναί· διὸ καὶ δι' αὐτοῦ τὸ ἀμὴν** <u>τῷ θεῷ</u> πρὸς δόξαν δι' ἡμῶν.

Gal 1:15–16 ¹⁵Ὅτε δὲ <u>εὐδόκησεν ὁ ἀφορίσας με ἐκ κοιλίας μητρός μου</u> καὶ καλέσας διὰ τῆς χάριτος αὐτοῦ ¹⁶ἀποκαλύψαι **τὸν υἱὸν αὐτοῦ ἐν ἐμοί**, ἵνα εὐαγγελίζωμαι αὐτὸν ἐν τοῖς ἔθνεσιν,

제14장 예수: 유대적 메시아와 하나님의 아들   813

Gal 2:20 ζῶ δὲ οὐκέτι ἐγώ, ζῇ δὲ ἐν ἐμοὶ Χριστός· ὃ δὲ νῦν ζῶ ἐν σαρκί, ἐν πίστει ζῶ τῇ **τοῦ υἱοῦ τοῦ θεοῦ τοῦ ἀγαπήσαντός με καὶ παραδόντος ἑαυτὸν**...

Rom 1:3-4 ³περὶ **τοῦ υἱοῦ αὐτοῦ** τοῦ γενομένου ἐκ σπέρματος Δαυὶδ κατὰ σάρκα, ⁴τοῦ ὁρισθέντος **υἱοῦ** θεοῦ **ἐν δυνάμει** κατὰ πνεῦμα ἁγιωσύνης ἐξ ἀναστάσεως νεκρῶν, Ἰησοῦ Χριστοῦ τοῦ κυρίου ἡμῶν,

Rom 1:9 μάρτυς γάρ μού ἐστιν ὁ θεός, ᾧ λατρεύω ἐν τῷ πνεύματί μου **ἐν τῷ εὐαγγελίῳ τοῦ υἱοῦ** αὐτοῦ, ὡς ἀδιαλείπτως μνείαν ὑμῶν ποιοῦμαι

Rom 5:10 εἰ γὰρ ἐχθροὶ ὄντες κατηλλάγημεν τῷ θεῷ **διὰ τοῦ θανάτου τοῦ υἱοῦ** αὐτοῦ, πολλῷ μᾶλλον καταλλαγέντες σωθησόμεθα ἐν τῇ ζωῇ αὐτοῦ·

Rom 8:3 Τὸ γὰρ ἀδύνατον τοῦ νόμου ἐν ᾧ ἠσθένει διὰ τῆς σαρκός, ὁ θεὸς **τὸν** ἑαυτοῦ **υἱὸν** πέμψας ἐν ὁμοιώματι σαρκὸς ἁμαρτίας καὶ περὶ ἁμαρτίας κατέκρινεν τὴν ἁμαρτίαν ἐν τῇ σαρκί,

Rom 8:29, 32 ²⁹ὅτι οὓς προέγνω, καὶ προώρισεν συμμόρφους **τῆς εἰκόνος τοῦ υἱοῦ** αὐτοῦ, εἰς τὸ εἶναι αὐτὸν **πρωτότοκον ἐν πολλοῖς ἀδελφοῖς**·... ³²ὅς γε **τοῦ** ἰδίου **υἱοῦ** οὐκ ἐφείσατο ἀλλὰ ὑπὲρ ἡμῶν πάντων παρέδωκεν **αὐτόν**, πῶς οὐχὶ καὶ σὺν αὐτῷ τὰ πάντα ἡμῖν χαρίσεται;

Eph 1:6 εἰς ἔπαινον δόξης τῆς χάριτος αὐτοῦ ἧς ἐχαρίτωσεν ἡμᾶς **ἐν τῷ ἠγαπημένῳ** [see v. 3 for the antecedent].

Eph 4:13 μέχρι καταντήσωμεν οἱ πάντες εἰς τὴν ἑνότητα τῆς πίστεως καὶ **τῆς ἐπιγνώσεως τοῦ υἱοῦ** τοῦ θεοῦ, εἰς ἄνδρα τέλειον, εἰς μέτρον ἡλικίας τοῦ πληρώματος τοῦ Χριστοῦ,

God as Father

1 Thess 1:1 Παῦλος καὶ Σιλουανὸς καὶ Τιμόθεος τῇ ἐκκλησίᾳ Θεσσαλονικέων **ἐν θεῷ πατρὶ** καὶ **κυρίῳ Ἰησοῦ Χριστῷ**, χάρις ὑμῖν καὶ εἰρήνη.

2 Thess 1:1-2 ¹Παῦλος καὶ Σιλουανὸς καὶ Τιμόθεος τῇ ἐκκλησίᾳ Θεσσαλονικέων ἐν θεῷ πατρὶ ἡμῶν καὶ **κυρίῳ Ἰησοῦ Χριστῷ**, ²χάρις ὑμῖν καὶ εἰρήνη ἀπὸ θεοῦ πατρὸς καὶ κυρίου Ἰησοῦ Χριστοῦ.

1 Cor 1:3 χάρις ὑμῖν καὶ εἰρήνη ἀπὸ θεοῦ πατρὸς ἡμῶν καὶ **κυρίου Ἰησοῦ Χριστοῦ**.

1 Cor 8:6 ἀλλ' ἡμῖν εἷς θεὸς ὁ πατὴρ ἐξ οὗ τὰ πάντα καὶ ἡμεῖς εἰς αὐτόν, καὶ **εἷς κύριος Ἰησοῦς Χριστὸς δι'** οὗ τὰ πάντα καὶ ἡμεῖς δι'

814 바울의 기독론

αὐτοῦ.

2 Cor 1:2 χάρις ὑμῖν καὶ εἰρήνη ἀπὸ <u>θεοῦ πατρὸς ἡμῶν</u> καὶ **κυρίου Ἰησοῦ Χριστοῦ**.

2 Cor 1:3 Εὐλογητὸς <u>ὁ θεὸς καὶ πατὴρ</u> **τοῦ κυρίου ἡμῶν Ἰησοῦ Χριστοῦ**, ὁ πατὴρ τῶν οἰκτιρμῶν καὶ θεὸς πάσης παρακλήσεως,

2 Cor 11:31 <u>ὁ θεὸς καὶ πατὴρ</u> **τοῦ κυρίου Ἰησοῦ** οἶδεν, ὁ ὢν εὐλογητὸς εἰς τοὺς αἰῶνας, ὅτι οὐ ψεύδομαι.

Gal 1:1 Παῦλος ἀπόστολος οὐκ ἀπ' ἀνθρώπων οὐδὲ δι' ἀνθρώπου ἀλλὰ διὰ **Ἰησοῦ Χριστοῦ** καὶ <u>θεοῦ πατρὸς</u> τοῦ ἐγείραντος αὐτὸν ἐκ νεκρῶν,

Gal 1:3–5 ³χάρις ὑμῖν καὶ εἰρήνη ἀπὸ <u>θεοῦ πατρὸς ἡμῶν</u> καὶ **κυρίου Ἰησοῦ Χριστοῦ** ⁴**τοῦ δόντος ἑαυτὸν** ὑπὲρ τῶν ἁμαρτιῶν ἡμῶν, ὅπως ἐξέληται ἡμᾶς ἐκ τοῦ αἰῶνος τοῦ ἐνεστῶτος πονηροῦ κατὰ τὸ θέλημα <u>τοῦ θεοῦ καὶ πατρὸς ἡμῶν</u>, ⁵ᾧ ἡ δόξα εἰς τοὺς αἰῶνας τῶν αἰώνων, ἀμήν.

Rom 1:7 πᾶσιν τοῖς οὖσιν ἐν Ῥώμῃ ἀγαπητοῖς θεοῦ, κλητοῖς ἁγίοις, χάρις ὑμῖν καὶ εἰρήνη ἀπὸ <u>θεοῦ πατρὸς ἡμῶν</u> καὶ **κυρίου Ἰησοῦ Χριστοῦ**.

Rom 8:15–17 ¹⁵οὐ γὰρ ἐλάβετε πνεῦμα δουλείας πάλιν εἰς φόβον ἀλλὰ ἐλάβετε πνεῦμα υἱοθεσίας ἐν ᾧ κράζομεν· **αββα ὁ πατήρ**. ¹⁶αὐτὸ τὸ πνεῦμα συμμαρτυρεῖ τῷ πνεύματι ἡμῶν ὅτι ἐσμὲν τέκνα θεοῦ. ¹⁷εἰ δὲ τέκνα, καὶ κληρονόμοι· κληρονόμοι μὲν θεοῦ, **συγκληρονόμοι δὲ Χριστοῦ**, εἴπερ συμπάσχομεν ἵνα καὶ συνδοξασθῶμεν.

Col 1:3 Εὐχαριστοῦμεν <u>τῷ θεῷ πατρὶ</u> **τοῦ κυρίου ἡμῶν Ἰησοῦ Χριστοῦ** πάντοτε περὶ ὑμῶν προσευχόμενοι,

Col 3:17 καὶ πᾶν ὅ τι ἐὰν ποιῆτε ἐν λόγῳ ἢ ἐν ἔργῳ, πάντα ἐν ὀνόματι κυρίου Ἰησοῦ εὐχαριστοῦντες <u>τῷ θεῷ πατρὶ</u> **δι' αὐτοῦ**.

Phlm 3 χάρις ὑμῖν καὶ εἰρήνη ἀπὸ <u>θεοῦ πατρὸς ἡμῶν</u> καὶ **κυρίου Ἰησοῦ Χριστοῦ**.

Eph 1:2 χάρις ὑμῖν καὶ εἰρήνη ἀπὸ <u>θεοῦ πατρὸς ἡμῶν</u> καὶ **κυρίου Ἰησοῦ Χριστοῦ**.

Eph 1:3 Εὐλογητὸς <u>ὁ θεὸς καὶ πατὴρ</u> **τοῦ κυρίου ἡμῶν Ἰησοῦ Χριστοῦ**, ὁ εὐλογήσας ἡμᾶς ἐν πάσῃ εὐλογίᾳ πνευματικῇ ἐν τοῖς ἐπουρανίοις ἐν Χριστῷ,

Eph 1:17 ἵνα <u>ὁ θεὸς</u> **τοῦ κυρίου ἡμῶν Ἰησοῦ Χριστοῦ**, <u>ὁ πατὴρ τῆς δόξης</u>, δώῃ ὑμῖν πνεῦμα σοφίας καὶ ἀποκαλύψεως ἐν ἐπιγνώσει αὐτοῦ,

Eph 2:18 ὅτι **δι' αὐτοῦ** ἔχομεν τὴν προσαγωγὴν οἱ ἀμφότεροι ἐν ἑνὶ πνεύματι <u>πρὸς τὸν πατέρα</u>.

제14장 예수: 유대적 메시아와 하나님의 아들   815

Eph 1:3 Εὐλογητὸς <u>ὁ θεὸς καὶ πατὴρ</u> **τοῦ κυρίου ἡμῶν Ἰησοῦ Χριστοῦ**, ὁ εὐλογήσας ἡμᾶς ἐν πάσῃ εὐλογίᾳ πνευματικῇ ἐν τοῖς ἐπουρανίοις ἐν Χριστῷ,

Eph 1:17 ἵνα <u>ὁ θεὸς</u> **τοῦ κυρίου ἡμῶν Ἰησοῦ Χριστοῦ**, <u>ὁ πατὴρ τῆς δόξης</u>, δώῃ ὑμῖν πνεῦμα σοφίας καὶ ἀποκαλύψεως ἐν ἐπιγνώσει αὐτοῦ,

Eph 2:18 ὅτι **δι' αὐτοῦ** ἔχομεν τὴν προσαγωγὴν οἱ ἀμφότεροι ἐν ἑνὶ πνεύματι <u>πρὸς τὸν πατέρα</u>.

Eph 3:14-15 ¹⁴Τούτου χάριν κάμπτω τὰ γόνατά μου <u>πρὸς τὸν πατέρα</u>, ¹⁵ἐξ οὗ πᾶσα πατριὰ ἐν οὐρανοῖς καὶ ἐπὶ γῆς ὀνομάζεται,

Eph 4:6 <u>εἷς θεὸς καὶ πατὴρ πάντων</u>, ὁ ἐπὶ πάντων καὶ διὰ πάντων καὶ ἐν πᾶσιν.

Eph 5:20 εὐχαριστοῦντες πάντοτε ὑπὲρ πάντων ἐν ὀνόματι **τοῦ κυρίου ἡμῶν Ἰησοῦ Χριστοῦ** <u>τῷ θεῷ καὶ πατρί</u>.

Eph 6:23 Εἰρήνη τοῖς ἀδελφοῖς καὶ ἀγάπη μετὰ πίστεως ἀπὸ <u>θεοῦ πατρὸς</u> καὶ **κυρίου Ἰησοῦ Χριστοῦ**.

Phil 1:2 χάρις ὑμῖν καὶ εἰρήνη ἀπὸ <u>θεοῦ πατρὸς ἡμῶν</u> καὶ **κυρίου Ἰησοῦ Χριστοῦ**.

Phil 2:11 καὶ πᾶσα γλῶσσα ἐξομολογήσηται ὅτι **κύριος Ἰησοῦς Χριστὸς** <u>εἰς δόξαν θεοῦ πατρός</u>.

Phil 4:20 <u>τῷ δὲ θεῷ καὶ πατρὶ ἡμῶν</u> ἡ δόξα εἰς τοὺς αἰῶνας τῶν αἰώνων, ἀμήν.

1 Tim 1:2 ... χάρις ἔλεος εἰρήνη ἀπὸ <u>θεοῦ πατρὸς</u> καὶ **Χριστοῦ Ἰησοῦ τοῦ κυρίου ἡμῶν**.

Titus 1:4 ... χάρις καὶ εἰρήνη ἀπὸ <u>θεοῦ πατρὸς</u> καὶ **Χριστοῦ Ἰησοῦ τοῦ σωτῆρος ἡμῶν**.

2 Tim 1:2 ... χάρις ἔλεος εἰρήνη ἀπὸ <u>θεοῦ πατρὸς</u> καὶ **Χριστοῦ Ἰησοῦ τοῦ κυρίου ἡμῶν**.

PAULINE CHRISTOLOGY

제15장

예수: 유대적 메시아와 승귀하신 주

본 장에서는 바울 서신에서 가장 중요하며 기독론적 모티브이자 바울 기독론의 핵심인 호 퀴리오스이신 예수님에 대해 살펴보려 한다. 이 칭호는 전반적으로 볼 때 칭호가 이름으로 바뀐(title-turned-name) 크리스토스보다 적게 등장한다. 그 부분적인 이유는 아래에서도 언급하겠지만, 호 크리스토스가 두 가지 용도로 사용되는 반면, 퀴리오스는 이름이 칭호로 바뀐(name-turned-title) 경우로 바울 서신에서 칭호로만 사용되기 때문이다. 그렇다 해도 퀴리오스라는 타이틀이 교회에 보낸 후대의 서신(빌립보서)과 목회 서신(디모데후서)뿐 아니라 바울이 초기에 기록한 두 서신에서 두드러지게 나타나고 있다. 더욱이 그리스도는 고린도후서와 갈라디아서를 제외한 바울 서신 전반에 걸쳐 사용되고 있다.[1]

실제 바울에게 있어 이름이 칭호로 변한 '그리스도'의 중요성을 과장하고 있는 것이 아니다. 모든 시신에서 가장 먼저 등장하는 것이 비로 이 칭호이며 ("주 예수 그리스도", 예를 들어 "주 곧 메시아이신 예수"), 항상 "하나님 (우리) 아버지"와 연계되어 쓰인다. 이러한 호칭은 초대 기독교 공동체에서 사용되고

---

1) 통계 자료 자체만 봐도 이를 알 수 있다. 전 장에서 지적한 것처럼 칭호에서 이름으로 바뀐 크리스토스는 바울이 예수님을 가리킨 때 가장 자주 사용하는 용어이다. 그중에 절반 이상이 단독으로 쓰이는데, 퀴리오스는 3분의 2이상이 단독으로 쓰인다. 그 수치는 아래와 같다.
κύριος 252번 (단독으로는 164번=66%)
Χριστός 376번 (단독으로는 211번=56%)
Ἰησοῦς 205번 (단독으로는 18=9%)

있었으며 아람어 기도문인 '마라나타'(Marana tha, 주여 오시옵소서)에서도 확인된다. 이 호칭은 바울이 다메섹 도상에서 예수님을 만난 경험을 설명할 때도 사용한다("내가 예수 우리 주를 보지 않았느냐?"). 그리고 예수를 믿게 되어 그분의 제자가 된 이들이 주요 고백이기도 하다("주는 예수〈그리스도〉이시다"〈고전 12:3; 롬 10:9; 빌 2:11〉). 더욱이 65번 사용되는 전체 명칭, 즉 세 개의 칭호/이름이 함께 나타나는 구절을 보면 퀴리오스는 앞이나 뒤에 위치하고 있다("주 예수 그리스도"〈또는 '그리스도 예수'〉나 "예수 그리스도〈또는 '그리스도 예수'〉주").

'하나님의 아들'(14장을 보라)[2]의 경우와 동일하게, 이름에서 칭호로 바뀐 용어의 기독론적 함의는 무시할 수 없다. 그리고 이러한 함의들은 그리스도를 완전한 신성이라는 개념으로 표현할 수밖에 없다는 시각을 갖도록 한다. 이러한 개념은 요한복음과 히브리서에서 '아들'이라는 제목 하에 찾아볼 수 있는 개념과 유사하다. 특히 이러한 사용법은 우리가 볼 때 신학적으로 논할 필요가 있다. 왜냐하면 (1) 신적 주께서 구원 사역을 '주도'하는 권한을 제외하고 모든 종류의 신적 특권을 하나님 아버지와 공유하고 계시며, (2) 한편으로는 유일신론 맥락에서 볼 때 그래서 (3) 그분의 구속과 관련된 그리고 중재적인 역할이 언제나 처음과 나중되시는 하나님과 병행된다는 점을 미루어 볼 때, 그리스도께서도 구원을 주도하고 계신다고 할 수 있다. 본 장에서 살펴본 자료에 따르면 바울은 포기하지 않았을 유일신론[3]을 포기하라고 요구하거나, 아니면 바울이 이미 그랬던 것처럼[4] 주 예수 그리스도를 한 분이신 하나님의 신성의 영역에 포함시킬 방안을 찾으라고 요구한다.

전 장에서 '하나님의 아들'에 대해 이미 언급한대로 본 칭호는 메시아와 관련된 함의를 지니고 있다. 그러나 여기서는 메시아이신 그리스도에 담긴 종말론적 측면이라는 개념에서 그렇다. 여기서 메시아이신 주는 시편 110:1을

---

2) 이 두 칭호(아들과 주) 사이의 밀접한 연관성에 대해서는 Hengel, *Son of God*, 13-14를 보라.
3) 요즘의 일부 학자들도 포기하지 않을 것이다. 그들은 대부분의 강조점을 구속 이야기에서 하나님의 아들이 담당하는 순종적인 역할에 두고 있다. 예를 들어 Dunn의 견해를 따르는 Tuckett(*Christology*, 54-60)을 보라.
4) Dunn은 이에 대해 반대 입장을 취하지만 말이다(*Christology in the Making*). Dunn은 본문이 언급하고 있는 말의 효력을 분명히 인식하고 바울 서신으로부터 선재성과 성육신을 제거하려고 본문을 회피한다. 그러나 그렇게 함으로써 Dunn은 반복적으로 본문이 확언하는 바를 피해 가려는 목적을 가지고 석 하고 있음이 분명하다.

'성취'하셔서 하나님의 우편에 앉아 계신다. 따라서 전 장에서도 그랬던 것처럼 본 장의 논의 역시 이 주제로부터 시작하려 한다.

1. 예수 그리스도, 메시아이신 승귀하신 주- 시편 110:1

바울이 부활하신 그리스도를 만나 인생이 바뀌게 된 경험에서부터 논의를 시작하고자 한다. 특히 여기서 바울이 사용하는 표현이 중요하다. 바울은 고린도전서 9:1에서 이 경험에 대해 이야기하면서 '내가 주를 보았다'는 말로 자신의 사도성을 변호한다. 이러한 내용은 15:8에서 보다 구체적으로 설명되는데, 그리스도께서 부활하시고 제자들에게 현현하신 이후 자신에게도 나타나셨다고 주장한다.

바울이 15:8에서 이렇게 말한 것은 '주를 본 것'을 시각적인 경험이 아닌 초기 제자들이 경험했던 것과 유사한 경험으로 생각했다는 뜻으로 풀이된다(거의 확실해 보인다). 부활하신 그리스도께서는 다른 이들에게 나타나셨던 것처럼 바울에게도 나타나셨다고 말한다. 고린도후서 12:1-5에서 밝히는 것처럼 실제로 그는 시각적인 경험을 했다. 그러나 이에 대해 주를 '보았다'고 얘기하지 않고 사람의 말로는 표현할 수 없는 것들을 '들었다'고 말한다. 현 본문(고전 15:8)에서는 부활하신 주에 대한 바울의 경험과 다른 이들의 경험에는 한 가지 차이점이 있다고 지적한다. 즉 그리스도께서 부활 후에 제자들에게 나타나시기를 그치고 난 후에 바울에게 나타났으므로 자신의 경험은 매우 특이하다는 것이다.[5] 그러나 그의 진술을 미루어 볼 때, 부활하신 그리스도께서 제자들에게 나타나신 일련의 사건 중에 자신이 만난 경험을 그리스도의 최종 현현으로 생각하고 있다는 점에 대해선 의심할 여지가 없다.[6]

이 경험과 표현이 바울에게 갖는 중요성을 주목할 필요가 있다. 왜냐하면 그가 처음으로 사도직이라는 사명으로 받게 된 시기가 바로 '주를 보았을' 때이기 때문이다. 이러한 중요성은 바울이 고린도전서 9:1에서 수사학적인 질

---

5) 이러한 의미가 본문에 있다는 점에 대한 총체적 논의를 위해서는 G. D. Fee, *The First Epistle to the Corinthians* (NICNT; Grand Rapids: Eerdmans, 1987), 732-34을 보라.

6) 예를 들어 Garland, *1 Corinthians* (BECNT; Grand Rapids: Baker Academic, 2003), 691과 R. Hays, *First Corinthians* (Interpretation; Louisville: John Knox, 1997), 257을 보라.

문 형태로 나타나는 세 구절이 병행시키는 데서 드러난다. 첫째로 바울은 "(내가) 사도가 아니냐?"고 묻는다. 바로 뒤따르는 구절의 내용을 미루어 볼 때 고린도 교인들이 바울의 사도성을 의심하고 있었음은 거의 확실하다. 이들 중 일부는 이방 신전의 만찬에 참석하는 것을 바울이 금할 권한이 있는지 의문을 제기하고 있었기 때문이다(고전 8:1-13).

이 문제에 이어 그의 사도성을 뒷받침하는 두 가지 주요 증거를 제시하기 위해 우선 "(내가) 예수 우리 주를 보지 못하였느냐?"고 묻는다. 바울이 볼 때 이것이야말로 사도 자격에 있어 가장 우선되는 조건이다. 그리스도를 보았고 그로부터 사명을 받았는지의 여부가 사도직의 최우선 기준이 된다. 이 같은 사실은 사도행전 26:16-18에서 바울이 아그립바 앞에서 그가 받은 사명을 보다 집약적으로 그리고 간접적으로 설명하는 장면에 의해 더욱 확고해진다. 그러나 바울에게는 세 번째 질문, 즉 "주 안에서 행한 나의 일이 너희가 아니냐?"는 물음 역시 동일한 증거 역할을 한다. 따라서 바울의 입장에서 볼 때 그의 사도직은 두 가지 요소, 즉 부활하신 주를 보았고 그분으로부터 사명을 받았다는 사실과 그가 교회를 세웠다는 사실에 기초하고 있다.

본문과 같이 고도로 집약적인 문장은 겉으로 드러나는 것 이상의 의미가 축약되어 있으나 본질적인 의미는 있는 그대로다. 바울이 부활하신 그리스도 예수를 보았고 그분으로부터 사명을 받았다는 것이다. 이러한 경험을 '주를 본 것'이라는 개념으로 설명하고 있다. 그러므로 바울 기독론에서의 과제는 바울이 어떻게 이러한 표현, 즉 부활하신 예수님을 '주'라고 부를 수 있었는지를 추적하는 것이다. 이에 대한 부분적인 대답은 초기부터 즉 바울이 신앙을 갖기 전부터 초대 교인들이 사용했다고 보는 것이다. 이러한 생각은 아람어를 사용하는 초기 신앙 공동체가 주의 만찬과 관련하여 '마라나타'라는 기도를 드렸다는 사실에서 더욱 확증된다.

여타 초기 신앙 공동체와 마찬가지로 바울도 예수님을 가리키는 새로운 칭호를 초기 제자들을 통해 전해 내려온 예수님의 시편 110:1 해석에 근거하여 이해했을 것이다. "여호와께서 내 주에게 말씀하시기를 (호 퀴리오스 토 퀴리오 무(ὁ κύριος τῷ κυρίῳ μου)) 내가 네 원수로 네 발등상 되게 하기까지 너는 내 우편에 앉으라"는 시편 구절은 여러 이유로 제2성전기의 유대교에서 중요한 메시아 본문이 되었다.[7] 이 본문은 사실 구약 본문 중에 신약에서 가장 많

---

7) 이에 대한 증거로 D. Hay, *Glory at the Right Hand: Psalm 110 in Early Christianity* (SBLMS 18; Nashville: Abingdon, 1973), 21-33을 보라.

이 인용되거나 반영되는 본문으로, 예수님께서도 유대 지도자들과 논쟁을 벌일 때 인용하고 있다(막 12:35-37과 병행구절). 바울 서신에서는 네 군데에서 나타난다.

고린도전서 15:27에서는 그리스도 안에 있는 이들이 죽음에서 일어날 때 최종 원수인 죽음이 그분의 발 앞에 거꾸러질 때까지 계속될 그리스도의 현재적 통치를 설명하기 위해 위 시편 구절을 가지고 온다. 에베소서 1:20에서도 이와 유사하게 사용되어 모든 악한 세력을 굴복시키는 그리스도의 현재적 주권을 설명하고 있다. 특히 고린도전서 15:27에서 더욱 두드러지지만 두 바울 본문의 시편 인용을 보면 메시아에 대한 함의가 분명히 드러난다. 왜냐하면 비록 바울이 시편을 인용하거나 반영하면서 '주'라는 명칭을 사용하지는 않지만 그 주께서는 현재 지극히 높은 곳에서 다스리고 계시기 때문이다.

로마서 8:34은 우리를 위해 하늘에서 중보하시는 그리스도의 현재 사역을 지칭하는 흥미로운 측면과 관련하여 시편 구절을 반영하고 있다. 따라서 여기서는 왕의 우편에 앉은 자가 그 왕에게 가장 큰 영향을 끼치는 자로 인식되던 역사적 사실을 보다 폭넓은 형이상학적 개념으로 사용하고 있다. 마지막으로 골로새서 3:1에서는 단순히 그리스도의 현재 지위를 가리키는 데에 시편을 사용하고 있으며, 로마서에서와 같이 격려와 권고의 목적으로 인용하고 있다.

바울이 그리스도의 현재적 통치를 주로 이렇게 이해하고 있다는 사실과 바울 기독론에 있어서 이러한 이해가 갖는 중요성은 그가 여타 서신의 다양한 배경 속에서 퀴리오스를 어떻게 사용하는지를 살펴봄으로써 확인 할 수 있다. 본 장의 나머지 부분은 이에 대한 논의를 위해 할애 될 것이다. 그러나 우선은 부활하신 그리스도가 하나님 아버지의 "오른편"에 계신다는 바울의 진술에 대해 서로 연결되어 있는 세 가지 중요한 요소를 고찰해보려 한다.

첫째, 바울은 위 시편 구절을 인용하는 그 어떤 본문에서도 시편 구절의 칠십인경 본문에서 실제로 사용하는 '주'라는 칭호를 사용하지 않는다. 이러한 현상을 단순히 우연이라 생각하며 각 서신의 시대적 상황과 관련시켜 이해할 수도 있으나, 그 현상은 다른 곳에서 나타나는 바울의 전형적인 어법과 일치하며 특히 바로 아래의 요지에 비추어 볼 때 더욱 그렇다.

둘째, 시편의 칠십인경 본문에 나오는 퀴리오스는 모두 여호와를 가리키고 있으며 특히 신적 이름의 번역으로 사용되고 있지만, 바울은 이 칭호를 전적으로 그리스도를 지칭하는 데만 사용하며 하나님에 대해서는 절대로 사용하지 않는다.[8] 왜냐하면 바울이 하나님을 지칭할 때는 데오스라는 단어만을 사용하기 때문이다.[9]

셋째, 극소수의 예외 구절은 있지만[10] 호 퀴리오스는 주로 그리스도의 현재적 통치와 미래적 재림을 가리킬 때 사용되며 예수님의 지상 사역에 대해서는 거의 사용되지 않는다.[11] 그래서 예수께서 우리를 위해 돌아가셨다고 하거나 그리스도께서 우리를 위해 돌아가셨다고는 말하지만 '주께서 우리를 위해 돌아가셨다'고 말하진 않는다. 데살로니가전서 2:14-15를 보면 그들이 "주 예수를 죽였다"고 진술하지만 이 구절은 아이러니가 가득한 구절이며 바울의 일행이 과거에 행한 일을 회상하는 구절이다. 그들은 하나님께서 만물의 주로 회복시키실 예수님을 죽였다.

그러므로 바울이 시편 110:1을 반영할 때 퀴리오스 대신 크리스토스를 사용하는 이유는 아마도 각 구절이 그리스도의 주권(lordship)이 아닌 자기 백성을 위한 그리스도의 구속적이며 중보적인 사역을 강조하려 하기 때문일 것이다. 그래서 하나님의 오른편에 앉아 계신 분은 메시아이신 그리스도이시며, 이는 시편 기자가 의도하는 의미를 잘 포함하고 있다고 생각한다.

반면에 바울이 '주'라는 칭호를 사용할 때는 메시아적 의미와는 전혀 상관이 없다. 이러한 사실은 관련 본문의 사용에서 전제되어 있다. 오히려 '주'는 바울이 그리스도의 신적 정체성을 말할 때 한결같이 사용하는 칭호이다.[12] 그러나 이 칭호는 바울에게 있어 무엇보다 신적 이름 자체의 헬라어 형태로

---

8) 여러 '예외들'은 하나님이 언급되는 곳에 인용된 곳과 무관한 인용절에서 나타난다. 이에 대해 3장의 각주 7번을 보라.
9) 많은 학자들이 이러한 사용에 대한 예외로 두 구절을 든다. 롬 9:5과 딛 2:13이 그 예외 구절인데 전자에 대한 6장의 논의(pp. 420-426)와 후자에 대한 10장의 논의(pp. 656-661)를 보라. 또한 보다 소수의 학자들만이 지지하는 살전 1:12에 대한 2장 논의(pp. 122-124)도 보라.
10) 예를 들어 살전 1:6과 2:15를 보면 이들은 지상 예수의 고난(또는 죽음)을 가리키고 있다. 그러나 이 초기 편지를 제외하고는 이러한 사용은 거의 나타나지 않는다.
11) 중요한 예외는 예수님께서 말씀하신 부분을 바울이 지적하고 있을 때 나타난다(고전 7:10; 12; 11:23; 아마 살전 4:15도 포함).
12) 의도적인지 아닌지는 모호하지만 바울은 이렇게 해서 퀴리오스를 사용하는 칠십인경을 인용하거나 반영할 때 실제 어법과 여전히 일치시키고 있다. 아래에서도 잠시 언급하겠지만 여호와를 구두로 가리킬 때 사용하는 '아도나이'를 대체하는 문어적 어휘가 퀴리오스인 칠십인경을 바울이 인용할 때나 반영할 때 한결같이 지칭하는 분은 그리스도다.

서 이제는 그리스도께 부여된 '칭호'이다. 그래서 이 '칭호'는 그 일차적인 의미 때문에 항상 어느 정도의 모호성을 띤다. 바울이 이것을 칭호와 관련된 의미로 사용하지만 모호하기는 마찬가지다. 이제 이 문제에 대해 살펴보고자 한다.

2. 모든 이름 위에 '뛰어난' 이름

본 논의는 부활하신 그리스도 예수께 부여된 칭호, 즉 이름이 바뀌어 칭호가 된 퀴리오스대한 신학적 이해를 위한 단서를 제공하는 세 개의 주요 본문을 다시 살펴보면서 시작될 것이다. 실제로 이 세 본문이 명확히 진술하는 내용은 한결같이 그리스도를 가리키는 칭호로 사용되는 퀴리오스에 대한 이해와 이를 통해 그리스도가 '누구신지'에 대한 바울의 본질적 이해를 위한 전제적 근거 역할을 한다.

1) 예수, 쉐마의 주 (고전 8:6) [pp. 161-168]

현존하는 초기 바울 서신에서 바울은 유대인이 신봉하는 유일신론의 근본적인 고백인 쉐마를 기정사실로 인정하며 사용하여 그리스도를 한 분이신 하나님의 정체성에 포함시킨다.[13] 그가 이러한 신학적 작업을 하게 된 것은 그노시스(γνῶσις, 지식)라는 명목으로 유일신론적인 사실을 견지하는 일부 고린도 교인들 때문이다. 그들은 이러한 신념을 바탕으로 하나님은 오직 한 분이시므로 이방 신전이 섬기던 '신들'이나 '주'는 존재하지 않는다고 주장한다. 따라서 그 신전에서 벌어지는 축제에 참석해도 아무런 문제가 없다고 결론지어 버린 것이다. 왜냐하면 신전에는 그 어떤 '신'도 없기 때문이다.

바울은 그들이 신봉하는 그노시스에 대항하면서도 '하나님은 오직 한 분'이라는 그들의 근본적인 신학적 전제는 옳다고 인정한다. 그러나 그들이 이러한 신념에 근거한 행위에 대해서는 두 가지 이유로 강력히 거부하고 있다. 우선 '지식을 지닌 이들'은 그렇지 못한 약한 자들을 파멸시키고 있다. 그

---

13) 여기서와 본 장의 나머지 부분의 논의는 앞에서 심도 있게 석의한 내용을 압축한 것이다. 각각의 제목에서 꺾음 괄호(bracket) 안에 있는 페이지 숫자는 자세한 논의가 나오는 페이지를 쉽게 찾을 수 있도록 첨부한 것이다.

리스도께서는 약한 자들을 위해서도 돌아가셨다. 더욱이 지식이 있는 자들은 우상 숭배에 담긴 악한 본질을 오해하고 있다. 그래서 바울은 그들이 믿는 것처럼 실제 다른 '신'이나 '주'는 없지만 이방 신전은 사탄이 거주하는 곳임을 주장하게 된다. 그리고 그리스도를 주로 고백하는 신자들은 주의 만찬과 사단의 만찬에서 동시에 먹고 마실 수 없다(10:13-22).

바울은 8:4-6에서 그들의 사고방식을 부정하며 가장 놀라운 일을 행한다. 다른 이들에게 "많은 신과 많은 주"가 있다는 사실을 일시적으로 인정하고 있다는 것이다. 그러나 계속해서 진술하기를 "우리에게는" 오직 "한 하나님"과 "한 주"가 계시다고 한다. 어떻게 바울이 이러한 진술을 할 수 있었는지는 초대 교회의 신학에 비추어 볼 때 매우 놀랄만한 일이다. 바울이 쉐마를 두 부분으로 나눈 것이다. 그가 유일하게 입수할 수 있었던 칠십인경 본문 자체는 제2성전기의 유대교 내에서 구약에 나타나는 여호와를 아도나이('주')로 대체하여 여호와의 이름을 남용하지 않으려는 전통이 점점 커가고 있었음을 입증하고 있다. 그래서 쉐마의 칠십인경 본문을 보면 퀴리오스 호 데오스 헤몬 퀴리오스 에이스 에스틴(κύριος ὁ θεὸς ἡμῶν κύριος εἷς ἐστιν, 주 우리의 하나님, 주님은 한 분이시다)이라고 진술한다. 부활하신 그리스도께서 승귀하실 때 퀴리오스라는 칭호가 부여되었기 때문에(이후의 논의를 보라), 바울은 쉐마에 나오는 두 단어, 즉 데오스와 퀴리오스를 각각 하나님과 그리스도께 적용하고 있다.

본문에서 분명히 드러나는 점은 승귀하신 하나님의 아들이 신적 정체성에 포함되신 것으로 이해하고 있다는 것이다. 그분은 창조와 구속을 이루신 대리자이시며, 하나님 아버지께서는 궁극적인 근원과 목적이 되신다. 바울은 이러한 사상을 그가 이해하는 근본적인 유일신론을 침해하지 않고 개진한다. 바울이 견지하고 있는 사실은 퀴리오스와 아도나이와 여호와가 동일하신 분이라고 말하는 구약 본문을 인용하거나 반영할 때 퀴리오스를 한결같이 그리고 전적으로 부활하신 주 예수께만 적용해야 한다는 점이다. 어떻게 이러한 생각을 할 수 있는지에 대한 단서는 다음 본문에서 찾아볼 수 있다.

그러나 그전에 한 주에 대한 설명을 주목할 필요가 있다. 그분은 구속에 있어서 역사적 대리자이실 뿐 아니라 창조에 있어서 선재하신 신적 대리자이시다. 근처 문맥을 보면 창조에 대해서 추가적인 언급이 없으므로, 이러한 확언은 이른바 많은 신이나 많은 주와 대조되는 하나님에 대한 유대인들의 전형적인 확언과 다름없을지도 모른다.[14] 그러나 한 분이신 주께서 창조의 대리자라는 확언은 바울이 새로운 주장(10:23-11:1)의 시작 부분인 고린도전서 10:25-26에서 제시하는 확언을 미리 가리키고 있는 것이다. 여기서는 바울이 시장에서 파는 음식에 대해 취한 이전의 태도와 이방 신전의 음식 먹는 것을 금하는 이전의 태도와는 다른 입장을 취한다. 그들은 이제 그들에게 '먹고 마시라'고 독려하고 있다. 그 이유는 무엇일까? 바울은 시편의 여호와께서 그리스도 주시라는 사실을 말하기 위해 시편 24:1을 인용하며 "땅과 거기 충만한 것이 주의 것임이니라"라고 진술한다. 왜냐하면 한 분이신 주께서는 최초의 창조 시 신적 대리자였기 때문이다.[15]

따라서 바울은 그리스도 주께서 선재하시는 창조의 대리자이시라는 사실을 전제하고 있을 뿐 아니라 그분은 모든 피조물이 속한 시편 24:1의 주시라고 믿는다.

2) 이름 부여 (빌 2:10-11) [pp. 590-597]

이 본문에서 바울은 그의 아들을 변호하시는 하나님 아버지를 서술함으로써 기본적인 그리스도 이야기에 대한 그의 내러티브를 종결한다. 즉 하나님과 동일하신 분(6절)께서 자신을 비워 모든 이들을 위한 종이 되시고 또한 자신을 낮추어 십자가에서 돌아가시기까지 복종하심으로써 자신이 하나님과 본체라는 사실을 드러내셨다. 하나님의 변호는 그리스도께 이름을 수여하는 형태를 띠는데, 그 이름은 "모든 이름 위에 뛰어난 이름"이다.

본문을 석의하면서 지적한 대로(9장), 이 표현은 오로지 이스라엘의 자기 이해에 내포된 핵심적 요소인 신적 이름을 가리키고 있다. 그들이 섬기는 하나님의 이름인 여호와는 출애굽기 3:1-6에 따르면 호렙/시내산에서 모세에게 최초로 자신을 드러내셨고 이스라엘의 정체성을 나타내는 중심적 상징이 되었다. 그들은 '그 이름' 즉 그들의 하나님이신 여호와의 백성이다. 그 여호와께서 예루살렘을 택하셔서 "내 이름이 거하는" 곳으로 삼으셨으며, 모든 이

---

14) 이 문제에 대해서는 Bauckham, *God Crucified*, 1-16과 Hurtado, *Lord Jesus Christ*, 42-50을 보라.
15) 여기서 퀴리오스가 그리스도를 가리키는지 하나님을 가리키는지에 대해 한 목소리를 내진 않는다. 그러나 의아한 점은, 특히 바울이 8:6에서 진술하는 것을 미루어 볼 때 왜 바울의 일관된 어법이 여기서 결정적인 단서가 되면 안 되는가?

스라엘은 그 이름으로 맹세하고 그 맹세를 이행한다.

이 '이름'이야말로 부활하신 그리스도께서 승귀하실 때 부여받은 이름으로서, 히브리어 형태인 여호와가 아닌 (일종의 다행스런 '역사적 사건'으로 인해)[16] 칠십인경의 번역자들이 한결같이 신적 이름을 나타내기 위해 사용했던 퀴리오스라는 헬라어식 표현을 바울과 초대교회를 위해 받으셨다. 따라서 부활하신 그리스도는 바울이 항상 데오스를 사용하여 지칭하는 여호와가 아니시다. 선재하신 하나님의 아들은 하늘로 올라가셔서 하나님을 대신하는 이름을 부여받는 영예를 누리신다. 그리고 그 이름은 바울 서신에서 '주'되신 그리스도를 가리키는 칭호가 된다.

이러한 내용은 바울이 고린도전서 8:6에서 쉐마에 대해 역설할 때 이미 기존 사실로 자리 잡았다. 빌립보서 본문에서는 바울이 '그 이름'을 밝히기 위한 수단으로 이사야 45:23을 사용함으로써 더욱 확고해진다.[17] 이스라엘의 한 하나님, 여호와를 지칭하는 이사야의 "내게/내 앞에"를 대신하여, 바울은 모든 무릎이 그분 앞에 꿇고 모든 입이 그분을 하나님이라 고백하리라는 약속이 이제는 부활하시고 승귀하신 주 예수 그리스도께 이전되었다는 사실을 강조한다. 바울은 있는 그대로의 이사야 본문에 만족하지 않고 "모든 무릎과 모든 입"을 발전시켜 창조된 모든 존재 즉 하늘과 땅과 (아마도) 악의 세계에 있는 모든 존재를 가리키는 의미로 사용한다. 그래서 마지막 때에는 현재 빌립보 교인들이 겪는 고통의 궁극적 주범인 퀴리오스 카이 소테르(κύριος καὶ σωτήρ, 주와 구주)로서의 네로 황제가 그들이 죽인 메시아의 주권(lordship)을 인정하게 될 것이다.

---

16) 이 문제에 대해서는 1장의 논의(pp. 72-74)를 보라.
17) Tuckett(*Christology*, 59-60)은 마치 바울 기독론에 있어 이 본문이 지니는 중요성을 간과하려는 의도 때문인지 바울의 이사야 사용이 함의하고 있는 중요성을 최소화하는 경향이 있다. 그러나 본문의 언어적 종말론적 문맥은 바울이 구약의 문맥에 대해 잘 알고 있었음을 제시한다. 반면에(pp. 62-63) 고전 8:6(바울의 말이나 내용 그 어떤 것도 솔로몬의 지혜서와 하등의 관련이 없는)의 배후에서 '지혜' 개념을 찾으려고 하며, 롬 8:3과 갈 4:4의 '보내심' 모티브가 사실상 지혜서 9:10과 문자적인 유사성이 있다고 생각한다. 그래서 그는 바울이 전혀 알지 못했을 수도 있는 본문을 반영하고 있다고 확신하는 반면, 바울이 확실히 알고 있으며 서신서의 전혀 다른 두 구절(롬 14:11 참조)에서 가리키고 있는 구약 본문의 중요성에 대해서는 의문을 제기하려 한다. 그리고 Tuckett은 다른 학자들의 의견을 단순히 일반화하고 있다. 이것이 어떤 방법론적인 문제인지 아니면 빌립보서에 나타나는 바울 기독론을 경시하고 이러한 경시의 범위에 들지 않는 본문에서는 '지혜' 개념을 찾으려는 의도를 반영하고 있는 것인지 의아할 뿐이다. 이에 대한 추가적인 논의에 대해서는 본서의 부록 A를 보라.

그러므로 빌립보서 본문은 모든 종류의 신적 특권이 부활하신 주께 이전되었음을 보여주는 전형적인 예로 기능한다. 이러한 사실은 이미 목회 서신을 포함, 바울 서신 전반에 걸쳐 드러난 것이다. 바울이 칠십인경을 반복해서 인용하며 본문을 상호 관련해서 사용할 때, 퀴리오스이신 칠십인경의 여호와를 부활하신 주 예수 그리스도와 한결같이 동일시하고 있다.[18]

그러나 본문은 유별나게 종말론적인 의미도 지니고 있다. 다시 말해 그리스도에 대한 전 인류의 인정은 마지막 때에 일어날 것이다. 따라서 다음은 세 번째 본문을 고찰해 봄으로써 이러한 현상이 그리스도를 주로 고백하고 하나님께서 새롭게 구성하신 백성의 일부가 될 모든 이들을 위한 시작점(entry point) 역할을 하고 있다는 점을 지적할 것이다.

3) 이름 고백 (롬 10:9-13) [pp. 397-401]

현재 새롭게 구성된 하나님의 백성은 (아마) 유대인보다는 이방인을 더 많이 포함하고 있지만 하나님께서는 여전히 고대 이스라엘 백성들을 포기하지 않았다고 주장하는 긴 본문의 중간부에서 바울은 중요한 구약 본문, 즉 새롭게 세워질 언약을 말하는 신명기 30장에 대해 전형적인 과감한 해석을 가한다. 9절에서 바울은 말씀이 이스라엘에게 너무 어렵지도 않으며 너무 멀지도 않다고 하나님께서 말씀하시는 신명기 30:14에서의 '입'과 '마음'이라는 표현을 가져와 적용한다. 바울은 이렇게 해서 유대인과 이방인이 하나님의 한 종말론적 백성이 된다고 한다. 입으로 퀴리오스 예수스(κύριος Ἰησοῦς, 주는 예수시다)라 고백하고 마음으로는 그분이 부활하시고 승귀하신 분이심을 믿음으로써 백성이 된다는 말이다. 여기서 우리는 마음으로 믿게 된다는 말과 입으로 고백한다는 말이 병치를 눈여겨 볼 필요가 있다. 믿게 되는 것은 하나님께서 십자가에 달리신 메시아를 죽음으로부터 일으키시고 지극히 높은 곳에 올리시며 '그 이름'을 그분에게 부여하셨다는 사실이다(빌 2:9-11). 그래서 예수님을 주로 고백하는 것은 그리스도께서 부활과 승귀를 통해 만물의 주로서 역사하시고 계신다는 사실을 마음으로 믿는 우선적 믿음에 근거하고 있다.

입의 고백이 빌립보서 2:10-11에 나타나는 고백과 같은 현상을 가리킨다

---

18) 다시 말해 바울은 퀴리오스가 인용의 주된 이유가 되거나 중요한 부분을 차지할 때는 늘 그렇게 한다.

는 점은 바로 연이어서 요엘 2:32(칠십인경은 3:5)을 인용하는 로마서 10:13을 볼 때 확실해진다. 이러한 고백과 관련하여 유대인과 이방인 사이에 아무런 차별이 없다고 바울은 말한다. 왜냐하면 파스 가르 호스 안 에피칼레세타이 토 호노마 퀴리우 소데세타이(πᾶς γὰρ ὃς ἂν ἐπικαλέσηται τὸ ὄνομα κυρίου σωθήσεται, 누구든지 주의 이름을 부르는 자는 구원을 얻으리라)라고 바울은 믿기 때문이다. 바로 앞의 본문과 마찬가지로 여기서도 바울은 매우 중요한 본문을 칠십인경에서 가져온다. 이 칠십인경 본문은 '주의 이름'을 '여호와 이름'과 동일시하는데 바울은 이것을 부활하신 그리스도께 직접적으로 적용한다.

따라서 '그 이름'에 대한 종말론적 '고백'과 동일한 현상은 지금 '예수님을 주로 고백'함으로써 하나님의 새 언약 백성이 되는 유일한 길이 된다.

그러나 바울이 볼 때 종말론적인 결말뿐 아니라 시작점에 일어나게 될 일은 하나님께서 새롭게 구성한 백성을 확인하는 일반적인 역할 수행을 추가적으로 겸하게 된다. 그래서 이러한 어법 사용은 바울 서신에 매우 다양한 방법으로 드러나는데, 이는 여호와의 헬라어 '이름'인 퀴리오스가 완전히 그리스도께 이전되었다는 사실을 반영한다. 이러한 맥락에서 '그 이름'은 이제 그리스도의 칭호 역할을 하게 된다.

4) 이름을 부름 (고전 1:2, 기타 구절)

요엘서 본문의 실제적 표현은 바울 서신 중 두 곳에서 나타나는데(고전 1:2; 딤후 2:22), 하나님의 새 언약 백성을 확신하는 방법으로 사용된다. 우선 고린도전서를 보면 정교한 형태의 문안 인사 구절에서 요엘서 본문을 찾아볼 수 있는데, 바울은 이를 통해 고린도 교인들이 보다 폭넓은 신앙 공동체에 소속되어 있으므로 다른 교회와 보조를 맞출 필요가 있다고 지적한다. 그래서 바울은 "고린도에 있는 하나님의 교회⋯성도라 부르심을 입은 자들과 또 각처에서 우리의 주 곧 저희와 우리의 주 되신 예수 그리스도 이름을 부르는 모든 자들에게" 문안 인사를 한다.[19] 이는 바울에게 있어 그리스도 성령의 사역이

---

19) 따라서 바울은 한 번의 문안 인사로 세 가지 문제를 상기시키는데 성공한다. 그들의 회심은 하나님의 *거룩한* 백성의 일부가 되는 것이었고, "주의 이름을 부르는" 신자들의 보다 폭 넓은 네트워크에 참여하는 것이며, 그들이 부르는 분의 '주권' 아래 있는 것이다. 추가적인 논의를 위해선 Fee, *First Epistle to the Corinthians*, 32-34과

제15장 예수: 유대적 메시아와 승귀하신 주

지닌 보편적 측면을 강조하는 성경적인 용어이다.

두 번째 본문에서 디모데는 순전한 마음으로 '주의 이름을 부르는' 자들과 함께 하며, 그들이 부르는 이름에 합당한 삶을 살라는 권면을 받는다. 두 번째 권면에서 디모데에 주어진 명령은 분명 새롭게 지어진 하나님의 성전의 두 번째 "견고한 터"(딤후 2:19)를 가리키는 말이다. 따라서 디모데는 먼저 "주께서 자기 백성을 아신다"는 사실을 기억해야 한다.[20] 그러나 그는 두 번째 "터"를 통해 주께 속하여 "주의 이름을 부르는" 자들은(따라서 사 26:13을 반영하는) 반드시 '불의에서 떠나야 한다'는 사실도 염두에 두어야 한다.[21]

따라서 각각의 경우 하나님의 백성을 판별해주는 상징이었던 "주의 이름"이 새롭게 구성된 하나님의 백성으로 이전되었고, 이제 그들의 신분을 확인시켜주는 '이름'을 지니신 '주'는 부활하시고 승귀하신 그리스도 예수이시다.

바로 이렇게 해서 고린도전서 6:11에서 특이하게 사용되는 "주 예수의 이름"도 이해할 필요가 있다. 여기서 바울은 9-10절에서 언급한 여러 종류의 죄와는 대조적으로 고린도 교인들은 "주 예수 그리스도의 이름과 우리 하나님의 성령 안에서 씻음과 거룩함과 의롭다 하심"을 받은 이들이다. 본 서신서에서 네 번째로 나오는(바울 서신 중 이 서신에서 가장 많이 나옴) 이 구문 역시 그들의 정체성을 표시해주는 기능을 가리키고 있음이 분명하다. 그것이 하나님의 백성으로 구별되는 구약 시대의 이스라엘과 함께 했던 것처럼, 새 언약 안에서는 신자들과 함께 한다. 회심의 순간에 그들은 '주의 이름을 부른다.' 왜냐하면 그 이름을 통해 그들의 정체성이 생기기 때문이다. 그래서 바울이 한 때 충성했고 여전히 그 일부라고 여기는 유대교 전통에서 전적으로 여호와께 적용하던 역할을 이제는 주 예수 그리스도께서 담당하신다.

이러한 용법과 밀접한 관련이 있는 것은 데살로니가 교회에 두 번째로 보내는 편지에 기록되어 있는 바울의 기도문이다(살후 1:12). 그리스도 주(=여호와)께서 원수들에게 심판을 내리신다는 내용(특별히 사 66:4-6⟨2장을 보라⟩을 반영하는)을 담고 있는 감사 구절에서 일련의 본문 간의 관련적 반영이 나타난 후, 독자들을 위해 드리는 바울의 기도문에서 동일한 이사야 본문이 같은

본서이 3장에서 논의되는 부분(pp. 216 218)과 각주 111번을 보라.
20) 이러한 본문 간의 관련성, 즉 구약 본문의 '주'가 여호와를 의미하는 양상에 대해서는 10장(pp. 673-679)을 보라.
21) 따라서 디모데후서가 '바울적'이라는 것이 보다 직접적인 의미에서인지 혹은 덜 직접적인 의미에서인지와는 상관없이, 여기서 '저자'는 바울의 전형적인 용법을 완전히 보여주고 있다.

맥락에서 반영되고 있다. 바울이 그들을 위해 기도하는 것은 "우리 주 예수의 *이름이 너희 가운데 영광을 얻으시는*"(여기서 이탤릭체는 사 66:5에서 직접 쓰인 말이다) 일이다. 따라서 하나님의 새로운 백성들은 '그 이름'의 백성으로 구별될 뿐 아니라 그 이름에 영광을 돌리며 살라는 권고를 받는다. 이는 동시에 10절에서 말하는 그의 성도들에게서 "영광을 받는" 그리스도라는 주제를 지칭하고 있다.

이와 유사하게 미가 4:1-5에 나오는 위대한 종말론적 계시의 결말 부분에서, 미가는 종말론적 이스라엘과 '각각 자기 신들의 이름으로 살아가는(walk)'(=자기 신들의 권위와 뜻에 따라 살아가는) 주변 나라들과 대조시킨다. 미가는 "우리는 우리 하나님 여호와의 이름을 빙자하여 영원히 행하리로다(walk)"라며 이스라엘이 동일한 일을 할 것이라고 말한다. 바울은 여기서 사용되는 '걷는'(walk)이라는 은유를 똑같은 어법으로 사용하지는 않지만, 서너 구절을 보면 신자들이 행하는 모든 것이 "주 예수의 이름으로" 이루어져야 한다는 사실을 바울이 가정함으로써 구약 본문과 같은 어법을 반영하고 있다.

그래서 예배에 대한 문맥을 끝맺음과 동시에 골로새서 3:12-17의 전체적 가르침을 귀결 짓는 3:17에서 바울은 골로새 교인들에게(그리고 간접적으로는 라오디게아 사람들에게 94:15-16)) 말이든 행동이든 무엇을 하든지 모든 것을 "주 예수의 이름으로" 하라고 권고한다. 따라서 하나님의 새 백성을 식별케 해주는 것은 총체적인 측면에서 새로운 정체성에 맞게 살아가는 것이다(=주의 이름으로 걷는 것이다). 이와 유사한 구절인 에베소서 5:20은 특별히 신자들이 예배하는 상황 속에서 "우리 주 예수 그리스도의 이름으로" 하나님께 감사하라고 권면한다.

이 관용어가 나오는 다음의 여러 본문들은 특히 여호와께서 이스라엘에게 여호와의 이름으로만 맹세하라고 명령하시는(신 6:13) 내용과 직접적으로 연결되어 있다. 그래서 바울은 여러 방법으로 다양한 상황 속에서 그리스도 예수께 부여된 '그 이름'을 이렇게 사용하고 있다. 이러한 현상은 데살로니가전서 5:27에 처음 나오는데 여기서 바울은 '주 안에 있는' 데살로니가 교인들에게 그가 보낸 편지를 모든 형제와 자매들 앞에서 읽으라고 당부한다. 이와 비슷한 표현이 데살로니가후서 3:6에서 다시 나타나는데 여기서는 바울이 "우리 주 예수 그리스도의 이름으로 명하노니" 파괴적인 무절제 생활을 하는 이들[22]을 피하라고 말한다. 이 명령은 무절제한 자들에게 직접 대고 '주 안에서' 동일하게 명하는 12절에 의해 싸여 있다. 같은 일이 고린도전서 1:10과 5:4-5에서도 나타난다. 여기서 바울은 다시금 "주의 이름으로" 명하고 그들에 대한 생각을 말한다.

결론적으로 다시 지적하고자 하는 것은, 바울이 구약 용어인 "주의 이름"을 사용하는 모든 구절에 나타나는 신적 이름이 그리스도께서 승귀하셨을 때 부여된 '그 이름'이라는 점이다. 따라서 모든 관련 본문은 고대 이스라엘에서 오직 하나님께만 속했던 그 신적 이름이 헬라어 퀴리오스의 형태로 바뀌어 그리스도께 이전되는 내용이 어떻게 다양하게 기술되는지를 반영해 주고 있다. 다음으로 우리는 이러한 사실에 비추어 역사적으로 하나님께만 속했던 역할들을 주 예수께서 취하셨다고 이해하는 바울의 생각이 보여주는 다양성을 고찰하고자 한다.

3. 주 예수: 종말론적 재판장

본 논의는 다시 오시는 분으로서의 그리스도 주의 역할, 즉 마지막 구원과 신적 심판을 포함하는 역할과 관련 있는 커다란 그룹의 본문들로부터 출발할 것이다. 여러 본문들이 이러한 카테고리와 일치하는데, 대부분의 경우 칠십인경 본문을 많이 반영하고 있으며, 모든 본문이 이스라엘의 관점에서는 전통적으로 여호와께 적용되었던 역할이 이제는 퀴리오스(=여호와)이신 그리스도께 해당된다는 점을 명료하게 말하고 있다. 마지막 종말론적 사건을 지칭하는 기본적인 표현부터 살펴 볼 것이다.

1) 주의 날

예언적 전승이 하나님의 종말론적 미래를 설명하는 방법 중 하나는 "주의 날"이라는 표현을 사용하는 것이었다. 이 '날'은 신적 심판과 구원을 포함하는 표현이었다. 실제 이러한 전승에서 밝은 미래를 약속하는 주의 날은 우선

---

22) 이 표현은 아타토스(ἀτάκτως)가 지닌 폭넓은 의미를 최대한 담아보고자 한 것이다. 이 단어는 '게으르다'라는 의미는 적으며 자신의 생계를 위해 일하지 않는 단계에 있어서의 '무질서한' 삶을 가리키고 있다.

임박한 운명의 날로 생각되었다.[23] 초대 교회에서 부활하신 그리스도의 승귀는 그분이 다시 오신다는 것, 즉 완전한 영광 중에 임할 그리스도의 파루시아(재림)를 기다리는 열망을 갖도록 했다. 바로 이 재림에 구약의 종말론적 용어를 적용시킨 것이다. '주의 날'이라는 표현은 바울 서신에서 6번 나타나며 모두 그리스도의 재림을 가리키고 있다(살전 5:2; 살후 2:2; 고전 1:8; 5:5; 빌 1:6, 10). 제일 앞의 두 본문과 고린도전서 5:5에서 바울은 선지자들이 사용했던 정확한 표현인 "주의 날"을 그대로 쓰고 있다. 고린도전서 1:8에서는 "주 예수 그리스도의 날"이라고 하며, 나머지 두 본문에서는 "그리스도(예수)의 날"이라고 표현된다.

이러한 사실은 바울이 하나님께 적용되었던 표현을 이용하여 부활하신 주 예수 그리스도께 적용하고 있다는 확실한 예가 된다. 이전처럼 이러한 언어의 전이는 그리스도께서 '그 이름'을 부여받았기 때문이며, 이로 인해 여호와의 날은 이제 주 예수 그리스도의 파루시아가 실현되는 날이다.

2) 주의 파루시아

주의 날과 관련된 언어적 전환의 주요 이유가 기독론적인 의도와 무관하다고 가정할 수도 있다. 오히려 그것은 승천하셔서 '우편에' 앉아 계신 주께서 권세와 영광 중에 다시 오시리라는 교회의 기대에서 나온 논리적인 결과였다. 따라서 주의 파루시아는 주의 날에 대한 새로운 이해를 보여주는 최고의 사건일 것이다. 그리고 구약과 마찬가지로 이 파루시아는 구원과 심판의 사건이다. 바울이 볼 때 이러한 사건과 관련된 모든 것은 한때 하나님의 고유 특권이었으나 이제는 칠십인경의 주(=여호와)이신 그리스도께 집중되어 있다. 본 연구의 우선적인 관심은 이 사건 자체를 묘사하는 본문을 살피는 것이다.

(1) 데살로니가전서 3:13 (슥 14:5) [pp. 98-99]; 4:16 (시 47:5) [pp. 99-101]
데살로니가 신자들에게 보내는 두 편의 서신에 나타나는 가장 지배적인 관심사 중 하나로서, 바울은 주의 파루시아 때에 하나님 아버지 앞에서 흠이 없

---

23) 이 문제에 대해선 특별히 암 5:20을 보라. 그러나 그것은 사 2:6-22와 욜 1:15과 2:1-11에서도 반영되고 있다.

어야 한다는 점을 상기 시켜 주며 이에 대한 자신의 관심을 표현함으로써 그들을 위한 기도를 끝맺는다. 그리고는 스가랴 14:5에서 직접적으로 차용한 용어로 파루시아를 묘사하며, 바울은 이제 '예수님'을 가리키는 '주(퀴리오스)의 날'에 메타 판톤 톤 하기온 아우투(μετὰ πάντων τῶν ἁγίων αὐτοῦ, 그의 모든 성도와 함께 강림하실 때)라고 진술한다.[24] 이러한 본문 간의 관련성의 기독론적 중요성은 여호와께서 열방에 대한 종말론적 승리를 이루실 때 감람산에 임할 여호와의 파루시아를 스가랴 본문이 묘사하고 있다는 점에 있다. 그래서 여호와의 미래적 오심은 바울이 암시하는 대로 현재 통치하시는 그리스도의 파루시아라는 관점에서 이해되어야 한다. 바울의 새로운 관점에 따르면 오직 그리스도만이 '주'이기 때문이다.

이와 비슷하게 눈에 띄는 본문 간의 관련성이 데살로니가전서 4:16에서도 나타난다. 여기서 바울은 대관식 노래들 중 하나에서 여호와의 "올라가심"이라는 표현을 빌려 그리스도의 "강림"에 적용한다. 그때 "주께서 호령과 천사장의 소리와 하나님의 나팔로 친히 하늘로 좇아 강림"하신다고 진술하는데, 여기서 이탤릭체로 표기된 말은 시편 47:5을 직접적으로 반영하고 있다. 여기서도 바울은 대담한 필체로 여호와를 가리키는 시편의 용어를 주 그리스도께 적용하고 있다. 그리스도는 여호와가 아니시다. 그러나 바울이 이해하기로 그분은 승귀하신 주로서 다시 오실 때 여호와의 역할을 담당하실 것이다.

(2) 데살로니가후서 1:7-8 (사 66:15, 4) [pp. 118-121]

본문 간의 관련적 특성이 두드러지는 또 다른 예문을 보면, 바울이 데살로니가후서의 서두에 나오는 감사문을 고난 가운데 있는 데살로니가 교인들을 격려하는 수단으로 사용한다. 그리스도께서 오실 때 그들이 "영광을 얻게" 될 뿐 아니라 그들을 현재 박해하는 자들이 형벌을 받게 될 것임을 확언하고 있는 것이다. 그들이 환란을 당하는 이유는 로마 황제를 퀴리오스로 섬기며 충성을 다하는 도시에서 부활하신 그리스도를 퀴리오스로 인정하는 것과 관련이 있었을 것이다. 그래서 바울은 마지막 심판 때 하늘에 계신 퀴리오스가

---

24) 흔히 그렇듯이 이 본문에서 말하는 하기오이(ἅγιοι)가 예수님을 따르게 될(4:14에 기초하여) '성도들'을 가리킨다고 제시함으로써 이 본문의 의미를 완화시키는 것은 낯선 개념을 본문에 적용하려는 것일 뿐 아니라(4장에서는 하기오이라는 단어가 나오지 않는다) 스가랴 본문의 중요성을 놓치고 있는 것이다. 살후 1:7은 이러한 점을 더욱 상세히 설명해 주고 있는데, 여기서 '거룩한 자들'은 분명히 천사들이라고 명기되어 있다.

행할 역할을 강조한다. 이를 위해 바울은 모두 구약의 심판 구절로부터 가져온 일련의 인용구절을 가지고 미래는 새로운 신자들의 것이니 로마 황제나 데살로니가에 사는 이방인들의 것이 아니라는 사실을 재확인시켜준다. 이러한 대부분의 반영들을 다음의 두 섹션에서 살펴보되 우선은 7-8절에 나타나는 그리스도의 오심을 간략히 기술한 것이다.

예루살렘에 대한 심판과 소망에 대한 이사야 선지자의 말이 전체 내용을 위한 일종의 요약문 구실을 하는 이사야서의 마지막 계시로부터 온 조합어를 바울이 사용하여 여호와께서 행하셔야 할 역할에 의도적으로 부활하신 그리스도를 위치시킨다. 이 작업은 파루시아 자체에 대한 바울의 설명으로 시작된다. 데살로니가전서에서 사용한 표현의 반영("저의 능력의 천사들과 함께 하늘로부터")과 더불어 바울은 주 예수의 '나타나심'을 "불꽃 중에 나타나실 때에 하나님을 모르는 자들과 우리 주 예수의 복음을 복종치 않는 자들에게 형벌을 주시리니"라고 묘사한다.

여기서 이탤릭체로 표기된 말은 이사야 66:15, 4에서 직접 가져온 용어들이다. 이 구약 본문에서 말하는 '주'는 여호와지만, 바울에게 있어 타오르는 화염과 더불어 오셔서 심판을 내리실 분은 주 예수이시다. 그리고 심판은 이사야의 계시에 나오는 '내게 순종하지 않는' 이들 대신 "우리 주 예수의 복음"을 순종하지 않는 이들에게 임한다고 바울은 진술한다. 따라서 앞에서와 같이 부활하신 그리스도는 여호와와 동일시되지 않는다. 오히려 그분은 '그 이름'을 받으심으로써 여호와의 신적 역할을 취하여서 아래에서 다루려고 하는 주제인 심판을 위해 오시는 분이시다. 바울이 볼 때 주 예수께서는 그의 백성들과 그의 원수들 모두를 심판하는 역할을 감당하신다.

3) 주 예수: 자기 백성의 현재와 종말론적 재판장

'신적 특권 공유'에 대한 보다 중요한 예 중 하나는(아래 '주 예수: 신적 특권을 공유하신 분' 항목을 보라) '주'이신 예수께서 자기 백성을 심판할 분이신 여호와의 신적 역할을 담당하신다는 사실이다.[25] 이는 그리스도를 승귀하신 주로 고백하는 바울의 이해를 고려할 때 놀랄만한 일은 아니다. 여하튼 이러한 예는 바울 서신의 여러 곳에서 나타나는데, 특히 칠십인경 본문을 반영하면

---

25) 보다 심도 있는 논의를 위해선 Kreizer, *Jesus and God*, 93-163을 보라.

서 여호와를 가리켰던 퀴리오스가 이제는 부활하신 주께 적용되어 있음을 나타내는 구절에서만 찾아볼 수 있다.

(1) 데살로니가전서 4:6

이 본문에서 바울은 시편 94:1로부터 신원하시는 하나님으로서의 주(=여호와)라는 독특한 표현을 가져와 사용한다. 한 형제가 성적인 부도덕 문제로 다른 형제로부터 매도를 당하는 문맥에서 바울은 그 매도하는 자에게 "이 모든 일에 주(그리스도)께서 신원하여 주심이니라"고 확언한다. 일부는 이와 다르게 생각하지만 이 본문은 바울이 여호와('주'로서의)께만 해당되던 성경적 표현을 그리스도께 거리낌 없이 적용하는 예문이다.[26]

(2) 고린도전서 4:4-5

바울이 고린도전서 4:4-5에서 진술하는 것 역시 동일하게 중요하다. 자신을 판단하려드는 일부 고린도 교인들에 대해 이의를 제기하는 구절의 결론부에서 바울은 판단할 자격이 있는 분은 그가 종으로서 섬기는 '주'뿐이라고 명시한다. 그래서 그가 생각할 때 판단 받을만한 일을 한 적이 전혀 없지만, 그렇다고 해서 마지막 때의 "의롭다 함"(justification)을 의미하지는 않는다. 왜냐하면 "나를 판단하실 이는 주시니라"라고 바울은 확신하고 있기 때문이다. 그러나 이러한 확신과 함께 바울은 그를 판단하는 자들도 주의 마지막 '판단'의 대상이 될 것이라며 끝맺는다. 따라서 그들은 "주께서 오시기까지…그가 어두움에 감추인 것들을 드러내고 마음의 뜻을 나타내실" 때까지 아무도 판단하지 않도록 유의해야 한다. 그리스도께서 '빛의 심판'을 행하실 때 하나님 아버지의 역할은 주의 심판에 의해 합당한 자로 판명된 자들을 "칭찬"하시는 것이다. 이러한 협력을 미루어 볼 때 바울은 분명 신자들에 대한 마지막 심판이 주 예수 그리스도의 신적 특권이라고 이해하고 있다.

(3) 고린도후서 5:9-11

역시 중요한 것은 이 본문에 나오는 주 그리스도께서 마지막 심판 때 재판장이신 하나님의 특권을 취하신다는 것이다. 다만 이 본문에선 칠십인경이 인용되지 않는다. 이 내러티브와 호소가 마지막 부분에 이르면서, 특별히 결

---

26) 2장의 논의(p. 104)를 보라.

국은 썩게 되나 마지막 때에 '덧입게 될' 현재 육체의 미래에 대한 자신의 생각을 마무리하기 위해, 바울은 자신을 본보기로 사용하여 고린도 교인들에게 호소하려고 한다. 첫째, "주를 기쁘시게" 하려고 산다(9절)는 자신의 소망을 피력한다. 이 표현은 그가 '하나님을 기쁘시게 한다'는 의미로 자주 사용하는 구약 개념이다.[27] 그러나 고린도전서 7:32에서처럼 여기서도 바울이 기쁘게 하기를 원하는 대상은 '주' 그리스도이시다.

둘째로, 바울이 이러는 이유는 "우리가 다 반드시 그리스도의 베마(bēma, 심판대) 앞에 드러나기"(10절) 때문이다. 그 심판대에서 하나님의 역할을 담당하신 그리스도께서 자기 백성에게 마지막 심판을 내리시므로 "각각 선악 간에 그 몸으로 행한 것을 따라 받게" 될 것이다. 여기서 바울은 아무런 논증 없이 모든 유대인들이 하나님의 고유 권한으로 간주하고 있는 역할을 그리스도 곧 부활하신 주께 적용하고 있는 것이다. 하나님에 대한 유대인의 이해가 어떻든지 간에 하나님의 공의와 우주의 절대적 통치자이신 그분의 역할은 세상의 끝 날에 모든 사람들에게 종말론적 심판을 내리실 것임을 뜻했다. 바울은 단지 그러한 심판을 그리스도께 적용하며, 바로 이러한 이유로 인해 그는 주를 기쁘게 하려고 애쓰는 것이다.

셋째, 고린도 교인들에게 자신을 본보기로 따르라는 간절한 호소가 11절에 나온다. 여기서 바울은 "주의 두려우심을 알므로"라고 말하며 여호와에 대한 독특한 구약 구문을 직접적으로 (여기서만) 그리스도께 적용한다. 바울과 고린도 신자들은 마지막 때에 그 승귀하신 주 앞에 서야만 한다. 여기서 말하는 '두려움'은 겁이 나거나 무서운 감정이 아니라, 주 (그리스도)에 대해 합당한 경외심을 갖고 살아가는 것과 관계가 있다. 모든 이들은 바로 그분 앞에 서서 마지막 심판을 받게 될 것이다.

석의로 구성된 여러 장에서 이미 반복적으로 언급했듯이 이러한 용어 사용에 있어 두드러지는 점은 바울이 매우 자연스럽고 (확실히) 무의식적으로 이스라엘의 하나님이신 여호와의 절대적 특권을 부활하신 그리스도께 적용하고 있다는 사실이다.[28] 바울은 하나님과의 동등성을 위해 전혀 논증하지 않는

---

27) 4장의 각주 76번을 보라.
28) 바로 이러한 요인이 롬 14:10-12의 석의를 어렵게 하며, 이 때문에 바울 서신에 나타나는 이러한 사실에 대해 간략한 평가를 내릴 때 이 본문은 포함되지 않는다. 그러나 이 본문을 석의하면서 지적했듯이(6장 ⟨pp. 404-412⟩을 보라), 석의하기가 매우 어렵다는 사실은 분명 바울이 승귀하신 주와 하나님 아버지를 너무나 거리낌 없이 바꾸어 언급하기 때문인 것이다.

다. 그는 이것을 당연한 사실로 간주하고 있으며, 이 당연한 사실을 다양한 방법으로 표현하고 있다.

4) 주 예수: 악인의 종말론적 재판장

아마도 이전 본문들보다 더욱 두드러지는 것은 악인을 심판하는 신적 특권이 마지막 때에 나타난다는 것이다. 바울은 데살로니가후서의 두 본문에서 이러한 특권 역시 주(=여호와)께 적용된다는 점을 당연시 한다. 한편으로, 신자들의 주께서 그들과 관련 있는 문제들에 대한 '재판장'이 되신다. 다른 한편으로, 그리스도 주께서 자신을 거역하고 자기 백성들을 고통스럽게 하는 이들도 심판하시는 마지막 재판장이 되신다.

(1) 데살로니가후서 1:9-10 (사 2:10; 시 89:7; 68:35) [pp. 120-122]

위에서 언급한 데살로니가후서 1:7-8에서 바울은 종말론적 재판장으로 오시는 그리스도를 이사야 66장의 주요 표현을 반영하며 설명한 다음 그 초점을 8절에서 언급하는 악한 이들에게 내릴 심판에 둔다. 그 설명 자체는 9절에서 나오는데 여기서 바울은 그들이 "주의 얼굴과 그의 힘의 영광을 떠나 영원한 멸망의 형벌을 받으리로다"라고 말한다. 이 구절이 확연히 어색한 이유는 이탤릭체로 표기된 부분이 유다를 심판할 '주의 날' 계시를 담고 있는 이사야 2:10의 칠십인경 본문에서 직접 인용되었기 때문이다. 이사야 본문과 마찬가지로 여기서도 심판은 신적 임재("주의 얼굴"), 즉 부활하시는 주 그리스도 예수의 임재로부터 단절되는 결과를 초래한다. 이사야서에 나오는 계시가 그리스도께 완전히 적용된다는 사실은 마지막 구문인 "그의 힘의 영광을"이 포함됨으로써(언뜻 보기에는 본문에 그리 필요할 것 같지 않은) 더욱 눈에 띈다. 이 구문은 이사야에서 전적으로 여호와께 해당하는 말인데 바울은 이것을 데살로니가 교인들을 현재 원수들에 한 그리스도의 심판을 설명할 때 포함시킨다.

매우 긴 문장인 10절은 주께서 악한 자들을 심판하실 때 주의 백성들에게 일어난 일에 대해 언급하며 끝을 맺는다. 바울은 이를 설명하기 위해 다시 칠십인경에 집중하는데, 이번에는 시편과 더불어 여호와가 아닌 엘로힘('하나님')을 언급하는 본문들을 이용한다. 그럼에도 "그 날에 강림하사"에서 동사의 주어는 여전히 '주'(=아도나이/여호와)시다. 따라서 시편 89:7과 68:35로부터 표현을 차용하여 그 원수들에게 임할 그리스도의 심판을 '그의 성도 안에서(엔〈ἐν〉)'²⁹ 예수님이 얻게 되는 영광과 또한 "모든 믿는 자에게서 기이히 여김을" 얻는 것과 대조시킨다.

그래서 전체 문장(6-10절)은 바울이 구약의 여러 퀴리오스(=아도나이/여호와) 본문에 나타나는 역할을 모두 주 그리스도께 적용하는 가장 중요한 예문 중 하나이다. 이제 곧 오실 분은 다름 아닌 그리스도 곧 부활하신 주시다. 또한 악한 자들에게 신적 심판을 내리는 역할을 담당하신 분도 그리스도시며, 다시 오실 때 자기 백성들로부터 영광을 얻으실 분도 부활하신 주 그리스도시다. 바울은 그리스도를 절대로 여호와나 하나님으로 부르지 않지만 칠십인경의 퀴리오스(=아도나이/여호와) 본문을 서로 관련해서 사용함으로써 그리스도를 데오스라 부르지 않고서도 그분의 완전한 신성에 대한 그의 신념을 서술할 수 있도록 한다.

(2) 데살로니가후서 2:8 (사 11:4) [pp. 116-117]

본문은 부활하신 주께서 종말론적 재판장 역할을 하신다고 진술하는 많은 구절 중 마지막 구절이다. 바울 서신 중 이 본문만 그리스도께서 예언서 전승에서 나온 실제 메시아적 본문을 '성취'하신다고 말한다. 다시 오실 때 세상 위에 하나님의 공의를 내리실 대망하는 메시아의 역할과 일치하도록, 바울은 이사야 11:4의 표현을 이용하되 종말론적인 미래 개념으로 해석하여 "주 예수께서(이사야 본문에는 나오지 않음) 그 입의 기운으로 저(악한 자들)를 죽이시고"라고 말한다. 여기서 바울은 동시에 두 가지 진술, 즉 승귀하신 주에 대해서와 그분이 메시아라는 사실에 대해서 말한다. 이제 십자가에 달리셨다가 부활하신 주께서 악한 자들에 대한 하나님의 마지막 심판을 수행할 이사야의 종말론적 메시아의 역할을 성취하신다.

---

29) 이렇게 해석하는 것이 바울의 엔(ἐν)이 지닌 적절한 의미라는 주장에 대해선 2장의 각주 65번을 보라.

4. 주 예수: 기도의 대상

우리는 11장에서 바울의 '그리스도를 향한 헌신'이 예배와 기도 모두를 포함한다고 언급했다. 여기서는 11장에서 보았던 여러 본문 배후에 있는 기독론적 함의를 보다 자세하게 살펴 볼 것이다. 실제로 하나님의 아들이 '하나님과 동등하다'(빌 2:6)는 바울의 이해는 그가 이전에 하나님께만 드리던 기도를 아무런 거리낌 없이 매우 다양한 형태로 부활하신 그리스도께 드린다는 사실에서 가장 두드러지게 강조된다. 여기서는 이러한 일이 어떻게 다양하게 기술되는 지를 살피되, 그러한 기도가 '주' 즉 승귀하시고 의롭다 인정(vindication)을 받으심으로써 '그 이름'을 얻으신 주께 드려진다는 사실에 중점을 둘 것이다.

1) 데살로니가전·후서에 나타나는 '주'께 드리는 기도

데살로니가전서와 후서의 적어도 네 본문에서 바울은 그곳 신자들에게 자신이 그들을 위해 어떻게 기도하고 있는지를 알린다(살전 3:11-13; 살후 2:16-17; 3:5; 3:16). 각 본문에서 그는 기원법(optative mood)을 사용하는데, 고전어학자는 이를 '소원 기도'(wish-prayer)라고 부른다. 이 소원 기도는 간접적인 기도로서(하나님을 2인칭으로 부르며 드리는 기도문이 아닌- 역주), 다른 이들을 위해 하나님께 드리는 기도의 내용을 그들에게 알려 준다. 위 네 기도문에서 가장 눈에 띄는 점은 각 본문에서 기도를 드리는 대상을 어떻게 부르고 있는가이다.

첫 번째 본문에서는(살전 3:11) 하나님 아버지가 먼저 언급되고, 아우토스(αὐτός, 그 자신)는 그 중요성을 강화하는 역할을 한다. 주 예수 그리스도는 그 다음에 나오고 바로 뒤이어 단수 동사가 사용되는 점을 고려할 때 이 기도는 두 분 모두에게 드리고 있음을 암시한다. 그리고 12-13절을 보면 바울이 기도를 오직 주께만 드리면서, 오직 하나님께서만 수여하셨던 신적 총애를 그리스도께 구하고 있다. 또한 서로와 모든 사람에 대한 그들의 사랑이 많아지고 풍성하게 되어 그들의 마음이 거룩함으로 "굳게 하시고," 그리스도의 파루시아 때에 하나님 아버지 앞에서 흠이 없게 되기를 바울은 기도하고 있다. 어쩌면 단수 동사로 서술되는 두 신적 존재의 본질적 함의들을 애써 외면할 수 있을지도 모르나,[30] 바로 다음에 나오는 기도 구절이 이는 불가능하다고 말한다.

두 번째 기도 구절에서는(살후 2:16-17) 이 모든 것이 역으로 기능한다. 기도는 여전히 두 신적 존재에게 드려지지만 이 경우 "주 예수 그리스도 아우토스"로 시작되며 이를 뒤따르는 자세한 내용의 기도는 하나님과 관련이 있다. 그럼에도 그 기도의 내용을 구성하는 두 개의 동사는 다른 데살로니가후서 본문에서 아버지("마음을 위로하시고")와 아들("굳게 하시기를")의 사역과 관련되어 사용된다. 따라서 이 두 개의 기도는 의도적으로 하나님 아버지와 주 예수 두 분께 드리는 기도라고 생각된다.

그러나 보다 주목할만한 것은 아직 남아있는 또 다른 두 개의 기도 구절이다. 이들은 오직 '주'께만 드려지고 있다(살후 3:5, 16). 첫째, 바울은 의도적으로 데살로니가전서 3:11의 기도를 반영하는 것 같으면서도 역대상 29:18에 나오는 다윗의 기도로부터 표현을 차용하여, '그 이름'을 받으신 그리스도를 향해 신자들의 마음을 하나님의 사랑과 그리스도의 인내로 인도해 달라고 기도한다. 두 번째 기도 구절에서는 바울이 서신의 공식적인 결론 부분으로서 "평강의 주"이신 그리스도께 그들에게 샬롬을 주시기를 간청한다. 이 모두는 부활하신 주께 적용되고 있는 신적 호칭과 특권을 반영하고 있다. 이 두 기도가 모두 그리스도를 향해 드려지고 있다는 점을 부정하는 견해는 바울의 퀴리오스 사용을 많이 벗어나는 것이며 그 자체가 이미 신학적인 선입견에 의한 해석이다. 만일 두 기도가 실제로 하나님께 드려졌더라면 이에 반대되는 주장을 펼칠 수가 없었을 것이라는 점은 말할 나위도 없다. 그리고 여기서 '주'가 하나님 아버지를 가리킨다는 일부 학자들의 시도는 이 두 기도가 신적 존재를 향해 얼마나 진실하게 드려지는 기도인지를 알리는 간접적인 증거가 된다.[31]

---

30) 예를 들면 Wiles, *Paul's Intercessory Prayers*, 54-55가 이러한 시도를 한다. E. J. Richard, *First and Second Thessalonians* (SP 11; Collegeville, Minn, Liturgical, 1995), 167-68을 참조하라.

31) 사실 이 두 본문은 바울 본문에 접근하는 기본적인 두 가지 방법에 대한 중요한 예문 역할을 한다. 한편으로 일부는 이러한 구절은 기도문이며 기도는 원래 하나님 아버지께 드리는 것이므로 이 본문에서 '주'는 하나님을 가리키는 말이라고 생각한다. 따라서 본문의 석의적 이슈를 사전의 예상과 신학적인 사유에 근거하여 풀어가려는 입장이라 볼 수 있다. 반면에 필자가 석의로 구성된 여러 장에서 주장했듯이 바울 자신의 정체성 표시가 이 본문과 같이 퀴리오스가 나오는 본문에 대한 이해의 주요 근거가 되어야 한다(왜냐하면 바울 자신이 이 두 서신에서 그리스도를 퀴리오스라고

2장에서 이 기도 구절들을 석의하면서 언급했던 것처럼, 여기서 모아진 모든 자료들을 종합해보면 그리스도의 인격과 역할에 대한 고등기독론적인 이해를 확인하게 된다. 바울은 유대인들이 오직 하나님을 향해서만 수행하던 기도라는 특권을 현재 통치하고 계신 주께 드리고 있다. 그가 이러한 일을 매우 당연하게 행하고 있다는 사실은 이것이 오랜 기간 그리스도에 대한 그의 헌신적 삶의 일부였다는 점을 제시한다.[32]

2) 다른 곳에 나타나는 주께 드리는 기도

데살로니가 교인들에게 보내는 편지 말고는 이런 종류의 기도가 바울 서신 어디에도 나오지 않는다는 점은 흥미롭다. 교회에 보내는 모든 서신을 끝맺을 때 대부분 "주 예수 그리스도의 은혜가 너희와 함께 있을지어다"라는 형태를 띠는 '은혜'를 비는 축복 기도만 예외다. 이러한 기도가 에베소서에서는 다른 형태를 취하고 있으며 골로새서에서는 "우리 주 예수 그리스도"가 생략되어 있다. 이 구절이 주 예수께 드리는 일종의 기도문이라는 사실은 두 가지 요인을 감안할 때 분명해진다.

첫째, 여기서 해야 할 일이 있다면 '주'의 자리에 다른 이름을 넣어 보는 것이다. '하나님 아버지'를 넣을 경우 '하나님의 은혜가 너희와 함께 있을지어다'라는 완벽한 조화를 이루는 문장이 된다. 이 말이 옳다면 이 문장 역시 널리 사용되는 기도문으로 인정할 수 있었을 것이다. 그러나 흥미롭게도 바울은 그렇게 하지 않는다. 더욱이 '주'의 자리에 다른 이름을 넣을 경우 별로 어울리지 않는다. 아무도 '대천사장 미가엘의 은혜가 너희와 함께 있을지어다'라는 말이 어울린다고 생각하지는 않는다. 게다가 '은혜를 비는 축복 기도'를 단순히 사람의 이름, 혹은 신직으로 높임 받은 자의 이름으로 드린다는 것은 상상조차 하기 힘들다.

둘째, 이러한 기도가 일종의 축복 기도라는 사실은 고린도후서의 결말부에서 발견되는 하나의 삼위론적(triadic) 상술에 의해 확인된다. 여기서 바울은 "우리 주 예수 그리스도의 은혜가 있을지어다"라는 전형적인 말로 시작하지만 확실히 파악하기 어려운 이유로 인해 "하나님의 사랑과 성령의 코

한결같이 고백하고 있기 때문이며, 특히 본문에서는 바로 앞에 나오는 기도 구절(2:16-17)에서 이러한 고백을 반복하고 있기 때문이다).

32) Hurtado, *Lord Jesus Christ*, 138-40을 추가적으로 보라.

이노니아(κοινωνία에 동참〈-의 교제〉, 개역성경은 '교통하심'- 역주)"를 덧붙인다.[33] 이 삼위론적 축복이 기도라는 점에 대해서는 이의가 전혀 없다. 하나님 아버지를 포함하는 추가적 문구가 없다 하더라도 기도문이라는 사실에는 변함이 없다.

다른 기도 보고문 구절은 고린도 교인들에게 보내는 서신에서 찾아볼 수 있다. 일례로 우리는 마라나타를 통해 초대 교인들 사이에서 쓰이던 최초의 기도에 담긴 실제 내용을 알 수 있다. 어떻게 정의하든 이 문구는 그리스도 주께 드리는 기도문이다. 두 번째 예문은 고린도전서 12:8-10에 나오는데, 여기서 두 가지 독특한 특성이 두드러진다. 하나는 이 본문은 사사로운 문제를 '주'께 아뢰는 기도문이라는 점이다. 또 다른 하나는 바울이 기도 후에 예상하지 않았던 응답을 받았다는 사실을 알리고 있다는 점이다. 주의 대답은 바로 "내 은혜가 네게 족하도다"였다. 다시 말하지만 이 본문은 기도이며 바울은 여기서 이전이라면 하나님께서 해 주실 수 있었던 것을 이제는 그리스도께 요청하고 있다. 그가 받은 응답은 그가 그리스도 주에 대해 알게 된 것과 일치한다. 하나님의 능력이 십자가에 달리신 메시아의 '약함'에서 입증된다는 사실을 바울은 익히 알고 있었다. 또한 그는 제자도(discipleship)가 십자가에 못 박힌 삶을 살아가는 것을 의미한다는 사실을 배워가고 있는 중이었다. 따라서 "내 은혜가 (네게) 족하다 이는 내 능력이 (네가) 약한 데서 온전"하게 된다. 응답과 함께 기록되어 있는 이 기도문은 주를 신적 신분의 영역에 포함시키지 않는 유일신론자에게 신학적으로 심각한 압박을 가하고 있다고 본다.

추가적으로 우리가 자주 언급했듯이 이렇게 다양한 기도문들이 바울 교회의 신자들에게 당연한 사실처럼 진술되고 있다. 바울은 이 기도문 때문에 그들이 충격을 받을 것이라 생각하지 않는다. 여기서 그 어느 것도 바울의 논증 대상이 아니라는 점은 위에서 언급한 기독론적 요점을 설득력 있게 한다.

5. 주 예수: 신적 특권을 공유하신 분

석의를 바탕으로 하는 여러 장에서 필자는 유대인들의 세계관에 따르면 전

---

33) 추가적인 논의를 위해선 Fee, *God's Empowering Presence*, 362-65을 보라.

적으로 하나님께 속한 모든 종류의 특권을 그리스도 '주'께서 공유하고 계신 다고 진술했다. 예수님께서 승귀하심으로써 '그 이름'을 받으셨다는 바울의 이해를 고찰하는 본장을 마무리하기위해, 필자는 석의 장(章)들을 통해 언급했던 다양한 예문들을 모두 모아 여기서 간략히 나열해보려 한다. 우선은 부활하신 주께서 퀴리오스(=여호와)의 역할을 담당하시고 칠십인경에 내재된 신적 특권도 취하셨음을 말하는 추가적인 구절에서 시작할 것이다.

1) 그리스도, 칠십인경 본문의 '주'

(1) 주 안에서의 자랑- 고린도전서 1:31 (렘 9:23-24) [pp. 219-220]

고린도 교인들에게 보내는 서신에서 '자랑'[34]이라는 말은 매우 자주 쓰이는 표현으로(바울 서신에서 총 55번 사용되는데 여기서만 39번), 이를 근거로 적어도 바울의 관점에서 보면 고린도에 있던 교회에 '자랑'과 관련된 심각한 문제가 있었다고 확신하기도 한다. 그러나 정작 이 말을 직접 사용하는 바울은 예레미야 9:23-24에서 근거하고 있으며, 이 구약 본문의 영향은 고린도전서 1:26-31에서 보다 집중적으로 나타난다.[35] 관련 단락의 주장은 "기록된바 … 하려 함이니라"라며 끝을 맺는데 여기서 바울은 예레미야 본문을 자신의 주장에 맞게 재구성하고 있다. 여기서 '기록된' 것은 "주 안에서 자랑하라"는 내용의 구절이다. 물론 예레미야에서는 퀴리오스가 아도나이(=여호와)를 의미하지만, 바울에게 있어 고린도 교인들이 '자랑'해야 할 근원이 되시는 분은 그리스도이시다. 따라서 이 본문은 가장 눈에 띄게 예레미야 본문을 재구성하고 있다. 특히 '자랑'을 십자가에 달리신 분 안에서 해야 한다는 내용이 재구성을 더욱 두드러지게 한다(빌 3:3, 8, 10 참조).

(2) 주의 마음- 고린도전서 2:16 (사 40:13) [pp. 221-222]

하나님의 진정한 지혜와 권능은 십자가에 달리신 메시아 안에서 발견되어야 한다는 사실에 대해 고린도 교인들과 뜨겁게 논쟁을 벌인 바울은(1:18-2:5)

---

34) 켈타어 카우가오미이(καυχάομαι), 카우게마(καύχημα), 카우게시스(καύχησις) (동사, 추상명사, 동사의 명사형태). 신약에서 이들 단어군은 59번 나오는데 그중 바울 서신에서 55번 쓰인다. 따라서 이 두 서신서에서만 71퍼센트가 나오는 셈이 된다.

35) 바울이 31절에서 이 본문을 '인용'하고 있다는 사실은 26-28절에 의해 입증된다. 여기서 그들이 자랑(=자신감)하는 대상을 분류해 보면 '지혜 있음'과 '능함' 그리고 '문벌이 좋음'이다. 예레미야가 말하는 자랑은 '지혜'와 '힘' 그리고 '부'에 대해서다.

이러한 사실에 대해 자신과 그들이 알 수 있게 된 것은 전적으로 성령의 계시 덕분이라는 점(2:6-16)을 추가적으로 설명해야 할 필요성을 느낀다. 그는 이러한 주장을 "누가 여호와의 신을 지도하였으며 그의 모사가 되어 그를 가르쳤으랴"(사 40:13)라는 이사야의 통렬한 질문을 인용하며 끝맺는다. 쓰인 용어만 주목할 경우 인용구절의 '주'는 여전히 하나님 아버지라고 주장할 수도 있을 것이다. 그러나 바울은 여기서 사적인 '해석'을 가미하여 인용한 구약의 여호와 본문은 이제 그리스도라는 견지에서 이해되어야 한다고 제시한다. "우리가 그리스도의 마음을 가졌느니라"라며 마무리하는 바울은 우리가 갈 길이 하나님의 길이 아니라는 점을 계속해서 암시하고 있다.

(3) 주께서 사랑하시는 자- 데살로니가후서 2:13 (신 33:12) [pp. 124-127]

바울 서신에서 나타나는 또 하나의 두드러지는 본문 간의 관련성은 데살로니가후서의 두 번째 감사 구절에서 찾아볼 수 있다. 2:13에서 바울은 호격을 사용하여 데살로니가 신자들을 '주께서 사랑하시는 형제와 자매들'이라고 부른다. 이러한 바울의 말은 신명기 33:12의 칠십인경 본문에서 모세가 베냐민 지파를 모세가 축복하는 바로 그 표현이다. 그때 모세는 베냐민에게 "주(여호와)의 사랑을 입은 자는 그 곁에 안전히 거하리라"라고 말한다. 재확인이 필요한 상황에 있던 바울은 하나님의 사랑을 받는다고 데살로니가 1:4에서 표현했던 이들을 자신의 전통적인 표현으로 '주(=예수 그리스도)의 사랑을 받는 자들'이라 부른다(살후 2:16 참조).[36]

(4) 주께서 너희와 함께 하시리라- 데살로니가후서 3:16 (룻 2:4) [pp. 142-143]

데살로니가로 보내는 편지에서 마지막이자 주목할만한 본문 간의 관련성은 바울은 데살로니가후서를 마무리하면서 고대 이스라엘의 여호와를 추종하는 이들 사이에서 많이 사용되던 개인적 문안 인사를 반영한다. 이 문안 인사는 룻기 2:4에 나오는 "여호와께서 너희와 함께 하시기를 원하노라"라는 구절이다(삿 6:12에 나오는 천사의 문안 인사와 눅 1:28 참조). 이 예문은 '퀴리오스=아도나이=여호와'라는 공식이 모든 주변 요인에 의해 입증되는 구절이

---

36) 설령 데살로니가 교인 자신들이 그리스도를 지칭하고 있다는 사실을 파악하지 못했다 해도 이렇게 보는 것이 본문의 경우 옳다.

제15장 예수: 유대적 메시아와 승귀하신 주   845

다. 더욱이 데오스를 아버지로 부름(1:2; 2:16) 뿐 아니라 그리스도를 '주'로 고백하는 이중적 신분 확인과, 퀴리오스를 지속적으로 그리스도를 가리키는 데 사용하는 점에 의해서도 입증된다. 그리스도께서 우리를 구속하시기 위해 우리와 같은 모습으로 세상에 오셔서 육신을 입으시고 우리와 함께 하셨던 것처럼, 바울은 승귀하신 그리스도께서 데살로니가 신자들과 계속해서 함께 하시기를 바라는 소원 기도와 같은 인사로 본 서신을 끝맺는다. 그리스도께서는 바울이 동시에 하나님의 영으로 그리고 그리스도의 영으로 이해하는 성령을 통해 그들과 함께 하실 것이다.[37]

(5) 주께서 가까우시니라- 빌립보서 4:59 (시 145:18)

바울 서신에서 가장 이해하기 어려운 확언 중에 하나를 보면 바울은 시편 145:18("여호와께서는 자기에게 간구하는…모든 자에게 가까이 하시는도다")에서 다윗의 말을 정확히 도출하여 빌립보 교인들을 격려하는 데 사용한다. 여기서 수수께끼는 우선 이 구절이 현재를 가리키는지 아니면 미래에 대한 확언인지 불확실하다는 것이다. 또 다른 모호한 점은 이 구절이 선행하는 문장과 뒤따르는 문장 중 어느 문장과 연결되어 있는지를 밝히기가 어렵다는 것이다. 그러나 아마도 후자가 문맥과 잘 어울린다. 그래서 "주께서 가까우시니라 (그러므로) 아무 것도 염려하지 말고"라고 해석하는 것이 적합하다.[38] 여하튼 이 본문은 칠십인경에서 여호와와 관계있는 말을 가져와 그리스도께 적용한 예문이다.

2) 신적 특권을 공유하는 퀴리오스와 데오스

바울 서신의 또 다른 구절을 보면 바울은 다양한 신적 속성과 행위를 진술할 때 하나님과(호 데오스) 그리스도(호 퀴리오스)를 전혀 구분하지 않고 번갈아 가며 언급한다. 여기서 언급되는 모두 내용들이 엄격하게 신적 특권이라고 할 수는 없다. 그러나 여기서 주목할 점은 바울이 의도적인 노력 없이 얼마니 자연스럽게 이러한 어법을 쓰는가이다. 필자는 이를 그룹화하거나 우선 순위대로 나열 하지 않고 추정되는 시간적 순서대로 단순히 나열해볼 것

---

37) 특히 롬 6:9-11에 대해 논의하는 6장(pp. 415-417)을 보라.
38) 총체적인 논의를 위해선 G. D. Fee, *Paul's Letter to the Philippians* (NICNT; Grand Rapids: Eerdmans, 1995), 407-8을 보라.

이다. 그리고 초기에 저작된 네 서신에 국한시킬 것이다. 왜냐하면 보다 후대에 기록된 서신에 나타나는 내용들은 대부분 이전 내용을 반복하고 있기 때문이다.

(1) 그리스도/하나님 안에 거하는 그리스도인의 경험

바울 서신에서 테오스 퀴리오스가 처음 등장하는 곳은 가장 초기에 기록된 서신에 첫 번째 절이며(살전 1:1; 참조. 살후 1:1), 여기서 두 단어는 하나의 전치사구의 이중 목적어로 사용된다. 그러나 다른 바울 서신과는 달리 여기서는 하나의 구(句)로 나타나, 바울은 이 구문을 사용하여 데살로니가 교회를 엔 데오 파트리 카이 퀴리오 예수 크리스토(ἐν θεῷ πατρὶ καὶ κυρίῳ Ἰησοῦ Χριστῷ, 하나님 아버지와 주 예수 그리스도 안에)라 지칭한다. 그는 사실 후대 서신에서도 신자들이 "그리스도 안에" 있다고 말한다. 그러나 여기서만 유독 그들이 '하나님 안에' 있다고 말하고 있다.

이 구문의 기독론적 의의는 두 가지다. 하나는 하나님과 그리스도가 함께 신자들이 존재하는 영역으로 해석된다는 점이다. 즉 그들은 동시에 하나님과 주 안에 거주하고 있다. 다른 하나는 하나님 안에 있다는 말은 동시에 그리스도 안에 있다는 말이다. 이 말은 그들이 이중적인 존재 영역에서 살고 있다는 말이 아니다. 바울은 '그리스도 안에'라는 말은 곧 '하나님 안에'를 가리키는 말이며 역으로도 마찬가지다. 이런 이유로 바울은 나중에 '그리스도 안에'만 사용할 수 있는 것이다.

(2) 주/하나님의 은혜

교회를 위해 '은혜'를 비는 바울의 기도는 하나님과 그리스도께서 신적 특권을 똑같이 공유한다고 말하는 여러 구절 중 하나이다. 거의 모든 편지가 '은혜와 평안'이라는 이중어(doublet)로 시작되며 "하나님 아버지와 주 예수 그리스도"라는 수식어가 다양한 형태로 뒤따른다. 반면 데살로니가전서 (5:28)부터 시작하여 대부분의 편지가 "주(그리스도 예수)의 은혜가 너희와 함께 있을지어다"라는 축복 기도로 끝맺는다. 그러나 서신의 본론 부분에서는 대부분 '은혜'가 하나님 아버지로부터 나온다고 설명된다. 이에 대해 일부 주요 예외 구절(고후 8:9; 12:9; 딤전 1:14)에서는 은혜가 그리스도 주의 속성이라고 말한다.

(3) 주/하나님의 평화; 평화의 하나님/주

'은혜'와 관련하여 데오스와 퀴리오스를 바꾸어 사용하는 양상은 모든 인사말에서 '은혜'와 더불어 나타나는 '평안'의 경우에도 동일하게 드러난다. 다른 곳에서 이러한 교환 어법이 흥미롭게 나타난다. 한편으로 '하나님의 평강'이라는 구문은 바울 서신에서 단 한 곳에서만 나타나며(빌 4:7), '주의 평강'도 마찬가지다(살후 3:16). 반면에 '평강의 하나님'은 6번 나오지만[39] 거기서 두 번째 예문이 나오는 데살로니가로 보낸 편지에서는(살후 3:16) 바울이 "평강의 주께서…너희에게 평강을 주시기를" 기도한다. 그가 이토록 쉽게 하나님을 주로 바꾸어 사용할 수 있다는 사실이 매우 인상적이다.

(4) 주/하나님께 합당히 행함

데살로니가전서 2:12에서 바울은 거의 유사한 동사들을 세 번 연속해서 사용하면서[40] 새 신자들이 현재의 고난 속에서도 그들을 부르신 하나님께 합당히 행하라는 권면을 한다. 이와 비슷하게 골로새서 1:10을 보면 바울이 이번에는 기도를 통해 "주께 합당히 행하여 범사에 기쁘시게" 하라고 권면한다. 대부분의 독자들이 이러한 교환 어법을 거의 주목하지 않는다. 왜냐하면 어느 구절이든 전형적인 바울의 표현과 잘 어울리기 때문이다.

(5) 파루시아 시의 신적 임재

구약에서 말하는 신적 영광과 밀접하게 결부되어 있는 것은 하나님의 임재라는 개념은 이 두 개념이 장막과 성전과 관련하여 서로 바뀌어 사용된다는 점에서 분명해진다. 관련된 본문이 확연히 강조하는 것을 토대로 두 번째 개념을 논하는 바울은 주의 임재 또는 하나님의 임재 앞에 있다고 말한다. 그래서 바울 서신 중 그리스도의 파루시아가 처음 언급되는 데살로니가전서 2:19에서 바울은 데살로니가 교인들이 '주 예수 그리스도의 임재 앞에' 설 때 자신의 기쁨과 자랑의 면류관이 된다고 말한다. 몇 문장 뒤 즉 3:11-13의 기도를 마무리 하는 바울은 "우리 주 예수께서…강림하실 때에 하나님 우리 아버

---

39) 정확히 호 데오스 테스 에이레네스(ὁ θεὸς τῆς εἰρήνης)라는 구문은 4번 나오다(살전 5:23; 롬 15:33; 16:20; 빌 4:9). 이 구는 고후 13:11에서 '하나님의 사랑과 평강'이라는 복합어와 함께 나오며 고전 14:33에 나오는 '무질서'와 암시적인 대조를 이룬다.

40) 같은 뜻을 지닌 세 개의 분사, 즉 파라칼루테스(παρακαλοῦτες, 권고하다, 권면하다, 독려하다), 파라뮈두메노이(παραμυθούμενοι, 위로하다, 힘내게 하다), 마르튀로메노이(μαρτυρόμενοι, 권고하다, 간청하다)가 복합적으로 나온다.

지 앞에" 있는 상황에 대해 말한다.

(6) 신자들을 강건케 하시는 주/하나님

데살로니가전서 3:13에 나타나는 동일한 기도 구절에서 바울은 "(주께서) 너희 마음을 '굳게 하시고'…거룩함에서 흠이 없게 하시기를" 기도한다. 이와 유사하게 데살로니가후서 3:3을 보면 "주는…너희를 '굳게 하시고' 악한 자에게서 지키시리라"라는 사실을 바울은 확고히 한다. 또한 이 두 확언 구절 사이에 있는 데살로니가후서 2:17에서는 "하나님 우리 아버지께서 너희 마음을…굳게 하시기를" 기도한다. 바울이 하나님 아버지와 승귀하신 주 그리스도께 기도하는 것처럼, 기도 내용을 언급할 때도 하나님과 아들에 대해 어느 정도 유사한 말을 쉽게 사용한다.

(7) 주/하나님의 말씀

"하나님의 말씀"이라는 구문은 바울 서신에서 8번 나타나며,[41] 모두 주격 속격으로 쓰여, 기록된 말씀이든 복음에 관한 것이든 하나님께서 주신 말씀을 의미한다. 일부 구절에서는 "주의 말씀"이라는 구문의 속격이 어떤 속격인지 결정하기 어렵지만[42] 데살로니가전서 4:15에서 바울이 구문을 주격 속격으로 사용할 때는 "하나님의 말씀"의 경우와 정확히 일치한다는 사실에는 의문의 여지가 없다.

(8) 주/하나님의 신실하심

구약의 여호와께서 자신을 계시하시는 방법 중에 가장 일관적인 방법 중 하나는 그분의 신실하심이다. 그러므로 바울이 데살로니가전서 5:24에서 데살로니가 교인들의 삶 속에서 당신의 신적 목적을 수행하시는 하나님과 관련하여 그분의 신실하심에 호소하고 있는 것은 전혀 놀랄 일이 아니다. 그러나 데살로니가후서 3:3에서 바울이 그리스도에 대해서도 동일하게 "주는 미쁘사 너희를 굳게 하시고 악한 자에게서 지키시리라"고 말하고 있는 점은 주목할 만하다. 더욱 놀라운 것은 많은 주석가들이 여기서 말하는 호 퀴리오스

---

41) 고전 14:36, 고후 2:17, 4:2, 롬 9:6, 골 1:25, 딛 2:5, 딤후 2:9을 보라.

42) 예를 들어 살전 1:8의 '주'는 '목적격' 속격으로 쓰이고 있다고 보는 것이 옳다. 빠르게 퍼지고 있던 것은 '주에 대한 말씀'이다. 이와 같은 경우로 살후 3:1을 들 수 있다. 여기서도 바울은 '주에 대한 말씀'이 신속하게 퍼지기를 소망하고 있다.

가 하나님을 가리킨다고 보는 것이다. 그러나 이러한 생각은 이 본문을 석의하면서 지적한 것처럼(2장, pp. 135-136) 다른 곳에서 찾아볼 수 있는 바울이 한결같이 보여주는 관련 어법과 일치하지 않는다. 또한 그리스도께서 구체적으로 '주'로 고백되는 앞의 두 문장이 나오는(살후 2:16-17) 문맥을 봐도 그들의 제안은 옳지 않다. 그리스도를 주로 기술하는 것이 본질적으로 (우리에게)[43] 놀랄 만한 일이긴 하지만 신실하심에 대한 본 논의가 암시하는 것처럼 바울이 다른 서신서에서 한결같이 사용하는 어법과 일치한다.

(9) 우리 주 예수 그리스도의 복음

바울 서신을 읽다보면 복음의 근원을 강조하고 있는 "하나님의 복음"(살전 2:2, 8-9)과 그리스도를 복음의 기본적 내용으로 강조하고 있는 "그리스도의 복음"(살전 3:2)을 바울이 손쉽게 바꾸어가며 사용하는 것에 익숙해진다. 그러나 감사 구절에서 데살로니가 교인들을 핍박하는 이들에 대한 심판을 알리는 구절로 전환되는 데살로니가후서 1:3-10에서 바울은 핍박하는 이들을 가리켜 "하나님을 모르는 자들과 우리 주 예수의 복음을 복종치 않는 자들"(8절)이라고 표현한다. 신약에서 특이한 이 구절은 분명 바울이 문맥과 일치하도록 표현했기 때문일 것이다. 이 구문은 데살로니가 신자들을 박해하는 이들에 대한 하나님의 심판을 그리스도께서 수행하신다는 문맥에 일반적으로 사용되는 표현을 일치하도록 한 것에 불과하다. 이 경우 "우리 주 예수의 복음" 현 시대에 '하나님을 아는 것'이 어떤 의미인지에 대한 설명으로 보는 것이 제일 적합하다. 여하튼 본문은 현재 다스리시는 주와 관계된 복음을 강조하기 위해 일반적으로 알려진 구문을 조정한 예로서 주목할 만하다.

(10) 주/하나님의 영광

바울이 자신의 서신서에서 "하나님의 영광"이 만물의 목적이라고 여러 번 설명한다. 이 구 자체는 측량할 수도 설명할 수도 없는 하나님의 위대하심을 묘사할 때나(무엇을 하든지 이 영광을 위하여 해야 한다〈고전 10:31; 빌 1:11〉), 하나님이 계시는 공간을 묘사할 때 사용한다(롬 5:2; 빌 4:19). 본 구문에 담긴 두 가지 뉘앙스 모두 그리스도 주를 설명하는 데 사용된다. 데살로니가후서 2:14은 우리 구원의 최종 목적이 "주의 영광"을 얻는 것이라고 말하는데,

---

43) 사실 바울이 이러한 진술을 하는 것은 바울 서신 중 이곳이 유일하다. 다른 곳에서는 하나님의 신실하심에 대해 이야기한다(고전 1:9; 10:13; 고후 1:18).

이는 주의 영광이 존재하는 영역에 주와 함께 있는 것을 의미한다. 고린도후서 3:8(4:4 참조)은 신자들이 성령으로 인해 그리스도를 향하게 될 때 "주의 영광"을 본다고 진술한다. 그 직접적인 문맥은 그리스도의 영광이 모세도 볼 수 없었던 하나님의 영광을 가리킨다고 명시하고 있다. 여기서도 바울은 아무런 의식적인 구상 없이 이러한 어법을 사용한다.

(11) 그리스도께서 보내신/사명을 주신 바울

칠십인경에서 아포스텔로(ἀποστέλλω)라는 동사는 주로 하나님께서 그의 메신저를 백성들에게 '보내시거나/그러한 사명을 주신다'고 말할 때 사용된다. 이러한 양상은 바울이 "보내심을 받지 아니하였으면 어찌 전파하리요"(롬 10:15)라는 수사학적인 질문을 던질 때도 마찬가지로 나타난다. 그래서 바울이 자신의 사역에 대해 이야기 할 때 "그리스도께서 '나를 보내심'(아페스테일렌 메⟨ἀπεστειλέν με⟩)은⋯복음을 전케 하려 하심이니"(고전 1:17)라고 진술하는 것은 당연하다. 여기서 '주'가 동사의 주어는 아니지만 바울 자신은 이러한 '보내심'이 9:1에서 말하는 '주를 보았던' 경험의 일부로 여기고 있다.

(12) 주/하나님의 능력

여호와에 대한 구약의 이해에서 변하지 않는 요소 중 하나는, 그분이 위대하시며 무한한 능력의 하나님이시라는 사실이다. 따라서 시편 기자는 이스라엘의 창조와 구속을 한결같이 하나님의 사랑과 능력이라는 개념을 사용하여 찬양한다(예를 들어 시 89:5-18; 145:3-13). 그러므로 이러한 표현을 바울 서신에서도 찾아볼 수 있다는 사실은 놀랄 만한 일이 아니다. 예를 들어 로마서 1장에서 바울은 구속(16절)과 창조(20절)를 통해 드러나는 하나님의 능력을 찬양한다.

바울의 고등기독론을 고려할 때 이와 유사한 표현이 그리스도의 위격과 사역에 대해서도 사용되는 것은 매우 당연하다. 근친상간을 저지른 자로 인한 어려운 상황을 기술하는 고린도전서 5장에서 바울은 교회에게 그들이 "주 예수의 이름으로"(3장⟨p. 229⟩을 보라) 모인 자리에서 "우리 주 예수의 능력"으로 바울이 이미 선포한 심판을 실행하라고 권고한다. 이 구절에서 성령이 간접적으로 암시되고 있지만, 하나님의 성령과 능력이 승귀하신 주 예수의 능력을 가리키는 것으로 해석되고 있는데서 기독론적 중요성이 드러난다. 이와 유사하게 고린도후서 12:8-10에서 바울이 자신의 "육체의 가시" 때문에 드린 기도에 대해 주께서 주신 응답은 "내 능력이 약한데서 온전하여짐이라"이다 (고전 1:22-25 참조). 바울은 그래서 자신의 약함을 기쁜 마음으로 지니고 있음으로 해서 "이는 그리스도의 능력으로 내게 머물게" 하기를 원한다.

바울은 여기서도 하나님의 고유 권한에 대한 말과 실재를 부활하신 주 예수 그리스도께 적용하는 것에 대해 아무런 거리낌이 없다.

(13) 주/하나님께서 주셨다

장막을 짓는 내용이 담긴 칠십인경의 내러티브(출 31:2-5; 36:1-2)를 보면 '하나님께서 브사렐에게' 그 일을 잘 수행할 수 있도록 지혜와 기술을 '주셨다'고 진술한다(호 에도켄 호 데오스 에피스테멘⟨ᾧ ἔδωκεν ὁ θεὸς ἐπιστήμην, 36:2⟩). 바울은 고린도후서 5:18에서 이와 똑같은 표현을 가지고 자신이 사도직책을 위해 받은 은사들을 설명하는 데 사용한다. 그러나 고린도전서 3:5에서는 바울과 아볼로의 은사가 모두 "주께서 각각 주신" 것이라고 고백한다. 이 구절은 바울이 구약의 어법을 취하여 하나님과 주께 적용하는 또 하나의 예문이 된다.

(14) 주/하나님의 뜻

바울은 고린도전서를 시작하면서 자신의 사도직이 "하나님의 뜻"으로 된 것이라 고백하는데, 이와 같은 표현은 바울 서신에서 총 13번 나타난다.[44] 그러나 고린도전서의 눈에 띄는 두 개의 구절(4:19; 16:7)에서 바울은 고린도 방문을 '호 퀴리오스의 뜻이 있으면"이라고 말한다. 이렇게 하나님의 절대적 특권이 너무나 자연스럽게 그리스도 주께 이전된다는 사실이야말로 그리스도의 신성에 대한 바울의 이해에 담긴 전제적 본질(presuppositional nature)을 가리키고 있다.

(15) 주/하나님을 기쁘게 함

바울이 결혼에 비해 독신이 주는 이점에 대해 논하면서 독신으로 사는 사람은 한 가지 일에 전적으로 헌신할 수 있어야 한다고 역설한다. 즉 포스 아레세 토 퀴리오(πῶς ἀρέσῃ τῷ κυρίῳ, "어찌하여야 주를 기쁘시게 할꼬," 고전

---

44) 3장의 각주 133번을 보라

7:32)라는 임무에 전념해야 한다. 대부분의 다른 관련 본문에서 바울은 '하나님을(토 데오〈τῷ θεῷ〉) 기쁘시게 하는' 일에 대해 말한다.[45] 여기서 바울은 또 하나의 구약적 관심사를[46] 택하여 그리스도 주께 직접적으로 적용하고 있는 것이다(고후 5:9 참조).

(16) 하나님/그리스도의 모임(들)

신적 권한이라기보다는 신적 소유의 문제에 관해 바울은 신앙 공동체를 한결같이 에클레시아(ἐκκλησία)라는 적합한 용어를 사용하여 지칭한다. 왜냐하면 이 용어가 두 가지 역할을 수행하기 때문이다. 그리스의 도시 국가(city-states)에 사는 사람들의 지역 '모임'(assembly)을 가리키기도 하며, 칠십인경 번역가들이 이스라엘의 전체 '회중'(congregation)을 지칭하는 말이기도 하다. 이 '모임'에 대해 바울이 주로 사용하는 속격 수식어(소유격으로 사용하는)를 덧붙일 경우 '하나님의 모임(들)'이 된다. 그러나 로마서 16:16에서는 '그리스도의 모임들'(개역성경에는 '그리스도의 교회'- 역주)이라고 나온다. 따라서 부활하신 그리스도께서 분명하게 신적 특권을 공유하고 계신다.

(17) 주를 경외함

이 주제와 관련하여 '하나님'과 '주'를 바꾸어 사용하는 끝에서 두 번째 예는 바울 서신에서 보다 중요한 예 중 하나이다. 이를 통해 바울이 얼마나 자연스럽게 하나님과 주를 바꾸어 쓰는지와, 그가 그리스도의 완전한 신성을 인정한다는 사실을 확인하게 된다. 따라서 그리스도는 성경적으로 하나님께만 적용되는 역할을 담당하신 분임을 명확히 알게 된다. '주를 경외함'이라는 구문이 주로 지혜 전승에서 자주 나타나는 것은 사실이나, 그 개념은 하나님에 대한 이스라엘의 이해와 하나님과의 관계에 대한 이해를 말해주는 보편적인 시각 기능을 한다. 바울이 그리스도를 종말론적인 재판장으로서 자기 백성을 심판하는 주로 강조하는 본문(고후 5:10)을 보면 "주의 두려우심을 알므로"라는 말씀이 나오는데, 여기서 주는 의심의 여지없이 그리스도를 가리킨다. 이렇게 해서 그가 얼마나 자연스럽게 하나님과 그리스도를 바꾸어 쓸 수 있는지를 명확히 보여주는데, 지금까지의 논의를 비추어 볼 때 전혀 놀랄만한 일이 아니다.

---

45) 살전 2:15, 4:1, 롬 8:8, 12:1-2, 14:18, 빌 4:18을 보라.
46) 예를 들어 출 33:13, 17, 민 14:8, 욥 34:9, 시 41:11, 69:13을 보라.

(18) 주의 성령

하나님과 주께서 공유하는 신적 특권에 대한 논의를 바울이 초기에 기록한 네 개의 서신에는 나타나지 않는 항목을 언급하며 끝맺으려 한다. 이에 대한 자세한 논의는 마지막 장에서 시도해 볼 것이다. 바울이 볼 때 한 성령 하나님과 그 아들과 관련하여 서로 바꾸어 쓰일 수 있는 존재이시다. 그래서 주로 '하나님의 성령'으로 언급되는 성령은 세 군데에서만큼은 특별히 '주의 성령'이라고 불리고 있다. 갈라디아서 4:6에서 바울은 하나님께서 "그 아들의 영을 우리 마음 가운데 보내사" 아바 탄원을 가능케 하셨음을 명기하고 있다. 로마서 8:9-10에서는 이러한 바꿔쓰는 어법이 구체적이며 철저하게 나타난다. 신자들은 "육체대로" 사는 사람들이 아니라는 사실을 확고히 하는 요인은 "너희 속에 하나님의 영이 거하시면"이라는 조건이다. 이 구문이 바로 다음 문장에서 다시 나오며 바꿔 쓰는 어법이 사용된다. 즉 "그리스도의 영이 없으면" 그런 사람은 절대로 신자가 아니라고 바울은 역설한다.

바울에게 있어 '성령은 오직 한 분'(고전 12:4; 엡 4:4)이기 때문에 이러한 종류의 어법은 그리스도의 완전한 신성을 바울이 알고 있다는 사실을 분명하게 드러내고 있다. 이 사실은 다른 본문과 더불어 하나님에 대한 바울의 삼위론적(triadic) 이해를 유지하는 바탕 역할을 하는데, 이는 요한복음과 히브리서와 함께 교회로 하여금 그의 이해를 삼위일체적인 관점에서 표현할 수 있도록 했다. 더구나 한 하나님과 한 주의 관계를 어떻게 개진하든, 바울이 이러한 일을 말할 수 있는 이유는 그가 믿기로 성육신하신 아들 즉 이제는 승귀하신 주께서는 영원 전부터 선재하셨고 하나님과 완전히 동등하시기 때문이다. 마지막 장에서 이 주제를 개진할 것이다.

6. 결론

본 장에서 거론된 증거 자료들은 지금까지 일관되게 관찰해 온 바울 사상에 나타나는 고등기독론을 마무리 해 준다고 생각한다. 이러한 마무리는 예수님에 대한 칭호가 지닌 풍부한 가능성에 의해 이루어진다. 그 칭호는 아람어를 사용하는 초기 신앙 공동체가 예수님은 '주'시라고 고백하던 것에 의해 표현되었다. 그러므로 이러한 내용의 고백이 바울 서신에서 세 번 나오는데

(고전 12:3; 롬 10:9; 빌 2:11) 언제나 '주는 예수시라'라는 어순으로 쓰이고 있는 점은 아마도 우연이 아닐 것이다. 죽음에서 부활하신 분은 분명 성육신하신 지상의 예수시지만 하나님께서 선재하신 아들에게 '주'라는 신적 이름을 수여하신 것은 그 주께서 승귀하실 때였다.

따라서 칠십인경에서 그 신적 이름이 아람어인 '아도나이'로 번역되는 상황을 통해 바울은 그 이름을 두 가지로 적용할 수 있게 되었다. 나사렛 예수로 성육신하셨던 선재하신 아들은 하나님께서 변호해 주실 때 그 '이름'을 받았다. 그러나 그는 동시에 오로지 부활하신 그리스도를 가리키는 '주'를 사용하여 하나님의 아들이 지닌 신성이 완전하다는 사실을 명시할 수 있었다. 하나님 아버지와 아들을 완전히 동일시 하지도 않으며, 아들이 아버지의 역할을 '침해'하도록 기술하지 않으면서도 그렇게 했다.

본 장에서 논의한 증거 자료를 근거로 지금까지 반복적으로 언급해 온 두 가지 요지를 결론적으로 강조하고자 한다. 첫째로, 바울은 이름이 칭호로 바뀐 '주'라는 단어를 가지고 그리스도의 신적 신분을 다양한 방법으로 입증했음을 간과해선 안 된다. 이러한 현상은 바울의 초기 서신에서부터 반복적으로 나타난 이후, 나중에 기록된 서신에서 계속 그 명맥을 유지하다가 디모데후서에서 다시 크게 부각된다. 이러한 양상은 대체적으로 두 가지 모습으로 나타난다. 여호와를 가리키는 구약 본문과 여호와의 고유 영역을 기술하는 구약의 구문(phrases)이 이제는 한결같이 칠십인경을 통해 승귀하신 주 예수 그리스도께 적용되고 있다.

둘째로, (어쩌면 지겨울 정도로 반복되는 내용이라 생각할 수도 있는) 바울이 얼마나 무의식적으로('거의 즉흥적으로'라고 묘사할 수도 있을 것 같은) 이러한 신학적 작업을 하는지 간과해선 안 된다. 바울은 현재 승귀하신 주의 역할에 대해 통상적이지 않은 내용들을 논증하려 들지 않고 단순히 가정하고 있으며 이러한 전제적 이해를 독자들도 공유하고 있다고 가정한다. 더욱이 바울이 현재 통치하시는 주의 신적 행위를 설명하기 위해 구약에서 여호와와 관련된 표현을 활용하는 것은, 전통적으로나 절대적으로 하나님께만 속해 있던 역할을 그리스도께서 담당하신다는 그의 이해를 암시한다.

그러므로 수 세기 이후의 정교회에서 삼위일체론을 표현할 때 왜 바울 서신과 요한 전승을 사용하였는지 그 이유가 분명해 진다. 바울에 관해 다른 어떤 것이 사실이든, 그가 철저하게 유일신론자의 입장을 취했다는 것만큼은 분명하다. 그러나 동시에 그리스도를 향한 바울의 헌신과 그리스도에 대한 그의 논의를 보면, 엄격히 신적 특권에 속하는 많은 요소들을 논증의 절차를 거치지 않고 자연스럽게 그리스도 예수께 적용한다. 그리고 마지막으로 11장에서도 언급했듯이 그리스도를 향한 바울의 헌신은 유대인의 전통상 하나님께만 행하던 것이다. 이것이 바로 초기 기독교의 기독론이 보여주는 고등 기독론이다.

PAULINE CHRISTOLOGY

제16장

그리스도와 성령:
원-삼위일체론자로서의 바울

지금까지 논의된 내용들을 대강 훑어보는 것만으로도 바울이 견지하던 두 실재(reality), 즉 고등기독론(선재하시는 아들, 즉 '그 이름'을 지닌 승귀하신 그리스도)과 절대적 유일신론에 익숙해져야 한다는 신학적 필요성을 느끼게 된다. 유일신을 아버지와 아들로 본다는 것이 유일신론자에게 어떤 의미인가? 또한 이전 분석에서는 거의 제외되었던 한 가지 요소가 있다. 이는 바로 앞 장에서 마지막 항목으로 간략히 언급했던 것으로 성령의 역할과 더불어, 성령께서 하나님 아버지와 또한 그 아들과 맺는 관계이다. 이러한 개념은 요한복음의 자료 뿐 아니라 바울 서신의 자료를 통해서도 찾아볼 수 있다. 이들 자료를 근거로 후대 교회가 이위일체론적(binitarian)이 아닌 삼위일체론적(trinitarian) 개념에 입각하여 정체성을 확립하게 되었다. 그러므로 본 장에서는 이와 관련된 여러 신학적 주제들을 고찰하되 '정답'을 제시하기보다는 그 이슈들에 대한 일정 수준의 지식과 논의를 제공하고자 한다.

본 장의 최우선 목표는 구원 섭리에 있어서 성령과 그리스도(그리고 하나님 아버지)를 함께 묶고 있는 바울의 다양한 진술에 담긴 기독론적 주요 함의들을 지적하는 것이다. 다시 말해 바울이 신학적인 의도 없이 자연스럽게 기술하는 다양한 진술에 나타나는 그리스도와 성령의 관계에 담긴 기독론적 함의는 무엇인가? 동시에 열성적인 초기 유일신론자들로 하여금 그리스도와 성령에 대해 언급하고 이 두 분과 하나님 아버지와의 관계를 설명하게 함으로써 4세기 초의 삼위일체 고백을 가능케 한 궤도의 어느 지점에 바울이 서 있는지를 살피는 것이 필자의 또 다른 관심사이다.

이 문제를 추적하기 위해 우선은 구원 섭리와 관련되어 나타나는 성령의 인격과 역할에 대한 바울의 기본적인 이해를 개관하고자 한다. 그런 다음 그리스도와 성령의 관계를 바울이 어떻게 이해하는지를 간략히 살펴 볼 것이다. 이 논의는 특별히 바울의 고등기독론과도 관련되어 있으며 동시에 바울 사상에 나타나는 한 하나님에 대한 삼위론적 이해를 보여준다. 이 모든 논의는 바울이 하나님에 대해 원-삼위일체적인(proto-Trinitarian) 시각을 견지하고 있었음을 제시한다. 어떻게 엄격한 유일신론자가 하나님에 대해 삼위론적인 개념으로 설명할 수 있는지를 바울 자신이 직접 언급한 적은 없지만 말이다.

1. 바울 사상에 나타나는 성령의 인격과 역할

우선은 성령을 가리키는 단어 프뉴마(πνεῦμα)를 바울이 어떻게 사용하고 있는지 간략하게 살펴보면서 본 논의를 시작하려 한다. 바울은 이 단어를 자신의 서신에서 총 120번 가량 사용하는데,[1] 대부분은 단순히 '영'(the Spirit)이라고 말하며 17번만 '성령'(the Holy Spirit)이라고 쓴다. 그러나 12번은 '하나님의 영'이라 하고[2] 4번은 '(그리스도)의 영'이라고 한다.[3] 본 장의 주 관심은 후반에 언급한 16번의 경우를 고찰하는 것이다. 그러나 그전에 성령에 대한 바울의 이해와 관련된 세 가지 특성을 강조할 필요가 있다.

① 바울은 분명 성령께서 하나님이나 그리스도와 밀접한 관계를 맺고 있다고 이해했으나, 성령께서 개인적인 인격(personhood)도 소유하고 계신다고 생

---

1) 총체적인 분석과 통계 자료를 위해선 Fee, *God's Empowering Presence*의 2장을 보라. 이 책에서 제시한 분석과 본서의 석의와 다른 점은 고후 3:17에 나오는 토 프뉴마 퀴리우(τὸ πνεῦμα κυρίου)에 대해서다. 이 구절에 대한 필자의 관점이 바뀐 것에 대해서는 4장(pp. 286-291, 305-306)을 보라.
2) 이와 관련된 구절을 보라(고전 2:11, 14; 3:16; 6:11; 7:40; 12:3; 고후 3:3; 롬 8:9, 14; 15:19; 엡 4:30; 빌 3:3). 이 통계는 바울이 '그의 영'이라고 언급하는 예문들을 포함시키지 않은 결과이다. 이 예문을 보면 하나님이 '그'의 선행사로 쓰인다.
3) 해당 수식어는 "주의 영"(고후 3:17), "그 아들의 영"(갈 4:6), "그리스도의 영"(롬 8:9), "예수 그리스도의 영"(빌 1:19) 등으로 다양하게 나타난다.

각한 것으로 보인다. 성령을 인격을 나타내는 행위의 주체로 묘사하는 많은 본문과 더불어[4] 세 개의 본문은 바울이 성령을 인격체로 이해했을 뿐 아니라 동시에 아버지와 아들과는 동떨어진 분으로 생각했음을 명시한다.

첫째, 로마서 8:16을 보면 우리를 '아들로 영입하신' 성령이 우리 안에서 아바 탄원을 촉구하시며, 이로써 우리의 영과 더불어 우리가 하나님의 자녀라는 사실을 입증하는 두 번째(로 중요한) 증인[5]이 되신다. 그 '증인'은 반드시 인격적인 존재여야 한다. 이와 유사하게 로마서 8:26-27은 성령께서 우리를 위해 중재하신다고 진술하는데, 이는 곧 우리를 '잘 알고 계신다'는 의미를 내포하고 있다. 또한 '하나님께서 성령의 마음을 아시고' 역으로 성령께서는 "하나님의 뜻대로" 기도하시기 때문에 성령께서 우리를 위해 수행하시는 중보 사역의 유효성을 확신할 수 있게 된다. 어떤 경우든 이 말은 비인격적인 영향이나 능력이 아닌 인격체를 가리키는 표현이다. 고린도전서 2:10-12에서도 마찬가지다. 여기서 바울은 성령만이 하나님의 마음을 아신다는 사실을 역설하기 위해 인간의 내면적 의식을 유비로 사용한다(사람의 속에 있는 '영'만이 사람의 마음을 안다). 성령께서는 '모든 것을 살피시되' "하나님의 깊은 것"까지 살피신다.[6] 이와 같이 하나님과의 단독적인 관계 때문에 성령만이 감추어졌던 하나님의 지혜를 아시고 드러내신다(고전 2:7).

② 일부는 부활하신 그리스도와 부어주신 성령을 성령 기독론(Spirit Christology)이라는 범주로 혼합시키려 하지만[7] 바울은 성령을 구별된 인격

---

4) 예를 들어 성령은 모든 것을 *살피시고*(고전 2:10), 하나님의 마음을 *아시며*(고전 2:11), 신자들에게 복음의 내용을 *가르치시고*(고전 2:13), 신자들 사이에 또는 그들 안에 *거하시며*(고전 3:16; 롬 8:11; 딤후 1:14), 모든 일을 *이루시고*(고전 12:11), 믿는 자들에게 *생명을 주시며*(고후 3:6), 우리 마음속에서 *탄원하시고*(갈 4;6), 하나님의 길로 *인도하시며*(갈 5:18; 롬 8:14), 우리 영과 더불어 *증거하시고*(롬 8:16), 육체를 거스르는 소욕을 갖고 계시며(갈 5:17), 우리의 연약함을 *도우시고*(롬 8:26), 우리를 위해 *중재하시며*(롬 8:26-27), 우리의 궁극적인 선을 위하여 모든 것이 *함께 협력하도록 일하시고*(롬 8:28), 신자들을 *강건케 하시며*(엡 3:16), 우리 죄로 인하여 *근심하신다*(엡 4:30). 게다가 성령께서 내주하심으로 생기는 열매들은 하나님의 인격적 속성들이다(갈 5:22-23).
5) 다시 말해서 바울은 모든 일은 둘이나 세 명의 증인이 있어야 한다는 구약의 전통을 반영하고 있다(신 19:15). 고후 13:1을 참조하라.
6) 이러한 개념은 바울의 사상적 배경이 구약과 유대교 묵시 사상에 근거하고 있음을 암시한다.
7) 이러한 성향은 20세기 신약학계에서 가장 특이한 경우이다. 이에 대한 비평을 위해서는 G. D. Fee, *To What End Exegesis? Essays Textual, Exegetical, and Theological* (Grand Rapids: Eerdmans, 2001), 218-39를 보라. 본 장에서 고찰하고

체로 이해하고 있는 것이 분명하다. 그리고 바울은 성령께서는 하나님 및 그 아들과 밀접한 관계에 있지만 동시에 '분리된' 존재라는 사실을 명시한다. 특히 이러한 사실은 만물이 한 하나님으로부터 유래하지만 구원과 관련된 하나님, 그리스도, 성령의 역할이 서로 구별되며 독특하다는 바울의 삼위론적인 (triadic) 진술에 의해 더욱 명확해진다.

③ 우리 인류의 구원에 대한 바울의 삼위론적 설명이야말로 그리스도와 성령의 인격과 사역을 혼동하거나 혼용하지 않도록 한다. 현재, 즉 '승천과 재림 사이의 시간'에 대한 바울의 세계관에 따르면 하나님의 아들은 지금 "하늘에서 자기의(하나님의) 오른편에" 앉아 계시며(엡 1:20), 거기서 우리를 위해 중재하고 계신다(롬 8:32). 여기서 중요한 점은, 불과 서너 절 앞에서는 성령이 우리 안에 거하시며 우리가 약할 때에 중보를 통해 도움을 주신다고 바울이 진술한다는 점이다. 우리를 위해 말할 수 없는 탄식으로 간구하시지만 "성령의 생각을 아시는" 하나님께서는 그 의미를 알고 계신다(롬 8:26-27). 따라서 이를 다른 말로 표현하자면, 하늘과 땅의 현재적 '위치'(geography)에서 하나님과 아들은 하늘에 계시는 반면 성령께서는 땅에 거하신다.

그래서 바울의 사상 안에 있는 확신을 후대에 발전된 교리적 용어로 표현하자면, 그가 성령을 인격적이면서도 아버지 및 아들로부터 '구분된' 존재로 이해했다는 것이다. 그 성령이 우리 안과 우리 사이에서(within and among us) 인격적으로 임재하시는 하나님 및 아들과 친밀한 관계를 유지하시면서 현재 그리스도의 사역을 수행 중이시다.

있는 다양한 삼위론적 본문들이 그런 성향을 부정하고 있을 뿐 아니라, 이를 주장하고 나선 이들이 그 근거로 사용하는 두 개의 주요 구절(고후 3:17; 고전 15:45)은 각각의 본문에서 또 다른 사안을 개진하기 위해 칠십인경으로부터 차용한 결과다. 필자가 이 구절들을 석의하면서 지적했듯이(3장〈pp. 199-203〉과 4장〈pp. 286-291〉을 보라), 바울은 부활하신 그리스도를 성령과 동일시하려 하지 않는다. 롬 8:9-11에서도 마찬가지다. 여기서 바울은 '누구든지 그리스도의 영이 없으면'이라는 구절의 바로 뒤에서 "그리스도께서 너희 안에 계시면"이라고 말하고 있다. 이러한 진술이 성령을 그리스도와 동일시하고 있다고 생각하면 안 된다. 결과적으로 성령 기독론을 지지하는 것은 바울 자료에 근거하고 있기보다는 한 분이신 하나님에 대한 바울의 논의에서 삼위론적 함의가 나타나는 것을 제거하려는 의도에서 나온 것이다.

2. 바울 사상에 나타나는 그리스도와 성령

그리스도께서 이 땅에 오셨다는 사실은 하나님에 대한 우리의 이해를 특징 짓는다. 즉 세상에 '그 아들을 보내사' 우리를 구속하신 하나님을(갈 4:4-5) 우리가 '우리 주 예수 그리스도의 아들'[8]이라고 고백할 수 있게 되었다. 이와 마찬가지로 그리스도의 오심은 성령에 대한 우리의 이해 역시 특징짓는다. 하나님의 영은 그리스도의 영이기도 하다(고후 3:17; 갈 4:6; 롬 8:9; 빌 1:19). 성령께서는 부활하시고 권위의 자리인 하나님의 오른편에 계신 그리스도의 뒤를 이어 그분의 사역을 감당하신다. 하나님의 영을 받았다는 것(고전 2:12)은 그리스도의 마음을 알 수 있게 되었다(16절)는 뜻이며, 동시에 우리에게 구원을 가져다주시는 그리스도에 대한 전반적인 것을 이해할 수 있게 된다는 말이다.

이런 의미에서 그리스도는 바울이 볼 때 성령에 대해 보다 자세한 정의를 내려주는 분이시다. 성령의 사람들은 하나님의 자녀이며 하나님의 아들과 더불어 공동 상속자들이다(롬 8:14-17). 이와 동시에 그리스도는 성령의 진정한 사역이 무엇인지를 말해주는 절대적 요인이시다(예를 들어 고전 12:3). 실제로, 그리스도의 영이 우리 안에 거하시도록 한다는 것은 그리스도께 친히 우리 안에 계신다는 뜻이라고 바울은 말한다(롬 8:9-10). 따라서 성령에 대한 바울의 가르침을 그리스도 중심적이라고 보는 것은 그리스도와 그분의 사역이 성령과 신자들의 삶 속에서 수행하시는 그분의 사역에 담긴 의미를 정의 내린다는 점에서 일리가 있다.

대부분의 경우 그리스도의 역할과 새 언약 시대에 사역하시는 성령과의 관계가 매우 명확하게 드러난다. 이 같은 사실은 특히 바울이 우리의 구원을 삼위론직 차원에서 설명하는 구절에서 가장 자주 언급된다.[9] 그래서 그가 볼 때 인류의 구속은 아버지와 아들과 성령의 연합 행위이다. 우선 구속 행위는 하나님의 사랑에 기초하고 있다. 그분의 사랑이 그 행위의 시발점이 되기 때문이다. 그리고 그 구속은 그리스도이신 아들의 죽음과 부활을 통해 역사적

---

8) 고후 1:3의 말이 처음 나타나는 구절에 대한 논의를 보라(4장, pp. 275-278).
9) 이와 관련된 많은 구절 중에 특히 반교의적인 구원론 구절들을 보라(살전 1:4-6; 살후 2:13-14; 고전 6:11; 고후 1:21-22; 갈 4:4-7; 롬 8:3-4; 8:15-17; 딛 3:4-7). 한편 구원론적이거나 그렇지 않은 여타 본문들도 보라(고전 1:4-7; 2:4-5; 2:12; 6:19-20; 고후 3:16-18; 갈 3:1-5; 롬 5:5-8; 8:9-11; 15:16; 15:18-19; 15:30; 골 3:16; 엡 1:3; 1:17-20; 2:17-18; 2:19-22; 3:16-19; 5:18-19; 빌 1:19-20; 3:3).

으로 이루어졌다. 마지막으로 그 구속은 성령의 능력을 통해 신자들의 삶 속에서 현실화된다. 바울은 이 모든 사실을 여러 곳에서 설명하고 있는데 그 중에 로마서 5:5, 8은 전형적인 예문이다. 우리를 위해 돌아가신 그리스도께서 역사적으로 드러내신 하나님의 사랑(8절)은 다름 아닌 성령께서 우리 마음에 부어 주신 것이다(5절).

그래서 위와 관련하여 가장 분명하게 말해주는 본문(갈 4:4-7)을 보면 바울이 비슷한 용어를 사용하여 하나님께서 "그 아들을 보내사"(4절)라고 말한 다음 "그 아들의 영을…보내사"라고 말한다(6절). 우선, 아들을 보내신 것은 인류 역사 가운데서 구원을 이루시려는 목적이었다. 하나님께서 보내신 아들은 유대교라는 역사적 환경 속에서("율법 아래 나게 하신 것은") 인류 구속이라는 분명한 목적을 위해 '여자에게서 나셨다.' 이렇게 아들을 세상에 처음 보내신 것이 부활과 승귀로[10] 마무리되었다는 사실은 갈라디아서의 보다 넓은 문맥을 볼 때 분명해진다. 그래서 '그 아들의 영을 보내신 일'은 아들의 승천 이후에 일어났으며, 바울의 관점에서 볼 때 그리스도께서 우리를 위해 돌아가시면서 보장하신 '생명'을 현실화하기 위해 일어났다. 그 아들의 영으로 인한 아들의 임재는 우리 자신의 '아들 신분'을 실현시킨다.

이 모든 것을 종합해보면 하나님의 아들은 성육신을 통해 우리 인류 역사에 오셨다. 이때 그분은 하나님의 형상을 지니고 계셨으므로 이 땅 위에 일어난 신적 임재였다. 그 아들이 오셔서 이루려 하셨던 것은 자기를 믿는 믿음을 통해 하나님의 자녀가 될 이들 안에 하나님의 형상을 회복시키는 것이었다. 그 아들의 영이 오셔서 이루려 하셨던 것은 그리스도와 성령을 통해 '하나님의 아들(자녀)'이 된 이들 안에 그 형상을 실제로 재창조하는 것이었다.[11]

이렇게 다양한 자료들은 우리에게 신학적으로 두 가지 방향을 제시한다. 첫째, 이미 언급했듯이 하나님께서 세상에 보내신 두 분, 즉 부활하신 그리스도와 성령 사이는 분명하게 구분되고 있다. 실제로 앞의 여러 장에서 제시한 자료들은 우리를 구속하신 하나님의 행위를 기본적으로 아버지와 아들이라는 개념으로 표현하는 신약의 보다 광범위한 진술의 일부로 볼 수는 있을 것이다. 하지만 바울이 볼 때 그게 전부는 아니다. 하나님과 그분이 이루

---

10) 부활만 이런 식으로 명확히 표현되고는 있지만(1:1), 예를 들어 빌 2:9-11에서 문자적으로 명확히 나타내고 있는 것처럼 그리스도께서 현재 승귀하신 분이라는 실재는 본 서신서 전반에 걸쳐 다양하게 기정사실화 되어 있다.

11) 11장(pp. 714-720)과 13장(pp. 762-763)을 보라.

시는 우리 구원에 대한 삼위론적 경험, 즉 이른 바 경륜적 삼위일체(economic Trinity)야말로 후대의 교회가 이러한 신적 삼위를 존재론적 삼위일체 개념으로 표현할 수 있게 하였다. 아버지와 아들과 성령은 한 하나님 안에 계신다는 것이다.

둘째로, 바울 기독론에서 주목할만한 점은 바울이 성령과 관련하여 아버지와 아들을 매우 자연스럽게 바꿔가며 사용할 수 있다는 사실이다. 이 같은 현상은 로마서 8:9-11에서 가장 두드러지게 나타난다. 이 본문에 나오는 일련의 구절은 현재 우리 안에 계시는 성령을 형식에 얽매이지 않는 가장 자연스러운 필치로 서술하면서, 현재 하늘에 '계신' 아버지와 아들이 성령을 통해 이 땅에 존재하시며 현재 신자의 마음에 '계신다'는 사실을 나타내고 있다. 만일 앞의 두 장에서 살펴 본 자료들이 그리스도께서 완전한 신성을 지니셨다는 바울의 입장에 대한 확신을 전달해 주지 않는다면, 적어도 바울이 여기서 성령을 언급하는 방법은 그러한 확신을 전달하고 있음이 분명하다. 두 절로 이루어진 본문은 앞 절에서 말한 것을 뒷 절이 다시 언급하면서, 한 성령(참조. 고전 12:4; 엡 4:4)이 처음에는 '너희 안에 거하시는 하나님의 영'으로 소개되고, 바로 뒤에 나오는 절에서는 '우리가 지닌 그리스도의 영'이라고 설명되고 있다. 바울이 믿기로 성령은 둘이 아니며 한 분 하나님 외에 다른 하나님은 없기 때문에, 이러한 문장들은 일종의 신학적/기독론적 해석을 필요로 한다.

따라서 바울이 로마서 8:9-11에서 '혼동하고'(confused) 있거나 '혼동을 주고'(confusing) 있다고 생각할 필요는 없다. 그리스도의 완전한 신성을 강조함으로써 한 하나님을 삼위론적인 개념으로 생각하게 하는 요인은 다름 아닌 하나님의 영이시면서 그리스도의 영이신 성령의 역할이라고 보는 것이 타당하다.

3. 바울과 신적 삼위

바울은 지금 과거에 주로 다신론자들이었던 이방인 그리스도인들에게 편지를 쓰고 있다는 사실을 고려할 때, 바울 서신과 관련하여 가장 흥미로운 현상 중 하나는 하나님은 오직 한 분이라는 유대인들의 기초적 진실을 바울은 거의 강조하지 않는다는 점이다.[12] 이러한 개념은 바울에게 있어 이미 전제된 사실이기 때문에 그런 논증을 해야 할 필요를 거의 느끼지 못한다. 한편 이보다 더 흥미로운 사실은 이러한 용어 혹은 개념이 나타나는 7구절 중 5구절에서 그의 한결같은 유일신론을 확언하는 내용이 그리스도를 강조하거나(고전 8:6; 갈 3:20; 딤전 2:5) 혹은 그리스도와 성령을 강조하는 내용(고전 12:6; 엡 4:6)과 맞물려 나타난다는 사실이다. 이 본문 중 세 개(고전 8:6; 12:6; 엡 4:6)는 특별한 주의를 요한다. 왜냐하면 각 구절에서 신적 이위(Dyad)나 삼위(Triad)의 '사역'을 기술하고 있지만, 거기서는 그리스도의 '하나됨'과 성령의 '하나됨'이 부각되는 문맥 속에서 하나님은 한 분이시라는 사실을 집중적으로 강조한다.

인류의 구속과 관련하여 '세' 분의 신적 존재가 담당하는 역할을 언급하고 있는 10개 이상의 구절들과 더불어,[13] 위의 구절들은 그리스도와 성령에 대한 바울의 경험이 아들과 성령을 포함하는 관점에서 '한 하나님'을 이해하도록 했다는 사실을 끊임없이 상기시켜 주고 있다. 우선 가장 중요한 이위론적 본문인 고린도전서 8:6을[14] 유의해서 볼 필요가 있다. 여기서 바울은 의도적으로 쉐마를 확장시켜 아버지께서 '한 하나님(데오스)'이시고 그 아들이신 그리스도께서 '한 주'(퀴리오스)시라는 사실을 확고히 한다. 여기서 필자는 세 개의 삼위론적 본문의 중요성을 간략히 언급하고, 이 본문이 모든 형태의 성령 기독론의 몰락을 알리고 있다는 점을 재차 강조하고자 한다.

① 고린도후서 13:3(14)의 은혜- 축도(grace-benediction)는 바울이 구원과 하나님을 어떻게 이해하고 있는지를 알려주는 모든 종류의 신학적인 열쇠를 제공해 준다.[15] 이 축복 기도가 광범위하게 적용될 수 있는 형식적 문구가 아닌 특정 상황을 위해 사용될 목적[16]으로 기록된 기도문이라는 사실은 바울을 이

---

12) 원어 에이스 데오스(εἷς θεός)는 고전 8:4, 갈 3:20, 롬 3:30, 엡 4:6, 딤전 2:5에 나온다. 이러한 개념이 고전 12:6에서는 암시되어 있다. 여기서 "같으니"는 '하나이며 같다'라는 뜻으로서, 11절에서는 같은 개념으로 성령에 대해 이야기한다. 딤전 1:17에서는 모노스(μόνος, 오직)라는 말로 표현된다.
13) 이 구절들을 요약해 놓은 리스트를 보려면 Fee, *God's Empowering Presence*, 841-42를 참조하라.
14) 보다 광범위한 논의를 위해선 3장(pp. 161-168)을 보라.
15) 이 본문에 대한 보다 총체적인 분석을 보려면 Fee, *God's Empowering Presence*, 362-65를 보라.
16) 이 축복 구절이 특별히 기록된 것이며 바울의 것이라는 사실은 두 가지 사실에 의해 입증된다. 우선 이 구절이 "우리 주 예수 그리스도의 은혜"로 한결같이 *시작되는* 여타

해하는 데 있어 그 중요성을 한층 높일 뿐이다. 따라서 이 기도문에서 바울이 말하고 있는 것은 전적으로 이미 전제된 사실에 대해서다. 바울이 지금 무엇인가를 논증하려는 것이 아니라 그리스도의 삶에서 이미 전제되어 있고 경험된 실재에 대해 진술하고 있는 것이다.

첫째, 이 구절은 바울 특유의 열정에 대한 핵심적인 요소, 즉 이방인과 유대인 모두가 믿음을 통해 그리스도 안에서 구원을 얻게되는 사실에 집중하는 복음을 요약해 준다. 하나님의 사랑이 구원에 대한 바울의 시각에서 토대가 된다는 사실은 로마서 5:11, 8:31-39, 에베소서 1:3-14과 같은 본문에서 열정적으로 그리고 명료하게 진술되고 있다. 우리 주 예수 그리스도의 은혜는 그 사랑을 구체적으로 표현해 주는 기능을 한다. 그리스도께서 사랑하는 백성들을 위해 고난 받으시고 돌아가심으로써 하나님께서 인류의 역사의 한 순간에 그들을 위한 구원을 이루셨다.

성령의 교통하심은 신자와 신앙 공동체의 실제적 삶 속에서 하나님의 사랑과 그리스도의 은혜를 지속적으로 실체화 한다. 성령의 코이노니아(κοινωνία, 교제/참여)는 모든 은혜의 근원이신 살아계신 하나님께서 신자들과 친밀하고 영구적인 관계를 맺는 것을 의미할 뿐 아니라 은혜와 구원이 가져다주는 모든 유익, 즉 현재 그들 안에 내재하고 계시며 마지막 때 종말론적 영광을 보장해 주시는 유익을 누리게 하는 것을 의미한다.

둘째로, 이 본문은 하나님에 대한 바울의 이해를 소개하는 입문 기능을 한다. 그의 이해는 그리스도의 죽음과 부활 그리고 성령의 은사라는 한 쌍의 실재로부터 엄청난 영향을 받았다. 바울은 여기서 그리스도와 성령의 신격을 주장하려는 것이 아니다. 그가 말하고자 하는 것은 한 기도문에서 동시에 (후대의 표현을 빌자면) 세 분의 신적 위격(divine Persons)의 사역을 동등하게 여기는 것이다. 그것도 하나님 아버지에 대한 구절에서 아버지를 두 번째에 위치하면서 말이다. 이 같은 사실은 바울이 적어도 원-삼위일체론자였음을 암시한다. 이 사도는 아버지이시며 아들이시고 성령이신 한 하나님을 알고 있으며 경험하고 있다. 그리고 그가 그리스도와 성령에 대해 논할 때를 보면, 아버지에 대해 논할 때만큼이나 전적으로 하나님에 대해 논하고 있다.

그래서 이 축복 기도는 하나님과 그리스도와 성령을 명확히 구분해서 언

은혜-축복 구절과 정확하게 동일한 기능을 수행한다는 것이다. 또 하나는 이렇게 예수님이 제일 앞에 나옴으로써 그리스도, 하나님, 성령이라는 흔치 않은 순서가 축복 구절에만 항상 나타난다는 것이다.

급하면서도 바울 서신 전반에 걸쳐 나타나는 내용을 짧게 표현하고 있다. '그리스도 안에서의 구원'이 하나님과 그리스도와 성령의 협력 사역이라는 것이다.

② 이와 유사한 원-삼위일체론적 함의들이 고린도전서 12:4-6에서도 나타난다. 여기서 바울은 고린도 교인들에게 그들의 시작을 넓히고 그들에게 주시는 풍부하고 다양한 "성령의 나타남"(방언으로 말하는 것만 관심을 갖는 것을 바로 잡으려는 의도로)을 인식하라고 당부한다. 우선 바울은 4-6절에서 그 다양성이 하나님의 본질을 반영하고 있고 이 사실이야말로 그들 가운데 한 하나님께서 역사하고 계신다는 진정한 증거라며 말을 시작한다. 따라서 신적 삼위가 바울의 전체 진술에 전제되어 있을 뿐 아니라, 바울이 이 서언을 꾸밈없이 자유롭게 그리고 무의식적으로 표현하고 있다는 점에서 그 중요성이 더욱 부각된다. 만물의 근원이 되시며 목적이 되시는 하나님은 오직 한 분이신 것처럼, 한 주를 통해 만물이 존재하고(고전 8:6), 한 성령(고전 12:9)의 중재를 통해 한 하나님께서 신앙 공동체 안에 다양한 방법으로 자신을 계시하신다.

③ 에베소서 4:4-6을 보면 고린도후서 13:13(14)과 똑같은 조합어를 만나게 된다. 즉 교의적인 형태의 구문이 삼위일체적 하나님의 독특한 사역에 근거하여 표현된다. 그리스도인의 일치의 근원은 한 하나님이시다. 한 몸은 한 성령께서 만드신 것이다(고전 12:13). 우리는 그분으로 인해 현재의 종말론적 삶을 한 소망을 가지고 영위해 나간다. 왜냐하면 성령께서 "우리의 기업에 보증이" 되어 주시기 때문이다(엡 1:13-14). 이 모든 일을 우리 한 주께서 가능케 하시며, 그분을 향해 우리가 한 믿음을 지닌다. 또한 우리 모두가 한 세례를 통해 한 믿음을 입증하는 증거를 얻는다. 이 모든 실재들의 궁극적 근원은 "만유 위에 계시고 만유를 통일하시고 만유 가운데 계신" 한 하나님이시다. 여기서 초점이 성령의 사역("성령의 하나 되게 하신 것"〈3절〉)에 맞추어져 있으므로 고린도전서 12:4-6과 같이 성령, 주, 하나님의 순서를 따르며, 이는 곧 성령을 통해 현재 경험하는 실재로부터 한 하나님의 근본적인 실재로 논의의 흐름이 진행된다는 말이 된다.

과거, 현재, 미래의 모든 만물을 궁극적으로 책임지시며 성령과 아들의 사역을 하나님의 사역 아래 포함하시는 한 하나님의 일치를 본문의 마지막 구문이 재강조하고 있다면, 본문 전체는 동시에 하나님은 삼위일체적 실재로 경험된다는 확언을 교리적인 형식으로 기술하고 있다. 후대 교회는 분명 이

제16장 그리스도와 성령: 원-삼위일체론자로서의 바울   867

러한 경험과 말을 토대로 명확히 삼위일체적인 말로 이 모든 개념을 표현함으로써 성경이 말하는 온전함을 유지했다.

나중에 나온 두 개의 본문에 대해 언급해야 할 첫 번째 요지는 바울이 각 본문에서 자신의 전통에 담긴 기본적인 신학적 신념을 버리지 않고 오히려 강조하고 있다는 점이다. 즉 하나님은 오직 한 분이시라는 것이다. 두 번째로 언급할 점은 이와 같은 강조가 바울이 한 하나님의 정체성을 의도적으로 확대하여 '한 주'와 '한 성령'을 포함시키는 문맥에서 주로 나타난다는 점이다. 바로 이러한 사실을 초대 교회가 인식하고 있었기 때문에 그토록 심각하게 구약의 자료와 씨름했던 것이다.

그러므로 마지막으로 언급해야 할 것은 그리스도를 '성부와 한 본체'(one Being with the Father)라고 정의한 니케아 공회의 '확정'에 대해 많은 이들이 전적으로 공감하지는 않지만, 이러한 고백은 헬라적 토양이라는 환경 속에서 성경적 계시를 올바로 받아들이려는 노력으로부터 나온 자연스러운 결과로 보는 것이 그리 어려운 일은 아니다. 바울 자료로부터 확실히 알 수 있는 것은 하나님에 대해 이야기 할 때 '경륜적 삼위일체'(economic Trinity)라는 개념 사용이 불가피하다는 점이다.

이러한 신적 신비를 최종적으로 어떻게 이해하든, 바울 기독론을 하등 기독론으로 간주하여 바울 사상이 발전했다거나 그래야 논리적으로 맞는다고 주장하는 것은 바울을 너무나 잘못 이해하는 것이다. 바울이 우리에게 역설하고자 하는 바는 한 쌍의 실재(realities)를 견지해야 한다는 점이며(바울에게 충실해야 한다면), 그 신비에 담긴 긴장을 완전히 풀 수 없다 해도 그렇게 해야 한다는 당위성이다. 즉 하나님은 오직 한 분이시라는 사실과 그 한 하나님께서 완전한 신적 존재이신 아버지와 아들과 성령을 포함한다는 사실을 견지해야 하는 것이다.

PAULINE CHRISTOLOGY

부록 A

그리스도와 인격화된 지혜

지난 반세기 동안 신약 학계에서는 바울 기독론을 적어도 일부분은 인격화된 지혜라는 개념으로 이해해야 한다고 주장하거나 가정하는 흐름이 고조되어 왔다. 칠십인경의 세 군데(잠 8:22-31; 시락서 14:3-22; 지혜서[1] 7:21-10:21)에서 '지혜'라는 말이 나오는 사실과 관련이 있다. 본 부록은 그러한 입장을 바울 자료에 근거하여 반박하고자 한다. 또한 그 입장에 대해 3장, 4장, 7장의 석의적인 부기[2]에서만 논하고 제2부에서는 전혀 다루지 않았는지를 설명할 것이다.

물론 이와 같은 견해는 이전의 교회 역사에 등장했었다. 이를 순교자 저스틴(Justin Martyr, *Dial.* 100)[3]만큼이나 초기로 소급하는 것은 다소 의심스럽지만, 적어도 4세기쯤에는 그러한 견해가 일반적으로 수용되던 입장이었음이 분명하다. 4세기 초에 일어났던 아리우스(Arius) 논쟁의 핵심적 내용이 바

---

1) 독자들이 본장에서 사용할 수밖에 없는 용어와 관련해 미궁에 빠지지 않도록 돕기 위해 필자는 일반적인 의미의 지혜는 'wisdom'으로 표시하고 인격화된 지혜는 'Wisdom'으로 표시할 것이다. 또한 지혜와 관련된 관용어법에 대해선 'wisdom tradition'(지혜 전승)으로, 지혜와 관련된 문헌에 대해선 'Wisdom literature'(지혜 문헌)로 쓸 것이다. 외경인 '솔로몬의 지혜서'의 장이나 본문을 인용할 땐 약자를 써서 'Wis'(본 한글 번역에서는 그냥 '지혜서'라고 표기한다- 역주)라고 쓸 것이다.
2) 본서 pp. 179-185, 299-301, 481-492를 보라.
3) 그러나 Justin은 후에 제기될 내용에 대해 암시만 할 뿐이다. 그의 문장을 보면 구약에서 그리스도를 일컫는 단어가 나열될 때 'Wisdom'이 제일 먼저 나온다(지혜, 그날, 끝, 칼, 돌, 막대기, 야곱, 이스라엘).

로 이러한 견해와 관련이 있었다. 칠십인경 번역가들이 잠언 8:22을 퀴리오스 에크티센 메 아르켄 호돈 아우투 에이스 에르가 아우투(κύριος ἔκτισέν με ἀρχὴν ὁδῶν αὐτοῦ εἰς ἔργα αὐτοῦ, 주께서 그 조화의 시작 곧 태초에 일하시기 전에 나를 창조하셨으며; 개역성경은 '나를 가지셨으며'- 역주)라고 번역했는데, 아리우스는 이 본문을 가지고 그리스도께서 창조된 존재라고 주장했다. 그리스도와 지혜가 같다고 보는 견해를 초대교회가 일반적으로 수용했던 점을 고려할 때, 아리우스는 성경을 가까이 하고 있었던 것 같다. 그러나 니케아인들 특히 아타나시우스(Athanasius)는 그렇게 동일시하는 입장을 부정하기보다는 두 가지 형태로 반응했다. 첫째로 하나님의 아들은 성육신 할 때 '창조' 되었다고 주장하고, 둘째로 지혜의 '창조'는 사실상 세상에 태어난 피조물 안에 '창조'된 '형상' 안에서 발견된다고 주장했다.[4] 아리우스파가 이러한 지엽적인 논쟁에서는 우세했음에도, 전체적인 논쟁에서는 결국 지고 말았다는 사실은 수 세기가 흘러가면서 그러한 견해가 사람들의 관심에서 멀어지도록 만들었다. 그러다 19세기 말에 신약학계에 다시 소개되긴 했지만, 1914년 한스 빈디쉬(Hans Windisch)가 하인리치 기념 논문집(Heinrici Festschrift)에 기고를 한 것이 실질적으로 새로운 인기를 얻는 계기가 되었다.[5] 이러한 견해는 주로 독일 학자들 사이에서 20세기 말까지 나타났으며,[6] 마침내는 프랑스와

---

4) 이 역사에 대해서는 특별히 출판되지 않은 A. L. Clayton의 박사 논문, "The Orthodox Recovery of a Heretical Proof-Text: Athanasius of Alexandria's Interpretation of Proverbs 8:22-30 in Conflict with the Arians" (Southern Methodist University, 1988)를 보라. 필자는 Bruce Waltke 덕분에 이 논문을 찾아볼 수 있었다(Waltke, *The Book of Proverbs* 1-15 〈NICOT; Grand Rapids: Eerdmans, 2003〉, 127을 보라).

5) H. Windish, "Die göttliche Weisheit der Jüden und die paulinische Christologie," in *Neutestamentliche Studien: Georg Heinrici zu seinem 70. Geburtstag* (ed. H. Windisch, WUNT 6; Leipzig: Hinrichs, 1914), 220-34. 이 역사에 대해 일목요연하게 개관한 연구를 보려면 E. J. Schnabel, *Law and Wisdom from Ben Sira to Paul: A Tradition History Enquiry into the Relation of Law, Wisdom, and Ethics* (WUNT 2/16; Tübingen: Mohr Siebeck, 1985), 236-63을 참조하라. 보다 간략하면서도 유용한 연구를 위해선 E. E. Johnson, "Wisdom and Apocalyptic in Paul," in *In Search of Wisdom: Essays in Memory of John C. Gammie* (ed. L. G. Perdue, B. B. Scott, and W. J. Wiseman; Louisvill: Westminster John Knox, 1993), 263-83을 보라.

6) 주목할만한 사실은 Windisch의 소논문이 등장하기 이전에 그리스도를 퀴리오스로 본 바울의 이해와 구약 사이에 어떤 관계가 있다는 견해를 W. Bousset이 적극 부정했다는 점이다(*Kyrios Christo*, 153-210, 특히 200). 그래서 인격화된 지혜가 바울에게 어떤 영향을 끼쳤다는 제안을 찾아보기 힘들다. 이 같은 사실은 Oscar Cullmann이 지혜와 바울 사이의 관계에 대해 관심을 두지 않았다는 점을 설명해 준다. Cullmann은 그의

영어권 세계에서도 뿌리를 박았다.[7]

이러한 시각은 바울이 지혜라는 개념을 도입하기 위해 취한 단계를 분석적으로 밝힌 마틴 헹겔 덕분에 그 영향력이 커졌다.[8] 첫째로, 바울은 일찍이 하나님께서 그 아들을 보내셨다는 개념을 견지하게 되었는데, 여기에는 그리스도의 선재 개념이 내재되어 있었으며 결과적으로 창조와 관련된 그분의 중재 역할도 포함되었다고 헹겔은 주장한다. 둘째로, 유대교 전승에서는 토라 역시 모세가 시내산에서 그것을 받기 이전부터 선재했다고 간주되었다는 것이다. 셋째로 바울이 오래전부터 토라와 지혜를 동등하게 보았던 전통에 속해 있었기 때문에, 토라의 중요성이 사라짐에 따라 그가 선재하신 아들과 선재하는지혜[9]를 동일시하는 것은 매우 자연스러운 행보였다는 것이다. 특히 지

저서 *Christology of the New Testament* (trans. S. C. Guthrie and C. A. M. Hall; Philadelphia: Westminster, 1959), 257에서 지혜를 잠깐 언급하고는 넘어간다.

7) 필자가 다 찾아보진 못했지만 영어권 학자들 중 가장 먼저 관련 연구를 발표한 사람은 C. H. Dodd다. 그는 T. W. Manson의 *Companion to the Bible* (Edinburgh: T&T Clark, 1947), 390-417에 "The History and Doctrine of the Apostolic Age"라는 제목의 소논문을 기고했다. Dodd는 관련 주제를 주의 깊게 논의하며, "증거가 완벽하지는 않지만 바울과는 상관없는 일부 교사들이 하나님의 계시자로서의 (그리스도의) 권위를 신적 지혜라는 구약 개념과 결합시켰다고 보는 것이 적절해 보인다"(409)라고 제안했다. 그러나 그는 고전 1:24을 언급하면서 문맥과는 상관없이 바울이 그리스도를 하나님의 지혜로 간주했다고 해석해버렸다. 그리고는 아무런 증거도 제시하지 않은 채 "바울은 골 1:15-19에서 '지혜'라는 말을 언급하진 않지만 *모든 점에서* ('충만함'이라는 단어만 빼고는) 유대 지혜 신학으로 소급될 수 있는 표현을 사용하고 있다"고 주장한다(이탤릭체는 필자의 표기). 그럼에도 Dodd는 다음 단락을 시작하면서 지혜라는 용어에 인용부호를 붙이며 "이러한 '지혜-기독론'은 바울로 하여금 그리스도를 하나님의 아들이라고 부르는 의미를 보다 적절하게 설명할 수 있게 해주었다"고 말한다. 프랑스권에서는 A. Feuillet, *Le Christ: Sagesse de Dieu d'après les épîtres pquliniennes* (EBib; Paris: Gabalda, 1966)이 있다. Feuillet의 입장은 매우 극단적이어서 그가 정말 바울 서신을 읽고 있는 것인지 의아할 정도이며, 솔로몬의 지혜서에 대한 그의 해석은 석의적인 실수투성이다(예를 들어 그의 저시 10-12장(105-6)을 보면 분명 11:1에서 지혜라는 말이 사라지고 모든 것이 하나님에 의해서 이루어졌다고 진술하고 있는데도, 지혜가 이스라엘에 존재하고 있다고 주장하고 있다).

8) Hengel, *Son of God*, 66-76을 보라. Kim, *Origin of Paul's Gospel*, 102-36을 참조하라. Kim은 이러힌 프로그램을 극단적으로 몰고 간다.

9) 예를 들어 Kim은 "바울이 그리스도께서 율법의 끝에 계시다는 통찰을 다메섹 계시를 통해 얻었으므로 그 이후로 그리스도와 지혜 사이의 관계에 대해 상고할 수밖에 없었다"라고 주장한다(*Origin of Christology*, 126). 이러한 주장에 대해 정말이지 놀라지 않을 수 없다. 왜냐하면 그리스도와 지혜가 '동일하다'는 개념은 바울 서신의 어디에서도 찾아볼 수 없기 때문이다.

혜의 역할이 창조의 중재자로 알려져 있었기 때문에 더욱 그리스도와 연결지으려 했을 것이다.

비록 이러한 시각이 요즘에 와서는 전혀 문제 삼지 않는 영역이 되어 버렸지만(주로 논증 없이 주장만 하는)[10] 충분히 다시 생각해 볼 필요가 있다.[11] 왜냐하면 그러한 시각으로는 바울 사상의 근간을 이루고 있는 핵심적인 요지를 제대로 파악할 수 없기 때문이다. 실제 그리스도와 지혜를 동일시하는 견해를 지지할 만한 실질적인 석의적 근거가 거의 존재하지 않는다고 할 만큼 취약하기 때문에, 이러한 입장이 왜 그리고 어떻게 바울 신학 연구에 있어 일반적인 견해가 되었는지 의아해하지 않을 수 없다.

관련 연구들을 보면 그 해답이 두 개의 미리 가정된 '필요'와 연관되어 있음을 알 수 있다. 즉 바울 사상에서 선재 개념의 '성경적' 배경을 찾아야 할 필요성과 바울이 고린도전서 8:6과 골로새서 1:15-17에서 분명히 진술하듯이 그리스도께서 창조의 중재자셨음을 확신하는 믿음의 선례를 찾아야 할 필요성 모두와 관련이 있다는 것이다. 그리스도에 대한 바울의 이해가 유대적이든 헬라적이든 다른 어떤 '배경'을 지니고 있다고 보기 어렵기 때문에 인격화된 지혜를 가지고 이러한 필요를 충족시키려 하였다.[12] 그러나 이것은 말

---

10) 예를 들어 C. M. Tuckett은 "지금까지는 고려되지 않았지만 바울 기독론에 있어 명백히(!) 중요한 하나의 범주는 지혜라는 범주이다"라고 말한다(*Christology and the New Testament*, 62). 이 주장은 바울 독자들을 경악하게 할 것이다. 왜냐하면 지혜는 '카테고리'가 아니기 때문이다. 눈에 띄는 것은 '명백히'라는 부사가 지혜와 관련된 주장과 결부되어 너무나 자주 나타난다는 점이다. 정작 관련 본문들은 이에 대해 전혀 *명백하지* 않음에도 말이다. 이러한 노선을 따르는 '어리석음'은 Ziesler의 *Pauline Christianity*, 32-35, 45에서도 계속된다. 여기서 그는 솔로몬의 지혜에서 나타나는 "지혜가 사실상 계시와 관련된 (하나님의) 대리자로 나타난다"고 간단히 단언하며 "내려왔다가 올라가는 지혜 이야기"를 빌 2:6-11의 배경에 대한 하나의 (거절당한) 옵션으로 제안한다. 그러나 '올라가는 지혜'라는 개념은 무(無)에서(ex nihilo) 만들어진 근거 없는 개념이다.

11) 실제 바울이 초기 서신에 나타나는 기독론에 대한 Douglas Moo의 개관에서 "지혜 사상이 바울에게 미친 영향은 지나치게 과장되었을 것이다"라는 주장을 읽는다는 것은 참신하고 상쾌한 일이다. Moo가 계속해서 지적하기를 "바울의 초기 서신에 나타나는 기독론에 대한 지혜의 영향을 입증하는 증거는 희박하며 암시적이다"라고 한다("The Christology of the Early Pauline Letters," in *Contours of Christology in the New Testament* 〈ed. R. N. Longenecker; Grand Rapids: Eerdmans, 2005〉, 178). 이러한 입장은 바울의 후기 서신에 대해서도 동일하게 취할 수 있을 것이다.

12) 이러한 양상은 James Dunn이 그의 *Theology of Paul*, 266-93에 나오는 '선재성'에 대한 장의 내용 배열에서 명확히 드러난다. Dunn은 바울 본문을 살펴보 논의를 시작하지 않고, 그가 실재적 선재성이라는 개념을 지혜롭게 지워버리는 고전 8:6을

(석의적인 근거) 앞에 수레(필요한 결론)를 연결하는 꼴이다. 그리고 분명히 알려진 '성경적' 근거가 너무 희박하기 때문에 기본적인 지혜 본문에 대한 석의를 관련 연구에서 전혀 찾아볼 수 없다. 주로 이러한 견해를 단순히 주장하기만 하거나, 그와 관련된 참고문헌을 소개하는 각주를 달아 놓는다. 마치 그 참고 문헌이 그 견해를 명백하게 밝혀주고 있다는 것처럼 말이다.

그러나 그들의 주장을 따라가 보면 많은 문제들이 누그러지지 않은 긴장 가운데 있도록 방치되어 있음을 알 수 있다. 예를 들어 이러한 입장에서 제일 중요한 것은 계속해서 반복되는 주장, 즉 바울이 개진하는 "창조와 관련된 (그리스도의) 중재라는 개념은 지혜에 대한 성찰에서 유래되었다"는 주장이다.[13] 여기서 흥미로운 점은 바울이 두 군데에서 그리스도에 대해 설명할 때 디아(διά, 통해)라는 전치사를 사용하여 그분의 중재적인 대리사역을 가리키고 있다는 사실이 위 주장의 근간을 이루고 있다는 점이다. 그러나 정작 지혜 문헌을 살펴보면 지혜와 창조 사이의 관계와 관련하여 디아라는 전치사가 전혀 쓰이지 않는다.[14] 따라서 그 어떤 명백한 언어적 관련성은 물론이거니와, 바울과 지혜 사이의 관계를 나타내는 결정적인 전치사가 바울이 의존하고 있다고 알려진 문헌에서 전혀 나타나지 않는데도, 신약 학계가 얼마나 오래도록 그러한 입장을 계속해서 주장하려는 건지 의아하다.

따라서 본 부록의 목적은 이 이슈를 다시 논의해보려는 것이다.[15] 그리고

보기 전에 '신적 지혜'에 관한 상세한 설명과 함께 논의를 시작한다(267-72). 필자는 이와 동일한 지적을 가장 강력하게 받은 적이 있다. 필자가 이 주제에 대해 공개 강의를 하고 난 뒤 받은 질문 때문인데, Dunn과 같은 입장을 고수하며 필자의 개인적인 친구이기도 한 사람이 그런 취지로 내게 물었다. "이 문제에 대한 바울의 생각을 뒷받침할만한 다른 가능한 '배경'을 보면 선재에 대한 암시가 전혀 없는데, 이러한 개념이 지혜 문헌이 아니면 대체 어디서 왔다는 말인가?" 필자는 반농담조로 '계시'의 가능성을 그에게 상기시켜주었다. 그러나 그러한 질문 자체는 바울과 지혜의 관계에 대한 사변의 근원은 대체 어디 있냐는 말을 암시하는 질문이기도 했다. 그러한 사변은 바울의 본문들을 관련 문맥에 비추어 석의했다면 전혀 나올 수 없는 것이다.

13) Kramer, *Christ, Lord, Son of God*, 222. 참고로 Hengel은 "하나님의 아들이 중재자로서의 지혜가 지닌 광범위한 기능을 취했다"라고 말한다(*Son of God*, 73). Kim은 "바울이 이해하는 그리스도의 선재성과 창조와 관련된 중재사역은 그가 신적 지혜의 특성을 그리스도에게 옮김으로써 생겨난 결과가 분명하다(!)"고 말한다(*Origin*, 117).

14) 이 점은 지혜 문헌을 영어로 번역하는 과정에서 편의상 간과된다. 전형적인 여격(테 소피아⟨τῇ σοφίᾳ⟩, 잠 3:19; 지혜서 9:2)이나 여기에 엔(ἐν)이 추가되어 대리 역할을 가정하는 구문(시 104:24)이 번역되면서 '통해'라는 개념이 생략되는 것이다. 아래에서 석의하면서 지적하겠지만 그렇게 하는 것은 옳지 않다.

15) 본 장의 일부 내용은 필자의 오랜 동료이자 친구인 Bruce Waltke를 위한 기념

논의될 내용이 여러 요인에 대한 매우 상세한 고찰로 이루어져 있기 때문에 논의 진행을 결정지을 '논리'를 먼저 언급하고자 한다. 필자는 우선 앞의 여러 장에서 기본적인 바울의 본문들을 살펴보면서 도출한 석의적인 결론을 간략하게 제시할 것이다. 이러한 작업만으로도 적절한 결론을 이끌어 낼 수는 있으나, 문제는 모든 주석가들이 관련 본문들을 같은 시각으로 접근하지 않는다는 것이다. 따라서 다음 단계에서는 그리스도를 인격화된 지혜와 동일시하는 견해에 수반되는 핵심적인 석의적 오류를 밝혀 볼 것이다. 그들은 모호한 부분을 토대로 주장하고 명확한 부분은 오히려 제쳐 둔다. 이와 관련된 난관을 지적하기 위해 바울이 지혜 전승을 명확히 사용하는 것과 사용하지 않는 것에 대해 면밀히 분석할 것이다. 여기서 필자는 바울이 이 전승을 실제로(매우 제한적으로) 사용할 때는 항상 그 전승이 말하고자 하는 요지와 일치시킨다는 점을 언급할 것이다. 더욱 중요한 부분은 솔로몬의 지혜서를 바울이 사용하는지에(실제로는 사용하지 않는) 대해 살펴보는 것이다. 이 지혜서는 바울과 지혜를 연결시키고자 하는 견해의 유일한 근거 자료로서 이것이 없다면 그들의 견해도 없었을 것이다.[16] 세 번째 단계는 지혜 전승의 저자들이 인격화된 지혜를 창조의 대리자로 인식하고 있거나 이런 인식을 약간이라도 암시하는 구절 모두를 고찰하는 것이다. 이러한 작업의 주요 부분은 어떻게 그 저자들 자신이 지혜의 인격화를 이해했는지를 묻는 것이기 때문에, 세 번째 단계에서는 이 질문을 필두로 그들의 이해와 그리스도를 영원 전부터 선재하신 분으로 묘사하는 바울의 이해 사이에 어떤 근본적인 관계가 있는지 묻게 될 것이다.

논문집에 기고되었던 것이다(*The Way of Wisdom: Essays in Honor of Bruce K. Waltke* 〈ed. J. I. packer and S. Soderlund; Grand Rapids: Zondervan, 2000〉, 251-79). 이 에세이는 G. D. Fee, *To What End Exgesis? Essays Textual, Exegetical, and Theological* (Grand Rapids: Eerdmans, 2001)의 21장으로 재출판되었다.

16) 주요 학문적 연구를 대강 훑어봐도 이러한 양상은 여지없이 드러난다. 즉 이러한 견해를 나타내는 최근 연구들을 보면 잠언 8장의 히브리어 본문이나 헬라어 본문으로부터 나오기 힘들기 때문에, 그들의 입장을 수사적으로 표현할 때 한결같이 '지혜 전승'이나 '유대인의 지혜'라는 구문을 사용한다. 그러나 지혜의 여신이 창조의 대리자였다는 사실(실은 사실이 아니다)을 잠 8:22, 24이 암시하고 있다고 자주 주장되고 있음에도, 이러한 견해를 지지하는 학자들이 절대적으로 필요로 하는 유일한 자료는 솔로몬의 지혜서다.

1. 바울이 그리스도와 지혜를 동일시했는가?

바울이 그리스도를 지혜와 동일시했다고 알려진 바에 대해서는 앞에서 해석한 장들을 통해 자세히 다루었으므로[17] 여기서는 주요 본문을 열거하고 이들이 '지혜 기독론'을 지지하지 않는 이유들을 요약하는 것을 목적으로 한다. 우선 그리스도께서 창조의 신적 대리자라는 사실을 가정하며 단언하는 두 개의 본문인 고린도전서 8:6과 골로새서 1:15-18을 논한 뒤, 그리스도께서 하나님의 형상과 영광이시라고 명하는 고린도후서 4:4-6로 끝맺을 것이다.

1) 고린도전서 8:6 (그리고 1:24, 30)

고린도전서 8:6의 배후에서 인격화된 지혜를 찾으려는 것은 과감한 결단이다.[18] 왜냐하면 본문에서는 그런 내용에 대한 희미한 암시조차 찾을 수 없기 때문이다.[19] 바울은 유대인들의 쉐마를 두 부분으로 나누는 과정에서 한 데오스를 '아버지'로, 한 퀴리오스는 '예수 그리스도'로 고백하고 있다. 여기서 하나님이 아버지를 지칭하고 있으므로 그리스도는 자연히 '아들'을 뜻한다고 볼 수 있다. 그럼에도 자주 제기되는 주장은, 우리가 본문에 나오는 그리스도를 지혜의 여신(Lady Wisdom)으로 이해하도록 하려는 의도가 바울에게 있다는 것이다. 어떤 근거로 이러한 단정을 내린다는 말인가? 바로 1:24, 30에서 바울이 직접 그렇게 동일시했다는 사실을 상기함으로써 단정할 수 있다고 한다.

그러나 그들의 생각은 분명 잘못되었다. 바울이 1:24에서 십자가에 달리신 메시아를 "하나님의 능력이요 하나님의 지혜"라고 말한 것은 인격화된 지혜와는 하등의 관계가 없으며 실질적으로는 그러한 해석을 오히려 부정하고 있다. 실제로 이 구절(24절)에 나오는 '그리스도'는 한 문장(23절) 안에 나오는 '십자가에 달리신 그리스도'와 동일한 의미로 쓰이고 있다. "십자가에 못 박

---

17) 각주 2번을 보라
18) 이 본문들에 대한 총제적인 석의를 위해선 3장(pp. 161-168, 186-187)을 보라. 아래서 언급될 내용들은 이미 3장에서 석의한 내용들을 간략히 요약한 것이므로 관련 본문들을 꼭 필요하지 않은 이상 다시 언급하지는 않을 것이다.
19) 이에 대해 Hurtado는 직설적으로 "이러한 견해(지혜와 동일시하는)의 문제점은 바울 서신의 본문이 그렇게 말하지 않는다는 데에 있다"라고 말한다(*Lord Jesus Christ*, 126).

힌 그리스도"는 '지혜를 추구하는' 헬라인들이 볼 때 미련한 것이었기 때문에, 십자가에 달리신 그리스도께서는 사실상 일반적인 지혜를 구하는 이들에게 하나님의 지혜를 궁극적으로 드러내신다고 바울은 (반어적으로) 단정한다. 이러한 의도적인 아이러니로부터 인격화된 지혜를 도출하는 것 자체가 일종의 아이러니다. 왜냐하면 여기서 두드러지는 것은 그리스도의 '인격'이 아니기 때문이다. 여기서 부각되는 것은 하나님께서 메시아를 십자가에 달리신 분으로 보여주셨다는 사실이다.

이 주제를 1:30에서 다시 언급하면 보다 명확하게 진술한다. 여기서 바울은 회심을 뜻하는 세 가지 은유적 표현, 즉 그리스도의 십자가로부터 비롯된 의로움, 거룩함, 구속함을 '지혜'와 함께 나열하고 있다. 이 모든 것이 매우 명료하게 표현되고 있어서 일반적인 독자들은 본문으로부터 지혜의 여신을 찾을 수도 있을 것이다. 그러나 그런 경우는 본문에서 그 '여신'을 찾아야만 한다는 말을 들었을 때나 가능한 얘기고, 오히려 편지의 원래 수신자들은 즉 고린도 교인들은 전혀 찾을 수 없었을 것이다. 왜냐하면 바울은 본 서신서에서 '지혜'를 강력히 반대하는 입장에 있기 때문이다.

더구나 본문에는 지혜 문헌에 나오는 본문이나 모티브를 가리키는 그 어떤 암시도 없다. 오히려 1:26-31 전체는 중요한 예언적 본문(렘 9:23-24)에 대한 바울 버전의 '미드라쉬'(midrash)라고 볼 수 있다. 이 예언서 본문에는 바울이 지혜를 열망하는 고린도 교인들에게 반어적으로 적용하는 '지혜'라는 키워드가 있다. 그러나 그들이 열광하는 지혜는 유대적 지혜가 아닌 헬라적 지혜였다. 실제 본문이 진술하듯 '지혜'를 찾는 이들은 '헬라인'이며, 그 지혜는 성경과는 하등의 관계가 없다. 따라서 본문의 전체 개요는 예레미야의 예언을 고린도 교인들의 상황에 적용하는 것이며, 바울은 한 본문을 인용하며 끝을 맺는다. 그 인용문은 "자랑하는 자는 주 안에서 자랑하라"라는 본문으로서, 여기서 주는 이 땅에 계실 때 '십자가에 달리신 메시아'로 드러나신 승귀하신 주를 의미한다. 이 모든 요인을 지혜의 여신에 적용하려는 것은 매우 특이한 종류의 학문적 대담성을 필요로 한다.

따라서 바울은 1:24, 30에서 그리스도와 지혜를 동일시하지 않을 뿐 아니라 바울의 논지에 담긴 본질 자체가 고린도 교인들이 두 존재를 (연결 할 수도 없거니와) 연결하도록 승인하지 않는다. 더욱이 8:6의 문장은 1:24의 진술로부터 상당히 떨어져 있으므로 서로 연결되어 있다고 보기 힘들다. 따라서 바울이 8:6에서 인격화된 지혜를 염두에 두고 있다는 주장은 심각하리만큼 석의적인 비약이라고 생각한다. 바울 자신은 사실 (이제 승귀하신) 아들을 쉐마의 퀴리오스로 밝히고 있으며, 여기에는 데오스 아버지의 아들로서 선재하셨다는 사실이 전제되어 있다. 어떻게 이러한 남성적 이미지를 고린도 교인들이 지혜의 여신을 지칭하는 말로 받아들일 수 있다고 생각할 수 있는가?[20] 그래서 아무런 석의적 근거 없이 본문의 퀴리오스는 사실 소피아를 가리키는 말로 읽어야 한다고 주장하는 것은 학문적인 지혜가 아니라 학문적인 대담성이라고 본다.

2) 골로새서 1:15-18

충분한 경험이 부족한 독자들이 골로새서의 '찬가'에서 지혜(Wisdom)를 발견하는 일은 보다 많은 도움을 필요로 한다. 15절에서 말하는 '그'가 가리키는 문법적인 선행사는 13절의 '아버지의 사랑의 아들'이다. 더구나 '지혜'(wisdom)라는 단어나 지혜 전승에서 온 어떤 말도 이 본문에서는 나타나지 않는다. 예를 들어 "'형상'이라는 단어는 지혜 전승에 나온다"라는 일반적인 단정은 사실이 아니다. 이 단어는 전체 전승에서 단 한 번 나오는데(지혜서 7:26), 3행으로 이루어진 구문의 마지막 행에서 거울 이미지가 사용될 때 나타난다. 정반대로 단정하는 경우가 자주 있지만 지혜(Wisdom)는 '하나님의 형상'을 암시하지 않는다. 오히려 거울 이미지를 근거로 볼 때 '선하심을 보여주는 형상'으로서 하나님의 지혜가 그의 선하심 속에 '반영된다'는 뜻이다 (3행 구문의 첫 행이 가리키는 것처럼). 그러므로 이러한 이미지는 바울의 거울 이미지 사용과 관계가 있는 창세기 1-2장과 아무런 관련이 없다.

프로토토고스의 경우도 마찬가지다. 이 단어는 지혜 전승에서 전혀 나타나지 않는 단어지만 자주 정반대의 주장이 제기되곤 한다.[21] 간혹 필로가 프로토고노스를 사용하고 있다는 사실에 호소하긴 하지만 효력은 없다. 왜냐하면 그는 이 단어를 지혜(wisdom)와 결부시켜 사용하지 않으며, 그 단어가 지

---

20) 여기서 주목해야 할 것은 인격화된 지혜를 신혁 존재로 보는 필로 역시 이러한 성별 문제와 씨름해야 할 필요성을 자각하고 있다는 점이다. 그래서 *Fug.* 51-52을 보면 필로는 레베카의 아버지인 베두엘을 지혜(Wisdom)와 동일시하면서 동시에 이렇게 묻는다. "하나님의 딸인 지혜가 어떻게 아버지라 불릴 수 있는가?" 필로는 이에 대해 전형적으로 복잡하게 얽힌 대답을 한다.
21) 7장의 부기에 나오는 논의(pp. 484-492)를 보라.

혜 전승에서 단 한 번 쓰이는데 인격화된 지혜와는 아무런 관련이 없다.[22]

마지막으로, 본문에 대해 부기(7장)에서 지적했듯이 "지혜 전승에 속한다고" 알려진 여타 단어들 중 그 어느 것도 실제 지혜 전승에 속하지 않기 때문에, 하나님의 아들을 인격화된 지혜와 동일시하는 것은 놀랄 일이지 수용해야 할 시각이 아니다. 바울 전 서신에서 바울 자신이 이미 하나님의 아들을 하나님의 형상과 처음 난 자로 밝혔다는 점(롬 8:29)을 고려할 경우 더욱 그렇다.

3) 고린도후서 4:4-6

이 본문은 여기서 논의할 만한 의미가 담긴 마지막 본문이다. 이 본문에 '영광'과 '형상'이라는 두 단어가 동시에 나타나기 때문이다. 창세기 1-2장의 의미로 쓰이는 '형상'은 인격화된 지혜와 무관하지만 '영광'이라는 단어는 잠언 8:18과 지혜서 7:25에 나오며 특히 지혜서 본문을 보면 '지혜'(Wisdom)가 "전능자로부터 나오는 영광의 순수한 빛"으로 묘사된다. 바로 다음에 나오는 3행으로 이루어진 구문(26절)에서는 그 지혜(Wisdom)가 거울 이미지를 통해 "하나님의 선하심을 보여주는 형상"을 가리키고 있다는 사실을 감안할 때, 영광과 지혜가 함께 나란히 나오는 점은 뭔가 의미심장해 보인다. 그러나 사실은 이 본문에 대한 부기(7장)에서 언급했던 것처럼 바울의 기록에선 아무것도 인격화된 지혜가 그 배경이 된다고 제시하지 않는다. 이 지혜서 본문과 고린도후서 본문과의 문자적 유사성은 순전히 우연의 일치로 봐야 한다. '영광'이 중요한 단어로 부각되는 출애굽기 34:29-35을 바울이 자세히 설명하고 있는 상황에서 거울 이미지를 사용하고 있다(3:18)는 사실을 토대로 볼 때, 우연적 일치로 보는 것이 옳다.

위에서 다룬 본문들에 대해 두 가지 요소를 제시할 필요가 있다. 첫째로, 바울은 그리스도께서 창조의 대리자시라는 사실을 명확히 확언하고 있으며 이를 통해 그분의 선재성을 가정하고 있다. 하나님의 아들을 언급하는 그 어떤 바울 본문도 지혜(Wisdom)가 "하나님께서 창조하신 것 중 첫 번째 피조

---

22) 이것은 시락서 36:17(칠십인경 36:11)에서만 사용되어 이스라엘을 하나님의 '장자'로 지칭한다(다른 곳에서도 이 단어가 나오는데, 수확물의 '첫 열매들'을 먹는 내용에 대해 이야기하는 미 7:1에서 복수 형태로 나온다).

물"이었다는 지혜 전승의 진술과 유사하지 않다. 둘째로, 그리스도에 대해 이러한 확언을 하는 바울은 지혜 전승에서 쓰이는 표현을 전혀 사용하지 않는다. 이와 다르게 주장하는 이들도 있지만 말이다. 실제 바울 본문을 똑바로 석의한다면 인격화된 지혜를 관련 논의에 포함시키지는 않을 것이다. 따라서 어떻게 지혜가 바울 기독론 논의에 그토록 많이 나타날 수 있으며, 그것도 증명해야 할 문제가 아닌 간단히 단정할 수 있는 문제로 나오고, 지혜 문헌을 합의된 근거 자료인 양 각주로 달 수 있단 말인가? 이러한 현상은 바울 본문 자체에서 비롯된 것이 아니라, 그리스도의 선재성과 그분의 창조의 대리자로서의 역할에 대한 바울의 확신에 깔린 배경을 그의 유대교적 전승에서 찾아야 한다고 느낀 필요성에서 기인한다. 그래서 이제 이 문제를 논하려 한다. 우선은 위와 같은 '발견'[23)]과 관련된 근본적인 석의상의 오류를 다루며 시작하고자 한다.

2. 바울과 지혜 전승

어떤 연구든지 출발점은 방법론에 대한 기본적 고찰이다. 통상적으로 위험요소가 다분한 내용이 아닌 확실한 내용으로부터 시작하기 마련이다. 본 논의의 경우 이러한 방법론적인 근본적 이치를 실행에 옮겨 지혜 전승의 희미한 반영(가능하긴 하지만 전혀 일어날 것 같지 않은)으로 시작하지 않고 이 전승을 바울이 논란의 여지없이 분명하게 사용하고 있는 본문으로부터 시작하려 한다. 그래서 우리는 여기서 바울이 지혜 전승을 실제로 인용하고 있거나(사실 매우 드물긴 하지만) 암시하고 있는 것이 거의 확실한 본문들을 살펴볼 것이다.[24)] 이를 통해 세 가지 중요한 결론을 도출해 낼 수 있다. 첫째는 지혜 전승을 인용하거나 암시하는 경우가 매우 제한적이라는 점이다. 둘째는 그가 그 전승을 인용할 때 그 내용이 인용된 본문에서 말하고자 하는 논지와 다양한 방법으로 일치한다는 점이다. 셋째는 이러한 인용/암시가 정경에 포함된 히

---

23) 이러한 표현과 특히 당면 문제에 대해서는 D. A. Carson, *Exegetical Fallacies* (2d ed.; Grand Rapids: Baker, 1996), 91-126을 보라.
24) 바울이 헬라어 소피아(σοφία, 지혜)와 소포스(σοφος, 현자)라는 말을 기본적으로 경멸하거나 교정하려는 의도로 사용하는 것에 대해선 고전 1:17-2:16을 다루는 3장의 부기(pp. 179-185)를 보라.

브리어 성경에 국한되며 따라서 시락서나 솔로몬의 지혜서는 제외된다는 점이다. 이러한 문제를 차례로 논의해 보도록 한다.

1) 바울의 지혜 전승 인용

우선 전반적인 바울의 구약 사용을 살펴보면 여러 문제가 명료하게 나타나는 것을 알 수 있다. 고찰 범위를 분명한 인용 구절에 국한시킬 경우 바울의 주요 관심사가 이스라엘 이야기의 중심적인 요소들에 있다는 사실이 부각된다. 그 요소들은 창조, 아브라함(이방인 포함에 대한 언약과 함께), 출애굽(속박으로부터의 해방과 약속된 땅을 받는 것을 포함), 율법 수여(특별히 율법에 대한 이스라엘의 실패를 예상하는 신명기), 다윗 계열의 왕권, 약속된 회복이다. 그러므로 바울은 헬라어 성경(칠십인경- 역주)을 전반적으로 인용하지만 대부분 창세기, 신명기, 이사야, 시편을 인용한다. 더욱이 그는 인용문을 자신이 기록하고 있는 문장의 문법과 내용에 맞추어 조정하긴 하지만 대개는 칠십인경의 표현을 충실히 따르고 있다. 칠십인경이 히브리어 본문과 다를 때도 마찬가지다. 이는 아마도 당시 바울과 초대교회가 지니고 있던 성경이 칠십인경이었기 때문이라고 추정해 볼 수 있다.

지혜 전승 인용이 바울 서신에서 약간만 인용된다는 점은 위와 같이 칠십인경이 풍부하게 인용된다는 점에 비추어 생각해 보아야 한다. 전도서로부터는 한 구절이 '인용'되고 한 구절은 반영(그것도 언어적이 아닌 개념적인)이되었고, 욥기는 두 구절이 반영되고 있으며, 잠언에서는 두 구절이 인용된다. 관련 본문을 나열하면 아래와 같다(볼드체 활자는 인용이나 바울과 칠십인경 사이의 공통 단어를 의미).

① 고전 3:19 γέγραπται γάρ· ὁ δρασσόμενος τοὺς **σοφοὺς** ἐν τῇ
   πανουργίᾳ αὐτῶν·
   욥 5:12-13 12 δια**λλάσσοντα** βουλὰς **πανούργων** …
   13 ὁ κατα**λαμβάνων**   **σοφοὺς**
   ἐν τῇ φρονήσει
   고전 3:19 기록된 바 **지혜** 있는 자들로 하여금 자기 궤휼에 빠지게 하시는 이라 하였고

부록 A 그리스도와 인격화된 지혜   881

욥 5:12-13   12 하나님은 **궤휼한 자**의 계교를 파하사 …
13 **지혜** 있는 자(개역성경은 '간교한 자' - 역주)로 자기 궤휼에 빠지게 하시며

② 고후 9:7   ἱλαρὸν γὰρ δότην ἀγαπᾷ ὁ θεός
잠 22:8a (칠십인경)   ἄνδρα ἱλαρὸν καὶ δότην εὐλογεῖ ὁ θεός
고후 9:7   **하나님은 즐겨 내는 자**를 사랑하시느니라
잠 22:8a (칠십인경)   **하나님은 즐겨 (양식을) 주는 자에게** 복 주시느니라
(개역성경은 "복을 받으리니 이는 〈양식을 가난한 자에게 〉 줌이니라"- 역주)

③ 롬 3:10   οὐκ ἔστιν δίκαιος οὐδὲ εἷς,
전 7:20   ὅτι ἄνθρωπος οὐκ ἔστιν δίκαιος ἐν τῇ γῇ
롬 3:10   **의인은 없나니** 하나도 없으며
전 7:20   **의인은** 세상에 **아주 없느니라**

④ 롬 12:20   ἀλλὰ ἐὰν πεινᾷ ὁ ἐχθρός σου, ψώμιζε αὐτόν
ἐὰν διψᾷ, πότιζε αὐτόν
잠 25:21   ἐὰν πεινᾷ ὁ ἐχθρός σου, τρέφε αὐτόν
ἐὰν διψᾷ πότιζε αὐτόν
롬 12:30   **네 원수가 주리거든** (그를) 먹이고 **목마르거든 마시우라**
잠 25:21   **네 원수가 배고파하거든** (그에게) 식물을 먹이고 **목말라하거든 물을 마시우라**

위에서 본 네 개의 명백한 인용/반영 구절 외에도 바울 서신에는 바울이 히브리어 본문을 반영하고 있는 것 같은 구절이 하나 있는데, 이 구절은 칠십인경에서 매우 다르게 번역되어 있다(또는 이 구절은 관련 히브리어 본문이 칠십인경과 다르다는 증거를 제시한다).

⑤ 로마서 11:35   τίς προέδωκεν αὐτῷ, καὶ ἀνταποδοθήσεται αὐτῷ
욥 41:11   מִי הִקְדִּימַנִי וַאֲשַׁלֵּם (41:3 맛소라 본문)

칠십인경(41:3) ἢ τίς ἀντιστήσεταί μοι καὶ ὑπομενεῖ εἰ πᾶσα ἡ ὑπ'
οὐρανὸν ἐμή ἐστιν
롬 11:35 누가 주께 먼저 드려서 갚으심을 받겠느뇨
욥 41:11 누가 내게 맞서 배상을 요구하겠느냐(개역성경은 "그것이 어찌 내게 연속 간구하겠느냐"- 역주) (TNIV)[25]
칠십인경(41:3) 누가 그와 맞서서 무사하겠느냐? 하늘 아래 모든 만물은
내 것이니라

⑥ 로마서 11:33. 마지막으로 욥기 저자의 시각과 유사한 시각을 반영하는 본문에서 한 단어가 이 본문에서 반영되어 있다. 로마서 11장 끝에 나오는 찬사(33-36절)에서 바울은 마지막으로 하나님의 위대하심을 측량할 수 없으며 찾을 수 없다고 선언한다. 이 찬사에서 그는 구약의 선례를 추종하고 있으나, 34절에서 이사야 41:13을 '인용'하는 것 말고 나머지 구절은 바울이 직접 기록한 것으로 보인다. 여기서 바울은 여전히 구약 개념들을 반영하고는 있지만 칠십인경의 실제 표현은 33절에서만 한 번 나온다. 즉 아넥시크니아스토스(ἀνεξιχνίαστος, 추적될 수 없는)라는 단어인데 칠십인경에서는 욥기(5:9; 9:10; 34:24)와 므낫세의 기도(the Prayer of Manasseh) 1:6에서만 사용되는 단어이다. 이 단어의 독특한 특성 때문에 바울이 여기서 '구약에서 나온 용어'를 사용하고 있다고 추정할 수도 있을 것이다.

마지막으로 위에서 본 6개의 예문을 제외하고는 지혜 전승은 바울 서신에서 찾아볼 수 없다는 점을 유념해야 한다.[26] 그럼에도 위 예문을 문맥에 비추어 면밀히 분석해 보면 바울이 이 전승을 잘 알고 있었다는 것이 분명해진다. 왜냐하면 특히 반영하는 예문들이 바울 안에 깊이 내재되어 있는 전승에 대한 지식을 입증해주고 있기 때문이다.

---

25) 이 본문에 대한 영어 성경 번역은 가지각색이다. 이는 번역 철학에 따른 결과로서, 히브리어 본문을 따를 것인지(TNIV, ESV, NASB) 아니면 번역가들이 느끼기에 더 정확하다고 생각되는 칠십인경 본문을 따를 것인지(REB, NJB, NAB)에 따라 번역이 다르다. 결국 이 본문만 보고서는 바울이 히브리어 본문을 반영하는지 아니면 현재 우리가 가지고 있는 칠십인경 본문과는 다른 헬라어 본문을 가지고 있는지는 알 수 없다.
26) 다른 예외적 구절은 아마 딤전 6:7일 것이다. 이 구절은 전 5:14의 느낌을 반영하고 있을 뿐 칠십인경의 표현을 반영하고 있진 않다.

2) 바울의 지혜 전승 사용에 담긴 특성

본 연구의 목적을 고려할 때 중요한 점은 바울이 지혜 전승을 4번만 인용하고 있음에도 불구하고 각각의 인용 구절을 보면 인용된 구약 본문이 말하고자 하는 논지를 그래도 유지하고 있다는 사실이다. 예를 들어 바울이 로마서 3:10에서 전도서 7:20을 인용하거나 로마서 12:20에서 잠언 25:21-22을 인용할 때 해당 문맥을 보면 인간의 죄나 그리스도인의 윤리가 당면 과제로 부각되어 있다. 바울은 인간의 죄성이 지닌 보편성을 구약이 증거하고 있다는 점을 입증하기 위해 구약 전반에 걸쳐 나타나는 본문을 로마서 3:10-18에서 길게 연속해서 인용한다. 여기서 전도서 7:20이 인용된 부분은 초반부에 나타나고 있다.[27] 이와 유사하게 잠언 25:21-22의 인용은 로마서 12장에 나오는 장문의 윤리적 권고문의 마지막에 나타난다. 이 경우 인용문은 악행을 시도하는 이들에 대한 기독교적인 대응과 관련 있는 단락을 마무리하는 기능을 한다.

마찬가지로 욥기가 두 번 인용되는 부분은 신자들이 하나님의 위대하심과 영광을 묵상할 때 경험하는 경외와 경이로움을 반영하고 있다. 고린도전서 3:19에 나타나는 욥기 5:12의 '인용'/반영은 고린도전서에서 바울이 사용하는 세 개의 구약 구절, 즉 필자가 개인적으로 '지혜를 놓고 하나님과 겨루지 말라'(Don't match wits with God) 구절이라고 부르는 것 중 하나이다(참조. 1:19에서 사 29:14 사용; 시 94:11은 현 본문에 바로 뒤이어 나오는 고전 3:20에서 사용됨). 이 구절에서 바울은 고린도 교인들로 하여금 그들이 가지고 있던 지혜를 향한 열망을 올바로 직시하도록 한다. 그들은 지혜를 성령의 은사들 중에 하나처럼 높이 평가했던 것이다. 반면에 로마서 11:35에서 욥기 41:11을 암시하는 부분은 하나님에 대한 순전한 경외와 그분의 광대하심을 반영하는 구절이다. 하나님의 길은 누구도 그 흔적을 찾아낼 수 없기에 바울은 "누가 주께 먼저 드려서 갚으심을 받겠느뇨"라고 고백한다.

따라서 지혜 전승을 바울이 실제로 사용하는 점에 대하여 위에서도 언급했던 두 가지 결론을 여기서 다시 언급해 볼 수 있다. 즉 구약의 다른 본문을 사용할 때와 비교해 볼 때 지혜 전승으로부터는 극소수의 인용과 암시만이 있

---

27) 전 7:20이 서두에 있는 이유는 아마 이 구절에 키워드, 즉 "디카이오스(δίκαιος, 의로운)는 없나니"라는 주요 문구가 있기 때문일 것이다.

을 뿐이다. 또한 이 전승을 인용할 때 그 전승 자체 내에서 말하고자 하는 요지가 인용 구절 안에 유지되도록 한다.

3) 시락서와 솔로몬의 지혜서를 사용하지 않는 바울

마지막으로 유념해야 할 것은 만일 바울이 그리스도를 창조의 중재자로 표현하고 이해하기 위해 솔로몬의 지혜서를 사용했다면, 솔로몬의 지혜서에 대한 일종의 언어적 반영이 그의 서신서에서 발견되어야만 한다. 그러나 문제는 그렇지 않다는 것이다. 이 점을 입증할 증거 자료는 본 부록 끝에 있는 추가 부록(addendum) I에서 찾아볼 수 있다. 이곳을 보면 바울 서신에 관한 네슬레-알란트 27판의 난외주에 적혀 있는 38개의 솔로몬의 지혜서 구절을 나열해 놓았다. 이 목록에 관한 여러 요인들을 보면 매우 흥미로운 부분을 발견하게 된다.

① '반영 구절들'을 나열해 놓은 목록을 면밀히 연구하는 것은 말할 것도 없고 대강 훑어보기만 해도, 바울이 솔로몬의 지혜서를 알았다거나 사용했다는 확신을 줄 만한 단서가 전혀 없다는 사실이 확연히 드러난다. 일부 구절들을 보면 너무 모호해서 실제로 사용된 것인지 파악조차 안 되며, 다른 구절들은 개념적으로 유사하거나[28] 우연의 일치에 해당된다.

② 솔로몬의 지혜서의 특성을 미루어 볼 때 놀랄만한 일도 아니지만, 이러한 언어적 반영의 대부분이 지혜(이제 인격화된)를 찬양하고 기도를 통해 구하는 내용을 담은 주요 중심부(7:22-9:18) 밖에서 일어난다. 다시 말해서 '반영'으로 알려진 대부분의 구절이, 인격화된 지혜와는 무관한 유대인들의 이야기를 지혜서 저자가 반추하고 있는 부분에서만 나타난다는 것이다.

③ 이렇게 서로 비슷하다고 하는 일부 구절들이 실은 불분명한 가운데, 네슬레-알란트 본문이 정작 본 논의를 위해서 중요한 구절, 즉 고린도전서 8:6,

---

28) 이러한 구절들이 네슬레-알란트 본문에 매우 적절하게 포함되어 있다. 물론 서로 다른 저자들 사이에 존재하는 유사성을 언급하기 위해서다. 그래서 솔로몬의 지혜서가 이집트의 장자들을 멸하신 하나님의 갑작스러움을 묘사하는 양상이 마치 바울이 "주의 날이 밤에 도적 같이 이를 줄"이라고 하는 진술과 개념적으로 유사하다. 그럼에도 두 내용 사이에는 아무런 관련이 없으며, 이 밖의 다른 '유사 구문들' 역시 마찬가지다. 바울 서신이 지혜서의 용어를 차용하는 것처럼 보이는 부분(예를 들어 엔뒤사메노이 소라카 ⟨ἐνδυσάμενοι θώρακα⟩라는 조합어⟨살전 5:8/지혜서 5:18⟩)는 두 저자가 모두 사 59:17을 알고 있었다는 방증이다.

고린도후서 4:4-6, 골로새서1:15-18에 대해서 솔로몬의 지혜서를 가리키는 단 하나의 난외주도 달지 않는다는 점이 매우 흥미롭다. 물론 이를 설명할만한 합당한 이유가 있다. 바로 이 바울 본문과 지혜서 사이에는 언어적 유사성도 개념적 유사성도 없기 때문이다. 더구나 추가 부록 I에 실려 있는 바울 구절들을 가만히 들여다보면 거기에 기독론적 본문은 단 한 구절도 없다는 사실을 바로 알 수 있다.

이 모든 내용을 종합해 보면 다음과 같은 사실을 알 수 있다. 바울이 지혜 전승을 분명히 사용하는 부분과 더불어 솔로몬의 지혜서를 알고 있었음을 증명하는 증거가 부족하다는 사실을 고려할 때 바울이 기정사실화 하는 기독론적 신념, 즉 그리스도께서 선재하셨다는 사실과 그분이 창조에 있어 신적 대리자셨다는 사실의 '배경'을 지혜 문헌에서 찾아야 한다는 절대적 확신을 얻기 어렵다는 것이다.

3. 창조의 '대리자'로서의 지혜

이러한 사실들을 염두에 둔 채 바울 사상에 나타나는 지혜 기독론을 지지하기 위해 자주 거론되는 구절들을 살펴보려 한다. 그리고 이 경우 모든 논의에서 중심적인 부분에 초점을 맞출 것이다. 우선은 바울이 그리스도를 창조에 있어서의 신적 대리자로 설명할 때 지혜 전승에 나타나는 표현은 그 어디에서도 사용하지 않는다는 사실을 반복할 것이다. 그래서 여기서의 당면 과제는 창조와 관련된 그리스도 역할에 대해 바울 서신이 말하는 것과 지혜의 역할에 대해 솔로몬의 지혜서가 말하는 것 사이에 어떤 개념적인 관계가 있는지를 논하는 것이다. 여기서 두 이슈를 만나게 된다. 하나는 지혜 전승의 저자들은 지혜의 인격화를 어떻게 이해했는가에 대해서다. 다른 하나는 그들이 인격화된 지혜를 창조의 실질적 대리자로 묘사했는가에 대해서다.[29]

1) 인격화의 본질에 대한 질문

첫 번째 이슈는 잠언 8:22-31, 시락서 24:3-12, 지혜서 6:12-25; 7:21-10:21

---

[29] 편의상 여기서 논의할 다양한 본문은 이 부록의 끝에 있는 추가 부록 II에 실어 놓았다.

에 나오는 다양한 인격화를 통해 각 저자들이 신적 실체(divine hypostasis), 즉 독특한 형태로 하나님 곁에 있는(하나님과 관계를 맺고 있는) 실제 신적(반신적) 존재를 염두에 두고 있는지의 여부이다.[30] 아니면 이 구절들은 단순히 여성 명사 호크마(חכמה)와 소피아를 의인화하는 문학적 도구를 이용하여 저자의 독자들에게 피력하려는 것인가? 이러한 이슈의 중요성은 던의 연구가 명시하는 것처럼 소피아가 신적 존재라기보다는 문학적 도구일 경우 매우 다른 결론이 도출된다는 사실이다.[31]

이 문제에 대해 많은 논란이 있어 왔지만 이 인격화와는 상관없이 본문을 연구해 온 이들의 일치된 의견은 잠언과 시락서가 순수하게 문학적인 도구를 사용한다는 것이다.[32] 솔로몬의 지혜서에 나타나는 지혜의 인격화가 일종의 위격에 가까워지는 것처럼 보이지만, 이러한 현상은 저자가 7:22-8:18에서 지혜에 대해 집중적으로 찬사하는 부분에서만 나타난다. 저자가 솔로몬

---

30) Dunn(*Christology in the Making*, 168-76)의 주장이다. 충분한 주목을 받지 못하는 것 같은 Dunn의 *Theology of Paul*, 270-72을 참조하라.

31) 이러한 구분 때문에 Dunn은 '동일화'라는 용어를 계속해서 사용하면서도 때로는 '지혜의 역할'을 그리스도에게 적용한다(본서 7장의 각주 66번을 보라). 그러나 물론 이것은 바울의 관점에 많은 난관을 가져다준다. 왜냐하면 그가 실체적인 인격화를 이러한 '적용'에 대한 근거로 사용하지 않을 수 없게 되었기 때문이다. 그래서 Dunn이 얘기하기를 "바울이 암묵적으로 그리스도를 지혜와 동일시하며(이탤릭체는 저자의 표시) 사실상 지혜라고(이탤릭체는 저자의 표시) 부르고 있다고 결론 내리는 것이 증거 자료들과 전적으로 일치한다. 바울은 선재한 지혜를 생각할 때 그리스도를 떠올리고 있었다"(*Theology of Paul*, 270). 그리고는 이러한 주장이 지혜를 신적 '실체'로 보는 것은 아니라고 덧붙인다. 그러나 그의 주장은 자기 모순적으로 보인다. 결국 일종의 의미없는 순환적 논증에 의존하며 단정내리기를 "고전 8:6에 선재성이라는 개념이 있는가?…물론 있다. 그러나 그것은 신적 지혜의 선재성을 뜻한다. 다시 말해, 하나님의 선재성이라는 것이다"라고 한다(*Theology of Paul*, 274-75). 이 말은 본문에는 한 분이신 퀴리오스의 선재성은 없다는 의미이다. 왜냐하면 한 퀴리오스는 사실 소피아를 가리키는 말이고, 소피아야말로 바로 데오스이기 때문이다. 석의적으로 볼 때 더욱 설득력이 떨어지는 주장은 위의 인용문에서 언급하지 않은 부분에 있는 "1:24과 30은 말할 것도 없고"라는 내용이다. 그래서 Dunn은 이 두 구절에서 선재한 지혜가 나타난다는 입장을 고수한다. 그러나 3장의 석의에서 밝혔듯이 신적 지혜는 이 본문에 어떤 형태로도 나타나지 않는다.

32) 잠언에 대해서는 R. G. Y. Scott가 쓴 주석서, *Proverbs and Ecclesiastes* (AB 18; Garden City, N.Y.: Doubleday, 1965), 69-72을 보라. 시락서에 대해서는 P. W. Skehan과 A. A. di Lella가 쓴 주석서, *The Wisdom of Ben Sira* (AB 39; Garden City, NY: Doubleday, 1987), 332을 보라. 이러한 관점은 D. Winston이 내놓은 솔로몬의 지혜서 주석서에서도 확인할 수 있다. 그는 필로와 가짜 솔로몬이 잠언과 시락서와 바로 이러한 점에서 대조되고 있다고 본다(34).

이 하나님께 지혜를 구하는 장면에 대해 이야기하는 것을 보면(8:19-21) 지혜의 인격화는 실체를 가리키는 것 같진 않다. 이렇듯 다소 약화된 인격화가 9장에 나타나는 기도에서 계속되고, 바로 뒤이어 나오는 내러티브, 즉 아담부터 광야에서의 이스라엘 여정까지 이르는 이스라엘 역사에서 지혜가 감당하는 역할을 설명하는 내러티브(10장)에서도 계속된다. 이것과 더불어 지혜가 여전히 11장을 시작하는 동사의 (가정된) 주어이지만, 그 이후 본문부터 지혜라는 말은 나타나지 않는다(14:2에서 잠깐 나오는 것만 예외). 이것이 바로 인격화를 순전히 문학적 도구로 이해해야 한다고 믿도록 만드는 대부분의 지혜 문헌에서 지혜가 담당하는 또 다른 역할(또는 역할이 없다)이다. 따라서 여기서 일치된 의견은 자주 인용되는 다음과 같은 정의 즉 "실존과 추상적 존재 사이를 잇는 중재적 위치를 차지하는 하나님의 고유 속성에 대한 반(半)인격화"라는 정의에서 찾아볼 수 있다.[33]

그러나 학자들은 이러한 '중재적 위치'의 본질을 각기 나름대로의 방식으로 이해한다. 이 방식은 저자가 지혜를 인격화하고 지혜의 창시자로부터 분리되었다고 간주한다는 사실을 어느 정도 인정하느냐에 따라 다르게 나타난다.[34] 여기서 문제는 바로 이것이다. 즉 바울이 설령 지혜 전승을 의존했다 해

---

33) W. O. E. Oesterly and G. H. Box, *The Religion and Worship of the Synagogue* (London: Pitman, 1911), 169는 예를 들어 D. Winston이 그의 주석서에서 인용하고 있다(*The Wisdom of Solomon* ⟨AB 43; Garden City, N.Y.: Doubleday, 1979⟩, 34). 또한 그가 Gammie를 추모하는 논문집에 기고한 논문에서도 인용되고 있다("Wisdom in the Wisdom of Solomon," in Perdue, Scott, and Wiseman, *In Search of Wisdom*, 150). R. Marcus, "On Biblical Hypostases of Wisdom," *HUCA* 23 (1950-1951), 159을 참조하라. 이를 Witherington, *Jesus the Sage*, 109에서 인용한다. 한편 이러한 입장을 경계하는 Dunn, *Theology of Paul*, 272도 보라.

34) 이러한 양면성은 Winston에게서도 발견된다. 그는 그의 주석서에서 Oesterley-Box의 정의를 인용하면서도 각주에서는 "지혜를 하나님으로부터 뿜어져 나오는 영원한 발산으로 여기는 필로와 지혜서를 보면 지혜가 하나님과 함께 영원한 신적 실체라는 개념이 분명히 나타난다"고 단정한다(34). 이러한 단정은 Oesterley-Box의 정의를 어느 정도 넘어선다(καὶ πῶς ἐγένετο, "그리고 어떻게 지혜가 생겨났는지")라고 말하는 6:22와 "하나님은 지혜까지도 인도하시는 분"이라고 진술하는 7:14에 비추어 볼 때 "함께 영원하다"는 말이 적합한 표현인지 의아해 하기도 한다). Winston이 이렇게 실체를 인정하는 해석을 고수하며 지혜가 하나님의 창조와 관계된 대리자로서 선재하는 실체라고 단정하는 부분은 주석서의 서문에서 찾아볼 수 있다. 그는 "하나님의 영광의 '발산' 또는 '광채'로 묘사되는 솔로몬의 지혜서의 중심인물은 창조에 있어 하나님의 대리자(7:25-26; 8:4; 9:1-2)이다"라고 말하며, 7:25-26에서 지혜를 가리켜 "지혜가 본질적으로 존재하며 만물을 새롭게 한다(τα παντα καινζει)"(59)라고 한다. 그러나 그의 주석서에서 이 본문을 주석하면서 창조에 대한 언급은 하지 않는다.

도(의심스럽지만) 과연 그가 그리스도를 이해했던 것처럼 지혜를 인격적 선재성이라는 개념으로 이해했을까?[35]

이 문제는 한 가지 면에서 특히 심각해진다. 지혜 문헌 저자들이 유일신론이라는 배경 하에 그 인격화를 논하고 있다는 점이다. 인격화된 지혜가 한 하나님 곁에 있는 또 다른 반(半)신적 존재라는 가능성을 이들 유일신론자들이 거부하고 있다는 점은 흥미로운 사실이다. 그들은 '지혜'를 하나님께서 가장 먼저 '창조'한 피조물로 여기고 있다.[36] 그것도 하나님께서 본질적으로 영원한 지혜를 지니고 계시다는 사실을 아는 이들이 말이다. 그렇다면 왜 지혜의 여신과 관련하여 '창조'라는 개념을 덧씌우는가? 이는 그들이 신봉하는 유일신론을 침범하지 않으면서도 그러한 문학적 도구를 사용할 수 있도록 해주기 때문일 것이다.

어떤 경우든지 그들이 인격화된 지혜를 만들어 내는 것과 바울이 창조와 관련된 그리스도의 역할에 대해 주장하는 것과는 실질적인 유사성이 없다. 그리스도의 선재성을 단정하거나 가정하는 바울의 여러 진술을 보면, 그는 하나님의 아들을 '창조된' 존재로서 이해하며 이를 통해 창조의 대리자가 되실 수 있었다고 생각한 적이 없다는 사실이 명확해진다. 바울의 가정은 이와 정반대를 명시한다. 그리스도께서 창조의 대리자이신 이유는 모든 만물이 창조되기 이전에 하나님의 아들인 그분이 하나님과 함께 존재하셨기 때문이다. 실제 골로새서 1:15-17을 보면 모든 만물이 '그분을 통해서'와 '그분을 위하여' 생겨났으며 '그분 안에서' 존재하고 있다는 점을 명료하게 진술한다. 아래에서 언급하겠지만 이러한 진술과 유사한 내용은 유대인의 지혜 전승에 나타나는 지혜의 인격화에서 찾아볼 수 없다.

그럴 수밖에 없는 것이 본문에 그러한 개념은 나오지 않기 때문이다. 동일한 양면성은 NJB에서 하나님의 속성인 지혜(wisdom)와 신적 실체인 지혜(Wisdom)를 구분하려는 시도에서도 나타난다. 특히 지혜서 1:4-6에서 세 번 나오는 소피아와 3:11을 다룰 때 명확히 드러난다. 6:9-10:21(9:1-2는 예외)에서 한결같이 '지혜'(Wisdom)를 대문자를 사용해서 표기하는 것은 너무 편파적이라 생각된다.

35) 바울보다 더 나이가 많은 동시대 사람이었을 솔로몬의 지혜서 저자는(예를 들어 Winston은 이 문헌의 저작 연대를 칼리굴라의 통치시대〈37-41년〉로 본다) 지혜를 하나님과 분리되어 있는 실재적 존재로 생각하기보다는 인격화의 효과를 극대화하려는 것 같다. 아래에서도 지적하겠지만 지혜를 후자와 같은 견해로 접근하는 것은 아쉽게도 바울 신학은 물론이거니와 바울 본문을 잘못 해석하고 있다고 생각된다.

36) 특별히 잠 8:22-26과 시락서 1:4, 24:3, 9을 보라.

2) 본문: 지혜와 창조

본 논의의 궁극적인 주제는 지혜와 창조와의 관계라는 문제이다. 바울 서신에서 지혜를 반영하는 다른 내용들을 찾으려는 노력이 계속되고는 있지만, 논의 전체가 유래된 근원적인 이슈이자 지금도 계속 지혜 문헌 안에 있는 증거 자료들을 찾아 옹호하려는 이슈는 바로 지혜와 창조와의 관계다. 따라서 이와 관련된 구절들을 살펴보고자 하는 것이다.

서두에서 언급했듯이 신약학계에서 일반적으로 주장하던 것은 지혜 전승의 저자들이 인격화된 지혜를 창조의 중재자로 이해했다는 점인데, 이제는 이러한 입장을 사실이라고 가정하기에 이르렀다. 그러나 관련 구절을 면밀히 들여다보면 재고의 필요성을 제시하는 근거들을 많이 발견할 수 있다. 실제 지혜 전승 어느 곳에서도 인격화된 지혜가 창조에 있어 중재적 역할을 하는 대리자(mediating agent)였다고 분명하게 진술하지 않는다. 적어도 위와 같은 일반적 가정을 입증하기 위해 거론하는 어떤 구절도 바울 서신에서 발견되는 언어와 유사한 부분을 보여주지 않는다. 지혜 전승 저자들은 하나님께서 만물을 지혜를 통해 창조하셨다고(타 판타 디아 소피아스⟨τὰ πάντα διά φοφίας⟩) 말하지 않으며, 만물이 '지혜를 위해' 또는 '지혜 안에' 존재한다고도 말하지 않는다.[37] 오히려 '지혜'는 다른 의미로 존재하도록, 즉 창조 사역에서 드러나는 놀라운 계획을 통해 밝혀진 하나님의 속성으로 인격화된다. 래리 헐타도가 주장하는 것처럼 "하나님의 지혜(Wisdom)는 창조에 있어 하나님의 동반자로 그려진다."[38] 그러나 어디서도 '지혜'를 창조의 중재적 대리자로 표현하지 않는다. 이것이야말로 바울이나 지혜 전승 저자들 모두가 일관적으로 견지하고 있는 불변의 시각이다. 솔로몬의 지혜서에 인격화에 대한 강조가 가장 강력하게 나타나는 구절에서도 마찬가지다. 이제 관련 구절들을 살펴 볼 차례다.

---

37) 칠십인경에서 이와 가장 가까운 표현이 시 103:24(맛소라 본문은 104:24)에 나온다. 즉 판타 엔 소피아 에포이에사스(πάντα ἐν σοφίᾳ ἐποίησας)라는 구문인데 이것은 지혜와는 상관없는 구절에서 쓰이고 있을 뿐 아니라 지혜 전승이 실제 확언하는 내용을 반영하고 있다. 바로 "하나님께서 자신의 지혜로 창조하셨다"라는 내용인데, 여기서 반영되고 있는 것은 중재 개념이 아닌 창조의 계획, 목적과 관련된 하나님의 지혜이다.

38) Hurtado, *Lord Jesus Christ*, 125을 보라.

(1) 시편 104:24

창조에 대해 이런 식으로 처음 설명하는 구절은 하나님을 찬송하는 시구인 시편 104:24(칠십인경은 103:24)이다. 저자는 하늘, 땅, 땅 위에 사는 피조물, 태양과 달에 대해 반추한 후 갑작스럽게 찬송하기 시작한다.

> ὡς ἐμεγαλύνθη τὰ ἔργα σου κύριε
> πάντα ἐν σοφίᾳ ἐποίησας
> ἐπληρώθη ἡ γῆ τῆς κτήσεώς σου
> 여호와여 주의 하신 일이 어찌 그리 많은지요
> 주께서 지혜로 저희를 다 지으셨으니
> 주의 부요가 땅에 가득하니이다

여기서 지혜는 분명히 "도구도 대리자도 아닌 하나님께서 창조하실 때 드러나는 속성이다."[39]

아래에서 살펴볼 나머지 구절들을 면밀히 관찰해보면 해당 저자들 모두가 이와 같은 신학에 근거하고 있음을 알 수 있다. 그래서 심지어 그들이 고도의 의인법을 사용하여 지혜가 창조 시 하나님과 함께 있었다고 표현할 때에도 소피아는 대리자를 의미하는 것이 아니라 하나님의 창조 사역에 의해 드러나는 그분의 속성을 가리킨다. 바울 역시 지혜를 인격적인 대리사역이라는 개념으로 이해했다고 보기 힘들다. 그래서 이 땅에 계셨고 이제는 승귀하신 퀴리오스, 즉 예수 그리스도를 바울이 단순한 문학적 의인법으로 묘사했다고 볼 수 없다.

(2) 잠언 3:19-20

시편 기자의 관점은 잠언의 서문에서 매우 유사한 형태로 반영되고 있다. 젊은이들에게 지혜를 추구하라고 권면하는 구절에서 저자는 "지혜를 얻은 자와 명철을 얻은 자는 복이 있나니"(3:13)라고 말한다. 지혜의 위대함을 칭송하는 일련의 2행으로 이루어진 시구 중간에서 저자는 아래와 같이 덧붙인다.

---

39) 여기서 인용된 구문은 Scott(*Proverbs and Ecclesiastes*, 70)가 잠 3:19에 나오는 동반자 관련 구절에 적용하던 것이다.

19 ὁ θεὸς τῇ σοφίᾳ ἐθεμελίωσεν τὴν γῆν
　　ἡτοίμασεν δὲ οὐρανοὺς ἐν φρονήσει
20 ἐν αἰσθήσει ἄβυσσοι ἐρράγησαν
　　νέφη δὲ ἐρρύησαν δρόσους
　　여호와께서는 지혜로 땅을 세우셨으며
　　명철로 하늘을 굳게 펴셨고
　　그 지식으로 해양이 갈라지게 하셨으며
　　공중에 이슬이 내리게 하셨느니라

이 구절은 창조에 대해 시편 104편과 마찬가지로 문학적으로 이해하는 구절로서 하나님의 지혜(wisdom)에 대한 증거를 제공해 주고 있다. 첫 번째 행이 인격화된 지혜를 가리킬 수 없다는 사실은 이 4행시의 두 번째와 세 번째 행을 볼 때 분명해진다. 이 두 행은 '동의적 평행법'(synonymous parallelism)을 명백하게 보여주는 예문으로 "하나님께서 지혜로 하늘을 굳게 펴셨고, 명철로 바다가 갈라졌다"고 옮겨 볼 수 있다.

(3) 잠언 8:22-31

앞서 언급한 본문이 지닌 중요성은 이 본문이 잠언 서문의 초반에 나오면서, 10:1부터 시작하는 잠언을 신중하게 소개하고 있는 글이 지닌 모든 특징들을 서문이 지니도록 만든다는 데에 있다.[40] 이러한 사실이 제시하는 것은 8장에 나오는 인격화를 이 본문의 시적 발전으로 이해해야 한다는 점이다.[41] 실제 지혜를 문학적인 의인법으로 표현하는 8장의 멋진 시구에서 바로 이러한 점을 발견하게 된다.[42] 시락서와 솔로몬의 지혜서 저자 역시 바로 이 본문으로부터 각각의 내용을 개진해 나간다. 그리고 여기서 지혜는 창조 때 존재했던 것으로 묘사되지만 3:19에서와 마찬가지로 창조의 중재자는 아니다. 이를 "그가 하늘을 지으시며 궁창으로 해면에 두르실 때에 내가 거기 있었고"(8:27)라는 본문이 잘 보여준다.

---

40) 이 문제에 대해선 Waltke, *Proverbs*, 1-15, 10-13을 보라.
41) 여기서 지적할만한 흥미로운 점은 잠 8:23-28이 네슬레의 헬라어판 신약에 나오는 골 1:15의 난외주에 표기되어 있다는 것이다. 그러나 이 바울 구절을 보면 이 잠언 본문의 언어적 반영은 말할 것도 없고 개념적인 반영조차 찾아볼 수가 없다.
42) 8장의 시는 3:19을 쓴 저자가 기록했다고 확신하는 Scott(*Proverbs and Ecclesiastes*, 70-71)를 보라.

그래서 잠언 8:22-26은 지혜가 하나님의 첫 번째 피조물이었다는 사실을 다양하게 역설하면서 지혜가 시간적으로 최우선 순위에 있다는 점을 강조한다. 따라서 하나님께서 홀로 우주를 창조하실 때 그분과 함께 있었던 지혜가 하나님의 지혜로운 계획을 반영하고 있다고 볼 수 있다(실제로 반영하고 있다). 이러한 개념을 27-31절이 다시 거론하며 지혜가 창조 때 존재했다는 사실을 정확히 3:19에 기초하여 설명해 나가고 있다. 그러나 이 구절의 칠십인경 본문을 보면 창조 과정 자체에서 중재 개념을 희미하게나마 암시할 수 있는 모든 전치사구절이 제외되었다는 사실을 발견하게 된다. 반대로 지혜는 히브리어 본문과 마찬가지로 파르 아우토(παρ αὐτῷ, 그 곁에)라고 표현된다.

이와 다르게 생각하는 이들은 30절에 나오는 아몬(אָמוֹן)이라는 의미가 모호한 히브리어 단어('장인'⟨artisan⟩이라는 의미일 수도 있고 전혀 다른 '항상'이라는 뜻일 수도 있다⟨TNIV⟩; 개역성경도 후자로 번역- 역주)에서 돌파구를 찾아보려 한다. 칠십인경이 이 단어를 번역할 때 여전히 애매모호한 하르모주사(ἁρμόζουσα, 조화를 이루는)라는 단어를 사용했다. 솔로몬의 지혜서 저자가 히브리어를 전혀(아니면 거의) 몰랐다는 주장이 신빙성은 있지만 문헌을 보면 저자가 7:21, 8:6, 14:2에서 테크니티스(τεχνῖτις, 형태를 만드는 사람, 설계자)를 사용하는데 이는 현 잠언 구절을 반영하고 있다. 그러나 솔로몬의 지혜서에 나타나는 이러한 용법을 가지고 잠언의 히브리어 본문을 해석하는 데는 어려움이 있다. 다른 문맥에서는 저자의 시를 확대해석해서 "저자는 지혜가 선재했고 아마도 창조 사역에 적극적으로 참여한 것으로 보고 있다"[43]라고 말할 수 있을지도 모른다. 그러나 이러한 의견을 주장하는 이들이 아무리 그렇게 해석하길 원한다 해도, 현 문맥에서는 그런 의미를 지녔을 가능성이 거의 없다.

실제 그들의 주장은 잠언이 명시하는 것과는 달리 지혜를 실체적으로 이해하고 있음을 암시하는 것이다. 이는 그들이 현 시구의 논지를 철저하게 잠언 8장의 문맥에 비추어 이해하지 않고 있음을 보여준다. 어쩌면 지혜를 실제 "하나님의 곁에 있던 주요 창조자"라고 할 수 있을지도 모르나, 지혜를 창조의 중재자로 여기고 그를 통해 만물이 생겨났다고 볼 수는 없다. 잠언 저자가 볼 때 오히려 하나님께서 창조하신 세계의 전체적 질서는 그분의 계획과 영광을 드러내는 증거들로 가득하며, 이를 효과적으로 설명해 줄 수 있는 것

---

[43] Witherington, *Jesus the Sage*, 44.

은 문학적으로 의인화된 하나님의 지혜뿐이다.[44] 물론 이러한 사실은 바울이 고린도전서 8:6과 골로새서 1:16에서 말하고 있는 창조와 관련된 그리스도의 역할에 대해 이해하고 있는 내용에 상당부분 미치지 못한다.

(4) 시락서 24:1-22

이러한 개념은 시락서 24:1-22에 나오는 '지혜 찬송'에서도 찾아볼 수 있다. 시락은 자기만의 시(잠언 구절과 동등하게 훌륭한)를 쓰는 동시에 그가 분명 의존하고 있던 잠언의 저자, 즉 그의 조상이 이해하던 내용에 최대한 충실하려 한다. 시락은 지혜를 의인화하는 문학적 기법을 즐겨 사용하면서도 하나님만이 지혜(Wisdom)를 포함한 만물의 창조자라고 고백한다. "모든 시대 전 곧 태초에 그분이 나를 창조하셨다"(아프 아르케스 에크티센 메⟨ἀπ' ἀρχῆς ἔκτισέν με⟩, 24:9; 8절의 '나의 창조자' 참조).

인격화된 지혜가 선재했으며 창조와 관련하여 역할을 담당했다고 보는 이들은 "내가 지극히 높은 곳의 입으로부터 나와 안개와 같이 온 땅을 덮었도다"라고 말하는 3절을 주목한다.[45] 그러나 이러한 주목은 본문을 있는 그대로 해석하려는 것이 아니라 전제를 가지고 접근하는 것이다.[46] 이 본문은 지혜(Wisdom)가 "모든 시대 전에" 존재했던 이유는 "처음부터 그분이(하나님-역주) 나를 창조했기 때문"이라는 시락의 견해를 반영한다. 그래서 이 구절은 창세기 1:2이 진술하는 "하나님의 영이…수면 위를 운행하시고"라는 내용을 시락 나름대로 해석한 것이다. 그가 말하고자 하는 것은 지혜의 창조에 있어서의 대리 역할이 아니라 지혜가 '쉴 곳을 찾고 있는'(5절) 모습을 가리키고 있는 것이다. 이러한 모습은 실제 이스라엘이 출애굽 할 때 그들과 함께 하심으로써 역사적으로 나타났다.

위에서 언급한 잠언 구절과 시락서 구절을 평범하게 읽기만 하면 각 저자가 인격화된 지혜를 창조에 있어서의 신적 대리자로 인식하고 있다고 제안하는 일은 없을 것이다. 지혜가 창조 시 존재했다는 말은 맞으나, 다른 이유 때문일 뿐 실제적 창조 행위 자체를 위해서 존재했던 것은 아니다.

---

44) 이에 대한 총체적 논의에 대해서는 Waltke, *Proverbs* 1-15, 406-23을 보라.
45) H. Riggren, *Word and Wisdom: Studies in the Hypostatization of Divine Qualities and Functions in the Ancient Near East* (Lund: Ohlssons, 1947), 108-9에 호소하는 Witherington(*Jesus the Sage*, 95)을 참조하라.
46) 이 본문을 가지고 지혜가 창조와 관련된 역할을 담당하고 있다고 생각하는 입장을 언급조차 하지 않는 Skehan and di Lella(*Wisdom of Ben Sira*, 332-33)를 참조하라.

(5) 솔로몬의 지혜서 6:12-9:18

위 논의를 계속 발전시키려면 모든 이들이 중요한 본문(지혜서 7:21-9:18에 나타나는 지혜에 대한 칭송⟨adulation⟩과 지혜를 구하는 기도에서 찾아볼 수 있는)이라고 생각하는 솔로몬의 지혜서를 살펴보아야 한다.[47] 그러나 여기서 우선 전체적인 시적 내러티브의 문맥에서 저자가 무엇을 말하려 하는지를 고찰할 필요가 있다.

① 솔로몬의 지혜서: 개관

지혜서를 지은 알렉산드리아 출신의 저자가 염두에 두고 있는 관심사는 궁극적으로 반변증적(semiapologetic)인 내용을 개진하는 것이다(헬라인들을 향해서와 유대교 공동체를 독려하기 위해).[48] 왜냐하면 저자가 왕으로 알려진 초반부(1:1-6:11)는 '왕'이나 '폭군' 등으로 다양하게 불리는 '이 땅의 통치자들'에게 호소하는 내용으로 기본적인 틀이 구성되어 있다. 서두에 등장하는 이 호소문은 동시에 저자가 가지고 있는 기본적인 주제를 밝혀주기도 한다. 그것은 바로 '잘 살면'(올바로 행하고 의롭게 사는 것) 영원을 보상으로 받고 악을 행하면 죽음을 당하게 된다는 것이다. 이런 의미에서 올바로 사는 방법은 솔로몬을 본받아 지혜를 구하는 것이다. 이 주제를 내러티브의 핵심부에서 거론한다(6:1-9:18; "세상의 왕들이여 그대들이 옥좌와 홀⟨scepters⟩을 좋아하거든 지혜를 존중하라. 영원히 다스리게 되리라"⟨6:21⟩).[49] 여기서 "솔로몬"은 "너희들(군주들)에게 지혜가 과연 무엇이며 어떻게 존재하게 되었는지를 알려주겠다"(6:22)고 진술한다.

---

47) 솔로몬의 지혜서와 관련하여 바울의 '의존' 여부를 논하는 데 있어 여러 문제점 중에 하나는 물론 저작 시기이다. 지혜서가 Winston의 말대로 칼리굴라의 통치 기간에 기록되었다면 당시 그리스도의 추종자가 되었던 바울이 지혜서에 대해 알고 있었을 가능성은 그리 높지 않다고 본다(만일 그가 알았더라면 어떻게든 언급했을 것이다). 그러나 저작 연대를 이렇게 추정하는 것(필자는 이러한 추정이 Winston이 제시하는 이유를 위해 선호되어야 한다고 생각한다)에 대해 많은 논란이 있기 때문에 필자는 본 논의에 대해 중간적 입장으로 접근하기로 한다.
48) 이러한 반변증적 내용은 1:1("이 땅의 통치자들아 의를 사랑하라")에서부터 시작한다. 이 주제는 서문과 다음에 나오는 지혜 찬양 본문을 잇는 과도기적 본문인 6:1-11에서 반복된다.
49) 달리 언급하지 않는 한 이 번역과 다른 번역은 모두 NRSV로부터 온 것이다. 한편으로는 NRSV의 번역 스타일이 헬라어 본문과 매우 가깝기 때문이며, 다른 한편으론 NRSV가 소피아를 한결같이 소문자로 번역함으로써(잠언과 시락서에서도 마찬가지다) 인격화에 대한 견해에 대해 독자에게 어떤 선입견도 주지 않기 때문이다.

이 중심부를 보면 저자의 사상이 발전되고 있다는 사실을 쉽게 찾아낼 수 있다. 저자는 우선 (인격화된) 지혜를 칭송하는 솔로몬을 언급하고(6:12-21), 지혜에 대한 묘사를 시도한다(22-25절). 그러나 그전에 독자들에게 솔로몬이 평범한 사람이라는 사실을 상기시킴으로써(7:1-6), 솔로몬이 지혜를 구하여 받았을 때 일어났던 일들의 위대함을 보다 효과적으로 부각시킨다(7-21절). 솔로몬은 이 비밀을 다른 이들에게 "관대하게 전해 주기"를 원한다(13절〈NJB〉). 이 구절은 '지혜 찬가'(7:22-8:1)로 연결되는데, 새 예루살렘 성경(New Jerusalem Bible)은 관주에서 이 찬가를 "지혜(Wisdom)에 대한 구약 문헌의 절정"이라고 기술한다. 유일하게 영원으로 인도하는 이 지혜가 명철과 정의에 관해 절대적으로 중요하기 때문에 저자는 지혜를 사랑하는 솔로몬을 다시 언급한다(8:2-18). 솔로몬은 하나님께서 주시지 않았더라면 지혜를 절대로 소유할 수 없었다는 사실을 안다. 그래서 저자가 나름대로 구성한 '지혜 찬가'는 지혜(wisdom/Wisdom)를 구하는 솔로몬의 기도로 끝이 난다(9:1-18).

여기서 저자는 자신의 내러티브와 역사적 전승에 충실하게 인격화라는 개념을 약화시킨다. 실제 지혜를 구하는 기도를 하나님께 드리며, 왕이 인격화된 반(半)신적(quasi-divine) 존재가 아닌 하나님의 지혜를 소유할 수 있기를 기원한다. 그래서 "지혜가 하나님의 보좌 옆에 앉아 있다"고 4절이 진술하면서도 9:1-9의 주요 논점은 단지 "하나님으로부터 오는 지혜(wisdom)"(6절)에 집중되어 있다. 저자가 10절에서 인격화를 다시 거론하면서 자신의 주관심사를 11절에서 표현한다("지혜는 모든 것을 깨닫고 모든 것을 알고 있느니라. 그러므로 지혜는 내가 하는 일을 현명하게 이끌어 주며 그의 영광으로 나를 보호하리라").

이 기도를 뒤따르는 내러티브의 나머지 부분은 이스라엘 역사에서 그들에게 보여주신 하나님의 선하심을 상고하는 내용이, 특히 출애굽 때 이스라엘에게 드러내신 선하심과 그들의 적에게 내리신 형벌과 더불어 흥미롭게 전개되어 있다. 또한 그 원수들에 대한 하나님의 인내와 우상 숭배를 행하는 어리석음에 대한 신학적인 반추가 진술되어 있다. 구조적으로 주목할만한 사실은 이 내러티브가 아담 이야기(10:1-2)로부터 출애굽 이야기(10:15-11:1)에 이르기까지 주도적인 역할을 하는 지혜(Wisdom)로 시작한다는 점이다. 10장에 나오는 이스라엘 역사에 대한 내러티브가 마지막 부분으로 진행되어 가면서 저자는 20절에서 출애굽기 15장에 나오는 모세의 찬가를 부르는 사람들을 언급한다. 이와 함께 저자는 하나님을 2인칭 단수로 지칭한다("주여, 그들은 주의 거룩한 이름을 찬양하였고 주의 손으로 보호해 주신 것에 대해 이구동성으로 감사의 노래를 불렀나이다"). 저자가 이스라엘 이야기(10:21) 중에 지혜의 역할에 대해 언급하지만, 거기서부터 지혜는 관련 이야기에서 빠진다. 그래서 첫 번째 대조, 즉 바위로부터 나온 물을 선물로 받는 이스라엘과 반대로 물의 형벌을 당하는 이스라엘의 원수들 간의 대조 이후, 본문의 나머지 부분 전체(19:22까지)가 하나님을 개인적으로 지칭하는 형태를 취한다. 지혜는 14:2, 5에서 배를 만드는 '장인'으로 잠깐 등장하고 만다.[50]

지혜서의 후반부는 모든 내용이 지혜와는 상관없이 하나님과 관련이 있으며, 특별히 저자의 본질적인 '신학'이 전적으로 유대교적 방식으로 연속해서 나타나는 곳이다. 다른 어떤 것보다 그는 하나님의 심판이 공정하다는 사실을 반복해서 알린다. 그러나 피조물에 대한 하나님의 사랑으로 인해 마땅히 심판해야 할 때 자비를 보여주신다. 이는 하나님의 백성에게 자비로 내리는 형벌을 의미한다. 애굽인들에게는 심판이 늦게 내려오기 때문에 이를 통해 하나님의 자비를 알게 될 뿐 아니라 "사람이 죄를 지은만큼 형벌을 받는다는 사실을 배우게 된다"(11:16). 따라서 이 후반부는 하나님께서 우상 숭배를 범하는 애굽인들을 꾸짖으시고 이스라엘에게는 그들의 비슷한 죄를 범하는데도 자비를 베푸신다는 내용을 점차적으로 발전시킨다. 모든 내용의 핵심은 우상 숭배에 대한 통렬한 힐책이다. 실제 13장(10-19절)은 이사야 44:9-20의 내용을 거론하며 14장에서는 당시 애굽인들의(로마인들의) 우상 숭배를 직접적으로 겨냥하고 있다(특별히 황제 숭배와 관련). 그래서 저자는 17-19장 전염병이 '당연하다'는 내용으로 결론짓는다. 왜냐하면 그분은 유대인의 하나님이시며 유일한 창조주이시고 존재하는 모든 만물의 통치자이시기 때문이다(11:17, 24-15; 13:3-5; 16:24).

필자가 이렇게 전체 내러티브와 구조를 개관한 이유는 이러한 작업이 중심부에 나타나는 지혜에 대한 칭송을 해석하는 데에 있어 영향을 주기 때문이다. 지혜서 저자가 지혜와 관련해서 염두에 두고 있는 것은 신학적이 아닌 실

---

50) 일부 학자들은 이 본문이 지혜(Wisdom)를 창조의 대리자로 설명하고 있다고 주장할지도 모르지만 이러한 추측은 거의 무(無)에서 너무 많은 것을 도출하려는 것이다. 5절은 2절에 나오는 인격화에 대한 저자의 관점을 보여줄 뿐, 세상의 창조와는 아무런 관련이 없다. 실제로 저자는 "하나님께서는 자신의 지혜(wisdom)로 행하신 일이 허사가 되는 것을 원치 않으시느니라"(하나님의 지혜는 배가 떠 있다는 사실에서 볼 수 있다)라고 진술한다. 이러한 용법은 전체 지혜 전승과 일치하고 있을 뿐이다.

천적이며 윤리적인 측면에서의 지혜가 지닌 의미이다. 지혜를 갖게 되면 통치자는 잘 다스리게 되고 사람들은 올바로 살게 될 것이다. 이러한 관심사는 자연스럽게 지혜(Wisdom)와 그 '사역'에 대한 방대한 찬가로 이어진다. 여기서 이슈는 태초에 세상을 창조하는 과정에서 '대리 사역'이라는 개념이 저자가 볼 때 지혜의 사역의 일부에 포함되는가이다. 언급했듯이 저자는 비록 지혜의 위대함에 대해 열정적으로 표현하고는 있지만 그가 의존하고 있는 지혜 전승과 조화를 이루고 있다. 즉 그가 볼 때 지혜(Wisdom)는 창조의 현장에 존재했을 뿐(다시 말하지만 피조물에 나타나는 지혜로운 창조는 지혜라는 하나님의 속성을 반영하기 때문이다) 창조의 신적 대리자는 아니었다.

관련 구절들을 고찰하기 전에 우선 용어 사용에 대해 미리 살펴보는 것이 순서라고 생각한다. 창세기 1-2장에 나오는 창조 내러티브에서 칠십인경 번역가들은 창조와 관련된 모든 행위를 가리키는 주요 동사로 포이에인(ποιεῖν, 만들다)을 사용했다. 한편 하나님께서 만물의 창조주라는 사실과 관련해서 크티조(κτίζω, 창조하다)를 쓰는 구절은 창세기 14:19, 22과 신명기 4:32 뿐이다. 이와 같이 모세 오경에 나타나는 소수의 예외 구절을 제외하면 크티조는 창조와 관련해서 간헐적으로만 나타난다(잠언과 전도서를 번역할 때 각각 한 번씩만 사용되었다). 반면에 솔로몬의 지혜서 저자는 창조주이신 하나님을 가리킬 때 크티조를 주요 동사로 사용한다(1:14; 2:23; 10:1; 11:17; 13:3). 하지만 창조 내러티브 자체를 언급할 때(9:1, 9)와 인간의 창조를 말하는 두 구절(2:23; 6:7)에서 칠십인경의 포이에인을 쓴다. 바울 자신은 하나님의 창조 행위를 가리킬 때 한결같이 크티조만 사용한다. 이렇게 다양한 양상을 보여주는 자료들은 아래에서 전개될 논의에 중요한 요인이 된다.

본 연구의 목적을 미루어 볼 때 중요한 사실은 솔로몬의 지혜서에서 인격화된 지혜의 행위가 단 한 번도 위의 동사들로 표현된 적이 없다는 점이다. 다시 말해 잠언과 시락서와 마찬가지로 지혜서도 창조 시 지혜가 존재했다고 볼 수도 있지만 하나님의 창조 행위에 있어서 동역자로 언급된 적은 없다는 것이다. 결국 이 모든 저자들이 지혜가 창조 현장에는 있었으나 대리자는 아니었다고 보기 때문에, 바울이 창조와 관련된 하나님의 아들의 역할을 묘사할 때 사용하는 전치사(디아)는 솔로몬의 지혜서를 포함하여 그 어떤 지혜 문헌에서도 지혜와 창조의 관계를 언급하기 위해 사용되지 않는다. 이러한 사실은 관련 구절들을 차례대로 개관하기만 해도 확실히 알 수 있다.

② 지혜서 7:22 (7:21 칠십인경)

지혜(Wisdom)와 창조질서의 관계라는 주제를 처음 거론하는 이 구절은, 관련 논의를 할 때에도 주로 처음 살펴보게 되는 구절이기도 하다. 저자는 아래와 같이 진술한다.

ἡ γὰρ πάντων τεχνῖτις ἐδίδαξέν με σοφία
왜냐하면 지혜 곧 만물을 만드신 분이 내게 가르쳐 주셨기 때문이라

이 본문에서 핵심 단어인 테크니티스(τεχνῖτις)가 처음 등장한다. 그리고 문맥이 밝히는 것처럼 여기서 지혜는 모든 창조 질서의 대리자로 간주되지 않는다. 오히려 주요 창조자가 피조물을 '만들어 낸' 방법 자체가 지혜의 존재 양식이라는 사실이 뚜렷이 드러난다. 바울은 그리스도에 대해 설명할 때 이러한 개념을 전혀 염두에 두지 않는다.

③ 지혜서 8:4-6

어떤 면에서 일련의 2행으로 구성된 이 본문이 앞 구절보다 보다 확실한 증거를 제시해 줄 것 같지만, 사실 이 본문은 단지 7:22을 자세히 풀어 쓴 것이다.

4 μύστις γάρ ἐστιν τῆς τοῦ θεοῦ ἐπιστήμης
  καὶ αἱρετὶς τῶν ἔργων αὐτοῦ
5 εἰ δὲ πλοῦτός ἐστιν ἐπιθυμητὸν κτῆμα ἐν βίῳ
  τί σοφίας πλουσιώτερον τῆς τὰ πάντα ἐργαζομένης
6 εἰ δὲ φρόνησις ἐργάζεται
  τίς αὐτῆς τῶν ὄντων μᾶλλόν ἐστιν τεχνῖτις

4 지혜는 하나님의 지식을 전수 받은 자시며
  하나님의 만드시는 일을 돕는 자시니라.
5 인생에서 재물이 탐낼 만한 것이라면
  만물을 만드시는 지혜보다 값진 것이 있겠느냐?[51]
6 명철이 유능하다고 한다면
  만물을 만드시는 지혜보다 유능한 것이 있겠느냐

---

51) 이 마지막 구절은 4절에 나온 '일'이라는 개념이 5절에서 나온다는 사실을 보여주기 위해 필자가 직접(보다 문자적으로) 번역한 것이다.

이 본문을 보면 마치 지혜가 창조와 관련된 일반적 맥락 안에서 설명되고 있는 것처럼 보인다. 그러나 좀 더 자세히 들여다보면 그렇지 않다는 것을 알게 된다. 이 본문에서 동사 에르가조마이(ἐργάζομαι)와 같은 어원을 가진 명사 에르곤(ἔργον)이 반복적으로 나오기 때문에 각 행이 탄탄히 맞물려 있다는 사실을 쉽게 알 수 있다. 이 단어들은 창조를 가리킬 때 사용되는 성경적인 용어가 아니다. 사실상 여기서 저자가 말하고자 하는 것은 세상에서 지금도 진행 중이신 '일'과 관련하여 지혜(Wisdom)가 담당하는 역할에 대해서다. 더욱이 바울은 하나님의 자기 백성들을 안에서와 그들을 위해서 하신 일에 무엇인지를 언급할 경우를 제외하고는 하나님을 이 동사와 명사의 주어로 삼지 않는다. 따라서 설령 바울이 솔로몬의 지혜서를 알았다 하더라도, 그가 창조와 관련해서 이러한 용어들과 개념의 영향을 받았을 것이라고 생각하는 것은 지나친 확대 해석이다.

④ 지혜서 9:1-2, 9

이 본문은 솔로몬이 드리는 기도의 서두에 위치한 중요한 구절들이다. 분명 솔로몬은 지혜를 달라고 기도하고 있으며(지혜를 묘사하는 것이 아닌) 1절에서 하나님을 2인칭으로 부르고 있기 때문에, 하나님에게 그는 이렇게 말한다.

ὁ ποιήσας τὰ πάντα ἐν λόγῳ σου
당신의 말씀으로 만물을 만드신 분

이 구절이 창세기 1:1에 나오는 동사 포이에오(ποιέω)와 많은 의미가 담긴 헬라이 로고스(λόγος)를 사용하는 점을 미루어 볼 때 창세기 내러티브를 반영하고 있다. 여기서 저자는 창세기 1:1을 시적 형태로 표현한다. 다음 구문에서 관련 이슈가 거론되는데, 즉 2절을 보면 저자는 다음과 같이 말한다.

καὶ τῇ σοφίᾳ σου κατασκευάσας ἄνθρωπον
ἵνα δεσπόζῃ τῶν ὑπὸ σοῦ γενομένων κτισμάτων
당신의 지혜로 인류를 만드셔서
당신이 만드신 만물을 다스리게 하시며

여기서 저자는 창세기 내러티브에 자기 나름대로의 설명을 덧붙여서, 하나님께서 다른 피조물들을 다스리도록 만드신 '사람'이 이러한 역할을 잘 감당하도록 하나님의 지혜로 '만드셨다'고 역설한다. 이러한 사실을 가지고 지혜와 창조의 연관성을 주장할 수도 있으나 그와 반대되는 입장을 제시하는 요인이 적어도 네 가지가 있다.

첫째, 여기서 사용된 단어들은 창조와 관련된 성경 용어가 아니다. 왜냐하면 칠십인경 어디에서도 여기서 쓰인 동사를 가지고 창조와 관련된 내용을 표현하지 않기 때문이다.

둘째, 이 본문은 시적인 내러티브로서 창세기 내러티브의 두 번째 단계에 대해 기술하고 있다. 즉 인류의 창조를 설명하고 있는 것이 아니라 이미 창조된 사람이 살아가면서 행해야 할 역할에 대해 설명하고 있다. 그들은 우선 다른 피조물들을 다스려야 하며 "세상을 거룩하고 의롭게 다스려야 한다"(3a절). 게다가 저자는 본 내러티브에서 솔로몬 자신의 역할을 거론하며 "정직한 영으로 심판을 선포해야 한다"(3b절)고 말한다.

셋째 요인은 창조에 관련된 지혜의 역할을 주장하는 입장에 가장 치명적인 반증이 되는데, 이는 저자가 지혜의 여신은 전혀 언급하지 않고 하나님의 고유 속성인 지혜만을 가리키고 있다는 사실이다. 실제로 본문에 나타나는 지혜는 분명 신적 로고스나 신적 소피아의 인격화를 뜻하지 않기 때문에, 지혜서 전반에 걸쳐 인격화된 지혜를 단적으로 선호하는 새 예루살렘 성경(NJB)마저도 본문에서만큼은 지혜를 소문자로 표기한다. 문법만 보더라도 지혜와 창조의 관계성을 허용치 않는다. 왜냐하면 정관사가 붙은 소피아와 2인칭 소유 대명사로 구성된 여격 구문인 테 소피아 수(τῇ σοφίᾳ σου)는, 저자가 본문에서 인격화라는 개념을 절대로 사용하지 않으며 단지 신적 속성 자체를 언급하고 있다는 사실을 보여주고 있다.

사실 본 구절에서 실체화된 지혜를 창조의 대리자로 보도록 만드는 유일한 방법은 미리 전제된 생각에 본문의 의미를 끼워 맞추는 것이며 병행 구절을 오독해서 로고스와 소피아를 바꿔 사용할 수 있게 하는 것이다. 명시되고 있는 저자의 관심은 창조의 현장에서 지혜가 맡은 역할이 아니라, 하나님께서 말씀으로 창조하신 세상에서 사람들이 제대로 살아갈 수 있게끔 '갖추게 하는/세우는'(카타스큐아시스⟨κατασκευάσας⟩) 하나님의 지혜에 집중되어 있다. 세상을 창조하신 하나님께서 세상을 매우 경이롭게 정돈하고 계시기 때문에,

저자는 9절에서 "지혜가 하나님과 함께 있으며 하나님께서 하시는 일을 알고 있고, 하나님께서 세상을 만드실 때부터 있었나이다"라고 고백한다. 이 구절은 잠언 8:27-31을 직접적으로 반영하고 있다. 잠언 8장과 마찬가지로 저자는 세상이 실제 창조될 때 지혜(Wisdom)가 맡은 역할이 있었다고 말하지 않는다. 세상(그리고 특별히 사람들)이 이토록 신묘하게 설계되어 있는데, 이는 오직 무한한 지혜(wisdom)를 가지신 분이 그렇게 하실 수 있다.

넷째, 인격화된 지혜라는 개념이 전혀 언급되지 않는 지혜서의 세 번째 부분에서 저자는 창조에 대한 자신의 기본적 신학을 되풀이한다. 이때 지혜(Wisdom)는 어디서도 발견되지 않는다. 그는 11:17에서 "형태조차 없던 물질로부터 세상을 만들어 내신 주의 전능하신 손이 그들을 보내실 만한 방법이 없으셨던 것이 아니라…"라고 진술한다. 이와 비슷하게 11:24에서는 앞에서 지혜(Wisdom)에 적용했던 동사를 세 번째 행에서 사용하며 "주께서는 세상의 모든 만물을 사랑하시며, 주께서 창조하신(에포이에사스⟨ἐποίσας⟩) 그 어떤 피조물도 싫어하지 않으시며, 주께서 세우고 계신(카테스큐아사스 ⟨κατεσκευάσας⟩) 것을 미워하지 않으시리라"(저자 역)고 고백한다. 이러한 사실은 저자가 지혜서의 초반부에서 지혜의 여신에 강력히 호소했던 것은 지혜의 의미를 강조하려 했던 것일 뿐, 실체적인 지혜가 하나님과 함께 창조 사역에 가담했음을 나타내려는 게 아니었다는 사실을 알려주고 있다.

따라서 지혜서의 저자는 바울이 그리스도께 적용했던 것과 같이 창조를 중재하는 분이 지닌 신적 지위를 지혜(Wisdom)에 부여하려 했던 것이 아니다. 게다가 지혜서에 나오는 그 어느 구절도 그 지혜를 디아와 엔(ἐν, 의하여)이라는 전치사의 목적어로 쓰는 어법을 흉내조차 내지 않는다. 요약하자면, 지혜 문헌에서 지혜(Wisdom)의 역할이 창조의 중재자로 묘사된다는 생각은 학자들이 만들이 낸 것이지 관련 본문을 토대로 밝혀진 사실이 아니다.[52]

---

52) 필자는 광야에 있는 '반석'과 연관이 있다고 알려진 '선재하는지혜'(지혜서 11:4)의 역할에 대해 어떤 것도 언급하지 않았다. 왜냐하면 그와 같은 생각이 지혜와 관련된 본문을 잘못 이해하고 있는데서 비롯되기 때문이다. 이 문제에 대해서는 고전 10:4을 논의하는 3장(pp. 169-173)을 보라.

4. 결론

지금까지 바울 서신과 지혜 문헌에 나타나는 관련 구절을 분석해 보았다. 이를 통해 우리는 바울이 지혜 기독론과 유사한 어떤 것도 알지 못했으며 그러한 신학을 개진하지도 않았다고 확신 있게 결론내릴 수 있을 것이다. 필자는 여기서 지금까지 주장해 온 여러 논지들을 요약함으로써 본서의 결론을 강조하고자 한다.

① 바울 기독론을 긍정하는 견해는 바울 서신을 토대로 한다면 절대 생겨날 수 없는 것이다. 바울은 그 어디에서도 지혜(Wisdom)가 하나님의 창조 사역에 참여했을 가능성에 대해 말하거나 암시하지 않는다. 바울은 이 문제와 관련해서 창조를 하나님의 지혜라는 속성이라고 말하는 지혜 본문을 반영조차 하지 않는다.

② 바울이 진술하는 것은 하나님께서 창조하신 만물이 주 또는 신적 아들이신 그리스도의 대리 사역을 통해 존재하게 되었다는 것이다.

③ 더욱이 그리스도나 창조에 대한 바울의 이야기 안에서 인격화된 지혜를 찾도록 해주는 요인이 지혜 전승을 사용하는 바울 서신에 전혀 나타나지 않는다. 바울이 실제 지혜 전승을 사용하고 있는 부분을 면밀히 분석해 보면 그리스도에 대한 바울의 이해에 대해 기독론적 해답을 줄 만한 단서를 찾기가 거의 불가능하다.

④ 바울 서신과 지혜 문헌 사이의 연관성을 찾아보기 위해 절대적으로 중대한 문헌은 솔로몬의 지혜서이다. 그러나 바울 서신에서 지혜 문헌을 암시하고 있다고 볼 수 있는 모든 구절을 분석해보면 그러한 연관성에 대해 확신을 얻을 수 없다. 실제로 바울 서신은 지혜서를 바울이 알고 있었다는 단서를 전혀 제공해 주지 않는다. 그가 만일 지혜서를 알고 있었다 해도, 그것을 사용하지 않은 것이 분명하다.

⑤ 또 다른 주요 이슈, 즉 지혜 전승이 인격화된 지혜를 창조에 관한 대리자로 묘사한다는 주장은 해당 전승에 나타나는 여러 본문을 전체 문헌의 문맥에 비추어 면밀히 석의해 본 결과 지혜 문헌들을 지은 그 어떤 저자도 그러한 입장을 취하지 않는다는 것이 분명하다.

⑥ 이 문제를 염두에 두고 지혜 문헌을 읽을 때 놀라게 되는 것은 다름 아닌 그러한 입장을 지지하는 주장에 담긴 특징이다. 이러한 주장을 입증하기

위해 모든 증거를 거론할 때는 바울 신학을 구성할 때 사용하는 방법론과는 완전히 다른 방법론을 필요로 한다. 왜냐하면 바울 신학은 일반적으로 바울이 관련 주제에 대해 실제 진술하는 내용과 이를 지지하는 구약의 증거가 지닌 가치를 토대로 구성된다. 그러나 지혜 문헌과 바울의 관계성 입증을 위해 제시되는 모든 '증거'는 2차적인(혹은 심지어 3차적인) 암시 구절로부터 올 수밖에 없다. 다시 말해, 바울 자신은 그리스도를 희미하게조차도 인격화된 지혜와 연관시켜 이야기하지 않는다는 것이다. 그나마 유일하게 가능성 있어 보이는 예문(고전 1:24)은 인격화된 지혜와 무관하며, 오히려 고린도 교인들이 십자가에 달리신 메시아를 거부하도록 야기한 인간적인 차원의 '지혜'와 관련이 있다. 그래서 바울이 창조에 있어서 그리스도께서 맡으신 역할을 얘기할 때 만물이 '(주)를 통해'(고전 8:6) 그리고 '(아들)을 통해' 창조되었다고 고백한다. 여기서 '지혜'(Wisdom)가 '주'나 '하나님의 아들'을 가리킨다는 생각은 바울의 진술에 근거한 것이 아니라 일부 신약 학자들이 그렇게 보려고 하는 데서 비롯된 것이다.

⑦ 그러므로 바울 서신과 지혜 문헌에서 찾은 증거에 비추어 볼 때, 지혜 기독론은 바울 서신에서 찾아볼 수 없으며 바울 기독론을 재구성할 때 아무런 역할을 하지 않는다고 결론지어야 한다.

추가 부록 I: 네슬레-알란트 27판의 난외주

(P = Paul; W = Wisdom of Solomon)

1. Rom 1:19–23 // Wis 13–15

2. Rom 1:21 // Wis 13:1

(P) διότι γνόντες τὸν θεὸν οὐχ ὡς θεὸν ἐδόξασαν ἢ ηὐχαρίστησαν, ἀλλ᾽ **ἐματαιώθησαν** ἐν τοῖς διαλογισμοῖς αὐτῶν καὶ ἐσκοτίσθη ἡ ἀσύνετος αὐτῶν καρδία.

(W) **Μάταιοι** μὲν γὰρ πάντες ἄνθρωποι φύσει, οἷς παρῆν θεοῦ ἀγνωσία καὶ ἐκ τῶν ὁρωμένων ἀγαθῶν οὐκ ἴσχυσαν εἰδέναι τὸν ὄντα οὔτε τοῖς ἔργοις προσέχοντες ἐπέγνωσαν τὸν τεχνίτην,

3. Rom 1:23 // Wis 11:15; 12:24

(P) καὶ ἤλλαξαν τὴν δόξαν τοῦ ἀφθάρτου θεοῦ ἐν ὁμοιώματι εἰκόνος φθαρτοῦ ἀνθρώπου καὶ πετεινῶν καὶ τετραπόδων καὶ **ἑρπετῶν**.

(W) ἀντὶ δὲ λογισμῶν ἀσυνέτων ἀδικίας αὐτῶν, ἐν οἷς πλανηθέντες ἐθρήσκευον ἄλογα **ἑρπετὰ** καὶ κνώδαλα εὐτελῆ, ἐπαπέστειλας αὐτοῖς πλῆθος ἀλόγων ζῴων εἰς ἐκδίκησιν, καὶ γὰρ τῶν πλάνης ὁδῶν μακρότερον ἐπλανήθησαν θεοὺς ὑπολαμβάνοντες τὰ καὶ ἐν ζῴοις τῶν αἰσχρῶν ἄτιμα νηπίων δίκην ἀφρόνων ψευσθέντες.

4. Rom 2:4 // Wis 11:23

(P) ἢ τοῦ πλούτου τῆς χρηστότητος αὐτοῦ καὶ τῆς ἀνοχῆς καὶ τῆς μακροθυμίας καταφρονεῖς, ἀγνοῶν ὅτι τὸ χρηστὸν τοῦ θεοῦ εἰς μετάνοιάν σε ἄγει;

(W) ἐλεεῖς δὲ πάντας ὅτι πάντα δύνασαι καὶ παρορᾷς ἁμαρτήματα ἀνθρώπων εἰς μετάνοιαν.

5. Rom 2:15 // Wis 17:10

부록 A 그리스도와 인격화된 지혜　905

(P) οἵτινες ἐνδείκνυνται τὸ ἔργον τοῦ νόμου γραπτὸν ἐν ταῖς καρδίαις αὐτῶν, **συμμαρτυρούσης αὐτῶν τῆς συνειδήσεως** καὶ μεταξὺ ἀλλήλων τῶν λογισμῶν κατηγορούντων ἢ καὶ ἀπολογουμένων,

(W) δειλὸν γὰρ ἰδίῳ πονηρίᾳ **μάρτυρι** καταδικαζομένη, ἀεὶ δὲ προσείληφεν τὰ χαλεπὰ συνεχομένη **τῇ συνειδήσει**·

6. Rom 5:12 // Wis 2:24

(P) Διὰ τοῦτο ὥσπερ δἰ ἑνὸς ἀνθρώπου ἡ ἁμαρτία **εἰς τὸν κόσμον εἰσῆλθεν** καὶ διὰ τῆς ἁμαρτίας ὁ **θάνατος**, καὶ οὕτως εἰς πάντας ἀνθρώπους ὁ θάνατος διῆλθεν, ἐφ᾽ ᾧ πάντες ἥμαρτον·

(W) φθόνῳ δὲ διαβόλου **θάνατος εἰσῆλθεν εἰς τὸν κόσμον** πειράζουσιν δὲ αὐτὸν οἱ τῆς ἐκείνου μερίδος ὄντες.

7. Rom 9:19 // Wis 12:12

(P) Ἐρεῖς μοι οὖν· **τί** [οὖν] ἔτι μέμφεται; τῷ γὰρ βουλήματι αὐτοῦ **τίς ἀνθέστηκεν;**

(W) τίς γὰρ **ἐρεῖ Τί** ἐποίησας; ἢ **τίς ἀντιστήσεται** τῷ κρίματί σου;

8. Rom 9:21 // Wis 15:7

(P) ἢ οὐκ ἔχει ἐξουσίαν **ὁ κεραμεὺς τοῦ πηλοῦ ἐκ τοῦ αὐτοῦ** φυράματος ποιῆσαι ὃ μὲν εἰς τιμὴν **σκεῦος** ὃ δὲ εἰς ἀτιμίαν;

(W) Καὶ γὰρ **κεραμεὺς** ἁπαλὴν γῆν θλίβων ἐπίμοχθον πλάσσει πρὸς ὑπηρεσίαν ἡμῶν ἓν ἕκαστον· ἀλλ᾽ **ἐκ τοῦ αὐτοῦ πηλοῦ** ἀνεπλάσατο τά τε τῶν καθαρῶν ἔργων δοῦλα **σκεύη** τά τε ἐναντία, πάντα ὁμοίως· τούτων δὲ ἑτέρου τίς ἑκάστου ἐστὶν ἡ χρῆσις κριτὴς ὁ πηλουργός.

9. Rom 9:31 // Wis 2:11

(P) Ἰσραὴλ δὲ διώκων **νόμον δικαιοσύνης** εἰς νόμον οὐκ ἔφθασεν.

(W) ἔστω δὲ ἡμῶν ἡ ἰσχὺς **νόμος τῆς δικαιοσύνης**, τὸ γὰρ ἀσθενὲς ἄχρηστον ἐλέγχεται.

10. Rom 11:33 // Wis 17:1

(P) Ὦ βάθος πλούτου καὶ σοφίας καὶ γνώσεως θεοῦ· ὡς ἀνεξεραύνητα **τὰ κρίματα αὐτοῦ** καὶ ἀνεξιχνίαστοι αἱ ὁδοὶ αὐτοῦ.

(W) Μεγάλαι γάρ σου **αἱ κρίσεις** καὶ δυσδιήγητοι·

11. Rom 13:1 // Wis 6:3

(P) ... οὐ γὰρ ἔστιν ἐξουσία εἰ μὴ ὑπὸ θεοῦ, αἱ δὲ οὖσαι ὑπὸ θεοῦ τεταγμέναι εἰσίν.

(W) ὅτι ἐδόθη παρὰ κυρίου ἡ κράτησις ὑμῖν καὶ ἡ δυναστεία παρὰ ὑψίστου,

12. Rom 13:10 // Wis 6:18

(P) ἡ ἀγάπη τῷ πλησίον κακὸν οὐκ ἐργάζεται· πλήρωμα οὖν **νόμου ἡ ἀγάπη**.

(W) **ἀγάπη δὲ τήρησις νόμων** αὐτῆς, προσοχὴ δὲ νόμων βεβαίωσις ἀφθαρσίας,

13. 1 Cor 1:24 // Wis 7:24–25

(P) αὐτοῖς δὲ τοῖς κλητοῖς, Ἰουδαίοις τε καὶ Ἕλλησιν, Χριστὸν **θεοῦ δύναμιν καὶ θεοῦ σοφίαν**·

(W) ²⁴πάσης γὰρ κινήσεως κινητικώτερον **σοφία**, διήκει δὲ καὶ χωρεῖ διὰ πάντων διὰ τὴν καθαρότητα· ²⁵**ἀτμὶς γάρ ἐστιν τῆς τοῦ θεοῦ δυνάμεως** καὶ ἀπόρροια τῆς τοῦ παντοκράτορος δόξης εἰλικρινής·

14. 1 Cor 2:16 // Wis 9:13

(P) **τίς γὰρ ἔγνω** νοῦν κυρίου, ὃς συμβιβάσει αὐτόν; ἡμεῖς δὲ νοῦν Χριστοῦ ἔχομεν.

(W) **τίς γὰρ** ἄνθρωπος **γνώσεται** βουλὴν θεοῦ; ἢ τίς ἐνθυμηθήσεται τί θέλει ὁ κύριος;

15. 1 Cor 4:14 // Wis 11:10

(P) Οὐκ ἐντρέπων ὑμᾶς γράφω ταῦτα ἀλλ᾽ ὡς τέκνα μου ἀγαπητὰ **νουθετῶ[ν]**.

(W) τούτους μὲν γὰρ **ὡς** πατὴρ **νουθετῶν** ἐδοκίμασας,

16. 1 Cor 6:2 // Wis 3:8

(P) ἢ οὐκ οἴδατε ὅτι **οἱ ἅγιοι τὸν κόσμον κρινοῦσιν;** καὶ εἰ ἐν ὑμῖν κρίνεται ὁ κόσμος,

(W) **κρινοῦσιν ἔθνη** καὶ κρατήσουσιν λαῶν, καὶ βασιλεύσει αὐτῶν κύριος εἰς τοὺς αἰῶνας.

17. 1 Cor 9:25 // Wis 4:2

(P) πᾶς δὲ ὁ **ἀγωνιζόμενος** πάντα ἐγκρατεύεται, ἐκεῖνοι μὲν οὖν ἵνα φθαρτὸν **στέφανον** λάβωσιν, ἡμεῖς δὲ ἄφθαρτον.

(W) ... καὶ ἐν τῷ αἰῶνι **στεφανηφοροῦσα** πομπεύει τὸν τῶν ἀμιάντων ἄθλων **ἀγῶνα** νικήσασα.

부록 A 그리스도와 인격화된 지혜 907

18. 1 Cor 10:1 // Wis 19:7-8

(P) Οὐ θέλω γὰρ ὑμᾶς ἀγνοεῖν, ἀδελφοί, ὅτι οἱ πατέρες ἡμῶν πάντες ὑπὸ τὴν **νεφέλην** ἦσαν καὶ πάντες διὰ τῆς θαλάσσης διῆλθον

(W) ⁷ἡ τὴν παρεμβολὴν σκιάζουσα **νεφέλη**, ἐκ δὲ προϋφεστῶτος ὕδατος ξηρᾶς ἀνάδυσις γῆς, ἐθεωρήθη, ἐξ ἐρυθρᾶς θαλάσσης ὁδὸς ἀνεμπόδιστος καὶ χλοηφόρον πεδίον ἐκ κλύδωνος βιαίου· ⁸δι᾽ οὗ πανεθνεὶ διῆλθον οἱ τῇ σῇ σκεπαζόμενοι χειρὶ θεωρήσαντες θαυμαστὰ τέρατα.

19. 1 Cor 11:7 // Wis 2:23

(P) Ἀνὴρ μὲν γὰρ οὐκ ὀφείλει κατακαλύπτεσθαι τὴν κεφαλὴν **εἰκὼν** καὶ δόξα **θεοῦ** ὑπάρχων· ἡ γυνὴ δὲ δόξα ἀνδρός ἐστιν.

(W) ὅτι ὁ θεὸς ἔκτισεν τὸν ἄνθρωπον ἐπ᾽ ἀφθαρσίᾳ καὶ **εἰκόνα** τῆς ἰδίας ἀϊδιότητος ἐποίησεν αὐτόν·

20. 1 Cor 11:24 // Wis 16:6

(P) ... τοῦτο ποιεῖτε **εἰς τὴν ἐμὴν ἀνάμνησιν**.

(W) εἰς νουθεσίαν δὲ πρὸς ὀλίγον ἐταράχθησαν σύμβολον ἔχοντες σωτηρίας **εἰς ἀνάμνησιν** ἐντολῆς νόμου σου·

21. 1 Cor 15:32 // Wis 2:5-6

(P) εἰ κατὰ ἄνθρωπον ἐθηριομάχησα ἐν Ἐφέσῳ, τί μοι τὸ ὄφελος; εἰ νεκροὶ οὐκ ἐγείρονται, φάγωμεν καὶ πίωμεν, αὔριον γὰρ ἀποθνῄσκομεν.

(W) ⁵σκιᾶς γὰρ πάροδος ὁ καιρὸς ἡμῶν, καὶ οὐκ ἔστιν ἀναποδισμὸς τῆς τελευτῆς ἡμῶν, ὅτι κατεσφραγίσθη καὶ οὐδεὶς ἀναστρέφει. ⁶δεῦτε οὖν καὶ ἀπολαύσωμεν τῶν ὄντων ἀγαθῶν καὶ χρησώμεθα τῇ κτίσει ὡς ἐν νεότητι σπουδαίως·

22. 1 Cor 15:34 // Wis 13:1

(P) ἐκνήψατε δικαίως καὶ μὴ ἁμαρτάνετε, **ἀγνωσίαν γὰρ θεοῦ** τινες ἔχουσιν, πρὸς ἐντροπὴν ὑμῖν λαλῶ.

(W) Μάταιοι μὲν γὰρ πάντες ἄνθρωποι φύσει, οἷς παρῆν **θεοῦ ἀγνωσία** καὶ ἐκ τῶν ὁρωμένων ἀγαθῶν οὐκ ἴσχυσαν εἰδέναι τὸν ὄντα οὔτε τοῖς ἔργοις προσέχοντες ἐπέγνωσαν τὸν τεχνίτην,

23. 2 Cor 5:1, 4 // Wis 9:15

(P) ¹Οἴδαμεν γὰρ ὅτι ἐὰν ἡ ἐπίγειος ἡμῶν οἰκία **τοῦ σκήνους** καταλυθῇ,

... ⁴καὶ γὰρ οἱ ὄντες **ἐν τῷ σκήνει** στενάζομεν βαρούμενοι, ἐφ᾽ ᾧ οὐ θέλομεν ἐκδύσασθαι ἀλλ᾽ ἐπενδύσασθαι, ἵνα καταποθῇ τὸ θνητὸν ὑπὸ τῆς ζωῆς.

(W) φθαρτὸν γὰρ σῶμα βαρύνει ψυχήν, καὶ βρίθει τὸ γεῶδες **σκῆνος** νοῦν πολυφρόντιδα.

24. 2 Cor 12:12 // Wis 10:16

(P) τὰ μὲν σημεῖα τοῦ ἀποστόλου κατειργάσθη ἐν ὑμῖν ἐν πάσῃ ὑπομονῇ, **σημείοις τε καὶ τέρασιν** καὶ δυνάμεσιν.

(W) ... καὶ ἀντέστη βασιλεῦσιν φοβεροῖς **ἐν τέρασι καὶ σημείοις**.

25. Gal 6:1 // Wis 17:17

(P) ... ἐὰν καὶ προλημφθῇ ἄνθρωπος ἔν τινι παραπτώματι, ὑμεῖς οἱ πνευματικοὶ καταρτίζετε τὸν τοιοῦτον ἐν πνεύματι πραΰτητος, σκοπῶν σεαυτὸν μὴ καὶ σὺ πειρασθῇς.

(W) εἴ τε πνεῦμα συρίζον ἢ περὶ ἀμφιλαφεῖς κλάδους ὀρνέων ἦχος εὐμελὴς ἢ ῥυθμὸς ὕδατος πορευομένου βίᾳ ἢ κτύπος ἀπηνὴς καταρριπτομένων πετρῶν

26. Eph 1:17 // Wis 7:7

(P) ... ὁ θεὸς τοῦ κυρίου ἡμῶν Ἰησοῦ Χριστοῦ, ὁ πατὴρ τῆς δόξης, δώῃ ὑμῖν **πνεῦμα σοφίας** καὶ ἀποκαλύψεως ἐν ἐπιγνώσει αὐτοῦ,

(W) διὰ τοῦτο εὐξάμην, καὶ φρόνησις ἐδόθη μοι· ἐπεκαλεσάμην, καὶ ἦλθέν μοι **πνεῦμα σοφίας**.

27. Eph 4:24 // Wis 9:3

(P) καὶ ἐνδύσασθαι τὸν καινὸν ἄνθρωπον τὸν κατὰ θεὸν κτισθέντα ἐν **δικαιοσύνῃ καὶ ὁσιότητι** τῆς ἀληθείας.

(W) καὶ διέπῃ τὸν κόσμον **ἐν ὁσιότητι καὶ δικαιοσύνῃ** καὶ ἐν εὐθύτητι ψυχῆς κρίσιν κρίνῃ,

28. Eph 6:13 // Wis 5:17

(P) διὰ τοῦτο ἀναλάβετε **τὴν πανοπλίαν τοῦ θεοῦ**, ἵνα δυνηθῆτε ἀντιστῆναι ἐν τῇ ἡμέρᾳ τῇ πονηρᾷ καὶ ἅπαντα κατεργασάμενοι στῆναι.

(W) λήμψεται **πανοπλίαν** τὸν ζῆλον αὐτοῦ καὶ ὁπλοποιήσει τὴν κτίσιν εἰς ἄμυναν ἐχθρῶν·

29. Eph 6:14 // Wis 5:18

부록 A 그리스도와 인격화된 지혜 909

(P) στῆτε οὖν περιζωσάμενοι τὴν ὀσφὺν ὑμῶν ἐν ἀληθείᾳ καὶ **ἐνδυσάμενοι τὸν θώρακα τῆς δικαιοσύνης**

(W) **ἐνδύσεται θώρακα δικαιοσύνην** καὶ περιθήσεται κόρυθα κρίσιν ἀνυπόκριτον·

30. Eph 6:16 // Wis 5:19, 21

(P) ἐν πᾶσιν ἀναλαβόντες τὸν θυρεὸν τῆς πίστεως, ἐν ᾧ δυνήσεσθε πάντα τὰ βέλη τοῦ πονηροῦ [τὰ] πεπυρωμένα σβέσαι·

(W) ¹⁹λήμψεται ἀσπίδα ἀκαταμάχητον ὁσιότητα, ... ²¹πορεύσονται εὔστοχοι βολίδες ἀστραπῶν καὶ ὡς ἀπὸ εὐκύκλου τόξου τῶν νεφῶν ἐπὶ σκοπὸν ἁλοῦνται,

31. Phil 4:5 // Wis 2:19

(P) **τὸ ἐπιεικὲς** ὑμῶν γνωσθήτω πᾶσιν ἀνθρώποις. ὁ κύριος ἐγγύς.

(W) ... ἵνα γνῶμεν **τὴν ἐπιείκειαν** αὐτοῦ

32. Phil 4:13 // Wis 7:23

(P) πάντα ἰσχύω ἐν τῷ ἐνδυναμοῦντί με.

(W) ἀκώλυτον, εὐεργετικόν, φιλάνθρωπον, βέβαιον, ἀσφαλές, **ἀμέριμνον**, παντοδύναμον, πανεπίσκοπον καὶ διὰ πάντων χωροῦν πνευμάτων νοερῶν καθαρῶν λεπτοτάτων.

33. 1 Thess 4:13 // Wis 3:18

(P) ... ἵνα μὴ λυπῆσθε καθὼς καὶ οἱ λοιποὶ **οἱ μὴ ἔχοντες ἐλπίδα**.

(W) ἐάν τε ὀξέως τελευτήσωσιν **οὐχ ἕξουσιν ἐλπίδα** οὐδὲ ἐν ἡμέρᾳ διαγνώσεως παραμύθιον·

34. 1 Thess 5:1 // Wis 8:8 [on "signs and wonders," see 2 Cor 12:12; Rom 15:19]

(P) Περὶ δὲ **τῶν χρόνων καὶ τῶν καιρῶν**, ἀδελφοί, οὐ χρείαν ἔχετε ὑμῖν γράφεσθαι,

(W) ... σημεῖα καὶ τέρατα προγινώσκει, καὶ ἐκβάσεις **καιρῶν καὶ χρόνων**.

35. 1 Thess 5:2 // Wis 18:14–15 [on the suddenness of God's judgment of Egypt]

(P) αὐτοὶ γὰρ ἀκριβῶς οἴδατε ὅτι ἡμέρα κυρίου ὡς κλέπτης ἐν νυκτὶ οὕτως ἔρχεται.

(W) ¹⁴ἡσύχου γὰρ σιγῆς περιεχούσης τὰ πάντα καὶ νυκτὸς ἐν ἰδίῳ τάχει μεσαζούσης ¹⁵ὁ παντοδύναμός σου λόγος ἀπ᾽ οὐρανῶν ἐκ θρόνων βασιλείων ἀπότομος πολεμιστὴς εἰς μέσον τῆς ὀλεθρίας ἥλατο γῆς ξίφος ὀξὺ τὴν ἀνυπόκριτον ἐπιταγήν σου φέρων

36. 1 Thess 5:3 // Wis 17:14

(P) ... τότε **αἰφνίδιος αὐτοῖς** ἐφίσταται ὄλεθρος ὥσπερ ἡ ὠδὶν τῇ ἐν γαστρὶ ἐχούσῃ, καὶ οὐ μὴ ἐκφύγωσιν.

(W) ... **αἰφνίδιος γὰρ αὐτοῖς** καὶ ἀπροσδόκητος φόβος ἐπεχύθη.

37. 1 Thess 5:8 // Wis 5:18

(P) ... **ἐνδυσάμενοι θώρακα** πίστεως καὶ ἀγάπης καὶ περικεφαλαίαν ἐλπίδα σωτηρίας·

(W) **ἐνδύσεται θώρακα** δικαιοσύνην καὶ περιθήσεται κόρυθα κρίσιν ἀνυπόκριτον·

38. Titus 3:4 // Wis 1:6

(P) ὅτε δὲ ἡ χρηστότης καὶ ἡ **φιλανθρωπία** ἐπεφάνη τοῦ σωτῆρος ἡμῶν θεοῦ,

(W) **φιλάνθρωπον** γὰρ πνεῦμα σοφία

추가 부록 II: 지혜 본문

1. Job 12:13

παρ᾽ αὐτῷ σοφία καὶ δύναμις,   Belonging to him are wisdom and power;
αὐτῷ βουλὴ καὶ σύνεσις.   counsel and understanding are his.

2. Psalm 104:24 (103:24 LXX)

ὡς ἐμεγαλύνθη τὰ ἔργα σου, κύριε·   How many are your works, LORD!
πάντα ἐν σοφίᾳ ἐποίησας,   In wisdom you made them all;
ἐπληρώθη ἡ γῆ τῆς κτήσεώς σου.   the earth is full of your creatures.

3. Proverbs 3:19–20

¹⁹ὁ θεὸς τῇ σοφίᾳ ἐθεμελίωσεν τὴν γῆν,   ¹⁹God in wisdom laid the earth's foundations,

부록 A 그리스도와 인격화된 지혜 911

ἡτοίμασεν δὲ οὐρανοὺς ἐν φρονήσει·
²⁰ἐν αἰσθήσει ἄβυσσοι ἐρράγησαν,
νέφη δὲ ἐρρύησαν δρόσους.

with understanding he set the heavens in place;
[20]in his knowledge the deeps were divided,
and the clouds let drop the dew.

4. Proverbs 8:22–31

²²κύριος ἔκτισέν με ἀρχὴν ὁδῶν αὐτοῦ
  εἰς ἔργα αὐτοῦ,
²³πρὸ τοῦ αἰῶνος ἐθεμελίωσέν με ἐν
  ἀρχῇ,
²⁴πρὸ τοῦ τὴν γῆν ποιῆσαι
  καὶ πρὸ τοῦ τὰς ἀβύσσους ποιῆσαι,
  πρὸ τοῦ προελθεῖν τὰς πηγὰς τῶν
    ὑδάτων,

²⁵πρὸ τοῦ ὄρη ἑδρασθῆναι,
  πρὸ δὲ πάντων βουνῶν γεννᾷ με.
²⁶κύριος ἐποίησεν χώρας καὶ ἀοικήτους

  καὶ ἄκρα οἰκούμενα τῆς ὑπ᾽ οὐρανόν.

²⁷ἡνίκα ἡτοίμαζεν τὸν οὐρανόν,
  συμπαρήμην αὐτῷ,
  καὶ ὅτε ἀφώριζεν τὸν ἑαυτοῦ θρόνον
    ἐπ᾽ ἀνέμων.
²⁸ἡνίκα ἰσχυρὰ ἐποίει τὰ ἄνω νέφη,

  καὶ ὡς ἀσφαλεῖς ἐτίθει πηγὰς τῆς ὑπ᾽
    οὐρανὸν
²⁹καὶ ἰσχυρὰ ἐποίει τὰ θεμέλια τῆς γῆς,

³⁰ἤμην παρ᾽ αὐτῷ ἁρμόζουσα,
  ἐγὼ ἤμην ᾗ προσέχαιρεν.

  καθ᾽ ἡμέραν δὲ εὐφραινόμην
    ἐν προσώπῳ αὐτοῦ ἐν παντὶ
      καιρῷ,
³¹ὅτε εὐφραίνετο τὴν οἰκουμένην
    συντελέσας
  καὶ ἐνευφραίνετο ἐν υἱοῖς ἀνθρώπων.

The LORD made me the beginning of his ways for his works,
before the ages he established me in the beginning;
before he created the earth,
and before he created the depths,
before the fountains of water came forth,

before the mountains were settled,
and before all the hills he begot me.
The LORD made countries and uninhabited places,
and the highest inhabited places under heaven.
When he prepared the sky I was with him,
and when he prepared his throne on the winds;
when he gave strength to the clouds above,
and when he secured the fountains under heaven,
and when he strengthened the foundations of the earth,
I was with him arranging [things].
I was the one in whom he took delight,
and daily I rejoiced
in his presence continually.

When he rejoiced, having completed the world,
he also rejoiced among the sons of men.

5. Sirach 1:4, 9

⁴προτέρα πάντων ἔκτισται σοφία

[4]Wisdom was created before all other things.

καὶ σύνεσις φρονήσεως ἐξ αἰῶνος.	and prudent understanding from eternity.
⁹κύριος αὐτὸς ἔκτισεν αὐτὴν καὶ εἶδεν καὶ ἐξηρίθμησεν αὐτὴν καὶ ἐξέχεεν αὐτὴν ἐπὶ πάντα τὰ ἔργα αὐτοῦ,	⁹The Lord himself created her; he saw her and took her measure; he poured her out upon all his works.

6. Wisdom of Solomon 7:21–28 (versification: Greek, LXX; English, NRSV)

²¹ὅσα τέ ἐστιν κρυπτὰ καὶ ἐμφανῆ ἔγνων·	²¹I learned both what is secret and what is manifest,
ἡ γὰρ πάντων τεχνῖτις ἐδίδαξέν με σοφία.	²²for wisdom, the fashioner of all things, taught me.
²²Ἔστιν γὰρ ἐν αὐτῇ πνεῦμα νοερόν, ἅγιον,	For there is in her a spirit: intelligent, holy,
μονογενές, πολυμερές, λεπτόν, εὐκίνητον, τρανόν, ἀμόλυντον,	unique, manifold, subtle, mobile, clear, unpolluted,
σαφές, ἀπήμαντον, φιλάγαθον, ὀξύ,	distinct, invulnerable, loving the good, keen,
²³ἀκώλυτον, εὐεργετικόν,	irresistible, ²³beneficent, humane,
φιλάνθρωπον, βέβαιον, ἀσφαλές, ἀμέριμνον,	steadfast, sure, free from anxiety,
παντοδύναμον, πανεπίσκοπον καὶ διὰ πάντων χωροῦν πνευμάτων νοερῶν, καθαρῶν, λεπτοτάτων.	all-powerful, overseeing all, and penetrating through the spirits that are intelligent, pure, and altogether subtle.
²⁴πάσης γὰρ κινήσεως κινητικώτερον σοφία, διήκει δὲ καὶ χωρεῖ διὰ πάντων διὰ τὴν καθαρότητα·	²⁴For wisdom is more mobile than any motion; she pervades/penetrates all things because of purity.
²⁵ἀτμὶς γάρ ἐστιν τῆς τοῦ θεοῦ δυνάμεως καὶ ἀπόρροια τῆς τοῦ παντοκράτορος δόξης εἰλικρινής· διὰ τοῦτο οὐδὲν μεμιαμμένον εἰς αὐτὴν παρεμπίπτει.	²⁵For she is a breath of the power of God, and a pure emanation of the glory of the Almighty; therefore nothing defiled gains entrance into her.
²⁶ἀπαύγασμα γάρ ἐστιν φωτὸς ἀιδίου καὶ ἔσοπτρον ἀκηλίδωτον τῆς τοῦ θεοῦ ἐνεργείας καὶ εἰκὼν τῆς ἀγαθότητος αὐτοῦ.	²⁶For she is a *reflection* of eternal light, *a spotless mirror of the working of God*; and *an image of his goodness*.
²⁷μία δὲ οὖσα πάντα δύναται	²⁷Although but one, she can do all things;
καὶ μένουσα ἐν αὐτῇ τὰ πάντα καινίζει καὶ κατὰ γενεὰς εἰς ψυχὰς ὁσίας μεταβαίνουσα φίλους θεοῦ καὶ προφήτας	and while remaining in herself, she renews all things; in every generation she passes into holy souls and makes them friends of God,

부록 A 그리스도와 인격화된 지혜

κατασκευάζει·
²⁸οὐθὲν γὰρ ἀγαπᾷ ὁ θεὸς
εἰ μὴ τὸν σοφίᾳ συνοικοῦντα.

and prophets.
²⁸For God loves nothing so much
as the person who lives with wisdom.

8:4–6

⁴μύστις γάρ ἐστιν τῆς τοῦ θεοῦ ἐπιστήμης
καὶ αἱρετὶς τῶν ἔργων αὐτοῦ.
⁵εἰ δὲ πλοῦτός ἐστιν ἐπιθυμητὸν κτῆμα
ἐν βίῳ
τί σοφίας πλουσιώτερον τῆς τὰ πάντα
ἐργαζομένης;
⁶εἰ δὲ φρόνησις ἐργάζεται,
τίς αὐτῆς τῶν ὄντων μᾶλλόν ἐστιν
τεχνῖτις;

⁴For she is an initiate in the knowledge of
God,
and *an associate in his works.*
⁵If riches are a desirable possession
in life,
what is richer than wisdom, who works
all things?
⁶If understanding is effective,
who more than she is *fashioner of what
exists?*

9:1–2

¹θεὲ πατέρων καὶ κύριε τοῦ ἐλέους
ὁ ποιήσας τὰ πάντα ἐν λόγῳ σου
²καὶ τῇ σοφίᾳ σου κατασκευάσας
ἄνθρωπον,
ἵνα δεσπόζῃ τῶν ὑπὸ σοῦ γενομένων
κτισμάτων

¹God of our fathers and Lord of mercy,
who created all things by your word,
²and *in your wisdom fashioned humankind,*
to have dominion over the creatures
you have made,

9:9–10

⁹καὶ μετὰ σοῦ ἡ σοφία ἡ εἰδυῖα τὰ ἔργα
σου
καὶ παροῦσα, ὅτε ἐποίεις τὸν κόσμον,
καὶ ἐπισταμένη τί ἀρεστὸν ἐν ὀφθαλμοῖς
σου
καὶ *τί εὐθὲς ἐν ἐντολαῖς σου.*
¹⁰ἐξαπόστειλον αὐτὴν ἐξ ἁγίων οὐρανῶν
καὶ ἀπὸ θρόνου δόξης σου πέμψον
αὐτήν,
ἵνα συμπαροῦσά μοι κοπιάσῃ
καὶ γνῶ τί εὐάρεστόν ἐστιν παρὰ σοί.

⁹With you is wisdom, she who knows your
works,
and was present when you created the
world;
she understands what is pleasing in your
sight
and *what is right according to your
commandments.*
¹⁰Send her forth from the holy heavens,
and from the throne of your glory
send her,
that she may labor at my side,
and that I may learn what is pleasing
to you.

10:20–11:4

²⁰διὰ τοῦτο δίκαιοι ἐσκύλευσαν ἀσεβεῖς
καὶ ὕμνησαν, κύριε, τὸ ὄνομα τὸ
ἅγιόν σου

²⁰Therefore, the righteous plundered the
ungodly
and hymned, Lord, your holy name,

τήν τε ὑπέρμαχόν <u>σου</u> χεῖρα ᾔνεσαν ὁμοθυμαδόν·
²¹ὅτι ἡ σοφία ἤνοιξεν στόμα κωφῶν
καὶ γλώσσας νηπίων ἔθηκεν τρανάς.
¹¹:¹Εὐόδωσεν τὰ ἔργα αὐτῶν ἐν χειρὶ προφήτου ἁγίου.
²διώδευσαν ἔρημον ἀοίκητον
καὶ ἐν ἀβάτοις ἔπηξαν σκηνάς·
³ἀντέστησαν πολεμίοις καὶ ἐχθροὺς ἠμύναντο.
⁴ἐδίψησαν καὶ ἐπεκαλέσαντό <u>σε</u>,
καὶ ἐδόθη αὐτοῖς ἐκ πέτρας ἀκροτόμου ὕδωρ
καὶ ἴαμα δίψης ἐκ λίθου σκληροῦ.

and praised with one accord <u>your</u> defending hand;
²¹because wisdom opened the mouth of the mute,
and made the tongues of infants speak clearly.
¹¹:¹She prospered their works by the hand of a holy prophet.
²They journeyed through an uninhabited wilderness,
and pitched their tents in untrodden places.
³They withstood their enemies and fought off their foes.
⁴When they were thirsty, they called upon <u>you</u>,
and water was given them out of flinty rock,
and from hard stone a remedy for their thirst.

11:17, 24

¹⁷οὐ γὰρ ἠπόρει ἡ παντοδύναμός σου χεὶρ
καὶ κτίσασα τὸν κόσμον
ἐξ ἀμόρφου ὕλης
ἐπιπέμψαι αὐτοῖς πλῆθος ἄρκων ἢ θρασεῖς λέοντας . . .
²⁴ἀγαπᾷς γὰρ τὰ ὄντα πάντα
καὶ οὐδὲν βδελύσσῃ ὧν ἐποίησας·
οὐδὲ γὰρ ἂν μισῶν τι κατεσκεύασας.

¹⁷For your all-powerful hand,
which created the world
out of formless matter,
did not lack the means to send upon them . . .
²⁴For you love all things that exist,
and detest none of the things that you have created;
nor do you hate what you have fashioned.

16:24

Ἡ γὰρ κτίσις σοὶ τῷ ποιήσαντι ὑπηρετοῦσα
ἐπιτείνεται εἰς κόλασιν κατὰ τῶν ἀδίκων
καὶ ἀνίεται εἰς εὐεργεσίαν ὑπὲρ τῶν ἐπὶ σοὶ πεποιθότων.

For creation, serving you who made it,
exerts itself to punish the unrighteous
and in kindness relaxes for those who trust you.

부록 B

칠십인경 인용과 반영을 통해 그리스도를 지칭하는 바울의 퀴리오스 사용

이 부록의 일차적 목적은 독자의 편의를 위해 2-10장에서 논의되는 모든 인용문과 암시 구절, 즉 바울이 그리스도를 언급할 때(대부분 퀴리오스를 사용하는데 때로 그 퀴리오스가 '하나님'을 대신하기도 한다) 칠십인경의 용어를 사용하고 있다고 추정되는 모든 구절을 모아 놓았다. 이들을 두 그룹으로 나누어 보았다. 첫 번째 그룹은 칠십인경을 실제로 인용하거나 분명히 암시하는 구절로 이루어져 있다. 두 번째 그룹은 칠십인경으로부터 온 여호와 구문이 그리스도에게 적용되는 구절로 이루어져 있다. 이들을 1장부터 순서대로 나열하되, 한 서신서 안에 나오는 구절들은 서신서에 나오는 순서대로 나열해 놓았다. 현 부록의 세 번째 그룹은 퀴리오스라는 이름이 거의 확실하게 하나님 아버지를 지칭하는(3장의 각주 7번을 보라) 용어로 쓰이는 12개의 칠십인경 인용구절을 열거하였다. 아래 구절들을 보면 알 수 있는 것처럼 아래에서 표기한 구약의 장절은 영어 성경과 다를 경우 칠십인경의 장 절을 의미한다.

본 부록의 두 번째 목적은 바울 기독론을 제시할 때 이러한 현상(바울이 칠십인경을 사용해서 그리스도를 설명하는- 역주)의 편재성과 더불어 그 중요성에 대해 서론에서 제기한 주장을 입증하는 것이다.

1 Thessalonians

1 Thess 3:13   ἐν τῇ παρουσίᾳ **τοῦ κυρίου** ἡμῶν Ἰησοῦ **μετὰ πάντων**
                                                       τῶν ἁγίων   **αὐτου**,

Zech 14:5   καὶ ἥξει   **κύριος** ὁ θεός μου καὶ **πάντες**
                                                 οἱ **ἅγιοι**   **μετ' αὐτοῦ**.

1 Thess 4:6   διότι   **ἔκδικος**   **κύριος** περὶ πάντων τούτων,

Ps 93:1 LXX   ὁ θεὸς   **ἐκδικήσεων**   **κύριος**,

1 Thess 4:16   ὅτι αὐτὸς ὁ **κύριος** ἐν κελεύσματι, **ἐν φωνῇ** ἀρχαγγέλου
                           καὶ ἐν   **σάλπιγγι** θεοῦ,
                           καταβήσεται ἀπ' οὐρανοῦ

Ps 46:6 LXX   ἀνέβη ὁ θεὸς ἐν ἀλαλαγμῷ,
                         κύριος   **ἐν φωνῇ**
                         σάλπιγγος.

1 Thess 5:27   **ἐνορκίζω** ὑμᾶς **τὸν κύριον** ἀναγνωσθῆναι τὴν ἐπιστολὴν
                                           πᾶσιν τοῖς ἀδελφοῖς.

Gen 24:3   καὶ **ἐξορκιῶ σε**   **κύριον** τὸν θεὸν τοῦ οὐρανοῦ
                                                 [cf. Neh 13:25]

2 Thessalonians

2 Thess 1:7-8 ⁷τοῦ **κυρίου** Ἰησοῦ . . . ⁸**ἐν φλογὶ πυρός**,
                            διδόντος **ἐκδίκησιν** τοῖς μὴ εἰδόσιν θεὸν
                            καὶ τοῖς μὴ **ὑπακούουσιν** τῷ εὐαγγελίῳ
                                                 τοῦ κυρίου ἡμῶν Ἰησοῦ,

Isa 66:15   **κύριος** ὡς πῦρ ἥξει καὶ ὡς καταιγὶς τὰ ἄρματα αὐτοῦ
                            ἀποδοῦναι ἐν θυμῷ **ἐκδίκησιν**
                            καὶ ἀποσκορακισμὸν **ἐν φλογὶ πυρός**.

Isa 66:4   λέγει **κύριος** [v. 2] . . . **ἀνταποδώσω** αὐτοῖς ὅτι ἐκάλεσα
                         αὐτοὺς **καὶ οὐχ ὑπήκουσάν μου**,

2 Thess 1:9   οἵτινες . . .   **ἀπὸ προσώπου τοῦ**   **κυρίου καὶ ἀπὸ**
                                 τῆς δόξης τῆς ἰσχύος αὐτοῦ,

Isa 2:10   κρύπτεσθε . . . **ἀπὸ προσώπου τοῦ** φόβου **κυρίου καὶ ἀπὸ** τῆς δόξης τῆς ἰσχύος αὐτοῦ,

2 Thess 1:10 ὅταν **ἔλθῃ ἐνδοξασθῆναι ἐν τοῖς ἁγίοις αὐτοῦ**

Ps 88:8 LXX ὁ θεὸς **ἐνδοξαζόμενος ἐν βουλῇ ἁγίων**,

2 Thess 1:10 καὶ **θαυμασθῆναι ἐν πᾶσιν** τοῖς πιστεύσασιν,

Ps 67:36 LXX **θαυμαστὸς ὁ θεὸς ἐν τοῖς ἁγίοις αὐτοῦ**·

2 Thess 1:12 ὅπως **ἐνδοξασθῇ τὸ ὄνομα τοῦ κυρίου ἡμῶν Ἰησοῦ**
ἐν ὑμῖν,

Isa 66:5 ἵνα **τὸ ὄνομα κυρίου δοξασθῇ**

2 Thess 2:13 εὐχαριστεῖν τῷ θεῷ πάντοτε περὶ ὑμῶν, ἀδελφοὶ
ἠγαπημένοι ὑπὸ κυρίου,

Deut 33:12 καὶ τῷ Βενιαμιν εἶπεν,
ἠγαπημένος ὑπὸ κυρίου κατασκηνώσει

2 Thess 3:5 **ὁ δὲ κύριος κατευθύναι ὑμῶν τὰς καρδίας**
εἰς τὴν ἀγάπην τοῦ θεοῦ

1 Chr 29:18 **κύριε** ὁ θεὸς ... καὶ **κατεύθυνον τὰς καρδίας**
αὐτῶν πρὸς σέ.

2 Thess 3:16 **ὁ κύριος** μετὰ πάντων **ὑμῶν**.

Ruth 2:4 **κύριος** μεθ' **ὑμῶν**·

1 Corinthians

1 Cor 1:31 ἵνα καθὼς γέγραπται· **ὁ καυχώμενος, ἐν κυρίῳ καυχάσθω**.

Jer 9:23 LXX ἐν τούτῳ **καυχάσθω ὁ καυχώμενος**, συνίειν καὶ γινώσκειν
ὅτι **ἐγώ εἰμι κύριος**

1 Cor 2:16 τίς γὰρ ἔγνω **νοῦν κυρίου, ὃς συμβιβάσει αὐτόν**;
ἡμεῖς δὲ **νοῦν Χριστοῦ** ἔχομεν.

Isa 40:13 τίς ἔγνω **νοῦν κυρίου**, καὶ τίς αὐτοῦ σύμβουλος
ἐγένετο, **ὃς συμβιβᾷ αὐτόν**;

1 Cor 10:20　ἀλλ' ὅτι ἃ θύουσιν, δαιμονίοις καὶ οὐ θεῷ θύουσιν·
Deut 32:17　　　　　ἔθυσαν δαιμονίοις καὶ οὐ θεῷ,

1 Cor 10:22　ἢ παραζηλοῦμεν τὸν κύριον;
Deut 32:21　αὐτοὶ παρεζήλωσάν με ἐπ' οὐ θεῷ,

1 Cor 15:25　ἄχρι οὗ θῇ πάντας τοὺς ἐχθροὺς ὑπὸ
τοὺς πόδας αὐτοῦ.
Ps 109:1 LXX　ἕως ἂν θῶ　　τοὺς ἐχθρούς σου ὑποπόδιον
τῶν ποδῶν σου.

1 Cor 15:27　πάντα γὰρ ὑπέταξεν ὑπὸ　τοὺς πόδας αὐτοῦ.
Ps 8:7 LXX　πάντα　　ὑπέταξας ὑποκάτω τῶν ποδῶν αὐτοῦ,

2 Corinthians

2 Cor 3:16　ἡνίκα δὲ ἐὰν ἐπιστρέψῃ　　πρὸς κύριον,
περιαιρεῖται τὸ κάλυμμα.
Exod 34:34　ἡνίκα δ' ἂν　εἰσεπορεύετο Μωυσῆς ἔναντι κυρίου
λαλεῖν αὐτῷ, περιῃρεῖτο　τὸ κάλυμμα
ἕως τοῦ ἐκπορεύεσθαι.

2 Cor 8:21　προνοοῦμεν γὰρ καλὰ οὐ μόνον　ἐνώπιον κυρίου
ἀλλὰ καὶ ἐνώπιον ἀνθρώπων.
Prov 3:4　καὶ προνοοῦ　　καλὰ　　ἐνώπιον κυρίου
καὶ　　ἀνθρώπων.

Romans

Rom 10:13　　　　πᾶς γὰρ ὃς ἂν ἐπικαλέσηται τὸ ὄνομα κυρίου
σωθήσεται.
Joel 3:5 LXX　καὶ ἔσται πᾶς　ὃς ἂν ἐπικαλέσηται τὸ ὄνομα κυρίου
σωθήσεται.

Rom 14:11 ζῶ ἐγώ, λέγει κύριος, ὅτι ἐμοὶ κάμψει πᾶν γόνυ καὶ πᾶσα
γλῶσσα ἐξομολογήσεται τῷ θεῷ.

Isa 49:18 ζῶ ἐγώ, λέγει κύριος,

Isa 45:23 ὅτι ἐμοὶ κάμψει πᾶν γόνυ καὶ
ἐξομολογήσεται πᾶσα γλῶσσα τῷ θεῷ.

Ephesians

Eph 1:20 καὶ καθίσας ἐν δεξιᾷ αὐτοῦ ἐν τοῖς ἐπουρανίοις

Ps 109:1 LXX εἶπεν ὁ κύριος τῷ κυρίῳ μου
κάθου ἐκ δεξιῶν μου,

Eph 4:8 ἀναβὰς εἰς ὕψος ᾐχμαλώτευσεν αἰχμαλωσίαν,
ἔδωκεν δόματα τοῖς ἀνθρώποις.

Ps 67:19 LXX ἀνέβης εἰς ὕψος ᾐχμαλώτευσας αἰχμαλωσίαν,
ἔλαβες δόματα ἐν ἀνθρώπῳ.

Philippians

Phil 2:10–11 ¹⁰πᾶν γόνυ κάμψῃ ἐπουρανίων καὶ ἐπιγείων καὶ
καταχθονίων
¹¹καὶ πᾶσα γλῶσσα ἐξομολογήσηται ὅτι κύριος
Ἰησοῦς Χριστὸς

Isa 45:23 ὅτι ἐμοὶ κάμψει πᾶν γόνυ
καὶ ἐξομολογήσεται πᾶσα γλῶσσα τῷ θεῷ.

Phil 4:5b ὁ κύριος ἐγγύς.

Ps 144:18 LXX ἐγγὺς κύριος πᾶσιν τοῖς ἐπικαλουμένοις αὐτόν,

Titus

Titus 2:14 ὃς ἔδωκεν ἑαυτὸν ... ἵνα λυτρώσηται ἡμᾶς ἀπὸ
πάσης ἀνομίας
καὶ καθαρίσῃ ἑαυτῷ λαὸν περιούσιον,

Ps 129:8 LXX καὶ αὐτὸς λυτρώσεται τὸν Ισραηλ ἐκ
πασῶν τῶν ἀνομιῶν αὐτοῦ.

Ezek 37:23   καὶ   ῥύσομαι αὐτοὺς ἀπὸ
                           πασῶν τῶν ἀνομιῶν αὐτῶν, ... αὐταῖς,
              καὶ καθαριῶ αὐτούς, καὶ ἔσονταί μοι εἰς λαόν,

2 Timothy

2 Tim 2:7   δώσει γάρ σοι ὁ κύριος   σύνεσιν ἐν πᾶσιν.

Prov 2:6   ὅτι   κύριος δίδωσιν σοφίαν, ... γνῶσις καὶ
                                               σύνεσις·

2 Tim 2:19   ἔγνω κύριος τοὺς ὄντας αὐτοῦ,
Num 16:5   ἔγνω ὁ θεὸς τοὺς ὄντας αὐτοῦ

2 Tim 2:19   ἀποστήτω ἀπὸ ἀδικίας πᾶς ὁ ὀνομάζων   τὸ ὄνομα κυρίου.
Isa 26:13   κύριε, ἐκτὸς σοῦ ἄλλον οὐκ οἴδαμεν,   τὸ ὄνομά σου
                                               ὀνομάζομεν.

2 Tim 4:14   ἀποδώσει αὐτῷ ὁ κύριος κατὰ τὰ ἔργα αὐτοῦ·
Ps 61:13   κύριε, ... σὺ ἀποδώσεις ἑκάστῳ   κατὰ τὰ ἔργα αὐτοῦ.
Prov 24:12 κύριος ... ὃς ἀποδίδωσιν ἑκάστῳ   κατὰ τὰ ἔργα αὐτοῦ.

2 Tim 4:17   ὁ δὲ   κύριός μοι   παρέστη
Exod 34:5   καὶ κατέβη κύριος ... καὶ παρέστη αυτῷ ἐκεῖ·

Κύριος Phrases

1. ἐν λόγῳ κυρίου (1Thess 4:15, etc.) [by the word of the Lord]

2. ἡμέρα κυρίου (1 Thess 5:2, etc.) [the day of the Lord]

3. τὸ ὄνομα τοῦ κυρίου (1 Cor 1:2, etc.) [the name of the Lord]

4. κυρίου ἐντολή (1 Cor 14:37) [the command of the Lord]

5. τὸ πνεῦμα κυρίου (2 Cor 3:17) [the Spirit of the Lord]

6. ἡ δόξα κυρίου (2 Cor 3:18; 4:[4], 6) [the glory of the Lord]

7. ὁ φόβος τοῦ κυρίου (2 Cor 5:11) [*the fear of the Lord*]

Septuagint Citations Where Κύριος = God the Father

The following twelve citations of the Septuagint include the name Κύριος, where the reference is almost certainly to God the Father (which can be determined because Paul makes no point of the Divine Name, which sits as part of the text cited for other purposes); see especially the inclusion of the παντοκράτωρ in 2 Cor 6:18. The twelve texts, briefly mentioned in n. 7 in ch. 3, are given here for the sake of convenience.

1 Cor 3:20   κύριος γινώσκει τοὺς διαλογισμοὺς τῶν σοφῶν
              ὅτι εἰσὶν μάταιοι

Ps 93:11 LXX κύριος γινώσκει τοὺς διαλογισμοὺς τῶν ἀνθρώπων
              ὅτι εἰσὶν μάταιοι

1 Cor 14:21   ἐν ἑτερογλώσσοις καὶ ἐν χείλεσιν ἑτέρων
              λαλήσω   τῷ λαῷ τούτῳ
              καὶ οὐδ' οὕτως εἰσακούσονταί μου, λέγει κύριος.

Isa 28:11 LXX διὰ φαυλισμὸν χειλέων διὰ γλώσσης ἑτέρας ὅτι
              λαλήσουσιν τῷ λαῷ τούτῳ

2 Cor 6:17   διὸ ἐξέλθατε ἐκ μέσου αὐτῶν καὶ ἀφορίσθητε, λέγει κύριος,
              καὶ ἀκαθάρτου μὴ ἅπτεσθε·

Isa 52:11   ἐξέλθατε ἐκεῖθεν καὶ ἀκαθάρτου μὴ ἅπτεσθε ἐξέλθατε ἐκ
              μέσου αὐτῆς ἀφορίσθητε

2 Cor 6:18   καὶ ἔσομαι ὑμῖν εἰς πατέρα καὶ ὑμεῖς ἔσεσθέ μοι εἰς υἱοὺς
              καὶ θυγατέρας, λέγει κύριος παντοκράτωρ.

2 Sam 7:14   ἐγὼ ἔσομαι αὐτῷ εἰς πατέρα καὶ αὐτὸς ἔσται μοι εἰς υἱόν

Rom 4:8   μακάριος ἀνὴρ οὗ οὐ μὴ λογίσηται κύριος ἁμαρτίαν
Ps 31:2 LXX   μακάριος ἀνὴρ οὗ οὐ μὴ λογίσηται κύριος ἁμαρτίαν

Rom 9:28   λόγον γὰρ συντελῶν καὶ συντέμνων ποιήσει κύριος
              ἐπὶ τῆς γῆς.

Isa 28:22	διότι συντετελεσμένα καὶ συντετμημένα πράγματα ἤκουσα παρὰ κυρίου σαβαωθ ἃ ποιήσει ἐπὶ πᾶσαν τὴν γῆν
Rom 9:29	εἰ μὴ κύριος σαβαὼθ ἐγκατέλιπεν ἡμῖν σπέρμα ὡς Σόδομα ἂν ἐγενήθημεν καὶ ὡς Γόμορρα ἂν ὡμοιώθημεν
Isa 1:9	καὶ εἰ μὴ κύριος σαβαωθ ἐγκατέλιπεν ἡμῖν σπέρμα ὡς Σοδομα ἂν ἐγενήθημεν καὶ ὡς Γομορρα ἂν ὡμοιώθημεν
Rom 10:16	κύριε, τίς επίστευσεν τῇ ἀκοῇ ἡμῶν;
Isa 53:1	κύριε, τίς ἐπίστευσεν τῇ ἀκοῇ ἡμῶν;
Rom 11:3	κύριε, τοὺς προφήτας σου ἀπέκτειναν,
1 Kgs 19:10	τοὺς προφήτας σου ἀπέκτειναν,
Rom 11:34	τίς γὰρ ἔγνω νοῦν κυρίου; ἢ τίς σύμβουλος αὐτοῦ ἐγένετο;
Isa 40:13	τίς ἔγνω νοῦν κυρίου, καὶ τίς αὐτοῦ σύμβουλος ἐγένετο,
Rom 12:19	ἐμοὶ ἐκδίκησις, ἐγὼ ἀνταποδώσω, λέγει κύριος
Deut 32:35	ἐν ἡμέρᾳ ἐκδικήσεως ἀνταποδώσω
Rom 15:11	αἰνεῖτε πάντα τὰ ἔθνη τὸν κύριον
Ps 116:1 LXX	αἰνεῖτε τὸν κύριον πάντα τὰ ἔθνη

참고문헌

I. Commentaries on the Pauline Epistles

A. 1–2 Thessalonians

Beale, G. K. *1–2 Thessalonians*. IVP New Testament Commentary 13. Downers Grove, Ill.: InterVarsity Press, 2003.
Best, Ernest. *A Commentary on the First and Second Epistles to the Thessalonians*. Harper's New Testament Commentaries. New York: Harper & Row, 1972.
Bruce, F. F. *1 and 2 Thessalonians*. Word Biblical Commentary 45. Waco, Tex.: Word, 1982.
Ellicott, Charles John. *Commentary on the Epistles of St. Paul to the Thessalonians*. 2d ed. 1861. Repr., Grand Rapids: Zondervan, 1957.
Findlay, G. G. *The Epistles of Paul the Apostle to the Thessalonians*. 1904. Repr., Grand Rapids: Baker, 1982.
Frame, James E. *A Critical and Exegetical Commentary on the Epistles of St. Paul to the Thessalonians*. International Critical Commentary. Edinburgh: T&T Clark, 1912.
Green, Gene L. *The Letters to the Thessalonians*. Pillar New Testament Commentary. Grand Rapids: Eerdmans, 2002.
Holmes, Michael W. *1 and 2 Thessalonians*. NIV Application Commentary. Grand Rapids: Zondervan, 1998.
Lightfoot, J. B. *Notes on Epistles of St. Paul from Unpublished Commentaries*. London: Macmillan, 1904.
Malherbe, Abraham J. *The Letters to the Thessalonians*. Anchor Bible 32B. New York: Doubleday, 2000.
Marshall, I. Howard. *1 and 2 Thessalonians*. New Century Bible. Grand Rapids: Eerdmans, 1983.
Milligan, George. *St. Paul's Epistles to the Thessalonians: The Greek Text with Introduction and Notes*. London: Macmillan, 1908.
Morris, Leon. *The First and Second Epistles to the Thessalonians*. 2d ed. New International Commentary on the New Testament. Grand Rapids: Eerdmans, 1991.
Richard, Earl J. *First and Second Thessalonians*. Sacra pagina 11. Collegeville,

Minn.; Liturgical, 1995.
Rigaux, Béda. *Saint Paul: Les épîtres aux Thessaloniciens.* Études bibliques. Paris: Gabalda, 1956.
Wanamaker, Charles A. *The Epistle to the Thessalonians: A Commentary on the Greek Text.* New International Greek Testament Commentary. Grand Rapids: Eerdmans, 1990.

B. 1 Corinthians

Barrett, C. K. *The First Epistle to the Corinthians.* Harper's New Testament Commentaries. New York: Harper & Row, 1968.
Blomberg, Craig. *1 Corinthians.* NIV Application Commentary. Grand Rapids: Zondervan, 1994.
Collins, Raymond E. *First Corinthians.* Sacra pagina 7. Collegeville, Minn.: Liturgical, 1999.
Fee, Gordon D. *The First Epistle to the Corinthians.* New International Commentary on the New Testament. Grand Rapids: Eerdmans, 1987.
Garland, David. *1 Corinthians.* Baker Exegetical Commentary on the New Testament. Grand Rapids: Baker Academic, 2003.
Grosheide, F. W. *Commentary of the First Epistle to the Corinthians.* New International Commentary on the New Testament. Grand Rapids: Eerdmans, 1953.
Hays, Richard. *First Corinthians.* Interpretation. Louisville: John Knox, 1997.
Horsley, Richard A. *1 Corinthians.* Abingdon New Testament Commentaries. Nashville: Abingdon, 1998.
Keener, Craig S. *1–2 Corinthians.* New Cambridge Bible Commentary. Cambridge: Cambridge University Press, 2005.
Thiselton, Anthony T. *The First Epistle to the Corinthians: A Commentary on the Greek Text.* New International Greek Testament Commentary. Grand Rapids: Eerdmans, 2000.
Witherington, Ben, III. *Conflict and Community in Corinth: A Socio-Rhetorical Commentary on 1 and 2 Corinthians.* Grand Rapids: Eerdmans, 1995.

C. 2 Corinthians

Barnett, Paul W. *The Second Epistle to the Corinthians.* New International Commentary on the New Testament. Grand Rapids: Eerdmans, 1997.
Barrett, C. K. *A Commentary on the Second Epistle to the Corinthians.* Black's New Testament Commentary. Peabody, Mass.: Hendrickson, 1973.
Betz, Hans Dieter. *2 Corinthians 8 and 9: A Commentary on Two Administrative Letters of the Apostle Paul.* Edited by G. W. MacRae. Hermeneia. Philadelphia: Fortress, 1985.
Bruce, F. F. *1 and 2 Corinthians.* New Century Bible. Grand Rapids: Eerdmans, 1971.
Bultmann, Rudolf. *The Second Letter to the Corinthians.* Translated by R. A.

Harrisville. Minneapolis: Augsburg, 1985.
Carson, Donald A. *From Triumphalism to Maturity: An Exposition of 2 Corinthians 10–13*. Grand Rapids: Baker, 1988.
Collange, J.-F. *Énigmes de la deuxième épître de Paul aux Corinthiens: Étude exégétique de 2 Cor 2:14–7:4*. Society for New Testament Studies Monograph Series 18. Cambridge: Cambridge University Press, 1972.
Furnish, Victor P. *II Corinthians*. Anchor Bible 32A. Garden City, N.Y.: Doubleday, 1984.
Harris, Murray L. *The Second Epistle to the Corinthians*. New International Greek Testament Commentary. Grand Rapids: Eerdmans, 2005.
Héring, Jean. *La seconde épître de Saint Paul aux Corinthiens*. Commentaire du Nouveau Testament 8. Neuchâtel: Delachaux & Niestlé, 1958.
Hughes, Philip E. *Paul's Second Epistle to the Corinthians*. New International Commentary on the New Testament. Grand Rapids: Eerdmans, 1962.
Lambrecht, Jan. *Second Corinthians*. Sacra pagina 8. Collegeville, Minn.: Liturgical, 1999.
Martin, Ralph P. *2 Corinthians*. Word Biblical Commentary 40. Waco, Tex.: Word, 1986.
Matera, Frank J. *II Corinthians*. New Testament Library. Louisville: Westminster John Knox, 2003.
Plummer, Alfred. *A Critical and Exegetical Commentary on the Second Epistle of St. Paul to the Corinthians*. International Critical Commentary. Edinburgh: T&T Clark, 1915.
Strachan, R. H. *The Second Epistle of Paul to the Corinthians*. Moffat New Testament Commentary. London: Hodder & Stoughton, 1935.
Tasker, R. V. G. *The Second Epistle of Paul to the Corinthians: An Introduction and Commentary*. Tyndale New Testament Commentaries. London: Tyndale, 1958.
Thrall, Margaret. *A Critical and Exegetical Commentary on the Second Epistle to the Corinthians*. 2 vols. International Critical Commentary. Edinburgh: T&T Clark, 1994–2000.
Windisch, Hans. *Der zweite Brief des Paulus an die Korinther*. 9th ed. Kritisch-exegetischer Kommentar über das Neue Testament. Göttingen: Vandenhoeck & Ruprecht, 1970.

D. Galatians

Betz, Hans Dieter. *Galatians*. Hermeneia; Philadelphia: Fortress, 1979.
Bruce, F. F. *The Epistle of Paul to the Galatians: A Commentary on the Greek Text*. New International Greek Testament Commentary. Grand Rapids: Eerdmans, 1982.
Burton, E. D. *A Critical and Exegetical Commentary on the Epistle to the Galatians*. International Critical Commentary. Edinburgh: T&T Clark, 1921.

Dunn, James D. G. *The Epistle to the Galatians*. Black's New Testament Commentary. Peabody, Mass.: Hendrickson, 1993.
Fung, R. Y. K. *Galatians*. New International Commentary on the New Testament. Grand Rapids: Eerdmans, 1988.
Hansen, G. Walter. *Galatians*. IVP New Testament Commentary 9. Downers Grove, Ill.: InterVarsity Press, 1994.
Lightfoot, J. B. *The Epistle of St. Paul to the Galatians*. Rev. ed. 1865. Repr., Grand Rapids: Zondervan, 1957.
Longenecker, Richard N. *Galatians*. Word Biblical Commentary 41. Dallas: Word, 1990.
Martyn, Louis. *Galatians*. Anchor Bible 33A. New York: Doubleday, 1997.
Matera, Frank J. *Galatians*. Sacra pagina 9. Collegeville, Minn: Liturgical, 1992.
Morris, Leon. *Galatians: Paul's Charter of Christian Freedom*. Downers Grove, Ill.: InterVarsity Press, 1996.

E. Romans

Achtemeier, Paul J. *Romans*. Interpretation. Atlanta: John Knox, 1985.
Barrett. C. K. *A Commentary on the Epistle to the Romans*. Black's New Testament Commentary. Peabody, Mass.: Hendrickson, 1971.
Barth, Karl. *The Epistle to the Romans*. Translated by E. C. Hoskyns. London: Oxford University Press, 1968.
Byrne, Brendan. *Romans*. Sacra pagina 6. Collegeville, Minn.: Liturgical, 1996.
Cranfield, C. E. B. *A Critical and Exegetical Commentary on the Epistle to the Romans*. 2 vols. 6th ed. International Critical Commentary. Edinburgh: T&T Clark, 1975–1979.
Denney, James. "St. Paul's Epistle to the Romans." Pages 556–725 in vol. 2 of *The Expositor's Greek Testament*. Edited by W. R. Nicoll. 5 vols. 1897–1910. Repr., Grand Rapids: Eerdmans, 1976.
Dunn, James D. G. *Romans*. 2 vols. Word Biblical Commentary 38A, 38B. Dallas: Word, 1988.
Fitzmyer, Joseph A. *Romans*. Anchor Bible 33. New York: Doubleday, 1993.
Godet, Frederic L. *Commentary on the Epistle to the Romans*. Translated by A. Cusin. 1883. Repr., Grand Rapids: Zondervan, 1951.
Hendriksen, William. *Romans*. 2 vols. New Testament Commentary. Edinburgh: Banner of Truth Trust. 1980–1981.
Hodge, Charles. *Commentary on the Epistle to the Romans*. 1835. Repr., Grand Rapids: Eerdmans, 1969.
Käsemann, Ernst. *Commentary on Romans*. Translated by G. W. Bromiley. Grand Rapids: Eerdmans, 1980.
Lietzmann, Hans. *An die Römer: Einführung in die Textgeschichte der Paulusbriefe*. 5th ed. Handbuch zum Neuen Testament 8. Tübingen: Mohr

Siebeck, 1971.
Lightfoot, J. B. *Notes on the Epistles of St. Paul*. 1895. Rev. ed. Grand Rapids: Zondervan, 1957.
Moo, Douglas J. *The Epistle to the Romans*. New International Commentary on the New Testament. Grand Rapids: Eerdmans, 1996.
Morris, Leon. *The Epistle to the Romans*. Grand Rapids: Eerdmans, 1988.
Murray, John. *The Epistle to the Romans*. New International Commentary on the New Testament. Grand Rapids: Eerdmans, 1965.
Sanday, William, and Arthur C. Headlam. *A Critical and Exegetical Commentary on the Epistle to the Romans*. 5th ed. International Critical Commentary. Edinburgh: T&T Clark, 1911.
Schlatter, Adolf. *Romans: The Righteousness of God*. Translated by S. S. Schatzmann. Peabody, Mass.: Hendrickson, 1995.
Schreiner, Thomas R. *Romans*. Baker Exegetical Commentary on the New Testament. Grand Rapids: Baker, 1998.
Stuhlmacher, Peter. *Paul's Letter to the Romans: A Commentary*. Translated by S. J. Hafemann. Louisville: Westminster John Knox, 1994.
Ziesler, John. *Paul's Letter to the Romans*. Philadelphia: Trinity Press International, 1989.

F. Colossians

Barth, Markus, and Helmut Blanke. *Colossians*. Translated by A. B. Beck. Anchor Bible 34B. New York: Doubleday, 1994.
Bruce, F. F. *The Epistles to the Colossians, to Philemon, and to the Ephesians*. New International Commentary on the New Testament. Grand Rapids: Eerdmans, 1984.
Dunn, J. D. G. *The Epistles to the Colossians and to Philemon: A Commentary on the Greek Text*. New International Greek Testament Commentary. Grand Rapids: Eerdmans, 1996.
Eadie, J. *Commentary on the Epistle of Paul to the Colossians*. 1883. Repr., Grand Rapids: Zondervan, 1957.
Garland, David E. *Colossians and Philemon*. NIV Application Commentary. Grand Rapids: Zondervan, 1998.
Haupt, Erich. *Die Gefangenschaftsbriefe*. Kritisch-exegetischer Kommentar über das Neue Testament 8. Göttingen: Vandenhoeck & Ruprecht, 1902.
Hendriksen, William. *New Testament Commentary: Exposition of Colossians and Philemon*. Grand Rapids: Baker, 1964.
Lightfoot, J. B. *St. Paul's Epistles to the Colossians and to Philemon*. 3d ed. London: Macmillan, 1879.
Lohse, Eduard. *Colossians and Philemon*. Hermeneia. Philadelphia: Fortress, 1971.
MacDonald, Margaret Y. *Colossians and Ephesians*. Sacra pagina 17. Collegeville, Minn.: Liturgical, 2000.

Martin, Ralph P. *Colossians and Philemon.* New Century Bible. London: Oliphants, 1974.
Moule, H. C. G. *Colossian Studies.* London: Hodder & Stoughton, 1902.
O'Brien, P. T. *Colossians, Philemon.* Word Biblical Commentary 44. Waco, Tex.: Word, 1982.
Pokorný, Petr. *Colossians: A Commentary.* Peabody, Mass.: Hendrickson, 1991.
Schweizer, Eduard. *The Letter to the Colossians.* Translated by A. Chester. London: SPCK, 1982.
Wright, N. T. *Colossians and Philemon.* Tyndale New Testament Commentaries. Grand Rapids: Eerdmans, 1986.

G. Ephesians

Abbott, T. K. *A Critical and Exegetical Commentary on the Epistles to the Ephesians and to the Colossians.* International Critical Commentary. Edinburgh: T&T Clark, 1897.
Alford, Henry. *The Greek Testament.* 4 vols. 1845–1860. Repr., 4 vols. in 2.. Chicago: Moody, 1958.
Barth, Markus. *Ephesians.* 2 vols. Anchor Bible 34, 34A. Garden City, N.Y.: Doubleday, 1974.
Best, Ernest. *A Critical and Exegetical Commentary on Ephesians.* International Critical Commentary. Edinburgh: T&T Clark, 1998.
Bruce, F. F. *The Epistles to the Colossians, to Philemon, and to the Ephesians.* New International Commentary on the New Testament, Grand Rapids: Eerdmans, 1984.
Eadie, J. A. *A Commentary of the Greek Text of the Epistle of Paul to the Ephesians.* 3d ed. Edinburgh: T&T Clark, 1883.
Ellicott, C. J. *A Critical and Grammatical Commentary on the Epistle to the Ephesians.* 4th ed. Andover, Mass.: W. F. Draper, 1865.
Hendriksen, W. *Ephesians.* New Testament Commentary. Grand Rapids: Baker, 1967.
Hoehner, Harold W. *Ephesians: An Exegetical Commentary.* Grand Rapids: Baker, 2002.
Lincoln, Andrew T. *Ephesians.* Word Biblical Commentary 42. Dallas: Word, 1990.
MacDonald, Margaret Y. *Colossians and Ephesians.* Sacra pagina 17. Collegeville, Minn.: Liturgical, 2000.
Mitton, C. L. *Ephesians.* New Century Bible. London: Oliphants, 1976.
O'Brien, Peter T. *The Letter to the Ephesians.* Pillar New Testament Commentary. Grand Rapids: Eerdmans, 1999.
Robinson, J. Armitage. *St. Paul's Epistle to the Ephesians.* London: Macmillan, 1904.
Scott, Ernest F. *The Epistles to the Colossians, to Philemon, and to the Ephesians.*

London: Hodder & Stoughton, 1930.
Snodgrass, Klyne. *Ephesians*. NIV Application Commentary. Grand Rapids: Zondervan, 1996.
Westcott, B. F. *Saint Paul's Epistle to the Ephesians*. London: Macmillan, 1906.

H. Philippians

Barth, Karl. *The Epistle to the Philippians*. Translated by J. W. Leitch. London: SCM Press, 1962.
Beare, Francis Wright. *The Epistle to the Philippians*. 3d ed. Black's New Testament Commentary. London: A. & C. Black, 1973.
Bockmuehl, M. *Philippians*. Black's New Testament Commentary. Peabody, Mass.: Hendrickson, 1997.
Bruce, F. F. *Philippians*. New International Biblical Commentary. Peabody, Mass.: Hendrickson, 1989.
Caird, George B. *Paul's Letters from Prison*. New Century Bible. Oxford: Oxford University Press, 1976.
Calvin, J. *The Epistles of Paul the Apostle to the Galatians, Ephesians, Philippians and Colossians*. Vol. 11 of *Commentaries*. Translated by T. H. L. Parker. Edited by D. W. Torrance and T. F. Torrance. Edinburgh: Oliver & Boyd, 1965.
Collange, Jean-François. *The Epistle of Saint Paul to the Philippians*. Translated by A. W. Heathcote. London: Epworth, 1979.
Craddock, Fred B. *Philippians*. Interpretation. Louisville: Westminster John Knox, 1984.
Dibelius, Martin. *An die Thessalonicher I, II; An die Philipper*. 3d ed. Handbuch zum Neuen Testament 11. Tübingen: Mohr Siebeck, 1937.
Ellicott, C. J. *A Critical and Grammatical Commentary on St. Paul's Epistles to the Philippians, Colossians, and to Philemon*. Andover, Mass.: Warren F. Draper, 1876.
Fee, Gordon D. *Paul's Letter to the Philippians*. New International Commentary on the New Testament. Grand Rapids: Eerdmans, 1995.
Fowl, Stephen. *A Commentary on Philippians*. Two Horizons New Testament Commentary. Grand Rapids: Eerdmans, 2005.
Gnilka, Joachim. *Der Philipperbrief*. Herders theologischer Kommentar zum Neuen Testament. Freiburg: Herder, 1968.
Hawthorne, Gerald F. *Philippians*. Word Biblical Commentary 43. Waco, Tex: Word, 1983.
Hendriksen, William. *Philippians*. New Testament Commentary. Grand Rapids: Baker, 1962.
Houlden, J. L. *Paul's Letters from Prison: Philippians, Colossians, Philemon, Ephesians*. Pelican New Testament Commentaries. Philadelphia: Westminster, 1977.
Jones, Maurice. *Philippians*. Westminster Commentaries. London: Methuen, 1918.

Kennedy, H. A. A. "The Epistle to the Philippians." Pages 398–473 in vol. 3 of *The Expositor's Greek Testament*. Edited by W. R. Nicoll. Repr., Grand Rapids: Eerdmans, 1976.

Kent, Homer H. "Philippians." Pages 95–159 in vol. 11 of *The Expositor's Bible Commentary*. Edited by F. E. Gaebelein. 12 vols. Grand Rapids: Zondervan, 1979–1992.

Lightfoot, J. B. *Saint Paul's Epistle to the Philippians*. 4th ed. London: Macmillan, 1896.

Lohmeyer, Ernst. *Die Briefe an die Philipper, an die Kolosser und an Philemon*. 13th ed. Kritisch-exegetischer Kommentar über das Neue Testament 9. Göttingen: Vandenhoeck & Ruprecht, 1964.

Martin, Ralph P. *The Epistle of Paul to the Philippians*. Rev. ed. Tyndale New Testament Commentaries. Grand Rapids: Eerdmans, 1987.

Melick, R. R. *Philippians, Colossians, Philemon*. New American Commentary 32. Nashville: Broadman, 1991.

Meyer, H. A. W. *Critical and Exegetical Handbook to the Epistles to the Philippians and Colossians*. Translated by J. C. Moore and W. P. Dickson. New York: Funk & Wagnalls, 1875.

Michael, J. Hugh. *The Epistle of Paul to the Philippians*. Moffat New Testament Commentary. London: Hodder & Stoughton, 1936.

Müller, Jacobus J. *The Epistles of Paul to the Philippians and to Philemon*. New International Commentary on the New Testament. Grand Rapids: Eerdmans, 1955.

O'Brien, Peter T. *Commentary on Philippians*. New International Greek Testament Commentary. Grand Rapids: Eerdmans, 1991.

Plummer, Alfred. *A Commentary on St. Paul's Epistle to the Philippians*. London: Macmillan, 1919.

Silva, Moisés. *Philippians*. Baker Exegetical Commentary on the New Testament. Grand Rapids: Baker, 1992.

Vincent, M. R. *A Critical and Exegetical Commentary on the Epistles to the Philippians and to Philemon*. International Critical Commentary. Edinburgh: T&T Clark, 1897.

I. The Pastoral Epistles

Bernard, J. H. *The Pastoral Epistles*. Cambridge Greek Testament for Schools and Colleges. Cambridge: Cambridge University Press, 1899.

Collins, Raymond F. *I and II Timothy and Titus: A Commentary*. New Testament Library. Louisville: Westminster John Knox, 2002.

Dibelius, M., and H. Conzelmann. *The Pastoral Epistles*. Hermeneia. Philadelphia: Fortress, 1972.

Fairbairn, Patrick. *The Pastoral Epistles*. 1874. Repr., Grand Rapids: Zondervan, 1956.

Fee, Gordon D. *1 and 2 Timothy, Titus*. New International Biblical Commen-

참고문헌 931

tary. Peabody, Mass.: Hendrickson, 1989.
Hanson, Anthony T. *The Pastoral Epistles.* New Century Bible Commentary. London: Marshall, Morgan & Scott, 1982.
Johnson, Luke Timothy. *The First and Second Letters to Timothy.* Anchor Bible 35B. New York: Doubleday, 2001.
Kelly, J. N. D. *A Commentary on the Pastoral Epistles.* Black's New Testament Commentary. Peabody, Mass.: Hendrickson, 1963.
Knight, George W., III. *Commentary on the Pastoral Epistles.* New International Greek Testament Commentary. Grand Rapids: Eerdmans, 1992.
Lea, T. D., and H. P. Griffin Jr. *1, 2 Timothy, Titus.* New American Commentary 34. Nashville: Broadman, 1992.
Lock, Walter. *A Critical and Exegetical Commentary on the Pastoral Epistles.* International Critical Commentary. Edinburgh: T&T Clark, 1924.
Marshall, I. Howard. *A Critical and Exegetical Commentary on the Pastoral Epistles.* International Critical Commentary. London: T&T Clark, 1999.
Mounce, William D. *The Pastoral Epistles.* Word Biblical Commentary 46. Dallas: Word, 1997.
Quinn, J. D. *The Letter to Titus.* Anchor Bible 35. New York: Doubleday, 1990.
Quinn, J. D., and W. C. Wacker. *The First and Second Letters to Timothy.* Eerdmans Critical Commentary. Grand Rapids: Eerdmans, 1999.
Scott, Ernest F. *The Pastoral Epistles.* Moffat New Testament Commentary. London: Hodder & Stoughton, 1936.
Spicq, C. *Saint Paul: Les épîtres pastorales.* 2 vols. in 1. 4th ed. Études bibliques. Paris: Gabalda, 1969.
Towner, Philip H. *The Letters to Timothy and Titus.* New International Commentary on the New Testament. Grand Rapids: Eerdmans, 2006.

II. Other Works

Abbott, E. A. *Johannine Grammar.* London: A. & C. Black, 1906.
Achtemeier, P. J. "*Omne verbum sonat:* The New Testament and the Oral Development of Late Western Antiquity." *Journal of Bibilical Literature* 109 (1990): 3–27.
Arnold, Clinton E. *The Colossian Syncretism: The Interface between Christianity and Folk Belief at Colossae.* Grand Rapids: Baker, 1996.
Aus, R. "The Relevance of Isaiah 66:7 to Revelation 12 and 2 Thessalonians 2." *Zeitschrift für die neutestamentliche Wissenschaft und die Kunde der älteren Kirche* 67 (1976): 252–68.
Baillie, Donald. *God Was in Christ: An Essay on Incarnation and Atonement.* London: Faber & Faber, 1961.
Balchin, J. F. "Colossians 1:15–20: An Early Christian Hymn? The Argument from Style." *Vox evangelica* 15 (1985): 65–93.

Bandstra, Andrew J. "'Adam' and 'The Servant' in Philippians 2:5ff." *Calvin*

Theological Journal 1 (1966): 213-16.
Barclay, John M. G. *Obeying the Truth: A Study of Paul's Ethics in Galatians*. Edinburgh: T&T Clark, 1988.
———. "Ordinary but Different: Colossians and Hidden Moral Identity." *Australian Biblical Review* 49 (2001): 34-52.
Barr, James. "'Abba, Father' and the Familiarity of Jesus' Speech." *Theology* 91 (1988): 173-79.
———. "'Abba' Isn't 'Daddy.'" *Journal of Theological Studies* 39 (1988): 28-47.
Barrett, C. K. *Paul: An Introduction to His Thought*. Louisville: Westminster John Knox, 1994.
Bassler, Jouette M. "A Plethora of Epiphanies: Christology in the Pastoral Letters." *Princeton Seminary Bulletin* 17 (1996): 310-25.
Bauckham, R. "The Sonship of the Historical Jesus in Christology." *Scottish Journal of Theology* 31 (1978): 245-60.
———. *God Crucified: Monotheism and Christology in the New Testament*. Grand Rapids: Eerdmans, 1999.
Baugh, S. M. "The Poetic Form of Col 1:15-20." *Westminster Theological Journal* 47 (1985): 227-44.
Baumgarten, J. *Paulus und die Apokalyptik: Die Auslegung apokalyptischer Überlieferungen in den echten Paulusbriefen*. Wissenschaftliche Monographien zum Alten und Neuen Testament 44. Neukirchen-Vluyn: Neukirchener Verlag, 1975.
Becker, J. "Erwägungen zu Phil. 3.20-21." *Theologische Zeitschrift* 27 (1971): 16-29.
Behm, J. "μορφή." Pages 759-62 in vol. 4 of *Theological Dictionary of the New Testament*. Edited by G. Kittel and G. Friedrich. Translated by G. W. Bromiley. 10 vols. Grand Rapids: Eerdmans, 1964-1976.
Behr, J. "Colossians 1:13-20: A Chiastic Reading." *St. Vladimir's Theological Quarterly* 40 (1966): 247-64.
Beker, J. Christiaan. *Paul the Apostle: The Triumph of God in Life and Thought*. Philadelphia: Fortress, 1980.
Belleville, Linda L. *Reflections of Glory: Paul's Use of the Moses-Doxa Tradition in 2 Corinthians 3.1-18*. Journal for the Study of the New Testament: Supplement Series 52. Sheffield: Sheffield Academic Press, 1991.
Benoit, P. "Body, Head and *pleroma* in the Epistles of the Captivity." Pages 51-92 in vol. 2 of *Jesus and the Gospel*. Translated by B. Weatherhead. 2 vols. London: Darton, Longman & Todd, 1973-1974.
Black, Matthew. "The Pauline Doctrine of the Second Adam." *Scottish Journal of Theology* 7 (1954): 70-79.
———. "The Christological Use of the Old Testament in the New Testament." *New Testament Studies* 18 (1971-1972): 1-14.
Bornkamm, G. "Zum Verständnis des Christus-Hymnus. Phil. 2.6-11." Pages 177-87 in *Studien zu Antike und Urchristentum*. Beiträge zur evangelischen Theologie 28. Munich: Kaiser, 1959.

Bousset, W. *Kyrios Christos: A History of the Belief in Christ from the Beginnings of Christianity to Irenaeus.* Translated by J. E. Steely. Nashville: Abingdon, 1970.

Brandenburger, E. *Adam und Christus: Exegetisch-religionsgeschichtliche Untersuchung zu Röm. 5, 12-21 (1.Kor 15).* Wissenschaftliche Monographien zum Alten und Neuen Testament 7. Neukirchen-Vluyn: Neukirchener Verlag, 1962.

Buchanan, George W. "Jesus and the Upper Class." *Novum Testamentum* 7 (1964): 195–209.

Bugg, Charles. "Philippians 4:4–13." *Review and Expositor* 88 (1991): 253–57.

Bultmann, Rudolf. *Jesus and the Word.* Translated by L. P. Smith and E. Huntress. New York: Charles Scribner's Sons, 1934.

———. *Theology of the New Testament.* 2 vols. New York: Charles Scribner's Sons, 1952–1955.

Burkitt, F. C. "On Romans ix 5 and Mark xiv 61." *Journal of Theological Studies* 5 (1904): 451–55.

Burton, Ernest de Witt. *Syntax of the Moods and Tenses in New Testament Greek.* 3d ed. Edinburgh: T&T Clark, 1898.

Byrne, Brendan. "Christ's Pre-existence in Pauline Soteriology." *Theological Studies* 58 (1997): 308–30.

Caird, G. B. "The Descent of the Spirit in Ephesians 4:7–11." Pages 535–45 in *Studia evangelica II.* Edited by F. L. Cross. Texte und Untersuchungen zur Geschichte der altchristlichen Literatur 87. Berlin: Akademie, 1964.

Capes, D. B. *Old Testament Yahweh Texts in Paul's Christology.* Wissenschaftliche Untersuchungen zum Neuen Testament 2/47. Tübingen: Mohr Siebeck, 1992.

Carmignac, Jean. "L'importance de la place d'une négation: ΟΥΧ ΑΡΠΑΓΜΟΝ ΗΓΗΣΑΤΟ (Philippiens II.6)." *New Testament Studies* 18 (1971–1972): 131–66.

Carr, Wesley. *Angels and Principalities: The Background, Meaning and Development of the Pauline Phrase "Hai Archai kai Hai Exousiai."* Society for New Testament Studies Monograph Series 42. Cambridge: Cambridge University Press, 1981.

Carson D. A. *Exegetical Fallacies.* 2d ed. Grand Rapids: Baker, 1996.

Carson, D. A., Douglas J. Moo, and Leon Morris. *An Introduction to the New Testament.* Grand Rapids: Zondervan, 1992.

Casey, Maurice. "Monotheism, Worship and Christological Developments in the Pauline Churches." Pages 214–33 in *The Jewish Roots of Christological Monotheism: Papers from the St. Andrews Conference on the Historical Origins of the Worship of Jesus.* Edited by C. C. Newman, J. R. Davila, and G. S. Lewis. Supplements to the Journal for the Study of Judaism 63. Leiden: Brill, 1999.

Cerfaux, Lucien. "'*Kyrios*' dans les citations pauliniennes de l'Ancien Testament." *Ephemerides theologicae lovanienses* 20 (1943): 5–17.

———. "L'hymne au Christ-Serviteur de Dieu (Phil 2,6–11 = Is 52,13–53,12)." Pages 425–37 in vol. 2 of *Recueil Lucien Cerfaux: Études d'exégèse et d'histoire religieuse*. 2 vols. Bibliotheca ephemeridum theologicarum lovaniensium. Leuven: Peeters, 1954.

———. *Christ in the Theology of St. Paul*. Translated by G. Webb and A. Walker. New York: Herder & Herder, 1959.

Chester, A. "Jewish Messianic Expectations and Mediatorial Figures and Pauline Christianity." Pages 17–89 in *Paulus und antike Judentum*. Edited by M. Hengel and U. Heckel. Wissenschaftliche Untersuchungen zum Neuen Testament 58. Tübingen: Mohr Siebeck, 1991.

Cheung, A. T. *Idol Food in Corinth: Jewish Background and Pauline Legacy*. Journal for the Study of the New Testament: Supplement Series 176. Sheffield: Sheffield Academic Press, 1999.

Collins, Raymond F. "Paul's Early Christology." Pages 253–84 in *Studies on the First Letter to the Thessalonians*. Bibliotheca ephemeridum theologicarum lovaniensium 66. Leuven: Leuven University Press, 1984.

———. "The Theology of Paul's First Letter to the Thessalonians." Pages 230–52 in *Studies on the First Letter to the Thessalonians*. Bibliotheca ephemeridum theologicarum lovaniensium 66. Leuven: Leuven University Press, 1984.

Clayton, A. L. "The Orthodox Recovery of a Heretical Proof-Text: Athanasius of Alexandria's Interpretation of Proverbs 8:22–30 in Conflict with the Arians." PhD diss. Southern Methodist University, 1988.

Craddock, F. *The Pre-Existence of Christ in the New Testament*. Nashville: Abingdon, 1968.

Cullmann, Oscar. *Die Christologie des Neuen Testaments*. Tübingen: Mohr Siebeck, 1957. ET, *The Christology of the New Testament*. Translated by S. C. Guthrie and C. A. M. Hall. Philadelphia: Westminster, 1959.

Dahl, Nils A. *Jesus the Christ: The Historical Origins of Christological Doctrine*. Minneapolis: Fortress, 1991.

Dahl, Nils A., and Alan Segal. "Philo and the Rabbis on the Names of God." *Journal for the Study of Judaism in the Persian, Hellenistic, and Roman Periods* 9 (1979): 1–28.

Davis, J. A. *Wisdom and Spirit: An Investigation of 1 Corinthians 1.18–3.20 against the Background of Jewish Sapiential Traditions in the Greco-Roman Period*. Lanham, Md.: University Press of America, 1984.

Dean, H. "Christ's True Glory." *Expository Times* 71 (1960): 189–90.

deLacey, D. R. "'One Lord' in Pauline Christology." Pages 191–203 in *Christ the Lord: Studies in Christology Presented to Donald Guthrie*. Edited by H. H. Rowdon. Leicester: Inter-Varsity Press, 1982.

Deissmann, Adolf. *Die neutestamentliche Formel "In Christo Jesu."* Marburg: N. G. Elwert, 1892.

———. *Light from the Ancient East: The New Testament Illustrated by Recently Discovered Texts from the Greco-Roman World*. Translated by L. R. M. Strachan. London: Hodder & Stoughton, 1910.

Dodd, C. H. "The History and Doctrine of the Apostolic Age." Pages 390–417 in *A Companion to the Bible*. Edited by T. W. Manson. Edinburgh: T&T Clark, 1947.

Donfried, K. P. *Paul, Thessalonica, and Early Christians*. Grand Rapids: Eerdmans, 2002.

Donfried, K. P., and I. H. Marshall. *The Theology of the Shorter Pauline Letters*. New Testament Theology. Cambridge: Cambridge University Press, 1993.

Dunn, James D. G. "2 Corinthians iii.17—'The Lord Is the Spirit.'" *Journal of Theological Studies* 21 (1970): 309–20.

———. "1 Corinthians 15:45—Last Adam, Life-Giving Spirit." Pages 127–41 in *Christ and Spirit in the New Testament: Studies in Honour of Charles Francis Digby Moule*. Edited by B. Lindars and S. S. Smalley. London: Cambridge University Press, 1973.

———. "Jesus—Flesh and Spirit: An Exposition of Romans i:3–4." *Journal of Theological Studies* 24 (1973): 40–68.

———. *Christology in the Making: A New Testament Inquiry into the Origins of the Doctrine of the Incarnation*. 2d ed. Grand Rapids: Eerdmans, 1989.

———. "Once More, ΠΙΣΤΙΣ ΧΡΙΣΤΟΥ." Pages 730–44 in *The Society of Biblical Literature 1991 Seminar Papers*. Society of Biblical Literature Seminar Papers 30. Edited by E. H. Lovering Jr. Atlanta: Scholars Press, 1991.

———. "Prayer." Pages 617–25 in *Dictionary of Jesus and the Gospels*. Edited by J. B. Green and S. McKnight. Downers Grove, Ill.: InterVarsity Press, 1992.

———. *The Theology of Paul the Apostle*. Grand Rapids: Eerdmans, 1998.

———. *A New Perspective on Jesus: What the Quest for the Historical Jesus Missed*. Grand Rapids: Baker Academic, 2005.

Durham, J. *Exodus*. Word Biblical Commentary 3. Dallas: Word, 1987.

Elliott, J. K. *The Greek Text of the Epistles to Timothy and Titus*. Studies and Documents 36. Salt Lake City: University of Utah Press, 1968.

Ellis, E. Earle. *Paul's Use of the Old Testament*. Edinburgh: Oliver & Boyd, 1957. Repr., Grand Rapids: Baker, 1981.

Eriksson, A. *Traditions as Rhetorical Proof: Pauline Argumentation in 1 Corinthians*. Coniectanea biblica: New Testament Series 29. Stockholm: Almqvist & Wiksell, 1998.

Evans, Craig A. "Ascending and Descending with a Shout: Psalm 47.6 and 1 Thessalonians 4.16." Pages 238–53 in *Paul and the Scriptures of Israel*. Edited by C. A. Evans and J. A. Sanders. Journal for the Study of the New Testament: Supplement Series 83. Sheffield: Sheffield Academic Press, 1993.

Fee, Gordon D. *God's Empowering Presence: The Holy Spirit in the Letters of Paul*. Peabody, Mass.: Hendrickson, 1994.

———. *Paul, the Spirit and the People of God*. Peabody, Mass.: Hendrickson, 1996.

———. "Paul and the Trinity: The Experience of Christ and the Spirit for Paul's Understanding of God." Pages 49–72 in *The Trinity: An Interdisciplinary*

Symposium on the Trinity. Edited by S. T. Davis, D. Kendall, and G. O'Collins. Oxford: Oxford University Press, 1999.

———. "ΧΑΡΙΣ in 2 Corinthians 1:15: Apostolic Parousia and Paul-Corinth Chronology." Pages 99–104 in *To What End Exegesis? Essays Textual, Exegetical, and Theological*. Grand Rapids: Eerdmans, 2001.

———. "Christology and Pneumatology in Romans 8:9–11—and Elsewhere: Some Reflections on Paul as a Trinitarian." Pages 218–39 in *To What End Exegesis? Essays Textual, Exegetical, and Theological*. Grand Rapids: Eerdmans, 2001.

———. "2 Corinthians 6:14–7:1 and Food Offered to Idols." Pages 142–43 in *To What End Exegesis? Essays Textual, Exegetical, and Theological*. Grand Rapids: Eerdmans, 2001.

———. "Εἰδωλόθυτα Once Again—An Interpretation of 1 Corinthians 8–10." Pages 105–28 in *To What End Exegesis? Essays Textual, Exegetical, and Theological*. Grand Rapids: Eerdmans, 2001.

———. "Philippians 2:5–11: Hymn or Exalted Pauline Prose?" Pages 175–91 in *To What End Exegesis? Essays Textual, Exegetical, and Theological*. Grand Rapids: Eerdmans, 2001.

———. "Pneuma and Eschatology in 2 Thessalonians 2:1–2: A Proposal about 'Testing the Prophets' and the Purpose of 2 Thessalonians." Pages 290–308 in *To What End Exegesis? Essays Textual, Exegetical, and Theological*. Grand Rapids: Eerdmans, 2001.

———. "Textual-Exegetical Observations on 1 Corinthians 1:2, 2:1, and 2:10." Pages 43–56 in *To What End Exegesis? Essays Textual, Exegetical, and Theological*. Grand Rapids: Eerdmans, 2001.

———. *To What End Exegesis? Essays Textual, Exegetical, and Theological*. Grand Rapids: Eerdmans, 2001.

———. "Wisdom Christology in Paul: A Dissenting View." Pages 367–75 in *To What End Exegesis? Essays Textual, Exegetical, and Theological*. Grand Rapids: Eerdmans, 2001.

———. "The Cultural Context of Ephesians 5:18–6:9." *Priscilla Papers* 16 (Winter 2002): 3–8.

———. "St. Paul and the Incarnation: A Reassessment of the Data." Pages 62–92 in *The Incarnation: An Interdisciplinary Symposium on the Incarnation of the Son of God*. Edited by S. T. Davis, D. Kendall, and G. O'Collins. Oxford: Oxford University Press, 2002.

———. "1 Corinthians 11:2–16." Pages 149–55 in *Discovering Biblical Equality: Complementarity without Hierarchy*. Edited by R. W. Pierce and R. M. Groothuis. Downers Grove, Ill.: InterVarsity Press, 2004.

———. "Paul and the Metaphors of Salvation: Some Reflections on Pauline Soteriology." Pages 43–67 in *The Redemption: An Interdisciplinary Symposium on Christ as Redeemer*. Edited by S. T. Davis, D. Kendall, and G. O'Collins. Oxford: Oxford University Press, 2004.

———. "Praying and Prophesying in the Assemblies: 1 Corinthians 11:2–16." Pages 142–60 in *Discovering Biblical Equality: Complementarity without*

Hierarchy. Edited by R. W. Pierce and R. M. Groothuis. Downers Grove, Ill.: InterVarsity Press, 2004.

———. "Old Testament Intertextuality in Colossians: Reflections on Pauline Christology and Gentile Inclusion in God's Story." Pages 203–23 in *History and Exegesis: New Testament Essays in Honor of E. Earle Ellis on His Eightieth Birthday*. Edited by S. A. Son. London: T&T Clark, 2006.

Fee, Gordon D., and Douglas Stuart. *How to Read the Bible for All Its Worth*. 3d ed. Grand Rapids: Zondervan, 2002.

Feinberg, Paul D. "The Kenosis and Christology: An Exegetical-Theological Analysis of Phil 2:6–11." *Trinity Journal* 1 (1980): 21–46.

Feuillet, André. *Le Christ: Sagesse de Dieu d'après les épîtres pauliniennes*. Études bibliques. Paris: Gabalda, 1966.

Fitzmyer, Joseph F. "The Semitic Background of the New Testament *Kyrios*-Title." Pages 115–42 in *A Wandering Aramean: Collected Aramaic Essays*. Society of Biblical Literature Monograph Series 25. Missoula, Mont.: Scholars Press, 1979.

———. "Abba and Jesus' Relation to God." Pages 16–38 in *À cause de l'évangile: Mélanges offerts à Dom Jacques Dupont*. Edited by R. Gantoy. Lectio divina 123. Paris: Cerf, 1985.

———. "The Aramaic Background of Philippians 2:6–11." *Catholic Biblical Quarterly* 50 (1988): 470–83.

Foerster, Werner. "σωτήρ." Pages 1010–12 in vol. 7 of *Theological Dictionary of the New Testament*. Edited by G. Kittel and G. Friedrich. Translated by G. W. Bromiley. 10 vols. Grand Rapids: Eerdmans, 1964–1976.

Fowl, Stephen D. *The Story of Christ in the Ethics of Paul: An Analysis of the Function of the Hymnic Material in the Pauline Corpus*. Journal for the Study of the New Testament: Supplement Series 36. Sheffield: Sheffield Academic Press, 1990.

Francis, Fred O. "The Christological Argument of Colossians." Pages 192–208 in *God's Christ and His People: Studies in Honour of Nils Alstrup Dahl*. Edited by J. Jervell and W. A. Meeks. Oslo: Universitetsforlaget, 1977.

Fuller, Reginald H. *The Foundations of New Testament Christology*. New York: Scribner, 1965.

Furness, J. M. "'Ἁρπαγμός . . . ἑαυτὸν ἐκένωσε.'" *Expository Times* 69 (1957–1958): 93–94.

———. "The Authorship of Philippians ii.6–11." *Expository Times* 70 (1958–1959): 240–43.

———. "Behind the Philippian Hymn." *Expository Times* 79 (1967–1968): 178–82.

Gärtner, Bertil. *The Temple and the Community in Qumran and the New Testament*. Society for New Testament Studies Monograph Series 1. Cambridge: Cambridge University Press, 1965.

Gamble, Harry Y. *The Textual History of the Letter to the Romans: A Study in Textual and Literary Criticism*. Studies and Documents 42. Grand Rapids: Eerdmans, 1977.

———. *Books and Readers in the Early Church: A History of Early Christian Texts.* New Haven: Yale University Press, 1995.
Gaston, Lloyd. *Paul and the Torah.* Vancouver: University of British Columbia Press, 1987.
Giblin, Charles H. "Three Monotheistic Texts in Paul." *Catholic Biblical Quarterly* 37 (1975): 527–47.
Gibbs, John G. "The Relation between Creation and Redemption according to Phil. II.5–11." *Novum Testamentum* 12 (1970): 170–83.
Giles, Kevin. "The Subordination of Christ and the Subordination of Women." Pages 334–52 in *Discovering Biblical Equality: Complementarity without Hierarchy.* Edited by R. W. Pierce and R. M. Groothuis. Downers Grove, Ill.: InterVarsity Press, 2004.
Glasson, T. F. "Two Notes on the Philippians Hymn (ii.6–11)." *New Testament Studies* 21 (1974–1975): 133–39.
Greenspoon, Leonard. "The Use and Misuse of the Term 'LXX' and Related Terminology in Recent Scholarship." *Bulletin of the International Organization for Septuagint and Cognate Studies* 20 (1987): 21–29.
Habermann, Jürgen. *Präexistenzaussagen im Neuen Testament.* Europäische Hochschulschriften 23/362. Frankfurt am Main: Peter Lang, 1990.
Hagner, D. A., "Paul's Christology and Jewish Monotheism." Pages 19–38 in *Perspectives on Christology.* Edited by M. Shuster and R. Muller. Grand Rapids: Zondervan, 1991.
Hahn, Ferdinand. *Christologische Hoheitstitel: Ihre Geschichte im frühen Christentum.* Forschungen zur Religion und Literatur des Alten und Neuen Testaments 83. Göttingen: Vandenhoeck & Ruprecht, 1963. ET, *The Titles of Jesus in Christology: Their History in Early Christianity.* Translated by H. Knight and G. Ogg. London: Lutterworth, 1969.
Hamerton-Kelly, R. G. *Pre-existence, Wisdom, and the Son of Man: A Study of the Idea of Pre-existence in the New Testament.* Society for New Testament Studies Monograph Series 21. Cambridge: Cambridge University Press, 1973.
Hamilton, Neill Q. *The Holy Spirit and Eschatology in Paul.* Scottish Journal of Theology Occasional Papers 6. Edinburgh: Oliver & Boyd, 1957.
Hammerich, L. L. "An Ancient Misunderstanding (Phil. 2:6 'Robbery')." *Expository Times* 78 (1967): 193–94.
Hannah, Darrell. *Michael and Christ: Michael Traditions and Angel Christology in Early Christianity.* Wissenschaftliche Untersuchungen zum Neuen Testament 2/109. Tübingen: Mohr Siebeck, 1999.
Hanson, Anthony T. *The Image of the Invisible God.* London: SCM Press, 1982.
Harris, Murray J. *Jesus as God: The New Testament Use of Theos in Reference to Jesus.* Grand Rapids: Baker, 1992.
Harris, W. H. "The Ascent and Descent of Christ in Ephesians 4:9–10. *Bibliotheca sacra* 151 (1994): 198–214.
———. *The Descent of Christ: Ephesians 4:7–11 and Traditional Hebrew Imagery.* Grand Rapids: Baker, 1998.

Hasler, V. "Epiphanie und Christologie in den Pastoralbriefe." *Theologische Zeitschrift* 33 (1977): 193–209.
Hay, David. *Glory at the Right Hand: Psalm 110 in Early Christianity.* Society of Biblical Literature Monograph Series 18. Nashville: Abingdon, 1973.
Hays, Richard B. *The Faith of Jesus Christ: An Investigation of the Narrative Substructure of Galatians 3:1–4:11.* Society of Biblical Literature Dissertation Series 56. Chico, Calif.: Scholars Press, 1983.
———. "Christology and Ethics in Galatians: The Law of Christ." *Catholic Biblical Quarterly* 49 (1987): 268–90.
———. *Echoes of Scripture in the Letters of Paul.* New Haven: Yale University Press, 1989.
———. "ΠΙΣΤΙΣ and Pauline Christology: What Is at Stake?" Pages 714–29 in *The Society of Biblical Literature 1991 Seminar Papers.* Society of Biblical Literature Seminar Papers 30. Edited by E. H. Lovering Jr. Atlanta: Scholars Press, 1991.
Helyer, L. L. "Colossians 1:15–20: Pre-Pauline or Pauline?" *Journal of the Evangelical Theological Society* 26 (1983): 167–79.
———. "Arius Revisited: The Firstborn over All Creation (Col 1:15)." *Journal of the Evangelical Theological Society* 31 (1988): 59–67.
———. "Recent Research on Col 1:15–20 (1980–1990)." *Grace Theological Journal* 12 (1992): 61–67.
———. "Cosmic Christology and Col 1:15–20." *Journal of the Evangelical Theological Society* 37 (1994): 235–46.
Hengel, Martin. *Judaism and Hellenism: Studies in Their Encounter in Palestine during the Early Hellenistic Period.* Translated by J. Bowden. London: SCM Press, 1974.
———. *The Son of God: The Origin of Christology and the History of Jewish-Hellenistic Religion.* Philadelphia: Fortress, 1976.
———. "'Christos' in Paul." Pages 65–77 in *Between Jesus and Paul: Studies in the Earliest History of Christianity.* Translated by J. Bowden. Philadelphia: Fortress, 1983.
———. "Hymns and Christology." Pages 78–96 in *Between Jesus and Paul: Studies in the Earliest History of Christianity.* Translated by J. Bowden. Philadelphia: Fortress, 1983.
———. "'Sit at My Right Hand!' The Enthronement of Christ at the Right Hand of God and Psalm 110:1." Pages 119–225 in *Studies in Early Christology.* Edinburgh: T&T Clark, 1995.
Heriban, Josef. *Retto φρονεῖν e κένωσις: Studio esegetico su Fil 2,1–5,6–11.* Rome: LAS, 1983.
Hermann, Ingo. *Kyrios und Pneuma: Studien zur Christologie der paulinischen Hauptbriefe.* Studien zum Alten und Neuen Testaments 2. Munich: Kösel, 1961.
Hewett, J. A. "1 Thessalonians 3.13." *Expository Times* 87 (1975–1976): 54–55.
Hofius, O. *Der Christushymnus Philipper 2,6: Untersuchungen zu Gestalt und Aussage eines urchristlichen Psalms.* Wissenschaftliche Untersuchungen zum Neuen Testament 2/17. Tübingen: Mohr Siebeck, 1976.

Hooke, S. H. *Alpha and Omega: A Study in the Pattern of Revelation.* London: J. Nisbet, 1961.

Hooker, Morna D. "Philippians 2:6–11." Pages 151–64 in *Jesus und Paulus: Festschrift für Werner Georg Kümmel zum 70. Geburtstag.* Edited by E. E. Ellis and E. Grässer. Göttingen: Vandenhoeck & Ruprecht, 1978.

———. *Pauline Pieces.* London: Epworth, 1979.

———. "ΠΙΣΤΙΣ ΧΡΙΣΤΟΥ." *New Testament Studies* 35 (1989): 321–42.

Hoover, Roy W. "The HARPAGMOS Enigma: A Philological Solution." *Harvard Theological Review* 64 (1971): 95–119.

Horbury, William. *Jewish Messianism and the Cult of Christ.* London: SCM Press, 1998.

———. *Messianism among Jews and Christians: Twelve Biblical and Historical Studies.* Edinburgh: T&T Clark, 2003.

———. "Jewish Messianism and Early Christology" Pages 3–24 in *Contours of Christology in the New Testament.* Edited by R. N. Longenecker. Grand Rapids: Eerdmans, 2005.

Horsley, R. A. "The Background of the Confessional Formula in 1 Kor 8:6." *Zeitschrift für die neutestamentliche Wissenschaft und die Kunde der älteren Kirche* 69 (1978): 130–35.

Hort, F. J. A. *Judaistic Christianity.* 1894. Repr., Grand Rapids: Baker, 1980.

Howard, George. "The Tetragram and the New Testament." *Journal of Biblical Literature* 96 (1977): 63–83.

———. "Philippians 2:6–11 and the Human Christ." *Catholic Biblical Quarterly* 40 (1978): 368–87.

Hudson, D. F. "A Further Note on Philippians ii:6–11." *Expository Times* 77 (1965–1966): 29.

Hultgren, A. J. "The PISTIS CHRISTOU Formulation in Paul." *Novum Testamentum* 22 (1980): 248–63.

Hunter, A. M. *The Gospel according to Paul.* Philadelphia: Westminster, 1966.

Hunzinger, C. H. "Zur Struktur der Christus-Hymnen in Phil 2 und 1. Petr 3." Pages 142–56 in *Der Ruf Jesu und die Antwort der Gemeinde: Exegetische Untersuchungen; Joachim Jeremias z. 70 Geburtstag gewidmet von seinen Schülern.* Edited by E. Lohse, C. Burchard, and B. Schaller. Göttingen: Vandenhoeck & Ruprecht, 1970.

Hurst, L. D. "Re-enter the Pre-existent Christ in Philippians 2:5–11?" *New Testament Studies* 32 (1986): 449–57.

Hurtado, L. W. "The Doxology at the End of Romans." Pages 185–99 in *New Testament Textual Criticism—Its Significance for Exegesis: Essays in Honour of Bruce M. Metzger.* Edited by E. J. Epp and G. D. Fee. Oxford: Clarendon, 1981.

———. "Jesus as Lordly Example in Philippians 2:5–11." Pages 113–26 in *From Jesus to Paul: Studies in Honour of Francis Wright Beare.* Edited by P. Richardson and J. C. Hurd. Waterloo, Ont.: Wilfred Laurier University Press, 1984.

참고문헌 941

———. "God." Pages 275–76 in *Dictionary of Jesus and The Gospels*. Edited by J. B. Green and S. McKnight. Downers Grove, Ill.: InterVarsity Press, 1992.

———. "Lord." Pages 560–69 in *Dictionary of Paul and His Letters*. Edited by G. F. Hawthorne and R. P. Martin. Downers Grove, Ill.: InterVarsity Press, 1993.

———. "Pre-existence." Pages 743–46 in *Dictionary of Paul and His Letters*. Edited by G. F. Hawthorne and R. P. Martin. Downers Grove, Ill.: InterVarsity Press, 1993.

———. "Jesus' Divine Sonship in Paul's Epistle to the Romans." Pages 217–33 in *Romans and the People of God: Essays in Honor of Gordon D. Fee on the Occasion of His 65th Birthday*. Edited by S. K. Soderlund and N. T. Wright. Grand Rapids: Eerdmans, 1999.

———. *Lord Jesus Christ: Devotion to Jesus in Earliest Christianity*. Grand Rapids: Eerdmans, 2003.

———. "Paul's Christology." Pages 185–98 in *The Cambridge Companion to Paul*. Edited by J. D. G. Dunn. Cambridge: University Press, 2003.

Jaeger, W. W. "Eine stilgeschichtliche Studie zum Philipperbrief." *Hermes* 50 (1915): 537–53.

Jeremias, Joachim. "Zu Phil. ii 7: ΕΑΥΤΟΝ ΕΚΕΝΩΣΕΝ." *Novum Testamentum* 6 (1963): 182–88.

———. *The Prayers of Jesus*. Studies in Biblical Theology 2/6. London: SCM Press, 1967.

Jervell, J. *Imago Dei: Gen 1,26f. im Spätjudentum, in der Gnosis und in den paulinischen Briefen*. Forschungen zur Religion und Literatur des Alten und Neuen Testaments 58. Göttingen: Vandenhoeck & Ruprecht, 1960.

Jewett, R. "A Matrix of Grace: The Theology of 2 Thessalonians as a Pauline Letter." Pages 63–70 in *Thessalonians, Philippians, Galatians, Philemon*. Vol. 1 of *Pauline Theology*. Edited by J. M. Bassler. Minneapolis: Fortress, 1991.

Johnson, E. Elizabeth, "Wisdom and Apocalyptic in Paul." Pages 263–83 in *In Search of Wisdom: Essays in Memory of John C. Gammie*. Edited by L. G. Perdue, B. B. Scott, and W. J. Wiseman. Louisville: Westminster John Knox, 1993.

Johnson, Luke T. *The Writings of the New Testament: An Interpretation*. Philadelphia: Fortress, 1986.

Juel, Donald. *Messianic Exegesis: Christological Interpretation of the Old Testament in Early Christianity*. Philadelphia: Fortress, 1988.

Käsemann, Ernst. "A Critical Analysis of Philippians 2:5–11." *Journal for Theology and the Church* 5 (1968): 45–88.

Kasper, W. *Jesus the Christ*. Translated by V. Green. New York: Paulist Press, 1976.

Keck, Leander E. "Toward the Renewal of New Testament Christology." *New Testament Studies* 32 (1986): 362–77.

———. "Christology of the New Testament: What, Then, Is New Testament Christology?" Pages 185–200 in *Who Do You Say I Am? Essays on Christology*. Edited by M. A. Powell and D. R. Bauer. Louisville: Westminster John Knox, 1999.

Kerst, R. "1 Kor 8.6—Ein vorpaulinisches Taufbekenntnis?" *Zeitschrift für die neutestamentliche Wissenschaft und die Kunde der älteren Kirche* 66 (1975): 130–39.

Kiley, Mark C. *Colossians as Pseudepigraphy.* Biblical Seminar 4. Sheffield: JSOT Press, 1986.

Kim, Seyoon. *The Origin of Paul's Gospel.* Wissenschaftliche Untersuchungen zum Neuen Testament 2/4. Tübingen: Mohr Siebeck, 1981.

———. *Paul and the New Perspective: Second Thoughts on the Origin of Paul's Gospel.* Grand Rapids: Eerdmans, 2002.

Klöpper, A. "Zur Christologie der Pastoralbriefe." *Zeitschrift für wissenschaftliche Theologie* 45 (1902): 339–61.

Koperski, V. "The Meaning of *Pistis Christou* in Philippians 3:9." *Louvain Studies* 18 (1993): 198–216.

Kovach, S. D., and P. R. Schemm Jr. "A Defense of the Doctrine of the Eternal Subordination of the Son." *Journal of the Evangelical Theological Society* 42 (1999): 44–76.

Kramer, Werner. *Christ, Lord, Son of God.* Translated by B. Hardy. Studies in Biblical Theology 50. London: SCM Press, 1966.

Kreitzer, L. J. *Jesus and God in Paul's Eschatology.* Journal for the Study of the New Testament: Supplement Series 19. Sheffield: Sheffield Academic Press, 1987.

Krinetzki, L. "Der Einfluss von Is 52,13–53,12 Par auf Phil 2,6–11." *Theologische Quartalschrift* 139 (1959): 157–93, 291–336.

Küng, Hans. *On Being a Christian.* Garden City, N.Y.: Doubleday, 1976.

Kurz, William S. "Kenotic Imitation of Paul and of Christ in Philippians 2 and 3." Pages 103–26 in *Discipleship in the New Testament.* Edited by F. F. Segovia. Philadelphia: Fortress, 1985.

Kuschel, K.-J. *Born before All Time? The Dispute over Christ's Origin.* Translated by J. Bowden. London: SCM Press, 1992.

Kuss, Otto. "Zu Römer 9,5." Pages 291–303 in *Rechtfertigung: Festschrift für Ernst Käsemann zum 70. Geburtstag.* Edited by J. Friedrich, W. Pöhlmann, and P. Stuhlmacher. Tübingen, Mohr Siebeck, 1976.

Läger, Karoline. *Die Christologie der Pastoralbriefe.* Hamburger theologische Studien 12. Münster: LIT, 1996.

Lambrecht, J. "Paul's Christological Use of Scripture in 1 Cor 15:20–28." *New Testament Studies* 28 (1982): 502–27.

Lau, Andrew Y. *Manifest in the Flesh: The Epiphany Christology of the Pastoral Epistles.* Wissenschaftliche Untersuchungen zum Neuen Testament 2/86. Tübingen: Mohr Siebeck, 1996.

Lee, Aquila H. I. *From Messiah to Preexistent Son: Jesus' Self-Consciousness and Early Christian Exegesis of Messianic Psalms.* Wissenschaftliche Untersuchungen zum Neuen Testament 2/192. Tübingen: Mohr Siebeck, 2005.

Leivestad, R. " 'The Meekness and Gentleness of Christ': II Cor. X.1." *New Testament Studies* 12 (1965–1966): 156–64.

참고문헌 943

Levie, J. "Le chrétien citoyen du ciel (Phil 3,20)." Pages 81–88 in vol. 2 of *Studiorum paulinorum congressus internationalis Catholicus*. 2 vols. Analecta biblica 17–18. Rome: Pontifical Biblical Institute, 1963.

Lincoln, Andrew T. *Paradise Now and Not Yet: Studies in the Role of the Heavenly Dimension in Paul's Thought with Special Reference to His Eschatology*. Society for New Testament Studies Monograph Series 43. Cambridge: Cambridge University Press, 1981.

Lohmeyer, Ernst. *Kyrios Jesus: Eine Untersuchung zu Phil. 2,5–11*. Heidelberg: C. Winter, 1928.

Longenecker, Richard N., ed. *Contours of Christology in the New Testament*. Grand Rapids: Eerdmans, 2005.

MacDonald, William G. "Christology and 'The Angel of the Lord.'" Pages 324–35 in *Current Issues in Biblical and Patristic Interpretation: Studies in Honor of Merrill C. Tenney Presented by His Former Students*. Edited by G. F. Hawthorne. Grand Rapids: Eerdmans, 1975.

Marcus, Ralph. "On Biblical Hypostases of Wisdom." *Hebrew Union College Annual* 23 (1950–1951): 157–71.

Marshall, I. Howard. "The Christ-Hymn in Philippians 2:5–11." *Tyndale Bulletin* 19 (1968): 104–27.

———. *The Origins of New Testament Christology*. Issues in Contemporary Theology. Downers Grove, Ill.: InterVarsity Press, 1976.

———. "Incarnational Christology in the New Testament." Pages 1–16 in *Christ the Lord: Studies in Christology Presented to Donald Guthrie*. Edited by H. H. Rowdon. Leicester: Inter-Varsity Press, 1982.

———. "The Christology of the Pastoral Epistles." *Studien zum Neuen Testament und seiner Umwelt* 13 (1988): 157–77.

———. *Beyond the Bible: Moving from Scripture to Theology*. Acadia Studies in Bible and Theology. Grand Rapids: Baker, 2004.

Martin, Ralph P. "Μορφή in Philippians ii.6." *Expository Times* 70 (1959): 183–84.

———. *Carmen Christi: Philippians 2:5–11 in Recent Interpretation and in the Setting of Early Christian Worship*. Society for New Testament Studies Monograph Series 4. Cambridge: Cambridge University Press, 1967. Repr., *A Hymn of Christ: Philippians 2:5–11 in Recent Interpretation and in the Setting of Early Christian Worship*. Downers Grove, Ill.: InterVarsity Press, 1997.

———. "The Christology of the Prison Epistles." Pages 193–218 in *Contours of Christology in the New Testament*. Edited by R. N. Longenecker. Grand Rapids: Eerdmans, 2005.

Matera, Frank. *New Testament Christology*. Louisville: Westminster John Knox, 1999.

Mawhinney, A. "God as Father: Two Popular Theories Reconsidered." *Journal of the Evangelical Theological Society* 31 (1988): 181–89.

Menken, M. J. J. "Christology in 2 Thessalonians: A Transformation of Pauline Tradition." *Estudios biblicos* 54 (1996): 501–22.

Metzger, Bruce M. "The Punctuation of Rom. 9:5." Pages 95–112 in *Christ and Spirit in the New Testament: Studies in Honour of Charles Francis Digby Moule*. Edited by B. Lindars and S. S. Smalley. London: Cambridge University Press, 1973.

———. *A Textual Commentary on the Greek New Testament*. 2d ed. New York: United Bible Societies, 1994.

Moo, Douglas J. "The Christology of the Early Pauline Letters." Pages 169–92 in *Contours of Christology in the New Testament*. Edited by R. N. Longenecker. Grand Rapids: Eerdmans, 2005.

Morris, Leon. *1, 2 Thessalonians*. Word Biblical Themes. Dallas: Word, 1989.

Moule, C. F. D. *An Idiom Book of New Testament Greek*. 2d ed. Cambridge: Cambridge University Press, 1963.

———. "Further Reflexions on Philippians 2:5–11." Pages 264–76 in *Apostolic History and the Gospel: Biblical and Historical Essays Presented to F. F. Bruce on His 60th Birthday*. Edited by W. W. Gasque and R. P. Martin. Grand Rapids: Eerdmans, 1970.

———. "2 Cor 3.18b, καθάπερ ἀπὸ κυρίου πνεύματος." Pages 233–37 in *Neues Testament und Geschichte: Historisches Geschehen und Deutung im Neuen Testament*. Edited by H. Baltensweiler and B. Reicke. Zurich: Theologischer Verlag, 1972.

———. "The Manhood of Jesus in the New Testament." Pages 95–110 in *Christ, Faith and History: Cambridge Studies in Christology*. Edited by S. W. Sykes and J. P. Clayton. Cambridge: Cambridge University Press, 1972.

———. *The Origin of Christology*. Cambridge: Cambridge University Press, 1977.

Müller, Ulrich B. "Der Christushymnus Phil 2.6–11." *Zeitschrift für die neutestamentliche Wissenschaft und die Kunde der älteren Kirche* 79 (1988): 17–44.

Murphy-O'Connor, Jerome. "Christological Anthropology in Phil. II,6–11." *Revue biblique* 83 (1976): 25–50.

———. "I Cor. VIII,6: Cosmology or Soteriology?" *Revue biblique* 85 (1978): 253–67.

Neugebauer, F. *In Christus: Eine Untersuchung zum paulinischen Glaubensverständnis*. Göttingen: Vandenhoeck & Ruprecht, 1961.

Newman, C. C. *Paul's Glory-Christology: Tradition and Rhetoric*. Novum Testamentum Supplements 69. Leiden: Brill, 1992.

Obeng, E. "Abba, Father: The Prayer of the Sons of God." *Expository Times* 99 (1988): 363–66.

O'Day, Gail R. "Jeremiah 9:22–23 and 1 Corinthians 1:26–31: A Study in Intertextuality." *Journal of Biblical Literature* 109 (1990): 259–67.

Oesterley, W. O. E., and G. H. Box. *The Religion and Worship of the Synagogue*. London: Pitman, 1911.

Oesterreicher, J. M. "'Abba, Father!' On the Humanity of Jesus." Pages 119–36 in *The Lord's Prayer and Jewish Liturgy*. Edited by J. J. Petuchowski and M. Brocke. New York: Seabury, 1978.

참고문헌 945

O'Neill, J. C. "Hoover on *Harpagmos* Reviewed, with a Modest Proposal concerning Philippians 2:6." *Harvard Theological Review* 81 (1988): 445–49.
Osburn, Carroll D. "The Text of 1 Corinthians 10:9." Pages 201–12 in *New Testament Textual Criticism—Its Significance for Exegesis: Essays in Honour of Bruce M. Metzger.* Edited by E. J. Epp and G. D. Fee. Oxford: Clarendon, 1981.
Pate, C. M. *The Reverse of the Curse: Paul, Wisdom, and the Law.* Wissenschaftliche Untersuchungen zum Neuen Testament 2/114. Tübingen: Mohr Siebeck, 2000.
Perkins, Pheme. "Philippians: Theology for the Heavenly Politeuma." Pages 89–104 in *Thessalonians, Philippians, Galatians, Philemon.* Vol. 1 of *Pauline Theology.* Edited by J. M. Bassler. Minneapolis: Fortress, 1991.
Pietersma, Albert. "Kyrios or Tetragram: A Renewed Quest for the Original Septuagint." Pages 85–101 in *De Septuaginta: Studies in Honour of John William Wevers on His Sixty-Fifth Birthday.* Edited by A. Pietersma and C. Cox. Mississauga, Ont.: Benben, 1984.
Pohlmann, W. "μορφή." Pages 442–43 in vol. 2 of *Exegetical Dictionary of the New Testament.* Edited by H. Balz and G. Schneider. 3 vols. Grand Rapids: Eerdmans, 1990–1993.
Reid, Jennings B. *Jesus, God's Emptiness, God's Fullness: The Christology of St. Paul.* New York: Paulist Press, 1990.
Renwick, D. A. *Paul, the Temple, and the Presence of God.* Brown Judaic Studies 224. Atlanta: Scholars Press, 1991.
Richardson, N. *Paul's Language about God.* Journal for the Study of the New Testament: Supplement Series 99. Sheffield: Sheffield Academic Press, 1994.
Ridderbos, H. *Paul: An Outline of His Theology.* Grand Rapids: Eerdmans, 1975.
Ringgren, H. *Word and Wisdom: Studies in the Hypostatization of Divine Qualities and Functions in the Ancient Near East.* Lund: Ohlssons, 1947.
Rissi, Mathias. "Der Chistushymnus in Phil 2,6–11." *ANRW* 25.4:3314–26. Part 2, *Principat,* 25.4. Edited by H. Temporini and W. Haase. New York: de Gruyter, 1987.
Robbins, Charles J. "Rhetorical Structure of Philippians 2:6 11." *Catholic Biblical Quarterly* 42 (1980): 73–82.
Robbins, Vernon K. *Exploring the Texture of Texts: A Guide to Socio-Rhetorical Interpretation.* Valley Forge, Pa.: Trinity Press International, 1996.
Robinson, D. W. B. "'Ἁρπαγμός: The Deliverance of Jesus Refused?'" *Expository Times* 80 (1968–1969): 253–54.
Robinson, John A. T. *The Body: A Study in Pauline Theology.* Studies in Biblical Theology 5. London: SCM Press, 1952.
Robinson, William C., Jr. "Christology and Christian Life: Paul's Use of the Incarnation Motif." *Andover Newton Quarterly* 12 (1971): 108–17.
Ross, J. "ΑΡΠΑΓΜΟΣ (Phil. ii.6)." *Journal of Theological Studies* 10 (1909): 573–74.

Rousseau, François. "Une disposition des versets de Philippiens 2,5–11." *Studies in Religion* 17 (1988): 191–98.
Sanders, J. T. *The New Testament Christological Hymns: Their Historical Religious Background.* Society for New Testament Studies Monograph Series 15. Cambridge: Cambridge University Press, 1971.
Schelkle, K. H. "σωτήρ." Pages 325–27 in vol. 3 of *Exegetical Dictionary of the New Testament.* Edited by H. Balz and G. Schneider. 3 vols. Grand Rapids: Eerdmans, 1990–1993.
Schnabel, Eckhard J. *Law and Wisdom from Ben Sira to Paul: A Tradition History Enquiry into the Relation of Law, Wisdom, and Ethics.* Wissenschaftliche Untersuchungen zum Neuen Testament 2/16. Tübingen: Mohr Siebeck, 1985.
Schnelle, Udo. *Apostle Paul: His Life and Theology.* Grand Rapids: Baker Academic, 2005.
Schweizer, Eduard. *Lordship and Discipleship.* Studies in Biblical Theology 28. London: SCM Press, 1960.
———. "Zum religionsgeschichtlichen Hintergrund der 'Sendungsformel' Gal 4,4f., Rm 8,3f., Joh 3,16f., 1 Joh 4,9." *Zeitschrift für die neutestamentliche Wissenschaft und die Kunde der älteren Kirche* 57 (1966): 455–68.
———. "Paul's Christology and Gnosticism." Pages 115–23 in *Paul and Paulinism: Essays in Honour of C. K. Barrett.* Edited by M. D. Hooker and S. G. Wilson. London: SPCK, 1982.
Scott, James M. *Adoption as Sons of God: An Exegetical Investigation into the Background of ΥΙΟΘΕΣΙΑ in the Pauline Corpus.* Wissenschaftliche Untersuchungen zum Neuen Testament 2/48. Tübingen: Mohr Siebeck, 1992.
Scott, R. B. Y. *Proverbs and Ecclesiastes.* Anchor Bible 18. Garden City, N.Y.: Doubleday, 1965.
Scroggs, Robin. *The Last Adam: A Study in Pauline Anthropology.* Philadelphia: Fortress, 1966.
Simonsen, H. "Christologische Traditionselemente in den Pastoralbriefen." Pages 51–62 in *Die paulinische Literatur und Theologie—skandinavische Beiträge: Anlässlich der 50. jährigen Gründungs-Feier der Universität von Aarhus.* Edited by S. Pedersen. Teologiske studier 7. Århus: Forlaget Aros, 1980.
Singer, S., trans. *The Authorized Daily Prayer Book of the United Hebrew Congregations of the British Empire.* London: Eyre & Spottiswoode, 1935.
Skehan, Patrick W. "The Divine Name at Qumran, in the Masada Scroll, and in the Septuagint." *Bulletin of the International Organization for Septuagint and Cognate Studies* 13 (1980): 14–44.
Skehan, Patrick W., and Alexander A. di Lella. *The Wisdom of Ben Sira.* Anchor Bible 39. Garden City, N.Y.: Doubleday, 1987.
Smith, G. V. "Paul's Use of Psalm 68:18 in Ephesians 4:8." *Journal of the Evangelical Theological Society* 18 (1975): 181–89.
Soards, Marion L. "Christology of the Pauline Epistles." Pages 88–109 in *Who Do You Say I Am? Essays on Christology.* Edited by M. A. Powell and D. R. Bauer. Louisville: Westminster John Knox, 1999.

Spicq, C. "Note sur ΜΟΡΦΗ dans les papyrus et quelques inscriptions." *Revue biblique* 80 (1973): 37–45.

Standhartinger, A. "The Origin and Intention of the Household Code in the Letter to the Colossians." *Journal for the Study of the New Testament* 79 (2001): 117–30.

Stanley, Christopher D. *Paul and the Language of Scripture: Citation Technique in the Pauline Epistles and Contemporary Literature.* Society for New Testament Studies Monograph Series 74. Cambridge: Cambridge University Press, 1992.

———. " 'Pearls Before Swine': Did Paul's Audiences Understand His Biblical Quotations?" *Novum Testamentum* 41 (1999): 124–44.

Stanley, David M. *Boasting in the Lord: The Phenomenon of Prayer in Saint Paul.* New York: Paulist Press, 1973.

Stanton, Graham N. *Jesus of Nazareth in New Testament Preaching.* Society for New Testament Studies Monograph Series 27. London: Cambridge University Press, 1974.

Steele, E. S. "The Use of Jewish Scriptures in 1 Thessalonians." *Biblical Theology Bulletin* 14 (1984): 12–17.

Steenburg, Dave. "The Case against the Synonymity of MORPHE and EIKON." *Journal for the Study of the New Testament* 34 (1988): 77–86.

Stettler, H. *Die Christologie der Pastoralbriefe.* Wissenschaftliche Untersuchungen zum Neuen Testament 2/105. Tübingen: Mohr Siebeck, 1998.

Strecker, Georg. "Redaktion und Tradition im Christushymnus Phil 2 6–11." *Zeitschrift für die neutestamentliche Wissenschaft und die Kunde der älteren Kirche* 55 (1964): 63–78.

Strimple, Robert B. "Philippians 2:5–11 in Recent Studies: Some Exegetical Conclusions." *Westminster Theological Journal* 41 (1979): 247–68.

Talbert, Charles H. "The Problem of Pre-existence in Philippians 2:6–11." *Journal of Biblical Literature* 86 (1967): 141–53.

Thekkekara, M. "A Neglected Idiom in an Overstudied Passage (Phil 2:6–8)." *Louvain Studies* 17 (1992): 306–14.

Thielman, Frank. *Theology of the New Testament: A Canonical and Synthetic Approach.* Grand Rapids: Zondervan, 2005.

Thompson, Marianne Meye. *The Promise of the Father: Jesus and God in the New Testament.* Louisville: Westminster John Knox, 2000.

Thompson, Michael B. *Clothed with Christ: The Example and Teaching of Jesus in Romans 12:1–15:13.* Journal for the Study of the New Testament: Supplement Series 59. Sheffield: JSOT Press, 1991.

Towner, Philip H. *The Goal of Our Instruction: The Structure of Theology and Ethics in the Pastoral Epistles.* Journal for the Study of the New Testament: Supplement Series 34. Sheffield: Sheffield Academic Press, 1989.

———. "Christology in the Letters to Timothy and Titus." Pages 219–44 in *Contours of Christology in the New Testament.* Edited by R. N. Longenecker. Grand Rapids: Eerdmans, 2005.

Tuckett, Christopher M. "Paul, Scripture and Ethics: Some Reflections." *New Testament Studies* 46 (2000): 403–24.

―――. *Christology and the New Testament: Jesus and His Earliest Followers*. Louisville: Westminster John Knox, 2001.

Turner, M. M. B. "The Significance of Spirit Endowment for Paul." *Vox evangelica* 9 (1975): 58–69.

Turner, Nigel. *Syntax*. Vol. 3 of J. H. Moulton, *A Grammar of New Testament Greek*. Edinburgh: T&T Clark, 1963.

Uprichard, R. E. H. "The Person and Work of Christ in 1 Thessalonians." *Evangelical Quarterly* 53 (1981): 108–14.

Vermès, Géza. *Jesus and the World of Judaism*. London: SCM Press, 1983.

Vokes, F. E. "'Ἀπαργμος in Phil. 2:5–11." Pages 670–75 in *Studia evangelica II*. Edited by F. L. Cross. Texte und Untersuchungen zur Geschichte der altchristlichen Literatur 87. Berlin: Akadamie, 1964.

Wagner, G. "Le scandale de la croix expliqué par le chant du Serviteur d'Isaïe 53: Réflections sur Philippiens 2/6–11." *Études théologiques et religieuses* 61 (1986): 177–87.

Wallace, Daniel B. *Greek Grammar Beyond the Basics: An Exegetical Syntax of the New Testament*. Grand Rapids: Zondervan, 1996.

Wallace, D. H. "A Note on *morphé*." *Theologische Zeitschrift* 22 (1966): 19–25.

Waltke, Bruce. *The Book of Proverbs 1–15*. New International Commentary on the Old Testament. Grand Rapids: Eerdmans, 2003.

Wanamaker, Charles A. "Philippians 2.6–11: Son of God or Adamic Christology?" *New Testament Studies* 33 (1987): 179–93.

Watson, Francis. *Paul and the Hermeneutics of Faith*. London: T&T Clark International, 2004.

Warren, W. "On ἑαυτὸν ἐκένωσεν." *Journal of Theological Studies* 12 (1911): 461–63.

Wedderburn, A. J. M. "Some Observations on Paul's Use of the Phrases 'in Christ' and 'with Christ.'" *Journal for the Study of the New Testament* 25 (1985): 83–97.

Weima, Jeffrey A. D. *Neglected Endings: The Significance of the Pauline Letter Closings*. Journal for the Study of the New Testament: Supplement Series 101. Sheffield: JSOT Press, 1994.

Wiles, Gordon P. *Paul's Intercessory Prayers: The Significance of the Intercessory Prayer Passages in the Letters of St. Paul*. Society for New Testament Studies Monograph Series 24. Cambridge: Cambridge University Press, 1974.

Windisch, Hans. "Die göttliche Weisheit der Jüden und die paulinische Christologie." Pages 220–34 in *Neutestamentliche Studien: Georg Heinrici zu seinem 70. Geburtstag*. Edited by H. Windisch. Untersuchungen zum Neuen Testament 6. Leipzig: Hinrichs, 1914.

―――. "Zur Christologie der Pastoralbriefe." *Zeitschrift für die neutestamentliche Wissenschaft und die Kunde der älteren Kirche* 34 (1935): 213–38.

Winston, David. *The Wisdom of Solomon*. Anchor Bible 43. Garden City, N.Y.: Doubleday, 1987.

참고문헌 949

———. "Wisdom in the Wisdom of Solomon." Pages 149–64 in *In Search of Wisdom: Essays in Memory of John C. Gammie.* Edited by L. G. Perdue, B. B. Scott, and W. J. Wiseman. Louisville: Westminster John Knox, 1993.
Witherington, Ben, III. "Christology." Pages 100–115 in *Dictionary of Paul and His Letters.* Edited by G. F. Hawthorne and R. P. Martin. Downers Grove, Ill.: InterVarsity Press, 1993.
———. *Jesus the Sage: The Pilgrimage of Wisdom.* Minneapolis: Fortress, 1994.
———. *Paul's Narrative Thought World: The Tapestry of Tragedy and Triumph.* Louisville: Westminster John Knox, 1994.
Wong, T. Y.-C. "The Problem of Pre-existence in Philippians 2,6–11." *Ephemerides theologicae lovanienses* 62 (1986): 167–82.
Woyke, J. *Götter, "Götzen," Götterbilder: Aspekte einer paulinischen "Theologie der Religionen."* Beihefte zur Zeitschrift für die neutestamentliche Wissenschaft 132. Berlin: de Gruyter, 2005.
Wrede, Wilhelm. *Die Echtheit des zweiten Thessalonicherbriefs.* Texte und Untersuchungen zur Geschichte der altchristlichen Literatur 9/2. Leipzig: Hinrichs, 1903.
Wright, N. T. "Adam in Pauline Christology." Pages 359–89 in *The Society of Biblical Literature 1983 Seminar Papers.* Society of Biblical Literature Seminar Papers 22. Edited by K. H. Richards. Chico, Calif.: Scholars Press, 1983.
———. "Ἁρπαγμός and the Meaning of Philippians 2:5–11." *Journal of Theological Studies* 37 (1986): 321–52.
———. "ΧΡΙΣΤΟΣ as 'Messiah' in Paul: Philemon 6." Pages 41–55 in *The Climax of the Covenant: Christ and the Law in Pauline Theology.* Minneapolis: Fortress, 1992.
———. *The Climax of the Covenant: Christ and the Law in Pauline Theology.* Minneapolis: Fortress, 1992.
———. "Monotheism, Christology and Ethics: 1 Corinthians 8." Pages 120–36 in *The Climax of the Covenant: Christ and the Law in Pauline Theology.* Minneapolis: Fortress, 1992.
———. *Jesus and the Victory of God.* Minneapolis: Fortress, 1996.
Yates, R. "A Re-examination of Ephesians 1:23." *Expository Times* 83 (1972): 146–51.
Young, Frances. *The Theology of the Pastoral Letters.* New Testament Theology. Cambridge: Cambridge University Press, 1994.
Ziesler, John. *Pauline Christianity.* Rev. ed. Oxford Bible Series. Oxford: Oxford University Press, 1990.

PAULINE CHRISTOLOGY

색 인

ㄱ

'그리스도 예수 안에 있는 믿음' - 350-354

가이사 네로 - 572
  빌립보인들의 고통과 네로 - 827
  세상의 구주로서의 네로 - 599

갈라디아서
  여자에게서 태어남 - 862
  아브라함의 자손이신 그리스도 - 333-334
  보내심을 받은 그리스도 - 861
  그리스도의 신실 - 142
  그리스도의 인성 - 210, 779
  우리 주 예수 그리스도의 아버지 - 95, 464
  성령의 열매 - 247, 285
  하나님의 성품 - 311, 752
  하갈/시내산 - 288
  쇠를 알지도 못하시는 분 - 314
  유대인/이방인의 연합 - 715
  새 창조 - 490, 835
  바울의 사도성 - 428, 653

그리스도를 향한 바울의 헌신 - 256, 882
바울과 그리스도와의 만남 - 214
바울의 그리스도 계시 - 344, 348
구속 - 59, 195
주의 계시 - 322
보내시는 성령 - 339
성령 안에서 걷기 - 719
다음 항목도 보라(아바 탄원; 세례; 축복; 할례; 예수님의 신적 특권; 믿음; 용서; 이방인; 은혜의 축복; 율법; 문안 인사; 하나님의 메시아/영원한 아들이신 예수님; 바울 자료; 구원론; 모세오경).

거울 이미지(mirror imagery)
  고린도전서에 나타나는 거울 비유 - 291
  고린도후서에 나타나는 거울 비유 - 296
  지혜에 대한 거울 비유 - 440

결혼에 있어서의 그리스도의 사랑 - 538-539

경배
  경배 대상이신 그리스도 - 723-729
  골로새서에 나타나는 경배 - 831
  경배에 대한 바울 서신 - 64
  노래를 통한 경배 - 526

고린도전서
  주 안에서의 자랑 - 870
  선물로서의 그리스도 - 534-535
  하나님의 지혜이신 그리스도 - 196
  메시아적 왕이신 그리스도 - 689-690
  이스라엘에 선재하셨던 그리스도 - 168-177
  아버지 우편에 계신 그리스도 - 528-530
  보내시고 위임하시는 그리스도 - 228
  애굽/이스라엘 대조 - 172
  종말론적 사람들 - 216
  주의 영광 - 300, 877
  하나님의 성품 - 311, 744
  고린도전서에서 주께서 주신 것 - 227
  주는 예수이시다 - 394-395
  주(예수)를 사랑하는 것 - 155
  주의 마음 - 321, 870
  한 성령 안에 있는 - 863
  주의 계시 - 322
  주로서의 아들 - 457
  성령의 현현 - 154
  시장에 있는 성전 음식 - 225
  복종과 관련된 고린도전서 본문
  감사 - 97, 922
  고린도전서의 용어 사용 - 158
  지혜 - 50, 697
  다음 항목도 보라(아담 기독론;
  아담/그리스도 대조; 신적 형상; 그
  리스도 예수의 인성; 주의 날; 마귀;
  예수님의 신적 특권; 부기(excursus);
  신실함; 우리 주의 은혜; 우상 숭배;
  주로소의 예수님; 하나님의 메시아/
  영원한 아들이신 예수님; 둘째 아담
  으로서의 예수님; 여호와로서의 예
  수님; 심판; 영광의 주; 주의 만찬; 마
  라나타(Marana tha); 십자가에 못박
  히신 메시아; 거울 이미지; 주의 이
  름; 이교; 바울 자료; 기도; 선재성;
  부활; 문안 인사; 구원; 칠십인경; 쉐
  마; 구원론; 성령; 성전 만찬; 성전 이
  미지.

  고린도전서에 나타나는 우리 주의
    은혜 - 135, 891

고린도후서
  가난하게 되신 구원자로서의 그리
  스도 - 769

하나님의 아들이신 그리스도 -
197, 542
삼위론적 축복을 하시는 그리스도
- 313
영광에 대한 출애굽기 구절 - 285
우리 주 예수 그리스도의 아버지 -
95, 533
"주를 경외함" - 308
그리스도의 임자 안에서의 용서 -
303-304
우리 주 예수 그리스도의 아버지
이신 하나님 - 802
하나님의 영광 - 252, 796
죄를 알지도 못하시는 분 - 270-
272
'주의 임재 안에서' - 303-304
패러다임으로서의 성육신 - 267-
270
하나님의 아들 예수님 - 279-282
호소에 있어서 기초가 되는 예수
님의 태도 - 273-275
'그리스도의 심판대' - 109, 320
'주를 기쁘게 하기' 위한 삶 - 306-
308
하나님을 향한 사랑 - 539
바울의 은유 - 285
그리스도께 복종 - 320
하나님을 찬양함 - 418
선재성 - 393, 766

'그리스도께 드림' - 306-308
'주의 계시' - 310
하나님의 아들 - 205
그리스도 안에서 하나되어 말하는 것
- 304-305
아들이신 그리스도의 영 - 346
주의 영 - 287-290
성전 이미지 - 698, 741
그리스도에 대한 진리 - 309
그리스도에 대한 축어적 표현 -
291
다음 항목도 보라(아담/그리스도
대조; 그리스도; 예수님의 신적 특권;
부기; 은혜로운 축복; 신적 형상 기독
론; 종말론적 심판자이신 예수님; 심
판; 십자가에 못박히신 메시아; 거울
비유; 바울; 바울 자료; 기도; 화목;
부활; 하나님의 아들 기독론; 구원론;
성령; 성전 만찬).

골로새서
승귀하신 주로서의 그리스도 - 509
하나님의 메시아/영원한 아들이신
그리스도 - 446-463
구원자로서의 그리스도 - 769
그리스도/지혜 - 481-492
출애굽 -790
우리 주 예수 그리스도의 아버지 -
803

그리스도의 '머리'이신 하나님 -
242, 243
찬송 - 286, 472
성육신과 구속. 성육신 항목도 보라

기업 - 466, 546
이스라엘 이야기 반향 - 449
유대인/이방인의 연합 - 450
율법 - 113, 300
주인/종 - 498
골로새서의 시작 기도 - 493
그리스도의 평화 - 496
시 - 781
골로새서에 대한 화목 적용 -
476-479
만물의 창조자/주이신 하나님의
아들. 하나님의 메시아/영원한 아
들이신 예수님 항목도 보라.

감사 - 446-450
그리스도의 비밀에 대한 이해 -
479
다음 항목도 보라 (아브라함; 세
례; 축복; 신앙 고백; 새 창조; 다윗
계열의 왕; 신적 형상; 장자; 용서; 하
나님 아버지/그리스도; 바울 자료;
기도; 구속; 문안인사; 하나님의 아들
기독론; 지혜; 경배).

골로새서에 나타나는 '십자가의 보혈'
- 475
교회 - 94, 600
그리스도의 몸으로서의 교회 - 539
교회를 위한 그리스도의 은사 -
537
교회의 몸 - 531
하나님/그리스도 안에서의 교회 -
105
하나님의 소유된 교회 - 675

구속(redemption)
그리스도에 의한 구속 - 336
골로새서에 나타나는 구속 - 450
구속에 나타나는 신적 형상 - 459
에스겔서에 나타나는 구속 - 663
죄의 용서로서의 구속 - 475
갈라디아서에 나타나는 구속 - 802
유대인/이방인의 구속 - 517, 518
속죄(ransom)로서의 구속 - 663
로마서에 나타나는 구속 - 454
하나님의 아들과 구속 - 382
새 창조 항목과 신의 삼위론적 관
계 항목도 보라.

구원 - 196, 371
그리스도의 신실과 구원 - 353-354
구원을 위한 신앙 고백 - 398
고린도전서에 나타나는 구원 -

243-244
　　에베소서에 나타나는 구원 - 524
　　구원을 위한 예수 그리스도의 이름
　　 - 399
　　새 언약 아래 있는 - 388
　　로마서에 나타나는 구원 - 720
　　데살로니가후서에 나타나는 구원
　　 - 126
　　디모데전서에 나타나는 구원 - 637
　　디도서에 나타나는 구원 - 655
　　구원의 삼위론적 형태 - 751

구원론
　　그리스도 헌신과 구원론 - 325
　　기독론 대 구원론 - 45, 178
　　고린도전서의 구원론 - 161
　　하나님의 뜻과 구원론 - 330
　　갈라디아서의 구원론 - 329
　　구원론을 위한 바울 서신 본문 -
　　714
　　바울 서신의 구원론 - 212
　　구원론에 있어서의 '하나님의 백성'
　　 - 714
　　로마서의 구원론 - 375-377
　　'그리스도 안에서의 구원' 구문 -
　　714
　　하나님의 아들의 구원 - 382
　　구원과 하나님의 아들 기독론 -
　　385

　　데살로니가후서의 구원론 - 313
　　디도서의 구원론 - 626

구원자(Redeemer)
　　구원자로서의 그리스도 - 769
　　'가난하게 되신' 구원자로서의 그리
　　스도 - 743
　　성육신하신 구원자로서의 그리스도
　　 - 266
　　구원자로서의 모세 - 337
　　구원자로서의 하나님의 아들 -
　　464-480

구주(savior)
　　구주이신 그리스도 - 750-753
　　구주이신 그리스도 예수 - 726
　　구주의 영광 - 677, 680
　　구주로서의 하나님 - 650, 654
　　인성과 신성을 겸비하신 구주 -
　　767-776
　　이스라엘의 구주 - 609
　　그리스도, 선재하셨고/성육신하신
　　구주, 신적 구주이신 그리스도 항목
　　도 보라.

권세
　　권세의 '머리'이신 그리스도 - 445
　　골로새서에 나타나는 권세 - 445

그리스도
　그리스도에 대한 사도들의 가르침
　　- 86
　그리스도 공동체의 모임 - 418
　세례 관련 용어와 그리스도 - 463
　복음 내용의 기초로서의 그리스도
　　- 85
　신적 형상을 지니신 그리스도 -
　　834
　하나님의 본체이신 그리스도 -
　　599
　다윗의 자손이신 그리스도 - 388
　여인에게서 태어난 그리스도 - 339
　생기이신 그리스도 - 202
　새 질서를 세우신 그리스도 - 315
　그리스도와 와의 관계 - 239
　그리스도의 긍휼 - 656, 657
　창조적 대리 사역 - 165
　다윗의 아들 그리스도 - 454
　그리스도의 헌신 - 205-208
　그리스도의 신적 이름 - 592
　그리스도의 신적 본성 - 640
　그리스도의 신적 능력 - 183
　그리스도의 자기 비움 - 564
　하나님과의 동등함 - 589, 605
　모든 이들 위에 뛰어나신 주로서
　　의 그리스도 - 493-500
　믿음의 대상이신 그리스도 - 649
　장자이신 그리스도 - 390
　그리스도의 은사 부여 - 534-547
　그리스도의 은사 - 554
　주의 영광으로서의 그리스도 -
　　291-295
　'머리'되신 하나님으로서의 그리스도
　　- 239-244
　그리스도의 하나님 되심 - 64
　그리스도 안에 있는 하나님의 뜻 -
　　108
　하나님의 지혜이신 그리스도 - 196
　그리스도의 은혜 - 115, 891
　의 머리이신 그리스도 - 466
　모든 권세의 머리이신 그리스도 -
　　445
　하늘에 계신 그리스도 - 415
　그리스도에 대한 역사주의 - 58,
　　767
　그리스도에 대한 충성 - 594
　그리스도의 겸손 - 559, 575
　하나님의 형상을 지니신 그리스도
　　- 457
　그리스도를 본받는 자 - 274
　성육신하신 구원자 그리스도 -
　　266-275
　생명을 주시는 성령으로서의 그리
　　스도 - 203
　그리스도의 사랑 - 302
　하나님의 영광의 현시로서의 그리
　　스도 - 657-661

중재자로서의 그리스도 - 716
그리스도의 자비 - 629, 632
메시아이신 왕/주. 메시아 항목도 보라
그리스도의 마음 - 221
자기 유익을 구치 않는 유월절 어린양로서의 그리스도 - 570-572
그리스도의 평강 - 496
그리스도의 인내 - 141
권세를 폐하심 - 191
다스리시는 왕이신 그리스도 - 454
하나님 우편에 계신 그리스도 - 396
공의로운 심판자이신 그리스도 - 691
둘째 아담으로서의 그리스도 - 296, 418
그리스도의 파루시아(Parusia) 595, 630
그리스도의 보내심/위임 - 228
그리스도의 섬김 - 578
속죄 제물이신 그리스도 - 383
종이 되신 그리스도 - 563
주의 영이신 그리스도 - 289
그리스도와의 영적 관계 - 288
그리스도의 아버지에 대한 복종 - 196
고난 받는 종 메시아로서의 그리스도 - 680

그리스도의 탁월성 - 468
그리스도의 변화 - 200
죽음을 이기신 그리스도 - 537
용사-왕이신 그리스도 - 536
인격화된 지혜이신 그리스도 - 180
그리스도 안에 있는 지혜/지식 - 479-480
그리스도에 적용되는 여호와 구문 - 101-103
예수님 항목도 찾아보라
다음 항목도 찾아보라 (아브라함; 아담/그리스도 대조; 양자론; 창조의 대리자; 십자가에 못박히심; 그리스도 예수의 인성; 하나님의 형상; 성육신; 중보; 칭의; 율법; 주; 메시아 (십자가에 못박히신); 유대교적 메시아; 주의 이름; 기도; 선재성; 화목; 구원; 부활; 구원; 구주; 하나님의 아들).
'가난하게 되신' 구원자 - 743-745
'보냄을 받은' 아들이신 그리스도 - 746-750

그리스도/예수님의 인성 -60
고린도전서에 나타나는 그리스도/예수님의 인성 - 758
빌립보서에 나타나는 그리스도/예수님의 인성 - 772
로마서에 나타나는 그리스도/예수

바울의 기독론

님의 인성 - 764
디모데전서에 나타나는 그리스도/
예수님의 인성 - 625

그리스도에 대한 양자론 -62

그리스도에 대한 헌신
　주의 만찬과 헌신 - 723
　그리스도에 대한 바울의 헌신 -
　277
　찬양에 나타나는 그리스도에 대한
　헌신 - 526
　기도 항목도 보라

그리스도의 고난 - 97
　데살로니가전서에 나타나는 그리
　스도의 고난 - 769

기도
　주께 드리는 기도 - 841
　축복 기도 - 629, 841
　기도로 간구하는 그리스도 주 -
　138-144
　골로새서에 나타나는 기도 - 493-
　494
　고린도전서에 나타나는 기도 - 729
　고린도후서에 나타나는 기도 -
　311-312
　다니엘서에 나타나는 기도 - 231

　기도를 통해 그리스도께 헌신하기
　- 729
　에베소서에 나타나는 기도 - 515-
　516
　예수님의 겟세마네 기도 - 581-582
　마태복음과 기도 - 771
　보고(reports) - 631
　솔로몬의 기도 - 895
　데살로니가전서에 나타나는 기도
　- 98
　데살로니가후서에 나타나는 기도
　- 122-123
　디모데전서에 나타나는 기도 - 721
　디모데후서에 나타나는 기도 -
　686-687
　아바 탄원 항목도 보라

기독론
　고등 기독론 - 59, 294
　구원론과 기독론 - 46
　지혜와 기독론 - 63
　　다음 항목도 보라 (아담 기독론;
하나님의 형상〈Imago Dei〉기독론;
성육신 기독론; 바울 기독론; 하나님
의 아들 기독론; 지혜 기독론).

기업
　골로새서에 나타나는 기업 - 449
　이방인의 기업 - 452

색 인　959

유대인의 기업 - 317
여호수아서에 나타나는 기업 - 452

ㄷ

다니엘서
　다니엘서에 나타나는 '성도' - 716
　기도 항목도 보라

다메섹 도상 - 62
　다메섹 도상에서의 바울의 경험 - 204

다윗 계열 왕
　골로새서에 나타나는 다윗 계열 왕 - 789
　에베소서에 나타나는 다윗 계열 왕 - 518
　하나님의 아들로서의 다윗 계열 왕 - 281
　이스라엘/유대교와 다윗 계열 왕 - 791-792
　다윗 계열 왕으로서의 고난 받는 종 메시아 - 680
　디모데후서에 나타나는 다윗 계열 왕 다윗 언약 - 672
　유대 메시아 사상과 다윗 언약 - 375
　시편에 나타나는 다윗 언약 - 378

'하나님의 아들' 어법과 다윗 언약 - 791-792

다윗 왕조
　그리스도와 다윗 왕조 - 334

다윗의 자손이신 하나님의 아들 예수님. 다윗 언약 항목을 보라

데살로니가인들
　데살로니가인들의 회심 - 93
　데살로니가인들을 굳게 하심 - 140
　로마에 대한 데살로니가인들의 충성 - 97
　그리스도를 위해 고난 받는 데살로니가인들 - 97

데살로니가전서
　축복 기도 - 841
　아들이신 그리스도 - 346, 445
　그리스도의 선재성 - 519, 711
　그리스도에 대한 칠십인경 구절 - 141
　기도로 간구하시는 주 그리스도 - 109-110
　그리스도인의 실존 - 846
　그리스도의 굳게 하심 - 728
　위로 - 117, 126
　교정 - 343, 511

하나님 아버지 - 66, 87
하나님의 신실 - 281, 397
그리스도와 더불어 사는 삶 - 614
복수하시는 주 - 103
구주 가이사(Lord Caesar) - 682
주 예수 - 56, 372
우리의 소망이신 주 - 104
하나님의 사랑 - 69, 497
바울의 연대기적 내러티브 - 92
감사 - 631
데살로니가후서와의 관계 - 84
그리스도에 대한 진리 - 540
주께 합당히 행함 - 847
다음 항목도 보라(기독론; 주의 날; 은혜의 축복; 종말론적 심판자이신 그리스도; 여호와로서의 예수님; 심판; 주의 이름; 파루시아; 바울 자료; 기도; 문안 인사; 고난; 주의 말씀; 여호와)

신적 목적/행동 - 98
하나님 아버지 - 103
하나님의 신실 - 848-845
하나님과 그리스도의 복음 - 137
주께서 너희와 함께 하시리라 - 844
주 예수 - 96
메시아에 대한 본문간의 관련성 - 115-122
신자들을 굳게 하시는 분 - 136-137
주의 평화 - 132-133
기도 보고 - 112-128
감사 - 122-123
데살로니가인들의 기도 - 107
다음 항목도 보라(기독론; 주의 날; 신적 신실; 종말론적 심판자이신 예수님; 주의 이름; 파루시아; 바울 자료; 기도; 원시 삼위일체주의자; 구원; 구원론; 주의 말씀; 여호와)

데살로니가후서에 나타나는 신적 신실함 - 120

둘째 아담으로서의 예수님 - 753
  하나님의 형상으로서의 그리스도 - 760
  고린도전서에 나타나는 둘째 아담으로서의 예수님 - 200

데살로니가후서
  주의 사랑을 받는 자 - 844
  축복 기도 - 841
  그리스도의 선재성 - 67
  그리스도에 대한 칠십인경 구절 - 290
  주 그리스도의 간구 기도 - 138-144
  신적 영광 - 109, 293

고린도후서에 나타나는 둘째 아담
으로서의 예수님 - 298
인성과 신성을 지니신 구주 - 761
로마서에 나타나는 둘째 아담으로
서의 예수님 - 419
둘째 아담으로서의 예수님과 죄/
죽음과의 비교 - 757-760

디도서
하나님의 영광 - 629
성령을 주시는 그리스도 - 169
우리 주 예수 그리스도 -56, 140
하나님의 영광을 드러내시는 그리
스도 - 629-630
하나님의 은혜를 드러내시는 그리
스도 - 630
고린도인들의 귀환 - 279
그리스도를 가리키는 하나님 -
654-656
디도서의 목적 - 624-626
다음 항목도 보라(축복; 우리 주
예수 그리스도; 파루시아; 문안 인
사; 칠십인경; 구원론)

디모데
알렉산더와 니보네 - 679-688

디아스포라 - 53
디아스포라 유대인 - 53, 329

바울과 디아스포라 - 721
디아스포라 회당에서의 성경 연구
- 59

ㄹ

로마서
아브라함의 신실 - 333-334
그리스도를 통한 권고 - 417
그리스도 공동체의 모임 - 418
선물로서의 그리스도 - 535
의로운 심판자이신 그리스도 - 692
하나님의 아들로서의 그리스도 -
376
그리스도의 인성 - 756
주께서 가까우시다 - 608
신적 은혜 - 386
신적 형상 - 204, 712
신적 심판 - 690, 831
하나님에 대한 언급 - 78
하나님의 신실 - 48, 281
하나님의 이야기 - 373
유대인/이방인의 연합 - 371
그리스도의 사랑 - 396
바울의 교회론 - 371
주의 권능 - 843
주의 계시 - 310
보내심/위임 - 850
아들의 성육신 - 384
아들이신 주의 영 - 339

감사 - 381
율법(모세오경) 준수 - 748
그리스도에 대한 진리 - 540
그리스도에 대한 축어적 표현 - 290
다음 항목도 보라(아바 탄원; 아담 기독론; 세례; 할례; 신앙 고백; 예수님의 신적 특권; 송영; 믿음; 장자; 하나님의 형상 기독론; 기업; 중보; 주 예수; 둘째 아담이신 예수님; 심판; 메시아로서의 그리스도; 주의 이름; 맹세; 바울 자료; 구속; 부활; 문안 인사; ; 죄; 하나님의 아들 기독론; 론; 성령 기독론)

룻
하나님이 너와 함께 하리라 - 844-845

ㅁ

마가복음에 나타나는 하나님의 신실 신실 항목도 보라

마게도니아
마게도니아에서 가난한 자들에게 베풀기 - 267-270

마귀

고린도전서에 나타나는 마귀 -223
마귀의 처소가 되는 우상 - 164

마라나타 - 155
고린도전서에 나타나는 마라나타 - 818

마태복음. 기도 항목을 보라

만찬. 성전 만찬 항목을 보라

맹세
신명기에 나타나는 맹세 - 540
에베소서에 나타나는 맹세 - 540
로마서에 나타나는 맹세 - 417

메시아
메시아의 선물 - 424
메시아로서의 하나님 - 374
하나님의 아들로서의 메시아 - 375
메시아에 대한 이스라엘의 거부 - 397-398
로마서에 나타나는 메시아 - 420-426
십자가에 못박히신 메시아와 유대적인 메시아 항목도 보라

모세
광야에서 아론과 함께 있는 모세 -

색 인   963

675
출애굽기에 나타나는 모세 - 285
여호와의 장자로서의 이스라엘에
대한 모세 - 378
돌판과 모세 -285
모세의 텍스트 제거- 287-288
 영광, 구속자, 모세의 노래 항목도
보라

모세오경(율법/토라)
 갈라디아서에 나타나는 모세오경
 - 397
 모세오경 준수 - 383
 모세오경에 대한 바울의 반감 -
 345
 모세오경에 기초한 의 - 397-398
 율법 항목 아래도 보라

모세의 노래
 모세의 노래에 나타나는 우리 주
 하나님 - 600
 모세의 노래에 나오는 전리품 취
 하기 - 536

문안 인사
 골로새서에 나타나는 문안 인사 -
 447-448
 고린도전서에 나타나는 문안 인사
 - 205

문안 인사에 나타나는 하나님/아들
 - 277-278
 갈라디아서에 나타나는 문안 인사
 - 329
 문안 인사에 나타나는 주 예수 그
 리스도 - 158
 문안 인사에 나타나는 하나님의
 아들로서의 메시아 - 393
 로마서에 나타나는 문안 인사 -
 375
 문안 인사에 나타나는 하나님의
 아들 기독론 - 375
 데살로니가전서에 나타나는 문안
 인사 - 89
 디모데전서에 나타나는 문안 인사
 - 627
 디모데후서에 나타나는 문안 인사
 - 666
 디도서에 나타나는 문안 인사 -
 649-650

미가서 - 830

믿음
 아브라함의 믿음 - 351
 그리스도에 대한 믿음 - 349
 믿음의 대상이신 그리스도 - 649
 신명기에 나타나는 믿음 - 396
 갈라디아서에 나타나는 믿음 - 347

믿음을 통한 하나님의 백성 - 350
믿음에 의한 칭의(이신칭의) - 715
로마서에 나타나는 믿음 - 351-352
믿음에 의한 성화 - 716

ㅂ

바울
 바울의 포기 - 681-682
 바울의 아도나이 사용 - 66
 '하나님의 천사'로서의 바울 - 359
 바울의 사도성 - 413
 바울의 성품 - 632
 바울의 그리스도에 대한 헌신 - 277
 그리스도를 지혜와 동일시하는 것에 대한 바울 - 875
 바울에게 있어서의 그리스도 계시 - 348
 그리스도의 사랑에 대한 바울 - 350
 바울에 대한 그리스도의 자비 - 629
 바울의 회심 - 332
 십자가에 못박히신 메시아 - 875-876
 다메섹 도상과 바울 - 55
 지상에 계신 예수님과 바울 - 765
 역사적 예수와 바울 - 767
 인성과 신성을 겸비하신 구원자에 대한 바울 - 767-775
 바울의 찬송 사용 - 52
 바울의 '하나님의 형상' 어법 - 718
 바울의 투옥 - 611
 바울의 진실함 - 279
 예수의 생애에 대한 바울의 지식 - 768
 예수의 가르침에 대한 바울의 지식 - 768
 바울의 유일신 사상 - 596
 바울의 예수님 명칭 사용 - 774
 우리 아버지와 바울 - 56
 바울에게 있어서의 과거의 연속성 - 75
 육체적 가시 - 359
 주를 향한 바울의 찬송 - 724
 바울의 기도 - 521
 바울의 기도 보고 - 631
 원-삼위일체주의자(proto-trinitarian)로서의 바울 - 858
 바울에게 나타난 부활 - 215
 구원에 대한 바울 - 860
 바울의 '둘째 아담' 어법 - 718
 시락서를 사용하지 않은 바울 - 884
 성령의 사람/역할에 대한 바울 - 861
 바울의 진실성 - 279

바울의 난폭함 - 784
솔로몬의 지혜서를 사용하지 않은
바울 - 884
여호와와 바울 - 106
다음 항목도 보라(아담 기독론; 새
창조; 신의 삼위론적 관계; 성육신
유대교적 메시아; 칠십인경; 성령 기
독론; 모세오경).

바울 기독론
바울 기독론에 나타나는 그리스도
의 헌신 - 720-729
바울 기독론에 대한 정의 - 45-52
바울 기독론에 나타나는 승귀하신
주로서의 예수님 - 48
바울 기독론의 신학 - 53
20세기의 바울 기독론 - 57

바울 자료
바울 자료에 따른 그리스도 언급 -
78-79
골로새서에 나타나는 바울 자료 -
445
고린도전서에 나타나는 바울 자료
- 157
고린도후서에 나타나는 바울 자료
- 263
에베소서에 나타나는 바울 자료 -
513-515

갈라디아서에 나타나는 바울 자료
- 330
바울 자료에 따른 하나님/아버지
언급 - 78-79
바울 자료에 대한 숫자적 분석 -
77-78
빌레몬서에 나타나는 바울 자료 -
445
빌립보서에 나타나는 바울 자료 -
555-556
로마서에 나타나는 바울 자료 -
375
데살로니가전서에 나타나는 바울
자료 - 87
데살로니가후서에 나타나는 바울
자료 - 114-115
디모데전서에 나타나는 바울 자료
- 626-627
디모데후서에 나타나는 바울 자료
- 665-667

바울의 헬라어 성경 인용 - 67-68

베드로 - 349

수건(veil) -
그리스도인들의 회심과 수건 - 285
모세의 수건 - 285, 288

복(berakah)
  고린도후서 - 278
  에베소서 - 513

복종에 대한 본문
  그리스도의 근원이신 하나님 - 238
  그리스도의 '머리'이신 하나님 - 239

부기(excursus)
  고린도전서에 나타나는 부기 - 174-175
  고린도후서에 나타나는 부기 - 299-301
  골로새서에 나타나는 부기 - 481-492
  부기에서의 정관사 용법 - 88
  갈라디아서에 나타나는 부기 - 351-35

부활
  부활로부터의 '모든 충만하신 것' - 532
  부활의 나타남 - 214
  신자의 부활 - 188
  그리스도의 부활 - 175, 190
  부활의 첫 열매이신 그리스도 - 190
  그리스도의 영원한 임재로서의 부활 - 306
  고린도전서에 나타나는 부활 - 602
  고린도후서에 나타나는 부활 - 718
  부활이 이긴 죽음 - 193
  신명기에 나타나는 부활 - 536
  십자가의 흔적이 남은 삶 - 355
  시편에 나타나는 부활 - 398
  로마서에 나타나는 부활 - 596
  디모데후서에 나타나는 부활 - 672

빌레몬서
  빌레몬서에서 골로새서 읽기 - 511-512
  바울 자료와 은혜의 축복 항목도 보라

빌립보서
  '그리스도께 무릎 꿇기' - 406
  승귀하신 만물의 주로서의 그리스도 - 587-589
  하늘의 구원자/주로서의 그리스도 - 597-604
  '가난하게 되신' 구원자로서의 그리스도 - 743
  가난하게 되신 종으로서의 그리스도 - 766
  주의 이름으로서의 그리스도 - 217-220
  선재하셨고/성육신하신 그리스도

- 558-586
그리스도의 인성 - 772
그리스도의 이야기 - 185, 267
신적 심판 - 410
그리스도의 신적 본질 - 766
우리 주 예수 그리스도의 아버지 - 448
주의 영광 - 849-850
영광의 변모 - 601
찬송 - 68, 278
이스라엘의 구주 - 588
주 예수 - 817
구주 가이사(Lord Caesar) - 682
주께서 가까우시다 - 845
그리스도에 대한 바울의 헌신 - 245
바울의 그리스도와의 만남 - 166
선재성 - 635
부활 - 70, 391
섬김 - 346
아들이신 그리스도의 영 - 346
　다음 항목도 보라(아담/그리스도 대조; 신앙 고백; 새 창조; 주의 날; 예수님의 신적 특권; 송영; 부기; 바울 자료; 하나님의 아들 기독론).
빌립보인들의 분열

ㅅ

사도행전
　사도행전에 나타나는 하나님 오른편에 계신 그리스도 - 687
　사도행전에 나타나는 믿음에 의한 성화 - 716
　사도행전에 나타는 보내심/위임 - 338

사무엘하
　하나님의 아들 - 528
　하나님의 메시아적 아들 - 526
　'아들을 향한 하나님의 사랑' - 454
　칠십인경 항목 아래도 보라

사사기에 나오는 기드온 내러티브 - 360

살아계신 하나님
　디모데후서에 나타나는 살아계신 하나님 - 646

삼위일체 - 56
　은혜의 축복 항목 아래도 보라

새 창조
　그리스도와 새 창조 - 462
　새 창조의 머리이신 그리스도 - 465-468

새 창조에 있어서 그리스도인 인
간적 역할 - 757
골로새서에 나타나는 새 창조 -
463
갈라디아서에 나타나는 새 창조 -
753-756
이사야서에 나타나는 새 창조 -
755-756
바울과 새 창조 - 753-756
새 창조의 시작이신 하나님의 아들
- 473
십자가에 못박히신 메시아이신 하
나님의 아들 항목도 보라

새겨진 형상 - 297

성령
  성령을 주시는 그리스도 - 169
  고린도전서에 나타나는 성령 - 154
  고린도후서에 나타나는 성령 - 346
  고린도인들의 성령 체험 - 283
  성령의 다양성 - 212
  성령의 신적 형상 - 296
  성령과 아들(Son)과의 신적 연합 -
  534
  에베소서에 나타나는 성령 - 863
  성령의 열매 - 236
  성령의 중보 - 387
  예수 그리스도의 성령 - 605-606
  성령의 현현 - 154
  성령의 사역 - 637, 747
  새 언약의 영광과 성령 - 285
  성령에 대한 바울 - 346
  성령 충만한 사람 - 220-222
  성령의 보내심 - 338
  성령의 노래 영감 - 496
  하나님의 영/그리스도의 영으로서
  의 성령 - 286-291
  성령 안에서 형상의 변모 - 286
  성령을 좇아 행하기 - 720
  여호와의 성령 - 306

성령 기독론
  바울의 성령 기독론 - 200
  로마서의 성령 기독론 - 380

성육신
  성육신에 있어서의 '모든 충만하신
  것' - 468-472
  그리스도의 성육신 - 341
  성육신에 있어서 그리스도의 죄없
  으심 - 270-273
  골로새서에 나타나는 성육신 -
  491-492
  신명기에 나타나는 성육신 - 398
  성육신을 통한 하나님의 화목 -
  316-317
  성육신의 은혜 - 743

바울에게 있어서의 성육신의 중요
성 - 750-752
성육신에 있어서의 가난(poverty)
은유 - 265-270
성육신하신 그리스도의 종의 성
품 - 577-579
디모데전서에 나타나는 성육신 -
626-627
디모데후서에 나타나는 성육신 -
643
성육신 기독론의 본질 - 737-738

성전 연회
  고린도전서에 나타나는 성전 연회
  - 154
  쉐마의 주와 성전 연회 - 823
  주의 식탁 대 성전 연회 - 725-726

성전 이미지
  고린도전후서에 나타나는 성전 이
  미지 - 717
  에베소서에 나타나는 성전 이미지
  - 717
  디모데후서에 나타나는 성전 이미지
  - 674

세례
  골로새서에 나타나는 세례 - 463
  에베소서에 나타나는 세례 - 525

갈라디아서에 나타나는 세례 -755
로마서에 나타나는 세례 - 713

소피아(Sophia)
  지혜와 소피아 - 479

솔로몬의 지혜서
  장자 - 378
  솔로몬의 지혜서 개관 - 894
  의인화 - 63, 451
  '보내심' - 91, 177
  솔로몬의 기도 - 895
  영광, 바울, 창조의 대리자로서의
지혜 항목도 보라

송영(doxology)
  갈라디아서에 나타나 - 330는 송영
  송영의 대상이 되시는 주 예수 -
  686
  빌립보서에 나타나는 송영 - 587
  로마서에 나타나는 송영 - 165
  디모데전서에 나타나는 송영 - 637
  디모데후서에 나타나는 송영 - 685

쉐마
  쉐마의 기독교적 재구성 - 76
  고린도전서에 나타나는 쉐마 - 160
  쉐마의 분류 - 591
  쉐마에 나타나는 유일하신 하나님

- 160
바울의 쉐마 분류 - 422
창조 항목도 보라

스가랴에 나타나는 파루시아. 파루시아 항목을 보라
스바냐서에 나타나는 주의 날. 주의 날 항목을 보라

승귀하신 주
승귀하신 주로서의 그리스도 - 492
은사를 주시는 승귀하신 주 - 534-538
승귀하신 주로서의 예수님 - 48
하나님 우편에 계신 승귀하신 주 - 529
하나님의 아들 항목도 보라

시내산
시내산에서의 하나님의 임재 - 681

시락서
지혜로서의 그리스도 - 488
장자 - 459
시락서를 사용하지 않은 바울 - 884-885
지혜 항목 아래에 있는 창조의 대리자로서의 지혜도 보라

시온산
여호와께서 시온산에 오르심 - 100

시편
주 그리스도 - 55, 209
하나님 우편에 계신 그리스도 - 208
그리스도의 은사 부여 - 534-535
원수들 아래에 놓인 - 190
하나님의 신원 - 835
하나님의 빛 - 541
장자이신 하나님의 아들 - 378
주께서 곁에 계시다 -
주의 능력 - 850
전리품 취하기 - 536
고난 받는 종 메시아 - 680-681
그리스도에 대한 진리 - 540
다음 항목도 보라(다윗 언약; 주 예수; 하나님의 메시아/영원한 아들이신 예수님; 파루시아; 부활; 칠십인경; 창조의 대리자로서의 지혜; 여호와).

신명기
주께서 사랑하는 자들 - 844
그리스도의 부활 - 464
저주 - 155, 206
구원자이신 하나님 - 444
마귀의 처소가 되는 우상 - 164

하나님의 이름 - 73
주의 이름을 부르는 곳 - 218
다음의 성육신, 율법, 맹세, 부활, 여호와 항목도 보라

신실
그리스도의 신실 - 457
그리스도 예수 안에서의 신실 - 351-352
신적 신실 - 135-136
하나님의 신실 - 280

신앙 고백
신앙 고백으로서의 주 예수님 - 210
신앙 고백으로서의 주의 이름 - 828
빌립보서에 나타나는 신앙 고백 - 211
구원을 위한 신앙 고백 - 398

신의 이름
신의 이름 발음의 결여 73
칠십인경에 나타나는 신의 이름 - 166

신적 구주로서의 그리스도
경배 대상이신 신적 구주이신 그리스도 - 723-729
구속 사역의 중심이신 신적 구주

이신 그리스도 - 712-713
신적 구주이신 그리스도의 헌신 - 721-729
신적 형상을 재창조 하는데 있어서의 신적 구주이신 그리스도 - 714-720
'그리스도 안에 구원'의 수단이 되는 신적 구주이신 그리스도 - 714
구원 목적과 신적 구주이신 그리스도 - 714

신적 삼위
주로서의 그리스도와 신적 삼위 - 212-213
바울과 신적 삼위 관계 - 864
구원에 대한 신적 삼위 관계 - 864

신적 영광
신적 영광이신 그리스도 - 293
데살로니가후서에 나타나는 신적 영광 - 134

신적 형상
그리스도의 신적 형상 - 295, 444
골로새서에 나타나는 신적 형상 - 756
고린도전서에 나타나는 신적 형상 - 390
고린도후서에 나타나는 신적 형상

- 295
창세기에 나타나는 신적 형상 - 293
하나님의 아들 예수 그리스도의 신
적 형상 - 283
새 창조에 있어서의 신적 형상 - 297
구원에 있어서의 신적 형상 - 459
로마서에 나타나는 신적 형상 - 293
하나님의 아들이 지닌 신적 형상 - 264
하나님의 아들과 성령 항목도 보라.

심판
심판을 위한 심판대(bēma) - 306, 408
고린도전서에 나타나는 심판 - 835
고린도 후서에 나타나는 심판 - 410
에베소서에 나타나는 심판 - 307
이사야에 나타나는 심판 - 119, 409
빌립보서에 나타나는 심판 - 410
로마서에 나타나는 심판 - 411
데살로니가전서에 나타나는 심판 - 834-835
심판의 주관자이신 하나님 - 118

십자가에 못박히신 메시아 - 180-181
고린도전서에 나타나는 못박히신 메시아 - 292
고린도후서에 나타나는 못박히신 메시아 - 755
십자가에 못박히신 메시아로서의 예수/그리스도 - 157
십자가에 못박히신 메시아. 십자가에 못박히신 메시아 항목도 보라.

십자가에 못박히심
그리스도의 못박히심 - 350
디모데전서에 나타나는 십자가에 못박히심 - 947

O

아나테마(anathema, 교회의 저주) - 155
아나테마에 나타나는 불복종과 저주(curse) - 205-207

아담 기독론 - 69, 419
고린도전서에 나타나는 아담 기독론 - 204
바울의 아담 기독론 - 61
로마서에 나타나는 아담 기독론 - 390-391

색 인   973

아담/그리스도 대조 - 197
 고린도전서에 나타나는 대조 - 188
 고린도후서에 나타나는 대조 -
 296-297
 창세기에 나타나는 대조 - 69
 빌립보서에 나타나는 대조 - 573
아도나이. 여호와 항목을 보라.

아바 탄원(abba-cry) - 386
 자녀들의 친근함을 나타내는 호칭
 - 392-394
 그리스도의 인성 - 342
 갈라디아서에 나타나는 아바 탄원
 - 814
 예수님, 하나님의 아들 그리고 아바
 - 804
 예수님의 아바 탄원 사용 - 343-
 345
 아바 탄원에 나타나는 사적 관계 -
 344-346
 기도로서의 아바 탄원 - 804
 구속과 아바 탄원 - 804
 로마서에 나타나는 아바 탄원 -
 804, 858-859
 하나님의 아들 기독론에 나타나는
 아바 탄원 - 809-811

아버지
 신부의 아버지 - 307-308

영광의 아버지 - 522-523
아버지의 선물이신 성령 - 90-93
유대인/이방인의 아버지 - 524-525
자비하신 아버지 - 276
우리 주 예수 그리스도의 아버지 -
 276-279
갈라디아서 항목도 보라.
아버지를 소유함 - 89-90

아버지/그리스도이신 하나님 - 90-
 93, 162-163
 골로새서에 나타나는 아버지/그리
 스도이신 하나님 - 446
 자비의 근원이 되시는 아버지/그
 리스도이신 하나님 - 687
 아버지/그리스도이신 하나님에 대
 한 찬송 - 276-277, 685-686
 아버지/그리스도이신 하나님 안에
 서의 존재 영역 - 105-107
 바울 서신에 나타나는 아버지/그
 리스도이신 하나님 본문 - 812
 디모데전서에 나타나는 아버지/그
 리스도이신 하나님 - 648
 궁극적인 근원/목적이 되시는 아
 버지/그리스도이신 하나님 - 825
 바울 자료 항목도 보라.

아브라함 - 749
 아브라함의 자손 그리스도 - 332-

335, 341-343
골로새서에 나타나는 아브라함 - 790
아브라함의 믿음 - 333, 334
창세기에 나타나는 아브라함 - 333-334
이방인의 조상 아브라함 - 372
이삭과 아브라함 - 391-392
이스라엘/유대교와 아브라함 - 788
유대의 조상 아브라함 - 333-334
아브라함의 약속 - 333-334
아브라함이라 부르시는 여호와 - 217
할례 항목 아래에 있는 예수와 하나님의 아들 항목도 보라

야고보서. 주의 날 항목을 보라
야고보에게 나타난 부활 - 214
여호와(YHWH). 여호와 항목을 보라

에베소서
  주로서의 그리스도 - 527-538
  구원자이신 그리스도 - 598-600
  하나님의 아들이신 예수 그리스도 - 516-524
  그리스도와 교회와의 관계 - 467-468
  에베소서와 골로새서 - 511

개종/예배 - 497
승귀하신 분 - 528-534
우리 주 예수 그리스도의 아버지 - 802
그리스도의 '머리'되신 하나님 - 241-244
'우리' 아버지이신 하나님 - 523-527
은혜/평강 - 516
주로서의 예수님 - 822
유대인/이방인의 연합 - 526
주의 이름 - 831
한 영 - 862
에베소서와 로마서 - 511-512
인자 - 192
찬양 - 526
감사 기도 - 516
삼위론적 특성 - 532-534
  다음 항목도 보라(세례; 축복; 복; 예수님의 신적 특권; 용서; 하나님의 메시아/영원한 아들이신 예수님; 심판; 맹세; 바울 자료; 기도; 구속; 구원; 하나님의 아들 기독론; 영; 성전 이미지).

에스겔서
  하나님의 비전 - 310-311
  구속(redemption) 항목도 보라

색 인 975

여성의 지혜. 지혜 항목을 보라
여자
  남자의 영광으로서의 여자 - 241
  여자에게 은사를 주시는 하나님의
  사역 - 640-641

여호수아서
  기업 - 452-453
  주의 종으로서의 여호수아 - 679-
  680

여호와
  아브라함과 여호와 - 217
  심판의 주관자이신 여호와 - 117-
  120
  하나님의 천사로서의 여호와 -
  359-361
  여호와의 성품 - 64
  여호와이신 그리스도 주 - 100-104
  고린도전서에 나타나는 여호와 -
  218-220
  신명기에 나타나는 여호와 - 135
  이스라엘의 맹세로서의 여호와 -
  102
  이스라엘의 하나님이신 여호와 -
  593-595
  예레미야서에 나타나는 여호와 -
  218-220
  예수님의 고백 - 423

  세상을 다스리는 왕이신 여호와 -
  99-100
  시온산과 여호와 - 536
  바울과 여호와 - 105-106
  시편에 나타나는 여호와 - 662
  계시의 근원이신 여호와 - 358
  칠십인경의 여호와 - 66
  여호와의 영 - 305-306
  여호와 본문 - 95-104
  데살로니가전서에 나타나는 여호와
  - 86-87
  데살로니가후서에 나타나는 여호와
  - 216
  심판 항목 아래도 보라

여호와로서의 예수님
  고린도전서에 나타나는 여호와로
  서의 예수님 - 216-226
  데살로니가전서에 나타나는 여호
  와로서의 예수님 - 96-100

영광
  영광에 대한 신자들의 지식 - 295
  영광으로 인도하시는 그리스도 -
  293
  하나님의 영광을 나타내시는 그리
  스도 - 656-661
  출애굽기에 나타나는 영광 - 285
  그리스도의 얼굴에 나타나는 영광

- 297
하나님의 영광 - 658
하나님의 영광이 되시는 그리스도
- 282-283
모세와 영광 - 293
새 언약에서의 영광 - 285-286
파루시아에 있어서의 영광 - 630
그분의 영광에 대한 찬송 - 520
잠언에 나타나는 영광 - 878
로마서에 나타나는 영광 - 386-387
영광에 대한 이야기 - 285
영광에 의한 변모 - 61
솔로몬의 지혜서 - 878
구원자 항목도 보라

영광의 주
고린도전서에 나타나는 영광의 주
- 228-229

예레미야서
주 안에서의 자랑 - 843
그리스도 예수를 아는 것 - 722
예수님
예수님의 겟세마네 기도 - 582
예수님의 성육신에 나타나는 하나님의 충만하신 것 - 470
예수님의 대한 복음 이야기 - 794-795
예수님의 인성 - 339-341

메시아적 왕이신 예수님 - 334
하나님의 메시아적 아들이신 예수님
- 373
예수님의 명칭 사용 - 424
예수님의 신적 특권 - 300-312
주 안에서의 굳건함 - 542, 543
주의 사랑을 받는 자 - 843, 844
주 안에서 자랑하는 것 - 843, 844
빛의 근원이신 그리스도 - 541-542
근원/지지자이신 그리스도 주 -
695-696
보내시고 위임하시는 그리스도 -
234-235
주의 계명 - 234-235
그리스도 예수의 열정으로 - 609
고린도전서에 나타나는 예수님의
신적 특권 - 226-236
고린도후서에 나타나는 예수님의
신적 특권 - 300-312
에베소서에 나타나는 예수님의 신
적 특권 - 539-543
주를 경외함 - 308
갈라디아서에 나타나는 예수님의
신적 특권 - 355-362
주의 임재 안에서 당부하기 우리
주의 은혜 - 693-695
주께서 원하시면/허락하시면 -
232-233
천국의 왕/심판자이신 주 예수 -

690-691
주를 기쁘게 하는 삶 - 541-542
주께서 여러분과 함께 하시기를 - 844-845
주께서 주신/부여하신 신적 특권 - 229-230
주께서 가까이 계심 - 844-845
주께서 심판하신다 - 231-232
영광의 그리스도 - 228-229
주께서 갚으실 것이다 - 542-543
주/하나님의 뜻 - 542
신적 특권을 지닌 그리스도를 향한 사랑 - 125-126
주의 마음 - 843
수정된 맹세 형식 - 540
주의 이름 - 604, 828
그리스도에 대한 복종 - 307-309
'주 안에서' 하나됨 - 303-308
우리는 굳게 하시는 분 - 611
바울의 사도성 - 355
바울의 그리스도 예수 영접 - 359-361
빌립보서에 나타나는 예수님의 신적 특권 - 609
주 예수의 권능 - 233-234
'주'를 향한 기도 - 311-312
주의 임재 - 303
주께 인도하기 - 303
주의 계시 - 310

로마서에 나타나는 예수님의 신적 특권 - 400-401
주께/주의 이름으로 찬양하기 - 542
주의 영 - 313, 415-416
주를 기쁘게 하려고 노력하기 - 234
디모데후서에 나타나는 예수님의 신적 특권 - 685-696
삼위론적 축복 그리스도에 대한 진리 - 313, 355-356
그리스도의 법 아래 - 235-236
그리스도의 형상이 너희 안에 '이루기'까지 - 362
주의 날 항목도 보라.

오네시모 - 497, 498
  오네시모에 대한 용서 - 443
  종 오네시모 - 498

오네시보로 - 677
  오네시보로를 위한 디모데의 기도 - 687-688

요엘서
  종말론적 백성과 요엘서 - 217
  요엘서에 나타나는 주 예수 - 395
  주이신 하나님의 아들 - 402
  주의 날 항목과 주의 이름 항목도

보라.

읍. 구원의 항목과 칠십인경 항목을
보라.

용서
  골로새서에 나타나는 용서 - 496
  에베소서에 나타나는 용서 - 525
  '그리스도의 임재'안에서의 용서 -
  303
  구속 항목도 보라.

우상숭배
  고린도전서에 나타나는 우상숭배
  - 159-160
  유대교에 나타나는 우상숭배 - 93

원 삼위일체주의자 - 124
  원 삼위일체주의자에 대한 본문
  - 416
  고린도전서에 나타나는 원시 삼위
  일체주의자 - 865-867
  데살로니가후서에 나타나는 원시
  삼위일체주의자 - 124

유대교
  아브라함과 유대교 - 788
  유대교에서의 창조 - 787
  다윗 계열 왕과 유대교 - 791
  출애굽기와 유대교 - 789

  우상숭배와 유대교 - 93
  유대교의 특권 426
  율법 항목도 보라.

유대교적 메시아 - 68, 94-95
  유대교적 메시아로서의 그리스도
  - 375-376, 671-672
  유대교적 메시아에 대한 다윗과
  관련된 주제들 - 90-91
  갈라디아서에 나타나는 유대교적
  메시아 - 335, 336
  유대교적 메시아에 대한 바울 -
  94-95
  유대교적 메시아에 대한 구원론
  적/기독론적 이해 - 216
  하나님의 아들 항목도 보라.

유대인
  유대인의 조상 아브라함 - 333-334
  그리스도의 몸과 유대인 - 532
  디아스포라와 유대인 - 329
  유대인의 아버지 - 524-525
  이방인과 유대인과의 연합 - 372,
  423
  유대인의 기업 - 518
  유대인의 구속의 항목도 보라.

유대인/이방인이 연합되는 장소가
  되는 그리스도의 몸 - 532

색 인   979

유월절
   주께 있어서의 유월절 -208-209
   유월절 음식 - 724
율법
   신명기에 나타나는 율법 - 452-453
   이방인의 율법 준수 - 329, 335-336
   이스라엘/유대교와 율법 - 791
   구약 - 248-285
   로마서에 나타나는 율법 - 383-385
   죄와 율법 - 628
   모세오경의 율법 - 341, 349
   그리스도의 법 아래에서 - 362
   갈라디아서에 나타나는 율법 행위
    - 333-334
   모세 항목도 보라.

은혜
   하나님/아들로부터의 은혜 - 133
   아버지/아들의 은혜 - 311
   은혜로서 주는 것 - 267-269
   주 예수 그리스도의 은혜 - 865
   하나님/그리스도를 통한 은혜 -
    356-357
   디모데후서에 나타나는 은혜 - 689

은혜의 축복
   고린도후서에 나타나는 은혜의 축복
    - 313, 864
   갈라디아서에 나타나는 은혜의 축복
    - 355
   빌레몬서에 나타나는 은혜의 축복
    - 110
   데살로니가전서에 나타나는 은혜
    의 축복 - 110-112
   디모데후서에 나타나는 은혜의 축
    복 - 689
   삼위일체와 은혜의 축복 - 313,
    402
음식 - 402

의
   그리스도의 의 - 759
   유대인/이방인의 의 - 403
   죄와 의 - 420
   모세오경과 의 - 397-398

이교
   고린도전서에 나타나는 이교 -
    159-164
   음식에 있어서의 이교 - 724-726

이방인
   이방인을 위한 축복 - 445
   갈라디아서에 나타나는 이방인 -
    335-336
   믿음을 통한 하나님의 백성 - 341
   이방인의 기업 - 527
   이사야에 나타나는 이방인 - 716-

717
유대인과의 연합 -373
유대인 대 이방인 - 371
이방인의 구속(redemption) - 517
이방인의 의 - 403
이방인의 구원 - 371
율법 항목도 보라.

이사야
신적 심판 - 408-409
종말론적 심판 - 837
이방인의 포함 - 716-717
하나님의 빛 - 541
이스라엘의 구원자 - 587-588
주 예수의 파루시아 - 115-116
이스라엘의 메시야 거부 - 399
주의 마음 - 843
새 창조 - 755-756
다시 사신 주 - 71
'둘째 출애굽' 비유 - 718
주의 종 - 576
종의 노래 - 716
이스라엘의 하나님이신 여호와 -594
주의 날, 심판, 주의 이름, 파루시아, 칠십인경 항목도 보라.

이삭
아브라함과 이삭 - 391

이삭의 탄생 - 341
창세기에 나타나는 이삭 - 390

이스라엘
아브라함과 이스라엘 - 788
이스라엘과 선재하셨던 그리스도 - 168-176
골로새서에 나타나는 이스라엘 - 452
창조와 이스라엘 - 787
다윗 계열의 왕과 이스라엘 - 791
광야 경험과 이스라엘 - 737-740

ㅈ

잠언
지혜로서의 그리스도 -488-489
교회 관계 - 304
70인역 - 674
지혜의 의인화 - 886
영광 항목과 창조의 대리자로서의 지혜 항목도 보라.

장자
장자이신 그리스도 - 390, 450
골로새서에 나타나는 장자 - 765
창세기에 나타나는 장자 - 466
장자로서의 이스라엘 - 459
시편에 나타나는 장자 - 457-459

색 인   981

　로마서에 나타나는 장자 - 455,
　　464
　솔로몬의 지혜서/시락서에 나타나
　는 장자 - 459
　하나님의 아들 항목도 보라.

전도서에 나타나는 심판 - 307

종말론
　종말론적 삶 - 306-308
　빌립보서의 종말론 - 598
　　종말론적 심판자이신 예수님, 이
사야서, 요엘서 항목도 보라.

종말론적 심판자이신 예수님
　고린도후서에 나타나는 종말론적
　심판자이신 예수님 - 688, 831
　주의 날 - 831-833
　그의 백성에 대한 종말론적 심판
　자이신 예수님 - 834-836
　이사야에 나타나는 종말론적 심판
　자이신 예수님　836
　주의 파루시아 - 832-833
　데살로니가전서에 나타나는 종말
　론적 심판자이신 예수님 - 691
　데살로니가후서에 나타나는 종말
　론적 심판자이신 예수님 - 838
　사악한 무리들에 대한 종말론적
　심판자이신 예수님 - 836

죄
　그리스도의 구속과 죄 - 386
　죄를 알지도 못하는 그리스도 -
　775
　죄의 결과로서의 죽음 - 198
　최초의 창조에 있어서의 죄 - 464
　율법과 죄 - 628
　로마서에 나타나는 죄 - 383-385
　죄에 의한 연합의 파괴 - 526

주
　복수하시는 주 - 108
　주 안에서 자랑하기 - 218
　주 그리스도 - 64, 777
　주의 계명 - 245
　제공자/수여자로서의 주 - 229
　주의 영광 - 300
　주께서 곁에 계시다 - 608-609
　주를 소유하기 - 90
　주 안에서 기뻐하기 - 607
　주를 기쁘게 하려는 노력 - 234
　주에 의해 모든 것을 이해하기 -
　674
　주의 뜻/허락 - 232
　주의 말씀 - 101
　주의 날 항목도 보라.

주 예수
　구속의 대리자로서의 주 예수 -

290
고린도전서에 나타나는 주 예수 -
205-214
초대 그리스도인의 신앙 고백과
주 예수 - 210-211
초대 그리스도인의 헌신과 주 예수
- 205-208
성만찬 음식과 주 예수 - 209
주 예수의 아버지로서의 하나님 -
276
하늘의 왕/심판자이신 주 예수님 -
689-690
기도/송영의 대상으로서의 주 예수
- 686-688
다시 사신 주 예수를 만난 바울 -
213-214
빌립보서에 나타나는 주 예수 -
854-855
시편에 나타나는 주 예수 - 825
주 예수의 능력 - 231-234
로마서에 나타나는 주 예수 - 395
주 예수라는 명칭 사용(usage) -
818
창조의 대리자, 신앙 고백, 신의 삼
위론적 관계 항목도 보라.

주의 날
고린도 전서에 나타나는 주의 날 -
102, 223
주의 날에 대한 본문 간의 관련성 -
132
이사야서에 나타나는 주의 날 -
838
요엘서에 나타나는 주의 날 - 401
빌립보서에 나타나는 주의 날 -
605
주의 날에 대한 예언적 담론 - 83,
120
데살로니가전서에 나타나는 주의 날
- 102
데살로니가후서에 나타나는 주의 날
- 132
스바냐서에 나타나는 주의 날 -
609
다음의 예수님의 신적 특권과 종
말론적 심판자이신 예수님, 로마서
항목도 보라..

주의 마음 - 843

주의 만찬 - 168
주의 만찬에서의 그리스도의 몸 -
242, 467
고린도전서에 나타나는 주의 만찬
- 154, 232
신적 형벌과 주의 만찬 - 726
주의 만찬에서 신성을 기념하는
음식 - 724-726

색 인 983

주의 만찬에 대한 바울 - 825
마라타나 항목도 보라.
주의 말씀
  예수님에 의한 주의 말씀 - 101.
  132
  칠십인경에 나타나는 주의 말씀 -
  101
  데살로니가전서에 나타나는 주의
  말씀 - 100
  데살로니가후서에 나타나는 주의
  말씀 -132
주의 식탁 교제. 주의 만찬 항목을
보라.

주의 영광
  출애굽기에 나타나는 주의 영광 -
  292
  새 언약 백성과 주의 영광 - 292
  주(Lord) 항목도 보라.

주의 이름 - 106
  이름 수여 - 825
  부르심 - 131, 150
  그리스도 예수로서의 주의 이름 -
  102
  신앙 고백 - 610
  고린도전서에 나타나는 주의 이름
  - 218, 828
  이사야에서에 나타나는 주의 이름

  - 677, 826
  쉐마의 주로서의 예수님 - 335
  요엘서에 나타나는 주의 이름 -
  397, 827
  빌립보서에 나타나는 주의 이름 -
  825-827
  로마서에 나타나는 주의 이름 -
  827
  칠십인경에 나타나는 주의 이름 -
  828
  데살로니가전서에 나타나는 주의
  이름 - 129
  데살로니가후서에 나타나는 주의
  이름 - 129
  디모데후서에 나타나는 주의 이름
  - 677

주의 평화
  데살로니가후서에 나타나는 주의
  평화 - 847

죽음
  죽음을 이긴 부활 - 193, 537
  죄의 결과인 죽음 - 198

중보
  그리스도의 중보 - 396, 687
  로마서에 나타나는 중보 - 687
  성령의 중보 - 386

지혜 - 107-109
  골로새서에 나타나는 지혜 - 481-492
  고린도전서에 나타나는 지혜 - 68, 153
  '하나님을 경외'하는지혜 - 308
  헬라인의 지혜 추구 - 191
  지혜로부터의 이미지 - 298
  바울의 지혜 사용 - 299
  의인화된 지혜 - 50, 505
  지혜의 선재성 - 871
  거울 이미지 항목과 소피아 항목도 보라.

지혜 기독론 - 61, 67
  골로새서의 지혜 기독론 - 482, 492
  지혜 기독론을 지지하지 않는 바울 - 875

지혜 전통
  바울이 사용한 성격 - 882
  바울의 인용 - 77, 700

ㅊ

찬송
  골로새서에 나타나는 찬송 -449, 464
  빌립보서에 나타나는 찬송 - 559
  디모데전서에 나타나는 찬송 - 642

창세기
  아브라함 내러티브 - 333-334
  장자이신 그리스도 - 466
  하나님과 동등하신 그리스도 - 69
  창조 내러티브 - 473
  신적 형상 - 475
  천사를 보내시는 하나님 - 338
  하나님의 빛 - 560
  형상을 지닌 자 - 309
  이삭 - 228
  천사로서의 주 - 360
  신자들의 부활 - 201
  창세기의 칠십인경 - 200
  새로운 시작으로서의 아들 - 466
  아담/그리스도 대조 항목도 보라.

창조
  창조에 있어서 그리스도의 역할 - 599
  고린도전서와 창조 - 755
  이스라엘/유대교와 창조 - 787
  창조 설화 - 300-301
  쉐마와 창조 - 807
  최초 창조 때에 나타난 죄 - 464
  창조에 대한 하나님의 아들의 주권 - 457

창조의 대리자이신 그리스도 - 456-463
  골로새서에 나타나는 대리자 - 788
  고린도전서에 나타나는 대리자 - 159-167
  지혜 항목 아래에 있는 창조의 대리자 항목도 찾아보라.

창조의 대리자로서의 지혜 - 67
  의인화의 본질 - 885-888
  잠언에 나타나는 창조의 대리자로서의 지혜 - 890-892
  시편에 나타나는 창조의 대리자로서의 지혜 - 890
  시락서에 나타나는 창조의 대리자로서의 지혜 - 893
  창조의 대리자로서의 지혜가 나오는 본문 - 889-901
  솔로몬의 지혜서에 나타나는 창조의 대리자로서의 지혜 - 894-901
  창조의 대리자 항목도 보라.

축복
  골로새서에 나타나는 축복 - 866
  에베소서에 나타나는 축복 - 723
  갈라디아서에 나타나는 축복 - 715
  축복 기도 - 651
  디모데후서에 나타나는 축복 - 689
  디도서에 나타나는 축복 - 689

  삼위론적 축복 - 268
  은혜의 축복 항목도 보라.

출애굽
  출애굽에 있어서의 해방 - 453-454
  출애굽에 있어서의 기업 - 452

출애굽기
  고린도후서의 출애굽기 사용 - 346-349
  만찬 - 209
  하나님의 성품 - 609
  기업 - 452
  하나님의 아들로서의 이스라엘 - 334
  천사로서의 주 - 360
  하나님의 메시아적 아들 - 378
  내러티브 - 536
  구약 법 - 283
  성도 - 77
  전리품 취하기 - 535
  십일조 - 209
  드러난 얼굴 이미지 - 291
  다음 항목도 보라(장자; 영광; 주의 영광; 모세).

칠십인경
  여호와로서의 그리스도 - 65
  그리스도 구절 - 290
  이스라엘 '무리' - 717

신의 이름 - 166
종말론적 승리 - 98-99
우리 주 하나님 - 599-560
이삭에 대한 칠십인경 - 800
이사야서 - 123
욥기서의 70인역 - 606
칠십인경에 나타나는 명칭으로서의 주 - 821-822
하나님의 천사로의 바울과 칠십인경 - 360
바울의 칠십인경 사용 - 71
시편과 칠십인경 - 793-794
사무엘하에 나타나는 칠십인경 - 454
칠십인경을 번역한 터툴리안 - 119
디도서에 나타나는 칠십인경 - 662-663
주의 말씀 - 101
심판의 주관자이신 여호와 - 117-118
여호와 본문 - 96-104
주의 이름 항목 아래도 보라.

칭의
  칭의를 위해 마음으로 믿음 - 398
  그리스도 안에 있는 믿음에 의한 칭의 - 354
  칭의를 위한 믿음 - 398

ㅋ

칼케돈 - 54
테트라그람마톤(Tetragrammaton, 사자음자(YHWH) - 73, 126
  그리스도에 대한 테트라그람마톤 - 98
  테트라그람마톤의 번역 - 129

ㅍ

파루시아(재림) - 137
파루시아의 신적 실현 - 108
이사야에 나타나는 파루시아 - 833
  시편에 나타나는 파루시아 - 832-834
  데살로니가전서에 나타나는 파루시아 - 832-833
  데살로니가후서에 나타나는 파루시아 - 833-834
  디모데전서에 나타나는 파루시아 - 643
  디모데후서에 나타나는 파루시아 - 643
  디도서에 나타나는 파루시아 - 643
  스가랴서에 나타나는 파루시아 - 833

색 인   987

주의 날 항목도 보라. 영광 항목도 보라.

ㅎ

하나님
행위자로서의 하나님 - 347

하나님의 축복 - 423-424
   하나님의 성품/구원 사역 - 282
   위로하시는 하나님 - 276
   창조자로서의 하나님 - 64
   하나님의 기초 - 675
   하나님의 은혜 - 662-663
   하나님과 이스라엘과의 관계 - 64
   메시아로서의 하나님 - 374-395
   우리의 아버지이신 하나님 - 523-524
   하나님을 향한 찬송 - 275-276
   통치자로서의 하나님 - 64
   하나님의 헌신 - 574
   하나님의 주권 - 646-647
   하나님의 삼위론적 성품 - 532-534
   신실, 영광, 심판, 여호와 항목도 보라.

하나님/그리스도의 나라 사용 - 191

하나님/그리스도의 신적 특권 - 845-846
하나님/그리스도의 모임 - 852
그리스도인의 존재 - 846
파루시아에 있어서의 신적 임재 - 108-109
주와 하나님의 신실 - 397-398
주에 대한 경외 - 852-853
주와 하나님의 영광 - 849-850
주 예수 그리스도에 대한 복음 - 849
주와 하나님의 은혜 - 846-847
주/하나님께서 주신 신적 특권 - 851
성도들을 굳게 하시는 주/하나님 - 848
그리스도께서 보내시고 위임하신 바울 - 850
주와 하나님의 평화 - 132-133
주와 하나님을 기쁘시게 하는 것 - 852
주와 하나님의 능력 - 850
주와 하나님께 합당히 행함 - 847
주와 하나님의 말씀 - 848

하나님의 메시아/영원한 아들이신 예수님 - 444
   골로새서에 나타나는 하나님의 메시아/영원한 아들이신 예수님 -

445-464
고린도전서에 나타나는 하나님의 메시아/영원한 아들이신 예수님 - 175-197
십자가에 못박히신 메시야로서의 하나님의 메시아/영원한 아들이신 예수님 - 781-786
에베소서에 나타나는 하나님의 메시아/영원한 아들이신 예수님 - 515-528
유대교 내러티브와 하나님의 메시아/영원한 아들이신 예수님 - 786-791
빌립보서에 나타나는 하나님의 메시아/영원한 아들이신 예수님 - 782-784
시편에 나타나는 하나님의 메시아/영원한 아들이신 예수님 -379
로마서에 나타나는 하나님의 메시아/영원한 아들이신 예수님 - 373
데살로니가전후서에 나타나는 하나님의 메시아/영원한 아들이신 예수님 - 89-96

하나님의 심판으로서의 심판대 (bēma). 심판 항목도 보라.

하나님의 아들 - 331
  하나님의 아들에 대한 경배 - 517
  하나님의 아들의 '모든 충만하신 것' - 478-479
  하나님의 아들로서의 그리스도 - 66
  하나님의 아들이 지닌 신적 정체성 - 824
  하나님의 아들이 지닌 신적 형상 - 824
  성육신으로서의 하나님의 아들 - 469
  성령과의 신적 '연합' - 534
  승귀하신 주로서의 하나님의 아들 - 795
  아버지의 권위와 하나님의 아들 - 196
  하나님의 아들과 하나님의 관계 - 455
  장자로서의 하나님의 아들 - 390
  하나님의 아들에 대한 온전한 지식 - 522
  하나님의 아들이 드러낸 하나님 아버지의 영광 - 293-294
  교회와의 관계에서 '머리'이신 하나님의 아들 - 467
  하나님의 아들이 지닌 인성 - 475
  성육신하신 구원자로서의 하나님의 아들 - 469
  유대교적 메시아로서의 하나님의 아들 - 528

하나님의 아들에 대한 메시아적
묘사 - 193
하나님의 아들로부터 시작되는 새
창조 - 473
화목의 대리자이신 하나님의 아들
 - 473
구속과 하나님의 아들 - 382
둘째 아담으로서의 하나님의 아들
 - 491
하나님의 아들의 아버지께 대한
복종 - 196
하나님 아들의 으뜸(탁월성) - 473
바울 서신에 나타나는 하나님의
아들 본문 - 812-815
다윗 자손이신 하나님의 아들로서
의 예수님 항목과 하나님의 메시아/
영원한 아들로서의 예수님 항목도
보라.
 창조, 선재성, 구원자, 구원론 항
목 아래도 보라.

하나님의 아들 기독론 - 275
 하나님의 아들 기독론에 나타나는
 장자이신 그리스도 - 390
 하나님의 아들 기독론에 나타나는
 다윗의 자손이신 그리스도 - 377
 하나님의 아들 기독론에 나타나는
 그리스도의 선재성 - 808
 그리스도의 왕권 통치와 하나님의
 아들 기독론 - 801
 골로새서에 나타나는 하나님의 아
 들 기독론 - 481
 에베소서에 나타나는 하나님의 아
 들 기독론 - 515
 이스라엘 이야기와 하나님의 아들
 기독론 - 802-803
 유대적 메시아 사상과 하나님의
 아들 기독론 - 349
 빌립보서에 나타나는 하나님의 아
 들 기독론 - 614-615
 로마서에 나타나는 하나님의 아들
 기독론 - 803
 하나님의 아들 기독론에 나타나는
 '권세있는 하나님의 아들' - 380
 포도원 농부 비유와 하나님의 아들
 기독론 - 795
 아바 탄원, 문안 인사 항목, 구원론
항목도 보라.

하나님의 아들 예수님 - 282-283
 아브라함/이삭이 반영된 하나님의
 아들 예수님 - 805-806
 고린도전서에 나타나는 하나님의
 아들 예수님 - 798-799
 창조자로서의 하나님의 아들 예수
 님 - 807-809
 하나님의 아들 예수님의 신적 형상
 - 282

아버지의 영광이신 하나님의 아들
예수님 - 282
하나님의 형상을 지닌 하나님의 아
들 예수님 - 457
하나님의 아들 예수님에 대한 언어
학적 자료 - 800-801
로마서에 나타나는 하나님의 아들
예수님 - 797-798
아바 탄원 항목도 보라.

히브리서 - 472
죄 없으신 그리스도 - 272-273
고등 기독론 - 273
성육신하신 아들 - 469
왕권 - 191-192
삼위일체 교리 - 213

하나님의 형상 기독론 - 362
로마서에 나타나는 하나님의 형상
기독론 - 362

할례 - 607
아브라함과 할례 - 333
갈라디아서에 나타나는 할례 - 715
로마서에 나타나는 할례 - 371-373

헬레니즘 - 59
바울과 헬레니즘 - 59

화목 - 59
그리스도 안에서의 화목 - 469
하나님의 화목 수단으로서의 그리스
도 - 316-317
하나님에 대한 화목 - 472

바울의 기독론
Pauline Christology

2009년 11월 25일 초판 발행

지은이 | 고든 D. 피
옮긴이 | 홍인규 외

펴낸곳 | 사)기독교문서선교회
등록 | 제16~25호(1980. 1. 18)
주소 | 서울시 서초구 방배동 983-2
전화 | 02) 586-8761~3(본사) 031) 923-8762~3(영업부)
팩스 | 02) 523-0131(본사) 031) 923-8761(영업부)
홈페이지 | www.clcbook.com
이메일 | clckor@gmail.com
온라인 | 기업은행 073-000308-04-020, 국민은행 043-01-0379-646
예금주: 사)기독교문서선교회

ISBN 978-89-341-1059-0 (93230)

* 낙장·파본은 교환해 드립니다.